INTRODUCTION
A L'HISTOIRE
MODERNE, GENERALE ET POLITIQUE
DE
L'UNIVERS;

Où l'on voit l'origine, les révolutions & la situation présente des différens Etats de l'Europe, de l'Asie, de l'Afrique & de l'Amérique :

Commencée par le Baron DE PUFENDORFF, *augmentée par M.* BRUZEN DE LA MARTINIERE.

NOUVELLE EDITION,

Revûe, considérablement augmentée, corrigée sur les meilleurs Auteurs, & continuée jusqu'en mil sept cent cinquante,

Par M. DE GRACE.

TOME PREMIER.

A PARIS,

Chez
- MERIGOT, Quai des Augustins, à la Descente du Pont S. Michel, près de la rue Gille-Cœur.
- GRANGE', au Palais,
- HOCHEREAU, l'aîné, Quai de Conti, vis-à vis la Descente du Pont-Neuf, au Phenix.
- ROBUSTEL, Quai des Augustins, près la rue Pavée,
- LE LOUP, Quai des Augustins.

M. DCC. LIII.
AVEC APPROBATION ET PRIVILEGE DU ROI.

A MONSIEUR
BIGNON,

CONSEILLER DU ROI EN SES CONSEILS,
Maître des Requêtes ordinaire de son Hôtel, Bibliothecaire du Roi, l'un des Quarante de l'Académie Françoise, & Honoraire de celle des Inscriptions & Belles Lettres.

ONSIEUR,

LA plus importante de toutes les connoissances est celle de l'Histoire. Elle apprend à juger du mérite des hommes par le récit de leurs actions, & par

EPITRE.

les peintures qu'elle présente de leurs caracteres differens. Avec ce secours on peut pénétrer dans l'avenir par une juste comparaison de ce qui est arrivé dans les siécles passés. Nécessaire à l'Homme d'Etat, elle lui enseigne à régler sa conduite sur les exemples de ceux qui ont gouverné le Monde avant lui. Le Jurisconsulte trouve en elle les principes des Loix dont il est obligé d'interpréter le sens, ou de maintenir l'execution. Elle fournit à l'Homme de Lettres des lumieres utiles pour découvrir l'origine, les progrès & la perfection des Sciences & des Arts. Enfin elle offre au simple Particulier une occupation aussi agréable qu'utile, & un remede sûr contre l'ennui d'une retraite absolument oisive.

Un Homme illustre qui vous a transferé son nom, MONSIEUR, avoit établi les premiers fondemens de sa réputation par d'excellens Ouvrages sur l'Histoire. Cette étude le conduisit à celle de toutes les Sciences. Son siécle le vit remplir

EPITRE.

avec succès les fonctions les plus pénibles & les plus éclatantes de la Magistrature, servir utilement son Roi dans des Négociations aussi délicates qu'intéressantes pour l'affermissement de son pouvoir & pour la gloire de son regne.

Les descendans de ce grand Homme, excités par une noble émulation, ont suivi la route que leur avoit tracée un Pere digne de l'admiration de tous les siécles. Ils ont mérité non-seulement de se voir décorés des mêmes Dignités que ses vertus & ses talens lui avoient acquises, mais encore de conserver un dépôt aussi rare que précieux, dont le Roi n'a pas cru pouvoir confier le soin après eux à de plus dignes mains que les vôtres.

Ces Hommes illustres, s'ils étoient encore sur la terre, vous verroient, MONSIEUR, avec plaisir partager avec eux les hommages dûs à leur mérite. Recevez celui que je vous rends aujourd'hui, & soyez persuadé que si je donne quelque chose à ma vanité, je suis encore plus

EPITRE.

porté à suivre mon inclination, & à vous prouver mon attachement, & le respect avec lequel je suis,

MONSIEUR,

Votre très-humble & très-
obéissant serviteur
DE GRACE DE COURSTONN.

AVERTISSEMENT
DE L'EDITEUR.

L'Utilité publique eft l'unique objet qu'un Auteur doit toujours avoir en vûe, & c'étoit en effet celui du Baron de Pufendorff lorfqu'il publia en 1682 une Introduction à l'Hiftoire de l'Europe. Perfuadé des fecours qu'on peut retirer de l'étude de l'Hiftoire moderne, il s'étoit occupé à en compofer un Abregé. Cet Ouvrage tout défectueux qu'il étoit, fut bientôt traduit en diverfes Langues & fe répandit dans toute l'Europe. M. de la Martiniere animé du même zèle que M. de Pufendorff, crut devoir retoucher aux differentes Editions qui avoient paru, & executer un projet dont l'Auteur n'avoit fait que tracer le plan; cependant malgré les Additions confidérables que M. de la Martiniere avoit faites dans les trois Editions qu'il a données, il ne paroiffoit pas encore content de fon travail, & *defiroit que quelqu'un remaniât le tout, & y donnât une forme plus parfaite.* C'eft le but que je me fuis propofé dans cette nouvelle Edition.

Elle offrira un Abregé de l'Hiftoire univerfelle beaucoup plus étendu que le précedent, & fuffifant, fi j'ofe le dire, pour donner une idée complette de toutes les Monarchies

AVERTISSEMENT.

des quatre Parties du Monde, & des differentes Révolutions qu'elles ont éprouvées. Pour remplir cet objet j'ai expliqué les motifs des grands évenemens, & je ne me suis pas contenté d'articuler simplement les faits. Je suis même quelquefois entré dans des discussions sur quelques points difficiles de l'Histoire, & je n'ai pas cru en cela passer les bornes d'une Introduction ; au reste je me suis flatté que le plus grand nombre de mes Lecteurs m'en sçauroit quelque gré. Un Manuscrit de feu M. Freret sur les Francs, & les Mémoires de l'Académie des Belles-Lettres ont été pour moi des sources fécondes dans lesquelles j'ai puisé le plus souvent qu'il m'a été possible. Je n'ai pas pour cela négligé les secours que je pouvois tirer des autres Auteurs. Le Livre de M. le Président Henaut ne m'a pas été d'une moindre utilité, ainsi que *l'Art de vérifier les Dattes*, Ouvrage composé par de sçavans Bénédictins. J'ai eu soin de donner une idée des Antiquités des Pays dont j'ai écrit l'Histoire, & le Plan que j'ai pris pour le premier Volume, sera celui des autres.

Nota. Je dois avertir le Lecteur que l'Histoire d'Espagne de cette Introduction est l'ouvrage de M. Meunier de Querlon, qui avoit d'abord entrepris ce travail ; mais d'autres occupations l'ayant empêché de le continuer, j'ai été chargé du reste de l'Ouvrage, qui commence à l'Histoire de Portugal.

ELOGE

ELOGE
HISTORIQUE
DE MONSIEUR
LE BARON
DE PUFENDORFF.

Eux qui se sont imaginés que M. le Baron de *Pufendorff* étoit d'une naissance illustre, ont été sans doute trompés par le titre de Baron, par la noblesse & la liberté de ses sentimens, & enfin par l'éclat des Charges dont plusieurs Souverains de l'Europe le revêtirent, à l'envi l'un de l'autre. Il s'en faut bien que son origine y réponde. Il ne voyoit dans sa famille que des Ecclésiastiques Luthériens. Son Pere, son Grand-Pere, ses Oncles, tant du côté paternel que du maternel, étoient des Ministres de la Confession d'Ausbourg ; & lui-même attaché à ses études, n'auroit peut-être jamais songé à s'élever au-dessus de l'état où sa destinée l'avoit d'abord placé, si des conjonctures inattendues ne l'y

Tome I.   A

avoient pas conduit, & même son frere *Isaïe* fit pour lui une partie du chemin.

Elie Pufendorff, leur pere, Ministre Luthérien, étoit Curé de *Fleh*, Village de la Misnie, Province de la Haute-Saxe, à un mille de *Chemnitz*. Ce poste dit assez que sa fortune devoit être fort bornée, sur-tout étant marié. On sait que c'est l'usage de la Confession d'Augsbourg de permettre aux Ecclésiastiques le mariage. Celui-ci eut deux fils, *Isaïe* & *Samuel*; & prévoyant qu'il ne leur laisseroit d'autre bien que l'éducation, il y employa le loisir dont la vie de la campagne est ordinairement accompagnée. A mesure qu'il les vit d'un âge & d'une capacité à pouvoir se présenter aux Universités, il les y envoya, comptant bien qu'ils y trouveroient la ressource ordinaire des Etudians qui n'ont pas assez de bien pour y subsister de leur patrimoine, c'est-à-dire, quelque Préceptorat, à la faveur duquel ils poursuivroient leurs études. Son espérance ne fut point trompée.

Isaïe se rendit à *Leipsic*, prit le dégré de Maître-ès-Arts, & se fit connoître par une Dissertation sur les Druides. Après avoir luté quelque-tems contre sa mauvaise fortune, il parvint enfin à être Gouverneur du jeune Comte de *Konismarck*. Ce poste le fit connoître au Chancelier *Oxenstiern*, qui le produisit à la Cour de Suéde. On l'y goûta si bien, que cette Couronne l'employa ensuite en qualité de son Envoyé, & il la servit utilement dans les Cours de Vienne, de France & ailleurs. Il fut fait Chancelier du Duché de *Brême*; mais la jalousie qui ne laisse guères un Etranger jouir en paix de la faveur, lui suscita tant de traverses, qu'il abandonna cette Dignité. Il alla à *Coppenhague*, où il mourut. Mr. *Jean-Pierre Ludwig*, Professeur de Hall, a recueilli ses Ecrits en corps d'Ouvrage, & les a publiés en 1700, *in-8°*.

SAMUEL, Auteur de cette Introduction, fut réduit comme son frere à instruire de jeunes gens pour s'entretenir. Il étudia d'abord à *Leipsic*, en même-tems que *Valentin Alberti*, qui devint ensuite un Théologien fameux, & l'un de ses principaux antagonistes.

Après avoir fait quelque séjour dans cette Ville, il alla à *Iene*, où il trouva *Erhard Weigel*, Professeur en Mathématiques, à qui il s'attacha, & chez qui il demeura toute l'année 1657. Le jeune Elève y prit le goût des Mathématiques qui perfectionnerent ses talens naturels, & ce nouveau genre d'étude l'accoûtuma à cet esprit de justesse, & à cette méthode qui se remarque dans les Ouvrages qu'il composa depuis. Il étudia aussi à *Iene* la Philosophie, selon le systême de *Descartes*, mais sans en adopter tous les sentimens en détail. *La Philosophie Eclectique*, c'est-à-dire, la Philosophie qui choisit & recueille ce que chaque Philosophe a de meilleur, commençoit à avoir cours, & quand elle ne l'auroit pas eu, *Pufendorff* étoit homme à le lui donner par la disposition de son esprit. *Weigel* avoit eu dessein de composer un cours de Morale, traité à la maniere des Géomètres. Il communiqua ses vûes au jeune *Pufendorff*, & le trouvant disposé à se donner entierement à ce genre d'étude, il l'encouragea à se saisir de cette matiere. Il lui abandonna même ce qu'il avoit déja écrit, & lui permit d'en faire tel usage qu'il voudroit.

Il avoit quitté *Iene* pour *Leipsic*, l'année 1658, pour y chercher un poste qui lui convînt, lorsque son frere *Isaïe*, qui étoit en Suéde, lui en procura un loin de sa patrie. M. *Pierre Coyet*, Seigneur Suédois, étoit alors Envoyé de Suéde en *Dannemarc*, & souhaitoit d'avoir un Précepteur pour ses enfans. Isaïe lui recommanda son frere *Samuel*, qui se rendit à *Coppenhague*, & prit possession de son emploi; mais il n'en jouit pas long-tems tranquillement: la guerre recommença peu après entre la Suéde & le Dannemarc. La Maison de Mr. Coyet, qui étoit allé faire un tour en Suéde, souffrit la premiere de cette rupture, & *Pufendorff* fut arrêté avec tout ce qui appartenoit à cet Envoyé.

Sa détention, qui dura huit mois, le livra aux réflexions. Il ne pouvoit voir personne, & n'avoit pas même de Livres pour s'amuser. Il se rappella ce qu'il avoit lû en différens Auteurs sur le Droit de la Nature & des Gens, & à force de méditer sur cette matiere, il ébaucha en quelque façon les premiers traits de son grand Ouvrage.

Après que la liberté lui eut été rendue, il continua son attachement aux enfans de Mr. Coyet, qui passa en Hollande en qualité d'Envoyé de Suéde. Ce fut là que non-seulement il continua ses études à l'Académie de Leyde, où il accompagna ses Élèves, mais même qu'il procura l'impression de quelques Manuscrits qui lui tomberent entre les mains, & dont il n'étoit que l'Editeur; savoir, *Johannis Meursii Miscellanea Laconica, sive variarum Antiquitatum Laconicarum Libri IV*. C'est un recueil d'Antiquités de Lacédémone; & *Johannis Laurembergii Græcia Antiqua cum Tabulis Geographicis*. C'est une assez maigre Description de l'ancienne Gréce, avec des Cartes fort superficielles.

Ces deux Ouvrages parurent à Amsterdam en 1661; mais il s'étoit fait connoître par un Livre de sa façon, qui fut en quelque sorte l'avant-coureur des grandes lumieres qu'il répandit avec le tems sur le Droit de la Nature & des Gens.

Toute son inclination le portoit à l'Etude du Droit, & il n'étudia guère l'Histoire & les autres Sciences, que par la liaison plus ou moins grande qu'elles ont avec la Jurisprudence. Il remarqua aisément que ce genre d'étude est d'une trop vaste étendue, pour pouvoir être embrassé tout entier; & que quand on veut s'y faire un mérite supérieur, il est besoin d'en choisir une partie à laquelle on s'attache le plus, & dont on fasse son occupation favorite. Son plan de Morale l'attachoit toujours; & d'ailleurs cette Science, telle qu'il la concevoit, a assez d'affinité avec le Droit des Souverains & des Peuples. Il l'associa donc avec le Droit Public, qui consiste en Allemagne à connoître les Droits de l'Empire sur les Princes, & les Etats dont il est composé, où ceux de ces mêmes Etats & Princes, à l'égard les uns des autres.

Il regardoit, avec raison, cette étude comme un dégré pour s'élever un jour aux Dignités des Cours d'Allemagne. On sait que les divers Souverains qui forment ensemble la République Germanique, ont ordinairement pour leurs Ministres d'Etat, des hommes de Lettres, qu'ils appellent Conseillers, & dont la principale étude est la connoissance du Droit Germanique. Comme ces charges ne sont point vénales, & qu'il ne faut pour y être admis qu'un mérite recommandé, Mr. de *Pufendorff* travailloit à s'en faire un qui lui ouvrît la route à laquelle il aspiroit.

Le Droit Public sortoit à peine du cahos où les Théologiens & les Jurisconsultes l'avoient plongé. Presque personne ne s'y appliquoit que des Professeurs qui, trop remplis de leur Code & de leur Digeste, vouloient en faire la régle immuable de l'équité, au lieu qu'il falloit remonter aux premiers principes. Les Théologiens avoient achevé d'embrouiller cette science par une infinité de distinctions scholastiques, qui, au lieu de rien éclaircir, en rendoient l'étude longue, pénible & obscure.

Le célèbre *Grotius*, si digne de l'admiration publique dont il est en possession depuis un siécle, avoit défriché ce terroir, & son Ouvrage servit de flambeau à notre Auteur pour entrer dans la même carrière. Mais il sembla au jeune *Pufendorff*, que ce Grand-homme n'avoit pas épuisé cette matière; & il crut pouvoir bâtir un édifice pareil sur un plan nouveau. Il falloit pour cela du tems & des secours, que la Providence lui procura peu après.

Etant donc à *Leyde*, occupé, comme nous avons dit, à l'éducation de ſes Elèves & à l'Edition de quelques Ouvrages d'autrui, il fit imprimer à *la Haye* SES ELEMENS DE LA JURISPRUDENCE UNIVERSELLE. Il employa diverſes choſes tirées *de la Morale Géométrique* de Mr. Weigel, qui lui avoit laiſſé la liberté de s'en ſervir. Cela donna lieu à un Savant de dire que cet Ouvrage ſentoit fort le Mathématicien. Il le dédia à l'Electeur Palatin *Charles-Louis*, qui l'en remercia par une Lettre très-gracieuſe, dans laquelle il l'aſſuroit de ſon eſtime, & lui faiſoit eſpérer des marques ſolides de ſa bienveillance. Il lui tint parole, & l'année ſuivante 1661, il le fit appeller à l'Univerſité de *Heidelberg*, en qualité de Profeſſeur. Mr. *Pufendorff*, qui n'avoit encore que trente ans, s'y rendit, & eut la gloire de remplir la premiere Chaire de Profeſſeur public qu'il y ait eu en Allemagne pour le Droit de la Nature & des Gens. Outre cela, il fut employé à l'éducation du Prince Electoral qu'il inſtruiſoit à des heures particulieres.

Quelque imparfait que fût le Livre des Elémens de la Juriſprudence Univerſelle, quoique l'Auteur n'en fût pas lui-même content, & qu'il ne l'ait regardé dans la ſuite que comme le fruit précoce d'un jeune homme qui ſe hâte trop de ſe produire, cet Ouvrage ne laiſſa pas de donner une idée avantageuſe de ſon eſprit. Le Baron de *Boinebourg*, Chancelier de l'Electeur de Mayence, ſouhaitoit depuis long-tems que quelqu'un entreprît un cours méthodique de Juriſprudence Naturelle. Il avoit employé en vain ſes ſollicitations, pour y engager divers Savans. *Boecler*, *Conringius*, *Rachelius*, avoient entamé des parties de cette ſcience ; mais pas un d'eux n'avoit jugé à propos de l'embraſſer entierement ; ſoit que trop occupés de leurs emplois, ils n'euſſent pas le loiſir que ce travail demandoit, ſoit que la grandeur de l'entrepriſe les effrayât. Le jeune *Pufendorff* parut au Baron de *Boinebourg* un Sujet propre à ce deſſein. Il voyoit en lui une jeuneſſe déja encouragée par d'heureux commencemens, un eſprit méthodique & accoûtumé à marcher de principe en principe, une netteté d'idées qui ne paſſe rien ſans en fixer le ſens par des définitions exactes ; en un mot toutes les diſpoſitions les plus favorables pour l'exécution d'un tel deſſein. Il l'y exhorta, & réuſſit.

Ce fut à *Heidelberg* qu'il écrivit ſon fameux Livre DE L'ETAT DE L'EMPIRE D'ALLEMAGNE. Il y travailla ſous les ordres & ſur les Mémoires de l'Electeur Palatin. On y fait voir que l'Allemagne eſt un Corps de République, dont les Membres n'ont entre eux aucune symetrie. Ne jugeant pas à propos de s'en déclarer l'Auteur, il se déguisa sous le nom de *Severin*, Sieur de *Monzambano* Veronois, & le dédia à son frère *Isaïe*, qu'il déguisa aussi sous le nom de *Lélio*, Sieur de *Tresol*. Comme ce frère étoit alors à Paris, Envoyé de la Cour de Suéde, & par conséquent plus à portée que lui d'en procurer une Edition, sans que l'on pût trouver les traces de la premiere origine de cet Ouvrage, il lui envoya son Manuscrit. Un Libraire, à qui on proposa de l'imprimer, le communiqua à *Mezerai*. Cet Historien, ami de la sincérité qu'il possédoit lui-même à un très-haut dégré, souhaita que l'Ouvrage devînt public ; mais il se garda bien de l'approuver : il en marqua son sentiment dans une Lettre qui se trouve dans quelques Editions. La premiere se fit à *Genève* en 1667; il s'en fit une autre l'année suivante à *Eleutheropie*, c'est-à-dire, à *la Haye* en Hollande.

Ce Livre étoit tout propre à attirer les regards du Public. On chercha qui en pouvoit être l'Auteur. On l'attribua dans la premiere incertitude à plusieurs personnes différentes; & ce qui rendoit l'Enigme plus difficile, c'étoit le soin que l'Auteur avoit de prévenir ou de dissiper les soupçons qu'on avoit de lui. Il avoit si bien pris ses mesures pour être caché, qu'on n'a jamais sçu la vérité qu'après sa mort. On a une assez mauvaise Traduction Françoise de ce Livre : pour y réussir, il eût fallu que le Traducteur eût été plus au fait des affaires de l'Allemagne. Entre ceux qui s'élevèrent contre cet Ouvrage, un des plus célèbres fut le fameux *Philippe-André d'Oldenbourg*, qui se cacha sous le nom de *Pacificus à Lapide*. Ces deux Ouvrages, sçavoir le *Monzambano* & son Critique, ont été plusieurs fois imprimés conjointement. Je ne dis rien d'une foule d'Allemands, qui ont cru devoir justifier le Gouvernement national des defauts que *Pufendorff* y a trouvés.

En 1669, on réimprima à *Iene* ses *Elémens de la Jurisprudence Universelle*, & on y ajouta un petit Ouvrage intitulé la *Sphère Morale*, qui n'est pas de lui.

Il étoit encore à *Heidelberg* en 1670, lorsque son frère, toujours attaché à la Cour de Suéde, songea à l'en approcher. Charles XI. avoit érigé en 1668 une Université à *Lunden*, Capitale de la *Schoonen*, & cherchoit à la faire fleurir par le mérite des Professeurs qu'il y faisoit installer. *Pufendorff* enseignoit à *Heidelberg* le Droit de la Nature & des Gens, & sa réputation commençoit à s'établir. Son frère n'eut pas de peine à lui procurer une *vocation* pour l'Université de Suéde. L'Electeur Palatin ne le perdit qu'à regret : mais il ne voulut point le gêner, & il lui permit d'accepter ce nouveau poste, dont il n'auroit pû aisément le dédommager. Outre des appointemens plus grands que ceux des autres Professeurs, on offroit à notre Auteur le grade de premier Professeur de la Faculté de Droit ; à la charge d'enseigner le Droit de la Nature & des Gens, sa science favorite. Il se rendit en Suéde, & prit possession de son Emploi la même année.

En 1671, il publia son petit Traité intitulé : RECHERCHES SUR LA REPUBLIQUE IRREGULIERE. C'est une espèce de Commentaire sur le IV. Chapitre de son *Etat de l'Empire*, où il traite de la forme de l'Etat Germanique. Mais sa grande réputation commença en 1672. Ce fut alors qu'il publia son fameux Ouvrage DU DROIT DE LA NATURE ET DES GENS.

Grotius, grand Théologien, avoit gardé quelque ménagement pour les idées Scholastiques, soit qu'il n'en fût pas entierement revenu lui-même, soit qu'il crût avoir besoin de cette condescendance, pour mieux gagner une sorte de Lecteurs qui en font cas, & les faire mieux entrer dans les vues de son Système ; & quoique son Ouvrage les eût assez généralement révoltés, on voit pourtant qu'il ne s'étoit pas autant écarté de leurs préjugés qu'il l'auroit pu faire.

Pufendorff, sentant l'inutilité de cette condescendance, résolut de ne la point avoir, & traita sa matière comme si aucun Auteur Scholastique n'eût écrit. On voit un homme qui remontant aux idées les plus simples de la Morale, va pas à pas, de principe en principe, de preuve en preuve ; qui examine tout avec une attention extrême, qui divise avec une régularité scrupuleuse & définit avec précision ; en un mot, c'est un Système méthodique de la Science des Mœurs. Il y a moins d'érudition que dans l'Ouvrage de Grotius ; mais il creuse davantage les principes, & en développe les conséquences par une suite de raisonnemens, qui se prêtent l'un à l'autre un grand jour.

Tout ce qu'il y avoit d'honnêtes-gens & d'Esprits raisonnables applaudirent à cet Ouvrage. On fut charmé de voir un corps complet & méthodique du Droit Naturel. *Grotius*, qui avoit une vaste érudition, avoit aporté en preuve toute l'Antiquité sacrée & prophane, & avoit tiré de la conduite des Juifs, des Grecs, des Romains, & des autres Peuples anciens, un Système à l'établissement duquel tout le Genre-humain sembloit concourir. *Pufendorff*, qui n'avoit pas ce genre d'érudition en un si haut dégré, se garda bien de traiter sa matière sur le même ton. Cela d'ailleurs eût été inutile, puisque le travail étoit déja fait. Il aima mieux méditer & chercher dans les seules lumieres de la raison, des principes qui tendissent, par la voye de la Raison naturelle, au même but où *Grotius* nous mène par la voye de l'Autorité. Ce qui rend la méthode de *Pufendorff* très-utile, c'est qu'il va pié à pié, & qu'il a grand soin de définir avec précision tous les termes, qui pourroient souffrir la moindre interprétation équivoque; & tout cela est traité dans un ordre très-lumineux. On vit néanmoins s'élever contre l'Auteur un nuage de Critiques, & il n'en fut pas quitte pour des injures. Si cet Ouvrage lui forma une réputation immortelle, il la lui fit acheter par d'extrêmes chagrins qu'il lui causa; & on peut dire qu'il lui couta le repos, & presque la vie.

Le premier adversaire qui l'attaqua, fut *Nicolas Beeman*, son confrere dans la même Université, qui ne put souffrir l'éclat de la réputation que se faisoit notre Auteur. Les huit Livres du Droit de la Nature & des Gens avoient été imprimés à *Lunden* en 1672. *Beeman* s'associa avec *Josué Schwartz*, Professeur en Théologie dans la même Ville, & ils dresserent ensemble un Ecrit intitulé: Liste de certaines Nouveauté's, *que Mr. Samuel Pufendorff a avancées contre les fondemens orthodoxes, dans son Livre du Droit de la Nature & des Gens.* On sent dans cette Critique toute l'aigreur dont la haine Théologique est capable. Un zèle amer y prodigue les noms de *Payen*, de *Zwinglien*, de *Socinien*, de *Papiste*, de *Pélagien*, de *Hobbésien*, de *Cartésien*, que sai-je? Des noms mêmes qui feroient un éloge, en toute autre occasion, y sont employés comme des flétrissures dont on croit accabler l'Auteur, & on n'épargne rien pour le rendre odieux. Le but de cette accusation d'Heterodoxie étoit visiblement d'animer le Clergé de Suéde contre l'Auteur, & c'étoit dans cette intention que ce Libelle fut composé en 1673. Mais il n'étoit pas aisé d'opprimer notre Professeur. Son frere veilloit à la Cour sur ses intérêts: les Sénateurs du Royaume imposerent silence à *Beeman*, & son Ecrit fut supprimé par l'autorité du Roi. *Pufendorff*, non content de l'interdiction de ce Libelle, jugea bien que la suppression ne s'en feroit pas de bonne foi de la part de ses Ennemis, & il y opposa en 1674 une Apologie, *tant pour soi que pour son Livre, contre l'Auteur d'un Libelle diffamatoire intitulé:* Liste de certaines Nouveauté's, &c. Il avoit pensé fort juste; ce Libelle fut véritablement publié à *Giessen*. Des Exemplaires en étant portés en Suéde quelque-tems après, on y procéda

juridiquement

juridiquement contre cet Ouvrage, qui fut lacéré & brûlé par la main du bourreau ; & fon Auteur, pour avoir défobéï aux ordres du Roi, fut banni de tous les Etats de la Cour de Suéde. Il fe retira alors en *Dannemark* ; & il écrivit de *Coppenhague* une Lettre, par laquelle il appelloit *Pufendorff* en duel, avec menace, en cas de refus, de le pourfuivre à toute outrance par-tout où il le trouveroit. *Pufendorff* ne fit d'autre ufage de cette Lettre que de l'envoyer au Confiftoire, qui procéda de nouveau contre *Beeman*.

Jofué Schwartz étoit charmé de voir tomber fur un autre le châtiment auquel il méritoit d'avoir autant de part qu'il en avoit eue à la compofition du Libelle. Mais il fe tira d'affaire, & obtint le pardon du Roi, en proteftant que fon intention n'avoit jamais été que cet Ouvrage devînt public ; que *Beeman* l'avoit fait imprimer malgré lui, & à fon infçu. La Cour voulut bien fe contenter de ces excufes, & le laiffa en repos ; mais peu de tems après, il fit bien connoître que la grace que la Cour avoit prétendu lui faire, n'avoit pas effacé dans fon efprit le defagrément du triomphe de fon Adverfaire.

Les *Danois* ayant fait une defcente dans la *Schoonen* au mois de Juillet 1676, & pris quelques villes, le Roi de Suéde, qui n'avoit pas une armée fuffifante pour faire tête par-tout, fut obligé de leur abandonner cette Province. Les Danois, maîtres de la ville de Lunden, exigèrent des habitans le ferment de fidélité. *Schwartz* ne fit nulle difficulté de le prêter, & fe donna même tous les mouvemens poffibles pour porter les autres à le prêter comme lui. Il pouvoit bien juger que cette conduite ne plairoit pas à la Suéde : mais il comptoit de faire par-là fa cour au *Dannemark*, à qui il croyoit que cette Province demeureroit. Il fe trompa, la Province fut rendue au Roi de Suéde par le Traité de St. Germain en 1679 ; & *Schwartz* voyant bien qu'il ne feroit pas en fureté dans la domination d'un Souverain qu'il avoit offenfé en une circonftance fi délicate, fe retira en *Dannemark*, où la Cour le gratifia d'une Surintendance Eccléfiaftique dans le Duché de Holftein. Cette Dignité chez les Luthériens n'a de la puiffance Epifcopale qu'une infpection fur les Pafteurs, avec le droit d'exhorter & de reprendre ; car la Jurifdiction pénale & coactive eft entre les mains du Confeil Confiftorial, qui juge au nom du Souverain toutes les Caufes Eccléfiaftiques.

Beeman, retiré en Allemagne, remuoit Ciel & Terre, pour foulever les Univerfités contre *Pufendorff*, qui de fon côté répondit à ses Satires avec une hauteur & un mépris, dont on peut juger par le titre seul d'une Lettre qu'il lui opposa en 1678. *Lettre de Samuel Pufendorff à ses Amis, sur un Libelle diffamatoire publié l'année derniere sous le nom chimérique de Veridicus Constans, par Nicolas Beeman, autrefois Professeur dans l'Académie Caroline, & qui en est à présent ignominieusement banni.*

Il répond dans cette Lettre à un Ecrit vif & sanglant que *Beeman* avoit publié contre lui l'année précédente, & dont voici le titre latin: *Nicolai Beemanni Legitima Deffensio contra Magistri Samuelis Pufendorffii execrabiles fictitias calumnias, quibus illum, contra omnem veritatem & justitiam, ut carnatus Diabolus & singularis mendaciorum artifex, per fictitia sua entia moralia, Diabolica puto, toti honesto ac erudito orbi malitiosè exponere voluit; naturalis, sive brutalis & gentilis Pufendorffii Spiritus usque adeò enormiter se exerit & perversè operatur, ut nec Diabolum, nec Infernum, nec vitam æternam dari, impiè credat; & dum omnem actionem humanam statuit esse indifferentem, boni ac mali nec præmium, nec pœnam futuram, Hic tamen pro Satirico ingenio firmiter credit, si viris honestis & proximo suo audacter & malitiosè calumnietur, quod semper aliquid fœcis, sive mendacii, in animis legentium hæreat.* Quelle doit être la fureur qui regne dans l'Ouvrage même, puisque, dès le titre, le déchaînement est si violent. Je m'abstiens de traduire ces termes, qui sont plus dignes d'un Crocheteur que d'un homme de Lettres.

Pufendorff y opposa encore deux autres Ecrits, l'un sous le nom de *Petrus Dunæus*, Bedeau de l'Académie Caroline, c'est-à-dire de Lunden. C'étoit une Lettre adressée par ce Bedeau à *Nicolas Beeman* sous ce titre: *Petri Dunæi in Academiâ Carolinâ Pedelli secundarii Epistola ad virum famosissimum Nicolaum Beemannum totius Germaniæ Convitiatorem, & calumniatorem longè impudentissimum.* Cet Ouvrage qui contient des personnalités assez vives, fut imprimé à *Stockholm* in-8°. en 1678. L'autre est supposé imprimé à *Manheim*. *Pufendorff* s'y cache sous le nom de *Jean Rollet*. Le titre n'en est pas plus modéré que celui de l'autre. Le voici: *Johannis Rolleti Palatini Discussio calumniarum quas absurdissimas de illustri viro Samuele Pufendorffio, relegatus a Sueciâ nequam Nicolaus Beemannus per causam deffendendæ suæ famæ non ita pridem in vulgus sparsit.* C'est encore un *in-8°.* de la même année.

On a déja insinué que *Beeman* & *Schwartz* avoient excité les Universités d'Allemagne à s'élever contre la Doctrine de *Pufendorff*, qu'ils faifoient paſſer pour un tiſſu d'impiétés. *Jean Adam Scherzer*, premier Profeſſeur en Théologie à *Leipſic*, fut trompé par leur raport, & fit une cenſure qui donna lieu à un Décret du Roi de Suéde, par lequel il étoit enjoint à tous les Profeſſeurs de *Lunden* de veiller avec tout le ſoin poſſible pour préſerver la jeuneſſe de toute nouveauté contraire à l'Orthodoxie, & à la Doctrine reçue par l'Univerſité.

Pufendorff ſentit bien que cet ordre n'étoit obtenu, que pour donner des bornes à ſes ſentimens ; mais outre que ſon intention n'étoit pas de heurter aucun des Dogmes de la Religion qu'il profeſſoit, & à laquelle il fut fidelement attaché toute ſa vie, il voyoit bien que c'étoit la moindre choſe que la Cour eût pu faire pour mettre à couvert la Doctrine Théologique qu'il étoit accuſé de vouloir renverſer par ſon Syſtême.

Joſué Schwartz, ſe voyant dans le *Sleſwig*, lança contre *Pufendorff*, en 1687, un Ecrit violent ; mais, parce qu'il craignoit que ſes inimitiés publiques ne rendiſſent ſuſpectes les injures qu'il vomiſſoit contre lui, il ſe cacha ſous le nom de ſon Beau-fils *Severin Wildſchutz*. C'étoit une Diſſertation intitulée : *Severeni Wildſchutzii Malmogienſis Scani Diſcuſſio calumniarum à Samuele Pufendorffio, in Apologiâ indicis errorum ſuorum, venerabili uni viro impoſitarum.* Il prétendoit que *Pufendorff*, en voulant réfuter la liſte de ſes erreurs, avoit avancé des calomnies contre un homme vénérable. Cette Diſcuſſion fut imprimée à *Sleſwig*, en 1687. Elle ne fut pas long-tems ſans réponſe. *Pufendorff* prit le ton ironique, & prêtant à *Joſué Schwartz* un ſtile burleſque, il lui ſupoſa une Lettre à ſon Beau-fils, dont il défigura le nom, en lui donnant une terminaiſon ſale, & il les rendit ridicules tous les deux. Le titre étoit : *Joſue Schwartzii Diſſertatio epiſtolica ad eximium unum juvenem Severinum Wildſchyſſium, privignum ſuum.* Hamburgi 1688. *in*-4°. Cette Lettre ayant mis les rieurs du côté de *Pufendorff*, elle fut bien-tôt ſuivie d'une autre, qu'il écrivit ſous le nom de *Beeman*. Elle eſt dans le même goût que la précédente, & eſt adreſſée au même *Wildſchutz*, ſous ce titre : *Juriſconſulti Nicolai Beemanni ad V. C. Severinum Wildſchutz Malmogienſem Scanum, Epiſtola, in quâ ipſi cordicitùs gratulatur de devicto & triumphato Pufendorffio.* Le titre porte, ainſi que l'autre, qu'elle a été imprimée à Hambourg. On y ſuppoſe que *Beeman* félicite *Wildſchutz* du prétendu triomphe qu'il a remporté ſur *Pufendorff*. *Schwartz & Wildſchutz* ne ſentirent que trop l'impreſſion que ces Ecrits de leur adverſaire faiſoient ſur le Public à leur préjudice ;

ils essayèrent de rétablir leur réputation par de nouvelles attaques, qu'il méprisa assez pour n'y pas répondre.

Il avoit un autre ennemi sur les bras. *Valentin Alberti*, qu'il avoit autrefois connu à *Leipsic*, où ils faisoient leurs études en mêmes-tems, étoit devenu un Théologien fameux. Cet homme n'avoit pas cru sortir de sa Sphère, en enseignant le Droit de la Guerre & de la Paix. Le Livre de Grotius étoit devenu dans les Académies d'Allemagne un Livre Classique. Des Professeurs se contentoient de dicter à leurs Disciples un Commentaire de leur façon, & c'est ce qu'ils appelloient, *Collegium Grotianum*. *Alberti* en avoit dressé un. Ce fut dans la Préface de ce Commentaire qu'il chercha querelle à l'Auteur du Droit de la Nature & des Gens. Il revint à la charge dans *un Abregé du Droit de la Nature, rendu conforme à la Théologie Orthodoxe*. Pufendorff répondit par un Livre intitulé : *Specimen Controversiarum Samueli Pufendorffio circa Jus Naturale nuper motarum* ; c'est-à-dire, ESSAI *des Contestations faites depuis peu à Samüel Pufendorff sur le Droit Naturel*. *Alberti* repliqua par un autre Ecrit qu'il intitula : *Specimen Vindiciarum adversùs Specimen Controversiarum*, &c. c'est-à-dire, ESSAI *de Défenses contre l'Essai des Contestations*. Outre l'Essai dont on vient de parler, *Pufendorff* publia, sous le nom de *Julius Rondinus*, une Dissertation en forme de Lettre, sur les démêlés qu'il avoit avec quelques Auteurs sur cette matière. L'Essai & cette Dissertation se trouvent dans un Recueil qu'il publia sous le titre d'ERIS SCANDICA, c'est-à-dire, *la Discorde de Schoone*. L'Auteur y rassembla un assez bon nombre d'Ouvrages qu'il avoit composés, soit pour éclaircir ses sentimens, soit pour réfuter les objections que des Théologiens Protestans lui avoient faites. Ce Recueil fut imprimé *in*-4°. en 1686, à Francfort sur le Mein, si on en croit le titre.

Alberti y trouva dequoi continuer le combat, & fit imprimer l'année suivante un autre Recueil intitulé : *Eros Leypsicus, in quo Eris Scandica Samuelis Pufendorffii, cum conviciis & erroribus suis, masculè, modestè tamen refellitur, scriptus ad Illustr. V. Vitium-Ludovicum a Seckendorff, adjectis prioribus Apologiis contra eundem Pufendorffium, & nonnullis disputationibus ejusdem, aut similis argumenti*. Ce Volume, où l'Auteur promet de réfuter les injures & les erreurs de *Pufendorff*, d'une manière mâle & modeste, contient encore des Apologies d'*Alberti*, & quelques Dissertations en forme de Thèses sur des matières, ou semblables, ou peu différentes. Il parut à *Leipsic* en 1687. Dès la même année *Pufendorff* le régala d'un Ecrit intitulé : *Commentatio super invenusto Veneris*

Lipsicæ ovo, Valentini Alberti calumniis & ineptiis oppofita. Cette piéce eſt pleine de perſonalités peu intéreſſantes, & le Lecteur y a le chagrin de ne trouver que des diſcuſſions d'autant plus deſagréables, que rien ne dédommage du tems qu'elles ont couté à leur Auteur. Le fond de la diſpute rouloit ſur une queſtion aſſez peu importante d'elle-même, ſavoir ſi le Droit Naturel ſe doit tirer de la Nature, avant ou après la chute d'Adam, c'eſt-à-dire, dans l'état de péché, ou dans celui d'innocence. Enfin des Amis s'employèrent à calmer cette querelle, & les deux combattans mirent bas les armes. En vérité ils devoient être las d'une guerre de cette eſpèce. D'ailleurs *Pufendorff* avoit d'autres ſoins, qui l'occupoient aſſez pour lui faire regretter les heures que cette diſpute lui déroboit.

Je n'ai pas voulu interrompre le récit de ſes démêlés, au ſujet de ſon grand Ouvrage du Droit de la Nature & des Gens, qu'il avoit publié en 1672. L'année d'après il en avoit fait imprimer un excellent abregé à *Lunden*, ſous le titre du *Devoir de l'Homme & du Citoyen ſelon la Loi Naturelle*. Il s'en fit une autre Edition à *Stockholm* en 1689. Mr. Gerſchowe en 1724 le publia à Edimbourg avec des Notes & des Supplémens, à l'uſage des jeunes Gens. Mr. de Barbeirac l'a traduit, auſſi bien que le grand Ouvrage, & l'a éclairci par des Notes, ſur-tout dans ſa quatrieme Edition in 8°. Amſterdam 1718. Mais une des plus utiles Editions Latines de cet Ouvrage, c'eſt celle que Mr. Otton a procurée à Utrecht en 1728, avec des Notes de ſa façon. Non-ſeulement il y a ajouté à la fin les Obſervations de Titius; mais ce qui rend l'uſage de cette Edition très-commode, c'eſt qu'à chaque paragraphe il cote les endroits du Livre de *Grotius* du Droit de la Guerre & de la Paix, & de celui de *Pufendorff* du Droit de la Nature & des Gens, où cette matiere eſt traitée dans toute ſon étendüe par ces deux Grands-hommes. Par-là il eſt aiſé de comparer leurs ſentimens, & de voir en quoi ils s'accordent, ou different l'un de l'autre ſur chaque partie de leur matière. *André Adam Hochſtetter*, Profeſſeur en Théologie à Tubinge, donna des Notes ſur cet Abrégé de *Pufendorff*, ſous ce titre: *Collegium Pufendorffianum ſuper Libris duobus de Officio Hominis & Civis, XII. Exercitationibus inſtitutum*. Tubingæ 1710. in-4°. Cet Ouvrage n'eſt pas comparable à l'Edition de Mr. Otton. Quelqu'un a compoſé un autre Abrégé du grand Ouvrage de *Pufendorff* par demandes & par réponſes, ſous ce titre: *Compendium Jurisprudentiæ univerſalis ex Samuelis Pufendorffii præcellenti opere de* JURE NATURÆ ET GENTIUM, *in privatum uſum quorumdam juvenum excerptum. Francofurtii* 1694.

Son état de Professeur à Lunden lui donnoit occasion de faire de tems en tems des Dissertations Académiques. Cela s'imprimoit à mesure; mais ensuite il en fit un Recueil choisi, qui parut en corps d'Ouvrage à Lunden *in-8°*. 1675, sous ce titre : Dissertationes Academicæ Selectiores. On les réimprima à Upsal deux ans après; & dans une Edition de ce même Ouvrage, qui se fit *in-12*. à Francfort l'an 1678, on y ajoûta : *Caroli Scharschmidii Disquisitio de Republicâ monstrosâ, ejusque Defensio contra Monzambanum & Pufendorffium.* C'est une Critique de ce que l'Auteur avoit dit sur les défauts de l'Empire d'Allemagne dans son *Etat de l'Empire*, publié sous le nom de *Monzambano*, comme il a été dit ci-dessus. Ces Dissertations choisies de *Pufendorff* reparurent à Amsterdam sous ce titre : *Analecta Politica quibus multæ, raræ, gravissimæque hujus disciplinæ quæstiones variis Dissertationibus explicantur & enodantur*. Cette Edition est *in-8°*.

Notre Auteur donna à son zèle pour la Religion Luthérienne, qu'il professoit, l'occasion d'éclater contre l'Eglise Romaine. Il composa une Dissertation Historique, où il prétendit développer le Gouvernement Politique de la Monarchie du Pape. Au-lieu de nous tracer une Histoire de l'origine & des progrès de l'Etat qu'on apelle aujourd'hui *la Cour de Rome*, & d'éclaircir cette matière sur des témoignages d'Auteurs sincères & non suspects, il s'amuse à la Controverse, & se jette sur des sujets, qui sont plutôt l'affaire des Théologiens & des Canonistes, que d'un Politique. Il se contente de recueillir de quelque mauvais Abrégé d'Histoire, fait par des Ecrivains de parti, des déclamations frivoles contre l'autorité Ecclésiastique. Il veut qu'elle réside uniquement dans le Magistrat. Il faut avouer que Mr. *Pufendorff* fait pitié à tout homme qui aura lu des Auteurs plus au fait que lui sur cette matière; cependant cet Ouvrage fut imprimé en Allemand à *Hambourg* en 1679. L'Auteur s'étoit déguisé sous le nom de *Basile Hypereta*. *Christian Thomasius* y ajouta des Notes de sa façon : le tout fut mis en François long-tems après par Jean le Long, & imprimé à Amsterdam l'an 1724, sous ce titre : *Description Historique & Politique de la Monarchie Spirituelle du Pape*.

Le Droit de la Nature & des Gens ne sauroit se passer de l'Histoire. Sans elle, ce n'est plus qu'une spéculation abstraite, & sujette à porter à faux. Cette considération l'engagea à dresser une Introduction, qui pût servir de guide aux jeunes-gens qui veulent connoître les divers Etats de l'Europe. Outre les principes généraux, qui sont communs à toutes les Sociétés Humaines, il y en a de particuliers, qui font tellement effentiels à tel, ou tel Peuple, qu'il ne peut les abandonner fans péril. Ces principes dépendent de la fituation du Païs, des Mœurs & du génie de fes Habitans; du pouvoir plus ou moins grand de fes Voifins; de fes propres forces, qui ne font pas toujours dans le même dégré; & de mille autres conjonctures. Cela manquoit dans tous les Abrégés d'Hiftoire, & c'eft ce qui fait le plus folide ornement de celui-ci. Il falloit un Ouvrage, qui eût toute la briéveté des Abrégés, pour être lu promptement fans trop charger la mémoire, & qui eût en même-tems, s'il eft permis de parler ainfi, ce fuc nourriffant qui manque fouvent aux Hiftoires particulieres les plus étendues. Cette Introduction parut en Allemand à Francfort fur le Mein, *in-8º.* en 1682, fous ce titre : *Introduction à l'Hiftoire des principaux Etats de l'Europe.* Cet Ouvrage avoit été compofé pour de jeunes-gens, à qui *Pufendorff* faifoit des leçons particulières chez lui : il ne le leur donnoit qu'en Manufcrit, & comme chacun d'eux en tiroit une Copie, il devint bien-tôt affez commun. Des Libraires, amorcés par le nom de l'Auteur, alloient l'imprimer en un fort mauvais état. Il les prévint par l'Edition que je viens d'indiquer.

L'Auteur travailloit en Suéde, & pour de jeunes Suédois, à qui l'Hiftoire de leur Patrie devoit être plus utile que celle des autres Etats de l'Europe. Il leur fit donc un Abrégé de l'Hiftoire de Suéde, & lui donna plus d'étendue qu'à tous les autres Etats enfemble. Cet Abrégé parut fous le nom de *Continuation de l'Introduction*, à Francfort fur le Mein en 1686. En effet, dans le premier fens de l'Auteur, il en eft une partie effentielle, puifque le Livre même de l'Introduction n'a point d'Article particulier de la Suéde, & que cette Couronne y feroit omife fans cet Abrégé. Car celui que l'on y voit aujourd'hui fut fait après coup par *Crammer*, qui traduifit l'Introduction en Latin, & qui trouvant l'Abrégé de l'Hiftoire de Suéde trop long, à proportion des autres Etats, l'abrégea encore, & le réduifit à la forme où il fe trouve dans notre quatrième Volume. La verfion de Mr. Crammer, revue par l'Auteur même, fit connoître ce Livre dans les Païs où la Langue Allemande n'eft guère en ufage : elle fut imprimée à Francfort en 1688 *in-8º.* on la réimprima à Utrecht en 1691, & en 1703. L'Article tiré par Crammer de l'Abrégé de l'Hiftoire de Suéde ne fe trouve que dans cette Edition de 1703, & n'eft point dans les précédentes. On traduifit l'Introduction en Flamand; & *Rouffel*, Maître de Langue, en fit une Traduction Françoife, qui, quoique chargée d'un verbiage inutile,

& pleine de contre-sens qui prêtent à l'Auteur des puérilités dont il n'étoit pas capable, ne laissa pas d'être recherchée avec empressement. Une des plus grandes preuves de la bonté de cet Abrégé, c'est qu'on ait pu la sentir malgré l'ignorance du Traducteur.

Le Livre de *Varillas*, intitulé *Histoire des Révolutions arrivées dans l'Europe en matiere de Religion*, fit beaucoup de bruit quand il parut. Cet Ouvrage dédié au Roi Louis XIV, & encouragé par une pension que le Clergé de France payoit à l'Auteur, étoit écrit d'un stile agréable ; mais malheureusement cet Historien, accablé sous le poids d'une matière si vaste, n'avoit pas toujours été assez exact dans le choix des guides, & même ne s'étoit pas toujours donné le loisir de les bien entendre. Il étoit d'ailleurs impossible que cette Histoire ne déplût aux Etrangers attachés à des sentimens différens de ceux de l'Eglise Romaine : aussi vit-on pleuvoir de tous côtés sur cet Auteur des critiques amères, où il n'étoit pas épargné. *Pufendorff* ne put retenir son zèle : il tomba sur *Varillas*, remarqua dans ce qu'il avoit dit de la Suède par raport au progrès du Luthéranisme, jusqu'à 91 bevues, ou faussetés, & ce morceau fut ajouté comme une addition essentielle à l'Histoire de Suéde. L'Ouvrage de *Varillas* avoit commencé à paroître en 1686. La Critique par *Pufendorff* parut l'année suivante à Francfort. L'Auteur n'étoit plus alors dans l'Université. Il avoit changé d'état, & vivoit à la Cour. Durant la Campagne de 1676, la Schoone devint le Théâtre de la guerre. *Pufendorff* partit alors de Lunden, & se retira à Stockholm, où il fut honoré du titre de *Conseiller de la Cour & d'Historiographe du Roi*. Ce fut en cette qualité qu'il écrivit sa belle HISTOIRE DE SUEDE en XXVI Livres. Elle commence à l'arrivée de *Gustave-Adolphe* en Allemagne, & finit à l'Abdication de *Christine*. C'est la plus belle Histoire que nous ayons de cette fameuse Guerre, qui a désolé l'Allemagne pendant trente ans. Ceux-mêmes qui ont accusé l'Historien d'avoir manqué de sincérité en raportant les motifs qui engagèrent le Roi de Suéde à cette entreprise, & que l'Auteur ne pouvoit pas ignorer, conviennent néanmoins qu'on ne pouvoit raporter les faits & le détail des événemens avec plus d'exactitude qu'il a fait. Ce bel Ouvrage parut en Latin à Utrecht, l'an 1686. Il s'appliqua à en donner la continuation, & composa la vie de CHARLES-GUSTAVE, Roi de Suéde, & Successeur de CHRISTINE ; mais elle ne parut que long-tems après.

Il fit imprimer en 1687, à Brême, un petit Traité, où il examine LES RAPORTS DE LA RELIGION AVEC LA VIE CIVILE. Il y ajouta un APPENDICE, *où il réfute les principes d'Adrien Houtin touchant*

touchant le pouvoir des Souverains sur ce qui concerne la Religion.

Sa grande Histoire de Suéde lui fit une réputation si brillante, que des Souverains Illustres briguèrent l'avantage de laisser à la postérité les évenemens de leur Regne écrits par une plume si aplaudie. L'Electeur de Brandebourg *Fréderic-Guillaume* attira à Berlin Pufendorff, & le chargea d'écrire l'Histoire de *Fréderic-Guillaume* Electeur de Brandebourg, surnommé *le Grand*. Il lui donna le même titre d'Historiographe, mais il y joignit celui de *Conseiller-Privé* avec une pension considérable.

Ce fut en 1688, que notre Auteur se transporta à Berlin. Il y travailla à l'Histoire de l'Electeur Frederic-Guillaume le Grand, qu'il acheva sous les yeux de *Fréderic* III, Electeur de Brandebourg, Prémier Roi de Prusse, fils & Successeur de ce Héros. Il s'acquita de son emploi d'Historiographe, avec plus de sincérité que la Cour de Berlin n'en avoit éxigée de lui. Il tira des Archives de cette Maison, qui lui furent ouvertes, un assez grand nombre de Mystères dont la publication parut dangereuse; & on crut qu'il étoit de la prudence de ne pas revéler des secrets qu'on jugeoit être reservés aux personnes employées dans le Ministère. L'Ouvrage ne parut qu'après une sévère révision, où les Censeurs rayèrent tout ce que leur Politique jugea à propos; & comme s'ils eussent exercé leur emploi avec trop d'indulgence, il ne fut pas plutôt imprimé à Nuremberg en 1695, qu'on y fit encore des changemens, où des pages entieres furent supprimées.

Mr. *Pufendorff* ne vit point la fin de cette impression. Un mal qui lui survint au pié & qu'il négligea fut la cause de sa mort. L'inflammation dégénera en gangrène. On parla de lui couper le pié: il refusoit de s'y résoudre. L'Electeur, qui vouloit lui sauver la vie, à quelque prix que ce fût, engagea les Chirurgiens & les Médecins à redoubler leurs efforts. On crut que la crainte des douleurs qu'il souffriroit dans l'opération, l'emportoit sur la crainte de la mort. On l'assoupit, & l'opération fut faite fort heureusement. Quand il se réveilla il se trouva beaucoup mieux; mais lorsqu'il se vit le pié coupé, il se chagrina; & la fiévre inséparable de ces sortes d'opérations, devenant plus forte que tout l'art des Médecins, il mourut le 26 Octobre 1694, à l'âge de soixante-trois ans.

L'année suivante, on publia à Nuremberg la Vie de Charles-Gustave, qui est une suite de sa grande Histoire de Suéde, & à *Lubec* sa Dissertation sur les Raisons de Re'union ou de Dissension entre les Protestans. Ce titre seul marque assez que son but étoit de prévenir les mauvais effets que produit l'intolérance. Il en avoit été lui-même la victime, & il se montre si zèlé Luthérien dans tout le cours de cet Ouvrage, qu'il doit fermer la bouche aux Théologiens de cette Communion, qui avoient voulu rendre sa foi suspecte. Il paroît au reste, que ce Livre étoit sa production favorite, par le zèle avec lequel il en recommanda l'impression avant que de mourir; devoir auquel ses Héritiers satisfirent en 1695.

Plusieurs Personnes ont prétendu que les Notes, qui ont été imprimées sous le nom d'*Athanasius Vincentius*, sur la *Polygamia Triumphatrix* de *Theophilus Aletheus* étoient de *Pufendorff*, qui avoit jugé à propos de se déguiser sous le premier nom. Peut-être que le lieu où l'Ouvrage a été imprimé, qui est, selon la première page du Livre, *Lunden* en Schoone, où il avoit professé, a servi de prétexte à soupçonner qu'il en étoit l'Auteur. Mais ces Notes sont pleines d'une Littérature si éloignée de l'étude dont il faisoit profession ouverte, qu'il n'a pas besoin d'Apologie à ce sujet: d'ailleurs, le Livre parut en 1682, c'est-à-dire, six ans après que notre Auteur eut quitté sa Chaire de Professeur en l'Université de Lunden, & précisément dans le tems où il étoit le plus occupé de son Histoire de Suéde.

Il est certain que notre Auteur fut honoré de la dignité de Baron. *Le Pere Niceron* croit qu'il en fut redevable à la bienveillance du Roi de Suéde, qui lui conféra ce grade en 1694. Mais il n'est guère vraisemblable que le Roi de Suéde ait créé un Libre Baron du St. Empire Romain, comme *Pufendorff* se qualifioit. J'ai plus de penchant à croire que c'étoit une faveur de l'*Empereur Léopold*, qui souhaita de l'attirer à sa Cour, à ce que m'aprennent quelques Mémoires.

Je sais, au reste, qu'un mauvais usage nous a presque accoutumés à écrire ainsi le nom de l'Auteur PUFFENDORF; mais je sais aussi que les noms doivent être respectés, & que sur cette matière il faut s'en raporter à ceux-mêmes qui les ont portés. *Pufendorff* lui-même écrivoit son nom par une *f* simple à la seconde syllabe, & par une double *ff* à la fin. C'est ainsi qu'on le trouve dans les Editions originales de ses Oeuvres, & par conséquent c'est la seule bonne maniere de l'écrire.

PREFACE
DU BARON
DE PUFENDORFF.

POUR peu qu'on ait lu, on reconnoîtra sans peine que l'Histoire est, de toutes les Sciences, celle qui convient le mieux aux personnes de qualité ; sur-tout à ceux qui sont destinés aux Emplois publics. Ils ne sauroient commencer de trop de bonne heure à l'étudier : car, outre que les enfans ont la mémoire plus vive & plus heureuse, il est certain que s'ils ne se sentent point de goût pour l'Etude de l'Histoire, c'est une marque presque infaillible qu'ils n'ont aucune disposition pour les autres Sciences.

Il est vrai que dans les Colléges on a coutume de leur lire quelques-uns des anciens Historiens. Il arrive même qu'on leur fait consumer des années entieres sur Cornelius-Nepos, Quinte-Curce, Justin, Tite-Live. Mais pour ce qui regarde l'Histoire du tems, on ne daigne pas seulement y penser. Ce n'est pas qu'on ne puisse commencer les Etudes par les Ecrivains de l'Antiquité : leur lecture a son utilité & ses agrémens ; mais ceux qui se chargent de l'instruction de la Jeunesse, ne sont pas excusables de négliger entierement l'Histoire moderne.

Je suis persuadé que dès les prémieres années de la vie, on doit s'appliquer à des choses qui servent dans un âge plus avancé, & qui ayent du rapport aux Emplois où l'on peut parvenir un jour. Ainsi, je ne conçois pas quelles lumières un Cornelius Nepos, un Quinte-Curce, ou la prémière Décade de Tite-Live, peuvent fournir sur les affaires d'aujourd'hui (*) ; quand même on se

───────────

(*) Il est étonnant que l'Auteur fasse une question de cette nature. L'étude des Phrases de ces Auteurs servira toujours à former un excellent style en Latin, & enseignera à écrire

seroit donné la fatigue de les apprendre par cœur d'un bout à l'autre, & qu'on auroit dressé des Tables exactes de leurs *Phrases* & de leurs *Sentences*.

Il ne nous importe guère de sçavoir avec précision combien de *Vaches* & de *Brebis* les *Romains* emmenèrent, lorsqu'ils triomphèrent des Eques, des Herniciens, & des Volsques (*); au lieu que ceux qui sont destinés au manège des grandes affaires, peuvent tirer un secours réel de l'*Histoire moderne* de leur *Patrie*, & de celle des *Etats voisins*.

L'*Histoire moderne* a néanmoins ses difficultés. Elle est dispersée dans une prodigieuse quantité de *Volumes*, dont la plupart sont écrits en des *Langues* étrangeres. Il y a quelques années, que, pour en faciliter l'*Etude* & la faire goûter aux *jeunes-gens*, je m'appliquai à en composer un *Abrégé* fort succint. Comme il y avoit déja plusieurs *Copies* de l'ébauche que j'en avois faite, j'ai appréhendé que quelque *Libraire* ne l'imprimât sans me consulter, & sans attendre que j'y eusse mis la derniere main. On sait que des *Auteurs* ont eu le chagrin de voir publier des *Discours* qu'ils avoient composés sur le champ, & qui étoient encore fort éloignés de la perfection qu'ils auroient pu leur donner. C'est ce qui m'a engagé à retoucher cet *Ouvrage*, & à le travailler autant que le peu de loisir que j'ai, me l'a permis. J'aime mieux le donner moi-même, en l'état où il est, que de souffrir que quelqu'un me le dérobe.

Je prie les *Lecteurs* de considérer, que je n'ai point écrit pour ceux qui ont déja beaucoup de lecture & d'érudition. Ce n'est ici qu'une *Introduction* destinée à servir de guide aux *jeunes-gens* qui commencent cette *Etude*, pour les y attacher, & les exciter à de plus grands progrès par la facilité & le plaisir.

Cette *Histoire* étant tirée des *Ecrivains* de chaque *Païs*, il n'est point étonnant qu'ils ne s'accordent pas toujours sur les circonstances de certains faits arrivés entre des *Nations* ennemies. C'est assez le défaut des *Historiens*, d'exagérer ce qui est avantageux à leur *Nation*, & d'adoucir tout ce qui ne lui fait pas honneur. Ce n'est pas à moi de m'ériger en *Juge* de ces diverses relations.

purement en cette Langue. Mais n'y a-t-il que ce fruit à tirer de la Lecture des anciens Historiens ? Grotius a fait voir dans son Traité du Droit de la Guerre & de la Paix, de quel usage ils peuvent être pour un Ministre d'Etat; & quiconque aura lu l'Histoire ancienne de Mr. *Rollin* n'en vaudra que mieux, pour bien apprécier les Evenemens de nos jours. (*M. de la Martiniere.*)

(*) Cela seroit ridicule, en effet, mais quel homme raisonnable s'arrêtera à ces minuties ? Il semble que le Baron de Pufendorff veuille s'élever contre les Pedants, qui véritablement sont en grand nombre, & qui ignorent le véritable prix des Anciens : en ce cas il a raison. (*La Martiniere.*)

Vers la fin des Chapitres, j'ai marqué ce qu'on dit ordinairement des bonnes ou des mauvaises qualités de chaque Peuple : ç'a été sans vouloir établir aucun préjugé favorable, ou désavantageux à cette Nation ; je ne l'ai fait que pour délasser un peu le Lecteur.

J'ai touché aussi quelque chose de la qualité de chaque Païs, de ses forces, de sa foiblesse, & de la forme de son Gouvernement. Mon dessein a été, que les jeunes-gens qui ont l'occasion de voyager, ou même de s'entretenir chez eux avec des personnes bien informées des affaires, soient disposés par cette lecture à pousser plus loin leurs recherches, & à se perfectionner dans cette sorte de connoissance.

Je compte que l'on voudra bien faire cette réflexion, que quand j'ai dit en passant quelque chose des Intérêts des Souverains, j'ai envisagé la situation du tems où j'ai écrit. *Quoique ces matieres soient plus à la portée des personnes d'un âge mûr, que des jeunes-gens, je n'ai pas laissé d'en parler, parce que c'est le principe fondamental sur lequel on peut juger sainement de la bonne ou de la mauvaise conduite, en fait de Gouvernement.*

Qu'il me soit permis de faire remarquer ici à la Jeunesse, que l'Interest des Princes est de deux Manieres. *Il y a l'*Imaginaire, *& le* Vrai.

*L'*Interest Imaginaire *est, lorsqu'un Prince fait consister le bonheur de son Peuple, ou le sien, en de certaines choses qui ne se peuvent exécuter qu'au préjudice des autres Nations qui ont intérêt de s'y opposer. Telle est la Monarchie universelle de l'Europe ; tel est le dessein d'attirer à soi tout un Commerce, &c. C'est dequoi mettre tout l'Univers en combustion. Car si vous voulez donner des fers à tous les autres, est-il dit pour cela qu'ils les doivent accepter?*

Le Vrai *est, ou* Perpetuel, *ou* Variable. Le Perpetuel *a pour fondement la situation & la qualité du Païs, & l'inclination naturelle des habitans.* Le Variable *se régle sur les dispositions des Princes voisins, & sur l'accroissement ou la diminution de leurs forces. De-là vient que nous nous sentons quelquefois obligés, par notre propre intérêt, de secourir un Allié foible, & de le garantir de l'opppression de son Ennemi ; & qu'ensuite nous tournons nos armes contre ce même Allié, lorsque, devenu trop puissant, il se rend redoutable, & nous cause de l'inquiétude par ses projets ambitieux.*

Ceci étant manifeste, & ne pouvant être ignoré de ceux qui ont la moindre part au Gouvernement, on pourroit me faire cette question : D'où vient qu'il se commet tant de fautes considérables contre les Intérêts de l'Etat ? *Cela vient de ce que quelquefois les Souverains, sans connoître à fond leurs intérêts, ou ceux de leurs voisins, ne* suivent que leur entêtement, & méprisent le conseil de sages & fidèles Ministres. Il peut aussi arriver qu'ils se laissent gouverner par leurs passions, par des gens intéressés, par des Favoris. Lorsque le dépôt de l'Autorité est confié aux Ministres, il n'est pas impossible que le choix du Prince soit tombé sur des Sujets incapables de cet emploi; ou que leur intérêt particulier, leurs divisions, leurs jalousies, les écartent souvent du droit chemin que la saine raison leur eût montré.

Le point capital de l'Histoire moderne est de bien connoître les Souverains de chaque Etat, leurs Ministres, & les personnes qui sont employées sous eux, de bien savoir leur génie, leur capacité, leurs caprices mêmes, leurs intérêts particuliers, leurs manieres; en un mot, tout ce qui regarde leur conduite. C'est de cette source que vient presque toujours le bonheur, ou le malheur des Etats. Nous en voyons de foibles, qui deviennent très-puissans par la bravoure & par l'habileté de ceux qui les gouvernent; pendant que d'autres, qui étoient très-florissans, tombent dans le mépris par le peu de cervelle de ceux qui sont à la tête des affaires.

Mais cette Science, si nécessaire aux Ministres chargés des affaires étrangères, est quelque chose de bien inconstant, à cause des fréquens changemens de scène qui arrivent sur le théâtre de l'Europe. On ne l'apprendra jamais si bien dans les Livres, que par la pratique & par les relations des personnes sages qui ont été employées. Voilà ce que j'ai cru devoir dire en peu de mots sur ce sujet.

DISCOURS
PRÉLIMINAIRE.
DES
ANCIENNES MONARCHIES,
ET PARTICULIEREMENT
DE L'EMPIRE ROMAIN;

Du Démembrement de cet Empire, & des nouveaux Etats qui s'en sont formés.

VANT de s'engager dans l'Histoire des Etats & des Monarchies modernes, dont la connoissance est sans doute la plus intéressante pour nous, parce qu'elle est d'un plus grand usage, il faut avoir quelques notions de l'Histoire ancienne, laquelle, indépendamment de l'attrait qu'elle a pour la curiosité, est si digne de notre étude. On ne peut donc se dispenser de jetter au moins un coup d'œil sur les anciennes Monarchies, & principalement sur l'Empire Romain, puisque c'est des débris de ce vaste Empire que se sont formés la plûpart des Etats de l'Europe.

Il est certain qu'on ne peut trouver dans les premiers âges du Monde aucune trace de Monarchie ou d'établissement Politique. Chaque pere de famille gouvernoit alors la sienne avec un pouvoir absolu & une entiere indépendance. Il paroît même assez vraisemblable que depuis la Création jusqu'au Déluge, il n'y eut aucune Société réunie sous un Gouvernement public ; mais que l'autorité paternelle étoit la seule que l'on connût. Il n'est pas croyable, en effet, que si les hommes eussent vécu en société & sous la puissance des Loix, il se fût commis de si grands désordres. Du moins après que les Républiques ont été formées, nous ne voyons plus que les hommes soient retombés dans cette horrible corruption, dont Dieu n'avoit pu arrêter le cours que par un châtiment rigoureux & universel ; quoique dans le fonds les racines du mal ayent été, après le Déluge, les mêmes qu'auparavant. Il paroît aussi que cet état, où chaque famille vivoit à part sous l'autorité de son Chef, a duré assez long-tems après le renouvellement du Genre-humain.

Origine des premieres Sociétés.
Ce qui engagea les Peres de famille à quitter ce genre de vie, ce furent les disputes & les querelles qui survenoient entre les voisins, &, qui, n'étant décidées que par la force, ne pouvoient qu'avoir de fâcheuses suites. Pour y remédier, ils formèrent entr'eux des Sociétés, & convinrent, pour maintenir la paix, que la décision de leurs différends seroit renvoyée de part & d'autre, aux plus sages & aux plus considérables du voisinage. Outre cela, à mesure que les hommes se multiplioient, il se trouva des scélérats, contre la malice desquels il fallut se précautionner. On vit que, pour peu qu'ils se joignissent ensemble, il leur étoit aisé d'opprimer un homme seul avec sa famille. Pour se garantir de leurs insultes, ceux qui étoient le plus à portée de se rassembler, s'unirent de concert, & se firent une obligation réciproque de se défendre les uns les autres. Afin de mieux réussir, on donna la direction de ces Sociétés à ceux qui montroient le plus de prudence & de courage. Il y a bien de l'apparence aussi, que quand une troupe de gens se mettoient ensemble pour chercher une nouvelle habitation, ils se choisissoient un Chef, à qui ils remettoient la conduite de leur voyage & de leur établissement. C'est de-là que s'est formé ce Gouvernement qu'Aristote appelle le *Gouvernement Héroïque*, & qui n'est, à proprement parler, qu'une *Démocratie*, où le peuple est gouverné par un homme de considération, qui a plus de crédit pour faire écouter ses conseils, que de puissance pour faire exécuter ses ordres. Il y a lieu de croire que cette sorte de Gouvernement est la plus ancienne, & que les Peres de famille n'ont pu si-tôt renoncer à toute leur autorité, sans se réserver du moins la liberté de dire leur sentiment sur les résolutions que l'on prendroit au nom de toute la communauté.

Des Assyriens.
On ne sauroit dire précisément en quelle année du Monde la premiere Société s'est formée, ni même laquelle on doit regarder comme la plus ancienne de toutes. Car quoiqu'ordinairement l'Empire des *Assyriens* passe pour la premiere Monarchie, cela ne prouve point que ç'ait été la premiere Société Politique. Il est certain qu'il ne s'étoit aggrandi qu'en dévorant, pour ainsi dire, de moindres Sociétés ; & les guerres que les premiers Rois *Assyriens* ont faites, montrent assez qu'il falloit qu'il y eût déja d'autres peuples. Comme c'est le propre des choses humaines de n'arriver à la perfection que par dégrés, les premieres Républiques étoient peu de chose, jusqu'à ce que les diverses parties du gouvernement

PRÉLIMINAIRE.

gouvernemnet eussent pris peu-à-peu la forme qu'elles devoient avoir, & qu'on eût fait des loix, des réglemens, & tout ce qui sert à la conservation des Etats. Ainsi les premieres Républiques ne consistoient qu'en un petit nombre de voisins, dont les habitations n'étoient pas si éloignées les unes des autres, qu'ils ne pussent s'assembler commodément, soit pour tenir conseil sur leurs intérêts communs, soit pour se prêter un secours mutuel contre la violence de quelque ennemi. Plus on remonte dans l'antiquité, plus on trouve de petits Etats détachés, qui venant dans la suite à s'incorporer les uns dans les autres, soit de gré à gré, soit par droit de conquête, ont formé avec le tems des Empires formidables.

Entre ces grandes Monarchies, celle des *Assyriens* passe généralement pour la plus ancienne. La raison la plus probable sur laquelle cette opinion est fondée, est que leur pays a été habité le premier, & que les hommes l'ont extrèmement peuplé par l'accroissement de leurs familles ; au-lieu que dans les endroits qu'on avoit occupés depuis peu, les habitans se trouvoient en bien plus petit nombre, & demeuroient plus écartés les uns des autres. Ajoutez que les *Assyriens* entendoient mieux l'agriculture, & étoient bien plus puissans que les autres peuples, qui étoient entierement occupés du soin de se mettre en sureté dans un païs encore désert. Ainsi, les premiers ont pu facilement ruïner les autres Etats les uns après les autres, & se servir de leurs premieres victoires, pour pousser plus loin leurs conquêtes.

On observe particulierement deux moyens, dont les Rois d'*Assyrie* se sont servis pour tenir en bride un si vaste Empire. Premierement, ils rendoient leurs personnes fort vénérables, en se tenant enfermés dans leurs Palais, & ne se laissant voir qu'à leurs domestiques les plus affidés, par le ministere desquels ils rendoient réponse à leurs sujets. C'est par ce moyen qu'on persuadoit au commun peuple, que ces Rois étoient quelque chose de plus que les autres hommes. En second lieu, ils faisoient venir tous les ans de leurs Provinces, dans le lieu de leur résidence, des troupes, dont ils donnoient le commandement à quelque Général, qu'ils croyoient le plus dévoué à leurs intérêts. Ces troupes servoient d'un côté à retenir les sujets dans l'obéïssance, & de l'autre à donner de la terreur aux ennemis. On licencioit tous les ans cette Milice, & on en levoit d'autre, afin d'affoiblir par-là l'autorité des Généraux, & de leur ôter toute occasion de pouvoir envahir l'Empire.

La décadence de la Monarchie des *Assyriens*, sous *Sardanapale*, ne doit pas tant être imputée à son infâme mollesse & à son naturel efféminé, qu'au pouvoir trop étendu que ces Rois donnoient à leurs Gouverneurs sur les grandes Provinces, dont ils leur avoient commis l'administration. Car ceux-ci devinrent d'autant plus facilement les maîtres, que ces Rois, au-lieu de s'exercer à la guerre, & de soutenir leur autorité par quelques actions glorieuses, s'endormoient dans une oisiveté méprisable, & se livroient entierement aux douceurs de la volupté. La ruïne de la Monarchie des *Assyriens* semble avoir donné la naissance à deux autres Empires, lors qu'Arbaces, Gouverneur de *Médie*, & celui de *Babylone*, s'emparerent de ces deux Provinces, qui furent ensuite réunies au Royaume de *Perse*.

Tome I.   D

Des Assyriens.

Décadence de l'Empire d'Assyrie.

MONARCHIE DES PERSES.

Moyens que Cyrus employa pour maintenir cette Monarchie.

Cyrus, qui jetta les premiers fondemens de l'Empire des *Perses*, joignit au Royaume des *Medes* & des *Babyloniens* une bonne partie de l'Asie mineure. Outre plusieurs excellentes ordonnances qu'il fit pour maintenir la tranquillité dans ses Etats, il fit bâtir des Forteresses dans tous les païs, où il avoit mis des Gouverneurs, & il en confioit la garde à des Capitaines d'une condition médiocre, & dont le pouvoir étoit extrêmement limité. Ceux-ci ne dépendoient d'aucun autre Gouverneur, mais ils recevoient immédiatement les ordres du Roi. Comme ils vivoient ensemble dans une jalousie continuelle, ils se tenoient ainsi réciproquement dans le devoir. Un Gouverneur ne pouvoit compter sur aucun de ces Capitaines, pour tenter quelque révolte, puisqu'ils observoient eux-mêmes fort exactement toute sa conduite, & donnoient avis à leur Prince de tout ce qui se passoit. Le Roi n'avoit non-plus rien à craindre de leur part, puisque leur condition étant peu relevée, & leur pouvoir fort borné, ils n'étoient pas en état de se faire un Parti considérable.

Mauvais succès des Rois de Perse dans les conquêtes qu'ils entreprirent.

Cambyse réunit le Royaume d'*Egypte* à celui de *Perse*. Cependant, les Rois de *Perse* ne réussirent pas dans le dessein qu'ils avoient d'étendre leurs frontieres, & de pousser plus loin leurs conquêtes. Il est vrai que ce même *Cambyse* fit une tentative contre les *Æthiopiens*, & *Darius* fils d'*Hystaspe* en risqua une autre contre les *Scythes*; mais ce fut sans aucun succès. Ce dernier, & *Xerxès* son fils, qui entreprirent la conquête de la *Grece*, n'en remporterent que de la honte. Les Rois suivans, comme *Artaxerxès Longuemain*, *Darius le Bâtard* & *Artaxerxès Mnemon*, s'y prirent plus prudemment. Car au-lieu d'attaquer ouvertement les *Grecs*, ils se contenterent de profiter de leurs divisions en les entretenant adroitement dans une guerre, qu'ils avoient le secret de rendre perpétuelle par les secours qu'ils donnoient aux plus foibles. Lorsqu'ils les voyoient las & épuisés, ils leur proposoient la paix à des conditions assez raisonnables en apparence, mais qui dans le fonds ne tendoient qu'à mettre la *Grece* dans l'impuissance de rien entreprendre de considérable, puisque par-là chaque ville étoit déclarée libre & soumise à ses propres loix.

Décadence de l'Empire des Perses.

La ruïne de l'Empire des *Perses* ne fut l'ouvrage que d'une partie peu considérable de la *Grece*, c'est-à-dire de la *Macédoine*. Les Rois de *Perse* manquerent bien de prudence, de ne s'être pas opposés de bonne heure à l'accroissement de la puissance de *Philippe*, & de ne lui avoir pas suscité, aussi bien qu'à *Alexandre*, de puissans ennemis dans la *Grece*. Ils auroient dû ne rien épargner pour cela, afin que ces deux Princes ayant assez d'occupation chez eux, perdissent entierement l'envie de porter leurs armes en *Perse*. Car c'est ainsi qu'ils en avoient usé à l'égard d'*Agésilas*, qu'ils obligerent bien-tôt de s'en retourner chez lui. Mais enfin, la trop grande confiance qu'ils avoient en leurs propres forces, & le mépris qu'ils faisoient de celles des autres, furent la cause de leur perte; ajoûtez le peu d'expérience qu'ils avoient au métier de la guerre, comme nous le ferons voir plus bas.

DE LA GRECE.

Anciennement, la *Grece* étoit divisée en plusieurs petits Etats, dont chacun en particulier se gouvernoit par ses propres loix, & entre lesquels la ville d'*Athenes* se distinguoit par beaucoup d'éclat. Ses habitans surpassoient tous les autres par l'esprit, l'éloquence, la disposition qu'ils avoient à toutes

PRÉLIMINAIRE.

sortes de sciences & d'arts, & la politesse des mœurs. Leur gloire s'accrut encore extrêmement, depuis la guerre qu'ils soutinrent avec tant de valeur contre les *Perses*: enfin ils rendirent leur Ville fort marchande, en y joignant le Port de *Pirée*. Le Commerce leur donna lieu d'amasser de grandes richesses, & de se rendre puissans par mer; ensorte qu'avec leurs Armées navales, ils conquirent les *Isles de l'Archipel*, & la Côte de l'*Asie mineure*. Mais dès que cette Ville commença à s'enorgueillir de son bonheur, & à traiter ses sujets & ses alliés avec une fierté indécente, elle devint odieuse à tous ses voisins. On entrevit qu'elle aspiroit à la domination de la *Grèce*, & alors ceux du *Péloponnèse*, avec quelques autres, sous la conduite des *Lacédémoniens* qui portoient le plus d'envie aux *Athéniens*, s'unirent pour en réprimer l'orgueil. Ceux-ci ne laisserent pas de se défendre vigoureusement; la guerre dura long-tems avec un succès à peu près égal, & sans que les uns remportassent aucun avantage considérable sur les autres. Mais ce qui décida, ce fut que l'Armée des *Athéniens* ayant été battue en *Sicile*, cette déroute, jointe à la perte de leur Flotte sur les côtes de *Thrace*, les affoiblit de maniere à ne s'en pouvoir relever. Peu de tems après, les *Lacédémoniens* prirent *Athenes*, & y établirent un Gouvernement de trente personnes, qui maltraiterent horriblement le peu de citoyens qui s'étoient sauvés du carnage, après la prise de la Ville. Cependant *Thrasybule*, aidé du secours des citoyens qui avoient été éxilés, chassa les *Lacédémoniens* hors de la Ville, & lui rendit son ancienne liberté. *Athenes* se rétablit, à la vérité; mais elle ne put jamais atteindre à ce haut degré de grandeur où elle s'étoit vue auparavant: il arriva même, que voulant s'élever contre *Philippe*, elle fut rudement châtiée. C'est ainsi que les *Athéniens* hâterent leur ruine, par la passion qu'ils avoient de dominer, & par la faute qu'ils firent de conquérir plus de païs qu'ils n'en pouvoient gouverner. Leurs citoyens ne faisoient gueres en tout plus de dix mille hommes: & comme ils étoient fort réservés à donner le droit de bourgeoisie à des étrangers, la moindre perte qu'ils faisoient à la guerre étoit irréparable. Il n'y avoit donc point d'apparence que de grandes Villes voulussent plier sous le joug d'un si petit nombre d'hommes, qui, après la perte d'une ou de deux batailles, ne pouvoient manquer d'être perdus sans ressource. Ces petits Etats ordinairement sont plus propres à se bien défendre eux-mêmes, qu'à faire des conquêtes. C'est pourquoi les plus prudens sont ceux, qui, seulement occupés de leur conservation, ne cherchent point à s'aggrandir aux dépens d'autrui, & n'ont d'autre pensée que de veiller à leur sûreté & à la défense de leurs murs.

<small>DE LA GRECE</small>

Après *Athenes* on donnoit le pas à *Sparte*, ou *Lacédémone*, ville très-célebre par l'exacte police & la discipline sévere, que *Lycurgue* y avoit introduites, & qui servoient particulierement à rendre ses citoyens guerriers. Aussi long-tems qu'il ne se forma point d'Etat trop puissant aux environs de cette Ville, elle eut des forces suffisantes pour maintenir sa liberté contre ses voisins. Les *Lacédémoniens* n'avoient pas non plus de raisons pour attaquer d'autres Villes, ou d'autres Etats, tant qu'attachés à leurs loix, ils n'eurent que du mépris pour les richesses. Mais quand, devenus ambitieux, ils voulurent reculer leurs frontieres, alors ils apprirent par ex-

<small>DE LACEDE-MONE.</small>

D ij

DE LACEDE-
MONE.
périence, qu'il faut bien d'autres moyens pour former un Empire, que pour conserver une Ville d'une médiocre grandeur. Après avoir vaincu les *Atheniens*, après avoir ruïné & saccagé leur Ville, ils eurent la même folie qui avoit causé la ruïne d'*Athenes*. Peu contens de soumettre à leur obéïssance toute la *Grece*, & la côte d'*Asie*, ils attaquerent le *Roi de Perse*, sous la conduite de leur Général *Agésilas*. Mais il fut aisé au Persan de châtier leur arrogance, en excitant contre eux d'autres *Grecs*, qui jaloux de leurs succès, leur donnerent assez d'occupation chez eux, pour faire diversion : de sorte qu'ils furent obligés de rappeller *Agésilas* au secours de la Patrie. Outre cela, leur Flotte fut défaite par *Conon* ; enfin *Epaminondas* les battit à la journée de *Leuctres*, & ruïna tellement leurs forces, qu'ils eurent ensuite assez de peine à défendre leur propre Ville.

DE THEBES.
Après *Athenes* & *Lacédémone*, *Thebes* eut quelque-tems l'Empire de la *Grece*, principalement par la valeur & par la prudence d'*Epaminondas*. Ce grand Capitaine anima tellement ces *Pourceaux de Béotie*, (c'est ainsi qu'on les appelloit) que sous sa conduite ils domterent la férocité des *Lacédémoniens*, & que durant sa vie leur Etat fut le plus florissant de toute la *Grece*. Après sa mort, ils retomberent dans leur premiere condition ; & ayant voulu faire la guerre aux *Macédoniens*, ils en furent rudement châtiés d'abord par *Philippe*, & ensuite par *Alexandre le Grand* son fils, qui les extermina entierement.

DE LA MACE-
DOINE.
La *Macédoine*, avant le regne de Philippe, étoit peu considérable. Obligée de souffrir de tous côtés les insultes de ses voisins, elle avoit assez de peine à conserver sa liberté. Les *Macédoniens* étoient le rebut des autres *Grecs*. Cependant, la valeur de deux Rois tira cette Nation de cet état de foiblesse & d'abaissement, pour l'élever à l'Empire d'une grande partie du Monde.

PHILIPPE.
Philippe (1) rendit le premier la *Macédoine* respectable, & jetta les fondemens de sa grandeur. Il dût ses succès en partie à la situation où se trouvoient ses voisins, en partie à sa politique & à son habileté. Il avoit, d'un autre côté, pour voisins les *Triballiens*, les *Thraces*, & les *Illyriens*, peuples farouches & accoutumés au brigandage : son courage & encore plus son adresse les lui eurent bien-tôt soumis. D'autre part, il y avoit des Villes dans la *Grece*, qui, quoi qu'elles eussent beaucoup perdu de leurs anciennes forces, étoient néanmoins encore plus puissantes & plus considérables que la *Macédoine*. *Philippe*, pour les réduire, sçut les armer les unes contre les autres, en semant la division entre elles, afin qu'elles se ruïnassent mutuellement, ou s'affoiblissent de telle sorte, qu'elles fussent contraintes de plier sous le joug qu'il leur vouloit imposer. Il n'attaquoit ces Villes que l'une après l'autre ; & comme elles ne cherchoient pas à tems les moyens de se réunir pour s'opposer à son agrandissement, il s'en rendoit le maître, avant qu'elles s'en défiassent. Il ne manquoit à *Philippe* aucune des qualités nécessaires pour former de grands projets, & pour les exécuter. Il avoit l'esprit vif & pénétrant : il avoit de l'ambition, il aimoit la gloire. Il affectoit de faire paroître à l'extérieur les vertus solides, qu'il n'avoit pas. Il avoit soin de couvrir ses entreprises de quelque prétexte spécieux ;

―――――――
(1) Pere d'Alexandre, & IIe du nom.

PRÉLIMINAIRE.

& lorſqu'il n'en trouvoit pas, content d'arriver à ſes fins, il ne faiſoit aucun ſcrupule d'employer les promeſſes & les ſermens pour tromper les autres. Habile à cacher ſes deſſeins, il profitoit de toutes les conjonctures; & quand deux Etats qu'il avoit brouillés, ſe faiſoient la guerre, feignant d'être ami des deux partis, il les repaiſſoit tous deux d'eſpérances, & les amuſoit de paroles. Il n'étoit pas moins adroit à s'inſinuer dans les eſprits: & ſa langue, dont il étoit toujours maître, ne diſoit que ce qu'il falloit dire pour perſuader ce qu'il vouloit. Il n'employoit ſon argent qu'à l'avancement de ſes deſſeins. Il entendoit bien auſſi le métier de la guerre, & avoit formé de ſes *Macédoniens* une Armée de gens choiſis. La *Phalange*, dont il étoit l'inventeur, paſſoit au jugement même des Romains, pour un corps d'Armée formidable. Comme il menoit ſes troupes lui-même dans toutes les occaſions, qu'il les exerçoit ſans ceſſe, & les payoit exactement, il rendit les *Macédoniens* les meilleurs ſoldats qui fuſſent alors. Il étoit parvenu à être proclamé Généraliſſime de toute la *Grece* contre les *Perſes*; mais lorſqu'il ſe préparoit à marcher contre eux, il fut aſſaſſiné, & il laiſſa à ſon fils *Alexandre* l'exécution de ſes projets.

<small>DE LA MACÉDOINE.</small>

On aura de la peine à trouver dans toutes les Hiſtoires une expédition plus glorieuſe que celle d'*Alexandre le Grand*, qui avec trente-cinq mille hommes ſubjugua un Royaume auſſi puiſſant qu'étoit alors celui de *Perſe*; & porta ſes armes victorieuſes depuis l'*Helleſpont* juſques aux *Indes*. Si on veut rechercher les cauſes d'un progrés ſi rapide, on reconnoîtra d'un côté, qu'après la Providence de Dieu qui a déterminé la durée & les bornes des Etats, on le doit principalement attribuer au courage & à la valeur incomparable d'*Alexandre*, qui, avec des ſoldats d'élite & très-aguerris, alla fondre ſur l'ennemi avec une célérité & une vigueur incroyables. Il avoit une Armée à laquelle de nouvelles troupes ſans expérience n'étoient pas capables de réſiſter, quelque nombreuſes qu'elles puſſent être. D'autre part, *Darius* fit mal de s'amuſer à donner des batailles rangées, dans leſquelles les *Grecs* avoient toujours l'avantage ſur les *Perſes*; ceux-ci n'ayant eu depuis fort long-tems que très-peu de guerres, n'avoient preſque point de milice qui fût aguerrie. Plus la multitude de ces ſoldats inexpérimentés étoit grande, plus il y avoit de confuſion & de déſordre, quand on en venoit aux mains. *Darius* ignoroit l'art de tirer la guerre en longueur, de fatiguer & de ruiner un ennemi vigoureux à propos, en lui coupant les vivres, & en uſant de ſemblables ſtratagèmes. Il avoit négligé de faire ſoulever les *Grecs* qui étoient mal intentionnés pour *Alexandre*, & de lui donner par ce moyen de l'occupation chez lui. Ainſi il devoit s'attendre aux malheurs qui l'accablerent.

<small>ALEXANDRE LE GRAND.</small>

La mort précipitée d'*Alexandre* rendit inutiles tous les fruits de cette expédition. Non-ſeulement ſon fils, encore jeune, n'hérita point du Royaume de Macédoine mais encore ſes Généraux, qui diviſerent entre eux ſes conquêtes, ſe firent la guerre, & rendirent très-malheureuſe la condition des Peuples, déja mécontens du gouvernement paſſé. Tous ces païs nouvellement conquis en ſi peu de tems, ne pouvoient pas former un Empire ferme & durable, puiſque pour unir enſemble toutes ces Nations différentes, ceux qui gouvernoient avoient beſoin de beaucoup de tems, auſſi

<small>Mort précipitée d'Alexandre.</small>

DE LA MACE-
DOINE.

bien que d'une habileté & d'une prudence particuliere. Ordinairement, les choses qui croissent subitement & avec excès, ne sont pas de longue durée ; & il ne faut pas moins de capacité pour conserver les conquêtes, que pour les faire. Comme celles d'*Alexandre* étoient si vastes, qu'il ne pouvoit pas les garder avec un si petit nombre de *Macédoniens*, ni les réunir au Royaume de son pere, il ne lui restoit pas d'autre moyen, pour les conserver, que de traiter les Nations qu'il avoit vaincues, avec la même douceur que ses sujets naturels ; de ne rien changer, ni altérer dans leurs loix, dans leurs coutumes, dans leurs privileges ; & enfin, de ne les pas contraindre à se faire *Macédoniens*, mais plutôt de devenir *Perse* lui-même, afin que ces Peuples ne vissent aucun changement, que dans la personne du Roi. C'est aussi ce qu'*Alexandre* conçut fort bien ; car il prit peu à peu les mœurs des *Perses*, s'habilla à la mode de leur païs, épousa la fille de *Darius*, & prit des gens de cette Nation pour la garde de sa personne. Les Ecrivains qui ont blâmé cette conduite dans *Alexandre*, ont donné en cela une preuve de leur peu de jugement. Mais pour venir à bout d'un tel dessein, il eût fallu un long espace de tems ; afin que les esprits des vaincus & des vainqueurs pussent s'accorder & s'accoutumer les uns aux autres. C'est à quoi *Alexandre* étoit très-propre, par cette grandeur d'ame & cet air majestueux qu'il avoit naturellement. Si ce grand Prince eût eu un fils capable de lui succéder, sa Maison se seroit affermie sur le Trône des Rois de *Perse*.

Désordres arrivés après la mort d'Alexandre.

Sa mort fit naître beaucoup de guerres sanglantes, parce qu'il y avoit sur pied une puissante Armée, dont les soldats s'abandonnoient entierement à la dissolution, & étoient tellement enyvrez de la gloire de leurs exploits, qu'ils ne jugeoient plus personne digne de les commander. Il n'y avoit point de Général qui eût assez de modération pour renoncer à ses prétentions sur l'Empire, ni assez de mérite & de crédit pour l'emporter sur les autres. Il est vrai qu'on donna à *Aridée* le titre de Roi : mais il n'avoit ni l'autorité, ni la force de contenir dans le devoir tant de gens puissans, dont les uns tâchoient de se rendre maîtres de l'Empire, & les autres espéroient en envahir une bonne partie. Leur ambition alluma de longues & de cruelles guerres, dans lesquelles ils s'exterminerent les uns les autres ; jusqu'à ce qu'enfin il n'en resta qu'un petit nombre. Il y en eut cinq d'entre eux, qui prirent le titre de Rois & s'emparerent de la Souveraineté de leurs Provinces ; savoir *Cassandre*, *Lisimaque*, *Antigone*, *Seleucus* & *Ptolomée* ; mais il n'y eut que les trois derniers qui purent laisser à leurs descendans les Etats qu'ils possédoient. Ainsi il ne resta que trois Royaumes effectifs entre les mains des *Macédoniens* ; savoir, le Royaume de *Syrie*, celui d'*Egypte* & celui de *Macédoine*. Des Provinces de *Perse*, qui sont au-delà de l'*Euphrate* du côté de l'Orient, il se forma un Empire considérable sous le nom de *Parthes*. Les trois autres Royaumes furent engloutis par les *Romains*, qui envahirent la *Macédoine* la premiere, comme étant la plus voisine de l'*Italie*. Rome, après avoir soumis toute l'*Italie*, commençoit à étendre sa domination au-delà de la mer ; & voyant que *Philippe* (2) se rendoit puissant en travaillant à

---

(2) C'est ce *Philippe* (pere de *Persée*) sur qui T. *Quintius Flaminius* remporta une victoire complette à *Cynocephale* en *Thessalie*, l'an de *Rome* 557.

PRELIMINAIRE.

subjuguer toute la *Grece*, elle ne voulut pas souffrir dans son voisinage l'accroissement d'une puissance si considérable, qui menaçoit déja l'*Italie*. Les *Romains* s'allierent avec les Villes de la *Grece*, que *Philippe* avoit attaquées, lui firent la guerre sous ce prétexte, & après l'avoir repoussé jusques dans la *Macédoine*, rendirent la liberté à toute la *Grece*. C'est par-là que la puissance de cette Nation fut divisée, & que les *Romains* gagnerent son affection. Ensuite ils ruinerent *Persée*, & conquirent entierement la *Macédoine*: la *Syrie* eut le même sort. *Antiochus* le Grand, qui en étoit Roi, perdit cette partie de l'*Asie* qui s'étend jusqu'au mont *Taurus*. Ce Royaume à la vérité subsista encore quelque-tems; mais il fut désolé par des divisions intestines, jusqu'à ce que les Peuples, las de tous les maux que la mésintelligence de la Maison Royale leur causoit, se donnerent à *Tigranes* Roi d'*Arménie*, à qui Pompée ravit ensuite cet Etat incorporé depuis à l'*Empire Romain*. Enfin, l'*Egypte* tomba encore sous la puissance des *Romains*, après que *César Auguste* eut défait *Cléopatre*, & *Marc-Antoine* son amant.

DE LA MACE-DOINE.

Avant que de parler de *Rome*, il faut dire un mot de *Carthage*, qui a si long-tems disputé le rang aux *Romains*, tellement qu'ils ne se crurent jamais tranquilles tant qu'elle subsista. *Carthage* étoit beaucoup plus propre au commerce qu'à devenir conquérante. Cependant, lorsqu'elle eut amassé de ▓▓▓des richesses par le négoce & par la navigation, & qu'elle se vit extrêmement peuplée, elle commença à sentir ses forces: non-seulement elle se rendit tributaire une bonne partie de l'*Afrique*, mais elle envoya encore de grandes Armées en *Sicile*, en *Sardaigne* & en *Espagne*; ce qui lui attira la guerre avec les *Romains*. Dans deux guerres consécutives, les *Carthaginois* se battirent avec beaucoup de valeur contre leurs ennemis; mais ils succomberent à la troisiéme, & furent entierement exterminés. Si dès le commencement ils s'étoient gardés de se mesurer avec les *Romains*, qui étoient un peuple tout guerrier, & de les aller attaquer chez eux, ils auroient pu conserver encore long-tems leur liberté; au lieu que leur témérité fut la cause de leur ruine totale. Leur décadence ne vint donc que du desir déréglé de conquérir d'autres païs. Leur véritable intérêt, dans la situation où ils étoient, consistoit particulierement à entretenir leur commerce, & à se contenter des terres qu'ils avoient autour de leur Ville, pour la nécessité & pour la commodité de leurs citoyens, avec quelques Ports qu'ils tenoient en *Espagne* & en *Sicile*, pour servir de retraites à leurs vaisseaux & y former leurs magasins. Les grands païs qu'ils subjuguerent, leur causerent plus de perte que de profit; les Généraux qui commandoient leurs Armées dans les païs étrangers, devinrent dangereux pour leur liberté, parce que revenant chargés de butin, & fiers de la gloire qu'ils avoient acquise dans leurs expéditions, ils ne vouloient plus tenir le même rang que les autres citoyens. D'ailleurs, leurs habitans n'étoient pas fort propres à faire la guerre par terre; ce qui les obligeoit à former leurs Armées de diverses troupes ramassées, qu'on avoit levées la plûpart dans des païs tout différens, & auxquelles il falloit beaucoup d'argent, quoique rien ne fût moins sûr que le service qu'on en tiroit. Car on n'étoit jamais bien assuré de leur fidélité, & on ne pouvoit leur confier les Places conquises, puisqu'il étoit aisé de les gagner par argent.

DE CARTHAGE.

DE CARTHAGE. Après la premiére guerre que les *Carthaginois* eurent avec les *Romains*, ils apprirent à leurs dépens, combien il est dangereux de faire la guerre avec des troupes toutes composées d'étrangers. Ils s'apperçurent trop tard, qu'ils n'étoient pas suffisans pour tenir tête aux *Romains*, qui combattoient pour leur Patrie avec bien plus de zèle & de vigueur, que des simples Etrangers ne pouvoient faire pour une paye médiocre. C'étoit de plus une grande imprudence aux *Carthaginois*, de n'avoir pas plus de soin d'entretenir & de renforcer leurs Flottes, afin de pouvoir rester maîtres de la mer. Aussi voyons-nous qu'après que les *Romains* leur eurent ravi cet avantage, ils ne pouvoient plus espérer autre chose, que de voir au premier jour les ennemis à leurs portes. Ils firent encore une faute de ne pas soutenir *Annibal* de toutes leurs forces, dans le tems qu'il avoit remporté de si grands avantages sur les *Romains*, afin qu'il pût en achever la défaite. Car ceux-ci ayant eu le tems de se remettre, & devenus plus sages par la considération du péril où ils avoient été, n'eurent point de repos, qu'ils n'eussent rasé *Carthage* jusques aux fondemens.

DE L'EMPIRE ROMAIN. Il est bien juste d'aller chercher l'*Empire Romain* jusques dans son berceau, puisqu'il n'y a jamais eu de Ville qui ait surpassé *Rome* en puissance; & que l'Histoire Romaine est ce que la jeunesse, qu'on fait étudier, sait d'ordinaire le mieux. Cette Ville étoit située d'une maniere propre à former un peuple guerrier : aussi est-ce au métier des armes qu'elle dût son agrandissement, comme c'est aussi par les armes qu'elle est tombée en décadence & qu'elle s'est détruite. Le peuple qui l'habitoit n'étoit au commencement, pour la plus grande partie, qu'un ramas de populace & de misérables, qui ne pouvoient subsister ni par le commerce, auquel la situation de *Rome* n'étoit nullement propre, ni par des métiers, qui étoient alors très-peu connus en *Italie*. Le peu de terres qu'ils occuperent d'abord, ne pouvoit pas suffire à nourrir une si grande multitude. Il n'y avoit point aux environs de terres abandonnées dont ils pussent prendre possession, ni qu'ils pussent cultiver. Il ne leur restoit donc d'autre moyen, que de chercher fortune par les armes. *Rome* n'étoit en effet alors qu'un véritable repaire dont les habitans, semblables à des animaux féroces, & altérés du sang ou du bien d'autrui, ne vivoient que de brigandage. Une Ville de cette nature devoit nécessairement être remplie de gens hardis & déterminés.

Moyens dont Romulus se servit pour ramasser beaucoup de monde. Ce fut dans le dessein de grossir le nombre de ses habitans, que *Romulus* fit défense d'ôter la vie à aucun enfant, à moins qu'il ne fût infirme ou monstrueux. Cette coutume barbare d'exposer les enfans étoit fort en usage parmi les *Grecs*. Ce fut encore dans cette vue qu'on donna aux esclaves de *Rome* le droit de bourgeoisie, avec la liberté. De-là sortirent, avec le tems, tant de familles considérables, dont les descendans releverent par leur valeur & leurs vertus, la bassesse de leur extraction. Mais ce qui rendit ce Peuple beaucoup plus nombreux, c'est l'usage où étoit *Romulus* de laisser la vie à tous les Hommes dans les Places qu'il avoit conquises, & au-lieu de les vendre pour esclaves, de les faire passer à *Rome*, où il leur accordoit tous les droits dont jouissoient les plus anciens citoyens. Nous lisons dans les Histoires Romaines, que la difficulté que faisoient ceux d'*Athenes* &
de

PRELIMINAIRE.

de *Lacédémone* d'accorder le droit de bourgeoisie aux Etrangers, fut la véritable cause, qui les empêcha de pouvoir garder leurs conquêtes aussi long-tems que les *Romains*. *Romulus* au contraire fit souvent citoyens le soir, ceux mêmes à qui il avoit livré bataille le matin. Il est constant que la guerre demande beaucoup de monde, & que pour conserver les Places qu'on a gagnées par les armes, on a besoin d'un grand nombre de braves gens, sur la fidélité desquels on puisse entierement se reposer.

<small>De l'Empire Romain.</small>

Cependant, pour que les Villes conquises ne restassent point, ou mal peuplées, ou même entierement désertes ; & pour empêcher que *Rome* ne fût trop remplie d'une populace inutile, tandis qu'on tiroit de plusieurs Places les hommes les mieux faits & les plus braves, pour les transporter à *Rome*, on envoyoit de pauvres citoyens repeupler celles qu'on avoit dégarnies. De cette maniere, elles furent remplies de gens bien intentionnés pour l'Etat, & qui pouvoient en même-tems tenir lieu d'une bonne garnison, en cas de besoin. C'est ainsi que *Rome* fut pourvue de tout ce qu'il y avoit de riche & de brave aux environs ; & que les pauvres citoyens *Romains*, qui souvent n'avoient pas de quoi vivre, trouverent moyen de subsister, & furent mis plus à leur aise.

<small>Comment les Romains repeuploient les Villes conquises.</small>

La nécessité n'est pas l'unique cause qui rendit les *Romains* si belliqueux. On y doit encore ajouter l'humeur belliqueuse de leurs Rois, qui les instruisirent dans l'Art militaire, & les exercerent en diverses occasions. Il est bon néanmoins de considérer qu'il n'est pas avantageux que l'état des affaires d'une République dépende uniquement de la guerre ; car les armes étant journalieres, on ne peut pas toujours s'en promettre un heureux succès. C'est encore une chose contraire à la prospérité d'un Etat, quand généralement chacun s'y pique d'être Soldat, car c'est ainsi que dans *Rome*, qui ne pouvoit souffrir la paix, les citoyens se faisoient la guerre entre eux, dès qu'ils n'avoient au dehors aucuns ennemis à craindre.

Outre les loix dont nous avons parlé, on fit encore d'autres réglemens, qui contribuerent beaucoup aux progrès des armes de *Rome*. C'est à quoi se rapporte particulierement l'ordonnance du Roi *Servius Tullius*, par laquelle il étoit réglé, qu'au lieu qu'auparavant les pauvres & les riches étoient obligés indifféremment de servir à la guerre sans aucun appointement, on n'enrôleroit pour soldats à l'avenir, que ceux des citoyens qui auroient ou beaucoup de bien, ou un bien médiocre, & qu'ils porteroient avec eux plus ou moins d'équipage, à proportion de leurs moyens : ainsi les pauvres en étoient exemts, & ne devoient porter les armes que dans la derniere nécessité. Comme les richesses n'ajoutent rien à la valeur, ce ne fut pas aussi le but de cette loi ; mais les citoyens servant alors sans aucune paye, il étoit bien juste que ceux qui avoient beaucoup de peine à vivre, fussent exceptés. D'ailleurs on vouloit par-là s'assurer de la fidélité des riches, & les obliger à se signaler dans les occasions. Car un homme qui n'a rien, n'ayant rien à perdre, est indifférent sur l'événement d'une guerre, & aucun intérêt ne l'oblige à se porter au combat avec autant d'ardeur que celui qui, avec sa vie, a encore sa fortune à défendre. De plus, des soldats indigens sont facilement tentés de l'envie de déserter, & de passer du côté des ennemis, lorsqu'ils ont quelque espérance d'y trouver un parti qui leur

<small>Réglemens pour la guerre.</small>

soit plus avantageux ; au lieu que ceux qui possédent quelque bien, se battent avec plus de résolution pour l'intérêt public, dont leur bien particulier fait partie. Ceux-ci ne s'engageront pas non-plus legerement dans quelque trahison, puisque par leur désertion ils perdroient toutes les richesses dont la jouissance leur est assurée, sans savoir quelle récompense ils pourroient tirer des ennemis pour leur infidélité. Les Empereurs, qui abolirent cette coutume d'enrôler les soldats à proportion des moyens que chacun pouvoit avoir, imaginerent un autre expédient, qui fut de retenir pour un tems une partie de la paye des soldats, pour gage de leur fidélité, & de ne leur payer cette retenue que lorsqu'ils les auroient licentiés. Cet argent étoit gardé avec les drapeaux de l'Armée.

<small>De l'Empire Romain.</small>

<small>Les Gaulois prennent Rome.</small>

C'est une chose fort remarquable, que les *Romains* ayant été battus plusieurs fois, quelque perte qu'ils ayent pu faire, la frayeur ne les a jamais saisis, ni les malheurs ne les ont abattus au point de les obliger à faire la paix à des conditions honteuses, si ce n'est dans deux extrêmités bien pressantes ; sçavoir, dans le traité qu'ils firent avec *Porsenna*, & dans celui qu'ils négocierent avec les *Gaulois Senonois*. Dans la premiere, non-seulement ils donnerent à *Porsenna* des otages ; mais encore ils s'engagerent à ne se point servir de fer que pour labourer les terres. Les Historiens de *Rome* n'ont eu garde de parler d'un Traité si flétrissant. Par rapport au second Traité, il est sûr que les *Gaulois* auroient exterminé la Ville de *Rome*, si on n'eût pas assouvi leur avarice, si à force d'or & d'argent on ne les eût pas obligés de lever le siége & d'abandonner la Citadelle pressée de la plus cruelle famine. Car ce qu'on dit de *Camille*, qu'étant survenu avec quelques troupes il chassa les *Gaulois* de *Rome*, pendant qu'on étoit occupé à peser l'or qu'on leur avoit promis, sent un peu la fiction.

<small>Courage des Romains dans leur mauvaise fortune.</small>

Il faut demeurer d'accord, que par-tout ailleurs les *Romains* se sont toujours roidis contre leur mauvaise fortune, avec une constance opiniâtre, & une fermeté extraordinaire. Dans la seconde guerre contre les *Carthaginois*, lors même qu'*Annibal* leur tenoit, pour ainsi dire, le pied sur la gorge, ils ne firent pas la moindre démarche pour avoir la paix. De même, quand leurs Généraux eurent fait une paix honteuse aux *Fourches Caudines* & à *Numance*, ils ne voulurent pas la ratifier ; au contraire, ils aimerent mieux les livrer eux-mêmes entre les mains des ennemis. Enfin, pour obliger leurs soldats à mettre leur confiance en leurs propres bras, & non pas en la clémence de leurs ennemis, ils traitoient avec beaucoup de mépris ceux qui demandoient quartier & qui se laissoient prendre prisonniers : aussi ne se mettoient-ils gueres en peine de les racheter des mains de leurs ennemis. Cette conduite des *Romains*, qui forçoit le soldat à se battre jusques à la derniere extrémité, leur acquit une haute réputation. Car celui qui a paru une fois saisi de frayeur en la présence de son ennemi, est ensuite obligé de souffrir ses insultes, autant de fois qu'il lui prendra envie de l'attaquer de nouveau.

<small>De la Religion des Romains.</small>

Il ne sera pas inutile de dire ici quelque chose de la Religion des *Romains* : car quoiqu'elle ait tiré son origine de la superstition des *Grecs*, il est certain qu'ils s'en sont servi bien plus finement qu'eux, pour les besoins & à l'avantage de leur Etat. Dès le commencement, c'étoit la coutume à *Rome* de n'entre-

PRÉLIMINAIRE.

prendre jamais aucune affaire d'Etat, qu'après quelque heureux préſage ; parce qu'on a plus ou moins d'eſpérance du ſuccès d'une entrepriſe, ſelon qu'on eſt perſuadé qu'on la commence avec le bon plaiſir, ou contre la volonté de Dieu : ceux qui ſe tiennent aſſurés de la faveur du Ciel, quand ils forment quelque deſſein, le conduiſent & l'exécutent avec bien plus de vigueur. Les *Augures* conſultoient le vol des oiſeaux, pour en tirer des préſages : ſuperſtition ancienne, fondée ſur ce que les Payens croyoient que les Dieux qui habitoient au-deſſus de l'air, ſe ſervoient des créatures qui peuplent cet élément, pour expliquer leur volonté aux hommes. L'uſage de ces *Augures* fut eſtimé très-avantageux & très-commode, non-ſeulement parce qu'on les pouvoit obſerver en tout tems, mais encore parce qu'il étoit aiſé d'interpréter le mouvement & le cri des oiſeaux en une infinité de façons, ſelon que la conjoncture du tems ou des affaires le requéroit. Les Prêtres ſe ſervoient habilement des prédictions qu'ils avoient faites ſur le vol de ces oiſeaux, pour prévenir la crédulité du peuple, en lui inſpirant à leur gré de la joye & du courage, ou de la triſteſſe & de la frayeur, en le rempliſſant d'eſpérance, ou en le jettant dans le déſeſpoir, ſelon qu'ils le jugeoient convenable à l'état préſent des affaires. C'eſt de-là que le vieux *Caton*, qui avoit été du métier, diſoit, *qu'il ne concevoit pas comment deux Augures pouvoient ſe rencontrer ſans rire*.

Ce qu'on nommoit Religion parmi les *Romains*, ne tendoit directement qu'à l'avantage de l'Etat, qu'à ſoumettre les eſprits de la populace de la maniere la plus utile au bien public : en quoi elle étoit différente de la Religion Chrétienne, qui n'a principalement en vue que le ſalut de nos ames, & l'état de l'homme après cette vie. C'eſt auſſi par cette raiſon que la Religion des *Romains* ne conſiſtoit pas dans certains articles de foi, où ils puſſent apprendre quelle étoit l'eſſence de Dieu, ou s'inſtruire de ſa volonté. Ils n'y découvroient pas non plus comment ils devoient diriger leurs actions & les mouvemens de leur cœur, pour les rendre agréables à la Divinité. La plus grande partie de leur culte regardoit principalement les cérémonies extérieures ; il ne conſiſtoit qu'à marquer quels ſacrifices ils devoient faire, & quels jours ils célebreroient en l'honneur de leurs Dieux. Les Prêtres ne ſe mettoient point en peine de ſavoir quelle étoit la créance du peuple à l'égard des choſes divines. Ils n'examinoient pas non plus ſi l'état des gens de bien devoit être heureux après la mort, & ſi les méchans auroient à ſouffrir après cette vie, ni même ſi les ames ne mouroient pas avec le corps. Auſſi voyons-nous qu'ils ont parlé de cette matiere avec beaucoup d'ambiguité, & que ceux mêmes d'entre eux, qui prétendoient paſſer pour les plus éclairés, n'ont pris toutes ces choſes que pour une illuſion politique, qu'on ne faiſoit au Peuple qu'afin de le gouverner plus aiſément. D'ailleurs ils étoient fort exacts dans leurs cérémonies, ſans y rien changer que très-difficilement, & elles ſe faiſoient avec beaucoup de magnificence. Tout cela ne tendoit qu'à faire impreſſion ſur l'imagination du peuple, qu'il faut ſavoir remuer à propos par le ſpectacle & par l'éclat. Par la même raiſon encore, non ſeulement ils avoient des Temples ſuperbes, mais leurs ſacrifices, & tout l'appareil de leur culte, étoient ſomptueux. De plus, leurs Prêtres étoient choiſis d'entre les principaux citoyens : ce qui s'accommodoit bien aux préjugés de la populace, qui juge ordinairement de la dignité & de l'excellence d'une choſe,

De l'Empire Romain.

Quel étoit l'uſage des Augures.

La Religion des Romains n'étoit que pure politique.

E ij

DE L'EMPIRE ROMAIN.

par les personnes qu'on choisit pour en avoir l'administration. Une autre raison, mais plus secrete, avoit réglé le choix des Ministres consacrés au culte des Dieux. Comme on ne se servoit de la Religion que par maxime d'Etat, pour faire consentir le peuple aux décisions & aux volontés de ceux qui gouvernoient, il étoit absolument nécessaire qu'on élût pour Sacrificateurs des personnes qui entendissent bien les intérêts de l'Etat, & qui eussent eux-mêmes part aux affaires. Car si l'on eût choisi les Prêtres parmi le peuple, ils auroient pu, par leur ambition, cabaler contre le Gouvernement, avec l'aide de la populace, qui s'attache communément à ces sortes de personnes, à cause de l'opinion qu'elle a de leur sainteté. Peut-être aussi ne pénétrant point ce qui étoit de l'intérêt public & de la nécessité des affaires, non plus que l'importance des desseins qu'on auroit conçus, auroient-ils donné au peuple des impressions contraires à celles que la conjoncture du tems demandoit. Enfin, par une semblable conduite, on ôtoit aux Prêtres de *Rome* tous les moyens de pouvoir former un Etat particulier dans la République, & de causer une division dangereuse dans le Gouvernement; on les empêchoit en même-tems par-là d'être tentés de s'emparer entierement de la Souveraineté.

Les Rois chassés de Rome.

Après que *Rome* eut été deux cens quarante-quatre ans (3) sous la domination des Rois, on y introduisit une autre forme de Gouvernement, à l'occasion de *Tarquin*, fils du Roi, qui viola la chaste *Lucrece*. De savoir si ce motif fut suffisant pour autoriser *Brutus* à chasser le Roi, c'est une question fort problematique. Car d'un côté, on voit un crime si infâme, & d'une telle nature, que des gens d'honneur aimeroient mieux tout hasarder, que de souffrir une telle injure : d'où vient que nous trouvons divers exemples de Princes, qui ont perdu leurs Etats avec la vie par leur lubricité, & pour avoir assouvi leur passion brutale en outrageant les femmes & les filles de leurs sujets. D'autre part, on pourroit soutenir que l'action insolente & téméraire d'un fils, commise à l'insu & sans le consentement de son pere, ne pouvoit préjudicier ni au pere, ni à toute sa famille : & qu'il n'y a pas là de raison suffisante pour le chasser d'un Royaume qu'il possede légitimement, d'autant plus que la vengeance de semblables crimes est réservée au Roi même, & qu'aucun des citoyens n'a droit d'y prétendre. Ainsi *Brutus* & *Collatinus* auroient pu se plaindre, si après avoir demandé satisfaction au Roi, il eût refusé de leur rendre justice, ou qu'il eût approuvé l'action de son fils. Mais on remarque généralement que dans les révolutions des Etats, on n'observe pas toujours fort exactement les regles de l'équité. Comme il se commet ordinairement des injustices, lorsqu'on s'empare de la Souveraineté ; de même aussi, lorsqu'on bannit quelqu'un du Gouvernement, l'ambition & le mécontentement, qui ne manquent jamais de prétextes, & qui trouvent aisément des crimes à ceux dont on veut se défaire, y ont souvent le plus de part. Quoiqu'il en soit, il est très-certain que la domination des Rois ne pouvoit durer long-tems à *Rome*, parceque en général les Républiques, où les citoyens sont renfermés dans une seule Ville, sont plus propres à l'*Aristocratie*, & au Gouvernement *Démocratique*; au lieu que la Monarchie subsiste mieux dans des Etats, où le Peuple est dispersé en des lieux fort éloi-

(3) Selon *Tite-Live*, Lib. 1.

PRÉLIMINAIRE.

gnés les uns des autres. La raison fondamentale de ceci est, qu'on doit considérer la plupart des hommes, comme des sauvages, vivant sans ordre & sans regle, qui tâchent par tous moyens de secouer le joug de la domination, dès qu'il commence à leur déplaire. Il n'est donc pas possible de les tenir en bride, que par le secours d'autres hommes. De-là une personne éclairée peut facilement comprendre, pourquoi un Roi qui n'est le maître que d'une seule Ville fort peuplée, est en danger de perdre sa Souveraineté, aussi-tôt que son Gouvernement déplaît à ses citoyens, ou qu'il se glisse quelqu'un parmi eux, pour les faire soulever. Il faudroit qu'il eût pour sa sûreté un nombre suffisant de Gardes étrangeres, ou quelque forte Citadelle, quoique ces deux moyens soient encore fort incertains, parce qu'ils augmenteroient la haine de ses sujets. Si dans un Etat semblable, celui qui gouverne se rend une fois odieux, l'aversion qu'on a pour lui se répand aussi-tôt parmi le reste des citoyens, qui demeurent tous ensemble, & qui peuvent par conséquent s'unir aisément contre lui. Mais dans les païs où les Peuples sont dispersés, & demeurent écartés les uns des autres, il est facile à un Souverain d'engager dans son parti un nombre de ses sujets, qui soit suffisant pour réduire les mécontens & les mal-intentionnés. Ils sont d'autant moins à craindre, qu'ils ne peuvent que difficilement s'assembler pour faire une vigoureuse résistance. Il est particulierement dangereux d'avoir tous ses sujets dans une même Place, lorsqu'ils sont d'un naturel violent & fougueux, & déja expérimentés au fait de la guerre. Car le sens commun & l'expérience nous apprennent, que tout homme qui en veut soumettre un autre, doit nécessairement avoir plus de force que celui qu'il prétend réduire. Après tout, il est très constant que ce changement a servi à l'agrandissement des *Romains*, & qu'il n'y a nulle apparence qu'ils fussent jamais parvenus à ce haut degré de puissance, si leur Etat étoit resté monarchique. Car il seroit arrivé que quelques-uns de leurs Rois auroient été contraints d'abattre le courage des citoyens, pour prévenir les séditions; & il y en auroit eu d'autres, qui, par leur molesse & leur mauvaise conduite, auroient beaucoup affoibli la Ville.

DE L'EMPIRE ROMAIN.

Il ne sera pas hors de propos de rechercher, comment l'*Empire Romain*, qui comprenoit une si grande & si belle partie du Monde, après avoir été affoibli & entierement abattu par les maux, qui le désoloient intérieurement, est tombé en décadence, & est enfin devenu la proye des Peuples Septentrionaux. Pour trouver les causes d'une révolution si surprenante, il faut remonter à la source des dispositions qui l'ont préparée. Il est bon premierement d'observer que, comme le Peuple Romain ne respiroit que la guerre, & qu'il n'y avoit point dans *Rome* de Citadelle pour le réprimer, tout étant renfermé dans l'enceinte d'une muraille, il falloit alors que les Rois, qui n'avoient point de forces suffisantes pour tenir en bride cette grande Ville, eussent recours à la douceur & à la modération, pour gagner l'affection d'une si dangereuse multitude. C'est ainsi qu'en userent les six premiers Rois, qui surent contenir ce Peuple dans le devoir, plutôt par l'inclination qu'il avoit pour eux, que par la crainte qu'ils lui inspiroient. Mais aussi-tôt que *Tarquin le Superbe* commença à charger les *Romains* d'impositions extraordinaires, cette conduite lui aliéna tellement les esprits, que *Brutus*, sous prétexte de l'outrage qui avoit été fait à *Lucrece*, n'eut

Causes de sa décadence.

pas beaucoup de peine à faire soulever contre lui des gens d'ailleurs mal-intentionnés, & à le faire chasser entierement de la Ville.

DE L'EMPIRE ROMAIN.

Dans les changemens, qu'on entreprend de faire à la hâte ou par nécessité, on remarque ordinairement, qu'avant d'avoir pensé mûrement aux choses, & d'avoir par avance pourvû sagement à tout ce qui pourroit survenir ensuite, il échape toujours quelques fautes. C'est ce qui arriva à l'égard de la *République Romaine*. Car il faloit nécessairement tolérer certaines choses, ou du moins n'y pas toucher ; tant à cause que la conjoncture du tems ne le permettoit pas, que parce qu'elles pouvoient contribuer à l'affermissement & à la prospérité de l'Etat. On ne songea pas non plus au commencement à réformer quantité d'abus, qui furent un acheminement à beaucoup de troubles. Il y a bien de l'apparence que *Brutus*, & tous ceux de son parti, après qu'on eut chassé *Tarquin*, voulurent introduire l'*Aristocratie*, puisqu'il n'est nullement croyable que des Nobles eussent voulu détrôner un Roi, pour être soumis à la puissance du Peuple. Et puisqu'un homme sensé ne change pas volontiers l'état présent de sa fortune, si ce n'est dans l'espérance de parvenir à un meilleur, il falloit nécessairement que les auteurs d'un tel changement non seulement rendissent la Royauté odieuse au Peuple, mais aussi que par leur douceur & leur condescendance, ils lui fissent agréer la forme de leur nouveau Gouvernement. Si la populace n'eût trouvé aucun avantage sous l'administration des Nobles, peut-être se seroit-elle avisée de r'ouvrir les portes à *Tarquin*. C'est aussi pour cette raison que *Valerius Publicola* flattoit le Peuple en beaucoup de choses ; jusques-là même qu'il mit bas les Faisceaux, qui étoient les marques de la Magistrature, & se remit au jugement de la multitude ; comme s'il eût voulu reconnoître par-là, que c'étoit à elle seule qu'appartenoit la Souveraineté de *Rome*. Si la Noblesse vouloit conserver la domination qu'elle avoit ainsi usurpée, il étoit absolument nécessaire qu'elle prît bien garde à ne point mécontenter le Peuple par une orgueilleuse prééminence ; & qu'elle s'appliquât sur-tout à trouver des moyens pour le faire subsister, afin qu'il n'allât pas chercher dans les troubles de la République un asyle contre ses dettes & contre la pauvreté. Mais la Noblesse *Romaine* ne fit pas sur ces deux objets les réflexions qu'elle eût dû faire. Car comme alors on n'avoit point encore introduit à *Rome* la coutume des Loix écrites, & qu'il n'y avoit que les Nobles qui exerçassent les Charges publiques, les Jugemens se rendoient souvent par faveur ; les pauvres, malgré la justice de leur cause, étoient ordinairement contraints de renoncer à leur droit, & de céder aux plus puissans. Les citoyens qui étoient obligés de servir à la guerre à leurs propres frais, n'ayant pas beaucoup à gagner dans un tel temps, furent tellement épuisés, qu'ils tomberent dans la disette. Il ne restoit plus d'autre remède à leur misere, que d'emprunter de l'argent des riches, & ceux-ci traitoient ensuite avec la derniere rigueur ceux qui n'étoient pas en état de les payer, jusques à les charger de fers, & à exercer contre eux les cruautés les plus barbares. Ces excès porterent ces misérables à un tel desespoir, qu'ils sortirent par troupes, & ne voulurent jamais promettre de rentrer dans *Rome*, que le *Sénat*, qui craignoit que l'Ennemi ne vînt attaquer la Ville déserte, n'eût consenti que le Peuple auroit ses Magistrats particuliers, qui furent nommés *Tribuns du Peuple*, & qui étoient autant de protecteurs pour le défendre contre la violence & les insultes de la Noblesse.

RÉPUBLIQUE ROMAINE: Ses défauts.

Les Tribuns du Peuple.

PRELIMINAIRE.

Ce fut là le commencement de la séparation des *Romains* en deux Corps ; l'un de *Patriciens*, ou de la Noblesse ; & l'autre de *Plebeiens*, ou du commun Peuple. La jalousie & la défiance, où ils vivoient les uns à l'égard des autres, entretenoient continuellement des semences de division. Il sembloit au commencement que ce fût une chose peu importante, & même il y avoit de la justice, que le Peuple eût quelque sorte de protection contre l'injustice & l'oppression des Nobles : mais ce fut à ceux-ci une grande imprudence, d'accorder au Peuple, qui faisoit la plus forte partie de la Ville, des protecteurs hors de leur propre Corps, puisque par-là *Rome* devenoit comme une Ville partagée sous deux Chefs. On vit dans la suite l'ambition, naturelle aux hommes, & la haine des *Plebeiens* contre la Noblesse, animer tellement ces *Tribuns*, que non contens de se décharger des impôts que la Noblesse mettoit sur le Peuple, ils chercherent à s'égaler en puissance au *Sénat*, & tâcherent même de s'élever au-dessus de lui. D'abord ils firent tant, à force de contestations, qu'ils obligerent les *Patriciens* à consentir que les familles du Peuple pussent s'allier avec eux par le mariage. Outre cela, ils les contraignirent de leur accorder que du nombre des *Consuls*, il y en auroit toujours un choisi d'entre le Peuple : & enfin ils pousserent les choses jusques à oser, malgré le *Sénat*, se faire des Loix à eux-mêmes, & usurper les privileges & les prérogatives de la Souveraineté. Le *Sénat*, pour amuser le Peuple, entreprit successivement plusieurs guerres, afin que les citoyens ayant de l'occupation au-dehors, perdissent l'envie d'exciter des troubles au dedans : mais cet expédient n'eut pas un heureux succès. Ce moyen fut bon pour quelque tems, & par-là on étendit les bornes de l'*Empire Romain* ; mais il fit naître d'autres inconvéniens qui aigrirent les maux intérieurs de l'Etat. La cause des malheurs qui s'en ensuivirent fut, qu'au lieu d'employer les terres qu'on avoit conquises, à soulager les pauvres, en les leur distribuant, les Nobles envahissoient tous ces biens, sous prétexte de les prendre à ferme. Ainsi ils amassoient des richesses excessives, tant par le moyen de ces terres, que par le butin qu'on faisoit sur l'Ennemi, & dont la meilleure part leur revenoit en qualité de Généraux : pendant qu'il y avoit alors une infinité de citoyens qui ne pouvoient subsister qu'avec beaucoup de peine. Ce fut dans ces circonstances que les *Patriciens* ambitieux, qui n'obtenoient pas les dignités ou les graces qu'ils croyoient mériter, s'attachoient au parti de la multitude, ennemie du *Sénat*, sous prétexte de lui vouloir procurer quelques avantages, quoique ce ne fût dans le fonds que pour satisfaire leur ambition par la faveur du Peuple. Lorsqu'ensuite le *Sénat* voulut réprimer ces sortes de factions, il fallut en venir aux mains, & les citoyens s'égorgerent les uns les autres.

<small>DE L'EMPIRE ROMAIN.
Il se forme à Rome deux Corps différens.</small>

L'agrandissement de l'*Empire Romain*, & la négligence du *Sénat*, causerent encore un autre desordre. Il se trouva des citoyens qui eurent le Gouvernement de grandes & riches Provinces, pour la sureté desquelles on leur confioit des armées nombreuses : ce qui leur donna non seulement de l'aversion pour la vie privée, mais aussi l'occasion & le pouvoir d'entretenir à leur service des Armées entieres. On ne doit jamais, dans quelque Etat que ce soit, laisser monter un citoyen à un si haut degré de puissance & d'autorité ; puisqu'ayant une armée à sa disposition, il lui seroit bien difficile de n'être pas tenté du desir de s'empa-

<small>Trop grand pouvoir des citoyens.</small>

DE L'EMPIRE ROMAIN. rer de la Souveraineté. Il est certain que ce furent l'ambition & la trop grande puissance qui pousserent *Marius*, *Sylla*, *Pompée* & *Jules-Cesar* à opprimer la liberté de leur Patrie par des guerres intestines, & à changer le Gouvernement de l'Etat ; ce qu'il leur fût aisé de faire, quand *Rome* eût été extrêmement affoiblie, par les fréquentes saignées qu'elle avoit souffertes. Les citoyens ayant entierement perdu le respect & la soumission qu'ils devoient avoir pour le *Sénat* & pour les Loix, il n'y avoit plus moyen d'arrêter le cours du mal ; & les soldats adonnés au brigandage, s'accoutumerent peu à peu à piller le citoyen. Ainsi cette République, qui avoit été élevée au plus haut point de grandeur, dégénera en une Monarchie la plus dangereuse de toutes, où étoit sans cesse soumise à la violence d'une Armée qui disposoit à son gré de l'Empire.

Oppression de la République. Ce fut AUGUSTE qui établit cette Monarchie, & qui, par sa bonne conduite & par un long regne, l'avoit assez bien affermie. Cette forme de Gouvernement fut introduite au commencement avec beaucoup de retenue. *Auguste* se fit seulement donner le titre de Prince, continua le *Sénat* & les autres Charges ordinaires, & ne se réserva que la Surintendance de la guerre. Mais, à dire vrai, ce nouveau Gouvernement n'étoit pas tant fondé sur la soumission volontaire du *Sénat* & du Peuple, que sur le secours des Soldats qui servirent à le soutenir, comme ils avoient aidé à l'établir. Or pendant que l'ancienne Noblesse, au desespoir de se voir assujettie à l'obéissance d'un seul homme, faisoit sans cesse tous ses efforts pour recouvrer sa liberté, d'un autre côté, les Empereurs tâchoient par toutes sortes de voyes de l'exterminer entierement, ou du moins de l'abaisser. C'est pour cela qu'en deux cens ans les Empereurs se défirent de la plupart des Nobles, & qu'en leur place ils en firent d'autres, qui reçurent le joug de meilleure grace.

On ne doit attribuer qu'aux soldats la chute de l'*Empire Romain*. Si-tôt qu'ils se furent apperçus que c'étoit sur eux que l'Empire étoit fondé, & qu'ils en pouvoient disposer à leur fantaisie, pour le donner à qui bon leur sembloit ; que le *Sénat* & le *Peuple* n'étoient plus que des titres vains, sans pouvoir & sans force, ceux qu'ils avoient élus pour Généraux, furent contraints d'acheter leur faveur par l'augmentation de leur solde, & à force de libéralités. Leur audace alla même jusqu'à massacrer les Empereurs qui ne leur plaisoient pas, & à mettre sur le Trône ceux qui avoient sçu gagner leur affection. Ce ne furent pas seulement les *Pretoriens*, qui eurent cette insolence, les Armées qui s'étoient multipliées, & dont l'une ne vouloit rien céder à l'autre, userent de la même violence. Cela leur étoit d'autant plus facile, qu'elles campoient dans des Provinces voisines des frontieres. C'est aussi ce qui jetta l'Empire dans un désordre épouvantable. Les Empereurs, dont la vie dépendoit incessamment des caprices d'une soldatesque mutine, avare & inconstante, n'étoient jamais assurés de pouvoir transmettre la Couronne à leurs descendans. Souvent on assassinoit miserablement les plus braves & les plus vertueux, pour élever sur le Trône des lâches & des scélérats : quelquefois on en élisoit en mêmetems deux ou trois, qui ensuite combattoient entre eux pour la domination, non sans une horrible effusion de sang. C'est pour cette raison, qu'entre les anciens Empereurs, il s'en trouve tant d'assassinés, & si peu qui ayent

fini

fini de mort naturelle. Les forces de l'Empire furent tellement abattues par tant de guerres civiles, que *Rome* n'étoit plus alors qu'un corps sans esprits & sans nerfs.

<small>DE L'EMPIRE ROMAIN.</small>

CONSTANTIN LE GRAND contribua beaucoup à hâter la ruine de cette Monarchie, lorsqu'il transfera sa Cour & le Siége de l'Empire à *Constantinople*, & qu'il fit marcher vers l'*Orient* les vieilles *Légions*, qui campoient le long du *Rhin* & du *Danube*, pour défendre les frontieres. Les Provinces de l'*Occident* étant ainsi dégarnies, demeurerent ouvertes à des Nations belliqueuses & accoutumées au pillage. L'Empereur THEODOSE partageant la Monarchie entre ses deux fils, donna tout l'*Orient* à ARCADIUS, & l'*Occident* à HONORIUS, ce qui acheva d'affoiblir l'Empire. L'*Occident* devint la proye des *Germains* & des *Goths*, qui couroient alors en foule, pour changer leur inculte & misérable païs, contre un autre plus délicieux & plus riche.

Les *Romains* abandonnerent volontairement la *Grande Bretagne*, parce qu'ils n'avoient pas de forces suffisantes pour la défendre contre les *Ecossois*, & que les Légions qu'ils y avoient, leur étoient plus nécessaires dans les *Gaules*. L'*Espagne* fut le partage des *Visigoths* & de quelques autres Nations. Les *Vandales* s'arrêterent dans l'*Afrique*. Les *Bourguignons* & les *Francs*, avec une partie des *Goths*, diviserent les *Gaules* entre eux. Ceux de *Souabe* & de *Baviere* s'emparerent de la *Rhetie* & de la *Norique*. Une partie de la *Pannonie* & de l'*Illyrie* fut occupée par les *Huns*. Enfin les *Goths* établirent un Royaume en *Italie*, où leurs Rois ne firent pas même l'honneur à *Rome* de la prendre pour le lieu de leur résidence.

<small>Démembrement de l'Empire Romain.</small>

<small>Le siége de l'Empire transferé à Constantinople.</small>

Quoique les parties Occidentales de l'*Empire Romain* fussent ainsi envahies par toutes les Nations, les Provinces de l'*Orient*, dont *Constantinople* étoit la capitale, subsisterent encore plusieurs siecles. Mais cet Empire d'*Orient* n'étoit point comparable à l'ancien *Empire Romain*, pour la puissance & pour la grandeur. *Agathias* rapporte, que la milice *Romaine*, qui montoit autrefois jusques à six cens quarante-quatre mille hommes, en faisoit à peine cent cinquante mille sous l'Empire de *Justinien*. Ce fut pourtant sous lui que l'Empire commença un peu à respirer; parce que *Belisaire* détruisit le Royaume des *Vandales* en *Afrique*, & que *Narsès* chassa de l'*Italie* les *Goths*, qui s'étoient corrompus & amolis par les délices de ces païs chauds: mais il s'affoiblit de plus en plus dans la suite, parce que de tous côtés chacun emportoit sa piece. Les Empereurs mêmes contribuerent à sa ruine, en partie par leur molesse & par leur lâcheté, en partie parce qu'ils étoient toujours divisés, & qu'ils se détruisoient l'un l'autre. Ainsi les *Bulgares* occuperent une partie de cet Empire d'*Orient*: les *Sarrasins* envahirent la *Syrie*, la *Palestine*, l'*Egypte*, la *Cilicie* avec les païs d'alentour; & ravageant tout le reste à diverses fois, oserent même tenter le siége de *Constantinople*. *Baudouin*, Comte de Flandres, prit cette Ville: mais ses troupes furent bien-tôt contraintes de l'abandonner. Il y eut encore un Empire particulier, qui se forma à *Trebisonde* (4), & qui détacha cette Ville & les Provinces voisines du corps de l'Empire. Enfin

<small>DE L'EMPIRE GREC.</small>

_____
(4) Ville sur le *Pont-Euxin*.

les Turcs acheverent de le désoler, & s'étant rendu maîtres de la plus grande partie des conquêtes faites par les *Sarrasins*, envahirent tout le reste de l'*Orient*. Ce qui leur prépara les voyes, fut la révolte de plusieurs petits Princes, qui, s'étant révoltés dans la *Grece*, ne voulurent plus reconnoître l'Empereur de *Constantinople*. Par ce moyen il fut aisé aux *Turcs* de s'étendre, jusqu'à ce qu'enfin ils prirent d'assaut *Constantinople* même, dont ils firent la Capitale & le Siege de leur Empire & de la Cour *Ottomane*.

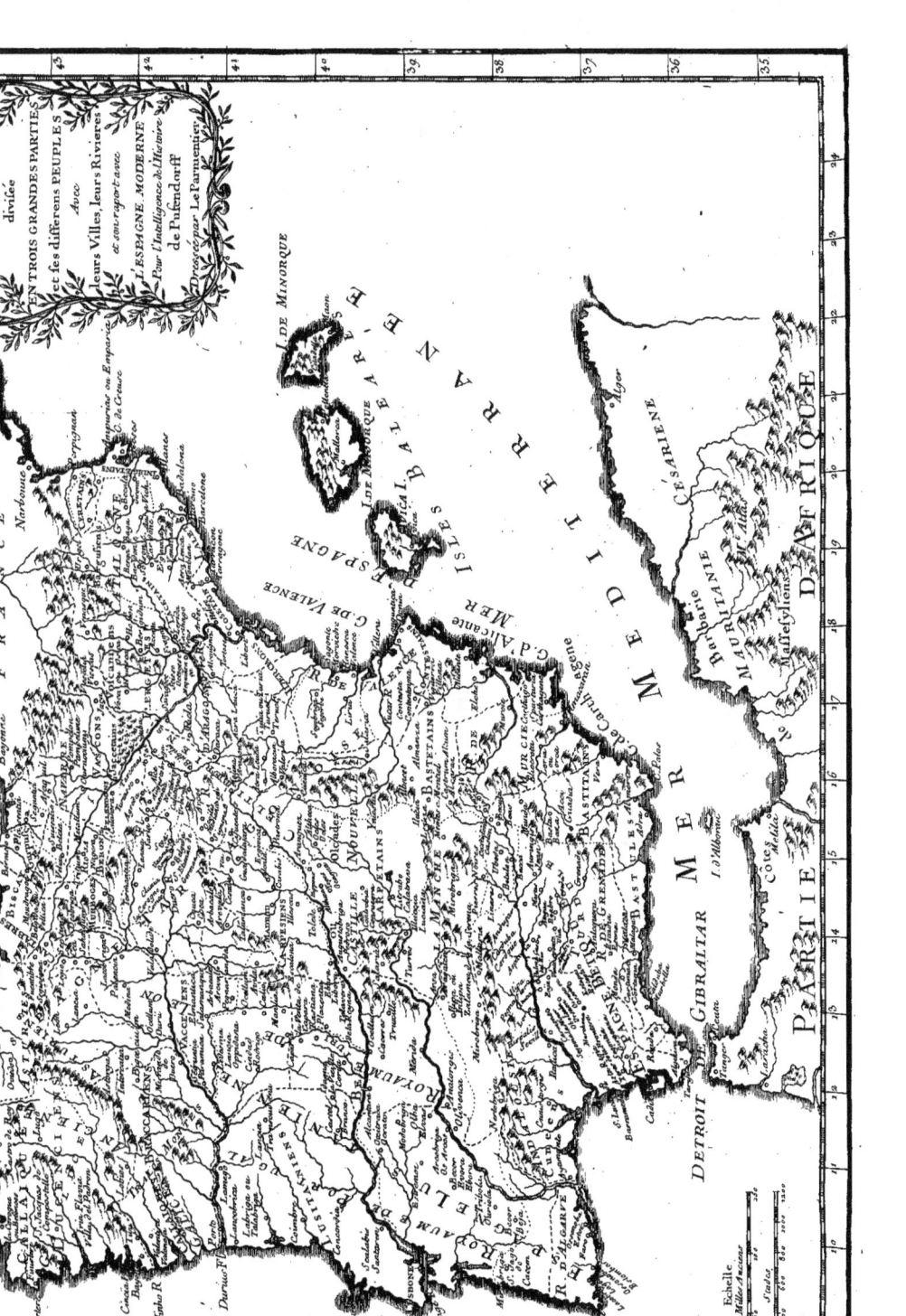

INTRODUCTION A L'HISTOIRE UNIVERSELLE.

CHAPITRE PREMIER.

DE L'ESPAGNE.

'ESPAGNE (1), comme la plûpart des autres Pays de *l'Europe* étoit anciennement partagée en plusieurs petits Etats indépendans les uns des autres. Cette division fit que ses Peuples, quoique belliqueux, furent aisément subjugués par d'autres Nations. D'ailleurs, il y a bien de l'apparence qu'ils manquoient alors de bons Génerâux, sous la conduite desquels ils pussent s'unir, & s'opposer aux invasions des Etrangers.

On ne s'arrêtera point à rapporter de quelle maniere les *Celtes* (2) sortirent des *Gaules*, pour se jetter sur les Provinces de l'*Espagne*

(1) Elle étoit appellée par les Grecs *Hesperie*, c'est-à-dire Occidentale, & *Iberie* à cause du fleuve *Iberus*, aujourd'hui l'*Ebre*, qui l'arrose.

(2) Le nom de *Celte* est le même que l'ancien mot Allemand *Heldt*, qui signifie *courageux & guerrier*.

F ij

DE L'ESPA-GNE.

les plus voisines, où se mêlant avec les (3) *Iberiens*, ils furent nommés avec eux *Celtiberiens*; ni à raconter comment les *Rhodiens* ont bâti *Rosés*; ceux de *Zante*, *Sagonte*; les *Phéniciens*, *Malaga*, *Cadix*, & quelques autres Villes. On observera seulement, que les *Carthaginois*, dans la première guerre qu'ils eurent avec les *Romains*, conquirent une grande partie de l'*Espagne*. Les *Romains* du temps de la seconde guerre *Punique*, y envoyerent aussi une Armée, qui livra plusieurs batailles aux *Carthaginois*, jusqu'à ce qu'enfin *Scipion*, qui depuis fut surnommé l'*Africain*, en subjugua une bonne partie, qu'il réduisit en Province. On s'empara dans la suite de quelques autres parties qui restoient. Enfin, *Auguste* ayant vaincu & soumis entierement les *Cantabres*, qui habitoient au pied des *Pyrénées*, réunit toute l'*Espagne* à l'*Empire Romain*, sous la domination duquel elle fut fort longtems paisible; si ce n'est qu'elle fut obligée de tems en tems de prendre parti dans les guerres civiles.

Invasion de l'*Espagne* par les *Visigoths*, ou Goths Occidentaux.

Lorsque l'*Empire* commençoit de pancher vers sa ruine dans l'*Occident*, environ 408 ou 409 ans après la naissance de JESUS-CHRIST, sous le VIII. Consulat d'*Honorius*, les *Vandales-Silinges*, les *Sueves* & les *Alains*, se jetterent sur l'*Espagne*, où, après divers combats, ils se rendirent maîtres d'une grande partie du pays, qu'ils partagerent entre eux. Peu de temps après, les *Vandales* se retirerent en *Afrique*, & les *Alains* furent chassés par les *Sueves*: de sorte qu'une bonne partie de l'*Espagne* tomba sous la puissance de ces derniers, qui se seroient facilement rendus maîtres de tout le reste, si les *Visigoths* ne s'y étoient opposés.

ROIS VISI-GOTHS.

ATHAULPHE.

ALARIC I. Roi des *Goths*, si fameux par les ravages qu'il fit en Italie, avoit un beau-frere qui lui succeda. ATHAULPHE ayant épousé *Placidie* sœur d'*Honorius*, s'accorda avec l'Empereur. Elle étoit prisonniere chez les Goths, quand *Athaulphe* l'épousa, & ce mariage le reconcilia avec les Romains. Il leur laissa l'Italie, alla s'établir dans la Provence, & s'étendit dans le Languedoc. Les *Sueves*, les *Vandales* & les *Alains*, qui, du consentement des Empereurs, s'étoient logés dans les Pannonies, c'est-à-dire, dans la Basse Autriche & dans la Hongrie, ne s'y étoient pas long-temps arrêtés, & avoient percé dans les Gaules où ils étoient, lorsqu'Athaulphe y entra. Ils connoissoient les forces & la bravoure des Goths; à leur approche ils aimerent mieux passer les Pyrénées, & s'enfoncer dans l'Espagne, que de disputer le terrain aux Goths. Ils savoient qu'ils auroient meilleur marché des restes de l'Empire Romain, qui ne conservoit plus en ce pays-là qu'une ombre de son ancienne puissance. *Athaulphe*, à qui ils laissoient le champ libre, se fit un Etat autour des Pyrénées, composé du Languedoc, du Roussillon & de la Catalogne. *Athaulphe* residoit tantôt à Narbonne & tantôt à Barcelone. Quoiqu'il fût belliqueux, dès qu'il se vit un Royaume assez arrondi, il devint plus pacifique que les Goths ne le vouloient, ce qui fit qu'ils l'assassinerent dans cette derniere Ville l'an 417 (4). *Théodose* le seul fils qu'il eut de *Placidie*, mourut au berceau, & cette Princesse fut gardée comme une otage & retenue chez les Goths.

(3) Ce nom d'*Iberiens* a été aussi donné aux *Géorgiens*; Peuple d'*Asie*; & c'est pour cela que le Roi de *Géorgie*, tributaire du *Turc*, se dit parent du Roi d'*Espagne*.

(4) Il fut assassiné l'an 415, par un de ses Domestiques, qui vouloit vanger la mort de *Sarus*, Seigneur Goth, son ancien maître, tué par *Ataulphe*.

SIGERIC, grand Capitaine, fort aimé des Soldats, fut élu Roi après la mort d'*Ataulphe* ; mais le même panchant pour la paix (5) causa sa perte, & celle de ses cinq fils : il fut tué sept jours après, & fut enterré à Barcelone.

DE L'ESPAGNE.
SIGERIC.

WALLIA, beau-frere d'*Ataulphe*, profita de ces exemples. Dès qu'il fut placé sur le trône, il voulut occuper les Goths, & il envoya, par mer, en Afrique une armée contre les Romains. Une grande partie de la flotte ayant fait naufrage, il fit une paix forcée avec l'Empereur, rendit *Placidie* à son frere ; &, pour ne point laisser ses sujets dans une inaction, qui lui auroit été funeste, il se joignit à *Constantius* Géneral d'*Honorius*, qui faisoit alors la guerre aux Sueves & aux Vandales. *Honorius* fut si content de ce secours, qu'il lui donna la Ville de Toulouse & la Guienne. Son regne & celui de *Sigeric* ne furent ensemble que de trois ans ; & il mourut l'an 420, en France, où il étoit allé résider. Il ne laissa qu'une fille qui épousa *Ricimer*, Sueve de nation, qui eut tant de part à la destruction de l'Empire d'Orient. Après sa mort on revint à la famille d'*Ataulphe*, & on couronna THEODORIC (6), qui étoit le plus proche parent de ce Roi.

WALLIA qui regna à *Toulouse.*

420.

THIODORIC.

Ce guerrier habile & heureux se joignit aux Romains & aux François contre *Attila* Roi des Huns, qui après avoir soumis l'Italie étoit entré dans la France. *Theodoric* eut bonne part à la victoire, que l'on remporta sur *Attila* en 451. Mais elle lui couta cher ; car ayant été renversé de cheval il fut écrasé par ses propres gens. Trois de ses fils lui succederent, savoir *Torismond*, *Theodoric II* & *Euric*. Il en avoit trois autres dont on ne sait que les noms. Ils s'appelloient *Fréderic*, *Recinere* & *Himeric*. Mais on ignore les noms de ses deux filles dont l'une fut mariée à *Rechiaire* premier Roi Chretien des Sueves en Espagne, & l'autre à *Hunneric*, fils & successeur de *Genseric*, Roi des Vandales, dans le pays que nous appellons aujourd'hui l'*Andalousie*, & que les Romains avoient nommé Betique, du nom du *Betis*, fleuve qui est à présent le Guadalquivir. *Theodoric* régna à *Toulouse*.

TORISMOND devenu Roi des Goths après la mort de son pere, se joignit à *Aetius* Géneral des Romains, & lui aida à chasser *Attila*, qui fut battu une seconde fois près de la Loire ; mais son regne fut court. Il fut assassiné en 453 par Theodoric qui fut son successeur.

TORISMOND.

453.

THEODORIC monta d'abord sur le trône de son frere. L'Empereur *Valentinien* lui permit de s'étendre en Espagne, aux dépens des Sueves, & des autres nations qui la partageoient. *Rechiaire* son beau-frere voulut s'opposer à ses progrès : il fut defait & tomba entre les mains de *Theodoric* qui lui fit couper la tête. *Remismond* qui succéda à Rechiaire (7), épousa la fille unique de Theodoric & embrassa l'Arianisme. *Euric* voyant que son frere regnoit depuis treize ans, & qu'il n'avoit point de fils, s'ennuya d'attendre la Couronne, & le fit assassiner l'an 466.

466.

---

(5) Ce ne fut point son penchant pour la paix, mais sa cruauté qui le perdit : ce fut lui qui fit mourir les six enfans qu'*Ataulphe* avoit eus de sa premiere femme.

(6) Ou *Theodorit*, aussi appellé *Theudo*, *Theodore*, *Theodoret*, & *Theodored*.

(7) Ou plutôt à *Frontan*, qui avoit été élu l'an 457, par une partie des *Sueves*, & après la mort duquel & celle de *Frumarius*, substitué à *Maldras*, Roi d'une autre partie des *Sueves*, *Remismond* fut reconnu seul par toute la Nation l'an 463, ou 464.

INTRODUCTION A L'HISTOIRE

DE L'ESPA-GNE.
EURIC.

EURIC ou EVARIC, étendit sa domination, tant en France qu'en Espagne : il se rendit maître de Pampelune & de Sarragoce capitales de la Navarre & de l'Arragon, & conquit une partie considerable de la *Lusitanie* (8). Il soumit en France le Limosin, le Querci & le Rouergue ; Clermont en Auvergne, Marseille & Arles en Provence reconnurent sa domination. Arien zelé, il persécuta les orthodoxes : mais ce qui rend son regne recommandable, ce sont d'une part les loix qu'il donna aux Goths, & qui sont les premieres loix écrites que cette nation ait reçues ; & de l'autre, l'expulsion totale des Romains, qu'il força d'abandonner l'Espagne, après une possession de près de sept siecles (9). Il mourut à Arles en 483, après avoir gouverné seize ans.

483.
ALARIC II.

ALARIC II, son fils, qui lui succéda, fut assez tranquille du côté de l'Espagne. Sa femme *Theudicote* ou *Theodogothe* étoit fille naturelle de *Theodoric* Roi des Ostrogoths en Italie. Ce Prince & *Clovis* eurent des guerres sanglantes,

506.

& en vinrent à un combat décisif près de *Poitiers* l'an 506. *Alaric* y fit des prodiges de valeur contre *Clovis* qui combattoit en personne ; mais *Clovis* lui ayant tué son cheval, un Soldat François ne l'eut pas plutôt vu par terre qu'il le tua. Son regne fut de 23 ans. Sa defaite mit *Clovis* en état de reprendre une partie des Provinces Méridionales de la France, que les Goths avoient envahies. La minorité du fils qu'il laissoit y contribua aussi. *Alaric* II & les trois Rois précédens regnerent à *Toulouse*.

GESALIC.

Amalaric étoit encore enfant, mais il avoit un frere naturel, nommé GESALIC, qui étoit plus âgé que lui. Les Goths le lui prefererent. *Theodoric* Roi des Ostrogoths, ayeul maternel du successeur légitime, arma en sa faveur & envoya une armée de 80 mille hommes, sous la conduite d'*Ibbas*, pour mettre cet enfant sur le trône de ses ancêtres, & pour s'opposer en même-temps aux progrès que les François faisoient dans ses Etats, après la défaite de son pere, qui avoit été suivie d'une seconde victoire sur les Visigoths. *Theodoric* étoit lui-même occupé à faire tête aux troupes que l'Empereur *Anastase* avoit envoyées contre lui. Cependant *Clovis*, ayant gagné sur les Visigoths une seconde bataille près de *Castelnaudari*, se rendit maître du Poitou, de la Saintonge & du Bourdelois, pendant que son fils faisoit la conquête de l'Albigeois, du Querci & de l'Auvergne. Au commencement de l'année 508, *Clovis* prit la Ville de Toulouse, où étoient en dépôt les richesses que le premier *Alaric* avoit emportées du sac de Rome. En un an il réduisit les Visigoths aux deux Narbonnoises & à une partie de la Viennoise. L'esprit de persécution des Rois Visigoths, qui étoient Ariens, avoit disposé les Catholiques à le seconder pour s'affranchir du joug qui s'apesantissoit sur eux. Une autre armée de *Clovis* étoit dans l'Aquitaine, & marchoit contre *Gesalic*, qui s'enferma dans Carcassonne, où il fut d'abord assiegé. Sur ces entrefaites *Ibbas*, qui commandoit l'armée de *Theodoric*, envoyée au secours d'*Amalaric* son petit-fils, s'avança contre les François. Les troupes qui assiégeoient Carcassone leverent aussi-tôt le siege pour aller au secours de *Gondebaud*, Roi des Bourguignons, allié de *Clovis*, & alors occupé au siège d'Arles. *Ibbas* leur livra bataille, les défit, & tua plus de trente mille hommes tant François que Bourguignons. Pendant

---

(8) Du *Portugal*.
(9) Elle avoit été conquise par les Romains sur les Carthaginois, environ l'an 220 avant Jesus-Christ.

ces évenemens, *Gefalic* fortit de Carcaffonne, & fe retira à Narbonne où étoient les débris de la nation des Vifigoths. Elle fut affiegé par *Gondebaud* qui la prit, & le malheureux *Gefalic* s'enfuit à Barcelone, d'où il s'accommoda avec *Clovis* par un traité dont on conjecture que les conditions étoient, qu'il cédoit au Roi de France ce que les Vifigoths avoient dans les Gaules, & qu'on lui laiffoit ce qu'ils poffédoient en Efpagne. Quoiqu'il en foit, il lui reftoit toujours fur les bras l'Armée de *Theodoric*, qui avoit fait lever le fiege d'Arles & s'étoit emparé, au nom de fon petit-fils, de ce qui reftoit dans les Gaules aux Vifigoths. *Clovis* lui-même occupé ailleurs, s'étoit accommodé avec *Theodoric*, qui avoit beau jeu contre *Gefalic*. Ce dernier paffa en Afrique, où *Trafimond* Roi des Vandales lui accorda quelques troupes. Revenu en Catalogne avec ce renfort, il trouva à douze milles de Barcelone *Ibbas* qui lui tailla fon armée en pieces. Il tâcha de fe refugier chez les Bourguignons, mais il fut pris au paffage de la Durance, & peu de temps après on le fit mourir l'an 510. L'ayeul d'*Amalaric* fe faifit de ce qui reftoit aux Vifigoths, tant dans les Gaules qu'en Efpagne, & gouverna durant la minorité de ce Prince.

DE L'ESPAGNE.

AMALARIC fut donc fous la tutelle de fon ayeul, qui la fit adminiftrer par *Teudis* fon Ecuyer & fon favori. *Clovis* étant mort en 511, laiffa quatre fils & une fille; & quoique l'aîné fut né d'une concubine, cela ne l'empêcha point de partager avec fes freres qui étoient fils de la Reine *Clotilde*. Il avoit 26 à 27 ans, *Clodomir* 16 à 17, *Childebert* 13 à 14, & *Clotaire* environ 12. Ils diviferent entre eux le Royaume, & le partage fut apparemment égal, puifqu'ils tirerent au fort le lot que chacun en devoit avoir. *Thierri* eut l'Auftrafie, c'eft-à-dire, la partie Orientale du Royaume de leur pere, & les terres d'au-de-là du Rhin. L'autre partie nommée la Neuftrie fut pour les trois fils de *Clotilde*. Ainfi tous quatre étant également Rois & indépendans, chacun avoit fa Cour & fa Réfidence. Celle de *Thierri* étoit à Mets, celle de *Clodomir* à Orleans, celle de *Childebert* à Paris, & celle de *Clotaire* à Soiffons. Peu de temps après la mort de leur pere, les Vifigoths reprirent le Rouergue & autres pays voifins du Languedoc. *Amalaric* devenu majeur époufa *Clotilde*, fœur des quatre Rois, & elle lui apporta en dot la Ville de Touloufe, avec d'autres terres fituées en France. Fille d'une Reine que la France a mife au nombre des Saintes, elle avoit été élevée dans la Religion Catholique, & dans la plus haute piété. *Amalaric* Arien ne l'avoit époufée que par des motifs de politique, & n'eut pas pour elle toute la confidération qu'il devoit. La diverfité de Religion fut une occafion de mefintelligence. Elle avoit efperé de ramener fon Epoux à la foi qu'elle profeffoit, de même que fa mere avoit réuffi, dans la converfion de *Clovis*. Le Roi des Vifigoths voulut au contraire la réduire au fentiment des Ariens. Elle fupporta fes mauvais traitemens avec douceur; mais enfin pouffée à bout, elle en porta fes plaintes à fes freres, qui, joignant leurs forces enfemble, volerent à fon fecours. *Amalaric* qui ne s'attendoit pas à être fi promptement affailli, fut furpris & tué à Barcelone l'an 531. Il avoit regné 21 ans, y compris les 16 ans qu'il fut fous la tutelle de fon Ayeul. Il regna à Narbonne.

AMALARIC. 511.

531.

TEUDIS, ce fage adminiftrateur que *Theodoric* lui avoit choifi, avoit gouverné avec tant de prudence & d'habileté, que la Nobleffe qui l'eftimoit beaucoup, voyant la maifon Royale éteinte, le mit fur le trône. Les Rois d'Au-

TEUDIS.

strafe & de Neuftrie contens d'avoir vangé & delivré leur sœur, la ramenerent en France, mais elle mourut en chemin. Une guerre contre les Bourguignons les occupa de maniere, qu'ils laifferent *Teudis* en repos. Leurs divifions, la mort de *Clodomir*, le maffacre de fes Enfans par leurs oncles, & les autres defordres de ce temps-là furent favorables aux Vifigoths. Mais en 543 ils fe trouverent affés unis pour envoyer des troupes contre *Teudis*. Elles pafferent les Pyrenées, & fe promettoient de détruire l'Arianifme en Efpagne. Les François fe rendirent maîtres de l'Arragon, & en affiegerent la capitale. *Childebert* & *Clotaire* y étoient en perfonne. Une proceffion que les affiégés firent fur les remparts, toucha les deux Rois : il y eut un accommodement dont les conditions furent, que l'Arianifme ne feroit plus fouffert en Efpagne, & qu'on donneroit aux François la tunique de *Saint Vincent*, Relique qu'ils apporterent avec beaucoup de cérémonie à Paris, en un lieu où Childebert fonda une magnifique Abbaye, fous le nom de *Sainte-Croix* & de *Saint Vincent* ; c'eft aujourd'hui *Saint Germain-des-Prez*. Ils ne repafferent pourtant pas les Pyrenées fans coup férir. *Theodegefile* Lieutenant de *Teudis*, & qui fut enfuite fon fucceffeur, leur difputa le paffage dont il s'étoit faifi, & le leur fit payer affez cher. Une pefte qui dura deux ans, ravagea enfuite l'Efpagne. Quand ce fleau eut ceffé, *Teudis* paffa en Afrique, & y affiegea *Ceuta*. Une vigoureufe fortie que fit la garnifon ruina une partie de fon armée. Il repaffa avec les débris en Efpagne, où il fut affaffiné en 548, par un homme qui contrefaifoit l'infenfé. On n'a jamais bien fçu le motif de cet affaffinat ; mais *Teudis* reçut la mort, comme un jufte châtiment que Dieu lui envoyoit, parce qu'il avoit autrefois affaffiné un Géneral fous lequel il fervoit, & à qui il avoit fait ferment de fidélité. Il regna au-delà *des Pyrenées*.

THEUDISELE, Géneral des Armées de *Teudis*, étoit du fang Royal des Oftrogoths en Italie, & fils d'une sœur de *Totila* leur Roi. Sa Naiffance & fa Valeur engagerent la Nobleffe à le couronner après la mort de *Teudis*. Il répondit mal à la bonne opinion qu'on avoit de lui ; il fembla n'être monté fur le trône que pour affouvir fes paffions. Son impudicité le porta à faire mourir plufieurs perfonnes, afin de jouir plus tranquillement de leurs femmes. Un Roi qui ménageoit fi peu fes fujets, en fut détefté : ils confpirerent contre lui, & l'affaffinerent dans fon Palais, après un regne d'environ un an. Il regna à *Barcelone*.

On ne fait de quelle famille étoit AGILA qu'ils élurent après lui. *Cordoue* refufa de le reconnoître ; il l'affiégea, mais une fortie que firent les habitans le mit en déroute, fon fils y perit, & il fut réduit lui-même à chercher un afyle à *Merida*. Ce mauvais fuccès le décredita. Un de fes fujets appellé *Athanagilde* amaffa des troupes, & s'allia avec les Romains, c'eft-à-dire, avec *Juftinien*, Empereur d'Orient, qui avoit eu le bonheur de fe reffaifir de l'Afrique, en y détruifant le Royaume des Vandales. Cet Empereur, charmé de trouver cette occafion d'envoyer une Armée en Efpagne, donna à *Athanagilde* le fecours qu'il demandoit. *Agila* fut battu & enfuite affaffiné par fes propres fujets dans la Ville de *Merida*, où il faifoit fon féjour ordinaire, après environ cinq ans de regne.

ATHANAGILDE n'avoit appellé les Romains que pour les oppofer au parti d'*Agila*, qui auroit pu le troubler dans fes projets : mais le but de *Juftinien* étoit

étoit différent. Ce Prince fort ambitieux & grand politique, s'étoit flatté de chasser les Goths d'Italie par le moyen de *Narsès*, de se rendre maître de l'Espagne en y envoyant ses meilleures troupes, sous prétexte d'appuyer les droits du Roi son allié, & de s'emparer par ce moyen des meilleurs postes qui pouvoient lui faciliter la conquête du reste. *Athanagilde* s'apperçut de ce dessein, & après s'être servi de son alliance pour s'affermir sur le trône, il vit avec douleur qu'il s'étoit donné un voisin & un rival très dangereux. Car les Romains avoient fait des établissemens dans l'Arragon, au Royaume de Valence, & dans celui de Tolede. Il crut devoir s'y opposer, & se brouilla avec eux. Ils traiterent cette conduite d'ingratitude, & son regne qui fut d'environ 13 à 14 ans, fut fort agité par les efforts qu'il fit pour se ressaisir du pays qu'ils lui avoient usurpé. Le détail de ses démêlés avec eux est très peu connu : on sçait seulement qu'il n'en put venir à bout, & qu'il mourut l'an 567. Il regna à *Tolede*, & ne laissa que deux filles, dont l'aînée nommée *Galsuinde*, épousa *Chilperic* Roi de Soissons, & l'autre qui est *Brunehaut* si célebre dans l'Histoire de France, épousa *Sigebert* Roi d'Austrasie. Après sa mort les Visigoths en revinrent à l'élection.

DE L'ESPAGNE.

LIUVA I, Viceroi de la Gaule Gothique fut proclamé Roi à Narbonne. On ne sait pas de quelle famille il étoit, ni par conséquent s'il étoit parent du feu Roi. Il n'y avoit guere qu'un an qu'il regnoit, quand il déclara pour son Collegue son frere *Leuvigilde*, à qui il donna à gouverner tout ce que les Goths avoient en Espagne, ne se réservant que la Gaule Narbonnoise. *Liuva* mourut l'an 572, & regna à *Narbonne*.

LIUVA I.

572

LEUVIGILDE, après la mort de son frere, réunit l'an 572, les deux Espagnes, l'Ultérieure, ou l'Espagne proprement dite, & la Citerieure, ou la *Septimanie*. C'est proprement le premier Roi qui ait pris les marques de la Royauté en Espagne ; savoir, la Couronne, le Sceptre, le Manteau Royal, & les autres Ornemens réservés aux Rois. Il étoit brave & heureux : il fit la guerre aux Romains, reprit sur eux tout l'Arragon, avec les Royaumes de Valence & de Tolede, & les chassa presque entiérement de l'Espagne. Il tint sa Cour à Tolede, & réduisit à l'obéissance divers Seigneurs, qui refusoient de le reconnoître. Il profita des troubles qui s'étoient élevés contre les Sueves. *Theodomir* leur Roi, après avoir abandonné l'Arianisme & s'être converti à la foi, étoit mort l'anneé cinq cens soixante-dix, & avoit eu pour successeur *Mir*, dont on ne connoit ni le pere ni l'origine (10), & qui fut tué l'an 583, dans une bataille qui se donna entre *Leuvigilde* & son fils *Hermenigilde*. *Mir* avoit un fils nommé *Eboric* que les Sueves couronnerent ; mais *Sigemonde* mere de ce jeune Roi se remaria avec un de ses parens appellé *Anduica*, qui usurpa la Couronne, renferma le Roi & le fit Moine. *Leuvigilde* prit ce prétexte pour entrer dans le Royaume d'*Eboric*, sous prétexte de le rétablir ; mais quand il s'en fut rendu maître, il garda cette couronne & l'unit à celle des Goths en cinq cens quatre-vingt-trois (11). Ainsi

LEUVIGILDE.

---

(10) Il étoit fils de *Theodomir*. Il ne fut pas tué dans cette bataille, mais il mourut peu de tems après au siege de *Seville*.
(11) Un certain *Amalaric* ayant dans la suite voulu la relever, & se faire couronner Roi, fut battu & fait prisonnier par les Généraux de *Leuvigilde*.

Tome I.

finit le Royaume des *Sueves* en Espagne, après avoir duré cent soixante-quatorze ans (12).

(12) *Pusendorff* parle ici de l'extinction du Royaume des *Sueves*, les seuls qui formerent proprement une Monarchie dans l'Espagne : mais ni lui, ni son Continuateur ne font connoître ces derniers Rois, dont la notion pourtant n'est pas inutile. En voici la suite d'après *Ferreras*, & la Liste Chronologique donnée par les *Benedictins*, dans l'*Art de vérifier les dattes*.

L'an 408 ou 409, les *Sueves* sous la conduite d'*Hermeneric*, entrerent en Espagne, & avec une partie des *Vandales*, s'emparerent de la *Galice*. Cet HERMENERIC fut leur premier Roi. Il regna 32 ans, mourut l'an 441, & laissa la couronne à *Rechila*, son fils, en faveur duquel il l'avoit abdiquée quelque-tems auparavant.

Nota. *Ferreras* met entre ces deux Rois, *Hermengaire* & *Hermeneric II*. On trouve en effet un *Hermengaire*, mais les Historiens ne marquent point quand il commença de regner, & ne parlent de lui qu'à l'occasion de la bataille où il perit miserablement l'an 427. Peut-être n'étoit-il que simple Général de l'armée des *Sueves*. A l'égard d'Hermeneric II, on ne voit rien dans *Idace* ou dans *Isidore* qui le distingue de l'*Hermeneric*, qui introduisit les *Sueves* en Espagne. Ainsi les deux *Hermenerics* premier & second paroissent être le même.

L'an 441, RECHILA, fils d'*Hermeneric* lui succéda, & regna sept ans Il enleva aux Romains *Seville*, le reste de l'*Andalousie*, & la Province de *Carthagene*, aujourd'hui le Royaume de *Tolede*. Il mourut l'an 448. C'est, selon *Isidore*, le premier des *Sueves* qui ait embrassé la foi ; mais d'autres prétendent que c'est son successeur.

RECHIAIRE fut reconnu Roi après la mort de *Rechila* son pere. Il perdit l'an 456, le 6 Octobre, une grande bataille contre *Theodoric*, Roi des Visigoths, & prit la fuite ; mais ayant été arrêté, *Theodoric* après l'avoir retenu quelque-tems en prison, le fit mourir.

MALDRAS & FRONTAN l'an 457, furent élus Rois en même-tems chacun par une partie des Sueves. *Frontan* mourut la même année, & *Maldras* fut tué l'an 460.

FRUMARIUS & REMISMOND, furent substitués, le premier par les *Galiciens* à *Maldras*, & le second à *Frontan*, par ceux qui avoient élu ce dernier. *Remismond* l'an 459 pilla la *Galice*, surprit *Lugo*, & en fit passer les Habitans au fil de l'épée. *Frumarius* mourut au bout de trois ans, & tous les *Sueves* se réunirent sous *Remismond*.

L'an 463 ou 464, *Remismond* fut reconnu seul par tous les *Sueves*. Il épousa une fille de *Theodoric*, Roi des Visigoths. Cette Princesse, qui étoit *Arienne*, l'engagea dans son hérésie, & en infecta toute la nation des *Sueves*. *Remismond* mourut l'an 458.

La suite des Rois *Sueves* est inconnue jusqu'à *Cariaric*. Cependant on trouve dans une division des Diocèses d'Espagne, faite par le Roi *Vamba* l'an de Jesus-Christ 666, deux Rois *Sueves* entre *Remismond* & *Cariaric*, savoir, RECHILA & TEUDEMOND. De plus, dans la vie de *Saint Vincent* Abbé, Martyr à *Leon*, il est parlé de deux autres Rois *Sueves*, nommés HERMENERIC & RICILIEN.

CARIARIC fut élu Roi des *Sueves* en 550. Il renonça à l'Arianisme, & embrassa la foi avec toute sa famille. Il mourut l'an 559.

MIR ou THEODOMIR, succéda à *Cariaric* son pere, l'an 559. Le P. *Pagi* place le commencement de son regne l'an 557 ou 558, & le fait successeur de *Ricilien*, Roi Arien. On attribue à *Theodomir* la réduction des *Sueves*, à la Religion Catholique, à cause de l'abjuration solemnelle qu'il fit de l'Arianisme, dans le premier Concile de Brague l'an 565. Il mourut l'an 569, ou, selon le P. *Pagi*, l'an 570.

MIR, après la mort de son pere, fut reconnu Roi des *Sueves*. Il s'interessa pour les Catholiques, persécutés par *Leuvigilde*, & partit de *Portugal* l'an 582, pour aller au secours d'*Hermenigilde* : mais il fut enfermé dans un défilé par *Leuvigilde*, qui l'obligea de jurer qu'il n'employeroit pas ses armes contre lui, & même qu'il le serviroit contre *Hermenigilde*. Il regna 13 ans.

EBORIC, fils de *Mir*, lui succéda fort jeune l'an 582. L'année suivante, il fut détrôné & relegué dans un Monastere par *Andica*.

ANDICA s'empara du trône des *Sueves*. *Leuvigilde* marcha contre cet Usurpateur, entra dans la *Galice*, & s'empara de toutes les Places jusqu'à *Brague* la Capitale. Il se saisit d'*Andica* & le relegua à *Badajoz*, après avoir fait ordonner Prêtre, pour le mettre hors d'état d'aspirer à la couronne.

DE L'UNIVERS. LIV. I. CHAP. I.

Nous venons de parler d'une bataille entre *Leuvigilde* & un de ses fils ; voici quelle fut l'origine de cette guerre.

Leuvigilde avoit deux fils, *Hermenigilde* & *Recarede*. *Brunehaut* fille d'*Athanagilde* Reine d'Austrasie, voyant ce Monarque si puissant, voulut former de nouveaux liens entre la Nation des Goths, & celle dont elle avoit épousé le Roi. Elle maria *Ingonde* sa fille avec *Hermenigilde*, & de ce mariage naquit un fils qui fut appellé *Amalaric*. Mais, la Reine des Visigoths (13) prit sa belle-fille en aversion : après avoir inutilement tenté de lui faire embrasser l'Arianisme par les suggestions les plus séduisantes, elle employa les violences ; elle en vint même jusqu'à la frapper, à la traîner par les cheveux, & à la faire plonger dans un étang. *Ingonde* souffrit tous ces mauvais traitemens avec tant de modération & de constance, que son Epoux en fut touché & se convertit. La Reine au desespoir du succès de sa cruauté, obligea le Roi à poursuivre son fils comme un ennemi. Le Prince se retira chez *Mir*, Roi des Sueves, qui tenoit la Galice. Après une guerre qui dura quelque-tems, *Leuvigilde* accorda à son fils une Ville pour sa retraite ; mais la Reine n'eut point de repos, qu'elle ne lui eût suscité une nouvelle persécution. Le Prince eut recours au Roi de Galice & au Lieutenant que l'Empereur d'Orient avoit en Espagne. Le Lieutenant de l'Empereur trahit *Hermenigilde*, qui lui avoit donné en otage sa femme & son fils ; le perfide retint la mere & l'enfant, & le Prince fut réduit à se jetter dans un asyle.

Le Roi n'ignoroit pas la vengeance que les freres de *Clotilde* avoient autrefois tirée des persécutions qu'*Amalaric* lui avoit faites pour sa Religion ; mais il voyoit *Childebert* Roi d'Austrasie en mauvaise intelligence avec *Chilperic* Roi de Neustrie qui avoit sa Cour à Paris : il songea à se lier avec celui-ci, par le mariage de son fils *Recarede* avec *Rigonte* fille de *Chilperic* & de *Fredegonde*. Il envoya en France des Ambassadeurs pour ménager cette alliance, qui avoit déja été proposée, & ils réussirent. Au train que prenoient les choses en Espagne, *Recarede* étoit regardé comme le successeur futur de son pere. *Fredegonde* oubliant le sort de *Clotilde* & celui d'*Ingonde*, n'écouta que son ambition. Sa fille fut fiancée à *Recarede*. On fit des dépenses excessives pour ce mariage : il fallut plus de cinquante chariots pour porter les trésors qui furent donnés en dot à *Rigonte* : plus de quatre mille hommes de guerre & une multitude de Vassaux l'escorterent sur sa route, & elle n'étoit pas encore arrivée à Toulouse, lorsque *Chilperic* mourut. *Didier* (14) pilla tous ses équipages, de sorte qu'elle ne put continuer sa route. *Leuvigilde* n'ayant plus les mêmes motifs qui lui avoient fait souhaiter cette alliance, ne voulut point que *Recarede* l'épousât : elle retourna donc auprès de *Fredegonde* sa mere, à laquelle elle donna dans la suite de grands chagrins. *Fredegonde* sçut se maintenir dans la Neustrie après la mort de *Chilperic* son mari, tandis que *Brunehaut* gouvernoit l'Austrasie. *Leuvigilde* devoit craindre que ces deux Reines ne se joignissent, pour vanger l'injure qu'il avoit faite à la fille de l'une, en rompant un mariage si avancé, & les persécutions qu'il

DE L'ESPAGNE

(13) Goisvinde, sa seconde femme.
(14) Un des principaux Partisans de *Gondualde*, qui se disoit fils de *Clotaire*, & qui prétendoit en cette qualité avoir part à la succession de ce Prince.

faisoit à la fille de l'autre. Il étoit naturel qu'elles unissent leur ressentiment contre lui. *Hermenigilde* avoit été tiré de son asyle, par les promesses trompeuses de son pere, & peu de tems après il avoit été tué d'un coup de hache par ordre du Roi, parce qu'il refusoit de communier de la main d'un Evêque Arien. *Ingonde* sa femme qui étoit entre les mains des Officiers de l'Empereur *Maurice*, ne put obtenir qu'ils la renvoyassent à *Childebert* son frere, Roi d'Austrasie. Ils vouloient l'envoyer à Constantinople, & ils la firent passer par l'Afrique où elle mourut de déplaisir. *Leuvigilde* eut soin d'entretenir la mesintelligence entre *Brunehaut* & *Fredegonde*. Celle-ci se ligua même avec lui pour perdre la Reine Douairiere d'Austrasie ; mais *Gontran* Roi d'une partie de la Neustrie & de la Bourgogne, étant averti de cette ligue, songea à les prévenir, & crut devoir commencer cette guerre par l'expulsion des Visigoths hors du pays qu'ils possédoient encore dans les Gaules. Il leva deux armées nombreuses : mais soit que *Fredegonde* eût corrompu une partie des Officiers qui les commandoient, avec l'argent que *Leuvigilde* lui avoit envoyé, soit que les Seigneurs qui étoient du Berri, de la Saintonge, de l'Angoumois, du Perigord, de l'Aquitaine, ou des Provinces voisines de la Loire, de la Saone & du Rhône, de la Bourgogne, du Lyonnois & de la Provence, s'entendissent mal entre eux, les deux armées ne firent que ruiner les pays où elles passerent. L'une qui étoit allée jusques à Nîmes, après avoir fait mille ravages, coupé les arbres, saccagé les Eglises & égorgé les Prêtres jusques sur les Autels, se débanda ; l'autre, après s'être avancée jusqu'à Carcassone avec aussi peu de discipline, tomba dans le même desordre.

Récarede de son côté vint jusqu'aux environs d'Arles, avec des troupes qu'il amenoit d'Espagne ; après avoir fait quelque ravage, il se retira à Nîmes, & bientôt après il vint des Ambassadeurs d'Espagne pour demander la paix. *Leuvigilde* qui se sentoit vieux, la souhaitoit avec ardeur, & pensoit l'obtenir par des présens. Les assassins qui avoient promis à *Fredegonde* la mort de *Brunehaut* & de *Childebert*, avoient manqué leur coup & avoient expié leur crime dans les suplices. *Gontran* étoit plus formidable que jamais ; il avoit rejetté les propositions & refusé les présens. *Leuvigilde* envoya une nouvelle Ambassade avec des présens plus considérables, qui furent également rebutés. *Gontran* ne pouvant oublier l'injure faite à *Ingonde* fille de *Sigebert* son frere, ne voulut entendre à aucun accommodement. Dès que les Ambassadeurs furent retournés en Espagne, *Recarede* piqué de ce qu'on avoit refusé deux fois la paix que son pere demandoit, se rendit à Narbonne d'où il fit des courses dans les pays voisins ; mais voyant tous les Gouverneurs de ces pays-là unir leurs forces pour l'attaquer, il se retira. *Leuvigilde* n'eut pas la consolation de conclure la paix qu'il souhaitoit si ardemment, il mourut l'an 586.

L'Arianisme perdit en lui un protecteur zelé, qu'il ne retrouva point en Recarede qui lui succéda. Ce Prince montant sur le trône se vit maître d'un Etat très florissant. Son pere avoit porté le Royaume des Visigoths au plus haut point de sa gloire. Il comprenoit les provinces de France voisines de l'Espagne, l'Espagne toute entiere, à la réserve de quelques Cantons que les Empereurs d'Orient y avoient encore, & une partie de la Mauritanie aux environs de Tanger. *Recarede* épousa en premieres noces *Bade*, Prin-

cesse Angloise, selon quelques Auteurs, ou Gothe de naissance, selon d'autres. DE L'ESPA-
Il abjura l'Arianisme, & ses sujets l'imiterent, à l'exception de quelques-uns GNE.
qui sous ce prétexte se révolterent contre lui; mais il les fit rentrer dans l'o-
béissance. La Reine Bade étant morte, il rechercha en mariage *Clodosvinde*
sœur de *Childebert*. Il n'y avoit gueres d'apparence qu'on la lui accordât. Les
malheurs de sa sœur *Ingonde* dont on cherchoit à tirer vengeance, étoient une
leçon bien effrayante. Mais on fit entendre que l'Arianisme du feu Roi avoit
été la cause de cette persécution, à laquelle *Recarede* n'avoit eu aucune part,
& que la conversion de ce Prince devoit dissiper les craintes. *Gontran*, Roi
de Bourgogne, fut consulté, & fit d'abord quelques difficultés; mais il s'en
remit pourtant à la volonté de son neveu, & le mariage fut conclu (15). *Mariana* & les autres Historiens d'Espagne, comme *Isidore* de Seville, font
mention d'une bataille donnée près de Carcassone entre *Boson* Lieutenant
de *Gontran*, & *Claude* Duc de Lusitanie, Lieutenant de *Recarede*. Selon
quelques-uns, l'armée des François étoit de soixante mille hommes, & les
Visigoths n'étoient que trois cens. Il y a bien peu de vraisemblance dans les
détails de cette victoire, remportée par une poignée de gens sur une si
grande armée; & il est remarquable que *Gregoire* de Tours, qui vivoit alors,
ne parle ni de cette défaite, ni de cette armée de soixante mille hommes.
Aussi *Mariana* en parle-t-il comme d'un miracle. Ce *Claude* Duc de Lusitanie est
nommé ailleurs *Claude Duc de Merida*. L'Espagne avoit dès lors ses Ducs,
mais ils n'étoient pas héreditaires. *Recarede* ayant regné 15 ans avec beaucoup de prosperité & de gloire mourut l'an 601, & laissa trois fils: LIUVA 601.
qui lui succeda immédiatement, *Suintila* à qui la couronne revint après
avoir été quelque tems en d'autres familles, & *Geila* dont on ne sait rien
de bien remarquable.

LIUVA II jouit à peine deux ans de la Couronne de son pere. *Vitteric*, un LIUVA II.
des principaux Seigneurs des Visigoths, excita contre lui une révolte, se saisit
de sa personne, lui coupa la main droite, & le fit mourir l'an 603. 603.

VITTERIC étoit noble, sans être du sang Royal. Il ne laissa pas de se placer VITTERIC.
sur le trône; & pour se rendre recommandable à la Nation, il voulut ôter aux
Empereurs d'Orient ce qu'ils possédoient encore en Espagne. Après bien de
mauvais succès, il eut quelque avantage sur eux dans une bataille près de
Siguença. *Gontran* étant mort sans enfans, au mois de Mars 592, son neveu
Childebert Roi d'Austrasie avoit hérité du Royaume de Bourgogne, & de ce
que *Gontran* possédoit dans la Neustrie; mais il étoit mort à l'âge de 25 ans
l'an 596, laissant deux fils dont l'aîné. *Theodebert* eut le Royaume d'Austrasie,
& *Theodoric* eut celui de Bourgogne. Il y eut entre ce dernier & *Vitteric* un
commencement d'alliance. *Vitteric* avoit une fille nommée *Ermenberge*, qui
fut promise à *Theodoric*, & qui fut même envoyée en France avec une magnifique suite; mais elle revint bientôt chez son pere, sans que le mariage
eût été consommé. On publia que c'étoit un effet des artifices qu'avoient mis
en œuvre les Maîtresses de *Theodoric*, pour l'en dégoûter. D'autres dirent que
Brunehaut qui regnoit sous le nom de son petit-fils, avoit craint que cette

(15) Dom *Vaissete* croit qu'il ne l'épousa point, & que son successeur étoit fils de la
Reine *Baddon* ou *Bada*.

DE L'ESPA-GNE.

Princesse ne diminuât son crédit, si le mariage s'achevoit, & qu'elle l'avoit fait renvoyer. *Fredegaire* & *Mariana* après lui parlent de ce mariage & de ce renvoi, & font faire à *Vitteric* une ligue avec *Agiluf* Roi de Lombardie, *Theodebert* d'Austrasie & *Clothaire II* de Neustrie; mais à examiner rigoureusement ces faits, on les trouve imaginaires. *Fredegaire* met ce mariage, ce renvoi, & cette ligue en 606, & fait mourir *Vitteric* la même année. Il ne mourut pourtant qu'en 610. Il fut soupçonné de vouloir rétablir l'Arianisme, & le bruit s'en étant répandu, le peuple en fureur brisa les portes de son palais, l'y massacra au milieu d'un festin, traîna son corps par les rues, & l'enterra ignominieusement. Ainsi finit cette usurpation de sept ans.

606.
610.

GONDEMAR.

GONDEMAR lui succeda. On ne sauroit dire s'il avoit été l'auteur de cette conspiration par le desir de regner, ou si la conspiration s'étant faite sans lui, il en profita seulement. Les Visigoths lui decernerent la couronne, qu'il méritoit par sa prudence & par sa valeur. On conjecture que la haine des François contre *Vitteric* lui attira l'amitié & les secours de cette Nation. Il est du moins certain, de l'aveu même de *Mariana*, qu'il paya un tribut annuel aux François; les Lettres du Comte qui étoit alors Gouverneur de la Gaule Gothique, où cette particularité se trouve, font voir que des Ambassadeurs qu'il avoit envoyés aux Rois de France, y furent outragés, & qu'ils s'étoient attiré ce malheur par leur conduite: il fit porter ses plaintes par d'autres Ambassadeurs, & on ne leur permit point d'aborder les Rois. Le Comte qui commandoit pour lui dans le Languedoc, piqué de ces injures, prit deux places que *Recarede* avoit cédées aux François dans la Gaule Narbonnoise par le traité fait avec *Brunehaut*: la mort de cette Princesse, que *Clothaire* fit périr, après avoir fait massacrer tous les héritiers des Royaumes d'Austrasie & de Bourgogne, empêcha les François de songer à s'en ressaisir. *Gondemar* mourut en 612 de mort naturelle, avec la réputation d'un Roi sage & pieux.

SISEBUT.

SISEBUT fut élu par la Noblesse. Il étoit pieux & brave. Il rangea à l'obéissance les Asturiens qui refusoient de le reconnoître; il remporta quelques avantages sur les Officiers de l'Empereur d'Orient, & bannit les Juifs de ses Etats. Il mourut à Tolede l'an 621 après avoir regné huit ans & demi.

RECAREDE II.

RECAREDE II son fils lui succéda; mais il ne regna que trois mois, & mourut la même année. Les Visigoths revinrent alors à la famille de *Recarede I*. La memoire de ce Monarque leur étoit chere; il sembloit même qu'ils ne se fussent donnés à *Vitteric* que par force.

SUINTILA.

Révolte des Gascons.

SUINTILA frere de *Liuva* avoit eu le tems de faire connoître sa bravoure & sa prudence. Ils le placerent sur le trône. Charitable envers les pauvres, il en fut appellé le pere. Les Gascons qui occupoient alors la Navarre, se révolterent contre lui; & il les mit à la raison par ses armes. L'Empire Grec avoit encore deux Géneraux qui commandoient dans les pays que *Vitteric* & *Sisebut* avoient essayé en vain de conquérir. *Suintila* plus heureux que ses prédecesseurs en vint à bout. Il vainquit un de ces Géneraux par les armes, & l'autre par ses libéralités; il se ressaisit ainsi des pays qu'ils tenoient pour l'Empereur, & devint Monarque unique de toute l'Espagne. Il n'eut pas un pareil succès dans l'entreprise qu'il fit pour rendre le trône héréditaire dans sa famille. Il associa son fils RICIMER à la dignité Royale. Les Goths qu'il n'avoit pas assés consultés, regarderent cette association comme un attentat sur le droit qu'ils avoient d'élire des Rois ; & pour faire voir combien ils étoient éloignés d'y renoncer, ils lui choisirent pour successeur un autre de ses fils, nommé *Sisenand* : cela produisit une scission dans l'Etat. D'un côté *Suintila* & son fils qui avoient encore des partisans, tâchoient de se maintenir. Le nouvel élu faisoit tous ses efforts, avec ceux qui l'avoient choisi, pour mettre la France dans ses interêts. *Dagobert* ébloui par les promesses qu'on lui fit, envoya en Espagne une grande armée, à l'approche de laquelle *Suintila* fut abandonné de la plupart de ses troupes : la desertion devint enfin générale & leur ennemi fut couronné en 631.

SISENAND vit bien qu'il auroit toujours à craindre quelque facheuse révolution, tant que la Nation ne seroit pas réuniée entiérement en sa faveur. Il assembla à Tolede un Concile, dans lequel, sous prétexte de Religion, il n'oublia rien pour mettre tous les Evêques d'Espagne dans ses interêts. Il affecta une piété humble & un profond respect pour cette assemblée. Les sanglots qu'il poussoit & les larmes qui couloient de ses yeux en abondance, en leur demandant à genoux les secours de leurs prieres pour bien gouverner, toucherent les soixante & dix Evêques dont le Concile étoit composé. Aussi après divers decrets qui concernent la discipline, fit-il ajouter ceux-ci. » Que personne ne monteroit sur le trône sans les libres suffrages des Grands & des » Evêques ; qu'on ne pourroit violer le serment prêté au Roi ; que les Rois » n'abuseroient point pour regner tyranniquement d'un pouvoir qui ne leur est » donné que pour le bien de l'Etat ; que *Suintila*, sa femme, ses fils & son » frere seroient anathematisés pour ce qu'ils avoient fait d'impie & de cruel, » en abusant de l'autorité Royale «. C'est ainsi que le Concile de Tolede travailloit en 634 à établir *Sisenand*. Ce Roi mourut sur la fin de 635, après avoir regné trois ans onze mois & seize jours.

Les Grands du Royaume & les Evêques lui donnerent CHINTILA pour successeur. On étoit devenu si scrupuleux sur la validité des Elections, que l'on tint plus d'un Synode pour examiner celle-ci & pour la confirmer. Un de ces Synodes fut de vingt-deux Evêques, l'autre fut de cinquante. On se servit de leur autorité sur le peuple, pour remédier aux troubles intestins que les mécontens vouloient exciter. Ce Roi regna trois ans & huit mois, & mourut à Tolede en 640.

TULCA ou FULGA fut élu de même. Il étoit fort jeune ; mais il avoit beaucoup d'équité, de religion, de prudence, & de courage, bon soldat, homme de tête, & plein de compassion pour les pauvres. Il ne regardoit pas les revenus de la couronne, comme un bien destiné à ses besoins particuliers ou à ses plaisirs ; il les employoit aux besoins publics & au soulagement de son peuple. Un si excellent Prince mourut de maladie, à Tolede l'an 641, après un regne de deux ans & quatre mois. Cet éloge est de *Mariana*. Mais *Sigebert de Gemblours* dit que *Tulca*, emporté par sa jeunesse, irrita par la legereté de son esprit & par son libertinage, ses sujets qui le détrônerent (16). Cela est démenti par le témoignage de l'Archevêque *Ildefonse*, qui ne rapporte que ce qu'il a vû, & dont l'autorité doit être plus grande que celle d'un

---

(16) Il fut détrôné par *Chindasvinde*, qui se contenta de lui faire couper les cheveux, & lui laissa la vie.

DE L'ESPA-GNE.

CHINDASUIN-TE OU CHINDAS-VINDE.

Etranger, qui n'écrivant que sur des oui-dire, a pu aisément être trompé par un faux rapport, sur-tout à une si grande distance.

CHINDASUINTE ou CHINDASVINDE se saisit du trône. On doute si l'armée, à la tête de laquelle il se montra aussi-tôt après la mort de *Tulca*, avoit été assemblée du vivant du feu Roi, dont peut-être il méprisoit la jeunesse, ou si lorsqu'on sçut que le Roi ne releveroit point de sa maladie, *Chindasuinte* se trouvant à la tête d'une armée entreprit de se couronner soi-même. Quoiqu'il en soit, il avoit la force en main & étoit en posture de se faire craindre. Les autres Grands & le peuple ne jugerent pas à propos de lui opposer des troupes levées à la hâte & sans nulle expérience. Il s'attacha à réparer la maniere dont il étoit monté sur le trône par celle dont il s'y gouverna. La probité, la prudence & les autres vertus que l'on vit briller en lui, consolerent les Goths du peu d'égard qu'il avoit eu pour leurs privileges, en n'attendant point qu'ils lui offrissent la couronne. Il établit de très bonnes loix, & convoqua un Concile qui fut le VII Concile de *Tolede*. On bâtit de son tems plusieurs Monasteres. Il épousa *Riciberge* fille d'*Evantius*, qui étoit frere d'*Eugene* III du nom, Archevêque de Tolede (17). Il en eut trois fils *Recesuinte*, *Theodofrede* & *Favila*, & une fille. Le premier lui succéda, le second fut Duc de Courdoue, & épousa *Rexilone*, Dame du sang Royal des Goths, dont il eut un fils & une fille; savoir, *Roderic* qui regna & causa l'irruption des Maures, & *Lur* qui épousa *Favila* son oncle. *Favila* troisieme fils de *Chindasuinte* fut Duc de Cantabrie, c'est-à-dire de Biscaye, & eut de *Lur* sa niece *Pelage*, qui fut le premier liberateur de l'Espagne, comme on le verra bientôt. Sa fille épousa le Comte *Ardebaste*, dont elle eut un fils nommé *Flavius Ervige*, qui fut Roi. *Chindasuinte*, après avoir regné sept ans, songea à assurer la couronne à son fils. L'exemple encore tout recent de *Suintila* ne l'effraya point. Il prit mieux ses mesures. Il s'associa son fils aîné *Recesuinte*, & lui donna même tout le pouvoir de la Royauté, de maniere que l'on compte la premiere année du Regne du fils dès l'an 648; quoi que le pere ait vêcu encore trois ans après l'avoir associé.

648.

RECESUINTE OU RECCESVINDE.

RECESUINTE ou RECCESVINDE fut un Roi sage & pieux. Il corrigea les anciennes Loix des Goths, & y en ajouta de nouvelles. Il avoit eu une guerre à soutenir contre les Basques ou Gascons, qui avoient pris les armes, & se jettoient sur les Provinces de leur voisinage pour les piller. Il les battit & les réduisit à vivre dans leur pays paisiblement. Il mourut sans enfans le premier Septembre l'an 672. Son regne fut de 23 ans, 6 mois & 11 jours, si on le compte du jour qu'il fut associé par son pere; ou de 21 ans & 11 mois, si on compte depuis la mort de *Chindasuinte*. Il convoqua le VIII, le IX, & le X Concile de *Tolede*.

672.

Abdalla l'un des Generaux du Calife *Moavia*, qui possédoit déja l'*Egypte*, avoit fait de grands progrès dans l'Afrique, où il avoit enfin mis en déroute le Prefet *Gregoire* qui y commandoit les forces de l'Empereur d'Orient. La vic-

---

(17) *Ferreras* conjecture qu'elle étoit fille d'un des principaux Seigneurs Goths. *Pufendorff* la fait femme de *Chindasuinte*, sur la foi de quelques Historiens Espagnols : mais *la Nouvelle histoire d'Espagne* la donne pour femme à son fils, dont l'âge convenoit mieux au sien. Ce *Chindasuinte* avoit quatre-vingts ans, lorsqu'il monta sur le trône, & en regna dix.

toire

toire fut très complette, & le vainqueur resta maître de toutes les côtes de l'Afrique, qui sont sur la Méditerranée, à la réserve d'un Canton aux environs de Tanger & de Ceuta, que les Goths d'Espagne conserverent encore quelque-tems. Ainsi se forma cette formidable puissance des *Maures*, ainsi appellés, parce qu'ils avoient envahi les pays d'Afrique connus des Anciens sous le nom de *Mauritanie*. On les nomma aussi *Sarrazins*, parce qu'ils étoient de la Religion Mahométane qui avoit commencé chez les *Sarrazins*. Ils dépendoient d'abord du Calife de *Damas*; mais ils s'accoutumerent peu à peu à l'indépendance. Comme les pays qu'ils avoient conquis les approchoient de l'Espagne, qui n'en est séparée que par un détroit assez aisé à traverser, on pût dès-lors s'appercevoir qu'ils le passeroient, dès qu'ils en trouveroient l'occasion. Une grande Eclipse qui changea le jour en nuit sous le regne de *Recesuinte*, fut prise comme un présage qui annonçoit quelque grand malheur à l'Espagne.

DE L'ESPAGNE.

Les Visigoths, comme on a vû, avoient eu des Rois qui avoient usurpé la Couronne, & l'avoient même achetée par un parricide. On vit un phénomene nouveau après la mort de *Recesuinte*. Il laissoit des freres sur qui leur choix devoit naturellement tomber. *Mariana* dit que la foiblesse de leur âge les rendoit incapables de porter un si lourd fardeau. Mais il n'est pas aisé de comprendre que vingt-deux ans après la mort de leur pere, ces Princes fussent encore trop jeunes pour regner. Il y eut sans doute quelque autre raison qui leur fit préférer *Wamba*.

C'étoit WAMBA l'homme de la Cour qui avoit le plus de crédit. Il s'étoit signalé à la guerre & dans le Conseil. Il fut élu malgré lui: il eut beau, les larmes aux yeux, representer son âge avancé, & les grandes fatigues dont il n'étoit plus capable; on employa la violence pour le résoudre. Il ne voulut néanmoins être couronné, que quand on seroit à *Toléde*. Il croyoit que, pendant ce délai, il pourroit survenir quelque changement à son égard. On persista, & on le mit sur le trône.

WAMBA.

Il avoit eu raison de prévoir que cette dignité lui couteroit bien des travaux. Les Basques remuerent. Il y eut des troubles aux confins de la Biscaye & de la Navarre. Il y marcha en personne, & pendant qu'il y étoit occupé, il s'éleva un nouvel orage du côté de la Septimanie. *Hilperic* Comte de *Nîmes*, *Gumil-de* Evêque de *Maguelone*, & *Ranimire* Abbé, conjurerent contre lui & voulurent se soustraire à sa domination. Ils tâcherent de mettre *Aregius* Evêque de *Nîmes* dans leurs intérêts; mais n'ayant pu ébranler sa fidélité, ils le chasserent de son siege & y mirent l'Abbé *Ranimire*. Ils rappellerent les *Juifs*, qui ayant été chassés des pays soumis aux Goths, s'étoient refugiés en France. *Wamba* envoya contre eux un de ses Capitaines, nommé *Paul*. C'étoit un guerrier habile & heureux, il menoit une armée suffisante pour ranger les rebelles à leur devoir; mais comme il avoit des vûes bien différentes, il marcha à petites journées, & tâcha sur sa route de se faire des partisans. Il mit effectivement dans ses intérêts *Ranosinde*, Duc de Tarragone, & *Hildegise* qui étoit *Gardingue*, sorte d'Officier considérable chez les Goths (18). Ils lui assure-

---

(18) *Vossius* croit que les *Gardingues* étoient Capitaines des Châteaux où le Roi logeoit. Ils étoient appellés avec les Evêques, quand il falloit faire des loix, & les *Gardingues* y sont nommés après les *Ducs* & les *Comtes*.

Tome I.

DE L'ESPA-
GNE.

rent Barcelonne, Gironne, & Vich d'Ossone, à l'entrée même de l'Espagne. S'étant ainsi préparé à la révolte, il joignit ses troupes à celles du Rebelle *Hilperic*, prit Narbonne, & se fit déclarer Roi. On lui mit sur la tête la même Couronne que le Roi *Recarede* avoit donnée au Saint Martyr *Felix* de *Gironne*. Tout le Languedoc Espagnol fut soumis, une partie de l'Espagne Tarragonnoise suivit cet exemple par l'autorité & par les intrigues de *Ranosinde*. *Paul* écrivit une Lettre insolente à *Wamba*. Ce Roi ayant appris cette perfidie, marcha vers l'ennemi, reprit, chemin faisant, Barcelonne, Gironne, Collioure, & autres places, dans l'une desquelles se trouva *Ranosinde*. Narbonne ne put tenir contre les troupes qu'il envoya pour s'en ressaisir. Maguelone, Agde, & Besiers eurent la même destinée, malgré la résistance qu'elles firent. On y prit une partie des chefs de la sédition, entre autres l'Abbé *Ranimire* devenu Evêque de Nîmes. *Gumilde* Evêque de Maguelone ne se croyant plus en sureté, s'enfuit à Nîmes, où étoit *Paul* qui comptoit sur un prompt secours de François & d'Allemands : ils y furent assiégés, il fallut se rendre. *Wamba* qui ne vouloit point s'attirer un plus grand nombre d'ennemis sur les bras, renvoya les François & les Allemands, qu'il trouva avec les rebelles. Il restitua aux Eglises ce que les révoltés en avoient enlevé. Il se contenta de faire couper les cheveux à *Paul*, sorte de dégradation & d'infamie dans ce temps-là. Sur un bruit qui courut que *Chilperic* II, Roi de France, approchoit avec une armée, *Wamba* s'arrêta quatre jours, comme pour l'attendre. Mais croyant en avoir fait assez pour sa gloire, & ne voulant pas non plus paroître chercher à insulter ce Monarque par une bravade à contre-tems, il ne songeoit plus qu'à repasser les Pyrénées, lorsqu'il apprit qu'un corps de François ravageoit les environs de Beziers. Il alla de ce côté, & à son approche ce corps s'enfuit dans les montagnes, laissant dans les chemins son bagage, dont les Goths s'emparerent sans coup ferir. De-là il se rendit à Narbonne, & revint à Tolede où il entra, menant les chefs des rebelles, sans cheveux ni barbe, & couverts de haillons. *Paul* entre autres étoit remarquable par une Couronne de cuir noir. Ensuite ils furent enfermés, selon la sentence qui les condamnoit à une prison perpétuelle. Il profita de la paix pour augmenter & fortifier l'enceinte de Tolede, & y fit tenir un Concile l'an 675. Attentif aux démarches des Sarrazins d'Afrique, il se précautionna contre eux, en enrollant dans les milices tous ses sujets, excepté les enfans & les vieillards. Il ordonna que ceux qui avoient des Vassaux en armeroient au moins la dixieme partie, qu'il fit distinguer par des armes particulieres, avec ordre de se ranger au Drapeau à la moindre allarme. Les Evêques & le Clergé devoient même en ce cas assembler tous leurs serfs, & marcher jusqu'à dix mille au-devant de l'ennemi. Il se trouva bien d'avoir pris de telles mesures. La flotte qu'il avoit équipée, détruisit celle que les Sarrazins envoyerent au nombre de 270 voiles, pour tenter une descente en Espagne. Quelques Historiens ont insinué que les Ennemis étoient poussés à cette entreprise par le Comte *Ervige*. Ce Prince, fils du Comte *Ardebaste* & d'une sœur de *Recesuinte*, avoit gagné l'amitié de beaucoup de Grands, par une conduite souple qui savoit s'accommoder au temps. Comblé de biens & d'honneurs, il lui manquoit une Couronne pour être content. Il ne pouvoit l'obtenir que par un crime. Il y employa les Sarrazins ; & voyant son entreprise échouée, il fit empoisonner le Roi avec de l'eau dans laquelle on avoit fait tremper une forte de jonc. *Wamba* n'en eut pas plutôt bu, qu'il fut attaqué d'une maladie qu'il jugea mortelle. Il fut même si persuadé qu'il ne passeroit pas la nuit, que s'étant disposé à la mort, il se fit couper les cheveux & prit l'habit monastique, selon une dévotion de ce tems-là qui subsiste encore en Espagne. On croit qu'*Ervige* lui donna ce conseil, afin qu'au cas qu'il réchapât, il ne pût reprendre la Couronne dont le VI Concile de Tolede le rendoit incapable après une pareille cérémonie. Il soupçonnoit si peu *Ervige* de cet attentat, qu'il le nomma son successeur & en signa l'acte. Après la crise il se trouva beaucoup mieux; & voyant que d'un puissant Roi, il étoit devenu un simple religieux, il soutint la gageure, & se retira dans un monastere où il vécut encore plus de sept ans dans l'exercice des vertus. Son regne avoit été de huit ans & un mois.

ERVIGE monté sur le trône par un crime, s'y gouverna bien & avec prudence. On a vû qu'il étoit petit-fils de *Chindasuinte* par sa mere, fille de ce Roi, laquelle avoit épousé le Comte *Ardegaste*. Il craignit que l'exemple qu'il avoit donné lui-même ne fût suivi. Il se tourna du côté du Clergé, & fit assembler quelques Conciles à Tolede, où sous prétexte de veiller au bien de la Religion, il affermit son pouvoir en s'attachant les Evêques. Il choisit pour gendre *Egica* homme puissant & parent de *Wamba*, & lui fit épouser sa fille nommée *Cixilone* ou *Cixilane*, tant pour se l'attacher par cette alliance, que pour effacer aux yeux du public l'horreur de son usurpation. Son regne ne fut que de sept ans. Il mourut au mois de Novembre 687, avant son prédecesseur qui lui survécut. La veille de sa mort il nomma son gendre pour son successeur.

EGICA ou EGIZA avoit toujours regardé *Ervige* comme un ennemi: mais il avoit dissimulé sa haine tant qu'il avoit vécu. Il n'avoit même épousé sa fille que pour se rapprocher du trône. Il n'y fut pas plutôt placé, que cessant de feindre, il répudia cette Princesse, dont il avoit déja un fils nommé *Vitiza*. Quelques-uns ont prétendu que *Wamba*, qui vivoit encore, le lui avoit conseillé. Il fit faire une exacte recherche de ceux qui avoient eu part à l'artificieuse déposition de *Wamba*, & les fit punir sévérement; à cela près son regne fut très doux. Grand dans la paix & dans la guerre, sage, clement, il se gouverna en très bon Prince, & on le peut comparer aux meilleurs Rois. A l'exemple de ses prédecesseurs il convoqua trois Conciles, savoir le XV, le XVI & le XVII de Tolede. Il eut guerre contre *Pepin* qui gouvernoit la France, sous le nom de *Childebert* II, surnommé *le Jeune*. L'Histoire n'en marque ni les détails ni le succès. Il mourut enfin l'an 701, la quatorzieme année de son regne. Il laissa trois enfans, qu'il est important de bien remarquer: savoir WITIZA qui lui succeda, OPPAS Archevêque de Seville, qui eut beaucoup de part à la révolution dont nous parlerons ci-après, & une fille qui fut mariée au *Comte Julien*, dont elle eut *Florinde* (19) qui fut cause de cette révolution. Il ne faut point perdre de vûe ces détails généalogiques, si on veut bien comprendre la véritable cause du renversement de la Monarchie des Visigoths en Espagne.

---

(19) Ce nom de *Florinde* sent le Roman, ainsi que ses Avantures. Elle est communément appellée *Cava* par les Historiens.

DE L'ESPA-
GNE.
WITIZA.

WITIZA qui regna après son pere *Egica*, qui l'avoit associé de son vivant (20), étoit fils de *Cixilone* fille d'*Ervige*, dont la mere étoit sœur de *Theodofred* Duc de Cordoue, & de *Favila*, Duc de Cantabrie, fils de *Chindasuinte*, & freres de *Recesuinte* leur aîné, qui fut Roi comme on l'a vû en son lieu. Ils vivoient encore, lorsque leur arriere-petit-neveu monta sur le trône. Avec lui les vices les plus honteux & qui dégradent le plus les Souverains, y monterent (21). Non content d'entretenir publiquement plusieurs concubines qu'il traitoit en Reines, il engageoit les autres à l'imiter. Les violences qu'il exerça contre ses sujets, le rendirent odieux à la nation. Il craignit qu'ils ne lui ôtassent la Couronne, pour la donner à *Theodofred*, ou à *Favila*. Il fit crever les yeux à *Theodofred* & assassiner *Favila*. *Roderigue* fils du premier, & *Pelage* fils du second furent exposés à de grandes persécutions, & il ne tint pas à lui de les faire perir. Cette conduite ne servit qu'à lui attirer encore plus la haine de ses sujets : mais afin de leur ôter tout moyen de se révolter, il fit abbattre les murs de quantité de Villes d'Espagne & détruire toutes les armes qu'on put trouver ; ce qui n'empêcha pas nombre de Seigneurs, rebutés de sa tyrannie, de se liguer contre lui avec *Roderigue*. Celui-ci après l'avoir détrôné, lui fit le même traitement qu'il avoit fait à son pere, & lui laissa la vie. Le regne de *Witiza* fut de dix ans : il mourut vers l'an 711 (22), laissant deux fils *Eba* ou *Evan* & *Sisebut*. Les Visigoths se partagerent entre les prétendans à la Couronne. Quelques-uns portés pour la famille de *Wamba* vouloient que l'on couronnât un des deux fils de *Witiza* ; d'autres pleins d'horreur pour la mémoire de ce Roi prétendoient qu'on en revînt aux neveux de *Recesuinte*, & leur parti prévalut.

711.

RODERIGUE.

RODERIGUE fils de *Theodofred* fut préferé par le plus grand nombre, & déclaré Roi. Elevé dans l'école de l'adversité, il avoit des qualités très propres à faire un grand Prince ; un corps infatigable, accoutumé à souffrir le froid & le chaud, la faim, & la soif ; un courage capable des plus hautes entreprises ; une grande libéralité, le talent de la parole, & une heureuse disposition pour manier habilement les affaires les plus délicates. Telles étoient ses bonnes qualités, quand il n'étoit que sujet ; mais dès qu'il fut Roi, l'esprit de vengeance, une lubricité sans bornes, un entêtement & une imprudence excessifs, le rendirent plus semblable à *Witiza* son prédécesseur, qu'à *Theodofred* son pere & à ses ancêtres. Il rendit aux fils de *Witiza*, les persécutions qu'il avoit essuyées sous son regne. Il leur fit tant d'affronts que ces deux Princes, après s'être abstenus de la Cour, ne se croyant plus en sureté en Espagne, passerent en Afrique où commandoit un Lieutenant du *Comte Julien* leur oncle. Ce dernier s'étoit insinué dans les bonnes graces de *Roderigue*, qui le connoissant pour un grand Capitaine, ne fut point fâché de se l'attacher, en lui conservant le Gouvernement qu'il avoit aux environs de Gibraltar, & qui comprenoit tous les domaines que les Goths avoient en Afrique. Le Roi lui marquoit de l'amitié, & sa fille étoit une des Dames d'honneur de la Reine *Egilone*. Le crédit de ce Comte étoit très grand. *Pelage* fils de *Favila* avoit souf-

(20) Dès l'an 696.
(21) Il donna d'abord de grandes espérances qui furent suivies de plus grands desordres.

(22) *Ferreras* met sa mort en 710, & l'*Art de vérifier les dattes* en 713.

fert les mêmes persécutions que *Roderigue*, & cette ressemblance de malheurs les avoit unis. Il eut part à son bonheur, & *Roderigue* se voyant Roi, le fit Capitaine de ses gardes, charge qui le rendoit la seconde personne du Royaume. *Eba* & *Sizebut*, en se retirant d'Espagne, y avoient laissé des semences de révolte contre le Roi. *Oppas* leur oncle, Archevêque de Seville, étoit entré dans leur chagrin, & étoit à la tête de la conspiration. *Roderigue*, au lieu d'employer son esprit à se faire aimer de ses sujets, & à s'en faire un sûr rempart contre la famille de *Witiza*, ne menagea personne, & compta trop sur une patience pareille à celle que l'on avoit eue pour la mauvaise conduite de son prédecesseur. Sa cour étoit remplie de jeunes Seigneurs, dont les peres avoient les gouvernemens, & c'étoient autant d'otages qu'il avoit de leur fidélité. Mais la fille du *Comte Julien* étoit belle : ni sa qualité de nièce & de petite fille de Rois, ni les égards que la prudence vouloit que l'on eût pour son pere, ne purent la garantir de la brutale passion de *Roderigue*, & il la deshonora. Le Comte informé par elle-même de cet outrage, ne respira que la vengeance ; mais employant la dissimulation jusqu'au bout, il associa ses chagrins à ceux d'*Eba* & de *Sizebut*, se servit d'eux pour animer leurs amis, & pour ménager un secours des Maures qui cherchoient depuis long-tems à entrer en Espagne, & qui n'avoient garde de négliger une si belle occasion ; tandis qu'*Oppas* Archevêque de Seville, conduisoit l'intrigue de son côté, & encourageoit les amis de sa maison. La mauvaise conduite du Roi lui avoit attiré beaucoup d'ennemis. Les Maures envoyerent d'abord un corps de troupes pour sonder le terrain, de peur que ce ne fût un piege ; & ayant éprouvé que ceux qui les invitoient agissoient de bonne foi, ils envoyerent l'an 713, une armée plus considérable qui trouva peu d'obstacles. Le Comte *Julien* y avoit pourvû. *Roderigue* assembla toutes les forces du Royaume. *Oppas* voulut commander lui-même un corps qu'il avoit assemblé. L'armée montoit environ à cent mille hommes, mais mal armés & sans nulle expérience de la guerre. *Witiza* avoit détruit toutes les armes de ses sujets, & son successeur n'étoit pas homme à les armer de nouveau par précaution. Des troupes levées à la hâte & tumultuairement ne pouvoient gueres défendre l'Etat, contre des soldats exercés & bien armés, tels que les Maures qui presque en débarquant s'étoient déja saisis de l'Andalousie & de l'Estramadure, & qui de plus étoient sûrs d'être secondés par les meilleures troupes de l'Armée Royale. En effet, le jour qui décida du sort de l'Espagne par la bataille générale qui se donna à *Xerès* en 712 le 11 Novembre, le perfide *Oppas* & le Comte *Julien*, au lieu de combattre les Maures avec le Roi qui animoit ses troupes par son exemple, tournerent leurs armes contre lui & prirent son armée en flanc. Ce mouvement qu'attendoient les barbares, fit connoître à *Roderigue* qu'il étoit trahi. Tout ce qui lui restoit de monde fut défait, il prit lui-même la fuite, & disparut. Les Goths n'ayant plus de chef pour les rallier, la déroute fut générale. Les villes que *Witiza* avoit malheureusement demantelées, ne purent ni servir de retraite aux débris de la puissance des Goths, ni se défendre contre les Maures qui inonderent l'Espagne. *Roderigue* ne regna que trois ans, & avec lui fut éteint le Royaume des Visigoths qui avoit duré près de 300 ans, depuis qu'ils en eurent établi le siege à Toulouse l'an 419. Les Maures firent en huit mois des conquêtes d'où l'on fut environ huit cens ans à les chasser, & une bataille

DE L'ESPAGNE.

Entrée des Maures en Espagne.
713.

FIN DE LA MONARCHIE DES GOTHS EN ESPAGNE.

DE L'ESPA-GNE. leur donna des provinces, qu'on ne put leur ôter que par 3700 combats. Les vainqueurs s'assurerent leur conquête en sacrifiant à leur sûreté les deux fils de *Witiza*. On ne sait ce que devint le Comte *Julien* ; il y a de l'apparence qu'après avoir profité de sa perfidie, ils en craignirent les retours & se défirent de lui.

Il y a une observation à faire sur la Monarchie des GOTHS en Espagne. On a vû qu'elle fut fondée par *Euric* : elle fut d'abord hereditaire pour *Alaric* fils de ce Prince, & pour *Amalaric* son petit-fils : dans la suite elle devint élective. L'élection au commencement ne se fit que par les Seigneurs du Palais, & les principaux du Royaume. Mais depuis *Recarede* le *Catholique*, les Métropolitains & les Evêques furent aussi Electeurs. Ainsi quoique plusieurs de ces Princes soyent montés sur le trône après leurs peres, ce ne fut point par droit de succession, mais parce que leurs peres ou eux-mêmes avoient eû soin de solliciter les Prélats & les Palatins de leur accorder cette faveur.

ROIS D'ES-PAGNE DEPUIS L'INVASION DES MAURES. *Pelage* fils de *Favila*, & cousin germain de *Roderigue*, eut le bonheur d'échapper au fer des Maures. Il se sauva avec quelques débris de l'armée vers Toléde : les Maures qui le suivoient ne lui donnerent pas le tems de s'y fortifier, & il mena sa troupe dans les montagnes de l'Asturie. Les Maures n'eurent garde de l'y aller chercher. Outre la difficulté du passage des montagnes, qu'ils n'auroient pu forcer sans s'exposer à perdre beaucoup de monde, il étoit de leur interêt de s'étendre dans les provinces méridionales de l'Espagne, & de préferer les pays situés le long de la Méditerranée, afin d'être toujours à portée d'avoir une communication ouverte avec l'Afrique.

PELAGE. Lorsqu'ils se furent établis dans l'Estramadure, dans l'Andalousie, au Royaume de Valence, &c. ils y résolurent de tenter les Asturies. PELAGE élu Roi par les Chrétiens, avoit eu le tems de ramasser une armée, & s'étoit mis en posture de n'être pas attaqué impunément. Quand les Maures essayerent d'y pénétrer, ils furent si vivement reçus qu'ils apprehenderent que l'exemple de ce Prince n'encourageât les autres chefs des Espagnols à faire tête. Ils aimerent mieux s'accommoder avec lui. Ce Prince qui voyoit autour de soi des gens allarmés du grand succès de leurs ennemis, & à qui il manquoit une infinité de choses pour subsister & se maintenir dans ces postes, écouta les propositions, & procura aux Asturies un peu de tranquillité. Les Chrétiens dans cet azyle formerent une espece de Republique, & sur quelque division qu'il y eut entre les principaux, *Pelage* se retira près de Gion vers les montagnes, pour ne pas donner lieu à une plus grande desunion. *Munuza* Chrétien, mais fort lié avec les Mahometans, avoit obtenu d'eux le gouvernement de ce Canton : il devint amoureux d'une sœur de *Pelage*, & ayant écarté ce Prince sous quelque prétexte, il força cette Princesse de l'épouser. *Pelage* dissimula d'abord son chagrin ; mais après avoir pris ses mesures, il éclata. Ayant assemblé ses amis & tout ce qu'il trouva de gens propres à porter les armes, il leur inspira le courage dont il étoit lui-même rempli. Quand on sçut dans la Galice & dans la Biscaye, la résolution qu'il avoit prise d'attaquer les Maures, des Députés vinrent de la part de ces Provinces offrir des secours, & demander à être admises dans la confédération. On reçut leurs offres, mais on entama l'affaire sans les attendre. On courut sur les terres des Maures, & ce fut avec succès : mais une Armée vint bientôt à leur secours. *Pelage* trop prudent pour expoſer à des forces ſuperieures par le nombre, le peu de troupes qu'il avoit, ſe retira dans les montagnes des Aſturies, où il diſperſa ſon monde. Il ne retint que mille hommes avec leſquels il ſe renferma dans la caverne de Covadonga, où il ſe retrancha avec des vivres. Il fut bien ſurpris, quand à l'approche des Maures qui venoient l'y inveſtir, il apprit que l'Archevêque *Oppas* étoit avec eux, & demandoit à conferer avec lui. L'entretien fut vif. *Oppas* ſe retira, ſans avoir pu rien gagner ſur le Prince, & l'attaque commença. *Pelage* & les ſiens ſe battirent en lions, & l'hiſtoire compte juſqu'à vingt mille Maures reſtés ſur le champ de bataille avec leur Géneral. Ceux qui prirent la fuite dans les montagnes, y perirent par les armes des troupes que *Pelage* y avoit diſperſées. *Oppas* fut pris, & on ne ſait pas quel châtiment on fit de ce traître. Ce ſuccès auquel on attache des circonſtances miraculeuſes, rendit le courage aux Chrétiens, groſſit leur armée, & répandit la terreur chez les ennemis.

DE L'ESPAGNE.

Les fréquentes mutations de Chefs chez les *Maures*, la mort de quelques-uns des principaux, la meſintelligence qui ſe mit entre eux, & quelques autres circonſtances ſemblables furent très favorables aux Eſpagnols. *Pelage* profita bien de ſa victoire : il conquit Leon, Gyon, Aſtorga & autres places, dont il ſe forma un Etat ſous le titre de *Roi d'Aſturie* ; c'eſt le nom que prirent ſes ſucceſſeurs juſqu'à *Ordogno* ſecond. Cependant les Maures, plus connus en France ſous le nom de *Sarrazins*, tâchoient de pénétrer dans la Gaule. Cette diverſion ne pouvoit être que très utile à *Pelage* : mais ces Infideles, après avoir fait bien des conquêtes dans la Gaule, furent defaits par *Charles Martel*, qui regagna les pays dont ils s'étoient emparés, & reporta les bornes de la France aux Pyrenées. *Pelage* mourut à Cangas l'an 737 : il laiſſa un fils nommé *Favila* & une fille nommée *Ermiſinde*, qui fut mariée à *Alphonſe*, dont le mérite & l'attachement avoient gagné l'eſtime & la confiance du Roi. Pelage avoit regné dix-neuf ans, & eſt proprement le reſtaurateur de la Monarchie Eſpagnole.

ROIS D'ASTURIE.

736.

737.

FAVILA ſon fils & ſon ſucceſſeur étoit un Prince leger & voluptueux qui auroit pu gâter de ſi beaux commencemens. Mais il regna peu, & dans les deux ans qu'il fut ſur le trône, les *Maures* affoiblis par le rude échec qu'ils avoient eu en France, laiſſérent les Eſpagnols en paix. Il fut tué par un Ours qu'il preſſoit trop à la chaſſe. Comme il n'avoit point d'enfans, le Royaume déja hereditaire paſſa à *Ermiſinde* ſa ſœur & à ſon mari. Cet exemple de ſucceſſion feminine, qui fut le premier en Eſpagne, devint un uſage qui y s'eſt perpetué.

FAVILA.

ALPHONSE ſon mari (23) avoit été le compagnon de *Pelage* dans ſes travaux : il ne ſe démentit point ſur le trône, & fut ſurnommé le *Catholique* à cauſe de ſa piété. Egalement brave & heureux, il battit les Maures en beaucoup de rencontres, reprit ſur eux pluſieurs places tant de la Galice que du Portugal, fit la conquête de la *Navarre*, & mourut l'an 757 en odeur de ſainteté, âgé de ſoixante-quatre ans, après en avoir regné dix-huit. Il eut de la Princeſſe *Ermiſinde* ſa femme trois fils, ſavoir FROILA ſon ſucceſſeur, *Vima-*

ALPHONSE I.

---

(23) Il étoit fils de *Pierre* Duc de Cantabrie, iſſu du ſang Royal de *Leuvigilde* & de *Recarede*.

DE L'ESPA-
GNE.

ran qui fut affaffiné par fon frere aîné, une fille nommée *Adofinde*, & un fils naturel nommé *Mauregat*.

FROILA.

FROILA fut un Prince porté à la cruauté. On lui fait honneur de la fondation d'*Oviedo* dans l'Afturie, d'autres prétendent qu'*Alphonfe* l'avoit commencé, & qu'il l'acheva feulement : il eft fûr que *Froila* en fit une Ville, & y établit un fiege épifcopal. Il révoqua une loi par laquelle *Witiza* avoit permis aux Prêtres de fe marier, à l'imitation des Grecs. Il fe fit obéir fur ce point, & ce fut peut-être ce qui le fit paffer pour un homme févere. Une révolte dans la Gafcogne l'attira dans ce pays-là. Il l'étouffa en 761, & prit alliance avec *Eudes* Duc d'Aquitaine, dont il époufa la fille (24). Dans une bataille qu'il donna aux Maures qui étoient entrés dans la Galice, il en tua cinquante-quatre mille, & fit *Omar* leur Général, prifonnier. Il auroit mérité d'être compté entre les plus grands Rois qu'ait eu l'Efpagne, s'il ne fe fût pas fouillé du fang de fon frere. Sa févérité lui avoit fait des ennemis. Un parti de mécontens fongea à le détrôner & tâcha de porter *Vimaran*, Prince aimable & très vaillant, à fe mettre à leur tête. *Froila* aima mieux devoir fa fûreté à un crime qu'à la vertu de fon frere, & le poignarda dans fon Palais de fa propre main. Ce fratricide ne fut pas long-tems impuni. *Froila* fut affaffiné lui-même à *Cangas* par les principaux Seigneurs, à qui fon caractere dur donnoit de plus en plus de l'ombrage (25), après un regne de 11 ans. Ce Roi laiffa un fils nommé *Alphonfe* qui fut furnommé le *Chafte* (26).

AURELE OU
AURELIO.

AURELE ou AURELIO, Coufin germain de *Froila*, fut préferé à *Alphonfe*, fils du dernier Roi, qu'on trouva trop jeune, & proclamé par les Seigneurs. Sous fon regne les Efclaves faits par les Chrétiens dans les précédentes guerres, prirent les armes. *Aurele* vint à bout de les foumettre & regna depuis paifiblement au moyen de la tréve qu'il avoit renouvellée auparavant avec *Abderame* (27). Les diverfes dominations des Maures avoient été réunies, & ne formoient plus qu'un feul & même état, depuis qu'*Abderame* en étoit devenu fouverain l'an 759. Cette réunion lui donnoit une fupériorité que n'avoient pas fes Prédéceffeurs, divifés & prefque toujours brouillés enfemble. *Aurele* mourut l'an 773 après un regne de fix ans & de quelques mois, dont le fiege avoit été à *Oviedo*. Comme il n'avoit point d'enfans, il avoit marié fa Coufine germaine, *Adofinde* ou *Aulinde* (28), à *Silo* un des principaux Seigneurs du Royaume, pour lui donner les moyens d'afpirer à la Couronne, après fa mort ; & *Silo* lui fuccéda effectivement.

SILO.

SILO renouvella la paix avec les Maures. Il en avoit befoin pour faire rentrer dans l'obéiffance les peuples de la Galice qui s'étoient révoltés. Il les battit

(24) Ce fait tiré de *Mariana*, n'eft pas fûr. Les nouveaux Hiftoriens du Languedoc ne parlent ni de cette fille du Duc Eudes, ni de fon prétendu mariage avec *Froila*.

(25) *Ferreras*.

(26) *Pufendorff* ajoute, *& une fille appellée* Chimene, *qui ne fe piqua gueres de chafteté, & qui fut mere de* Don Bernard del Carpio *fi célèbre dans les Romans*. Mais la mere & le fils, fuivant la *Nouvelle hiftoire d'Efpagne*, font deux perfonnages auffi fabuleux l'un que l'autre.

(27) *Pufendorff* dit qu'Aurele acheta la paix à des conditions honteufes, s'étant engagé de fournir tous les ans aux Maures, à titre de tribut, un certain nombre de filles de bonne Maifon : mais cet odieux tribut paroît fabuleux.

(28) Fille d'*Alphonfe* le *Catholique*.

près

près de la montagne de Cebrero, & les fit rentrer dans le devoir. C'est à ce regne que l'on attribue l'erection des *Ricos Hombres*, titre qui étoit accompagné de quantité de beaux privileges, & qui est l'origine des Grands d'Espagne. *Silo* regna neuf ans, & mourut l'an 783, à Pravia, où il avoit établi sa Cour. Les amis d'*Alphonse* fils de *Froila*, le placerent sur le trône ; mais ils ne purent l'y maintenir, & il en fut d'abord renversé.

MAUREGAT, fils naturel d'*Alphonse* I, arracha la Couronne à son frere *Alphonse* II. On prétend que pour se la conserver, il acheta la protection des Maures, à qui il s'engagea de payer tous les ans l'infame tribut de cent filles, dont cinquante devoient être nobles, & les autres de moindre condition (29). Il regna cinq ans & demi, & mourut sans postérité l'an 788, à *Pravia*, où il avoit aussi tenu sa Cour (30). *Alphonse* II, qu'il avoit détrôné, ne lui succéda point encore. Ce fut *Bermude* I, ou *Veremond* frere d'*Aurele*.

VEREMOND étoit dans les ordres sacrés & avoit reçu le Diaconat. On l'obligea de se marier ; mais après avoir eu quelques enfans, il se sépara de sa femme & vécut dans la continence. Il étoit aussi brave que vertueux, & remporta sur *Issem*, Roi de Cordoue, une grande victoire, dans laquelle 60000 Maures resterent sur le champ de bataille. Quoiqu'il eût des fils, il eut la générosité en 791, d'abdiquer en faveur de ce même *Alphonse*, à qui la couronne appartenoit légitimement. Il vécut encore six ans, & mourut en 797, fort regretté de ses sujets dont il étoit tendrement aimé. Il eut deux fils, RAMIRE & GARCIE, & une fille nommée *Christine*.

ALPHONSE II occupa seul le trône dont son pere avoit joui. Il fit bâtir l'Eglise Cathédrale d'Oviedo, & fixa sa Cour dans cette ville. La Reine *Berthe* sa femme & lui garderent une exacte continence, ce qui lui fit donner le surnom de *Chaste* (31). Les Infideles qui étoient retombés dans leur anciennes jalousies, lui faciliterent par leurs divisions les moyens de faire sur eux des conquêtes considérables. D'autres circonstances lui furent favorables, & il sçut en profiter. On a déja vu que Charles Martel avoit défait les Sarrazins qui avoient pénétré assez avant dans la France. Pepin son fils avoit eu sur eux la même supériorité, & les avoit chassés bien au-delà des Pyrénées. Il s'étoit même rendu maître de Barcelone & de Gironne dès l'an 752, & en avoit laissé le gouvernement à un Sarrazin, qui les tenoit de lui à titre de Comté, aimant mieux être Vassal de Pepin que du Roi de Cordoue. *Ibin-Alarabi*, autre Maure, ayant voulu secouer le joug d'*Abderame*, & se faire Roi de Sarragosse, en fut chassé. Il eut recours à *Charlemagne*, dont il alla implorer la protection jusqu'à Paderborn, où ce Monarque étoit alors. Elle lui fut accordée sur l'offre qu'il fit de rendre hommage du gouvernement dont on l'avoit privé, si on vouloit le conquerir. Charles leva deux armées, en envoya une en Catalogne & marcha avec l'autre du côté de la Navarre : il soumit de gré ou de force tout ce pays-là jusqu'à l'Ebre, rétablit à Saragosse *Ibin-Alarabi*, & prenant par-tout des otages des Sarrazins, à qui il laissoit

DE L'ESPAGNE.

MAUREGAT.

788.

VEREMOND.

791.

ALPHONSE II.

(29) Ce fait rapporté sur la foi de *Mariana*, est de même nature que le précédent, attribué à *Aurelio* ; & selon *Ferreras*, est une pure fable.

(30) De-là cette espece de Proverbe, qui fait allusion à sa méchanceté, *Como fue Pravo, en Pravia fue sepultado.*

(31) Quelques-uns disent qu'il avoit eu seulement dessein de l'épouser, mais que ce mariage n'eut point lieu.

Tome I. I

DE L'ESPA-GNE.

leurs terres & leurs gouvernemens, il ne négligea rien pour s'assurer de leur fidélité, & fit démanteler Pampelune. Ce fut au retour de cette expédition que quelques Basques en embuscade tomberent sur son bagage, & après l'avoir pillé se disperserent dans les montagnes. Les vieux Romanciers ont extrêmement fardé cet événement, en y ajoûtant quantité de circonstances chimeriques. Quelques-uns y font perir le fameux *Rolland*, qu'ils donnent pour neveu à *Charlemagne* (32). Ils appuyent fort sur la défaite de ce Prince, & des douze Pairs de France qui ne furent institués que plus de trois cens ans après sous le Roi *Robert*. D'autres mettent dans l'armée victorieuse un *Alphonse*, ennemi de *Charlemagne*, lequel après avoir ajouté dans cette guerre, à ses conquêtes, la Catalogne, la Navarre & une partie de l'Arragon, laissa une partie de ses troupes à *Alphonse* Roi d'Asturie, qui avec ce secours battit les Maures dans le Portugal & leur prit Lisbonne. *Charles* ayant repassé les Pyrenées, joignit ses nouvelles conquêtes au Royaume d'Aquitaine, qu'il avoit donné à *Louis* son fils aîné. Les Sarrazins qui s'étoient déclarés Vassaux de sa Couronne ne tarderent pas à remuer. *Louis* eut de la peine à les réduire, & la ville de Barcelonne soutint seule un siege de deux ans.

L'amitié qui fut entre *Charlemagne* & *Alphonse* le *Chaste*, étoit peut-être l'ouvrage de la Reine *Berthe*, qui étoit Françoise. Il est certain que l'occupation que *Louis* Roi d'Aquitaine donna aux Maures du côté de la Catalogne & de l'Arragon fut très avantageuse aux Espagnols. Le nom seul de *Charlemagne* les tenoit dans le respect, & la liaison qui étoit entre ces trois Monarques ne fut pas inutile à *Alphonse*, pour les conquêtes qu'il fit sur leurs Ennemis communs. Aussi, après la prise de Lisbone, envoya-t-il à *Charlemagne* la partie la plus précieuse du butin qu'il avoit fait en cette occasion. Durant son regne, qui fut d'environ cinquante-un ans, il battit souvent les Maures qui employerent les ruses les plus dangereuses pour le vaincre. Un de leurs chefs nommé *Mahamut* se voyant brouillé avec le Roi de Cordoue son Souverain, se refugia chez *Alphonse* qui le reçut avec bonté, & lui assigna des terres dans la Galice. L'ingrat fut assez lâche pour vouloir sacrifier son bienfaiteur à sa nation, & complota avec d'autres Sarrazins pour l'attaquer tous en même-tems. Ils assemblerent en effet une armée nombreuse sur la frontiere, & le perfide avec d'autres troupes qu'il avoit introduites, surprit un poste. Heureusement pour *Alphonse* il se trouva prêt à faire tête, il donna bataille, & tailla en pieces une armée de cinquante mille Sarrazins que le traître *Mahamut* avoit armés contre lui.

Une guerre civile qui s'alluma dans la Galice le réduisit à se cacher dans un Monastere. Les Maures occupés en trop d'endroits par les François ne profiterent point de ce desordre. Un Seigneur fidele à son Roi prit son parti, & son exemple fut suivi avec tant de succès, qu'*Alphonse* soumit les révoltés & fut plus absolu que jamais. *Abderame* II, Roi de Cordoue, après avoir vaincu des sujets rebelles, se préparoit à attaquer le Roi de Leon. La Castille déja possedée par plusieurs Comtes, pouvoit se réunir sous l'un d'entre eux, & faire de la peine au Souverain. *Charlemagne* étoit mort, & *Louis* son fils n'étoit plus cet heureux Roi d'Aquitaine qui faisoit trembler les Maures. De-

---

(32) Il étoit Gouverneur de la Bretagne.

venu Roi de France & Empereur, à peine lui resta-t-il au-delà des Pyrenées les Comtés de Barcelone, de Roussillon, de Cerdaigne, d'Ampurias, d'Urgel & d'Ossonne. Les Isles Baléares, c'est-à-dire Majorque, Minorque, Iviça & le reste des conquêtes de *Charlemagne*, passerent en d'autres mains. Détrôné lui-même par ses enfans, & replacé difficilement sur le trône, il ne put rendre à l'Espagne les mêmes services qu'autrefois, ni empêcher que des conquêtes qu'il abandonnoit, il ne se formât un nouveau Royaume qui fut celui de Navarre. L'Arragon, sous le titre de Comté, en fut d'abord une dépendance, à peu près de même que le Comté de Castille relevoit de Leon. Les Navarrois exposés aux insultes des Sarrazins qui avoient envahi Pampelune, & ne recevant aucun secours de *Louis* le Débonnaire, élurent pour Roi *Inigo*, Comte de Bigorre, surnommé *Arista*, mot Gascon qui signifie ardent ou hardi (33). Ce fut dans cette élection que fut dressé le fameux Code appellé, du nom du pays où elle se fit, le *Fore de Sobrarve*. C'est une Loi pour maintenir les privileges & les libertés de la Nation, & mettre un frein à l'autorité Royale. Elle étoit autrefois commune à la Navarre & à l'Arragon; mais les peuples de Navarre l'ayant négligée, les Arragonois plus fermes l'ont gardée très long-tems. C'étoit sur ce *Fore de Sobrarve* que les privileges immenses de l'Arragon étoient fondés, au moins en partie.

Ce nouveau Royaume fut fatal aux Maures par les grandes conquêtes que fit sur eux *Arista*. Mais ce fut un Etat separé du Royaume de Leon par des interêts opposés; & au lieu qu'ils auroient dû se réunir pour combattre leur ennemi commun, souvent au contraire leur jalousie mutuelle les arma l'un contre l'autre. Peu inégaux & trop voisins, ils employerent dans la suite leurs forces à se disputer le terrain. *Alphonse* se donna pour successeur *Ramire* fils de ce *Bermude*, qui l'avoit lui-même associé au trône, & il rendit au fils une Couronne qu'il avoit reçue du pere. Il mourut sur la fin de 842, dans un âge très avancé.

RAMIRE étoit occupé à faire la guerre aux Maures. Un Seigneur nommé *Nepotien* tâcha de le supplanter. *Ramire* se hâta, le défit, & l'ayant pris le relegua dans un Monastere, après lui avoir fait crever les yeux. *Abderame* Roi de Cordoue, crut devoir profiter du nouveau regne, & commencer les hostilités. *Ramire* arma aussi-tôt & livra bataille à l'ennemi près d'Alveda, à peu de distance de Logrogno. On combattit durant deux jours avec opiniâtreté. L'avantage du premier jour étoit pour les Maures. *Ramire* eut la nuit suivante une vision, par laquelle l'Apôtre *Saint Jacques* lui promettoit la victoire. Sous le regne d'*Alphonse* le Chaste, on avoit trouvé dans la Galice un tombeau que l'on croyoit être celui de ce Saint Apôtre. *Mariana* avoue que l'on ne sçait gueres à present sur quelles preuves on détermina que ce l'étoit. Mais après tout on en étoit persuadé, & cette circonstance jointe à la vision du Roi ranima les troupes, de maniere qu'il en couta soixante mille hommes au Roi de Cordoue. C'est dans cette bataille qu'au rapport des Historiens, les Espagnols crurent voir leur Saint Protecteur, portant devant eux un éten-

---

(33) Ce fut *Aznar*, Comte de la Gascogne Françoise, qui s'étant soustrait à la domination de *Pepin*, Roi d'Aquitaine, fut le premier Roi de *Navarre*, qui est la Gascogne Espagnole. *Annal. de Mets*.

DE L'ESPA-GNE.

dart blanc avec une croix rouge au milieu. Calahorra, Alveda & autres forteresses furent les fruits de cette Victoire (34). Les Normands après avoir fait bien des ravages en Angleterre & en France, firent une descente dans la Galice ; mais *Ramire* leur tua beaucoup de monde, leur brûla quelques vaisseaux, & les obligea d'aller plus loin dans les terres qu'occupoient les Sarrazins, qu'ils desolerent depuis Lisbonne jusqu'au détroit. Ce Prince, environ un an avant sa mort, découvrit une conjuration formée contre lui, & punit de mort *Iniola*, qui en étoit le chef. *Ramire* ne regna que sept ans, &

849. ORDOGNO.

mourut en 849 à Oviédo, devenue la résidence ordinaire des Rois de Galice.
ORDOGNO son fils, qu'il avoit fait reconnoître deux ans auparavant, lui succeda. Son démêlé avec *Athaulphe*, Evêque de Compostelle, donna d'abord un assez mauvais présage de son regne, mais il répara cette faute. Son regne fut un mêlange de bons succès & de disgraces dans la guerre. *Muza* Goth d'origine & Mahométan de religion, s'étant révolté contre le Roi de Cordoue, son Souverain, avoit conquis Tolede, Saragosse, Huesca, Tudele, &c. & avoit même réduit *Charles le Chauve* à acheter de lui la paix, pour mettre en sûreté la Catalogne. Il se jetta sur les terres du Roi des Asturies, perça jusqu'à Logrogno, & s'empara d'Alveda. *Ordogno* marcha contre lui & le vainquit. *Muza* fut blessé, & mourut vraisemblablement de ses blessures. *Loup* son fils étoit gouverneur de Tolede. Se voyant près d'être attaqué par le Roi de Cordoue, il engagea *Ordogno* à faire une diversion, & il en obtint des troupes que commanda *Don Garcie*, gendre de *Muza*. Elles furent battues. Cette perte affoiblit tellement *Ordogno*, qu'il ne put s'opposer à une seconde descente des Normands qui ravagerent toutes ses côtes. Les divisions des Maures lui presenterent une occasion favorable, & il commençoit à en profiter, lorsqu'il mourut de la goute l'an 866, vers la dix-septiéme année de son regne.

ALPHONSE III.

ALPHONSE III, son fils unique, qu'il avoit fait reconnoître de son vivant, lui succeda. Ce Roi eut le surnom de *Grand*, & le merita par son courage & par ses vertus héroïques. *Froila*, Comte de Galice, lui disputa la couronne, & l'obligea même à chercher une retraite chez les Cantabres ; mais la conduite tyrannique de l'usurpateur fit révolter les habitans d'Oviedo, qui l'assassinerent, & préparerent ainsi le retour d'*Alphonse*. Deux Seigneurs d'Alava & de Biscaye se révolterent, & furent faits prisonniers. Les Maures animés par la grande jeunesse du Roi, & par les troubles de son Etat, firent irruption dans son pays. Il les vainquit dans une bataille, & les rechassa dans leurs propres terres. Résolu de ne les point ménager, il s'attacha les François qui lui envoyerent de grands secours avec lesquels il fit des conquêtes sur les Infideles. Au milieu de ces succès, il épousa *Dona Ximene*, de la Maison des Comtes de Navarre. Dans le même tems, il entra sur les terres des Sarrazins où il jetta l'épouvante, & fit un très grand butin. L'année suivante 870, il remporta coup sur coup deux grandes victoires ; l'une sur les Maures de Tolede, qui y perdirent dix mille hommes ; l'autre sur une partie de l'armée de Cordoue, qui fut taillée en pieces. Toutes ces pertes obligerent les Maures de conclure une treve de trois ans. Après ce terme, *Alphon-*

---

(34) *Ferreras* paroît ajouter peu de foi à cette apparition de *Saint Jacques*.

se entra dans l'Eſtramadure, courut juſqu'à Merida, & les Maures effrayés de ſes progrès lui demanderent encore la paix, qu'il leur accorda. Mais l'an 876, la treve étant expirée, *Alphonſe* reprit les armes, & remporta encore de grands avantages. Toutes ces victoires, ſur les Infideles, rendirent le regne d'*Alphonſe* très glorieux au-dehors; mais il n'en fut pas plus tranquille au-dedans. Ses enfans & ſa propre femme ſe ſouleverent contre lui. Don *Garcie* l'aîné prit les armes, & entraîna dans ſa révolte *Ordogno* ſon frere. *Alphonſe* oppoſa la force aux rebelles, battit dans un combat *Don Garcie*, le fit lui-même priſonnier, & l'enferma dans un Château. La détention de *Garcie* qui dura trois ans, ne rendit point la tranquillité au Roi d'Oviedo. La Reine Dona *Ximene*, *Ordogno* frere de *Garcie*, & *Mugno Fernandez* dont *Garcie* avoit épouſé la fille, après avoir inutilement ſollicité la clémence d'*Alphonſe*, firent de nouveaux efforts pour ſoulever les peuples. *Alphonſe* à la veille de voir ſes Etats déchirés par leurs factions, prit enfin le parti de céder au tems, & de ſacrifier tout au bien de la paix. Il convoqua pour cet effet les Grands du Royaume, & après avoir mis en liberté *Don Garcie*, il fit en ſa faveur une abdication ſolemnelle. Un procedé ſi génereux frappa d'admiration tout le monde, & fit juſtement regretter un Prince ſi digne de remplir un trône, qu'il quittoit avec tant de grandeur d'ame. Il donna à *Ordogno* la Galice, & les deux Princes furent proclamés en même-tems. *Alphonſe* malgré ſon abdication, eut toujours quelque part au gouvernement; il fit lui-même, contre les Infideles, une derniere expédition qui couronna glorieuſement ſes travaux guerriers. Ce fut au retour de cette guerre qu'il tomba malade & qu'il mourut à Zamora l'an 912. Il mérita bien le titre de *Grand*, non-ſeulement par tant de batailles, où il eut l'avantage de n'être jamais vaincu; mais par bien d'autres qualités qu'il joignoit à ſa valeur. On a un monument du goût qu'il avoit particulierement pour les lettres, dans une *Chronique* dont ce Prince eſt reconnu pour le véritable Auteur.

GARCIE I du nom, ſignala le commencement de ſon regne par une guerre ſur les terres des Infideles, du côté de la nouvelle Caſtille, & dans laquelle il en fit un carnage affreux. Mais à peine *Alphonſe* fut mort, que ſon ambition ſe réveillant, il voulut enlever la Galice à Don *Ordogno* ſon frere. Leur différend n'eut point de ſuite, & ils n'en vinrent pas même à une rupture ouverte, par la médiation de leur mere & des principaux Seigneurs du Royaume. Don *Garcie* ne jouit pas long-tems d'une couronne, dont le deſir porté trop loin, avoit agité ſa jeuneſſe. Il mourut au commencement de l'année 914, ſans laiſſer de poſterité, après un regne de trois ans & un mois.

ORDOGNO II s'étant rendu à Leon aux premieres nouvelles de la mort de ſon frere, fut reconnu Roi par les Evêques & les Grands. Ce Prince, qui avoit hérité de la valeur d'*Alphonſe* ſon pere, & qui s'étoit déja éprouvé contre les Infideles, voulut profiter des diviſions qui étoient parmi les Mahométans.

La premiere année de ſon regne il entra à main armée ſur leur terres, & emporta d'aſſaut *Talavera* de la *Reyna*, après avoir taillé en pieces une armée qui venoit au ſecours. L'an 916 il défit encore *Abderame* III, Roi de Cordoue. Cinq ans après, il alla au ſecours des Navarrois contre les Mahometans, & reçut un très rude échec à la bataille du Val de la Junquera, qui fut si funeste aux Chrétiens. L'année suivante, il épousa une Demoiselle de Galice appellée *Argonte*, & la répudia sans sujet. *Ordogno* craignoit & haïssoit les Comtes de Castille, dont *Alphonse* le *Grand* avoit éprouvé la puissance. N'osant pas les attaquer à force ouverte, il feignit d'avoir besoin de leur conseil sur un sujet important. Il leur donna un rendez-vous, où ils se trouverent, les fit prendre, les envoya à Leon, & peu de jours après il les fit étrangler en prison. Entre ces Comtes étoient *Nugno Fernandes*, *Ferdinand Ansurez*, & *Abolmondar Blanco*, avec Don *Diegue* son fils. *Ordogno* devenu odieux par cette conduite, armoit pour prévenir le ressentiment des Castillans, lorsqu'il mourut à Leon, où il avoit établi sa Cour, l'an 923, après neuf ans & sept mois de regne. Il laissa d'*Elvire*, sa premiere femme, deux fils, *Alphonse* & *Ramire*.

FROILA II, son frere, fut proclamé Roi. Sous son regne qui ne fut que d'environ un an, les Castillans s'affranchirent du Royaume de Leon (35). On croit communément qu'ils créerent deux Chefs, sous le nom de *Juges*, l'un pour l'administration des affaires, & l'autre pour le soin de la guerre. *Lain Calvo* eut le premier département, & l'autre fut donné à *Nugno-Rasura*, fils d'un Seigneur Allemand, qu'on dit avoir bâti Burgos, & qui s'appelloit *Belchides*. Allant en pelerinage à Saint Jacques, il avoit pris les armes contre les Maures, & avoit acquis tant de réputation que *Diego Porcellos* l'un de ces Comtes, lui avoit donné sa fille unique en mariage. De ce mariage étoit né Don *Gonzales Nugnes*, Juge après son Pere. Don *Gonzales Nugnes* fut seul Comte hereditaire de toute la Nation Castillane. *Froila* après un regne d'environ un an, qui n'est memorable que par sa cruauté, mourut de la lepre, encore fort jeune.

ALPHONSE IV, son neveu, fils d'Ordogno II, monta sur le trône qui lui appartenoit. Il ne pensa point, non plus que son oncle, à arrêter les progrès de *Gonzales*, Comte de Castille. Ce dernier les poussa si loin qu'il mit la Riviere de Pisuerga pour borne entre les Etats de Castille & ceux de Leon, & n'ayant rien à craindre de ce côté, il attaqua le Roi de Navarre, le fameux *Sanche Abarca*, qui s'étant rendu très puissant par ses conquêtes sur les Maures, les étendoit encore sur les terres de la Castille. Une bataille que les deux Rois devoient se donner près du Bourg de Gallanda, devint un duel; ils se renverserent l'un l'autre de cheval, & se blesserent réciproquement. Le Roi de Navarre en mourut & son armée fut défaite (36). *Gonzales* victorieux fut ensuite attaqué par les Maures & par le Roi de Leon. Ce n'étoit plus *Alphonse*. Ce Prince lassé du peu de travail que lui coutoit la couronne (37), la laissa à son frere, *Ramire* II, pour se faire Moine, après un regne de six ans, l'an 927. L'état monastique le lassa bientôt. Il regretta le trône qu'il avoit quitté: son frere, qui n'étoit pas d'humeur à le lui rendre, lui fit crever les yeux en 930, & traita de même ses cousins *Alphonse*

---

(35) Cette prétendue révolution de Castille, est réfutée par *Ferreras*, Tome III. Part. IV. p. 38.

(36) Ce fait, s'il est vrai dans ses circonstances, doit être raporté au regne de Don *Bermude*.

(37) Ou plutôt touché de la mort de la Reine *Urraque* sa femme.

Ramire, & Ordogno, fils de *Froila*, qui s'étoient révoltés contre lui (38). RAMIRE II eut dans les Asturies des troubles à étouffer, & en vint à

(38) L'Histoire de NAVARRE commence ici à s'enchaîner tellement avec celle d'*Espagne*, qu'on a crû devoir suppléer au silence de *Pufendorff* & de son Continuateur. L'origine de ce Royaume est très incertaine. Le Traducteur de *Ferreras*, excellent critique, soutient qu'avant l'expédition des François, il n'y a point eu de Souverains particuliers de *Pampelune*, Capitale de la Navarre, & que c'est à l'an 831 qu'il faut fixer son indépendance. *Pampelune* n'avoit eu jusqu'alors que des Gouverneurs, tantôt Chrétiens, tantôt Mahométans. *Charlemagne* la prit en 778 sur les derniers : ceux-ci la reprirent sur les François, & la perdirent pour toujours l'an 806. Les François en demeurerent maîtres jusqu'en 831 qu'*Aznar* s'en rendit Souverain.

AZNAR, Comte de la *Vasconie* ou *Gascogne* Françoise, mécontent de *Pepin* Roi d'Aquitaine, passa les Pyrénées en 831, fit révolter une partie de la Navarre, & s'en appropria la Souveraineté qu'il conserva jusqu'à sa mort, arrivée l'an 836.

SANCHE frere d'*Aznar*, lui succeda sous le titre de Comte, & se maintint dans l'indépendance, qu'il transmit à *Garcie* son successeur. Il paroît par l'Histoire de Languedoc où il est appellé *Sanche Sancion*, qu'il étoit paisible possesseur du Comté de Gascogne, l'an 848.

GARCIE fils de *Sanche*, & son successeur, qui étoit déja Souverain d'une partie de la Navarre, fut élu pour chef par le reste des Navarrois, qui secouerent entierement le joug de la domination Françoise. Il épousa une fille de *Muza*, avec lequel il paroît qu'il fit une étroite alliance. Cette alliance lui couta la vie qu'il perdit l'an 857 dans une guerre contre *Ordogno I*, où il accompagna *Muza*.

GARCIE-XIMENES succeda à *Garcie* son pere. Il n'eut d'abord, selon *Ferreras*, que le titre de Comte qu'il porta jusque vers l'an 860 qu'il fut proclamé Roi. Mais selon M. d'*Hermilly*, Traducteur de l'Historien Espagnol, *Garcie-Ximenès* fut décoré de la dignité Royale dès l'année qu'il succeda à son pere. Il mourut l'an 880, laissant deux fils, *Fortun*, dit le *Moine*, & *Sanche*.

FORTUN, dit le *Moine*, monta sur le trône de son pere l'an 880. En 905, après 25 ans de regne, dégouté du monde, il convoqua les principaux Seigneurs, dans le Monastere de *Leyre*, remit en leur presence le sceptre à son frere, & embrassa la vie monastique.

SANCHE-GARCIE I du nom, après l'abdication de *Fortun*, fut proclamé Roi par les Seigneurs. Il battit l'an 907 les Mahometans devant Pampelune, dont ils étoient venus faire le siege pendant son absence, & les obligea de le lever. Il continua les années suivantes de faire la guerre aux Maures, & leur prit plusieurs places. Chaque année du regne de ce Prince est marquée par quelque expédition contre les Infideles. *Sanche* accablé d'années & d'infirmités, se retira l'an 919 au Monastere de *Leyre*, laissant le commandement de ses troupes à Don *Garcie* son fils, sans lui céder la couronne qu'il voulut porter jusqu'à sa mort. L'an 921, ce même *Garcie* & le Roi de Leon, venu à son secours, furent défaits par les Mahométans. La même année *Sanche* se mit à la tête des Troupes, tailla en pieces celles d'*Abderame*, au retour de l'expédition qu'elles avoient faites au-delà des Pyrénées, après la bataille de la Junquera, & leur enleva le butin dont elles étoient chargées. *Sanche* mourut l'an 926.

GARCIE I succeda au Roi *Sanche* son pere. Il défit l'an 960 le Comte *Ferdinand Gonzalès*, le fit prisonnier, & le renvoya l'année suivante en Castille. *Garcie* mourut dans un âge très avancé l'an 970, après un regne de 44 ans.

SANCHE II, succeda à Garcie I, son pere, & regna jusqu'à 994.

GARCIE II ou IV, en comptant parmi les Rois de ce nom, *Garcie-Ximenès* & *Sanche-Garcie*, fut proclamé Roi après la mort de *Sanche II* son pere, & mourut l'an 1000, ou au commencement de l'année suivante. Il fut surnommé le *Trembleur*, parce qu'il trembloit, dit-on, effectivement, lorsqu'on lui mettoit sa cuirasse un jour de combat. On lui attribue ce bon mot mis sur le compte de tant d'autres : *Que son corps trembloit dès perils où son courage l'alloit porter*. Telle est la suite des Rois de *Navarre*, qui concourent avec les Rois de Leon, jusqu'à *Alphonse V*.

DE L'ESPA-GNE.

bout. Il sentit qu'il ne seroit estimé de ses sujets, qu'autant qu'il feroit la guerre aux Maures. Naturellement courageux & guerrier, il tourna ses armes contre eux, prit la Ville de Madrid, défit une armée de 80000 Maures au Roi de Sarragosse, qu'il rendit tributaire. Il ne fut pas moins heureux contre le Roi de Cordoue. Il avoit d'abord songé à remettre les Comtes de Castille sur l'ancien pied (39). *Gonzalès* lui fit connoître qu'il ne pouvoit rien faire de plus agréable aux Maures que de tourner ses armes contre la Castille, qu'elle seroit aisément leur proye, mais qu'ensuite ils fondroient avec moins d'obstacles sur son Royaume, qui en deviendroit la victime. Il le pria de sacrifier son ressentiment à l'interêt général de la Chretienté. *Ramire* fit ses reflexions, & comme il avoit l'esprit solide, il sentit la justesse de ce conseil, & attaqua les Maures, contre lesquels le Comte de Castille le seconda. Il mourut en 950, après un regne d'environ 23 ans. Il laissa d'*Urraque* sa premiere femme *Ordogno*, qui lui succeda, & *Elvire* qui fut Religieuse ; & de *Therese Florentine* sœur de *Garcie* II, Roi de Navarre, Don *Sanche* surnommé *Le-Gros*.

ORDOGNO III.

ORDOGNO III fut proclamé Roi par les Grands & les Prélats qui se trouverent à la Cour de Leon. Il s'étoit allié avec le Comte de Castille, en épousant sa fille *Urraque*. Don *Sanche* son frere, du second lit, prétendit avoir droit à la succession de son pere, & voulut exiger d'*Ordogno* quelques Provinces du Royaume. Il sçut faire appuyer ses prétentions par Don *Garcie*, Roi de Navarre, & le Comte *Ferdinand Gonzalès*. Mais le Roi de Leon, persuadé que la conservation de la Monarchie dépendoit de la réunion de ses forces, n'en voulut rien démembrer, & cette maxime a été depuis une forte de loi pour ses successeurs. Il fallut donc en venir à la force ouverte. Les armées de Navarre & de Castille s'avancerent vers le Royaume de Leon. Mais s'étant présentées devant les premieres places, elles les trouverent si bien fortifiées & si bien couvertes par *Ordogno*, qu'elles furent obligées de se retirer, sans tenter la moindre entreprise. Le Roi de Leon, pour se vanger du Castillan son beau-pere, lui renvoya sa fille *Urraque* qu'il répudia, & prit pour femme Dona *Elvire*, fille d'un des plus grands Seigneurs de Galice, de laquelle il eut Don *Bermude*. Les parens de la Reine *Elvire*, fiers de l'alliance que le Roi venoit de contracter avec eux, le prirent si haut avec les autres Seigneurs de Galice, que ceux-ci poussés à bout, se révolterent. *Ordogno* ne fit que paroître avec des forces suffisantes pour réprimer la rebellion, & tout rentra dans le devoir. Cependant, comme il se voyoit à la tête d'une bonne armée, il crut devoir en profiter encore pour faire quelque diversion sur les terres d'*Abderame*. Après avoir incorporé dans ses troupes celles qu'il put ramasser dans la Galice, il passa le *Duero* du côté du Portugal, défola tout le pays qui s'étend depuis *Coimbre* jusqu'à Lisbonne, assiegea cette derniere ville, & l'ayant prise d'assaut & démantelée, se retira chargé d'un riche butin. Après cette expédition, il rassembla son armée pour soumettre *Ferdinand Gonzalès*, qui cherchoit à se rendre indépendant de la couronne de Leon, & marcha promptement vers la Castille. Le Comte se trou-

954.

---

(39) Il est prouvé par la *Nouvelle Histoire d'Espagne*, que la Castille n'étoit point encore indépendante, & par-là tombe tout ce récit que l'Auteur a tiré de *Mariana*.

vant

DE L'UNIVERS. Liv. I. Chap. I.

vant trop foible pour réſiſter à ſon Souverain, & aſſuré de ſa clémence, alla ſe jetter à ſes pieds. *Ordogno* lui pardonna tout & le renvoya en Caſtille après lui avoir fait prêter de nouveau le ſerment de fidélité, comme Gouverneur de cette Province. *Ordogno* étant paſſé de Leon à Zamora, y fut attaqué d'une maladie violente, dont il mourut après un regne de cinq ans & cinq mois. *Elvire* ſa femme ſe retira en Galice auprès de ſes parens, avec ſon fils Don *Bermude*, âgé tout au plus de trois ans.

Sanche I du nom, ſurnommé *Le-Gros* à cauſe de la groſſeur de ſa taille, avoit toujours conſervé un puiſſant parti. Le bas âge de ſon neveu lui fut favorable (40) : il accourut promptement de Navarre pour prendre poſſeſſion de la couronne, & fut proclamé Roi par les principaux du Royaume. Il ne fut pas longtems tranquille ſur le trône de Leon. Le Comte *Ferdinand Gonzalès*, toujours occupé des moyens de ſe rendre indépendant, fit une ligue avec les principaux Seigneurs de Leon & de Caſtille, pour le détrôner. Don *Sanche* ayant découvert cette conjuration, & ne ſe croyant pas en ſureté dans ſes propres Etats, ſe refugia dans la Navarre auprès de Don *Garcie* ſon oncle. Sa fuite fit dans le Royaume une eſpece d'anarchie. D'un côté, les Seigneurs de Galice, attachés aux intérêts de *Bermude* leur parent, cherchoient à aſſurer le trône à ce jeune Prince, lorſqu'il ſeroit en âge de regner. *Ferdinand Gonzalès*, d'un autre côté, pour s'approprier la Souveraineté de Caſtille, s'efforçoit de faire paſſer le ſceptre à *Ordogno*, dit le *Mauvais*, fils d'*Alphonſe*, ſurnommé le *Moine*, & vouloit lui faire épouſer *Urraque*, ſa fille, que le feu Roi *Ordogno* III avoit répudiée. Le parti d'*Ordogno* prévalut. Il ſe rendit maître de Leon, & y rendit ſa domination ſi odieuſe, que bientôt le mécontentement fut général. Don *Sanche*, inſtruit des diſpoſitions où étoient les Peuples & les Grands, employa l'appui d'*Abderame*, dont il connoiſſoit la généroſité. Le Roi de Cordoue lui promit tous les ſecours qui pouvoient dépendre de lui, & bientôt il unit ſes forces à celles du Roi de Navarre. Après avoir pris de bonnes meſures pour le rétabliſſement de Don *Sanche*, l'armée d'*Abderame* prit la route de Leon, & celle du Roi de Navarre marcha vers la Caſtille, pour occuper par cette diverſion *Gonzalès*. A peine Don *Sanche* parut ſur les frontieres de ſon Royaume, que toutes les Villes & les Places lui ouvrirent les portes. Dès qu'il approcha, l'Uſurpateur prit la fuite avec *Urraque* ſa femme, & alla ſe cacher dans les Aſturies, de crainte d'être livré au Roi. Don *Sanche* fut reçu à Leon avec une joye proportionnée à la haine qu'on portoit au Tyran. *Ordogno* ne ſe croyant pas en ſureté dans les Aſturies, qui s'étoient déclarées pour Don *Sanche*, paſſa à Burgos, & en ayant été chaſſé, il ſe refugia chez les Mahométans d'Arragon, où il mourut de miſere. Don *Sanche* affermi ſur le trône, épouſa *Thereſe* fille des Comtes de Monçon, près de Palence. *Ferdinand Gonzalès*, qui après avoir été pris les armes à la main par Don *Garcie*, Roi de Navarre, avoit été mis en liberté peu de tems après, ſe révolta de nouveau contre Don *Sanche*, l'an 967. Le Roi de Leon aux premieres nouvelles de la rebellion du Comte, aſſembla ſon armée & marcha vers le Portugal où il gouvernoit pluſieurs villes. Le Comte trop foible pour lui réſiſter, eut recours à la clé-

---

(40) Outre qu'il n'étoit pas bien légitime.

Tome I.   K

Marginalia:
- De l'Espagne.
- 955.
- Sanche I.
- Ordogno III uſurpateur.
- 960.
- 961. Sanche I rétabli.

mence du Roi. Don *Sanche* naturellemeut bon & porté à la douceur, se laissa fléchir encore, & le Comte étant venu se jetter à ses pieds obtint son pardon. Le perfide empoisonna peu de tems après un Prince à qui l'on ne pouvoit reprocher que de lui avoir laissé une vie qu'il avoit tant de fois mérité de perdre.

<small>967. RAMIRE III.</small>

Après la mort de Don *Sanche*, Ramire son fils âgé seulement de cinq ans, fut proclamé Roi & mis sous la tutelle de la Reine sa mere, d'*Elvire* sa tante qui étoit Religieuse, & de quelques Seigneurs, parens de la Reine. Le premier pas que firent les Regens, fut de solliciter auprès d'*Alhacan*, Roi de Cordoue & Successeur d'*Abderame*, la continuation de la paix entre les deux Couronnes. *Ramire* avoit environ 16 ans, lorsqu'il songea à se marier & à prendre les rênes du gouvernement. Il épousa *Urraque* dont on ignore la famille, mais qui étoit probablement d'une des principales Maisons d'Espagne. La complaisance excessive qu'il eut pour elle, lui fit mépriser les conseils de sa mere & de sa tante, dont l'administration avoit été très sage. Il suivoit aveuglement ses caprices, & traitoit avec mépris les principaux Seigneurs de Leon & de Galice. Une conduite si peu mesurée aigrit contre lui toute la Noblesse de ses Etats; les Galiciens commencerent à se disposer à la révolte, & elle ne tarda point à éclater. *Bermude* fils d'*Ordogno* III & d'*Elvire* sa seconde femme, étoit en Galice, où il avoit été élevé. On le proclama Roi, & tout de suite on prit les armes en sa faveur. Don *Ramire* ramassa des troupes pour aller punir les Séditieux, & les Galiciens de leur côté se mirent en campagne avec toute leurs forces. On en vint bientôt à un combat qui fut très sanglant, & où la victoire fut indécise. Don *Ramire* s'en retourna à Leon avec les débris de son armée, & mourut peu de tems après. Sous son regne, qui fut de 15 ans & de quelques mois, mourut (l'an 970) *Ferdinad Gonzalès*, Comte de Castille, laissant ses Etats indépendans de la Couronne de Leon & de celle des Asturies.

<small>982.</small>

<small>983. BERMUDE II ou VEREMOND, le Goûteux.</small>

Après la mort de *Ramire*, qui ne laissa point d'enfans, ou du moins en âge de gouverner par eux-mêmes, BERMUDE II ou VEREMOND, fut appellé par les Grands à la Couronne de Leon. Ses premiers soins furent de rétablir la police dans ses Etats & la discipline dans l'Eglise. Mais il ne jouit pas long-tems de la paix qui lui étoit nécessaire, pour achever ces deux grands ouvrages. *Mahomet Almançor* premier Ministre du Roi de Cordoue, qui portoit une haine implacable à la Religion Chrétienne, & qui avoit déja fait une irruption dans la Castille, où il avoit pris plusieurs places, résolut de faire une guerre sanglante à *Bermude*. Il assembla pour cet effet une nombreuse armée, & alla faire le siege de Simenças. Le Roi de Leon, affoibli par la bataille qui s'étoit donnée entre lui & Don *Ramire* son cousin, ne put secourir la place, & après plusieurs assauts, elle fut emportée malgré tous les efforts des Chrétiens, dont la plûpart furent massacrés, & les autres mis dans les fers.

<small>985. BERMUDE II.</small>

Almançor, après cette expédition, entra dans la Catalogne où il fit beaucoup de ravage. *Borél*, Comte de Barcelone, se mit en campagne avec toutes les troupes qu'il put ramasser pour arrêter les Infideles. Il les rencontra près de Moncada, & quoique bien inférieur en forces, il livra bataille. Mais toute la valeur de ses troupes ne put résister à la supériorité des Mahométans. Il fut entiérement défait. *Almançor* marcha droit à Barcelone, la prit d'assaut & la réduisit en cendres. Le feu consuma les archives & tous les titres de cette ville ; ensorte que quand elle fut rentrée sous la domination des Chrétiens, il fallut en faire de nouveaux pour la conservation des droits & privileges des Habitans (41). L'année suivante *Almançor* s'avança vers la Castille & prit Sepulveda. Deux ans après ayant résolu de pénétrer dans le Royaume de Leon, il commença par assieger Zamora & la prit d'assaut. De-là il reporta la guerre en Castille, où il prit plusieurs places. Tant de succès contre les Chrétiens sembloient ne faire qu'irriter de plus en plus sa haine contre eux, il résolut de détruire entiérement le Royaume de Leon. Simencas & Zamora démolies lui en faciliterent l'entrée jusqu'au voisinage de la Capitale. *Bermude*, quoiqu'accablé de la goute, alla à la rencontre de l'ennemi qu'il trouva sur les bords de l'Esta, riviere peu éloignée de Leon. Le combat fut sanglant : *Almançor* fut défait pour la premiere fois, mais il répara bien-tôt cet échec par la déroute des Chrétiens. *Bermude* se retira dans les Asturies, laissant à un de ses Generaux le soin de défendre Leon qu'*Almançor* menaçoit de mettre en cendres.

Ce Mahométan en effet reparut bien-tôt, & mit le siege devant Leon, qu'il emporta malgré la valeur & l'habileté de celui qui la défendoit, tué glorieusement sur la breche.

La prise de Leon entraîna celle de plusieurs autres places. *Almançor* passa successivement dans le Portugal & dans la Galice, où il porta la désolation. Enfin résolu de faire un dernier effort contre les Chrétiens, il assembla la plus formidable armée dont il eût disposé jusqu'alors. *Bermude*, le Comte de Castille, & Don *Garcie* Roi de Navarre se liguerent ensemble, &, ayant uni toutes leurs forces, résolurent de lui disputer l'entrée de la Castille. Les deux armées se rencontrerent dans les quartiers d'Osma près de Calatagnazor. Le combat se donna presque sur le champ, & dura tout le jour avec un acharnement incroyable, sans aucun avantage bien décidé d'une part ou d'une autre. Mais *Almançor* ayant apperçu la perte considérable qu'il avoit faite, abandonna le champ de bataille aux Chrétiens, & s'enfuit à Medina-Celi, où il mourut desesperé. Les Infideles perdirent dans cette bataille soixante mille hommes d'infanterie, & quarante mille de cavalerie (42). Environ un an après cette grande victoire, le Roi Don *Bermude* accablé de la goute & d'autres infirmités, mourut dans le Vierze, laissant de la Reine Dona *Elvire* sa femme, Don *Alphonse* âgé de cinq ans, sous

---

(41) *Ferreras*, dont ce récit est tiré, ajoute que *Borel* fit sçavoir sa déroute au Roi de France *Louis IV*, comme *à son Souverain*, & qu'il en obtint du secours avec lequel il reprit cette Place en 988. La race des *Carlovingiens* étant éteinte en France, ce même Comte de Barcelone refusa de rendre foi & hommage au Roi *Hugues-Capet* ; mais il paroît qu'il n'attendit point l'effet des menaces du Roi de France, & qu'il se soumit.

(42) *Mahomet Almançor*, un des plus grands Capitaines qu'il y ait eu en Espagne, avoit remporté sur les Chrétiens plus de cinquante victoires. Il n'aspiroit qu'à la véritable gloire, & refusa généreusement la Couronne de Cordoue, que les Infideles vouloient ôter à *Hissem*, pour la lui mettre sur la tête, en considération de sa supériorité. Il donnoit double paye aux Chrétiens qui servoient sous ses enseignes ; & s'il survenoit quelques contestations entre eux & les Mahométans, il les favorisoit toujours. *Ferreras*.

DE L'ESPA-
GNE.
ROIS DE LEON.
ALPHONSE V.

1001.

1020.

la tutelle de sa mere, & deux filles Dona *Sanche* & Dona *Therese*.

ALPHONSE V, sur la vie duquel un Seigneur appellé *Adulphe* avoit attenté un peu de tems avant la mort de *Bermude*, fut reconnu Roi sous la Regence d'*Elvire*, sa mere, & son éducation fut confiée au Comte *Melenda Gonzalès*. Les Princes contemporains du Roi de Leon, qui regnoient alors en Espagne, étoient : en Navarre, Don *Sanche* surnommé le *Grand* ; à Barcelone, Don *Raymond* ; en Castille, le Comte Don *Garcie Fernandès* ; à Cordoue & sur les Etats qui en dépendoient (43), *Hissem* qui n'avoit que le titre de Roi, *Abdelmelic* son premier Ministre, fils d'*Almançor*, usurpant toute l'autorité. Tous les Princes Chrétiens étoient en bonne intelligence ; ainsi la minorité du Roi de Leon fut assez tranquille. A l'âge de 19 à 20 ans, il épousa Dona *Elvire*, fille du Comte *Melenda* son Gouverneur, & il commença à gouverner par lui-même avec beaucoup d'équité (44). Il reçut avec bonté les trois fils du Comte Don *Vela*, qui pour se dérober au juste ressentiment du Comte de Castille, vinrent lui demander une retraite dans ses Etats. Il releva & rebâtit la ville de Leon, ruinée depuis vingt ans. Ensuite il y convoqua un Concile, & ne fut occupé pendant plusieurs années que du rétablissement des Eglises détruites par les Infideles. Après avoir remis par-tout le bon ordre, il ne pensa plus qu'à recouvrer ce qu'avoit perdu son Prédécesseur, & se disposa à leur faire la guerre. L'an 1027, il se mit en campagne avec une nombreuse armée, passa le Duero, saccagea les terres des Infideles, s'avança jusqu'à la ville de Visée, dont il forma le siege. Il y fut tué d'une fleche qui l'atteignit comme il étoit allé sans cuirasse à cheval reconnoître un endroit des murailles, pour donner l'assaut. Il laissa de la Reine *Elvire Melendez* sa femme, *Bermude* III du nom, & Dona *Sanche*. Sa mort obligea l'armée de lever le siege & de s'en retourner.

Au commencement de ce regne, Don *Sanche* Roi de Navarre, avoit épousé *Munie Elvire*, fille de Don *Sanche*, héritier présomptif de Don *Garcie*, Comte de Castille, & son successeur l'an 1005, après la mort de ce Comte qui fut blessé dans un combat contre les Maures. Ce qui contribua beaucoup à rendre paisible *Alphonse* V, jusqu'à la malheureuse expédition qui termina sa vie, ce fut une suite de révolutions & de troubles dont fut agitée la Monarchie Mahométane.

Abdelmelic, premier Ministre d'*Hissem*, étant mort, fut remplacé par *Abderame* son frere, dont la mauvaise administration causa sa perte & celle de son maître. *Mahomet Almahadi* détrôna *Hissem*, & usurpa la couronne. Bien-tôt on conspire contre lui. Cette premiere révolte appaisée, il en renaît une autre. Deux Capitaines Maures, *Suleiman* & *Marban*, sont élus Rois en même-tems par deux différens partis. *Marban* succombe, *Suleiman* reste seul, & Don *Sanche* Comte de Castille se ligue avec lui. Réunis ensemble, ils défont les troupes d'*Almahadi*, & *Suleiman* est

(43) Il ne faut pas perdre de vûe l'état de la Monarchie Mahométane en Espagne, devenue tout-à-fait indépendante des *Abbassides*, Califes de Damas, & concentrée dans la famille des *Ommiades* ou *Abhumeias*.

(44) *Ferreras* croit que la Reine sa mere se retira dès ce tems-là dans un Couvent d'Oviedo. Elle y étoit du moins l'an 1017, avec ses deux filles sœurs d'*Alphonse*, qui y portoient le voile ; & c'est à la retraite d'*Elvire* que cet Historien semble rapporter l'usage ancien de la clôture observée jusqu'au commencement de ce siecle, par les Reines douairieres d'Espagne.

reconnu Roi de Cordoue. Les Comtes de Barcelone & d'Urgel embraſſent le parti d'*Almahadi*, & joignent leurs troupes aux ſiennes. *Suleiman* défait par le dernier dans un combat ſanglant où perit le Comte d'*Urgel*, eſt contraint de paſſer en Afrique. *Almahadi* eſt rétabli ſur le trône de Cordoue. Peu de tems après il eſt détrôné, & *Hiſſem* remis à ſa place lui fait couper la tête. *Suleiman* retourne en Eſpagne & fait ſoulever *Abdalla*, Gouverneur de Tolede, qui prend le titre de Roi. Le Comte de Caſtille traite avec *Hiſſem*. Ses troupes jointes à celles du Roi de Cordoue, inveſtiſſent la ville de Tolede qui eſt bien-tôt réduite; *Abdalla* fait priſonnier & remis entre les mains d'*Hiſſem*, a ſur le champ la tête coupée. *Suleiman* fait un dernier effort pour s'emparer de Cordoue. Il va ſe camper devant cette place avec de bonnes troupes, l'attaque, & enfin s'en rend maître, après bien du ſang répandu & une vigoureuſe réſiſtance. *Hiſſem* a le bonheur de ſe ſauver & paſſe en Afrique, où il finit ſes jours. Pluſieurs Gouverneurs de Places affectionnés à ce Monarque refuſent de reconnoître *Suleiman*. Les diſſenſions continuent, & le Royaume de Cordoue eſt déchiré par des guerres inteſtines. *Hairan* un des principaux Generaux d'*Hiſſem*, complote de détrôner l'uſurpateur, & la ville d'Almerie eſt emportée en trois jours par les conjurés. *Hairan* n'ayant pû découvrir la retraite d'*Hiſſem*, fait propoſer le ſceptre à *Ali-Aben Ramit*, qui étoit de la famille des *Ommiades*. Ce dernier ſe rend à Malaga & eſt reconnu par pluſieurs villes d'Eſpagne. *Suleiman* cherche le nouveau Roi, lui preſente le combat, eſt battu, fait priſonnier & perd la vie. *Hairan* mécontent d'*Ali*, prend la réſolution de le détrôner, & ſe ligue pour cet effet avec *Mundir*, Gouverneur de Sarragoſſe. Ils joignent leurs forces, & ſe mettent en campagne. *Ali* les va chercher, les combat, & eſt entièrement défait. Après la victoire la meſintelligence ſe met entre *Hairan* & *Mundir*, & ils ſe ſeparent. *Hairan* trouve à Jaen un autre *Ommiade*, appellé *Abderame-Almortada*, homme ſans ambition, & fort ami du repos. Il lui perſuade de prendre le titre de Roi, & lui promet de conquérir le ſceptre de Cordoue. *Almortada* cede à l'appas d'une couronne, & accepte les offres d'*Hairan*. Auſſi-tôt *Ali* ſe mit en campagne avec de nouvelles forces, & marche contre *Hairan*. Celui-ci ſentant ſa foibleſſe, au lieu d'attendre le Roi de Cordoue, va ſe retrancher dans des montagnes, emmenant avec lui *Almortada*. *Ali*, maître de la campagne, reprend *Jaen*, châtie les rebelles, & ayant découvert la retraite de ſon ennemi, y accourt, l'attaque, le défait & l'oblige de prendre la fuite. La campagne ſuivante *Ali* ſe diſpoſant à marcher, pour ſoumettre le reſte des rebelles, eſt aſſaſſiné dans le bain par ſes domeſtiques, qu'*Hairan* & ceux de ſon parti avoient ſçu gagner. Ses Généraux font venir de Seville *Alcacim* frere d'*Ali*, & le reconnoiſſent pour Roi. *Hairan* réſolu de mettre ſur le trône *Abderame-Almortada*, ſe réconcilie avec *Mundir*, & l'engage à l'appuyer de ſes forces. Les Gouverneurs de Tortoſe & de Cadix embraſſent ſon parti. La jonction faite, ils vont à Jaen, y entrent ſans obſtacle, & y font proclamer Roi *Abderame*. *Alcacim* ſurvient avec des renforts, & les oblige de ſe retirer à Murcie. *Abderame* ſe brouille avec *Hairan* & *Mundir*, qui bien-tôt font éclater leur reſſentiment. Ils le trahiſſent au ſiege de Grenade, & il eſt tué dans une ſortie. *Alcacim* délivré de ſon compétiteur, paroiſſoit bien affermi ſur le trône. Mais obligé d'aller à Se-

DE L'ESPA-GNE.

ville pour quelque affaire importante, les Habitans de Cordoue, mécontens de lui, proclament *Hiaya* son cousin, & plusieurs villes se déclarent aussi-tôt pour le nouveau Roi. Un an après *Alcacim*, qui avoit toujours des intelligences dans Cordoue, ayant appris qu'*Hiaya* étoit allé à Malaga, s'avance pendant la nuit, avec de bonnes troupes, vers Cordoue, y est reçu par le moyen de ses Partisans, & est presque aussi-tôt contraint d'en sortir par une sédition. De-là voulant se retirer à Seville avec ceux de son parti, on refuse de l'y recevoir, & même on en chasse ses fils. A peine il est sorti de Corduë, que les Habitans élisent pour Roi *Hissem* III, qui regne deux ans. Pour comble de disgrace, *Hiaya* le surprend aux environs de Seville, le fait prisonnier & l'enferme dans un Château. *Hissem* n'est pas long-tems tranquille à Cordoue. Les violences & la tyrannie de son premier Ministre font soulever les Habitans. Ce Visir est poignardé dans son Palais. *Hissem* se sauve à Seville, où il séjourne quelque-tems, & *Mahomet* II est proclamé à sa place. Environ un an après, *Mahomet* étant allé reconnoître les frontieres de ses Etats, ceux qui l'accompagnoient, tentés par la quantité de richesses qu'il emportoit avec lui, l'empoisonnent pour le piller. Les Habitans de Cordoue veulent d'abord élire à sa place *Suleiman Almortada*, fils d'*Abderame Almortada*, & fixent enfin leur choix sur *Abderame Abdeliabar* IV. On fait promettre à ce dernier de ne point marquer de ressentiment contre ceux qui s'étoient déclarés pour *Suleiman*. Mais les ayant fait arrêter quelque jours après, les Habitans indignés de son peu de foi forcent les prisons, & de-là vont à l'*Alcazar* ou Palais, où ils percent le Roi de coups. On procéde tout de suite à une nouvelle Election, & le choix du parti le plus fort tombe sur *Hiaya-Aben-Ali*, proclamé quatre ans auparavant. Pendant toutes ces révolutions, l'*Arragon* n'étoit gueres moins agité que l'Andalousie. *Suleiman-Aben-Huz*, ancien Général de *Mundir*, qui s'étoit fait Souverain de Sarragosse, enleva cette ville & son territoire à *Hissem Almondasar* son fils. Les Gouverneurs de Huesca, de Lerida & de Tudele, au lieu de reconnoître *Suleiman*, profiterent de cette occasion pour s'ériger en Souverains, chacun dans son gouvernement. De son côté, le nouveau Roi de Cordoue prend la résolution de faire la guerre à *Hissem* III, qui se maintenoit à Seville. Les principaux Habitans de Cordoue, piqués de la défiance d'*Hiaya*, qui avoit laissé dans cette ville des troupes d'Afrique, s'adressent à *Aben-Huz*, Gouverneur de Grenade, pour être délivrés. Celui-ci vient à main armée à Cordoue, & réuni aux Habitans, massacre tous les partisans d'*Hiaya*. Peu de tems après ce Prince lui-même est la victime d'un perfide qui lui coupe la tête & l'envoye à Seville, à *Hissem* III. Cordoue délivrée des Afriquains, les Habitans élisent *Hissem* IV, ce qui n'empêche pas *Idris-Aben-Ali* frere d'*Hiaya* de se faire proclamer Roi à Malaga. Dans l'ordre des événemens ordinaires, des révolutions si multipliées, sembleroient demander des siecles, & ce sont les faits d'environ vingt ans.

On rapporte à l'an 1016 du regne d'*Alphonse* V, le réglement des limites du Royaume de Navarre & du Comté de Castille, qui s'étant confondues avec le tems furent rétablies à l'amiable.

ROIS DE LEON.
BERMUDE III.
1027.

BERMUDE III fils d'*Alphonse* V lui succeda. Il s'appliqua à regner paisiblement & à établir de bonnes loix.

Garcie Sanchez, qui avoit succédé à *Sanchez Garcie* son pere, au Comté de Castille, étoit fort jeune. L'aînée de ses deux sœurs avoit épousé *Sanche* III, dit le Grand, Roi de Navarre, & *Garcie Sanchez* avoit dans son beau-frere un protecteur d'autant plus puissant, qu'il étoit craint & estimé de toute l'Espagne. Le Roi de Navarre voulut le marier, & sollicita le Roi de Leon de lui donner pour femme sa sœur Dona *Sanche*, qui lui fut accordée sans peine. Le jeune Comte de Castille partit aussi-tôt pour Leon avec une bonne escorte. A la nouvelle de ce mariage les fils du Comte *Vela* le jeune, dont la haine hereditaire pour leur Souverain n'étoit pas éteinte par leur retraite dans les Asturies, s'étoient rendus secretement à Leon, dans le dessein d'assassiner le Comte de Castille. En effet, dès le lendemain de son arrivée, comme il étoit près d'entrer dans l'Eglise, il fut poignardé par ces implacables freres. Par sa mort le Roi de Navarre prit possession du Comté de Castille, dont il étoit héritier du chef de sa femme, sœur aînée du Comte défunt, & le réunit à sa couronne. Son premier soin fut de faire faire les recherches les plus exactes pour découvrir les meurtriers de son frere, & les ayant entre les mains, il les fit brûler vifs. Le Roi de Navarre, pour réparer en quelque sorte une alliance échouée par un événement si tragique, menagea celle du Roi de Leon avec une des Princesses de Castille, & il épousa dans la même année Dona *Urraque Therese* sœur du jeune Comte. Jusques-là le Roi de Navarre & celui de Leon avoient toujours été en bonne intelligence : elle dura encore quelques années depuis ce mariage ; mais le rétablissement de la ville de Palence que Don *Sanche* fit rebâtir, brouilla les deux Rois. Celui de Leon prétendoit que le territoire de Palence étoit de son domaine, & renfermé dans les limites de ses Etats ; Don *Sanche* au contraire soutenoit qu'il dépendoit du Comté de Castille. Cette contestation causa entre eux une rupture ouverte, & on se disposa de part & d'autre à la guerre. Don *Sanche* plus expérimenté que *Bermude* se mit le premier en campagne, & entra sur les terres de Leon. Il fit en peu de tems d'assez grands progrès & prit Astorga. L'année suivante les deux Rois assemblerent de nouvelles forces pour décider leur différend par une bataille. On étoit près d'en venir aux mains, quand les Evêques des deux Partis, qui, suivant l'usage du tems, accompagnoient ces Princes à l'armée, ménagerent un accommodement entre les deux Monarques & les reconcilierent. La paix se fit aux conditions que *Bermude* donneroit en mariage Dona *Sanche* sa sœur à Don *Ferdinand* second fils de Don *Sanche*, qui céderoit à ce Prince le Comté de Castille, que *Ferdinand* auroit le titre de Roi, & que *Bermude* abandonneroit pour dot à sa sœur toutes les terres conquises jusqu'à la riviere de Cea. Le mariage de *Ferdinand* suivit de près cet accord ; mais la paix ne fut pas de longue durée. Car le Roi de Navarre étant mort, *Bermude* voulut recouvrer ce que la nécessité seule l'avoit contraint de céder à *Ferdinand*, se mit en campagne, assiegea la ville de Palence, la prit & la donna à Don *Ponce*, Evêque d'Oviedo. Il emporta de suite plusieurs autres places qui avoient été démembrées de ses Etats. Ces hostilités obligerent le Roi de Castille, trop foible pour s'opposer seul aux progrès du Roi de Leon, de s'unir avec le nouveau Roi de Navarre, Don *Garcie* son frere. Ils assemblerent toutes leurs troupes & se mirent en marche. *Bermude* informé de ces mouvemens ne les attendit pas. Il

DE L'ESPA-GNE.

s'avança dans la Castille au-devant d'eux, & les deux armées étant en presence, le combat s'engagea bien-tôt. *Bermude* emporté par sa jeunesse & par une valeur téméraire voulut pénétrer dans les escadrons ennemis, & se fit tuer comme un soldat de fortune. Avec lui finit toute la lignée masculine de *Pierre*, Duc de Cantabrie, & du grand *Recarede*, Roi des Goths.

1037.
FERDINAND
ROI DE CASTILLE ET DE LEON.

FERDINAND qui se trouvoit par sa mort héritier du Royaume de Leon, du chef de sa femme, sœur de *Bermude*, marcha sans perdre de tems vers la Capitale, où il fut solemnellement reconnu, & réunit cette couronne à celle de Castille.

Sanche le Grand, Roi de Navarre, avant de mourir, avoit fait un partage de ses Etats & réglé ce que chacun de ses enfans, qui étoient au nombre de quatre, en posséderoit après sa mort. Le Royaume de Navarre, la Biscaye, & la Province de Rioja avoient été assignés à Don GARCIE; FERDINAND avoit le Comté de Castille; Don GONÇALE, les Comtés de Sobrarve & de Ribagorce, & Don RAMIRE (45) l'Arragon; & tous ces Etats avoient été érigés en Royaumes.

Ainsi l'Espagne Chrétienne se trouva partagée entre six Souverains; sçavoir, le Roi de Léon qui possédoit le Royaume de ce nom, à la réserve de quelque partie que les Maures en occupoient alors vers le midi, & de la portion qu'il avoit cédée au Roi de Navarre pour la dot de la Princesse sa sœur vers le Mont Oçca. Il avoit aussi toute la Galice, & une petite partie du Portugal. Le Roi de Navarre possédoit la Cantabrie, la Rioja, le Bureva détaché de la Castille, & quelques places de l'Arragon. Le Roi d'Arragon jouissoit du pays situé entre l'Arragon & le Gallego, rivieres qui lui servoient de bornes : ce qu'il avoit de plus du côté de Sarragosse étoit trop exposé aux courses des Maures, pour être possédé tranquillement. Le Roi de Castille possédoit la vieille Castille, dont on avoit détaché le Bureva pour le donner à la Navarre. *Gonçale* Roi de Sobrarve & de Ribagorce regnoit sur quelques montagnes & sur un petit nombre de Bourgades. Le Comte de Barcelone avoit un fort beau pays, mais les Maures le serroient jusqu'à Tortose & à Lerida, & même dans des places encore plus voisines de sa Capitale. Ces derniers avoient un assez grand nombre de Souverainetés le long de la Méditerranée depuis la Catalogne jusqu'au détroit, & de-là le long de l'Océan jusqu'assez près de la Galice. Toujours prêts à attaquer les Chrétiens, lorsqu'ils les voyoient divisés, ils profitoient de leurs fréquentes mesintelligences.

1038.

Don *Gonçale*, Roi de Sobrarve, ayant été assassiné à la chasse par un de ses domestiques, *Ramire* Roi d'Arragon son frere, dont l'Etat étoit voisin du Pays, fut appellé par les Peuples, & réunit cette couronne à celle d'Arragon.

Mais peu content de ce partage, il voulut s'aggrandir aux dépens du Roi de Navarre, & avec une armée grossie des secours de plusieurs petits Rois Mahométans, il fit une irruption dans les Etats de son frere. Cette entreprise eut le succès que méritoit sa témérité. Don *Garcie* surprit son camp pendant la nuit, y fit un carnage affreux, l'obligea de se sauver sur le premier cheval qu'il trouva sans selle & sans bride, & défit entiérement son

(45) *Ferreras* prétend que ce dernier n'étoit qu'un fils naturel.

armée.

-armée. Après ce vigoureux coup de main, le Roi de Navarre, pour user de représailles, passa tout de suite dans l'Arragon, & l'envahit presqu'entiérement. Don *Ramire*, hors d'état de lui résister, se retira dans les montagnes de Sobrarve, & de-là fit sa paix avec Don *Garcie*, qui lui pardonna généreusement.

Ferdinand Roi de Castille & de Leon, en bonne intelligence avec tous ses freres, tourna ses vûes du côté des Infideles, & reprit le projet formé sur le Portugal, par *Alphonse* V. Roi de Leon.

Il entra donc dans ce Royaume à la tête d'une nombreuse armée, & prit d'emblée sur la frontiere le Château de Sena ou Xena. Ensuite s'avançant vers Visée, après un siege de dix-huit jours, il emporta la place & la mit en cendres. Lamego, que sa situation faisoit passer pour imprenable, subit le même sort. Tels furent les fruits de sa premiere campagne. L'année suivante, il prit par famine la ville de Coimbre. Mais pendant qu'il désoloit le Portugal, les Maures d'Andalousie, de Mercie, de Valence & d'autres endroits entrerent dans la Castille du côté de Saint-Etienne de Gormas. Les Castillans, sans attendre le Roi qui étoit occupé à ses conquêtes dans le Portugal, les repousserent vigoureusement. *Ferdinand* alla rendre graces à Dieu de ce succès dans l'Eglise de Compostelle, & partageant son armée, il en laissa ce qu'il falloit, tant pour assurer ses conquêtes en Portugal, que pour faire des courses sur les Infidelles, & ramena l'autre dans ses Etats. Après l'avoir augmentée par de nouvelles levées, il se remit en campagne. Il commença par Saint-Etienne de Gormas, qu'il prit aux Maures, & où il mit garnison. Il leur enleva aussi Aquilar, Berlonga, & autres places de cette contrée, ruina les redoutes qui servoient de retraite aux Mahométans, & s'avança jusqu'à Medina-Celi. Après avoir porté la terreur jusqu'à Tarragone, il entra dans le Royaume de Tolede, prit ou ruina Talamanca, Uzeda, Alcala, Guadalaxara & autres places de ce canton, & pénétra jusqu'à Madrid. Le Roi de Tolede, pour détourner l'orage, consentit de payer tribut à la couronne de Castille, & lui vint faire hommage de son Royaume en personne (46), lorsqu'il étoit encore avec son armée auprès de Madrid. Après ces rapides conquêtes, il crut devoir donner ses soins à faire fleurir dans ses Etats la police & la Religion. Il fit assembler à Coyança un Concile, pour la réformation du Clergé, & pour le rétablissement du bon ordre dans tous les corps réguliers & séculiers.

Les prospérités de *Ferdinand*, méritées par tant de valeur, n'auroient dû lui faire d'autres ennemis que les Mahometans, ses ennemis naturels ; elles lui en firent parmi ses freres. Don *Garcie*, Roi de Navarre, étant tombé dangereusement malade, *Ferdinand*, par pure amitié, voulut aller visiter son frere, & se rendit à Najera, où il étoit retenu par la maladie. On prétend que le Roi de Navarre résolut de le faire arrêter pour le dépouiller de ses Etats. Soit que le complot fût réel, soit qu'il fût supposé par des gens qui cherchoient à brouiller les deux freres, *Ferdinand*, sur l'avis qu'il en reçut, s'en retourna promptement dans son Royaume, bien résolu de se venger (47).

(46) *Ferreras* ne dit rien de ce dernier fait.
(47) Le P. *Moret* dans l'Histoire de Navarre, s'inscrit en faux contre ce fait, & *Ferreras* le soutient vrai.

DE L'ESPA-
GNE.

L'occasion s'en trouva peu d'années après. *Ferdinand* tomba malade lui-même, & Don *Garcie* lui rendit une pareille visite. Il en eut d'abord le meilleur accueil qu'il fut possible de lui faire. Ensuite il fut arrêté & enfermé dans le Château de Cea ; mais il trouva bien-tôt les moyens de se sauver de sa prison, & il rentra dans ses Etats plein de projets de vengeance. Son ressentiment peut-être fort juste ne tarda point à éclater. Il leva des troupes, il se ligua avec les Rois Mahométans de Sarragosse & de Tudele, & se mit en campagne. *Ferdinand* à la nouvelle de sa marche, s'avança vers les frontieres de Castille à la tête d'une bonne armée. Mais avant d'en venir aux hostilités, il envoya des Ambassadeurs à son frere, pour terminer, s'il étoit possible, leur différend à l'amiable. Le Roi de Navarre refusa de voir les Ambassadeurs, & les armées des deux freres marcherent pour se rencontrer. Le combat se donna près de Burgos & ne fut pas long. Le Roi de Navarre fut tué au commencement de l'action par *Sanche Fortun*, Officier qui, pour venger sur ce Prince quelque injure particuliere, pénétra jusqu'à lui, & le blessa mortellement. *Ferdinand* laissa faire aux Chrétiens leur retraite fort librement, mais on ne fit aucun quartier aux troupes auxiliaires des Infideles.

SANCHE IV.
Roy de Navarre.
1054.

Don SANCHE, fils aîné de Don *Garcie*, fut reconnu Roi de Navarre, sans le moindre obstacle de la part de *Ferdinand*, dont la conduite prouva bien le desinteressement dans cette guerre. Cependant sa modération ne put rassurer son neveu. Ce jeune Prince, trois ans après, fit avec le Roi d'Arragon, *Ramire* son oncle, une ligue deffensive dont *Ferdinand* étoit le principal objet, & qu'il cimenta de la cession de quelques places à *Ramire* (48).

Les Maures de Sarragosse n'étoient pas seulement tributaires de *Ferdinand*, ils l'étoient encore du Roi d'Arragon, du Roi de Navarre, & du Comte de Barcelone, parce que ces Princes étant à portée d'entrer sur leurs terres quand ils vouloient, ces Infideles n'avoient d'autre moyen de se garantir de leur invasion. Pendant que *Ferdinand* ravageoit les Etats de *Mahomet-Aben-Habet* Roi de Seville, qui se rendit son Vassal, *Ramire* Roi d'Arragon, d'un autre côté, desoloit les Etats de Sarragosse. Le Roi du Pays, feudataire de *Ferdinand*, lui fit demander du secours. Don *Sanche* fils aîné du Roi de Castille, promit de marcher au défaut de son pere qui étoit absent, & se mit bien-tôt en campagne. Il prit pour Lieutenant général *Ruy-Dias de Vivar*, surnommé *le Cid*, & joignit le Roi Mahométan. On alla chercher Don *Ramire*, on combattit, l'action fut vive, & le Roi d'Arragon y fut tué. Don *Sanche Ramirez* son fils lui succeda, & peu de tems après épousa Dona *Felicie*, Demoiselle Françoise, fille d'*Helduin* II Comte de *Robey*, & d'*Adila de Chastillon*. *Ferdinand* avoit depuis long-tems résolu de partager ses Etats à ses trois fils, à l'exemple de Don *Sanche le Grand*, & la politique eut sans doute bien moins de part à ce projet qu'une sorte de justice distributive. Il regla donc ainsi ce partage. Il donna à Don *Sanche* l'aîné, le Royaume de Castille & le Vassalage de Sarragosse. Don *Alphonse* eut la couronne de Léon

---

(48) *Pufendorff* rapporte ici la prétendue plainte formée par l'Empereur *Henri* II contre *Ferdinand*, sur ce qu'il refusoit de se reconnoître pour feudataire de l'Empire, & même usurpoit le nom d'Empereur. On a supprimé tout ce détail qui est une pure fable, ainsi que bien d'autres qui ne peuvent donner que des notions fausses. On peut consulter sur cela *Ferreras* & son sçavant Traducteur. Tome III. p. 205 & suiv.

& les Asturies d'Oviedo. Le Royaume de Galice & le Portugal furent assignés à Don *Garcie*. Don *Sanche* ne vit point sans chagrin démembrer un Etat puissant qu'il comptoit devoir réunir tout entier par le droit d'aînesse : mais il fallut souscrire avec les Seigneurs aux volontés de son pere ; il prit possession de la Castille, & Don *Garcie* de la Galice & du Portugal.

DE L'ESPAGNE.

Depuis cette disposition, les Rois de Sarragosse & de Tolede s'aviserent de refuser les tributs qu'ils payoient à *Ferdinand*. Ce Prince aussi-tôt armant contre eux se porta sur les frontieres des deux Royaumes, desola tout sur son passage, & s'avança jusqu'à Valence. Il n'alla pas plus loin & se retira chargé de butin. A peine il fut de retour à Leon, qu'il tomba malade & mourut. Il laissa de Dona *Sanche* sa femme les trois Princes dont on a vû les partages, & deux filles, Dona *Urraque* & Dona *Elvire*. La premiere, Princesse d'un grand mérite, eut pour appanage *Zamora* & d'autres terres. *Elvire* eut *Toro*, avec quelques autres places, & toutes deux le patronage de tous les Monasteres de Religieuses.

1065.

Tant que la Reine mere des trois Princes vecut, ils parurent fort unis, ou *Sanche* du moins dissimula sa jalousie contre ses freres : mais étant morte environ deux ans après son mari, son ressentiment éclata bien-tôt. *Alphonse* son frere, Roi de Léon, comme plus voisin, en sentit le premier les effets. Don *Sanche* arma contre lui, & marcha pour faire une invasion dans son Royaume. Le Roi de Leon se disposa à se bien défendre. Les deux armées se rencontrerent près de *Lantada*, & d'abord on en vint aux mains. Le combat fut sanglant & fort acharné ; *Alphonse* fut entierement défait & mis en déroute.

1067.

Don *Garcie* Roi de Galice, qui n'avoit pris aucune part à la querelle de ses freres, n'étoit gueres plus tranquille dans ses Etats. Sa foiblesse pour un favori, trop dur pour les peuples, lui avoit aliené les esprits, & il eut le chagrin de le voir massacrer presque sous ses yeux par des Seigneurs Galiciens.

La guerre que Don *Sanche*, Roi de Castille, avoit déclarée sans sujet au Roi de Leon son frere, ne se termina point à ce premier avantage. C'étoit un projet formé de le détrôner ; il assembla donc toutes ses forces, & marcha vers les frontieres de Leon. *Alphonse* de son côté, au bruit de sa marche, se disposa à se bien défendre, & reçut même de bons secours de Don *Garcie* son frere, Roi de Galice & de Portugal, qui avoit autant à craindre que lui de l'ambition de Don *Sanche*. Les Rois de Castille & de Leon se joignirent près de Volpellar & en vinrent aux mains. On se battit de part & d'autre avec beaucoup d'animosité ; & enfin les Castillans furent mis en déroute. *Alphonse*, pour épargner le sang, empêcha ses troupes d'aller à la poursuite des fuyards, & sa clémence lui fut funeste. Car Don *Sanche* par le conseil de *Rodrigue Diaz* revint le lendemain à la pointe du jour avec les débris de son armée, fondre sur les vainqueurs, & les ayant surpris les tailla en pieces. *Alphonse* eut à peine le tems de monter à cheval pour se sauver, mais ayant été suivi par Don *Sanche* il fut pris & renfermé dans Burgos. *Urraque* ayant appris sa détention, alla trouver aussi-tôt Don *Sanche* pour l'empêcher d'attenter sur la vie de son frere, qui peut-être couroit de grands risques. Elle ne l'obtint qu'à condition, qu'*Alphonse* abdiqueroit la couronne & se feroit Moine. Don *Sanche* après l'abdication de son frere fut reconnu

1070.

Roi de Leon, & ne voulant pas rester en si beau chemin, il se prépara tout de suite à envahir la Galice & le Portugal. *Garcie* voulut assembler ses troupes, pour s'opposer à cette invasion ; mais il fut abandonné de tous ses sujets, dont il s'étoit attiré la haine, & par conséquent hors d'état de faire la moindre résistance. Don *Sanche* trouva donc peu d'obstacles à s'emparer de ses Royaumes, & Don *Garcie* obligé de fuir devant lui, alla se réfugier auprès du Roi de Seville qui étoit *Mahomet Aben-Habet.*

Les révolutions arrivées parmi les Infideles dont on a tracé le tableau sous le regne d'*Alphonse* V, les guerres continuelles qu'ils s'étoient faites pendant vingt-cinq ans, les avoient extrêmement affoiblis. La Monarchie Mahométane si puissante sous les précédens regnes, étoit divisée en quantité de petits Etats indépendans l'un de l'autre, & sembloit être arrivée au moment où son entiere destruction n'attendoit que la réunion des Chrétiens ; mais il ne paroît pas que ceux-ci ayent jamais pensé à profiter des circonstances. Il falloit pour éteindre en Espagne la Monarchie Mahométane, qu'il pût s'élever parmi les Chrétiens une autre puissance capable d'opérer par elle-même ce qu'on ne pouvoit gueres espérer de la jonction de plusieurs Princes, toujours divisés d'intérêts. On ne voit dans tout cet intervalle que Don *Sanche* III, lorsqu'il eut reuni la Castille à ses Etats de Navarre, que *Sanche Garcie* avoit beaucoup aggrandis aux dépens des Maures, & après lui *Ferdinand* I Roi de Castille & de Leon, qui fussent en état d'agir un peu vigoureusement contre les Infideles. Mais le Roi de Navarre au lieu de former contre eux aucune entreprise, s'étoit quelquefois ligué avec eux, & avant sa mort il ne fit qu'affoiblir sa propre puissance par le partage de ses Etats entre ses quatre fils. *Ferdinand* à la vérité fit beaucoup de conquêtes sur les Mahométans ; mais il commit la même faute que *Sanche* III, en démembrant sa Monarchie. Ainsi l'ambition de leurs Successeurs, au lieu de se porter à l'objet qui faisoit l'intérêt commun de la Chretienté en Espagne, n'aboutit qu'à donner chez les Chrétiens le spectacle des divisions qu'on avoit vûes chez les Infideles. Tandis que Don *Garcie*, chassé de Galice, cherchoit un asyle chez les Maures, *Alphonse* trouva le secret de se sauver de son Couvent & de passer à *Tolede.* Le Roi Mahométan *Almenon* ou *Ali-Maymon*, le reçut très-bien, & ils lierent ensemble une amitié très-étroite. Le Roi de Leon demeura neuf mois à Tolede.

Don *Sanche* après avoir ainsi dépouillé ses freres, voulut encore ôter à ses sœurs les villes qu'elles avoient eues pour appanage, sous prétexte de leur en donner d'autres en échange. Elles sentirent le piege, & ayant rassemblé leurs Vassaux, se disposerent à défendre leur héritage. Don *Sanche* apprenant leur résolution eut recours aux armes, & après avoir enlevé Toro, mit le siege devant Zamora. Il y avoit dans le parti d'*Urraque* un Seigneur distingué par sa naissance & par sa valeur, nommé Don *Arias Gonçale*. Il étoit le chef de son Conseil & commandoit dans la Place. Il soutint avec tant de vigueur les efforts que firent les assiegeans, qu'après leur avoir tué bien du monde, il leur ôta toute espérance de pouvoir réduire la Place autrement que par famine. Cependant par la durée du blocus, Zamora étoit prête de se rendre, quand Don *Sanche* fut tué par la trahison d'un transfuge appellé *Ataulphe*, qui se crut tout permis pour délivrer sa Souveraine de l'injuste oppression de son frere.

La mort de Don *Sanche* remit *Alphonse* sur le trône de Leon, & il y réunit celui de Castille : mais les Castillans, avant de le reconnoître, exigerent de lui qu'il se purgeroit par serment du soupçon où l'on étoit qu'il avoit trempé dans l'assassinat de Don *Sanche* ; ce qu'il fit entre les mains du *Cid*, *Rodrigue Diaz*, le seul des Seigneurs Castillans qui voulut recevoir le serment d'*Alphonse*.

Don *Garcie*, de son côté, ne tarda pas à retourner dans son Royaume, où l'on ignore quelle réception lui fut faite. Mais bien-tôt son ambition le lui fit perdre avec la liberté. Il voulut disputer à *Alphonse* la succession de Don *Sanche* : le Roi de Leon & de Castille de concert avec *Urraque* sa sœur, l'ayant invité à une entrevûe pour regler cette affaire à l'amiable, le fit arrêter, & on l'enferma sous bonne garde dans le Château de Luna près de Leon. *Alphonse* que l'on connoissoit très-différent de son frere, fut ensuite reconnu Roi de Galice. Peu de tems après le Roi de Tolede, qui avoit si généreusement accueilli dans son infortune le Roi de Leon, eut besoin de son secours. Le Roi de Seville menaçoit ses Etats d'une invasion. *Alphonse* convaincu que ni politique, ni motif de Religion ne peut dispenser de la reconnoissance, arma puissamment pour son bienfaiteur, & le délivra de son ennemi.

Alphonse, au moyen de la réunion des trois Royaumes de Leon, de Castille & de Galice, se trouvoit, comme avoit été *Ferdinand* son pere, le plus puissant Souverain d'Espagne. Il accrut encore ses Etats de la Province de Rioja, qu'il démembra de la couronne de Navarre.

Sanche IV Roi de Navarre, après avoir joui d'une longue paix par la bonne intelligence qu'il avoit sçû entretenir avec les Rois d'Arragon & de Leon ses cousins germains, périt à la chasse par la trahison de *Raimond* son frere, & d'une de ses sœurs, laissant deux enfans fort jeunes appellés tous deux *Garcie* (49), & incapables de gouverner par leur grande jeunesse. Les Navarrois ne voulurent pas déferer la couronne à Don *Ramire* frere du Roi défunt ; & appellerent Don *Sanche* Roi d'Arragon. *Ramire* piqué de ce choix, invita le Roi de Leon & de Castille à s'emparer du trône vacant, & disposa en sa faveur les Habitans de la Province de Rioja & de Biscaye. *Alphonse* au premier avis, se mit en campagne, fut proclamé à Calahorra, & incorpora le pays à la couronne de Castille. Le Roi d'Arragon d'un autre côté réunit la Navarre à ses Etats & fut reconnu Roi à Pampelune.

Une singularité remarquable qu'il ne faut pas oublier sous ce regne, c'est que le Pape Gregoire VII. prétendant que l'Espagne étoit feudataire du Saint Siege, attendu, disoit-il, qu'elle en relevoit avant l'invasion des Sarrasins, écrivit aux Rois des Etats Chrétiens qu'ils ne pouvoient y faire des conquêtes sans payer au S. Siege une redevance. Cette prétention aussi mal fondée qu'inouie jusqu'alors ne fut point écoutée, & demeura sans effet.

On ne voit pas que le partage de la succession de Navarre eût brouillé les deux Rois *Alphonse* & Don *Sanche*. Chacun parut content de son lot, & s'ils penserent à reculer leurs limites, ce fut aux dépens des Infideles. Don *Sanche*

---

(49) *Ferreras* conjecture qu'un de ces Princes étoit batard, *parce que s'ils eussent été tous deux légitimes, ils n'auroient pas porté le même nom.*

DE L'ESPA-GNE.

le premier fit la guerre à ceux de Sarragoſſe & de Hueſca, les battit & fit ſur eux un riche butin. Les Mahométans de Tolede à qui leur Roi *Hiaya* étoit odieux par ſa tyrannie, implorerent le ſecours d'*Alphonſe* & l'inviterent à s'emparer du Royaume. Le Roi de Caſtille & de Leon leva auſſi-tôt une forte armée, paſſa les montagnes qui ſervoient de barrieres aux deux Caſtilles, entra dans les Etats de Tolede & prit Madrid avec pluſieurs autres places. Il fut bien-tôt ſecondé par le Roi de Seville, ſon allié, qui paſſant la Sierra Morena s'empara d'une partie de la Manche. *Alphonſe*, dans les trois campagnes ſuivantes, ſoumit tout le pays qui s'étend le long des montagnes depuis Talavera juſqu'à Madrid; & enfin après avoir couru riſque de la vie, pouſſa ſes conquêtes juſqu'à Tolede qu'il prit à la fin de l'hyver. Comme cette importante place obtint une capitulation, & qu'il en ſortit beaucoup d'Habitans, *Alphonſe* la repeupla de Chrétiens qu'il fit venir de toutes parts, & par une ſage politique y fixa ſa cour. Ses ſuccès allarmerent les Mahométans qui croyoient leur ruine prochaine. Les Rois de Seville & de Badajox ſe liguerent & mirent ſur pied de nombreuſes troupes levées dans leurs

ALPHONSE VI, à Tolede.

Etats, & juſqu'en Afrique. Ces formidables préparatifs n'empêcherent point *Alphonſe* d'aſſembler un Concile à Tolede, & ils aboutirent à une fameuſe bataille dans laquelle il fut défait & taillé en pieces avec une perte conſidérable. Réſolu de réparer cet échec, il raſſembla de nouvelles troupes dans ſes trois Royaumes; il écrivit même à Philippe I Roi de France, pour en obtenir du ſecours, en lui faiſant enviſager dans cette guerre l'intérêt de la Religion Chrétienne. Ce ſecours lui fut accordé, mais il lui devint inutile. Les Rois de Seville & de Badajox effrayés de ces préparatifs, n'attendirent point la jonction des troupes Françoiſes, & ſe rendirent ſes Vaſſaux. Quelques années après le Roi de Hueſca prit auſſi le même parti, pour ſe mettre à couvert d'une invaſion dont il étoit menacé par le Roi d'Arragon. *Alphonſe* ne ſe voyant point d'enfans mâles, & ſongeant à s'aſſurer un héritier digne de ſuccéder aux couronnes qu'il avoit ſçu raſſembler ſur ſa tête, jetta les yeux ſur le Comte *Raymond de Bourgogne*, & pour cet effet lui fit épouſer *Urraque* ſa fille, qu'il avoit eue de Conſtance ſa troiſieme femme. Il étoit déja veuf de ſa quatrieme femme, lorſqu'il épouſa *Zaide* fille de *Mahomet Aben-Habet* Roi de Seville, qu'on n'eut pas de peine à déterminer à ſe faire Chrétienne. C'étoit la deuxieme Princeſſe d'entre les Mahométans qui embraſſoit le Chriſtianiſme. Car la fille d'*Almenon* Roi de Tolede, appellée *Caſile* ou *Caſilde*, s'étoit ſauvée des Etats de ſon pere pour ſe faire baptiſer, & elle a été miſe au nombre des Saintes d'Eſpagne. Mais ce mariage qui pouvoit produire de grands biens dans la ſuite, engagea *Alphonſe* dans une démarche bien funeſte aux Chrétiens d'Eſpagne. Le Roi de Tolede & celui de Seville cherchant enſemble les moyens de ſoumettre les petits Etats Mahométans qui étoient à leur bienſéance, *Aben Habet* conſeilla au Roi de Tolede de demander des troupes à *Juceph-Aben-Texufin*, Roi de toute la partie Occidentale d'Afrique, où ſont les Royaumes de Fez, de Tremecen & de Maroc, & ils lui envoyerent des Ambaſſadeurs. *Juceph* n'eut garde de manquer l'occaſion de paſſer en Eſpagne, & promit les ſecours qu'on lui demandoit. Après avoir débarqué avec de nombreuſes troupes, au lieu d'embraſſer le parti d'*Alphonſe* & d'*Aben-Habet*, comme ils s'en étoient flattés, en très-mauvais politiques, il tourna ses armes contre eux, & le premier pas qu'il fit fut de marcher contre *Aben-Habet*, & de s'emparer du Royaume de Seville. Il n'osa pourtant point alors attaquer *Alphonse* qui lui parut trop puissant, & se contenta d'envahir l'Andalousie. Cependant *Alphonse* arma contre lui & envoya de nombreuses troupes sous le commandement de Don *Rodrigue* & de Don *Garcie de Cabra*. *Juceph*, au bruit de leur marche, hâta la sienne pour les joindre. Il y eut dans la Manche entre les deux armées une sanglante bataille dans laquelle les Chrétiens furent entièrement défaits. L'Auteur de la nouvelle Histoire d'Espagne attribue principalement cet échec à l'inaction du Comte Don *Garcie Ordognez*, un des principaux Officiers d'*Alphonse*, qui refusa de donner, pour faire battre les Généraux dont il étoit jaloux ; conduite remplie de bassesse & de lâcheté, mais dont il n'y a que trop d'exemples.

Alphonse voulut avoir sa revanche : il se mit lui-même en campagne, & marcha droit vers Seville. Il étoit déja dans l'Andalousie, lorsqu'il rencontra *Juceph* qui venoit à sa rencontre. La supériorité des troupes d'*Alphonse* fit refuser le combat à l'*Almoravide*, & il se retira précipitamment à Seville, dont *Alphonse* ravagea tous les environs. *Juceph* ne se trouvant point en état de tenir contre lui en Espagne, prit le parti de repasser en Afrique, pour y ramasser de nouvelles forces, & il emmena avec lui la plûpart des Chrétiens Mozarabes, dont il se défioit ; ce qui causa dans l'Andalousie l'extinction totale du Christianisme. L'année suivante, *Juceph* ayant assemblé dans ses Etats de Maroc une armée nombreuse, l'envoya en Espagne sous la conduite d'*Almohait-Hiaya*. Le Général Mahométan marcha d'abord vers Tolede, pour tâcher de recouvrer cette ville, & l'investit avant qu'*Alphonse* qui avoit convoqué le ban & l'arriere-ban, eût pû rassembler toutes ses forces. Mais à l'approche des Chrétiens il leva le siege.

Ce fut dans ce tems que mourut le CID, *Rodrigue Diaz de Vivar*, Guerrier fameux par sa valeur extraordinaire, mais dont les actions mêlées de beaucoup de fables & décrites par des Historiens Romanesques, lui donnent un air d'avanturier qui a fait du tort à sa mémoire : effet de l'exagération & du merveilleux, qui, au lieu d'honorer les grands hommes, ne sert qu'à les dégrader. Si on en eût moins dit d'*Alexandre*, on en croiroit davantage (50).

---

(50) *Ferreras* qui a discuté avec la plus saine critique les points les plus interressans & les plus embrouillés de l'Histoire d'Espagne, réduit tous les grands exploits du *Cid* à un petit nombre de faits dont on sera peut-être bien-aise de retrouver ici le coup d'œil.

Le *Cid*, selon cet Historien, s'attacha à la fortune de Don *Sanche* I Roi de Castille, l'accompagna en 1063 en Arragon, & se trouva à la bataille de Grao, dans laquelle fut tué Don *Ramire* I Roi d'Arragon. Il servit encore Don *Sanche* en 1068 & 1070, dans la guerre qu'il eut contre *Alphonse* son frere Roi de Leon. Il le suivit en 1072, au siege de Zamora, où Don *Sanche* fut tué par trahison. *Alphonse* VI ayant réuni la Castille au Royaume de Leon, le *Cid* paroît s'être attaché à ce Prince. Il épousa dans l'année 1074 Dona *Ximene Diaz*, fille du Comte Don *Diegue Alvarez* des Asturies. Depuis, sur quelques mécontentemens qu'il reçut d'*Alphonse*, il quitta la Castille, emmena plusieurs de ses parens & de ses amis, entra dans l'Arragon qu'il ravagea, & s'empara du Château d'Alcocer près de Calatayud. Ayant été joint par quelques mécontens de Castille & de Leon, il fit des courses sur les terres des Infideles, qu'il ne cessoit de harceler. L'avantage qu'il tiroit des lieux escarpés lui

DE L'ESPA-
GNE.

La mort du *Cid* arrivée à Valence, qu'il avoit enlevée aux Infideles avec des troupes que lui avoit prêtées *Alphonse*, obligea Dona *Xéimene* sa femme, d'avoir recours à ce Prince, & il pourvut à la sureté de cette place.

On a vû que la Dynastie des Rois Mahometans de Cordoue s'étoit terminée à *Hissem* IV, & que la plûpart des Gouverneurs de Provinces s'étant révoltés, chacun d'eux avoit pris le titre de Roi; ce qui avoit formé dans le sein de l'Espagne Mahométane quantité de petits Etats indépendans l'un de l'autre.

Mundir-Aben-Hiaya qui se souleva avec Sarragosse & tout le pays qu'il gouvernoit, laissa l'authorité & le nom de Roi à son fils *Hiaya-Almundasar* qui fut détrôné par *Suleiman Aben-Hut*. *Suleiman* eut pour successeur *Hamat* son fils, à qui succeda un de ses fils appellé *Juceph*. Celui-ci eut pour héritier de son sceptre *Hamat Almutacin* son fils. Enfin il passa successivement à *Abdelmelich* fils du dernier, & après lui à un autre *Hamat-Almutacin* qui regnoit à Sarragosse, lorsqu'elle fut conquise par *Alphonse* I Roi d'Arragon.

La Dynastie des Rois de Valence est ignorée: on voit seulement qu'en l'an 1063, lorsque *Ferdinand* I Roi de Leon & de Castille, fit le siege de cette ville, il y avoit un Mahométan avec le titre de Souverain, qui peut-être étoit le même que le Roi de Denia. Il est sûr au moins selon *Ferreras*, dont je tire cette succession des Rois Mahométans, qu'en 1080 Valence étoit soumise à *Ali-Maimon* Roi de Tolede, & qu'en 1085 *Hiaya* aussi Roi de Tolede & le dernier, se retira dans cette ville qui lui appartenoit, & qu'il y vécut huit ans jusqu'à la conquête qu'en fit le *Cid*. Il y eut encore des Rois de Grenade, de Murcie & d'Almerie, mais qui presque dans leur naissance furent détruits par les *Almoravides*. Tel est l'état où étoit alors la puissance Mahométane en Espagne.

Cependant Don *Pedre* I Roi d'Arragon travailloit de plus en plus à l'affoiblir, & tous les jours il étendoit ses conquêtes sur les terres des Infideles; mais il mourut peu de tems après la prise de Balbastro, laissant pour héritier de son trône Don ALPHONSE son frere, qui fut le fleau des Infideles, & surnommé le *Guerrier*.

1109.
ALPHONSE I.
Roi d'Arragon &
de Navarre, &
le VIII du nom,
Roi de Castille.

Juceph Roi de Maroc, mécontent du peu de progrès que ses Generaux faisoient en Espagne, résolut d'y aller en personne à la tête d'une nombreuse armée, & bien-tôt il parut dans l'Andalousie. Il partagea ses troupes en trois corps; il en destina deux à envahir les Royaumes de Leon & de Castille, & le troisieme fut employé à soumettre tous les autres petits Etats que les Mahométans avoient en Espagne. Le Roi de Leon qui venoit de perdre son gendre, Don *Raymond* Comte de Galice, arma puissamment de son côté & fit marcher ses troupes vers Tolede pour s'opposer aux progrès de *Juceph*, qui s'avançoit vers cette ville. Ce Prince hors d'état, par son grand âge, de

fit chercher les quartiers de Teruel, & il se maintint-là dans une forteresse appellée depuis *la Roche du Cid*, (la Pegna de el Cid). Enfin après la mort d'*Hiaya* Roi de Tolede, il se rendit maître de Valence & y demeura jusqu'en 1099 qu'il mourut. Voilà l'exposé sommaire à quoi se réduit tout le merveilleux de la vie du *Cid*: tout ce qu'on trouve de plus dans *Mariana* & les autres Historiens est pure fable.

commander

commander en perſonne, crut que la preſence de ſon fils âgé de 10 à 11 ans, pourroit ſuppléer à la ſienne, & il y envoya l'Infant Don *Sanche* qui avoit pour Gouverneur le Comte Don *Garcie de Cabra*. Son armée joignit les Mahométans à la vûe d'Uclez, & d'abord preſenta le combat. Les Infideles bien ſupérieurs en forces, défirent entiérement les Chrétiens ; l'Infant Don *Sanche* étant à terre, après avoir eu ſon cheval tué ſous lui, fut enveloppé par un gros de Mahométans, & périt avec ſon Gouverneur, qui le couvrant de ſon bouclier ſe fit cribler de coups, pour conſerver la vie au jeune Prince. Dès que la mort de l'Infant ſe fut répandue, les Chrétiens ne ſongerent plus qu'à prendre la fuite, & la déroute fut entiere. Les Mahométans ne tirerent point d'autre avantage de la victoire, & n'oſerent même tenir la campagne, à la vûe des nombreuſes forces que les Chrétiens remirent ſur pied. Mais ils firent un détachement de leurs troupes pour faire dans la Catalogne une irruption qui fut ſans effet, par les ſecours que les Rois de France, de Navarre & d'Arragon envoyerent à Don *Raymond* Comte de Barcelone.

Alphonſe ſe ſentant vieux & infirme, & ne laiſſant aucun enfant mâle des ſix femmes qu'il avoit eues, voulut aſſurer ſa ſucceſſion à quelque Prince de ſa famille. Dona *Urraque* ſa fille étoit encore très jeune, les Grands lui firent propoſer de la marier à quelqu'un d'entre eux. *Alphonſe* qui avoit porté la fierté du rang bien plus loin qu'aucun de ſes Prédeceſſeurs, fut très choqué de la prétention des Grands, & voulant ſe donner un héritier dans l'époux qu'il choiſiroit pour ſa fille, il la maria à Don *Alphonſe*, Roi d'Arragon & de Navarre, couſin iſſu de germain de la Princeſſe. Peu de tems après ce mariage, le Roi de Caſtille & de Leon, ſentant ſa fin approcher, déclara Dona *Urraque* ſa fille héritiere de ſes deux Royaumes : il ordonna auſſi que Don *Alphonſe Raymond* ſon petit-fils demeureroit en poſſeſſion de la Galice, & ſuccederoit à tous ſes Etats après la mort de ſa mere, en cas qu'elle ne laiſſât point d'autres enfans de Don *Alphonſe* d'Arragon.

ALPHONSE I dans l'ordre des Rois d'Arragon & de Navarre, & VII dans l'ordre des Rois de Caſtille, état qu'il réunit par ſon mariage avec URRAQUE, fut reconnu après la mort d'*Alphonſe* VI. *Urraque* qui avoit gouverné le Comte *Raymond* ſon premier mari, voulut tenir avec *Alphonſe* la même conduite. Mais ce Prince jaloux de ſes droits ſçut réprimer ſon ambition. De-là ſuivirent entre eux des aigreurs & une meſintelligence qui remplirent leur regne de troubles. Les entrepriſes d'*Urraque* allerent ſi loin, qu'*Alphonſe* la fit arrêter & enfermer dans le Château de Caſtellar. Elle en fut enlevée peu de tems après par les Partiſans qu'elle avoit en Caſtille & ſe retira dans ce Royaume, où les Grands travaillerent efficacement à la réconcilier avec ſon mari. Elle alla donc retrouver *Alphonſe ;* mais leur union dura peu & ne ſervit peut-être qu'à les rendre irréconciliables dans la ſuite. On prétend que la galanterie de la Reine qui aimoit le Comte de *Gomez*, un des principaux Seigneurs de Caſtille, fut la principale cauſe de leur diviſion. Mais *Ferreras*, par les efforts qu'il fait pour juſtifier cette Princeſſe, nous laiſſe au moins le droit de douter d'un fait injurieux ſur lequel on ne ſçauroit avoir trop de preuves. Quoiqu'il en ſoit, les brouilleries augmenterent à un tel point, qu'*Alphonſe* profitant de la voye que ſa parenté

Tome I. M

DE L'ESPA-GNE.

avec *Urraque* lui offroit pour annuller son mariage, mena sa femme à Soria, l'y répudia sous ce prétexte & la renvoya en Castille, dont il avoit eu soin de remplir de bonnes & sûres garnisons, dévouées à ses ordres, le Château & les Forteresses. Il passa ensuite dans le Royaume de Tolede pour le mettre à couvert des entreprises d'*Urraque*, ou de celles des Mahométans.

L'injure faite à la Reine de Castille fit oublier la conduite qui la lui avoit attirée & lui regagna les cœurs de tous ses sujets. Les Seigneurs de Castille, de Leon & des Asturies s'attacherent à elle, & résolurent de rendre ces trois Royaumes indépendans de l'Arragon. La plûpart de ceux qui tenoient des Forteresses au nom d'*Alphonse*, les remirent à la Reine, comme à leur légitime Souveraine, & on leva des troupes pour forcer les autres à suivre cet exemple. Un des principaux Seigneurs de Castille fit alors une démarche bien étonnante, pour accorder la fidélité qu'il devoit à sa Souveraine, & l'engagement qu'il avoit pris avec le Roi d'Arragon. Le trait est trop singulier & trop beau pour être passé sous silence. Le Comte Don *Pedre Assurez*, qui avoit élevé la Reine de Castille, & qui malgré sa naissance & ses bons services, avoit éprouvé son ingratitude, fut des premiers à lui livrer les Forteresses qu'*Alphonse* lui avoit confiées. Mais voulant satisfaire en même-tems à ce qu'il croyoit devoir au Roi d'Arragon, qui l'avoit rétabli dans tous ses emplois, lorsque par de fideles avis il encourut la disgrace d'*Urraque*, il prit le parti de remettre sa personne entre les mains de ce Monarque, pour qu'il en disposât comme il jugeroit à propos. Il alla donc trouver *Alphonse*, lui avoua ce qu'il avoit fait pour sa Souveraine, ou plutôt ce que le devoir lui avoit prescrit en qualité de Vassal, & offrit sa personne au Roi pour répondre de l'infidélité qu'il s'étoit vû contraint de lui faire. Le Roi d'Arragon dans le premier mouvement de colere, alloit lui faire payer de sa tête cette dangereuse démarche ; mais les Seigneurs qui étoient présens sçurent l'adoucir. L'indignation se changea en admiration, & le Roi lui rendit toute son estime. Cependant on arma de part & d'autre. Les Castillans marcherent pour enlever les Châteaux qui tenoient encore pour le Roi d'Arragon, & celui-ci s'avança vers la Castille, pour s'opposer à leur entreprise. Les deux armées s'étant jointes près de Sepulveda, il y eut un combat sanglant dont l'avantage demeura au Roi d'Arragon. Le Comte de *Gomez* qui commandoit les troupes d'*Urraque*, y fut tué, après avoir fait des prodiges de valeur. Cette victoire mit *Alphonse* en possession des principales Places de Castille. Mais s'il en sçut bien profiter, on lui reprochera toujours les excès où il se porta contre des peuples qu'on ne pouvoit accuser proprement de rebellion.

ALPHONSE Roi de Galice.

1112.

Urraque avoit un fils de *Raymond* son premier mari, qui étoit l'Infant Don *Alphonse* : il étoit déja reconnu Comte de Galice, & il fut sacré Roi solemnellement à Compostelle l'an 1112. Le Roi d'Arragon à cette nouvelle fit tous ses efforts pour enlever le jeune Monarque, & il fut habilement sauvé de ses mains par l'Evêque de Compostelle, dans une action assez vive où il couroit risque d'être pris.

Urraque toujours harcelée par *Alphonse* & toujours en guerre, étoit peu tranquille. Elle avoit été obligée de se retirer en Galice ; elle y essuya successivement des révoltes qui furent bien-tôt appaisées. Il y eut aussi des mécontentemens en Castille, ils furent heureusement assoupis. Les Mahométans firent une irruption dans ses Etats de Tolede, elle les en chassa. Les guerres continuelles qu'elle avoit à soutenir entraînoient beaucoup de desordres. Pour y remédier, elle convoqua à Burgos une assemblée des Etats de Castille. On y proposa de travailler à sa réconciliation avec *Alphonse*; mais cet avis appuyé avec beaucoup de chaleur par les Partisans secrets du Roi d'Arragon, fut vigoureusement contredit, & on convint d'assembler un Concile à Palence pour décider sur la nullité ou la validité du mariage, qui étoit la cause ou le prétexte des troubles. Le Concile se tint en effet, & déclara le mariage nul; décision qui fut confirmée par le Pape Paschal II. *Alphonse* se voyant déchû par-là de toutes ses prétentions sur la Castille, excita des troubles dans la Galice qui furent pacifiés par la voye des armes. Il y eut encore de la mesintelligence entre elle & quelques-uns des Seigneurs qui lui paroissoient le plus affectionnés. Enfin son propre fils, le Roi de Galice fut l'instrument dont se servirent quelques mécontens, pour lui susciter de nouveaux embarras. Les séditieux emmenerent le jeune Prince *Alphonse*, & le firent proclamer Roi dans plusieurs villes de l'Estramadure, telles que Segovie, Avila, Salamanque & d'autres qui appartenoient à la Reine. Elle fut obligée d'armer pour tirer raison de cette insulte, & d'avoir la guerre avec son fils. Elle marcha à la tête de ses troupes pour faire rentrer dans le devoir quelques-unes des villes qui s'étoient déclarées pour lui; & après avoir fait le siege d'une de ces Places, elle fut assiégée elle-même à Sabroso. Elle ne s'en tira qu'au moyen d'un accommodement plâtré qu'elle fut obligée de faire avec les Partisans de son fils. Cette guerre qui ne fut pas de longue durée, se termina par la médiation de ceux qui l'avoient allumée, & qui s'en trouvoient le plus fatigués eux-mêmes. Aussi-tôt qu'elle fut conclue, la Reine se rendit en Galice pour voir son fils dont elle fut reçue avec de grandes marques de respect. Ensuite elle passa à Compostelle pour mettre ordre au soulevement que les ennemis de l'Evêque avoient excité contre elle, elle y fut témoin d'une sédition dans laquelle elle ne fut point elle-même à l'abri des insultes & des voyes de fait d'une populace mutinée, & courut risque de la vie. Cependant elle étoit assez tranquille du côté du Roi d'Arragon, qui étoit alors occupé à faire des conquêtes sur les Infideles. La Reine de Castille crut l'occasion favorable pour recouvrer quelques Forteresses qu'il tenoit encore dans ce Royaume. Le Roi de Galice son fils joignit ses meilleures troupes à celles d'*Urraque*, & ils marcherent vers Segovie pour reprendre Soria & ses dépendances. Soria ne fit pas une longue résistance, on y mit une forte garnison; & enfin tout ce qui restoit dans la Castille au Roi d'Arragon fut bien-tôt remis sous l'obéissance d'*Urraque*. Mais pendant que le succès de ses armes la rendoit puissante au-dehors, la faveur de Don *Pedre de Lara*, qui avoit toute sa confiance, causoit bien des troubles au-dedans. Les Seigneurs, jaloux de l'autorité du Comte, se liguerent, & la ville de Segovie fut partagée en deux factions composées des Partisans de la Reine, & de ceux qui vouloient se donner à son fils. Don *Pedre de Lara* fut arrêté & enfermé dans un Château, ce qui piqua vivement la Reine & l'obligea de se retirer à Leon. Ces mouvemens ne se firent point sans la participation du Roi de Galice, avec qui elle fut brouillée de nouveau.

Les Seigneurs affectionnés à ce Prince firent marcher des troupes vers cette capitale pour la mettre en sa possession. *Urraque* avec ceux de son Parti, tint quelque tems dans le Château où on l'assiegea, & fut contrainte enfin de capituler. Les divisions entre Souverains qui possedent des Etats en commun sont contagieuses. Les Seigneurs de Galice qui profitoient de toutes les circonstances un peu favorables aux intérêts de leur ambition, n'étoient pas plus unis entre eux. Ils avoient pris les armes les uns contre les autres, & vivoient comme en pays ennemi. *Urraque* assembla promptement des troupes, & les ayant conduites en Galice, marcha contre les Séditieux. Etrange destinée pour une femme ! la paix ne sembloit point faite pour elle. On trouvera même, sous le gouvernement des hommes, peu de regnes plus orageux que le sien. Toujours en guerre ou contre son mari, ou contre son fils, ou contre des sujets rebelles, ses ennemis furent toujours dans le sein de sa famille ou de ses Etats.

La Comtesse de Portugal Dona *Therese* sa sœur fut de ce nombre. Pendant les troubles de Galice, elle s'étoit emparée de Tuy & de plusieurs autres Places du même canton. *Urraque* se mit en campagne avec de bonnes troupes qui furent jointes en chemin par celles de son fils, & marcha contre la Comtesse. Dona *Therese* à son approche abandonnant Tuy & les autres Places, mit une riviere entre elle & sa sœur. Les troupes d'*Urraque* la passerent à la vûe de l'armée ennemie avec tant de résolution que les Portugais prirent la fuite. Les Castillans les poursuivirent & entrerent dans le Portugal où ils mirent tout à feu & à sang. Une expédition si heureuse fut la source de nouveaux troubles & de nouveaux embarras pour *Urraque*. L'Archevêque de Compostelle qui avoit fourni des troupes à la Reine, las de mener une vie militaire assez peu conforme à son état, mais autorisée par l'usage ou la nécessité du tems, demanda la permission de se retirer. La Reine à qui tous les excès ou de confiance ou de défiance étoient également funestes, soupçonna le Prélat de quelque dessein & voulut le retenir auprès d'elle. Elle le fit ensuite arrêter avec trois de ses freres & enfermer dans le Château d'Orcilion. Tout le monde s'employa inutilement pour lui faire rendre la liberté. *Urraque* fut inflexible & la refusa aux larmes du Clergé, & aux instances des Habitans. Le Roi son fils ne put rien gagner sur elle & prit le parti de l'obliger par la force à relâcher l'Archevêque. Il quitta la Reine & se mit à la tête de ses troupes, dans la résolution de l'obtenir de gré ou de force. Les Habitans autorisés par cette démarche se souleverent, & *Urraque* fut contrainte de céder. Le premier pas que fit l'Archevêque au sortir de sa prison, fut d'aller trouver la Reine pour l'engager à restituer à son Eglise les Châteaux & les Terres dont elle l'avoit dépouillée. Sur son refus il se ligua avec plusieurs Seigneurs, & fit entrer dans sa querelle non-seulement le jeune Roi, mais la Comtesse de Portugal. On se disposa donc de part & d'autre à décider le différend par la voye des armes ; mais avant qu'on en vînt aux extrêmités, l'Archevêque eut encore l'adresse de faire gouter à la Reine les voyes de conciliation, & réconcilia la mere & le fils. Les troubles de Compostelle à peine appaisés, ceux de Galice recommencerent, & *Urraque* fut obligée de s'y transporter avec toutes ses forces. Cette expédition finit encore par de nouvelles brouilleries entre le fils & la mere : mais la mort d'*Urraque* y

1126.

mit fin, & termina un regne aussi agité qu'on puisse en trouver dans l'Histoire. Cette Princesse mourut dans la Province de Tierra de Campos, près de Carrion. Le caractere d'*Urraque*, qui fut un mélange d'inconstance, d'opiniâtreté, de hauteur & de foiblesse fit le malheur de ses peuples, & ne la rendit pas heureuse. Sa mémoire flétrie par les Historiens est chargée de violens soupçons de galanterie. Elle est accusée d'avoir eu un commerce criminel avec le Comte de *Lara* son favori ; on a même attribué sa mort à une fausse couche, & on prétend qu'elle avoit eu auparavant du Comte *Gomez* un fils dont elle accoucha secrettement, & appellé par cette raison *Diegue Hurtado* ou *le Clandestin*.

DE L'ESPAGNE.

Aussi-tôt qu'ALPHONSE RAYMOND eut appris la mort de sa mere, il se rendit à Leon & fut reconnu Roi unanimement, à l'exception de quelques factieux qu'il fallut forcer dans la Citadelle dont ils s'étoient emparés, & de quatre Seigneurs qui se fortifierent dans des postes de la Galice & de l'Estramadure. Il eut ensuite près de Zamora une entrevûe avec Dona *Therese* sa tante, Comtesse de Portugal, & ils firent une treve pour quelque tems. De-là il passa dans la Castille, où les Places qu'y tenoit encore le Roi d'Arragon rentrerent sous son obéissance. Enfin, après avoir soumis les Rebelles de Galice & réduit Valence, il se vit dès la premiere année de son regne souverain & paisible possesseur de Leon, des Asturies, de Galice, du Royaume de Tolede & de la plus grande partie de la Castille.

ALPHONSE RAYMOND VIII, Roi de Leon, de Castille & de Galice.

1126.

Le Roi d'Arragon depuis plusieurs années avoit tourné ses armes contre les Infideles, & leur avoit gagné bien du terrain. Il avoit assiegé Sarragosse, défait entierement les Maures qui étoient venus pour la secourir, & l'ayant prise avec le secours de quelques Seigneurs François qui n'avoient pû suivre *Godefroy* de *Bouillon* à l'expédition de la Terre-Sainte, il y avoit établi sa résidence. On croit que ce fut lui qui institua dans cette ville ce Magistrat célebre appellé le *Justicia*, dont la fonction consistoit à moderer le pouvoir du Roi & à maintenir les privileges que les Arragonois s'étoient réservés en se donnant aux Rois de Navarre. D'autres prétendent que ce Magistrat est plus ancien, & que c'étoit le President des Grands du Pays qu'on appelloit *Ricos Hombres*. Le Sénat qu'ils formoient avoit d'abord à peu près la même autorité qu'a aujourd'hui le Parlement d'Angleterre. Ceux qui attribuent à *Alphonse* l'érection du *Justicia*, ajoutent que ce fut lui qui réunit toute l'autorité des *Ricos Hombres* en la personne d'un seul Magistrat. La prise de Sarragosse fut suivie de celle de tant d'autres villes qu'elle devint le centre & la Capitale de l'Arragon Chrétien. *Alphonse* sans cesse en campagne enlevoit tous les jours quelque Place aux Mahométans. Ils voulurent faire un dernier effort pour arrêter ses progrès. Onze Gouverneurs qui commandoient dans les Etats Mahométans, se liguerent & unirent leurs forces. *Alphonse* au premier avis de leur marche, assembla ses troupes & se mit à leur tête. Les deux armées se rencontrerent à Alcaraz. Le combat fut des plus sanglans, & les Généraux Musulmans furent entierement défaits. *Alphonse* hyverna dans le Pays pour être en état d'entrer de bonne heure en campagne, & continuer ses hostilités. Aussi-tôt que la saison le permit il entra sur les terres des Infideles, ravagea les plaines de Cordoue, & de-là passa comme un torrent dans celles de Jaen & de Grenade, où il répandit la désolation. Dix mille familles de Chrétiens Mozarabes des Alpujarras, des montagnes d'*Alcaraz* & de ses environs, s'étant rassemblées vinrent trouver *Alphonse*, pour se mettre sous sa protection. Il parut étonné de voir un si grand nombre de Chrétiens dans un canton occupé par les Infideles. Il apprit qu'ils s'y étoient maintenus depuis l'entrée des Maures en Espagne, & qu'ayant manqué pendant tout ce tems de Ministres & d'instructions, leur Religion étoit un peu alterée. Les motifs de la Religion, joint au besoin qu'avoit *Alphonse* de repeupler certains endroits de ses Etats peu habités, lui fit accepter les offres qu'ils faisoient de se donner à lui, & il emmena toutes ces familles Chrétiennes. Les Maures craignant que les Chrétiens qui étoient restés parmi eux ne suivissent l'exemple des Mozarabes, les firent tous passer à Maroc. *Alphonse* continua la guerre avec les Mahométans ses ennemis perpétuels, leur prit encore quelques Places, & ayant pénétré dans le Royaume de Valence remporta sur eux une victoire célebre dans les fastes d'Espagne. Cette longue suite de succès contre les Infideles n'empêchoit point le Roi d'Arragon de tourner de tems en tems les yeux sur les pertes qu'il avoit faites en Castille. Il avoit toujours fort à cœur la défection de Burgos & des autres villes qui s'étoient données au jeune *Alphonse Raymond*. Il pensa sérieusement à les recouvrer & à s'assurer la conservation de la Province de Rioja & de quelques Places de la Castille qui n'étoient point sorties de son obéissance. Il leva pour cet effet de nombreuses troupes, & se mit en marche vers la Castille. *Alphonse Raymond* qui de son côté vouloit se faire rendre raison de ce que l'Arragonois avoit usurpé sur lui, se trouva prêt & ne tarda point à le rencontrer. Mais ces mouvemens aboutirent à régler leurs prétentions à l'amiable ; ce qui se fit par l'entremise des Evêques & des Seigneurs qui étoient dans les deux armées. Le Roi d'Arragon consentit de rendre ce qu'il retenoit au Roi de Castille, & celui-ci l'étant allé voir, la bonne intelligence fut rétablie entre eux. Cette guerre éteinte presqu'aussi-tôt qu'allumée réveilla l'ambition de Dona *Therese* Souveraine de Portugal, & elle fit une irruption dans la Galice. *Alphonse Raymond* qui étoit déja d'accord avec le Roi d'Arragon, fit marcher ses troupes contre elle, l'obligea de regagner précipitamment ses propres Etats, & dévasta le Portugal. Il ne manquoit à cette Princesse que des forces capables de seconder les dispositions qui lui étoient communes avec *Urraque* sa sœur, c'est-à-dire, son humeur guerriere & l'ambition qui la devoroit : mais autant elle étoit entreprenante, autant sa foiblesse l'exposoit à de terribles représailles qu'elle ne manquoit jamais d'essuyer. On lui ôta bien-tôt les moyens de s'en attirer d'avantage. *Alphonse Henriquez* son fils, à l'instigation des Seigneurs, mécontens du gouvernement de *Therese*, se fit proclamer Comte de Portugal, & la réduisit à une condition privée. Elle mourut peu de tems après, laissant une réputation aussi équivoque que celle de sa sœur, à qui elle ressembloit beaucoup de caractere & de complexion, si ses galanteries avec *Ferdinand Perez* & *Bermude* son frere sont vraies. Pendant ces troubles domestiques, *Alphonse Raymond* avoit épousé *Berengere* fille du Comte de Barcelone. Le Roi d'Arragon ne le laissa point goûter long-tems en paix les douceurs de ce mariage, & lui déclara la guerre. Heureusement pour les deux partis, elle fut encore terminée sans effusion de sang, & le Roi d'Arragon voyant peu de jour à réussir dans les desseins qu'il avoit formés sur la Castille, fit tout à coup retirer ſes troupes. Une entrepriſe échouée n'étoit pas capable d'ôter à ce Prince le goût des conquêtes. Peu de tems après il paſſa les Pyrenées par la Navarre, & pénétra dans la Gaſcogne. Le Comte de Bigorre & d'autres Seigneurs ſe joignirent à lui, & il inveſtit avec eux la ville de Bayonne, qu'il prit après un aſſez long ſiege. Le Roi de Leon pendant ſon abſence voulut reprendre les Places qu'il lui retenoit, & prit par famine la Place de Caſtro-Xeriz. Il ſe diſpoſoit à continuer ſes expéditions, quand une rebellion dans les Aſturies, & les hoſtilités que le Prince de Portugal faiſoit en Galice l'obligerent d'employer ſes troupes à la conſervation de ſes propres Etats.

Le Roi d'Arragon qui avoit laiſſé reſpirer les Mahométans, tandis qu'il étoit occupé à ſes expéditions de Caſtille & de Bayonne, ſembla ſe réveiller tout à coup. Il prit ſur eux Mequinencia, Place de l'Arragon, & enſuite alla ravager les environs de Lerida & de Fraga. Il voulut aſſieger cette derniere Place, mais la réſiſtance qu'il y trouva l'obligea de changer le ſiege en blocus. Il la tint inveſtie toute l'année, & on lui offroit déja de rendre la Place à des conditions qu'il ne voulut point accepter, quand pour la troiſieme fois les Mahométans revinrent avec de nombreuſes troupes pour lui préſenter le combat. Malheureuſement l'armée du Roi d'Arragon étoit affoiblie par un gros détachement qu'on avoit fait pour aller chercher des vivres. *Aben-Gama* commandoit l'armée des Maures. Auſſi-tôt que les armées furent en preſence, les Mahométans attaquerent & ſoutinrent avec furie un combat ſanglant qui ſe termina par la défaite entiere des Chrétiens. Pluſieurs Evêques & quantité de Seigneurs perirent dans l'action. *Alphonſe* ſe ſauva à toutes brides, ne fit que paſſer par Sarragoſſe & ſe retira dans le Monaſtere de Saint Jean de la Pegna, où huit jours après il mourut de chagrin. *Alphonſe* avoit bien mérité le ſurnom de *Guerrier* qu'on lui donna, puiſqu'il eut preſque toute ſa vie les armes à la main principalement contre les Infideles. *Ferreras* remarque qu'il fut le premier qui après la perte de l'Eſpagne porta les drapeaux Chrétiens dans l'Andalouſie. Comme il ne laiſſoit point d'enfans, on ne ſçait par quelle biſarrerie il s'aviſa de diſpoſer par teſtament de ſes Etats en faveur de l'ordre des Templiers.

A la nouvelle de ſa mort les Seigneurs d'Arragon & de Navarre, ſans avoir aucun égard à ce Teſtament, s'aſſemblerent pour lui nommer un Succeſſeur. Mais les ſuffrages furent partagés & ne purent ſe réunir ſur un ſeul ſujet. Les Arragonois qui vouloient avoir un Prince de la famille Royale élûrent Don *Ramire* frere d'*Alphonſe*, Moine Profez depuis quarante ans, & les Navarrois proclamerent Don *Garcie Ramirez*, qui deſcendoit du Roi Don *Garcie de Najera*. Cette double élection cauſa des guerres continuelles entre les deux Royaumes.

Ainſi les couronnes de Navarre & d'Arragon furent ſéparées l'une de l'autre. Pendant qu'on procédoit à l'élection des deux Rois, les Mahométans profitant de la conjoncture faiſoient des courſes dans l'Arragon. Le Roi de Leon informé de la malheureuſe journée de *Fraga*, par une generoſité qui eſt reſtée ſans exemple, fit marcher ſes troupes vers la Rioja, mit de bonnes garniſons dans pluſieurs Places, & après les avoir miſes à couvert de l'invaſion des Infideles, alla trouver à Sarragoſſe le Roi Don *Ramire*, pour le raſſurer ſur le motif de ſa marche.

INTRODUCTION A L'HISTOIRE

DE L'ESPAGNE.

Un procédé si rare attira l'admiration des Arragonois, & on lui donna Sarragosse pour prix d'avoir conservé le reste. Don *Raymond* Comte de Barcelone son beau-frere, & Don *Alphonse* Comte de Toulouse, se mirent au nombre de ses Vassaux. Enfin Don *Garcie* Roi de Navarre qui vouloit l'avoir dans son parti lui fit hommage de son Royaume.

ALPHONSE RAYMOND, proclamé EMPEREUR D'ESPAGNE.

1133.

Le Roi de Leon devenu le plus puissant Monarque d'Espagne, convoqua les Etats Géneraux dans sa Capitale pour y être couronné solemnellement, & Don *Garcie* Roi de Navarre s'y rendit comme feudataire. Ce fut dans cette assemblée célebre qu'*Alphonse Raymond* fut proclamé *Empereur d'Espagne*, titre trop fastueux pour le tems, & que ses Successeurs négligerent.

Ramire, pour se dédommager de la perte de Sarragosse qu'il n'avoit pû se dispenser d'abandonner au Roi de Leon, voulut attaquer la Navarre, prétendant que c'étoit une annexe de son Royaume. Il fut vivement repoussé, & ne gagna rien. Dans la suite il recouvra Sarragosse qu'*Alphonse Raymond* lui donna à foi & hommage. Le grand âge de Don *Ramire* & les fatigues inévitables d'une vie aussi opposée à celle du Cloître, lui redonnerent le goût de la retraite. Il avoit eu une fille nommée *Petronille* de sa femme *Agnès de Guienne*, sœur de cette même *Eleonor de Guienne*, repudiée par *Louis le Jeune*, & mariée à *Henri* II, Roi d'Angleterre. Elle étoit encore enfant quand il la maria à *Raimond Berenger* IV du nom, Comte de Barcelone.

Les Comtes de Barcelone avoient été faits Comtes héreditaires de cette ville par les Rois de France. Par des alliances, ils s'étoient étendus dans la Province, & y avoient fait des conquêtes sur les Maures, qui n'y possédoient plus que Lerida & les environs de Tortose. Les Comtes avoient le reste de la Catalogne, Montpellier en Languedoc, & le Comté de Provence. *Raimond Berenger* étoit jeune, mais il promettoit beaucoup. Il fut arrêté que le Comte épouseroit la Princesse, aussi-tôt qu'elle seroit nubile, & que le futur époux gouverneroit sans prendre la qualité de Roi; mais que l'aîné de ses enfans porteroit ce titre. Les Grands y consentirent volontiers, & *Ramire* se retira dans un Monastere d'Huesca où il mourut. Le mariage de *Petronille* avec le Comte *Raimond* unit la Catalogne avec l'Arragon.

Union de la Catalogne avec l'Arragon.

Raimond Berenger étoit frere de *Berengere*, Reine de Leon. Il employa cette alliance à se ménager son beau-frere, & affecta de si grands respects pour lui, que ce Prince lui rendit tout ce qu'*Alponse le Guerrier* avoit conquis sur les Sarrasins au-delà de l'Ebre. Leur union auroit été fatale au Roi de Navarre, si ce dernier n'eût pas été protégé par la France.

1139.

L'an 1139 *Alphonse Henriquez* Prince de Portugal fut declaré Roi par son armée, & ce titre a continué d'être héreditaire à ses successeurs jusqu'à présent. L'Empereur d'Espagne s'y opposa; mais le Pape *Innocent* II, sollicité par Saint-Bernard en faveur de la cause commune des Chrétiens, pensa qu'un encouragement de cette nature exciteroit le nouveau Roi à le mériter de plus en plus par ses exploits contre les Maures. *Alphonse Raymond* qui avoit pris les armes, défera à ces raisons. Il fit plus, il se désista d'une ligue qu'il avoit faite avec *Raimond d'Arragon* contre la Navarre, dont ils devoient partager entre eux les Etats, & ne voulut plus combattre que contre les Maures. Il y avoit alors de la division parmi ces derniers; il se hâta d'en profiter. Pour assurer l'union dans l'Espagne Chrétienne, il maria à *Garcie* Roi de Navarre *Urraque* sa fille naturelle, & se rendit médiateur entre son gendre & *Raimond Berenger*. S'il ne put ménager une bonne paix entre eux, il suspendit du moins leurs querelles, pour tirer d'eux de grands secours dans la guerre qu'il méditoit contre les Infideles.

DE L'ESPAGNE.

Cette guerre commença l'an 1146, & dura dix ans. Cordoue qui avoit été long-tems la capitale des Maures, fut la premiere Place attaquée, & le Gouverneur en ouvrit les portes. Baëça fut prise après un siege opiniâtre. Almerie suivit. Calatrava, Jaën, Andujar, Cadix eurent le même sort. *Raimond* s'étant separé de l'armée d'*Alphonse-Raimond*, prit de son côté sur les Maures, Tortose, Lerida, Fraga & autres Places. *Alphonse* Roi de Portugal prit aussi Lisbonne qui étoit à eux, avec les villes d'Alanguer, d'Obidos, d'Ebora, d'Elvas, de Mura, de Serpa, de Beja, & autres Places. Enfin il reconquit le Portugal presque tout entier, & les Maures ne se releverent jamais des pertes qu'ils firent dans cette guerre.

Alphonse-Raimond perdit la Reine *Berengere* sa femme, & épousa *Richilde* de Pologne : ces deux évenemens qui le retinrent quelque tems chez lui, nuisirent aux progrès sur les Infideles. D'un autre côté *Garcie* Roi de Navarre étant à la chasse tomba de cheval sur un rocher, se cassa la tête, & mourut. *Sanche* son fils aîné, qui lui succéda, étoit fort jeune. L'Arragonois traita avec *Alphonse-Raimond* pour reprendre à frais communs la Navarre & la partager entre eux. On renouvella un ancien traité fait à Carion contre cet Etat. Mais le Roi de Leon n'avoit nulle intention de l'exécuter, comme il parut par l'évenement. Ce Prince avoit eu de *Berengere* une fille nommée *Constance* qu'il avoit mariée à *Louis le Jeune*, Roi de France. *Louis* eut envie de faire le voyage d'Espagne, où il fut reçu magnifiquement par son beau-pere.

1150.
SANCHE VI dit le Sage, Roi de Navarre.

Le Roi de Navarre, l'Arragonois, & les deux fils d'*Alphonse Raymond*, dont l'aîné avoit le titre de Roi de Castille, parce que le pere avoit le titre d'Empereur, se trouverent à Tolede pour faire honneur à *Louis*. Le Roi de Navarre s'y fit aimer & estimer de ces deux Rois. *Louis* déja porté d'inclination à le protéger devint son ami, & en recommanda les intérêts à l'Empereur qui de son côté lui promit de donner à *Sanche*, *Beatrix* sa fille qu'il avoit eue de la Reine *Berengere*, ce qui s'exécuta dans la suite.

L'Arragonois n'avoit rien changé de ses mauvais desseins contre la Navarre. Dès qu'il vit *Louis* retourné dans ses Etats, il sollicita la Cour de Leon d'exécuter le traité de partage, & proposa le mariage de l'Infant d'Arragon son fils encore enfant, avec *Sanche*, fille de la Reine *Richilde*, de même âge à peu près que l'Infant. *Alphonse-Raimond* écouta les propositions, renouvella même le traité, & y comprit les enfans ; mais il temporisa & gagna du tems pour l'exécution. Une nouvelle entreprise contre les Maures lui en fournit un prétexte bien plausible. *Alphonse* marcha en Andalousie contre les Infideles, & fit sur eux quelques conquêtes. Mais ne pouvant supporter les chaleurs excessives de la saison, il laissa *Sanche* son fils aîné pour assurer ses conquêtes, & voulut retourner en Castille pour y respirer un air plus doux. Il mourut en chemin le 21 d'Août 1157. Ce Monarque fit une faute en divisant ses Etats entre ses deux fils. SANCHE l'aîné eut la Castille & ce qui en dépendoit, & FERDINAND eut le Royaume de Leon, avec la Galice & Oviedo. Le regne de l'aîné ne dura qu'un an : il mourut en 1158 âgé de 23 ans. Il avoit

1157.
SANCHE III Roi de Castille.

1158.
FERDINAND II Roi de Leon.

épousé *Blanche* de Navarre, fille du Roi *Garcie* fils de *Ramire* : il en eut *Alphonse* qui lui succeda, & *Garcie*, qui mourut fort jeune. Le regne de *Sanche* avoit donné de grandes espérances, aussi fut-il fort regretté.

ALPHONSE III n'avoit pas encore trois ans accomplis, quand il hérita de la Couronne de Castille. Pendant cette minorité il arriva de très grands troubles dans le Royaume de Castille, en partie par la division qui étoit entre les Grands, & en partie parce que *Ferdinand* de Leon & *Sanche* de Navarre se rendirent maîtres de plusieurs Places dans ce Royaume. Cependant, lorsqu'il eut atteint l'âge compétent, il se tira de toutes ces difficultés, quoiqu'avec beaucoup de peine. Dans la guerre contre les Maures, qui étoit l'apprentissage ordinaire & l'exercice continuel de tous les Rois d'Espagne, il perdit une Bataille l'an 1195. Après quoi il fut obligé de faire avec eux une treve, parce qu'alors les Rois de Leon & de Navarre étoient venus l'attaquer. Ces trois Princes néanmoins firent un Traité, où l'on regla à qui d'entre eux appartiendroient les Places qu'on prendroit à l'avenir sur les Maures.

En 1210 on entreprit contre ces Infideles une expédition, où se trouverent beaucoup de Seigneurs Etrangers : mais ils n'y resterent pas long-tems, à cause des incommodités de la guerre. C'est dans ce tems que se donna la fameuse bataille de (51) *Losa*, où il demeura deux cens mille Maures sur la place ; ce qui affoiblit extrêmement leurs forces en Espagne. Dans ce combat, *Sanche*, Roi de Navarre, fut le premier de tous qui rompit la chaîne, dont les Maures avoient environné leur corps de bataille : depuis ce tems-là il en fit mettre la figure dans ses Armoiries, avec une émeraude au milieu. Dans cette guerre, entre autres villes, on prit Calatrava ; & le Roi de Leon se rendit maître de la Ville d'Alcantara.

Alphonse III mourut l'an 1214. Il avoit épousé *Eléonor*, fille de Henri II, Roi d'Angleterre. Ses enfans furent HENRI, qui lui succeda, *Blanche* qui fut mariée à *Louis* VIII, Roi de France, & qui fut mere de *Saint Louis* ; *Berengere* (52) qui épousa *Alphonse* de Leon fils de *Ferdinand* ; *Urraque* qui fut mariée à *Alphonse* II, Roi de Portugal, & *Eleonor*, femme de *Jacques* I Roi d'Angleterre.

La jeunesse de HENRI donna lieu à de grands troubles. Il avoit environ onze ans : *Eleonor* sa mere avoit le gouvernement des affaires ; mais elle mourut quelques mois après, & laissa la Regence à *Berengere* sa fille, que le Roi de Leon avoit répudiée. Il est vrai qu'elle auroit dû appartenir à sa sœur *Blanche*, mere de Saint Louis. Mais la Noblesse aima mieux *Berengere*. La Maison de *Lara*, par son ambition, lui suscita bien des traverses. *Henri* fut marié par elle à la sœur du Roi de Portugal. *Berengere* qui n'avoit pu empêcher qu'on ne fît venir la Princesse, traversa néanmoins ce mariage, & en avertit le Pape. Des Commissaires furent chargés par le Pontife d'examiner le degré de parenté. Ils trouverent qu'il étoit un empêchement légitime, & la Princesse ayant été renvoyée, avant que le ma-

(51) C'est le nom d'une Montagne entre la Castille & l'Andalousie, qui sert de borne à ces deux Royaumes.

(52) *Berengere* hérita de la couronne de Castille après la mort de son frere.

riage fût consommé, finit ses jours dans un Monastere. *Henri* avoit à peine quatorze ans, quand une tuile tombée d'un toît le blessa mortellement : il en mourut l'onzieme jour l'an 1217. On craignit que le Roi de Leon, que la Noblesse n'aimoit pas, ne profitât de cette occasion. On cacha la mort du Roi de Castille, & on demanda à *Alphonse* qu'il envoyât le Prince *Ferdinand* son fils, pour aider sa mere dans la Regence. *Alphonse* en effet l'envoya : *Berengere* ceda volontiers ses droits à ce cher fils que les Castillans reconnurent pour leur Roi, au préjudice de son pere. Celui-ci voulut s'en vanger par une irruption dans la Castille. Les Castillans par represailles en firent une dans ses Etats. On ménagea une treve entre le pere & le fils. La Noblesse, & sur-tout la Maison de *Lara*, excita aussi quelques troubles. *Ferdinand* la mit à la raison : deux freres de cette famille retirés chez les Maures, y moururent dans un exil honteux, & leur aîné qui resta chez les Chrétiens, reçut du Roi bien des mortifications. *Ferdinand* ayant calmé les troubles de ses Etats, tourna ses forces contre les Infideles à qui il fit une guerre continuelle durant plusieurs années. Il ruina le plat-pays jusqu'aux portes de Grenade & de Valence, & ces deux Royaumes furent réduits à acheter la paix. *Alphonse* IX son pere, mourut en 1230; & FERDINAND qui possédoit déja la Castille, la réunit à la couronne de Leon dont il étoit l'héritier.

Sous son regne les Maures firent des pertes considerables. Car l'an 1230 Jacques Roi d'Arragon conquit l'Isle de Majorque, celle de Minorque l'an 1232; Ivica l'an 1235, & se rendit maître de la ville & du Royaume de Valence l'an 1238.

L'an 1236 *Ferdinand* prit & la ville & le Royaume de Cordoue, dont les Mahométans étoient maîtres depuis l'an 712. En 1240 la Murcie se mit sous la protection du Royaume de Castile. Jaen en fit de même en 1243. Seville se rendit aussi, avec la plus grande partie de l'Andalousie, environ l'an 1248. Mais dans le tems que ce Roi songeoit à pousser plus loin ses conquêtes, & à porter ses armes jusques dans l'Afrique, la mort arrêta ses desseins l'an 1252.

Les tems qui suivirent, furent pour la plûpart très fâcheux, & n'eurent rien de mémorable que des troubles & des guerres civiles. ALPHONSE X, son fils, qui lui succeda étoit en grande réputation parmi les Etrangers, à cause de son esprit, & de la connoissance qu'il avoit de l'Astronomie. On a de lui les *Tables Alphonsines*, qui ont eu beaucoup de vogue parmi les Sçavans. De son tems on ne connoissoit d'autre systême que celui de *Ptolemée*. Ce grand nombre de Cercles excentriques, d'Epicicles, & autres inventions dont on s'avisoit, pour faire quadrer ce systême aux observations, déplaisoient à *Alphonse*. Ce Prince qui sentoit la nécessité d'un systême plus simple, tel que *Copernic* l'a donné depuis, s'avisa de dire un jour que, *s'il eût été présent à la création, il eut représenté à Dieu tous les embarras de ces Cercles*, qui en effet deviennent inutiles dans une hypothèse moins composée, & plus aisée à comprendre (53). On lui a souvent reproché ce mot,

DE L'ESPAGNE.
1217.

1230.
FERDINAND III dit le SAINT, Roi de Castille & de Leon.

1252.

ALPHONSE X, surnommé *le Sage*.

(53) Je ne sçai comment on a pû trouver de l'impiété dans une plaisanterie dont l'objet étoit de faire sentir l'attachement superstitieux qu'on avoit au systême de *Ptolemée*.

comme s'il eût voulu faire entendre qu'il étoit en état de fournir à Dieu l'idée d'un arrangement plus parfait dans les Corps célestes. Au lieu que ce. qu'il disoit ne peut regarder que le système de *Ptolemée*, qui méritoit en effet d'être réformé, & qui en avoit un besoin essentiel. Son regne ne fut pas heureux, & ses sujets ne l'aimerent point, parce que pour subvenir aux besoins du Trésor royal, il affoiblit la monnoye, & la rendit plus legere qu'auparavant, ce qui fit hausser le prix de toutes les denrées. Lorsqu'il voulut dans la suite fixer la taxe des marchandises, on n'en trouvoit presque plus, parce que personne ne les vouloit vendre au prix qu'il y avoit mis.

En 1256 il fut élu *Empereur* par une partie des Electeurs. Mais comme ses enfans n'étoient pas encore en âge, & que les Grands de son Royaume étoient fort mécontens, il differa plusieurs années le voyage de Rome, & tarda trop à se mettre en possession de l'Empire, qui lui avoit été offert. Ces délais donnerent lieu à son concurrent *Richard*, Duc de Cornouailles, frere de *Henri* Roi d'Angleterre, de se faire couronner Empereur par l'Electeur de Cologne à Aix-la-Chapelle. *Alphonse* ne laissa point de retenir le titre d'Empereur, quoique ses affaires ne lui permissent pas d'aller en Allemagne, pour disputer la couronne Impériale. Il avoit chez lui des mécontens qui auroient rendu ce voyage trop dangereux pour ses intérêts. Son frere *Philippe*, appuyé de quelques Seigneurs, se révolta contre lui, & ayant manqué son coup, aima mieux se retirer chez les Maures, que de se réconcilier avec lui, en se soumettant. L'Empereur *Richard* mort, *Alphonse* tâcha d'empêcher une nouvelle Election. Il fit de grandes dépenses pour passer en Allemagne & y soutenir ses prétentions. Mais les Allemands élurent & couronnerent *Rodolphe de Hasbourg*, tige de la Maison d'Autriche. *Alphonse* envoya l'Evêque de Segovie à Francfort, pour protester contre l'élection, & l'empêcher, s'il étoit possible. Ensuite il alla jusqu'à Beaucaire en Provence, où il trouva le Pape qui eut bien de la peine à lui ôter le dessein de troubler la paix, & à lui persuader de s'en retourner en Espagne.

L'an 1275 *Aben-Juceph*, Roi de Maroc, étant passé en Espagne avec une puissante armée défit les Chrétiens, leur tua plus de 4000 hommes & leur Général Don *Nugne de Lara*. Une seconde bataille fut moins meurtriere, parce que l'armée effrayée de sa premiere défaite ne tarda point à prendre la fuite; l'Archevêque de Tolede qui les commandoit fut fait prisonnier & tué ensuite de sens froid. La même année mourut *Ferdinand*, fils aîné d'*Alphonse*, laissant deux fils, *Alphonse* & *Ferdinand de la Cerda*. *Sanche* Infant de Castille leur oncle, eut l'ambition de regner, & voulut usurper la succession paternelle qui leur appartenoit: il mit la Noblesse dans ses intérêts. *Alphonse* leur grand-pere ne put se prêter à cette injustice, & *Sanche* qui avoit pris son parti se révolta contre lui. On en vint aux voyes de fait. Le Roi voulut inutilement s'opposer à ce fils injuste. La plûpart des Grands l'abandonnerent, & se joignirent au Prince rebelle. *Alphonse* le desherita & lui donna sa malédiction; le Pape même l'excommunia avec tous ses adhérens. *Alphonse* X mourut durant ces troubles l'an 1284, après avoir pardonné à *Sanche*. Par son testament il donnoit sa couronne à son petit-fils *Alphonse*, & au cas qu'il mourût sans enfans, sa couronne devoit appartenir à *Ferdinand* son frere. Après eux, il y appelloit *Philippe*, Roi de France, petit-fils de *Blanche* de Castille, qui étoit fille d'*Alphonse* VIII (54).

Alphonse X avoit épousé *Yolande*, fille de Jacques I, Roi d'Arragon. Il en eut 1°. *Ferdinand* surnommé *la Cerda*, c'est-à-dire, le *Chevelu*, qui mourut avant son pere, & laissa, comme on vient de dire, *Alphonse* & *Ferdinand*, que *Sanche*, second fils d'*Alphonse* X, priva de leur héritage. Leur postérité s'est continuée dans la Maison de *la Cerda*, de laquelle sont les Ducs de *Medina-Celi*. 2°. *Sanche* qui usurpa la Couronne. 3°. Don *Jean* qui mourut l'an 1319, & qui de ses deux mariages, dont le second fut avec *Marie Diaz de Haro*, eut une postérité qui subsiste encore dans d'illustres Familles. 4°. Don *Pedre*, dont les deux fils ne laissèrent point d'enfans. Il eut aussi deux enfans naturels, sçavoir *Alphonse*, & *Béatrix* qui fut mariée à *Alphonse* III, Roi de Portugal.

SANCHE étant ainsi monté sur le trône, trouva dans la Noblesse & dans le peuple une soumission assez grande. Il dissimula quelque tems sa haine contre ceux qui avoient témoigné trop d'attachement pour son pere. Les Maures attaquerent Perez : il n'osa leur livrer bataille, mais il leur coupa les vivres & les harcela tellement qu'il leur fit lever le siege, & fit la paix avec eux. *Lope de Haro* son favori se rendit odieux à la Noblesse, & devint si incommode à son maître, qu'il le quitta pour Don *Alvar Nugnez de Lara*. Le favori disgracié ne put rester dans une Cour où il n'avoit plus aucun crédit, & se retira dans la Navarre.

Les deux freres *Alphonse* & *Ferdinand* avoient été conduits en Arragon. Mais au lieu d'y trouver un asyle, on les avoit mis en prison. *Blanche* leur mere, fille de Saint Louis, avoit mis *Philippe* son frere dans leurs intérêts. La France fit même avec Don *Sanche* un accord, par lequel il devoit leur ceder le Royaume de Murcie, qu'ils tiendroient de la couronne de Castille. Leur mere indignée de ce partage se rendit en Portugal, où elle n'obtint rien. Cependant le Roi d'Arragon remit les deux Princes en liberté & salua même l'aîné comme Roi de Castille. Cela ne se pouvoit pas faire, sans irriter vivement Don *Sanche*. La guerre fut donc déclarée entre eux : il ne se donna point de bataille bien décisive, on prit des Places, on en détruisit quelques-unes, on ravagea le pays. La ville de Badajox, voyant que le Roi d'Arragon reconnoissoit le Prince aîné pour Roi de Castille, le proclama en cette qualité. *Sanche* y vola, & trouva plus de soumission qu'il n'en avoit attendue. On se contenta de la condition qu'il accorda, de laisser la vie aux habitans, & malgré la parole qu'il avoit donnée, il fit perir quatre mille personnes, tant hommes que femmes. *Alphonse* III, Roi d'Arragon, étant mort, *Jacques* son frere qui lui succeda, abandonna les deux Princes, & fit sa paix avec *Sanche*. Celui-ci se vit plongé dans de nouveaux embarras par la retraite de Don *Jean* son frere, qui passa en Portugal, & de-là à Maroc, d'où il revint avec des troupes & assiegea la ville de Tariffe, que défendit *Alphonse Perès de Gusman*. Ce grand homme avoit un fils unique qui fut pris par les Ennemis. Ils menacerent le Gouverneur de couper la tête

---

(54) *Ferreras* justifie le droit de Don *Sanche* à la couronne de Castille, par l'ancien usage de ce Royaume, suivant lequel la proximité immédiate étoit préferée pour la succession au Trône à la proximité médiate. Tom. IV. p. 296 & *suiv.*

DE L'ESPA-GNE.

à ce jeune homme ; s'il ne rendoit sur le champ la Place. Perès préfera la voix du devoir à celle de la nature, & laiſſa diſpoſer de ſon fils. Le regne de *Sanche* IV dura onze ans, y compris les trois années qu'il regna du vivant de ſon pere. Son mariage avec *Marie* héritiere de la Maiſon de *Molina*, fut déclaré illégitime. Il en eut pourtant *Ferdinand* qui lui ſucceda ; Don *Pedre* qui fut Grand-maître du Roi ſon frere, & Gouverneur d'*Alphonſe* XI ſon neveu ; *Elizabeth* qui épouſa *Jacques* II, Roi d'Arragon, & qui ayant été répudiée à cauſe de la proximité du ſang, devint enſuite femme de *Jean*, Duc de Bretagne ; *Beatrix*, mariée à *Alphonſe* IV, Roi de Portugal ; *Yolande*, ſa fille naturelle, qui épouſa Don *Fernand Ruis de Caſtro*, & fut mere de *Pedro Fernandès de Caſtro*, pere de *Jeanne de Caſtro*, Reine de Caſtille, & d'*Inès de Caſtro*, Reine de Portugal.

FERDINAND IV Roi de Caſtille, & de Leon.

FERDINAND ayant eu le malheur de naître d'un mariage vicieux, le Prince Don *Jean* ſon oncle lui conteſta la couronne & trouva de l'appui chez *Denis* Roi de Portugal. D'un autre côté le Roi d'Arragon fit une ligue avec *Alphonſe de la Cerda*, & le Prince Don *Jean* s'unit avec eux. Leur accord fut que Don *Jean* auroit les Royaumes de Leon & de Galice, *Alphonſe* la Caſtille, & l'Arragonois le Royaume de Murcie. L'armée d'Arragon entra effectivement dans Murcie. Le Roi de Portugal s'avança juſqu'à Salamanque ; mais la Nobleſſe de Caſtille l'ayant abandonné, il s'en retourna chez lui. Les *Cortes* s'aſſemblerent à Valladolid, & fournirent de grandes ſommes à *Ferdinand*. En 1298 la Caſtille & le Portugal firent la paix par un double mariage. *Ferdinand* épouſa *Conſtance* fille de *Denis*, & *Alphonſe* frere de *Conſtance* épouſa *Blanche* ſœur de *Ferdinand*.

1300.

L'an 1300 fut remarquable par l'inſtitution du Jubilé, que le Pape *Boniface* ordonna de cent ans en cent ans. *Clement* VI réduiſit ce terme à cinquante ans, *Urbain* VI à trente, & *Sixte* V à vingt-cinq. Cette même année on bâtit Bilbao ville de la Biſcaye.

Les Princes *Alphonſe* & *Ferdinand de la Cerda* n'ayant plus d'appui en Arragon, paſſerent en France. Le Prince Don *Jean* ſe ſoumit & obtint un appanage. Mais les autres Princes du ſang & les Grands ſuſciterent de nouveaux troubles, & rappellerent de France les deux freres, après avoir mis l'Arragonois dans leur parti. Leur retour ne ſervit pourtant qu'à leur procurer un accord plus avantageux, & dès qu'ils l'eurent obtenu, ils ne s'embarraſſerent plus du reſte. *Denis* moyenna la réconciliation entre le Caſtillan ſon beaufrere & l'Arragonnois : *Alphonſe de la Cerda* en fut la victime ; on lui donna par le Traité autant de villes, qu'on lui avoit ôté de Royaumes. La ruine

1303.

des Templiers arriva vers ce tems-là, & *Ferdinand* y gagna plus de trente villes qu'ils poſſédoient dans ſes Etats. L'an 1309 la Caſtille & l'Arragon s'unirent contre les Maures ; mais ils manquerent le ſiege d'Almerie & celui d'Algeſir. Les Caſtillans prirent néanmoins Gibraltar, Quehada & Bedmar. *Ferdinand* ayant rétabli la tranquillité dans ſes Etats, marcha contre les Maures, & étoit à Martos lorſqu'il condamna, ſur de legers indices, deux freres appellés *Carvajal*, accuſés d'avoir eu part au meurtre de *Gomez de Benavides* aſſaſſiné à Palence. On eut beau intercéder pour eux, il perſiſta dans la volonté abſolue de les faire mourir. Comme on les menoit au ſupplice, ils prirent Dieu à témoin de leur innocence, & ſommerent le Roi de comparoître dans le terme de trente jours devant le Tribunal de Dieu. Il s'en moqua d'abord; cependant quelques jours après il tomba malade. Le trentieme jour il parut se porter mieux, & fut même fort gai. Il se retira pour se reposer, on le trouva mort. Il étoit dans sa vingt-quatrieme année, & avoit regné dix-sept ans. Son fils *Alphonse* lui succeda. Il avoit une fille nommée *Eleonor* qui fut mariée à *Alphonse* IV, Roi d'Arragon.

ALPHONSE avoit à peine deux ans. Une si longue minorité ne pouvoit être que très funeste à l'Etat. Les Grands pleins d'ambition disputerent à qui s'empareroit de cet enfant, pour gouverner sous son nom. *Constance* de Portugal sa mere, *Marie de Molina* son ayeule, Don *Pedre* son oncle, & Don *Jean* son grand-oncle, prétendoient également à la regence. Les Etats du Royaume s'étant assemblés en 1314, établirent une Junte qui avoit la principale autorité, & confierent une partie du gouvernement aux Princes Don *Jean* & Don *Pedre*. L'éducation du Roi fut confiée à la Reine sa mere.

Don *Pedre* marchant pour mener du secours à Cadix, trouva en son chemin un corps de Mahométans dont il leur tua 1500 hommes. Don *Jean* voulant aussi se signaler, l'alla joindre, & ils tenterent d'insulter la ville de Grenade. Ils avoient mal pris leurs mesures; comme ils se retiroient, les Maures tomberent sur eux. Les deux Princes y perirent, & l'ennemi encouragé par ce succès, s'avança & prit plusieurs villes. Les Grands que ces Princes avoient tenus dans le respect recommencerent leurs brigues, & la Castille fut remplie de divisions. *Alphonse* qui avoit à peine quinze ans fut obligé de gouverner par lui-même, afin de les accorder. Cependant Don *Jean Manuel*, & Don *Jean* Seigneur de Biscaye, leverent l'étendard de la révolte. *Alphonse*, pour les détacher l'un de l'autre, épousa la fille de Don *Jean Manuel*: l'autre par ce moyen lui fut sacrifié, tomba entre ses mains, & perdit la tête. Cet orage étant appaisé, le Roi répudia la fille de Don *Jean Manuel*, & s'allia au Roi de Portugal, en épousant la Princesse *Marie* sa fille. Don *Jean* irrité de cet affront se joignit aux Maures, & appella les Arragonnois à son secours. *Alphonse* para ce coup, en donnant sa sœur *Eleonor* en mariage au Roi d'Arragon, qui abandonna les interêts de Don *Jean Manuel*. Les Rois de Castille, d'Arragon & de Portugal commencerent la guerre contre les Maures, à qui ils prirent quelques villes. Le Roi de Grenade passa en Afrique pour solliciter un puissant secours.

Don *Alphonse de la Cerda*, n'esperant plus de monter sur le trône dont il étoit le légitime héritier, se rendit auprès du Prince qui en étoit en possession, se soumit à lui, & lui rendit hommage en lui baisant la main: le Roi lui assigna des terres pour son entretien. La Province d'Alva, située entre la Biscaye & la Castille, avoit conservé depuis long-tems une espece d'indépendance; elle envoya au Roi de Castille des députés pour lui offrir son obéissance. Il s'y rendit, & y fut reçu en Souverain par les habitans à qui il accorda des privileges particuliers. Il institua l'Ordre de l'Echarpe dont il se déclara le Grand-maître, & qui a été négligé avec le tems.

Les secours que le Roi de Grenade étoit allé demander en Afrique arriverent enfin, & le fils du Roi de Maroc étoit à la tête de ces troupes. Il prit Gibraltar, que le Castillan tâcha en vain de reprendre. Les Grands dont l'inquiétude ne cessoit point, le voyant occupé contre les Maures avoient excité

DE L'ESPAGNE.

1312.

ALPHONSE XI. Roi de Castille, dit *le Juste*.

DE L'ESPA-GNE.

de nouveaux troubles, & appellé l'Arragonois toujours prêt à se mêler des affaires des Rois de Castille. *Alphonse* fit une treve avec les Maures, tourna toutes ses forces contre les rebelles, prit la plus grande partie de leurs villes, réduisit les Biscayens à lui prêter le serment de fidélité, fit décapiter Don *Jean de Haro*, comme traître & chef de révolte, & donna à ses freres *Alvar* & *Alphonse de Haro* la ville de Cameros, pour soutenir leur dignité. Don *Jean Manuel* effrayé & instruit par cet exemple de sévérité, se soumit, & n'osa plus sortir des bornes de son devoir. En 1335 la discorde se ranima plus vivement que jamais entre les Rois d'Espagne. L'Arragon & la Navarre attaquerent le Castillan qui les défit, & qui deux ans après eut le même avantage sur la Flotte Portugaise. Il se réconcilia avec l'Arragonois en 1338, & tourna ses armes contre les Maures. *Abomelic*, fils du Roi de Maroc, périt avec dix mille hommes de ses troupes. Son pere piqué de ce malheur, passa en Europe pour se vanger avec l'armée la plus nombreuse qui fût encore venue d'Afrique. L'Amiral d'Espagne attaqua la Flotte des Maures, & périt avec ses galeres dont il ne s'en sauva que cinq. L'ennemi encouragé par ce succès assiegea Tariffe. Les Rois Chrétiens se réunirent. Le Roi de Portugal y vint en personne à la tête de mille chevaux. Toute l'armée ne se montoit qu'à quatorze mille hommes de cavalerie, & à vingt-cinq mille hommes d'infanterie. Elle attaqua néanmoins les Maures dont elle fit un grand carnage. Les Rois Maures prirent la fuite, mais le Roi de Maroc y perdit *Alboacen* la premiere de ces femmes, & trois autres qui furent faites prisonnieres. *Abohamar* son fils eut le même sort ; deux autres de ses fils furent tués. On trouva un très riche butin dans le camp des Maures. Cette bataille se donna en 1340. On leur prit quelques Places en 1341, & en 1342 la Marine des Chrétiens se trouvant rétablie, on tint la mer & la Flotte des Infideles fut détruite. Le Roi de Castille assiegea la même année la ville d'Algezir qui soutint le siege toute l'année suivante, & il ne la prit qu'en 1344.

1350.

En 1348 la peste venue du Levant ravagea l'Italie, la Sicile, l'Isle de Majorque & toute l'Espagne, où il perit une multitude incroyable de peuple. Elle regnoit encore l'année suivante à Gibraltar, lorsque le Roi en fit le siege. Il en fut attaqué lui-même, & en mourut le 26 Mars 1350, dans sa trente-neuvieme année. Il en avoit regné trente-sept. Ce Prince que l'on surnomma *le Juste*, n'étoit pas fort chaste. Les enfans qu'il eut de ses maîtresses, firent perir ceux qu'il avoit eu de son mariage avec *Marie* Princesse de Portugal. Il n'en eut que deux fils, sçavoir *Ferdinand* qui mourut enfant, & Don *Pedre* qui lui succeda.

Don PEDRE IV, dit le Cruel ou le Justicier.

Don PEDRE surnommé *le Cruel* ou le *Justicier*, avoit quinze ans lorsqu'il succeda à son pere. Il unit la Biscaye à la couronne de Castille. Les Etats du Royaume lui proposerent de se marier. Le Duc de Bourbon avoit plusieurs filles, dont une nommée *Blanche* étoit très aimable & très vertueuse. Des Ambassadeurs se rendirent à sa Cour pour la lui demander en mariage ; il l'accorda avec plaisir. Dans cet intervalle, *Henri* frere naturel du Roi remua en Asturie. Don *Pedre* y alla pour étouffer cette révolte. Il y vit malheureusement *Marie de Padilla*, qui l'aveugla tellement qu'il s'allia avec elle par un mariage secret. Il ne laissa pas d'épouser avec éclat *Blanche de Bourbon*, lorsqu'elle fut arrivée ; mais il la quitta bien-tôt, & retourna à ses premieres amours,

amours. Epris des charmes de *Jeanne de Castro*, il l'épousa encore, & dès le lendemain il la renvoya. Don *Fernand de Castro* irrité de l'affront fait à sa sœur, se joignit à la Noblesse mécontente, & on prit les armes. Le Roi & la Reine sa mere furent assiegés dans Tordesillas. La Reine s'accommoda avec les rebelles, & laissa son fils dans l'embarras. On lui ôta ses serviteurs les plus attachés, & il n'avoit presque plus de liberté. Il s'enfuit, sous prétexte d'une chasse, rassembla des troupes, & fit punir de mort quelques mutins. *Henri* & *Frederic* ses freres, tous deux bâtards, surprirent Tolede & pillerent les Juifs. Don *Pedre* fondit sur eux & les mit en fuite. Il se rendit maître de Toro, où étoient plusieurs chefs des mécontens qu'il fit mourir. La Reine sa mere passa en Portugal, où elle tint une conduite desordonnée, que le poison termina. La Reine *Blanche* eut aussi le même sort en 1361, & *Marie Padilla*, dont le Roi tâcha de réhabiliter le mariage, fut délivrée d'une Rivale d'autant plus dangereuse pour elle, que *Blanche* étoit generalement aimée de la Nation. Des guerres civiles, où l'Angleterre qui possédoit alors la Guienne, s'intéressa pour Don *Pedre*, agiterent la Castille. Le bâtard *Henri* fut aidé de la France qui avoit à vanger le sang de la Reine *Blanche*, & qui d'ailleurs étoit ennemie de l'Anglois qui protegeoit Don *Pedre*. Toute la Castille reconnut *Henri* pour Roi en 1366; mais le Prince *Edouard* d'Angleterre vint au secours de Don *Pedre*, & le remit sur le trône, par la bataille de Najera qu'il gagna l'année suivante. Ce Prince rétabli fit couler le sang des rebelles, & par des actes de séverité satisfit en même tems son inclination & sa vangeance. Cependant il tint mal au Prince *Edouard* les promesses qu'il lui avoit faites, & le renvoya fort mécontent. Aussi dès qu'il n'eut plus cet appui, les troubles recommencerent. Son frere *Henri* trouva en France des troupes & de l'argent: les Castillans lassés de la dure domination de Don *Pedre* l'abandonnerent; il fut assiegé dans Montiel, & livré à son frere qui le poignarda. Sa posterité masculine ne regna point. Mais *Constance*, une de ses filles, épousa le Duc de Lancastre, fils d'*Edouard* III, Roi d'Angleterre, & *Elisabeth* sœur de *Constance* épousa *Edouard* Duc d'Yorck, frere du Duc de Lancastre. Ce malheureux Prince avoit regné dix-neuf ans.

DE L'ESPAGNE.

1369.

HENRI II Roi de Castille & de Leon.

HENRI II ne jouit pas tranquillement de la dépouille de son frere. Le vice de sa naissance y fut un obstacle, & chacun forma des prétentions sur un Royaume qui ne lui appartenoit pas. Les Rois d'Arragon & de Navarre tâcherent de s'emparer de ce qui étoit à leur bienséance. Le Roi de Portugal demandoit la couronne, du chef de son ayeule *Beatrix*, fille de *Sanche*. Le mari de *Constance* y prétendoit au nom de cette Princesse. Don *Pedre* avoit mis ses enfans & ses tresors en dépôt dans la ville de Carmone (55), dont il avoit confié la défense à un fidele Gouverneur. La Place fut assiegée: l'Officier, après s'être bien défendu, se rendit, & fut massacré par l'ordre du nouveau Roi; & les jeunes Princes moururent en prison. Le Duc de Lancastre avoit pris le titre & les armes de Castille. *Henri* qui le craignoit, se ligua avec l'Arragon & la France contre les Anglois, & assiegea Bayonne qu'il manqua. Il épousa *Jeanne* fille de Don *Jean Manuel de Villena*, fils du Prince *Ema-*

---

(55) Ancienne ville de l'Andalousie.
Tome I.   O

nuel, & petit-fils de *Ferdinand le Saint*. Il en eut Don *Jean* qui lui succeda, & une fille qui épousa Charles III, Roi de Navarre. Son regne fut de dix ans, il en vécut quarante-six, & mourut en 1379.

<small>1379.
JEAN I Roi de Castille & de Leon.</small>

JEAN I vit bientôt les Anglois & les Portugais, qui prétendoient à la couronne de Castille, se liguer ensemble pour faire valoir leurs droits. Il voulut attaquer Almeida, & réussit mal : la flotte de Castille fut plus heureuse, & prit vingt galeres aux Portugais. La flotte Angloise arriva & apporta à Lisbonne quelque infanterie. L'hyver fit retirer les armées. Au commencement de 1382 on se remit en campagne ; mais avant qu'on en vînt aux mains, on parla d'accommodement. Les conditions furent que *Beatrix* fille & héritiere de *Ferdinand* Roi de Portugal, épouseroit *Ferdinand* Infant de Castille. Le Roi *Jean* ayant perdu peu après la Reine *Eleonor*, son veuvage fit changer cette disposition, & il épousa lui-même la Princesse. Presque aussitôt après les nôces, le Roi de Portugal mourut, & la nouvelle Reine de Castille se trouva heritiere de cette couronne. Les Portugais ne voulurent point d'un Castillan pour Roi : ils se donnerent à JEAN fils naturel du feu Roi, & le proclamerent. Cette élection causa une guerre qui fit répandre bien du sang. Don *Jean* sçut conserver la couronne par les armes, & tailla en pieces les Castillans près d'Aljubarotta. Les Portugais se font beaucoup d'honneur de cette victoire, & en célébrent l'anniversaire avec pompe. La Castille se vit alors dans un grand péril, parce que les Anglois vinrent au secours des Portugais, sous la conduite du Duc de Lancastre, qui par *Constance* sa femme, fille de *Pierre le Cruel*, avoit droit à cette couronne, & portoit même le titre & les armes de cette Maison. Ce différend fut accommodé, à condition que le Prince de Castille épouseroit la fille du Duc de Lancastre. La paix se fit en même tems entre les Castillans & les Portugais. *Jean* mourut d'une chûte de cheval, en 1390.

<small>1384.</small>

<small>1390.
HENRI III.</small>

HENRI III, son fils, étoit fort valétudinaire, & pendant sa minorité il y eut de grands troubles dans son Royaume. Il ne se passa rien de mémorable sous son regne, si ce n'est qu'il reprit les revenus de la couronne, que les Grands s'étoient appropriés. Il mourut l'an 1406, laissant après lui son fils *Jean*, âgé de deux ans, sous la tutelle de la Reine, & de *Ferdinand* oncle paternel du jeune Roi. Les Etats du Royaume offrirent la couronne au Régent : il eut la générosité de les remercier, & de la conserver à son neveu. Le Ciel ne laissa point une si belle action sans récompense, & *Ferdinand* fut dans la suite Roi d'Arragon.

<small>JEAN II.</small>

JEAN II fut élevé auprès de sa mere, qui, par la mauvaise éducation qu'elle lui donna, le rendit lâche & efféminé. Ce Prince étant parvenu à l'âge de majorité, ne songea qu'à se livrer aux plaisirs, sans s'embarrasser des soins de la Royauté. Il s'en déchargea entiérement sur *Alvar de Lune*, son favori, par qui il se laissa gouverner. La conduite fiere & insolente de ce Ministre aliéna tous les Grands de Castille. Le Roi le protegeoit contre tous ; mais à la fin leur haine éclata & aboutit à une guerre ouverte, dans laquelle le fils du Roi se joignit aux mécontens, ainsi que la ville de Tolede. Don *Jean* considérant enfin que ce favori causoit tous ces troubles, ouvrit les yeux, & lui fit trancher la tête. Il mourut lui-même l'année suivante.

<small>1454.</small>

En 1420, JEANNE Reine de Naples n'ayant point d'enfans, adopta *Alphonse* Roi d'Arragon. Mais étant survenu quelque mécontentement entre eux, l'adoption fut annullée, & cette Reine mit *Louis* Duc d'Anjou à la place d'*Alphonse*. Cette nouvelle disposition de *Jeanne*, alluma entre la France & l'Espagne de sanglantes guerres. *Alphonse* à la fin demeura le maître, & s'empara du Royaume de Naples, qu'il donna à *Ferdinand* son fils naturel.

DE L'ESPAGNE.

Après Jean II, son fils HENRI IV, l'opprobre de la Castille, succeda à cette couronne. Comme il passoit pour impuissant, afin d'ôter cette pensée au Peuple, on prétend qu'il fit coucher *Bertrand de la Cueva* avec la Reine sa femme ; & que pour récompense d'un tel service, il le fit Comte de *Ledesma*. C'est une petite ville du Royaume de Leon, sur la riviere de Salamanque ; elle n'est guere remarquable que par cette érection en Comté. De cet adultere sortit une fille nommée *Jeanne*, qu'Henri fit proclamer héritiere de la couronne. Mais les Castillans pour effacer cette tache, & exclure *Jeanne*, s'unirent & pousserent les choses si loin, qu'ils déposerent le Roi lui-même, & proclamerent en sa place *Alphonse* son frere. Cette révolution causa de furieux mouvemens dans le Royaume, & on en vint à de sanglantes batailles. *Alphonse* mourut durant ces troubles.

HENRI IV.

Environ dans le même tems, *Ferdinand*, fils de *Jean* II, Roi d'Arragon, qui avoit été déclaré Roi de Sicile par son pere, demanda en mariage *Isabelle* sœur d'*Henri* IV. Les Mécontens de Castille lui offrirent la couronne, & persuaderent à *Henri* de confirmer à *Isabelle* la succession du Royaume. Le mariage fut fait sans éclat l'an 1469. *Henri* voulut ensuite casser cette confirmation, & constituer pour son héritiere *Jeanne*, qu'il avoit promise à *Charles* Duc d'Aquitaine, frere de Louis XI, Roi de France ; mais la mort de ce Prince rompit ses desseins. *Henri*, après beaucoup de brouilleries, se reconcilia avec *Ferdinand* & *Isabelle*, & mourut en 1472.

1468.

1472.

Le mariage de FERDINAND V, dit *le Catholique* (56), avec *Isabelle*, fut un grand bonheur pour l'Espagne. Car sous son regne elle parvint à un si haut degré de grandeur & de puissance, que depuis ce tems-là elle a donné de la terreur ou de la jalousie à tous les autres Etats de l'Europe. *Ferdinand* eut à la vérité quelques traverses au commencement, parce que les Etats de Castille limitoient un peu trop son autorité dans ce Royaume. *Jeanne*, la prétendue fille d'*Henri*, excita de son côté beaucoup de troubles, parce qu'elle étoit déja promise à *Alphonse*, Roi de Portugal, qui vint sur ce prétexte attaquer la Castille avec une armée, & la fit proclamer Reine. Mais ce Prince fut battu, tous ses projets s'évanouirent, & *Jeanne* s'étant jettée dans un Cloître, mit fin à toutes les divisions, dont le Royaume étoit agité. Délivré de cette inquiétude, *Ferdinand* s'appliqua à réformer les abus, qui s'étoient glissés dans le gouvernement, pendant les troubles de l'Etat. Ce fut lui qui compila ces Loix, qu'on nomme *les Loix de Taro*, du nom de la ville où elles furent publiées.

FERDINAND & ISABELLE. L'Arragon annexé à la Castille.

Ferdinand introduisit l'Inquisition en Castille, l'an 1478, premierément

L'Inquisition en Espagne.

1478.

---

(56) Le surnom de *Catholique* fut donné à *Ferdinand* V par le Pape, après l'expulsion des Maures ; & ses successeurs en ont fait un titre héréditaire aux Rois d'Espagne.

contre les Maures & les Juifs, qui embraſſoient à l'exterieur la Religion Chrétienne, & retournoient enſuite à leurs anciennes ſuperſtitions. C'eſt un Tribunal redoutable & déteſté de pluſieurs Nations. Ce qu'il y a particuliérement d'injuſte & d'inhumain, c'eſt que les enfans ſont obligés de ſouffrir pour les actions de leurs peres; qu'on ne nomme, & qu'on ne produit jamais à ces miſérables leurs accuſateurs, & qu'on leur ôte par-là tout moyen de ſe défendre & de prouver leur innocence (57). Les Eſpagnols attribuent à l'*Inquiſition* l'avantage d'avoir empêché chez eux la diverſité des Religions, & d'avoir prévenu les guerres qui ont agité les autres Etats. Quoiqu'ils en diſent, il eſt certain qu'on peut bien faire des hypocrites, & forcer les hommes à ſe taire; mais qu'on ne peut guere par un moyen auſſi violent faire naître la foi & la piété dans les cœurs.

Lorſque *Ferdinand* eut reglé les affaires du Royaume, & accepté la couronne d'Arragon, après la mort de ſon pere, il ſe prépara à une expédition contre les Maures de Grenade. Dans cette guerre, qui dura dix ans, les Eſpagnols furent fort maltraités près de Malaga, l'an 1483. Mais ils eurent bien-tôt leur revanche, & après une longue ſuite de conquêtes, ils aſſiegerent enfin Grenade avec cinquante mille hommes de pied, & douze mille chevaux. *Boabdil*, qui en étoit Roi, fut contraint de ſe rendre en 1492.

1492. Maures chaſſés d'Eſpagne.

C'eſt ainſi que finit entierement en Eſpagne la domination des Maures, qui y avoit ſubſiſté plus de ſept cens ans. Afin de leur ôter tout moyen de pouvoir ſe rétablir dans le pays, *Ferdinand* chaſſa cent ſoixante & dix mille familles de Juifs & de Maranes (58), qui emporterent avec eux des richeſſes incroyables: ce qui fut cauſe qu'il demeura beaucoup de lieux deſerts & dégarnis d'habitans. Il conquit enſuite Mazalquivir, Oran, Pennon de Vélez, & Melille ſur la côte de Barbarie. Mais ce qui contribua le plus à tant de ſuccès, ce fut d'un côté l'attention qu'eut *Ferdinand* à ſubordonner les *Grands d'Eſpagne* accoutumés depuis long-tems à faire la loi à leurs Souverains; & de l'autre, l'idée qu'il eut de réunir en ſa perſonne toutes les Grandes-Maîtriſes des Ordres de Chevalerie. Car ces Grands-Maîtres étoient devenus ſi riches & ſi puiſſans en Eſpagne, qu'ils s'étoient rendus formidables aux Rois.

Découverte de L'AMÉRIQUE.
1494.

Vers ce même tems, *Chriſtophe Colomb*, Genois de Nation, fit la découverte de l'AMÉRIQUE, au profit du Roi d'Arragon. Avant de s'adreſſer à ce Prince, il avoit propoſé ſes vûes aux Cours d'Angleterre & de Portugal, qui rejetterent avec mépris ſa propoſition. Il ſollicita même durant l'eſpace de ſept ans à la Cour de Caſtille, pour en obtenir les ſecours néceſſaires à l'exécution de ſes deſſeins. A la fin, à force d'importunités, on lui fournit dix-ſept mille ducats, pour équiper trois Vaiſſeaux. C'eſt par le moyen de cette petite ſomme, que les Eſpagnols ont fait de ſi prodigieuſes conquêtes, & qu'ils ont acquis des richeſſes immenſes, qui leur ont fait enſuite concevoir le deſſein de la Monarchie univerſelle de l'Europe. Ce n'eſt pas ici l'endroit

---

(57) C'eſt le langage d'un Proteſtant. La ſévérité de ce Tribunal eſt bien adoucie. Il ne faut plus s'en faire l'idée qu'en donnent quelques Relations. Mais quelque changement qu'il puiſſe y avoir, l'Inquiſition eſt peu conforme à l'ancienne Diſcipline de l'Egliſe.

(58) C'eſt le nom que les Eſpagnols donnent à ceux qui ſont de race Mahométane, c'eſt-à-dire, deſcendus des Maures qui occupoient une partie de l'Eſpagne.

de faire remarquer avec quelle facilité ils ont conquis des pays si vastes, & les barbares traitemens qu'ils ont faits aux Indiens.

DE L'ESPA-GNE.

Ce fut alors que s'alluma une furieuse guerre entre la France & l'Espagne : l'Europe entiere en ressentit les effets. Ces deux Nations, devenues très puissantes, & toutes deux également belliqueuses, à peine délivrées des guerres civiles qui les avoient trop occupées pour penser à des guerres étrangeres, se chercherent querelle. Les François débarassés des Anglois, & les Espagnols délivrés des Maures, en vinrent d'abord aux mains. *Charles VIII*, Roi de France, voulut entreprendre la conquête de Naples en 1494. *Ferdinand* jugea qu'il ne devoit pas souffrir que ce Prince se rendît maître de l'Italie ; puisque par le mariage de ses filles, il s'étoit allié avec l'Angleterre, le Portugal & les Pays-bas, outre que le Roi qui regnoit alors à Naples, étoit de la Maison d'Arragon.

Le Roi de France avoit fait depuis peu une alliance avec *Ferdinand*, en vertu de laquelle il lui donnoit le Roussillon, pour l'engager dans son parti. Mais comme il ne voulut point se départir de son entreprise sur l'Italie, quelque sollicitation qu'on lui en pût faire, *Ferdinand* fit une autre alliance avec le Pape, l'Empereur, la Republique de Venise & le Duc de Milan, contre la France. Il envoya encore au secours des Napolitains, *Gonzalve Ferdinand* de Cordoue, qui fut nommé le *Grand-Capitaine*, & qui non seulement aida à chasser les François de Naples, mais encore fit une irruption en Languedoc.

Charles VIII donne le Roussillon à Ferdinand.

En 1500 les Maures qui restoient dans les montagnes autour de Grenade, se mutinerent, & on ne put les ranger à leur devoir qu'avec beaucoup de peine. *Ferdinand* & *Louis XII*, Roi de France, firent une alliance pour conquerir le Royaume de Naples, sous prétexte, disoient-ils, de s'en servir pour faire tous deux la guerre aux Turcs. Ils prirent effectivement ce Royaume, & le partagerent suivant leur Traité. Mais comme chacun d'eux eût bien voulu avoir ce morceau pour lui seul, leur union fut bientôt rompue, & ils ne purent s'accommoder au sujet de leurs frontieres. Il y avoit encore d'autres différends entre ces deux Nations, qui aboutirent bientôt à une guerre ouverte. *Gonzalve* de Cordoue défit les François près de Ceriniola, prit la ville de Naples ; & les ayant encore battus près du Garigliano, se rendit maître de Gaëte : ainsi les François furent chassés une seconde fois du Royaume de Naples. *Gonzalve* fut très mal payé des grands services qu'il avoit rendus ; *Ferdinand* lui retrancha une partie de son autorité dans Naples, & y alla lui-même, sur quelque soupçon que *Gonzalve* pourroit livrer ce Royaume à *Philippe*, qui avoit épousé la fille de *Ferdinand*, ou le garder pour lui-même. Ses inquiétudes ne cesserent point, qu'il ne l'eût tiré de-là d'une maniere honorable en apparence, & ne l'eût ramené en Espagne, où on le paya d'ingratitude.

Isabelle mourut en 1504 ; ce qui causa de la mesintelligence entre *Ferdinand* & *Philippe* son gendre, qu'on nommoit *le Flamand*. *Ferdinand* vouloit retenir le Royaume de Castille, selon la disposition testamentaire d'*Isabelle* : ce fut dans ce dessein qu'il fit alliance avec la France, & prit en mariage *Germaine de Foix*, fille du Roi Louis XII, afin d'avoir par-là un rempart derriere lui, en cas que *Philippe* vînt l'attaquer. Quand celui-ci passa en Espagne, & s'empara de la Castille, en vertu du droit de *Jeanne* sa femme,

PHILIPPE I. Roi de Castille.

DE L'ESPA-
GNE.
JEANNE la
folle.

Ferdinand se retira dans son Royaume d'Arragon ; mais *Philippe* mourut bientôt après, en 1506. *Jeanne* sa femme dont une jalousie folle avoit un peu altéré l'esprit, ayant pris l'administration du Royaume, causa beaucoup de mécontentemens & de troubles parmi les Grands. *Ferdinand*, à son retour de Naples, calma tous ces mouvemens, & on lui déféra la Souveraineté de la Castille, pour en jouir durant sa vie ; quoique l'Empereur *Maximilien* y pretendît au nom de *Charles* son petit-fils.

Ligue de Cam-
bray contre les
Vénitiens, dans
laquelle entra
Ferdinand.
1508.

Ferdinand se ligua contre les Venitiens, & conquit sur eux Brindes, Otrante, Trano, Mola, & Polignano en Calabre ; toutes Places qu'ils tenoient du Royaume de Naples, pour les services qu'ils avoient rendus. Mais comme les Venitiens étoient sur le point d'être subjugués par l'Empereur & la France, le Pape & *Ferdinand* se détacherent de la ligue. Ils prévoyoient qu'en laissant faire à la France de plus grands progrès, le Roi, qui possédoit déja le Milanez, deviendroit trop puissant en Italie, & cette frayeur les fit résoudre à conserver l'Etat de Venise. Cette défection alluma une furieuse guerre, dans laquelle *Jean d'Albret*, Roi de Navarre, suivit le parti de la France. Le Pape, à la sollicitation de *Ferdinand*, l'excommunia, & donna son Royaume au premier qui s'en voudroit emparer. *Ferdinand* prit ce prétexte pour s'en saisir, ou du moins de tout ce qui est au-delà des Pyrenées du côté de l'Espagne ; & depuis les François ont fait des efforts inutiles pour le recouvrer. L'an 1510 les Espagnols prirent sur la côte de Barbarie les villes de Bugie & de Tripoli ; mais d'un autre côté, ils perdirent une bataille près de l'Isle de Zerbi, ou de Gerbe. *Ferdinand* mourut en 1516.

1516.

Ferdinand le Catholique fut, de l'aveu de tous les historiens, le plus grand politique de son tems. Egalement ambitieux & adroit, il ressembla à *Philippe* de Macédoine, & fut en cela le modele de *Charles* V, son petit-fils. Il fit entrer dans sa Maison par son mariage avec *Isabelle* de Castille, onze Royaumes qui composoient presque toute l'Espagne, & se rendit maître du douzieme, qui est celui de Grenade, après dix ans de guerre. Il acquit le Roussillon par des intrigues, & l'heureuse témérité de *Colomb* l'enrichit des dépouilles du Nouveau Monde. Ce Prince à la vérité ne laissa que des filles, *Jean* son fils étant mort avant lui d'une chûte de cheval. Mais des quatre Princesses qu'il eut d'*Isabelle*, l'aînée & la troisieme épouserent successivement *Emmanuel*, Roi de Portugal ; *Catherine* la derniere Henri VIII, Roi d'Angleterre, & *Jeanne* la seconde épousa *Philippe*, Archiduc d'Autriche, héritier par sa mere des dix-sept Provinces des Pays-bas, & du Comté de Bourgogne, & qui devoit encore ajouter à cette grande succession, après la mort de l'Empereur *Maximilien* I son pere, tout le patrimoine de la Maison d'Autriche. Il étoit venu à bout d'étouffer les anciennes haines que se portoient les Arragonois & les Castillans, & avoit rétabli chez eux la tranquillité. La conquête du Royaume de Naples, qu'il fit de concert avec la France, & dont il sçut lui enlever sa part, lui attira beaucoup de reproches & beaucoup de gloire. Enfin chassé, pour ainsi dire, de Castille par un gendre ingrat, il eut encore la douleur de voir sa fille traitée avec indifférence par un mari qu'elle adoroit, & fut réduit à dissimuler ses chagrins. *Jeanne* n'eut pas autant de force que son pere ; son esprit se dérangea, & *Philippe*, pour la dépouiller des droits qu'elle lui avoit apportés, rendit public un accident dont il étoit cause, & qu'il auroit dû cacher avec soin. *Philippe* ne jouit pas long-tems des Etats de sa femme : il mourut en 1506. Heureusement pour l'Espagne, le Cardinal *Ximenès* eut le crédit d'engager la Castille à rendre à *Ferdinand* la Regence du Royaume, que *Philippe* lui avoit ôtée deux ans auparavant. *Ferdinand*, à sa mort, reconnut bien ce service, puisqu'il nomma ce Cardinal Regent d'Arragon & de Castille, qu'il gouverna avec beaucoup de sagesse jusqu'à ce que *Charles* V l'en dépouillât à son arrivée en Espagne. Un Historien François (1) nous peint ainsi FERDINAND.

 " Il n'y eut jamais de Prince ni mieux né, ni plus long-tems heureux que
" lui; mais aussi n'y en eut-il jamais qui corrompit d'une plus subtile ma-
" niere ces deux avantages de la nature & de la fortune. Il substitua la trom-
" perie à la prudence, & s'étant proposé d'élever son ambition au-delà des
" termes qui lui sembloient être prescrits par l'égalité qu'il trouvoit en usa-
" ge parmi les Souverains de son tems, il s'imagina qu'il n'y avoit point
" d'autre voye pour s'agrandir que le prétexte de la Religion, & l'établit
" pour le premier mobile de sa conduite. Il l'affecta dans tous ses projets, &
" dans les entreprises occultes & publiques, & il déguisa si diversement ce
" piege, que quoiqu'il s'en fût plusieurs fois servi pour surprendre indifférem-
" ment la crédulité de ses amis & celle de ses ennemis, il ne laissa pas néan-
" moins d'en abuser les uns & les autres, avec autant de facilité que s'il
" eût été nouveau. Ceux qui s'en plaignoient même, & qui faisoient le plus
" de bruit pour en avertir les autres, étoient les premiers à y tomber, & on
" ne vit jamais sa cour vuide de personnes qui le sollicitassent d'accommo-
" dement; quoique tout le monde fût convaincu qu'il ne tiendroit sa parole
" qu'autant qu'il la jugeroit nécessaire. Il ne perdit aucune occasion de pro-
" fiter des fautes de ses voisins, ni de l'égarement de ses peuples. Il fit con-
" tribuer à l'établissement de son autorité les deux seuls accidens de sa vie
" qui la pouvoient ruiner, je veux dire la mort de sa femme & la foiblesse
" de sa fille. Il devint l'aîné de sa maison par la mort de son frere dans une
" conjoncture où la couronne d'Arragon étoit absolument nécessaire pour ar-
" river à celle de Castille, & son mariage avec la Reine *Isabelle* ne fut pas
" tant un fruit de son choix, que du besoin qu'elle eut de son bras & de ses
" armes, pour se mettre en possession d'un héritage qui lui étoit contesté.
" Il prévint ses rivaux & surmonta ses ennemis. Il vit un grand nombre
" de peuples de mœurs différentes sous un même gouvernement, & sçut
" tourner contre les Infideles les armes de ceux qui les avoient levées contre
" lui. Il poursuivit avec une persévérance obstinée la guerre de Grenade, & se
" rendit maître de ce Royaume par des voyes qui n'ont point encore été re-
" connues; ensuite il partagea celui de Naples avec les François, & leur
" enleva après leur portion. Il rendit inutiles tous les efforts qu'ils firent pour
" la recouvrer. Il leur suscita tant & de si formidables adversaires qu'ils
" lui laisserent prendre la Navarre, lors même qu'ils étoient en état de l'en
" empêcher. Il gagna des batailles en Afrique : il y subjugua des Royaumes,
" y retint des Ports pour la sureté du commerce, & les remplit de Colo-
" nies Juives dont il étoit sur le point de purger l'Espagne. Il pourvut pour
" ses successeurs à la nécessité d'argent dont il avoit toujours été travaillé, en

(1) Varillas.

DE L'ESPA-
GNE.

" leur procurant toutes les richeſſes du Nouveau Monde, & leur laiſſa tous
" les allignemens propres à fonder la Monarchie univerſelle. Enfin il ſur-
" paſſa tous les Princes de ſon ſiecle en la Science du Cabinet ; & c'eſt à lui
" qu'on doit attribuer le premier & ſouverain uſage de la politique moderne.

CHARLES V premier du nom en Eſpagne.

CHARLES, qui lui ſuccéda, étoit fils de *Philippe* d'Autriche (fils de l'Empereur *Maximilien* I, & de *Jeanne*, fille de *Ferdinand* le Catholique) & fut le cinquieme Empereur de ce nom. Il ſe mit d'abord en poſſeſſion du Royaume, par le moyen du Cardinal *Ximenès*, *Jeanne* ſa mere, à qui appartenoit la Souveraineté, étant incapable de regner. Ce Prince, que perſonne en Europe, depuis *Charlemagne*, n'a ſurpaſſé en puiſſance, conſuma la plus grande partie de ſa vie à faire la guerre & à voyager.

Dès qu'il commença de regner, l'abus que les Flamands firent de ſon autorité, cauſa en Eſpagne quelques deſordres, qui furent bientôt étouffés. *Jean d'Albret* vint auſſi attaquer la Navarre, pour recouvrer ſon Royaume ; mais il fut d'abord repouſſé. *Charles*, tant qu'il regna, eut preſque toujours quelque choſe à démêler avec la France. Car quoiqu'en 1516, il eût fait alliance avec François I, & que pour confirmation, il lui eût promis d'épouſer ſa fille qui n'étoit pas encore nubile, tous ces liens étoient trop foibles pour mettre un frein à la jalouſie de ces deux Princes, également ambitieux. *Charles*, dont la Maiſon avoit été ſi conſtamment favoriſée de la fortune, avoit toujours devant les yeux ſon agrandiſſement, & formoit de jour en jour de plus vaſtes deſſeins. Mais *François* I qui ſe voyoit preſque environné de ſa puiſſance, le traverſoit tant qu'il pouvoit, de crainte que s'agrandiſſant, il ne l'engoutît avec le reſte de l'Europe.

Charles eut un grand avantage ſur lui, lorſqu'en 1519 on lui offrit la Dignité Impériale, préférablement à *François* I, qui s'étoit donné beaucoup de mouvement pour s'élever lui-même, ou un autre, à ce degré d'honneur. *Robert de la Mark*, Seigneur de Sedan, qui ſe révolta contre l'Empereur pour ſuivre le parti de la France, fut cauſe que cette jalouſie éclata en une guerre ouverte. *Robert*, avec le ſecours des François, attaqua le Seigneur d'*Emmerik*, qui étoit appuyé de l'Empereur ; ce qui alluma dans les Pays-bas la guerre, qui fit perdre aux François Tournai & Saint-Amand. D'un autre côté les Imperiaux étant venus devant Mézieres, en furent vigoureuſement repouſſés. *Charles-Quint* entreprit enſuite de chaſſer les François de Milan, à quoi l'exhortoit le Pape LEON X.

Charles prenoit pour prétexte, que *François* I avoit manqué de faire hommage à l'Empire pour ce Duché. Les François furent battus près de la Bicoque, & perdirent Fontarabie, qu'ils avoient ſurpriſe auparavant. La révolte du Connétable de Bourbon, qui paſſa du côté de l'Empereur, leur fut auſſi fort avantageuſe. Celui-ci entra en Provence, & aſſiegea Marſeille : mais il fut obligé de ſe retirer, lorſque *François* vint avec toutes ſes forces, & paſſa en Italie, dans le deſſein de reconquérir le Milanez. Il prit en effet Milan ; mais enſuite ayant été attaqué au ſiege de Pavie par le Géneral de l'Empereur, ſon armée fut entiérement défaite, & lui-même fait priſonnier, puis emmené en Eſpagne. La principale cauſe de cette défaite fut, que le Roi avoit envoyé à Naples & à Savone une partie de ſon monde : la plûpart de ceux qui reſtérent avec lui, étoient Italiens, Suiſſes, ou Griſons ; &

firent

firent très mal leur devoir pendant le combat. Plusieurs Ministres fort éclairés conseilloient au Roi de s'en retourner à Milan, pour éviter le péril. Les François furent encore malheureux dans la diversion qu'ils voulurent faire contre l'Empereur, par le moyen de *Charles*, Duc de Gueldre & des Frisons; ces derniers dans ce même-tems furent subjugués par les troupes de *Charles-Quint.*

S'il est vrai que l'on conseilla à l'Empereur de relâcher le Roi de France, sans rançon, afin de l'engager par-là à une éternelle reconnoissance, cet avis ne fut point écouté. On résolut de le garder en prison pour tirer de lui tout l'avantage qu'on pourroit; & c'est pourquoi on lui proposa des conditions, qu'il ne voulut pas accepter. Cependant le chagrin & l'ennui firent tomber le Roi de France dans une maladie dangereuse, pendant laquelle l'Empereur même alla le voir, malgré les representations du Chancelier *Guttinara*. Ce Ministre eut le bon sens de penser & le courage de dire à son maître que de pareilles visites, où l'on n'annonçoit pas la délivrance à un prisonnier, n'étoient pas des marques de civilité ou d'affection; mais qu'elles pouvoient être expliquées comme les inquiétudes d'une avarice qui craint de perdre une rançon, par la mort du prisonnier même. En effet, il est certain que la seule raison, pour laquelle on mit fin à cette longue négociation, fut la crainte qu'on eut que le Roi, tombant malade de déplaisir, ne vînt à mourir en Espagne.

Cependant, comme le bonheur & l'agrandissement de *Charles* donnoient beaucoup de jalousie, à la sollicitation du Pape *Clement* VII on mit sur pied trois armées, qui se réunirent, pour défendre la liberté de l'Italie. Les Généraux de l'Empereur, pour s'en vanger & détacher le Pape de cette alliance, allerent attaquer Rome, prirent la ville d'assaut, la pillerent durant plusieurs jours, & y firent beaucoup de desordres. *Charles* de Bourbon y fut tué en montant à l'assaut. Le Pape, qui s'étoit retiré dans le Château Saint-Ange, y fut assiegé: & ce qu'il y a de singulier, *Charles* en même-tems fit faire en Espagne des prieres de quarante-heures pour sa délivrance, quoique ce fussent ses propres troupes qui le tenoient enfermé. A la fin, la famine contraignit le Pape de se rendre en 1527, & de renoncer à l'alliance qu'il avoit faite.

Charles, en rendant la liberté à François I, stipula que ce Roi lui cederoit le Duché de Bourgogne, avec les Provinces de Flandre & d'Artois; & qu'outre cela il renonceroit à toutes les prétentions qu'il pouvoit avoir sur le Milanez & sur le Royaume de Naples. *François* promettoit encore d'épouser *Eleonor*, sœur de l'Empereur. Quand il fut de retour en son Royaume, il protesta qu'il n'étoit pas obligé d'observer un traité qu'il avoit fait en prison & par force. Il fit ensuite alliance avec le Pape, le Roi d'Angleterre, la République de Venise, les Suisses & la ville de Florence, & envoya en Italie une armée sous la conduite d'*Odet*, Seigneur de *Lautrec*. *Charles* & *François* I en vinrent non-seulement aux injures & aux démentis, mais même jusques au cartel. L'armée de *Lautrec*, qui au commencement avoit fait quelques progrès, périt de misere devant la ville de Naples.

On fit enfin à Cambrai un traité de paix, par lequel *François* s'obligea de payer pour ses deux fils, qui servoient d'ôtages en Espagne, deux mil-

<small>DE L'ESPA-
GNE.</small>

lions cent cinquante mille écus, fit ceffion de la Flandre, de l'Artois, du Duché de Milan, & du Royaume de Naples, & prit en mariage *Eleonor*, fœur de l'Empereur; à condition que s'il provenoit un fils de ce mariage, il auroit le Duché de Bourgogne.

<small>Florence érigée en Duché.
1530.</small>

En 1530 l'Empereur fe fit couronner à Bologne par le Pape, qui ftipula en même-tems, que la ville de Florence libre jufqu'alors, feroit érigée en Souveraineté. Elle ne fouffrit néanmoins ce changement, que lorfqu'elle y fut contrainte par la force. On y établit Duc *Alexandre de Medicis*, à qui l'Empereur donna en mariage, *Marguerite* fa fille naturelle. La même année, l'Evêque d'Utrecht tranfporta la Souveraineté des Provinces d'Utrecht & d'Overyffel à *Charles* V, à qui échurent encore la Gueldre, Zutphen, Groningue, & les pays de Drente & de Tuente.

<small>Charles V paffe en Afrique.</small>

Charles, en 1535, paffa avec une puiffante armée en Afrique, où il prit Tunis & la Goulette. Il remit le Royaume de Tunis entre les mains de *Mulei Haffen*, qui en avoit été chaffé par *Haradin Barberouffe*, & mit garnifon dans la Goulette. En 1537, il s'alluma une nouvelle guerre entre *Charles-Quint* & *François* I, qui ne pouvoit digerer la perte du Milanez. Le Pape *Clement* fçut perfuader au dernier, que s'il avoit deffein d'attaquer Milan, il devoit fe rendre auparavant maître de la Savoye. *François Sforce* étant venu à mourir dans le même-tems, *François* I fit la guerre au Duc de Savoye, fous prétexte que celui-ci lui retenoit la fucceffion de fa mere, & il le chaffa bien-tôt du Piémont & de la Savoye. Mais l'Empereur, qui vouloit abfolument avoir le Milanez annexé à fa Maifon, protegea le Duc, entra lui-même en Provence avec une armée, & prit Aix avec plufieurs autres Places. Il fut néanmoins obligé de fe retirer par la difette de vivres, & à caufe de la maladie qui fe mit dans fon armée.

Du côté des Pays-bas, les troupes de *Charles* conquirent les villes de Saint Pol & de Montreuil, où les François perdirent beaucoup de monde. Mais en 1538 on conclut à Nice en Provence, par la médiation du Pape Paul III, une tréve pour dix ans. Ces deux grands Princes s'aboucherent à Aigues-mortes, & fe donnerent réciproquement de fi grands témoignages d'affection & de confiance, que l'année fuivante l'Empereur fe hafarda, malgré l'avis de tout fon Confeil, de prendre fon chemin par la France, afin d'arriver plutôt à Gand, pour y pacifier les troubles qui s'y étoient élevés. Il avoit auparavant fait accroire à *François* I, par le Connétable *Anne de Manmorenci*, qu'il avoit deffein de lui rendre le Milanez, quoiqu'il n'en eût pas la moindre envie.

<small>Second voyage de Charles-Quint en Afrique.
1541.</small>

En 1541 *Charles* entreprit de paffer à Alger vers la fin de l'arriere-faifon, quoique le Pape & plufieurs autres lui confeillaffent de remettre fon voyage au printemps fuivant. Il arriva très heureufement à terre; mais il s'eleva peu de jours après une tempête violente, qui fit perir plufieurs vaiffeaux, & gâta les armes à feu de fon infanterie.

En 1542 *François* rompit la paix avec *Charles*, fur ce que fes Ambaffadeurs, *Céfar Frégoce* & *Antoine Rinco*, qu'il envoyoit en Turquie par le Milanez & par l'Etat de Venife, furent affaffinés par ordre du Gouverneur de Milan. D'autre part, le Duc de Cleves attaqua le Brabant, & le Duc d'Orleans prit Luxembourg, avec quelques autres Places. Le Dauphin affiegea aussi Perpignan; mais il fut obligé de l'abandonner. Le fameux Corsaire *Barberousse*, à l'instigation de *François* I, fit de grands ravages sur la Côte de Calabre, & brûla Nice en Provence. *Charles*, se voyant attaqué de tant de côtés, fit une alliance avec *Henri* VIII, Roi d'Angleterre, & sacrifia à ses intérêts ceux de *Catherine*, sœur de sa mere. Ils étoient convenus, que *Charles* entreroit par la Champagne, & *Henri* par la Picardie; afin qu'agissant de concert, ils pussent mettre la France en desordre.

<small>DE L'ESPAGNE.</small>

Charles vint dans le Pays-bas avec une armée de cinquante mille hommes, attaqua le Duc de Cleves, & le chassa de la Gueldre. Ensuite il reconquit les Places, qu'il avoit perdues dans le Luxembourg, & entra en Champagne, où il força Lagni & Saint Dizier.

<small>Charles V pénetre en France.</small>

François étoit alors de l'autre côté de la Marne, & n'osoit se hasarder à livrer bataille à l'Empereur. Il se contentoit de ravager le Pays, par où devoit passer son armée; ce qui ne l'empêcha pas de trouver beaucoup de provisions dans Epernai & dans Château-Thierri. Il y eut alors une telle épouvante dans Paris, que les bourgeois vouloient s'enfuir, & l'eussent fait sans doute, si le Roi ne les eût rassurés par sa présence. Si *Henri* fût venu de l'autre côté, l'armée Françoise se trouvoit enfermée; & il y a bien de l'apparence qu'alors la France auroit eu un mauvais parti. Mais ce Prince resta au siege de Boulogne & de Montreuil, & fit dire à l'Empereur qu'il ne vouloit point passer outre, avant que de s'être rendu maître de ces deux Places. *Charles* reconnut alors que le Roi d'Angleterre ne cherchoit que son avantage particulier. Il n'eut plus de confiance en lui, & fit réflexion sur les grands frais de la guerre. Il avoit encore dans l'esprit le grand dessein qu'il avoit formé contre les Protestans d'Allemagne, & qu'il ne vouloit pas négliger par une longue guerre avec la France. De plus, ses troupes furent entierement défaites par les François en Italie près de Cérizoles. Toutes ces raisons l'obligerent à faire la paix à Crépi en Valois, l'an 1544.

Après la conclusion de cette paix, *Charles* se mit en devoir d'exécuter le dessein qu'il avoit, d'opprimer les Protestans d'Allemagne. Dans cette vûe il fit alliance avec le Pape *Paul* III. Il fut fort heureux dans cette guerre; car il ruina sans beaucoup de peine toutes les forces des Alliés; & en 1547 il fit prisonniers l'Electeur de Saxe & le Landgrave de Hesse, qui étoient les Chefs du Parti. Les artifices & les ruses de cet Empereur consistoient principalement à irriter le Duc Maurice contre l'Electeur son parent, & à tirer la guerre en longueur, sans hasarder aucune bataille. Telle fut sa politique au commencement; parce qu'il prévoyoit bien qu'un corps, qui avoit tant de têtes, ne pourroit pas subsister long-tems, & que les villes qui devoient fournir aux frais de la guerre, s'en lasseroient bien-tôt.

<small>1544. Guerres de Charles-Quint contre les Protestans d'Allemagne.</small>

Ce qui contribua beaucoup à la bonne fortune de *Charles-Quint*, & en même-tems au malheur des Protestans d'Allemagne, ce fut la mort de *François* I, Roi de France & d'*Henri* VIII, Roi d'Angleterre, qui se seroient indubitablement intéressés dans cette guerre, pour l'empêcher de se rendre maître absolu de l'Allemagne. Les mauvais succès qu'eurent les Chefs Protestans, doivent en partie être imputés à leur mauvaise conduite: car ils ménagerent fort mal plusieurs occasions favorables qu'ils eurent de nuire à

<small>Causes qui contribuerent au malheur des Protestans.</small>

P ij

*De l'Espa-
gne.*

l'Empereur, & fur-tout au commencement, lorfqu'il n'étoit pas encore en état de les attaquer. Cependant, le fruit qu'il tira de tous fes avantages, ne fut pas de longue durée. Il traitoit avec trop de rigueur ceux qui fuccomboient, & ne pouvoit les retenir dans l'obéiffance par la force & par la contrainte : il gardoit auffi trop étroitement les Princes qu'il avoit fait prifonniers. De plus il s'étoit fait un ennemi de l'Electeur *Maurice*, lorfque fur fa parole le Landgrave de Heffe, fon beau-pere, fe vint rendre à lui. Comme les enfans de ce Landgrave accabloient l'Electeur de leurs plaintes, & que d'autres lui reprochoient qu'il étoit la caufe du péril extrême, où fe trouvoient la Religion & la liberté, *Maurice* prit le parti d'attaquer à l'improvifte *Charles-Quint*, qui fe fauva d'Infpruk, à la faveur de la nuit. Alors, par la médiation du Roi *Ferdinand*, on fit le traité de Paffau, pour la fureté de la Religion Proteftante.

Cependant, *Henri* II Roi de France, qui alla au fecours des Proteftans d'Allemagne, prit les villes de Metz, de Toul & de Verdun. Peu de tems après *Charles-Quint* attaqua Metz avec toute la vigueur poffible ; mais il fut contraint de fe retirer avec beaucoup de perte. Il alla décharger fa colere fur Hedin, & fur Terouenne, qu'il rafa jufqu'aux fondemens. En 1555 les Impériaux prirent la ville de Sienne, que *Philippe* II donna depuis à *Côme*, Grand-Duc de Tofcane, fe réfervant néanmoins la Souveraineté de la ville, avec quelques Fortereffes fur la Côte.

Abdication & retraite de Charles-Quint.

CHARLES fatigué de tant de travaux, & abattu par les infirmités, remit l'Empire entre les mains de FERDINAND fon frere, qui ne voulut jamais lui promettre de le laiffer à *Philippe* fon fils. Il remit à ce dernier tous fes Royaumes, à la réferve de l'Allemagne que *Ferdinand* eut en partage, & ne fe réferva que cent mille ducats par an pour fa fubfiftance. Il avoit fait auparavant avec la France une tréve, qui fut bien-tôt rompue, à l'occafion du Pape, qui vouloit dépouiller les *Colones* de leurs biens. Les Efpagnols prirent le parti de ces Seigneurs, & les François fe rangerent du côté du Pape : mais ceux-ci furent défaits près de Saint-Quentin, qu'ils perdirent en même-tems, & le Maréchal de *Thermes* fut battu près de Gravelines.

La paix fut enfin conclue entre la France & l'Efpagne à Câteau-Cambrefis, l'an 1559 : & les François rendirent tout ce qu'ils avoient pris en Italie aux *Colones*, & ce qui avoit coûté tant de fang de part & d'autre. Les deux Rois avoient fecretement réfolu entre eux, de joindre toutes leurs forces pour exterminer les Hérétiques ; ce qui réuffit mal, tant en France, que dans les Pays-bas. L'année précédente, qui fut 1558. *Charles-Quint* mourut en Efpagne dans le Monaftere de Saint-Juft, où il avoit vécu deux ans dans la retraite. Son teftament, qui étoit fait avec beaucoup d'efprit, fut fi peu du goût de l'Inquifition, qu'il ne s'en fallut gueres qu'on ne le fît brûler comme Hérétique. Son Confeffeur & les autres Religieux, qui lui avoient tenu compagnie dans le Cloître, furent obligés de faire bien des follicitations auprès de ce Tribunal, pour l'empêcher.

Mort de CHARLES V.

1558.

PHILIPPE II.

Sous le regne de PHILIPPE II, l'agrandiffement prodigieux de la Monarchie Efpagnole commença à recevoir des bornes, & les Efpagnols n'eurent plus d'occasion de gagner des Royaumes entiers, comme ils avoient fait par les mariages (59). Celui qui se fit entre *Philippe* & *Marie* Reine d'Angleterre, & qui dura peu, fut stérile. Il semble aussi que le premier échec que reçut la Puissance d'Espagne, vint de ce que *Charles-Quint* donna les Provinces situées en Allemagne à son frere *Ferdinand*, & le fit élire Roi des Romains. Car en séparant l'Empire de l'Espagne, il divisa & affoiblit en même-tems les forces de sa Maison. *Charles* auroit bien souhaité depuis, que *Ferdinand* eût cédé à *Philippe* les prétentions qu'il avoit à l'Empire : mais celui-ci n'y voulut jamais consentir, parce que *Maximilien* son fils le confirmoit de plus en plus dans cette résolution, & l'exhortoit sans cesse à bien garder ce qu'il tenoit. Outre cela, *Ferdinand* étoit fort aimé des Etats d'Allemagne ; au lieu qu'ils avoient de l'aversion pour *Philippe*, qui étoit un franc Espagnol, & qui même n'entendoit pas leur langue. Ce qui rendit si cher aux Allemands *Ferdinand* & ses successeurs, ce fut leur inclination pacifique, & l'opinion où l'on étoit, qu'ils ne seroient jamais d'humeur à suivre la direction d'Espagne.

DE L'ESPAGNE.

Mais le coup le plus rude qui fut porté à la Puissance d'Espagne, vint des troubles des Pays-bas ; & ce qui rendit ce mal incurable, fut l'opiniâtreté de *Philippe* à vouloir rester en Espagne, sans se mettre en peine d'étouffer cette révolte dès le commencement, tandis qu'autrefois *Charles-Quint*, pour appaiser les séditions de la seule ville de Gand, avoit osé se mettre lui-même à la merci de *François I*, le plus dangereux de ses rivaux. *Philippe* d'ailleurs poussa trop loin la sévérité, & envoya dans les Pays-bas, accoutumés à un gouvernement doux, le sanguinaire & inflexible Duc d'*Albe*, qui réduisit les Flamands au desespoir. Ils furent outrés, lorsqu'ils apprirent que l'Inquisition avoit déclaré criminels de leze-Majesté non-seulement tous ceux qui avoient trempé dans la révolte & brisé les images, mais aussi les Catholiques mêmes qui ne s'y étoient pas opposés. Ce fut sur ce principe qu'*Antoine de Vargas*, Officier Espagnol dans les Pays-bas, dit dans son burlesque Latin : *Hæretici fraxerunt templa, boni nihil faxerunt contra ; ergo omnes debent patibulari.* C'est-à-dire, Les Hérétiques ont abbatu les Eglises, les bons Catholiques ne s'y sont pas opposés ; il faut tout pendre sans distinction.

Cause de l'abaissement de l'Espagne.

Les Flamands qu'avoit toujours aimé *Charles V*, qui tenoit beaucoup de leur naturel & de leurs manieres, avoient une extrême aversion pour les Espagnols, dont les mœurs étoient toutes différentes. Or, *Philippe* n'estimoit que les Espagnols, qui ayant une haute idée d'eux-mêmes, ne se fioient point aux Flamands, & les tenoient pour des lâches qui n'avoient pas le courage de leur faire tête. Peut-être étoient-ils bien aises de leur voir commencer quelque révolte, afin que le Roi eût occasion de leur retrancher plusieurs privileges, de leur faire à tous un traitement égal, & d'exercer sur eux une domination absolue. Car alors *Philippe* auroit fait des Pays-bas comme une Place d'armes, pour aller de-là porter la guerre en France & en Angleterre, & élever la Monarchie Espagnole au plus haut point de sa grandeur.

Philippe retranche aux Flamands leurs privileges.

---

(59) On disoit de la Maison d'*Autriche* : *Laissez faire la guerre aux autres Puissances*, & vous, heureuse Maison, faites des mariages. *Bella gerant alii ; tu, felix Austria, nube.*

D'autre part, les Flamands étoient opiniâtrement attachés à leur liberté, & ne pouvoient souffrir qu'on les traitât comme des peuples conquis. C'est pourquoi lorsque *Philippe*, étant sur son départ pour l'Espagne, voulut mettre des garnisons Espagnoles dans les Pays-bas, & que pour leur en adoucir le desagrément, il en donna le commandement au Prince d'Orange & au Comte d'Egmont, les Flamands s'y opposerent, en disant, que la paix qu'ils avoient obtenue de la France par leur valeur, ne leur produiroit pas de grands fruits, si affranchis d'un joug étranger, ils étoient obligés d'en subir un autre.

<small>DE L'ESPAGNE.
Zèle des Flamands pour leurs privileges.</small>

Les Etats voisins, & particuliérement le Roi d'Angleterre, sçavoient très bien tirer avantage de tous ces troubles, pour épuiser les richesses & les forces d'Espagne. Les Protestans d'Allemagne, qui haïssoient extrêmement les Espagnols, étoient ravis de les voir engagés dans cette querelle, & rendoient sous main au Prince d'*Orange* tous les services qu'ils pouvoient. Quant aux Empereurs, ils songeoient plutôt à conserver leur tranquillité & à gagner l'affection des Allemands, qu'à travailler à l'avancement de leurs neveux.

Ces troubles donnerent encore occasion à une guerre entre *Philippe* & *Elizabeth* Reine d'Angleterre. Cette Princesse fournit toutes sortes de secours aux Pays-bas; & ses Armateurs firent beaucoup de mal aux Vaisseaux Espagnols, qui venoient de l'Amérique. Le fameux *François Drak* pilla leurs navires sur la côte de la Mer du Sud, où il fit un très grand butin. *Philippe* d'un autre côté, appuyant les rebelles d'Irlande, donna bien de l'occupation à *Elizabeth*. Il avoit même entrepris de ruiner entiérement l'Angleterre, & ce fut dans ce dessein que pendant plusieurs années il s'occupa à équipper une Flotte, qu'on appella l'*Invincible*. Il est certain que jusqu'alors on n'en avoit point vû de semblable. Elle étoit composée de cent cinquante voiles, & portoit seize cens pieces de canon de fonte, & mille cinquante de fer. Elle étoit montée de huit mille matelots & de vingt mille soldats, sans parler de la Noblesse & des Volontaires. L'entretien de l'équipage coûtoit chaque jour trente mille ducats, & douze millions de ducats en tout. Le Pape excommunia la Reine *Elizabeth*, & donna son Royaume à *Philippe*. Mais tout ce magnifique appareil fut entierement inutile. La plus grande partie de cette Flotte fut ruinée dans la Mer du Nord, en partie par les Anglois & les Hollandois, en partie par la tempête; de sorte que le reste s'en retourna en un si pitoyable état, qu'il n'y eut point alors de familles nobles en Espagne, qui ne fût obligée de prendre le deuil. On doit cependant admirer la constance & l'égalité d'ame de *Philippe*, qui à la nouvelle de ce desastre, ne fit pas paroître la moindre altération, & se contenta de dire : *Je ne les avois pas envoyés combattre les vents & les flots.*

<small>Guerre entre l'Espagne & l'Angleterre.</small>

<small>1588.</small>

Depuis ce tems-là, les Anglois joints aux Hollandois battirent la Flotte d'Espagne à la vûe de Cadix, prirent plusieurs vaisseaux richement chargés, & se rendirent maîtres de la ville même. Mais le Comte d'*Essex*, Géneral des Anglois, l'abandonna après l'avoir pillée, ce qui ne lui fit gueres d'honneur : car si on l'avoit conservée, on auroit pu donner bien de l'inquiétude aux Espagnols. Cette expédition se fit l'an 1596.

<small>1596.</small>

Les Espagnols ne furent pas plus heureux, lorsqu'ils se mêlerent des troubles de France, causés par la dangereuse faction qu'on nommoit alors *la Sainte Ligue*. *Philippe* croyoit avoir trouvé une occasion favorable, pour exclure de la couronne la Maison de Bourbon, & annexer la France au Royaume d'Espagne. Peut-être aussi s'imaginoit-il pouvoir profiter de ces troubles, pour en envahir une partie, ou il espéroit enfin élever sur le trône quelqu'une de ses Créatures. Quoiqu'il en soit, il crut du moins affoiblir la France en fomentant ces divisions. Cependant, tous ces desseins échouerent par la valeur & la bonne fortune d'*Henri* IV, qui ayant embrassé la Religion Catholique, ôta tout prétexte à la Ligue, rendit inutiles tous les complots qu'on avoit faits. Ainsi *Philippe* perdit malheureusement toutes ses avances, & eut encore le chagrin de voir les Flamands se fortifier, & se mettre en état de lui faire tête, pendant que le Duc *de Parme*, Gouverneur des Pays-bas, étoit allé en France au secours de la Ligue.

DE L'ESPAGNE.

Après qu'*Henri* IV eut réduit la plus grande partie de la France, il déclara la guerre à *Philippe* en 1595. Ses armes, dans les Pays-bas, eurent un succès assez douteux. Le Comte de *Fuentes* prit Cambrai, & l'année suivante l'Archiduc *Albert* se rendit maître de Calais. D'un autre côté, *Henri* reprit la Fere sur les Espagnols : mais ceux-ci surprirent la ville d'Amiens, qu'*Henri* pourtant reconquit ensuite, quoiqu'avec beaucoup de peine. Enfin, dans la même année la paix fut conclue à Vervins entre la France & l'Espagne ; parce que *Philippe* ne vouloit pas laisser son fils, encore jeune, embarrassé dans une guerre contre un Prince qu'il redoutoit, & qu'*Henri* IV avoit besoin d'un peu de repos, tant pour se rétablir de ses pertes, que pour remettre l'ordre dans son Royaume.

Paix de Vervins.

L'Espagne, sous le regne de *Philippe*, se brouilla aussi avec les Turcs. Le fameux Corsaire *Dragut* reprit Tripoli sur les Espagnols en 1551, après que cette Place eut été quarante ans sous leur domination. *Philippe*, pour la recouvrer, y envoya en 1560 une puissante Flotte, qui prit l'Isle de Zerbi : mais qui en même-tems fut battue par l'armée navale des Turcs ; de sorte que les Espagnols y perdirent près de dix mille hommes, & quarante-deux vaisseaux, avec l'Isle même. En 1564 *Philippe* prit Pennon de Velez sur la côte de Barbarie. L'année suivante, Malte fut assiegée pendant quatre mois par les Turcs avec beaucoup de vigueur ; mais *Philippe* secourut cette Place avec tant de bonheur, que les ennemis furent contraints de se retirer.

L'an 1571 Don *Juan d'Autriche*, assisté des Vénitiens & de quelques autres Etats d'Italie, remporta une grande victoire sur la Flotte des Turcs, près de Lépante, & ruina tellement leurs forces maritimes, que depuis ils n'ont plus été si redoutables sur mer. Cependant les Espagnols firent tort à leur réputation, lorsque, par leur nonchalance & leur mauvaise conduite, ils laisserent perdre l'Isle de Chipre. En 1573 Don *Juan* passa en Afrique, à dessein de reconquérir Tunis. En effet, il se rendit maître de la ville, où l'on commença à bâtir une nouvelle Citadelle. Mais l'année suivante les Turcs étant revenus avec une puissante Flotte, emporterent la Citadelle, qui n'étoit pas encore tout-à-fait achevée, & prirent la Goulette, dont le Gouverneur se défendit mal. Ainsi le Royaume de Tunis retomba entre les mains des Turcs, au grand préjudice de toute la Chrétienté.

Bataille de Lépante.

1571.

Révolte des Maranes dans le Royaume de Grenade.

Philippe eut ensuite assez d'occupation chez lui contre les Maranes du

Royaume de Grenade, qui s'étant soulevés, reçurent du secours d'Alger. Il eut beaucoup de peine à réduire ces peuples mutinés; & ç'eût été même une affaire d'une dangereuse suite pour l'Espagne, si les Turcs fussent venus à tems, ou qu'ils eussent eu vraiment le dessein de secourir les Maranes. Cette révolte qui dura l'espace de trois ans, fut étouffée en 1570. L'an 1592, il survint quelques troubles dans le Royaume d'Arragon, parce que les Arragonois vouloient protéger *Antoine Perez*, qui tâchoit de se défendre, en vertu des privileges de ce Royaume, contre le procès criminel qu'on lui faisoit, pour avoir fait assassiner en secret, par ordre exprès du Roi, un certain *Escovedo*, confident de Don *Juan d'Autriche*. *Philippe*, par ce procès, cherchoit d'un côté, à se justifier de cet assassinat qu'on lui imputoit; & de l'autre à se venger de *Perez*, qui ne l'avoit pas servi fidélement dans une affaire de galanterie, & qui avoit tâché de garder pour lui le gibier qu'il devoit chasser pour le Roi. *Philippe* n'acquit pas grand honneur dans cette affaire, quoiqu'il eût par-là occasion de retrancher aux Arragonois une grande partie de leurs privileges.

Philippe fait mourir son propre fils.
1568.

En 1568 le Roi fit mourir son fils Don *Carlos*, sous prétexte qu'il avoit attenté à sa vie. Peu de tems après, la Reine *Isabelle* mourut aussi, non sans soupçon d'avoir été empoisonnée. On a cru qu'il y avoit entre la Reine & Don *Carlos* quelque intrigue ou quelque commerce d'amour; ce qui paroît d'autant plus vraisemblable, que cette Princesse ayant été accordée à Don *Carlos*, *Philippe* l'en avoit frustré & l'avoit gardée pour lui.

Le Portugal est annexé à l'Espagne.
1579.

Henri, Roi de Portugal, étant mort en 1579, cette couronne fut disputée par plusieurs Princes, qui tous y avoient d'assez fortes prétentions. *Philippe* II, comme fils d'*Isabelle*, fille d'*Emmanuel*, Roi de Portugal, fit valoir ses droits par les armes. Il envoya une armée en Portugal sous la conduite du Duc d'*Albe*, qui s'empara de ce Royaume, & chassa *Antoine* le *Bâtard*, qui s'enfuit d'abord en Angleterre, & ensuite en France, où il mourut à Paris en 1595. De toutes les terres du Portugal, il n'y eut que l'Isle de Tercere, qui ne voulut point reconnoître *Philippe*. Les François firent tout leur possible pour la secourir; mais ils furent entièrement défaits par les Espagnols.

Philippe devient maître des Indes Orientales & Occidentales.

Ainsi *Philippe* devint maître des Indes Orientales & Occidentales, les deux sources des plus grandes richesses. Cependant la France, l'Angleterre & la Hollande avoient trouvé le moyen de les épuiser. Car *Philippe* étant au lit de la mort, avoua que la guerre des Pays-bas lui avoit coûté cinq cens soixante & quatre millions de ducats. Il mourut en 1598.

1598.
PHILIPPE III.

PHILIPPE III, par la paix de Vervins, étoit en repos du côté de la France; mais la guerre des Pays-bas devenoit de jour en jour plus onéreuse à l'Espagne. Il est vrai que *Philippe* II ayant accordé *Isabelle-Claire-Eugenie* sa fille en mariage à l'Archiduc *Albert*, & lui ayant donné les Pays-bas pour dot, les Espagnols espéroient rentrer en possession des autres Provinces-Unies. C'est pour cela qu'on tâchoit de faire entendre aux peuples de ces Provinces que par ce mariage, ils auroient leur Prince particulier, & ne seroient plus assujettis à la domination des Espagnols, qui y étoient mortellement haïs. Les Hollandois ne mordirent point à l'appas. Peu de tems après, ils donnèrent au siege d'Ostende des preuves de leur puissance, de leur courage

& de leur opiniâtreté. Lorsqu'on vit qu'il n'étoit pas possible de les réduire par la force, & qu'ils avoient trouvé le chemin des Indes Orientales où ils avoient déja fait de grands progrès, les Espagnols résolurent de s'accommoder avec eux, de quelque maniere que ce pût être. Ils remarquoient que par la paix dont jouissoit la France, sous le regne heureux d'*Henri* IV, elle devenoit plus florissante de jour en jour ; au lieu que l'Espagne eut pû donner un coup fatal à ce Prince, si elle eût attaqué son Pays avec des troupes fraîches, dans le tems qu'il étoit fatigué des guerres qu'il avoit eues sur les bras. Les Espagnols espéroient encore qu'en tems de paix, & lorsque les Hollandois n'auroient plus d'ennemis à craindre au-dehors, la division se pourroit mettre entre eux, ou du moins que leur courage s'amolliroit par le repos.

On peut imaginer l'empressement qu'avoient les Espagnols de faire la paix avec les Hollandois, puisqu'ils envoyerent à la Haye traiter avec eux, & choisirent pour Ambassadeur *Ambroise Spinola* avec quelques autres. Un des principaux articles du traité fut la liberté du commerce dans les Indes Orientales & Occidentales qu'obtinrent d'eux les Hollandois, & sur laquelle ils s'opiniâtrerent tellement, qu'ils n'en voulurent jamais démordre. Enfin on conclut une trêve pour douze ans l'an 1609.

Cette même année, *Philippe* chassa d'Espagne neuf cens mille Maranes, qui n'avoient embrassé la Religion Chrétienne qu'en apparence. On prit pour prétexte, qu'ils s'étoient soulevés, & que sous-main ils avoient demandé du secours à *Henri* IV. Ce fut encore la même année que les Espagnols prirent le Fort de l'Arache sur la côte d'Afrique. Ils avoient déja conquis l'an 1602, le Port de Final près de Genes. En 1619 les peuples de la Valteline se révolterent contre les Grisons. Les Espagnols prirent leur parti, dans l'espérance de pouvoir annexer leur pays au Duché de Milan : mais la France prêta mainforte aux Grisons. Ces troubles durerent plusieurs années, jusqu'à ce qu'enfin les affaires furent remises dans leur premier état. Cette conduite du Roi d'Espagne donna de la jalousie à toute l'Italie ; le Pape même prit le parti des Grisons, quoique Protestans, & leur aida à se remettre en possession de la Valteline. Lorsque la guerre s'alluma en Allemagne, les Espagnols firent passer *Ambroise Spinola* des Pays-bas dans le Palatinat, dont il envahit une bonne partie. *Philippe* mourut en 1621.

Son fils, PHILIPPE IV, commença son regne par réformer sa Cour, & remercia toutes les Créatures du Duc de *Lerme*, qui sous le regne précédent avoit eu une autorité sans bornes. Le Duc lui-même, appréhendant un pareil revers, s'étoit fait donner le Chapeau de Cardinal, pour mettre au moins sa vie en sureté. Dès que *Philippe* fut monté sur le trône, la guerre se ralluma entre lui & la Hollande, parce que la trêve de douze ans étoit expirée. En 1622 le Marquis de *Spinola* assiegea Bergue-op-Zoom ; mais il fut contraint de lever le siege, parce que le Duc de *Brunswick* & les *Mansfeld*, après avoir livré une bataille aux Espagnols près de Fleury, vinrent au secours des Hollandois. En 1628 *Pierre Hein* prit la Flotte des Espagnols, qui étoit chargée d'argent, & y fit un butin de douze millions de livres. Environ ce même-tems, les Hollandois firent une descente au Brésil, & prirent la ville d'Olinde. L'année suivante, les Espagnols croyant faire abandonner aux Hol-

Tome I. Q

landois le siege de Bois-le-Duc, & leur livrer une bataille décisive, se jetterent sur le Veluwe, où ils avoient déja pris Amersfort. Mais, comme la ville de Wesel fut surprise dans le même-tems par les troupes des Etats, les Espagnols furent contraints de s'en retourner en desordre, & de repasser l'Issel en confusion, de peur qu'on ne leur coupât le chemin.

En 1639 il entra dans la Manche une grande Flotte d'Espagne, sous la conduite d'*Oquendo*, qui fut entierement ruinée sur les Dunes à la vûe d'Angleterre, par l'Amiral de Hollande *Martin Tromp*. On ne savoit pas encore alors quel pouvoit être le dessein de cette armée navale. On apprit dans la suite qu'elle en vouloit aux Suedois; & que le Dannemark avoit vingt mille hommes tout prêts, qui devoient se joindre aux troupes de la Flotte, lorsqu'elle seroit devant Gothenbourg, afin d'attaquer vigoureusement le Royaume de Suede. Dans la guerre entre les Espagnols & les Provinces-Unies, les premiers eurent presque toujours du desavantage jusques à l'an 1648, qu'ils conclurent enfin la paix à Munster avec les Hollandois, les reconnoissant pour une Nation libre, sur laquelle ils n'avoient plus rien à prétendre, & leur laissant encore toutes les Places, qu'ils avoient prises durant le cours de la guerre. Quoique la France fit tous les efforts imaginables pour empêcher cette paix, du moins jusques à ce qu'elle eût fait elle-même son accommodement avec l'Espagne, les Hollandois ne l'écouterent point. Ils craignoient que l'Espagne venant à être trop affoiblie, les François n'en prissent occasion d'envahir les Pays-bas Catholiques; & que devenant leurs voisins, ils ne fussent un jour leur proye.

Les Hollandois apportoient encore d'autres raisons fort plausibles pour accepter la paix, qui leur étoit offerte. Car pourquoi, disoient-ils, se battre davantage, puisque nous obtenons à l'amiable toutes les prétentions pour lesquelles nous avons fait si long-tems la guerre? La Hollande se trouvoit d'ailleurs extrêmement chargée de dettes. A l'égard des Espagnols, comme ils voyoient bien que cette République ne pouvoit être réduite par la force, ils accorderent très volontiers les conditions les plus honorables que les Hollandois purent souhaiter, afin d'être entierement délivrés d'un ennemi très incommode, & d'être en état d'agir avec plus de succès contre la France & le Portugal. La guerre d'Hollande avoit coûté à l'Espagne quinze cens millions de ducats.

En 1628 *Vincent* II, Duc de Mantoue, étant mort, l'Empereur tâcha d'exclure *Charles* Duc de *Nevers* de cette succession, qui néanmoins lui appartenoit de droit. Les raisons de l'Empereur étoient, que *Charles* étoit François de Nation, & qu'il avoit négligé quelques formalités touchant l'investiture de ce Duché. D'autre part, le Duc de Savoye ne voulut pas laisser passer cette occasion, sans renouveller ses prétentions, & les Espagnols esperoient bien y avoir aussi quelque part. D'un autre côté, les François soutinrent le parti du Duc de *Nevers*, mirent le siege devant Casal, & agirent si efficacement que ce Duc fut mis en pleine possession du Duché de Mantoue; ce qui diminua beaucoup le crédit que les Espagnols avoient en Italie.

En 1635 la France déclara la guerre aux Espagnols, sous prétexte que *Philippe Christophle*, Electeur de Treves, qui s'étoit mis sous la protection des François, avoit été fait prisonnier par les Espagnols, & qu'ils s'étoient rendus maîtres de la Ville de Treves, où il y avoit garnison Françoise. Mais la principale raison étoit, que les François tâchoient de tenir en bride la puissance de la Maison d'Autriche, qui, depuis la bataille de Norlingue & la paix de Prague, commençoit à devenir fort redoutable en Allemagne. Les François prirent particulierement cette résolution, parce que le Royaume de France, étant alors paisible au-dedans, se voyoit plus florissant que jamais. C'est pourquoi, après qu'ils eurent battu le Prince *Thomas* près d'Avennes, ils allerent fondre sur les Pays-bas avec une puissante armée. Cependant, à proportion des forces qu'ils avoient, ils firent assez peu de progrès. Aussi la Hollande n'auroit-elle pas vû d'un œil bien tranquille, que la France eût remporté des avantages considérables. Les François ne réussirent pas mieux en Italie.

DE L'ESPAGNE.

L'année suivante, le Prince de Condé fut contraint de lever le siege de Dole. Paris fut rempli d'épouvante, à la premiere nouvelle des courses que les Espagnols firent en Picardie. Le Général *Gallas* voulut pénétrer en Bourgogne avec l'armée Impériale ; mais son expédition ne réussit point. En 1637 les Espagnols perdirent Landrecy, & l'année suivante ils furent repoussés avec grande perte de devant le Fort de Leucate. D'un autre côté, le Prince de Condé fut contraint d'abandonner le siege de Fontarabie. L'an 1639, les Espagnols battirent les François près de Thionville ; mais d'une autre part, les François se rendirent maîtres de Hesdin, de Salses & de Salins. Les Espagnols perdirent encore la forte ville d'Arras, furent défaits devant Casal, & malgré tous leurs efforts, ne purent jamais obliger le Comte d'Harcourt à lever le siege de Turin.

La même année, on vit éclater les troubles de Catalogne. Les premieres étincelles de cet embrasement provinrent des sujets de mécontentement, que le Comte-Duc d'*Olivarez*, Favori du Roi, affectoit de donner à cette Province. Les Catalans avoient plusieurs fois porté contre lui leurs plaintes à la Cour, & le Duc, pour s'en vanger, les opprimoit de plus en plus. Les esprits s'aigrirent encore davantage, après que les Catalans eurent été au secours de Salses, où ils prétendoient n'avoir pas été fort vigoureusement soutenus par les Castillans.

Troubles de Catalogne.

Là-dessus les Catalans se séparerent de l'armée Espagnole, & se retirerent chez eux. Le Comte-Duc d'*Olivarez* en prit occasion de les traiter de traîtres & d'infideles : sur ce prétexte on leur retrancha leurs privileges, & on les foula par des logemens de gens de guerre. Les Catalans poussés à bout, se révolterent ouvertement, & chasserent les Espagnols de leur pays. La ville de Barcelone commença la premiere, après quoi tout le reste suivit. Ayant ensuite demandé du secours à la France, ils se donnerent entierement au Roi, après que l'Espagne, par une sévérité hors de saison, leur eut ôté toute espérance de pardon. Les Espagnols eurent assez de peine à recouvrer la Catalogne, & peut-être n'en seroient-ils pas venus à bout, si les divisions de la France ne l'avoient empêchée de secourir Barcelone, qui fut forcée de se rendre aux Espagnols l'an 1651.

Les Catalans se donnent à la France.

Les Espagnols eurent encore un autre revers de fortune, plus fâcheux que le précédent, par la révolte du Portugal qui arriva presqu'en même-tems que le soulevement de la Catalogne, c'est-à-dire, l'an 1640. Quoique *Phi-*

Révolte du Portugal.

Q ij

DE L'ESPA-
GNE.

lippe II eût subjugué les Portugais par la force des armes, il avoit tâché par la voye de la douceur, & en leur conservant leurs privileges, de moderer la haine enracinée qu'ils avoient contre les Castillans; haine qui étoit venue jusqu'au point, que les Prêtres mêmes osoient déclamer contre eux publiquement en Chaire, & faire hautement cette priere : *Daignez, Seigneur, nous affranchir du joug de la domination Castillane.* Mais les Officiers Espagnols, ne se souciant plus de gagner l'affection des peuples, ni de maintenir leurs droits & leurs libertés, commencerent à les traiter de plus en plus comme des peuples conquis. Ceux-ci s'aigrirent tellement, que voyant la fortune se détacher de jour en jour des Espagnols, ils se mutinerent en 1636 dans quelques villes de Portugal.

Cette révolte, qui fut bientôt étouffée, fit juger aux Espagnols qu'il seroit avantageux, pour contenir cette Nation dans le devoir, d'en tirer un certain nombre, tant des principaux, que du peuple, pour les employer dans leurs armées, afin d'évacuer par-là une partie des mauvaises humeurs. Sur ces entrefaites la Catalogne étant venue à se soulever, on manda la Noblesse de Portugal, pour marcher avec les Espagnols; mais elle n'en voulut rien faire. Il y eut encore d'autres raisons qui augmenterent le mécontentement. Comme les Portugais portoient une affection secrette & particuliere au Duc *de Bragance*, les Espagnols tâchoient par douceur & par toutes sortes d'insinuations de l'attirer à la Cour de Madrid. Lorsqu'ils crurent lui avoir inspiré assez de confiance, ils l'inviterent à passer avec eux en Espagne, pour accompagner le Roi dans la guerre de Catalogne. Mais ce Duc sçut habilement s'en excuser.

Le Duc de Bragance est proclamé Roi de Portugal.

Enfin, quand les Espagnols voulurent forcer la Noblesse de Portugal à servir dans la guerre contre les Catalans, les Portugais s'unirent pour s'affranchir de leur joug, en faisant sonder sous-main l'inclination du Duc de Bragance. Dès que ce Duc, encouragé par sa femme, eut résolu d'accepter la Couronne, les Portugais se mirent en campagne, se rendirent maîtres de Lisbonne, du Palais Royal, & de la garde des Castillans, se saisirent du Château & des Vaisseaux de guerre, ensuite massacrerent le Sécretaire d'Etat *Vasconcellos* qui avoit toujours été extrêmement fier & arrogant, & proclamerent le Duc de Bragance Roi, sous le nom de JEAN IV. Enfin en huit jours ils nettoyerent le Royaume de tout ce qu'il y avoit de Castillans, sans tuer plus de deux ou trois personnes. Cet événement remarquable peut nous apprendre, combien il est aisé de perdre un pays dont les habitans n'ont point d'affection pour ceux qui les gouvernent.

Ce fut un rude coup pour la Monarchie Espagnole. Comme ses forces étoient divisées, elle ne pouvoit rien entreprendre avec la vigueur nécessaire. Outre cela, les Espagnols perdirent la ville de Perpignan l'an 1642. Mais lorsque les François voulurent pénétrer plus avant en Espagne, leurs efforts furent inutiles; le Prince de *Condé*, qui avoit assiégé Lérida en 1647, fut contraint d'abandonner son entreprise. Dès l'an 1641 le *Prince de Monaco* avoit chassé la garnison Espagnole, & s'étoit mis sous la protection de la France.

En 1647 il se forma une dangereuse sédition à Naples, à l'occasion d'un misérable Pêcheur, nommé *Mas-Aniello* (60). Tout le Royaume auroit pu par-

(60) MAS est un diminutif de *Thomas*.

là être réduit à la derniere extrêmité, fi la France s'en étoit mêlée à tems, & eût agi avec assez de vigueur. Mais le soulevement fut appaisé par la prudence du Comte d'*Ognate*, qui étoit Gouverneur de Naples.

DE L'ESPAGNE.

L'Espagne ayant tant de feux à éteindre à la fois, devoit, selon les régles de la prudence, abandonner plutôt la Hollande, à cause de son éloignement, afin d'être en état de conserver ses possessions les plus prochaines. Les Espagnols eurent quelque heureux succès, comme nous l'avons dit en parlant de la Catalogne; & l'an 1650 ils chasserent les François de Piombino & de Porto-Longone. Mais d'un autre côté, les Anglois s'emparerent de la Jamaïque dans les Indes Occidentales.

Lorsque les affaires de France furent bien rétablies, les Espagnols chercherent à faire la paix. Elle fut conclue l'an 1660 dans l'Isle des Faisans près les Pyrenées, par les deux plus grands Ministres de l'Europe, le Cardinal *Mazarin*, & Don *Louis Comte de Haro*. Par ce traité, tout le Roussillon resta à la France, avec tout l'Artois, excepté Saint Omer & Aire qui demeurerent aux Espagnols, & Gravelines, Bourbourg, Saint Venant, Landrecy, le Quesnoi, Avesne, Marienbourg, Philippeville, Thionville, Montmedi, Ivoy, & Damviller. Ainsi l'Espagne s'étant procuré le repos d'un côté, déclara la guerre au Portugal. Les Espagnols entrerent dans ce Royaume, & y prirent même quelques Places; mais ils furent battus en plusieurs rencontres, particuliérement en 1661 à la fameuse bataille d'Estremos, où Dom *Juan d'Autriche* fut défait, & en 1665 à celle de Villa Viciosa, où le Marquis de *Caracene* fut entiérement mis en déroute. Le Maréchal de *Schomberg*, Général Allemand au service de la France, eut la meilleure part à ces deux victoires. Philippe IV mourut la même année.

Paix des Pyrenées entre la France & l'Espagne.
1660.

1665.
CHARLES II.

Il eut pour successeur son fils CHARLES II, Prince âgé de quatre ans, dont la tutelle fut commise à la Reine sa mere. Parvenu à l'âge de majorité, il continua la guerre contre les Portugais, mais avec très peu de vigueur : jusqu'à ce qu'enfin en 1668 il fut obligé par la médiation du Roi d'Angleterre de leur accorder la paix ; parce qu'alors les François étoient entrés avec une armée dans les Pays-bas, où ils faisoient de grands progrès. *Marie Therese*, fille du Roi défunt, avoit renoncé à la succession de son pere, lorsqu'elle épousa le Roi *Louis* XIV ; mais on n'eut aucun égard à sa renonciation. On publia des Manifestes pour établir ses droits. La France étoit dans un état à tout entreprendre, & au comble de ses prospérités : l'Espagne au contraire panchoit vers son déclin. L'Angleterre & la Hollande, dont elle auroit pu attendre quelque secours, étoient en guerre. Dans une conjoncture si favorable, les François tomberent sur la Flandre avec des forces supérieures. Pour justifier leur entreprise, ils prenoient pour prétexte ce droit, qu'on appelle en Brabant, *Droit de Dévolution*, & par lequel, entre Particuliers, les immeubles doivent tomber aux enfans du premier lit, lorsque leur pere est entré dans un second mariage.

Les François emporterent sans beaucoup de résistance, Tournai, Lisle, Charleroi, Douai, Oudenarde, &c. & s'emparerent de la Franche-Comté. Ces progrès contribuerent beaucoup à accelerer la paix entre les Anglois & les Hollandois, & donnerent lieu à la triple alliance, conclue en 1667, entre l'Angleterre, la Suede & la Hollande, & qui avoit pour objet la conservation des Pays-bas Catholiques. L'année suivante, la paix se fit entre la

Triple alliance.

DE L'ESPA-GNE.

France & l'Espagne, à condition que les François rendroient aux Espagnols la Franche-Comté, & garderoient les villes qu'ils avoient conquises en Flandre. Mais lorsque *Louis* XIV fit la guerre aux Provinces-Unies en 1672, l'Espagne prit le parti de la Hollande, parce que la perte de cette République eût infailliblement entraîné la ruine des Pays-bas Espagnols.

Ainsi la guerre recommença, & les François s'emparerent de la Franche-Comté pour la seconde fois. La ville de Messine, qui étoit alors agitée par des divisions intestines, se donna au Roi de France, qui ensuite l'abandonna. Les François conquirent encore Limbourg, Condé, Valenciennes, Cambrai, Ipres, Saint Omer, Aire & Gand. Mais l'an 1678 on fit la paix à Nimegue. Par ce Traité les François demeurerent maîtres de la Franche-Comté, & de quelques villes qu'ils avoient prises dans les Pays-bas Espagnols; à condition néanmoins qu'ils rendroient Limbourg, Gand, Courtrai, Oudenarde, Ath & Charleroi.

Paix de Nimegue.

Cette paix dura peu: la France fit naître de nouvelles difficultés, à l'occasion des frontieres qu'il fallut regler. Elle formoit de nouvelles prétentions sur Aloft, & sur le territoire qui en dépend. L'assemblée qui se tint à Courtrai pour accommoder ces différends, se sépara sans avoir rien terminé. La France se saisit aussi-tôt de plusieurs Places en Flandre, & dans le Duché de Luxembourg. Elle déclara en même-tems, qu'il ne s'agissoit point d'une rupture, que le Roi ne vouloit que s'emparer de ce qui lui appartenoit en vertu des traités de Nimegue, d'Aix-la-Chapelle, & des Pyrénées. Elle offrit même de renoncer à ses prétentions, si on vouloit lui abandonner Luxembourg, avec quelques autres villes qui étoient à sa bienséance. La Cour de Madrid ne goûta point ces propositions, & se résolut de déclarer la guerre, dans la confiance que les Provinces-Unies & la Couronne d'Angleterre, garentes de la paix de Nimegue, ayant intérêt d'empêcher que la France n'engloutît les Pays-bas, ne manqueroient point de venir au secours de la Maison d'Autriche. Mais elle avoit mal compté. Le Ministere de Londres, amusé, dit-on, par les promesses & par les présens de la France, refusa de se mêler de cette querelle. A l'égard des Provinces-Unies, elles inclinoient assez vers le parti Espagnol, par les mouvemens que se donnoit le Prince d'*Orange* pour les remuer en sa faveur; mais les oppositions de la seule ville d'Amsterdam empêcherent l'effet de ses bons offices, & on demeura tranquille. La France profitant de cette conjoncture, prit Courtrai & Dixmude, envoya l'année suivante le Maréchal de *Créqui* devant Luxembourg, dont elle desiroit depuis long-tems faire la conquête, & s'en empara après un siege opiniâtre. La fortune n'étoit pas par-tout si favorable à *Louis* XIV. Le Maréchal de *Bellefonds* fut battu devant Gironne. Mais cette victoire ne suffisoit pas pour relever le courage des Espagnols: ils comprirent qu'étant seuls & dépourvus des secours sur lesquels ils avoient inutilement compté, ils étoient hors d'état de résister à leur ennemi. L'Allemagne, dont ils auroient pu attendre une diversion favorable, se trouvoit alors engagée dans une guerre contre le Turc, & ne pouvoit rien faire pour eux. Ces raisons leur firent conclure une trêve de vingt ans. Les conditions furent que Courtrai & Dixmude leur seroient restituées; mais que Luxembourg resteroit aux François, jusqu'à l'entiere décision de l'affaire.

Le tems des vingt années fut bien abregé par la guerre qui s'alluma entre la France, l'Allemagne & les Provinces-Unies. L'Espagne rompit la trève, & chercha dans l'alliance des deux dernieres Puissances l'appui dont elle avoit besoin, pour avoir de son ennemi la satisfaction qu'elle souhaitoit. Les Alliés commencerent par raser Guastalla, que le *Duc de Mantoue* avoit fait fortifier aux dépens de la France, à ce qu'on croyoit. D'autre part le Prince de *Waldeck*, qui commandoit l'armée de Flandre, perdit une sanglante bataille à Fleurus contre le Maréchal de *Luxembourg*, dont il ne sçavoit pas encore que le corps eût été joint par celui du Maréchal de *Boufflers*. De l'Espagne.

Les deux années qui suivirent furent marquées par la prise de Mons en Hainaut & de Namur, & par la bataille que donna près de Steenkerque le Maréchal de *Luxembourg*. Le carnage fut grand de part & d'autre ; mais cette action, toute meurtriere qu'elle fut, ne décida presque rien, & comme chaque parti avoit versé beaucoup de sang ennemi, chacun s'attribua la victoire. Ce qui sembla faire pancher l'avantage du côté de la France, c'est que l'année d'après cette bataille, elle assiegea & prit Charleroi, qui fit une vigoureuse défense.

Elle n'agit pas avec moins de bonheur contre l'Espagne même. Le Duc de *Noailles* attaqua l'armée Espagnole en Catalogne, où elle s'étoit retranchée sur le bord du Ter, en tua quatre mille hommes sur la place, & enleva Palamos & Gironne.

Ces succès furent un peu altérés par la perte de Namur que les Alliés reprirent, & par celle de Casal dans le Montferrat, qui se rendit à eux par capitulation. Mais les François s'en dédommagerent sur Dixmude & Deinse, qui, malgré de nombreuses garnisons, se rendirent à discrétion, par la lâcheté des Commandans, *Ellenberg & Offerel*, dont le premier eut la tête tranchée. Ils bombarderent aussi Bruxelles, & en mirent une partie en cendres. Barcelonne en Catalogne, & Ath en Hainaut se soumirent à eux. La France mit fin elle-même à ses avantages par la paix qu'elle conclut à Ryswick avec l'Espagne & ses Alliés. Par ce traité elle rendit Barcelonne, Roses, Palamos, Belveder, Mons, Charleroi, Ath, Luxembourg & son Duché, à la réserve de ce qui en avoit été cédé par la paix des Pyrenées, avec le Comté de Chini, & ne se réserva presque rien de toutes ses conquêtes. L'Espagne n'étoit pas plus heureuse dans la guerre qu'elle faisoit aux Maures : ils lui avoient pris Mamorra & l'Arrache sur les côtes d'Afrique, & avoient mis le siege devant Ceuta, siege mémorable par sa longueur, & qui a duré jusqu'en 17.... Paix de Ryswick.

La joye qu'une paix si avantageuse devoit naturellement causer à *Charles* II, fut troublée par la nouvelle d'un traité, par lequel diverses Puissances avoient fait un projet de partager entre elles la Monarchie d'Espagne. Ce Prince ne put voir sans chagrin, qu'on eût songé à disposer de son vivant & à son insçu, d'un Etat dont il étoit seul le maître, & dont il croyoit devoir seul disposer. On a soupçonné la France de l'en avoir fait avertir sousmain, quoique dans la Négociation on fût convenu qu'on tiendroit la chose secrete, afin de ne pas chagriner ce Prince, & de lui laisser achever tranquillement le peu de jours que ses infirmités sembloient encore lui promettre. Voyez le Chapitre de la France.

DE L'ESPA-GNE.

Les Espagnols apprirent ce dessein avec une extrême surprise, & ne témoignerent pas moins d'indignation, de ce qu'on vouloit démembrer leur Monarchie. Le dépit qu'en eut la Cour de Madrid, & la crainte que les deux Puissances maritimes n'introduisissent les Protestans en Espagne, contribua sans doute beaucoup à faire prendre à ce Roi moribond le parti de faire le fameux Testament qui appella à la Couronne le Duc d'*Anjou*, petit-fils de *Louis* XIV.

Testament de Charles II.

La Maison d'*Autriche* crut que ce Testament avoit été fabriqué par des Ministres gagnés par l'argent de France : on l'attribua particuliérement aux Cardinaux *Portocarrero* & *Borgia*, & aux Ducs de *Medina-Sidonia* & de *l'Infantado*, qui avoient, disoit-on, abusé du nom du Roi. On ajoutoit, qu'il n'étoit pas vraisemblable que *Charles*, qui avoit toujours aimé tendrement la Cour de Vienne, & qui même y avoit envoyé depuis peu le Duc de *Molez*, pour y traiter secretement de la succession, eût été capable de faire une démarche si contraire aux sentimens qu'il avoit constamment témoignés. D'autres croyent qu'on prit le tems que ce Prince, affoibli par la maladie, étoit effrayé du Traité de partage, pour lui faire signer ce Testament venu de France, quoique changé en quelques endroits par le Conseil secret de Madrid. Quoiqu'il en soit, le Testament signé & confirmé par un Codicille, portoit en substance : » Que le Duc d'*Anjou*, second fils du
» *Dauphin* de France, étoit déclaré héritier & Souverain universel de tous
» les Etats de la Monarchie d'Espagne sans exception ; qu'en cas qu'il vînt
» à mourir sans enfans, ou à succéder à la Couronne de France, son frere
» le Duc de *Berri* lui seroit substitué ; & en pareil cas, *Charles* Archiduc,
» second fils de l'Empereur *Leopold*, le Duc de Savoye, & ses enfans de-
» voient successivement prétendre à cette Couronne. Pendant l'absence du
» Successeur, la conduite de l'Etat étoit confiée par *interim* à une Jonte,
» c'est-à-dire à un Conseil, composé du Président du Conseil de Castille,
» du Vice-Chancelier, ou Président du Conseil d'Arragon, du Cardinal
» *Portocarrero*, de l'Inquisiteur Géneral, d'un Grand d'Espagne & d'un Con-
» seiller d'Etat. On devoit suivre dans toutes les délibérations la pluralité
» des voix, & en cas d'égalité de suffrages, la Reine Douairiere avoit le
» pouvoir de décider «. Cette forme de Régence fut aussi ordonnée, au cas que quelqu'un des Successeurs nommés fût encore mineur, lorsqu'il parviendroit à la couronne. Ce Monarque vécut peu de jours, après cette disposition. Aussi-tôt qu'on eut reçu à Versailles une copie authentique de son Testament, le Duc d'*Anjou* fut déclaré Roi d'Espagne sous le nom de PHILIPPE V, & partit pour Madrid où il arriva le 19 Février 1701, après avoir fait prier la Reine Douairiere de se retirer à Tolede. L'Inquisiteur Géneral Don *Baltazar* de *Mendoza* eut aussi ordre d'aller à son Evêché de Segovie, & le Confesseur du feu Roi fut renvoyé dans son Monastere. L'Angleterre, le Portugal, & la Hollande reconnurent *Philippe* V. Le Duc de Savoye entra dans ses intérêts, & lui donna en mariage la seconde de ses filles, la Princesse *Marie-Louise-Gabrielle*, qui partit de Turin le 12 Septembre, pour se rendre en Espagne par la France. Le mariage fut célébré à *Figueres* (61) le 7

PHILIPPE V.

1701.

(61) Ville de Catalogne dans le Lampourdan.

Novembre

Novembre de la même année. Milan, Naples, la Sicile & la Sardaigne, furent soumises au nouveau Monarque; ceux qui en avoient le gouvernement, l'en mirent en possession. On trouva fort étrange à Vienne, que le Prince de *Vaudemont*, Gouverneur du Milanez, eût eu moins d'égard aux obligations qu'il avoit à l'Empereur, pour lui avoir procuré ce Gouvernement, qu'aux dernieres volontés du Roi *Charles* qui le lui avoit confié; & qu'il se fût si-tôt déclaré pour *Philippe*. On y eut le même étonnement à l'égard des Pays-bas, que l'Electeur de *Baviere*, qui en étoit Gouverneur, soumit à ce Roi.

Il ne fut pas mal aisé à la France, vû le voisinage, d'agir puissamment en Italie: ses troupes s'y rendirent en peu de tems, & en fermerent l'entrée aux Impériaux, de maniere que l'on comptoit bien qu'ils n'y pourroient pénétrer par aucun endroit. Mais le Prince *Eugene* de Savoye trouva le moyen de passer par un endroit des Alpes, qui avoit paru inaccessible. Il fallut traîner l'artillerie à force de bras & de machines, & démonter les chariots de bagage, pour les transporter piece à piece. Enfin il se trouva de l'autre côté des Alpes, en état d'attaquer l'armée de France commandée par M. de *Catinat*, qu'il mit en déroute près de Carpi, & qu'il obligea de se retirer avec perte vers Goito, Place du Duché de Mantoue, dont le Duc s'étoit rangé du parti du Roi *Philippe*.

Quoique le Duc de *Savoye* tînt alors pour la France & l'Espagne, le Prince *Eugene* passa le Mincio, remporta quelque avantage sur l'armée ennemie commandée par le Maréchal de *Villeroi*, près de Chiari, & lui tailla en pieces deux ou trois mille hommes. Elle eut beau se rallier près d'Urago: il en fallut décamper, & elle reçut encore un échec au passage de l'Oglio.

Le Prince s'étant posté dans le Mantouan, prit Fontanelle, Canete & Guastalla, par la connivence des personnes qui étoient chargées de la tutelle du jeune Duc de *Mantoue*. Son approche enhardit quelques-uns de Grands du Royaume de Naples à s'intriguer en faveur de la Maison d'*Autriche*. Les principaux étoient les Ducs de *Tellès* & de *Castelluccia*, Don *Malicia*, *Tiberio Caraffa*, Don *Carlos de Sangro*, & Don *Joseph Copecce*. Leur dessein fut éventé; le Duc de *Medina-Celi*, Vice-Roi, en fit prendre quelques-uns, & trancher la tête à Don *Sangro*, ce qui étouffa la conspiration.

Les Espagnols s'accommoderent beaucoup mieux du gouvernement d'un Roi né François, que ses ennemis ne l'avoient cru d'abord; mais ils s'étoient attendus à des contradictions, qui dégénéreroient bientôt en un soulevement géneral de toute la Monarchie. Cependant tout fut ferme, & il n'y eut que le Comte de *Melgar*, Amirante de Castille, qui étant parti en apparence pour l'Ambassade de Paris à laquelle il étoit nommé, changea tout à coup de route & se réfugia à Lisbonne, où la Cour de Portugal le prit sous sa protection, malgré le traité qu'elle avoit fait avec celle de France en faveur de *Philippe*. Ce Roi, résolu de rassurer l'Italie par sa présence, partit de Madrid avec la Reine son épouse, qui l'accompagna jusqu'à Barcelone, & se rendit à Naples le 16 Avril. Il y fut reçu avec des marques éclatantes d'une joye publique. Le Pape l'y fit complimenter par le Cardinal *Barberin*, Légat à *latere*. Le Roi, après avoir donné tous les ordres nécessaires pour la tranquillité de ce Royaume, en partit au mois de Juin, & prenant sa route par Livourne, Savonne & Final, arriva à Milan le dix-huit du même mois : il reçut en chemin les complimens du Grand-Duc de Toscane & de S. A. R. de Savoye.

DE L'ESPAGNE.

L'Italie étoit devenue le théâtre de la guerre : le Prince *Eugene* s'assura de Bersello, & prit ses quartiers dans le Parmesan, malgré le Duc de Parme, qui prétendoit que ses Etats étant un fief de l'Eglise, ce logement de troupes étoit une hostilité, qui attaquoit directement les droits du Saint Siege. Les Impériaux s'étant glissés dans Crémone par un vieil égoût, auquel on n'avoit point songé, tâcherent en vain de surprendre cette ville ; on les chassa, & ils perdirent près de deux mille hommes, mais ils enleverent le Maréchal de *Villeroi*, qu'ils firent prisonnier. Le Prince *Eugene* ayant mis son quartier à Luzara, fit brusquer les villes de Manticello, Brassello & le Bourg San-Domino. Le Duc de *Vendôme* étoit venu prendre le commandement de l'armée des deux Couronnes, à la place du Duc de *Villeroi*, qui étoit prisonnier. Elle étoit augmentée & faisoit près de cinquante mille hommes, lorsque le Roi *Philippe* y arriva. Le Prince *Eugene*, qui avoit beaucoup moins de monde, quitta Mantoue qu'il tenoit bloquée depuis quelque tems, se retira, & ne put empêcher le Duc de *Vendôme* de se rendre maître de Canete, & de Castiglione delle Stivere, dont les garnisons furent faites prisonnieres de guerre. *Visconti*, qui n'avoit pas voulu croire les avis qu'on lui donnoit de l'approche de vingt-cinq escadrons, & de quarante Compagnies de Grenadiers de l'armée ennemie, eut le chagrin de perdre trois Régimens de Cavalerie, & un de Dragons, qu'on lui défit à Santa Vittoria. Les Impériaux eurent environ huit cens hommes, tant morts que blessés.

Le Prince *Eugene* abandonna donc Mantoue, & tirant sur Borgoforte & Governolo, vers Luzara, il fit passer le Zere à son armée le 15 d'Août, & la mit en ordre de bataille sur une chaussée de pierre, le long du Pô, entre Crostolo & le Zere, dans le dessein de charger l'ennemi qui s'étoit posté près de Luzara. Le combat fut opiniâtre, & dura jusqu'à la nuit qui sépara les combattans. Le champ de bataille resta à l'Armée des deux Couronnes : les François y perdirent les Marquis de *Crequi* & de *Montandre*, avec le Comte de *Renel* ; les Imperiaux y laisserent le Prince de *Commerci*, & le Prince *Philippe de Dietrichstein*. Luzara fut prise ; la situation du lieu ne permit pas aux Impériaux de sauver cette Place, & Guastalla eut le même sort. Les armées furent assez long-tems fort près l'une de l'autre ; mais les François après avoir emporté d'assaut Borgoforte, se retirerent les premiers, & entrerent dans leurs quartiers d'hyver.

CHARLES III dispute la couronne à *Philippe* V.

Pendant le voyage d'Italie, l'Angleterre & la Hollande s'étoient déclarées en faveur de l'Archiduc, fils de l'Empereur *Leopold*. Ce jeune Prince qui prétendoit avoir seul droit à la Monarchie Espagnole, appuyoit fort sur la renonciation des Infantes qui auroient pu apporter quelque droit à la Maison de Bourbon, & prétendoit que le Testament étoit une piece fabriquée, pour autoriser l'usurpation que l'on vouloit faire d'une succession qui ne pouvoit appartenir qu'à lui. Il avoit pris la qualité de Roi d'Espagne, & se faisoit appeller CHARLES III. Les Flottes combinées d'Angleterre & de Hollande avoient tenté une entreprise en sa faveur sur les côtes d'Espagne, & tâché de surprendre Cadix.

Cette ville est regardée avec raison comme le boulevart de l'Espagne, & le centre du commerce des Indes : ainsi sa prise eut porté un coup bien funeste à *Philippe*; mais le projet échoua. Cette armée navale, après avoir pillé quelques Places, s'en retourna sans avoir rien fait d'important. Pour se dédommager de ce mauvais succès, elle attaqua la Flotte chargée d'argent qui s'étoit retirée à Vigo ; mais comme on avoit eu la précaution de décharger l'argent & de le porter assez avant dans les terres, elle n'en tira pas tout l'avantage qu'elle en esperoit.

Ce fut la raison qui pressa le retour du Roi *Philippe* à Madrid, où sa présence étoit nécessaire, pour y affermir son autorité, & s'opposer aux soulevemens qu'on tâchoit d'exciter dans le cœur du Royaume, en faveur de l'Archiduc.

Les Espagnols étoient maîtres de la campagne en Italie, & les Impériaux n'avoient point d'armée capable de leur faire tête. Le Prince *Eugene* étoit allé lui-même à Vienne pour solliciter un renfort, & avoit laissé le commandement au Comte de *Staremberg*. Le Duc de *Vendôme*, pour profiter d'une conjoncture si favorable, songea à couper les Impériaux, & à leur ôter la communication du Trentin, & par conséquent de l'Allemagne. Il s'empara pour cet effet de Borsello, de Carpi, & de Zelo; & entreprit même d'entrer dans le Trentin, pour se joindre à l'Electeur de Baviere. Le dessein ne réussit pas, & les Impériaux demeurerent en Italie. Ils se jetterent dans l'Etat de Venise, & s'y maintinrent. Pendant ce tems, *Philippe* V eut le chagrin de voir son beau-pere le Duc de Savoye abandonner son parti, & se ranger du côté de l'Archiduc. Le Général *Staremberg* trompa les François, & passant à travers le pays qu'ils occupoient, joignit le Duc, qui fut charmé d'avoir ce renfort, pour se mettre à couvert du ressentiment des deux Couronnes.

Le péril sembla redoubler pour *Philippe*, à l'arrivée de *Charles* en Portugal. Il n'y fut pas plutôt débarqué, qu'il fit répandre sur les frontieres d'Espagne un Manifeste, dont la substance étoit : » Qu'il arrivoit pour prendre » possession des Royaumes qui lui appartenoient, selon Dieu & la justice, » & pour délivrer ses sujets du joug rigoureux d'un Usurpateur ; qu'il ex- » hortoit tous les bons Espagnols à le venir trouver, &c. *Philippe* y répondit par un autre Manifeste, & en même-tems déclara la guerre au Roi de Portugal.

Dès le mois de Mai de l'année suivante, il marcha en personne, & prit sur le Portugal Salvaterra, Sarura, Cebreros, Rosmanios, Monsanto, Castelblanco, Montalvan, Portalegre, & quelques autres Places, qu'il ne garda pourtant pas long-tems. Le Prince de *Darmstadt*, qui avoit été Gouverneur de Barcelonne sous le regne précédent, y avoit des intelligences, & s'en voulut servir, pour se rendre maître de cette importante Place. Mais le dessein fut éventé à tems, & tout ce qu'il put faire, fut de se venger des habitans par quelques bombes qu'il fit jetter dans la ville.

D'un autre côté, les Espagnols perdirent Gibraltar, que les Flottes Angloise & Hollandoise aiderent à prendre, par capitulation. Le Marquis de *Villadarias* eut ordre du Roi *Philippe* d'y aller, & de faire tous ses efforts pour recouvrer cette Place. Le Maréchal de *Tessé* fut envoyé pour le seconder :

R ij

mais leur mesintelligence fut cause que le siege traîna jusqu'au mois d'Avril suivant, qu'ils furent obligés de le lever, après la perte d'une escadre que commandoit le Baron de *Pointis*. De cinq Vaisseaux qu'il avoit, la Flotte des Alliés qui étoit venu fondre sur lui avec trente-cinq Vaisseaux de guerre, lui en coula trois à fond. Les succès des Espagnols ne pouvoient être plus avantageux qu'ils étoient en Italie. Les Impériaux n'étant pas en état de leur faire tête, furent obligés de se retirer dans le Trentin. Le Pape même leur persuada d'évacuer le Ferrarois, d'où ils ne furent pas plutôt sortis, qu'il y fit entrer les François.

Les affaires du Roi *Philippe* ne s'avançoient pas avec le même bonheur en Espagne. Dès l'entrée de la campagne, les Alliés occuperent Valence, Alcantara, & Albuquerque ; ce qui fut comme le présage des conquêtes qu'ils firent dans la même année. *Charles* s'embarqua vers le mois d'Août, passa le Détroit, reçut les hommages de Gibraltar, & fit voile vers la Catalogne. Il débarqua le 22 du même mois entre Barcelone & Palamos, & attaqua le Fort Monjouï, où le Prince *George* de *Darmstadt* fut tué d'un coup de mousquet. Le Fort emporté, la ville se rendit, sans que le secours que *Philippe* y envoyoit, pût arriver à tems. La diversion que faisoit le Portugal n'étoit pas inutile aux Alliés. La contrée de Vic en Catalogne, & le Peuple du Royaume de Valence commencerent à pancher en faveur de *Charles*. Quoiqu'on leur eût interdit toute correspondance avec les Catalans, & défendu sous des peines très rigoureuses d'y transporter des vivres, la ville même de Valence, malgré les pressantes exhortations de son Evêque, se rendit à ce Prince ; à quoi contribua le Lord *Peterborough*, qui avoit rendu de bons services au siege de Barcelone. L'Arragon suivit bientôt le même exemple.

Les Impériaux ayant reçu du renfort, & se trouvant commandés par le Prince *Eugene*, recommencerent à menacer les Pays Espagnols. Ils trouverent de la difficulté à repasser du Trentin en Italie. Ce Prince fut obligé de conduire son armée avec bien de la peine par les montagnes du Bressan ; mais il ne put empêcher le Duc de *Vendôme* de s'assurer de quelques postes considérables. Le Prince *Eugene* prit sur les François, chemin faisant, Saint Oretto, passa la Riviere d'Oglio, & s'empara de Pont-Oglio, de Palazzuolo, de Soncino, d'Ostiano, de Canete, & de Malcaria. Il tâcha aussi de passer l'Adda, mais le Général François avoit trop bien pris ses mesures. Il essaya de passer près de Cassano, & n'y put réussir. Beaucoup de son monde qui étoit entré dans l'eau, & dont les armes étoient mouillées, y périt. Cette action fut meurtriere, & quoique le Prince eût, dit-on, demeuré près de trois heures sur le champ de bataille après le combat, la victoire resta aux François qui prirent Sancino. L'avantage qui en revint aux Alliés, ce fut d'avoir empêché le siege de Turin, par l'inquiétude qu'ils donnerent au Duc de *Vendôme*, qui se proposoit d'insulter cette Place, s'il n'eût pas eu besoin de ses troupes pour arrêter le Prince *Eugene*, dont les mouvemens l'amuserent.

Dans une situation si fâcheuse, le Roi *Philippe* comptoit bien faire tête à tous les dangers qui le menaçoient, pourvu qu'il reçût de France quelque secours effectif. Il lui vint un renfort de huit à dix mille hommes, que lui amena le Duc de *Noailles*. Ce secours entra dans la Catalogne par le Roussillon, en même tems que le Maréchal de *Tessé* y entroit par l'Arragon. Phi-

lippe, résolu de se mettre lui-même à la tête de cette armée, partit de Madrid le 23 de Février, pour commencer le siege de Barcelone, que le Comte de *Toulouse*, Grand-Amiral de France, devoit presser du côté de la mer, avec sa Flotte. La tranchée fut ouverte la nuit du 5 au 6 d'Avril. On pressa vigoureusement le siege, & le Fort Montjouï fut emporté. La Ville étoit réduite aux dernieres extrêmités ●*harles*, qui y étoit assiégé, ne pouvoit éviter d'être pris; & sa prise terminoit la guerre, lorsque la Flotte des Alliés, trompant le Comte de *Toulouse*, à la faveur de la nuit, débarqua aux assiégés un renfort de sept mille hommes. Comme d'ailleurs une puissante armée étoit prête à tomber sur les assiegeans, ils n'eurent point d'autre parti à prendre, que celui de lever le siege & de se retirer d'une Province où tous les habitans étoient du parti de *Charles*.

Les Portugais, commandés par le Marquis *Das-Minas* & par le Lord *Gallowai*, profitoient de l'éloignement des troupes, qui étoient alors presque toutes employées en Catalogne. Ils s'étoient rendus maîtres d'Alcantara, de Placentia, & de quelques autres villes, dont le Duc de *Berwick*, qui n'avoit qu'un petit corps d'armée, n'avoit pu retarder la perte. Rien ne les empêchoit d'aller à Madrid; le chemin leur en étoit ouvert. Ils ne prirent pourtant point ce parti, parce qu'ils ne sçavoient pas encore le succès du siege de Barcelone. Les premieres nouvelles qu'ils eurent de la levée de ce siege, les porterent à s'avancer vers Ciudad-Rodrigo, pour s'assurer de ce poste. Tout Madrid étoit dans la crainte, & la consternation y étoit generale. *Philippe* y arriva en poste, pour calmer un peu les esprits par sa présence; mais elle ne produisit pas long-tems cet effet. L'armée ennemie s'avançoit toujours de plus en plus sur Salamanque & Valladolid, & témoignoit assez qu'elle en vouloit à Madrid. Le Roi *Philippe* & toute sa Cour, dans une conjoncture qui lui laissoit si peu d'espérance, se retira vers la Navarre. Ses affaires paroissoient si desespérées, qu'on crut qu'il n'avoit d'autre dessein que de s'en retourner en France. Il sçut que ses troupes mêmes avoient cette pensée, & il les rassura, en protestant à la tête de son Camp, qu'il verseroit jusqu'à la derniere goute de son sang, plutôt que d'abandonner ses fideles sujets.

Cependant, la ville de Madrid, à l'approche de l'armée des Alliés, avoit proclamé Roi l'Archiduc, qui étoit alors en Catalogne : toutes les autres villes de Castille imiterent la Capitale. La Flotte des Alliés venoit de prendre Cartagene & Alicante. Les Généraux de l'armée qui venoit de proclamer *Charles* à Madrid, desirerent que, profitant de la disposition des peuples, ce Prince vînt par sa présence achever ce qu'ils avoient fait & affermir son autorité. Ils sçavoient trop combien les momens étoient précieux, pour voir sans inquiétude que son arrivée se differoit. Ils auroient voulu qu'il eût promptement reçu l'hommage de la Castille, & qu'on eût poursuivi l'ennemi, avant qu'il eût le tems de se remettre de sa premiere frayeur. *Charles* aima mieux croire le Comte de *Cifuentes*, qui lui conseilla de s'assurer du Royaume d'Arragon, dont le Peuple étoit bien intentionné pour lui, & de se rendre de-là dans la Castille. Il alla donc à Sarragosse, où il fut proclamé Roi. Le Roi *Philippe* alors reprit de nouvelles forces, & avec le renfort qu'il reçut, son armée, plus forte de vingt-cinq escadrons & de treize bataillons que celle des ennemis, parut aux portes de Madrid. Ceux-ci, qui avoient consumé

DE L'ESPA-
GNE.

leurs vivres, se retirerent sur les confins de Valence, pour couvrir ce Royaume, celui d'Arragon, la Catalogne, & pour se conserver en même-tems la communication avec la Flotte, & la facilité de retourner à Madrid, quand ils voudroient. Cependant les Alliés conquirent Majorque & Ivica, tandis que *Philippe* reprit Carthagene.

Ces progrès furent secondés par le ● de *Vendôme*, qui commandoit l'armée des deux Couronnes en Italie. Il tomba sur le Comte de *Reventlau*, Général des Impériaux, & lui fit laisser son artillerie & deux mille morts sur le champ de bataille. La joye qu'on eut en France de cet avantage fut bien diminuée par le mauvais succès du siege de Turin, & par la perte du Duché de Milan qui reconnut le Roi *Charles*. La Citadelle tint bon quelque tems; mais le Printems suivant, l'armée des deux Couronnes évacua le Milanez & la Lombardie. L'accord s'en fit le 13 Mars 1707. Cremone, Valence, la Mirandole, Mantoue, Salvinetta, Sestola, Final, Modene, &c. furent entièrement abandonnés. Les garnisons se retirerent à Suse; le Prince de *Vaudemont* & la Duchesse de *Mantoue* allerent en France. Le Duc son époux s'étoit déja rendu à Venise.

Évacuation de l'Italie.

1707.

La situation des affaires du Roi *Philippe* étoit bien différente en Espagne, & on reconnut alors le tort infini qu'avoit fait à *Charles* le trop long séjour qu'il fit en Arragon l'année précédente. L'armée des Alliés étoit enfermée de tous côtés, sans vivres, & sans munitions. Elle ne pouvoit attendre de secours que de la Flotte, & ce secours pouvoit tarder long-tems à venir. Le Duc de *Berwick* la serroit de près, & attendoit de nouvelles troupes. Dans cette extrêmité, les Generaux résolurent de l'attaquer, avant qu'il fût plus fort. Ils commencerent par ruiner les Magasins que l'ennemi avoit à Candete, à Yecla, & à Montalegre, & assiegerent Villena. Le Duc voulant dégager cette ville, il y eut une bataille près d'Almanza. La victoire long-tems disputée demeura aux Espagnols. Les Alliés y laisserent huit mille morts, deux mille prisonniers, tout leur canon, & une grande partie de leur bagage. Le Duc de *Berwick* perdit trois ou quatre mille hommes. Les débris de l'armée vaincue se retirerent vers la Catalogne, sous la conduite du Marquis *Das-Minas*, & du Lord *Gallowai*. Les Royaumes de Valence & d'Arragon furent réduits. *Philippe*, pour les châtier de l'inconstance qu'ils avoient fait voir à son égard, abolit leurs privileges, & les incorpora au Royaume de Castille (62). La ville de *Xativa* fit une résistance incroyable : on la prit néanmoins, & elle fut rasée. Sur le lieu où elle avoit été, on dressa une colonne avec cette inscription : ICI A ÉTÉ UNE VILLE APPELLÉE *XATIVA*, QUI, EN PUNITION DE SA TRAHISON ET DE SA RÉVOLTE CONTRE SON ROI ET SA PATRIE, A ÉTÉ RAZÉE JUSQU'AUX FONDEMENS.

Bataille d'Almanza.
Le 25 Avril.

1707.
L'Arragon incorporé à la Castille.

Depuis la bataille d'Almanza, le Duc d'*Orleans* étoit venu prendre le commandement de l'armée Espagnole. Il se rendit maître de Lerida, pendant que le Duc de *Noailles* prenoit Cerdagzie, Llivia, & Puicerda. Du côté du Portugal, Ciudad-Rodrigo rentra sous la domination Espagnole; & pour

---

(62) Comme beaucoup de noblesse & une partie du peuple, étoient demeurés fideles à *Philippe*, malgré la séduction générale, le Roi quelque tems après déclara les Arragonois & ceux de Valence habiles à posséder des charges dans le reste de la Monarchie.

mettre le comble aux prospérités de *Philippe*, sa joye fut redoublée par la naissance d'un fils, qui fut nommé *Louis-Philippe*, Prince des Asturies. Ce Prince nâquit le vingt-cinquiéme d'Août.

Le parti de *Charles* augmentoit en Italie, à mesure qu'il diminuoit en Espagne. Le Comte de *Thaun* eut ordre d'avancer avec une armée du côté de Naples, pour réduire ce Royaume. Le Pape eut la mortification de ne pouvoir lui refuser un passage par les Etats de l'Eglise. Le Comte étant arrivé sur les confins du Royaume, détacha *Vaubone* vers Capoue, pendant qu'il continuoit sa marche vers la Capitale, qui lui ouvrit ses portes. La garnison de la Citadelle fut faite prisonniere de guerre. Le Vice-Roi, accompagné du Duc de *Brisaccia*, & du Prince de *Cellamonte*, se sauva à Gaette. On les y poursuivit, la ville fut prise, & on les ramena prisonniers dans le Château de Naples. Orbitello se rendit aussi aux Impériaux; & le Roi *Philippe* n'eût bientôt plus rien en Italie, que les Isles.

La campagne suivante ne répondit pas en Espagne au bonheur que la précédente sembloit promettre. Le Duc d'*Orleans* ne put faire que le siege de Tortose; & les Portugais firent si bien tête au Marquis de *Bai*, qu'il n'osa rien entreprendre. Ils eurent au contraire quelque avantage dans l'Andalousie. L'Amiral *Leake* acquit la Sardaigne au Roi *Charles*, avec le secours de quelques Montagnards qui prirent les armes. On prétend aussi que Minorque & Port Mahon ne coutérent que sept hommes aux Alliés.

Les négociations de paix ayant commencé l'an 1709, les Préliminaires, dont l'acceptation fut exigée de la France avant toute chose, contenoient un article fort préjudiciable au Roi *Philippe*: on vouloit qu'il abandonnât sans réserve toute la Monarchie d'Espagne. Une proposition si générale entraînoit nécessairement un refus. Ses troupes entrerent dans le Château d'Alicante, & battirent à Badajox les Portugais, dont la Cavalerie soutint mal l'infanterie. Ceux-ci secoururent la Place d'Olivença, que les Espagnols bloquoient. *Staremberg*, Général des Impériaux en Catalogne, passa la Segre à la vûe des ennemis, & leur prit Balaguer. *Philippe* vint joindre son armée, dans le dessein de donner bataille; mais il changea de pensée, quand il vit que les ennemis étoient dans une disposition trop avantageuse.

Le Pape, déclaré en faveur de *Philippe*, avoit été forcé de reconnoître *Charles* pour Roi d'Espagne. Les logemens que les Impériaux avoient pris dans l'Etat de l'Eglise, avoient arraché de ce Pontife une reconnoissance si contraire à son inclination. Le Roi *Philippe* néanmoins en eut tant de ressentiment, qu'il fit ordonner au Nonce de sortir de Madrid, fit fermer la Nonciature, & défendit tout commerce avec Rome: ce fut tout ce que produisit cette espece de rupture. La déclaration du Pape n'eut point d'influence sur l'Espagne, où *Philippe* avoit le dessus. Il vint même en personne assieger Balaguer, après avoir fait arrêter le Duc de *Medina-Celi*. Ce siege ne réussit point, mais ses troupes occuperent Estadilla & Calaf. Le Marquis de *Bai* lui soumit Mirande, dans la Province de Tra-os-Montes. *Charles* ayant reçu un secours, & le Duc de *Noailles* au contraire ayant été obligé d'envoyer un détachement de ses troupes en Languedoc, parce qu'on y étoit menacé d'une descente, dont le but n'étoit qu'une diversion projettée pour dégager l'Archiduc, vit ses affaires sur le point de se rétablir. Le Général *Stanhope* défit

De l'Espagne.
Naissance du Prince des Asturies.
Naples reconnoît Charles III.

Bataille de Badajox.

1710.

DE L'ESPA-
GNE.

Bataille de Saragosse.

la Cavalerie Espagnole près d'Almenara, & réduisit l'armée ennemie à se retirer avec précipitation vers Lérida. Cet avantage fournit aux Alliés une étendue de pays, qui leur ouvroit le chemin de la Castille. *Philippe*, qui craignoit qu'on ne le lui fermât, voulut gagner Saragosse. *Charles* l'y suivit, & il se donna une bataille qui sembloit devoir décider de la Monarchie Espagnole. Les deux Couronnes y perdirent douze pieces de canon, tout le bagage, soixante-douze drapeaux, quinze étendarts, & quelques mille prisonniers. *Philippe* se hâta d'aller presque seul à Madrid ; il fit marcher son armée vers la Navarre, & sa Cour à Vittoria. *Charles*, assuré de l'Arragon & de la Castille par cette victoire, se rendit à Madrid, & de-là à Tolede qui lui ouvrit ses portes, & où il rendit visite à la Reine Douairiere.

Pendant que les Portugais, au lieu d'agir avec vigueur, se remuoient assez lentement, *Philippe* avoit reçu de nouveaux secours, & marchoit droit à Madrid. *Charles* en partit avec sa Cour, & se retira vers la Catalogne. Son armée se posta dans l'Arragon, & fouragea le pays d'autour Madrid & Tolede. Mais pour avoir de quoi subsister, il fallut marcher par colonnes. Ce fut dans cet ordre que les Anglois arriverent à Brihuega, ville murée, où les Espagnols les enveloperent de tous côtés. L'attaque & la résistance furent également vives : mais le Général *Stanhope*, après avoir fait son devoir, fut obligé de se rendre prisonnier de guerre avec le corps qu'il commandoit, consistant en huit bataillons & huit escadrons. Le Comte de *Staremberg*, qui arriva à son secours dans le tems même qu'il se rendoit, ignorant cette circonstance, livra une bataille où il fit des prodiges de valeur. Le combat dura depuis trois heures après midi, jusqu'à la nuit avec un acharnement égal. Les Impériaux laisserent sur le champ de bataille 3000 hommes, un pareil nombre fut fait prisonnier, outre 2000 & presque toute la cavalerie, que Don *Joseph Vallejo* prit dans la fuite. Après la reddition des Anglois, les Impériaux se retirerent dans l'Arragon.

Bataille de Villa Viciosa.

L'an 1711 les Espagnols entrerent en campagne assez tard ; le Général *Staremberg* les prévint, & se posta près de Prato del Rei, où le Duc de *Vendôme* le canonna, sans rien entreprendre de plus. Le Duc de *Noailles* obligea la garnison de Gironne à capituler. Le Marquis de *Bai* fit peu de chose contre les Portugais, & Miranda de Duero fut reprise.

Charles devient Empereur.

La mort de l'Empereur *Leopold*, arrivée dès le 5 Mai 1705, n'avoit rien changé aux affaires de l'Espagne. *Joseph* l'aîné de ses fils lui avoit succedé, & avoit agi efficacement pour *Charles* son frere. Les Alliés n'avoient rien ralenti de leur premiere ardeur pour ses intérêts. Mais *Joseph* lui-même étant mort le 17 Avril 1711, sans laisser de fils, les Electeurs donnerent leurs suffrages à l'Archiduc *Charles*, qui en qualité d'Empereur fut le sixiéme de ce nom. Ce Prince, obligé de quitter l'Espagne pour mieux ménager ses intérêts en Allemagne, partit de Barcelone vers le quinze de Septembre, aborda à Genes, & de-là s'étant rendu à Milan, y apprit son Élection à la Couronne Impériale. Après s'être abouché avec le Duc de Savoye, il se rendit à Francfort, pour se faire couronner ; mais il laissa l'Impératrice son épouse en Catalogne, comme un gage qu'il n'abandonnoit point ses prétentions sur l'Espagne. *Philippe* tira de grands avantages de ce changement.

1711.

1712.

Les négociations de paix avoient recommencé. L'Angleterre, qui jusques-là n'avoit combattu que pour maintenir la balance de l'Europe, commença de se refroidir sur les intérêts d'un Prince qui lui devenoit formidable, s'il pouvoit joindre à la dignité Impériale tous les Etats héréditaires de la Maison d'Autriche & ceux de l'Espagne. Le Ministere d'alors ne balança point à faire la paix. *Louis XIV* la souhaitoit depuis trop longtems, pour ne lui pas sacrifier tout, excepté son petit-fils. Elle se conclut enfin à Utrecht entre *Philippe* & les Puissances qui étoient en guerre, à l'exception de l'Empereur, qui refusa de consentir à aucun accommodement, à moins d'une cession de toute l'Espagne. Ses Alliés y stipulerent, que les Couronnes de France & d'Espagne ne pourroient jamais être réunies sous un même Souverain; que le Roi Philippe renonceroit pour lui & pour sa postérité à la Couronne de Prince; que de la part de la France les Princes renonceroient de même à la Couronne d'Espagne pour eux & leur postérité; qu'au défaut du Roi Philippe & de sa postérité, la Monarchie d'Espagne seroit dévolue au Duc de Savoye & à ses descendans mâles. On convint en même-tems que ce Duc auroit dans la suite, en toute propriété, le Royaume de Sicile: que Naples, Milan, la Sardaigne, & généralement l'Italie jouiroient d'une parfaite neutralité, & demeureroient dans l'état où elles se trouvoient alors; que la Catalogne seroit évacuée, & les troupes Impériales conduites ailleurs. Sa Majesté Catholique accepta le parti de la renonciation, qu'elle fit solemnellement à Madrid, en présence du Ministre d'Angleterre. Du côté de la France les Ducs de Berry & d'Orléans autorisés par le Roi Louis XIV, donnerent leurs Actes de renonciation à la Couronne d'Espagne. Enfin comme *Philippe* ne s'opposa à aucune des mesures que l'Angleterre & la Hollande jugerent à propos de prendre pour la sureté de leurs Etats & de leur commerce, il fut reconnu de nouveau par ces deux Puissances, en qualité de Roi Catholique des Espagnes & des Indes.

Le Roi dès l'année précédente s'étoit accommodé avec le Portugal, & avoit commencé par lui accorder une suspension d'armes pour quatre mois, que l'on prolongea de terme en terme.

L'Empereur, qui n'avoit point voulu avoir part à la paix d'Utrecht, occupoit toujours les Etats du Duc de Baviere. On avoit proposé d'abord de donner le Royaume de Sardaigne à cet Electeur; mais on trouva plus convenable de le faire Souverain des Pays-bas. On le mit donc en possession de (63) Namur & de Luxembourg.

Dans le Traité qui regardoit l'évacuation de la Catalogne, l'Empereur eût bien souhaité qu'on y stipulât que les Privileges de cette Province lui seroient confirmés. Le Roi exigea qu'ils se remissent à sa discrétion, & ne voulut point que les plus obstinés rebelles de son Royaume lui fissent une loi d'une grace qu'ils ne pouvoient esperer que de sa clémence. Il y avoit autant de générosité à l'Empereur de soutenir des gens qui avoient tout risqué pour lui, que d'extravagance aux Catalans de se flater qu'ils forceroient leur Monarque, à qui ils ne pouvoient échaper, à les traiter comme s'ils eussent été les plus fideles de ses sujets. La Reine d'Angleterre promit d'intercéder

DE L'ESPAGNE.
Philippe fait la Paix avec l'Angleterre & la Hollande.

1713.

1713.

―――――
(63) Ce Prince en donna dans la suite sa démission à l'Empereur, & rentra dans son Electorat.

DE L'ESPA-GNE.

pour eux, & le fit; mais par leur perféverance dans la révolte, ils perdirent tout le fruit de ses bons offices. L'Amiral *Wishart* eut ordre de contribuer à les réduire, & d'exiger d'eux le payement des munitions qu'ils avoient enlevées d'un vaisseau Anglois, pour être plus en état de défense. *Wishart* les exhorta de se contenter de ce que le Ministre de la Grande-Bretagne à Madrid pourroit obtenir pour eux. On obtint seulement une Amnistie; quant aux Privileges, la Cour persista fermement à exiger que les Catalans se rendissent à discretion. Barcelonne en conséquence fut assiegée, & la tranchée ouverte le 12 Juillet. La ville, presque réduite à l'extrêmité, representa à l'Amiral Anglois tout ce qu'elle avoit fait pour le Roi *Charles*, & par consideration pour la Reine d'Angleterre. Ils le prierent de faire au moins cesser les hostilités jusqu'au retour d'un Exprès qu'ils vouloient encore envoyer à Londres. Priere inutile: il s'agissoit de rendre le calme à l'Espagne. *Louis* XIV, qui venoit de faire sa Paix avec l'Empire, & qui sentoit ses forces diminuer chaque jour, étoit bien aise de voir avant sa mort la tranquillité rendue à l'Europe. Il avoit donné ordre au Duc de *Berwick*, de presser la réduction de cette Place. Les habitans se défendoient en desesperés. Quand ils virent qu'il n'y avoit rien à espérer de l'Angleterre, ils porterent sur un Autel l'assurance par écrit que la Reine leur avoit autrefois donnée pour le maintien de leurs franchises, comme pour rendre Dieu témoin & vangeur du peu de foi dont on usoit envers eux; mais ils ne purent éviter de rentrer sous la domination Espagnole. L'Assaut général fut donné le 11 Septembre, & après une résistance opiniâtre, ces rebelles furent forcés de se rendre à discretion. On leur donna la vie sauve & les biens, à condition qu'ils livreroient Cardonne, & contribueroient à faire rentrer les Insulaires de Majorque dans le devoir.

1714.

Marie-Louise-Gabrielle de Savoye, Reine d'Espagne, mourut en 1714, & la même année le Roi épousa *Elisabeth Farnese*, fille d'*Edouard* II, Duc de Parme, née le 25 Octobre 1692. *Jules Alberoni*, Prêtre Italien, qui s'étant attaché au Duc de *Vendôme* durant ses campagnes d'Italie, l'avoit suivi en France & en Espagne, eut beaucoup de part à ce choix. La Reine lui en marqua sa reconnoissance par un chapeau de Cardinal qu'elle lui procura, & par une confiance qui l'éleva bien-tôt à la Dignité de premier Ministre.

L'Empereur, en évacuant la Catalogne par nécessité, n'avoit fait encore aucun acte par lequel il renonçât à ses prétentions sur l'Espagne. C'étoit plutôt une trève entre les deux Rivaux, qu'une paix entièrement reglée. La neutralité de l'Italie, ménagée par la France, les empêchoit à la vérité de s'attaquer; mais l'esprit d'hostilité subsistoit toujours. Les Allemands, en quittant la Catalogne, le firent de très mauvaise grace, & tâcherent d'y laisser des semences de révolte, dont ils espéroient de profiter un jour. La Chancellerie Impériale, dans les Décrets destinés, soit pour l'Italie, soit pour les Pays-bas, employoit des expressions peu mesurées, où souvent même injurieuses à la Couronne & à la personne de *Philippe*. Le Cardinal *Alberoni*, parvenu au Ministere, regarda la neutralité de l'Italie, moins comme un Traité qui établissoit la sûreté réciproque des deux Partis, que comme un sacrifice que l'on avoit fait des droits du Roi à un ennemi qui avoit mal rempli ses engagemens.

DE L'UNIVERS. Liv. I. Chap. I.

Les Vénitiens, attaqués par le Turc, demandoient par-tout du secours. L'Empereur entra dans leur querelle. Le Pape sollicita la Cour d'Espagne de joindre ses forces à celles de cette République: pour mieux l'y engager, elle lui accorda le droit de lever deux millions & demi sur les biens Ecclésiastiques des Indes, & cinq cens mille ducats sur le Clergé d'Espagne. Le Cardinal arma une Flotte, qui sauva Corfou, & fit des apprêts encore plus grands pour l'année suivante: mais cet armement avoit un objet bien différent de ceux qu'on lui donnoit en public. *Alberoni* jugeoit, que les circonstances ne pouvoient être plus favorables pour recouvrer les deux Siciles & la Sardaigne, dont il regardoit la réunion comme le chef-d'œuvre de son Ministere. On avoit cedé les Royaumes de Naples & de Sardaigne à l'Empereur, pour l'engager à laisser au Roi d'Espagne la Catalogne & l'Isle de Majorque; & il avoit fallu que *Philippe*, pour s'en remettre en possession, en fît la conquête. La Sicile avoit été donnée au Duc *de Savoye* par les Alliés de l'Empereur; & on travailla quelque tems à engager ce Prince dans une alliance qui tendoit à conquérir à frais communs le Milanez, qu'il garderoit, en rendant la Sicile à la Couronne d'Espagne.

La Flotte Espagnole mit à la voile, & conquit aisément le Royaume de Sardaigne. Ce coup allarma les Puissances maritimes. La Grande-Bretagne & la France firent entre elles le Traité de la quadruple alliance, conclu à Londres le 2 d'Août 1718. Elles avoient déja fait l'année précédente le Traité de la triple alliance, pour la sureté de leurs propres Etats. Elles firent dans le dernier un projet de Traité entre leurs Majestés Impériale & Catholique, & accorderent à l'Empereur ce que ses prédecesseurs n'avoient jamais pu obtenir. Les Duchés de Parme & de Plaisance, qui avoient toujours été reconnus pour Fiefs du Saint Siege, y furent déclarés Fiefs masculins de l'Empire à perpétuité, ainsi que les Etats du grand Duc de Toscane. Et comme les Ducs de Toscane & de Parme étoient privés l'un & l'autre de l'espérance d'avoir des enfans, on en assura la succession au fils aîné de la nouvelle Reine d'Espagne. Dans ce Traité le Duc de Savoye perdit le titre de Roi de Sicile, & acquit celui de *Roi de Sardaigne*, qui a passé jusqu'à son fils.

L'Espagne ne se borna pas à la Sardaigne: sa Flotte fit un débarquement en Sicile, & prit possession de Palerme le 5 Juillet. Le Cardinal tâcha d'insinuer à la Cour de Turin, qu'il ne se saisissoit de cette Isle que pour prévenir les desseins de l'Empereur qui songeoit à s'en rendre maître. Tout ce qu'il gagna par ce manege, ce fut que le Roi de Sardaigne acceda au Traité de la quadruple alliance, qui devint alors véritablement quadruple. Car on ne l'avoit ainsi nommée d'abord, que parce qu'on avoit supposé que les Etats Géneraux n'hésiteroient pas à s'y joindre; mais ils n'y accéderent qu'après un délai, que le Marquis *Beretti-Landi*, Ambassadeur d'Espagne, prolongea autant qu'il lui fut possible.

L'Espagne attaquoit la Sicile si vivement, qu'elle auroit réussi à joindre cette conquête à celle de la Sardaigne. Mais l'Angleterre s'en mêla, & après quelques menaces, envoya sa Flotte, qui remporta une victoire d'autant plus facile, que les Espagnols n'avoient pas compté d'avoir cet ennemi à combattre. Ce fut un engagement qui rompit toutes les négociations avec l'Angleterre. La France, sollicitée par ses Alliés, auroit peut-être résisté en-

DE L'ESPAGNE.

1716.

1718.

S ij

DE L'ESPA- core quelque-tems à leurs inſtances : mais le Cardinal *Alberoni* pouſſa à bout
GNE. le Duc d'*Orleans*, Régent du Royaume, par les intrigues que forma le Prince
de *Cellamare*, Ambaſſadeur en cette Cour. Les deux Miniſtres Eſpagnols vouloient profiter des mécontentemens du Peuple, des Parlemens, & de la
Nobleſſe qui étoient alors aſſez publics. Leur projet étoit de ſoulever les
Provinces, de procurer la tenue des Etats Géneraux, & d'y faire ordonner
1719. la réformation des abus de la Régence. L'Abbé *Porto-Carrero*, Eſpagnol, fut
arrêté à Poitiers. Les lettres dont il étoit chargé découvrirent au Régent tout
le péril qu'il couroit. L'Ambaſſadeur après avoir été gardé quelque-tems à
vûe fut renvoyé en Eſpagne, & la guerre fut déclarée entre les deux Couronnes.

Par le Manifeſte que publia le Régent, on voit qu'il s'étoit engagé de faire
reſtituer Gibraltar au Roi d'Eſpagne. Outragé par la conduite du Cardinal
Miniſtre, il ſe joignit à l'Empereur & à l'Angleterre. On vit alors ce qu'on
n'auroit pas jugé poſſible ſept ou huit ans avant cette époque, la France li-
guée avec les Maiſons d'Autriche & d'Hanowre, contre un Roi d'Eſpagne
fils de France. La choſe arriva pourtant, & l'armée de France attaqua la
Biſcaye.

La République des Provinces-Unies étoit devenue le centre des négociations, & en quelque maniere la Médiatrice entre l'Eſpagne & les Alliés de la
quadruple alliance. On travailla preſque toute l'année 1719 à tout pacifier.
Mais ce qui avança le plus cette grande affaire, fut la diſgrace d'*Alberoni*.
Ce Miniſtre oublia les obligations qu'il avoit à la Reine d'Eſpagne, & força le Roi non-ſeulement à lui ôter ſa confiance, mais encore à le faire ſortir du Royaume.

Philippe, rendu à lui-même, revint aiſément aux termes où le vouloient
ſes véritables amis. La Hollande le preſſoit de terminer une guerre, qui
pouvoit plonger encore une fois l'Europe dans de longs malheurs. Il voulut
ajouter quelques conditions au Traité que les Alliés de la quadruple alliance avoient minuté. Les principales étoient, d'une part, la reſtitution de
Port-Mahon & de Gibraltar, déja promiſe par la France ; de l'autre, la ſucceſſion de Don *Carlos* aux Duchés de Parme & de Plaiſance, & à celui de
Toſcane. L'acceſſion ſe fit le 26 de Fevrier 1720, à Madrid, & à la Haye le
27 Fevrier ſuivant. On remit les additions & les changemens que demandoit le Roi d'Eſpagne, à la diſcuſſion des Miniſtres qui devoient s'aſſembler pour ſigner une paix génerale. Le Congrès fut indiqué à Cambrai. Les
Miniſtres de France & d'Angleterre y faiſoient l'office de Médiateurs.

1721. L'Eſpagne & la France, l'année ſuivante, s'unirent par un double mariage.
Le Régent ménagea celui du Roi Louis XV, avec l'*Infante Marie*, née du
ſecond lit le 31 Mars 1718 ; & celui du Prince des *Aſturies* avec Mademoiſelle de *Montpenſier* ſa fille. Ces deux alliances ſembloient établir, entre
les deux Cours, une liaiſon à l'épreuve des évenemens. On en douta moins
que jamais, lorſqu'après l'échange des deux Princeſſes, qui ſe fit au commencement de 1722, on vit la même année le Régent conclure le mariage
de Mademoiſelle de *Beaujolois* ſa cinquiéme fille, avec Don *Carlos*, fils aîné
de la Reine d'Eſpagne. La bonne intelligence affermie entre les deux Cours, &
leur union avec celle d'Angleterre, étoient pour *Philippe* des gages en apparence

bien sûrs de l'entier accomplissement des espérances qu'on lui avoit données. Elles s'évanouirent pourtant. L'Empereur amusa longtems le tapis par les Investitures promises à Don *Carlos*, il s'en fit plusieurs projets, que l'on changea & qu'on réforma plus d'une fois. Le Roi de la Grande Bretagne ménageoit la Cour de Vienne, dont il avoit besoin pour en obtenir l'investiture des nouveaux Etats qu'il avoit acquis en Allemagne, & par d'autres motifs que nous expliquons ailleurs. De plus, ce Prince, pressé par le Duc *Régent* de remettre Gibraltar & Port-Mahon au Roi d'Espagne, à qui on les avoit promis, ne trouvoit pas le Parlement disposé à se dessaisir d'une acquisition qui avoit couté si cher à la Nation, & qui en faisoit fleurir le commerce dans la Méditerranée.

DE L'ESPAGNE.

On en étoit encore à des négociations épineuses, qui se traitoient moins à Cambrai que dans les Cours mêmes, lorsque le Duc d'Orleans mourut subitement le 2 de Décembre 1723. Cette mort apporta dans le Ministere de France un changement, dont nous verrons bien-tôt les effets.

L'année 1724 commença en Espagne par un évenement qui surprit toute l'Europe. Le 15 de Janvier, le Roi étant au Palais de Saint-Ildefonse, signa son abdication (64). Il y déclare, qu'*ayant depuis quatre ans fait de sérieuses & mûres réflexions sur les miseres de cette vie, & se rappellant les infirmités, les guerres & les troubles qu'il a plû à Dieu de lui faire éprouver dans les 23 années de son regne; considérant aussi, que son fils aîné, Prince juré d'Espagne, se trouve dans un âge suffisant, déja marié, & avec la capacité, le jugement & les qualités propres pour régir & gouverner avec succès & justice cette Monarchie, il a résolu d'en abandonner absolument la jouissance & la conduite, y renonçant, & à tous les Etats, Royaumes & Seigneuries qui la composent, en faveur dudit Prince* Don Louis *son fils aîné*, &c. L'abdication se fit solemnellement le 16, & le nouveau Roi fut proclamé dans le Conseil. Il se rendit le 19 à Madrid, où il prit possession du Palais, & son entrée fut accompagnée des acclamations du peuple. La proclamation publique se fit avec les cérémonies ordinaires dans cette Capitale, le 9 Fevrier.

Abdication de PHILIPPE.
LOUIS I.
1724.

Tout changea de face à Madrid. Le Marquis de *Grimaldo*, Ministre, successeur du Cardinal *Alberoni*, imita le Roi, & le suivit dans sa retraite. Un Roi né Espagnol, donnoit à tout le Royaume les plus douces espérances d'un regne heureux. Mais ce Prince mourut le 31 d'Août suivant, de la petite verole.

Sa mort.

Les Conseils assemblés statuerent, que le Roi *Philippe* seroit supplié de reprendre le Gouvernement, & qu'on lui representeroit le besoin que l'Etat avoit de ses soins. Des Théologiens déclarerent, que l'abdication étoit anéantie par la mort du Prince en faveur de qui seul elle avoit été faite, par l'incompétence de l'âge de ses freres, & par la cessation des circonstances où des motifs qui y avoient donné lieu. D'autres Théologiens furent d'un sentiment opposé. Cependant, le salut de l'Etat, qui est la Loi souveraine, l'emporta sur toute autre considération. *Philippe*, à qui sa piété seule avoit fait abandonner la Couronne, la reprit par un principe de piété, comme Roi na-

PHILIPPE V. reprend la Couronne.

(64) Le Lecteur a eu lieu de remarquer combien ces abdications ont été fréquentes depuis l'origine de la Monarchie; ou en trouvera peu d'exemples ailleurs.

S iiij

turel & propriétaire ; se réservant la liberté de remettre le Gouvernement à son second fils, dès qu'il seroit en âge de gouverner. Au mois de Novembre suivant, il le fit reconnoître *Prince des Asturies*, par les *Cortes*.

La mort du Duc d'*Orleans* ayant laissé en France le Ministere vacant, le Duc de *Bourbon* le demanda, & l'obtint. Ce Prince s'embarrassa peu de la parole que le Duc son prédécesseur avoit donnée au sujet de la restitution de Gibraltar, & ne crut pas devoir insister beaucoup sur une condition que la Nation Angloise ne vouloit point absolument écouter. En vain l'Espagne insistoit sur une promesse, sans laquelle elle n'auroit point accedé au Traité de la quadruple alliance ; ses remontrances furent inutiles. Un autre incident acheva de brouiller les deux Cours.

La maladie de *Louis* XV, jointe à l'exemple effrayant de la mort de *Louis* I, Roi d'Espagne, firent craindre que le jeune Roi ne vécut pas assez pour laisser des héritiers, à cause de la trop grande jeunesse de son épouse. Le Duc de *Bourbon* lui en chercha une autre, & renvoya l'Infante à Madrid. La maniere dont se fit ce renvoi irrita le Roi d'Espagne, & il rappella ses Plénipotentiaires. Ainsi finit l'inutile congrès de Cambrai.

Le Baron de *Riperda*, autrefois Ambassadeur des Provinces-Unies à Madrid, avoit quitté leur service, & s'étoit donné au Roi d'Espagne. Il proposa dans ces circonstances une paix particuliere avec l'Empereur, & la négocia secrétement à Vienne. Il y eut quatre Traités. Le premier, du 30 Avril, est proprement le Traité de paix entre l'Empereur & l'Espagne. Aux termes de ce Traité, la France & l'Espagne ne sçauroient être réunies ; l'Espagne céde le droit de reversion, qu'elle s'étoit réservé sur la Sicile : on accorde à Don *Carlos*, fils aîné de la Reine d'Espagne, la succession éventuelle des Duchés de Toscane, de Parme & de Plaisance : la ville de Livourne doit demeurer un Port franc, à perpétuité : on confirme la Sardaigne à la Maison de Savoye. Le traité du premier Mai est entre le Roi d'Espagne & l'Empire. Le troisiéme, du même jour, est un Traité de Commerce entre leurs Majestés Impériale & Catholique. Le dernier enfin est un Traité d'alliance défensive entre ces deux Souverains.

Cette négociation déplût également à la France, à l'Angleterre, & à la Hollande. La premiere vit avec jalousie, les sommes que l'Espagne s'obligeoit de fournir à l'Empereur. L'Angleterre ne fut pas plus contente des avantages que l'Empereur avoit obtenus pour son Commerce ; & comme elle sçavoit que l'Espagne souhaitoit absolument la cession de Gibraltar, elle se douta bien, qu'étant délivrée de la crainte des armes Imperiales, elle en tenteroit la Conquête. La Hollande avoit plus de sujet encore de se plaindre. L'Empereur, possesseur des Pays-bas, avoit établi à Ostende une Compagnie des Indes, qui commençoit un Commerce maritime contraire aux engagemens des Traités ; & par celui de Vienne, le Roi d'Espagne, à qui l'on avoit exposé les projets de cette Cour comme des droits incontestables, avoit accordé sa faveur & sa protection à cette nouvelle Compagnie. L'Empereur & le Roi d'Espagne, ainsi bien unis, parurent au reste de l'Europe une Puissance formidable. La France & la Grande-Bretagne lui opposerent une autre alliance, qui fut conclue à Hanowre, au mois de Septembre de la même année. Le Roi de Prusse étoit une des Parties contractantes, mais il s'en retira dans la suite. Les Etats Géneraux y accéderent; mais à des conditions qui firent connoître qu'ils ne se prêtoient qu'à la nécessité de défendre la sûreté & la tranquillité de l'Europe.

DE L'ESPAGNE.

Quoique cette paix avec l'Empereur & l'Empire ne fût rien moins qu'avantageuse à l'Espagne, le Baron de *Riperda*, qui l'avoit négociée, en fut récompensé magnifiquement. Il laissa son fils à Vienne, & se rendit à Madrid, où il reçut tous les honneurs imaginables. Il fut fait Duc & Ministre d'Etat, il voulut alors s'attribuer une autorité semblable à celle qu'*Alberoni* avoit eûe : il changea la plûpart des Conseils, & voulut même y présider. Il se rendit si odieux aux Grands & à toute la Nation, qu'il ne se crut bientôt plus en sûreté. Dès le 31 Mai 1726, il pria le Roi d'accepter la démission de ses emplois. Elle lui fut accordée le lendemain, avec une pension ; & le 15 il se rendit à la Cour, où il remercia le Roi. L'effroi le prit alors, & craignant d'être arrêté, il se réfugia chez M. *Stanhope*, Ambassadeur de la Grande Bretagne. Une conduite si irréguliere le déclara criminel. La Cour le fit enlever, & conduire dans un Château. Ce fut un nouveau grief pour celle de la Grande Bretagne, & qui rompit la bonne intelligence qui avoit subsisté entre l'Espagne & cette Couronne, sur-tout depuis les Traités conclus à Madrid le 13 Juin 1721. Après la disgrace de *Riperda*, M. d'*Orendayn*, Marquis de la Paz, fit les fonctions de Ministre d'Etat, & il fut revêtu de ce caractere dans la même année, par la démission qu'en fit le Marquis de *Grimaldo*, qui, après être revenu avec le Roi, reprit enfin le parti de la retraite.

Le Duc de *Riperda*, dans le tems de son ministere, avoit travaillé à se faire une protection en Angleterre pour s'y retirer, au sortir d'un poste qu'il ne comptoit pas garder long-tems. La Cour de Londres, instruite par ce Ministre & par d'autres voyes, que celle de Madrid se disposoit à se ressaisir de Gibraltar, qu'elle regardoit comme un bien acquis par son accession à la *Quadruple Alliance*, arma une Flotte pour empêcher le retour des Gallions, & mettre ainsi l'Espagne hors d'état de fournir à l'Empereur les subsides stipulés entre eux. Les hostilités commencerent en Amérique : les Anglois y firent de grandes pertes, & le retardement des Gallions ne nuisit gueres moins aux étrangers, qui y avoient des intérêts, qu'aux Espagnols mêmes. Ils ne purent cependant empêcher l'Amiral *Castagneta* d'amener vingt-deux Vaisseaux à Cadix; & l'état de guerre fut un prétexte suffisant pour empêcher la distribution des effets aux Ennemis.

1727.

Le Roi, voyant la guerre commencée en Amérique, n'hésita plus à faire assieger Gibraltar. Mais cette Place avoit été pourvue à tems. L'Empereur ne donnoit aucun secours ; les Alliés de l'Angleterre menaçoient de se joindre à elle, si ses forces seules ne suffisoient pas, & au cas que l'Espagne s'obstinât à refuser leur médiation. D'ailleurs, on travailloit à Paris pour ménager une paix génerale, qui réformât ce que le Traité de Vienne avoit d'irrégulier. On convint enfin des Préliminaires ; le Congrès fut de nouveau indiqué à Soissons, & le siege de Gibraltar fut levé.

L'année 1728 se consuma en négociations, pour regler la réparation des dommages que la Grande Bretagne prétendoit avoir soufferts en Amérique de la part des Espagnols, & pour amener l'Empereur aux changemens que l'on exigeoit de lui, dans les mesures prises pour assurer à Don *Carlos* la succes-

1728.

sion aux Duchés de Toscane & de Parme. Le mariage du Prince des *Asturies* avec une Princesse de Portugal, & celui du Prince du Bresil avec l'Infante d'Espagne, occuperent la Cour de Madrid par des fêtes & des réjouissances.

<small>De l'Espagne.</small>

Le Congrès de Soissons ne fut pas plus heureux que celui de Cambrai. La Cour de France devint le centre des négociations ; tous les Ministres y travaillerent avec le Cardinal de *Fleury*, devenu premier Ministre à la place du Duc de *Bourbon*. Ce Prélat, qui vouloit sincérement la paix, chercha tous les moyens d'éviter une rupture entre l'Espagne & l'Empereur. D'un autre côté, sa Majesté Impériale, à qui les Alliés du Traité de Londres avoient accordé ses prétentions sur les Etats de Toscane, de Parme & de Plaisance, en les reconnoissant pour Fiefs de l'Empire, malgré les droits du Saint Siege, depuis qu'il avoit obtenu ce point, & la possession de la Sicile, se rendoit de jour en jour plus difficile. La Grande Bretagne voyoit avec impatience la lenteur avec laquelle on travailloit à une paix, qui lui étoit nécessaire pour rentrer dans la jouissance de plusieurs avantages, dont sa rupture avec l'Espagne l'avoit privée. La naissance d'un *Dauphin* en France avoit causé une extrême joye au Roi d'Espagne, & il en avoit donné des marques si éclatantes, que l'on voyoit bien que la bonne intelligence étoit entiérement rétablie entre les Cours. Ces Puissances enfin se réunirent ; & par leurs Ministres, qui étoient alors à Seville, elles conclurent un Traité d'alliance défensive. On donna à la Grande-Bretagne la satisfaction qu'elle demandoit avec tant d'instance ; & conjointement avec la France, elle s'engagea d'assurer la succession éventuelle de Toscane, de Parme & de Plaisance à l'Infant Don *Carlos*. Pour la lui conserver, il fut résolu que l'on effectueroit d'abord l'introduction des garnisons dans les Places de Porto-Ferraio, de Livourne, de Parme & de Plaisance, au nombre de six mille hommes de troupes Espagnoles, à la solde de Sa Majesté Catholique, au lieu des Suisses qui avoient été stipulés dans les Traités antérieurs. Les Puissances contractantes se déclarerent garantes à perpétuité du droit, possession, tranquillité & repos du Sérénissime Infant & de ses Successeurs auxdits Etats.

<small>Congrès de Soissons.</small>

<small>Traité de Seville.</small>

L'Empereur prit prétexte du changement des garnisons Suisses en garnisons Espagnoles, pour s'opposer à l'introduction de l'Infant & de ses troupes.

L'Angleterre avoit depuis quelque tems des discussions avec l'Espagne au sujet de quelques vaisseaux marchands que les Gardes-côtes Espagnols avoient pris, & dont les Anglois demandoient la restitution. Il faut expliquer ce point qui est devenu fort important.

<small>Origine des différends entre l'Espagne & l'Angleterre.</small>

Le regne de *Charles* II, fut une minorité continuelle. La Reine sa mere, Régente, fit la paix avec les Anglois en 1667 : on écarta dans ce Traité, tout ce qui pouvoit être d'une discussion trop longue, & retarder l'accommodement. On se contenta de regler ce qui concernoit le Commerce de l'Europe. Ce qui appartenoit à l'Amerique fut déterminé trois ans après dans un nouveau Traité que les politiques appellent le *Traité de l'Amerique*. Les Anglois qui pendant la guerre avoient trouvé leur compte sur les Côtes des Indes Espagnoles, y continuerent un Commerce clandestin ; & la Cour d'Espagne toujours liée avec les Anglois contre la France, avoit trop besoin de leurs Flottes pour ne les pas ménager. La longue guerre qui décida de la succession de *Charles* II, ne fit qu'augmenter le desordre. La conquête de la

Jamaïque

Jamaïque faite longtems avant les deux Traités en question, & confirmée tacitement aux Anglois par le Traité de 1670, leur donnoit un prétexte de naviger dans les mers de ces cantons-là, même après la paix d'Utrecht. L'Espagne voyant que le Commerce clandestin ruinoit le légitime, songea à y pourvoir.

La paix d'Utrecht ayant confirmé à *Philippe* V la possession de cette Couronne & des Indes, un de ses premiers soins fut d'apporter les plus prompts remedes qu'il étoit possible au Commerce défendu. On établit pour cet effet des Gardes-Côtes qui non contens de veiller sur les Vaisseaux qui cherchoient à faire la contrebande, visitoient les Vaisseaux qu'ils soupçonnoient l'avoir faite, & les confisquoient, quand ils y trouvoient des marchandises des Indes Espagnoles. Il y avoit déja quelques Prises que les Anglois reclamoient, lorsque le Traité de Seville fut proposé. L'Espagne consentoit à rendre ce qui avoit été saisi injustement ; mais elle prétendoit que ceux dont la contrebande étoit prouvée par leur cargaison, étoient de bonne prise. On renvoya cette matiere à des Commissaires qui devoient l'examiner, & la décider dans des Conférences à Madrid. On leur remettoit aussi la discussion d'une dette que la Compagnie Angloise de l'*Assiento* prétendoit, pour les pertes qu'elle disoit avoir faites, lorsque l'Espagne, attaquée ouvertement par l'Angleterre, ordonna de faire en Amérique des saisies sur elle. L'Espagne, de son côté, demandoit des pertes prouvées. On ne fournissoit que des comptes, dont on vouloit qu'elle se rapportât à la bonne foi de la Compagnie. Les Conférences commencerent assez tard, durerent quelques années, & ne déciderent rien.

Pendant ce temps-là, l'introduction de l'Infant Duc en Italie se différoit toujours. L'Empereur refusoit d'y consentir, & on craignoit qu'une introduction forcée ne donnât lieu à quelque nouvel embrasement. Ainsi chacun temporisoit. La Cour de Madrid ennuyée de ces défaites, fit déclarer à Paris le 28 Janvier 1731, par le Marquis de *Castelar*, son Ambassadeur, que les Alliés manquant à exécuter le Traité de Seville, Sa Majesté se déclaroit libre des engagemens qui s'y étoient contractés de sa part. L'Angleterre se hâta, & par un acte, que son Ministre signa à Seville le 6 Juin, elle s'obligea de faire elle-même l'introduction dans cinq mois au plûtard, & elle tint parole. Elle avoit fait à Vienne, le 17 Mars de la même année, un Traité avec l'Empereur, à qui elle avoit fait approuver le changement des garnisons Suisses en troupes Espagnoles, en garantissant tous les dangers qui en pourroient résulter. Elle y ménagea encore un autre Traité où l'Espagne entra, & qui fut signé le 22 Juillet. Dès le 20 de Janvier de la même année la succession des Duchés de Parme & de Plaisance, fut ouverte par le décès du dernier Prince de la Maison Farnese. Le Duc *Antoine*, après avoir long-tems vêcu dans le célibat, avoit enfin épousé *Henriette* de *Modene*. L'Empereur qui n'avoit souffert l'introduction de Don *Carlos*, en Italie, que parce qu'il n'avoit pu l'empêcher, en retarda la possession, sous prétexte que la Duchesse Douairiere étoit enceinte. La grossesse étoit chimerique ; mais cette chimere servoit au but de la Cour de Vienne. L'Infant Duc prit possession ; mais avec des difficultés toujours nouvelles de la part du Conseil Impérial. Cependant l'Espagne perdoit patience, l'Angleterre retardoit l'éclat, & l'Empereur qui

DE L'ESPA-
GNE.

comptoit fur elle & fur les Provinces-Unies, ne fe preffoit point de remédier aux griefs. Enfin la mort d'*Augufte* II, Roi de Pologne, arrivée le premier Fevrier 1733, engagea la France à travailler à remettre fur ce trône le Roi *Staniflas* dont *Louis* XV avoit époufé la fille. L'Empereur s'y oppofa, & donna lieu à une guerre. La Maifon de Savoye avoit contre la Cour de Vienne des griefs fur lefquels elle n'avoit pu fe procurer de fatisfaction. La France, l'Efpagne & le Roi de Sardaigne fe joignirent, & firent caufe commune contre l'Empereur. Il avoit efperé que les Puiffances maritimes le défendroient. Les Provinces-Unies ne jugerent pas à propos d'entrer dans une querelle qui ne les regardoit point, & dont elles lui avoient prédit les fuites, pour le détourner de la guerre. Elles fe contenterent de mettre les Pays-bas à couvert par un Traité de neutralité, qui fut religieufement obfervé. L'Angleterre fe voyant feule fe contenta d'exhorter à la paix, & d'offrir une médiation qui fe trouva fort inutile; car après que l'Empereur eut perdu le Milanez, les Royaumes de Naples & de Sicile, dont l'Infant Don *Carlos* prit d'abord poffeffion au nom du Roi fon pere comme d'un ancien patrimoine de l'Efpagne, & enfuite en fon nom, comme Roi, par la ceffion que le Roi d'Efpagne lui en fit; dans le tems qu'il ne reftoit plus à l'Empereur de tout le Mantouan, que la feule ville de Mantoue, qui affamée & manquant de tout ne pouvoit pas éviter de fe rendre, la France traita au nom de fes Alliés & s'accommoda avec l'Empereur, par des Préliminaires fignés à Vienne, & rendit à l'Empereur le Mantouan & le Milanez. A la vérité, on laiffa les deux Siciles au nouveau Roi; mais on lui ôta les Duchés de Parme & de Plaifance, qui furent donnés à l'Empereur, & le Duché de Tofcane, qui fervit d'équivalent au Duc de Lorraine dont les Etats fervirent à dédommager le Roi *Staniflas*, que la Maifon de Saxe venoit de priver, pour la feconde fois, de la Couronne de Pologne. Les Puiffances maritimes avoient autrefois fourni un plan de pacification affez femblable à cette difpofition: on fe fit envers elles un mérite de s'en être fervi. L'Angleterre eut regret de n'avoir point eu de part au Traité; mais c'étoit pour cela même que l'Empereur & le Roi de France avoient écarté toute médiation, de peur que les intérêts différens ne prolongeaffent encore la guerre, en traverfant les fuccès de la principale négociation.

L'Efpagne fut très mécontente du partage que la France lui avoit fait. Elle eut peine à digerer que l'on dépouillât l'Infant Duc de trois Duchés: elle tâcha long-tems de les garder, mais enfin il fallut les évacuer, & on s'en tint à difputer les biens allodiaux dont l'Empereur commença par difpofer.

Cependant l'Angleterre ne fe preffoit pas d'interrompre en Amérique un commerce clandeftin dont elle tiroit un fi grand profit. On a calculé à Londres qu'il valloit à la Nation au moins fix millions de piaftres. La Cour de Madrid redoubloit fon attention pour couper le cours d'un defordre fi ruineux pour l'Efpagne. Ses Gardes-côtes & fes Armateurs faifoient journellement des Prifes que les Anglois reclamoient. Il fuffifoit d'être trouvé fur les Côtes de l'Amérique Efpagnole, & d'avoir à bord des Marchandifes du crû des Colonies d'Efpagne pour être faifi & confifqué, & ce cas arrivoit fouvent. Les Négocians Anglois, que cette févérité n'accommodoit point, s'adrefferent à la Cour Britannique qui employa fes inftances pour obtenir la restitution. L'Espagne tint ferme & consentit de rendre les Prises qui auroient été faites injustement ; mais il y en avoit très peu dans ce cas-là.

On lui présenta une longue liste des pertes faites par les Négocians Anglois : la valeur en étoit exagerée de beaucoup, au jugement des Commissaires de cette nation, qui la réduisirent à deux cens mille livres sterlings. D'un autre côté l'Espagne avoit obtenu par les Traités de Madrid en 1721, & de Seville en 1729, qu'on lui rendroit en valeur ou en nature les Vaisseaux qu'on lui avoit pris en 1718 dans l'expédition de Sicile. Elle faisoit monter cette prétention à 180000 livres sterlings, les Anglois en rabatirent les deux tiers ; ils convinrent de payer soixante mille livres, & ensuite ils firent un nouveau rabais de 45000 livres sterlings, à condition que l'Espagne ne payeroit point en cedules sur les Indes, mais promptement & réellement ; de sorte que la balance faite il se trouva que l'Angleterre avoit à prétendre de l'Espagne 9500 livres sterlings, pour le dédommagement des Particuliers qui avoient souffert par les captures des Gardes-côtes Espagnols ; & on convint qu'ils seroient payés.

Un intérêt de la Compagnie du Sud lui fit rappeller des prétentions dont les Conférences faites après le Traité de Seville n'avoient pu épurer les comptes. Elle convenoit avec les Ministres du Roi d'Espagne qu'elle lui devoit pour des arrerages de 68000 livres sterlings ; mais, elle vouloit les déduire sur les prétentions qu'elle formoit, & qui à son compte, montoient bien plus haut. Les deux Couronnes avoient arrangé leurs intérêts à la réserve de celui-là : l'Espagne voulut payer & être payée, l'Angleterre voulut être payée & laisser la dette de ses sujets en souffrance. La convention étoit prête à signer dès le mois de Septembre 1738. Elle ne le fut que le 13 Janvier suivant à Madrid.

Cependant il n'y avoit rien de décidé bien précisément par ce Traité. On s'accordoit à dire que les visites & les saisies avoient causé des démêlés, que des Ministres de part & d'autre s'assembleroient à Madrid, pour regler finalement les prétentions respectives des deux Couronnes, tant par rapport au Commerce & à la Navigation en Amérique & en Europe, & aux limites de la Floride & de la Caroline, que touchant d'autres points qui restoient à terminer, le tout suivant les Traités de 1667, 1670, 1715, 1721, 1728 & 1729, y compris celui de l'Assiento & la convention de 1716 : par rapport à la Caroline & à la Floride, tout devoit y demeurer au même état jusqu'à la décision des Plénipotentiaires ; l'Espagne promettoit de payer les 95000 livres sterlings dans le terme de quatre mois ; mais par une déclaration elle avertissoit qu'elle ne s'y engageoit qu'à condition que la Compagnie de l'Assiento lui payeroit les 68000 livres sterlings, à faute de quoi Sa Majesté Catholique se réservoit de suspendre les pouvoirs de ladite Compagnie.

Le principal grief étoit que l'Espagne, résolue d'empêcher autant qu'il seroit possible le Commerce clandestin de l'Angleterre en Amérique, se mettoit en état de le traverser. Les Anglois accoutumés à le faire ne pouvoient se résoudre à quitter un Commerce contraire aux Traités, mais que l'usage avoit rendu très commun, & qui étoit très lucratif avant l'établissement des Gardes-côtes. Ils n'y trouverent point de plus prompt remède que de demander que l'usage des visites fût aboli ; qu'on ne pût ni visiter, ni arrêter les Vaisseaux

T ij

que dans les Ports de l'Amérique Espagnole ; qu'il fût permis aux Vaisseaux Anglois d'approcher librement des Côtes, sans pouvoir être pris ni confisqués. Les Espagnols tinrent ferme sur la visite, comme étant le seul moyen de sçavoir si les Navires portoient des Marchandises permises ou prohibées. L'intérêt de ces gains illicites servit aux Ennemis du Ministere Britannique de prétexte pour exciter dans le Royaume une fermentation qui causa une guerre entre les deux Etats (65).

DE L'ESPAGNE.

1739.
Différentes expéditions en Amérique.

Les hostilités commencerent par des prises réciproques de Vaisseaux, qui, en incommodant le commerce des deux Couronnes, n'étoient pas capables de décider la querelle. Il falloit porter de plus grands coups ; mais ce ne pouvoit être qu'en Amérique dont le commerce faisoit le sujet du différend survenu entre ces deux Puissances. Les Anglois furent les premiers en état d'y faire quelques expéditions. L'Amiral Vernon étant arrivé le premier de Décembre 1739 à la vûë de Porto-Bello, fit attaquer le lendemain le Fort *de Fer*. Il s'avança lui-même pour soutenir le Capitaine Brownn qu'il avoit chargé de cette expédition. Le feu de son artillerie ayant favorisé la descente de ses troupes, le Fort fut enlevé, & la Garnison fut contrainte de se rendre à discrétion. Le Château *de la Gloire* ne fit aucune résistance & demanda à capituler avant que les Ennemis l'eussent attaqué. Le Vainqueur fit raser tous ces Forts, & enleva quarante pièces de canon avec une grande partie des munitions de guerre ; mais il ne trouva dans la Ville que dix mille écus. Les Espagnols qui avoient prévû l'arrivée des Anglois, avoient transporté ailleurs leurs meilleurs effets.

1740.

L'Amiral Vernon retourna ensuite à la Jamaïque où ayant laissé pendant quelque temps reposer ses troupes, il se remit en mer. Il parut le 14 de Mars devant Carthagene dans la Baye de Playa-grande, & fit bombarder la Place. Le dommage qu'il y causa n'ayant pas été capable de forcer la Ville à se rendre, il se retira à Porto-Bello, d'où il partit pour aller attaquer le Fort de Chagre ou Chiagria (66). Le grand nombre de bombes qu'il y jetta pendant deux jours, détermina la Garnison à capituler. D'un autre côté le Chef d'Escadre Brownn se rendit maître de la petite Ville de Legueira sur la Côte des Caraques, & le Général Oglethorpe s'empara dans la Floride du Fort de Saint-Diegue, situé à sept lieues de celui de Saint-Augustin. Animé par ce succès il mit le siége devant ce dernier Fort ; mais la vigoureuse résistance des Assiégés le força le 27 de Juillet à se retirer avec perte après trente-huit jours de tranchée ouverte. Sa retraite fut si précipitée qu'il abandonna son bagage & son artillerie. Il fut en même temps obligé d'évacuer le Fort Saint-Diegue. Cependant les Anglois n'eurent aucun avantage en Europe ; car toutes les tentatives qu'ils firent sur les Côtes d'Espagne, ne leur réussirent pas ; les Espagnols au contraire leur enlèverent un grand nombre de Vaisseaux, & si l'on en croit les Mémoires de ce temps, les pertes des Anglois ont été beaucoup plus considérables que celles de leurs Ennemis.

Les Espagnols ayant enfin équipé une Flotte l'envoyerent en Amérique

(65) Voyez les différens Manifestes qui furent publiés à ce sujet. Journal de Verdun de l'année 1740.

(66) Ce Fort est situé à l'embouchure de la Riviere du même nom à quelques lieues au-dessus de Porto-Bello.

sous les ordres du Vice-Amiral Don Rodrigue de Torres. On s'attendoit alors à apprendre qu'elle auroit fait quelqu'entreprise sur les Anglois ; mais toutes les expéditions se réduisirent à la prise de plusieurs Vaisseaux ennemis. L'Amiral Vernon n'étoit pas si tranquille ; résolu de réparer l'affront qu'il avoit reçu devant Carthagene, il s'approcha de nouveau de cette Ville, & fit attaquer le 15 de Mars les Forts qui sont aux environs de cette Place. Bocachicca & St-Joseph se rendirent le 5 d'Avril. Le Général Anglois maître de ces deux Forts s'avança pour entrer dans le Havre. Il y trouva de grandes difficultés à cause des Vaisseaux que les Espagnols avoient coulés à fond. L'Amiral s'étant emparé du Fort de Castillo-grande, & ayant trouvé moyen de faire entrer les Galiotes à bombes dans le Port intérieur de Carthagene, il commença le 12 d'Avril à bombarder la Place. Il fit en même temps débarquer ses troupes & attaquer divers postes ; mais le feu des Assiégés l'obligea de reculer. La maladie s'étant ensuite mise dans son armée, & les Espagnols en ayant détruit une grande partie, il fut contraint de renoncer à son projet, & de retourner à la Jamaïque. L'expédition qu'il fit quelque temps après sur l'Isle de Saint-Jago de Cuba ne fut pas plus heureuse. Après y avoir bâti un Fort, & y avoir séjourné pendant quelques mois, il se vit obligé de l'abandonner, & d'y laisser quantité d'armes, de provisions & plusieurs bonnets de Grenadiers sur le devant desquels étoit un Coq en broderie avec cette inscription *perseverando*. La mésintelligence qui regnoit entre l'Amiral Vernon & le Commandant des troupes de Terre, fut en partie cause que cette expédition eut une si mauvaise réussite. Tels furent les principaux événemens de cette guerre en Amérique, pendant les années 1739, 40 & 41.

Les Anglois commençoient à n'être plus en état de la soutenir. Il auroit fallu envoyer de nouvelles troupes & de nouvelles Escadres pour réparer les pertes qu'ils y avoient faites ; mais la mort de l'Empereur Charles VI. arrivée le 20 d'Octobre 1740, avoit changé la face des affaires de l'Europe. L'Angleterre obligée par le Traité qu'elle avoit fait avec le feu Empereur de maintenir la Princesse sa fille dans la possession des biens de la Maison d'Autriche, se vit dans la nécessité de faire revenir d'Amérique le plus grand nombre de Vaisseaux qu'il étoit possible, & de porter toutes leurs forces dans la Méditerranée, pour s'opposer aux transports des troupes Espagnoles destinées pour l'Italie.

En effet, le Roi d'Espagne après la mort de l'Empereur avoit fait paroître plusieurs Mémoires tendans à faire valoir ses droits tant sur l'Ordre de la Toison d'Or, que sur la succession de la Maison d'Autriche. Il fondoit les premiers sur ce que les Rois d'Espagne ont toujours possédé la grande Maîtrise de l'Ordre, comme descendans des premiers Fondateurs, sans qu'elle soit affectée au Duché de Bourgogne, possédé autrefois par le Fondateur : il ajoutoit que l'Empereur n'avoit pris le titre de Grand-Maître de l'Ordre que lorsqu'il avoit cru avoir droit à la Couronne d'Espagne, & que ce ne fut qu'en qualité de Roi, qu'il le prit & en exerça les fonctions. Quant à ses droits sur les biens de la Maison d'Autriche, il les établissoit sur la filiation.

Il est certain que Philippe V. descendoit en ligne directe de l'Empereur

Charles V. qui étoit petit-fils de Maximilien I. par Philippe son fils aîné Roi d'Espagne. Maximilien I. possédoit par droit d'Héritage l'Archiduché d'Autriche, les Duchés de Carinthie, de Stirie, de Limbourg, & de Wirtemberg : les Margraviats de Moravie, de Lusace & de Burgau : les Comtés de Tirol, de Kibourg & de Hasbourg, &c. Le Landgraviat d'Alsace avec toutes leurs appartenances & dépendances. Ces Etats comme étant indivisiblement unis par un lien perpétuel de retour passerent à Charles-Quint, l'aîné du fils aîné de Maximilien I. Outre ces Etats d'Allemagne de succession paternelle, Charles V. étoit déja Empereur, & avoit hérité du chef de sa mere & de son ayeul le Royaume d'Espagne, le Duché de Bourgogne le Comté de Flandre. Ce Prince pour conserver la branche Collatérale renonça en 1520 à ses Etats d'Allemagne en faveur de Ferdinand son frere & de ses descendans mâles, mais à condition qu'au défaut de ceux-ci ces Etats reviendroient à lui ou à sa postérité. Ferdinand mis par cet Acte de renonciation en possession des Etats d'Allemagne, épousa la Princesse Anne qui lui apporta en mariage les Royaumes de Hongrie & de Bohême, qui passerent par succession à Maximilien II. leur fils aîné. Ce Prince épousa la Princesse Marie, fille de Charles - Quint, dont il eut entr'autres enfans Matthias I. & Rodolphe II. Empereurs qui moururent sans enfans ; ensorte que la Princesse Anne sa fille devant hériter de tous ces Royaumes & Etats, & ayant été mariée à Philippe II. Roi d'Espagne, dont elle eut Philippe III. tous les Etats ausquels Charles-Quint avoit renoncé, retournoient à la branche Espagnole, avec le Royaume de Hongrie & de Bohême, comme venant de l'ayeule de la Reine Anne, épouse de Philippe II.

Au mariage de cette Princesse, l'Empereur Maximilien II. la fit, à l'exemple de ses ancêtres, renoncer à toute succession paternelle & maternelle en faveur de Ferdinand & de Charles ses freres, avec la clause expresse de retour au défaut de descendans mâles; cette Princesse par l'Acte de renonciation se réserva à leur défaut *le droit de succéder dans ces Royaumes & Etats ;* expressions qu'il faut remarquer, & qui prouvent que ce droit n'a pas été réservé aux Agnats de la branche Espagnole d'Autriche, puisqu'on le réserve à une femme de cette branche, & à plus forte raison aux enfans mâles des femmes.

Philippe III. fils aîné de la Reine Anne eut peine à acquiescer à la renonciation de sa mere : il n'y consentit qu'avec la même réserve de retour, & à condition que l'on compenseroit par la cession d'une ou de plusieurs Provinces, ce bienfait & les autres avantages dont la branche d'Allemagne avoit été comblée : ce qui se fit par une convention signée le 6 de Juin 1617. Par un Acte solemnel & subséquent l'Archiduc Ferdinand, en faveur de qui Philippe III. avoit fait cette renonciation, s'obligea pour lui & ses héritiers à l'exécution de la convention, c'est-à-dire, tant à l'équivalent promis, qu'à la restitution stipulée quand le cas échéroit. Voici ses propres termes : *Et si nos descendans mâles, en ligne masculine directe, venoient à manquer, voulons que les femmes, quelles qu'elles soient, & leurs fils & descendans, soient exclus de la succession desdits Etats par les descendans en ligne directe à l'infini de Philippe III. glorieusement regnant,* &c.

C'est en vertu de ces seuls Actes que l'Empereur Ferdinand II. a possédé ces Royaumes & Etats ; qu'ils ont passé à Ferdinand III. son fils aîné & & aux Empereurs Léopold & Joseph , & après la mort de celui ci sans autres enfans que deux Princesses , à l'Empereur Charles VI. qui n'a aussi laissé que deux Princesses.

<small>DE L'ESPA-GNE.</small>

De cet exposé , on tiroit en faveur de Philippe V. les conséquences suivantes : que comme il n'existoit plus aucun Agnat descendant de Maximilien II. ou de Ferdinand II. le moment de retour si solemnellement stipulé étoit arrivé : que le Roi d'Espagne , chef de la branche aînée & réunissant tous ses droits, ayant la Loi pour lui , c'est-à-dire , les deux renonciations , il falloit que les conditions qui y étoient stipulées fussent remplies à son égard : que la naissance de l'Archiduc , petit-fils de Charles VI. ne pouvoit porter atteinte aux droits de Sa Majesté Catholique ; puisque tous ceux qui étoient exclus dans les renonciations , devoient l'être à l'infini par les descendans de Philippe III ; que la Pragmatique-Sanction de Charles VI. étoit nulle ; ce Prince n'ayant pû disposer de ses Royaumes & Etats , qui au défaut de ses descendans de mâle en mâle devoient retourner à l'autre branche (67).

En conséquence de toutes ces différentes protestations le Roi fit passer des troupes en Italie dès la fin de l'année 1741 , dont le Duc de Montemar fut déclaré Général sous les ordres de l'Infant Don Philippe. Je ne suivrai point les Espagnols dans leurs différentes expéditions pendant cette guerre , afin d'éviter les répétitions dans lesquelles je serois obligé de tomber , lorsque j'en ferai mention à l'Article de France & d'Allemagne, ausquels je renvoie le Lecteur. J'aurai soin de ne point dérober à cette Nation la gloire qu'elle s'est acquise , & je parlerai de l'établissement de Don Philippe en Italie. Je finirai ce Chapitre par la mort de Philippe V. arrivée le 9 de Juillet 1746. Ce Monarque étoit dans la soixante-troisième année de son âge , & en avoit regné quarante six. " La piété de ce Prince , sa fermeté dans les plus gran-
» des adversités, sa tendresse paternelle pour ses Sujets, son amour pour
» la justice, ses sages réglemens, toutes ses grandes qualités, qui avoient
» aisément consolé les Espagnols du changement d'une domination à la-
» quelle ils étoient très-attachés , lui ont attiré de justes regrets , & ren-
» dront toujours sa mémoire précieuse à cette Nation ". Philippe avoit épousé en premières noces l'an 1701 Louise-Marie-Gabrielle fille de Victor-Amédée Duc de Savoye , morte en 1714 , dont il a eu Louis né le 25 Août 1707 mort le 31 Août 1724 ; Philippe né le 2 de Juillet 1709 , mort le 8 du même mois. Philippe-Pierre-Gabriel né le 7 de Juin 1712 , mort le 29 de Décembre 1719 , & Ferdinand son Successeur. Philippe épousa en secondes noces en 1715 Elisabeth fille d'Antoine Farnese II , dernier Prince de sa Maison, Duc de Parme & de Plaisance. De ce mariage sont nés , Don Carlos Roi des Deux Siciles , né le 20 de Janvier 1716. Philippe Duc de Parme & de Plaisance, né le 15 de Mars 1720 ; Louis-Antoine-Jacques , né le 25 de Juillet 1727 , nommé en 1735 à l'Archevêché de Tolède , & créé Cardinal le 19 de Décembre de la même année ; Marie-Anne-Victoire ,

<small>Mort de Philippe V.</small>

---

(67) Journal de Verdun , Janvier 1742.

née le 30 de Mai 1718, mariée le 29 de Janvier 1729 au Prince du Bréſil; Marie-Thérèſe-Antoinette-Raphaelle, née le 11 de Juin 1726, mariée à Monſieur le Dauphin en 1745, morte le 22 de Juillet 1746.

Après la mort de Philippe V. Ferdinand ſon fils monta ſur le trône, & fut proclamé le 10 d'Août. Ce Prince à épouſé Marie de Portugal, dont il n'a point eu d'enfant juſqu'à préſent.

On a vû par cet abrégé que l'Eſpagne anciennement habitée par différens Peuples devint la conquête des Carthaginois; qu'environ l'an 220 avant Jeſus-Chriſt elle paſſa ſous la domination des Romains, qui en ſont reſtés maîtres plus de ſix cens ans; que vers le commencemnt du cinquiéme ſiécle ils en furent chaſſés par les Suèves, les Goths & les Alains : ceux-ci y regnerent environ trois cens ans; que l'an 712 les Sarrazins alors maîtres de l'Afrique, y firent une irruption, & y demeurerent plus de cinq cens ans; qu'enfin les différens Royaumes dont l'Eſpagne étoit compoſée, furent réunis ſous un ſeul Chef vers la fin du quinziéme ſiécle par le mariage de Ferdinand V. Roi d'Arragon, avec Iſabelle héritiere de Caſtille.

Après avoir parcouru les principaux événemens de l'Hiſtoire d'Eſpagne, il eſt à propos de dire quelque choſe des Mœurs des Eſpagnols, de la nature de leur Pays, & des différens Etabliſſemens qu'ils ont faits dans les autres parties du Monde.

L'Eſpagne eſt un Etat Monarchique & héréditaire aux filles auſſi-bien qu'aux mâles. Les Rois portent le titre de Catholique, titre que le Pape Alexandre VI. donna à Ferdinand V. Roi d'Aragon.

Le fils aîné ou l'héritier préſomptif de la Couronne, a le titre de Prince des Aſturies, les autres enfans portent le nom d'Infans qu'ils conſervent même après leurs mariages. Ce qu'il y a de plus diſtingué après les Princes du Sang ſont les anciens Nobles, qui ſouvent ſont élevés à la dignité de Grands d'Eſpagne, dont la Grandeſſe en quelques-uns eſt perſonnelle, & en d'autres elle eſt fonciere, c'eſt-à-dire attachée à une Terre. Ce ſont les premiers Nobles de l'Etat, & ils ont en Eſpagne le même rang que les Ducs & Pairs en France. On diſtingue les Grands en trois Claſſes : ceux de la premiere qui ſe couvrent avant que de parler au Roi; ceux de la ſeconde qui ne ſe couvrent qu'après avoir commencé à parler; enfin ceux de la troiſiéme qui ne ſe couvrent qu'après avoir parlé au Roi, & s'être retirés à leur place. Le reſte de la Nobleſſe, a comme dans les autres Pays, les titres de Marquis & de Comtes, ce qui les diſtingue des ſimples Gentilshommes.

Il y a en Eſpagne pluſieurs Juriſdictions, Cours & Conſeils. Les Alcades ſont dans les Bourgs & petites Villes, où ils tiennent lieu de Baillifs; les Corrégidors ſont pour les grandes Villes, & l'on appelle de leurs Jugemens à des Conſeils Supérieurs. Celui de Caſtille s'étend ſur toute l'Eſpagne à l'exception de la Navarre. Le Conſeil d'Etat a ſous lui ceux de la Guerre, des Finances & les Juntes ou Commiſſions particulieres. Il y avoit autrefois des Etats nommés *Las Cortès*; mais qui n'ont plus aujourd'hui d'autorité que pour prêter ſerment au Souverain. Il y a encore le Conſeil des Indes pour ce qui regarde ces riches Pays, & le Conſeil de la Cru-
ſade

ade établi en 1509, pour l'administration des fonds que l'Eglise d'Espagne employe dans les guerres contre les Infidéles.

Caractere des Espagnols.

Les Espagnols sont sobres, graves, lents à délibérer, fermes dans leurs résolutions, & supportent avec patience & une grande fermeté les maux qui leur arrivent. Ils sont très-propres à la guerre, & non seulement capables de faire les premieres attaques, mais aussi de résister & de soutenir long-temps les efforts de leurs Adversaires. Ils ont l'esprit pénétrant & profond. Les Espagnols sont tous Catholiques, & ils ont une Inquisition très-rigide, pour empêcher l'exercice de toute autre Religion que la Catholique, & même pour punir ceux qui témoigneroient avoir des sentimens trop libres sur les matieres de Religion. Les Tribunaux de cette Inquisition sont à Toléde, à Grenade, à Séville, à Cordoue, à Barcelone, à Murcie, à Cuença, à Logrone, à Lerena & à Valladolid. Les Appellations de ces dix Tribunaux ressortissent à un Tribunal Souverain qui est établi à Madrid, & dont le Président se nomme Inquisiteur Général, & les Conseillers simplement Inquisiteurs.

Qualité du Terroir.

L'air d'Espagne quoiqu'assez chaud ne laisse pas d'être pur & sain. Le Terroir y est sec, sablonneux; il y a cependant des endroits qui seroient fertiles s'ils étoient cultivés. Le bled, le vin, le gibier, le bétail, le poisson, & les fruits y sont excellens. Les chevaux d'Andalousie sont fort estimés, ainsi que la laine de Ségovie, la soie de Grenade; le Cordouan, qui est un cuir de chevre passé au tan & qu'on tire de Cordoue; le lin & le chanvre d'Andalousie, le cuivre & le fer de la Biscaye. On y trouve des Mines de fer, de sel, de vermillon & même d'or & d'argent; mais ces dernieres sont abandonnées depuis la découverte de l'Amérique. L'Espagne n'est guéres peuplée, sur-tout vers le Midi. On en a attribué la cause au peu de fécondité des femmes, à l'expulsion des Maures en 1609, aux voyages que les Espagnols font en Amérique, & au grand nombre d'Ecclésiastiques & de Religieuses.

Possessions des Espagnols dans les autres parties du Monde.

L'Espagne a plusieurs Etablissemens dans les autres parties du Monde. Elle possede en Afrique sur la Côte de Barbarie, depuis le Détroit de Gibraltar d'Occident en Orient, les Villes de Ceuta, du Pignon de Velez, de Melilla, de Marzalquibir & d'Oran. A l'Ouest de la Barbarie, les Isles Canaries. En Asie à l'extrémité Orientale, les Isles Philippines & les Isles Marianes ou des Larrons. Dans l'Amérique Septentrionale, le Mexique ou Nouvelle Espagne, le Nouveau Mexique, plusieurs Places dans la Floride; les Isles de Cuba, de Porto-Ricco, & une partie de celle de Saint-Dominique. Dans l'Amérique Méridionale, une grande partie de la Terre-ferme, le Pérou, le Chili & le Paraguay.

Les Espagnols ne sont pas les seuls qui profitent de la grande quantité d'or & d'argent qu'ils apportent de l'Amérique, les autres Peuples de l'Europe y ont aussi leur part. Les Loix d'Espagne & plusieurs Traités excluent tous les Etrangers sans distinction du Commerce de l'Amérique Espagnole, qui est sans contredit la plus riche, & ce sont les seuls Espagnols qui doivent avoir part aux Marchandises qu'on porte d'Europe en Amérique, & aux autres choses précieuses qui en viennent. A l'arrivée des Gallions (c'est ainsi qu'on appelle les Vaisseaux qui reviennent d'Amérique richement chargés),

Tome I. V

DE L'ESPA-GNE. il se tient une Foire magnifique où les Marchandises d'Europe sont vendues, & celles d'Amérique achetées, après que le Roi a pris sur ces dernieres le droit qui lui revient. Le produit de ce Commerce est très-considérable, & c'est ce qui a engagé de riches Négocians de France, d'Angleterre & de Hollande a y prendre part. Pour éluder l'exclusion qui leur est donnée, ils prennent quelque Espagnol en Société, & lui envoyent les Marchandises propres pour l'Amérique, où il n'y a point de Manufactures. Cet Espagnol envoie ces Marchandises sous son propre nom, & au retour des Gallions il tient compte à ses Associés du profit immense qui en revient. Ainsi les biens que portent & rapportent les Gallions sont plus à l'Etranger qu'à l'Espagnol. Je renvoye à l'Article de l'Amérique où toutes ces particularités seront plus détaillées.

Fin de l'Histoire d'Espagne.

INTRODUCTION A L'HISTOIRE UNIVERSELLE.

DU PORTUGAL.

LA LUSITANIE, qui dans la suite a pris le nom de Portugal, renfermoit Badajox, Albuquerque, Alcantara, Plaisance, Ciudad-Rodrigo, Merida, Llerena, Caseres, Truxillo, Guadaloupe, Medelin, Villarpoderoso, Puente-del-Arobispo, Ségovie, Salamanque, Avila, Ledesma, Alva de Tormes, Oropeza, & Talavera de la Reyna. La Province d'entre le Douro & Minho, qui appartient aujourd'hui aux Portugais, celle de Tra-los-Montes & le Royaume d'Algarve qui dépendoit de la Bétique, n'y étoient pas compris. On voit par cette description que la Lusitanie étoit plus large que n'est aujourd'hui le Portugal ; mais qu'elle étoit moins longue de quarante-quatre lieues. De sorte que les Portugais possèdent actuellement la partie Occidentale de la Lusitanie, & les Castillans en occupent la partie Orientale. Ce Pays étoit habité par différens Peuples, qui sous divers noms formoient autant de petites Républiques, dont chacune avoit ses Loix, ses Coutumes & ses Usages particuliers ; mais

LUSITANIE.
Premiers Habitans de la Lusitanie.

LUSITANIE.

elles relevoient toutes du Gouvernement général. Les noms de ces Peuples étoient : 1°. Les *Turditains*, qui habitoient le Royaume d'Algarve à l'exception de l'extrémité Orientale du Cap Saint-Vincent, où étoient les *Oſtidamiens* & les *Cynneſiens* : ces deux petits Peuples sont peu connus dans l'Histoire. 2°. Les *Celtes*, originaires de la Gaule Celtique. Ceux-ci s'établirent d'abord dans la Béturie, partie de la Bétique. Quelques-uns d'entre eux ayant pénétré dans la Lusitanie, fixerent leur séjour dans cette partie de l'Alenteyo, qui regne au Nord des *Turditains*, & qui s'étend du bord de la Guadiane jusqu'à la Montagne d'Arabida. 3°. Cette Montagne connue sous le nom de Cap d'Espinchel, étoit la demeure des Barbares ou *Sarriens*. 4°. Les *Turdelles*. On les distinguoit en Anciens & en Modernes. Les Anciens occupoient les Terres qui sont au Nord, au Midi, entre le Tage & le Douro, & celles qui se trouvent entre les Caps de Roca & de Buarcos. Les autres *Turdelles*, soit d'Espagne, de la Bétique ou de l'Algarve, tiroient leur origine de ceux-là. Les Modernes habitoient la partie Septentrionale de la Province d'Alenteyo. 5°. Les *Colarnes*, occupoient cette espace de Terre de l'Estremadure Portugaise qui est enclavée entre le Tage, la Sor & le Divor. 6°. Les *Occélians*, seulement connus par l'inscription du Pont d'Alcantara que Trajan avoit fait bâtir. Ils habitoient aussi une partie de l'Estramadure, qui est renfermée par les Rivieres de Lica, du Tage & de Zezaro. 7°. Les *Lanciens*, étoient placés dans la partie de la Province de Beira, qui s'étend du Nord au Midi, depuis Monsul jusqu'au Tage, & de l'Orient à l'Occident, depuis l'Elge jusqu'au Zezaro. 8°. Les *Pesures* habitoient le Mont Herminius, au pied duquel on voit encore les ruines de Meidobriga. 9°. Les *Transcudans*, occupoient la partie de la Province de Tra-los-Montes, qui est en-deça de la Montagne de Coa appellée communément Riba-de-Coa. 10°. Les *Originites*, étoient séparés des *Transcudans* par le Douro au Midi, & s'étendoient jusqu'à Mirande. Ils étoient bornés au Nord par la partie Méridionale du Mont Amaraon, à l'Occident par le bord Occidental de la Tua, & à l'Orient par le bord Oriental de la Tamaga. 11°. La partie Septentrionale de la Province de Tra-los-Montes étoit occupée par les *Nemeates*. 12°. Les *Grayes*, étoient situés dans la Province entre le Douro & le Minho. 13°. Les *Groniens*, étoient maîtres dans la même Province du Territoire qui est enclavé entre les Rivieres de Cavado & de Lima. 14°. Les *Braccares*, étoient au Nord des *Groniens*. Ces trois derniers Peuples ont été confondus sous la dénomination d'*Interamniens*, parce qu'ils étoient renfermés entre plusieurs Rivieres.

Dans la suite les *Lusons* & les *Belles* firent une irruption dans la Province des anciens *Turdelles*, & après une longue guerre dont les succès furent assez variés, ils forcerent les *Turdelles* à leur ceder des Terres, pour y fixer leur demeure. Ils y formerent un Peuple si considérable qu'on ne désigna plus cette partie de l'Espagne que par le nom de Lusons (1).

Cependant les Phéniciens, qui s'étoient établis par force dans la Bétique, furent attaqués par une Nation Etrangere. Prêts à subir le joug du Vainqueur, ils implorerent le secours des Turditains. Ceux-ci armerent en

___

(1) Histoire de Portugal par M. de la Clede.

leur faveur, & les délivrerent de leurs ennemis. Les Phéniciens, oubliant le service qu'ils avoient reçu des Turditains, voulurent s'emparer de leur Pays ; mais ils furent punis de leur ingratitude & chassés non-seulement de la Bétique, mais encore de l'Isle de Cadix qui étoit leur derniere ressource. Les Carthaginois à qui les Phéniciens s'adresserent alors, donnerent des troupes à Maherbal, pour aider les Phéniciens à rentrer dans la Bétique, ou plutôt Carthage étoit ravie de l'occasion qui se présentoit de tenter la conquête de l'Espagne, sous prétexte de secourir les Phéniciens dont la puissance avoit excité leur jalousie. Maherbal après différens succès battit les Turditains, & les força d'abandonner leur Pays. Ils se retirerent au bord de la Riviere de Coa. Après leur retraite, les Carthaginois s'emparerent facilement de la Bétique, d'où ils chasserent les Phéniciens. L'Espagne fut alors sous la domination de Carthage, qui avoit soin d'y envoyer ses plus habiles Généraux, pour y maintenir les Peuples dans la soumission. Ils vouloient en même temps se rendre Maîtres de la Lusitanie, & Hannon un des Gouverneurs d'Espagne, profita de leur division pour entrer dans leur Pays. Les Lusitaniens ne se trouvant pas en état de résister demanderent la paix. Hannon fit un Traité avec eux, par lequel il s'engagea de les secourir contre leurs ennemis, à condition qu'il fourniroient des troupes aux Carthaginois. En conséquence de ce Traité, huit mille Lusitaniens allerent joindre l'armée Carthaginoise, qui étoit en Sicile.

Sous le Gouvernement d'Annibal, fils de Saphon, il y eut une guerre considérable, entre les Lusitaniens Méridionaux & les Habitans de la Bétique. Les Carthaginois sous prétexte de secourir les premiers, leur enleverent une de leurs meilleures Villes. Cette trahison excita leur fureur, & tout le monde ayant pris les armes, jusqu'aux femmes mêmes, on fit main-basse sur les Carthaginois. On prétend qu'Annibal fut tué dans ce massacre. Boods qui lui succeda, sçut gagner la confiance des Lusitaniens, & vint à bout de leur persuader de bâtir une Forteresse à Lacobriga, dont ils eurent lieu de se repentir. Amilcar Barca ne fut pas moins agréable aux Lusitaniens, avec lesquels il s'unit plus intimement en épousant une fille de leur Pays. Il se préparoit à la conquête entiere de l'Espagne, & les Lusitaniens devoient l'aider dans cette entreprise, lorsque la guerre qui se faisoit alors dans la Sicile, entre les Carthaginois & les Romains, obligea Amilcar de passer dans cette Isle avec les troupes Lusitaniennes. Elles furent d'une grande utilité aux Carthaginois ; l'on peut même dire qu'elles étoient les meilleures troupes de leur armée, & qu'elles contribuerent beaucoup aux victoires qu'Annibal remporta sur les Romains. " Ils supportoient avec une
" patience admirable la faim, la soif & toutes les fatigues de la guerre.
" Les périls les plus évidens loin de les rebuter les rendoient plus ardens
" à chercher l'occasion de se signaler, & malgré leur fierté naturelle & le
" penchant excessif qu'ils avoient pour l'indépendance, ils observoient exac-
" tement la discipline militaire. Aussi n'étoit-ce point l'espoir du butin qui
" les avoit engagés à suivre Annibal, mais l'amour de la gloire, le desir
" de se mesurer avec la Nation du monde qui passoit pour la plus brave,
" & l'honneur de servir sous un Chef tel que lui (2) ".

(2) La Clede.

LUSITANIE.

510 Av. J. C.
Conquêtes des Carthaginois en Lusitanie.

232 Av. J. C.

Qualités des Lusitaniens.

INTRODUCTION A L'HISTOIRE

LUSITANIE.

Lusitanie sous la domination Romaine.

Les Romains maîtres de Carthage, le furent en même temps de l'Espagne qu'ils diviserent en deux Provinces ; sçavoir, en Ultérieure & en Citérieure, ou Tarragonoise. La premiere comprenoit la Lusitanie, quelque chose de l'Espagne & la Bétique. La seconde étoit composée des autres Provinces de l'Espagne. Les Romains envoyerent des Préteurs pour commander dans ce Pays. Marcus Portius Caro Censorinus un des premiers Gouverneurs que les Romains chargerent d'aller en Espagne, eut d'abord une guerre à soutenir contre les Lusitaniens ; mais persuadé que la rigueur est souvent un mauvais moyen d'attirer les Peuples, il traita les Lusitaniens avec tant de douceur qu'il se les attacha entiérement, & les retint dans la soumission.

Scipion Nasica son successeur eut beaucoup à souffrir de leur part. Ces Peuples s'étant joints aux Celtibériens, se jetterent sur les Terres des Alliés de Rome, & y firent de grands ravages. Ils battirent même l'armée de Scipion qui avoit marché contre eux pour s'opposer à leurs progrès. Mais le Général Romain ayant rassemblé les débris de son armée, attaqua de nouveau les Lusitaniens, & répara la honte de sa premiere défaite par une victoire complette qu'il remporta sur eux. La tranquillité fut rétablie pour quelque temps ; mais l'amour de la liberté souvent réveillé par la tyrannie des Préteurs, obligea les Lusitaniens à prendre les armes, soit pour soutenir leurs droits, soit pour défendre leurs voisins ou leurs alliés. Dans les différentes guerres qu'ils eurent avec les Romains, les succès furent souvent variés, & la fortune se déclara tantôt pour les uns, tantôt pour les autres. La plus célebre fut celle que Viriatus fit contre les Romains. Ce Général prit les armes dans la résolution de venger sa Patrie des maux qu'elle avoit soufferts de la part de ces Maîtres du Monde, & de la délivrer de leur joug.

132 Av. J. C.

Sulpicius Galba avoit si fort irrité les Lusitaniens par ses véxations & ses cruautés, qu'ils se souleverent de tous côtés, & se jetterent sur les Romains, qui perdirent en cette occasion environ sept mille hommes. Galba qui étoit échappé, rassembla promptement une nouvelle armée, & entra sur les Terres des Lusitaniens. Il y mit tout à feu & à sang, & réduisit en cendres les Villes les plus considérables. Les Lusitaniens hors d'état de se défendre, se soumirent au Vainqueur & implorerent sa clémence. Galba parut écouter leurs propositions, & dressa même un Traité de paix qui devoit être confirmé dans une Assemblée de la Nation. Lorsqu'ils s'y furent rendus, Galba les fit environner de ses troupes, & ordonna de faire main-basse sur eux.

Viriatus prend les armes pour la liberté de sa Patrie.

Cette action barbare & l'impunité d'une si noire perfidie irriterent si fort les Lusitaniens & les autres Peuples de l'Espagne, qu'ils chercherent l'occasion de se soustraire à la domination Romaine. Pendant qu'il se formoit diverses ligues, Viriatus, simple Chasseur eut la hardiesse de former le projet de venger ses Compatriotes. Il rassembla ceux qui étoient échappés du massacre général, & après les avoir conduits dans l'endroit où cette sanglante scène s'étoit passée, il les fit jurer sur les playes de leurs parens, qu'ils ne laisseroient pas impuni un crime si atroce. Ils se répandirent ensuite dans diverses Provinces, & eurent bientôt assemblé une armée assez considérable pour tenter quelque entreprise.

Viriatus se jetta d'abord dans la Carpetanie (3) qui étoit sous la domination Romaine, & après avoir désolé toute cette Province, il revint dans la Lusitanie, où il sacrifia au Dieu Mars un Chevalier Romain qu'il avoit fait prisonnier. Tous les Soldats l'un après l'autre, la main droite étendue sur les entrailles de la Victime, jurerent une guerre éternelle aux Romains, & Viriatus fit serment avec eux de défendre leur liberté jusqu'à la derniere goutte de son sang. LUSITANIE.

Le Sénat informé de la révolte des Lusitaniens, envoya contre eux Marcus Vitellius. Le Général Romain fit une si grande diligence qu'il les surprit & les mit en déroute. Un pareil succès ayant abbattu le courage des Lusitaniens, & leur Chef se voyant hors d'état de tenir la campagne, se renferma dans une Ville de la Bétique, dont on ignore le nom. Il y fut bientôt assiégé, & la Ville réduite à une telle extrémité, que ses Soldats craignant de succomber firent proposer à l'insçu de Viriatus de livrer la Place à de certaines conditions. Le Général Romain les accepta; mais Viriatus instruit du complot assembla ses Soldats, & par un discours très-fort où il leur reprochoit leur manque de fermeté, & leur remontroit le peu de fond qu'il y avoit à faire sur la bonne-foi des Romains, il les exhortoit à ne pas démentir leur ancienne vertu, & à le laisser agir. Le Sénat lui oppose Marcus Vitellius.

Les Soldats encouragés par ce discours ne respirerent plus que la liberté. Alors Viriatus fit sortir ses troupes, feignit de les ranger en bataille, & les disposa de façon que tandis que sa Cavalerie faisoit face aux Ennemis, son Infanterie, qui étoit peu nombreuse, défiloit par des sentiers qu'il connoissoit. Il rentra ensuite dans la Ville avec sa Cavalerie, & après avoir soutenu l'assaut des Romains jusqu'à la nuit, il abandonna la Place à la faveur des ténébres, & sçut retrouver son Infanterie au rendez-vous qu'il lui avoit donné à Tribola (4).

Cette retraite fut si glorieuse pour Viriatus que plusieurs Peuples qui ne s'étoient pas encore déclarés lui fournirent des troupes, & tout ce qui pouvoit leur être nécessaire. Vitellius voulut engager une action générale; mais étant tombé dans une embuscade que Viriatus lui dressa, il perdit une grande partie de son armée, & eut lui-même la tête coupée par un Soldat qui l'avoit fait prisonnier, & qui ne le connoissoit pas. Le reste de son armée se retira à Tarifa, & se remit en campagne avec un renfort de Celtibériens, sous le commandement du Questeur. Il ne fut pas plus heureux que Vitellius, & périt avec dix mille hommes dans une seule rencontre. Cette défaite releva entièrement le courage des Lusitaniens, leur Général en profita & rentra une seconde fois dans la Carpétanie, qu'il ravagea jusqu'à Tolede. Ayant ensuite appris que Caius Plautius, arrivé en Espagne pour y prendre le commandement, pressoit sa marche afin de le joindre, il se rendit dans la Lusitanie, pour y faire rafraîchir ses troupes. Les Ro-

---

(3) Ce Pays comprenoit le Royaume de Tolede & la Manche dans la Castille. Il étoit borné au Nord par le Territoire où sont aujourd'hui Valladolid, Ségovie, Burgos, Palence, &c avec une partie du Royaume d'Aragon; au Midi, par les Sources de la Guadiana, & les Contrées voisines; & à l'Occident, par une partie du Portugal.

(4) Cette Ville étoit située dans la Bétique, du côté du Détroit; mais comme elle ne subsiste plus on ne sçauroit dire précisément l'endroit où elle étoit bâtie.

LUSITANIE.

mains se joignirent sur les bords du Tage, & lui livrerent bataille; mais après un combat opiniâtre, la victoire se déclara en sa faveur & il continua sa route, emportant avec lui un butin considérable.

Aussi-tôt qu'il fut arrivé en la Lusitanie, Plautius vint l'y attaquer & lui présenta le combat proche le Mont de Vénus, où il s'étoit retiré. Les Romains malgré leurs efforts furent une seconde fois battus, & mis en fuite avec beaucoup de perte.

Claudius Unimanus cherche à le surprendre.

Claudius Unimanus, pour réparer les malheurs de Plautius, fit une diligence incroyable, & après avoir confirmé les Peuples dans l'obéissance des Romains, il entra dans la Lusitanie qu'il défola. Il fit en vain tous les efforts possibles pour surprendre Viriatus; ce Général éluda toutes ses ruses, & ce ne fut qu'après avoir épuisé de part & d'autre tous les stratagêmes de la guerre, qu'ils en vinrent à une action décisive dans la Plaine d'Ourique (5).

Le combat fut des plus opiniâtres, & les Lusitaniens après avoir fait un carnage affreux des Romains, leur enleverent leurs Etendarts, leurs Aigles & leurs Faisceaux, dont ils dresserent un Trophée sur le haut d'une Montagne. Un célebre Historien Espagnol, prétend qu'Unimanus y perdit la vie. Ce qu'il y de certain c'est que les Romains après sa défaite nommerent le Consul Caius Nigidius pour gouverner l'Espagne. Le nouveau Consul entra dans la Lusitanie du côté des Transcudans & de leurs voisins; mais Viriatus y étant accouru, le mit bientôt en fuite.

Viriatus prend le titre de Libérateur de la Patrie.

Sa défaite & celle d'Unimanus comblerent de gloire Viriatus, & lui acquirent le titre de *Libérateur de la Patrie*; cependant malgré ses victoires les Romains ne laisserent pas de faire des courses dans la Lusitanie. Ils enleverent même quelques hommes & quelques femmes. Celles-ci plus courageuses que ne leur permettoit leur sexe, trouverent moyen de se dégager de leurs liens en les rongeant, & ayant pendant la nuit été trouver leurs maris, qui étoient enfermés séparément, elles les mirent en état de se venger des Romains. Ceux-ci ne se doutant point de ce qui se passoit furent presque tous égorgés pendant leur sommeil. Après cette expédition les Lusitaniens s'en retournerent triomphans dans leur Patrie.

La défaite de Nigidius mit le Général Lusitanien en état de ravager l'Espagne Ultérieure & les Contrées soumises aux Romains. Ce fut vers ce temps-là que le jeune Scipion fit la conquête de Carthage, d'où il prit le surnom d'Africain. Le Sénat pendant cette fameuse expédition envoya dans l'Espagne Caius Lelius, surnommé le Sage, pour les rares qualités dont il étoit orné. Viriatus ne sortit point de la Lusitanie tant que ce Gouverneur resta en Espagne.

Caius Lelius part pour l'Espagne.

Quintus Fabius Maximus Æmilianus lui succede.

Quintus Fabius Maximus Æmilianus, ayant remplacé Lelius, son orgueil lui fit croire que les Lusitaniens n'oseroient paroître devant lui. Mais Viriatus le détrompa bientôt; il fit de fréquentes courses dans la Bétique, qu'il défola, & s'empara presque à ses yeux de deux fortes Places où il mit garnison. Le Général Lusitanien profitant ensuite de l'absence de Fabius qui étoit allé

---

(5) Cette Plaine est fameuse par la victoire qu'Alphonse I. Roi de Portugal y remporta sur cinq Rois Maures.

à Cadix offrir des sacrifices à Hercule, s'approcha de l'armée du Consul, s'empara d'un convoi, & battit un détachement de l'élite de ses troupes. Fabius de retour à son Camp eut beaucoup de peine à remettre ses Soldats de la consternation où les avoit plongé la défaite de leurs Camarades. Le Consul chercha l'occasion de se venger, & l'ayant trouvée, il attaqua les Lusitaniens, les battit, les força d'abandonner la campagne; mais ils se retirerent dans des lieux fortifiés où les Romains n'oserent les attaquer. Fabius s'étant ensuite rendu maître de deux Villes de la Bétique, dont Viriatus s'étoit d'abord emparé, publia qu'il avoit enfin contraint ce fameux Général à reculer devant lui, & qu'il étoit devenu pour Viriatus ce que Scipion avoit été pour Annibal. Son Consulat & celui de Lucius Hostilius Mancinus son Collégue étant expirés, les deux Consuls revinrent à Rome où Fabius obtint les honneurs du Triomphe. Servius Sulpitius Galba, & Lucius Aurelius Cotta nommés à leur place, briguerent le Gouvernement de l'Espagne, & leur division à ce sujet ayant duré quelque temps, Viriatus en profita pour rétablir son armée. Il leva de nouvelles troupes, & fit soulever contre les Romains les Arevaques, les Beliens & plusieurs autres Peuples de l'Espagne. Popilius étant arrivé en Espagne, envoya Quintius son Lieutenant contre Viriatus, pendant qu'il étoit occupé à soumettre les Arevaques & les autres révoltés. Quintius joignit Viriatus près d'Evora, & l'ayant battu il le força à se retirer sur le Mont de Venus. Le Général Lusitanien après avoir remis ses troupes de leur frayeur, alla à la rencontre des Romains & les ayant attaqués, il les défit & leur tua quinze mille hommes. Quintius après sa défaite se réfugia à Cordoue, & Viriatus entra dans la Bétique, où ses troupes firent un butin qui les récompensa de leurs fatigues.

Metellus fut continué dans le Gouvernement de l'Espagne citérieure, & le Sénat donna celui de l'ultérieure à Quintus Fabius Maximus Servilianus frere adoptif de Fabius Æmilien, il avoit toutes les qualités nécessaires pour cet emploi, & outre dix-huit mille hommes de pied & quinze cens chevaux, son armée étoit encore composée de dix éléphans & de trois cens hommes de cavalerie Numide. Viriatus ne fut point étonné de tous ces préparatifs; il s'approcha de l'armée Romaine & la harcela continuellement, jusqu'à ce que la disette l'eût forcé de rentrer dans la Lusitanie. Il le fit avec tant d'ordre que les Romains n'oserent l'attaquer dans sa retraite. A peine fut-il arrivé dans son pays qu'il y tomba malade. Malgré cet accident il envoya ses deux Lieutenans Curion & Apuleius sur les Terres des Cunéens. Servilianus accourut à leur rencontre, les mit en déroute, prit plusieurs Places, & ayant fait beaucoup de prisonniers, les vendit à l'encan.

Le Vainqueur entra alors dans la Bétique, où Carroba Chef des Brigands faisoit d'horribles ravages : le Consul en vint facilement à bout, & le força à se retirer dans un Fort. Il y fut bientôt réduit à une telle extrêmité qu'il fut contraint de se rendre à Servilianus, qui lui fit couper les deux mains, ainsi qu'à plusieurs autres Seigneurs Lusitaniens.

Cette cruauté indisposa plus que jamais les Lusitaniens, & au commencement du Printemps la guerre recommença de part & d'autre. Servilianus

LUSITANIE.

forma le siége d'Erisane, que Viriatus lui fit bientôt lever. Le Général Romain étant ensuite tombé dans une embuscade que le Chef des Lusitaniens lui avoit dressée, fut contraint de faire avec lui un Traité de paix, par lequel il reconnoissoit les Lusitaniens pour un Peuple libre, & s'engageoit au nom des Romains à ne plus leur faire la guerre & à leur rendre toutes leurs Places, à condition que les Lusitaniens, ne chercheroient plus à étendre les bornes de leur Pays, & qu'ils laisseroient tranquilles ceux de leurs voisins qui seroient alliés des Romains.

Le Sénat mécontent d'un pareil Traité rappella Servilianus, & envoya en sa place Quintus Servilius Cæpion son frere. Celui-ci recommença la guerre, & mit tout à feu & à sang dans la Lusitanie. Viriatus qui étoit alors à Valence, Ville que l'on croit qu'il avoit bâtie, marcha en diligence contre les Romains, & arrêta leurs progrès. Las d'une guerre qui désoloit son Pays, il songea à faire une paix solide. Il envoya pour cet effet des Députés au Consul, avec plein pouvoir de traiter de la paix. Cæpion les combla d'honneurs, & par ses caresses & ses discours artificieux, il les corrompit de façon qu'ils formerent le projet d'assassiner Viriatus. De retour dans le Camp de ce Général, ils lui dirent que les Romains ne vouloient point entendre parler d'aucun accommodement. Viriatus quoique mortifié de cette nouvelle leur fit un accueil favorable, & les retint à souper. Après le repas ces Traîtres feignirent de se retirer; mais étant rentrés lorsqu'ils le crurent endormi, ils le poignarderent & passerent aussitôt du côté des Romains à la faveur des ténèbres.

Mort de Viriatus.

139 Av. J. C.

Ils étoient déja en sûreté lorsqu'on s'apperçut de leur perfidie. Jamais désolation ne fut si grande: tous les Lusitaniens fondoient en larmes, hommes, femmes, vieillards, enfans, tous pleuroient sa perte & gémissoient d'un malheur qu'ils regardoient comme irréparable. Ils lui rendirent les honneurs funébres avec toute la magnificence imaginable, & placerent ses cendres dans un superbe Mausolée. Ces marques de leur affection pour leur Général sembloient adoucir la douleur dont ils étoient pénétrés. Ses ennemis le faisoient passer pour un Brigand qui n'avoit obtenu le Commandement que par ses ruses & ses brigues, sans que son mérite y eût aucune part. Scipion Nasica sçut rendre justice aux belles qualités de ce grand Homme. Lorsque ses Assassins vinrent à Rome demander le prix de leur trahison, il les chassa avec ignominie, & leur ordonna de sortir de la Ville sous peine de la vie; ils passerent ainsi le reste de leurs jours dans l'opprobre, & livrés aux remords que leur devoit causer une action aussi honteuse que criminelle.

Après la mort de Viriatus, le Commandement des troupes fut déféré à Tentale; mais ce nouveau Général peu propre à remplir une telle place, fut bientôt battu & forcé de se rendre à discrétion. Quintus Cæpion retourna pour lors à Rome, où il reçut les honneurs du Triomphe, honneurs qu'il ne dut qu'à ses lâches intrigues.

137 Av. J. C.

La haine que les Lusitaniens portoient naturellement aux Romains, fut réveillée de nouveau par l'insolence des Soldats, à qui Junius Brutus successeur de Quintus Cæpion, avoit donné pour récompense la Ville de Valence & les Terres voisines. Résolus de secouer un joug qu'il ne portoient qu'avec peine, ils se révolterent, & se joignirent aux Galiciens. Brutus pour prévenir leurs entreprises, se mit promptement en marche & les ayant joint au-delà de Lima (6), il leur livra bataille & les tailla en piéces. Cette défaite les força à rester tranquilles jusqu'à la Préture de Quintus Servilius Cæpion, fils de celui qui avoit fait assassiner Viriatus. Ils tenterent alors de recouvrer leur liberté; mais aussi inutilement que toutes les fois qu'ils l'entreprirent depuis sous le Consulat de Rutilus Rufus, & de Cneius Manlius; sous celui de Marius & de Quintus Luctatius; & enfin pendant celui de Lucius Cornelius Dolabella, & Publius Licinius Crassus. Ces Consuls remporterent sur eux des victoires qui acheverent de les soumettre entiérement.

LUSITANIE.

Cette soumission n'étoit que forcée, & les Lusitaniens n'attendoient qu'une occasion favorable pour se soustraire à la domination Romaine. Les fameuses guerres civiles entre Marius & Sylla leur en fournirent bientôt une dont ils sçurent profiter. Ils avoient besoin d'un Chef expérimenté pour réussir dans leurs desseins, & ils crurent l'avoir trouvé dans la personne de Sertorius, homme de basse naissance, mais grand Capitaine. Il avoit été proscrit par Sylla, à cause de son attachement pour Marius, & s'étoit retiré en Afrique. Les Lusitaniens députerent vers lui pour l'engager à se mettre à leur tête.

An. 82 Av. J. C.

Les Lusitaniens choisissent pour Chef Sertorius.

Il accepta leurs offres avec joie, & se rendit promptement en Lusitanie. Il songea d'abord à gagner le cœur des Peuples en diminuant les impôts, & en introduisant parmi eux une forme de République, sur le modèle de celle des Romains. Sa politique alla plus loin, & pour avoir en sa puissance toute la Jeunesse du Pays, il établit une célébre Académie à Osca, où les plus habiles Maîtres d'Italie les instruisoient dans toutes les Sciences convenables à leur condition. Il joignit aux deux mille six cens Romains & sept cens Africains qu'il avoit amenés, quatre mille Lusitaniens & sept cens chevaux. Avec une si foible armée il osa tenir la campagne, chassa de la Lusitanie les garnisons Romaines, remporta un grand avantage sur mer, & défit deux mille hommes de l'armée du Préteur Didius sur les bords du Guadal-Quivir. D'un autre côté, Hirtuleius son Lieutenant remporta de grands avantages sur Domitius Lieutenant de Metellus Pius, que Sylla avoit envoyé contre Sertorius, & sur Manilius dont il força le Camp où étoient trois Légions Romaines.

Ses succès.

Metellus n'étoit pas plus heureux que ses Lieutenans. Il fut presque toujours battu par le Général des Lusitaniens, & il auroit même été défait sans ressource sans le secours que Lucius Lollius Préteur de la Gaule Narbonnoise lui amena. Lollius ayant quitté l'Espagne, on regarda Pompée comme seul capable de rétablir les affaires des Romains dans la Lusitanie; mais l'arrivée du nouveau Général Romain ne servit qu'à relever la gloire de Sertorius. Il obligea Pompée de lever le siége de Palence, força son Camp de Calahorra, lui tua trois mille hommes, prit en sa présence la Ville de Lauronne, la réduisit en cendres, & envoya ses Habitans en esclavage dans la Lusitanie.

(6) Ce Fleuve prend sa source dans la Galice, & étoit connu du temps des Romains sous le nom du Fleuve Lethé. *La Cledo.*

LUSITANIE.

De si rapides succès le rendirent en peu de temps maître de presque toute l'Espagne, & le firent redouter dans tout le Pays. On venoit de toutes parts implorer sa clémence, & se soumettre à lui. Metellus & Pompée n'osoient plus tenir la campagne. Sertorius poursuivant ses conquêtes, chercha l'Ennemi, & ayant joint Pompée près de la Riviere de Xucar, lui livra bataille, & le vainquit. Metellus eut le même sort que Pompée ; son armée fut taillée en piéces, & il auroit péri dans le combat de la main même de Sertorius sans la valeur de ceux qui l'environnoient. Les Lieutenans de Sertorius ne remportoient pas de moindres avantages sur les Romains. Hirtuleius le plus redoutable de tous fut cependant défait par Metellus, proche d'Italique Ville de la Bétique. Le Général Romain après lui avoir tué vingt mille hommes, le contraignit à se sauver dans la Lusitanie, avec les débris de son armée.

Sertorius vengea bientôt sur Pompée l'affront que son Lieutenant avoit reçu. Il lui tua dix mille hommes, enleva plusieurs Villes aux Romains & remplit toute la Bétique de la terreur de son nom.

Pompée voulant réparer la honte de sa derniere défaite, se remit en campagne. Il chercha Sertorius, qui de son côté étoit plus en état que jamais de continuer la guerre. Ces deux Rivaux se rencontrerent auprès de la Riviere Turia, aujourd'hui Guadalaviar, & se livrerent un cruel combat où Pompée auroit été entiérement défait, sans le secours des troupes fraîches que lui amena Metellus. Elles ne firent cependant que suspendre la victoire, & Pompée se retira vaincu dans le Pays des Vaccéens. Metellus passa son quartier d'hyver au pied des Pyrennées, & Sertorius suivant sa coutume se rendit à Evora, où il s'étoit fait bâtir une Maison, & où loin du faste & du grand monde, il se délassoit des fatigues de la guerre. De-là au retour du Printemps il passoit subitement du repos le plus profond aux soins les plus tumultueux.

An. 72 Av. J. C.
Mort de Sertorius.

La perfidie de Perpenna son Lieutenant termina le cours de ses victoires, & délivra les Romains d'un ennemi qui étoit devenu si redoutable. Il le fit assassiner dans un festin qu'il lui donna à Osca, & par une trahison infâme il fit périr un des grands Capitaines de son temps, que les Espagnols justes appréciateurs de son mérite, avoient nommé *l'Annibal Romain*. Il étoit digne d'être comparé à cet illustre Carthaginois, par sa valeur & son activité : les défauts qu'il eut de commun avec lui furent la cruauté & la défiance. On peut aussi lui reprocher d'avoir porté les armes contre sa Patrie ; mais l'injustice de Sylla à son égard, semble en quelque façon excuser sa faute. Les Lusitaniens après sa mort se soumirent de nouveau aux Romains. Pompée après avoir fait mourir le perfide Perpenna, & repris les Places que Sertorius lui avoit enlevées, retourna à Rome avec Metellus où on leur accorda les honneurs du Triomphe.

An. 71 Av. J. C.
Les Lusitaniens sont soumis par César.

C'étoit toujours avec peine que les Lusitaniens reconnoissoient l'empire que Rome avoit sur eux, & ils attendoient avec impatience les momens qui pouvoient les en délivrer. La révolte des Galiciens les engagea bientôt à les imiter, & ils se joignirent à eux contre l'ennemi commun. César marcha contre eux en diligence & les vainquit. Cette défaite ne les empêcha pas de passer ensuite du côté de Pompée. La mort tragique de ce grand homme augmenta la haine qu'ils avoient conçue contre César. Ils attaquerent Didius son Lieutenant, & remporterent sur lui de grands avantages. César ne tarda pas à le venger par la déroute entiére des Lusitaniens; mais sa modération à l'égard des Vaincus les toucha si fort, qu'ils conclurent avec lui un Traité de paix à Béja. C'est de-là que cette Ville prit le surnom de *Pax Julia*. Dans le même temps Ebora eut celui de *Liberalitas Julia*, Metrola celui de *Julia Mirtilis*, Santarem celui de *Julium Præsidium*, & Lisbonne, dont les Habitans avoient fait tous les honneurs possibles à César, reçut de lui le surnom de *Felicitas Julia*, & obtint ainsi que les autres le droit de Colonie, ou le droit Municipal (7).

LUSITANIE.

A la mort de César les Lusitaniens prirent le parti de Sextus Pompée; mais après sa défaite ils se soumirent à Octave, qui pour donner une nouvelle forme au Gouvernement d'Espagne, la partagea en six Provinces: sçavoir, la Bétique, la Lusitanie, la Galicienne, la Tarragonoise, la Carthaginoise, & la Tingitane.

La Lusitanie fut divisée en quatre Généralités, dont chacune avoit une Chancellerie où se jugeoient tous les Procès des Habitans. Mérida étoit la premiere. Caricius par ordre d'Auguste y établit une Colonie Romaine, ce qui lui fit donner le nom d'*Emerita Augusta*. Sa grandeur, ses richesses, & la multitude de ses Habitans la rendirent célébre, & la firent regarder comme la Métropole de toute la Lusitanie: la seconde Chancellerie fut établie dans Béja ou *Pax Julia*; la troisiéme, à Santarem ou *Julium Præsidium*; la quatriéme, dans Brague ou *Bracara Augusta*.

Plusieurs Villes de la Lusitanie rendirent de grands honneurs à Auguste, & lui envoyerent des Ambassadeurs. Celles de Santarem & de Lisbonne lui consacrerent un Temple. Cette Province fut tranquille & florissante sous son regne, & donna à sa mort des marques sensibles de ses regrets. Elle lui dédia plusieurs Temples, lui offrit des Sacrifices, institua des Jeux de Gladiateurs à sa gloire, & lui consacra une Hecatombe, où sur cent Autels différens on immoloit cent Victimes de divers especes. Les Animaux de rapine étoit sur-tout destinés à cet usage.

Dans le commencement du regne de Tibere les Lusitaniens souffrirent beaucoup du gouvernement de Vivius Serenus: mais l'Empereur l'ayant rappellé, ils furent assez tranquilles le reste de sa vie, & pendant le regne de Caligula son successeur. Ce fut sous celui de Claude que l'Evangile commença à leur être prêché.

Année de J. C. 15.

41.

Il n'est point mention d'aucune révolte de la part des Lusitaniens sous les regnes des différens Empereurs de Rome qui occuperent le trône depuis ce Prince jusqu'à Trajan. Mais alors malgré les bienfaits de ce Prince, ils leverent l'étendart de la rebellion, & il fallut pour les soumettre envoyer quatorze Légions, qui prirent & saccagerent Liconimargi, aujourd'hui Lamego, dont les Habitans avoient été les premiers à se révolter. Lucius

Année de J. C. 97.

---

(7) Le droit de Colonie & le droit Municipal étoient à-peu-près la même chose. Ils consistoient, pour ceux qui obtenoient l'un ou l'autre dans toute leur étendue, à jouir de tous les Priviléges que les Citoyens Romains possedoient; comme de servir dans leurs armées, d'exercer les Charges les plus éminentes, & enfin d'avoir droit de déliberation dans les Assemblées publiques touchant les affaires de l'Etat.

LUSITANIE.

Voconius Paulus né à Evora, Préfet de deux Cohortes, l'une Lusitanienne, & l'autre de Vettons, & Tribun de la Légion Italique, touché du triste état où sa Patrie alloit tomber, présenta une Requête au Sénat où il imploroit la clémence de l'Empereur. Il arrêta par ce moyen les effets de la colere des Romains, & obtint le pardon de toute la Lusitanie. La Ville d'Evora en reconnoissance lui érigea une Statue, avec une inscription qui relevoit ses qualités, & qui instruisoit la postérité du service essentiel qu'il venoit de rendre à sa Patrie.

Année de J. C. 117.

Ælius Adrien fils adoptif de Trajan, divisa l'Espagne en six Provinces: la Bétique, la Lusitanie, la Galice, la Carthaginoise, la Tarragonoise & en Isles; sçavoir, Majorque, Minorque & Iviça. La Lusitanie & la Bétique eurent des Gouverneurs Consulaires, les autres furent soumises à de simples Lieutenans. Toute la Lusitanie obtint le droit de Colonie, afin qu'il n'y eût qu'une même Loi dans tout le Pays. Les trois Tribunaux, dont il a déja été parlé, resterent tels qu'ils étoient; celui de Merida fut toujours consideré comme le premier, & tout le Pays des Vettons dépendant de la Lusitanie quoique séparé, en ressortit. Celui de *Pax Julia* ou *Béja* étoit le second, & comprenoit sous sa Jurisdiction les Turditains, & tous les Peuples habitans les bords du Tage, au Midi. Le troisiéme fut celui de Santarem, qui étoit du côté opposé. Tous les Peuples d'entre le Tage & le Douro étoient soumis à son Tribunal. Brague ou *Braccara Augusta*, quoique exclus de la Lusitanie en étoit cependant comme une dépendance, & on le regardoit en quelque façon sur le pied du quatriéme Tribunal, où ressortissoit tout le Pays qui est entre le Douro & le Minho.

Ce fut au commencement du regne d'Adrien, que les erreurs des Gnostiques firent quelques progrès, elles pénétrerent jusques dans la Lusitanie, qui d'ailleurs jouit d'une profonde paix. On présume qu'elle ne fut point troublée sous le regne de Titus Arrius Antonin successeur d'Adrien, le silence des Historiens sur ce fait autorise cette idée. A la mort d'Antonin, l'Empire fut occupé par ses deux fils adoptifs, Marc Aurele son gendre fils d'Annius Verus, & Lucius fils de Lucius Cejonius Commodus. Lucius mourut & laissa Marc Aurele regner seul. Ce fut sous son regne que les Afriquains firent une irruption dans la Lusitanie, & la désolerent depuis le Cap Sacré jusqu'à l'embouchure du Douro. Les Romains arrêterent leurs ravages, & Lucius Quintilien Gallion Lusitanien acheva de les détruire la seconde année du regne de Commode successeur d'Aurele.

138.

161.

174.

182.

Depuis Commode jusqu'à Théodose, la Lusitanie jouit d'un profond repos. La Religion Chrétienne seule essuya une violente persécution sous le regne de Dioclétien; mais le Gouvernement civil n'éprouva aucun changement. Le grand Constantin qui parvint dans la suite à l'Empire, accorda de nouveaux priviléges aux Lusitaniens, & pour leur marquer son estime & la confiance qu'il avoit dans leur valeur, il les choisit pour garder les Places les plus exposées, & en entretint toujours deux Corps l'un en Arabie, & l'autre en Egypte, pour contenir ces deux Provinces dans la soumission. Ces distinctions flaterent les Lusitaniens, ils décernerent de grands honneurs à Constantin, & firent fraper des Médailles en son nom. Il ne leur arriva depuis rien de remarquable jusqu'à la mort de Théodose, avec qui leur bonheur expira.

284.

395.

Arcadius & Honorius fils de Théodose, avoient à peine partagé l'Empire que des Barbares sortis du fond du Nord l'attaquerent de toutes parts, & porterent en tous lieux la ruine & la désolation. Rome fut bientôt livrée à leur fureur, & dans le même temps les Vandales entrerent en Espagne & s'emparerent de la Bétique qu'ils nommerent Vandalie, & qu'on a depuis appellée par corruption Andalousie. Resplendien Roi des Alains se rendit maître de la Lusitanie & de la Province de Carthage. La Carpetanie aujourd'hui le Royaume de Tolede, & la Celtiberie resterent fideles aux Romains. Les Suèves envahirent la Galice, fort étendue pour lors, puisqu'elle comprenoit toute la vieille Castille.

Après la mort de Resplendien, Atacès qui lui succeda, s'empara d'une partie de la Lusitanie, & fit de Mérida le Siége de son Empire. Lisbonne, toute la Côte sur l'Océan jusqu'à la Turditanie, & ce qui est de l'autre côté jusqu'à la Galice tomba sous la puissance d'Hermeneric Roi des Suèves. Ces Barbares ayant pris des sentimens moins cruels rappellerent les Peuples fugitifs & rebâtirent les Villes qu'ils avoient détruites. Les Lusitaniens furent du nombre, & firent alliance avec leurs Ennemis, & ne composerent plus qu'un même Peuple.

La Lusitanie ainsi partagée entre plusieurs Rois Barbares, fut pendant quelque temps déchirée par les divisions qui naissoient entre ces différens Princes. Mais Rechila fils d'Hermeneric la soumit toute entiere, & fit perdre aux Romains l'espérance de la jamais posseder. Rechila eut pour successeur Riccarius son fils. Ce Prince regna comme lui sur toute la Lusitanie, qui contribua de tout son pouvoir aux grandes conquêtes de ce Prince ; mais ces mêmes conquêtes furent cause de sa perte. Fier des avantages qu'il remportoit de toutes parts, il reçut fort mal le conseil de Théodoric son beaufrere Roi des Goths, qui vouloit l'engager à cesser de faire la guerre aux Romains avec qui il étoit allié. Il osa même lui offrir de mesurer ses forces contre lui. Théodoric outré d'une telle arrogance, oublia l'alliance qui étoit entre eux, & ayant marché à sa rencontre, le vainquit & le força de fuir. Riccarius que le malheur poursuivoit tomba entre le mains de son Ennemi, & perdit la tête par son ordre.

La Lusitanie fut exposée de nouveau aux outrages d'un Vainqueur. Théodoric s'en rendit Maître, & abandonna aux pillage une partie de ses Villes.

Les Lusitaniens hors d'état de résister à Théodoric, députerent vers lui leurs Evêques, pour lui demander permission d'élire un Roi de leur Pays qui releveroit de sa Couronne. Théodoric leur accorda leur demande, aimant mieux par cette grace en faire des amis, que d'avoir toujours à les punir comme rebelles. Au retour des Evêques, il se fit une assemblée générale de toute la Nation, pour proceder à l'élection d'un Roi ; mais les avis furent partagés, les uns donnerent leur voix pour Franta, les autres pour Masdra fils de Masila. Théodoric autorisa même de son consentement l'élection de ce dernier ; néanmoins Franta soutenu de quelques Grands, se rendit maître des Côtes de la Galice, des Villes d'Astorga, d'Orense & d'Iria-Flavia. Les Romains profitant de cette division, entrerent dans la Lusitanie, s'emparerent d'une partie des Places qu'ils y avoient possedées ; mais Masdra ayant été tué, Remismond son fils & son Successeur s'unit d'intérêts avec Franta, & les Romains ne pouvant résister à leurs forces réunies, ils abandonnerent ce qu'ils avoient conquis & se retirerent dans l'Espagne.

L'union de Remismond & de Franta, ramena la paix & l'abondance ; mais Franta étant mort deux ans après, & Frumarius lui ayant succédé, les divisions recommencerent. Remismond s'étant vû enlever Flavia ou Chaves, & brûler les environs, entra sur les Terres de son Ennemi & y fit les mêmes ravages. Cette guerre fut terminée au bout de deux ans, par la mort de Frumarius, & par la réunion de tous les Suèves, qui reconnurent le seul Remismond pour leur Roi. Il ne songea qu'à aggrandir ses Etats ; & après s'être rendu maître de plusieurs Places assez considérables que les Romains avoient reprises, il envoya une Ambassade à Théodoric Roi des Goths, pour lui demander son amitié. Ce Prince loin de la lui refuser, lui accorda en mariage une de ses filles. On ne trouve point dans l'Histoire le reste des actions de sa vie, non plus que ce qui s'est passé sous ses successeurs Théodobule, Varamond, & les autres Rois Suèves, qui étoient tous Ariens, jusqu'à Théodomir (8).

La Monarchie des Suèves qui avoit duré cent quatre-vingt ans, ayant été éteinte & réunie à celles des Goths en 583, par Leuvigilde, la Lusitanie & la Galice devinrent Province d'Espagne. Elles furent cependant gouvernées par leurs Capitaines. Chaque Province avoit le sien, & ces Gouverneurs prenoient le titre de Comtes ; titre introduit du temps des Empereurs, & conservé par les Rois Goths. Les Gouverneurs des Villes avoient celui de Ducs.

La Lusitanie demeura sous l'Empire des Goths jusqu'à l'invasion des Africains en 712. Alors elle eut le même sort que l'Espagne, & tomba sous la domination des Maures ou Sarrasins. Alphonse VI. Roi de Castille & de Leon, ayant déclaré la guerre à ces Infidéles, plusieurs Seigneurs Etrangers se présenterent pour servir sous ce Prince. Henri Prince du Sang de Bourgogne & de la famille de Hugues Capet, premier Roi de France de la troisiéme Race, y fit paroître tant de courage, & rendit de si grands services au Roi de Castille, que ce Prince crut devoir se l'attacher. Il lui donna en mariage Thérèse sa fille naturelle, avec le Gouvernement de Porto en titre de Comté mouvant de la Couronne. Il lui permit en même temps de faire la guerre contre les Maures, & promit de lui abandonner les conquêtes qu'il feroit sur eux. Il fut ensuite plusieurs années Gouverneur de Conimbre, & régissoit Porto pour la seconde fois, lorsque sa femme Thérèse lui donna un fils nommé Henriquès Alphonse. La naissance de ce Prince causa tant de plaisir à son grand pere Alphonse, qu'en sa faveur il donna à Henri & à son épouse Porto & tout ce qui lui appartenoit dans la Lusitanie, & cela sans aucun assujettissement.

Henri depuis sa nouvelle dignité faisoit son séjour le plus ordinaire dans Guimaraens, Ville la plus considérable de son Etat. Tant qu'il vécut il ne cessa de combattre contre les Sarrasins. Il vainquit & fit prisonnier Hecha

---

(8) Voyez au sujet de ces Rois, l'Histoire d'Espagne, page 28 de cette Introduction.

Martin

LUSITANIE
460.

464.

DU PORTUGAL.

Henri Comte de Portugal.
1094.
ou
1095.

Ses exploits.

Martin Roi de Lamego, qui, défoloit depuis long-temps les Terres des Chrétiens. Il relâcha enfuite ce Prince Infidéle, lui rendit même Lamego, à condition qu'il abjureroit le Mahométifme, & qu'il lui payeroit un Tribut. Les Maures ayant refufé de reconnoître Hecha depuis fon changement de Religion, il implora le fecours de Henri qui le rétablit par la force des armes. Au retour de ce nouvel exploit, il nomma des Gouverneurs pour veiller à la fûreté de fes Sujets, & maintenir dans le devoir les Habitans des Places les plus importantes de fes Etats. Il choifit pour ces Emplois les perfonnes les plus diftinguées, & qui lui avoient rendu le plus de fervices : il fe les attacha plus fortement par ces marques de confiance.

DU PORTUGAL.

Ce Prince remporta une victoire confidérable fur Alibahen Jofeph qui avoit affiégé Conimbre. Il foumit enfuite les Habitans de Sintra & leurs voifins révoltés en faveur du Roi Maure. Les troubles arrivés de fon temps dans la Caftille ne l'empêcherent point d'étendre fes conquêtes depuis Aftorga jufqu'à Conimbre.

Les Ennemis ayant repris Aftorga & fes dépendances, Henri fe mit en devoir de les en chaffer une feconde fois; il fit venir auprès de lui fon fils Henriquès, pour lui apprendre lui-même l'art de bien commander, & marcha enfuite vers Aftorga qu'il affiégea; mais pendant ce fiége il tomba mala, & mourut à l'âge de foixante & dix-fept ans, après avoir gouverné le Portugal pendant près de vingt ans fous le titre de Comte, & prefque autant comme Gouverneur de cette Province. Ce fut de fon temps que la Lufitanie prit le nom de Portugal, qui lui eft toujours refté depuis. Il contient beaucoup plus de terrein que l'ancienne Lufitanie, puifqu'il renferme aujourd'hui fix Provinces; fçavoir, celle de Porto qui eft entre le Minho au Nord, & le Douro au Midi : cette Province eft la plus belle du Royaume, & lui a même donné le nom qu'il porte maintenant ; celle de Tra-los-Montes, auffi renfermée entre le Douro & le Minho. Elle eft confinée au Nord par la Galice, & à l'Orient par le Royaume de Leon : celle de l'Eftramadure, dont les bornes font au Couchant la Mer Océane ; au Nord, & à l'Orient la Province de Beira, & celle d'Alenteyo. Le Royaume des Algarves fait la fixiéme Province, & c'eft la derniere qui eft tombée fous la puiffance des Portugais.

Sa Mort.

1112.

Etat du Portugal.

Le Portugal a eu divers noms en différens temps. J'ai expliqué au commencement de fon Hiftoire l'étymologie du nom de Lufitanie qu'il a porté d'abord. Il eut enfuite celui de Suève, tant que les Suèves en furent maîtres ; mais la dynaftie de ces Rois ayant ceffé, & leurs Sujets étant tombés fous la domination des Goths, il reprit le nom de Lufitanie jufqu'au temps du Comte Henri, qu'on lui donna celui de Portugal. Il y a plufieurs opinions fur l'origine de ce nom, la plus commune & la plus naturelle eft qu'il le doit à la Ville de Porto, & à celle de Cale rebâties toutes deux par Henri. Les autres fentimens à ce fujet paroiffent fi fabuleux qu'il eft inutile de les rapporter.

Origine du nom de Portugal.

Henriquès Alphonfe trop jeune pour gouverner par lui-même, porta la Couronne fous la tutelle de fa mere. Cette Princeffe dont la conduite fut peu réguliere, époufa Ferdinand Paës, Comte de Traftamare. Ce Seigneur fier du rang qu'un femblable mariage lui donnoit, n'eut aucun ménagement pour Alphonfe. Ce Prince malgré fa jeuneffe eut la prudence de diffimuler

Alphonfe I. premier Roi de Portugal.

Tome I. Y

jusqu'à ce qu'il fût devenu majeur. Il voulut alors faire rendre compte à Traſtamare de ſa regence ; mais celui-ci l'ayant refuſé, il fut obligé d'armer contre lui. La bataille qu'il donna près de Guimaraens décida cette querelle. Traſtamare fut vaincu & fait priſonnier avec la Comteſſe Thérèſe. Il fit enfermer ſa mere & donna la liberté au Comte ſon époux, à condition qu'il ſortiroit ſur le champ du Portugal pour n'y jamais rentrer.

Alphonſe ne ſongea enſuite qu'à établir dans ſes Etats la Religion & une paix ſolide. Cependant Thérèſe outrée de ſa détention envoya vers le Roi de Caſtille ſon neveu, pour ſe plaindre de ſon fils & lui offrir de le rendre maître du Portugal. Le Roi de Caſtille entra volontiers dans ſes vûes, & leva une armée contre ſon couſin. Alphonſe informé de ces préparatifs, aſſembla ſes troupes & marcha à ſa rencontre. Le combat fut long & ſanglant des deux côtés ; mais la victoire ſe déclara pour les Portugais. Ils firent un tel carnage des Caſtillans, que la Plaine a pris le nom de *Mantaca*, c'eſt-à-dire *tuerie*. Le Roi de Caſtille y fut bleſſé, & pluſieurs de ſes Courtiſans y perdirent la vie. Cette défaite ne ralentit point l'ardeur du Roi de Caſtille : réſolu au contraire de ſe venger, il remit bientôt ſur pied une armée plus forte que la premiere, & fit le ſiége de Guimaraens où les Portugais s'étoient renfermés. Le Comte de Portugal y fut réduit à l'extrémité, & y auroit ſans doute péri ſans Egas Moniz ſon Gouverneur qui fut trouver à ſon inſçu le Roi de Caſtille, & parlant en apparence au nom de ſon maître, l'engagea à lever le ſiége & à faire la paix à des conditions avantageuſes. Alphonſe inſtruit de cette démarche, entra dans une grande fureur, & jura qu'il ne garderoit aucun des articles du Traité. Egas reconnut alors ſa faute, & alla avec ſa femme & ſes enfans ſe jetter aux pieds du Roi de Caſtille, & lui avoua qu'il avoit traité ſans ordre de ſon Maître. Le Roi demeura quelques momens ſans répondre ; mais touché du ſpectacle attendriſſant que lui offroit Moniz & toute ſa famille éplorée, il lui pardonna & le renvoya en Portugal, où il paſſa tranquillement le reſte de ſes jours.

La Comteſſe Thérèſe ſuſcita bientôt de nouveaux ennemis à ſon fils, & trouva moyen de mettre le Pape dans ſes intérêts ; mais Alphonſe par ſa prudence & ſa fermeté vint à bout d'appaiſer tous ces troubles, & ſa mere qui les avoit cauſés, mena dans la ſuite une conduite plus réguliere.

Alphonſe ayant rétabli la tranquillité dans ſes Etats, ſe diſpoſa à porter les armes contre les Maures, & gagna ſur eux pluſieurs batailles, dont la plus remarquable fut celle qu'il remporta dans la Plaine d'Ourique (9) ſur Imar, ou Iſmael, qui avoit ſon Royaume de l'autre côté du Tage. Ce Prince Mahométan étoit accompagné de quatre autres petits Rois Maures qui conduiſoient une nombreuſe armée. Les Portugais animés par l'intrépidité qu'Alphonſe fit paroître en cette occaſion, lui donnerent le titre de Roi (10), & marcherent à l'ennemi dont ils firent un horrible carnage, malgré l'inégalité du nombre. Les cinq Etendarts des cinq Rois furent enlevés, & en mémoire de cette action le Roi mit cinq petits écus dans les

---

(9) Appellée depuis Cabeça de Reies, c'eſt-à-dire Têtes de Rois.

(10) Ce titre lui fut confirmé par l'Aſſemblée des Etats à Lamego.

armes de Portugal. Trois jours après cette fameuse bataille Alphonse revint à Conimbre où il épousa Mafalde ou Matilde, seconde fille d'Amedée II. premier Duc de Savoye & de Matilde ou Mahaut d'Albon. Il ne tarda pas ensuite à se remettre en campagne. Il y fit de nouvelles conquêtes sur les Maures, & leur enleva Lisbonne.

 La prise de cette Place fut bientôt suivie de celles de plusieurs autres Villes : tout cédoit alors aux armes d'Alphonse ; la meilleure partie de l'Estramadure se soumit sans attendre qu'elle fût attaquée : les Maures perdirent encore Evora qui gémissoit depuis long-temps sous leurs fers. cette Ville fut remise en la puissance d'Alphonse par le moyen de Giralde, surnommé le Chevalier sans peur. Ce Seigneur la surprit, la rendit à son premier Maître, & par ce service il en obtint le Commandement & rentra dans les bonnes graces du Roi de Portugal, dont il avoit encouru l'indignation, pour avoir porté les armes contre lui au service d'Ismar.

 La puissance d'Alphonse qui augmentoit tous les jours, excita enfin la jalousie de Ferdinand II. Roi de Castille. Ce Prince sur de frivoles prétextes lui déclara la guerre. Alphonse quoiqu'âgé de soixante & quinze ans, se mit à la tête de son armée, entra dans les Etats du Roi d'Espagne & lui enleva plusieurs Places ; mais ayant livré une bataille avec des forces inégales, il fut vaincu & fait prisonnier. On le conduisit à Leon, où Ferdinand lui rendit tous les honneurs dûs à son rang. Il eut même la générosité de lui accorder la liberté sans exiger de rançon. Mais ce fut à condition qu'il lui rendroit vingt-cinq Places que les Portugais retenoient dans la Galice & dans le Royaume de Leon. Il fit en même temps promettre à Alphonse de se trouver aux Assemblées des Etats de ses Royaumes aussi-tôt qu'il pourroit monter à cheval : le Roi de Portugal pour se dispenser de tenir sa parole ne monta plus depuis à cheval, sous prétexte d'une blessure qu'il avoit reçue à la jambe. Albarague Roi de Séville ayant appris la victoire que le Roi de Castille avoit remportée sur le Roi de Portugal, se jetta dans la Province d'Alentejo, la ravagea & mit le siége devant Santarem. Alphonse âgé pour lors de quatre-vingt-huit ans, & qu'on croyoit hors d'état d'agir à cause de sa blessure, marcha contre lui en diligence & le défit. Trois ans après il eut une autre guerre à soutenir contre Aben Jacob Miramolin. Ce Prince avec une armée formidable étoit venu assiéger Santarem où Don Sanche s'étoit renfermé. L'Infant étoit prêt à succomber sans le secours que son pere lui amena ; la présence d'Alphonse que les Maures n'attendoient point, les épouvanta à un tel point qu'ils prirent la fuite, sans oser livrer combat. La plus grande partie de leur armée y périt, & le Miramolin mourut peu de jours après de la blessure que l'Infant lui avoit faite.

 Alphonse ne vécut pas long-temps après cette expédition. Il mourut âgé de quatre-vingt-onze ou treize ans, & fut inhumé à Sainte Croix de Conimbre. Ce Prince eut plusieurs enfans ; sçavoir, Henri, mort fort jeune ; Sanche qui lui succeda ; Mafalde, premiere femme d'Alphonse II. Roi d'Aragon ; Urraque, mariée à Ferdinand II. Roi de Leon, dont elle fut séparée ; Thérèse appellée depuis Mathilde que Philippe Comte de Flandre épousa en secondes nôces.

 Don Sanche né à Conimbre en 1154, fut proclamé Roi trois jours après la

Du Portu-
GAL.

mort de son pere. Il s'étoit adonné aux armes dès l'âge le plus tendre, & s'étoit trouvé à la bataille d'Arganal contre le Roi de Leon, qu'il avoit à peine treize ans. Il avoit donné des marques de sa valeur en plusieurs occasions, & s'étoit fait une grande réputation qu'il conserva lorsqu'il fut monté sur le trône.

Son premier soin après son couronnement, fut d'envoyer une Ambassade à Rome, pour y faire les soumissions qui étoient d'usage en ce temps-là. Marchant ensuite sur les traces de son pere, il continua la guerre que ce Prince avoit continuellement faite contre les Maures. Il leur enleva dans le Royaume des Algarves la Ville de Silvès, qui étoit très-forte & qui servoit de retraite aux Pirates d'Afrique; il fut secouru dans cette occasion par une Flotte des Croisés. Depuis cette conquête il prit le titre de Roi des Algarves; il eut plusieurs autres démêlés avec les Maures; mais il en sortit toujours victorieux. Pendant que ses armes prosperoient au-dehors, le de-

1191.

Calamités dont le Portugal est affligé.

dans de ses Etats étoit affligé de divers calamités. Une sécheresse ayant succédé à des pluies & des débordemens considérables, les Portugais eurent à souffrir une horrible famine. Le Roi de Séville profitant de ces malheurs, entra dans le Portugal, y porta la désolation de tous côtés, s'empara de plusieurs Villes, & de toutes les conquêtes que les Portugais avoient faites sur les Algarves. Sanche fit alors connoître qu'il étoit véritablement le pere de ses Peuples. Occupé des moyens de les soulager, il songea à écarter les maux dont ils étoient accablés : en même temps qu'il pourvoyoit à leur subsistance, il repoussoit l'ennemi qui ne cherchoit qu'à profiter de leurs malheurs. Il se vit enfin obligé de signer une tréve de cinq ans avec les Maures ; mais elle étoit à peine conclue que les maux les plus terribles se firent sentir de nouveau. Les inondations, la grêle, la famine, la peste, les prodiges les plus effrayans, en un mot, tout sembloit déclarer la guerre aux malheureux Portugais ; le Roi seul au milieu de tant d'afflictions montroit une constance à toute épreuve, & ne ressentoit que les malheurs de ses Sujets.

1195.

Don Sanche étoit à peine délivré des malheurs dont son Royaume venoit d'être accablé que le Miramolin entra sur ses Terres, pour se venger des conquêtes qu'il avoit faites sur lui dans l'Andalousie. Sylvès & plusieurs autres Places importantes tomberent tout d'un coup au pouvoir des Maures. Don Sanche arrêta bientôt leurs progrès, & après les avoir vaincus, il reprit Palmela & Elvas dont il s'étoit emparé. On prétend que ce fut la derniere expédition militaire qu'il y eut sous son regne ; du moins le silence des Historiens nous autorise à le croire. Débarrassé des soins de la guerre il ne s'occupa plus qu'à rétablir la paix & l'abondance dans ses Etats, & à éteindre les divisions qui regnoient parmi ses Sujets. Son amour pour eux

1200.

Sa mort.

lui acquit à juste titre le surnom de *Pere de la Patrie*. Ce Prince mourut à Conimbre âgé de cinquante-sept ans, après en avoir regné vingt-six ; il

1211.

laissa plusieurs enfans qu'il avoit eus de Douce d'Aragon sa femme ; sçavoir, Alphonse, qui lui succeda ; Ferdinand né l'an 1186, marié l'an 1211 avec Jeanne fille de Baudouin Empereur de Constantinople ; Don Pedre né l'an 1187, marié en Aragon avec la Comtesse d'Urgel; Don Henri ; Don Raimond. Dona Thérèse, mariée avec Alphonse IX. Roi de Leon, morte en

DE L'UNIVERS. Liv. I.

odeur de sainteté en 1250 ; Mafalde, Blanche & Beringele.

Alphonse II. monta sur le trône à l'âge de vingt-six ans. Il étoit d'une santé plus robuste qu'on ne l'auroit espéré, ayant été fort délicat pendant son enfance : il répondit parfaitement aux espérances que la bonne éducation qu'il avoit reçue avoit fait concevoir de lui. La seule chose qu'on puisse lui reprocher est la haine qu'il portoit à ses freres & sœurs. Cette passion qu'il chercha à satisfaire en toute occasion, lui attira souvent de fâcheuses affaires, son regne fut d'ailleurs glorieux : il vainquit les Maures en plusieurs rencontres, & avec le secours d'une Flotte de Croisés, qui prenoit sa route vers la Terre-Sainte, il s'empara de la Ville d'Alcaçardosal. Ce Monarque s'attacha aussi à réformer le Clergé de son Royaume, & à établir de nouvelles Loix propres à faire regner la justice & le bon ordre. Il devint si gros à l'âge de trente-cinq ans, qu'à peine pouvoit-il respirer. Il mourut à trente-huit, après un regne de onze ans. Il avoit épousé en 1207 ou 1208 Urraque, fille d'Alphonse III. Roi de Castille, dont il eut plusieurs enfans ; sçavoir, Sanche qui lui succeda, Ferdinand, Vincent & Léonor.

Don Sanche, surnommé Capel (11) lui succeda. Ce jeune Prince qui étoit né le 8 Septembre 1208, avoit 20 ou 21 ans lorsqu'il commença à regner.

A son avénement à la Couronne il détruisit la plûpart des Réglemens que son pere avoit faits, & par cette démarche il s'attira les malheurs qu'il éprouva vers la fin de ses jours ; les guerres qu'il entreprit contre les Maures lui furent avantageuses : il remporta sur eux de grands avantages, & reprit plusieurs Villes, dont ils s'étoient emparés. Dans l'entrevûe qu'il eut à Setubal avec Ferdinand Roi de Castille, il termina quelques différends qui étoient survenus entre les deux Couronnes sous le regne de Don Alphonse. Jusqu'alors le regne de Don Sanche avoit été glorieux ; mais l'amour des plaisirs ayant succédé à celui de l'honneur & du devoir, il n'écouta plus que les conseils de ses Favoris, & se laissa gouverner par ses Ministres. Les Maures profitant des circonstances entrerent dans la Province qui est entre Douro & Minho, & y firent de grands ravages. Cependant le Roi qui voyoit tranquillement ces désordres, conservoit au milieu du repos l'envie de conquérir toute l'Algarve, il donna pour cet effet le commandement de son armée à Correa, depuis Grand-Maître de l'Ordre de Saint Jacques en Castille. Ce brave Capitaine remplit les intentions de son Roi, & lui conquit l'Algarve. Le Roi pour le récompenser donna plusieurs de ces Places à l'Ordre de Saint Jacques.

Don Sanche ayant ainsi confié le soin de la guerre à ses Généraux, s'abandonna aux plaisirs avec plus de liberté ; mais la cause des malheurs qui lui arriverent fut le trop grand attachement qu'il eut pour Mencia (12) fille de Lopès de Haro Seigneur de Biscaye & de Dona Urraque, fille natu-

Du Portugal.

Alphonse II. dit le gros, troisiéme Roi de Portugal.

Sa Mort.

Sanche II. dit Capel, quatriéme Roi.

1224.

1239.
Ce Prince s'abandonne aux plaisirs.

1242.
Il s'abandonne aux plaisirs.

---

(11) Ce surnom lui fut donné parce que sa mere lui avoit fait prendre par dévotion l'habit Monastique, à cause de la foiblesse de sa santé.

(12) La Clede dans son Histoire de Portugal, prétend qu'elle fut mariée à Don Sanche ; mais la plûpart des autres Historiens nous donnent lieu de douter de la vérité de ce fait.

Y iij

relle de Don Alphonfe IX. Roi de Leon. Elle avoit époufé en premieres nôces Don Alvar Perès de Caftro. Cette femme maîtreffe de l'efprit du Roi, détruifoit tous les confeils falutaires qu'on pouvoit donner à ce Prince, & foutenoit au contraire de tout fon pouvoir les Miniftres de qui le Peuple & les Grands demandoient l'éloignement. Les murmures des Portugais firent quelque impreffion fur l'efprit du Roi : il parut d'abord vouloir réformer fa conduite ; mais s'étant livré de nouveau à fon amour pour Mencia, les Peuples qui font entre le Douro & le Minho leverent l'étendart de la révolte : ils enleverent Mencia & la firent paffer en Caftille, où elle finit fes jours. Cette entreprife hardie de la part de fes Sujets, loin de faire changer Don Sanche, ne fervit qu'à l'aigrir d'avantage. Son gouvernement devint alors fi infupportable, que les Prélats & les Grands de l'Etat fe crurent en droit de le faire dépofer, & nommerent Régent du Royaume Alphonfe fon frere, par qui ils avoient été gagnés (13). Le Roi fut tellement accablé de ce revers, qu'au lieu de profiter du zèle qu'une partie de fes Sujets montroient encore pour lui, il les abandonna lâchement, & fe retira à Tolede, où fuivant l'opinion la plus commune, il mourut trois ans après âgé de trente-neuf ans. Comme ce Prince ne laiffoit point d'enfans, les troubles qui déchiroient le Royaume fe trouverent appaifés par fa mort, & la Couronne fut donnée d'un confentement unanime à Don Alphonfe, qui jufqu'alors n'avoit exercé la Souveraine puiffance qu'en qualité de Régent. Il étoit né à Conimbre le 15 Mai 1210. Il avoit époufé à l'âge de vingt-fept ans Matilde Comteffe de Boulogne, veuve de Crifpe fils de Philippe Augufte Roi de France. Alphonfe étoit à Paris où il fe difpofoit à partir pour la Terre-Sainte, avec un Corps de troupes que le Pape lui avoit confié, lorfque les Portugais le chargerent de l'adminiftration du Royaume. Sa préfence étant alors néceffaire en Portugal, il rompit fon voyage, & fe rendit aux inftances des Portugais. Ils avoient auparavant exigé de lui qu'il ne changeroit rien dans le Gouvernement, & fur la promeffe authentique qu'il en fit, les Députés lui prêterent ferment de fidélité au nom de la Nation. Quelques Villes cependant refuferent de le reconnoître, & celle de Conimbre ne fe rendit qu'après la mort de Don Sanche.

Alphonfe y fit la cérémonie de fon couronnement, & s'occupa dans le commencement de fon regne à détruire toutes les cabales qui s'étoient formées pendant la vie de Don Sanche. Après avoir rétabli le bon ordre & la tranquillité dans tout le Royaume, il forma le deffein de fe rendre maître de l'Algarve qui avoit été tant de fois perdu & repris. Les Caftillans qui croyoient y avoir un droit légitime, s'oppoferent à cette conquête, & la guerre commençoit à s'allumer entre Alphonfe X. Roi de Caftille, & Alphonfe III. Roi de Portugal, lorfque le Pape leur écrivit pour les porter à la paix, & les engager à fe relâcher chacun de fon côté fur fes intérêts

---

(13) Le Pape à qui ils avoient déja porté leurs plaintes plufieurs fois, & qui avoit à ce fujet vainement averti le Roi de changer de conduite, expédia cette fois une Bulle datée du 24 Juillet 1245, par laquelle il expofoit les raifons de la dépofition de Don Sanche, & confirmoit à Don Alphonfe la Régence du Royaume, fans néanmoins en priver le légitime Souverain ou fon fils, s'il venoit à en avoir.

particuliers. Il fut donc arrêté que le Roi de Castille jouiroit toute sa vie des revenus des Algarves, & qu'après sa mort les Portugais en prendroient possession sans aucunes dépendances (14). Cette guerre étant ainsi terminée, Alphonse n'en fut pas plus tranquille dans ces Etats. Son divorce avec Matilde, & son mariage avec Béatrix fille d'Alphonse Roi de Castille, lui attira quelques chagrins de la part d'Alexandre IV. La Reine irritée du mépris que le Roi faisoit d'elle, se détermina à retourner à Boulogne, & se plaignit au Pape de l'ingratitude de son époux. Le Souverain Pontife touché de son infortune, en écrivit à Don Alphonse; mais n'ayant pû rien gagner sur l'esprit de ce Prince, il prit le parti de l'excommunier, & d'interdire tout le Royaume; ce qui dura jusqu'à la mort de Matilde arrivée l'an 1262. Alphonse obtint alors la confirmation de son mariage avec Béatrix, & les enfans qu'il avoit eus de cette Princesse furent déclarés légitimes.

Alphonse débarrassé de toute guerre étrangere, ne s'occupa que du soin d'embellir ses Etats, & de faire des Réglemens avantageux pour la sûreté & la commodité publique; il fournit au Roi de Castille quelques troupes contre les Maures, & fut exempt, à ce qu'on prétend, de lui rendre les revenus des Algarves, en considération de *Denys* son fils, que la Reine avoit mené avec elle en allant trouver son pere, pour régler avec lui les limites de ses Etats. Le Roi de Castille fut si enchanté des belles qualités de son petit fils, qu'en sa faveur il affranchit l'Algarve de tout tribut.

Clément IV. qui avoit succedé à Alexandre IV, ayant à cœur la conquête de la Terre-Sainte, voulut engager le Roi de Portugal dans la nouvelle Croisade qu'il faisoit publier entre les Princes Chrétiens. Alphonse ne paroissoit pas éloigné de ce projet; mais les disputes qu'il eut avec le Clergé, l'ayant brouillé avec la Cour de Rome, il refusa de participer à cette expédition.

Grégoire X. Successeur de Clément ayant reçu les plaintes des Evêques contre le Roi de Portugal, lui écrivit une Lettre où il lui reprochoit son peu de fidélité à tenir ses promesses touchant les libertés Ecclésiastiques. Le Roi n'ayant donné au Pape aucune satisfaction à ce sujet, Grégoire se crut obligé d'employer les foudres du Vatican. Il fulmina contre lui une Bulle datée de Beaucaire le 4 Septembre 1275; mais la mort du Souverain Pontife en empêcha l'exécution. Ses Successeurs firent aussi leurs efforts pour disposer Alphonse en faveur du Clergé, mais ils ne poussérent cependant pas les choses aux dernieres extrémités. Le Roi persistant toujours dans ses desseins, résista jusqu'à sa mort. Sa fermeté l'abandonna alors; car dès le mois de Janvier, il fit un Acte tout-à-fait contraire aux sentimens qu'il avoit montrés jusques-là. Il fit au Pape un Legs de cent marcs d'argent, & en lui donnant le titre de Seigneur de son corps & de son ame, il le supplioit de confirmer le Testament qu'il avoit fait : il mourut le 16 de Février, ou le 20 de Mars selon la Clede, étant âgé de soixante & neuf ans, après en avoir regné trente-un depuis son couronnement. Il fut d'abord inhumé dans l'Eglise de Saint Dominique, & ensuite transféré dans

(14) La Clede, Histoire de Portugal.

DU PORTUGAL.

Son Divorce avec Mathilde.

Ses nouvelles brouilleries avec la Cour de Rome.

1273.

1275.

1279.

Sa Mort.

le Monaftere d'Alcobace. On ne fçait s'il laiffa des enfans de fa premiere femme ; mais il en eut plufieurs de Béatrix ; fçavoir, Denys, Alphonfe, Ferdinand, Vincent, & trois Princeffes, Blanche, Conftance & Sanche.

Il eut pour fucceffeur Denys, fon fils aîné, jeune Prince qui raffembloit toutes les qualités d'un grand Roi, & d'un fimple Particulier. Il étoit né le 9 Octobre 1261, & il avoit dix-neuf ans lorfqu'il fut couronné. Malgré fa grande jeuneffe il voulut regner par lui-même, & exclut du gouvernement fa mere Béatrix ; ce qui obligea cette Princeffe à fe retirer en Caftille. Le Roi Alphonfe fon pere voulant la réconcilier avec Denys, demanda à ce Prince une entrevûe à Badajos ; mais Denys qui s'étoit avancé jufqu'à Elvas, craignant de ne pouvoir refufer fon grand pere, partit fur le champ pour Lifbonne, & ôta par ce moyen à fa mere toute efpérance de retour. Cette Princeffe prit auffi-tôt le chemin de Séville, où elle paffa fes jours dans la trifteffe & la folitude.

Denys dont l'objet principal de fes actions étoit le bonheur de fes Sujets, vifita toutes les Provinces de fon Royaume, y fit des embelliffemens, établit le bon ordre, & par le foin qu'il prit de faire fleurir l'Agriculture, il acquit le furnom de *Pere de la Patrie*. A fon retour il époufa l'Infante Elifabeth, fille de Pierre III. Roi d'Aragon. Ce fut vers ce même temps qu'il prit le parti de Don Sanche, révolté contre Alphonfe Roi de Caftille fon pere.

Le Roi de Portugal eut peu de temps après quelques difcuffions avec fon frere Alphonfe, qui lui difputoit la Couronne. Les deux freres étoient prêts à en venir à une rupture ouverte, lorfque l'Infant Alphonfe confentit à un accommodement. Denys donna à fon frere une groffe fomme d'argent, & lui ceda les Seigneuries de deux Villes.

La bonne intelligence qui regnoit entre le Portugal & la Caftille depuis que Don Sanche étoit monté fur le trône, fut interrompue par la mauvaife foi de ce Prince. Preffé par le Roi de Portugal de fatisfaire à quelques articles du Traité qui s'étoit fait à l'occafion du mariage des Infants & Infantes de Portugal & de Caftille, il entra tout d'un coup dans les Etats de Denys par le Pays des Algarves, & y fit de grands ravages. Denys furpris d'un pareil procedé, après avoir inutilement tenté les voies d'accommodement, prit le parti de marcher contre le Roi de Caftille. Mais voulant épargner le fang de fes Sujets, il propofa un combat fingulier à Don Sanche. Le Roi de Caftille accepta le défi ; mais fa mort arrivée dans le même temps empêcha l'exécution du Cartel. Elle ne fit pas ceffer la guerre ; car Ferdinand fon fucceffeur ayant donné au Roi de Portugal les mêmes fujets de plaintes que fon pere, Denys marcha contre lui. Henri Tuteur de Ferdinand voulant prévenir l'orage qui étoit prêt de fondre fur la Caftille, propofa une entrevûe au Roi de Portugal. Les Caftillans firent alors de belles promeffes à Denys ; mais à peine ce Monarque eut-il retiré fes troupes qu'ils donnerent de nouvelles marques de leur mauvaife foi.

Le Roi de Portugal indigné d'une telle perfidie, rentra bientôt dans la Caftille, & la guerre s'alluma plus que jamais entre les deux Puiffances. Cependant le Roi de Grenade profitant de ces divifions, entra en Caftille avec une puiffante armée. La Reine Marie & l'Infant Henri, firent alors demander

der la paix à Denys, qui leur accorda avec bien de la peine. Il ne voulut cependant se retirer qu'après avoir ravagé les Terres de Don Sanche de Ledesma, qui s'étant d'abord rangé de son parti, l'avoit ensuite abandonné. Les deux Rois eurent peu de temps après une conférence ensemble, & résolurent d'affermir la paix par la conclusion du double mariage, qui étoit proposé depuis long-temps. Cette paix combla de joie les Peuples des deux Royaumes, mais les Castillans en jouirent peu de temps. Alphonse de Lacerda qui regardoit Ferdinand comme un Usurpateur, chercha à faire valoir ses droits sur la Castille, & y excita de grands troubles. Le secours que Denys accorda à Ferdinand dérangea les vûes des Rebelles. Don Juan un des revoltés chercha à brouiller le Roi de Portugal avec celui de Castille : il y auroit même réussi sans les soins de Béatrix, mere de Denys, & d'Elisabeth son épouse, qui engagerent les deux Monarques à faire une paix solide & durable.

DU PORTUGAL.

La tranquillité qui regna dans le Portugal depuis ce temps-là, donna les moyens à Denys d'y faire fleurir les Arts & les Sciences. Il étoit si ménager du sang de ses Sujets qu'il aima mieux envoyer une somme d'argent au Roi de Castille, qui faisoit la guerre aux Sarrasins, que de lui fournir un secours de troupes. L'intelligence fut cependant sur le point d'être rompue de nouveau ; mais elle fut bientôt rétablie par la médiation de Jacques II. Roi d'Arragon. Le désordre des Templiers ayant engagé Denys à s'emparer de leurs biens, ainsi que quelques Souverains de l'Europe avoient déja fait, il envoya demander la permission d'instituer un nouvel Ordre Militaire, sous le nom de la *Milice de Jesus-Christ*. Le Pape lui accorda sa demande & l'Ordre de Christ fut établi à la place des Templiers.

1300.

1312.

1314.
Institution de l'Ordre de Christ.

1319.
Révolte de l'Infant Don Alphonse.

Denys que son amour pour ses Peuples devoit en quelque façon faire jouir d'une tranquillité constante, eut le chagrin de voir son propre fils prendre les armes contre lui. Le motif de sa révolte étoit la jalousie qu'il avoit conçue contre Don Alphonse Sanchès fils naturel de Denys. L'Infant mit d'abord tout en œuvre pour le détruire dans l'esprit du Roi ; mais ses plaintes & ses calomnies n'ayant pû le conduire à son but, il prit ouvertement les armes, & commit tous les désordres imaginables dans les lieux par où il passa. La Reine qu'une pareille conduite pénétroit de douleur faisoit tous ses efforts pour rétablir la bonne intelligence entre le pere & le fils. Le Roi plus tendre, fut plus facile à ramener, & il pardonna même jusqu'à deux fois à ce fils dénaturé. Alphonse Sanchès voyant l'Infant prendre les armes pour la troisiéme fois, & ne pouvant ignorer qu'il étoit la cause innocente de cette révolte, eut la générosité de se retirer de la Cour & du Royaume de Portugal. Cette retraite héroïque rendit le calme à l'Etat. Depuis ce temps-là l'Infant Don Alphonse ne s'écarta plus de son devoir. Denys après cette reconciliation ne s'occupoit plus qu'au bonheur de ses Sujets, & à l'embellissement de ses Etats, lorsque la mort mit fin à une vie si glorieuse. Elle arriva à Santarem le 7 de Février. Denys étoit alors âgé d'environ soixante-neuf ans, & en avoit regné quarante-cinq.

1324.

1325.

Il laissa deux enfans ; sçavoir, Alphonse qui fut son successeur, & Constance mariée avec Ferdinand IV. Roi de Castille. Ce Prince né pour le bonheur de ses Sujets, mérita par ses excellentes qualités les glorieux titres de *Libéral* & de *Pere de la Patrie*. Il établit à Conimbre une Académie des Sciences & des Beaux Arts, & y attira de toute l'Europe les plus Sçavans Hommes de son siécle. Denys avoit eu quelques démêlés avec les Ecclésiastiques, qui avoient porté des plaintes contre lui en Cour de Rome. Le Pape après les avoir fait examiner, en reconnut la fausseté. Il fit en même temps lever les Censures que Grégoire X. avoit lancées sur le Royaume de Portugal. Après la mort de Denys, la Reine Elisabeth se retira dans un Couvent de Sainte Claire, où elle prit l'habit de Religieuse, & où elle mourut en odeur de Sainteté le 4 de Juillet 1336.

Alphonse, surnommé le Brave, monta alors sur le trône. Son penchant pour la chasse lui fit négliger au commencement de son regne toute autre occupation plus sérieuse; mais les plaintes & les remontrances de ses Sujets l'ayant fait rentrer en lui-même, il ne s'appliqua plus qu'à l'aministration de la Justice, & à tout ce qui pouvoit contribuer au bonheur & à la gloire de son Peuple. La haine qu'il conservoit toujours contre Alphonse Sanchès son frere naturel, le porta à le priver de tous ses biens & à le forcer à garder l'exil, qu'il s'étoit imposé volontairement. Sanchès fit tout ce qu'il put pour le faire changer de sentimens à son égard, il lui écrivit une Lettre tendre & respectueuse; mais tous ces moyens n'ayant point réussi, il prit les armes & entra dans les Etats de son frere avec Philippe Infant de Castille, qui s'étoit joint à lui. Don Alphonse envoya contre eux Vaz Grand-Maître de l'Ordre d'Avis; mais ce Général malgré sa valeur fut battu, & entiérement défait. Ce mauvais succès ne fut point capable d'abattre le courage d'Alphonse; il se mit à la tête de nouvelles troupes, & étant entré dans la Castille, il s'empara d'Albuquerque qu'il fit démolir. Sanchès faisant reflexion que sa façon d'agir ne pouvoit qu'aigrir de plus en plus le Roi son frere, chercha de nouveau à se reconcilier avec lui. Il s'adressa pour cet effet à Elisabeth, qu'il sçavoit avoir beaucoup de pouvoir sur l'esprit du Roi. Cette Princesse négocia avec tant d'habileté qu'elle obtint de son fils, qu'il se reconcilieroit avec son frere. Sanchès ne tarda pas ensuite à se rendre à la Cour de Portugal où le Roi ne cessa de lui donner depuis des marques de confiance & d'estime.

Alphonse délivré de cette guerre, songea alors à marier Don Pedre son fils. Il envoya une Ambassade en Castille, pour demander Dona Constance fille de Juan Manuel Duc de Penafiel; mais le caractere intriguant, leger & brouillon de ce Seigneur, sema la division entre la Castille & le Portugal, & fut cause par ses intrigues que les deux Puissances en vinrent bientôt à une guerre ouverte & sanglante. Les ravages que les Maures firent dans la Castille pendant le cours de cette guerre, obligerent le Roi de Castille à faire quelques propositions de paix. Elle fut enfin conclue, & Don Pedre épousa Constance qui avoit été la cause innocente de tant de troubles. Cependant les Maures désoloient la Castille, & le Roi qui n'osoit implorer le secours de celui de Portugal avec qui il s'étoit toujours mal conduit, hasarda d'y envoyer la Reine son épouse. Cette Princesse fit deux fois le voyage, & agit si bien auprès d'Alphonse son pere, qu'il lui promit de conduire lui-même un secours de troupes à son gendre. Il tint parole, & se trouva à la fameuse bataille de *Salado* où l'on prétend qu'il périt deux cens mille Maures, avec très-peu de perte du côté des Chrétiens.

Du Portugal.

Quelque temps après le Portugal fut affligé d'un violent tremblement de terre. Ce malheur fut suivi de la mort de la Princesse Constance, qui succomba à la douleur que lui causoit l'amour de l'Infant Don Pedre son époux, pour Inès de Castro, l'une de ses Dames d'honneur (15).

1344.

Le Roi de Portugal occupé de la guerre contre les Maures, ne s'apperçut pas d'abord de l'inclination de son fils pour Inès ; mais ces jeunes Amans, à qui la mort de Constance donnoit plus de liberté, se livroient sans contrainte à toute leur tendresse, & s'épouserent même en secret. Plusieurs Grands de la Cour, jaloux de la faveur d'Inès, persuaderent au Roi que la passion du Prince son fils deviendroit préjudiciable aux intérêts de l'Etat, qui avoit besoin d'être soutenu par des alliances illustres & puissantes. Alphonse persuadé par leurs remontrances & leurs sollicitations, prit le parti de sacrifier la malheureuse Inès à la politique & à la haine de ses Courtisans. Dans cette résolution, il se rendit au Palais qu'elle occupoit à Conimbre ; mais touché de la beauté de cette Dame, & de ses enfans qu'elle lui présenta, il ne put se refuser aux mouvemens de la nature, & se retira sans rien exécuter de ce qu'il avoit d'abord projeté. Alvarez Gonçalez, Pacheco & Coello voyant le danger où les exposoit la sensibilité du Roi, le presserent plus que jamais, & le firent enfin consentir à la mort d'Inès, qu'ils poignarderent inhumainement entre les bras de ses femmes. Don Pedre apprenant la perte qu'il venoit de faire, s'abandonna d'abord aux regrets & à la douleur : passant ensuite à des sentimens plus violens, il ne respira plus que la vengeance, & s'étant uni d'intérêt avec Ferdinand & Alvarez de Castro freres de sa Maitresse, il prit les armes contre son pere & mit tout à feu & à sang dans la Province qui est entre Douro & Minho, & celles de Tra-los-Montes où les Assassins d'Inès avoient tous leurs biens.

Amour de Don Pedre pour Inès de Castro.

Mort tragique d'Inès. Suite de cet événement.

Alphonse chagrin de la révolte de son fils, employa tous les moyens pour le faire rentrer dans son devoir. Il lui envoya la Reine sa mere, pour le porter à ne pas détruire un Etat dont il étoit prêt à devenir maître : rien n'étoit capable d'appaiser sa fureur : il exigeoit toujours qu'on lui livrât Alvarez, Pacheco & Coello. Le Roi ne pouvoit s'y résoudre ; mais craignant enfin les suites de ces troubles, il se détermina à les exiler hors du Royaume. Cette punition parut satisfaire Don Pedre ; il revint à la Cour de son pere, & obtint le pardon de sa révolte. On mit alors tout en usage pour lui faire oublier l'objet qui l'avoit causée ; mais ce fut inutilement. Peu après cette reconciliation Alphonse mourut âgé de soixante & six ans, dont il en avoit regné trente-un. Il avoit épousé Béatrix, fille de Sanche IV. Roi de Castille. Il en eut plusieurs enfans ; sçavoir, Don Alphonse, Don Denys, Don Juan mort très-jeune ; Marie qui épousa Alphonse XI. Roi de Castille, Léonor & Don Pedre. Ce Prince né à Conimbre le 19 Avril 1320, avoit environ trente-sept ans lorsqu'il succéda à son pere. Son premier soin à son avénement à la Couronne, fut de confirmer le Traité

1357.

Pierre I. dit le Justicier, & le Sévére, huitiéme Roi.

(15) La Clede.

Du Portu-
gal.

de paix que son pere avoit fait avec Don Pedre le Cruel Roi de Castille , & de proposer les mariages de leurs enfans. Suivant un des articles de ce Traité le Roi de Portugal envoya dix Galeres à la Flotte Castillane contre les Arragonois , quoiqu'ils fussent ses Alliés. Ce procedé parut injuste à

Il se venge des Assassins d'Inès.

tous les Portugais qui ignoroient le véritable motif de cette action. Mais ce Prince avoit ses vûes, & croyoit par cette complaisance pour le Roi de Castille , l'engager à lui livrer les Assassins d'Inès, qui s'étoient réfugiés dans ses Etats. Don Pedre ne s'étoit pas trompé dans ses conjectures : le Roi de Castille consentit, en effet à les faire conduire en Portugal , exigeant à son tour le sacrifice de quelques Seigneurs Castillans , qui avoient cru se soustraire aux cruautés de leur Roi, en se retirant chez les Portugais. Don Pedre accorda tout, tant il étoit animé par la vengeance qu'il respiroit. Alvarès & Coello furent les seuls qui tomberent entre ses mains. A l'égard de Pacheco, il eut le bonheur d'éviter le sort de ses Compagnons , ayant eu le temps de se sauver en France. Ces deux Seigneurs furent mis à la question , & endurerent avec une fermeté extraordinaire les différens tourmens qu'on leur fit souffrir. Le Roi qui voulut y être présent, frappa même Coello avec un fouet qu'il tenoit à la main , & le maltraita de paroles. Après avoir ainsi fait tourmenter ces deux Malheureux, on les fit conduire sur un échaffaut, où on leur arracha le cœur pendant qu'ils étoient encore vivans, à l'un par les épaules , & à l'autre par la poitrine : ils furent ensuite brûlés & leurs cendres jettés au vent.

Honneur que le Roi fait rendre au corps d'Inès.

Don Pedre songea ensuite à rendre les derniers honneurs à Inès , & à la faire reconnoître Reine de Portugal. Pour cet effet , il se transporta dans la Ville de Castagnedo avec plusieurs Seigneurs des plus considérables de son Royaume, & déclara solemnellement en leur présence le mariage qu'il avoit contracté avec Inès , & qu'il avoit tenu secret jusqu'à ce moment. On en publia les preuves, & les enfans nés de cette union furent reconnus légitimes, & habiles à hériter ; en même temps il fit faire dans le Monastere d'Alcobacè deux Tombeaux de marbre blanc , & l'on exhuma par ses ordres le corps d'Inès. On le revêtit de superbes habits , on lui mit une Couronne sur la tête, & en cet état les principaux Seigneurs de la Cour vinrent lui rendre hommage, & la reconnoître pour leur Souveraine. Après cette cérémonie, on transporta le corps avec grande pompe de Conimbre à Alcobace pour le placer dans un des Tombeaux que le Roi avoit fait bâtir dans ce dessein.

Le Roi de Castille se retire en Portugal.

Cependant les cruautés du Roi de Castille continuoient avec plus de fureur que jamais. Il voulut à l'imitation du Roi de Portugal faire reconnoître sa Maîtresse pour son épouse, & légitimer les enfans qu'il avoit eu d'elle; mais outre que le caractere de celle-ci étoit bien different de celui d'Inès , les preuves de son mariage n'étoient pas aussi authentiques que celles que Don Pedre avoit produites du sien. Henri frere naturel du Roi de Castille, se mit alors à la tête des Mécontens , & se joignit au Roi d'Arragon, pour désoler la Castille. Le Roi de Portugal en vertu des Traités, envoya du secours à Don Pedre le Cruel : ce renfort lui fit avoir d'abord quelqu'avantage ; mais Henri appuyé de la France, reprit bientôt le dessus, & ayant pris le titre de Roi de Castille, contraignit le Roi son frere d'abandonner

1362.

ses Etats, & de se retirer en Portugal avec ses trésors & ses enfans. Son arrivée inquieta beaucoup Don Pedre, & à la persuasion de l'Infant Ferdinand ami du Prince Henri, il pria ce Prince fugitif de sortir de son Royaume.

Le Castillan outré d'un tel affront, partit du Portugal; mais n'ayant pû trouver aucun asyle, il demanda un sauf conduit à Don Pedre pour traverser ses Etats, ayant dessein de passer en Galice. Le Roi lui accorda sa demande, & sous prétexte de lui faire honneur, le fit accompagner jusqu'à Lamego par le Comte de Barcelos & Alvarès Perès de Castro, qui avoient ordre de le garder à vûe jusqu'à ce qu'il fût entiérement hors des Terres de sa domination. On reçut ensuite les Ambassadeurs du nouveau Roi de Castille, qui s'engagerent à raccommoder le Roi de Portugal avec celui d'Arragon.

Peu de temps après un phénomène qui parut dans les airs, causa de grandes inquiétudes aux Portugais, & ils ne manquerent pas de croire qu'il annonçoit la mort de leur Roi, qui en effet arriva au bout de trois mois. Ce Prince avoit vécu quarante-sept ans, & fut inhumé dans le Monastere d'Alcobace proche le Tombeau de sa chere Inès. Son regne qui avoit été de dix ans fut paisible & florissant. Il eut un soin extrême de faire administrer la Justice, & punissoit avec tant de sévérité les crimes les plus légers, qu'on lui donna le surnom de *Justicier*. Il fut au reste libéral & reconnoissant, & ne chargea ses Peuples d'aucuns nouveaux impôts, aussi en fut-il sincérement regretté. Il eut de Constance deux fils; sçavoir, Don Louis mort jeune, Don Ferdinand qui lui succeda, & Marie, qui épousa Ferdinand d'Arragon Marquis de Tortose. Il eut d'Inès de Castro trois fils & une fille; sçavoir, Don Alphonse mort jeune, Don Denys, Don Jean, & Doña Béatrix. Outre ces enfans il laissa un fils naturel nommé Jean, qui regna après Ferdinand.

Dom Ferdinand l'aîné des enfans qu'il avoit eu de Constance, fut reconnu pour son Successeur. Il avoit pour lors vingt-sept ans, étant né en 1340. Ce Prince signala les commencemens de son regne par ses soins à imiter Denys son bisayeul; mais il se démentit bientôt, & se livra à son naturel inconstant. Il choisit d'abord sans aucun discernement ses Favoris & ses Ministres, & se brouilla avec Henri Roi de Castille, dont il avoit si vivement pris les intérêts du vivant de son Pere; à la vérité le motif qui le faisoit agir sembloit devoir l'excuser. Don Pedre le Cruel étoit rentré en Castille, & avec le secours des Navarrois & du Prince de Galles, il avoit contraint Henri d'abandonner à son tour le Trône qu'il avoit usurpé. Henri sans se décourager se réfugia en France, en obtint des troupes & se jettant de nouveau sur la Castille, détrôna une seconde fois son légitime Souverain, qu'il poignarda même de sa main, sans aucun égard pour les liens du sang, puisqu'ils étoient freres. Cette action barbare indisposa une partie des Castillans, & Don Pedre qui s'étoit fait détester pendant sa vie trouva des vengeurs après sa mort. Les Seigneurs Mécontens se retirerent en Portugal, & firent entendre à Ferdinand que s'il vouloit entrer en Castille à la tête d'une armée, il en seroit sur le champ proclamé Roi. Ferdinand aveuglé par ces promesses, oublia son ancienne amitié pour Henri, combla

Z iij

DU PORTUGAL.

Prétentions du Roi de Portugal sur le Royaume de Castille.

les Seigneurs Castillans de bienfaits, s'unit avec le Roi de Grenade. Il rechercha l'alliance de celui d'Arragon, à qui il fit demander en mariage la Princesse Léonore, quoiqu'elle eût été promise au fils du Roi de Castille. L'Arragonois feignit de l'accorder, & promit d'aider Ferdinand de tout son pouvoir. Cependant, Henri que tant de Puissances réunies devoient accabler, ne perdit point courage. Instruit des desseins de Ferdinand, il résolut de s'en venger. Il entra pour cet effet dans ses Etats, & s'empara de plusieurs Villes. La rapidité de ces succès réveilla le Roi de Portugal, il fut à sa rencontre, & l'appella en duel ; mais ce défi n'eut point d'effet. Henri obligé d'abandonner ses conquêtes, pour voler au secours de l'Andalousie que le Roi de Grenade désoloit, se retira du Portugal & délivra ce Royaume d'un ennemi qui auroit pû lui causer bien des maux. Ferdinand profitant de si heureuses circonstances, songea à pourvoir à la sûreté de ses Frontieres. Laissant ensuite à ses Sujets le soin de faire de belles actions, & de continuer une guerre qu'il avoit entreprise avec autant de légereté que d'imprudence ; il se livra entiérement aux plaisirs. Malgré

1370.

cette indolence les Gouverneurs de ses Places resterent fidéles, & les défendirent avec un courage sans exemple. Celui de Carmona eut la fermeté de laisser égorger devant ses yeux ses enfans plutôt que de consentir à rendre la Ville, dont le Gouvernement lui étoit confié. Il obligea même la Reine Jeanne épouse de Henri à lever le siége qu'elle continuoit en l'absence de ce Prince.

Cependant la Flotte Portugaise commandée par l'Admirante Lancerote, croisoit avec succès sur les Côtes de l'Andalousie. La rigueur de l'Hyver l'empêcha de continuer ses courses, & fit périr grand nombre de Soldats & de Matelots. Ce fut pendant cette mortalité qu'elle fut assaillie par la Flotte Castillane. Malgré sa foiblesse elle fit une longue résistance, mais elle eut le malheur de perdre le Vaisseau qui portoit l'argent destiné à la paye des troupes.

1371.

La paix est conclue entre le Portugal & la Castille.

Henri n'ayant pu se rendre maître de Carmona l'année précédente, commença la campagne par le siége de cette Place, qui se rendit enfin après s'être défendue autant qu'il étoit possible. Cette conquête donnoit lieu au Roi de Castille de pousser la guerre avec plus d'avantage qu'auparavant : mais le Pape qui voyoit avec chagrin les inimitiés de ces deux Couronnes, nomma deux Légats pour engager Ferdinand & Henri à faire la paix. Leurs négociations eurent l'effet que le Souverain Pontife en avoit attendu, & le Traité par lequel le Roi de Portugal s'engageoit à épouser Dona Léonor, fille de Henri Roi de Castille, fut bientôt public. Le Roi d'Arragon irrité d'une paix qui s'étoit faite sans sa participation, & à son préjudice, puisqu'il espéroit donner sa fille au Roi de Portugal, garda les sommes d'argent qui lui avoient été envoyées pour les nôces de la Princesse. Ferdinand

1372.

n'épousa cependant pas l'Infante de Castille, il lui préféra Dona Léonore Tellès de Menesès, mariée avec Laurent d'Acunha. Il fit casser le mariage de cette Dame, & l'éleva sur le Trône, malgré les remontrances & les murmures de ses Peuples, qui craignoient une nouvelle guerre avec la Castille.

Henri méprisa cette légereté du Roi de Portugal, & répondit à ceux qui vouloient excufer fa derniere démarche, qu'il feroit fatisfait pourvû que Ferdinand obfervât les autres articles du Traité. La facilité du Roi de Caftille fembla autorifer Ferdinand à fuivre plus volontiers fon inconftance ordinaire. Il s'unit avec Jean Duc de Lancaftre, qui par fon mariage avec l'Infante Conftance, fille de Don Pedre le Cruel, croyoit avoir des droits inconteftables fur la Couronne de Caftille. Henri fut d'abord furpris de la Ligue formée contre lui ; mais après en avoir fait demander raifon par fes Ambaffadeurs, il prit le parti de porter plutôt la guerre dans le Portugal, que de l'attendre dans fes Etats. La tranquillité & l'indolence du Roi n'empêcherent point les Portugais de fe défendre avec un courage & une fidélité à toute épreuve. Malgré leur valeur, Henri faifoit tous les jours de nouvelles conquêtes, & il les auroit pouffées plus loin, fi le Pape n'eût employé de nouveau fa médiation, & n'eût engagé les deux Rois à une entrevûe, & à faire une paix plus durable & plus folide.

On crut qu'elle alloit encore être affermie par le mariage qui devoit fe faire nonobftant la difproportion d'âge, entre Béatrix fille du Roi de Portugal, & Ferdinand, fils de Jean qui avoit fuccédé à Henri fon pere au Trône de la Caftille. L'irréfolution de Ferdinand fit échouer ce projet. Ce Monarque fe joignit bientôt au Comte de Cambrige frere du Duc de Lancaftre contre le Roi de Caftille, & donna fa fille Béatrix à Edouard fils de ce Comte. Cependant les Portugais avoient beaucoup à fouffrir de la licence avec laquelle les Anglois vivoient dans leur Pays. Ferdinand laffé du féjour de ces troupes étrangeres, cherchoit un moyen de s'en débarraffer. Il feignit d'en vouloir venir à une action décifive avec les Caftillans, & fe mit pour cet effet à la tête de ces troupes ; mais lorfque les deux armées étoient en préfence, & qu'on n'attendoit que le fignal du combat, les deux Rois eurent une conférence entre eux, dont le réfultat fut la conclufion de la paix, qui chagrina beaucoup les Anglois. Le mariage de Béatrix fut encore une fois propofé avec Ferdinand fecond fils du Roi de Caftille. On convint auffi de fe rendre de part & d'autre les Places dont on s'étoit emparé, & les Caftillans devoient outre cela fournir aux Anglois des Vaiffeaux & tout ce qu'ils pouvoient avoir befoin pour retourner dans leur Patrie. La Reine de Caftille étant morte pendant ces négociations, le Roi de Portugal engagea Don Juan à prendre Béatrix pour lui même. Les conventions de ce mariage furent que la Couronne de Portugal appartiendroit à la Princeffe, ou à fon Epoux ; fi fon pere n'avoit point d'autres enfans ; & que Ferdinand monteroit fur le Trône de Caftille, fi Don Juan & fon Epoufe mouroient fans enfans : & au cas qu'ils euffent un fils, Léonore Reine de Portugal feroit Régente dans ce Royaume, jufqu'à la quatorziéme année de ce Prince. Léonore conduifit fa fille à celui qu'on lui deftinoit pour époux, & affifta aux cérémonies & aux Fêtes du mariage qui fe fit à Elvas, avec beaucoup de pompe & de magnificence. La Reine de Portugal fe rendit enfuite à Almada où étoit Don Ferdinand, qui la reçut avec beaucoup de froideur, s'étant apperçu de l'inclination qu'elle avoit pour un Seigneur de fa Cour nommé Andeiro ; cependant par un refte de tendreffe pour Léonore, il eut la foibleffe d'épargner l'objet de fa jaloufie. Mais cette contrainte, & la douleur de fe voir trahi par celle pour qui il avoit tout facrifié,

---

DU PORTUGAL.

Nouvelle guerre avec la Caftille.

1373.

1374.

1380.

1383.

Ferdinand donne fa fille en mariage à l'Infant de Caftille.

le firent tomber dans une sombre mélancolie, qui termina ses jours à Lisbonne le 22 Octobre 1383. Il étoit âgé de quarante-trois ans, & en avoit regné dix-sept. Il mourut peu regretté de ses Sujets, & fut enterré sans pompe dans la principale Eglise de Santarem.

Cette mort causa de grands changemens dans le Royaume. La plûpart des Portugais ne pouvoient se résoudre à tomber un jour sous la domination des Castillans qu'ils détestoient. Il est vrai que par le Contrat de mariage fait entre le Roi de Castille & Béatrix fille de Ferdinand, Léonore devoit avoir la Régence du Royaume pendant la minorité des enfans qui naîtroient de ce mariage ; mais Léonore se rendoit extrêmement odieuse & causoit de la jalousie à tout le monde par la trop grande autorité qu'elle accordoit à Andeïro, pour qui son amour augmentoit tous les jours, & dont l'insolence croissoit à proportion. Ce désordre porta Don Juan, fils naturel du Roi Don Pedre & pour lors Grand-Maître de l'Ordre d'Avis, à immoler l'objet de la haine publique, en assassinant l'Amant de la Reine dans son Palais même. Cette action lui gagna l'affection du Peuple, & Léonore qui ne se crut pas en sûreté à Lisbonne, se retira aussi-tôt à Alenquer. Peu de temps après son départ la plûpart des Grands & le Peuple déclarerent le Grand-Maître Régent & Protecteur du Royaume. Les esprits n'étoient cependant pas tous d'accord ; quelques Seigneurs jaloux de la puissance de Don Juan, s'unirent à Léonore, & prierent le Roi de Castille de venir lui-même à la tête d'une armée appuyer ses droits sur le Portugal. C'étoit en effet le moyen de réussir ; mais sa lenteur à exécuter ce projet, donna au parti contraire le temps de se fortifier. Le Grand-Maître d'ailleurs n'oublioit rien de ce qui pouvoit affermir son autorité : il envoya demander du secours au Roi d'Angleterre, & au Duc de Lancastre, dont il obtint de l'argent & des troupes. Le Roi de Castille se détermina enfin à entrer dans le Portugal, & se rendit avec la Reine son épouse auprès de Léonore, qui eut bientôt lieu de se repentir d'avoir si fort pressé son gendre de venir la venger. Non content de l'avoir fait renoncer à toute son autorité, il la punit encore des plaintes qu'elle laissoit échapper, & des démarches qu'elle faisoit contre les intérêts des Castillans. Elle fut renfermée dans un Monastere près de Valladolid où elle étoit étroitement gardée. La Ville d'Alenquer se soumit aussi-tôt à Don Juan. Le Roi de Castille en même temps mit le siége devant Lisbonne, dont il ne put se rendre maître. Après avoir long-temps resté devant la Place, il fut obligé d'abandonner son entreprise, & de se retirer avec perte.

Le départ du Roi de Castille causa beaucoup de joie dans Lisbonne. Le Régent après en avoir récompensé les Habitans, & ceux qui l'avoient défendu avec tant de courage, songea à reprendre les Places dont son ennemi s'étoit emparé. Pendant qu'il étoit occupé de ce dessein, il découvrit une conjuration qui s'étoit formée contre lui. Les Complices furent arrêtés ; mais il n'en fit mourir qu'un seul, & fit grace aux autres. Cette modération lui gagna tous les cœurs, & augmenta le nombre de ses Partisans. Le Roi de Castille loin d'imiter son exemple, s'attiroit la haine des Portugais par sa trop grande sévérité. C'est ce qui les engagea sans doute à offrir la Couronne à Don Juan, ne pouvant espérer que les enfans de Don Pedre & d'Inès d'Inès pussent jamais sortir de la prison où on les retenoit en Castille. Le Grand-Maître étoit à Conimbre lorsqu'on lui fit cette offre. Il refusa d'abord; mais il ceda enfin aux instances des Portugais, & accepta le titre de Roi sous le nom de Jean I.

Ce Prince étoit enfin monté sur le trône ; mais il avoit encore à craindre que quelque révolution ne l'en fît descendre. Les Castillans avoient toujours les armes à la main, & un grand nombre de Villes étoient encore en leur pouvoir, ou dans leurs intérêts ; en un mot il falloit conquerir une partie du Royaume dont il venoit d'être reconnu Souverain. Sa valeur & son activité le rendirent bientôt maître des Places, qui avoient d'abord refusé de lui ouvrir leurs Portes, & il eut même le bonheur de battre les Castillans dans la Plaine d'Aljubarota. Les Ennemis y furent entièrement défaits, & l'on fit sur eux un butin considérable. Les Portugais célébrerent tous les ans une Fête en mémoire de cette éclatante Victoire. Mais dans la suite Philippe II. abolit des réjouissances qui couvroient de honte les Castillans. Ce grand avantage fut suivi de la reddition des autres Villes, qui n'étoient pas encore soumises. Le Roi étant venu à bout de chasser les Castillans de ses Etats, porta la guerre jusques dans leur Pays. Il engagea même le Duc de Lancastre à se joindre à lui, en lui faisant espérer la Couronne de ce Royaume. Ce Prince s'étant laissé facilement persuader, s'embarqua avec Constance son épouse ses deux filles, Philippe & Catherine, & un grand nombre de Seigneurs Anglois. Il aborda à Corogne en Galice, où sa Flotte enleva six Galeres Castillanes. Après s'être emparé de quelques Places dans la Galice, il prit le chemin de Ponto Moyro où le Roi de Portugal étoit alors. Ce fut dans cet endroit que le Roi & le Prince d'Angleterre firent leurs conventions. Il fut résolu que Don Jean épouseroit Philippe fille du Duc de Lancastre, & aussi-tôt qu'on eut obtenu la dispense du Vœu de chasteté que le Roi avoit fait comme Grand-Maître de l'Ordre d'Avis, on célébra le mariage avec beaucoup de magnificence.

Le Roi de Portugal aidé des troupes d'Angleterre, entra dans le Royaume de Leon où il eut plusieurs avantages. Mais les Anglois peu faits à la chaleur du Climat, furent beaucoup incommodés par les maladies, & il en périt un grand nombre ; ce qui détermina le Duc de Lancastre à faire la paix avec les Castillans, à condition que le fils du Roi de Castille épouseroit Catherine sa seconde fille. Comme ce Traité avoit été fait sans la participation du Roi de Portugal qui étoit alors malade, & qui n'y avoit point été compris, il crut pouvoir continuer la guerre contre les Castillans. Ses succès furent si considérables que les Ennemis se virent obligés de lui demander une suspension d'armes ; mais à peine fut-elle expirée que la guerre se ralluma avec plus de chaleur qu'auparavant. Les malheurs que les Castillans éprouverent les contraignirent à accepter une tréve de trois ans, pendant laquelle le Roi de Castille mourut. Il eut pour successeur son fils Henri, qui étoit encore mineur. Les Régens ne songerent alors qu'à faire la paix avec le Portugal, & elle étoit prête d'être conclue pour quinze ans, lorsque la mauvaise foi des Castillans la fit rompre. Las enfin d'une guerre qui leur étoit si onéreuse, & dont ils ne devoient espérer aucun avantage, ils travaillerent sérieusement à se rendre la tranquillité dont ils avoient si grand besoin. La paix fut signée, & confirmée par les deux Rois. Elle affermit Don Jean sur le Trône, & le laissa entiérement maître d'un Royaume qu'il étoit si digne de gouverner.

Du Portugal.

1403.

Ce Monarque n'ayant plus rien à redouter de la part des Castillans porta la guerre en Afrique, où il prit la Ville de Ceuta. Il avoit été excité à cette entreprise par ses fils, lorsqu'il voulut les armer Chevaliers. Henri l'un de ses fils, & qui étoit grand Mathématicien, résolu de faire quelques découvertes sur Mer, arma trois Vaisseaux dont il donna le Commandement à des gens expérimentés, & dirigea lui-même leur course. Ils eurent l'avantage de découvrir l'Isle de Madere, & la soumirent au Roi de Portugal. Deux ans après ces fameuses navigations, on commença dans ce Royaume à compter les années par l'Ere Chrétienne, l'Ere de César ayant été jusques alors en usage. Ces événemens remarquables firent beaucoup d'honneur au Roi, qui continua de gouverner avec une sagesse & une prudence que l'âge n'alteroit en aucune façon. Voyant enfin ses Etats tranquilles & florissans, il songea à marier ses enfans. Edouard l'aîné épousa l'Infante Léonore sœur d'Alphonse Roi d'Arragon ; on choisit pour l'Infant Don Pedre, Dona Isabelle fille aînée de Don Jaime Comte d'Urgel en Catalogne. Le mariage d'Isabelle Infante de Portugal fut célébré la même année à Bruges, avec Philippe Duc de Bourgogne & de Flandre. Jean I. après un regne des plus glorieux, mourut le 14 d'Août 1433, âgé de soixante & seize ans. Il avoit porté la Couronne pendant quarante-huit ans. Jamais Prince ne fut plus sincérement regretté, & les larmes que ses Sujets répandirent à sa mort, font connoître combien il étoit cher à ses Peuples. Il y eut un concours extraordinaire de monde à sa pompe funèbre, qui se fit dans la grande Eglise de Lisbonne. L'année suivante son fils le fit transporter avec grande pompe dans l'Eglise de la Bataille. Il laissa plusieurs enfans de Philippe son épouse, morte le 18 de Juillet 1414 ; sçavoir, Edouard son successeur ; Don Pedre Duc de Conimbre ; Henri Duc de Visée, Grand-Maître de l'Ordre de Christ ; Don Jean Grand-Maître de l'Ordre de Saint-Jacques & Connétable ; Don Ferdinand Grand-Maître de l'Ordre d'Avis, mort dans les fers en Afrique. Isabelle mariée avec Philippe le Bon Duc de Bourgogne. Jean eut encore un fils nommé Alphonse premier Duc de Bragance. C'est de cet Alphonse que la famille qui regne aujourd'hui en Portugal, tire son origine.

1415. *Don Jean fait la guerre aux Afriquains.*

1420. *Nouvelles découvertes.*

1422.

1428.

1433. *Mort de Jean I.*

Edouard I. onziéme Roi.

Après la mort de Don Jean, son fils Edouard fut proclamé Roi. Alphonse son fils, qui n'avoit pas encore vingt mois, fut en même temps reconnu pour légitime Héritier de la Couronne, par les Grands du Royaume, & par les Infants ses oncles. Cette cérémonie se fit à Sintra, où ils s'étoient tous transportés. Edouard à son événement à la Couronne, songea à mettre de l'ordre dans les Finances que les longues guerres du regne précédent avoient épuisées.

Comme la peste faisoit alors de grands ravages dans Lisbonne, le Roi fut obligé de se retirer à Leïra, où les Députés du Peuple & les Gouverneurs des Places vinrent lui prêter le serment de fidélité. Ce fut pendant ces temps de calamités que Henri & Ferdinand freres du Roi, formerent le dessein de porter la guerre en Afrique. Edouard s'y opposa d'abord ; mais enfin il y confentit, ne pouvant réfifter aux inftances de la Reine, qu'il aimoit beaucoup & que les Infants s'étoient rendue favorable. Cette entreprife fut des plus funeftes: les Portugais enveloppés par une multitude d'ennemis, furent obligés malgré leur valeur de compofer avec le Roi de Fez, & de s'engager à rendre Ceuta. Ce ne fut qu'à ces conditions que l'armée Portugaife eut permiffion de retourner dans fon Pays. Ferdinand & quelques autres Seigneurs refterent en ôtage. Les Etats de Portugal ne voulant pas reconnoître ce Traité, & refufant en conféquence de rendre la Ville de Ceuta, les Otages refterent en efclavage chez les Maures. Ferdinand fupporta fon malheur avec une patience & un courage qui lui attirerent l'admiration & l'eftime de fes Ennemis mêmes. Cependant le Roi de Portugal touché du trifte état où fon frere étoit réduit, ainfi que les Seigneurs qui étoient reftés prifonniers, auroit voulu être en état de le délivrer par les armes d'un fi dur efclavage; mais la pefte qui continuoit de défoler fon Royaume, l'empêchoit d'exécuter fon deffein. Il fut lui-même attaqué du mal contagieux, & en mourut à Tomar âgé de trente-fept ans: fon regne qui dura cinq ans, fut auffi malheureux que le précédent avoit été heureux & floriffant. Il avoit époufé l'an 1428 Léonore, fille de Ferdinand Roi d'Arragon & de Sicile, morte l'an 1445, dont il eut trois Princes & trois Princeffes: Alphonfe fon fucceffeur; Don Ferdinand Duc de Vifée, Grand-Maître de l'Ordre de Chrift, & de Saint Jacques, Connétable du Royaume, qui époufa Béatrix fille de Jean fon oncle; Philippe mort dans l'enfance; Léonore mariée en 1452 à Fréderic Duc d'Autriche, puis Empereur: Catherine, & Jeanne mariée à Henri IV. Roi de Caftille. Il eut encore un fils naturel nommé Jean-Emmanuel.

Alphonfe V. fils d'Edouard n'avoit que fix ans lorfqu'il perdit fon pere, qui par fon Teftament lui donna fa mere Léonore pour Tutrice. Cette Princeffe avoit d'excellentes qualités, mais elle n'avoit point celles qui font fi néceffaires fur le Trône. Sa timidité qu'elle tâchoit fouvent de dérober par une fermeté mal entendue, lui fit faire bien des démarches imprudentes, & lui ôterent toute l'autorité. Les Portugais fouffrant avec peine la domination d'une Princeffe étrangere, confierent l'adminiftration du Royaume à Don Pedre Duc de Conimbre, oncle du Roi. Il avoit fçu par fes manieres affables gagner tous les efprits: la Reine elle-même lui donnoit toute fa confiance; & pour fe l'attacher d'avantage, elle lui propofa le mariage du jeune Roi avec fa fille Ifabelle, lui faifant entendre qu'elle fuivoit en cela les intentions du feu Roi. Le Duc qui voyoit dans la propofition de Léonore un moyen plus certain de parvenir à fon but, reçut fes offres avec beaucoup de reconnoiffance. Comme il connoiffoit les irréfolutions continuelles de la Reine mere, il l'engagea à confirmer fa promeffe par un écrit; malgré tous les efforts de ceux qui s'y voulurent oppofer, il la fit confirmer par les Etats. Il évita avec la même adreffe les embuches de fes ennemis, fe fit déclarer Chef de la Juftice & Défenfeur du Royaume. La Reine à qui on ne laiffoit que le foin de l'éducation de fon fils, ne partageoit pas volontiers l'autorité dont elle avoit été feule revêtue. Elle fit tout ce qu'elle put pour la conferver; mais voyant tous les Peuples foulevés contre elle, elle en fut intimidée, & confentit à tout ce qu'on voulut. La Régente incapable de gouverner par elle-même, & de choisir de bons Ministres, se laissoit conduire par des flatteurs, qui ne songeoient qu'à leurs propres intérêts. Les Portugais fatigués enfin d'un tel gouvernement, prirent les armes, & engagerent Don Pedre à prendre le maniement des affaires. Léonore informée de cette entreprise, fit quelques démarches secrettes pour s'en venger, & perdre son Concurrent : mais Don Pedre instruit de tout par ses espions, tourna contre elle cette nouvelle imprudence, & mit le Peuple dans ses intérêts. La Reine ne croyant pouvoir résister à tant d'ennemis ligués contre elle, s'imagina que le parti le plus sûr dans une circonstance si critique, étoit de sortir de Lisbonne. Elle se retira à Alenquer, & écrivit alors plusieurs Lettres au Peuple pour tâcher de l'adoucir ; mais elle ne put rien gagner, tant les esprits étoient aigris contre elle. Après son départ on procéda à l'élection de Don Pedre. Un Tonnelier assembla le Peuple, & parla avec une sorte d'autorité en faveur de l'Infant, & déclara que s'il venoit à mourir on donneroit le Gouvernement aux Infants ses freres ; un Tailleur applaudit à ce discours, & ces deux hommes entraînerent le reste des suffrages. On fit encore proposer à la Reine de revenir à Lisbonne. Sur ses refus réitérés on lui enleva le Roi, qu'elle avoit emmené avec elle.

1439.

Don Pedre oncle du Roi est mis à la tête du Gouvernement.

Don Pedre maître d'une dignité qu'il avoit si fort desirée, commença son gouvernement par soulager les Habitans de Lisbonne de plusieurs impôts. Ils voulurent en reconnoissance lui élever une Statue, mais il refusa constamment. La Reine étoit cependant à Sintra, où se livrant à des sentimens de vengeance, elle ne s'occupoit qu'à rendre le Régent odieux, & à lui susciter des ennemis. Cette conduite imprudente ayant forcé Don Pedre à ne la plus ménager, il résolut d'aller en personne l'assiéger à Crato où elle s'étoit retirée depuis. Il lui fit cependant encore des propositions d'accommodement qui n'ayant eu aucun effet, il se mit en marche pour aller l'attaquer dans sa retraite. A la nouvelle de son arrivée, la Reine abandonna la Place, & se retira en Castille avec les Seigneurs qui étoient attachés à son parti. Quelques Villes voulurent prendre les intérêts de la Reine, mais n'ayant pu être secourues par cette Princesse, elles furent obligées de se soumettre au nouveau Régent.

1441.

Le Roi est fiancé à Isabelle sa cousine germaine.

La Cour de Castille prend les intérêts de la Reine mere.

Le Pape ayant envoyé la dispense nécessaire pour le mariage du Roi avec sa cousine germaine, les fiançailles se firent à Obidos le jour de l'Ascension. Alphonse étoit alors âgé d'environ dix ans, & la Princesse en avoit sept ou huit. Il arriva peu de temps après un Ambassadeur de Castille, pour engager le Régent à se démettre de l'administration du Royaume, & à rétablir Léonore dans toutes ses prérogatives. Les Etats de Portugal assemblés à ce sujet refuserent les propositions de l'Ambassadeur. Ils ajouterent qu'ils étoient prêts à accepter la guerre dont les Castillans les menaçoient. Cette réponse fiere surprit l'Ambassadeur, & il s'en retourna sans déclarer la guerre.

1443.

Le Régent de son côté envoya une Ambassade en Castille, & nomma pour cet effet Don Leonel de Lima, accompagné du Docteur Dominique d'Alvarenga. Ils étoient chargés d'expliquer les raisons que les Portugais avoient d'exclure la Reine de la Régence, & de lui faire en même temps de nouvelles propositions avantageuses. Cette Princesse à qui on refusoit la seule chose qu'elle desiroit, rejetta tout ce qu'on lui offroit d'ailleurs. Comme elle s'apperçut que la Cour de Castille approuvoit les raisons & les offres des Portugais, elle se retira à Tolède où elle mourut pendant le voyage que son Aumônier étoit allé faire en Portugal, pour y solliciter de nouveau son retour.

 Le Royaume fut tranquille & florissant tout le temps de la Régence de Don Pedre. Le jeune Monarque étoit si satisfait du gouvernement de son oncle, qu'il l'engagea à se charger encore quelque temps des affaires. Il célébra ensuite son mariage avec Isabelle. Le mérite de cette Princesse, & la sage conduite de son pere, ne purent les mettre à l'abri de la fureur de ses ennemis que leur puissance leur avoit attirés. Cependant il n'y eut que son pere qui y succomba. La tendresse que le Roi eut toujours pour la Reine l'empêcha d'écouter les calomnies qu'on osa faire à son sujet. Mais il ajoûta trop facilement foi aux discours qu'on lui tint sur la conduite de Don Pedre, & il se laissa tellement prévenir contre ce Prince, qu'il ne put jamais venir à bout de se justifier. Don Pedre ne pouvant rester dans une Cour où il recevoit tous les jours quelques désagrémens, se retira à Conimbre après avoir reçu du Roi un Acte par lequel ce Monarque témoignoit authentiquement qu'il étoit très-content de sa conduite pendant qu'il avoit été chargé de la Régence. Don Pedre croyoit être tranquille dans sa retraite ; mais ses ennemis n'étoient pas encore contens ; ils vouloient entiérement le perdre. Ils n'épargnerent rien pour le rendre suspect aux yeux du Roi ; ils le mirent enfin dans le cas de devenir criminel ou du moins de le paroître. Forcé de se rendre à la Cour pour se justifier, & désabuser le Roi, craignant d'ailleurs la méchanceté de ses ennemis il se fit accompagner par quelques troupes. Cette précaution fut un nouveau prétexte pour noircir sa conduite, & le faire regarder comme un Rebelle. Le Roi envoya contre lui un détachement de ses troupes, qui l'investirent près de la Riviere d'Alfaroubeira. Il se vit alors dans la nécessité de se défendre ; mais sa valeur ne put le garantir d'un coup de fléche qu'il reçut dans la gorge & dont il mourut. Don Jaïme son fils, & la plûpart de ceux qui l'avoient accompagné, resterent sur le Champ de bataille. Le Roi toujours obsédé par les ennemis de Don Pedre, lui refusa la sépulture, aussi bien qu'à ceux de son parti qui étoient péris dans le combat. Il souffrit qu'on publiât des Libelles contre la mémoire de ce Prince. On en envoya même dans les Cours étrangeres ; mais ils n'y firent aucun effet, & l'on rendit à Don Pedre la justice qui lui étoit dûe. Le Pape Nicolas V. blâma la conduite du Roi à cet égard, & menaça d'excommunier ceux qui avoient privé de la sépulture tous les prétendus Rebelles. Le Duc de Bourgogne demanda avec instance à Alphonse le corps de Don Pedre & la liberté de ses enfans. Le Roi lui accorda cette derniere grace ; mais il persista toujours à refuser la sépulture au corps de son oncle. Il ne fut transporté dans le Tombeau de ses ancêtres qu'à la naissance de Don Juan. La Reine ayant profité de cet événement qui avoit redoublé l'amour que le Roi avoit pour elle, obtint qu'on rendroit à son pere les honneurs funébres, & qu'on rétabliroit sa mémoire injustement flétrie.

 La paix dont le Portugal jouissoit depuis quelque temps pensa être trou-

DU PORTUGAL.

1445.
Mort de la Reine mere.

1446.
Le Roi est déclaré Majeur.

Don Pedre est disgracié.

1448.

Mort funeste de Don Pedre.

1449.

1450.

1453.

Du Portu-
gal.

1454.

blée par les prétentions du Roi de Castille sur les conquêtes que les Portugais avoient faites en Afrique. Mais les affaires qui lui survinrent l'empêcherent de poursuivre ses desseins de ce côté là, & l'obligerent à laisser les Portugais en repos. Le Pape ayant publié une nouvelle Croisade, engagea Alphonse à envoyer des troupes pour cette expédition.

1457.
Guerre contre les Maures.

Le Roi pressé de satisfaire à ses promesses fit battre monnoie, qu'on appella Crusade (16), destinée à payer les Soldats qui devoient servir dans cette guerre. La mort du Pape fit évanouir tous ces projets, de sorte que le Roi de Portugal qui ne vouloit pas que les frais qu'il avoit faits pour la Croisade fussent perdus, résolut d'employer à la conquête de quelques Places en Afrique les troupes qu'il avoit destinées à marcher contre les Turcs. Sa Flotte étoit composée de deux cens Vaisseaux, & l'armée qui la montoit étoit d'environ vingt mille hommes. Le Roi étant arrivé le 17 d'Octobre devant Alcaçar, mit le siége devant cette Ville, & s'en rendit maître malgré la vigoureuse résistance des Assiégés. Il en donna le Gouvernement à Don Edouard de Menesés, qui par sa valeur lui conserva cette conquête, & rendit inutiles tous les efforts des Maures. Il leur fit même lever deux fois le siége de cette Place. Ces heureux succès causerent une grande joie dans le Royaume, & engagerent le Roi à continuer la guerre en Afrique. Ce fut au sujet de cette guerre qu'il institua l'Ordre des Chevaliers de l'Epée. Ce Monarque avoit entendu dire qu'un Prince Chrétien devoit conquérir une Epée que les Maures conservoient avec grand soin dans la Ville de Fez, & il ne doutoit point que cette gloire ne lui fût réservée. Il fixa le nombre des Chevaliers à vingt-sept, qui étoit le nombre d'années qu'il avoit alors.

Conquêtes du Roi en Afrique.

1458.

1459.
Institution de l'Ordre de l'Epée.

Pendant que le Roi étoit occupé de cette guerre, il se vit presque engagé dans une autre contre les Bretons, qui avoient enlevé plusieurs de ses Vaisseaux. Le Duc de Bretagne intéressé à maintenir la bonne intelligence entre ses Sujets & ceux du Roi de Portugal, donna à ce Prince toutes les satisfactions qu'il pouvoit desirer, & rétablit par ce moyen la paix qui venoit d'être rompue. Alphonse qui songeoit toujours à étendre ses conquêtes en Afrique, fit construire une nouvelle Flotte & s'y embarqua au Port de Lisbonne avec l'Infant Ferdinand son frere dans la résolution d'aller attaquer Tanger. Cette expédition ne fut pas heureuse; car il fut obligé de s'en retourner après avoir vû périr l'élite de son armée.

1464.

Secours qu'il accorde au Roi de Castille.

Alphonse étant parti de Ceuta, prit le chemin de Gibraltar & se trouva au rendez-vous que lui avoit donné Henri Roi de Castille. Ce Prince comptoit obtenir du Roi de Portugal son beau-frere les secours nécessaires pour punir la révolte des Grands de sa Cour qui s'étoient ouvertement déclarés contre la légitimité de Jeanne que la Reine de Castille venoit de mettre au monde, & que son époux avoit reconnu pour sa fille. Dans la vûe de se rendre Alphonse plus favorable, Henri crut devoir lui offrir sa sœur Isabelle en mariage, & lui proposer pour son fils Don Juan, l'Infante qui étoit le sujet des troubles présens. Le Roi de Portugal accepta ces offres;

---

(16) Chacune de ces Crusades, qui étoient d'or, valoit dix Reaux. On voyoit d'un côté une Croix & de l'autre les Armes du Roi. *La Clede.*

mais l'inconstance du Roi de Castille les rendit sans effets. Isabelle épousa Ferdinand Roi de Sicile, & Jeanne qui avoit été promise à l'Infant de Portugal, & si publiquement reconnue fille de Henri par ce Prince même, en fut presqu'aussi-tôt désavouée, de sorte qu'après avoir été long-temps le jouet de la fortune, elle se retira dans un Couvent où elle finit ses jours (17).

Le Roi de Portugal voyant le peu de fonds qu'il y avoit à faire sur les sermens de Henri, songea à choisir une épouse à son fils, & pour cet effet il préféra Léonore, fille de son frere Ferdinand. Sur ces entrefaites Alphonse déclara la guerre aux Anglois, qui lui avoient enlevé douze Vaisseaux. Les avantages que le Roi de Portugal remporta sur eux les contraignit à demander la paix que le Roi de Portugal leur accorda volontiers. Il étoit alors occupé des moyens de réparer les pertes qu'il avoit faites en Afrique, & après avoir envoyé découvrir l'état & la situation d'Arzila qu'il vouloit enlever aux Maures, il partit de Lisbonne le quinze d'Août avec une armée de trente mille hommes, & une Flotte de trois cens huit Vaisseaux. Cette expédition fut plus heureuse que la précédente. Arzila tomba sous la puissance des Portugais, qui y firent un butin considérable, outre cinq mille prisonniers, parmi lesquels se trouverent deux femmes & deux filles de Muley Xique Roi Maure. Tanger ne tarda pas à recevoir des Loix du Vainqueur d'Arzila. Alphonse satisfait de ces deux exploits échangea un des fils de Muley contre le corps de l'Infant Ferdinand son oncle, qu'il fit transporter à Lisbonne pour être inhumé au Monastere de la Bataille.

Quelque temps après Henri Roi de Castille mourut ayant déclaré Jeanne son héritiere. Le Marquis de Villena, le Comte de Benevent & l'Evêque de Seguença envoyerent en Portugal le Testament de Henri, & sollicitèrent Alphonse de se rendre en Castille pour y épouser Dona Jeanne; & se mettre en possession du Trône. Le Roi ayant accepté les offres des Castillans, leur envoya Lopès d'Albuquerque pour les en assurer, & pour promettre de sa part tous les secours dont ils auroient besoin. Isabelle, qui au moment qu'elle avoit appris la mort de son frere, s'étoit fait proclamer Reine de Castille à Ségovie où elle étoit pour lors, n'épargna rien pour détourner le Roi de Portugal du dessein qu'il avoit. Elle lui fit faire plusieurs propositions avantageuses: mais elles furent toutes inutiles, & Alphonse après avoir fait remontrer à Ferdinand & à Isabelle l'injustice de leurs prétentions, se prépara à la guerre.

Le Roi de Portugal ayant confié le Gouvernement de ses Etats à l'Infant Don Juan à qui il laissoit la Couronne au cas qu'il mourût dans cette expédition ou qu'il se rendît Maître de la Castille, partit d'Arouches avec environ quatorze à quinze mille hommes. Peu de jours après son arrivée à Placentia il fiança Jeanne, & ils furent reconnus pour Roi & Reine de Castille par les Habitans de cette Ville, & par leurs Partisans. Alphonse prit alors le titre de Roi de Portugal & de Castille, & se préparoit à célébrer son mariage avec Jeanne, aussitôt que la dispense seroit arrivée de Rome. Isabelle & Ferdinand faisoient tous leurs efforts pour empêcher qu'elle arrivât. Piqués du nouveau titre que le Roi de Portugal venoit de prendre,

Du Portugal.

1468.

1469.

1470.

1471.

1472.

1473.
La Couronne de Castille offerte au Roi de Portugal.

1474.

1475.
Il est proclamé Roi de Castille.

(17) Voyez ci-devant l'Histoire d'Espagne au regne d'Henri IV.

ils joignirent à leurs Armes celles du Portugal, prirent le titre de Roi de ce Pays, & envoyerent des troupes dans ce Royaume pour le ravager. Alphonse songea à établir son autorité dans la Castille. Il eut d'abord quelques avantages assez considérables; mais les intrigues de Ferdinand & d'Isabelle leur enleverent un grand nombre de Partisans. Alphonse fit alors revenir de nouvelles troupes du Portugal, ce qui ranima le courage de celles qu'il avoit avec lui, & dont il avoit déja perdu une partie par les maladies. Avec ce nouveau renfort, il marcha contre les Villes qui avoient refusé de le reconnoître. Ferdinand le suivit, & l'ayant rencontré près de Toro, lui livra bataille. La fortune se déclara pour les Castillans, & le Roi de Portugal fut entièrement défait.

Du Porta-gal.

1476.
Il est battu par Ferdinand.

Alphonse désespéré de ce revers ne renonça pas pour cela à ses prétentions. Plus résolu que jamais de les faire valoir, il ne songea qu'à engager dans ses intérêts quelque Puissance assez considérable pour devoir inquiéter & abattre le Roi d'Arragon. Croyant trouver en France les secours dont il avoit besoin, il se rendit à la Cour de Louis XI. & lui exposa le sujet de son voyage. Le Roi de France ne put lui accorder ce qu'il demandoit, parce qu'il étoit occupé à se défendre contre le Duc de Bourgogne. La mort de ce Prince arrivée quelque temps après, sembloit lever les difficultés que Louis XI. avoit faites au Roi de Portugal; cependant il ne parut pas plus disposé à lui fournir les secours qu'il étoit venu demander. Ennuyé des prétextes que le Roi de France alléguoit continuellement, il prit la résolution de se retirer, & de quitter même la Couronne. Ayant formé le dessein de passer dans la Terre-Sainte, il écrivit à Don Jean son fils, & lui ordonna de se faire proclamer Roi. S'étant ensuite déguisé, il sortit secrettement de France; mais comme il étoit sur les Côtes de Normandie, il fut reconnu par un Gentilhomme Normand. Les Seigneurs Portugais ayant été avertis de sa retraite se rendirent auprès de lui, & le presserent si vivement de reprendre la Couronne, qu'il fut obligé de céder à leurs instances. Son fils qui étoit monté sur le trône par ses ordres, ne fit aucune difficulté de lui céder une place qu'il occupoit depuis un an.

1478.

Cependant la guerre avoit toujours continué entre le Portugal & la Castille pendant l'absence d'Alphonse. De retour dans ses Etats, il se disposa à la pousser avec vigueur, & songeoit toujours à conclure son mariage avec Jeanne. Le parti de cette Princesse diminuoit chaque jour, & celui d'Isabelle se fortifioit de plus en plus. Le Roi de Portugal perdant alors toute esperance de monter sur le trône de Castille, fit proposer la paix à Dona Isabelle. Elle fut conclue le 14 de Septembre 1479. Alphonse renonça par ce Traité à son mariage avec Jeanne, & à tous les droits que ce mariage lui auroit donnés sur la Castille. Par un autre article on faisoit mention du mariage de Jeanne avec l'Infant Don Juan fils de Ferdinand & d'Isabelle, aussi-tôt que ce Prince auroit quatorze ans. On ajoûtoit en même temps qu'au cas que ce mariage n'eût pas lieu, cette Princesse seroit contrainte de se faire Religieuse. Ce fut ce dernier parti qu'elle embrassa après avoir été long-temps le jouet de la fortune. Elle se retira à Conimbre dans le Monastere de Sainte Claire où elle prit l'Habit de Religieuse.

1480.

1481.

On se flattoit en Portugal, que Ferdinand & Isabelle contens de la démarche

marche de Jeanne rempliroient les articles du Traité de paix ; mais on fut bien surpris de voir qu'ils en différoient tous les jours l'execution, & qu'ils envoyoient même en Guinée plusieurs Vaisseaux pour faire le Commerce : ce qui étoit agir ouvertement contre un des articles stipulés. L'Infant Don Juan lassé des difficultés que les Castillans apportoient sans cesse à la conclusion de la paix, envoya aux Plénipotentiaires de Castille deux Billets. Sur l'un étoit écrit *Paix*, sur l'autre *Guerre*. Cette façon laconique abrégea toutes les difficultés, & força les Castillans, qui souhaitoient la paix, à consentir à tout ce que les Portugais exigeoient d'eux ; ainsi fut terminée une guerre qui duroit depuis près de six ans. Cependant Alphonse chagrin du peu de succès dont ses espérances sur la Castille avoient été suivies résolut d'abandonner une seconde fois le Trône de Portugal en se retirant dans un Monastere : mais la peste dont il fut attaqué à Sintra ne lui donna pas le temps d'executer ce projet. Il mourut âgé de quarante-neuf ans après en avoir regné quarante-trois. Il ne laissa que deux enfans ; sçavoir, Don Jean qui lui succeda, & une Princesse nommée Jeanne, qui pour se consacrer à Dieu, refusa l'alliance de Maximilien I. Empereur, celle de Charles VIII. Roi de France, & celle de Richard III. Roi d'Angleterre.

L'Infant Don Jean monta pour la seconde fois sur le Trône de Portugal, & fut proclamé le lendemain de la mort de son pere. A peine eut-il la Couronne sur la tête qu'il chercha les moyens d'abattre la puissance des Seigneurs Portugais. Cette entreprise les souleva, & ils passerent bientôt des murmures à la révolte. Ferdinand second du nom, Duc de Bragance, comme le Chef de la Noblesse, fut des premiers à se plaindre. Son origine étoit illustre & ses biens considérables ; il se trouvoit même allié du Roi, par sa femme Isabelle sœur de la Reine. La hardiesse avec laquelle il parla à Don Jean aigrit tellement ce Monarque contre lui qu'il jura dès ce moment sa perte. Il ne s'agissoit plus que d'en trouver le prétexte, & l'imprudence du Duc & l'emportement de ses freres le fournirent bientôt. Le Roi ayant appris que la Maison de Bragance entretenoit une liaison criminelle avec le Roi de Castille, fit arrêter Ferdinand l'aîné de cette famille, & après lui avoir reproché son crime en particulier, il nomma des Commissaires pour lui faire son procès. Il étoit accusé d'avoir parlé avec peu de respect du Roi de Portugal, d'avoir informé les Castillans des secrets du Conseil, de n'avoir pas averti le Roi des mauvais desseins du Marquis de Montemajor, & de plusieurs autres crimes dont le Duc ne voulut jamais convenir. Cependant ses Juges ne laisserent pas de passer outre, & malgré le défaut de preuves ils le condamnerent à avoir la tête tranchée : ce qui fut exécuté le 23 Juillet dans la Place publique d'Evora. La Duchesse de Bragance ayant appris la mort de son époux, fit aussitôt passer ses trois fils en Castille ; c'est de Jacques l'un de ces trois Princes, que descendent les Rois qui sont aujourd'hui sur le Trône de Portugal. Le Marquis de Montemajor & le Comte, freres de Ferdinand suivirent leurs neveux. Alvarès eut ordre de sortir des Etats de Portugal. Le Roi lui promit de lui faire toucher ses revenus, pourvû qu'il ne se retirât ni à Rome ni dans la Castille. Alvarès en conséquence choisit d'abord la France pour le lieu de sa retraite ; mais Jean lui ayant manqué de parole, & fait confisquer ses biens,

Tome I.   Bb

Marginalia:
Du Portugal.

La paix est entiérement conclue avec la Castille.

1481. Mort d'Alphonse V.

Don Jean II. dit le Grand, treiziéme Roi.

Il veut abattre la trop grande puissance des Seigneurs Portugais.

Révolte du Duc de Bragance.

1482.

1483.

Il est condamné à mort.

DU PORTU-GAL.

il fut trouver ses freres en Castille, où il resta jusqu'au regne d'Emmanuel.

Ces troubles n'empêcherent pas le Roi de former le projet de porter la guerre en Afrique. Dès le commencement de son regne il avoit fait partir pour la Guinée Azambuya avec une Flotte considérable. Ce Général Portugais y étant arrivé fit alliance avec le Roi du Pays, & y bâtit une Citadelle, qui fut nommée *Saint-George de la Mine*. Le retour de la Flotte & les richesses dont elle étoit chargée, causerent à ce Prince beaucoup de joie. Mais elle fut balancée par l'embarras où le mit la découverte d'une nouvelle conjuration formée contre sa vie, & dont le Duc de Viseo son beau-frere étoit le Chef. Don Jean dissimula pendant quelque temps. Afin de mieux découvrir les coupables, il se trouva même quelquefois avec eux, & leur parla avec une tranquillité & une confiance qui les trompa. Le Roi suffisamment instruit de tout ce qu'il lui importoit de sçavoir, tua de sa propre main Don Juan Chef des Conjurés. Les autres subirent le supplice que méritoit leur crime, ou l'éviterent par la fuite.

Voyages autour de l'Afrique.

1484.

La peste qui faisoit alors de grands ravages dans le Royaume, donna occasion au Roi de faire éclater son amour pour ses Sujets; il chercha à remédier à leurs maux avec un soin qui lui faisoit mépriser celui de sa propre conservation. Au milieu de tant de calamités, il forma le dessein d'envoyer des Vaisseaux dans les Indes Orientales: la Flotte qu'il avoit fait équiper pour l'exécution de ce projet arriva heureusement au Royaume de Congo. L'accueil favorable que le Roi de ce Pays leur fit, les engagea à contracter une alliance avec lui au nom de Don Jean. La Religion Chrétienne y fut prêchée dans le Pays avec beaucoup de succès, & presque tous les Habitans l'embrasserent à l'imitation de leur Roi, qui fut baptisé. Le Royaume de Benin fut aussi découvert peu de temps après. Le Roi animé par ces découvertes, donna le Commandement de deux Vaisseaux à Barthelemi Diaz, & lui ordonna de chercher un passage pour aller aux Indes. Cet homme qui étoit excellent Marin doubla le plus grand Cap qui fût connu jusqu'à ce jour, & le nomma *Cap des Tourmentes*, par rapport aux périls qu'il y avoit essuyés; mais lorsque Don Jean eut appris cette nouvelle, il voulut qu'on l'appellât *Cap de Bonne-Esperance*, ainsi qu'il se nomme encore aujourd'hui. Le Roi envoya ensuite Pierre Covillan & Alphonse Paiva, pour chercher par terre un chemin qui conduisît dans le Royaume des Abissins. Alphonse eut le bonheur de réussir, & dépêcha vers le Roi un Juif nommé Joseph, qu'il avoit chargé d'un détail exact de son voyage.

1487.

Cependant, ce Prince ne négligeoit rien pour l'établissement de ses Etats, & formoit continuellement de nouveaux projets. Résolu de passer en Afrique, il fit équiper une Flotte qu'il vouloit commander en personne; mais quelques raisons lui ayant fait rompre son voyage, il chargea de cet ex-

1488. pédition Ferdinand Martin Mascaregne. Ce Seigneur répondit aux intentions du Roi: il battit les Maures en diverses rencontres, & après s'être

1489. couvert de gloire il retourna en Portugal, où il fut comblé d'honneur. Don Jean s'étoit rendu redoutable par tant de succès consécutifs: cependant le Roi de Castille ne craignit pas d'offenser ce Prince en refusant de donner sa fille Isabelle à l'Infant de Portugal, comme on en étoit convenu par le dernier Traité. Don Jean piqué de ce refus, voulut bien employer la voie de la négociation avant que d'en venir à une rupture ouverte; il envoya pour cet effet Roderic de Sande en Castille. Ce Seigneur se conduisit avec tant de prudence que le Roi de Castille donna toute satisfaction à Don Jean, & que le mariage de l'Infante Isabelle avec l'Infant de Portugal fut célébré l'année suivante. Pendant ces différentes négociations, Bemoi Roi du Pays des Jalofs (17) arriva à Lisbonne. Il venoit demander du secours au Roi de Portugal, pour rentrer dans ses Etats dont il avoit été chassé. La promesse qu'il fit d'ouvrir le chemin de la Lybie aux Portugais, & le Christianisme qu'il embrassa lui firent obtenir facilement ses demandes. Mais ses espérances & celles de Don Jean furent trompées, par la perfidie de Pierre Vasques d'Acugna. Ce Seigneur chargé du Commandement de la Flotte destinée pour faire remonter Bemoi sur le Trône, poignarda ce Prince sur la route, & revint ensuite en Portugal. Il tâcha de déguiser son crime en accusant le Roi des Jalofs d'avoir voulu le trahir, ajoûtant qu'il s'étoit trouvé dans la nécessité de le prévenir. Don Jean feignit d'approuver ses raisons, & destina à la conquête de l'Isle Gracieuse (18), & à celles de Mequinès & d'Alcasarquibir les troupes que ce Général avoit ramenées. Le Roi de Fez s'étoit opposé de toutes ses forces à la construction d'une Citadelle que l'on élevoit dans la premiere de ces Isles sous la direction de Gaspard Zusarte, & il avoit même réduit plusieurs fois les Portugais à l'extrêmité : Don Jean avoit enfin pris la résolution d'aller en personne au secours de ses Sujets, lorsque le Roi de Fez demanda la paix. Roderic de Sousa & Jacques de Monroi la conclurent & la signerent au nom du Roi.

Tout jusqu'alors avoit prospéré à Don Jean; mais tant de bonheur fut enfin traversé par un chagrin des plus sensibles. Au moment que ce Monarque se félicitoit du mariage que son fils venoit de contracter, & sur lequel il fondoit les espérances les plus brillantes, ce même fils lui fut enlevé par l'accident le plus funeste. Le cheval sur lequel il galoppoit dans la campagne s'étant abattu sur lui, l'étouffa avant qu'on pût lui donner du secours. Le Roi & la Reine ne purent se consoler d'une perte si considérable, & Isabelle ayant obtenu la permission de retourner en Castille, partit accablée de douleur. Après le départ de l'Infante, Don Jean chercha les moyens d'assurer le Trône à George son fils naturel; mais n'ayant pû en venir à bout, il déclara pour son Successeur Emmanuel Duc de Béja & frere de sa femme. Cependant toutes ses entreprises réussissoient toujours avec le même bonheur; mais tant de faveurs de la Fortune ne purent lui faire oublier la mort de son fils, & il resta toujours plongé dans une humeur sombre, qui le consuma peu à peu. Le soin qu'il prenoit pour cacher son mal, & son application aux affaires avancerent sa mort, qui arriva le 25 Octobre dans la quarantième année de son âge, & la quatorziéme de son regne.

Emmanuel fils de Ferdinand Duc de Viseo & petit-fils du Roi Edouard succeda à Jean II. L'Empereur Maximilien s'opposa d'abord à son élévation

(17) Le mot de Jalof veut dire Négre.
(18) Ainsi nommée pour sa situation & la température de son climat.

DU PORTUGAL.

1495.
Emmanuel I, dit le Fortuné, quatorziéme Roi.

1496.
Déclaration contre les Maures & les Juifs.

1497.
Mariage du Roi.

1498.
Emmanuel est déclaré héritier du Trône de Castille.

au Trône, prétendant y avoir lui-même des droits par sa mere Eléonore fille d'Edouard. Il se désista cependant bientôt de ses prétentions, voyant que les Portugais s'étoient déclarés pour Emmanuel, qui par ses belles qualités s'étoit attiré l'amitié de tout le monde. Il signala les commencemens de son regne par le rappel des enfans du Duc de Bragance, ausquels il fit rendre les biens qui avoient toujours appartenus à cette illustre famille. Il vouloit aussi rétablir dans toutes ses dignités le Cardinal de Costa, que la haine du feu Roi avoit contraint de se retirer à Rome & d'abandonner tous les biens qu'il possedoit en Portugal. Mais ce Prélat après avoir remercié Emmanuel de ses offres, refusa de retourner en Portugal, s'excusant sur son grand âge. Il promettoit en même temps de rendre au Roi tous les services dont il seroit capable à la Cour de Rome.

Emmanuel songea ensuite à se marier, tant pour répondre aux vœux de ses Peuples, que pour affermir sa puissance. Il fit demander Isabelle fille de Ferdinand Roi de Castille, & veuve de Don Alphonse fils du dernier Roi de Portugal. Ferdinand eut beaucoup de peine à y consentir & la Princesse elle-même ne voulut accepter la main du Roi de Portugal qu'à condition qu'il chasseroit de ses Etats tous les Maures & les Juifs qui s'y étoient établis. Emmanuel pour satisfaire cette Princesse, fit une Déclaration par laquelle il bannissoit tous les Maures & les Juifs du Royaume de Portugal, & menaçoit de servitude ceux qui s'y trouveroient après le temps prescrit.

Cependant on enleva aux Juifs tous leurs enfans au-dessous de quatorze ans, pour les faire instruire dans la Religion Chrétienne. On les contraignit eux-mêmes par un nouvel Edit d'embrasser le Christianisme; ce qu'ils firent pour éviter l'esclavage dont on les menaçoit en cas qu'ils n'obéissent pas sur le champ.

Ces Ordonnances qui furent généralement condamnées, leverent tous les scrupules d'Isabelle, & tandis qu'Alvarès frere du Duc de Bragance travailloit à conclure le mariage de cette Princesse avec Emmanuel, ce Monarque s'occupoit des moyens de faire de nouvelles découvertes à l'imitation de son Prédécesseur. Pour cet effet il arma quatre Vaisseaux, & en donna le Commandement à Vasquès de Gama à qui il associa Paul Gama son frere, Nicolas Coello & Gonsalve Nune, tous Gentilshommes, & qui avoient donné des marques de leur valeur en plusieurs rencontres. L'embarquement se fit avec de grandes cérémonies le 9 Juillet, & Gama partit avec environ cent soixante hommes, tant Soldats que Matelots.

Peu après son départ Emmanuel se rendit à Valence d'Alcantara, pour épouser Isabelle que la Reine sa mere avoit accompagnée jusques-là. Il l'emmena ensuite en Portugal; mais ils en partirent bientôt l'un & l'autre pour se rendre en Castille où Ferdinand les faisoit venir dans le dessein de les déclarer ses Successeurs au Trône. La présence d'Isabelle & de son Epoux calma la douleur que causoit au Roi & à la Reine de Castille la perte qu'il venoient de faire de l'Infant Don Juan leur fils. Les Etats de Castille étant assemblés reconnurent Emmanuel & sa Femme pour légitimes Héritiers de Ferdinand. Le Roi de Portugal se rendit ensuite à Sarragosse pour recevoir de la part des Arragonois le serment de fidélité; pendant qu'ils faisoient quelques difficultés sous prétexte que les femmes étoient exclues de la Couronne d'Arragon par les Loix fondamentales du Royaume, Isabelle mourut en donnant le jour à un Prince qui fut nommé Michel. Les Arragonois n'ayant plus alors aucune raison de refuser le serment qu'on exigeoit d'eux, le prêterent à ce jeune Prince, & le reconnurent pour Héritier de Ferdinand. Le Roi de retour en Portugal voulut faire quelque réforme dans le Clergé, & envoya pour ce sujet des Ambassadeurs au Pape Alexandre VI ; mais il n'en eut point de réponse favorable.

Du Portugal.

Sur ces entrefaites Vasquès Gama arriva à Lisbonne. Il avoit découvert pendant son voyage la Côte orientale d'Ethiopie, la plûpart des Isles qui s'y trouvent, & la Côte de Malabar. Le Roi fut si charmé de ces nouvelles découvertes, qu'il résolut d'envoyer une autre Flotte dans les Indes ; elle étoit composée de treize Vaisseaux & commandée par Pierre Alvarès Capral. Vers ce temps Michel fils d'Emmanuel mourut en Espagne, laissant son pere sans héritier, ce qui obligea ce Monarque à se remarier. Il épousa Marie de Castille sœur de sa premiere femme, après en avoir obtenu dispense du Pape. Cependant ses armes prospéroient en Afrique où ses Généraux firent plusieurs expéditions contre les Maures, & les empêcherent de se rendre maîtres d'Arzila, que le Roi de Fez vouloit surprendre.

1499. Découverte de la Côte orientale d'Ethiopie.

1500. Mort de l'Infant.

Le retour de Capral & la découverte qu'il avoit faite du Brésil causerent beaucoup de joie au Roi. Capral avoit d'abord fait un Traité avec le Roi de Calicut, mais il avoit été rompu par les intrigues des Maures. Emmanuel irrité contre ce Prince, fit partir cinq Vaisseaux sous les ordres d'Etienne Gama frere de Vasquès Gama, & lui donna le Commandement de tous les Vaisseaux destinés pour les Indes. Etienne avoit ordre de se joindre à Vasquès & de faire vivement la guerre aux Calicutiens, afin de les porter à faire un Traité solide avec les Portugais.

1501. Découverte du Brésil.

Le Soudan d'Egypte jaloux de la prospérité des Portugais, se prépara à leur faire la guerre, & fit équiper une Flotte pour laquelle les Vénitiens lui fournirent le bois, l'artillerie & les Canoniers. Cet armement qui fit beaucoup de tort aux Portugais, n'empêcha pas le Roi de faire partir une nouvelle Flotte pour les Indes, sous la conduite de Trista d'Acugna. Ce fut vers ce temps-là qu'il apprit que Laurent d'Almeïda avoit pris possession des Isles Maldives & de Ceylan.

Le Soudan d'Egypte attaque les Portugais.

1506.

L'Ambassade qu'Emmanuel avoit envoyé en 1511 à Alphonse Roi de Congo, fit tant de plaisir à ce Monarque qu'il lui confia l'éducation du Prince Henri son fils. Il souhaitoit qu'on lui apprît le Latin & le Portugais. Le Prince partit accompagné d'un Ambassadeur & se rendit à la Cour d'Emmanuel où ils furent reçus avec tous les honneurs dûs à leur rang. Ils allerent ensuite à Rome rendre leur hommage au Pape. Le jeune Henri étant de retour en Portugal, le Roi, pour répondre à la confiance d'Alphonse, mit auprès de lui les personnes les plus sçavantes de son Royaume, & renvoya l'Ambassadeur comblé de présens pour lui & pour le Roi de Congo. Quelque temps après Emmanuel reçut un Ambassadeur de la part de David Roi d'Ethiopie. Il venoit au nom de son Maître demander l'amitié du Roi de Portugal, & faire alliance avec lui. Emmanuel flatté de cette Ambas-

1507. Le Roi de Congo envoye son fils en Portugal.

fade, confentit à faire un Traité avec le Roi d'Ethiopie, & eut de grands égards pour fon Miniftre tout le temps qu'il refta à fa Cour. Les Ambaffadeurs que le Roi de Portugal avoit envoyés à Rome pour demander la réforme du Clergé revinrent fort fatisfaits.

<small>Du Portugal.</small>

<small>1514.</small>

<small>Les Portugais pénétrent jufqu'à la Chine.</small>

Cependant les Portuguais avoient pénétré jufqu'à la Chine. Ils y furent d'abord reçus favorablement; mais les excès que quelqu'un d'entre eux y commirent détruifirent la bonne opinion que les Chinois en avoient conçue, & furent caufe que Thomas Perès, qui y avoit été envoyé depuis en Ambaffade, & qui ignoroit la malverfation de fes Compatriotes, fut arrêté comme un Efpion, & enfermé dans une prifon, où il périt miférablement. Le chagrin qu'une telle nouvelle caufa à Emmanuel joint à celui qu'il reffentoit déja de la mort de fon époufe, lui fit concevoir le deffein d'abandonner à Jean fon fils le Gouvernement du Portugal. Mais quelques paroles indifcretes de ce jeune Prince changerent les réfolutions que fon pere avoit prifes, & furent caufe que ce Monarque époufa en troifiéme nôces Léonore fœur de l'Empereur Charles V. qu'il avoit d'abord demandée pour fon fils. Il eut deux enfans de cette Princeffe; fçavoir, un Prince nommé Charles & une Princeffe qu'on appella Marie. Peu après fa naiffance le Roi maria fa fille Béatrix à Charles Duc de Savoye. Les nôces furent célébrées à Nice, où la Princeffe étoit arrivée fur une Flotte de dix-huit Vaiffeaux commandée par Don Martin de Caftelbranco Comte de Villeneuve de Portimaon. Toute la Nobleffe qui accompagnoit Béatrix, n'épargna rien pour paroître avec dignité à la Cour de Charles.

<small>1518.</small>

<small>1521.</small>

<small>Mort d'Emmanuel.</small>

Sur ces entrefaites, les Vénitiens envoyerent des Ambaffadeurs en Portugal pour traiter du Commerce des Indes. Emmanuel y confentit volontiers. Mais à l'égard des Epiceries, il refufa de leur vendre à meilleur marché qu'aux autres Nations. Ce fut la derniere action que fit Emmanuel, il tomba malade auffi-tôt après, & mourut âgé de cinquante-deux ans & fix mois, après avoir regné vingt-fix ans. Son regne fut célébre par les grandes actions de ce Prince, & par les exploits des Portugais en Afrique, en Afie & en Amérique, ce qui l'a fait regarder comme l'Age d'or de la Nation; puifqu'alors le Portugal fut porté à fon plus haut point de gloire, tant par fa puiffance que par les richeffes immenfes que les Portugais ont retirées du Commerce des autres Parties du Monde. Il avoit eu de fes trois femmes treize enfans; fçavoir, Michel fils d'Ifabelle qui coûta la vie à fa mere, & qui mourut deux ans après elle; Marie fa feconde femme lui donna Don Juan, qui monta fur le Trône de Portugal fous le nom de Jean III. Louis de Béja qui mourut en 1555; Ferdinand qui époufa Marie de Coutigno; Alphonfe Cardinal dont la mort arriva en 1540; Henri auffi Cardinal qui monta fur le Trône après fon neveu Sébaftien; Edouard qui ne vécut que jufqu'à vingt-cinq ans; & Antoine dont les jours furent terminés au berceau. Les Princeffes furent Marie, morte peu de temps après fa naiffance; Ifabelle, femme de Charles-Quint Empereur & Roi d'Efpagne pere de Philippe II; Marie Béatrix qui fut mariée à Charles III. Duc de Savoye; Charles fils de Léonore troifiéme femme d'Emmanuel, mourut avant fon pere; & Marie fa fœur ne lui furvéquit que de fept ans. Telle fut la poftérité d'Emmanuel qui, quoique fort nombreufe, fut éteinte dès la feconde génération.

Jean fils d'Emmanuel & de Marie de Castille sa seconde femme, né en 1502, monta sur le Trône après la mort de son pere. Les soins que ce Monarque avoit pris de son éducation, & l'attention qu'il avoit eu à l'instruire du Gouvernement, en le faisant assister à tous ses Conseils dès l'âge de dix ans, ne contribuerent pas peu à rendre son regne florissant & tranquille. Sa piété, ses vertus, son courage qui éclaterent à son avénement à la Couronne, le firent aimer & respecter de ses Sujets, & lui attirerent l'estime des Princes voisins.

DU PORTUGAL.

1521.
Jean III. quinziéme Roi.

Cependant l'entreprise de quelques Armateurs François, pensa occasionner une guerre entre le Portugal & la France. Ces Armateurs s'étoient emparés de plusieurs Vaisseaux Portugais ; malgré la paix qui regnoit entre les deux Couronnes. Le Roi de France ayant donné au Roi de Portugal toute satisfaction à ce sujet, il fit relâcher un Vaisseau François dont un de ses Amiraux s'étoit emparé, & l'union fut rétablie entre ces Puissances. Cette affaire terminée, le Roi de Portugal envoya Don Louis de Sylveira en Castille pour traiter du mariage de l'Infante Isabelle, fille d'Emmanuel avec Charles V. (18).

Le Duc de Bragance qui voyoit le Roi en âge de se marier, lui proposa d'épouser la Reine Douairiere. Ce Prince y étoit fort disposé ; mais les vives représentations du Comte de Vimioso sur le scandale que cette alliance pourroit causer, l'en détournerent & lui firent consentir au retour de cette Princesse en Castille. Le différend qui survint dans la suite à l'occasion du partage des Moluques entre Charles V. & le Roi de Portugal, n'empêcha pas ce dernier de conclure son mariage avec l'Infante Catherine sœur de l'Empereur. Il fut au-devant d'elle jusqu'à Crato où la cérémonie se fit. Depuis le mariage de l'Infante Isabelle sœur du Roi avec l'Empereur Charles V. dont on avoit traité dès 1522, & qui fut enfin terminé en 1526, il n'arriva rien de fort remarquable dans le Portugal jusqu'en 1534, si ce n'est l'établissement de l'Inquisition qui se fit dans cet intervalle, & la renonciation solemnelle que fit l'Empereur en 1529 de tous ses droits sur les Moluques, moyennant trois cens cinquante mille ducats que les Portugais lui payerent : en vertu de cette convention ils demeurerent libres possesseurs de ce Pays jusqu'à l'année 1583. Cependant les Maures qui avoient attaqué Santa-Cruz, s'en rendirent Maîtres après un siége très-long & meurtrier. Ils l'avoient déja assiégée deux fois sans succès. Les Portugais perdirent en même temps Arzilla, Saphin, Azamor, Alcacer & plusieurs autres Villes qu'ils avoient conquises. Il paroît que le Roi de Portugal négligeoit alors les Etablissemens que ses Prédécesseurs avoient faits en Afrique, & ne s'embarrassoit que de conserver les nouvelles possessions qu'il avoit en Asie & en Amérique. D'ailleurs, il ne pouvoit garder les Places qu'il avoit en Afrique sans épuiser son Royaume d'hommes & d'argent. Elles étoient un sujet continuel de guerre avec les Maures, qui cherchoient toujours à les reprendre. Cependant il ne put s'empêcher de fournir les troupes que l'Empereur lui avoit demandées pour lui aider à rétablir sur le Trône de Tunis Muley Hacem, qui en avoit été chassé. L'Infant Don Louis frere du

1523.

1524.

Pertes des Portugais en Afrique.

─────────

(18) Ce mariage ne fut conclu que quatre ans après.

Du Portugal.

Roi demanda à être chargé de la conduite de ces troupes, cherchant une occasion de signaler son courage.

De tous les enfans que le Roi avoit eus, il ne lui restoit plus que l'Infant Don Juan. Si-tôt que ce Prince eut atteint l'âge de se marier, il lui fit épouser l'Infante Jeanne de Castille. L'Infant ne vécut pas long-temps après son mariage ; sa femme qui étoit enceinte resta à la Cour de Portugal jusqu'au moment de ses couches. Elle mit au monde un Prince qui fut appellé Sébastien.

Mort du Roi.

1557.

Trois ans environ après Don Jean mourut dans la cinquante-cinquième année de son âge, & la trente-cinquième de son regne. Il ne laissa aucun enfans quoiqu'il en eût eu neuf de Catherine d'Autriche son épouse, sœur de Charles V.

Sébastien seiziéme Roi.

Il eut pour Successeur Sébastien son petit-fils. La Reine Catherine que le Roi avant que de mourir avoit nommée Régente du Royaume & Tutrice du jeune Roi, gouverna avec beaucoup de sagesse : elle consentit cependant à se démettre de la Régence en faveur du Cardinal Henri, qui ne se conduisit pas avec moins de prudence. Sébastien ayant atteint l'âge de quatorze ans, prit en main l'administration de son Royaume. Il ne s'appliqua d'abord qu'à faire des Etablissemens utiles pour ses Etats, à faire fleurir le Commerce, & à continuer les conquêtes que ses Prédécesseurs avoient commencées dans les Indes. De si beaux commencemens faisoient concevoir les plus belles espérances ; mais sa jeunesse & un courage qui n'étoit guidé que par la témérité, précipiterent le Portugal du plus haut point de sa gloire dans les plus grands malheurs. Ce jeune Prince se laissa facilement séduire par les louanges de ses Courtisans, qui la plûpart aussi jeunes & aussi imprudens que lui, flattoient ses passions dominantes & l'engagerent à former des desseins non-seulement au-dessus de ses forces & de son âge ; mais encore directement opposés aux intérêts de la Nation.

Il porte la guerre en Afrique.

Résolu de porter la guerre en Afrique, malgré les sages conseils qu'on lui donna, il commença par exercer ses troupes dont la valeur étoit comme engourdie par une longue paix & l'application au Commerce. Lorsqu'il se crut en état d'executer son projet, il passa en Afrique où il eut d'abord quelques avantages considérables. Animé par ces succès, il prit la résolution de faire un voyage aux Indes. Ses Favoris, dont les vûes étoient différentes, firent tant par leurs remontrances qu'il n'eut plus d'autre objet que la guerre d'Afrique. Muley Mohamed Roi de Maroc détrôné par son oncle Muley Molucco, avoit imploré le secours de Sébastien.

Ce Monarque se pressa de passer en Afrique avec une armée assez considérable. On lui conseilla de ne point trop s'engager dans le pays ; mais Sébastien n'étoit pas fait pour suivre les sages avis qu'on lui donnoit. N'écoutant que son ardeur & son imprudence, il pénétra le plus avant qu'il fut possible, & ayant rencontré les Maures dans la Plaine d'Alcaçar, il osa avec une armée inférieure à celle de ses Ennemis leur livrer bataille. Il paya bientôt la peine de sa témérité : son armée fut taillée en piéces, & après avoir fait des actions les plus héroïques, il tomba lui-même entre les mains des Mahométans. Il fut mis à mort par un de ces Barbares, qui termina ainsi la querelle qui s'étoit élevée entre eux, au sujet de cet illustre

Prisonnier

Prisonnier. Tel fut le triste sort de Sébastien, qui étoit alors dans la vingt-cinquiéme année de son âge, dont il en avoit regné vingt-deux. Le Roi de Maroc fit soigneusement garder son corps, & le rendit à l'Ambassadeur de Philippe II. Ce Monarque envoya des présens considérables au Prince Afriquain, & obtint encore la liberté de plusieurs Seigneurs Portugais.

Sébastien qui avoit toujours fui les liens du mariage, ne laissoit point de posterité. Le Cardinal Henri son oncle, & qui étoit fils du Roi Emmanuel & de Marie de Castille sa seconde femme, étoit le seul à qui le Trône appartenoit de droit ; mais il étoit âgé de près de soixante-sept ans, & fort infirme. Cependant les Portugais lui offrirent la Couronnne, & le proclamerent le 20 Août. Il parut alors plusieurs Prétendans au Trône, qui penserent à faire valoir leur droits : tels étoient, 1°. Le Prince Antoine de Portugal fils naturel de l'Infant Don Louis frere du Cardinal Henri. 2°. Philippe II. Roi d'Espagne fils d'Elisabeth, sœur de Henri, & fille aînée d'Emmanuel. 3°. Philippe Emmanuel Duc de Savoye, fils de Béatrix autre fille d'Emmanuel. 4°. Rainuce Farnese Duc de Parme, né de Marie fille de l'Infant Edouard fils d'Emmanuel. 5°. Catherine autre fille du même Edouard, mariée à Jean Duc de Bragance. 6°. Catherine Reine de France mère de Henri III. 7°. Enfin, le Pape Grégoire XIII. prétendoit aussi que le choix du Portugal le regardoit, tant par les droits prétendus du Saint Siége sur ce Royaume, que par ceux qu'il a sur les biens des Cardinaux. Comme les Portugais ne se flattoient point que le regne de Henri seroit bien long, ils le presserent de se nommer un Successeur, afin de prévenir les troubles qu'ils craignoient à sa mort. Mais ce Prince toujours irrésolu, ne décidoit rien. Il assembla cependant en 1580 les Etats du Royaume, & leur proposa de reconnoître Philippe II. Les Portugais rejetterent avec mépris cette proposition, & donnerent à connoître combien ils redoutoient la domination Espagnole. Sur ces entrefaites Henri mourut le 31 de Janvier étant âgé de soixante & huit ans, après en avoir régné environ deux. Il avoit été Cardinal, successivement Archevêque de Brague, de Lisbonne, d'Evora & Grand Inquisiteur de la Foi.

La mort de Henri réveilla les prétentions de ceux qui croyoient avoir droit au Trône ; les deux plus fameux Compétiteurs furent Antoine, Grand-Prieur de Crato, & Philippe II. Les Portugais qui haïssoient les Espagnols proclamerent le premier à Santarem, à l'exclusion de Philippe, malgré les promesses les plus séduisantes qu'il leur fit faire. Antoine ayant été reconnu à Santarem, se dépêcha de se rendre à Lisbonne qui lui confirma le titre de Roi. Le Duc de Bragance, la plûpart des Grands, & les cinq Gouverneurs qui étoient assemblés à Setubal lui étoient entièrement opposés. Antoine voyant qu'il ne pouvoit les gagner chercha à les perdre. Les Emissaires qu'il envoya à Setubal souleverent le Peuple contre eux & contre les Partisans de Philippe. La sédition fut même si considérable qu'ils eurent bien de la peine à se sauver. Cette action irrita le Duc de Bragance, & il crut ne pouvoir mieux se venger d'Antoine qu'en cédant ses droits à Philippe & en prenant son parti. Il eut lieu dans la suite de s'en repentir. Le Roi d'Espagne qui le méprisoit, ne lui tint aucune des promesses qu'il lui avoit faites.

Tome I.   Cc

180 INTRODUCTION A L'HISTOIRE

Du Portugal.

Cependant le Duc d'Albe que Philippe avoit envoyé en Portugal pour y gagner les esprits, avoit déja mis un grand nombre de personnes dans les intérêts du Roi d'Espagne. Ces progrès inquiétoient d'autant plus Antoine qu'il n'avoit point d'argent pour soutenir la guerre. Ce qui l'obligea à mettre des impôts considérables sur ses nouveaux Sujets. Cette conduite les irrita si fort qu'ils l'abandonnerent, & se joignirent à son Rival. Antoine se trouvant alors sans aucune ressource, & guidé seulement par son désespoir, il hasarda de livrer bataille au Duc d'Albe près d'Alcantara. Elle acheva de ruiner son parti ; car ayant été entiérement défait, il fut obligé, après avoir erré pendant quelque temps, de chercher un asyle en France. Sa fuite acheva de rendre Philippe Maître du Portugal. Ce Monarque ayant aussi-tôt assemblé les Etats à Tomar pour s'y faire couronner, nomma

1581.

Philippe I. (II.) dix-neuviéme Roi.

Don Diegue son fils pour son Successeur. Il fit ensuite partir une Flotte pour soumettre les Isles Terceres, la seule des conquêtes que les Portugais avoient faites dans les Indes, qui refusoit de reconnoître Philippe.

Cependant Antoine qui étoit en France en obtint de Henri III. les secours qu'il demandoit, & partit avec une Flotte d'environ soixante Vaisseaux, sur laquelle il y avoit six mille hommes de troupes sous les ordres de Philippe Strozzi. Avec ce secours il se rendit aux Terceres, dont les Habitans étoient dans son parti. La Flotte Espagnole commandée par le Marquis de Sainte-Croix ayant paru le 26 de Juillet à la vûe de l'Isle de Saint-Michel, M. Strozzi s'avança pour lui livrer combat. Il fut long & sanglant ; mais la victoire se déclara en faveur du Général Espagnol, qui se deshonora en cette occasion, en faisant jetter à la Mer M. Strozzi, qui étoit blessé à mort, & en faisant périr par la main du Bourreau tous les François qu'il avoit fait prisonniers. On prétend que le Roi d'Espagne avoit gagné les Commandans de quelques Vaisseaux : leur inaction dans le combat en est une espece de preuve ; car s'ils eussent donné avec les autres la Flotte Espagnole auroit été entiérement vaincue. Après cette défaite Antoine resta encore quelque temps dans ces Isles ; mais craignant quelque trahison de la part des Habitans, qu'il avoit indisposés par sa mauvaise conduite, il repassa en France. Quelque temps après ayant obtenu un nouveau secours d'Elisabeth Reine d'Angleterre, il fit quelques tentatives qui ne lui réussirent point. Désespéré de tant de malheureux succès il se retira à Paris, où il mourut le 26 Août 1595 âgé de soixante & quatre ans. Son corps fut enterré au Cordeliers de cette même Ville, & son cœur fut porté au Couvent de l'*Ave Maria*. Il laissa quelques enfans naturels dont les Rois d'Espagne prirent soin.

» Antoine n'étoit qu'un Prince médiocre, leger, inconstant, cruel, avare
» & prodigue tout à la fois ; ambitieux, téméraire plutôt que brave, s'ex-
» posant au péril souvent mal-à-propos, & souvent le fuyant lorsqu'il eût
» été de sa gloire & de ses intérêts de s'y exposer (19).

1582.

Sur ces entrefaites Don Diegue nommé Successeur de Philippe au Trône de Portugal étant mort sur la fin de l'année 1582, le Roi assembla les Etats & fit reconnoître pour son légitime héritier Philippe son second fils. Cependant le Marquis de Sainte-Croix avoit soumis entiérement les

(19) La Clede.

Terceres, & par cette conquête il avoit affermi la puissance du Roi d'Espagne dans tout le Portugal. Mais trois Avanturiers qui prirent successivement le nom de Sébastien, & qui voulurent passer pour ce Prince infortuné, causerent quelqu'inquiétude à Philippe. L'imposture des deux premiers fut bientôt découverte & punie. Le dernier soutint son rôle jusqu'à la fin de ses jours, & le fit avec des apparences si convainquantes que la plûpart des Etrangers, & généralement tous les Portugais demeurerent persuadés qu'il étoit en effet celui qu'il vouloit paroître. Philippe ne survéquit que trois ans à Antoine, & mourut le 3 ou le 18 Septembre 1598, après avoir regné dix-huit ans dans le Portugal.

Philippe II. (III.) son fils fut aussi-tôt proclamé Roi en Portugal sous le nom de Philippe II. il regna vingt-trois ans, & mourut en 1621 laissant son fils pour successeur (20).

Cette réunion du Portugal avec l'Espagne fut très-préjudiciable aux Portugais. Leur Commerce fut interrompu avec les Hollandois qui étoient en guerre avec les Espagnols ; ce qui engagea les premiers à tenter la navigation des Indes vers la fin du seizième Siécle. Les Portugais perdirent par ce moyen plusieurs Places dans les Indes, sur les Côtes d'Afrique & dans l'Amérique. Les Espagnols occupés à d'autres guerres, négligerent d'envoyer des troupes pour conserver les conquêtes que les Portugais avoient faites dans ces Parties du Monde.

Ces pertes considérables les indisposoient contre la domination Espagnole ; mais la maniere dure & cruelle avec laquelle Philippe III. (IV.) les traita lorsqu'il fut monté sur le Trône, leur rendit le joug d'Espagne encore plus insupportable. Ils perdirent sous son regne tous leurs Priviléges, & virent les Charges passer entre les mains des Etrangers. Le Peuple étoit accablé d'impôts, les gens de mérite négligés & exclus des premieres Places, la Navigation abandonnée ou mal soutenue, les conquêtes dans les Indes devenues la proie des Anglois & des Hollandois, par le peu de secours qu'on y envoyoit ; tout en un mot ne faisoit que trop appercevoir aux malheureux Portugais quelles étoient les intentions de Philippe : l'arrivée de la Duchesse de Mantoue pour gouverner le Portugal, & le Conseil de cette Princesse qui n'étoit composé que de Castillans, confirma de plus en plus les craintes des Portugais. Néanmoins ils se plaignoient encore tout bas, & n'auroient peut-être jamais fait éclater leur mécontentement, sans les ordres que Philippe envoya à toute la Noblesse Portugaise, & particullérement au Duc de Bragance, de prendre les armes pour marcher contre le Catalans qui s'étoient révoltés. Ces ordres étoient si précis & accompagnés de tant de menaces, que de la terreur qu'ils leur inspirerent d'abord, ils passerent bientôt a l'indignation, & de l'indignation à la ferme résolution de se soustraire à la tyrannie des Espagnols. Ils convinrent alors de mettre la Couronne de Portugal sur la tête du Duc de Bragance, petit-fils de Catherine Duchesse de Bragance, la même qui avoit eu un différend avec Philippe pour la succession au Trône. Le Duc informé des dispositions des Portugais à son égard, refusa au commencement de se prêter à leurs desseins ; mais il y consentit à la fin,

DU PORTUGAL.

1583.

1589.

Mort de Philippe I. (II.)

Philippe II. (III) vingtiéme Roi.

1621.
Philippe III. (IV.) vingt-uniéme Roi.

Conjuration formée contre les Espagnols.

(20) Voyez l'Histoire d'Espagne de cette Introduction.

Du Portugal.

1640.

pressé par leurs vives sollicitations, & encouragé par les conseils de la Duchesse son épouse, dont il connoissoit la prudence & l'habileté. Son consentement remplit de joie tous les Conjurés, & ils ne différerent à executer leur projet, qu'autant de temps qu'il en falloit pour en assurer la réussite. Cette affaire conduite avec tout le secret imaginable, malgré la vigilance de la Vice-Reine & celle des Castillans, n'éclata qu'au moment qu'ils ne purent y remédier. La révolte commença à Lisbonne, & en moins de quatre ou cinq heures le Duc de Bragance fut reconnu Roi d'un consentement unanime sous le nom de Jean IV. La Vice-Reine & les Espagnols qui pour lors n'étoient pas les plus forts, se virent réduits au silence, & obligés peu après de sortir du Royaume. Ce qu'il y eut d'étonnant dans cette révolution, c'est que rien n'en ait transpiré, quoique le secret eût été communiqué à plus de trois cens personnes, six mois avant l'execution. Elle ne coûta la vie qu'au seul Michel Vasconcellos, qui avoit le plus maltraité les Portugais. Quelques Historiens en ont attribué le projet & le succès au Cardinal de Richelieu.

Jean IV. vingt-deuxiéme Roi.

Le Duc de Bragance qui étoit alors à Villa-Viciosa, en partit aussi-tôt qu'il eut appris l'heureux succès de la rebellion, & arriva à Lisbonne où il fut reçu au milieu des acclamations du Peuple. Il fit le même accueil à la Duchesse lorsqu'elle vint quelques jours après rejoindre son époux. Elle avoit avec elle le Prince Théodose, qui pouvoit alors avoir huit ans, & deux jeunes Princesses moins âgées.

Jean ayant été proclamé Roi dans tout le Portugal, envoya une Flotte dans les Indes pour y faire reconnoître son autorité. Les Castillans irrités contre les Portugais armerent de toutes leurs forces pour les réduire. Le nouveau Roi prenoit ses précautions de son côté, & tâchoit de mettre dans ses intérêts diverses Puissances de l'Europe. Pour cet effet, il envoya des Ambassadeurs dans toutes les Cours Etrangeres. La France lui accorda des troupes, & les Hollandois lui fournirent une Flotte & firent avec lui une tréve de dix ans. L'Angleterre, la Suéde, le Dannemarck reçurent également bien ses Ambassadeurs & lui écrivirent pour le féliciter sur son avénement à la Couronne. Il n'en fut pas de même à Rome; le Pape qui vouloit ménager les Espagnols, refusa de donner audience à l'Ambassadeur de Portugal.

1641.

Secours qu'il reçoit de la France & des Hollandois.

Cependant l'Infant Edouard frere de Jean, ignorant tout ce qui étoit arrivé en Portugal, servoit toujours dans les armées de l'Empereur. Les Castillans résolus de se venger sur lui de la perte qu'ils avoient faite du Portugal, firent agir tant de ressorts auprès de l'Empereur, que ce Monarque par une foiblesse & une ingratitude condamnables, fit arrêter l'Infant & le livra aux Espagnols, qui lui firent essuyer tous les affronts imaginables. Vers le même temps on découvrit à Lisbonne une conjuration formée contre le nouveau Roi. L'Archevêque de Brague qui en étoit le Chef fut condamné à une prison perpétuelle, où il mourut quelques jours après son Jugement. Les autres Conjurés subirent le supplice que méritoit leur crime.

Conjuration contre le Roi.

1642.

En même temps que les Hollandois fournissoient aux Portugais des troupes pour les opposer aux Castillans, ils ne laissoient pas de poursuivre leurs conquêtes dans les Indes, sous le frivole prétexte de punir les Espagnols en leur enlevant ce qu'ils avoient envahi dans ce Pays sur les Portugais. Ces excuses étoient d'autant plus mauvaises que la plus grande partie des Indes étoit rentrée sous la domination Portugaise, & que d'ailleurs les Hollandois refusoient de rendre les Places dont ils s'étoient emparés : de pareils raisons n'étoient pas recevables ; mais comme on avoit besoin d'eux, on aima mieux dissimuler que de rompre la tréve.

L'amour que les Portugais avoient pour leur nouveau Souverain, ne les empêchoit pas de murmurer de ce que ce Prince ne se mettoit pas à la tête de son armée pour porter la guerre en Espagne au lieu de l'attendre dans ses Etats. Ces reproches étoient injustes. Jean n'ignoroit pas la mésintelligence qui regnoit parmi ses Généraux. Il étoit donc plus prudent de se tenir sur la défensive, que de hazarder mal-à-propos une entreprise dont la réussite étoit fort douteuse dans les occurrences présentes. Les Espagnols voyant le peu de progrès de leurs armes dans le Portugal, eurent recours à la trahison. Ils corrompirent un nommé Lette qui sous l'espoir des plus grandes récompenses s'engagea d'assassiner le Roi Jean. Ce Malheureux comptoit executer son dessein le jour de la Fête du Saint-Sacrement, parce que le Roi, qui suivoit ordinairement la Procession, étoit alors peu accompagné. Lette se trouva en effet sur le passage de Jean ; mais retenu par quelque motif secret, il se retira sans consommer son crime. Mais comme il cherchoit une nouvelle occasion, il fut découvert & puni comme il le méritoit. Le Roi échappé de ce danger consacra à Dieu une Eglise sous le nom du *Saint-Sacrement*, en mémoire du jour que le Traître avoit choisi pour l'assassiner, & en reconnoissance de la protection divine qui avoit détourné le coup. Le Roi qui vouloit former l'Infant Théodose dans l'art de regner, l'admit dans son Conseil. Ce jeune Prince étoit destiné à occuper le Trône après la mort de son pere, & il en paroissoit digne. Son ardeur guerriere lui fit commettre une faute, qui lui attira la disgrace du Roi. Animé par l'envie d'acquérir de la gloire, il partit en secret de Lisbonne pour aller se mettre à la tête des troupes. Le Roi irrité du mystere qu'il lui avoit fait de son départ, & craignant d'ailleurs que cette action du jeune Prince ne tirât à conséquence, il lui refusa les secours qu'il demandoit, & lui envoya des ordres précis de revenir à la Cour. Théodose obligé d'obéïr, fut reçu du Roi avec froideur, & privé de l'entrée du Conseil. Le chagrin qu'il en conçut le consuma peu-à-peu, & termina enfin ses jours en l'année 1653. La Reine fut sensiblement touchée de sa mort. Le Peuple ne le regretta pas moins. Le Roi seul, que l'on soupçonna avoir quelques sentimens de jalousie contre son fils, apprit sa perte avec beaucoup d'indifférence. Il assembla aussi-tôt les Etats du Royaume, & fit reconnoître pour son Successeur son fils Alphonse Henriquès. Depuis ce moment la santé du Roi s'affoiblit de jour en jour. Il mourut le 6 Novembre âgé de cinquante-deux ans & six mois, après un regne de seize ans moins un mois. Il étoit fils de Théodore VII. Duc de Bragance, & tiroit son origine de Jean I. Roi de Portugal par Alphonse son fils naturel, premier Duc de Bragance. Il laissa de Louise de Gusman deux Princes qui regnerent successivement après lui, Alphonse & Pierre ; & deux Princesses, Jeanne & Catherine.

Jean avoit déclaré la Reine son épouse Régente du Royaume pendant la minorité d'Alphonse. Cette Princesse fille du Duc de Médina-Sidonia de l'illustre Maison de Gusman en Castille, joignoit à la douceur & aux agrémens de son sexe les vertus mâles & solides des plus grands hommes. Son administration commença par le Couronnement de son fils Alphonse. La cérémonie s'en fit le 15 de Novembre. La Régente eut d'abord beaucoup à souffrir de la part des Grands, qui jaloux de son autorité cherchoient tous les moyens de l'en dépouiller. Ils alléguoient pour prétexte que cette Princesse étant Castillane, il y avoit à craindre qu'elle ne prît les intérêts de sa Nation. Mais la Régente dont la conduite passée étoit irréprochable à cet égard, fit voir par la suite qu'elle étoit toujours la même, & qu'elle n'avoit d'autre intention que d'affermir son fils sur le Trône. Elle n'ignoroit pas les préparatifs que les Espagnols faisoient pour attaquer le Portugal : elle les prévint en mettant de bonnes Garnisons dans les Villes Frontieres, & tenant une armée prête à marcher au premier besoin. De si sages précautions n'eurent pas tout l'effet que la Régente auroit pû esperer. La mésintelligence & la lâcheté de plusieurs Officiers, furent cause de quelques avantages que les Espagnols eurent sur les Portugais. Ces pertes furent en quelque sorte réparées par la défaite entiere de Louis de Haro Généralissime des Castillans, qui fut contraint de prendre honteusement la fuite, après que son Camp eut été forcé.

Malgré ce grand succès, la Régente qui craignoit que les Espagnols ne fussent bientôt en état de réparer cette perte, chercha du secours chez les Puissances Etrangeres. Elle envoya un Ambassadeur en France pour y faire conclure une Ligue offensive & deffensive, qui avoit déja été proposée. La paix que Louis XIV. étoit prêt de conclure avec l'Espagne, l'empêcha d'accepter cette Ligue, & d'envoyer le secours que la Régente demandoit. Six cens François suivirent seulement l'Ambassadeur de Portugal, & furent d'une grande utilité à la Régente. L'Ambassadeur que cette Princesse avoit fait partir pour l'Angleterre réussit plus heureusement dans sa négociation. Charles II. étant monté sur le Trône, & ayant dissipé le parti qui lui avoit été si contraire, envoya un Corps de douze mille cinq cens hommes tant d'Infanterie que de Cavalerie, & demanda en même temps en mariage l'Infante Catherine de Portugal. Ce mariage fut célébré en 1662.

Les Espagnols ayant conclu la paix avec la France par le Traité des Pyrenées, ne songerent plus qu'à pousser vivement la guerre contre le Portugal. Ils eurent d'abord quelques succès ; mais ayant été deux fois vaincus, la premiere près d'Estramos en 1663, & la seconde près de Villa-Viciosa en 1665. Ils ne firent plus aucune entreprise contre les Portugais : ayant même appris que la France avoit signé une Ligue offensive & deffensive avec cette Nation, ils proposerent quelques accommodemens. Les Portugais qui étoient las de la guerre, & qui ne cherchoient que l'occasion d'en sortir avec honneur, consentirent volontiers à faire la paix. Dans le Traité qui fut signé de part & d'autre, il fut réglé que les Castillans abandonneroient entiérement tous les droits & toutes les prétentions qu'ils pourroient avoir sur le Royaume de Portugal. Cette paix fut conclue pendant que Don Pedre gouvernoit le Royaume sous le titre de Régent que le Peuple lui avoit donné à cause du peu de capacité d'Alphonse.

Ce Prince n'étoit plus alors sur le Trône, & le Royaume étoit gouverné par l'Infant Don Pedre son frere. La mauvaise conduite d'Alphonse avoit obligé les Portugais à se soustraire à sa puissance. La Reine qui avoit vû avec chagrin que rien n'étoit capable de vaincre les mauvaises inclinations du Roi, avoit abandonné le Gouvernement de l'Etat, malgré les vives instances des Portugais. On prétend qu'elle y avoit été forcée par son fils, qui voulant gouverner à sa fantaisie, ne pouvoit supporter les sages remontrances de la Reine mere. Cette Princesse fâchée de voir que les gens de mérite qu'elle avoit mis près du Roi, ne pouvoient parvenir à vaincre ses inclinations vicieuses & féroces, avoit songé aussi-tôt après la conclusion du mariage de l'Infante avec le Roi d'Angleterre, à se démettre du Gouvernement. Les Ministres d'Etat avoient fait alors tous leurs efforts pour la faire changer de résolution. Elle se retira dans un Couvent & y mourut trois ans après, c'est-à-dire en 1666.

Du Portugal.

Alphonse est détrôné.

Le Roi qui par la mort de sa mere se voyoit débarrassé de toute contrainte, se livra sans ménagement au torrent de ses passions. Il commettoit sans rougir les actions les plus indécentes, & s'abandonnoit à des excès indignes d'un Roi. Il couroit les rues de Lisbonne pendant la nuit & attaquoit avec fureur tous ceux qu'il rencontroit, sans avoir égard aux dangers ausquels il s'exposoit. Cependant son Ambassadeur à la Cour de France avoit obtenu pour ce Prince Mademoiselle d'Aumale de la Maison de Savoye-Nemours. Elle arriva le 2 Août à Lisbonne où se fit la cérémonie du mariage : mais le Roi loin d'être touché de la beauté & des vertus de cette Princesse, la traitoit avec beaucoup d'indifférence & de mépris. La Reine après avoir ainsi passé seize mois avec lui, se retira dans un Couvent, & demanda la cassation de son mariage. Elle alléguoit pour raison l'impuissance de son Mari, & la maniere dont il l'avoit toujours traitée. La démarche de la Reine indisposa d'autant plus les esprits contre le Roi, que la retraite de cette Princesse fit tout craindre pour l'Infant Don Pedre. Le Peuple l'adoroit & le Roi ne pouvoit le souffrir. On sçavoit que la Reine avoit plusieurs fois empêché son époux de se porter aux dernieres extrémités contre son frere ; on appréhendoit avec raison que manquant d'un tel secours, l'Infant ne fût la victime de la jalousie des Favoris & de la haine d'Alphonse. Pour prévenir ce malheur, le Peuple & plusieurs Nobles s'assemblerent, & contraignirent le Roi de remettre le Gouvernement entre les mains de son frere. Don Pedre refusa cependant de prendre le titre de Roi ; & ne voulut que celui de Régent du Royaume. Quelque temps après il épousa, avec une dispense du Pape, la Reine sa belle-sœur. Alphonse cependant avoit été envoyé sous bonne garde dans l'Isle de Tercere. Après le départ de ce Prince, le Régent qui avoit conclu la paix avec l'Espagne en 1668, ne s'occupa plus que des moyens de faire regner l'abondance dans le Portugal, & de rétablir le Commerce qui avoit été troublé par les dernieres révolutions. Pendant qu'il s'empressoit ainsi à faire jouir ses Peuples des avantages de la paix, des personnes mal intentionnées formerent une conspiration contre sa vie. On jetta quelques soupçons sur l'Espagne ; mais elle eut soin de s'en justifier, & de faire donner au Régent la satisfaction qu'il exigeoit au sujet de l'insulte faite à son Ambassadeur à Madrid. On n'avoit

1666.

1667.

1669.

1674.

pas encore réglé les Limites des Colonies Espagnoles & Portugaises le long de la riviere de Plata ; le Traité en fut signé à Lisbonne en 1682. L'année suivante Alphonse qui étoit revenu de Tercere mourut près de Lisbonne le 12 de Septembre âgé de quarante ans.

Du Portu-
gal.

1683.

Pierre II. vingt-troisiéme Roi.

Après la mort d'Alphonse, Don Pedre consentit à prendre le titre de Roi que les Portugais n'avoient cessé de lui offrir. Maître absolu de ses nouveaux Etats, il les gouverna en pere, & se fit aimer de ses Sujets. Marie-Elisabeth-Françoise de Savoye étant morte, il épousa en secondes nôces Marie-Sophie-Elisabeth de Baviere, fille de Guillaume de Baviere, Electeur Palatin du Rhin, & d'Elisabeth-Amélie, fille de George Landgrave de Hesse d'Armstadt. Le Portugal jouissoit d'une paix profonde lorsque la mort de Charles II. Roi d'Espagne causa une guerre considérable à laquelle presque toutes les Puissances de l'Europe prirent part. Charles avoit nommé Philippe de France Duc d'Anjou pour son Successeur, & Louis XIV. voulant faire valoir les droits de son petit-fils, se vit accablé d'ennemis de tous côtés. Don Pedre fit alors une alliance offensive & défensive avec la France & l'Espagne contre la Maison d'Autriche & ses Alliés ; mais deux ans après il rompit cette alliance, & entra dans la Ligue que Léopold I. avoit faite à la Haye avec Guillaume III. Roi d'Angleterre & la République de Hollande. En conséquence de cette Ligue il entra en Espagne, soumit Valence, Coria, Albuquerque, Alcantara, Placentia, & Ciudad Rodrigo. Son armée commandée par le Marquis de Las-Minas, pénétra même jusqu'à Madrid, où elle fit proclamer Roi d'Espagne Charles III. Archiduc d'Autriche, second fils de l'Empereur Léopold. Peu de temps après Don Pedre mourut à Alcantara le 9 de Décembre, dans la cinquante-septiéme année de son âge & la vingt-quatriéme de son regne depuis la mort d'Alphonse. Pierre eut de son premier mariage une Princesse morte l'an 1690 ; mais il en eut plusieurs de son second avec Marie de Baviere ; sçavoir, Don Jean né le 30 Août 1688, mort le 16 de Septembre suivant ; Don Jean-François-Antoine-Joseph, qui monta sur le Trône, il étoit né le 22 Octobre 1689 ; François-Xavier-Antoine-Urbain, né le 25 de Mai 1691, mort le 21 de Juillet 1742 ; Antoine-François-Benedict-Léopold-Théodore, né le 15 de Mars 1695 ; Dona Thérese-Françoise-Josephe morte le 6 de Février 1704 ; Manuel né le 3 Août 1697 ; Dona Françoise-Xaviere-Josephe, née en 1699.

1687.

1701.

1706.

Sa mort.

Jean V. vingt-quatriéme Roi.

Jean V. ayant succedé à son pere Don Pedre demeura dans l'Alliance que ce Monarque avoit faite avec la Maison d'Autriche. Les troupes Portugaises jointes à celles de l'Empereur remporterent quelques avantages en Espagne ; mais ayant été battues le 25 d'Avril 1707 par le Maréchal de Berwic à Almanza vers la Frontiere du Royaume de Valence, elles n'eurent plus que de mauvais succès. Serpa, Moura, Alcantara, & Ciudad-Rodrigo, tomberent au pouvoir des François joints aux Espagnols. La paix ayant été signée à Utrecht en 1713, entre toutes les Puissances Belligerentes, le Portugal y fut compris.

Sans répéter ici ce qu'on a déja dit dans le Chapitre précédent des détails de cette guerre, je me contenterai de remarquer, que la conduite du Ministre d'Angleterre un peu avant la paix d'Utrecht jettoit le Roi de Portugal en un extrême danger. Charles devenu Empereur avoit quitté l'Es-

pagne ;

pagne ; on ne faisoit plus que de foibles efforts contre ce Royaume ; & tout le fort de la guerre sembloit être tombé sur la France, qui cependant ne comptoit pas également pour ses Ennemis, tous ceux qui avoient leurs troupes dans l'armée des Alliés. Il y en avoit entre eux plusieurs assez disposés à finir une guerre dont ils étoient las, & dont la mort de l'Empereur Joseph leur avoit fait obtenir le but. Le Portugal couroit grand risque, si ses Alliés ne l'eussent fait comprendre dans le Traité d'Utrecht. L'accommodement eut sa difficulté. Le Roi vouloit que Philippe lui rînt ce que Charles avoit promis à Don Pedre ; & comme si ç'eût été trop peu, il prétendoit encore pour Barriere, Coria, Ciudad-Rodrigo, Puebla de Sanabria & Monterey, avec leurs dépendances. La Cour de Madrid étoit bien éloignée d'accepter de pareilles demandes. Le Roi d'Espagne s'offrit cependant de faire donner satisfaction aux Marchands Portugais, pour ce qui regardoit le différend touchant le commerce des Négres. Sur le peu d'apparence qu'il y avoit à accorder des demandes si étendues, avec une négative presque universelle, on fut obligé de se contenter d'une suspension d'armes, qui n'empêcha pas que la paix ne se conclût entre les Couronnes de France & de Portugal, aux conditions suivantes : qu'on rendroit réciproquement les Prisonniers, & les conquêtes de part & d'autre ; qu'on céderoit au Portugal le Cap de Nord dans le Brésil, les deux bords de la Riviere des Amazones, & ce qui est entre cette Riviere & celle d'Yapoco, autrement de Vincent Pinson. L'Espagne tint ferme jusqu'à l'an 1715, que la paix fut enfin conclue. Les articles principaux furent, que l'Espagne rendroit le Château de Noudar avec son Territoire, l'Isle de Verdoejo, & le Territoire & Colonie du Saint-Sacrement ; & que le Portugal rendroit Albuquerque & Puebla avec leurs Territoires ; & qu'il lui seroit payé en trois payemens égaux, six cens mille écus pour l'Assiento, ou l'introduction des Négres.

Le Portugal à joui depuis ce temps-là d'une paix assez constante, & n'a presque point eu de part aux agitations que l'Europe a ressenties dans les guerres de 1733 & 1741. Il y a eu cependant trois ou quatre négociations, qui méritent d'être connues.

La premiere regarde celle de l'Abbé de Livri. Il avoit été nommé Ambassadeur de France, & se rendit à Lisbonne en cette qualité en 1724. Il fut reçu d'abord avec tous les honneurs militaires ; mais il exigea que Diego de Mendoça, Secrétaire d'Etat, lui fît une premiere visite, qu'il croyoit lui être dûe selon l'usage. Le Secrétaire s'obstina à la refuser, & prétendit que ce n'étoit pas un usage établi ; que s'il y avoit des exemples, ce n'avoient été que des visites d'amitié entre Ministres déja amis, ou qui se voyoient pour des affaires particulieres. Chacun persista dans sa prétention, & les deux Cours approuverent la conduite de leurs Ministres. Ainsi L'Abbé de Livri partit quelques mois après, sans avoir eu d'audience du Roi. Cette dispute n'eut point d'autres suites entre les deux Rois.

La seconde regardoit le Commerce des Négres en Afrique. Les Portugais & la Compagnie Hollandoise ne s'accordoient pas sur l'explication de quelques anciens Traités. L'Abbé de Mendoce, fils du Secrétaire d'Etat, étoit alors Envoyé de la Couronne de Portugal auprès de leurs Hautes-Puissances.

Il fournit quelques Mémoires, qui ne demeurerent pas fans réplique. Des expreſſions dures & empruntées d'une Logique de l'Ecole, avoient amené cette négociation aſſez près d'une rupture, lorſque le Roi de Portugal rappella ce Miniſtre, & envoya en ſa place Don Louis d'Acuña, qui, par une conduite plus modérée, donna & obtint une paiſible diſcuſſion des droits conteſtés entre ſa Cour & les Etats Généraux.

Un autre événement qui donna de l'occupation au Roi & au Miniſtere de Portugal, ce fut la méſintelligence qui ſurvint entre cette Cour & celle de Rome au ſujet du Nonce Bichi. Sa Majeſté Portugaiſe prétendit que ce Miniſtre fût promu au Cardinalat au ſortir de la Nonciature de Liſbonne; & la Cour de Rome refuſa cette faveur, ſous ce prétexte, qu'il y avoit eu autrefois des plaintes contre ce Prélat. Voici ſur quoi étoient fondés les griefs que l'on avoit contre lui. Lorſque l'Empereur Charles VI. étoit en Eſpagne & tenoit ſa Cour à Barcelone ſous le nom de Charles III. Clément XI. envoya l'an 1710 à Liſbonne en qualité de Nonce M. Bichi, préſenté par le Cardinal Bichi ſon oncle. L'Abbé Lucini partit en même temps pour la Cour de Barcelone, qui lui refuſa audience, parce qu'il n'avoit que le titre d'Internonce. M. Bichi paſſa ſon chemin ſans s'arrêter, ni ſaluer le Roi Charles, qui s'en plaignit à Rome & à Liſbonne. Le Roi de Portugal, prévenu d'abord contre le nouveau Nonce, ſe plaignit de ſa conduite au commencement. Mais il revint de ſon préjugé, goûta ce Prélat, lui rendit juſtice avec le temps, & lui accorda ſon eſtime, juſqu'au point de demander un Chapeau de Cardinal pour lui. L'Abbé Bernabi, qui s'étoit brouillé depuis long-temps avec le Nonce, & quelques Eccléſiaſtiques que ce Prélat avoit traverſés dans la pourſuite des Bénéfices qu'ils obtinrent de Clément XI. par d'autres voies, chercherent à le noircir, & l'accuſerent de Simonie.

Ces accuſations, jointes au mécontentement de la Cour de Barcelone, donnerent des impreſſions déſavantageuſes. Pour comble de malheur pour M. Bichi, le Cardinal ſon oncle vint à mourir. Cela enhardit ſes ennemis, qui repréſenterent au Pape Clément XI. qu'il ne convenoit pas de conferer le Chapeau à un homme accuſé par des Puiſſances ſi reſpectables. Il eſt pourtant vrai, que la Cour de Barcelone, transferée à Vienne après la mort de l'Empereur Joſeph arrivée en 1711, s'étoit déſiſtée de ſes plaintes, & ne s'oppoſoit plus en aucune maniere à la promotion de M. Bichi; & la Cour de Liſbonne étoit ſi bien revenue de ſes premiers ſentimens, qu'elle la demandoit avec inſtance. Cependant Rome perſiſta dans ſes refus. Innocent XIII, Succeſſeur de Clément IX, fortement ſollicité par le Roi de Portugal en faveur du Nonce, eut ſi peu d'égard pour ſa recommandation, qu'il rappella M. Bichi, & envoya un autre Prélat pour le relever à Liſbonne. Le Roi de Portugal refuſa d'admettre le nouveau Nonce, & de laiſſer partir l'ancien, à moins qu'on ne lui donnât des aſſurances qu'il ſeroit fait Cardinal. Une Congrégation tenue à Rome alloit prendre la réſolution de le rappeller, ſous peine d'encourir les cenſures Eccléſiaſtiques, ſi la mort du Pape n'eût fait ceſſer cette procedure. Benoît XIII. qui ſuccéda, fut d'abord aſſez porté à ſatisfaire le Roi de Portugal ; mais il y trouva de grandes contradictions de la part du Sacré Collége, dont plufieurs Membres étoient résolus d'exclure ce Prélat de la Pourpre. On lui ordonna de quitter le Portugal; il obéit, se rendit à Madrid, & de-là en Italie. Jean piqué de voir ses bons offices inutiles & méprisés, rompit tout commerce avec la Cour de Rome, en fit sortir les Portugais qui y répandoient l'abondance & la richesse, & tarit les sources des Finances que le Saint Siége tiroit annuellement de ses Etats. Le Cardinal Corsini ayant été élu Pape après la mort de Benoît XIII, trouva plus de facilité à reconcilier les deux Cours.

La Cour de Portugal, voyant Philippe V. affermi sur le Trône, reconnu pour Roi légitime par l'Empereur son Concurrent, crut qu'elle ne devoit point chercher ailleurs une alliance digne d'elle. Elle fit donc négocier un double mariage du Prince du Brésil avec l'Infante d'Espagne, & du Prince des Asturies avec l'Infante de Portugal.

Au commencement de l'année 1729 se fit la solemnité de ce mariage qui eut quelque chose de semblable à celui de Louis XIV. dans l'Isle des Faisans. Leurs Majestés Catholique & Portugaise résolurent d'avoir une entrevûe, & de faire elles-mêmes en personnes l'échange des deux Princesses. On choisit pour cela l'Isle de Pégon dans la Riviere de Caya à une lieue de Badajoz. On y construisit un Palais de bois qui avoit deux entrées, l'une du côté de l'Espagne & l'autre du Portugal, afin que les deux Rois pussent entrer sans se donner la main. Le Roi d'Espagne partit de Madrid le 7 Janvier, arriva à Badajoz le 16, pendant que le Roi de Portugal se rendoit à Elvas pour s'approcher aussi du rendez-vous. Le 18 les deux Rois s'envoyerent féliciter de leur arrivée, le 17 le Cérémonial fut réglé & le 19 ils se virent : on lut les Contrats de mariage, & l'on fit l'échange des deux Princesses. Le soir du même jour le mariage du Prince des Asturies fut béni par le Cardinal Borgia à Badajoz. Le même soir le Cardinal d'Almeida Patriarche de Lisbonne bénit à Elvas celui du Prince du Brésil. Cependant la consommation en fut différée de quelque temps à cause de la grande jeunesse de la Princesse qui n'avoit pas encore onze ans accomplis. Le 23 les deux Cours se virent encore dans l'Isle, & les deux Monarques s'entretinrent de leurs intérêts communs. Ils se virent pour la derniere fois trois jours après, & prirent congé l'un de l'autre avec de grands témoignages d'amitié.

Ce fut dans cette derniere entrevûe que le Roi de Portugal présenta à Philippe V. M. de Belmonté de la Maison de Cabral, pour résider auprès de Sa Majesté Catholique en qualité de son Ministre. Il suivit en effet la Cour à Séville, & alla à Madrid avec elle. Il y étoit encore au mois de Février 1735 lorsque ses domestiques donnerent lieu à une rupture éclatante. Un Paysan ayant commis un crime, se réfugia dans une Chapelle, & en fut tirée par ordre du Président de Castille qui le jugea indigne de jouir du droit d'Asyle : on l'amenoit aux prisons de la Ville le 20 de Février à cinq heures après midi, lorsqu'en passant par le Prado, où il y avoit beaucoup de monde à la promenade, la Populace le suivant, des Domestiques du Ministre Portugais firent une émeute, délivrerent le Prisonnier & le mirent en sûreté. Cet homme attira leur compassion, parce quils le connoissoient M. de Belmonté qui n'avoit eu aucune connoissance de ce fait qu'après coup,

DU PORTU-GAL.

n'en connut pas d'abord l'importance, il étoit dans son jardin avec d'autres Ministres qu'il avoit traités à dîner, & il crut qu'il suffisoit d'en écrire un mot de compliment & de désaveu au Président de Castille qui étoit malade, & qui ne fit peut-être aucun usage de son Billet. Don Joseph Patino, après avoir été l'un des Plénipotentiaires au Traité de Séville avec le Marquis de la Paez Sécretaire d'État, l'avoit remplacé, & étoit devenu le Ministre de confiance. Il prit cette affaire fort à cœur, & fit enlever de la maison du Ministre Portugais les gens de Livrée qui avoient fait évader le prisonnier. La Cour de Portugal usa aussi de représailles, & arrêta à son tour les Domestiques de l'Ambassadeur d'Espagne. M. Capicelatro partit de Lisbonne, de même que M. de Belmonté partit de Madrid. Quelques troupes d'Espagne défilerent vers l'Estramadure & le Portugal. On soupçonna d'abord que c'étoit un jeu fait à la main pour diviser les Cours d'Espagne & de Portugal. Le Roi de Portugal quoique beau-frere de l'Empereur, n'avoit point voulu se déclarer pour lui dans la guerre qui se faisoit alors en Italie, quelques mouvemens que se donnât l'Angleterre pour l'y déterminer. Elle s'étoit contentée de lui faire un prêt en argent. Quelques-uns crurent que M. de Mendoça premier Ministre, gagné par la Grande-Bretagne, avoit fait naître cet incident par M. de Belmonté son beau-frere. Il n'y avoit rien de tout cela. Le Roi de Portugal & ses Ministres songeoient si peu à une rupture, qu'il n'y avoit point de troupes sur pied, à peine s'en trouvoit-il assez pour défendre la Capitale. La Marine étoit encore plus négligée. Le Commerce du Brésil se faisoit par les Vaisseaux des Anglois. En un mot l'état où étoit alors le Portugal devoit lever tout soupçon.

Le Roi d'Espagne ne vouloit qu'une satisfaction. Le Roi de Portugal, bien loin de croire qu'il dût la donner, la demandoit lui-même. L'Angleterre envoya une Flotte à Lisbonne, où elle fit un long séjour jusqu'à l'assoupissement de cette querelle. L'Angleterre voulut être Médiatrice. L'Espagne ne lui trouvoit pas assez d'impartialité, & consentit à la médiation de la France. L'Angleterre n'avoit garde de se désister. La Cour de Portugal ne trouvoit point de sûreté à traiter autrement que par la médiation Britannique. Les Provinces-Unies se joignirent à ces deux Puissances. On travailla quelque temps à Madrid, pendant que l'on cherchoit à Paris & à la Haye des moyens de terminer cette querelle. D'un côté, le Roi d'Espagne promit solemnellement à l'Ambassadeur de France de ne point attaquer le Portugal ; de l'autre, l'Angleterre promit que les forces envoyées en Portugal n'agiroient que pour la défense de ce Royaume en cas d'attaque. M. de Vaugrenant, Ambassadeur de France à Madrid, M. de Vandermeer Ambassadeur des Provinces-Unies à la même Cour, & M. Keene Ministre Britannique, eurent ordre d'agir de concert pour finir l'accommodement. Ils signerent ensemble une déclaration pour servir de satisfaction au Roi d'Espagne qui témoigna en être content. Il s'agissoit du relâchement des Prisonniers ; on convint que *le tort étoit du côté du Portugal* ; que les Prisonniers seroient mis en liberté à Madrid & à Lisbonne en même temps ; que les deux Cours s'enverroient réciproquement des Ministres ; que l'on remedieroit à l'amiable aux hostilités qui auroient u se commettre en Amérique, à la Riviere de Plata, à l'occasion du démêlé en question. Il y avoit eu en effet quelques hostilités dans ce Pays-là. Cet accommodement signé au mois de Juillet 1736 ne déplaisoit pas à la Cour de Portugal, mais on eut peine à y digerer le mot de *Tort*, & cela donna lieu à quelques disputes, & à de nouvelles négociations qui durerent jusqu'au mois de Mars 1737. Du Portugal.

Cependant le Roi qui en 1708 avoit épousé Marie-Anne-Joseph-Antonia, Archiduchesse d'Autriche, fille de l'Empereur Léopold, employa le temps que lui donnoit la paix à former & à executer des projets avantageux à la nation. Lisbonne est redevable à ce Prince de son Patriarche, & de son Académie d'Histoire composée de plusieurs Seigneurs, & des plus habiles personnages du Royaume. Il est aussi le Fondateur de l'Académie *de Los-Laureles*, & de celle de Sétubal qui porte le nom d'*Academia Problematica*. Ce Monarque après un regne assez tranquille & glorieux mourut à Lisbonne le 31 de Juillet 1750. Il a eu pour Successeur Don Joseph son fils qui fut proclamé le 7 de Septembre de la même année. Ce Prince qui ne cherche que l'avantage & l'utilité de ses Sujets, leur fait esperer un regne heureux & tranquille. Joseph Emmanuel vingt cinquième Roi.

On doit considerer le Portugal sous plusieurs états différens : 1°. Lorsque ce Pays connu sous le nom de Lusitanie étoit habité par divers Peuples, qui avoient tous leurs Loix & leurs Coutumes. 2°. Lorsqu'il fut conquis par les Carthaginois. 3°. Lorsqu'il passa sous la domination Romaine. 4°. Lorsque les Alains, les Suèves & les Visigoths s'en emparerent. 5°. Lorsqu'il tomba au pouvoir des Maures. 6°. Enfin lorsque Henri de Bourgogne le posseda à titre de Comté, & qu'Alphonse son fils en fit un Royaume connu sous le nom de Portugal. Récapitulation.

La Couronne de Portugal est héréditaire, & passe même aux enfans naturels des Rois faute d'enfans légitimes. L'Héritier présomptif de la Couronne porte le titre de Prince du Brésil. Les Rois ne sont pas si Souverains qu'en Espagne, à cause des Etats ou Assemblées générales de la Nation. Forme du Gouvernement.

Les Portugais sont en général doux & faciles, sensibles à l'honneur, & curieux d'acquerir de la réputation. Ils ne le cédent en valeur à aucune autre Nation. Ils sont sobres, modestes dans leurs habillemens, aiment leurs Princes, & il n'est point de périls qu'ils n'affrontent, lorsqu'il s'agit de leur service. Ils sont affables avec l'Etranger, & se piquent de politesse. Lents à se mettre en colere ; mais cruels quand ils y sont une fois. Ils aiment assez les Sciences, & plusieurs s'y sont rendus fort célébres. Caractere des Portugais.

La Religion Catholique est la seule qui soit permise dans ce Royaume, où il y a beaucoup de Juifs cachés. L'Inquisition y étoit très-sévére ; mais les choses ont bien changé depuis que le feu Roi Jean V. a publié une Ordonnance en 1728 pour en moderer la rigueur, & lui a prescrit l'ordre de la Justice la plus exacte.

L'air y est pur, sain & tempéré, cependant plus chaud que froid. Le Bled y est rare, mais les Vins y sont assez bons & les Fruits excellens, comme Oranges, Citrons & Olives. Il n'y a guéres que cent ans qu'on y a apporté des Orangers de la Chine, qui s'y sont extrémement multipliés, & se sont même répandus de Portugal dans la plûpart des Royaumes de l'Europe, sur-tout dans la France méridionale. On tire du Portugal beaucoup Température de l'Air.

DU PORTU-GAL.

de Sel qui se transporte chez les Etrangers ; les Bestiaux & les Chevaux en sont fort estimés. Les Rivieres fournissent de bons Poissons. On trouve dans quelques Rochers des especes de Rubis, des Emeraudes & des Hyacinthes. Il y a quelques Mines d'or & d'argent qu'on néglige ; mais on profite de celles de plomb, d'étain, de fer & d'alun, qui y sont abondantes. Le Royaume des Algarves est presque tout couvert de Vignes & de Figuiers. On y trouve des Bains chauds & des Sources d'eaux Minérales. La Mer y abonde en excellens Poissons.

En général le Portugal n'est pas fort fertile. Le Pays est assez peuplé à proportion de son étendue. Les diverses Colonies que les Portugais ont envoyées dans le Brésil, sur la Côte d'Afrique & dans les Indes Orientales, en sont une preuve. Cependant sans le secours des Etrangers ils ne pourroient fournir assez d'hommes pour mettre de grandes Armées sur pied, ni pour équiper de puissantes Flottes. A peine ont-ils suffisamment de troupes pour entretenir de bonnes Garnisons dans leurs Forteresses, & pour monter leurs Vaisseaux Marchands dans les Voyages de long-cours.

Possessions des Portugais dans les autres Parties du Monde.

On est redevable aux Portugais de la découverte des Indes Orientales, & de la connoissance des Côtes Occidentales & Orientales de l'Afrique, aussi-bien que de celles du Cap de Bonne-Espérance, qu'ils doublerent à la fin du quinziéme Siécle. Ils possedent dans l'Asie, Goa, & quelques autres Places sur la Côte de Coromandel & dans le voisinage : Macao près de la Chine. Ils étoient autrefois plus puissans en l'Asie ; mais les Hollandois leur ont enlevé un grand nombre de Places au commencement du dernier Siécle, lorsqu'ils étoient sous la domination Espagnole. Ils ont en Afrique plus de Pays qu'aucune autre Nation de l'Europe : la Ville de Mazagan dans le Royaume de Maroc ; les Isles de Madere & du Cap Verd ; quelques Forts près de la Riviere de Gambie dans la Guinée Occidentale ; les Isles de Fernand-Po, de Saint-Thomas & d'Annobon ; Loanda dans le Congo, où ils ont plusieurs autres Etablissemens considérables. Sur la Côte Orientale, la Ville de Mosambique, & plusieurs Forts qui tiennent dans le respect la plûpart des petits Rois de cette Contrée, qui sont Tributaires du Portugal. Dans l'Amérique Méridionale, le Brésil, d'où le Portugal tire de grandes richesses ; la Côte Orientale de l'embouchure de la Riviere de Plata au Sud-Est, & les deux rives de celles des Amazones au Nord-Est. Entre l'Amérique Septentrionale & l'Europe, les Isles Açores ou Terceres.

De tous les Pays que les Portugais possedent dans les trois autres Parties du Monde, le Brésil est celui dont il retire le plus de richesses. C'est une Contrée d'un très-longue étendue sur la Côte de l'Amérique Méridionale ; mais qui n'a que très-peu de largeur. L'air y est fort bon & le Terroir y produit plusieurs choses en abondance, tels que sont le Gimgembre, le Coton, l'Indigo, le Bois de Brésil, le Sucre. On y trouve aussi des Diamans ; mais le Roi de Portugal en a défendu le Commerce, de peur qu'ils ne devinssent trop communs en Europe. Comme les anciens Habitans du Pays sont naturellement paresseux, & qu'ils ne veulent point entreprendre des travaux trop fatiguans, les Portugais sont obligés d'aller sur la Côte d'Afrique, & particuliérement dans les Royaumes de Congo & d'Angola, pour y acheter des Négres qu'ils employent à la culture du Sucre & des autres choses qu'on tire du Brésil.

Ce Pays fut découvert par hasard en 1501 par Alvarès Cabral Portugais. Ce voyageur voulant éviter le calme auquel la mer de Guinée est sujette, prit tellement le large qu'il se trouva à la vûe du Brésil, & entra dans un Port auquel il donna le nom de *Seguro*, ou *Port-Assuré*. Les présens qu'il fit à quelques Sauvages qu'on avoit pris sur la Côte, servirent à apprivoiser les autres, qui apporterent plusieurs rafraîchissemens à la Flotte Portugaise. Cabral prit ensuite possession du Pays au nom du Roi Emmanuel. Cette nouvelle conquête fut négligée pendant quelque temps, parce que le Gouvernement étoit alors occupé des nouveaux Etablissemens dans les Indes Orientales. Cependant le Pays se peupla d'Européens, & les richesses que les nouveaux Habitans retirerent du Brésil, engagerent Jean III. à y établir un Gouverneur. Ce fut en 1549 que Thomas de Sousa y fut envoyé avec le titre de Gouverneur Général. Ce Seigneur fit bâtir une Ville qu'il nomma San-Salvador, & bientôt après on en éleva plusieurs. Les François & les Espagnols firent quelques tentatives de ce côté-là ; mais divers évènemens les empêcherent de réussir. De sorte que les Portugais resterent entierement maîtres du Brésil jusqu'en 1581.

DU PORTUGAL.

La Couronne de Portugal étant alors passée sur la tête des Rois d'Espagne, les Hollandois qui étoient en guerre avec les Espagnols, attaquerent le Brésil, & y firent de grandes conquêtes en 1624. Ils s'emparerent de San-Salvador, dont le Gouverneur ne fut ni assez brave pour se défendre, ni assez prudent pour se sauver L'Archevêque nommé Michel Texeira se défendit quelque temps avec son Clergé, & se retira en bon ordre dans un Bourg voisin, où il se fortifia. Ce Prélat incommoda beaucoup dans la suite les Hollandois. Ceux-ci firent un butin considérable à la prise de cette Ville, & se rendirent maîtres de la Capitanie, la plus grande & la plus peuplée du Pays. L'Archevêque ayant ramassé environ quinze cens hommes, défit plusieurs de leurs Partis, & forma le blocus de San-Salvador. Une Flotte composée de Castillans & de Portugais, étant arrivée devant le Havre de San-Salvador, força les Hollandois à rendre la Ville le 20 d'Avril 1626. Trois ans après l'Amiral Anglois ayant reçu quelques renforts des Hollandois, débarqua le 15 de Février 1630 à la Capitanie de Fernambouc, & s'empara de la Ville d'Olinde. Les Hollandois profitant de la consternation qui s'étoit répandue dans le Pays depuis les avantages que les Anglois y avoient remportés, se rendirent maîtres du reste de la Capitanie, & en fortifierent les principaux endroits, surtout le Recif, qu'ils rendirent en peu de temps la plus forte Place de toutes leurs Villes de l'Amérique.

On équipa en Espagne & en Portugal une nouvelle Flotte pour tâcher de reprendre les Places dont les Hollandois s'étoit emparés. Cette Flotte ayant rencontré celle des Hollandois, la battit, & mit à terre douze cens Soldats pour la garde du Pays. Les Portugais eurent alors l'avantage sur les Hollandois, & il le conserverent jusqu'en 1633, que ces derniers se rendirent maîtres des Capitainies de Tamaraca, de Paraiba, & de Riogrande. Ces conquêtes se firent en trois campagnes. Le Comte Maurice de Nassau se rendit en 1636 dans le Brésil, où il y eut des succès considérables ; il échoua cependant devant San-Salvador, qu'il vouloit reprendre. Il fut obligé d'en abandonner le siége, après avoir perdu beaucoup de monde. Les Por-

DU PORTU-GAL. tugais firent inutilement de nouveaux efforts en 1639 & 1640. Jean IV. étant monté sur le Trône de Portugal, fit une Ligue avec les Hollandois contre l'Espagne. Cette Ligue fut suivie d'une tréve dans le Brésil. Le Comte Maurice croyant les Brésiliens entiérement soumis, repassa en Hollande. Ceux qu'il laissa pour conserver les conquêtes qu'il y avoit faites, se comporterent avec tant de négligence que Don Antonio Tellez de Silva Viceroi du Brésil, crut devoir profiter des circonstances pour en chasser les Hollandois. Le projet éclata en 1645. La guerre dura dix ans, & fut terminée par l'expulsion entiere des Hollandois. Jean Fernandez Vieira Aventurier avoit trouvé moyen de soulever les Brésiliens des Provinces Portugaises. Il fut d'abord désavoué de son Souverain; mais la Cour de Lisbonne le voyant secondé de la Fortune, prit le parti de reconnoître les obligations qu'elle lui avoit, & recuillit avec joie les fruits du courage de cet Homme, auquel les Historiens Portugais donnent les plus grands éloges.

Ces événemens seront traités plus au long dans le Chapitre de l'Amérique; & dans les Articles de l'Asie & de l'Afrique, où l'on parlera des Etablissemens des Portugais dans ces Contrées.

FIN DE L'HISTOIRE DU PORTUGAL.

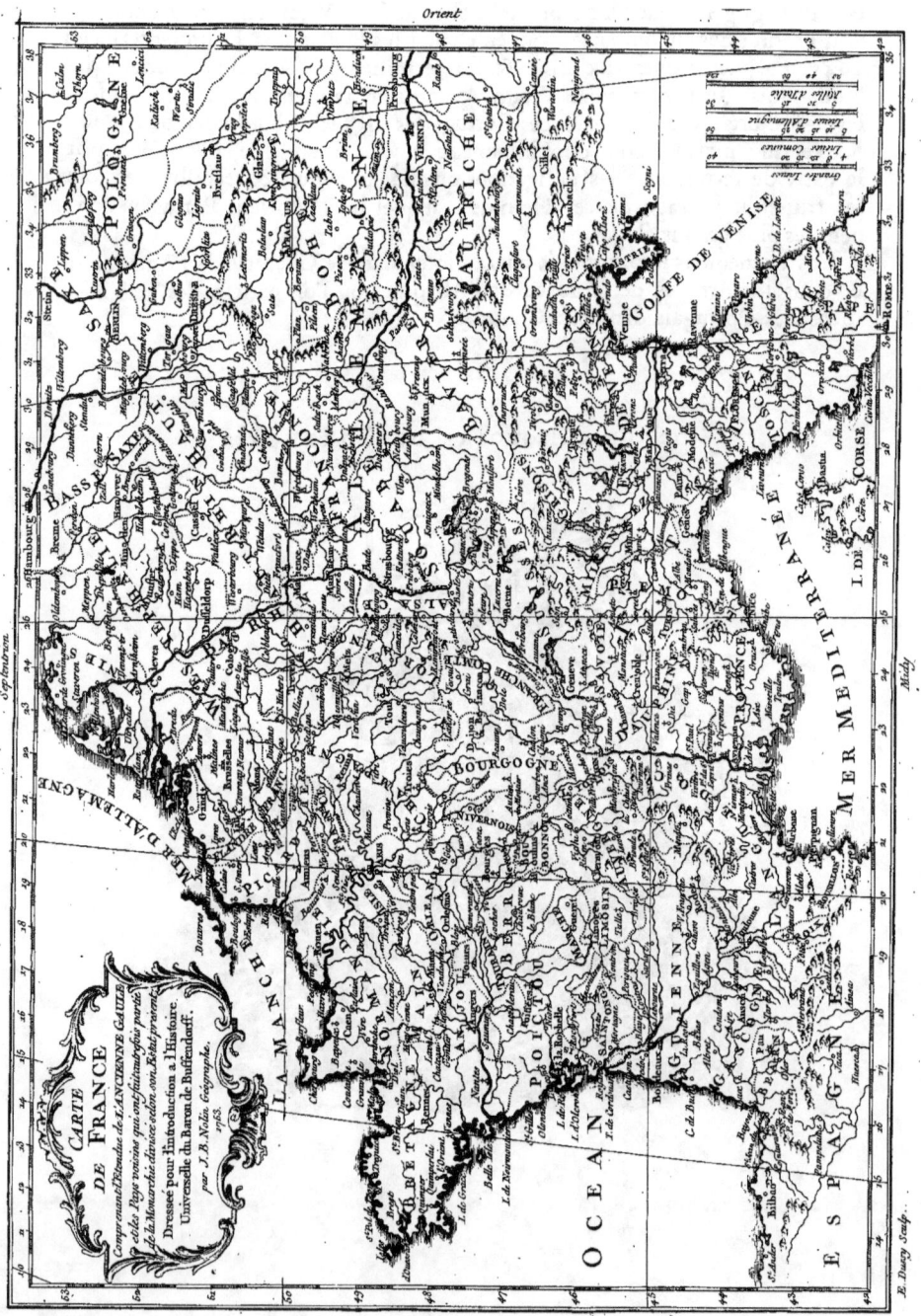

INTRODUCTION A L'HISTOIRE UNIVERSELLE.

CHAPITRE II.

DE LA FRANCE.

LES Gaulois, connus des Anciens sous le nom de Celtes, de Keltes, ou de Galates (1), occupoient depuis la plus haute antiquité le pays dont les bornes sont au Nord, la Manche; au Levant l'Allemagne; les Pyrenées & la Méditerranée au Midy, & l'Ocean à l'Ouest. Rechercher l'origine de ces Peuples, c'est vouloir imaginer des systêmes, qui se trouvent aussi-tôt détruits par de nouveaux, & dont il ne résulte toujours que des opinions vagues & peu satisfaisantes; ou bien c'est chercher des fables que leur absurdité seule fait bientôt rejetter. Mais on peut, ce me semble, avancer avec quelque fondement

ORIGINE DES GAULOIS.

(1) Le nom de *Kelt* ou de *Galth* signifie *Chevelu*, en langue Bretonne, Dialecte de l'ancienne Celtique. On sçait que les Romains distinguoient les Celtes de la Gaule

ORIGINE DES GAULOIS. que les habitans de la Gaule, si l'on en excepte ceux de l'Aquitaine, qui étoient Iberiens ou Espagnols, avoient la même origine que les Germains, dont ils avoient conservé les Mœurs & les Coutumes. En admettant cette hypothèse, on doit faire attention que la différence des pays occupés par les Gaulois en avoit produit une telle dans leurs mœurs & même dans leur langage, qu'au siécle de César ils n'entendoient plus la langue des Germains, & que les Belges, établis depuis le Rhin jusqu'en deçà de la Somme, parloient une langue différente de celle des peuples de la Celtique.

Leur valeur. Les Auteurs anciens, & ceux même qui portoient le plus d'envie à la gloire des Gaulois, nous les représentent comme un peuple vaillant & guerrier. César, ce grand Capitaine, n'a pû s'empêcher de faire l'éloge de leur courage. Etonné de leur valeur, au milieu de ces dangers où il faut vaincre ou mourir, & qu'il rencontroit à chaque pas, il répéta souvent que Pompée étoit heureux d'avoir tourné ses armes contre les peuples de l'Asie. Les Romains avant César avoient éprouvé à leurs dépens combien les Gaulois étoient redoutables, & la terreur qu'ils avoient inspirée à ces Maîtres du Monde, étoit telle que lorsqu'on apprenoit à Rome que ces Peuples armoient, on créoit un Dictateur; tous les priviléges cessoient, & les Citoyens sans distinction d'âge ou de rang étoient obligés de s'enrôler, parce qu'alors on combattoit pour le salut de la Patrie, au lieu que dans d'autres occasions il ne s'agissoit que de l'honneur ou de la gloire de l'Empire. Il y avoit de plus un trésor particulier, appellé le *Thrésor Gaulois* ou *sacré*, & qui n'étoit réservé que pour ces tems-là, auxquels les Romains avoient donné le nom de *Tumultus* [tumulte] au lieu de celui de *Bellum* [guerre] qu'ils trouvoient trop foible pour ces circonstances. Nés avec un goût pour les armes, fortifié par l'éducation, l'exemple & la pratique continuelle des exercices militaires, les Gaulois porterent si loin l'ardeur qu'ils avoient pour la guerre, qu'on les vit souvent sans aucun intérêt particulier fournir des troupes à diverses Nations. Les Princes de l'Orient, selon Justin, ne faisoient point la guerre sans avoir ces Peuples à leur solde, & ils avoient une si haute idée de la valeur des Gaulois qu'ils s'imaginoient que sans leur secours ils ne pouvoient conserver leur couronne, ou la recouvrer s'ils l'avoient perdue.

Leur cavalerie composée de toute la Noblesse, [car le Peuple servoit dans l'infanterie], passoit pour la meilleure de l'Europe. César maître des Gaules s'en servit dans la suite, & les Romains qui connoissoient les avantages

---

d'avec ceux d'Italie, par le surnom de *Comati*, qu'ils donnerent aux premiers, à cause de leurs longs cheveux. César croit que le nom de *Galli*, étoit un mot Latin; mais il semble plus naturel de penser que ce nom a la même racine que celui des *Gaulois* ou *Gallois* d'Angleterre, *Walli*, & que celui de Wallons de Flandres. Les uns & les autres ont été ainsi appellés par les Nations Germaniques établies dans leur voisinage. En effet, *Wallen*, ou *Gallen* en Allemand signifie *Voyager*, & l'on sçait que cette Nation a fait passer des colonies dans plusieurs contrées de l'Europe, & même dans l'Asie. On seroit tenté de croire que c'est de la même racine que vient le nom des *Taïfalles*, des *Ostphalles*, & des *Westphalles*, &c. Nations Saxonnes, qui descendirent vers le Rhin, après que les Francs eurent quitté ce pays pour passer dans la Gaule. *Wall*, *Val*, ou *Fall* sont la même chose dans les dialectes Germaniques.

Les Irlandois nomment la France, *Galta*; & les François, *Galltha*.

Mémoire sur les Francs, par feu M. Freret, Sécrétaire de l'Académie des Belles-Lettres.

qu'ils en pouvoient tirer, en avoient toujours dans leurs armées. Au rapport de Plutarque & d'Appien, l'armée Romaine commandée par Crassus & Marc-Antoine, auroit été entiérement détruite par les Parthes dans les Plaines de la Mesopotamie, si la cavalerie Gauloise ne lui eût ouvert un passage pour lui faciliter la retraite. Origine des Gaulois.

La valeur n'est point incompatible avec la Religion; aussi vit-on toujours les Gaulois scrupuleusement attachés au culte des divinités qu'ils reconnoissoient : culte superstitieux, à la vérité, mais qui prouve que cette Nation naturellement religieuse n'attendoit que les lumieres de l'Evangile pour sortir des ténèbres dans lesquelles presque tous les Peuples de la terre étoient alors plongés. Leur Religion.

Les premiers Gaulois n'avoient ni statues, ni temples, & croyoient faire injure à la divinité en la renfermant dans des espéces de bornes. Cette idée qu'ils paroissoient avoir de l'immensité de Dieu a fait croire à quelques-uns qu'ils n'étoient point Politheistes, & que ce ne fut qu'après leurs liaisons avec les Grecs & les Romains qu'ils commencerent à adorer les divinités fabuleuses du Paganisme, sans cependant adopter les systêmes de la Mytologie Grecque. En effet ce ne fut que vers ces tems-là qu'ils éleverent des statues à Hercule, à Mercure & à quelques autres dieux de la Fable.

L'immortalité de l'ame étoit le principal point de leur doctrine. Ils étoient persuadés qu'après qu'elle étoit séparée du corps, elle jouissoit d'une autre vie qui ne devoit plus finir, & que la mort n'étoit qu'un passage pour y arriver. Systême bien opposé à celui des Docteurs de la Gentilité, qui n'admettoient qu'un affreux anéantissement après la mort, ou une demeure triste & ténébreuse. C'est sans fondement que quelques-uns ont voulu inférer de-là que les Gaulois croyoient à la Métempsycose : l'idée d'une vie qui doit toujours durer, est cependant bien différente d'une migration perpétuelle d'un corps dans un autre, & ce sentiment admettroit un pur matérialisme. Une preuve que les Gaulois n'adoptoient point un systême si absurde, c'est l'intrépidité avec laquelle ils affrontoient toutes sortes de dangers, & le mépris qu'ils faisoient de la mort. Ajoutons à cela qu'ils poussoient la superstition jusqu'au point de jetter dans le bucher de ceux dont on brûloit les corps des lettres pour faire tenir à leurs parens : plusieurs même se donnoient la mort pour suivre leurs amis ou leurs maîtres qu'ils espéroient retrouver dans un autre monde où ils seroient heureux.

Les autres points de leur Théologie regardoient les attributs de la divinité, & le culte qu'on devoit rendre aux dieux. Leur Morale enseignoit la pratique des vertus & l'horreur du crime.

Les Sciences n'eurent pas moins d'attraits pour cette Nation que la valeur & les exercices militaires. Sans adopter les idées de ceux qui ont osé soutenir qu'elles se sont introduites dans les Gaules dès le premiers siécles après le Déluge, & que les Grecs sont redevables aux Gaulois de leurs connoissances, on peut, ce me semble, avancer que les Sciences ont été cultivées de bonne heure dans les Gaules. Les Anciens nous parlent des Habitans de cette contrée comme d'une Nation ingénieuse & susceptible des plus belles connoissances. Saint Clément d'Alexandrie prétend que les Gaulois se sont appliqués à l'étude de la Philosophie avant les peuples de la Gréce, & Diodore de Si- Leur amour pour les Sciences.

A ij

ORIGINE DES GAULOIS.

cile fait mention des Philosophes & des Théologiens des anciens habitans de la Gaule. Cette Nation aimoit tant à s'instruire, qu'elle ne laissoit passer aucun Voyageur sans s'informer des Mœurs, des Coutumes, des Usages, du Pays d'où il venoit, ainsi que des Sciences, des Arts & des moyens de les perfectionner.

Dira-t-on que les Gaulois ont tiré des Egyptiens ou des Grecs les premieres connoissances qu'ils eurent des Arts? Mais ils n'ont eu que fort tard commerce avec ces Peuples, & cependant les Arts florissoient dans les Gaules bien avant leurs premieres migrations. Il faut donc convenir que les Gaulois étoient nés avec le goût & la disposition pour les Sciences, mais que ce goût & cette disposition s'augmenterent dans la suite lorsqu'ils furent mêlés avec les Grecs & les Romains.

On ignore de qui ils ont appris l'usage de l'Ecriture. Ce qu'il y a de certain c'est qu'ils se servoient de caracteres Grecs, pour écrire leur propre langue, puisque César trouva dans le Camp des Helvétiens (2) des tablettes écrites en caracteres Grecs, sur lesquelles ils avoient marqué l'état de leurs forces, & le dénombrement de leurs familles. Peut-être avoient-ils apporté ces caracteres de l'Asie & de la Grèce lors de leur premiere migration dans ces contrées, ou bien l'on peut croire que les Marseillois les leur avoient communiqués.

Druïdes.

Le corps des Gens de Lettres étoit divisé en trois classes. Les *Druïdes*, ausquels on donnoit aussi les noms de *Vacies*, de *Sarronides* & de *Samothées* ou *Semnothées*, composoient la premiere. Les *Bardes* formoient la seconde, & la troisiéme comprenoit les *Eubages* ou Devins.

La plus célebre étoit celle des Druïdes (3), qui faisoient leurs demeures ordinaires dans des Forêts plantées de chênes. On les regardoit comme les favoris des dieux, les interprètes de leur volonté, & l'on n'offroit point de sacrifices sans les y admettre, dans l'opinion où l'on étoit qu'eux seuls pouvoient obtenir du Ciel les secours qu'on en attendoit. Le pouvoir des Druïdes s'étendoit sur tout : les Chefs des Républiques leur étoient redevables de l'autorité dont ils jouissoient, & les Rois même de la Nation ne pouvoient faire aucune entreprise, ni prendre de résolutions sans leur consentement. Ils prescrivoient des loix aux Peuples, & les faisoient exécuter avec vigueur. C'étoit à leur Tribunal qu'on portoit toutes les causes tant civiles que criminelles, générales ou particulieres, & l'on ne pouvoit jamais appeller de leurs jugemens. L'éducation de la jeunesse étoit une de leurs principales occupations. Leurs disciples étoient obligés de retenir par cœur ce qu'on leur enseignoit, & il étoit défendu de rien écrire. Leurs premieres écoles se tenoient dans les

---

(2) Ces Peuples faisoient alors partie de la Gaule.

(3) M. Freret après avoir rejetté toutes les étymologies qu'on donne à ce mot, pensé qu'il vient de la Langue Galloise & Irlandoise, parce qu'il prétend que la Religion des Druïdes résidoit dans l'Isle Britannique comme dans son centre. Le nom de ces Prêtres se trouve écrit dans les Poësies Bretonnes du cinquiéme & du sixiéme siécle.

Derouydden, au pluriel, & *Derouydd* au singulier. Il soupçonne que le mot *Derouydd* est composé de deux mots Celtiques *De* ou *Di Dieu*, & *Rhouyd*, ou *Rhaidd*, participe du Verbe Irlandois *Rhaidhim* ou *Rhouidhim*, parler, dire, s'entretenir. Par cette étymologie le mot *Druïde* aura la même signification que celui de Θεολόγος des Grecs.

bois, cependant ils bâtirent dans la suite un Collége entre Dreux & Chartres. Origine des
 Les Druïdes se mêloient aussi de la Médecine ; mais la superstition avoit Gaulois.
plus de part à cette science si nécessaire pour la conservation du genre humain, qu'une véritable connoissance des maladies, des vertus des plantes, ou des remédes qu'il falloit employer. La glu de chêne étoit un de ceux qu'ils ordonnoient le plus ordinairement. Ils prétendoient qu'elle étoit propre à guérir toutes sortes de poisons, & qu'elle pouvoit rendre féconds les animaux qui étoient stériles. Le *Salago*, espéce de Thamarin, étoit, selon eux, un reméde pour tous les maux, & dont la fumée sur-tout étoit souveraine pour les yeux ; mais cette plante ne pouvoit avoir de vertu si elle n'étoit cueillie avec plusieurs cérémonies superstitieuses. La plus auguste de leurs cérémonies étoit celle où l'on cueilloit le gui de chêne. Lorsque cette fête approchoit le Chef des Druïdes la faisoient annoncer au Peuple. Les Druïdes se rendoient au jour marqué dans les environs de Chartres, & l'on cherchoit le gui sur un chêne de trente ans. Après qu'il étoit trouvé on dressoit un autel au pied du chêne, & l'on faisoit autour une espéce de procession. Les Eubages marchoient les premiers, & conduisoient deux taureaux blancs qui devoient servir de victimes. Les Bardes suivoient en chantant les louanges de la divinité. Après eux venoient les écoliers suivis d'un Hérault d'armes vêtu de blanc, couvert d'un chapeau avec des ailes, & portant dans sa main une branche de verveine entourée de deux serpens. Les trois plus anciens Druïdes, dont l'un portoit le pain qu'on devoit offrir, l'autre un vase pein d'eau, & le troisiéme une main d'yvoire, attachée au bout d'une verge, précédoient le Grand Prêtre, qui marchoit à pied, vêtu d'une robe blanche & d'une espéce de rochet par-dessus. Il étoit accompagné des autres Druïdes. Enfin cette procession étoit fermée par toute la Noblesse. Lorsque cette cérémonie étoit achevée, on brûloit un peu de pain, l'on versoit quelques gouttes de vin sur l'autel, & après que l'un & l'autre étoient offerts à la divinité, on en distribuoit aux assistans. Un des Prêtres revêtu d'une robe blanche, ayant une serpette d'or en main, montoit sur le chêne, & en coupoit le gui qu'on recevoit dans un linge blanc. On immoloit ensuite les victimes, & l'on adressoit les prieres aux Dieux.

On voit par-tout ce que je viens de dire que les Druïdes étoient tout ensemble Prêtres, Théologiens, Philosophes, Jurisconsultes, Médecins, Orateurs, Mathématiciens, Géometres & Astrologues.

Les grands priviléges qu'on leur accordoit attiroient parmi eux un grand nombre de personnes, de sorte que ce Corps étoit toujours extrêmement nombreux. Ces priviléges consistoient à être exempts de toutes sortes d'impôts, du service de la guerre, & de toutes les autres charges de la République. Pour entrer dans cette Société célébre, il falloit s'en rendre capable par un cours de vingt années d'étude, après lesquelles on subissoit plusieurs examens, qui consistoient à réciter quelques milliers de vers. On avoit outre cela égard aux mœurs, & l'on ne recevoit que ceux qui s'étoient rendus recommandables par leur vertu.

Les *Bardes* n'étoient occupés qu'à composer des poëmes sur les actions éclatantes des Héros de leur Nation, afin de transmettre à la postérité la mémoire de leur valeur. Ils chantoient eux-mêmes leurs piéces de poësie, & s'accom-

Bardes

ORIGINE DES GAULOIS.

pagnoient avec un instrument à peu près semblable à une lyre. Les Peuples avoient pour eux une grande vénération ; cependant quelques Auteurs les ont traités de Parasites, parce qu'ils se trouvoient souvent à la table des principaux Seigneurs, qui se faisoient honneur d'en avoir toujours plusieurs à leur suite. Ces Poëtes étoient quelquefois satyriques, & s'ils célébroient la vertu des uns, ils n'épargnoient pas les vices des autres.

Eubages.

Les *Eubages* ou Devins étoient chargés de prendre les auspices, de tirer les augures, & d'exercer toutes les autres fonctions qui pouvoient avoir rapport à la divination. C'étoit eux qui ordonnoient les sacrifices humains, & qui décidoient de la volonté du destin, en examinant de quelle façon la victime tomboit, les convulsions qui l'agitoient en mourant, & la maniere dont le sang sortoit de la plaie. On s'en tenoit scrupuleusement à tout ce qu'ils décidoient.

Les femmes des Druïdes se mêloient aussi des Sciences, s'adonnoient aux augures & à la magie.

Fondation de Marseille.

De tout ce que nous venons de dire il s'ensuit que les Sciences étoient en vigueur dans les Gaules dès les tems les plus reculés ; mais on ne peut s'empêcher d'avouer que toutes les connoissances des Gaulois ne furent perfectionnées que depuis l'arrivée des Grecs dans leur Pays. Une peuplade de jeunes Phocéens, sortie d'Ionie dans l'Asie mineure, vint s'établir dans les Gaules & bâtit la Ville de Marseille environ 600 ans avant Jesus-Christ. Cette République naissante devient bientôt célèbre par la sagesse de son Gouvernement, par les Sciences, & par sa puissance sur Mer.

Six cens Sénateurs gouvernoient l'Etat, & veilloient à l'observation des Loix Ioniques que l'on suivoit dans cette nouvelle Ville. Elles étoient toujours exposées en public, afin que personne ne les ignorât. On ne toleroit point à Marseille le mensonge & la duplicité ; le luxe, & la dépense soit dans les habits, soit pour la nourriture étoient proscrits, & personne n'étoit exempt d'observer cette Loi. On ne voyoit point sur le théâtre de ces représentations lascives qui corrompent les mœurs ; on ne souffroit point ceux qui, sous prétexte de religion, vouloient introduire la paresse, ou une vie molle & délicate. Les Sciences, les Arts, les Belles Lettres étoient cultivées avec ardeur. Les Marseillois s'attacherent sur-tout à la navigation, & ils y firent de tels progrès qu'ils furent redoutés des Etrangers, & que les Romains mêmes rechercherent leur alliance. On avoit pour eux à Rome tant de consideration, qu'on leur accorda le droit de séance aux Spectacles parmi les Sénateurs. Marseille devint si florissante par les Sciences & les Arts qu'elle mérita le surnom de seconde Athènes, & que Tacite ne crut pas trop dire en l'appellant *le Siége & la Maîtresse des Sciences*. Ciceron avoit douté auparavant s'il ne devoit pas lui donner la préférence sur la Grèce entière. Les Romains qui vouloient perfectionner leur goût passoient plutôt à Marseille que dans la Grèce.

Cette Ville conserva cette grande réputation jusqu'au tems de César. Ses mœurs graves & polies commencerent alors à dégénérer en luxe & en mollesse, & l'amour des Lettres s'évanouit, à mesure qu'une recherche étudiée de toutes les commodités de la vie s'introduisit chez ce Peuple, qui avoit déja produit tant de grands hommes en tout genre.

Marseille devenue puissante envoya des colonies dans divers cantons de la Gaule. Elles fonderent les Villes d'Agde, de Nice, d'Antibe, d'Olbie & d'Arles. Ces nouveaux établissemens furent avantageux aux Gaulois, qui s'étant liés insensiblement avec les Grecs, se défirent peu à peu de leur ancienne rusticité; les mœurs s'adoucirent, & ils parurent bientôt s'attacher aux Belles-Lettres avec le même zèle que les Marseillois. Ce n'étoit plus dans les bois qu'on instruisoit la jeunesse : des Colléges publics furent ouverts dans Narbonne, Arles, Vienne, Toulouse, Lyon, Nismes, Bourdeaux; mais Autun étoit déja célèbre & l'osoit disputer à Marseille. {Origine des Gaulois.}

Les Romains dans la suite, se firent un devoir de soutenir la réputation qu'Autun s'étoit faite, & ils chercherent même à l'embellir par les édifices & différens autres ornemens. L'exemple de cette Ville excita l'émulation des autres; les Sciences & les Arts parurent dans tout leur éclat, jusqu'à l'inondation des Barbares dans les Gaules. Evénement qui arriva au cinquième siécle de J. C. (4).

Les Gaulois formoient un corps qui étoit composé de divers Peuples, distribués en autant de Républiques, auxquelles on donnoit le nom de Cités, & sous chaque Cité il y avoit des Cantons particuliers. Plusieurs de ces Républiques étoient gouvernées par les Nobles, d'autres étoient commandées par des Rois. Ces différens Peuples se faisoient quelquefois la guerre : mais ils se réunissoient tous dès qu'il s'agissoit de la cause commune. Tous les ans on tenoit dans le pays Chartrain une assemblée générale où chaque Cité envoyoit ses Députés. On y régloit ce qui concernoit les affaires de la Nation, & c'étoit dans ces occasions que les Druïdes exerçoient leur Jurisdiction, & punissoient ceux qui ayant été établis pour rendre justice aux Peuples, ne s'étoient pas acquittés de leurs fonctions avec intégrité. C'étoit aussi dans ce temps que se faisoit la fête du *Gui l'an neuf*, comme nous l'avons dit plus haut. Si cette union eût toujours regné parmi les Gaulois, César, tout grand Capitaine qu'il étoit, ne seroit jamais venu à bout de soumettre cette Nation belliqueuse, & il ne dut ses victoires en partie qu'à la discorde qui régnoit alors dans les Gaules, à son habileté à en profiter, & à sa grande politique. {Forme de leur Gouvernement.}

La Gaule du tems de César étoit divisée en trois parties, sçavoir en Belgique, en Celtique, & en Aquitanique. La Belgique étoit renfermée entre la Seine, la Marne, les montagnes de Vauges & l'Océan (5). La Celtique étoit renfermée entre l'Océan, la Seine, la Marne, la Saône, le Rhône & la Garonne. L'Aquitanique avoit pour bornes l'Océan, la Garonne & les Pyrénées. On y peut joindre encore la Provence, ainsi nommée parce que ce fut le Pays qui le premier fut réduit en province Romaine. Elle comprenoit toutes les terres qui sont entre la Garonne, les Cévennes, le Lac de Genève, les Alpes & la Méditerranée. {Divisions des Gaules par les Romains.}

Auguste changea cette division, & les Gaules furent partagées en quatre parties : sçavoir, en Narbonnoise, en Aquitanique, en Province de Lyon & en Belgique.

---

(4) Histoire Litteraire des Gaules, Tome I.

(5) Il faut remarquer que lorsqu'on parloit seulement de la Gaule, on entendoit la Celtique.

ORIGINE DES
GAULOIS.
Narbonoife.

La Narbonnoife contenoit dix-fept Peuples, favoir : 1. Les *Tectofages*, qui habitoient le Pays où font aujourd'hui les Diocèfes de Toulouze, de Narbonne, de Befiers, de Carcaffonne, de Saint Pons, & quelques parties du Rouffillon. 2. Les *Arécomiciens*, les Diocèfes de Nifmes, d'Uzès, de Montpellier, de Lodeve & d'Agde. 3. Les *Helviens*, le Vivarez. 4. Les *Allobroges*, le Viennois, le Duché de Savoye, le Grefivaudan, le Genevois, le Chablais & le Foffigni. 5. Les *Segalaunes* ou *Segovellanes*, le Duché de Valentinois. 6. Les *Centrons*, la Tarentaife & le Val Maurienne. 7. Les *Caturiges*, le Pays de Gap. 8. Les *Segufiens*, le Marquifat de Suze & le Briançonnois. 9. Les *Ebroduntiens*, Diocèfe d'Embrun. 10. Les *Datiariens*, les Diocèfes de Glandeves, de Vence & de Graffe. 11. Les *Vocontiens*, Le Diois ou pays de Die, & une partie du Comtat d'Avignon. 12. Les *Tricaftiniens*, l'Evêché de Saint Paul Trois-Châteaux. 13. Les *Cavares*, le Comtat d'Avignon, la Principauté d'Orange & l'Evêché d'Apt. 14. Les *Mimeniens*, les Diocèfes de Cifteron, de Digne, de Senez & de Riez. 15. Les *Salviens*, les Diocèfes d'Aix & d'Arles. 16. Les *Anatiliens*, la Crau & Camargue, où étoient principalement les Villes de Martigue, les Maries & la Crau. Ce font des rocs qui tiennent plufieurs lieues de pays. 17. Les *Cammoniens*, les Diocèfes de Marfeille, de Toulon, de Frejus, avec quelques Ifles.

Aquitaine.

L'Aquitaine comprenoit dix-huit Peuples, fcavoir : 1. Les *Tarbelliens*, le Bearn le Pays des Bafques. 2. Les *Convennes*, le Bigorre, les Diocèfes de Comminge, & de Conferans. 3. Les *Datiens*, le Diocèfe de Dax. 4. Les *Aufciens*, les Diocèfes d'Aufch, de Lectoure & d'Aire. 5. Les *Bituriges Vibifciens*, le Diocèfe de Bourdeaux. 6. Les *Vafates*, le Diocefe de Bazas. 7. Les *Nitiobriges*, l'Agenois. 8. Les *Cadurciens*, le Quercy. 9. Les *Heleuteriens*, l'Albigeois. 10. Les *Rhuteniens*, le Rouergue. 11. Les *Gabaliens*, le Gevaudan. 12. Les *Velauniens*, le Vellay. 13. Les *Arverniens* ou *Auvergnats*, l'Auvergne & le Bourbonnois. 14. Les *Biturigiens Cubiens*, le Berry. 15. Les *Lemoviciens*, ou Limoufins. 16. Les *Petrocoriens*, le Perigord. 17. Les *Santons*, la Xaintonge, le Pays d'Aunis, l'Ifle d'Oleron. 18. Les *Pictons*, Poitevins, le Poitou.

Lyonnoife.

La Province de Lyon contenoit vingt-neuf Peuples : favoir, 1. Les *Segufiens* ou *Sebufiens*, le Lyonnois, le Beaujollois, le Forêt & la Breffe. 2. Les *Helvetiens* ou Suiffes. 3. Les *Rauraciens*, l'Evêché de Bafle. 4. Les *Sequanois*, la Franche-Comté. 5. Les *Lingons*, Diocèfe de Langres. 6. Les *Vadicafiens*, le Nivernois. 7. Les *Eduens* ou Bourguignons, la Bourgogne. 8. Les *Senonois*, les Diocèfes de Sens & d'Auxerre. 9. Les *Trecaffes* ou *Tricaffiniens*, le Diocèfe de Troyes. 10. Les *Meldiens*, le Diocèfe de Meaux. 11. Les *Parifiens*, le Diocèfe de Paris. 12. Les *Carnutes*, les Diocèfes de Chartres, d'Orléans & de Blois. 13. Les *Velocaffes*, le Diocèfe de Rouen, excepté le Pays de Caux. 14. Les *Caletes*, Pays de Caux. 15. Les *Lexoviens*, le Diocèfe de Lifieux. 16. Les *Eburovices*, Diocèfe d'Evreux. 17. Les *Cenomaniens*, Diocèfe du Mans. 18. Les *Diablintes*, partie du Maine. 19. Les *Seffuiens*, Diocèfe de Seez. 20. Les *Biducaffes*, Diocèfe de Bayeux. 21. Les *Unelliens* ou *Venelliens*, Diocèfe de Coutance. 22. Les *Abrincaffiens*, Diocèfe d'Avranches. 23. Les *Rhedons*, les Evêchés de Rennes, de Saint-Malo, de Dol & de Saint Brieux.

24. Les *Ofifmiens*, les Evêchés de Saint-Paul de Leon & de Treguier. 25. Les Curiofolites, l'Evêché de Quimper. 26. Les *Venetiens*, Diocèfe de Vannes. 27. Les *Nannetes*, l'Evêché de Nantes. 28. Les *Andegaves*, ou Angevins, l'Anjou. 29. Les *Turons*, ou Tourengeaux, la Touraine.

<small>Origine des Gaulois.</small>

La Gaule Belgique fe divifoit en vingt-un Peuples : fçavoir, 1. Les *Bellovaciens*, le Beauvoifis & le Diocèfe de Senlis. 2. Les *Atrebatiens*, ou Artefiens, l'Artois. 3. Les *Ambianiens* ou Amienois, Diocèfe d'Amiens. 4. Les *Veromanduens*, le Vermandois. 5. Les *Moriniens*, le Boulonois, le Pays reconquis, & la Flandres Teutone. 6. Les *Nerviens*, le Hainault, le Cambrefis, & la Flandre Françoife. 7. Les *Menapiens*, partie de la Flandre, du Brabant, du Pays de Gueldres, Cleves, Juliers, & du Pays de Cologne. 8. Les *Toxandres*, les Ifles de Zélande. 9. Les *Bataves*, partie de la Hollande & du Pays de Gueldres. 10. Les *Tongres* appellés auffi *Germains*, le Pays de Liége où étoient auffi les *Eburons*. 11. Les *Ubiens*, partie du Pays de Cologne & de Juliers. 12. Les *Suniciens*, le Limbourg. 13. Les *Aduaticiens* ou *Bethafiens*, Comté de Namur, & partie du Brabant. 14. Les *Treviriens*, le Pays de Treves en deçà du Rhin, & une partie du Luxembourg. 15. Les *Vangions*, partie du Territoire de Mayence & du Palatinat. 16. Les *Nemetes*, l'Evêché de Spire. 17. Les *Triboccien*s, l'Evêché de Strafbourg. 18. Les *Mediomatrices*, le Pays Meffin, une partie de la Lorraine & du Luxembourg. 19. Les *Leuciens*, les Evêchés de Toul, de Verdun, & l'autre partie de la Lorraine. 20. Les *Rhemois*, les Diocèfes de Rheims, de Châlons & de Laon. 21. Les *Soiffonnois*, le Diocèfes de Soiffons.

<small>Belgique.</small>

La Notice de l'Empire Romain qui parut dans le quatriéme fiécle, changea la divifion de la Gaule, & la partagea en cinq grandes Provinces, qui furent encore fubdivifées en d'autres petites. Ces cinq parties étoient, la Province de Lyon, la Belgique, la Germanie, la Viennoife & l'Aquitanique.

<small>Autre divifion fuivant la notice de l'Empire.</small>

La Province de Lyon fe divifoit en cinq parties, c'eft-à-dire en cinq Lyonnoifes. La premiere contenoit les Diocèfes de Lyon, d'Autun, de Langres, de Macon & de Châlons fur Saône. La feconde ; les Diocèfes de Rouen, de Bayeux, d'Evreux, d'Avranches, de Seez, de Lifieux & de Coutance. La troifiéme ; la Touraine, le Maine, les Diocèfes de Rennes, de Saint-Brieux, de Saint-Malo, de Dol, & de Nantes, l'Anjou, les Diocèfes de Cornouailles, de Saint-Paul de Leon & de Treguier. La quatriéme ; le Diocèfe de Sens, le Pays Chartrain, les Diocèfes d'Auxerre & de Troyes, l'Orléanois, les Diocèfes de Paris & de Meaux. La cinquiéme ; le Diocèfe de Befançon, Nyon en Suiffe, Avenches, nommée Wiflifpurg en Allemand, les environs de Bafle, Vindifch, Yverdun en Suiffe, Colmar en Alface, Augft & le Port fur Saône.

<small>Lyonnoife.</small>

La Belgique formoit deux Provinces, la premiere comprenoit les Diocèfes de Tréves, de Metz, de Toul & de Verdun. La feconde ; les Diocèfes de Rheims, de Soiffons, de Châlons fur Marne, & de Noyon, l'Artois, les Diocèfes de Cambrai, de Tournai, de Senlis de Beauvais, d'Amiens & le Boulonois.

<small>Belgique.</small>

La Germanie fe divifoit également en deux parties. La premiere, nommée Superieure, contenoit les Diocèfes de Mayence, de Strafbourg, de Spire &

<small>Germanie.</small>

Tome. I. Partie II. B*

INTRODUCTION A L'HISTOIRE

Origine des Gaulois.

de Worms. La seconde, qu'on appelloit inférieure, comprenoit le Diocèse de Cologne, le Pays & le Diocèse de Liége.

La Viennoise se partageoit en cinq autres. La premiere Viennnoise comprenoit les Diocèses de Vienne, de Genêve, de Grenoble, de Viviers, de Die, de Valence, de Saint-Paul Trois-Châteaux, de Vaison, d'Orange, de Carpentras, de Cavaillon, d'Avignon & d'Arles. Dans la seconde, dite aussi la premiere Narbonnoise, étoient compris les Diocèses de Narbonne, de Toulouse, d'Agde, d'Alet, de Besiers, de Montpellier, de Nismes, de Lodeve & d'Uzès. La troisiéme comprenoit les Diocèses d'Aix, de Riez, d'Apt, de Fréjus, de Gap, de Sisteron & de Grasse. La quatriéme, à qui on donnoit aussi le nom d'Alpes Maritimes, contenoit les Diocèses d'Ambrun, & de Digne, Trin ou Chier, le Marquisat de Salusses, les Diocèses de Senez, de Glandeves, de Vence & le Comté de Nice. La cinquiéme, ou Alpes *Appenines*, comprenoit le Diocèse de Moustier & Saint-Maurice.

Aquitaine.

L'Aquitaine se divisoit en trois parties. La premiere ou sixiéme Viennoise, contenoit les Diocèses de Bourges, de Clermont, de Rhodez, d'Alby, de Cahors, le Limousin, le Gevaudan & le Pays de Vellai. La seconde Aquitaine ou septiéme Viennoise contenoit les Diocèses de Bourdeaux, d'Agen, d'Angoulême, la Saintonge, le Poitou & le Perigord. La troisiéme Aquitaine ou huitiéme Viennoise, qu'on nommoit aussi la *Novempopulanie*, renfermoit les Diocèses d'Ausch, de Dax, de Lectoure, de Cominges, de Conserans, de Lescar, d'Aire, de Bazas, de Tarbes, d'Oleron, & le Territoire d'Euze en Gascogne.

Différens noms des Gaules.

L'établissement des Gaulois en Italie fut cause que les Romains distinguerent les Gaules en Cisalpines, c'est-à-dire en deçà des Alpes par rapport à eux, & en Transalpines ou au-delà des Alpes par rapport aux mêmes. La Gaule Cisalpine étoit également désignée sous deux noms différens, en Cispadane & en Transpadane, c'est-à-dire, en deçà & au-delà du Pô. On connoissoit encore les Gaules sous trois autres dénominations, sçavoir : la Gaule *Togata*, à cause des longs habillemens que portoient les Peuples qui l'habitoient. C'étoit celle de l'Italie, qui s'étendoit depuis les Alpes jusqu'en Toscane, & jusqu'au Golfe Adriatique. Une espéce d'habillement fit donner le nom de *Braccata* à celle qu'on appelloit aussi Narbonnoise, & enfin *Comata* ou Chevelue, à cause que ses Habitans avoient de grands cheveux. C'est l'Aquitaine, la Belgique & Celtique. Nous remarquons en passant que partie de la Gaule voisine de la Mer du tems de César étoit aussi nommée Armorique.

On n'a pas eu pour but dans tout ce qu'on vient de dire de la Gaule d'en donner une division bien circonstanciée. On a cru seulement qu'il étoit nécessaire d'en présenter un abregé, afin qu'on pût connoître quel étoit l'état de ce Pays avant que les Francs s'en fussent rendus maîtres. Passons maintenant aux différentes révolutions qui y sont arrivées.

Premiere Migration des Gaulois.

Les Gaules n'étoient autrefois couvertes que d'immenses Forêts, & lorsque les Celtes vinrent pour occuper ce Pays ils furent contraints de défricher le terrein où ils s'établirent. Des Cabanes placées de distance en distance dans un espace environné de haies vives & de fossés, faisoient leurs premieres demeures, & formerent les premieres Villes des Gaulois. A mesure que le nombre des Habitans s'augmenta, il fallut préparer de nouvelles habitations, c'est-à-dire, abbattre de grandes parties de Forêts. Mais dans dans la suite. les Familles étant devenues encore plus nombreuses, & se trouvant par-là trop resserrées dans les endroits où elles s'étoient accrues, elles allerent s'établir ailleurs. La difficulté du Pays les rebutant, ou peut-être quelques querelles survenues entre les Chefs de ces différentes Familles, engagerent une partie de cette multitude à se retirer pour suivre celui qui se trouvoit forcé de sortir de la contrée. {.sidenote: PREMIERE MIGRATION DES GAULOIS.}

Les Ombriens (6) sont les premieres Colonies Celtiques dont Pline, & quelques autres Auteurs fassent mention. Ces Peuples pénétrerent dans l'Italie par les gorges du Tirol & du Trentin, & s'emparerent des terres qui sont des deux côtés du Pô au Nord & au Sud. Elles étoient alors occupées par les Illyriens-Liburnes, qui s'y étoient établis environ 1400 ans avant Jesus-Christ. Les Ombriens ne resterent pas long-tems maîtres de ce Pays : ils en furent chassés à leur tour par les Toscans environ l'an 1000 avant Jesus-Christ. Quoique nous n'ayons point d'époque certaine du passage des Celtes en Italie, on peut cependant conjecturer avec raison que cet événement est environ 1100 ans avant l'Ere Chrétienne, puisque la fondation d'*Ameria*, Ville bâtie par cette Nation, est de l'an 1136. Quelques siécles après, c'est-à-dire environ l'an 162 de Rome sous le régne de Tarquin l'Ancien, & 591 avant J. C. Sigovèse & Bellovèse ayant réuni sous leurs ordres plusieurs milliers de Gaulois (7), sortirent des Gaules & allerent former de nouveaux établissemens dans divers Pays. Le premier ayant passé le Rhin pénétra à force ouverte jusqu'en Bohême, où il fonda un nouvel Etat. Bellovèse de son côté à la tête du grand nombre de Senonois & de Manceaux traversa les Alpes, se rendit maître du Pays qui est entre ces montagnes, l'Appennin, la Riviere du Tesin & celle de Jesi qui se décharge dans la Mer un peu en deçà d'Ancone. Les Gaulois établis dans cette contrée bâtirent Milan, Veronne, Padoue, Bresse, Come, & plusieurs autres Villes qui subsistent encore aujourd'hui. L'invasion de ces Peuples étoit moins une usurpation que la conquête d'un Pays possedé dans l'origine par ceux de leur Nation, que les Toscans en avoient dépouillé. Bellovèse & Sigovèse eurent bientôt des imitateurs. D'autres Colonies se répandirent dans diverses contrées, & rendirent leurs noms célébres par les conquêtes qu'ils y firent. Ce fut dans ces différentes Migrations que le Royaume de la Galatie fut fondé par les Gaulois. Je passe sous silence tout ce qui regarde ces Colonies, & je ne m'attacherai qu'à rapporter succinctement les operations militaires de Habitans de la Gaule Cisalpine & Transalpine.

1100.
Av. J. C.

591.
Av. J. C.

Les Gaulois deux cens ans ou environ après leur établissement en Italie, c'est-à-dire l'an de Rome 363., se jetterent sur les terres des Toscans, soit

Prise de Rome par les Gaulois.

390.
Av. J. C.

(6) Le nom d'*Ombri* donné aux Colonies Celtiques qui passerent en Italie, étoit dans leur langue une épithete honorable, qui signifioit *noble, vaillant*, & dont le singulier *Ambra* est encore usité dans la langue Irlandoise. Il est traduit dans le Dictionnaire Anglois, publié par Edmond l'Huid, *Bonus, Magnus, Nobilis*. Mémoire de M. Freret sur les anciens Peuples d'Italie ; dans les Mémoires de l'Académie des Belles-Lettres, Tome XVIII.

(7) Justin prétend qu'ils étoient au nombre de 300000 combattans.

B ij

pour se venger de quelques injures qu'ils pouvoient avoir reçues de ces Peuples, soit par le desir de faire de nouvelles conquêtes. Les Romains jaloux de la puissance des Gaulois prirent la deffense des Toscans, & envoyerent à leur secours le Consul Fabius à la tête d'une armée. C'étoit la premiere fois que Rome avoit affaire avec les Gaulois, dont elle ne connoissoit que le nom, & pour lesquels elle affectoit un mépris qui lui devint funeste. Les deux Armées se rencontrerent près la riviere d'Allia : on en vint aux mains, & la cavalerie Romaine fut forcée de céder à celle des Gaulois. La déroute fut générale : le Vainqueur poursuivant les fuyards vint jusqu'aux portes de Rome dont il s'empara le lendemain. Cette défaite avoit jetté une si grande terreur dans l'esprit des Romains qu'ils avoient abandonné la Ville : la seule jeunesse s'étoit renfermée dans le Capitole, résolue d'y périr si elle ne pouvoit le sauver. Les Gaulois maîtres de Rome massacrerent les vieillards qui étoient restés dans la Ville ; pillerent toutes les richesses des Romains, & détruisirent par le fer & le feu tous les Edifices. Après cette expédition ils mirent le Siége devant le Capitole, & ils y resterent sept mois sans pouvoir s'en emparer. Cependant les Venetes profitant de l'absence des Gaulois entrerent sur leurs terres. Cette circonstance força les Gaulois à accepter les propositions de paix que les Romains leur faisoient ; & ayant reçu la somme convenue pour la rançon des troupes qui étoient dans le Capitole, ils retournerent dans leurs Etats sans être inquiétés (8) pendant leur retraite.

Cette guerre des Gaulois avec les Romains fut suivie de plusieurs autres, mais qui ne furent pas si favorables aux premiers. L'an 226 avant Jesus-Christ ces deux Peuples en vinrent à une rupture ouverte, & firent de part & d'autre de grands préparatifs. Après des succès alternatifs les Gaulois furent battus & demanderent inutilement la paix. N'ayant plus de ressource que dans leur valeur ils présenterent deux Batailles à l'ennemi qui en sortit toujours victorieux.

L'arrivée d'Annibal en Italie fut regardée par les Gaulois comme un moyen assuré de se venger des Romains. Ils se joignirent à ce Général Carthaginois, & demeurerent dans son parti jusqu'à son rappel en Afrique. Ils eurent lieu dans la suite de se repentir de s'être déclarés contre les Romains ; car à peine les Carthaginois furent-ils retirés que les vainqueurs des Afriquains les accablerent & les réduisirent entierement.

La ruine de l'Empire des Gaulois en Italie entraîna peu à peu celle de la Gaule Transalpine. C'étoit de-là qu'étoient venus les premiers Gaulois dont le nombre s'étoit fort augmenté par les nouvelles peuplades qui étoient venues joindre leurs Compatriotes ; ainsi il étoit de la politique des Romains de soumettre un pays qui étoit si redoutable pour eux. Les Allobroges & les Saliens, Peuples de la Savoye, du Dauphiné & de la Provence, sentirent les premiers effets de la vengeance des Romains. Ce fut l'an 125 avant J. C. que ceux-ci entrerent dans la Gaule ; & quatre ans après Fabius ayant défait une puissante armée d'Allobroges & de Saliens, toute la Gaule Narbonnoise fut soumise & réduite en Province Romaine.

---

(8) Mémoires de l'Académie des Belles-Lettres T. XV. p. 1.

DE L'UNIVERS. Liv. I. Chap. II.

Cette conquête n'étoit que les préliminaires de celles que devoit un jour faire Jules César lorsqu'il seroit nommé Gouverneur des Gaules. En effet, à peine ce Général en eut-il obtenu l'an 58 avant J. C. le Gouvernement, qui d'abord ne comprenoit que la Gaule située entre les Alpes & le Pô, & quelques Provinces au-delà, qu'il forma le projet de l'étendre en se rendant maître de toutes les Gaules ; projet que son ambition sçut concevoir, mais que sa valeur & sa politique lui firent exécuter.

Nous avons vû que la Nation Gauloise étoit un Corps formé de plusieurs Peuples qui avoient chacun leurs chefs, & que tous ces Peuples souvent divisés entre eux se réunissoient lorsqu'il s'agissoit de la cause commune. Ces temps heureux pour les Gaulois étoient éclipsés, la discorde exerçoit alors parmi eux un empire absolu, & l'intérêt étoit la seule loi qu'ils reconnoissoient. César profitant de si heureuses circonstances pour ses desseins, avoit eu soin d'entretenir cette division sans laquelle il n'eût jamais pû réussir ; car quelque valeur qu'il eût eu, quelque grande qu'eût été son habileté dans l'Art militaire, quelques nombreuses qu'eussent été ses Légions, comment auroit-il osé espérer vaincre un Peuple si considérable, accoutumé dès l'enfance au maniment des armes, & aux exercices militaires ; dont le seul métier étoit celui de la guerre, & qui faisoit profession d'un courage intrépide, dont il avoit donné des marques éclatantes dans toutes les occasions qui s'étoient présentées ? Ainsi ce ne fut donc que la mésintelligence qui régnoit parmi la Nation Gauloise, qui put engager César à tenter une si haute entreprise. Il attaqua d'abord les Helvétiens qui avoient abandonné leurs Provinces, & qui vouloient s'établir dans le Pays des Sequanois. Après avoir battu les premiers près d'Autun, il les força de retourner dans leurs Pays, & marcha ensuite contre les Sequanois, les Belges & les Nerviens, auxquels il imposa des Loix.

Ses intérêts l'ayant appellé en Italie il fut obligé d'interrompre ses conquêtes, & donna par ce moyen le tems aux vaincus de secouer un joug auquel ils n'étoient point encore accoutumés. César de retour dans les Gaules soumit bientôt les Rebelles, & passa le Rhin pour se venger de quelques Peuples de la Germanie qui avoient favorisé la révolte des Gaulois par les secours qu'ils leur avoient procurés. Le Général Romain après cette expédition passa dans la Grande-Bretagne, & se rendit maître d'une partie de ce Pays ; mais les Tréviriens ayant attaqué les Généraux qu'il avoit laissés dans Rheims, il revint promptement, & sa présence fit rentrer les Tréviriens dans la soumission. Les Auvergnats donnèrent plus de peine à ce Conquérant ; & ce ne fut qu'après plusieurs victoires remportées consécutivement sur Vercingentorix leur Roi qu'il vint à bout de les réduire. L'Auvergne soumise, le reste de la Gaule ne tarda pas à plier sous le joug du Vainqueur. Cette grande conquête qui rendit César si redoutable aux Romains & aux autres Nations fut terminée en dix ans. Le Vainqueur craignant que les Gaulois ne cherchassent à se soustraire à sa domination, les traita avec beaucoup de douceur, & ne leur imposa qu'un million d'or par an ; gagna les uns par présens, & força les autres à rester dans le devoir, en mettant dans leur Pays de fortes garnisons. Les Belges & les Eduens furent ceux qui attirèrent le plus son attention. Les premiers étoient les plus vaillans,

Gaulois sous la domination Romaine.

Conquêtes des Gaules par César.

B iij

GAULOIS SOUS LA DOMINATION ROMAINE.

Etat des Gaules fous les Empereurs Romains.

& les autres avoient le plus d'autorité dans les Gaules. Avant que de quitter cette contrée il récompenfa ceux qui avoient pris fes intérêts & lui avoient facilité fes conquêtes, rendit la liberté à plufieurs Cités, & accorda des priviléges à d'autres. Enfin pour s'affurer des Gaulois il emmena avec lui dix mille hommes de Cavalerie, qui étoit, comme on l'a dit, l'élite de la Nobleffe.

La mort de Jules Céfar rendit la condition des Gaulois plus malheureufe qu'elle n'étoit. Brutus qui avoit le Gouvernement de la Gaule Chevelue, fit d'inutiles efforts pour les mettre dans fon parti. Cependant quoiqu'ils ne fe fuffent point mêlés des troubles qui agitoient alors la République Romaine, ils ne laifferent pas d'avoir beaucoup à fouffrir des armées de Lépidus, de Plancus & de Marc-Antoine. Augufte maître de l'Empire donna le Gouvernement des Gaules à Marcus Vipfanius Agrippa. Celui-ci eut deux guerres à foutenir, l'une contre les Aquitains, & l'autre contre les Suéves qui avoient attaqué les Ubiens, Peuples de la Germanie, & au fecours defquels Céfar avoit déja marché. Agrippa pour mettre les Ubiens en fureté les fit paffer en deçà du Rhin, & leur bâtit une Ville, connue aujourd'hui fous le nom de Cologne. Quelque-temps après les Moriniens, habitans du Boulonois & du Canton de la Flandre qui eft entre la Mer & la Lys, chercherent à fe mettre en liberté ; mais cette révolte ne fervit qu'à occafionner de nouveaux triomphes à Augufte. Ce Prince foumit entiérement les Gaules, & leur fit fentir tout le poids de la fervitude par le dénombrement qu'il fit des Habitans, & par l'Etat qu'il tint de leurs biens, & de ce que chaque Province pouvoit fournir d'hommes, de vivres & d'argent. Il obligea en même-temps le plûpart des Cités à fe fervir des Loix Romaines, & ne laiffa qu'à quelques-unes leurs Loix municipales. Augufte fit faire quantité d'ouvrages publics : la plûpart fervirent à orner diverfes Villes de la Gaule, qui de leur côté témoignerent tant de vénération pour cet Empereur, que quelques-unes lui éleverent des Autels. Le monument le plus célèbre fut le Temple magnifique qu'on bâtit à Lyon en fon honneur, & à la conftruction duquel foixante Peuples de la nation Gauloife contribuerent. Il y avoit dans ce Temple deux Autels fur lefquels les noms des foixante Peuples étoient gravés, & autour defquels étoient leurs foixante Statues devant celle de l'Empereur. Cependant malgré cet attachement que les Gaulois marquoient à l'Empereur, peu s'en fallut qu'ils ne levaffent l'étendard de la révolte lorfque Drufus fit de nouveau le dénombrement des Gaules. Mais ce jeune Prince ayant trouvé le moyen de calmer les efprits, & de leur faire oublier la rigueur avec laquelle il avoit fait ce dénombrement, le Pays refta tranquille, & l'Empire Romain n'eut alors à craindre que du côté de la Germanie, dont les Peuples étoient toujours en mouvement. Drufus attaqua alors les Germains qui avoient fait des courfes fur les terres des Gaulois, & ravagea le Pays des Ufipiens, des Sicambres, des Tencteres, des Cattes, & foumit ou plutôt vainquit plufieurs de ces nations Germaniques, qui ne cherchoient que l'occafion favorable de s'emparer des Gaules. Nous ne fuivrons point ce jeune Héros dans fes différentes expéditions en Germanie, comme étant étrangeres à notre fujet.

Les Gaulois accablés d'impôts & de dettes, tourmentés de plus par la cruauté & l'orgueil de leurs Gouverneurs, résolurent sous le regne de Tibere de se souſtraire à la domination Romaine. Les deux Chefs de cette révolte furent Florus & Sacrovir. Le premier souleva les Belges & ceux de Tréves, & le second engagea les Eduens à refuſer de payer le Tribut aux Romains. Ce complot n'eut pas l'effet qu'on en attendoit, & les troubles qui ſembloient devoir agiter tout le Pays, & ébranler la puiſſance Romaine, furent bientôt appaiſés par la défaite de Florus & de Sacrovir. Caligula étant monté ſur trône après la mort de Tibere, rendit le ſort des Gaulois encore plus malheureux qu'il n'étoit. Il exigea d'eux des Impôts plus conſidérables que ceux qu'ils avoient payés juſqu'alors, & les plus riches ſe trouverent expoſés à la cruauté de ce Prince, qui les faiſoit périr pour s'emparer de leurs biens. Je ne parlerai point de cette fameuſe Tour, ou Phare, qu'il fit bâtir près de Boulogne (9) ſur Mer; monument auſſi utile qu'il étoit en même-temps le témoin de cette expédition ridicule qu'il fit dans ces quartiers là, je veux dire, lorſqu'après avoir rangé ſon armée en bataille ſur les bords de la Mer, il lui ordonna de ſe charger de différens coquillages, & de les rapporter à Rome comme un butin pris ſur l'ennemi. Le ſeul avantage que les Gaulois retirerent de ce voyage ridicule fut l'établiſſement qu'il fit à Lyon. Il y inſtitua des exercices d'Eloquence dans le Temple érigé en l'honneur d'Augufte, & ordonna que les Vainqueurs recevroient le prix de leurs Piéces de la main des Vaincus. On condamnoit ceux dont les Ouvrages étoient mauvais à les effacer avec une éponge, & quelquefois même avec la langue, s'ils n'aimoient mieux être frappés avec une eſpéce de cannes, ou plongés dans la riviere.

Le regne de Claudius fut plus favorable aux Gaulois, puiſqu'ils obtinrent le droit de remplir le nombre des Sénateurs. Ce ne fut pas ſans une grande oppoſition de la part des Romains; mais l'Empereur qui étoit né à Lyon, força le Sénat à rendre un Arrêt conforme à ſes deſirs, & les Eduens furent les premiers des Gaulois à qui on accorda cette dignité.

Tout l'Empire Romain gémiſſoit ſous la tyrannie de Néron, & attendoit avec impatience qu'une main ſecourable vînt le délivrer de ce monſtre de cruauté. Les Gaules plus accablées d'impôts qu'auparavant ne portoient qu'avec peine un joug ſi peſant. Vindex Propréteur de ce païs dont il étoit originaire, ne put voir plus long-tems ſa Nation & l'Empire dans un ſi rigoureux eſclavage. Il oſa concevoir le deſſein de leur rendre des jours plus heureux, & n'eut pas de peine à faire entrer les Gaulois dans ſon complot. Bientôt toute la Gaule prit les armes ſous ſa conduite. La Belgique & les deux Germaniques demeurerent ſeules attachées à Néron, dont les Légions occupoient ces trois dernieres Provinces. Vindex, qui ne cherchoit point à ſoulever l'Empire pour s'en emparer à la faveur des troubles, mais dont le ſeul but étoit de faire deſcendre du trône un Prince ſi indigne de régner, avoit déja propoſé la Couronne à Galba. Cependant Ru... un des Généraux de Néron dans les Gaules, marcha contre Vindex. Les deux armées étant en préſence, les Chefs eurent enſemble une conférence dans laquelle ils convinrent de s'unir enſemble contre le Tyran. Mais les Soldats de

GAULOIS
SOUS LA DO-
MINATOIN
ROMAINE.
Révolte de Sa-
crovir.

(9) C'eſt le ſentiment du P. Montfaulcon, Mémoires de l'Académie T. VI. p. 585.

GAULOIS SOUS LA DOMINATION ROMAINE.

Rufus, trop affectionnés à Néron, se jetterent sur l'avant-garde de Vindex, & la culbuterent. Vindex désesperé de ce contre-tems, & apprehendant des suites plus fâcheuses, se donna la mort. Néron cependant avoit subi le sort qu'il méritoit; & Galba maître de l'Empire fit éprouver son ressentiment aux troupes qui avoient marché contre Vindex, & aux Villes qui s'étoient déclarées pour son Successeur. Il accorda au contraire de grands priviléges & le droit de Cité Romaine à celles dont il avoit reçu du secours. Mais sa conduite imprudente lui ayant fait perdre le trône & la vie, il s'éleva de nouveaux troubles dont les Gaules ressentirent de cruels effets. Othon & Vitellius prétendoient tous deux à l'Empire, & cette guerre civile ne fut terminée que par la mort du premier. Vitellius commandoit dans la Germanie supérieure, où il avoit été envoyé par Galba. Résolu de marcher contre Othon il se fit précéder par deux Corps de troupes considérables sous la conduite de Cecinna & de Valens. La marche de ces deux Généraux causa de grands ravages. Metz & d'autres Villes furent traitées comme si elles eussent été prises d'assaut, quoiqu'on fût en paix, & que les Gaulois n'eussent fait aucun acte d'hostilité. Ce ne fut qu'à force de soumissions & d'argent qu'on put satisfaire, ou du moins temperer l'avarice & la cruauté des Généraux & des Soldats Romains. Peu s'en fallut que Vienne ne fût détruite dans cette occasion; car les Lyonnois ennemis irréconciliables des Viennois, avoient demandé à Valens la ruine de cette rivale. Le Général qui trouvoit un nouveau moyen de contenter son desir insatiable d'amasser des richesses promit aux Lyonnois de les seconder dans leur dessein. Ceux de Vienne avertis du danger qui les menaçoit sortirent hors des portes de leur Ville, se prosternerent aux pieds des troupes, & firent tant par leurs prieres ou plutôt par une somme d'argent qu'ils s'obligerent de donner à chaque Soldat, qu'on les laissa tranquilles, & les troupes n'entrerent point dans leur Ville.

D'un autre côté, les Helvétiens qui avoient refusé de recevoir les ordres de Vitellius, furent traités avec la derniere rigueur; car les troupes Romaines ayant eu l'avantage dans une bataille, on fit main-basse sur eux, & l'on n'épargna aucun de ceux qu'on put trouver. Vitellius ne fut pas longtems paisible possesseur du trône: Vespasien qui faisoit la guerre dans la Judée, fut proclamé Empereur par les Légions, & ayant envoyé des troupes en Italie, elles battirent celles qui tenoient le parti de Vitellius, & le massacrerent lui-même.

Révolte de Civilis, Tutor, Claisicus & Sabinus.

Ces troubles de l'Empire favoriserent l'ambition d'un Général Gaulois, nommé Civilis, & à qui Vespasien avoit donné ordre de le faire reconnoître dans toutes les Gaules, & par toutes les troupes qui étoient dans ces quartiers. Civilis profitant d'une occasion si avantageuse à ses desseins, assemble les Bataves, leur fait entrevoir qu'il médite le projet de les soustraire à la domination Romaine, & les engage à employer leur valeur pour la réussite d'une si grande entreprise. L'amour de la liberté fait tout croire, & nous empêche souvent de voir les précipices dans lesquels nous sommes prêts à tomber. Civilis assuré du courage & de la fidélité des Bataves, ne tarda pas à attaquer les Romains qui étoient rangés en bataille sur les bords du Rhin, & secondé de la valeur des Confédérés, il remporta une victoire complette

complette fur ces troupes, & s'empara de leurs Galeres. Cet avantage fut fuivi d'un autre qui n'étoit pas moins confidérable. Ces fuccès lui attirerent l'affection des Bataves & des Caninefates. Ils venoient en foule fe ranger fous fes Drapeaux & abandonnoient les Enfeignes Romaines. Cependant avec ce nouveau fecours il ne put jamais forcer cinq mille hommes qui s'étoient retranchés dans un ancien Camp, & qui étoient attachés à Vitellius ; car tout ceci fe paffoit pendant que Vefpafien tâchoit de s'emparer de l'Empire. La mort de Vitellius ayant été annoncée dans les Gaules on fut obligé de fe conformer au Décret du Sénat qui avoit déclaré Vefpafien Empereur, & les troupes Romaines fe foumirent à ce Prince malgré l'attachement intérieur qu'elles confervoient pour Vitellius. Civilis eut en même-tems ordre de mettre bas les armes ; car jufqu'alors il n'avoit paru combattre que pour la caufe du nouveau Maître de l'Empire. Ce Général voyant qu'il n'étoit plus poffible de diffimuler, fe déclara ouvertement, & fit tant par fes promeffes & fes manieres infinuantes qu'il engagea plufieurs Officiers Généraux à fe joindre à lui. Tutor, Claffinus & Sabinus, Seigneurs Gaulois, embrafferent fon parti, & fe mirent à la tête des Légions Romaines qu'ils avoient trouvé moyen de débaucher. Ils marcherent chacun de leur côté pour forcer le refte des Gaules à fecouer le joug de la domination Romaine.

GAULOIS
SOUS LA DO-
MINATION
ROMAINE.

Tout fembloit feconder les vœux de Civilis, lorfque la défaite de Sabinius par les Sequanois arrêta tout d'un coup le foulevement prefque général des Gaules. Les Rhemois, qui étoient ennemis du trouble, s'affemblerent pour chercher les moyens de rendre la tranquillité à leurs Citoyens, & offrirent leur médiation pour les Peuples révoltés. Ces conférences n'eurent pas tout l'effet qu'on s'en étoit promis, mais la divifion qui fe mit entre Tutor, Claffinus & Civilis, ébranla bientôt ce parti, & les troupes que Vefpafien envoya contre les Rébelles acheverent de les diffiper entiérement.

Civilis battu plufieurs fois, & fe voyant fans reffource, fit un accommodement avec Domitien, Généraliffime des troupes de l'Empereur fon pere : Tutor & Claffinus furent compris dans ce traité, ainfi que cent treize Sénateurs de Tréves, mais Sabinus n'y eut aucune part. Tacite & Plutarque rapportent les triftes aventures de ce Seigneur, voici ce qu'ils en difent en fubftance.

Julius Sabinus, né dans le pays de Langres, joignoit à une grande nobleffe des richeffes confidérables, qui le mettoient en état de foutenir avec dignité fon rang & fa naiffance. Epponina, femme d'une rare beauté, & plus célèbre encore par fes éminentes vertus, augmentoit le bonheur de Sabinus ou plutôt faifoit fa félicité. Une vie fi délicieufe fut troublée par l'ambition de ce Seigneur. Nous avons vû que les troubles dont l'Empire étoit agité lui fit concevoir le deffein de s'emparer de la Souveraineté des Gaules, & que la victoire remportée fur lui par les Séquanois le réduifit à chercher une retraite affurée contre l'indignation de Vefpafien. Il avoit pratiqué deux fouterrains dans la campagne, qui lui fervoient à cacher fes richeffes dans les tems de troubles. Cet endroit lui parut un afyle dans fon infortune, & il s'y crut d'autant plus en fureté qu'il n'y avoit que deux Affran-

Hiftoire tragique de Sabinus.

Tome I. Partie II. C*

GAULOIS SOUS LA DOMINATION ROMAINE

chis, sur la fidélité desquels il pouvoit compter, qui en eussent connoissance.

Il congédia ses autres serviteurs en leur déclarant qu'il alloit se priver de la vie par le poison, & s'enferma ensuite avec ses deux Affranchis dans cette espéce de tombeau. Il fit auparavant mettre le feu à sa maison, afin qu'on crût qu'il étoit péri dans les flammes. Epponina à cette nouvelle donna des marques de la douleur la plus grande, & refusa de prendre aucune nourriture. Sabinus ne put la laisser long-temps dans le triste état où elle étoit. Il lui fit sçavoir qu'il étoit encore en vie, mais qu'il avoit été contraint d'user de ce stratagême pour se dérober aux poursuites de ceux qui le cherchoient. Epponina selon les intentions de son mari feignoit pendant le jour d'être inconsolable, & sa tendresse la conduisoit le soir dans la retraite de Sabinus. Comme ce Seigneur avoit quelques amis à Rome il se flatta par leur moyen d'obtenir sa grace. Sa femme entreprit plusieurs fois ce voyage, mais toujours inutilement. Enfin n'ayant plus d'espérance elle s'enferma avec son époux dans cet affreux séjour où elle mit au monde deux jumeaux. Ces époux avoient déja passé neuf ans dans une perplexité continuelle lorsqu'ils furent découverts. On les conduisit devant l'Empereur auprès duquel s'étoit rendu une grande foule de monde. Epponina comparut avec ses deux enfans dont l'innocence toucha toute l'assemblée ; Vespasien même fut ému de ce spectacle. Epponina profitant d'un moment qu'elle croyoit favorable, se jetta avec ses enfans au genoux de l'Empereur, & demanda le pardon de son mari. Vespasien sans doute excité par des raisons que nous ignorons, ne se laissa point fléchir par les prieres de cette femme désolée, & la condamna à la mort ainsi que son mari : mais ne voulant point confondre l'innocent avec le coupable, il accorda la vie à leurs enfans. Tel fut le sort de ces tendres époux que l'ambition plongea dans les derniers malheurs.

La guerre de Civilis étant terminée tout fut calme dans les Gaules sous le régne de Vespasien, & il ne se passa rien de considérable jusqu'après la mort de Commode, fils de Marc Aurele l'an 192. Son successeur Pertinax ne jouit pas long-temps de sa nouvelle dignité, & les troubles qui agiterent alors l'Empire l'ébranlerent jusque dans ses fondemens. Chaque Corps d'armée se croyoit en droit d'élire un Empereur, & il ne donnoit la Couronne qu'à celui qui offroit une somme plus considérable. Souvent il se présentoit un nouveau Compétiteur dont le crédit & l'argent l'emportoient sur celui qui venoit d'être nommé, & pour lors une mort honteuse ou cruelle étoit le sort du Prince que les Soldats vouloient priver de la Souveraine autorité.

Pertinax ayant perdu la vie par la faction des Cohortes Prétoriennes, quatre Empereurs parurent tout à la fois, & se disputerent mutuellement la Souveraine puissance : Didius Julianus à Rome, Septime Sévère dans l'Illyrie, Pescennius Niger dans l'Orient, & Claudius Albinus dans les Gaules. Sévère plus adroit ou plus heureux que les autres ruina le parti de ses Concurrens, & demeura seul possesseur de l'Empire. La Ville de Lyon eut beaucoup à souffrir pendant tous ces troubles, car Albinus ayant été vaincu près de cette Place, & le Vainqueur y étant entré après sa victoire, il y commit toutes sortes de cruautés, & la détruisit par le fer & par le feu. Si d'un côté Septime Sévère exerça une cruelle vengeance à l'égard de Lyon, il eut soin d'un autre d'embellir Narbonne, & de faire faire dans cette Ville plusieurs réparations, qui en même-temps qu'elles étoient nécessaires, lui servoient encore d'ornemens. C'est tout ce qui se passa de considérable dans les Gaules sous le régne de cet Empereur. Elles eurent plus à souffrir sous celui de son fils Caracalla, qui viola tous les Droits & Priviléges des Villes, exigea des sommes exorbitantes de ceux qui avoient de grandes richesses, & enfin exerça toutes sortes de cruautés dans ce Pays.

<small>Origine des Francs.</small>

Cependant l'Empire étoit continuellement agité, & les nouveaux Maîtres de ce vaste Corps se renversant du trône alternativement les uns les autres n'avoient pas le temps de rendre à l'Etat un repos dont il étoit privé depuis tant d'années. Ce repos cependant lui étoit bien nécessaire non-seulement pour réparer ses pertes, mais encore pour se soutenir contre les attaques des Nations voisines qui ne cherchoient que l'occasion d'entrer sur les terres de l'Empire, & de s'emparer de ses Provinces. Les Frontieres mal gardées, les Armées affoiblies ou mal disciplinées, tout en un mot favorisoit les entreprises des Barbares. Aussi vit-on bientôt une foule de Peuples fondre en même-temps de tous côtés, s'établir, se fortifier, étendre même leur domination sur les ruines de cet Empire qui s'étoit rendu autrefois si redoutable. Ce fut par la Germanie que vinrent la plûpart de ces Peuples, dont les noms inconnus jusqu'alors devinrent célébres par leurs fréquentes irruptions, soit dans les Gaules, soit en Italie, & par les guerres que les Romains eurent à soutenir contre eux.

Les Gaules furent les premieres Provinces qui eurent à souffrir de l'inondation des Barbares. Voisines des Germains, & mal défendues par les Légions Romaines, elles furent bientôt en proie à ces Nations qui ne trouvoient plus d'obstacles capables de les arrêter. De tous les Peuples qui cherchèrent à y former des établissemens, les Francs sont les seuls qui ayent pu y fixer leurs demeures.

<small>Les Francs passent le Rhin & se jettent dans les Gaules.</small>

Ce n'étoit point une Nation particuliere, mais un nom de Ligue commun à tous les Peuples qui la composoient. Elle s'étoit formée le long du bas-Rhin & à l'Occident de Mayence, pour se défendre contre les Romains à l'imitation de plusieurs autres qui avoient paru auparavant. Elle étoit composée des Bructeres, des Chamaves, des Amsivariens, des Cattes, des Angrivariens, des Ansuariens ou Attuariens, des Saliens, des Cherusques, & des Peuples qui habitoient de l'un & de l'autre côté de l'Elbe.

<small>Leur origine.</small>

Nous ne nous arrêterons point ici à réfuter les différentes Fables inventées sur l'origine des Francs, non plus que les divers systêmes imaginés à ce sujet, nous ne croyons pas même nécessaire de les rapporter. Nous nous contenterons seulement d'avancer avec les Auteurs les plus sensés que les Francs étoient Germains d'origine, & ne venoient pas de la Pannonie, comme on le croyoit du temps de Grégoire de Tours.

Le nom de cette Ligue n'a pas moins été sujet à diverses opinions que leur origine. Presque tous les Ecrivains ont pensé que ce nom lui avoit été donné à cause de la *Franchise* ou liberté dont elle jouissoit. Mais ce nom n'auroit pas plus appartenu aux Francs qu'aux Allemands, ou aux autres Ligues de la

<small>Etimologie de ce nom.</small>

C ij

ORIGINE DES FRANCS.

Germanie, puisque tous ces Peuples étoient libres, & avoient le même attachement pour la liberté. D'ailleurs quoique le mot *Frey* en Allemand signifie *Libre*, il ne s'ensuit pas que *Frank* en soit dérivé, & l'on ne trouve dans aucun des anciens Monumens des Langues du Nord que ce mot ait été employé dans ce sens.

Pour trouver l'étymologie probable de ce nom, il paroît naturel d'avoir recours aux anciens Ecrivains qui ont vécu dans un temps où l'ancienne Langue de ces Peuples étoit en usage, & lorsqu'on pouvoit encore déterminer le sens de ce mot. Le prologue de la Loi Salique ne donne à la Nation des Francs aucun titre relatif à son amour pour la liberté, il l'appelle *Nation Célébre*, *Intrépide*, *Prompte & Féroce* (10). Ce dernier mot a un grand rapport à l'origine qu'Isidore donne au nom des *Francs*, car il pense que ce mot vient de la férocité de leurs mœurs (11). L'Auteur des Gestes François & plusieurs autres Ecrivains sont du même sentiment, qui se trouve fortifié par plusieurs passages qu'on lit dans les Panégyriques des Empereurs, & sur-tout dans celui de Julien (12).

C'est donc dans ce sens qu'on doit chercher l'origine de ce nom de *Francs*, qui du temps des enfans de Louis le Débonnaire se prononçoit *Frenk*, aussi-bien que *Frank* (13). On trouve dans les Monumens qui subsistent encore de l'ancienne Langue Germanique plusieurs mots dont le son & la signification se rapportent assez à cette étymologie. Dans le Glossaire joint par Stiernhelmius à l'édition de l'Evangile en Langue Gothique, on trouve *Frakan*, mépriser; outrager. *Vrikan* se venger, persécuter. *Frackiman*, détruire. Dans les mots de l'ancienne Langue Danoise ou Cimbrique on lit ceux de *Fracker* & de *Frochne*, traduits par celui de terrible ou redoutable. Dans la Langue Anglo-saxone *Fyrkto* signifie terreur. Vindelin cite d'anciens Vocabulaires Flamans dans lesquels le mot *Frenghen* ou *Vrenghen* est interprété par celui de haïr, & *Frangh* ou *Vrang* par les mots *Férocité*, *Cruauté*, *Vengeance*. Tous ces mots & plusieurs autres qu'on pourroit encore citer, semblent être dérivés d'une même racine dont les consonnes f, r, k, sont les mêmes malgré les changemens que les différens Dialectes y ont occasionnés, & malgré la variation des voyelles ou ajoutées ou supprimées. On trouve souvent dans les anciennes Poësies Runiques des Scaldes ou Poëtes Suédois, le titre de *Frekn* donné à des Guerriers, pour marquer leur valeur, & les mots *Gedn Frenck* dans le Glossaire Runique, sont rendus par ceux d'*Ame Courageuse* (14). Ainsi il paroît que c'est la valeur & l'intrépidité qui ont fait donner le nom de Francs à cette Ligue qu'on trouve établie dans les Gaules dès l'an 358. Les Saliens occupoient alors les Pays situés depuis le Rhin & la Meuse jusqu'aux environs de Tongres. Quelques années après les Chamaves s'établirent entre la Meuse & le Rhin au-dessous de Cologne dans le Pays nommé *Ripuaria*, à cause qu'il étoit voisin des rives de ces deux Fleuves. Ces Nations s'éten-

---

(10) *Gens inclita, audax, velox & aspera.*

(11) *A feritate morum.* Orig. L. IX. c. 2.

(12) Libanius Auteur de cette Piéce, tire Φραγκοι de Φρακτοι, armés, à cause de leur humeur guerriere.

(13) Ostfrid ap. Lambecium.

(14) Tout ce qui regarde l'origine des Francs, l'étymologie de ce nom & leurs premieres expeditions, est tiré en partie d'un Mémoire de M. Freret, qui a traité ces matieres à fond.

dirent peu à peu & devinrent si considérables qu'elles comprirent dans la suite le Corps entier des Francs, comme on le voit par leurs anciennes Loix dont les deux Codes portent le nom de Loix *Saliques*, & l'autre de Loix *Ripuaires*.

<small>COURSES DES FRANCS DANS LES GAULES.</small>

Vers l'an 400 lorsqu'on rédigea la notice de l'Empire, les Frontieres des Romains marquées par la position des Garnisons étoient très-éloignées du Rhin, ensorte que la Hollande, le Brabant, une partie de la Flandre & du Hainau, ainsi que la Gueldre & le Pays de Juliers avoient été abandonnés aux Francs qui s'en étoient emparés.

Ces Francs servoient dans les troupes Romaines, & fournissoient tantôt de petits Corps de troupes, tantôt des armées entieres, qui étoient commandées par des Généraux de leur Nation. Ce n'étoit pas avec l'Empire qu'ils faisoient leurs Traités, mais avec les Empereurs, de sorte que lorsqu'ils venoient à mourir, leurs Successeurs étoient obligés de renouveller ces Traités & de faire des présens considérables aux Rois qui gouvernoient ces Peuples. Ils demeurerent long-tems fidéles aux Romains, & soutinrent même plusieurs guerres contre les différens Peuples qui inonderent les Gaules, & ce ne fut que sous Childeric qu'ils attaquerent ouvertement les Romains soumis à Egidius. Il semble même qu'en cette occasion ils agissoient en vertu des Traités qu'ils avoient faits avec les Empereurs d'Orient dont Egidius étoit ennemi. Ainsi l'on pourroit dire que cette conquête avoit un prétexte spécieux, & n'étoit pas une véritable usurpation. Aussi nous voyons qu'après la défaite des Visigoths, & la conquête de l'Aquitaine Clovis reçut de l'Empereur Anastase le titre & les ornemens de Patrice avec le Diadême enrichi de pierreries, que les Empereurs envoyoient aux Rois qu'ils reconnoissoient pour tels, & qui étoient dans leur alliance. Mais rangeons tous ces différens événemens par ordre des temps, & fixons, s'il se peut, l'époque de leurs premieres irruptions dans les Gaules.

<small>Les Francs servent dans les armées Romaines.</small>

C'est sous le Tribunat d'Aurelien & le régne de Gordien qu'il est fait mention pour la premiere fois d'une expédition contre les Francs, comme nous l'apprend l'Auteur (15) de la vie d'Aurelien. Il rapporte que ces Peuples s'étant répandus par toute la Gaule, furent attaqués & défaits par Aurelien qui en tua 700 & en fit 300 prisonniers. Il falloit que ces ennemis parussent bien redoutables, puisque les soldats Romains releverent si fort cette victoire qu'ils en firent une espéce de chanson (16). La guerre que les Romains avoient alors avec les Perses peut servir à déterminer cet événement.

<small>Leurs premieres irruptions.

240.
DEPUIS J. C.</small>

Depuis le rétablissement de la Monarchie des Perses par Artaxerce l'an 226 de J. C. jusqu'à la prise de Valerien par Sapor en 260, nous ne connoissons que trois guerres entre les Romains & les Perses. La premiere commencée en 232 & terminée en 234 par l'Empereur Alexandre, fils de Mammée, qui triompha cette année des Perses. La seconde est en 241 commencée par Gordien III, & dans laquelle Sapor ayant été vaincu fut forcé de faire la paix avec Philippe l'an 244. Enfin la troisiéme est celle où l'Empereur Valerien tomba entre les mains de Sapor l'an 260.

(15) Vopisque: *Francos irruentes cùm vagarentur per totam Galliam.*
(16) *Mille Francos, mille Sarmatas occidimus.*
Mille, mille, mille Persas, mille Persas petimus.

COURSES DES FRANCS DANS LES GAULES.

Il paroît plus naturel de penser que ce fut de la guerre de 241 dont il est ici fait mention, puisque Gordien étoit alors sur le trône & que nous avons une Médaille de cet Empereur sur laquelle on lit *Victoria Germanica* avec la date de son second Consulat qui tombe en l'année 241. Ainsi c'est donc en l'année 240 ou environ que nous devons fixer les premieres expéditions des Francs dans les Gaules.

Cette premiere course des Francs sur les terres des Gaulois ne fut que les préliminaires de celles qu'ils firent dans la suite. Gallien associé à l'Empire par son pere fut contraint de marcher contre eux pour défendre la Gaule Belgique, tandis que les autres Généraux Romains étoient occupés à repousser les Allemands & les Goths qui s'étoient jettés sur les Provinces de l'Empire par le haut-Rhin & le Danube. Postume ayant pris la Pourpre dans les Gaules, pour arrêter les incursions des Francs fit alliance avec eux, & joignit leurs troupes aux siennes afin d'être en état de réprimer l'audace des autres Ligues Germaniques qui étoient toujours en mouvement.

267.

La mort de ce Prince en 267 ayant rompu le Traité que les Francs avoient fait avec lui, ceux-ci raserent les Forts que Postume avoit fait construire, passerent le Rhin en plusieurs endroits, inonderent les Gaules qu'ils ravagerent & pénétrerent jusque dans l'Espagne où ils s'emparerent de Tarragone (17).

Ces grands succès sembloient les inviter à tenter de nouvelles entreprises ; aussi les vit-on sous les Empereurs suivans continuer leurs ravages, & se répandre de tous côtés ; mais ces expéditions ne furent pas toujours heureuses, & fournirent quelquefois des sujets de triomphes aux Empereurs (18). Probus dans une Lettre qu'il écrit au Sénat se vante d'avoir soumis toute la Germanie & d'avoir vû à ses pieds neuf Rois de cette Nation lui demander la paix. Le nom de *Francicus* & de *Germanicus* qu'il prit en cette occasion fait bien voir qu'il avoit eu affaire avec les Francs (19). Les Prisonniers qu'il avoit fait sur eux furent envoyés sur les bords du Pont Euxin. Mais ceux-ci ne pouvant vivre éloignés de leur Patrie s'emparerent des Vaisseaux qui étoient dans le Port de Bysance, monterent dessus & rangeant la côte de la Gréce ils y firent des descentes : de-là ils passerent en Sicile d'où ils emporterent un butin considérable. Ayant ensuite relâché en Afrique ils ne purent y rester long-temps à cause des troupes Romaines qui les repousserent & les contraignirent de regagner promptement leurs Vaisseaux. Ils furent cependant assez heureux pour se rembarquer avec le butin qu'ils avoient fait, & se rendirent en Germanie par le détroit de Cadis.

Cette expédition des Francs nous fait voir qu'ils connoissoient la Navigation, sans quoi ils n'eussent pu faire si heureusement si grand trajet. Ce qui prouve que cette Ligue s'étendoit le long du Rhin depuis Mayence jusqu'à l'Océan.

Cette Flotte n'étoit pas encore de retour lorsque Proculus se révolta contre Probus ; mais quoique ce Rébelle tirât son origine des Francs, ceux-ci refuserent de le soutenir dans sa révolte & le livrerent à son Souverain. Ce

(17) Orose, liv. VII. c. 22.
(18) Vopisque sur Probus, ch. 25.

(19) Zozime, L. 1. & Eumenius dans le Panégyrique de Constantius.

DE L'UNIVERS. Liv. I. Chap. II.

Prince avoit inspiré tant de terreur aux Francs qu'ils resterent tranquilles sous le reste de son régne ; mais à peine eut-il perdu la vie qu'ils se jetterent de nouveau dans les Gaules, & y firent des ravages épouvantables qui durerent depuis 282 jusqu'en 286 que Dioclétien vint les attaquer. Après avoir battu les Hérules & les Chaïbons il donna le commandement de la Flotte à Carausius, afin qu'il s'opposât aux Pirates Saxons & François. Ce Gouverneur s'étant mal comporté, & craignant le châtiment qu'il méritoit, se révolta & mit dans ses intérêts un grand nombre de Francs. Il leur permit de passer le Rhin & de s'établir dans la Batavie & dans la Toxandrie où ils étoient encore en 358 lorsque Julien prit les rênes de l'Empire. Carausius passa ensuite dans la Grande-Bretagne avec les Francs qui s'étoient enrôlés à son service.

Courses des Francs dans les Gaules.

358.

Cependant il y avoit de grands troubles dans les Gaules. Des Paysans qui avoient pris le nom de *Bagaudæ* ou *Vacaudæ* s'étoient réunis pour se délivrer de la tyrannie des Officiers des Finances qui vexoient cruellement les Peuples. On croit que leur principale retraite étoit près de Paris. Maximien qui étoit associé à l'Empire arrêta les progrès des Rébelles, & courut ensuite à la défense du Rhin que les Allemands & les Bourguignons avoient tenté de passer au-dessus de Mayence. Il remporta sur eux de grands avantages, aussi-bien que sur les Hérules & les Chaïbons. Malgré ces succès les Francs que Carausius avoit appellés dans la Batavie conserverent jusqu'en 291 le terrein dont il s'étoient rendu maîtres. Mais Maximien voulant détruire le parti de Carausius (20), bloqua la Ville de Boulogne, & marcha contre les Francs. Ceux-ci ayant été défaits, le Vainqueur en distribua un grand nombre dans les Gaules, & leur donna des terres à cultiver. On ne voit pas qu'il leur imposât quelque tribut ; ils étoient seulement obligés de servir dans les troupes Romaines.

Révolte des Paysans ou les Bagaudes.

Les Francs affoiblis par les différentes pertes qu'ils avoient faites, soit dans la Grande-Bretagne où la plûpart de ceux qui étoient passés avec Carausius avoient été massacrés par les Romains, soit en Batavie où ils avoient eu le même sort, furent quelque-temps sans faire aucune entreprise.

Constantius étant mort l'an 306 ils rompirent leurs barrieres & pénétrerent dans les Gaules. Il paroît que cette invasion regardoit principalement les Bructeres, les Chamaves & les autres Francs Orientaux, parce qu'il n'est fait mention que de ces Peuples. Constantin alors sur le trône alla à leur rencontre, les tailla en piéces, & fit prisonniers deux de leurs Rois Ascaric & Ragaise. Ces Princes infortunés après avoir servi à orner le triomphe de l'Empereur furent mis à mort dans des Jeux que Constantin donnoit au Peuple de Tréves ou de Cologne.

306.

Ce Prince rétablit ensuite sur le Rhin le Pont qui avoit été construit près de Cologne, & répara les Forteresses & les Camps placés le long du Fleuve. Il se flattoit par toutes ces précautions non-seulement d'empêcher les courses des Germains, mais encore de porter la guerre jusque dans leur Pays lorsqu'il le voudroit. Cependant les Francs ne laisserent pas de faire tous les ans de nouvelles tentatives, dont le mauvais succès auroit

---

(20) Eumenius dans le Panégyrique de Constantius.

rebuté une Nation moins courageuse que ces Peuples (21).

COURSES DES FRANCS DANS LES GAULES.

Le régne de Constantin le jeune leur fut plus favorable. Ce Prince ayant eu les Gaules en partage après la mort de son pere arrivée en 337 ménagea les Francs & composa de leurs troupes la plus grande partie de son armée, avec laquelle il vouloit marcher contre son frere Constans, lorsque celui-ci le fit assassiner en 340. Les Francs de l'armée de Constantin se répandirent alors de tous côtés, & leur nombre s'étant considérablement augmenté par de nouvelles troupes de leur Nation qui étoient venu les joindre, ils se trouverent en état de résister à Constans. Après plusieurs actions qui ne déciderent rien, ce Prince crut que le meilleur moyen de se débarrasser d'un ennemi si redoutable étoit de faire avec eux un Traité avantageux. Les Francs satisfaits des conditions par lesquelles ils devenoient alliés des Romains (22), se retirerent dans leur Pays l'an 342.

337.

342.

Guerre de Julien contre les nations Germaniques.

356.

Je passe sous silence leurs différentes expéditions jusqu'au régne de Constantius. Mais alors ce fut un torrent qui inonda les Gaules & même l'Empire Romain. Constantius occupé d'un autre côté envoya Julien son neveu qu'il avoit déclaré César pour tâcher de trouver un reméde à de si grands maux. Ce Prince arriva dans les Gaules en trois cens cinquante-six & trouva les choses encore plus désesperées qu'on ne les faisoit à la Cour de l'Empereur. Les Francs s'étoient emparés de Cologne & ravageoient tout le Pays jusqu'aux Portes d'Autun. Julien ayant assemblé une armée marcha au secours de cette derniere Ville, passa de-là à Auxerre, & ayant mis une forte garnison dans Troyes, il se rendit à Rheims où étoit l'armée Romaine. Il la conduisit contre les Allemands qui s'étoient rendus maîtres de Vorms, de Spire, Strasbourg, &c. & les ayant battus entiérement il les força de repasser le Rhin. Il en usa différemment avec les Francs, car la guerre contre ces Peuples fut terminée par un Traité qu'il fit avec eux aux conditions qu'ils rendroient Cologne. Ce qui fut exécuté. L'armée Romaine vint en quartier d'Hyver à Sens où elle se rendit après avoir passé par Tréves. Cependant les Allemands recommencerent leurs courses, & Julien fut même assiégé dans la Ville de Sens. Ils pénétrerent jusqu'à Lyon, & peu s'en fallut qu'ils ne se rendissent maîtres de cette Ville. Après avoir désolé tous les environs ils se retirerent en Germanie par la Franche-Comté.

Comme le Traité n'avoit été conclu qu'avec une partie de la Nation des Francs, & seulement avec les Rois voisins de Cologne ou avec ceux des Bructeres, ceux qui n'y avoient point été compris continuerent leurs ravages; mais un de leurs partis ayant été pris dans un Château près de Juliers, les Prisonniers furent envoyés à Rome. Les autres Francs arriverent trop tard pour les secourir, car ils étoient déja partis pour l'Italie. Cependant ils jugerent à propos de ne rien entreprendre, & Julien se rendit à Paris où il passa l'Hyver. Ce fut dans cette Ville qu'il prit la résolution d'attaquer les Francs établis en deçà & au-delà du Rhin. Les premiers, comme nous l'avons dit, occupoient une assez grande étendue de Pays, & il y a lieu de croire qu'ils étoient maîtres de la seconde Germanie, c'est-à-dire depuis le Rhin jusqu'à

(21) Les Francs Occidentaux n'avoient aucune part dans ces entreprises; ils fournissoient au contraire des troupes aux Romains, & leur étoient attachés.

(22) Libanius. Discours troisiéme.

l'Escaut,

l'Efcaut. La preuve que l'on pourroit en donner c'est que Julien voulant soulager les Peuples qui étoient accablés par les frais que leur faisoient les Gens de Justice, demanda à l'Empereur la permission de percevoir par lui-même les droits que les Provinces devoient payer. Il choisit plutôt la Belgique, comme ayant le plus souffert. Cependant la seconde Germanie avoit encore été plus maltraitée, ce qui donneroit lieu de penser qu'elle étoit au pouvoir des Francs, puisqu'il ne se chargea pas d'y lever les Impositions. D'ailleurs nous avons vû ces Peuples sous Maximien & Constantius s'emparer de ce Pays d'où ils avoient été chassés en partie par ce dernier Empereur (23).

COURSES DES FRANCS DANS LES GAULES.

Julien ayant fait tous les préparatifs nécessaires pour l'entreprise qu'il méditoit, se mit de bonne heure en campagne & parut tout d'un coup près de Tongres. Les Francs (24) surpris députerent les Principaux de leur Nation vers Julien pour lui demander la paix, & le prier de ne les point inquiéter dans la possession du Pays où ils avoient fixé leur séjour. Le Prince parut les traiter avec douceur ; il fit des Présens aux Députés, leur fit part des nouvelles conditions qu'il vouloit qu'on ajoutât au Traité, & les renvoya afin qu'ils en conférassent avec leurs Concitoyens. Julien avoit promis qu'il les attendroit à Tongres ; mais à peine furent-ils partis qu'il se mit en marche, & s'avança jusqu'au milieu de leur Pays. Les Saliens n'eurent pas le tems de délibérer sur ce qu'ils devoient répondre : ils furent contraints de se soumettre à tout ce qu'on exigea d'eux, & Julien satisfait de leur soumission leur confirma la possession du Pays qu'ils occupoient.

Le but de Julien dans cette expédition étoit de rétablir les Forts sur le Rhin afin de faire remonter sur ce Fleuve les Bleds qu'on tiroit de la Grande-Bretagne pour fournir les Garnisons qui étoient sur le haut-Rhin. Le Préfet des Gaules avoit été d'avis qu'on payât tous les ans vingt-mille livres d'argent aux Barbares pour obtenir un passage libre & sans obstacle. L'Empereur Constantius avoit approuvé ce Traité tout honteux qu'il étoit à l'Empire (25) ; mais Julien après avoir soumis les Saliens & vaincu les Chamaves sauva l'honneur du nom Romain.

Le Vainqueur malgré ces avantages remportés sur les Francs fit réparer trois Châteaux situés sur la Meuse afin d'assurer davantage la Navigation sur le Rhin.

L'Empereur jaloux des succès de Julien voulut retirer une partie des trou-

(23) Mamertin dans le Panégyrique de Maximien nous apprend que cet Empereur ayant accordé la paix à *Genebaud* & à *Esaeech*, Rois des Francs, rendit à l'un ses Etats, & combla l'autre de Présens. Ce Prince étoit probablement Roi de ces Francs Saliens qui habitoient la Toxanlrie du tems de Julien, & c'étoit de cette Nation qu'étoient tirées les troupes auxiliaires que les Francs fournissoient aux Romains.

(24) C'étoient les Saliens, qui s'étoient autrefois emparés par la voie des armes de la Toxandrie, & d'une partie du Pays voisin. *Voyez* Ammien Marcellin.

On trouve dans la Notice de l'Empire quatre corps différens de Saliens ; deux nommés simplement *Salii* dont on tiroit les troupes étrangeres pour la garde du Prince. Les deux autres sont distingués, l'un par le titre de *Salii Juniores*, à cause qu'il étoit moins ancien que les deux premiers, l'autre par celui de *Salii Gallicani*, ou Saliens de la Gaule. Ce dernier étoit sans doute levé parmi les Saliens établis en deçà du Rhin.

(25) On peut regarder ceci comme une nouvelle preuve que les Francs étoient les maîtres des pays situés sur les deux bords du Rhin, & que les Romains n'y avoient alors ni Villes ni Forts.

Tome I. Partie II. D*

COURSES DES FRANCS DANS LES GAULES.

pes qui servoient sous ce jeune Prince. Ce fut envain qu'il représenta que les Nations étrangeres dont la plus grande partie de son armée étoit composée, n'étoient entrées au service des Romains qu'à condition qu'on ne les meneroit point hors de la Gaule ni au-delà des Alpes : il fut forcé de les rassembler toutes vers Paris, pour passer de-là en Italie. Lorsqu'elles furent toutes réunies au commencement de l'année 360, elles se mutinerent & obligerent Julien à prendre la Pourpre. Le nouvel Empereur s'étant mis à la tête de cette nombreuse armée passa le Rhin vers l'embouchure de la Lippe au-dessus de Cologne, & ravagea les terres des Francs Attuariens, qui avoient continué de faire des courses sur celles de l'Empire. Ils se croyoient en sûreté dans leur Pays défendu par des bois & des collines (26) ; mais ils furent battus en plusieurs rencontres, & enfin ils implorerent la clémence du Vainqueur qui leur accorda la paix aux conditions qu'il voulut.

360.

Nous ne suivrons point les différentes expéditions de Julien comme étant étrangeres à notre sujet, & nous ne parlerons pas non plus des guerres qu'il eut avec les Allemands qui passoient de temps en temps le Rhin, & se jettoient dans les Gaules pour piller. Ce Pays étoit comme en proie à toutes sortes de Nations. En 370 les Pirates Saxons y firent une descente, & taillerent en piéces les troupes du Comte Nannienus. Lorsqu'ils apprirent qu'une armée considérable marchoit à leur rencontre, ils demanderent qu'il leur fût permis de se retirer avec le butin qu'ils avoient fait. On ne leur accorda que la premiere grace, & on les obligea de laisser leur jeunesse pour être incorporée dans l'armée Romaine. Pendant qu'ils se retiroient se croyant en sûreté sur la foi du Traité, ils furent surpris dans une embuscade où ils périrent tous.

370.

Pirates.

L'Empire avoit changé plusieurs fois de Maîtres depuis Julien jusqu'à Théodose, & chacun de ces Empereurs s'étoient vû obligés de faire alliance avec les Francs établis dans les Gaules, comme étant le plus sûr moyen d'arrêter les irruptions des autres Francs & Nations Germaniques qui ne cherchoient que l'occasion de s'en emparer. Théodose étant mort en 395 ses deux fils Honorius & Arcadius resterent Maîtres de l'Empire. Le premier eut l'Occident, & l'Orient devint le partage du second. Stilicon, Vandale d'origine, gouvernoit l'Occident sous le nom d'Honorius qui enfermé dans son Palais avec ses femmes, se mettoit peu en peine de ce qui se passoit dans ses Etats. Stilicon renouvella les Traités avec les Francs & avec les Allemands, & parcourut les Frontieres du Rhin en quatorze jours afin d'engager les Peuples voisins de ce Fleuve à rester tranquilles. En effet il ne se fit aucun mouvement de leur part jusqu'en 398 que Marcomer & Sunnon se révolterent (27). Mais comme la Nation n'avoit point eu de part à cette révolte, & qu'au contraire elle ne vouloit point violer les Traités qu'elle avoit faits avec les Romains, elle leur livra Marcomer qui fut envoyé en exil en Toscane. Sunnon ayant voulu venger son frere, fut tué par ses Sujets ; & Stilicon établit de nouveaux Rois à leur place.

395.

398.

407.

Tout étoit paisible dans les Gaules lorsqu'en 407 les Vandales, les Suèves

(26) Ceci convient fort à la partie Orientale du Pays de Cleves.

(27) Claudien dans son Panégyrique de Stilicon.

& les Alains se répandirent dans ce Pays qu'ils ravagerent pendant quelques années. Une partie passa ensuite en Espagne où elle s'empara de la Lusitanie, de la Bœtique & de la premiere Carthaginoise qu'elle conserva malgré tous les efforts de l'Empire. Stilicon fut accusé d'avoir introduit ces Barbares dans les Gaules, afin qu'à la faveur de tant de troubles il pût mettre son fils sur le trône. L'Empereur s'étant laissé persuader par les ennemis de ce Général qu'il étoit criminel, le fit périr avec toute sa famille, & se priva par ce moyen du seul soutien de l'Empire. Cette mort eut de funestes suites. Alaric Roi des Visigoths entra dans l'Italie avec une puissante armée, & sous prétexte de venger Stilicon il exerça toutes sortes de cruautés dans ce Pays. Enfin ne pouvant obtenir d'Honorius ce qu'il lui avoit promis pour l'engager à se retirer, il mit le Siége devant Rome, qui se racheta par la perte de ses Trésors l'an 408 ; mais ayant été assiégée deux fois depuis par le même Prince, elle fut emportée & presque détruite par le fer & par le feu l'an 410.

D'un autre côté les Saxons, les Scots ou Caledoniens & les Pictes ravageoient la Grande-Bretagne. Les Peuples de cette Isle avoient été abandonnés par Constantin (28) que les troupes Romaines révoltées avoient nommé Empereur. Il étoit passé dans les Gaules avec ces mêmes troupes pour s'y faire reconnoître. Les Bretons envoyerent demander du secours à Honorius ; mais ce Prince étoit trop occupé à se défendre contre les Visigoths. Il leur écrivit pour les exhorter à prendre les armes & à se défendre eux-mêmes, parce qu'ils ne devoient espérer aucun secours de la part des Romains. Les Bretons suivirent son conseil, & depuis ce tems-là ce Pays fut entiérement soustrait à la domination Romaine, & fut gouverné par des Rois indépendans de l'Empire.

Zozime (29) nous apprend que l'exemple de ces Insulaires fut suivi par toute l'Armorique, & par quelques autres Provinces de la Gaule, c'est-à-dire par la seconde Belgique, les Lyonnoises seconde & troisiéme, & une partie de l'Aquitaine premiere & seconde (30). Ces Provinces chasserent les Magistrats Romains, abolirent les Loix Romaines, en établirent de nouvelles, leverent des troupes & formerent un Etat libre qui ne connoissoit plus la souveraineté de l'Empire Romain.

Cependant les Vandales continuoient leurs ravages dans les Gaules, & les Francs avoient pris les armes pour les repousser. Plusieurs Auteurs placent en l'année 409 & suivante la prise & la destruction de Rheims par les Barbares, ainsi que le siége de Laon & la ruine de Vermand. Ils supposent que leurs cruautés obligerent les Peuples à prendre les armes, & à implorer le secours des Francs.

Constantin résolu de délivrer Rome assiégée par les Visigoths, étoit passé en Italie, & s'étoit déja avancé jusqu'aux environs du Pô ; mais la nouvelle de la mort d'Allovich qu'Honorius avoit fait mourir, parce qu'il le soupçonnoit de quelqu'intelligence criminelle, obligea Constantin à revenir sur ses pas, & par-là il confirma les soupçons qu'on avoit du motif secret

---

(28) Son rang & sa naissance nous sont inconnus.

(29) L. VI.

(30) *Tractus Armoricanus* comprenoit ces cinq dernieres Provinces. *Notice de l'Empire* Sect. 61.

Courses des Francs dans les Gaules.

de son voyage. De retour dans les Gaules, il envoya au-delà du Rhin son Général Edovink qui étoit Franc, afin de lui amener des troupes Françoises ou Allemandes. Mais comme il appréhendoit que ce secours ne fût long-tems à venir, il s'adressa aux Francs de la Gaule & les engagea à se joindre à lui contre Geronce qui s'étoit soulevé en Espagne, & contre lequel son fils Constans venoit de perdre une bataille. Les Francs ne purent satisfaire l'Empereur aussi promptement qu'il le desiroit. Godegisile Roi des Vandales étoit dans leur Pays où il mettoit tout à feu & à sang. Cependant les Francs ayant marché à leur rencontre, les attaquerent & leur tuerent vingt mille hommes avec leur Roi. Ils tenoient le reste enfermé dans leur Camp & il n'en seroit pas échappé un seul, si Respendial Roi des Alains ne fût venu pour les tirer du danger où ils étoient. Ce Prince ayant délivré les Vandales ne jugea pas à propos de continuer la guerre contre les Francs. Il s'avança avec les Suéves & le reste des Vandales vers les Pays Méridionaux pour se joindre aux autres Barbares qui y causoient des désordres épouvantables.

La mort d'Alaric & le Traité qu'Honorius avoit fait avec Ataulphe son successeur avoit rendu une espéce de calme à l'Italie. L'Empereur profitant de ces momens voulut arrêter la puissance de Constantin dans les Gaules. Constantius qu'il envoya pour terminer cette affaire, défit ce Rebelle près d'Arles, & le fit prisonnier. Mais en 412 il s'éleva de nouveaux troubles dans les Gaules où les Goths étoient entrés sous la conduite d'Ataulphe. Le Traité que ce Prince avoit fait avec Honorius ne s'éxécutoit pas. On devoit leur fournir du Bled; mais la révolte d'Héraclien empêchoit qu'on n'en pût faire venir d'Afrique d'où on avoit coutume de le tirer; de sorte que les Goths vivoient à discrétion dans les Gaules. Jovin nouvel Usurpateur s'étoit joint à eux. Cette intelligence ne dura pas long-temps, & ils devinrent bientôt redoutables à Jovin. Ataulphe se déclara ouvertement contre lui, & l'ayant fait prisonnier à Narbonne il le fit conduire en Italie.

_412._

Constantius élevé à la dignité de Patrice dès l'an 415 s'occupa en 418 à mettre quelque ordre aux affaires des Gaules & sur-tout à soumettre les Armoriques.

_418._

Pharamond.

C'est vers ce temps-ci que la Chronique de Tiro-Prosper place le régne de Pharamond, la vingt-sixiéme année d'Honorius, & l'année qu'il désigne par une grande Eclipse de Soleil. Mais on sçait que la Chronique de cet Auteur est très-peu exacte, & que dans cet endroit même il y a plusieurs Anachronismes. D'ailleurs il ne dit qu'un mot qui peut avoir un autre sens que celui qu'on a voulu lui donner. En effet ces paroles *Pharamundus regnat in Francia*, ne prouve point qu'il y ait régné sur les Francs en deçà du Rhin. On donnoit, comme on sçait, le nom de *Francia* à tous les lieux occupés par ces Peuples, & il n'y avoit point d'endroit fixe qui portât précisément ce nom. De plus Grégoire de Tours, Frédegaire & nos premiers Historiens ne font point mention de ce Prince. On peut cependant croire qu'il régnoit sur une partie des Francs, & M. de Valois pense qu'il les commandoit au troisiéme pillage de Tréves. Mais quoique plusieurs Chroniques & quelqu'unes des Préfaces qu'on trouve dans les Manuscrits de la Loi Salique lui en attribuent la rédaction, il n'en est pas moins démontré faux que ce Prince n'y a eu aucune part. Frédegaire

DE L'UNIVERS. LIV. I. CHAP. II.

qui dans son Abrégé de Grégoire de Tours s'est donné la liberté d'ajouter beaucoup de choses à cet Historien, fait Clodion fils de Théodemer, & ne parle pas de Pharamond qui n'avoit pas encore été inventé de son temps. Cette opinion de Frédegaire a fait croire à Usserius que Pharamond & Theodemer étoient le même. Mais elle est contraire à celle de Grégoire de Tours qui parle de Theodemer & de Clodion comme de deux Princes qui avoient régné sur différens Cantons des Francs.

<small>ETABLISSE-MENTS DES FRANCS DANS LES GAULES.</small>

Cette même année l'Empereur à la sollicitation du Patrice Constantius accorda aux Provinces de la Gaule une remise considerable d'une partie des impôts. On ne songeoit alors à faire aucune guerre, car les Finances de l'Empire étoient épuisées, & le nombre des troupes extrêmement affoibli par les pertes continuelles qu'on avoit faites. Constantius avoit renouvellé le Traité avec les Visigoths, & leur avoit fait céder par l'Empereur la Novempopulanie, la seconde Aquitaine & quelques Villes des Provinces voisines. Idace nous apprend que l'établissement des Goths dans l'Aquitaine s'étendoit depuis Toulouse jusqu'à l'Océan. Cette Ville fut détachée de la Narbonnoise dont elle faisoit partie. Les Romains ne pouvant plus conserver ces Provinces, les donnerent aux Visigoths en échange de la Province Carthaginoise, de la Lusitanie & de la Boetique dont les Visigoths avoient chassé les Alains & les Silinges.

<small>Remise des Impôts dans les Gaules.</small>

Constantius ayant été associé à l'Empire en 420, le Comte Asserius le remplaça dans la dignité de Patrice. En même temps Castinus fut chargé de marcher contre les Francs qui avoient fait quelque désordre. Les Historiens nous laissent ignorer le sujet de cette guerre & le succès de l'expédition.

<small>420.</small>

Honorius mourut en 423, & comme ce Prince ne laissoit point d'enfans, & que Constantius qui avoit été déclaré César étoit mort aussi, le trône appartenoit à Valentinien III, fils de Constantius & de Placidie. Cependant il s'éleva un concurrent à l'Empire, nommé Jean favorisé par Aëtius & Castinus, mais la puissance de l'Usurpateur ayant été aussi-tôt abbatue que commencée, Valentinien resta seul maître de l'Empire. Après la mort du tyran, Aëtius entra en grace auprès du nouvel Empereur, fut nommé Patrice, & fut envoyé dans les Gaules en cette qualité.

<small>423.</small>

La guerre que le Général Romain eut à soutenir contre les Francs regarde ceux de la seconde Germanie sur lesquels régnoit Clodion. Les circonstances de cette expédition rapportées par Sidonius dans le Panégyrique prononcé en l'honneur de Majorien sont une preuve de ce qu'on avance ici. Le Poëte introduit la femme d'Aëtius jalouse de la gloire dont Majorien s'étoit couvert dans un âge encore tendre (31). Cette femme le croyant destiné à l'Empire veut engager Aëtius à le faire périr, & pour le lui rendre redoutable, elle fait le récit des belles actions qu'il avoit déja faites. Après avoir parlé de la valeur avec laquelle il avoit défendu la Ville de Tours pendant l'absence du Patrice, elle ajoute : quelque temps après vous avez combattu ensemble dans les Plaines d'Artois occupées par Cloïon [c'est le même que Clodion]. Elle fait ensuite mention d'un défilé & d'un retranchement construit pour défendre le passage d'un Pont bâti sur une Riviere voisine de

<small>CLODION, I. ROI.</small>

(31) Elle le nomme *Puers*.

ÉTABLISSE-
MENTS DES
FRANCS DANS
LES GAULES.
CLODION.
I.ᵉʳ ROI.

Lens [*Vicus Helenæ*]. Ce qui détermine le nom du Roi des Francs, & le lieu où se faisoit la guerre. Il donne ensuite la description de ces Francs contre lesquels Majorien combattit. » Ils ont, dit-il, une taille gigantesque,
» que leurs cheveux blonds rassemblés sur le front & sur le haut de la tête
» fait paroître encore plus grande. Leur visage est rasé à l'exception des
» moustaches qu'ils peignent avec soin. Leurs yeux sont bleus, mais vifs
» & perçans. Ils portent des habits fort étroits qui sont encore serrés par
» une large ceinture, & ils sont si courts qu'ils laissent appercevoir leurs
» jarrets. Ils se font un jeu dès leur enfance d'agiter leurs boucliers, de
» manier la hache à deux tranchans, & ils sçavent prévoir l'endroit que
» leurs javelines doivent frapper lorsqu'ils les dardent. Ils se jettent en mê-
» me-temps contre l'ennemi, & souvent ils devancent le trait qu'ils vien-
» nent de lancer. S'ils se trouvent surpris par le nombre ou par la situation
» du lieu dans lequel ils sont attaqués, ils sçavent mourir ; mais ils igno-
» rent la crainte. Ils périssent sans être vaincus, & leur valeur semble les
» soûtenir encore lorsque la vie les a abandonnés. Tels sont, dit la femme
» d'Aëtius, ceux que Majorien a vaincus, & qu'il a mis en fuite à vos
» yeux.

Les Francs avoient des éta-blissemens dans les Gaules avant ce Prince.

Malgré l'hyperbole de cette description, le Poëte nous apprend que les exploits de Majorien se bornerent en cette occasion à surprendre un quartier de l'armée de Clodion où l'on célébroit les nôces de quelques Seigneurs François, & à enlever la Mariée avec quelque bagage. Quoique dans cet éloge des Francs il y ait des choses que l'on auroit tort de prendre à la lettre, ce qu'il dit de leur courage ne peut être suspect. C'est un ouvrage récité devant un Prince qui leur avoit fait la guerre, & au milieu d'une Cour dans laquelle ils étoient connus. Sidonius n'a jamais donné tant de louanges aux autres Nations Germaniques de la Gaule, & il semble que les Francs se distinguoient singuliérement par leur intrépidité & par leur mépris pour la mort, ensorte que leur façon de penser, & le courage qu'ils faisoient paroître dans toutes les occasions répondoient parfaitement au nom de *Frenk* ou de *Frek*, c'est-à-dire intrépide, comme on la déja observé (32).

Clodion ou Cloïon est le premier Roi des Francs dont parle Grégoire de Tours, quoiqu'il en reconnoisse d'autres avant lui. Il dit que les Francs qui habitoient d'abord sur les bords du Rhin, passerent ce Fleuve & s'établirent dans la Thoringie ou la Thongringie, comme portent quelques Manuscrits, c'est-à-dire dans le Pays de Tongres ; mais quand même ces Manuscrits ne varieroient pas, il est clair que dans l'hypothèse de Grégoire de Tours, les Francs sortant de la Germanie & passant le Rhin ne pouvoient rencontrer la Thuringe, qui est même assez éloignée du Rhin. D'ailleurs il y a grande apparence que Grégoire dans cet endroit avoit en vue les Francs Saliens que Julien trouva en 358 Maîtres du Pays qui est depuis le Rhin jusqu'à Tongres.

Les François, continue Grégoire, se partagerent en plusieurs Etats ou Cantons, qui se donnerent des Rois à longs cheveux (33), pris de la pre-

(32) Ces Réflexions & les suivantes sont d'après M. Freret dans son Mémoire déja cité.
(33) *Reges crinitos.*

miere & de la plus noble famille d'entre eux. Les victoires de Clovis en fournissent la preuve dans la suite de l'Histoire.

Les derniers mots du passage de Grégoire de Tours peuvent recevoir deux sens : l'un que les guerres de Clovis contre les autres Rois des Francs prouvent qu'il y en avoit plusieurs qui régnoient en même-temps sur différentes parties de la Nation. L'autre que tous ces Rois étoient pris d'une seule & même famille, parce que tous les Rois des Francs dépouillés par Clovis étoient de ses parens, & que l'Histoire de ses Successeurs nous fait voir que tous les descendans par les mâles d'un Roi des Francs, étoient Rois ; le Royaume du Souverain défunt étant toujours partagé entre tous ses fils. Grégoire de Tours pour prouver que les Francs ont eu des Rois dans ce pays rapporte l'exemple de Theodemer, Roi des Francs, & fils de Ricimer, dont il est parlé dans les Fastes Consulaires, & qui avoit été mis à mort avec sa femme Ascila. Il y a apparence que ce fut dans la Gaule & par les Romains ; car c'est-là ce que suppose le raisonnement de l'Historien. A cet exemple il ajoute celui de Clodion qui régnoit aussi dans ce temps-là, & qui faisoit sa résidence à *Dispargum* sur la Frontiere du pays de Tongres.

Le Château de *Dispargum* est beaucoup en deçà du Rhin, comme on le voit par la narration de Grégoire. Il ne peut être ni Doesbourg sur le confluent du vieux & du nouvel Issel, ni Duisbourg sur le confluent du Roer & du Rhin ; l'un & l'autre sont dans la Germanie au-delà du Rhin. Il y a plus d'apparence que c'est ou Diest sur le Demer, dont un Fauxbourg se nomme Duisbourg, & qui est près de Tessenderloo, ou bien Duisberch sur la Tille entre Louvain & Bruxelles.

Une nouvelle preuve qu'il faut chercher le *Dispargum* & la Thoringie en deçà du Rhin, c'est que Grégoire de Tours en fait une partie de la Gaule. » Dans le même Pays, dit-il, les Romains occupoient tout ce qui s'étend » au midi jusqu'à la Loire ; au-delà de ce Fleuve étoient les Goths ; les » Bourguignons occupoient les terres situées vers le Rhône & la Ville de » Lyon.

Quelque succincte & quelque peu exacte que soit cette division, il est clair que c'est de la Gaule qu'il veut parler, & comme il se sert des grandes Rivieres pour marquer les Frontieres des Nations qu'il désigne, il eut nommé le Rhin pour déterminer celle des Francs, si la Tongrie & *Dispargum* n'eussent pas été en deçà de ce Fleuve.

Le reste du passage de Grégoire en est encore une nouvelle preuve. Clodion, continue-il, ayant donc envoyé reconnoître le Pays jusqu'à Cambrai, marcha contre les Romains, les battit, s'empara de la Ville, & après y avoir demeuré quelque-temps, il se rendit Maître de tout le Pays jusqu'à la Somme.

Cambrai est à plus de soixante lieues du Rhin, des Villes de Doesbourg sur l'Issel, & de Duisborg sur le Roer. Supposera-t-on que Grégoire de Tours ait fait traverser à Clodion soixante lieues dans un Pays ennemi, sans faire quelque remarque sur cet événement ? D'ailleurs croira-t-on que ce Roi des Francs ait passé par un Pays coupé de bois & de rivieres, sans trouver aucun obstacle ? S'il étoit encore alors entre les mains des Romains, ils devoient y avoir des Garnisons & des troupes, ou du moins des Habitans

ETABLISSE-
MENTS DES
FRANCS DANS
LES GAULES.
CLODION.
I. ROI.

Discussion sur
le *Dispargum*.

ÉTABLISSE-MENTS DES FRANCS DANS LES GAULES.
CLODION.
I. ROI.

qui pouvoient donner avis de leur marche. Il faut plus de huit jours à une armée pour faire un tel trajet, & par conséquent *Dispargum* n'étoit pas loin de Cambrai, & à peu près dans l'endroit où est maintenant Duis-Berch sur la Tille. Le Pays est ouvert de-là jusqu'à Cambrai, & ce n'étoit alors qu'une Forêt que l'on nommoit *Charboniere*, & qui occupoit le Pays entre la Sambre & l'Escaut (34).

Quelques Ecrivains modernes ont regardé les expéditions de Clodion comme des courses passageres; mais ce sentiment n'est pas admissible. Les François, comme on sçait, n'avoient alors que de l'infanterie, & il n'est pas naturel de croire qu'ils se seroient engagés jusqu'à cinquante ou soixante lieues dans un Pays ennemi où ils n'auroient subsisté qu'avec peine, & où les Romains pouvoient les envelopper ou les couper de tous côtés. Pour adopter une pareille opinion il faudroit se figurer les Francs semblables aux Huns ou aux Tartares, ce qui ne seroit nullement conforme à l'Histoire; car on a des preuves certaines que les Francs avoient des demeures fixes, & que ces Peuples cultivoient les terres qu'ils occupoient.

Un autre raison à laquelle il paroît qu'il n'y auroit point de réplique, c'est la situation dans laquelle Aëtius les trouva dans les Plaines d'Arras. Ils avoient construit un Fort (35) pour défendre le passage d'un défilé & d'une riviere; ce qui prouveroit qu'ils habitoient le Pays qui étoit au-delà. De plus ils étoient occupés à célébrer le mariage d'un Seigneur. » Le côteau voisin de la riviere, » dit Sidonius, retentissoit des chants d'un Hymenée dont les Barbares célé- » broient la Fête; & au milieu d'une danse scythique on unissoit la nouvelle » Mariée à un Epoux blond comme elle.

Ce détail de la Fête d'un Mariage, ces danses, ces chants, les aprêts d'un festin, ne conviennent guere à l'idée d'une expédition militaire, & d'une course faite par des Aventuriers dans un Pays ennemi & à plus de 60 lieues de leurs Contrées.

Il y avoit plus de trente ans qu'Arras étoit la Frontiere des Romains entre l'Escaut & l'Océan. On voit dans la Notice de l'Empire que c'étoit la Place la plus avancée de ce côté-là où les Romains eussent une Garnison. Lens ou *Vicus-Helena* faisoit apparemment la Frontiere des Francs, & ils étoient Maîtres de tout le Pays qui est au Nord du Souchet. Ce fut sans doute de ce canton que Clodion s'avança pour surprendre Cambray où il demeura quelque temps, & d'où il étendit ses conquêtes jusqu'à la Somme (36).

On lit dans Hincmar que les Francs s'étant rendus Maîtres de Tournai, de Cambray & de la partie de la Belgique qui s'étend jusqu'à la Somme, s'y étoient établis sous les Rois Clodion & Merouée. Tous les anciens Ecrivains sont d'accord sur cet article avec Grégoire de Tours, & il n'est pas facile de concevoir ce qu'on peut opposer à leur consentement unanime.

Traité d'Aëtius avec les Francs.

Aëtius se trouvant dans de certaines circonstances où il ne pouvoit continuer la guerre avec les Francs, fit un Traité avec Clodion dont il pensoit avoit besoin. Ce Traité n'est pas un fait avancé dans l'Histoire sans aucun fondement. Priscus Ecrivain contemporain nous apprend que le fils de

---

(34) M. Freret, *ibid.*
(35) *Agger.*

(36) M. Freret, *ibid.*

Clodion avoit été adopté (37) par Aëtius, & qu'il avoit vû lui-même ce jeune Prince lorfqu'il étoit à Rome où il avoit été envoyé pour quelques négociations.

Cependant les Bourguignons s'étoient jettés en 435 fur la premiere Belgique. Aëtius marcha contre eux, les défit & leur accorda la paix, felon Profper. Mais Idace qui parle de cette victoire, ne fait aucune mention de la paix. S'il y eut un Traité, il y a apparence qu'ils le violerent ; car l'année fuivante le Patrice fut obligé d'aller à leur rencontre, & ayant fait avancer les Huns (38) de la Pannonie, chez lefquels il avoit de grandes intelligences, il les enveloppa de toutes parts & les tailla en pieces. Leur Roi Gundicaire fut tué avec vingt mille hommes de fa Nation. Sidonius nous apprend qu'ils avoient ravagé la Belgique : il y a quelque apparence qu'ils s'étoient jettés fur la Ville de Tréves, & que c'eft à leur expédition qu'il faut rapporter le quatriéme pillage de cette Ville, duquel Salvien fait une defcription fi pathétique. Il étoit encore récent en 442 lorfque cet Auteur écrivoit fon ouvrage. Les Bourguignons dont il s'agit ici occupoient encore la plus grande partie de la premiere Germanique.

D'un autre côté les Vifigoths affiégeoient Narbonne & la Place étoit réduite à l'extrémité. Les Huns volerent à fon fecours par ordre du Patrice, traverferent l'Auvergne qui appartenoit aux Romains avec toute la premiere Aquitaine, & forcerent les ennemis à lever le Siége.

L'Empire Romain fe démembroit de tous côtés. Tiro Profper fait mention de l'établiffement des Alains dans la Gaule Ulterieure ; & les termes dont il fe fert font voir qu'on leur diftribua des terres pour les poffeder en propriété, avec le droit d'en chaffer les Propriétaires. Jornandès parle des Alains établis au-delà de la Loire & de leur Roi *Sangiban*.

En Afrique les Romains avoient cédé aux Vandales une partie de la Numidie dans les environs d'Hippone. Ces exemples font voir que les Romains abandonnoient aux Barbares les Provinces qu'ils ne pouvoient plus défendre, & par conféquent il ne doit point paroître extraordinaire qu'ils ayent cédé la Belgique aux Francs. On voit même qu'ils avoient donné au refte de la Nation des Bourguignons une partie de la Savoye qu'ils partagerent avec les anciens Habitans. Il ne feroit pas difficile de rapporter un

ETABLISSE-
MENS DES
FRANCS DANS
LES GAULES.

CLODION,
I. ROI.

435.
Victoire d'Aëtius fur les Bourguignons.

---

(37) C'étoit une adoption faite par les armes, comme il y en a plufieurs exemples dans l'Hiftoire.

(38) Ptolémée donnoit ce nom à une Nation Scytique établie entre le Palus Mœotis & le Borifthenes. Il fignifie en Langue Ruffienne ou Sarmate *des Cavaliers*, *des Gens de cheval*, ce qui caractérife les Tartares. Les Grecs avoient étendu ce nom à toutes les nations Scytiques, comme nous avons fait celui de Tartares. Ils en diftinguoient de deux fortes : les Huns noirs ou Occidentaux dont ils font un Portrait hideux, & qui reffemble parfaitement aux Calmouques & aux Nogays. Les Huns blancs ou Orientaux, autrement *Ephtalitæ*, *Eutalitæ* ou *Nephtalitæ* s'étendoient jufqu'au Nord & à l'Orient de la Perfe, au-delà de la Mer Cafpienne & de la Tranfoxane. Ce font ceux que les Orientaux nomment *Abtelah* ou *Aietelah*.

Les Grecs les repréfentent comme des Peuples de bonne mine & d'une figure agréable en comparaifon des autres Huns. Ces Huns pafferent 150 ans après dans l'Occident fous le nom d'*Abares* & furent Maîtres de tous les Pays fitués au nord du Danube jufqu'au tems de Charlemagne. Les Ecrivains de Conftantinople leur donnent quelquefois le nom de *Turcs*, & ce nom eft auffi celui que les Orientaux employoient en parlant d'eux. *M. Freret déja cité.*

Tome. I. Partie II. E*

ÉTABLISSE-
MENS DES
FRANCS DANS
LES GAULES.

grand nombre d'autres exemples de ces cessions ; mais on peut les lire dans l'Histoire de ces temps-là.

Les Gaules se trouverent alors sous cinq dominations ; sçavoir, celle des Romains, celle des François, celle des Visigoths, celle des Bourguignons & celle des Bretons.

MEROUE'E,
II. ROI.

La mort de Clodion arrivée l'an 448 laissa le trône vacant. Il devoit appartenir à l'aîné de ses deux fils ; mais le plus jeune l'emporta par la faveur d'Aëtius & des Romains. Merouée est le nom que Fredegaire donne à ce Prince qu'il reconnoît pour être fils de Clodion. D'autres Historiens l'ont regardé seulement comme son parent, & comme un Usurpateur qui s'étoit emparé de la Couronne à l'exclusion des fils du dernier Roi, dont il avoit été déclaré Tuteur par ce Prince.

Une tradition fabuleuse qui donnoit pour pere à Merouée une divinité de la Mer, a pu porter Grégoire de Tours à se servir des termes qu'il employe (39) en parlant de ce Roi, & il n'aura prétendu dire autre chose sinon qu'il avoit couru divers bruits équivoques sur la naissance de Merouée. Il y auroit tout lieu de croire que ce jeune Prince étoit celui qu'Aëtius avoit adopté par les armes en 440, & il pouvoit avoir 28 à 29 ans lorsqu'il commença à régner. Ce Monarque avoit sous sa domination non-seulement ce que les François possedoient en deçà du Rhin, mais encore la partie Occidentale de la Germanie depuis l'Océan jusqu'à la Thuringe. Son frere aîné que les Chroniqueurs nomment Clodebaud ou Clodemir commandoit sur les Pays qui sont entre le Mein & le Nekre dans la Franconie & dans une partie de la Suabe. Peu satisfait de ce partage il déclara la guerre à son frere & mit dans son parti Attila Roi des Huns.

Attila entre
dans les Gaules.

Ce fleau de Dieu [c'est ainsi qu'il se faisoit appeler] ne cherchoit que des prétextes spécieux pour entrer sur les terres des Romains. Honoria fille de Placidie & de Constantius lui en avoit déja fourni un en implorant son secours pour lui faire rendre la liberté & les grands biens qui devoient lui revenir de la succession de Constantius. Les Ambassadeurs qu'il avoit envoyés à Rome n'avoient point été écoutés, ainsi il paroissoit avoir quelque sujet raisonnable d'attaquer les Romains. La querelle des deux fils de Clodion lui en fournissoit en même-temps un autre. Il se servit de cette derniere raison dans l'espérance que les Gaules seroient une conquête plus facile, & qu'après qu'il s'en seroit rendu Maître il n'auroit plus de peine à réduire le reste de l'Empire.

451.

Plein de cette idée il se mit en marche au commencement du Printemps de l'année 451, s'avança à grandes journées & avec une armée formidable vers le Rhin qu'il traversa sans obstacles ; saccagea Metz, Tréves, Tongres, Arras & toutes les Villes qui se trouverent sur sa route ; passa près de Paris qu'il négligea de prendre & alla mettre le Siége devant Orléans. Il vouloit se saisir de cette Place qui lui assuroit le passage de la Loire, & lui ouvroit le chemin pour entrer dans l'Aquitaine par un Pays de Plaines dans lesquelles il pouvoit se servir avantageusement de sa Cavalerie: Elle lui auroit été inutile dans les Montagnes de l'Auvergne & du Lyonnois, c'est pourquoi il évita de s'y engager.

(39) *Hunc de Chlogionis stirpe fuisse quidam asserunt.*

Aëtius n'avoit rien négligé de son côté pour se mettre en état de repousser Attila. Il avoit fait une Ligue avec les Francs, les Visigoths, les Ripuaires, les Bourguignons, les Peuples de l'Armorique ; les Bretons autrefois soldats Romains & alors troupes Auxiliaires, les Sarmates ou Alains de la Gaule, les Saxons, & plusieurs autres Nations tant Germaniques que Celtiques. Pendant qu'Attila étoit occupé au Siége d'Orléans, le Patrice s'avança pour secourir la Place. Le Roi des Huns n'ayant pu s'en rendre maître par surprise, comme il l'esperoit, leva le Siége & se retira par le même chemin. Cette retraite étoit nécessaire pour donner à une partie de ses troupes qu'il avoit envoyé ravager la Belgique, le temps de le rejoindre. Aëtius le suivit à la tête d'une armée qui étoit presqu'aussi nombreuse que celle des Huns, & redoutable par l'Infanterie dont elle étoit composée. Attila étoit campé dans les Plaines de Châlons aux environs de Troyes.

ETABLISSE-MENS DES FRANCS DANS LES GAULES.

MEROUE'E, II. ROI.

Les deux armées resterent quelques jours en présence sans rien entreprendre. Aëtius differoit le combat se flattant que les ennemis qui n'avoient ni magasins, ni grandes provisions, ne pourroient subsister long-temps. Attila de son côté redoutant le succès du combat ne s'y présenta que l'après-midi, afin que les ténèbres pussent favoriser la retraite de ses troupes si elles se trouvoient dans le cas d'être obligées de fuir. On en vint aux mains, & après une action des plus sanglantes la nuit sépara les combattans. Les Romains & leurs Alliés la passerent sur le Champ de bataille incertains pour qui la victoire s'étoit déclarée. Mais lorsque le jour parut ils reconnurent leur avantage ; car Attila s'étoit retiré dans son Camp qu'il avoit fortifié avec des retranchemens de chariots. Il s'y défendit si vigoureusement qu'Aëtius ne put venir à bout de le forcer. Attila qui ne vouloit point tomber vivant entre les mains des ennemis, avoit préparé un bûcher dans lequel il devoit se jetter en cas que les Romains se fussent rendus Maîtres de son Camp.

Il est vaincu.

C'est après cette expédition que la plûpart des Ecrivains, Jornandès & Grégoire de Tours mêmes rapportent qu'Aëtius redoutant la puissance des Francs & des Visigoths réunis, engagea Merouée & le fils du Roi des Visigoths à se retirer promptement dans leurs Provinces sous prétexte que leurs freres pourroient s'emparer de leurs Etats. Le Général Romain étoit trop bon politique pour se comporter avec si peu de prudence en cette occasion. Il avoit peu de troupes Romaines, ses meilleures troupes Auxiliaires étoient les Francs & les Visigoths, & il pouvoit compter sur leur fidélité. Les autres Nations qui composoient son armée devoient lui être suspectes. En effet les Armoriquains étoient des Peuples révoltés qui pouvoient craindre que les Romains ne voulussent les forcer à rentrer dans leur devoir ; les Bourguignons n'avoient pas perdu le souvenir de la mort de leur Roi, & de la guerre que leur avoit suscité Aëtius quelques années auparavant : outre cela plusieurs Peuples de leur Nation qui étoient encore en Germanie étoient soumis aux Huns, & Attila pouvoit les engager dans son parti. Aëtius en renvoyant les Visigoths & les Francs s'exposoit à se voir une seconde fois les Huns sur les bras, & en danger de succomber sous leurs efforts. Il est vrai que les Goths l'abandonnerent après le combat. Leur Roi y avoit été tué, & un de ses fils qui s'étoit trouvé dans l'armée appréhendant que son frere qui étoit resté en Aqui-

<small>ETABLISSE-
MENS DES
FRANCS DANS
LES GAULES.</small>
taine ne s'emparât du trône, se vit contraint à quitter l'armée Romaine pour songer à ses intérêts. Les Francs resterent avec Aëtius, & c'est Idace, Ecrivain contemporain, qui nous en assure (40).

<small>MEROUE'E,
II. ROI.</small>
Le Patrice ne se trouvant point en état de forcer les retranchemens des Huns depuis la défection des Visigoths, jugea plus à propos de laisser à Attila la facilité de se retirer. Ce Prince profita de si heureuses circonstances pour lui, quitta son Camp & prit sa route vers le Rhin. Aëtius accompagné des Francs le suivit jusqu'à ce Fleuve où il s'arrêta, ayant donné la commission à Merouée de le poursuivre jusque sur les Frontieres de la Turinge. Telle fut l'expédition d'Attila dans les Gaules : elle ne servit qu'à ruiner son armée & à lui faire perdre les plus braves de ses Soldats.

<small>Mort d'Attila.</small>
Il ne fut pas plus heureux en Italie où il pénétra l'année suivante. Il y fit à la vérité de grands ravages, prit la Ville d'Aquilée & quelques autres Places, mais il n'osa y rester long-temps dans la crainte d'être enveloppé par l'armée d'Aëtius qui marchoit contre lui, & par les troupes que l'Empereur d'Orient envoyoit au secours de Rome. Il menaça cependant de revenir en Italie si on ne lui accordoit Honoria avec tous les biens qui lui appartenoient. Mais sa mort arrivée l'année suivante délivra les Romains de l'inquiétude que leur causoit un ennemi si redoutable, & mit fin à l'Empire des Huns.

Il y a apparence que le frere de Merouée fut enveloppé dans la premiere déroute d'Attila, car il n'est plus fait mention de lui dans l'Histoire.

<small>Aëtius périt de la main de l'Empereur.</small>
Aëtius le soutien de l'Empire, reçut la mort pour la récompense des services qu'il avoit rendus à l'Etat. Valentinien jaloux de la gloire qu'il s'étoit acquise le tua de sa propre main en 454. Il avoit été porté à une action si lâche par le Sénateur Maxime, qui voulant faire périr l'Empereur dont il avoit reçu un sanglant outrage, regardoit la vie d'Aëtius comme un obstacle à ses desseins. Valentinien craignant avec raison que la mort tragique de ce Patrice n'irritât les Nations qui lui étoient attachées, envoya des Ambassadeurs de tous côtés pour tâcher de se justifier, & pour renouveller les Traités qu'il avoit faits avec elles. Cet Empereur ne survécut pas assez long-temps pour sentir la perte qu'il avoit faite ; car Maxime dont il avoit deshonoré la femme, le fit assassiner au commencement de l'année 455. Il se servit pour l'éxécution de ce détestable projet de deux Barbares attachés à Aëtius, & qui en servant l'ambition & la vengeance de Maxime, croyoient venger la mort de leur Protecteur.

L'Empire tomba entre les mains de Maxime. A peine fut-il sur le trône qu'il épousa la veuve de son Prédécesseur, fiança sa fille avec le fils de ce Prince, & nomma Avitus pour Maître de la Milice. Ce Seigneur étoit d'une des plus considerables familles de la Gaule : il avoit un grand crédit à la Cour des Visigoths, & s'il en faut croire Sidonius, c'étoit lui qui les avoit déterminés à secourir les Romains & à se joindre avec Aëtius contre Attila.

<small>Conquêtes de Merouée.</small>
Merouée n'eut pas plutôt appris la mort d'Aëtius qu'il arma pour la venger, ou plutôt profitant de cette occasion de faire de nouvelles conquêtes,

(40). M. Freret, *ibid.*

il attaqua la premiere Germanie & la seconde Belgique. Les Francs qui habitoient vers le Nekre & qui avoient suivi Attila, s'étoient jettés sur la premiere Germanie, mais Merouée les força à le reconnoître pour leur Souverain. Cependant Avitus vint à bout en peu de mois de pacifier les troubles de la Gaule, & il renouvella les Traités avec les Francs.

<small>Etablissemens des Francs dans les Gaules. Merouée, II. Roi.</small>

Si l'on avoit besoin d'une nouvelle preuve de l'établissement de ces Peuples en deçà du Rhin dans la premiere Germanie, & dans une partie de la premiere Belgique, leur expédition dans la seconde en fourniroit une sans réplique. Ce dernier Pays est éloigné du Rhin & séparé de ce Fleuve par la seconde Germanie & par la premiere Belgique. Si les Francs eussent encore été au-delà du Rhin, ils n'auroient pu pénétrer dans la seconde Belgique qu'après s'être rendus Maîtres des deux Provinces voisines du Rhin. Sidonius ne le dit pas; cependant dans un Panégyrique où il ne se propose d'autre but que de louer Avitus, qui par sa prudence avoit renouvellé le Traité avec les Francs, & donné la paix à l'Empire, il n'auroit eu garde d'omettre cette circonstance, parce que plus le mal auquel il auroit remedié auroit été grand, plus la conclusion de la paix lui auroit fait d'honneur (41).

L'Empire changea de Maître par la fin tragique de Maxime arrivée en 455, & Avitus qui étoit à Toulouse fut déclaré son Successeur. Mais la révolte de Ricimer l'obligea bientôt de descendre du trône, & Majorien fut déclaré Empereur par les intrigues de Ricimer en 457. Ægidius avoit été nommé l'année précédente Maître de la Milice des Gaules. Dès qu'il fut dans ce Pays il s'assura de l'amitié des Nations Barbares qui y étoient établies, confirma les Traités, & gagna surtout le cœur & l'esprit des Francs.

Merouée après avoir étendu & affermi la domination Françoise dans les Gaules, & après un régne de neuf ans, mourut l'an 456. Les François possedoient alors Soissons, Châlons, le Vermandois, l'Artois, le Cambresis, le Tournesis, Senlis, le Beauvoisis, l'Amienois, Therouenne, Boulogne, une partie de l'Isle de France & de la Normandie.

<small>Mort de ce Prince. 456.</small>

Le trône des François fut occupé par Childeric, fils de Merouée. Ce jeune Prince se rendit bientôt odieux à ses Sujets dont il enlevoit les femmes & les filles; il les porta par cette conduite si déréglée à se révolter contre lui, & à mettre en sa place Ægidius ou Gilles, Maître de la Milice Romaine, dont ils reconnoissoient la vertu & les grandes qualités.

<small>Childeric, III. Roi.</small>

Quelques Modernes ont regardé ce fait comme une véritable fable; ce qu'ils avoient intérêt de soutenir parce qu'il ne pouvoit s'accorder avec leur système; mais les répugnances de ces Critiques ne sont pas des preuves qu'il faille les préférer aux témoignages de Grégoire de Tours, soutenu du consentement unanime de tous les Ecrivains qui l'ont suivi. L'Histoire de Childeric, pere de Clovis, n'avoit pu être ignorée des Francs & même des Gaulois; car une partie des Sujets de Clovis au temps de l'entiere conquête des Gaules en avoient été les témoins, & rien ne devoit être plus connu au temps de Grégoire de Tours qui avoit vû les enfans de Clovis. Cette Histoire peu honorable à la famille Royale, n'est pas de celles que la vanité fait inventer. Le détrônement d'un Roi, sa fuite, son exil, son rétablis-

(41) M. Freret, ibid.

E iij

sement au bout de huit ans, forme une révolution que personne ne peut & ne doit ignorer. Ces événemens sont de la nature de ceux sur lesquels on n'en peut imposer à des Lecteurs presque contemporains, & vivans dans le Pays & dans la Nation où l'on supposeroit qu'ils sont arrivés. Il faut cependant avouer que les Ecrivains postérieurs à Grégoire de Tours ont mêlé des circonstances peu certaines, & cela est commun à toutes les Histoires. Mais pour supposer avec les Critiques modernes que le fond même de l'événement est un pur Roman, il faut avoir d'autres preuves que des répugnances.

Cependant Ricimer avoit fait assassiner Majorien l'an 459, & il avoit élevé Severe à l'Empire. Ægidius qui étoit dans les Gaules refusa de reconnoître le nouvel Empereur, & prit les armes pour venger la mort de Majorien auquel il avoit été attaché. Ricimer ne crut pas devoir attendre qu'Ægidius vînt le chercher en Italie, il lui opposa Théodoric Roi des Visigoths. Ce Prince étoit allié avec les Bourguignons, & ces derniers se prêtoient volontiers à tous ses desseins. Pour engager Théodoric à mieux servir les Romains, Agrippin un des principaux Seigneurs Gaulois, remit la Ville de Narbonne aux Visigoths qui l'avoient attaquée tant de fois inutilement.

Théodoric gagné par les instances & les largesses de Ricimer envoya contre Ægidius une armée sous la conduite de son frere Fréderic. Elle se rendit dans l'Armorique vers l'embouchure de la Loire (42), & ayant rencontré les troupes d'Ægidius on en vint aux mains. La victoire se déclara pour le Général des François, les Goths furent défaits, & Fréderic fut tué dans le combat. Le Vainqueur résolu de profiter de sa victoire & de continuer la guerre contre le nouvel Empereur & Ricimer, fit partir des Ambassadeurs pour l'Afrique, afin d'engager les Vandales dans son parti; mais il ne put voir l'éxécution de ses desseins étant mort l'an 464 (43).

Il n'étoit plus alors sur le trône. Les Francs lassés de la domination d'un Chef étranger que la nécessité des guerres qu'ils avoient à soutenir obligeoit de les traiter avec quelque dureté, songerent à rappeller leur ancien Roi. Les actions par lesquelles il les avoit irrités ne blessoient point la liberté publique du Corps de la Nation en général. C'étoient des emportemens de jeunesse que l'âge sembloit rendre excusables, & dont les malheurs qu'il avoit essuyés devoient l'avoir corrigé.

Grégoire de Tours ne nous apprend aucun détail du rétablissement de Childeric. Il se contente de dire que la huitiéme année de l'exil de ce Prince, Winomadus qui lui étoit demeuré fidéle ayant négocié son raccommodement avec les Francs, il le lui fit sçavoir par le signal dont ils étoient convenus, c'est-à-dire en lui envoyant la moitié d'une piéce d'or qu'ils avoient coupée en deux. Ce Prince revint de la Thuringe où il avoit trouvé un asyle, & fut reçu avec joie par les Francs.

Les Ecrivains postérieurs à Grégoire de Tours nomment les lieux par où ce Monarque passa, & ils font mention des Places qu'il enleva aux Romains. Ils ajoutent qu'après plusieurs combats Ægidius se retira à Soissons où il

---

(42) Idace.
(43) Idace observe qu'on regarda la mort de ce Comte comme un effet de la vengeance de ses ennemis.

mourut. Comme la mort de ce Comte arriva la huitiéme année de l'ex- ÉTABLISSE-
pulsion de Childeric vers la fin de l'an 664 selon Idace, il n'y a pas trop MENS DES
de temps pour placer tant de combats & tant de conquêtes. D'ailleurs si FRANCS DANS
Childeric se fût rendu Maître de Cologne, & des autres Villes dont parlent LES GAULES.
ces Ecrivains, elles se seroient trouvées dans le partage de son fils Clovis,
au lieu qu'elles appartenoient à des Princes ses parens, & que par consé- CHILDERIC,
quent elles n'avoient point fait partie du Royaume de Childeric. III. ROI.

Cependant Siagrius avoit succédé dans les Gaules au pouvoir d'Ægidius :
Aimoin nous apprend qu'il demeura Maître de Soissons, & qu'il en fit la
Capitale de son Royaume. La suite de l'Histoire nous fait voir qu'il y étoit
encore dans le temps de la conquête des Gaules par Clovis. Ægidius avoit
appellé à son secours des troupes étrangeres qui étoient campées sur la Loire.
Odoacre Roi des Saxons étoit aux environs d'Angers lorsqu'il apprit la mort
d'Ægidius. Craignant que son armée ne fût exposée à être détruite dans ces
circonstances il songea à s'établir dans le Pays. Il mit à contribution toute
la Province, & obligea la Ville, ainsi que quelques autres à lui donner des
Otages.

Les Visigoths de leur côté se préparerent à se rendre Maîtres des Places
& des Provinces Romaines qu'ils avoient défendues pour l'Empire contre
Ægidius. La mort de l'Empereur Severe arrivée le 15 Août 465, avec des
circonstances qui firent soupçonner Ricimer de l'avoir empoisonné, augmenta le désordre dans lequel étoient les affaires de l'Empire ; & l'interregne
de près de deux ans qui suivit cette mort, favorisa les usurpations des Visigoths.

La Gaule étoit alors divisée entre plusieurs Nations qui cherchoient à s'y
établir ou à augmenter l'étendue du Pays qu'elles occupoient. Les Francs
possedoient la seconde Germanie & les deux Belgiques presque toutes entieres ; les Bourguignons étoient Maîtres de la Sequanique, de la premiere
Lyonnoise, & d'une partie de la Viennoise ; Les Visigoths avoient joint
presque toute la Narbonnoise premiere aux deux Aquitaines, qui leur avoient
été cédées autrefois par les Romains. Ils cherchoient alors à s'emparer de
la premiere Aquitaine qui étoit demeurée fidelle aux Empereurs, de même
que la partie Septentrionale de la Narbonnoise jusqu'au Rhône, par où l'A-
quitaine communiquoit avec la Ville d'Arles, Metropole des Gaules &
soumise à l'Empire. La troisiéme Lyonnoise & la Senonoise étoient partagées entre les Rebelles de l'Armorique, les Bretons venus de l'Angleterre
sous la conduite de Riothim, les Saxons commandés par Odoacre, & les
Romains attachés au parti d'Ægidius & à son fils Siagrius, qui se maintenoit dans l'indépendance.

Cette même année 465, Basine femme du Roi de Thuringe abandonna Basine épouse
son mari, & vint trouver Childeric pour lequel elle avoit conçu une pas- Childeric.
sion violente. Ce Prince l'épousa, & l'année suivante il en eut un fils nommé
Clovis. Childeric passa les premieres années de son rétablissement à mettre
ordre aux affaires de son Royaume, & à regagner par sa bonne conduite le
cœur de ses Sujets.

C'est vers l'an 470 que nous placerons l'expédition de ce Monarque sur
les bords de la Loire. Grégoire qui nous l'apprend s'explique sur tous ces

ÉTABLISSE-MENS DES FRANCS DANS LES GAULES.

CHILDERIC, III. ROI.

faits d'une maniere extrêmement superficielle, & même fort confuse. *Childeric*, dit-il, *combattit près d'Orléans, & Odoacre vint avec ses Saxons dans les environs d'Angers.* Il ajoute ensuite que la Gaule fut ravagée par la peste. L'Auteur de la Vie de Sainte Genevieve (44) nous dit que la Ville de Paris souffrit beaucoup pendant cette guerre, après laquelle elle se soumit à Childeric. Cet événement paroît d'autant plus vraisemblable que le Roi des Francs ne pouvoit s'avancer jusqu'à Orléans sans passer la Seine. Paris étoit le chemin le plus naturel en revenant de la seconde Belgique, & en prenant sur la droite de la Riviere d'Oise il évitoit Soissons & les autres Villes où Siagrius avoit mis garnison.

L'Empire d'Occident étoit alors gouverné par Anthemius élevé à la dignité suprême par la faction de Ricimer. Mais le nouvel Empereur ne songeoit gueres à conserver les Provinces de la Gaule, qui reconnoissoient encore la domination Romaine. Il étoit occupé à se défendre contre les entreprises ambitieuses de Ricimer son gendre, & contre Olybrius qui avoit formé un troisiéme Parti dans l'Empire.

Anthemius appelle à son secours les Gaulois, qui passerent en Italie sous la conduite de Bilimer. Ils furent taillés en piéces aux portes de Rome par Ricimer. Le Vainqueur s'étant rendu Maître de la Ville, fit tuer Anthemius le 11 de Juillet de l'année 472. Ce Tyran mourut au bout de quarante jours. Olybrius alors sans Compétiteur monta sur le trône Impérial. Ce Prince ne jouit pas long-temps de la Souveraine Puissance étant mort le 23 Octobre de la même année, c'est-à-dire après sept mois de regne. Il eut pour Successeur Glycerius qui prit les rênes de l'Empire au mois de Mars 473.

Ce fut sous le régne de ce Prince que les Ostrogoths abandonnerent la Pannonie pour chercher de nouveaux établissemens vers l'Occident (45). Ils passerent en Italie où Glycerius fit un Traité avec eux, les combla de présens, & leur livra passage pour aller dans la Gaule joindre les Visigoths. Euric, leur Roi, ayant grossi son armée de ces nouvelles troupes, attaqua les Bretons du Berry, les battit, en tailla un grand nombre en piéces, & obligea le reste de se refugier sur les terres des Bourguignons alliés des Romains. Après cette victoire, Euric s'empara de Bourges & de tout le Berry jusqu'à la Loire; mais quoiqu'il fût Maître de quelques Places sur ce Fleuve il ne put pousser ses conquêtes au-delà.

Le Comte Paul Général des Romains & des Gaulois de cette Province se joignit aux Francs pour s'opposer aux progrès des Visigoths. Il remporta même quelques avantages sur eux, & ravagea les Pays qui leur obéissoient.

Grégoire de Tours n'explique point qui étoient ces Francs. Il paroît que ce n'étoit pas ceux de Childeric; car l'Historien ajoute qu'Odoacre Roi des Saxons s'étant avancé jusqu'à Angers, Childeric y arriva le lendemain, défit & tua le Comte Paul & s'empara de la Ville. La grande Eglise fut détruite

(44) On sçait quel est le poids de ces Auteurs anonymes; mais comme il s'agit de faits de l'Histoire générale, & que les choses que cet Auteur rapporte ont une connexité avec les événemens décrits par Grégoire de Tours, on ne voit pas d'inconvéniens à adopter le témoignage de cet Ecrivain qu'on regarde comme assez ancien.

(45) Jornandès.

ce jour-là même par un incendie ; ce qui fait voir que la Ville fut prise de force & pillée. Il s'enfuit de-là que Childeric étoit ennemi du Comte Paul & des Romains qui étoient sous ses ordres. Peut-être ce Comte étoit-il le Général des troupes de Syagrius (46).

ETABLISSE-
MENS DES
FRANCS DANS
LES GAULES.

Après toutes ces choses, continue Grégoire de Tours, il y eut une guerre entre les Romains & les Saxons. Ceux-ci furent battus & mis en déroute. Les Romains les poursuivirent & leur tuerent beaucoup de monde. Il ajoute tout de suite que les Francs prirent & ravagerent les Isles des Saxons. Ces Isles étoient dans la Loire & servoient de retraite aux Saxons pour y amasser leur butin. Ces Francs ne pouvoient être ceux de Childeric, il faut donc que ce soit ceux qui avoient fait des ravages sur les terres des Visigoths, & que cette défaite des Saxons soit arrivée pendant qu'Odoacre & Childeric étoient vers Angers ; car Grégoire de Tours rapporte immédiatement après qu'Odoacre se lia par un Traité avec Childeric, & qu'ayant joint leurs forces ensemble ils marcherent contre les Allemands qui venoient de faire des courses dans l'Italie. La défaite des Saxons par les Romains avoit mis Odoacre hors d'état de se soutenir dans un Pays où ses ravages avoient animé tous les Peuples contre lui. Sa Flotte avoit été prise avec les Isles que les Francs avoient pillées, ainsi il ne pouvoit ni se retirer par Mer dans son Pays, ni en faire venir de nouveaux secours. Il prit donc le parti de passer dans la Germanie avec Childeric. Les Allemands qu'ils attaquerent furent vaincus & obligés de se soumettre.

CHILDERIC,
III. ROI.

Cependant l'Empire d'Occident tiroit à sa fin. En moins de quatre ans on vit quatre Empereurs se succéder consécutivement. Romulus-Augustus ou Augustule, le dernier des quatre fut dépouillé de la Souveraine Puissance par Odoacre Roi des Herules qui se fit proclamer Roi d'Italie le 23 Août 476. Odoacre Maître de l'Italie distribua aux Barbares les terres qu'ils demandoient. Il songea ensuite à affermir son autorité dans le nouvel Etat qu'il venoit de conquerir & où il se maintint jusqu'à l'arrivée des Ostrogoths conduits par Théodoric. Mais ces événemens ne sont pas de notre sujet, & nous aurons occasion d'en parler ailleurs.

Les Villes d'Arles, de Marseille, & quelques autres de la seconde Narbonnoise refuserent d'obéir à Odoacre, & s'adresserent à Zenon Empereur d'Orient ; mais elles ne purent en obtenir aucun secours. Les Romains de la Gaule ne furent pas long-tems unis. Odoacre les avoit abandonnés au pouvoir des Visigoths, de sorte qu'Euric se trouva en possession de la Province connue aujourd'hui sous le nom de Dauphiné, de la partie des Gaules comprise entre la Loire, le Rhône & l'Océan, & de toute l'Espagne, à l'exception de quelques Places Romaines, qui par leur situation se flattoient de pouvoir conserver leur liberté.

Les Bourguignons occupoient le Pays depuis les Alpes jusqu'au Rhône, & jusqu'à la Durance & en quelques endroits ils s'étendoient jusqu'à la Loire & jusqu'à l'Allier qui les séparoient des Visigoths. Ils s'étendoient au Nord jusqu'aux sources de la Moselle, de la Saône & de la Meuse assez loin au-delà de Langres. Nevers étoit la derniere Place qu'ils possedoient sur la Loire.

(46) M. Freret, *ibid*.

Tome I. Partie II.   F*

ETABLISSE-
MENS DES
FRANCS DANS
LES GAULES.

CHILDERIC,
III. Roi.

Syagrius & les Romains du Parti d'Ægidius étoient Maîtres de Soissons, de Rheims, de Châlons, de Melun, de Sens, d'Auxerre, & de quelques autres Villes, c'eſt-à-dire d'une partie de la Senonoiſe, & de la ſeconde Belgique. Tout le reſte des Pays ſitués au-delà de la Loire obéiſſoit aux Francs, ſi l'on en excepte l'extrêmité de l'Armorique occupée par les Bretons. Il y avoit des Saxons établis aux environs de Bayeux. Les Allemands qui avoient été vaincus par Childeric occupoient une partie de la premiere Germanie le long du Rhin & faiſoient leurs efforts pour y conſerver leur ancienne liberté, & pour ſecouer le joug que les Francs leur avoient impoſé.

Mort de Childeric.

482.

Tel étoit l'état des Gaules à la mort de Childeric arrivée l'an 482. Ce Prince avoit régné dix-huit ans depuis ſon rétabliſſement. Il fut inhumé auprès de Tournay où ſon tombeau fut découvert en 1653. On y trouva le portrait de ce Monarque gravé ſur un cachet avec ſon nom en caractères Romains, & un aſſez grand nombre de piéces d'or. Parmi ces Monnoyes on n'en trouva aucunes des Empereurs d'Occident depuis Valentinien III; mais on en trouva de preſque tous les Empereurs d'Orient contemporains de Childeric; ſçavoir, de Marcien, de Leon I, de Zenon, & de Baſiliſcus qui régna depuis l'an 473 juſqu'en 477 qu'il fut détrôné par Zenon ſur qui il avoit uſurpé l'Empire.

Si ces Monnoyes euſſent été une partie du butin fait dans les Gaules par Childeric, on auroit dû trouver dans ſon tombeau des Monnoyes des Empereurs poſtérieurs à Valentinien. Elles devoient être plus communes dans la Gaule que les Monnoyes des Empereurs de Conſtantinople. On auroit tout lieu de croire que ces Monnoyes avoient été enfermées avec le corps de Childeric comme un Monument de ſes alliances avec les Empereurs qui lui avoient payé des penſions. Valentinien III avoit été le bienfaiteur & le protecteur de ſon pere Merouée; mais depuis ſa mort il n'y avoit point eu de renouvellement des Traités entre les Francs & les Empereurs d'Occident. Childeric après ſon rétabliſſement ſe déclara l'Ennemi des Romains & leur fit la guerre. Il ne reconnoiſſoit que les Empereurs de Conſtantinople qui l'avoient favoriſé lorſqu'il remonta ſur le trône (47).

CLOVIS.
IV. Roi.

Tout va changer de face dans les Gaules, la Monarchie Françoiſe va paroître dans un éclat qui ne fera que s'augmenter de jour en jour, & que nous verrons au plus haut dégré ſous le régne de Charlemagne.

Clovis ou Louis I. ſe vit maître, par la mort de Childeric, du Royaume des Francs dont Tournay étoit la Capitale, & duquel il ſemble que dépendoit la plus grande partie des Provinces que les Francs avoient conquiſes dans la Gaule. Nous avons déja obſervé que Childeric ne régnoit pas ſur tous les Pays où ils étoient établis, & qu'il y avoit d'autres Rois qui gouvernoient différens Cantons avec une autorité indépendante de la ſienne.

Clovis n'avoit que quinze ans lorſqu'il ſucceda à ſon pere, & il paroît qu'il n'avoit point de freres, mais ſeulement des ſœurs. Malgré ſa jeuneſſe il conſerva la ſupériorité dont ſon pere avoit joui ſur les autres Rois, ſoit qu'il le faille attribuer à l'étendue de ſes Etats, ſoit que ce fut un effet de la grande répu-

(47) M. Freret, *ibid.*

tation de son pere, & que les troupes Françoises de Childeric crussent devoir tout attendre d'un jeune Prince qui promettoit de marcher sur les traces de ce Conquérant.

DE LA FRANCE.

Clovis ne trompa pas leurs espérances, car à peine eut-il atteint sa vingtiéme année qu'il se mit à la tête des troupes de son Royaume, fit solliciter les autres Rois des Francs de se joindre à lui, & se prépara à faire la guerre contre les Romains gouvernés par Syagrius, auquel Grégoire de Tours donne le titre de *Rex Romanorum*. Ragnacaire Roi des Francs établis à Cambray & parent de Clovis marcha avec lui contre les Romains. Cararic autre Roi des Francs, se contenta d'être spectateur, & attendit le succès de cette expédition pour se déclarer en faveur du parti le plus fort. Grégoire de Tours ne parle pas de Sigebert Roi de Cologne. Ce Prince plus âgé que Clovis étoit peut-être occupé à se défendre contre les Allemands; car il eut une guerre à soutenir contre ces Peuples.

CLOVIS, IV. ROI.
Les Romains sont soumis.

Clovis ayant assemblé ses troupes s'avança vers le Pays des Romains, & Syagrius de son côté marcha à la rencontre des François. On en vint aux mains, & après un sanglant combat les Romains furent battus. Syagrius ne pouvant plus défendre son Pays se retira à Toulouze où étoit la Cour d'Alaric Roi des Visigoths. Le Vainqueur poursuivant ses conquêtes s'avança vers la Loire, & envoya des Ambassadeurs à Alaric pour le menacer de porter la guerre dans ses Etats, s'il ne lui remettoit Syagrius. Les Visigoths redoutant la puissance & la valeur de Clovis, livrerent Syagrius à ce Prince, qui le fit mourir secretement selon Grégoire de Tours. Les Romains n'ayant aucun secours à espérer se soumirent au Vainqueur qui s'empara des Provinces où Syagrius avoit commandé.

C'est ainsi que les Francs éteignirent enfin le nom & la puissance Romaine dans les Gaules plus de 246 ans après la premiere expédition qu'ils avoient faite en deçà du Rhin en 240 sous l'Empire de Gordien, & environ 200 ans après l'invasion des Pays situés entre le Rhin, l'Escaut & l'Ocean où l'on a vû qu'ils s'étoient établis en 287 environ lorsque Carausius Gouverneur de la Côte Maritime se ligua avec eux, prit une partie de leurs troupes à son service & passa dans la Grande-Bretagne, abandonnant cette partie de la Gaule à ses nouveaux Alliés qui y fixerent leurs demeures. On a démontré que les Romains ne les en avoient pas chassés, & qu'ils les laisserent même dans la partie Septentrionale qu'ils occupoient depuis long-tems sous le nom de Saliens lorsque Julien vint les attaquer en 358. On a fait voir aussi que depuis ce temps jusqu'au détrônement de Childeric & à son rétablissement en 465, c'est-à-dire pendant plus d'un siécle, les François avoient été les Alliés les plus fidéles des Romains, & avoient rendu les plus grands services à l'Empire, sur tout dans le temps de l'irruption des Vandales & des Alains dans les Gaules. Ainsi il n'est pas surprenant que les Romains ayent souffert & même favorisé leur établissement en deçà du Rhin. Ils voyoient sans peine une Nation amie du nom Romain s'établir dans un Pays qu'ils ne pouvoient conserver. Une partie des Gaulois révoltés sous le nom d'Armoriques, s'étoient cantonnés, & n'obéissoient plus que quand on menoit des armées contre eux; les Visigoths, les Bourguignons & les Allemands se faisoient céder peu à peu des Villes & des Provinces; les Empereurs obligés de veiller à la défense de l'Italie exposée aux ravages continuels des Vandales qui s'étoient emparés de l'Afrique, & d'ailleurs peu affermis sur un trône d'où ils étoient renversés par les mêmes factions qui les y avoient placés, ne s'embarrassoient guéres de ce qui se passoit dans la partie Septentrionale de la Gaule; à peine pouvoient-ils pourvoir à la défense des Provinces plus voisines de l'Italie, & ils furent même à la fin obligés de les abandonner (48).

Il semble qu'après tant de témoignages rapportés ci-dessus on ne doive plus douter de l'établissement des Francs dans les Gaules long-tems avant le régne de Clovis. On a cru toutes ces discussions nécessaires pour appuyer un sentiment qu'il est naturel d'adopter, & pour réfuter le systême de tous les Historiens qui ont prétendu que les premiers Rois des Francs n'avoient fait que des courses dans les Gaules sans y fixer leur demeure, & que Clovis est le premier qui y ait formé un Etablissement.

Indépendamment de toutes ces preuves, nous observerons encore que les circonstances mêmes de la conquête des Gaules par Clovis démontrent clairement que les Francs étoient déja maîtres d'une grande partie de ce Pays. En effet ce Monarque attaqua Syagrius aux environs de Soissons, c'est-à-dire à plus de quatre-vingt lieues de Cologne où l'on suppose qu'il avoit passé le Rhin, après que Sigebert eût pris cette Ville, qui, dit-on, étoit demeurée aux Romains. Soissons étoit donc devenue la résidence du Gouverneur des Gaules & du Général des Romains. Cependant Soissons n'étoit pas la Métropole de la Province, & l'on avoit quitté le séjour de plusieurs autres Villes considérables, & plus avantageusement situées tant sur le Rhin que sur la Meuse & la Moselle. Mais en supposant tout cela, comment Clovis se trouve-t-il tout d'un coup aux portes de Soissons? N'y avoit-il plus de Villes Romaines dans tout ce Pays? N'y avoit-il aucunes troupes, & seroit-il vraisemblable que Clovis dans une marche de quatre-vingt lieues n'ait trouvé aucune résistance?

L'armée des Francs toute composée d'une nombreuse Infanterie n'a pu s'engager dans la Forêt d'Ardennes, comme quelques-uns le prétendent, puisqu'elle n'auroit pu trouver de quoi y subsister, & qu'en admettant que les Francs ne formoient alors qu'un parti d'Avanturiers, ils ne portoient point avec eux de provisions, & que par conséquent il étoit naturel qu'ils traversassent plûtôt des Pays habités & fertiles. D'ailleurs ils furent obligés de traverser la Meuse, & il se trouvoit sur leur chemin plusieurs grandes Villes; cependant il n'est point fait mention qu'il se présentât aucune troupe pour défendre le passage de cette Riviere, ni qu'ils ayent fait le siége d'aucune Place jusqu'à Soissons.

Mais finissons par cette derniere réflexion. Après la défaite de Syagrius si les Romains eussent encore été les Maîtres des Provinces situées entre le Rhin, l'Océan & la Loire, auroient-ils perdu courage pour la perte d'une bataille, & auroient-ils désespéré de défendre un Pays rempli de Villes bien fortifiées contre une Nation Barbare qui n'avoit ni les connoissances ni les machines nécessaires pour faire un Siége; qui manquoit de magasins & de provisions, & qui ne pouvoit subsister qu'en se dispersant pour ravager. Les Romains

(48) M. Freret, *ibid.*

n'avoient qu'à se tenir enfermés dans leurs Villes pour voir cette armée des Francs se détruire d'elle-même, & ils auroient sans doute pris ce parti si les choses eussent été dans la situation où les mettrent ceux qui veulent que Clovis soit le premier qui ait entrepris de s'établir dans les Gaules. Nous voyons par les mauvais succès des Siéges d'Avignon & de Carcassonne que ce Prince fut obligé de lever quoiqu'il eût alors les Machines & les Ingénieurs de l'armée de Syagrius, quelle facilité les Romains auroient eu à défendre leurs propres Places contre les Francs, si ceux-ci n'eussent pas été Maîtres de tout le reste de la Gaule. La conduite que les Romains tinrent est, à ce qu'il semble, une preuve que les Francs étoient déja Maîtres d'une partie de la Gaule lorsqu'ils attaquerent Syagrius (49). Revenons aux conquêtes de Clovis.

DE LA FRANCE.

CLOVIS, IV. ROI.

Ce Prince aussi vaillant que grand politique chercha par toutes sortes de moyens à gagner l'affection des Gaulois amis des Romains, & qui en porterent même le nom pendant quelque temps. Il leur laissa la liberté de vivre selon leurs Usages & leurs Loix, & de professer la Religion Chrétienne, qui étoit déja établie dans les Gaules. Il marqua même du respect pour ceux que les Chrétiens estimoient le plus à cause de la sainteté de leurs mœurs, & en particulier pour Saint Remi à qui il fit rendre un vase sacré qui avoit été enlevé.

Après cette expédition Clovis resta tranquille pendant quelque-temps ; mais vers l'an 491 il se vit obligé de marcher contre les Thuringiens qui avoient fait des ravages considerables sur les terres des Francs, & qui y avoient exercé toutes sortes de cruautés. Le Roi de Thuringe se vengeoit sur le fils de Childeric de l'injure qu'il avoit reçu de ce dernier lorsqu'il avoit épousé Basine. Clovis s'étant mis à la tête de ses troupes passa le Rhin, attaqua les Thuringiens, les défit & leur imposa un tribut.

491.

Gondioche Roi des Bourguignons avoit partagé son Royaume entre ses quatre fils Gondebaud, Childeric, Gondemar, & Godegisile. Le second & le troisiéme se liguerent contre leur aîné, & le chasserent de Vienne capitale de ses Etats. Gondebaud craignant de tomber entre les mains de ses ennemis, fit courir le bruit qu'il étoit mort, & demeura caché pendant quelque temps. Ayant ensuite trouvé moyen de rassembler des troupes, il attaqua ses freres à l'improviste, surprit Vienne, fit couper le même jour la tête à Childeric, ordonna que la femme de ce Prince fût jettée dans la riviere, & fit mettre le feu à une tour dans laquelle Gondemar s'étoit retiré. Chilperic avoit deux filles que Gondebaud fit élever dans sa Cour. On y faisoit profession de l'Arianisme, cependant ces deux Princesses étoient Catholiques ; l'aînée fut Religieuse & la seconde nommée Clotilde resta auprès de son oncle. Elle joignoit à une grande beauté & à beaucoup d'esprit des vertus qui la faisoient admirer & même respecter de tout le monde. Clovis qui avoit pris de l'inclination pour cette Princesse sur le récit continuel qu'on lui avoit fait de toutes ses qualités, la fit demander en mariage. Aurelien Seigneur Gaulois, & qui étoit comme Premier Ministre de ce Prince, eut

Clotilde épouse Clovis.

(49) On supprime un plus grand nombre de preuves que M. Freret rapporte dans son Mémoire déja cité.

bien de la peine à faire consentir Gondebaud à donner sa niéce au Roi de France, & ce ne fut qu'en le menaçant de lui déclarer la guerre de la part de son Maître qu'il la laissa partir avec l'Ambassadeur. La raison qui avoit porté le Roi de Bourgogne à refuser Clotilde au Monarque des François, étoit la crainte qu'il avoit que ce Prince devenu l'Epoux de sa niéce ne formât quelques desseins sur ses Etats sous prétexte de venger la mort de Chilperic, & de reprendre les biens qui appartenoient à Clotilde.

Cette Princesse fut reçue à Soissons l'an 493 avec de grandes démonstrations de joie de la part du Roi & de ses Sujets, & le mariage se célébra avec toute la magnificence dont on étoit alors capable. Clovis eut tant de complaisance pour la Reine que non-seulement il lui laissa le libre exercice de sa Religion; mais qu'il consentit même qu'elle fît baptiser Ingomer premier Prince qui vint de ce Mariage, & qui mourut quelque-temps après. Cet accident causa au Roi un violent chagrin, & pensa même l'indisposer contre le Christianisme; mais les discours de la Reine lui remirent bientôt l'esprit, & il lui permit de faire donnner le baptême à Clodomir qu'elle mit au monde l'année suivante.

Cependant les Allemands malgré les victoires que Childeric avoit remportées sur eux, ne cessoient d'inquiéter les Francs, qui étoient divisés en plusieurs Royaumes, comme on l'a déja vû. Les deux plus considérables étoient ceux de Clovis ou des Saliens qui s'étendoient des deux côtés du Rhin dans la Germanie & dans la Gaule, & celui des Ripuaires dont Cologne étoit la Capitale. Ce dernier comprenoit la partie de la Gaule située entre la Meuse, le Rhin & la Moselle, & peut-être encore cette partie de la Germanie, qui fut nommée depuis Franconie, & qui est comprise entre le Mein & le Nekre. Les deux anciens Codes des Loix des Francs rédigés sous le nom de *Loi Salique* & de *Loi Ripuaire*, prouvent que le Corps de la Nation des Francs étoit presque tout compris sous ces deux noms.

Clovis marcha contre eux, & les deux armées s'étant trouvées en présence à Tolbiac, aujourd'hui Zulpic, on en vint aux mains. Le combat fut des plus terribles: Sigebert Roi de Cologne qui soutenoit les premieres attaques ayant été blessé le désordre se mit dans ses troupes, & se communiqua bientôt au reste de l'armée Françoise. Clovis accoutumé à vaincre fit d'inutiles efforts pour rallier les François qui commençoient à plier de toutes parts. Le Roi dans une circonstance si critique n'a plus d'espérance que du Ciel; mais les Dieux qu'il invoque sont sourds à ses prieres. Aurelien saisissant une occasion si favorable lui fait ressouvenir du Dieu que Clotilde adore. Clovis lui adresse aussi-tôt ses prieres, fait vœu d'embrasser le Christianisme, & retourne au combat avec une confiance que le succès justifia. La victoire si long-temps disputée commence à se déclarer en sa faveur, les Allemands cédent peu à peu, & leur Roi ayant été tué dans l'action, ils ne songent plus à combattre; mais à chercher leur salut dans la fuite. Clovis ne leur donne pas le temps de se reconnoître, les poursuit jusqu'aux montagnes des Alpes Rhetiennes ou des Grisons, les oblige de se soumettre aux François & de recevoir garnison. Il y eut une partie des Allemands qui pour éviter de tomber sous la domination d'un Vainqueur irrité abandonnerent leur Pays & se retirerent dans la partie de la Norique.

qui dépendoit de Théodoric Roi d'Italie. Clovis les envoya demander à ce Prince, & nous avons encore la Lettre que Théodoric lui écrivit pour l'engager à laisser ces Allemands en repos.

<small>DE LA FRANCE.</small>

<small>CLOVIS, IV. ROI.</small>

Cette Lettre n'empêcha pas le Roi des François de conserver toujours ses prétentions sur les Allemands de la Rhetie, & environ quarante ans après Vitiges Roi des Ostrogoths céda aux Francs par un Traité les Pays occupés par ces Allemands. Le Vainqueur se mit en possession de tout le Pays qu'ils habitoient jusqu'au Danube, & peut-être même au-delà de ce fleuve; sçavoir de la Vindelicie & de la Norique. Car nous voyons que son fils Thieri fit rédiger dans un Code particulier les Loix de ces Peuples & celles des Baïoariens ou Boïens, aujourd'hui Bavarois, qui s'étendoient jusqu'au pays des Noriques au-delà du fleuve Ænus, & comprenoient une partie de l'Autriche. Les Allemands qui étoient restés dans leurs Provinces eurent la liberté d'exercer leur Religion, qui étoit le Paganisme, & Clovis permit aux Bavarois de se choisir un Prince pour les gouverner, non à titre de Roi, mais de Duc, à condition qu'il lui seroit agréable.

<small>496.</small>

Après cette expédition, qui est de l'an 496, Clovis satisfit à son Vœu & fut baptisé par Saint Remi Évêque de Rheims, dans l'Eglise de Saint Martin. La cérémonie se fit la nuit de Noël avec beaucoup de magnificence, & trois mille personnes reçurent en même temps le Baptême. L'exemple du Roi engagea dans la suite un grand nombre de ses Sujets à l'imiter, & bientôt toute la Nation embrassa le Christianisme.

<small>Clovis se fait Chrétien.</small>

Clovis acquit aux Rois de France ses Successeurs la qualité de Fils Aîné de l'Eglise, parce qu'il étoit alors le seul Roi qui fit profession de la Foi Catholique. L'Empereur Anastase étoit Eutichien; le Roi des Lombards au-delà du Danube, celui des Gepides, Théodoric Roi des Ostrogoths en Italie, le Roi des Suéves en Espagne, celui des Vandales en Afrique, Alaric Roi des Visigoths qui avoit une partie des Gaules & de l'Espagne, Gondebaud & Godegisile Rois des Bourguignons étoient tous infectés de l'impiété d'Arius.

L'année suivante le Royaume de Clovis devint beaucoup plus considerable par la réunion des Armoriques qui consentirent volontiers à reconnoître Clovis pour leur Souverain, d'autant plus qu'ils n'avoient refusé de le faire jusqu'alors que parce qu'il professoit le Paganisme.

L'ardeur guerriere de Clovis ne tarda pas long-temps à trouver matiere à se signaler. Gondebaud après avoir ravi les Etats de ses deux freres & les avoir fait périr voulut aussi s'emparer de ceux que possedoit Godegisile son autre frere. Celui-ci implora le secours de Clovis, & pour l'engager à prendre son parti il lui fit représenter qu'il ne devoit pas laisser impunie la mort de Chilperic, & lui promit en même-temps de lui payer Tribut. Clovis ne perdit pas une occasion si favorable, il marcha l'an 500 contre Gondebaud, qui ne se doutant pas que son frere lui eût attiré un ennemi si dangereux, l'invita à le venir joindre avec ses troupes. Lorsque les trois armées furent en présence au bord de l'Ousche (50), Godegisile se rangea du côté des François, & attaqua les troupes de son frere. Elles furent entiérement dé-

<small>Clovis fait la guerre à Gondebaud.</small>

<small>500.</small>

(50) Petite Riviere qui se décharge dans la Saône.

faites, & Gondebaud ayant pris la fuite, se rendit en diligence à Avignon où il esperoit trouver un asyle assuré. Clovis le poursuivit sans relâche jusqu'à cette Ville où il l'assiégea pendant que Godegisile s'emparoit des autres Places qui appartenoient à son frere. Gondebaud trouva moyen de fléchir Clovis qui s'étant contenté de lui imposer un Tribut, retourna dans ses Etats. Le Roi de Bourgogne délivré du danger qu'il avoit couru, vint assiéger Godegisile qui étoit dans Vienne, prit la Ville & fit tuer son frere qui s'étoit réfugié dans une Eglise. Ainsi Gondebaud resta seul Maître de toute la Bourgogne.

<small>DE LA FRANCE.</small>

<small>CLOVIS, VI. ROI.</small>

C'est vers ce temps-là qu'on croit que Clovis fit la rédaction de la Loi Salique. Comme elle avoit été faite par les Saliens lorsqu'ils étoient Payens, elle contenoit bien des choses contraires au Christianisme, & c'est ce qui engagea ce Prince à la faire réformer. Gondebaud en fit en même-temps une qu'on appelloit *Loi Gombette*, & par un des articles de laquelle il défere le duel à ceux qui ne voudront point s'en tenir au serment.

Cependant le Roi de Bourgogne refusoit de payer le Tribut à Clovis, & comme il pensoit que ce refus lui attireroit une nouvelle guerre, il avoit voulu mettre Théodoric dans son parti. Clovis l'avoit prévenu, & le Roi d'Italie qui esperoit s'élever ou sur les ruines des François ou sur celles des Bourguignons avoit eu la politique de faire un Traité avec les plus puissans, c'est-à-dire avec les François. On étoit convenu de partager les Conquêtes entre les deux Rois, quand même elles auroient été faites avant l'arrivée de l'un des deux. Mais on avoit en même-temps réglé que celui qui arriveroit le dernier donneroit une certaine somme. Clovis se mit le premier en campagne & il étoit déja bien avant dans les Etats du Roi de Bourgogne lorsque Théodoric arriva. Ce Prince paya la somme convenue, & Clovis qui auroit pu la refuser, puisqu'il avoit pénétré dans l'intention de son Allié, tint généreusement sa parole. Cependant après avoir humilié Gondebaud, & avoir pris des précautions pour l'avenir, ils le remirent en possession de ses Etats.

Cette guerre fut suivie d'une plus considérable, & dans laquelle Clovis acquit beaucoup de gloire. La conquête des Provinces que les Visigoths possedoient flattoient beaucoup l'ambition de Clovis; mais il lui falloit un prétexte spécieux pour l'entreprendre. La Religion lui en fournit un, & il sçut s'en servir en habile politique. Alaric Roi des Visigoths professoit l'Arianisme, & tourmentoit les Evêques Catholiques. Ce jeune Prince étoit rival de la gloire que Clovis s'étoit acquise, & il cherchoit aussi quelqu'occasion pour signaler son courage contre les François. Ces deux Monarques se brouillerent souvent, & Théodoric, beau-pere d'Alaric, les raccommoda souvent ensemble. Enfin après plusieurs conférences & plusieurs Ambassades inutiles, on en vint à une rupture ouverte.

<small>Bataille de Vouillé.</small>

Clovis s'étant mis à la tête d'une nombreuse armée entra dans le Poitou, & se trouva en présence de l'ennemi dans la Plaine de Vouillé, près de Poitiers. Le combat se donna, & après un choc assez terrible les Visigoths commencerent à plier. Cependant les deux Rois qui parcouroient les rangs pour animer les Soldats s'étant rencontrés, il y eut entre eux un combat singulier dans lequel les Princes donnerent des marques d'un courage intrépide. Clovis plus heureux ou plus adroit renversa son ennemi d'un coup

qui.

qui le priva de la vie. L'armée deſtituée de Chef ne fit plus de réſiſtance, & fut entiérement miſe en déroute. Cette bataille ſe donna l'an 507, & peut être regardée comme la derniere de la domination des Viſigoths dans les Gaules.

Clovis profitant de ſa Victoire ſe rendit maître des trois Aquitaines, de Toulouſe & même d'une partie de la Septimanie au Nord de la Ville de Niſme. Ce qui étoit au Midi juſqu'aux Pyrénées demeura aux Viſigoths avec l'Eſpagne. Les Oſtrogoths s'emparerent de la Provence qui touchoit à l'Italie & qu'ils conſerverent juſqu'en 536 ; ils furent alors obligés de la céder aux François, & cette ceſſion fut confirmée par Juſtinien.

Pendant que Clovis étoit occupé à ſoumettre l'Auvergne qui fit plus de réſiſtance que les autres Provinces, il reçut de la part d'Anaſtaſe Empereur d'Orient le titre & les ornemens de Patrice, de Conſul ou même d'Auguſte ou d'Empereur, car Grégoire de Tours confond ces termes dont la ſignification étoit cependant très-différente. Il prit le Diadême, la Tunique & la Chlamyde ou Caſaque de Pourpre, & fit ſon entrée à Tours en cet état. Depuis ce temps-là, dit Grégoire de Tours, il prit le titre de Conſul & d'Auguſte.

La Chlamide étoit un habit particulier aux Empereurs : on ne l'envoyoit point aux Rois étrangers auxquels on conferoit les ornemens Royaux. Il paroît cependant qu'on donnoit cette Caſaque aux Patrices & aux Princes à qui l'on cédoit des Provinces qui avoient fait partie de l'Empire. Théodoric par le conſeil de l'Empereur Zenon avoit pris la Robe de pourpre avec le titre de Roi d'Italie (51).

Le nouveau titre que reçut Clovis en cette occaſion lui fut fort avantageux pour affermir ſon autorité. Il lui donnoit un droit légitime ſur les Provinces de la Gaule dont les anciens Habitans ſe regardoient toujours comme Romains, & comme Sujets de l'Empire. Ils obéiſſoient avec moins de peine à un Prince dont la conquête étoit confirmée par cette eſpece de ceſſion que lui faiſoit de la Gaule l'Empereur d'Orient.

Clovis acqueroit d'ailleurs par ce titre une prééminence ſur les autres Rois de ſa Nation, & même ſur ceux des Viſigoths & des Bourguignons. Nous voyons que dès qu'il en fut revêtu il prit des meſures pour ſe défaire de tous ces différens Rois entre leſquels la Nation étoit partagée.

Ce n'étoit pas ſeulement pour honorer le Roi des François que l'Empereur d'Orient lui envoyoit ces marques de dignités, il avoit un autre but qui étoit de l'engager à faire la guerre (52) à Théodoric. Ce Prince avoit fait depuis peu quelques hoſtilités ſur les terres de l'Empire, & Anaſtaſe qui ne ſe ſentoit pas aſſez fort pour repouſſer un tel ennemi, étoit bien aiſe que Clovis pût lui donner de l'occupation, afin de faire une diverſion. Le Roi qui ſe trouvoit naturellement diſpoſé à cette guerre promit de faire tout ce qu'on deſiroit de lui, & étant enſuite parti de Tours il ſe rendit à Paris dont il fit la Capitale de ſon Royaume.

(51) Caſſiodore, Lib. 1. Ep. 2. Jornand. C. 57.
(52) Il ſemble cependant plus naturel de croire avec Mezerai que cette guerre fut déclarée par Théodoric, qui vouloit venger la mort de ſon gendre que Clovis avoit tué dans l'affaire de Vouillé.

Tome I. Partie II.

DE LA FRAN-
CE.

CLOVIS,
IV. ROI.

Clovis envoya ensuite son armée en Provence, & elle commença les hostilités par le siége d'Arles. Mais le bonheur qui avoit jusqu'alors accompagné le Prince l'abandonna en cette occasion. Il fut obligé de lever le siége aussi-bien que celui de Carcassone après avoir perdu une bataille dans laquelle la plus grande partie de ses troupes fut taillée en piéces. Malgré sa défaite il se rendit maître du Pays qui est au-delà du Rhône vers l'Océan. Théodoric ne pouvant le contraindre à l'abandonner lui céda par un Traité de paix qui termina la guerre l'an 508. Gondebaud à la faveur de ces troubles rentra en possession de toutes les Provinces qui dépendoient de son Royaume.

Cruautés de Clovis.

Jusqu'alors Clovis avoit paru avoir la justice de son côté dans les différentes guerres qu'il avoit entreprises; mais dans la suite l'ambition de reculer les bornes de son Empire le rendit injuste & cruel, & ternit la réputation qu'il s'étoit acquise par tant de glorieux exploits. Il fit périr tous les Rois des Francs, & qui étoient de ses parens. Sigebert Roi des Ripuaires de Cologne fut la premiere victime de son ambition. Il le fit assassiner par Cloderic fils de ce Prince. Ce Parricide périt lui-même par ordre de Clovis qui feignit de vouloir venger la mort du Roi de Cologne, dont les Etats lui appartinrent depuis l'extinction de cette famille. Il se défit de même, mais sous différens prétextes, de Cararic & de son fils Ragnacaire, & de ses freres Ricaire & Rignomer. Comme tous ces Royaumes étoient distincts & différens les uns des autres, il eut besoin de se faire reconnoître en particulier dans chacun d'eux. La cérémonie de l'inauguration usitée parmi les Francs étoit de se faire élever & porter sur un bouclier au milieu de l'armée.

502.

Dès l'an 502 il avoit obligé les Bretons de le reconnoître, de lui prêter serment & de payer Tribut. Les Princes ou Chefs de ce Peuple furent forcés de renoncer aux titres de Rois & promirent de se contenter de celui de Comte. Ils observerent assez mal cet article & ce fut le sujet de plusieurs guerres entre les François & les Bretons qui formerent pendant long-temps plutôt un Etat Tributaire relevant de la France, qu'une Province de ce Royaume (53).

511.

Clovis n'ayant plus d'ennemis & se trouvant paisible possesseur d'un assez grand Royaume employa ce temps de paix à faire bâtir des Eglises, à fonder des Monasteres, & à faire tenir en 511 un Concile à Orléans pour l'établissement de plusieurs points importans à la discipline Ecclésiastique, & aux réglemens des mœurs de ses Sujets. C'est le premier Concile qui s'est tenu dans les Gaules sous les Francs. Clovis n'eut pas le temps de faire exécuter dans son Royaume les sages Réglemens de ce Concile, la mort l'ayant enlevé quelque mois après, c'est-à-dire le 17 Novembre dans la quarante-cinquiéme année de son âge, après en avoir régné environ trente. Il mourut à Paris, & fut enterré dans l'Eglise de Saint Pierre & Saint Paul connue aujourd'hui sous le nom de Sainte Geneviéve, & qu'il avoit fait bâtir.

Mort de Clovis.

A la mort de ce Monarque les Francs étoient maîtres de la Gaule, à l'exception de ce que les Bourguignons occupoient entre le Rhône & les Alpes;

(53) M. de Valois.

les Goths poſſedoient la Provence & la partie Méridionale de la Septimanie ; les Francs étoient Souverains, partie par conquête & partie par la conceſſion formelle des Empereurs, ou du moins par une approbation tacite qu'ils avoient faite des établiſſemens que les Francs avoient formés dans les premiers temps, c'eſt-à-dire plus de cent cinquante ans avant Clovis, pour ne datter que de la confirmation accordée aux Saliens en 358 par Julien alors Céſar, & depuis Empereur (54).

De la France.

Clovis, IV. Roi.

Il y avoit alors trois ſortes d'Habitans en France ; ſçavoir, les Gaulois naturels du Pays qui étoient ſi forts accoutumés aux Uſages, à la Langue & aux Loix des Romains qu'on leur donnoit ce nom. Les François nés libres, & qui s'adonnoient aux armes, & les Serfs, c'eſt-à-dire les Eſclaves. Ces derniers étoient occupés à cultiver les terres. Ce qui rendit la France plus fertile qu'elle n'avoit été, & les Peuples plus heureux.

Les réſolutions les plus importantes ſe prenoient ordinairement dans une Aſſemblée qui ſe tenoit tous les ans le premier jour de Mars. Le Roi accompagné de tous les Ducs qui avoient l'adminiſtration de la Juſtice, & le commandement de pluſieurs Villes, & de tous les Comtes dont la juriſdiction ne s'étendoit que ſur une Ville, ſe trouvoit dans un Champ qu'on appelloit *le Champ de Mars*, du nom du mois où ſe tenoit cette Aſſemblée. On y examinoit tout ce qui concernoit la paix ou la guerre, le gouvernement ou la juſtice, & les réſolutions qu'on y prenoit étoient publiées ſous l'autorité du Roi, & ſervoient de Loix que tout le monde étoit obligé de ſuivre. Comme la guerre étoit le principal point qui faiſoit le ſujet de cette Aſſemblée, ceux qui y aſſiſtoient étoient armés & prêts à marcher, de ſorte que les déciſions étoient promptement exécutées.

Clovis laiſſa quatre fils, ſçavoir Thiery ou Théodoric qu'il avoit eu d'une comcubine, Clodomir, Childebert & Clotaire, enfans de Clotilde. Il avoit auſſi une fille qui porta le même nom que ſa mere : Elle épouſa Amalaric Roi des Viſigoths, dont elle fut beaucoup maltraité à cauſe de ſa Religion. Ces quatre Princes partagerent entre eux le Royaume de leur pere, & formerent des Etats indépendans. Chacun de ces Etats porta le nom de ſa Capitale, excepté celui d'Auſtraſie. Il faut remarquer que la France avoit été partagée ſous Clovis en Orientale qui étoit entre le Rhin & la Meuſe, & à qui on avoit donné le nom d'Auſtraſie ; en Occidentale, c'eſt-à-dire entre la Meuſe & la Loire, & qu'on appelloit Neuſtrie. Thiery fut Roi d'Auſtraſie, Childebert eut le Royaume de Paris, Clodomir celui d'Orléans, & Clotaire régna à Soiſſons. La Neuſtrie étoit partagée entre ces trois derniers Princes, mais le Royaume de Thiery étoit le plus conſidérable ; car outre l'Auſtraſie, il étoit maître de ce que les François poſſedoient encore en Germanie, d'une grande partie de l'Aquitaine, c'eſt-à-dire du

Le Royaume eſt partagé entre les quatre fils de Clovis.

---

(54) Comme la plûpart des Hiſtoriens qui ont écrit ſur l'Hiſtoire de France, ont prétendu que les Francs ne s'étoient établis dans les Gaules que ſous Pharamond ſelon les uns, & ſous Clovis ſelon les autres : le nouvel Editeur de Pufendorff s'eſt cru obligé d'entrer dans les différentes diſcuſſions qu'on a vu juſqu'à préſent, pour rendre à la Monarchie Françoiſe une antiquité qu'on lui avoit toujours dérobée ; mais pour ce qui regarde la ſuite de cette Hiſtoire, il s'en tiendra au Plan de Pufendorff, qui eſt de donner une ſimple Introduction à l'Hiſtoire Univerſelle.

G ij

Roüergue, de l'Auvergne, du Quercy, de l'Albigeois & de tout le Pays qui féparoit ce qu'on appelloit alors la France, de la Provence & du Languedoc que les Goths occupoient fous l'autorité de Théodoric Roi d'Italie.

Nous marquerons la fuite des Rois de France par ceux de Paris, & nous ne parlerons des autres qu'autant que les événemens de leurs règnes y auront rapport.

La France fut tranquille pendant quelques années, & ce ne fut que l'an 515 que Théodebert fils de Thiery eut occafion de fignaler fa valeur contre des Pirates Danois. Ils avoient fait une defcente fur les terres du Royaume d'Auftrafie, & avoient pillé le Pays des Attuariens. Theodebert alors âgé de dix-huit ans marcha à leur rencontre, les défit fur terre & fur mer, & reprit tout le butin qu'ils avoient fait.

Cependant Thiery fe préparoit à une guerre plus confiderable dans laquelle il s'étoit trouvé engagé par Hermanfroy Roi de Turinge qui vouloit s'emparer des Etats de fon frere Balderic, & dont il avoit promis une partie au Roi d'Auftrafie. Balderic ne put réfifter à tant de forces réunies contre lui: il fut vaincu & perdit la vie dans le combat. Hermanfroi fe rendit maître de tout le Pays qui avoit appartenu à fon frere, & refufa fous differens prétextes de fatisfaire celui qui l'avoit aidé à faire cette Conquête. Thiery diffimula pour lors fon reffentiment, & remit à fe venger dans une autre occafion. En effet il avoit lieu de craindre que Théodoric oncle de la Reine de Turinge, ne vînt au fecours d'Hermanfroy, & qu'il ne fe trouvât pas en état de fe foutenir contre lui.

Ses freres cherchoient auffi l'occafion de fignaler leur courage ou plutôt de fatisfaire leur ambition en étendant leurs conquêtes. La Bourgogne devint le théâtre de leurs exploits, & après avoir défait Sigifmond & Godemar fon frere qui commandoient dans ce pays depuis la mort de leur pere Gondebaud, ils s'emparerent d'une partie de cet Etat. La guerre ayant été interrompue, Godemar reprit tout ce que les François lui avoient enlevé. Clodomir réfolu de la continuer engagea le Roi d'Auftrafie à le venir joindre. Ce Prince eut quelque répugance à marcher contre les Bourguignons, fur tout depuis qu'il eût appris que Clodomir avoit fait périr Sigifmond dont il avoit époufé depuis peu la fille. Il fe rendit cependant l'an 524 au rendez-vous, & les deux armées fe réunirent à Veferonce près de la Ville de Vienne. Godemar fut vaincu; mais Clodomir ayant pourfuivi les fuyards avec trop de chaleur fut enveloppé par les Bourguignons qui le tuerent auffi-tôt qu'ils l'eurent reconnu. Les François vengerent fa mort par les ravages effroyables qu'ils firent dans la Bourgogne. Clodomir n'avoit gueres alors que trente ans, & il laiffa trois fils en bas âge dont Clotilde prit un grand foin. Le Royaume de ce Prince fut partagé entre fes freres à l'exclufion de fes enfans. Gondemar profitant des circonftances répara une partie de fes pertes, & les Rois de France le laifferent tranquille pendant quelque-temps.

Cependant la mort du fameux Théodoric parut une conjoncture favorable à Thiery pour entrer dans la Turinge. Clotaire fon frere lui prêta du fecours, & ces deux Princes ayant marché contre Hermanfroy, le défirent & s'emparerent de fes Etats.

Childebert de fon côté étoit occupé à faire la guerre à Amalaric Roi des

Visigoths pour venger sa sœur que ce Prince avoit épousée & qu'il maltraitoit beaucoup parce qu'elle ne vouloit point embrasser l'Arianisme. Childebert alla l'attaquer sous les murailles de Narbonne, le vainquit, s'empara de Narbonne, & le fit périr (55). La Princesse ne profita pas longtemps de sa liberté, car elle mourut en chemin comme elle revenoit à Paris avec son frere Childebert. Tant de succès ne sembloient qu'animer le courage de ce Monarque. Il entra dans la Bourgogne avec Clotaire, & se rendit maître d'Autun & de Vienne après la défaite de Godemar. Thiery pendant ce temps-là étoit en Auvergne dont il soumettoit les Habitans qui s'étoient révoltés. Cette expédition est de l'an 532.

Clotaire & Childebert possedoient toujours les Etats de Clodomir, & Clotilde ne cessoit de les engager à les rendre à leurs neveux. Clotaire pour se débarrasser des importunités de sa mere, & pour jouir plus tranquillement de son usurpation, résolut de faire périr ses neveux. Il engagea Clotilde à les envoyer à Paris sous prétexte de les faire monter sur le trône de leur pere. Mais lorsqu'ils furent entre ses mains il eut l'inhumanité d'en poignarder deux, malgré Childebert qui faisoit tous ses efforts pour adoucir la férocité de son cœur. Le troisième nommé Clodoalde fut rasé & mourut en odeur de Sainteté à un Bourg connu aujourd'hui sous le nom de Saint Cloud.

Gunthier fils aîné de Clotaire, & Théodebert fils de Tiery marcherent ensuite par ordre de leurs peres contre les Ostrogoths. Ils s'emparerent de plusieurs Places & ce fut en cette occasion que Théodebert se laissa prendre par les charmes de Deuterie, Dame du Château de Cabrieres. Thiery ne profita pas des conquêtes que son fils avoit faites sur les Ostrogoths, car il mourut l'an 534 avant que cette guerre fût terminée. Childebert & Clotaire avoient dessein de se rendre maîtres du Royaume d'Austrasie; mais Théodebert sçut dissiper la cabale qui s'étoit élevée contre lui, & monta sur le trône. Pour gagner ses deux oncles il leur promit de se joindre à eux contre les Bourguignons, & en effet il entra avec eux dans la Bourgogne. Godemar fut plus malheureux en cette occasion qu'il ne l'avoit encore été, car il fut vaincu & fait prisonnier. Son Royaume depuis cette conquête fit partie de l'Empire des François, & les trois Rois en garderent chacun une portion.

Les Romains & les Goths étoient continuellement en guerre, & ces deux Puissances cherchoient à s'appuyer du secours des François. Theodebert reçut les présens des uns & des autres & ménagea si bien les choses qu'après leur avoir donné des troupes, il entra dans l'Italie, surprit également les Romains & les Ostrogoths, & les tailla en piéces. Cette victoire fut suivie de la prise de quelques Villes. Vitiges qui étoit alors Roi des Ostrogoths, se vit réduit à la derniere extrêmité, car Belisaire Général des troupes Romaines profitant du désastre des ennemis, les poursuivit vivement, & vint l'assiéger dans Ravenne. Clotaire & Childebert lui offrirent leurs secours à condition qu'il leur céderoit encore quelque Places. Le Roi des Ostrogoths n'osant plus se fier aux François tâchoit de s'accommoder avec Beli-

---

(55) Quelques-uns prétendent qu'il fut égorgé par ses Soldats à Barcelonne où il s'étoit retiré.

G iij

faire; mais celui-ci ayant traîné la négociation en longueur, Vitiges fut surpris par les Romains & fait prisonnier.

Belisaire maître du passage des Alpes empêcha les François de rentrer en Italie; mais les deux freres n'ayant plus de guerre au dehors prirent les armes l'un contre l'autre, & Theodebert se rangea du côté de Childebert. Clotaire étoit déja entré bien avant dans la Neustrie, & son frere l'avoit enfermé dans son Camp lorsque la paix se fit entre eux par la médiation de Clotilde.

Les deux freres passerent ensuite en Espagne où ils prirent Pampelune, Calahorra & quelques autres Places; mais ayant été battus par les Goths, ils furent contraints de rentrer en France. Théodebert fut plus heureux en Italie dont il méditoit la conquête, & où il avoit envoyé Buccelin qui s'empara l'an 547 de la Ligurie, de la Venitie, & de la Sicile. La mort vint terminer les grands projets de Théodebert: elle arriva la même année de la conquête d'Italie, la quatorziéme de son regne. Il avoit épousé du vivant de son pére Wisigarde, & la répudia pour épouser Deuterie, qu'il chassa ensuite pour reprendre sa premiere femme.

Il eut pour successeur Théodebalde ou Thibaut qu'il avoit eu de Deuterie. Ce Prince fit un accommodement avantageux avec Justinien par lequel il conserva ce que les troupes de son pere avoit conquis en Italie. Cette paix ne fut pas de longue durée; Buccelin étant passé en Italie l'an 553, & ayant ravagé tout le Pays jusqu'au-delà de Rome, fut défait par Narses & périt avec son armée. Un autre Général François eut le même sort, desorte que les affaires des François furent ruinées dans ce Pays où ils ne rentrerent que longtemps après.

Theodebalde ne survécut pas à tant de pertes étant mort l'an 553, après un régne de six ans. Il avoit épousé Waldetrade ou Waldetrude sœur de Wisigarde, dont il ne laissa point d'enfans. Ses Etats devoient appartenir à ses deux oncles; mais Clotaire qui étoit le plus puissant & qui avoit cinq enfans tous portant les armes, s'en empara sans en faire part à son frere.

La même année Clotaire fut contraint de marcher contre les Saxons qui s'étoient révoltés. Ils furent vaincus, mais cette défaite ne les empêcha pas de reprendre les armes quelques mois après. Ils obtinrent alors des conditions moins dures que celles que le Vainqueur leur avoit déja imposées. Cette guerre étoit à peine finie qu'il se vit obligé d'en entreprendre une autre qui lui fut d'autant plus sensible que c'étoit contre un de ses fils. Cramne, c'est le nom de ce Prince, mécontent de ce que son pere l'avoit rappellé de l'Auvergne où il commandoit, s'étoit rétiré chez son oncle Childebert avec lequel il avoit fait un Traité contre son pere. Childebert fit de nouveau révolter les Saxons, afin que son frere se trouvât enveloppé d'ennemis de tous côtés. Clotaire marcha contre les Saxons & fut défait l'an 555, ses fils Charibert & Gontran furent envoyés contre leur frere rebelle qui s'étoit déja emparé de Châlons sur Saône. Cependant Childebert étoit en Champagne où il faisoit de grands ravages. Mais la mort de ce Prince arrivée en 558 fit cesser cette guerre civile, parce qu'alors Cramne n'ayant plus de protecteur eut recours à la clémence de son pere. Childebert avoit régné quarante-huit ans: il fut enterré à Paris dans l'Eglise de Saint Vincent. Ce Prince ne laissa

que deux filles de la Reine Ultrogothe. Il faut distinguer trois commence- — DE LA FRAN-
mens de régne par rapport à Childebert. Le premier à Paris l'an 511, le   CE.
second à Orléans en 526, & le troisiéme en Bourgogne en 534.
  Clotaire resté seul des enfans de Clovis réunit sous sa domination tout   CLOTAIRE I.
l'Empire François. A peine fut-il le maître du Royaume de Childebert qu'il   VI. ROI.
envoya en exil la femme & les deux filles de ce Prince.
  Cramne s'étoit raccommodé avec son pere, comme nous venons de le dire;   558.
mais cet esprit inquiet & remuant ne put rester long-temps tranquille, car   Révolte de
l'an 559 il leva de nouveau l'étendard de la révolte & se retira auprès de   Cramne
Conobre Comte de Bretagne. Clotaire s'étant rendu en diligence dans cette
Province, il attaqua les Bretons, les vainquit, & mit leur armée en déroute. Conobre fut tué dans le combat, & Cramne fut poursuivi si vivement qu'il n'eut que le temps de se sauver dans une chaumiere de Paysan.
Mais Clotaire justement irrité contre un fils rebelle, & qui oublioit les Loix
de la nature, fit mettre le feu à cette chaumiere, & le malheureux Cramne
y périt dans les flammes avec sa femme & ses enfans.
  Après cette triste expédition il revint en France & passa par la Ville de
Tours où il fit de grands présens au tombeau de Saint Martin. L'année sui-
vante comme il étoit à la chasse dans la Forêt de Cuise, la fiévre le prit.
On le transporta à Compiegne où il mourut le 10 de Novembre la cinquante-
uniéme année de son régne. Il fut enterré à Soissons dans l'Eglise de Saint
Medard. Ce Prince eut six femmes; Gondieucque, veuve de Clodomir,
Radegonde, morte l'an 587. Ingonde, Arigonde, Chusene ou Rodine, &
Waldetrade ou Waldetrude veuve de Théodebalde.
  Clotaire avoit laissé quatre fils qui partagerent entre eux le Royaume de   CARIBERT
leur pere; mais les limites n'étoient pas les mêmes que celles des enfans   OU
de Clovis, puisqu'alors la Monarchie étoit beaucoup plus étendue. Caribert   CHERIBERT,
fut Roi de Paris; Gontran eut en partage le Royaume d'Orléans & de Bour-   VII. ROI.
gogne; Sigebert régna à Metz, & Chilperic à Soissons. Caribert aimoit la
paix ainsi que Gontran & ces deux Princes auroient entretenu la tranquillité
dans le Royaume, si leurs freres Sigebert & Chilperic eussent été de même
caractere qu'eux.
  La deuxiéme année du régne de Sigebert ce Prince se vit attaqué par les
Abares qui étoient un reste de la Nation des Huns. Ces Peuples s'imaginant que la mort de Clotaire leur fournissoit une occasion favorable pour
ravager la France, se jetterent sur l'Austrasie. Sigebert alla à leur rencontre,
& les ayant défait sur les bords de la riviere d'Elbe, il leur accorda la paix
qu'ils lui demanderent. Ce Prince n'étoit pas en état de continuer la guerre
contre ces Etrangers; un ennemi domestique étoit entré dans ses Etats. Chilperic profitant de l'absence de son frere s'étoit emparé de Rheims & de
quelques autres Villes. Sigebert à cette nouvelle marche droit à Soissons,
se rend Maître de la Place, & de Théodebert son neveu, chasse Chilperic
lui-même & reprend les Villes qui lui avoient été enlevées. Cependant les
deux freres aînés firent tant par leurs médiations que la paix se fit: Soissons & Théodebert furent rendus à Chilperic. Cette paix ne fut pas de
longue durée, car l'an 566 Sigebert, sans qu'on nous en dise la raison,
fit une irruption sur les terres de Gontran & lui enleva la Ville d'Arles.

Cette expédition n'eut pas de longs succès : Celse Patrice d'Arles battit les Austrasiens & en fit un grand nombre prisonniers. Sigebert se vit alors contraint de faire un accomodement avec son frere.

De la France.

Caribert, ou Cherebert, VII. Roi.

C'est dans cette même année qu'on place le Mariage de Sigebert avec Brunehaud, fille d'Athanagilde Roi des Visigoths. Cependant les Huns avoient recommencé les hostilités. Le Roi d'Austrasie fut contraint de marcher contre eux; mais cette entreprise lui devint funeste, car il fut défait & se vit dans la nécessité de demander la paix.

Le Royaume de Paris jouissoit alors d'une tranquillité que Caribert avoit soin d'entretenir, de sorte qu'il ne se trouve aucun événement remarquable sous le régne de ce Prince. Il mourut l'an 567 après avoir occupé le trône pendant six ans. Ce Monarque laissa trois filles qu'il avoit eu de la Reine Ingoberge; sçavoir, Berthe ou Editberge qui épousa le Roi de Cant en Angleterre, Bertofelde & Crodielde. Ayant répudié Ingoberge il prit Marcovefe & Meroflede qui servoient la Reine. Ces deux filles étant mortes avec un fils qu'il avoit eu de l'une d'elles, il épousa en quatriéme noces Theudegilde ou Theodechilde.

Chilperic, VIII. Roi.

La mort de Caribert occasionna un changement dans la distribution des Provinces de la France, car les trois freres partagerent entre eux la part que Caribert avoit possédée. La seule Ville de Paris resta comme neutre, c'est-à-dire qu'il paroît qu'elle n'appartenoit en particulier à aucun des Princes à ce que nous apprend Mezerai dans son Abregé de l'Histoire de France. Cependant elle devoit être du Domaine de Chilperic, Maître de la Neustrie dans laquelle la Ville de Paris étoit alors comprise.

Chilperic à l'imitation de Sigebert voulut prendre une femme digne de son rang. Il fit tant par ses instances & ses promesses que le Roi d'Espagne lui accorda Galasuinte, sœur de Brunehaud. Ce mariage l'obligea à quitter Fredegonde, si fameuse dans l'Histoire de France. Cette Concubine l'avoit déja porté à répudier Audovere dont il avoit eu trois fils & une fille. Elle vit avec un œil jaloux la nouvelle épouse de Chilperic, & machina dèslors sa perte. Aussi dès l'année suivante, c'est-à-dire en 568, Galasuinte fut trouvée étranglée dans son lit. Fredegonde fut soupçonnée de ce crime que quelques Historiens mettent sur le compte de Chilperic. Ce Prince confirma les soupçons qu'on avoit contre Fredegonde en l'épousant quelques mois après.

La mort de Galasuinte occasionna une guerre entre Sigebert & Chilperic, Brunehaud ayant excité son mari à venger la mort de sa sœur. Cette querelle cependant fut bientôt appaisée, car Chilperic acheta la paix par la cession qu'il fit de quelques Villes dont il avoit hérité de Caribert. La paix ne fut pas de longue durée. Les deux Reines, je veux dire, celle d'Austrasie & celle de Soissons, s'étoient vouées une haine implacable, & cette haine jointe à l'ambition de Chilperic causa d'étranges désordres dans la France. Ce Monarque ayant fait en 574 un Traité avec Gontran, arma contre Sigebert, qui de son côté avoit également pris des arrangemens avec son frere le Roi d'Orléans. Il y a apparence que ces Traités n'étoient faits que pour engager Gontran à demeurer neutre pendant la guerre, car on ne voit point qu'il ait pris le parti de l'un des deux. Ce Prince qui aimoit la paix avoit

assemblé

assemblé à Paris les Evêques pour tâcher d'appaiser les differends qui étoient entre ses deux freres ; mais ses bonnes intentions n'avoient eu aucun succès.

DE LA FRANCE.

Pendant que le Roi d'Austrasie faisoit venir les troupes qui étoient au-delà du Rhin, Théodebert un des fils de Chilperic entra dans le Limousin où il commit d'horribles excès, ainsi que dans le Querci. Ce féroce Vainqueur n'épargna ni les Moines, ni les Eglises, ni les Vases sacrés ; en un mot il laissa partout des marques de sa fureur & de sa brutalité. Cependant malgré tant de succès Chilperic offrit la paix à Sigebert & lui rendit toutes les Villes dont il étoit devenu le Maître par les conquêtes de son fils. Il y a lieu de croire que le Roi de Soissons ne fit si promptement la paix avec son frere que parce qu'il ne se sentoit pas en état de soutenir la guerre plus long-tems, & que l'arrivée des troupes d'au-delà du Rhin rendoit Sigebert superieur en forces. Comme il n'avoit pas perdu de vue ses desseins ambitieux, il employa secretement le reste de l'année à faire de nouveaux préparatifs de guerre, & vers le commencement de l'année suivante il parut aux environs de Rheims avec une puissante armée, tandis que Théodebert marchoit en Tourraine. Sigebert envoya aussitôt contre ce jeune Prince les Ducs de Godegisele & de Gontran Boson. Théodebert ayant appris qu'ils s'avançoient vint à leur rencontre & leur livra bataille malgré le petit nombre de troupes qu'il avoit dans ce moment, car la plûpart avoient déserté à l'approche des deux Ducs. Sa valeur & son audace ne l'empêcherent pas d'être vaincu ; il fut tué dans le combat, & on l'enterra à Angoulême.

CHILPERIC, VIII. ROI.

Cependant Sigebert s'avança jusqu'aux portes de Paris, y fit de grands ravages, & en chassa Chilperic qui s'y étoit rendu. Ce Prince fugitif se sauva à Tournay où il se fortifia ; mais Sigebert ayant paru aux portes de cette Ville, les François qui avoient suivi le Roi de Soissons l'abandonnerent & reconnurent le Roi d'Austrasie pour leur Souverain. Chilperic se trouvoit alors sans ressource, & il alloit tomber entre les mains d'un Vainqueur irrité, lorsque Fredegonde le tira d'embarras par ses artifices ordinaires : Sigebert fut assassiné par son ordre, & sa mort rendit à Chilperic la liberté & ses Etats. Sigebert étoit dans sa quarantiéme année, & il avoit régné 14 ans. On le transporta d'abord au Village de Lambres, & de-là à Soissons où il fut inhumé dans l'Eglise de Saint Médard.

Chilperic profitant de si heureuses circonstances pour lui sortit promptement de Tournay & se rendit en diligence à Paris. Il vouloit se rendre maître de Childebert, fils de Sigebert, & qui n'avoit pour lors que cinq ans ; mais le Duc Gondebaud trouva moyen de sauver ce jeune Prince, & il le fit monter le jour de Noël sur le trône de son pere. Brunehault fut traité avec plus de douceur qu'on avoit lieu de l'esperer : Chilperic se contenta de l'envoyer en exil à Rouen, & ses deux filles eurent ordre de se retirer à Meaux. La Tourraine, ainsi que la Capitale se trouvant sans défense se rendirent à Rocolene un des Généraux du Roi de Soissons. Merouée troisiéme fils de ce Prince devoit en même temps marcher dans le Poitou ; mais au lieu de s'avancer vers cette Province il se rendit à Rouen où il épousa Brunehault. Ce Mariage fut l'origine de la division qui régna entre le pere & le fils.

Tome I. Partie II.   H*

DE LA FRAN-
CE.

CHILPERIC,
VIII. ROI.

Le Royaume de Bourgogne n'avoit pas été tranquille pendant tout ce temps-là. Les Lombards avoient fait en 571 une irruption en Provence, & Gontran s'étoit vu obligé d'envoyer des troupes contre eux. Le Patrice Amat qui avoit été à leur rencontre, étoit péri avec son armée; mais le Patrice Mommole, fils du Comte d'Auxerre qui lui avoit succédé, répara bientôt cette perte, & tailla en piéces les Lombards. Ces Barbares ne furent pas plus heureux l'année suivante, non plus que deux ans après lorsqu'ils revinrent avec trois armées. Tant de pertes consécutives forcerent cette Nation à rester en repos, & elle ne songea plus à rien entreprendre contre le Royaume de Bourgogne. Quelque-temps après, c'est-à-dire en 577, Gontran ayant perdu ses deux fils Clotaire & Clodomir, adopta son neveu Childebert, & le fit asseoir sur son trône.

Sur ces entrefaites, Chilperic irrité de la conduite de son fils, étoit arrivé à Roüen. Brunehault & Merouée eurent à peine le temps de se réfugier dans l'Eglise de Saint Martin, asyle pour lors inviolable. Le Roi de Soissons leur promit tout ce qu'ils voulurent pour les tirer de leur retraite; mais lorsqu'il fut maître de leurs personnes, il ordonna à son fils de le suivre à Soissons, & renvoya Brunehault en Austrasie.

Cette Princesse n'ayant pu être admise dans le Conseil de Régence, eut cependant assez de crédit pour engager les Austrasiens à faire la guerre à Chilperic. Ils s'avancerent jusqu'à Soissons, mais Fredegonde ayant eu avis de leur marche étoit sorti de la Ville. Chilperic qui s'étoit mis presqu'aussi-tôt en campagne, les rencontra & les tailla en piéces. Merouée fut alors traité comme prisonnier d'Etat; on le désarma & le Roi le fit garder à vue. Cependant Clovis quatriéme fils de Chilperic étoit en Touraine avec le Général Didier. Gontran qui avoit pris le parti de son neveu, y avoit envoyé Mommole. Ce Général attaqua les ennemis, & en fit un carnage effroyable, puisqu'il périt dans cette affaire vingt-cinq mille hommes de leur côté. Chilperic s'imaginant que les intrigues de Merouée lui avoient occasionné une si grande perte, le fit raser & l'envoya dans un Monastere au pays du Maine. Ce Prince trouva cependant moyen de s'échapper; il se rendit en Austrasie où la Reine le reçut fort bien, mais le Conseil de Régence le contraignit à se retirer promptement. Il s'étoit à peine rendu à Terouanne qu'il fut reconnu par les Emissaires de Fredegonde: on l'enferma dans une Métairie, où poussé par le désespoir il engagea Gailene son ami à lui donner la mort (56). Il ne restoit plus que le jeune Clovis dont la vie s'opposoit aux desseins de Fredegonde, qui vouloit faire regner quelques-uns de ses enfans. Elle prit prétexte d'une conjuration qu'on avoit tramée contre le Roi, & fit accroire à ce Monarque que son fils étoit coupable. Clotaire tout innocent qu'il étoit fut envoyé au Château de Noisi où il fut poignardé. Cependant Fredegonde perdit en 580 trois de ses fils, & Chilperic lui-même fut attaqué d'une maladie qui pensa le conduire au tombeau.

L'année suivante toute la France fut en mouvement. Childebert séduit par les conseils de Chilperic voulut exiger de Gontran qu'il lui cédât la propriété d'une partie de la Ville de Marseille. Cette Place avoit appartenu à Cha-

---

(56) Le Pere Daniel prétend que ce fut par ordre de Fredegonde.

ribert, & avoit enfuite été partagée entre Sigebert & le Roi de Bourgogne. Childebert à son avénement à la Couronne ou plutôt son Conseil n'avoit pu s'empêcher de consentir à abandonner à Gontran la possession entiere de cette Ville. Mais lorsqu'il fut parvenu à un âge qui lui permettoit de gouverner par lui-même, il voulut se relever de la Transaction qu'il avoit faite sur cet article. Childebert assuré du secours de Chilperic attaqua Marseille dont il se rendit Maître, tandis que Chilperic de son côté s'emparoit de plusieurs Villes. Ces grands succès continuerent jusqu'en 583 que Gontran remporta près de Melun une victoire considerable sur le Roi de Soissons ; ce qui obligea Childebert à demander la paix à son oncle. Gontran tout vainqueur qu'il étoit la lui accorda volontiers, & lui abandonna en même temps la moitié de la Ville de Marseille.

DE LA FRANCE.

CHILPERIC, VIII. ROI.

Chilperic ne survécut gueres à cette paix ayant été assassiné l'année suivante à Chelles, comme il revenoit de la chasse. Fredegonde fut soupçonnée de ce crime, à cause d'une intrigue galante qu'on prétend qu'elle avoit avec un Seigneur de la Cour nommé Landri. On croit que Chilperic pouvoit avoir alors quarante-cinq ans. Ce Prince fut enterré dans l'Eglise de Saint Vincent de Paris, aujourd'hui Saint Germain des Près. Ses Trésors furent déposés entre les mains de Childebert, & la Régence fut confiée à Gontran.

La mort de Chilperic occasionna de nouveaux troubles. Gontran s'étoit déja rendu à Paris avec une puissante armée, & il avoit fait son entrée dans cette Capitale, lorsque Childebert se présenta pour s'en rendre maître, mais les Parisiens refuserent de le recevoir. Ce Prince envoya des Ambassadeurs à son oncle pour l'engager à lui remettre entre les mains Fredegonde qu'il vouloit faire punir. Gontran qui avoit pris cette Princesse sous sa protection refusa de satisfaire son neveu & ordonna à Fredegonde de se retirer à Reuil.

Cependant Clotaire II. étoit monté sur le trône, n'ayant alors qu'environ quatre mois, & les Grands de son Royaume l'avoient fait reconnoître dans toutes les Villes qui avoient appartenu à Chilperic.

CLOTAIRE II. IX. ROI.

585.

Pendant que la puissance du jeune Clotaire s'affermissoit de plus en plus, celle de Gontran se vit fortement ébranlée par la conspiration d'un de ses Sujets. Mommole, qui s'étoit retiré du service de ce Prince pour quelque mécontentement, avoit fait venir de Constantinople en 585 un nommé Gondovalde qu'on vouloit faire passer pour fils de Clotaire I. Childebert mécontent de son oncle soutint les prétendus droits de Gondevalde, & de concert avec Mommole ils le proclamerent Roi. Cette affaire devenoit sérieuse, & le nouveau Roi s'étoit déja rendu maître de plusieurs Villes ; mais le Général que Gontran envoya contre lui eut bientôt dissipé ce parti ; Gondovalde, Mommole & ses Complices ayant été arrêtés furent punis de mort, ce qui mit fin à cette guerre civile.

Malgré ces differends presque continuels entre l'oncle & le neveu, Gontran conservoit toujours de l'amitié pour Childebert, & lorsque la paix fut faite, il le déclara son Successeur, & lui donna l'investiture de tous ses Etats. Cependant il y eut encore depuis ce temp-là quelques querelles entre ces deux Princes ; mais elles n'eurent pas de suite par les sages avis de Grégoire de Tours.

H ij

Gontran débarrassé de la guerre civile songea à venger la mort d'Hermenegilde & d'Ingonde sa femme qui étoit fille de Brunehault. Hermenegilde, fils de Leuvigilde, ayant renoncé aux erreurs des Ariens par les conseils de sa femme, encourut les disgraces de son pere; ce qui le porta à se révolter ouvertement. L'Empereur Justinien, & Ardamire Roi des Suéves en Galice l'avoient soutenu dans sa rebellion. Malgré leurs secours il eut le malheur de tomber entre les mains de son pere, qui cependant lui offrit le pardon de son crime s'il vouloit rentrer dans le sein de l'Arianisme. Hermenegilde ferme dans sa Religion aima mieux souffrir une mort ignominieuse que de racheter sa vie aux dépens de sa conscience. Ingonde envoyé en exil dans l'Afrique y mourut des mauvais traitemens qu'on lui fit endurer. Chilperic étoit dans les intérêts de Leuvigilde, de sorte que Gontran se vit forcé de retarder la vengeance qu'il méditoit. Mais à peine le Roi de Soissons fut-il mort qu'il envoya une nombreuse armée contre les Goths. Cette expédition ne fut point heureuse; car Recarede fils de Leuvigilde battit les François de tous côtés, les poursuivit jusqu'à Toulouse, & se rendit maître de quelques Places. La Flotte que le Roi de Bourgogne avoit fait partir pour les Côtes d'Espagne n'eut pas un meilleur succès: la plûpart des Vaisseaux furent enlevés, & ceux qui les montoient furent passés au fil de l'épée. Quelque temps après Leuvigilde étant mort, Recarede monta sur le trône. La guerre continua encore quelque temps: les succès en furent variées; mais enfin Gontran consentit à faire la paix avec le Roi des Goths qui avoit abjuré l'Arianisme.

Cependant Fredegonde n'avoit pas oublié que Childebert avoit voulu la faire périr. Résolue de s'en venger elle envoya à Soissons deux de ses Domestiques pour assassiner le Roi d'Austrasie; mais cette entreprise n'eut pas la réussite qu'elle en avoit attendue. Les Assassins furent découverts avant qu'ils eussent exécuté leurs desseins, & ils perdirent la vie au milieu des supplices.

Les Lombards faisoient de temps en temps des courses sur les terres de France; mais quoiqu'ils ne fussent pas heureux dans leurs expéditions, ils ne laissoient pas d'incommoder beaucoup les François. Childebert résolut de porter la guerre dans leurs Pays, & leva pour cet effet une nombreuse armée qui eut d'abord quelqu'avantage, car elle s'empara de Trente & de plusieurs autres Places; mais les Austrasiens s'étant laissés surprendre, furent battus par les Lombards. Les Bourguignons réparerent la gloire de la Nation & forcerent l'ennemi à demander la paix.

Elle ne dura que jusqu'à l'année suivante que l'Empereur Maurice ayant conçu le dessein de faire la conquête de l'Italie, implora le secours des François. Childebert pour satisfaire aux engagemens qu'il avoit pris avec l'Empereur envoya une armée en Italie. Elle ne resta pas long-tems en Lombardie, car elle y fut attaquée de la dyssenterie, & de diverses autres maladies qui en firent périr une grande partie: d'ailleurs le Roi d'Austrasie avoit reçu de grosses sommes d'argent des Lombards pour le porter à les laisser en paix (57). Cependant Childebert malgré les engagemens qu'il avoit pris avec ces Peuples fit marcher de nouveau des troupes contre eux. Elles furent

(57) Fredegar. c. 45.

DE L'UNIVERS. Liv. I. Chap. II.

battues, & le carnage en fut si grand que Grégoire de Tours assure que cette bataille fut pour la Nation une des plus sanglante qu'elle eût perdue jusqu'alors. Cette défaite fut en quelque sorte réparée par la prise de quelques Places dans le Trentin & par le ravage que les Austrasiens firent dans le Milanès. Les Lombards desiroient la paix, & Childebert n'étoit peut-être pas fâché qu'on le pressât sur cet article. Le Roi de Bourgogne fut le Médiateur entre son neveu & le Roi des Lombards, & la paix fut conclue aux conditions que les Lombards payeroient par an un Tribut de douze mille sols d'or (58).

De la France.
Clotaire II, IX. Roi.

Pendant tout ce temps la Bourgogne n'avoit pas été plus tranquille. Varoc Comte de Bretagne s'étoit révolté, & avoit désolé le Pays de Nantes & de Rennes. L'armée que Gontran envoya contre les Bretons fut taillée en piéces, & le Duc Beppolen qui la commandoit périt dans le combat. On pense que ce malheur arriva par les artifices de Fredegonde qui étoit d'intelligence avec Varoc. Cette Princesse étoit si méchante que les Historiens l'ont rendue coupable de tous les événemens malheureux qui sont arrivés dans la France, & l'ont regardé comme l'auteur de la mort tragique de plusieurs grands Personnages. En effet il étoit dangereux d'être l'ennemi de Fredegonde ; car le fer & le poison étoient les instrumens ordinaires de sa vengeance.

Troubles en Bretagne.

Après toutes ces guerres la France fut tranquille pendant quelque temps, & Fredegonde profitant des circonstances engagea Gontran à se rendre à Paris pour y tenir Clotaire II. sur les Fonts de Batême. Le Roi de Bourgogne s'y rendit, & le jeune Clotaire fut batisé dans la Capitale.

Deux ans après, le 28 Mars, arriva la mort de Gontran. Ce Prince étoit alors âgé d'environ 60 ans, & il en avoit régné 33. Il avoit eu pour femme Venerande, que quelques Historiens regardent plutôt comme une concubine que comme sa femme légitime ; Mercatrude qu'il répudia, & Austregilde, morte en 583.

Mort de Gontran.

La mort de Gontran rendit Childebert maître de tous les Etats de son oncle. Ennemi irréconciliable de Fredegonde, il crut ne pouvoir mieux se venger de cette Princesse qu'en attaquant son fils Clotaire. Il fit pour cet effet marcher une armée du côté de Soissons ; mais elle fut battue, & l'on prétend qu'il perdit 30000 mille hommes en cette occasion. Il fut plus heureux dans la guerre qu'il entreprit contre les Varnes (59) ; car ces Peuples furent tellement exterminés qu'il n'est plus fait mention d'eux dans l'Histoire. Cette expédition fut la derniere de ce Prince. Il mourut l'an 596 dans la 26ᵉ année de son âge, & la 20ᵉ de son régne. On pense qu'il mourut empoisonné, & Fredegonde fut encore accusée de ce crime. Childebert laissa de Failube son épouse deux enfans ; sçavoir, Thiery ou Théodoric II. & Théodebert II. Le premier alors âgé de neuf ans eut en partage le Royaume d'Orléans & de Bourgogne, & le second qui étoit âgé de dix ans monta sur le trône d'Austrasie.

595.

596.
Mort de Childebert.
Thierry II. Roi d'Orléans.
Théodebert II. Roi d'Austrasie.

Clotaire, ou plutôt Fredegonde ne laissa pas ces deux Princes tranquilles possesseurs de leurs Etats. Il leur déclara la guerre, s'empara de Paris & de plusieurs autres Villes sur le bord de la Seine, & battit les Austrasiens que

(58) *Ibid.*
(59) Peuples de la Germanie qui habitoient à l'embouchure d'un des bras du Rhin qui se perd dans les sables de Hollande.

H iij

Brunehault avoit fait marcher au secours de Thierry. Fredegonde ne survécut pas long-tems à cette victoire, car elle mourut l'an 597 ou 598. Princesse digne en même temps de l'execration & de l'admiration de la posterité. Elle fut enterrée à Saint Vincent auprès du Roi Chilperic son époux.

Brunehault se trouvoit alors sans rivale, & elle se flattoit de pouvoir établir son autorité en Austrasie sous le régne de son petit-fils. Elle commença par terminer toutes les guerres, soit en achetant la paix, soit en confirmant les Traités qui avoient été faits, soit enfin en en faisant de nouveaux. Son crédit paroissoit s'affermir de jour en jour, & il y avoit lieu de croire qu'elle seroit parvenue au point de grandeur qu'elle méditoit. Mais les Grands du Royaume ne purent voir sans jalousie une femme à la tête des affaires, & pour ainsi dire assise sur le trône. Ils conspirerent contre elle, & gagnerent tellement l'esprit du Roi qu'il consentit à son exil. Cette Princesse se retira à la Cour de Thiery dont elle eut bientôt gagné la confiance par ses manieres insinuantes. Comme elle appréhendoit que si le Roi venoit à se marier, la Princesse qu'il épouseroit ne contrebalançât son autorité, elle l'entretint toujours dans la débauche en lui fournissant des objets propres à entretenir ses passions. De sorte que Thiery à l'âge de dix-huit ans avoit déja trois fils naturels.

Théodebert & Thiery n'avoient laissé Clotaire maître de ses conquêtes que parce qu'ils ne s'étoient pas trouvés en état de les lui enlever; mais ces deux Princes ayant réuni leurs forces se disposoient à reprendre les Villes dont Clotaire s'étoit emparé. Le Roi de Neustrie ayant appris leur marche fut à leur rencontre jusque dans le Sennonois où se donna une grande bataille dans laquelle l'armée de Clotaire fut presqu'entiérement défaite: le Prince lui-même eut bien de la peine à se sauver. Cette victoire facilita aux deux Freres la prise de plusieurs Villes, & mit Clotaire dans la nécessité d'accepter la paix aux conditions qu'on voulut lui imposer. Ce fut cette même année que les Gascons qui demeuroient encore au-delà des Pyrenées, furent enfin soumis & rendus Tributaires. On leur donna pour les commander un Duc nommé Genialis.

L'union de ces deux Rois les avoit rendus redoutables à leurs voisins & Clotaire n'osoit plus rien entreprendre sur eux; mais les intrigues de Brunehault rompirent bientôt un lien que les deux Princes avoient tant d'intérêt de resserrer. Elle commença par faire ôter à Bartoalde la dignité de Maire du Palais, & fit mettre en sa place Protade pour qui elle avoit une inclination criminelle. Bartoalde quoique disgracié eut toujours le commandement des armées. Il ne s'en servoit que pour donner de nouvelles preuves de sa fidélité pour son Souverain. Clotaire sur ces entrefaites étoit entré brusquement dans le Pays qui est entre la Loire & la Seine, & il s'étoit déja emparé de quelques Places lorsque Thiery marcha à sa rencontre. Les deux armées se trouverent près d'Estampes; on en vint aux mains, & Bartoalde voyant que la victoire à laquelle il avoit beaucoup contribué s'étoit entiérement déclarée pour le Roi de Bourgogne, se jetta dans la mêlée, & il y trouva la mort qu'il y cherchoit. Théodebert qui étoit venu au secours de son frere n'eut pas plutôt appris que les troupes de Clotaire étoient défaites qu'il changea de résolution, car il écouta les propositions que ce Prince lui fit; ce qui occasionna une paix générale.

La conduite de Théodebert indispofa Thiery contre ce Prince, & cette in- | DE LA FRAN-
disposition dégénéra bientôt en une rupture ouverte par les intrigues de Bru- | CE.
nehault. Cette Princeffe profitant des momens favorables à fes deffeins, vint
à bout de perfuader au Roi de Bourgogne que Théodebert n'étoit pas son | CLOTAIRE II.
frere. Thiery charmé de trouver un prétexte du moins fpécieux pour s'em- | IX. ROI.
parer du Royaume d'Auftrafie, fe mit à la tête d'une puiffante armée. Les
Seigneurs qui accompagnoient les deux Princes dans cette expédition ayant
eu entre eux quelques conférences députerent vers Thiery pour lui repré-
fenter l'injuftice de fon procedé. En même tems une troupe de Soldats entrerent dans la tente de Protade, & le maffacrerent. Thiery connut alors le danger qu'il encouroit. Il confentit à un accommodement & les armées fe retirerent
fans combattre.

Le Roi de Bourgogne ne tarda pas à s'attirer une nouvelle affaire. Ce
Prince par le confeil de Claude, nouveau Maire du Palais, avoit confenti
à époufer Ermenberge, fille de Vitteric ou Betteric Roi d'Efpagne, & l'avoit
fait venir en France pour ce fujet. Mais Brunehault trouva moyen de faire
differer le mariage pendant un an, & de faire renvoyer la Princeffe au bout
de ce temps fans lui rendre même fa dot. Le Roi d'Efpagne indigné de ce
procedé fit une Ligue avec les Rois d'Auftrafie, de Soiffons & des Lombards pour fe venger de Thiery. Tant de préparatifs n'eurent aucun effet, fans
qu'on en fçache la véritable raifon, les Hiftoriens ayant gardé fur cela un
profond filence.

La paix ne fut pas de longue durée. Théodebert prétendit avoir quelque
droit fur l'Alface, & voulut s'en rendre maître à force ouverte. Thiery fe vit
contraint de fe mettre de nouveau en campagne, après avoir engagé Clotaire à
demeurer neutre. Cette guerre paroiffoit devoir durer quelque temps; cependant
on parla de négociations dès le commencement de la campagne. La Ville
de Seltz fut choifie pour le lieu des conférences. Elles furent bientôt terminées; car Théodebert contre la foi des Traités y ayant enfermé fon frere qui
s'y étoit rendu, le contraignit à figner ce qu'il voulut. Thiery fe vit alors
dans la néceffité de diffimuler fon reffentiment, il fut même deux ans fans
rien entreprendre contre Théodebert. Il employa ce temps-là à faire les préparatifs pour la grande entreprife qu'il méditoit. Après avoir promis à Clotaire le Duché de Dentelin pour l'engager à refter neutre, il entra fur les
terres d'Auftrafie avec une puiffante armée. Théodebert voulut en vain s'oppofer aux progrès des Bourguignons: il perdit deux batailles; & eut le malheur d'être fait prifonnier. On l'amena à Thiery qui le traita avec indignité.
On lui ôta les marques de fa dignité, fon fils Merouée fut maffacré en fa
préfence, & Brunehault pour fatisfaire fa vengeance, le fit rafer & enfer- | Mort de Théo-
mer dans une prifon; mais quelque temps après elle le fit affaffiner. | debert.

Thiery alors maître du Royaume d'Auftrafie refufa de remplir la promeffe | 612.
qu'il avoit faite à Clotaire; mais ce Prince s'étoit déja emparé du Duché
de Dentelin, & fe préparoit à le conferver. La guerre fut déclarée entre les | Mort de Thiery.
deux freres, & Thiery s'avançoit déja vers Soiffons lorfqu'il fut attaqué d'une | 613.
maladie qui le mit au tombeau. Ce Prince étoit alors dans la vingt-fixiéme
année de fon âge, il en avoit régné dix-huit. Il laiffa de fes Concubines
quatre fils; fçavoir, Sigebert, Childebert, Corbe & Merouée. Aucun de

DE LA FRAN-
CE.

CLOTAIRE II.
IX. ROI.

ces Princes ne succeda au Royaume de leur pere, & n'eut le titre de Roi. La Reine Brunehault fit cependant tous ses efforts pour faire monter Sigebert sur le trône; mais l'armée qu'il commandoit l'ayant abandonné il fut livré à Clotaire avec ses freres. Le Roi n'accorda la vie qu'au jeune Merouée parce qu'il l'avoit tenu sur les Fonts de Batême. Childebert avoit pris la fuite; & on ignore quel fut le sort de ce Prince. Brunehault qui étoit tombée entre les mains du Vainqueur fut livrée aux Boureaux qui lui firent souffrir toutes sortes de tourmens pendant trois jours, après lesquels elle fut conduite montée sur un chameau par toute l'armée, & ensuite attachée à la queue d'un cheval furieux qui lui brisa tous les membres. Cette exécution se fit au Village de Reneye sur la Riviere de Vingenne en Bourgogne. Le Tombeau de cette Princesse se voit dans l'Eglise de Saint Martin d'Autun.

Clotaire seul maître de la Monarchie Françoise.

Toute la France reconnut alors Clotaire pour son Souverain. Ce Prince fit de sages Réglemens pour rétablir la paix dans ses Etats, & il nomma des Maires du Palais dans la Bourgogne & dans l'Austrasie. Herpon qu'il avoit établi Duc dans les Pays au-delà du Mont-Jura s'attira la haine des Seigneurs de cette Province, parce qu'à l'exemple du Roi il vouloit faire régner la Justice. Le Patrice Alethée fut son plus redoutable ennemi: il forma une conjuration contre le Duc, & le fit assassiner. Clotaire vengea sa mort par celle d'Alethée; mais il fit grace à Leudmonde Evêque de Lyon qui étoit un des Chefs des Rebelles. Le Roi satisfit ensuite les Bourguignons sur les demandes qu'ils lui avoient faites. Il accorda en même temps au Roi des Lombards la remise d'un Tribut annuel moyennant une somme assez modique une fois payée.

616.

617.

622.
Dagobert associé au trône.

627.

628.
Mort de Clotaire.

DAGOBERT
X. ROI.

Mort de Caribert.

Clotaire voulant se décharger d'une partie du Gouvernement associa au trône son fils Dagobert. Il lui donna le Royaume d'Austrasie avec ce qu'il possedoit en Germanie & l'envoya dans ses nouveaux Etats avec le Duc Pepin. C'est ici que doit commencer le régne de Dagobert. Depuis cet événement il ne se passa rien de considerable en France, si ce n'est une Assemblée des Seigneurs de Neustrie & de Bourgogne que Clotaire assembla à Clichy pour régler plusieurs affaires importantes qui regardoient ces deux Provinces. L'année suivante Clotaire mourut dans la quarante-cinquième année de son régne en Neustrie, & la quinzième en Bourgogne. Ce Monarque fut enterré dans l'Abbaye de Saint Germain-des-Prés. Il avoit eu trois femmes; sçavoir, Haldetrude, Bertrude & Sichilde.

Dagobert après la mort de son pere s'empara de tout le Royaume sans en faire part à son frere Caribert. Cependant il lui céda dans la suite le Toulousain, le Querci, l'Angoumois, le Perigord, & la Novempopulanie ou la Gascogne. Ce Prince à l'exemple des Rois Visigoths fit Toulouse la Capitale de ses Etats qu'il étendit par quelques conquêtes qu'il fit sur les Gascons. Caribert ne jouit pas long-tems de la souveraine Autorité: il mourut après deux ans de régne étant âgé de vingt-cinq ans. Ses enfans furent Chilperic, Boggis & Bertrand. Boggis a été la tige d'une longue suite de Princes dont le dernier, Louis d'Armagnac Duc de Nemours, fut tué à la bataille de Cerignoles en 1503 (60).

(60) Nouvelle Histoire de Languedoc.

Dagobert

Dagobert se vit de nouveau seul Maître de la Monarchie, car il ne laissa pas à ses neveux la possession des Etats de leur pere. Cependant le Roi avoit parcouru les diverses Provinces de son Royaume dans lesquelles il avoit rétabli le bon ordre en réprimant les violences & en rendant la justice aux Petits comme aux Grands. Il fixa ensuite son séjour à Paris dont il fit la Capitale de son Royaume. Ce fut dans cette Ville qu'il épousa Nanthilde après avoir répudié Gomatrude sous prétexte de stérilité. Bientôt après il prit une nouvelle femme, & se livra à toutes sortes de débauches.

Il y eut cependant sous son régne plusieurs guerres qui lui donnerent de l'occupation. Celle des Sclaves surnommés Vinides ne lui fut point avantageuse; car ces Peuples ayant à leur tête un Marchand François nommé Samon, repousserent par-tout les François, & firent même des courses jusque dans la Turinge. Ce fut en vain que les Saxons à qui Dagobert avoit remis le Tribut qu'ils devoient, voulurent s'opposer à leurs progrès: ils furent battus, & ne pouvant résister à un ennemi si redoutable ils furent contraints de de faire la paix avec les Sclaves. L'armée qu'il avoit envoyée en Espagne au secours de Sisenand fut plus heureuse. Elle soumit à ce Prince toute la Nation des Goths, & revint en France comblée de gloire & de présens du Roi qu'elle avoit rétabli.

Dagobert délivré de toutes ces guerres donna à son fils Sigebert le Royaume d'Austrasie dont il confia le Gouvernement à Cuniber Evêque de Cologne, & au Duc Adagisele. La même année le Roi ayant eu un second fils nommé Clovis, le déclara Souverain de la Neustrie, de la Bourgogne & du Duché de Dentelin. Dagobert eut encore quelques guerres à soutenir avant sa mort. Les Gascons révoltés l'obligerent d'envoyer contre eux une armée qui les soumit & les força de recourir à la clémence du Vainqueur. Judicaël Roi des Bretons vint aussi se soumettre à Dagobert qui le renvoya avec de grands présens. Ce Prince mourut à Saint Denys où il s'étoit fait transporter d'Epinay. Il avoit régné seize ans, c'est-à-dire six du vivant de son pere, & dix depuis sa mort.

Les volontés de Dagobert furent exécutées comme ce Prince l'avoit desiré. Sigebert & Clovis se contenterent des Provinces dont leur pere avoit fait le partage. Ce fut sous les régnes de ces Rois que commença l'autorité des Maires du Palais; autorité qui devint si funeste aux Rois qu'elle ne leur laissa que l'ombre de la souveraine Puissance.

Les deux Princes trop jeunes pour gouverner par eux-mêmes furent sous la tutelle de sages Ministres que Dagobert avoit mis auprès d'eux. Pepin & Cunibert avoient l'administration des affaires dans le Royaume d'Austrasie, & ils donnerent de si sages conseils à Sigebert que ce Prince qui en sçut profiter se fit aimer de tous ses Sujets. La Reine Nantilde fut déclarée Régente du Royaume de Neustrie, & elle gouverna cet Etat avec Ega Maire du Palais, homme sage, prudent, riche & d'une probité à toute épreuve. Pepin & Ega étant morts, l'un en Austrasie & l'autre en Neustrie, le premier fut remplacé par son fils Grimoalde, & le second par Erchinoalde homme d'un grand mérite. Sigebert & Clovis firent le bonheur des Peuples qui leur étoient soumis; & leur régne qui fut celui de la justice & de la clémence, ne fut remarquable par aucun événement considerable. Sigebert eut cependant une

Tome I. Partie II. I*

DE LA FRANCE.

DAGOBERT, X. ROI.

631.

633.
Sigebert II. établi Roi d'Austrasie.

635. ou 36.

638.

CLOVIS II. XI. ROI.

640.

DE LA FRANCE.

guerre à soutenir contre Radulphe Duc de Thuringe qui s'étoit révolté. Le Roi d'Austrasie ne fut point heureux dans cette expédition : son armée ayant été battue il fut contraint de faire la paix.

CLOVIS II. XI. ROI.

656. Mort de Sigebert II.

Ce Prince mourut le premier de Février l'an 656 après un régne d'environ dix-huit ans. Il est enterré dans le Monastere de Saint Martin qu'il avoit fait construire près de Metz. Sigebert avoit laissé un fils nommé Dagobert âgé d'environ quatre ans; mais Grimoalde Maire du Palais, homme ambitieux & dont le Roi avoit imprudemment adopté le fils, empêcha le jeune Dagobert de monter sur le trône. Il le fit raser, & Didon Evêque de Poitiers & son parent eut la lâcheté de le conduire dans l'Hibernie par les ordres du Maire qui mit la Couronne sur la tête de son fils à qui il avoit donné le nom de Childebert. Le régne de cet Usurpateur ne fut que de sept jours ; car les Seigneurs s'étant ligués en faveur, non du jeune Prince qu'on croyoit mort, mais des enfans de Clovis II. ils le chasserent & arrêterent le pere qui mourut en prison à Paris.

Mort de Clovis II.

Cependant Clovis étoit mort quelque temps après son frere, étant dans la vingt-troisiéme année de son âge : il en avoit régné dix-neuf. Il fut enterré dans l'Eglise de Saint Denys. Ce Prince laissa trois fils ; sçavoir, Clotaire, Childeric & Thiery.

CLOTAIRE III. XII. ROI.

660. Childeric II. Roi d'Austrasie.

Clotaire n'étoit alors âgé que de quatre ans. Il fut d'abord reconnu Roi de Bourgogne & de Neustrie, & peu après il devint Maître du Royaume d'Austrasie. Ce jeune Monarque se vit seul Souverain de la France sous la tutelle de la Reine Batilde jusqu'en l'année 660 que cette Princesse fit monter sur le trône d'Austrasie Childeric son second fils. Thiery qui étoit le troisiéme n'eut alors aucune part dans cette division de la Monarchie Françoise. La Reine voyant ses deux fils bien affermis sur le trône se retira dans le Monastere de Chelles où elle mourut l'an 680. Le régne de Clotaire qui fut de quatorze ans ne nous offre aucun événement considerable (61).

THIERY III. XIII. ROI.

670. OU 671.

Ce Monarque étant mort sans enfans Thiery troisiéme fils de Clovis II. fut reconnu Souverain de la Neustrie & de la Bourgogne. Il ne put se maintenir long-temps sur le trône ; car ayant laissé trop de pouvoir à Ebroin Maire du Palais, & ce Ministre s'étant attiré par sa conduite haute & cruelle la haine des Seigneurs, ceux-ci formerent une conspiration contre le Roi, le firent descendre du trône, le raserent & l'enfermerent dans le Monastere de Saint Denys. Ebroin eut le même sort, & fut confiné dans celui de Luxeu. Les François députerent alors vers Childeric, & le reconnurent pour leur Roi, de sorte que ce Prince gouverna seul toute la France jusqu'en l'année 673 qu'il fut tué par un homme de qualité nommé Bodillon. Ce Seigneur irrité de ce que le Roi l'avoit fait fouetter comme un Esclave, l'assassina dans la Forêt de Livri ou de Bondi. Childeric n'avoit alors environ que vingt-quatre ans dont il en avoit régné près de quinze. Il fut enterré dans l'Eglise de Saint Vincent à Paris. Ce Prince laissa un fils nommé Daniel qui ne monta sur le trône que l'an 715.

673. Mort de Childeric II.

Thiery rétabli sur le trône.

Thiery & Ebroin sortirent alors de leurs Monasteres ; mais le second crai-

(61) Les Historiens varient sur le lieu de la Sépulture de ce Prince. Les uns prétendent qu'il est enterré à Saint Denys, & Dom Bouquet, Benedictin, croit que ce fut à Chelles, où l'on voit encore son Tombeau & sa Figure représentée sur une pierre.

gnant le reſſentiment du Roi ſe retira en Auſtraſie, prit les armes contre ſon Souverain, & pour avoir un prétexte ſpécieux, il donna le titre de Roi à un prétendu fils de Clotaire III. qu'il fit proclamer.

L'Auſtraſie ſe trouvoit alors gouvernée par deux Souverains; car Dagobert II. que nous avons vû relegué en Hibernie régnoit ſur une partie de ce Royaume. Il avoit été ramené en France par les ſoins d'un Anglois nommé Vilfrid vers l'an 672 ou 674. Ce Prince profitant des troubles qui agitoient l'Auſtraſie ſe rendit maître de toute cette Province, mais ce ne fut pas ſans une ſanglante & cruelle guerre qu'il eut à ſoutenir contre Thiery avec lequel il fit enfin la paix. L'année ſuivante Dagobert mourut âgé d'environ 26 ou 27 ans, après un règne de quatre ans. On prétend qu'il fut aſſaſſiné, ſoit que ce fut par les ordres de Thiery, ſoit par ceux d'Ebroin. Comme il ne laiſſoit point d'enfans le Royaume d'Auſtraſie devoit retourner à Thiery; mais les Auſtraſiens craignant de tomber ſous la domination d'Ebroin ne voulurent point ſe ſoumettre au Roi de Neuſtrie, & déclarerent Pepin fils d'Anſegiſe & Martin Ducs ou Gouverneurs de la Province. Ainſi ce Royaume ceſſa d'avoir des Rois.

Cependant Ebroin après être entré dans la Neuſtrie avec une puiſſante armée s'étoit avancé juſqu'à Paris où il avoit penſé ſurprendre Thiery. Le Rebelle profitant des avantages que lui donnoient les circonſtances, pourſuivit ſes conquêtes, & força Thiery à lui rendre ſon ancienne dignité de Maire du Palais. Ce fut pendant ces troubles que Leger Evêque d'Autun eut les yeux crevés, & quelque temps après Ebroin lui fit couper la tête. Ce Maire du Palais vit alors ſon ambition ſatisfaite: Thiery n'étoit plus qu'un Phantôme de Roi, dont toute l'autorité étoit entre les mains d'Ebroin. Il ne s'en ſervit que pour ſe venger de ſes ennemis, & faire périr ceux dont il croyoit avoir quelque choſe à redouter. Il porta enfin la peine que méritoient ſes crimes, & fut aſſaſſiné par un Seigneur François nommé Ermenfride.

Sur ces entrefaites Thiery étoit en guerre avec les Ducs d'Auſtraſie. Ils furent battus à Liſou dans le Territoire de Toul, & Martin qui s'étoit d'abord retiré à Laon en étant ſorti ſur la parole qu'Ebroin lui avoit donnée fut mis à mort par ordre de ce Miniſtre. Pepin continua la guerre, & repara ſa honte près de Namur. Quelques années après Pepin envoya des Ambaſſadeurs vers Thiery pour l'engager à donner à ceux qu'Ebroin avoit chaſſés de leur Pays, la liberté d'y revenir. Bercaire qui étoit alors Maire du Palais de Neuſtrie, & qui s'étoit emparé de l'eſprit du Roi, le porta à refuſer la demande des Ambaſſadeurs Auſtraſiens. Pepin irrité de la mauvaiſe réception qu'on avoit faite à ſes Députés s'avança à la tête d'une armée juſqu'à Teſtry près de Saint Quentin ou de Verman, livra bataille au Roi, & tailla ſes troupes en piéces. Le Vainqueur profitant de ſa Victoire pourſuivit le Roi juſqu'à Paris, ſe rendit maître de ſa perſonne & de la Ville. Pepin s'empara alors de la ſouveraine Autorité & ne laiſſa à Thiery que le vain titre de Roi. Cet événement peut être regardé comme l'extinction de la domination Meroüingienne en France, & le commencement d'une nouvelle Monarchie.

Quatre ans après Thiery mourut. Ce Prince avoit régné vingt-un ans en comptant les trois années qu'il avoit paſſé dans le Monaſtere de Saint Denys.

DE LA FRANCE.

THIERY III. XIII. Roi.

667.

680. L'Auſtraſie gouvernée par des Ducs.

Ebroin s'empare de l'autorité dans la Neuſtrie.

680.

683.

687. Thierry vaincu par Pepin.

691. Mort de Thiery III.

Il avoit eu deux femmes dont la premiere s'appelloit Crotilde ou Clotilde, & la seconde Doda.

Clovis III. son fils aîné lui succeda, il porta comme son pere le titre de Roi, mais il n'en exerça pas l'autorité. Norbert creature de Pepin conserva la dignité de Maire du Palais qu'il avoit eu sous le régne précédent.

Pepin après avoir réglé tout ce qui concernoit l'interieur du Royaume & s'être attiré l'estime & l'admiration des François par la sagesse de sa conduite & sa clémence à l'égard de ses ennemis, songea à venger la France de ceux qu'elle avoit au dehors. Radbode Duc des Frisons refusoit depuis quelque temps de payer le Tribut qui lui étoit imposé. Pepin marcha contre lui, le défit, & l'obligea à se soumettre de nouveau & à donner des Otages pour sûreté de sa parole. Il châtia en même temps diverses Nations qui s'étoient révoltées, & battit trois fois les Allemands.

Ce Prince avoit deux fils, sçavoir, Drogon & Grimoalde. Il avoit donné au premier la Principauté de Champagne ; mais Drogon étant mort, Grimoalde lui succeda. Celui-ci fut assassiné à Jopil où il étoit allé trouver son pere qui y étoit malade, & qui y mourut le 16 Décembre 714. Pepin avoit été maître de l'Austrasie pendant 34 ans, & avoit exercé la souveraine Autorité dans tout le Royaume de France pendant l'espace de vingt-quatre ans sous quatre Rois. » Homme d'une ambition extrême ; mais également heureuse » & composée, qui alla aussi loin qu'elle pût aller, mais qui ne l'emporta » jamais. Entreprenant & osant tout, mais toujours à coup sûr. Utile à l'Em-» pire François, où il rétablit l'ordre, la justice & la tranquillité ; mais au dé-» pens d'un Prince dont il annéantit tous les droits. Toujours les armes à la » main, & l'esprit occupé de projets de guerre ; mais trouvant du loisir pour » entrer dans le plus grand détail de la police de l'Etat, & même des progrès » de la Religion qu'il fit prêcher aux Frisons & à quelques autres Peuples des » Frontieres qui se convertirent par ses soins (62).

Cependant Clovis III. étoit mort au mois de Mars 695, & il avoit eu pour successeur son frere Childebert III. qui mourut le 14 d'Avril 711. Enfin Dagobert III. étoit sur le Trône à la mort de Pepin.

Ce Duc n'avoit plus alors d'enfant légitime ; mais il avoit eu le crédit de faire reconnoître Maire du Palais son petit-fils Théodoalde qui n'étoit encore qu'un enfant. Plectrude femme de Pepin aussi-tôt après la mort de son mari s'empara du Gouvernement, mais les François honteux d'obéir à une femme & à un enfant qui n'étoit point leur Souverain, se souleverent & choisirent Ragenfroi pour Maire du Palais. Ils firent en même temps alliance avec le Duc des Frisons, l'engagerent à entrer sur les terres d'Austrasie, & délivrerent de prison Charles surnommé depuis Martel, fils naturel de Pepin & d'Alpaïde que Plectrude avoit fait enfermer. Cette même année 715 fut la derniere du régne de Dagobert. Ce Prince mourut le 24 de Juin & laissa un fils nommé Thiery qui étoit en bas âge. Il ne parvint pas à la Couronne & les François lui préférerent Daniel fils de Childeric II. Roi d'Austrasie. Ce jeune Prince avoit échappé à la fureur des Assassins de son pere & étoit enfermé dans un Monastere où il portoit l'habit de Clerc.

(62) Le Pere Daniel.

Daniel en montant fur le trône prit le nom de Chilperic II. que les Seigneurs François lui donnerent. Cependant Charles s'étoit rendu Maître de l'Auftrafie, & les Peuples de cette Province avoient cru voir renaître en lui Pepin leur Duc qui avoit élevé la Nation à un fi haut point de gloire. Ils ne furent point trompés dans leurs efperances : Charles devint en effet le plus grand Prince de fon fiécle. Ce Héros trouvant fa puiffance trop bornée dans la feule Auftrafie, voulut l'étendre fur toute la France & forcer Chilperic à le déclarer Maire du Palais de Neuftrie comme l'avoit été fon pere. Ce Monarque cherchoit au contraire les moyens de fouftraire fes Etats à la domination de la famille de Pepin fous laquelle plufieurs Rois avoient été privés de la fouveraine Autorité. Secondé par les Frifons & par Rainfroi il ofa efperer d'abattre une puiffance fi funefte à fes prédéceffeurs. Les commencemens de cette guerre furent favorables à Chilperic : Charles fut battu par les Frifons, & le Roi profitant de cette victoire s'étoit avancé jufqu'à Cologne où étoit enfermé la Reine Plectrude. Cette Princeffe acheta la paix en donnant une partie des Tréfors de Pepin. Charles étoit perdu fans reffource fi Chilperic eût pouffé plus avant, & n'eût pas donné à l'ennemi le temps de fe reconnoître. Mais le Duc d'Auftrafie dont l'armée n'étoit pas auffi nombreufe que celle de France, fçut tirer avantage de la faute des François. Il fe contenta de harceler pendant quelque jours l'armée ennemie, & ayant trouvé une occafion favorable il tomba tout à coup fur les François qui étoient campés à Amblef, les tailla en piéces & s'empara de leur Camp. Un avantage auffi confiderable & dans des circonftances fi critiques lui acquit beaucoup de réputation & ranima le courage des Auftrafiens. Il eut bientôt une armée formidable avec laquelle il vint attaquer Chilperic jufqu'en Neuftrie, & n'ayant pu conclure aucun Traité avec ce Prince, il lui livra bataille & le vainquit pour la feconde fois. Il pourfuivit le Roi jufqu'à Paris, & retourna enfuite en Auftrafie où il fe rendit maître de Cologne & de tous les Tréfors de Pepin.

Maître pour ainfi dire de toute la France, il n'ofa cependant prendre le titre de Roi de peur de s'attirer la haine de la Nation qui de tout temps a confervé de l'attachement pour fes Rois & pour la famille Royale. Charles ne pouvoit régner qu'à l'ombre de la Royauté. Il fit alors paroître un Phantôme de Roi à qui il donna le nom de Clotaire IV. On ignore quel étoit ce Prince dont le régne fut d'environ dix-huit mois.

Chilperic dans une fi grande extrêmité fut obligé d'avoir recours à Eudes qui à la faveur des troubles fous les régnes précédens s'étoit rendu Souverain de l'Aquitaine, & d'une grande partie des Provinces fituées entre la Loire & l'Océan. Eudes vint au fecours du Roi ; mais ce nouveau renfort ne fervit de rien contre la fortune & la valeur de Charles. Les François furent défaits, & Chilperic fe fauva dans les Etats du Duc d'Aquitaine. Charles les pourfuivit & ravagea tout le pays. Eudes ne put faire la paix qu'en livrant Chilperic entre les mains de fon ennemi. Le Vainqueur qui étoit venu à bout de fes deffeins laiffa la Couronne à Chilperic à condition qu'il le nommeroit Maire du Palais de Neuftrie. Le Roi ne furvécut pas long-temps à fon malheur, il mourut quelques mois après à Artigny & fut enterré à Noyon.

Après la mort de ce Prince Charles mit fur le trône Thierri, dit de Chel-

marginalia:
DE LA FRANCE.
CHILPERIC II.
XVII. ROI.
Charles Martel Duc d'Auftrafie.

716.
Victoire de Charles.

717.

Clotaire IV.

720.
Mort de Chilperic II.

les, fils de Dagobert III. & à la place duquel Chilperic avoit été reconnu Roi. Le régne de ce Prince fut celui de Charles, & c'est à la gloire de ce Héros que se rapportent tous les grands événemens arrivés en France pendant ce temps-là.

Charles n'avoit plus de Concurrent que Rainfroi, mais il l'eut bientôt soumis. Il lui donna cependant le Comté d'Angers & le lui laissa jusqu'à sa mort qui arriva en 731. Le Duc d'Austrasie ayant pacifié les troubles de l'interieur du Royaume, ne s'occupa plus qu'à relever son ancienne splendeur dont l'éclat s'étoit terni sous les Rois précédens, & à repousser l'ennemi qui cherchoit à s'emparer de plusieurs Provinces.

La vie de Charles fut un tissu de victoires continuelles, & chaque année est marquée par de nouveaux exploits. Il battit les Sarrasins qui ayant conquis l'Espagne s'étoient jettés sur les terres de France, & y avoient fait de grands ravages. Cette fameuse expédition lui fit donner le surnom de *Martel*. Les Allemands, les Saxons, les Bavarois, les Frisons sentirent la puissance de son bras, & reçurent le joug que le Vainqueur voulut leur imposer. Il imposa des Loix au Duc d'Aquitaine, fit rentrer dans l'obéissance plusieurs Villes qui s'étoient révoltées, dissipa les cabales que les Seigneurs jaloux de sa gloire avoient formées contre lui. En un mot Charles par son activité & sa valeur vint à bout d'abattre les ennemis de la France. En effet, ce Héros sembloit se multiplier lui-même; car il paroissoit pour ainsi dire en même temps dans des lieux fort distans les uns des autres, & les ennemis le voyoient aux portes de leurs Villes avant que d'être informés de sa marche. Ce fut par son moyen que la Provence fut réunie à la domination Françoise, ainsi que le Duché d'Aquitaine qu'il ne laissa à Hunald fils d'Eudes qu'à condition qu'il en feroit hommage à lui & à ses deux fils Carloman & Pepin. Il ne fut point fait mention du Roi en cette occasion, ce qui fait voir quelle étoit la puissance absolue de ce Maire du Palais. Cependant Thiery mourut après avoir porté le titre de Roi pendant dix-sept ans. Charles ne se mit point en peine de remplir le trône qui fut vacant pendant cinq années.

Il ne manquoit à ce qu'il semble rien à la gloire de Charles Martel. Ce Prince sans porter le nom de Roi en avoit toutes les prérogatives & toute la puissance ; il se voyoit Maître d'un Royaume considerable, ses ennemis étoient hors d'état de rien entreprendre, & trembloient au seul bruit de son nom ; cependant cette gloire reçut un nouvel éclat par l'Ambassade que le Souverain Pontife lui envoya. Grégoire III. & toute l'Eglise Romaine gémissoient sous la tyrannie des Lombards. Leon l'Isaurien Empereur d'Orient s'étant déclaré Chef des Iconoclastes ou Briseurs d'Images ne songea point à envoyer du secours au Pape. Grégoire pensa que le seul Martel étoit capable de le délivrer de ses ennemis. La premiere & la seconde Ambassade n'eurent aucun effet. Charles résistoit toujours parce qu'il avoit un Traité avec le Roi des Lombards. Le Pape ne se rebutant pas trouva moyen de le rendre sensible & de le déterminer en lui offrant le Consulat. Charles consentit alors à faire un Traité avec Rome ; mais comme il faisoit les préparatifs pour passer en Italie il fut attaqué d'une maladie qui le conduisit au tombeau. Il mourut à Kiersi sur l'Oise après avoir gouverné souverainement pendant plus de trente ans la Monarchie Françoife. Ce Prince fut enterré à Saint Denys. Il étoit âgé d'environ cinquante ans. Charles Martel ayant fa mort avoit fait le partage de fes Etats entre fes fils. Carloman eut l'Auftrafie, la Suabe & la Thuringe ; Pépin la Bourgogne, la Neuftrie & la Provence ; & Grippon qui étoit fon fils du fecond lit, eut auffi un portion de fes Etats. *De la France.*

Carloman & Pepin en fuccedant à la puiffance de leur pere ne purent fouffrir que Grippon poffedât les Terres que Charles Martel lui avoit laiffées, & qu'il avoit démembrées partie du Royaume d'Auftrafie, partie du Royaume de Neuftrie. Ils l'attaquerent conjointement, le forcerent dans la Ville de Laon où il s'étoit retiré, l'envoyerent en prifon à Neuchâtel, & enfermerent Sonéchilde fa mere dans le Monaftere de Chelles. *Carloman & Pepin Ducs des François.*

Cependant le trône fut rempli par Childeric III. fils de Chilperic II. mais il ne régna que fur la Neuftrie & la Bourgogne ; car l'Auftrafie étoit alors une Principauté féparée du refte de l'Empire François (63). 742. Childeric III. XIX. Roi, & dernier de la Race Merouingienne.

Carloman & Pepin toujours réunis pour leurs intérêts communs marcherent en Aquitaine contre les Gafcons qui s'étoient révoltés, les vainquirent, & forcerent Hunald fils d'Eudes à prendre la fuite : ils pafferent enfuite en Allemagne pour y pacifier les troubles qui s'y étoient élevés. Ce fut après cette expédition qu'ils partagerent entre eux le Royaume de France dans un lieu appellé le Vieux-Poitiers (64).

Sur ces entrefaites il s'étoit formé en Allemagne une confédération en faveur de Grippon & de fa mere. Odillon Duc de Baviere oncle de Sonéchilde, Théodebalde Duc des Allemands, & Thédoric Duc des Saxons avec le Duc d'Aquitaine étoient les Chefs de cette Ligue. Mais les Ducs des François ayant paffé le Lech attaquerent brufquement le Camp des Bavarois, le forcerent & firent un grand carnage des ennemis. Les Vainqueurs ravagerent enfuite toute la Baviere & les Provinces des Confédérés. Carloman entra dans le Pays des Saxons, pendant que Pepin après avoir quitté l'Allemagne s'avançoit vers l'Aquitaine. Hunald fut vaincu & forcé d'implorer la clémence du Duc des François. 743.

Au milieu de tant d'exploits, Carloman conçut & exécuta le deffein de quitter le Monde & de s'enfermer dans un Cloître. Pepin par la Retraite de fon frere fe vit feul Maître de toute la Monarchie. Croyant alors n'avoir plus rien à craindre de la part de Grippon il le remit en liberté, & lui affigna plufieurs Terres pour fa fubfiftance. Mais Grippon qui ne vouloit pas vivre en fimple Particulier, fe fauva en Saxe pour exciter les Saxons à prendre fon parti, & à lui aider à fe rendre maître de l'Auftrafie. Pepin toujours heureux vint à bout de diffiper cette tempête ; les Saxons furent battus, leur Duc fut fait prifonnier, Grippon lui-même fut pris & conduit en France, où fon frere lui donna la Ville du Mans en apanage avec douze Comtés. 747. *Pepin feul Duc des François.* 749.

Rien n'égaloit alors la puiffance & la gloire de Pepin : il ne lui manquoit plus que le titre de Roi ; titre que Charles Martel n'avoit ofé prendre. Mais les temps étoient changés, & les circonftances devinrent favorables à Pepin.

---

(63) Le Pere Daniel.
(64) Dom Bouquet, Auteur du Recueil des Hiftoriens de France, prétend qu'ils dépouillerent alors Grippon de la portion du Royaume que Charles Martel lui avoit donnée avant fa mort, & qu'ils la partagerent entre eux.

Ses exploits, sa valeur, la sagesse de son gouvernement; tout parloit pour ce Prince. On lui offrit enfin la Couronne, ou plutôt il mit les François dans le cas de la lui présenter; mais il étoit trop politique pour l'accepter de la sorte. Le Pape fut consulté sur ce sujet, & sa réponse ayant été favorable aux desseins de Pepin, il ne balança plus à monter sur le trône, & Childeric fut enfermé dans le Monastere de Sithiu aujourd'hui Saint Bertin à Saint Omer, où il mourut l'an 755. Thiery son fils fut aussi rasé & envoyé au Monastere de Fontenelle, à présent Saint Vandrille. Telle fut la fin de l'illustre Race de Clovis après plus de deux cens cinquante ans de regne dans les Gaules (65).

Pepin n'oublia rien de ce qui pouvoit autoriser son élection, & lui attirer le respect de ses Sujets. Il voulut être Sacré à Soissons par Saint Boniface Archevêque de Mayence; & c'est le premier sacre de Roi qui soit marqué dans notre Histoire par des Ecrivains dignes de foi (66). Pepin au comble de ses vœux jouissoit de la souveraine Autorité que Grippon seul pouvoit lui disputer. Ce Prince inquiet & remuant s'étoit retiré à la Cour du Duc d'Aquitaine qui ne voyoit pas sans jalousie la puissance du nouveau Roi. Pepin lui fit inutilement redemander son frere, & ce refus l'obligea à porter la guerre en Aquitaine. Aussi heureux dans cette expédition qu'il avoit été dans les autres, il se rendit maître de plusieurs Villes considérables. Grippon ne se croyant plus alors en sûreté dans un Pays où tout cédoit à la valeur de Pepin, prit la route d'Italie pour se retirer chez les Lombards; mais ayant été coupé dans sa retraite par Theodoin Comte de Vienne, il fut tué dans une sanglante bataille qui se donna dans la Vallée de Saint-Jean de Morienne.

Pepin pour faire paroître qu'il étoit digne du trône, ou pour faire oublier la déposition de Childeric, fit plusieurs entreprises qui tendirent à augmenter la gloire de la Nation. Les Bretons ayant fait quelques courses sur les terres de France sentirent bientôt ce que pouvoit un Monarque guerrier. La prise de quelques-unes de leurs Places força leur Comte à recourir à la clémence du Vainqueur. D'un autre côté il contraignit les Sarrasins à se renfermer dans des bornes plus étroites du côté des Pyrénées, & par-là il étendit celles de l'Empire François. Mais tous ces exploits n'étoient que les préliminaires de ceux qu'il fit bientôt dans la suite.

Le Pape Zacharie qui l'avoit servi si avantageusement dans ses desseins étoit mort, & Etienne III. lui avoit succedé. Ce Souverain Pontife se trouvoit dans les mêmes circonstances que son Prédécesseur. Il avoit tout à craindre du Roi des Lombards déja maître de Ravenne, & rien à espérer de l'Empereur Constantin Copronyme qui favorisoit les Iconoclastes. Dans une telle extrêmité il crut ne pouvoir mieux faire que d'implorer le secours de Pepin.

---

(65) Parmi le nombre des Historiens qui ont écrit sur la premiere Race de nos Rois, les uns ont prétendu que la Couronne étoit purement élective, les autres ont soutenu qu'elle étoit purement héréditaire, d'autres enfin ont avancé qu'elle étoit tout à la fois héréditaire & élective. Mais M. de Foncemagne prouve dans deux Mémoires Académiques que le Royaume de France à été purement successif héréditaire dans cette premiere Race. Voyez les Mémoires de l'Académie des Belles-Lettres. T. VI. p. 680. T. VIII. p. 464.

(66) Mémoires de l'Académie des Belles-Lettres. T. II. p. 711. Le Pere Daniel.

Il passa pour cette effet en France, & fut reçu du Roi avec les plus grands honneurs. On lui donna l'Abbaye de Saint Denys pour logement. Etienne pour engager Pepin à prendre la défense de Rome le déclara le défenseur & le protecteur de l'Eglise Romaine. Pepin promit tout au Pape, & ce fut en vain que Carloman vint en France de la part du Roi des Lombards, pour porter son frere à ne rien entreprendre contre Astolphe. Pepin cependant consentit volontiers à quelques conférences, mais elles n'eurent aucun effet, parce que Pepin exigeoit toujours que Ravenne & les autres Places de l'Exarcat fussent rendues, & que Rome restât dans l'indépendance.

DE LA FRANCE.

PEPIN LE BREF, XX. ROI.

Toute voie d'accommodement ayant été rompue on se prépara à la guerre de part & d'autre.

Cependant Pepin qui ne négligeoit aucune occasion d'autoriser son usurpation, & de se rendre plus respectable à ses Sujets voulut être sacré de nouveau par les mains du Pape. La Reine Bertrade & les deux Princes Charles & Carloman ses fils reçurent en même temps l'Onction Royale. Ce fut en cette occasion que le Souverain Pontife engagea les François à maintenir la Couronne dans la famille de Pepin. Le Roi conjointement avec ses fils promit au Pape de prendre en toute occasion la défense du Saint Siége, & alors le Pape conféra à ces trois Princes le Titre de Patrice des Romains. Cette cérémonie se fit le huit de Juillet dans l'Eglise de Saint Denys.

754.
Pepin est sacré par les mains du Pape.

Tout étant prêt pour la campagne, Pepin passa en Italie, & ayant taillé en piéces les troupes d'Astolphe, il le força de promettre par serment de laisser le Pape tranquille possesseur de Rome. Etienne sur la foi des Traités retourna dans cette Capitale; mais à peine les François étoient-ils retirés que les Lombards vinrent mettre le Siége devant Rome. Pepin à cette nouvelle repassa promptement en Italie & fit bientôt repentir Astolphe de sa mauvaise foi. Ce Prince vaincu de nouveau se trouva dans la nécessité de rendre Ravenne & les autres Places dépendantes de l'Exarcat. Le Roi maître de tous ces Pays en fit une donation au Pape & à ses Successeurs. La mort d'Astolphe arrivée quelque temps après parut avantageuse à l'Eglise Romaine. Paul I. Successeur d'Etienne avoit été favorable à l'Election de Didier; mais ce Prince ne fut pas plutôt monté sur le trône des Lombards qu'il refusa de remplir les articles du Traité que son Prédécesseur avoit fait avec Pepin. Le Pape ayant trouvé moyen de faire sçavoir au Roi ce qui se passoit, Pepin menaça Didier de faire passer une puissante armée en Italie. Cependant les Saxons s'étoient révoltés, mais cette révolte ne fut pour Pepin qu'une nouvelle occasion de triompher. La guerre qu'il eut ensuite contre le Duc d'Aquitaine fut plus longue & plus dangereuse. Il y a lieu de croire que cette guerre lui avoit été suscitée par le Roi des Lombards ou par l'Empereur d'Orient.

Ce Prince marche en Italie.

755.

760.

Hunalde s'étoit fait Moine, & Vaifre son fils lui avoit succédé. Ce Prince se révolta contre le Roi de France, ravagea l'Autunois, & fit le dégat jusqu'à Châlons. Pepin marcha contre ce Rebelle, lui prit plusieurs Villes, le défit en diverses rencontres, & après une guerre de huit ans, Vaifre ayant été tué (67) par les siens, l'Aquitaine fut réunie à la Couronne.

Enfin Pepin couvert de gloire & après 27 ans de régne mourut le 24 Sep-

(67) On croit que ce fut par le conseil de Pepin.

tembre d'une hydropisie dans le Monastere de S. Denys, étant âgé de 53 ans.

Après la mort de ce Prince, la Monarchie Françoise fut de nouveau partagée entre ses deux fils Charles & Carloman. Le premier eut pour sa part la Neustrie, la Bourgogne & la Provence : L'Austrasie avec ses dépendances fut le partage du second. Mais celui-ci étant mort 4 ans après à Samoucy, âgé d'environ 20 ans, Charles occupa seul le trône des François, & ce fut en vain que Didier fit tous ses efforts pour mettre la Couronne d'Austrasie sur la tête des fils de Carloman.

Charles porta le nom de Grand, & le mérita, puisqu'il éleva la Monarchie Françoise à un dégré de grandeur où les Rois ses successeurs n'ont jamais pû atteindre, quelques efforts que plusieurs ayent fait pour y arriver. En effet, il conquit une grande partie de l'Espagne & presque toute l'Italie, dompta les Sarrasins, poussa bien au-delà du Danube & de la Theisse les bornes de la domination Françoise & celles du Christianisme, rendit Tributaires les Nations Barbares jusqu'à la Vistule, transféra dans la Maison de France l'Empire d'Occident avec toutes ses prérogatives, gouverna avec application & autorité, & policia par les Loix les plus sages un Etat de cette étendue ; enfin sa vie fut une suite continuelle de victoires & de conquêtes pendant l'espace de 46 ans.

Ses premiers exploits furent en Aquitaine où Hunald, sorti de sa retraite après la mort de son fils, avoit excité de grands troubles. Charles secondé de son frere Carloman (68) marcha contre ce Rebelle qui fut vaincu & fait prisonnier. Il eut seul la gloire de cette victoire, car son frere l'avoit abandonné au milieu de l'expédition. Hunald ayant trouvé moyen de se réfugier chez les Lombards fut lapidé en 771 à Pavie par le Peuple.

Charles débarrassé des guerres civiles, & maître de toute la France depuis la mort de son frere, songea à dompter les Saxons qui étoient les plus incommodes voisins de l'Empire François. Cette guerre fut longue & sanglante, & ce ne fut qu'après 33 ans qu'il vint à bout de la terminer.

Charlemagne ayant passé le Rhin à Worms entra dans la Saxe mit tout à feu & à sang, assiégea & prit le Fort d'Eresbourg vers Paderborn, détruisit l'Idole & le Temple d'Irmensul, & enleva toutes les richesses de ce Temple. Les Saxons battus de tous côtés se soumirent en apparence, & le Vainqueur ayant reçu douze Otages, revint en France pour passer en Italie, où il devoit faire des conquêtes plus avantageuses.

Didier songeoit toujours à reprendre les Villes qu'il avoit perdues par le Traité de Pavie, & il croyoit pouvoir venir d'autant plus facilement à bout de ses desseins qu'il avoit trouvé moyen de brouiller Etienne IV. avec la France. Mais Adrien I. étant monté sur la Chaire de Saint Pierre, il suivit les maximes de ses Prédécesseurs. Il mit Charlemagne dans ses intérêts, & l'engagea de passer en Italie pour forcer le Roi des Lombards à executer le Traité. Charlemagne s'étant rendu à l'entrée des Plaines du Piémont força les Lombards qui s'y étoient retranchés. Didier n'osant plus tenir la campagne depuis sa défaite se renferma dans Pavie où il fut bientôt assiégé. Comme le Siège traînoit en longueur, le Roi de France envoya des détachemens qui s'emparerent de plusieurs Places dans la Lombardie ; de sorte que tout le Pays étoit déja au pouvoir des François, lorsque Didier sevit

(68) Ceci se passa pendant les quatre années du régne de Carloman.

contraint après une défense de six mois de se rendre à discrétion avec sa femme & sa fille. Les enfans de Carloman dont il n'est plus fait mention dans l'Histoire, furent aussi pris dans cette occasion & conduits en France. Cependant Adalgise avoit échappé à la poursuite du Vainqueur, & s'étoit réfugié à Constantinople où l'Empereur l'avoit déclaré Patrice, dignité qu'il conserva jusqu'à la fin de ses jours. Les Seigneurs Lombards peu unis entre eux, sans Chef & sans Roi, se soumirent à Charles, & le reconnurent solemnellement Roi des Lombards & d'Italie. Le Pape lui renouvella le titre de Patrice de Rome, & Charles de son côté lui confirma les Donations faites au Saint Siége par Pepin. Telle fut la fin du régne des Princes Lombards en Italie, deux cens six ans après qu'Alboin l'eût fondé dans ce Pays.

Les Saxons toujours vaincus mais jamais soumis ne virent pas plutôt Charles occupé en Italie qu'ils se révolterent ; mais ils eurent bientôt lieu de se repentir de leur conduite, car le Roi de France ayant eu avis de leur rébellion revint en France, & se rendit en Saxe avec tant de promptitude que les Saxons furent surpris de son arrivée. Ils ne purent résister aux armes des François, & leur Pays fut de nouveau la proie du Vainqueur. Réduits aux dernieres extrêmités, ils vinrent supplier le Roi d'épargner ce qui pouvoit être échappé à la fureur du Soldat victorieux. Charles comptoit peu sur leurs promesses ; mais les troubles qui s'étoient alors élevés dans l'Italie, & dont il en avoit appris la nouvelle, l'empêcherent de poursuivre sa vengeance. Il pardonna aux Saxons, & repassa promptement en Italie.

Adalgise fils de Didier comptant sur le secours que l'Empereur Grec lui faisoit esperer, avoit formé en Italie une conspiration dans laquelle les Ducs de Frioul, de Benevent & de Spolette étoient entrés. Cette conspiration fut bientôt étouffée ; car le Roi ayant passé les Alpes surprit le Duc de Frioul & lui fit trancher la tête. Les deux autres rentrerent en grace avec Charles, qui s'étoit contenté des assurances qu'ils lui avoient données de leur innocence & de leur fidélité.

Cette expédition ne fut pas plutôt terminée que le Roi repassa en Saxe. Les Peuples surpris de son arrivée ne purent éviter la ruine de leur Pays qu'en embrassant le Christianisme, & en consentant à être réduits à l'esclavage s'ils prenoient les armes de nouveau. Il n'y eut que Vitikinde un des plus fameux Capitaines Saxons, qui s'étant retiré à la Cour du Roi de Dannemarck, ne fut pas dans le cas de faire le serment de fidélité que tous les autres Capitaines avoient fait.

Ce fut en cette occasion que Charles reçut les hommages d'un Emir des Sarrasins d'Espagne, qui venoit implorer le secours de ce grand Prince pour rentrer dans Sarragosse & dans les autres Villes qui lui avoient été enlevées. Charles qui ne cherchoit que les occasions d'acquerir de la gloire lui promit de le rétablir dans ses Etats, & pour cet effet il passa en Espagne avec une formidable armée, prit Pampelune & Sarragosse, remit le Prince Sarrasin en possession de ses Etats, reçut les hommages des autres Emirs & de plusieurs Villes, & se mit en chemin pour rentrer en France. Son arriere-garde ayant été attaquée par les Montagnards Gascons, fut entiérement détruite; plusieurs Seigneurs François périrent dans cette action & les bagages furent pillés. Malgré cet échec Charles ne put accorder de repos à son armée. Sa pré-

DE LA FRAN-
CE.

CHARLEMA-
GNE.
XXI. ROI.

780.

Pepin déclaré
Roi des Lom-
bards, & Louis
Roi d'Aquitaine.

sence étoit nécessaire en Saxe où Vitikinde, profitant de l'absence du Roi, mettoit tout au pillage, & n'épargnoit aucun de ceux qui étoient soumis aux François. Mais il se retira promptement à l'approche du Roi, & les Rebelles vinrent de nouveau demander graces. Charles leur pardonna, en fit baptiser un grand nombre, & leur donna des Prêtres pour les instruire dans la Religion Chrétienne.

Cependant il s'étoit élevé quelque differend entre le Pape & le Duc de Benevent. Charles à la sollicitation du premier se rendit en Italie, & sa présence fit rentrer le Duc de Benevent dans le devoir. Ce fut dans ce Pays qu'il déclara Pepin (69) son fils ainé Roi des Lombards, & Louis eut en partage le Royaume d'Aquitaine. Comme ces deux Princes étoient fort jeunes, le Roi leur donna de sages Ministres pour bien gouverner leurs nouveaux Etats.

Tout paroissoit alors tranquille ; mais il y avoit toujours à craindre quelques mouvemens du côté de la Saxe. Le Roi crut que le seul moyen d'arrêter une Nation si legere & si inconstante étoit d'y paroître tous les ans à la tête d'une armée. Il ordonna pour cet effet que tous les ans on tiendroit une Diette où il se trouveroit. En conséquence de cette résolution, il passa le Rhin, s'avança jusqu'aux sources de la Lippe, & tint une assemblée où les Ducs des Saxons furent convoqués. Ce fut dans cet endroit qu'il reçut des Ambassadeurs de la part du Roi de Dannemarck & de celui des Huns qui lui demandoient son amitié.

A peine Charles eut-il repassé le Rhin que Vitikinde fit soulever les Saxons. Le Roi envoya ses Généraux contre ce Capitaine qui ne redoutant que Charles osa livrer bataille aux François & les défit. Charles peu accoutumé à ces revers marcha en personne contre les Factieux, & dissipa bientôt leur parti par la seule terreur de son nom. Un grand nombre de ces Rebelles étant tombés entre les mains de Charles, il leur fit trancher la tête ; mais cette action de sévérité ne servit qu'à irriter les esprits. Toute la Nation ayant Vitikinde à leur tête se souleva entiérement, & ce ne fut qu'au bout de deux ans & après bien du sang répandu de part & d'autre que ces troubles furent appaisés. Enfin Vitikinde & Albion s'étant laissés gagner se rendirent auprès de Charlemagne à Attigni. Ils consentirent à se soumettre, embrasserent le Christianisme, & garderent au Roi la fidélité qu'ils lui avoient promise.

785.

Vitikinde se
soumet & em-
brasse la Reli-
gion Chrétienne.

788.

Sur ces entrefaites il s'étoit fait des mouvemens dans diverses Provinces ; mais Charlemagne fit bientôt rentrer les Rebelles dans le devoir ; & tout paroissoit tranquille lorsque ce Monarque se vit obligé d'entrer dans les Etats du Duc de Baviere, qui avoit formé une conspiration contre lui avec le Duc de Benevent, l'Empereur Constantin & les Huns ou Abares. Le Duc de Baviere ayant été arrêté fut condamné à la mort ; mais Charles se contenta de l'enfermer dans un Monastere avec ses enfans. La Baviere devint alors une Province du Royaume de France.

La conjuration cependant éclata, & Charles se vit attaqué en même temps par les Huns dans le Frioul & dans la Baviere. Trois victoires consecutives, que ce Prince remporta le délivra de ces Nations Barbares. Il termina aussi

(69) Ce Prince se nommoit auparavant Carloman, & ce fut le Pape qui lui donna celui de Pepin en le baptisant.

heureusement la guerre que les Grecs lui avoient suscitée en Italie, & la victoire complette qu'il remporta sur eux affermit plus que jamais sa puissance dans cette Contrée.

DE LA FRANCE.
CHARLEMAGNE.
XXI. Roi.

Ces succès furent suivis de nouveaux avantages. La Germanie, l'Esclavonie, le Pays des Huns aujourd'hui l'Autriche & la Hongrie, le reconnurent pour leur Souverain. Vainqueur de tant de Peuples Étrangers il pensa succomber aux artifices de Pepin, qu'il avoit eu d'une Concubine nommée Himiltrude (70). La conspiration ayant été découverte, les Complices furent punis de mort, & Pepin fut enfermé dans un Monastere.

Les Nations que Charlemagne avoit soumises ne supportoient qu'avec peine le joug qu'il leur avoit imposé; mais à peine le Prince s'éloignoit-il qu'ils reprenoient les armes, & se retiroient aussi-tôt que les François rentroient dans leur Pays. Ces révoltes continuelles obligeoient très-souvent Charlemagne à passer d'Allemagne en Italie, & de revenir de ce Pays pour retourner en Allemagne. Les Sarrasins d'un autre côté lui donnerent de l'inquiétude, & il fut obligé d'avoir une armée sur les frontieres de l'Espagne pour les empêcher de ravager les Provinces de France. Cependant Charles ne se tint pas toujours sur la défensive; car Abdalla Roi de Cordoue étant venu lui demander du secours contre Zata Emir Sarrasin, qui lui avoit enlevé une partie des Etats de son pere, il ordonna au Roi d'Aquitaine son fils de passer en Espagne avec des troupes, & d'y soutenir son parti.

Les Grecs faisoient toujours leurs efforts pour rentrer en Italie, & ils y entretenoient des correspondances avec les principaux Seigneurs. L'Imperatrice Irene recherchoit cependant l'alliance de Charlemagne; elle étoit haïe à Constantinople, & elle craignoit à tout moment qu'on ne la privât de la souveraine Autorité qu'elle avoit usurpée. Elle envoya des Ambassadeurs au Roi pour faire avec lui quelque Traité particulier. Les desseins de cette Princesse ne purent avoir leur exécution; car dans le temps que les Ministres de France étoient occupés de cette affaire à la Cour de Constantinople, Nicephore fut reconnu Empereur, & Irene fut releguée dans l'Isle de Lesbos.

Charles étoit alors revêtu de la dignité Impériale. Le Pape Leon III. lui avoit mis la Couronne sur la tête le jour de Noël dans la Basilique de Saint Pierre, comme il assistoit à la Messe.

Charles Couronné Empereur.

800 ou 801.
Car l'année commençoit alors à Noël.

L'Empire d'Occident avoit été renversé en 476 par Odoacre Roi des Herules, & l'Italie étoit demeurée pendant plus de trois siécles consécutifs sous la domination des Nations Barbares. Charlemagne après avoir détruit le Royaume des Lombards rétablit l'Empire d'Occident, & en fut le premier Empereur. Cette Dignité demeura dans sa famille pendant un siécle & passa ensuite aux Princes Allemands.

L'Italie avoit toujours appartenu aux Empereurs d'Occident, ainsi elle devenoit du Domaine de Charles depuis qu'il étoit revêtu de la dignité Impériale. Ainsi il songea donc à en faire la conquête, & ce fut dans ces circonstances que l'Impératrice Irene voulant détourner l'orage qui la menaçoit, lui fit faire des propositions d'accommodement. Mais cette Princesse

(70) Le Pere Daniel prétend qu'elle étoit sa premiere femme. Paul Diacre ne la regarde que comme une Concubine.

K iij

ayant été privée de l'a souveraine Puissance comme on l'a vu, Charles fit un réglement avec Nicephore au sujet des Limites des deux Empires.

Charles avoit déja atteint la soixante-quatriéme année de son âge, & il se voyoit maître d'un vaste Empire, qu'il ne devoit en grande partie qu'à sa valeur, & qu'il n'avoit conservé que par la terreur de son nom. Il appréhendoit qu'après sa mort ses enfans ne cherchassent à se détruire mutuellement pour gouverner seul une si puissante Monarchie. Voulant donc prévenir les troubles que sa mort pourroit occasionner dans l'Europe, il tint une Diette à Thionville, & fit le partage de ses Etats entre ses trois fils Charles, Pepin & Louis.

Les deux premiers marchant sur les traces de leur pere signalerent leur courage en diverses rencontres. Pepin surtout acquit beaucoup de gloire en combattant contre les Sarrasins, qui ayant passé les Pyrenées étoient venus faire des courses sur les terres de France.

Deux ans après l'Empire de Charlemagne fut attaqué du côté du Nord par les Danois ou Normands. Godefroi Souverain du Dannemarck étoit un Prince puissant sur mer & sur terre, & il s'étoit rendu formidable à ses voisins par ses nombreuses flottes & par les troupes de terre qu'il avoit. Il voyoit avec peine les François voisins de ses Etats, & la puissance de Charlemagne lui faisoit craindre quelqu'entreprise de la part de ce Prince. Godefroi fit une irruption dans le Pays des Abotrites, & enleva à Charlemagne une partie de ses conquêtes au-delà de l'Elbe. Il ne jouit pas long-temps d'un si grand avantage, car il fut obligé de se retirer à l'approche de Charles que l'Empereur avoit envoyé contre lui. Les Danois n'osant plus tenir la campagne, Charles fit construire deux Forts sur l'Elbe pour les empêcher de recommencer leurs courses.

Cependant Godefroi étoit toujours résolu d'attaquer les François, & Charlemagne se vit obligé de prendre toutes les précautions nécessaires pour rompre les desseins d'un si dangereux ennemi. Godefroi desesperant de pouvoir passer l'Elbe équipa une nombreuse Flotte, s'empara des Isles qui bordent la Frise, & entra ensuite dans le Pays même où il se rendit maître de plusieurs Places. L'Empereur à cette nouvelle fit avancer promptement ses Vaisseaux & ses troupes de terre, & s'étant posté au confluant de l'Aller, il y attendit le Roi des Normands qui s'étoit vanté de venir attaquer Charlemagne ; mais sa mort mit fin à ses projets. Il fut tué par un de ses Gardes, & son armée se voyant sans Chef, repassa promptement en Dannemarck. Homming son fils & son successeur fit la paix avec l'Empereur, & tous les troubles furent appaisés de ce côté-là.

Cependant les Sarrasins continuoient de faire des descentes en Italie : ils avoient surpris les Isles de Corse & de Sardaigne, & Pepin qui faisoit la guerre aux Vénitiens n'avoit pû s'opposer à leur entreprise ; cependant les Vénitiens battus de tous côtés furent obligés de se soumettre : mais par le Traité de paix qui se fit entre Charlemagne & l'Empereur d'Orient, Venise fut rendue à ce dernier.

Pepin ne survécut pas long-temps à cette expédition, & Charlemagne se vit presqu'en même temps privé de Charles son autre fils, de sorte qu'il ne lui restoit plus que Louis pour lui succeder. Pepin laissa six enfans ; sçavoir, cinq filles & un fils nommé Bernard que Charlemagne établit Roi d'Italie sous la régence de Valon ou Vala. Louis fut associé à l'Empire par son pere, & la cérémonie du Couronnement se fit à Aix la Chapelle.

L'Empereur dont les forces s'affoiblissoient de jour en jour ne vouloit plus s'occuper que des affaires de la Religion ; mais les incursions des Sarrasins le forcerent à reprendre les armes. Ils furent défaits sur mer par Hermengaud Gouverneur du Lampourdan qui leur prit huit Vaisseaux. Malgré cet échec, ils pillerent Civita-Vecchia & Nice en Provence, mais ayant fait une descente dans l'Isle de Sardaigne ils y furent taillés en piéces par les Habitans.

Sur ces entrefaites le trône d'Orient avoit changé de maître, & Leon l'Arménien s'étoit emparé de la Couronne qu'il avoit enlevée à Michel. Charles avoit envoyé des Ambassadeurs à Constantinople pour quelques négociations particulieres. Ce Prince ne put avoir la satisfaction de les terminer, ni de recevoir les Ambassadeurs que le nouvel Empereur lui envoyoit, étant mort le 28 Janvier à Aix la Chapelle qui étoit le lieu ordinaire de sa résidence. Il étoit dans la quatorziéme année de son régne comme Empereur, la quarante-cinquiéme comme Roi de France & la soixante & douziéme de son âge, étant né en 742. Ce Prince un de plus illustres de ceux qui ont porté la Couronne a mérité à juste titre le nom de Grand tant par l'éclat de ses conquêtes que par ses autres belles qualités, & son amour pour les Lettres & les Sciences dont on peut le regarder avec raison comme le Restaurateur & le Pere. Il parloit le Latin aussi parfaitement que sa Langue naturelle, entendoit le Grec, le Syriaque & même l'Hébreu.

Ce Monarque a eu cinq femmes. Paul Diacre & Eginard ne nous apprennent point le nom de la premiere. Quelques-uns lui donnent le nom d'Himiltrude. Charles l'ayant répudiée en 770 épousa l'année suivante Hermengarde fille de Didier Roi des Lombards. Celle-ci fut aussi répudiée, & fut remplacée par Hildegarde dont il eut plusieurs Princes & Princesses ; sçavoir, Charles en 772, Rotrude, Adelaïde, Berthe, Carloman appellé depuis Pepin vinrent au monde consécutivement. Louis & Lothaire freres jumeaux en 778, Gisele en 780. Charles ayant perdu en 783 Hildegarde épousa en quatriéme noces Fastrade fille du Comte Rodolphe, morte en 794. Enfin il eut pour cinquiéme femme Liutgarde, morte en 800.

Les Chartes de Charlemagne sont ordinairement datées de son régne en France, de son régne en Italie & de son Empire. Il n'y a aucune difficulté pour ce qui regarde la date des années de son Empire, si ce n'est que le commencement est placé en 800 par ceux qui commencent l'année au premier de Janvier, & en 801 pour ceux qui la commencent à Noël. Mais par rapport à son régne d'Italie, il en faut distinguer deux commencemens, & même un troisiéme. Le premier au mois de Mars ou d'Avril 774 avant la prise de Pavie & du Roi Didier ; la seconde entre le 25 Mai & le 13 Juin après la reddition de Pavie ; & la troisiéme au commencement de Janvier 774. Enfin quant au régne de Charlemagne en France on peut, pour lever quelques difficultés qui se trouvent dans les Chartes, lui donner trois commencemens. Le premier au 24 Septembre 768 jour de la mort de Pepin ; le second au 9 d'Octobre de la même année, jour de son Sacre à Noyon ; le troisiéme au 4 Décembre 771 lorsqu'il commença à régner seul par la mort de Carloman (71).

(71) Art de vérifier les Dates par des Religieux Bénédictins p. 490.

DE LA FRANCE.
CHARLEMAGNE.
XXI. Roi.

813.
Louis associé à l'Empire.

814.
Mort de Charlemagne.

DE LA FRAN-
CE.

LOUIS LE
DÉBONNAIRE
XXII. ROI.

II. Empereur
de la Maison
de Charlema-
gne.

Louis surnommé le Pieux ou le Débonnaire fut reconnu de nouveau Empereur & Roi de France par tous les Seigneurs de ses Etats. Ce Prince étoit
d'un caractere doux & facile. Il falloit pour conserver un Empire si vaste,
& tenir en bride tant de Peuples, des qualités aussi grandes que celles de
son Prédécesseur. Il eut cependant le bonheur de soumettre des Provinces
qui s'étoient révoltées, & on le vit plus d'une fois marcher lui-même en
personne contre ses ennemis. Il commit une faute considérable lorsqu'il disposa trop tôt de sa succession, & qu'il en fit le partage entre ses enfans.
Cette faute le rendit malheureux & pensa causer la ruine de la Monarchie.

Les premiers jours de son régne furent employés à faire exécuter ponctuelle-
ment les dernieres volontés de son pere, à pourvoir à l'entretien de ses sœurs
qu'il fit enfermer dans diverses Monasteres à cause de leur conduite scandaleuse, & à faire élever trois fils de Charlemagne dont les meres n'avoient
point porté le titre de Reines. Après tous ces réglemens domestiques il
confirma le Traité que le dernier Empereur avoit fait avec le Duc de Benevent, & reçut l'hommage de son neveu Bernard pour le Royaume d'I-
talie.

Cependant le Dannemarck étoit agité de grands troubles : plusieurs Princes
s'y disputoient la Couronne, & avoient formé chacun un parti. Heriolte un
de ces Prétendans vint implorer le secours de l'Empereur ; & comme il étoit
de l'intérêt de la France de laisser subsister la division parmi les Danois, afin
qu'ils ne songeassent plus à faire des courses sur les terres de l'Empire,
Louis prit le parti d'Heriolte, & au Printemps de l'année suivante les Saxons & les Abortrites ayant eu ordre de marcher au secours d'Heriolte, ils
ravagerent les Frontieres du Dannemarck, & emmenerent un grand nombre
d'Otages.

816.
Louis couron-
né par les mains
du Pape.

Etienne IV. alors sur la Chaire de Saint Pierre ayant fait faire serment
de fidélité aux Romains au nom de l'Empereur, se rendit à Rheims où il
sacra Louis & sa femme Hermingarde. Ce fut l'année suivante dans une
Diette tenue à Aix la Chapelle qu'il fit le partage de ses Etats entre ses trois
fils. Lothaire qui étoit l'aîné fut associé à l'Empire, Pepin fut nommé Roi
d'Aquitaine, & Louis eut la Baviere. Bernard Roi d'Italie & qui prétendoit à l'Empire comme enfant de Pepin fils aîné de Charlemagne ne vit
pas sans chagrin le réglement que l'Empereur venoit de faire. Il prit les
armes & s'empara des passages des Alpes. L'Empereur à cette nouvelle s'a-
vança promptement jusqu'à Châlons sur Saône, & ayant trouvé moyen de
gagner les Partisans de son neveu, ce jeune Prince se vit tout d'un coup
abandonné de son armée. Dans une circonstance si critique il ne lui resta
plus d'autre ressource que celle d'implorer la clémence de celui qu'il avoit
irrité. L'Empereur lui ayant reproché sa perfidie lui fit faire son procès, ainsi
qu'à ceux qui avoient eu part à sa révolte. Ils furent tous condamnés à mort ;
mais l'Empereur commua la peine, & ils eurent les yeux crevés. Bernard ne
vécut que trois jours après ce supplice, & par sa mort le Royaume d'Italie
fut réuni au Domaine de l'Empire. Louis appréhendant que ses trois jeunes
freres ne suivissent l'exemple de son neveu, les fit raser & enfermer dans
des Monasteres. Mais en 822 sa conscience lui reprochant la mort de Bernard, il confessa sa faute en présence d'un grand nombre de personnes qui
étoient

817.
Il partage ses
Etats entre ses
trois fils.

étoient assemblées au Palais d'Attigni sur la Riviere d'Aine, & voulut faire revenir ses freres à la Cour. Les jeunes Princes refuserent les offres de l'Empereur, & resterent dans leurs Monasteres.

Cependant l'Impératrice étoit morte & le Roi avoit épousé Judith fille de Guelfe ou Welphe Duc de Baviere. Tout étoit alors tranquille dans l'Empire ; les Provinces qui s'étoient révoltées avoient été soumises, & la puissance de Louis étoit entiérement affermie lorsqu'il parut un nouveau Rebelle, je veux dire, Liuduvit Duc de la Basse Pannonie. Ce Seigneur ayant engagé les Esclavons dans sa révolte se rendit redoutable aux François qu'il battit en diverses rencontres. Cette guerre qui dura quatre ans ne fut terminée que par sa mort : un Seigneur de Dalmatie chez lequel il avoit été enfin obligé de chercher un asyle, le fit assassiner, croyant que cette action le feroit rentrer en grace avec l'Empereur contre lequel il avoit pris parti.

Louis se vit encore une fois pere par la naissance de Charles, surnommé depuis le Chauve ; mais la joie qu'il en ressentit d'abord fut troublée dans la suite par les malheurs que la naissance de ce jeune Prince lui attira. Il falloit lui faire un sort aussi avantageux que ceux de ses freres, & il n'étoit pas possible de le faire sans démembrer leurs Etats. Lothaire associé à l'Empire étoit le plus interessé dans cette affaire. Comme il étoit désigné Successeur de son pere & qu'en conséquence il avoit eu en partage la plus grande partie des Provinces de l'Empire, ce ne pouvoit être qu'à ses dépens qu'on donneroit un Etat à son jeune frere. Cependant l'Impératrice pour le mettre dans les intérêts de son fils l'engagea à tenir Charles sur les Fonts de Baptême, & à promettre solemnellement de lui assurer la possession des Pays qui lui seroient assignés dans le partage de la succession de son pere.

Lothaire ne fut pas long-tems à se repentir des promesses qu'il avoit faites. Quelques Seigneurs mécontens, & avides de nouveautés, saisirent cette occasion pour causer de grands troubles dans le Royaume. On commença à se plaindre hautement du Gouvernement, & l'on forma des partis en faveur de Lothaire. L'Empereur crut arrêter les murmures en faisant tenir plusieurs Conciles dans lesquels on fit divers réglemens ; mais ces mesures ne servirent de rien. On en vouloit à son autorité qu'on n'osoit d'abord attaquer ouvertement. Vala autrefois Ministre de Bernard Roi d'Italie, & alors Moine & Abbé du Monastere de Corbie étoit dans les intérêts des Princes. La réputation qu'il s'étoit faite par une apparence de Sainteté lui donnoit un grand crédit, non-seulement à la Cour, mais encore parmi le Clergé & le Peuple.

Louis ouvrit enfin les yeux & s'apperçut un peu trop tard des mauvaises intentions de Vala & de Lothaire. Ce Prince fut envoyé en Italie sous prétexte que sa présence étoit nécessaire pour s'opposer aux fréquentes irruptions des Sarrasins. Vala fut chassé de la Cour, & Bernard Duc de Languedoc eut toute la confiance de l'Empereur. Ce Monarque secondé par ce nouveau Ministre, homme habile & de grande résolution, ne differa plus à publier un Edit par lequel il donnoit au Prince Charles le Pays des Allemands, c'est-à-dire ce qui est entre le Rhin, le Mein, le Nekre & le Danube, la Rhétie, aujourd'hui le Pays des Grisons, & enfin la Bourgogne

DE LA FRANCE.

LOUIS LE DEBONNAIRE XXII ROI.

819.
Il épouse Judith.

823.
Naissance de Charles, surnommé le Chauve.

829.

DE LA FRAN-
CE.

LOUIS LE
DEBONNAIRE
XXII. ROI.

830.
Révolte des trois fils de l'Empereur.

Transjurance, maintenant le Pays des Suisses, & Genêve (72).

Cet Edit loin d'arrêter les desseins des Factieux ne servit qu'à les porter davantage à les mettre en exécution. Le Comte Bernard fut l'objet de la haine publique ; on accusa même l'Impératrice d'un commerce criminel avec ce Ministre, & l'on ne crut mieux faire que de lui opposer Vala. Ce Moine parut donc à la tête des Factieux, & mit dans son parti plusieurs Evêques & Abbés.

Jusqu'alors les trois Princes n'avoient point paru se mêler de cette affaire; mais lorsqu'ils se virent appuyés du Clergé ils prirent tout d'un coup les armes sous prétexte de marcher contre les Bretons révoltés. L'armée Impériale qui étoit gagnée abandonna l'Empereur à Aix la Chapelle, & ce Monarque ne se croyant plus en sûreté dans cette Ville se retira vers les Côtes de la Mer. Pepin ayant été joint à Paris par les troupes qui avoient abandonné son pere, marcha à sa rencontre. Le Comte Bernard voyant qu'il ne pouvoit s'opposer à l'orage se retira dans son Gouvernement de Barcelone, & l'Impératrice s'enferma à Laon dans un Monastere.

Pepin qui s'étoit avancé jusqu'à Compiegne envoya des détachemens jusqu'à Laon. Ils surprirent cette Ville, & enleverent l'Impératrice qu'ils conduisirent au Camp de Pepin. Ce Prince la menaça de la mort si elle ne consentoit à prendre le voile & à engager l'Empereur à se faire raser. La premiere condition fut acceptée, & en conséquence elle fut enfermée dans un Monastere de Poitiers. Mais l'Empereur refusa absolument la seconde, & déclara qu'il ne prendroit aucun parti sans la décision des Seigneurs & des Evêques des deux Partis. L'Assemblée se tint à Compiegne, mais tout le monde ayant été touché de la triste situation de l'Empereur on le força à rester sur le trône. Cependant Lothaire étant arrivé au Camp de Pepin, les troupes qui étoient restées avec l'Empereur passerent au Camp des Princes. Louis ne voyant plus de ressources dans une si cruelle extrêmité se livra à la discrétion de ses fils rebelles qui le traiterent cependant avec une sorte de respect.

Lothaire par ce moyen étoit maître de l'Empire ; mais il n'avoit pas seul le titre d'Empereur, & son ambition ne se trouvoit pas encore satisfaite. Il n'osoit déposseder son pere, parce qu'il n'étoit pas assez sûr des esprits. Il employa quelques Moines en qui l'Empereur avoit confiance pour le porter à se démettre de la souveraine Puissance. Mais toutes ces ruses furent inutiles, & Louis se servit de ces mêmes personnes pour mettre la division parmi ses fils. Gombaud, homme adroit & ambitieux, fit comprendre à Pepin & à Louis que leur frere ne seroit pas plutôt Maître de l'Empire qu'il les dépouilleroit de leurs Etats, qu'ainsi il étoit de leur intérêt de chercher à rentrer en grace avec leur pere. Ces remontrances firent effet sur leurs esprits, & l'Empereur, qui pardonnoit facilement, leur promit d'oublier ce qui s'étoit passé.

Lothaire abandonné de ses freres ne put empêcher l'Empereur de tenir une Diette à Nimegue, & il fut même obligé de se soumettre. Dans cette Assemblée on informa contre ceux qui avoient favorisé les Princes dans leur

---

(72) Le Pere Daniel.

révolte, & ils furent condamnés à la mort. Louis étoit bon, il commua la peine & on les enferma dans des Monasteres, prisons ordinaires de ces temps-là. L'Impératrice fut relevée de ses vœux & reparut à la Cour avec plus de puissance qu'auparavant. Ses ennemis sentirent bientôt les effets de sa vengeance ; Vala fut relegué dans un Château sur le bord du Lac de Genêve, & Lothaire fut déclaré déchu de son association à l'Empire. Tant de sévérité étoit contraire à l'esprit de l'Empereur, aussi vit-on bientôt ce Prince accorder une Amnistie générale à tous les Rebelles. Vala en auroit profité s'il ne se fût pas obstiné à prétendre qu'il n'étoit pas coupable. Bernard étoit revenu à la Cour, & il y avoit trouvé moyen d'appaiser cette premiere guerre, & de faire triompher l'Empereur. Il étoit en grand crédit à la Cour, Bernard n'osoit se flatter de renverser ce favori. De plus l'Impératrice sur laquelle on avoit fait courir des bruits injurieux au sujet de ce Comte, refusa de le protéger. Bernard irrité contre la Cour se ligua avec Pepin qui eut bientôt engagé Louis & Lothaire à former une ligue.

L'Empereur avoit résolu de marcher contre Pepin lorsqu'il apprit que Louis avoit armé dans la Baviere, & qu'il vouloit s'emparer des Etats de Charles. A cette nouvelle il passa promptement en Allemagne, & ayant suivi l'armée de son fils jusqu'à Ausbourg, il envoya ordre à ce Prince de le venir trouver. Louis n'osa refuser, & fut assez heureux pour obtenir une seconde fois le pardon de son crime. Lothaire & Pepin furent aussi obligés d'avoir recours à la clémence de l'Empereur. Pepin eut ordre cependant de se retirer à Tréves qui devoit lui servir de prison.

Tant de bonté de la part de l'Empereur ne fut pas capable de toucher des fils ingrats & dénaturés, & ils prirent de nouveau les armes. L'Impératrice profitant des circonstances fit deshériter Pepin, & le Royaume d'Aquitaine fut donné à Charles. Lothaire & Louis se crurent alors en droit de prendre le parti de leur frere. Le premier engagea le Pape Grégoire IV. à passer en France sous prétexte de raccommoder le pere avec ses enfans, & s'avança avec une puissante armée jusques sur les bords du Rhin. L'Empereur de son côté ayant assemblé une armée à Worms vint à la rencontre de ses fils, résolu de leur livrer bataille. Tandis que les deux armées étoient en présence les Princes engagerent le Pape à entamer des négociations ; mais comme leur but n'étoit que d'ôter à leur pere tous les moyens de se défendre, ils employerent ce temps à débaucher l'armée Impériale. L'Empereur se trouva une seconde fois abandonné, & obligé de se remettre à la discrétion de ses fils.

Aussi-tôt Vala à la tête d'une assemblée tumultueuse déclara le trône vacant, & fit proclamer Lothaire. Le nouvel Empereur pour maintenir ses freres dans son parti augmenta leur Domaine, & ce ne fut qu'aux dépens de celui du Prince Charles. L'Impératrice fut envoyée à Tortonne, l'Empereur fut enfermé dans le Monastere de Saint Médard de Soissons, & le petit Prince Charles dans l'Abbaye de Prum dans les Ardennes.

Lothaire étoit maître de l'Empire ; mais il ne se voyoit pas bien en sûreté sur le trône tant que son pere n'auroit point été déposé juridiquement. Il tint à Compiegne une Assemblée à laquelle Ebbon, homme de basse naissance, & Archevêque de Rheims présida. L'Empereur y fut accusé de plusieurs

De la France.

Louis le Debonnaire XXII Roi.

831.
Nouvelle révolte des fils de l'Empereur.

833.
Troisiéme révolte des fils de l'Empereur.

L'Empereur est déposé.

DE LA FRAN-
CE.

LOUIS LE
DEBONNAIRE
XXII. ROI.

Il est rétabli.

834.

prétendus péchés, pour la réparation desquels il fut mis en pénitence. On lui fit quitter son épée & son baudrier, & après l'avoir laissé quelque temps prosterné sur un cilice, on le revêtit d'une espece de sac, & en cet équipage on le conduisit en cérémonie dans une petite cellule du Monastere pour y vivre en pénitence le reste de ses jours (73).

Les trois freres ne resterent pas long-temps unis ensemble; l'ambition & la jalousie jointes aux manieres hautaines & impérieuses de Lothaire les brouillerent bientôt ensemble. Pepin & Louis s'étant laissés gagner, l'un par Drogon Evêque de Metz, & l'autre par l'Abbé Hugues résolurent de rétablir leur pere sur le trône. S'étant mis à la tête d'une puissante armée ils marcherent vers Aix la Chapelle pour y surprendre Lothaire. Ce Prince sortit promptement de cette Ville, se rendit en France, & ayant laissé l'Empereur à Saint Denys, il se retira avec précipitation sous les murs de Vienne en Dauphiné.

Après la retraite de Lothaire presque tous les Seigneurs & les Evêques se rendirent auprès de l'Empereur, & ayant cassé & annullé tout ce qui s'étoit fait auparavant entre ce Prince, ils le rétablirent dans tous ses droits. L'Empereur contre l'avis de son Conseil refusa de poursuivre Lothaire, esperant qu'il rentreroit de lui-même dans son devoir. Mais ce fils rebelle se flattant toujours que ses affaires se rétabliroient, persista dans sa rebellion. La victoire qu'il remporta sur Odon Gouverneur d'Orléans que l'Empereur s'étoit enfin déterminé à envoyer contre lui, releva ses esperances & le confirma dans ses pernicieux desseins. Profitant de cet avantage il prit Châlons sur Saône, Autun & Orléans. L'Empereur se mit en marche pour s'opposer à ses progrès; mais comme les deux armées étoient campées l'une près de l'autre, on entamma de nouvelles conférences pendant lesquelles le Rebelle esperoit engager l'armée Impériale dans son parti. Ce Prince n'ayant pu réussir, décampa secretement la nuit; mais on le suivit, & son armée étant inférieure à celle de son pere, il se trouva dans un grand embarras. La bonté de son pere le tira d'un si mauvais pas; car l'Empereur lui ayant envoyé l'Evêque de Paderborn, il se laissa ébranler par les remontrances de ce Prélat & vint se soumettre à son pere en présence de toute l'armée.

835.

La paix étant rétablie dans tout l'Empire, Judith songea aux moyens d'assurer un établissement à son fils. Elle mit dans son parti Lothaire à qui elle procura son retour en France, & obtint que le Royaume de Neustrie seroit ajouté aux Etats que le Prince Charles avoit déja eu pour son partage. Les trois Princes ne firent alors aucun mouvement à ce sujet, quoique Pepin eût voulu tenter de faire prendre les armes aux Peuples d'Aquitaine; mais sa mort arrêta ses projets & occasionna un nouveau partage.

838.

Nouveau partage de l'Empire.

Dans une Assemblée qui se tint à Rome il fut décidé que les Etats de Louis Roi de Baviere ne seroient point augmentés, & que le reste de l'Empire seroit partagé entre Lothaire & Charles. La Meuse servit de limites aux deux Etats, & l'on tira depuis sa source une ligne jusqu'au Rhône par le Comté de Bourgogne d'aujourd'hui. L'Etat de Charles fut enfermé entre la Meuse, le Pays des Suisses, le Rhône & l'Océan : il eut outre cela ce que la France

(73) Le Pere Daniel.

possédoit au-delà des Pyrenées. Lothaire eut tout le reste, à la réserve de la Baviere (74). Les fils de Pepin qui n'avoient aucun appui à la Cour furent exclus de la succession de leur pere à l'égard du Royaume d'Aquitaine.

Le Roi de Baviere peu satisfait de ce nouvel arrangement prit de nouveau les armes ; mais la présence de l'Empereur appaisa ces troubles aussi-tôt qu'ils commencerent, & Louis en fut quitte pour promettre de se tenir tranquille. Les mouvemens qui s'étoient faits en Aquitaine en faveur des fils de Pepin ayant obligé l'Empereur de tourner ses armes de ce côté-là, Louis profita de l'éloignement de l'Empereur, & se révolta de nouveau. L'Empereur se mit en marche pour le faire repentir de son entreprise ; mais il ne put se venger de ce fils ingrat étant tombé malade en chemin.

Ce Monarque prévoyant qu'il ne releveroit pas de cette maladie mit à part pour Lothaire une Couronne, une Epée & un Sceptre d'or enrichi de pierreries, & ordonna à un des Officiers de mettre ces trois piéces entre les mains du Prince. C'étoit le déclarer Empereur que de lui adresser ces marques de l'Empire (75). Il ne lui faisoit ces présens qu'à condition qu'il maintiendroit Charles dans la possession des Etats qu'il lui avoit donnés. Louis mourut le 20 de Juin dans une Isle du Rhin au-dessous de Mayence. Son corps fut transporté à Metz & enterré dans l'Eglise de Saint Arnould. Ce Prince avoit régné 26 ans, cinq mois, huit jours depuis la mort de son pere, & étoit dans la soixante-troisiéme année de son âge. Il y a deux époques à observer dans les Chartes de Louis le Débonnaire, la premiere du commencement de son régne en Aquitaine qui se prend du jour qu'il fut sacré à Rome par le Pape Adrien, le 25 d'Avril 781 ; la seconde de son Empire.

L'ambition ne permit point à Lothaire d'exécuter la parole qu'il avoit donnée à son pere de se contenter des Etats qu'il avoit eu en partage. Se trouvant trop resserré dans les bornes qui lui étoient prescrites, il songea à se rendre seul Maître de toute la Monarchie Françoise. Il voulut d'abord attaquer le Roi de Baviere ; mais ayant appris qu'il étoit sur ses gardes, il passa en France. Lothaire ayant gagné les Neustriens se rendit à Paris, & soumit tout le Pays jusqu'à la Loire. Charles ne se voyant pas en état de résister à son frere, accepta les dures conditions qu'il voulut lui imposer, & fut obligé de se contenter de l'Aquitaine, du Languedoc, de la Provence & de dix Comtés entre la Loire & la Seine (76).

Charles avoit cédé aux circonstances ; mais prévoyant que Lothaire pourroit dans la suite le dépouiller des Provinces qu'il lui avoit cédées, il se joignit au Roi de Baviere. Ces deux Princes voulurent d'abord proposer à Lothaire quelqu'accommodement ; mais l'Empereur n'ayant voulu écouter aucune proposition on en vint aux mains à Fontenai dans le Pays d'Auxerre (77). Ce combat fut un des plus sanglans dont l'Histoire de France fasse mention. Lothaire fut vaincu, mais les deux Freres ayant donné à l'Empereur le temps de se reconnoître, il entra dans leurs Etats avec une nouvelle armée.

Ce fut dans le commencement de cette guerre civile que les Normands pa-

DE LA FRANCE.

839.

840.

Mort de Louis le Débonnaire.

CHARLES LE CHAUVE XXIII. ROI. Lothaire fait la guerre à ses freres.

841. Bataille de Fontenai.

Irruptions des Normands.

(74) Le Pere Daniel. (75) Le Pere Daniel.
(75) Idem. (76) Mém. de l'Acad. T. XVIII.

L iij

DE LA FRAN-
CE.

CHARLES
LE CHAUVE
XXIII ROI.

Lothaire déchu de ses droits sur la Couronne de France.

rurent en France où ils firent d'horribles ravages. Il enttrerent par l'embouchure de la Seine, surprirent la Ville de Roüen qu'ils mirent au pillage, & se retirerent avec un butin confiderable.

Sur ces entrefaites les deux freres s'étant promis de nouveau de se secourir mutuellement, marcherent contre Lothaire. L'Empereur ne se croyant pas en état de leur résister se retira d'abord à Aix la Chapelle qu'il abandonna ensuite, & vint jusqu'à Lyon, pour se trouver plus à portée de l'Italie. Charles & Pepin firent alors assembler les Evêques à Aix la Chapelle, & les Prélats déclarerent que l'Empereur n'avoit plus de droit sur aucune partie de la France. Après cette décision les deux freres firent entre eux un nouveau partage de cette Monarchie, à l'exclusion de Lothaire. Ce Prince n'eut pas plutôt appris cette nouvelle qu'il fit proposer un accommodement. Charles & Pepin crurent qu'il étoit de leur intérêt d'accepter les propositions que l'Empereur leur faisoit faire, d'autant plus que ce Prince avoit encore assez de ressource pour rétablir ses affaires. La paix ne fut cependant conclue à Verdun qu'au mois d'Août de l'année suivante, & voici de quelle maniere l'Empire François fut partagé entre les trois freres.

843.

Traité de paix entre les trois freres.

» Louis de Baviere eut tous les Pays dépendans de l'Empire François au-
» delà du Rhin, outre les Villes & Territoires de Spire, de Worms &
» de Mayence, & par cette raison nous ne l'appellerons plus désormais
» Roi de Baviere, mais avec les anciens Auteurs, Roi de Germanie. Lothaire
» outre l'Italie & sa qualité d'Empereur eut tout le Pays qui est entre le
» Rhin & l'Escaut, le Hainault & le Cambresis. On lui céda de plus quel-
» ques autres Comtés qui sont en-deçà de la Meuse, & depuis la source de
» cette Riviere jusqu'au confluant de la Saône & du Rhône, & depuis ce
» confluant tout le Rhône jusqu'à la Mer, avec les Comtés en-deçà & au-
» delà. Charles eut tout le reste de la France, & porta le nom de Roi de
» France (78).

Cependant il s'étoit fait de grands mouvemens en Bretagne. Nomenoë ou Nomenoi Duc de cette Province s'étoit révolté à l'instigation du Comte Lambert. Le Duc Renaud qui fut envoyé contre les Rebelles remporta d'abord un avantage confidérable sur eux; mais par son imprudence il en perdit tout le fruit; car ayant été surpris par les Vaincus ses troupes furent entiérement défaites, & il perdit la vie dans cette déroute.

La paix ne fut pas plutôt conclue entre les trois freres que chacun chercha à s'affermir dans sa domination. Lothaire fit couronner Louis son fils Roi de Lombardie, afin qu'il pût veiller à la défense de ce Pays. Ce jeune Prince trouva moyen de pacifier les troubles qui s'étoient élevés dans le Duché de Benevent. Ils avoient été occasionnés par la prétention de Siconulfe & d'Adalgise qui avoient attiré les Sarrasins dans ce Pays pour soutenir leur parti. Le nouveau Roi se déclara pour Siconulfe; mais il ne put chasser entiérement les Sarrasins de l'Italie, & ils demeurerent maîtres de Barri & de quelques autres Places dans le Golfe de Venise.

844.

Charles se rend maître de l'Aquitaine.

Charles de son côté entreprit de se rendre maître de l'Aquitaine & de l'enlever à son neveu Pepin qui s'étoit rendu maître de Toulouse après avoir

(78) Le Pere Daniel.

fait révolter tout le Pays voisin des Pyrénées. Les succès furent alternatifs; mais à la fin Pepin fut pris, rasé & enfermé dans le Monastere de Saint Médard à Soissons ; & par ce moyen l'Aquitaine passa sous la domination de Charles.

<small>DE LA FRANCE.

CHARLES LE CHAUVE XXIII. ROI.</small>

Ce Monarque ne jouissoit pas tranquillement de la possession de ses Etats. Les Bretons d'un côté, les Normands de l'autre lui donnoient bien de l'embarras & de l'inquiétude. Ces derniers avoient déja commis de grands ravages dans la France : Bourdeaux avoit déja éprouvé leur rage ainsi qu'une partie de l'Aquitaine, malgré quelqu'avantage que le Roi avoit eu sur eux. Ces Pirates attaquoient la France tantôt du côté du Rhin tantôt du côté de l'Escaut. Nantes, la Touraine, Angers, Blois, & tous le Pays des environs de la Riviere de Loire furent aussi exposés à leurs courses. La Bretagne s'étoit entiérement soustraite à la domination de Charles, & ce Monarque après une assez longue & dangereuse guerre avoit été contraint de consentir qu'Herispée fils de Nomenoë prît le titre de Roi de Bretagne. Ce Prince & son Successeur ont été les deux seuls que la France ait reconnu autentiquement pour Rois, & après ces deux Princes on ne trouve plus dans l'Histoire que des Comtes & des Ducs de Bretagne (79).

<small>848.
Révolte des Bretons. Courses des Normands.</small>

Ce ne furent pas les seules mortifications que Charles eût à essuyer. Les Seigneurs d'Aquitaine mécontens de la conduite du Roi à leur égard, & de ce qu'il ne les défendoit pas contre les Normands, se révoltèrent & mirent à sa place Louis fils du Roi de Germanie. Mais Charles secondé de Pepin qui s'étoit sauvé du Monastere de Saint Médard, forcerent le jeune Louis à retourner dans les Etats de son pere.

<small>855.
Mort de l'Empereur Lothaire.</small>

Cependant l'Empereur Lothaire étoit mort en 855 laissant trois fils, Louis, Lothaire & Charles. Le premier eut pour son partage le Royaume de Lombardie avec le titre d'Empereur ; Charles eut la Provence jusqu'aux environs de Lyon, & Lothaire eut le reste de ce que possedoit son pere en-deçà des Alpes jusqu'aux embouchures du Rhin & de la Meuse, ce qui fut nommé Royaume de Lothaire, & delà est venu le nom de Lotharinge ou Lorraine. Ces Princes prirent possession de leurs Etats sans être inquiétés par leurs oncles qui en cela suivirent ce qui avoit été réglé dans l'Assemblée tenue à Mersen sur la Meuse.

Charles le Chauve maître de l'Aquitaine fit couronner son fils Charles Roi de ce Pays. A peine ce jeune Prince étoit-il sur le trône qu'il eut à combattre les Normands. Ceux-ci avoient faite une irruption du côté du Poitou, & Charles Roi d'Aquitaine eut le bonheur de les tailler en piéces. Mais ce Peuple semblable à un hydre sembloit s'accroître par ses pertes. Ce fut en vain qu'on voulut s'opposer à leurs courses, ou pour mieux dire la foiblesse du Gouvernement, & la division qui régnoit dans la famille Royale facilitoient leurs entreprises. L'Empereur Louis étoit brouillé avec ses freres au sujet de la Provence dont il vouloit s'emparer depuis la mort de Charles Roi de ce Pays. Le Roi de Germanie avoit envahi une partie des Etats de son frere Charles le Chauve dont cependant il avoit été chassé. Les Enfans de ces deux Princes leur causoient aussi beaucoup de chagrin.

---

(79) Le Pere Daniel.

DE LA FRAN-
CE.

CHARLES
LE CHAUVE
XXIII. ROI.

Carloman fils du Roi de Germanie s'étoit révolté contre lui. Louis fils aîné de Charles le Chauve avoit suivi son exemple, aussi bien que le Roi d'Aquitaine qui s'étoient mariés malgré les défenses de leur pere. Enfin Judith veuve d'un Roi d'Angleterre s'étoit fait enlever par Baudoin Comte de Flandre, & Charles le Chauve avoit été obligé de consentir à son mariage avec ce Seigneur (80). Telle étoit alors la situation de l'Empire François & de la famille Royale. Je ne parle point ici de la querelle que Lothaire eut avec la Cour de Rome au sujet de la Reine Teutberge que le Roi vouloit répudier pour épouser Valdrade. J'en ferai mention dans l'Histoire de la Lorraine.

869.
Mort de Lothaire Roi de Lorraine.

La mort de Lothaire Roi de Lorraine, qui ne laissoit aucun enfant, pensa occasionner de nouveaux troubles. Cependant après bien des négociations le Roi de France & de Germanie partagerent entre eux ses Etats sans s'embarrasser de l'Empereur Louis. Charles le Chauve eut presque toute la haute Lorraine, une partie considerable des Pays-Bas, de la Bourgogne, du Dauphiné, & de la partie du Languedoc qui est la plus proche du Rhône.

Tout paroissoit alors rentrer dans l'ordre & la tranquillité ; les Sarrasins, les Normands & les Bretons avoient ralenti leur fureur ; il sembloit que Charles le Chauve pouvoit se flatter de passer le reste de ses jours dans la paix ; mais il étoit de son sort de mener une vie pleine de troubles & d'agitations. Des quatre enfans de Charles le Chauve deux étoient morts ; sçavoir, Lothaire qui étoit Abbé, & Charles qu'il avoit fait recevoir Roi d'Aquitaine, Louis avoit été reconnu en sa place, & Carloman étoit dans l'Ordre des Diacres. Ce jeune Prince dont on n'avoit pas sans doute consulté la volonté s'ennuya d'un état si contraire à son inclination. Il prit les armes contre son pere, & fit le dégât dans quelques Provinces du Royaume. Ces troubles ne furent appaisés que deux ans après par la prise de Carloman à qui son pere fit crever les yeux. Ce Prince mourut en Germanie chez le Roi son oncle auprès duquel il avoit trouvé moyen de se réfugier.

871.
Révolte de Carloman.

873.
Défaite des Normands.

Charles débarrassé de cette guerre fit une ligue avec le Duc de Bretagne contre les Normands. Ceux-ci ayant été surpris dans Angers on ne leur accorda la vie qu'aux conditions qu'ils payeroient une somme considerable, & qu'ils sortiroient du Royaume. On leur avoit marqué un temps fixe après lequel ils devoient se retirer, & en attendant on leur avoit donné une Isle de la Loire pour y demeurer ; mais loin d'observer les Articles du Traité, ils se fortifierent au contraire dans cette Isle & continuerent leurs courses (81).

875.
Charles Couronné Empereur.

La mort de l'Empereur Louis II. pensa causer de nouveaux troubles dans la France. Les deux freres, je veux dire, Charles le Chauve & Louis de Germanie y prétendoient également, quoique Louis eût plus de droit comme étant l'aîné. Le parti de Charles, à la tête duquel étoit le Pape Jean VIII. prévalut sur celui de Louis. Charles à la tête d'une puissante armée se rendit à Rome dont les portes lui furent ouvertes, & le 25 de Décembre le Pape lui mit la Couronne Impériale sur la tête. Louis irrité de ce que son frere lui avoit enlevé l'Empire, attaqua la France & y fit quelques ravages. Louis fils de Charles n'ayant pas assez de troupes pour garder les Frontieres, ne put s'opposer aux progrès de son oncle. Charles le Chauve averti de ce

(80) Le Pere Daniel.   (81) Le Pere Daniel.

qui

DE L'UNIVERS. LIV. I. CHAP. II.

qui fe paffoit quitta promptement l'Italie & revint en France. Sa préfence obligea le Roi de Germanie à fe retirer. Ce Prince lui envoya des Ambaffadeurs pour l'engager à lui céder une partie du Domaine du feu Empereur. Charles y confentit, & les conférences étoient entamées lorfque le Roi de Germanie mourut. Ses trois fils Carloman, Louis & Charles partagerent entre eux fes Etats. Le premier fut Roi de Baviere ; Louis eut le Royaume de Germanie ; & le troifiéme prit le titre de Roi d'Allemagne. Charles le Chauve fe flattant d'avoir trouvé une occafion favorable pour reprendre la Lorraine, s'avança jufqu'à Cologne ; mais il y fut battu par le Roi de Germanie, qui lui avoit auparavant envoyé des Ambaffadeurs pour le porter à fe retirer.

Cependant les Sarrafins d'intelligence avec le Duc de Benevent & les Grecs commettoient d'horribles excès en Italie, tandis que les Normands étoient entrés fur les terres de France par l'embouchûre de la Seine. L'Empereur ne pouvant réfifter aux inftances du Pape qui l'engageoit à paffer en Italie, laiffa la Régence du Royaume de France à Louis fon fils, & paffa les Alpes. Il fe vit contraint de retourner promptement fur fes pas ; parce que le Roi de Baviere étant entré en Italie à la tête d'une puiffante armée, & il ne fe trouva pas en état de lui faire face. Comme il étoit en marche pour revenir en France il tomba malade. Un Juif nommé Sedecias & qui étoit fon Médecin lui donna une poudre empoifonnée, ce qui lui caufa la mort onze jours après qu'il l'eut prife. Il mourut dans une cabane de Payfan en deçà du Mont-Cenis étant dans la cinquante-cinquiéme année de fon âge, & la trente-huitiéme de fon régne comme Roi de France.

Son corps fut embaumé pour être apporté en France ; mais l'infection étoit fi grande qu'on fut obligé de l'enterrer à Nantua au Diocèfe de Lyon, d'où fes os furent tranferés fept ans après dans l'Abbaye de Saint Denys. Charles avoit époufé en premieres noces Hermentrude, morte l'an 869, & en avoit eu quatre Princes & une Princeffe ; fçavoir, Louis le Begue qui lui fuccéda, Lothaire, Charles II. Roi d'Aquitaine, Carloman qui eut les yeux crevés & Judith femme de Baudoin I. Comte de Flandre. L'an 870 Charles époufa Richilde qui étoit auparavant fa Concubine, & il en eut quatre Princes qui moururent en bas âge.

On doit diftinguer differentes dates dans les Chartes de Charles le Chauve. La premiere eft de l'an 837 lorfque fon pere lui donna le Royaume de Neuftrie : la feconde l'an 838 lorfqu'il fut fait Roi d'Aquitaine après la mort de Pepin : le troifiéme l'an 839 lorfqu'il reçut le ferment de fidélité des Seigneurs d'Aquitaine : la quatriéme l'an 840 lorfqu'il fuccéda à Louis le Debonnaire : la cinquiéme l'an 870 lorfqu'il fut couronné à Metz Roi de Lorraine : & la fixiéme l'an 875 lorfqu'il monta fur le trône Impérial (82).

Louis refté feul des enfans de Charles le Chauve fut reconnu Roi de France & Empereur. Les Seigneurs qui s'étoient rendus indépendans fous le régne précédent voulurent fe maintenir fur le même pied, & ce ne fut qu'à cette condition qu'ils rendirent leurs hommages au nouveau Souverain. Plufieurs concurrens voulurent lui difputer l'Empire. Bofon frere de l'Impératrice Richilde & Lambert Duc de Spolette prétendoient à cette fouveraine Dignité.

DE LA FRANCE.

CHARLES LE CHAUVE XXIII. ROI.

876.

877.
Charles le Chauve fe rend en Italie.

Sa mort.

LOUIS II. DIT LE BEGUE. XXIV. ROI.

(82) Art de vérifier les Dates.

DE LA FRAN-CE.

Cependant l'Italie étoit ravagée par les Sarrasins : le Pape obligé de traiter avec eux s'étoit vu peu de temps après prisonnier du Duc de Spolette. Il trouva moyen de s'échapper & de passer en France où il couronna de nouveau Louis surnommé le Begue (83). Le Pape n'ayant point d'esperance de secours de la part du Roi qui étoit occupé à appaiser diverses révoltes & à s'opposer aux courses des Normands, fut obligé de retourner à Rome.

879.
Mort de Louis le Begue.

Louis ne jouit pas long-temps de la souveraine Autorité ; car il mourut après un régne de dix-huit mois. Il laissa deux fils Louis & Carloman, enfans d'Ansgarde, fille du Comte Ardouin, sa premiere épouse. Comme il avoit épousé cette Princesse contre la volonté de son pere, il fut obligé de la répudier, & il prit en sa place Adelaïde qu'il laissa enceinte de Charles surnommé le Simple.

LOUIS III. XXV. ROI.

Louis le Begue en mourant avoit désigné Louis son fils aîné pour son Successeur ; mais les factions des Seigneurs qui avoient d'abord voulu donner la Couronne de France à Louis de Germanie, se réunirent ensuite pour la mettre sur la tête des deux fils du feu Roi. Ils furent sacrés dans l'Abbaye de Ferrieres en Gatinois par Ansegise Archevêque de Sens. Les Princes s'étant rendus ensuite à Amiens partagerent entre eux la Monarchie. Louis eut tout ce qui dépendoit de l'ancien Royaume d'Austrasie ou de France en deçà la Meuse avec la Neustrie. Carloman fut reconnu Souverain des Royaumes de Bourgogne & d'Aquitaine ; du Marquisat de Toulouse, de la Septimanie, & enfin de toute la partie du Royaume de Lothaire dont le Duc Boson s'étoit emparé & fait déclarer Roi ; mais d'où Louis & Carloman esperoient le chasser. Ce Seigneur n'étoit pas le seul ennemi Domestique qu'ils eussent à combattre. Hugues fils naturel de Lothaire & de Valdrade avoit formé un parti pour soutenir ses prétendus droits. Les deux Rois ayant fait ensemble une Ligue offensive & défensive, & ayant outre cela un Traité particulier avec Louis de Germanie marcherent contre Hugues & le défirent entiérement. Délivrés de cet ennemi, ils se rendirent en Bourgogne, prirent Macon & mirent ensuite le Siége devant Vienne où Boson avoit laissé Hermengarde son épouse avec une partie de ses troupes. Ce Seigneur depuis sa défaite n'avoit osé tenir la campagne, & il s'étoit retiré dans les montagnes avec les débris de son armée.

880.

Le Siége de Vienne ne put être poussé avec autant de vigueur que les Rois l'avoient résolu. Diverses circonstances retarderent l'exécution de l'entreprise. Charles le gros qui avoit assiégé Vienne conjointement avec les Rois d'Austrasie & d'Aquitaine, se vit obligé de passer en Italie pour se faire couronner Empereur par le Pape, & Louis fut contraint de marcher contre les Normands qui faisoient de grands ravages dans toute la France. Il remporta sur eux un avantage considerable dans le Vimeux l'an 882. Enfin Carloman après avoir abandonné & repris plusieurs fois ce Siége, ne put venir à bout de prendre la Place que par famine. Elle s'étoit défendue pendant près de deux ans, & Hermengarde ne consentit à se rendre que par ce qu'il n'y avoit plus de vivres dans la Ville.

(83) Le Pere Daniel remarque que ce ne fut pas la Couronne Impériale qu'il lui mit sur la tête, mais seulement la Couronne Royale.

Louis étoit mort fur ces entrefaites, & la Souveraineté de toute la Monarchie Françoise avoit été remise entre les mains de Carloman. Obligé de continuer la guerre contre les Normands, il avoit laissé le soin du Siége de Vienne au Duc Richard beau-frere de Boson, & ce fut entre les mains de ce Seigneur qu'Hermengarde remit la Place. Cette Princesse eut la liberté de se retirer à Autun, & c'étoit un des principaux articles du Traité. Carloman ne poussa pas plus avant ses conquêtes. Il étoit trop occupé contre les Normands dont le nombre se multiplioit tous les jours. Ils s'étoient répandus de tous côtés, & avoient attaqué diverses Provinces de l'Europe.

L'Empereur avoit résolu de les exterminer, & pour cet effet il marcha avec une nombreuse armée vers la Meuse sur laquelle les Pirates avoient un un Camp considerable. Mais une maladie contagieuse qui désola également les deux armées força les deux partis à en venir à un accommodement. La paix fut conclue aux conditions suivantes. 1°. Qu'on donneroit une grosse somme d'argent à Sigefroi un de leurs Chefs ou Rois. 2°. Qu'il lui seroit permis de demeurer dans l'endroit où il étoit campé. 3°. Qu'il ne feroit aucune entreprise sur les terres de l'Empire du vivant de l'Empereur. 4°. Pour ce qui regardoit Godefroi, autre Chef des Normands, qu'on lui céderoit dans la Frise les terres que Roric Prince Normand y avoit autrefois possedées par la donation de l'Empereur Lothaire. 5°. Que Hugues fils naturel de Lothaire Roi de Lorraine seroit compris dans ce Traité, en renonçant à ses prétentions sur le Royaume de Lorraine (84). Après ce Traité Sigefroi & Godefroi consentirent à se faire Chrétiens, & l'Empereur fut le Parrein des deux Princes. Cette paix honteuse eut des suites funestes pour l'Etat; car le Roi de France s'étant brouillé avec l'Empereur, les Normands profiterent des circonstances, & s'étant avancés jusqu'à Laon, Soissons & Noyon, ils mirent tout à feu & à sang. Le Roi marcha contre eux, & en défit un grand nombre. Cependant malgré cet échec il rentrerent par la Somme, & se rendirent tellement redoutables que Carloman fut contraint d'acheter la paix à prix d'argent. Ce Monarque mourut peu de temps après ayant été blessé à la chasse par un Sanglier (85).

Carloman avoit épousé à Troyes en 878 la fille de Boson dont il ne laissa point d'enfans.

Après la mort de ce Prince la Couronne devoit appartenir à Charles le Simple fils de Louis le Begue & d'Adelaïde sa seconde femme; mais comme il étoit à peine âgé de quatre ans, & que les circonstances exigeoient un Prince qui fût en état de gouverner, les Grands du Royaume offrirent la Couronne à l'Empereur Charles le Gros.

Charles se rendit volontiers aux instances des François, & étant arrivé à Gondreville il y reçut les hommages & les sermens de fidélité de ses nouveaux sujets. Charles se trouvoit alors un des plus puissans Princes qui eussent jamais porté la Couronne de France. Il étoit Empereur, Roi d'Italie, Maître de toute la Germanie, & de la Pannonie, de toute la France, & du Pays

---

(84) Le Pere Daniel.
(85) On prétend qu'il fut blessé par un de ses Gens qui voulant percer le Sanglier lui donna un coup dans la cuisse; mais que voulant sauver la vie à ce malheureux il avoit publié lui-même que sa blessure lui avoit été faite par le Sanglier. *Annal. Metenses ad an. 884.*

qui est au-delà des Pyrénées jusqu'à l'Ebre ; car cette partie de l'Espagne reconnoissoit encore la domination Françoise. Malheureusement le génie de Charles n'étoit pas assez étendu pour un si vaste Empire.

DE LA FRAN-CE.

CHARLES LE GROS EMPEREUR ET XXVI. ROI.

A peine ce Prince étoit-il monté sur le trône de France qu'il fut attaqué par deux ennemis dangereux, je veux dire, Godefroi Prince des Normands & Hugues le bâtard. Mais l'Empereur trouva moyen de terminer promptement cette guerre. Godefroi fut assassiné, & Hugues ayant été arrêté par surprise, eut les yeux crevés & fut enfermé dans l'Abbaye de Prum où il mourut quelques jours après.

Charles le Gros délivré de ces deux ennemis en eut bientôt un plus grand nombre sur les bras. Sigefroi autre Prince Normand sous prétexte de venger la mort de Godefroi se jetta dans les Pays-Bas, dans la Lorraine & dans la France. Il prit Pontoise, & vint ensuite mettre le Siége devant Paris. Le Comte Eudes ou Odon qui commandoit dans cette Place s'y déffendit pendant deux ans avec toute la valeur possible, & fit périr un grand nombre de Normands dans les vigoureuses sorties qu'il faisoit fréquemment. Charles parut enfin à Montmartre ; mais ce ne fut que pour conclure un Traité honteux avec les ennemis. Il leur fit accepter une somme considérable d'argent pour les engager à lever le Siége, & à sortir de la France.

Siége de Paris par les Normans.

886.

Ils levent le siége.

L'Empereur devint alors l'objet du mépris public, & bientôt tout fut en troubles dans son Empire. Arnoul Duc de Carinthie fils naturel de feu Carloman Roi de Baviere se fit reconnoître Roi de Germanie, & peu de temps après Charles se vit tellement abandonné de tous ses Sujets que sans l'Archevêque de Mayence, il auroit manqué du nécessaire pour la vie. Tant de chagrins lui causerent une maladie dont il mourut le 12 Janvier 888.

888.

Mort de Charles le Gros.

Après la mort de Charles le Gros le trône devoit appartenir à Charles surnommé depuis le Simple ; mais les circonstances facheuses où la France se trouvoit alors porterent les Seigneurs François à lui préférer Eudes ou Odon qui avoit défendu avec tant de courage la Ville de Paris contre les Normands. On ignore le jour précis & le lieu de l'Election de ce Comte, quoiqu'on prétende qu'elle fut faite à Compiegne, & qu'il y fut couronné par Wautier Archevêque de Sens. Plusieurs Seigneurs qui étoient de la Maison de Charlemagne par les femmes, voulurent lui disputer l'Empire. Gui Duc de Spolette se fit couronner Roi de France à Rome, passa les Alpes, vint jusqu'à Metz & s'en retourna en Italie. Raoul ou Rodolphe fils de Conrad Comte de Paris se rendit maître de la Bourgogne Transjurane, s'en fit couronner Roi à Saint-Maurice en Walais, & forma un nouveau Royaume. Rainulfe II. Comte de Poitiers & Duc d'Aquitaine résolut d'envahir les Pays qui sont entre la Loire & les Pyrénées & s'en fit proclamer Roi. Cependant aucun de ces Concurrens ne réussit à lui enlever la Couronne. L'Empereur Arnoul le fit citer dans une Diette qu'il tint à Worms ; mais content de ses soumissions il le laissa paisible possesseur du Royaume de France.

EUDES OU ODON XXVII ROI.

Cependant les Normands continuoient toujours leurs ravages, & étoient venus mettre de nouveaux le Siége devant Paris. Eudes marcha contre eux & les ayant attaqué à Montfaucon il les tailla en piéces & en laissa 19000 sur la place. Sur ces entrefaites d'autres Normands saccagerent la Ville de

889.

Il marche contre les Normands.

Meaux, & ce ne fut qu'à force d'argent qu'on les obligea à se retirer. Ils passerent de-là dans le Cotentin, ruinerent Saint-Lo, & tout le Pays des environs; tandis que differens détachemens de la Nation défoloient les environs de la Somme, de la Meuse & de l'Escaut. Eudes remporta encore sur eux quelque avantage, mais il ne put venir à bout de les envelopper comme il en étoit convenu avec le Roi de Germanie qui devoit les attaquer de son côté. Une partie des Normands qui étoient entrés dans la Bretagne furent battus par les Ducs Alain & Judicaël. Nous ne suivons point ces Pirates dans les autres Pays de l'Europe parce que nous aurons occasion d'en parler ailleurs.

Charles fils posthume de Louis le Begue étoit enfin arrivé à l'âge d'environ quatorze ans; & les raisons qui l'avoient fait exclure du-trône, ne subsistoient plus. En conséquence plusieurs Seigneurs se crurent obligés de lui mettre la Couronne sur la tête. Il se forma plusieurs partis en faveur de ce jeune Prince tant dans la Neustrie que dans l'Aquitaine. Eudes passa promptement d'une Province à une autre; mais tandis qu'il appaisoit les troubles d'un côté, il s'en élevoit de nouveaux dans differens endroits. Cependant Herbert Comte de Vermandois, & un des plus puissans Seigneurs François ayant pris les armes fit proclamer Roi le jeune Charles, qui fut sacré par Foulques Archevêque de Rheims.

A cette nouvelle Eudes abandonna l'Aquitaine & marcha promptement à la rencontre de Charles. Le nouveau Roi ne se trouvant pas en état de lui résister se retira auprès de l'Empereur Arnoul. Ce Monarque hésita long-temps sur le parti qu'il devoit prendre; car il étoit vivement sollicité par le Roi Eudes, qui lui représentoit les Traités qu'ils avoient faits ensemble, & qui lui faisoit ressouvenir que ce n'étoit que du consentement de la Nation qu'il étoit monté sur le trône, & que d'ailleurs il avoit approuvé son élection. Cependant le bon droit l'emporta & l'Empereur ne put refuser son secours au légitime Héritier de la Couronne. Eudes n'eut alors d'autre parti à prendre que celui d'empêcher les troupes de Charles de pénétrer dans la France. Il se posta si avantageusement qu'on ne put le forcer à en venir aux mains, & que les ennemis ne purent gagner du terrein sur lui. Les Germains s'ennuyerent de l'inaction dans laquelle on étoit forcé de les tenir, & ils abandonnerent le jeune Charles qui se retira en Bourgogne. Les Normands continuoient toujours leurs ravages & Charles étoit sur le point de les mettre dans ses intérêts. Eudes craignant ne pouvoir résister à tant d'ennemis réunis ensemble, consentit à un accommodement avec Charles. Il partagea avec lui la Monarchie Françoise & le reconnut pour son Seigneur. Les Pays situés entre la Seine, l'Océan, les Pyrenées, l'Espagne & la Méditerrannée resterent sous la domination d'Eudes, & Charles eut les Provinces situées entre la Seine & le Rhin. Cette paix rendit le calme à la France. Eudes ne vécut pas long-temps après ce Traité. Il mourut au commencement de Janvier de l'an 898. Un Auteur du XIe siécle donne à ce Prince un fils nommé Arnoul, qui lui succéda; mais qui mourut peu de temps après. On lui donne une fille nommée Oda, qui épousa Zuentibold Roi de Lorraine, fils naturel d'Arnoul (86).

(86) Le Pere Pagi se trompe lorsqu'il donne pour fils au Roi Eudes, Hugues le

M iij

DE LA FRANCE.

CHARLES LE SIMPLE XXVIII ROI.

911.
Cession d'une partie de la Neustrie aux Normands.

Charles le Simple fut alors reconnu maître de la Monarchie, & cet événement fut si mémorable pour lui qu'il en data dans la suite la plûpart des Chartes. Raoul, Roland ou Rollon le plus habile Capitaine que les Normands ayent jamais eu, ravageoit alors la France, & quoiqu'il eût été battu en différentes rencontres, il étoit encore si redoutable que Charles se vit obligé de traiter avec lui. Dans une Assemblée des Seigneurs François il fut résolu qu'on lui céderoit en fief jusqu'à la Mer toute la partie de la Neustrie qui étoit au Nord de la Seine à prendre depuis la riviere d'Andelle à trois lieues au-dessus de Rouen, & depuis la riviere d'Epte qui passe par Gournai, Gisors, & Saint-Clair (87), outre le pays qui est au-delà de la Seine, & dont l'étendue étoit bien plus considerable ; car il comprenoit tout ce qui étoit renfermé entre le Maine, la Bretagne & l'Océan. Le Roi lui donna aussi Gisele sa fille en mariage ; mais ce ne fut qu'à condition qu'il se feroit Chrétien. Raoul accepta avec plaisir toutes ces propositions ; l'année suivante il fut baptisé & épousa la Princesse Gisele. C'est depuis cette époque qu'une partie de la Neustrie fut appellée Normandie, à cause que les Peuples à qui on la ceda venoient du Nord. Raoul gouverna ses Sujets avec tant de sagesse & d'équité que son seul nom prononcé faisoit Loi & obligeoit de se présenter devant les Juges. C'est l'origine du fameux cri de *Haro* qui est encore aujourd'hui en usage dans la Normandie.

Cependant l'Empereur Arnoul étoit mort, & Louis son fils Roi de Germanie ; de sorte que la lignée masculine de Charlemagne étoit entiérement éteinte en Allemagne & en Italie. La Lorraine passa ensuite sous la domination de Charles par le consentement des Seigneurs du Pays qui voulurent se donner à la France. Le reste du régne de Charles fut agité par diverses factions qui lui firent perdre la Couronne & la liberté.

920.

922.
Conjuration contre Charles.

L'autorité Royale se trouvoit alors extrêmement diminuée par celle que les Grands du Royaume avoient déja usurpée sous les régnes précédens. Ils s'étoient approprié les Provinces dans lesquelles ils ne devoient commander qu'au nom du Roi, & peu à peu ils s'y étoient rendus indépendans. Charles étoit un Prince foible, peu capable de forcer les Seigneurs à rentrer dans la soumission & la dépendance. Cette foiblesse qu'ils reconnurent dans leur Souverain les porta à se révolter, & à élire un nouveau Roi. Robert Duc de France fut celui que les Factieux reconnurent pour Roi. Il ne jouit qu'un an du fruit de sa perfidie ayant été tué de la main de Charles dans un combat qu'il livra aux Rebelles près de Soissons. Cette mort ne délivra pas le Roi de tous ses ennemis. Hugues fils de Robert voulant venger la mort de son pere attaqua si vivement les Royalistes qu'il les enfonça de tous côtés. Charles dans cette extrêmité chercha un asyle auprès de l'Empereur. Jusqu'alors Herbert Comte de Vermandois avoit paru être dans les intérêts du Roi,

923.
Le Roi est fait prisonnier.

mais ce perfide s'étant déclaré pour les Rebelles eut la lâcheté d'arrêter le Roi prisonnier, après l'avoir invité de se rendre à Saint-Quentin, sous prétexte de prendre des mesures pour dissiper le parti de ses ennemis.

Grand, pere de Hugues Capet. Hugues le Grand étoit fils, non du Roi Eudes, mais de Robert son frere. *Art de vérifier les dates.*

(87) C'est cette partie du Vexin qu'on appelle Vexin Normand.

Après la mort de Robert, les Factieux avoient mis la Couronne sur la tête de Raoul ou Rodolphe, & il avoit été couronné à Soissons par Wautier Archevêque de Sens. Raoul ne jouit point tranquillement du trône qu'il avoit usurpé. Il fut toujours en guerre soit avec les Seigneurs qui lui avoient d'abord été favorables, soit avec ceux qui tenoient encore pour leur légitime Souverain, soit enfin avec les Normands sur lesquels il remporta plusieurs avantages considerables. Il fut obligé pour maintenir les Grands dans son parti de leur donner plusieurs domaines., & le Comte de Vermandois ne promit de tenir le Roi dans la captivité qu'à condition qu'il lui donneroit le Comté de Laon. Sur le refus de Raoul, Herbert prit les armes; & pour engager plusieurs Seigneurs à seconder ses projets ambitieux il publia qu'il vouloit rétablir Charles sur le trône. Les amis du Roi se réveillerent à cette nouvelle, & l'armée du Comte de Vermandois se trouvant en état d'attaquer celle de l'Usurpateur, on se disposa de part & d'autre à une action. Mais Hugues le Grand ayant offert sa médiation, le Traité fut signé, Herbert eut le Comté de Laon, & Charles resta toujours en prison. Ce Monarque mourut quelque temps après à Peronne. Il laissa de la Reine Odgive ou Ogive sa troisiéme femme un fils nommé Louis, & qui étoit alors âgé de neuf ans. Sa mere l'avoit emmené en Angleterre après que Charles eut été détrôné. Ils y avoient trouvé un asyle à la Cour d'Aldestan frere de cette Princesse. On ignore le nom de la premiere femme de Charles dont il eut une fille nommé Gisele. La seconde s'appelloit Frederune.

Raoul se vit par cette mort délivré d'une partie de ses inquiétudes; mais son régne n'en fut pas pour cela plus tranquille. Pendant les neuf dernieres années qu'il gouverna la France depuis la mort de Charles le simple, il fut toujours en guerre avec les Seigneurs François qui se révoltoient continuellement. Raoul mourut le 14 ou le 15 de Janvier de l'année 936 sans laisser aucun enfant mâle.

La mort de Raoul fit reparoître les Partisans de Charles. Ils envoyerent des Députés à Louis, surnommé d'Outremer, pour l'engager à repasser en France, & lui promirent de le mettre sur le trône de son pere. Il s'y rendit en diligence, & fut couronné à Laon le 19 ou 20 de Juin. Le régne de Louis ne fut pas moins traversé que l'avoit été celui de son pere, & il fut souvent la victime de l'ambition des Seigneurs François.

Hugues le Grand un de ceux qui avoient le plus contribué à le faire monter sur le trône, vouloit régner sous le nom du Roi, dont il s'étoit déclaré tuteur. Louis ne supportoit qu'avec peine la trop grande puissance de son Ministre. Il déclara enfin qu'il vouloit gouverner par lui-même, & manda la Reine sa mere qui étoit restée en Angleterre, afin qu'elle l'aidât de ses conseils. Hugues mortifié de voir sa puissance abbattue par la résolution de Louis, engagea le Comte de Vermandois à se révolter avec lui. Cette révolte eut quelques suites facheuses & le Roi ne trouva pas d'autres moyens de l'appaiser que de se raccommoder avec Hugues le Grand, qui fit rentrer Herbert dans le devoir. La paix ne fut pas de longue durée; car ces deux Seigneurs formerent quelque temps après une ligue avec les Ducs de Lorraine & de Normandie; mais on en vint ensuite à un accommodement, ou plutôt à une tréve de quelques mois.

DE LA FRANCE.

CHARLES LE SIMPLE XXVIII ROI.
Raoul ou Rodolphe, Usurpateur.

928.

929.
Mort de Charles le simple.

936.
Mort de Raoul.

LOUIS IV. DIT D'OUTREMER XXIX. ROI.

Révolte de Hugues le Grand.

938. & suiv.

DE LA FRAN-
CE.

LOUIS VI.
DIT
D'OUTREMER
XXIX. ROI.

Pendant cet intervalle Gilbert Duc de Lorraine s'étant brouillé avec Othon Roi de Germanie, se rangea du côté de Louis. Mais Othon ayant défait les Rebelles, & Gilbert ayant péri dans cette occasion, Louis songea à reprendre la Lorraine. La présence d'Othon ramena les Lorrains, & l'Empereur resta maître de cette Province. Ce fut alors que les Rebelles reprirent leurs anciens projets : ils reparurent les armes à la main, & s'emparerent de la Ville de Rheims. Othon ayant pénétré en même temps en France, il y fut reconnu Roi. Louis se vit alors en danger de perdre le trône comme son pere ; mais la révolte de Henry frere d'Othon contraignit ce Prince à se retirer des terres de France.

941.

Le repos que la retraite du Roi de Germanie avoit procuré au Roi ne fut pas de longue durée. A peine la tréve que les deux Monarques avoient signée entre eux fut-elle expirée, que Louis fut de nouveau exposé à la fureur des Rebelles. Le Pape Etienne VIII. touché du triste état où le Roi étoit réduit, menaça les Rebelles de l'excommunication. Ces menaces eurent leur effet. On fit des propositions de part & d'autre ; le Duc de Normandie fut le Médiateur, & la paix fut conclue.

942.

943.
Le Roi médite la conquête de la Normandie.

Peu de temps après Guillaume Duc de Normandie ayant été assassiné par les ordres du Comte de Flandre, Louis conçut le dessein de chasser les Normands de la Province qu'on leur avoit cédée. Guillaume avoit laissé en mourant un fils en bas âge nommé Richard. Louis pensa que l'unique moyen de détruire cette Nation étoit de leur enlever celui en faveur duquel on pouvoit reclamer les Traités qui avoient été faits entre les François & les Normands. On eut d'abord quelque soupçon de l'intention du Roi ; mais ce Prince étant venu à bout de les calmer, on lui confia le jeune Richard, qu'il emmena pour le faire élever à sa Cour. Pour mieux cacher ses desseins il fit semblant de vouloir attaquer le Comte de Flandre auteur du meurtre de Guillaume. Cependant cette expédition traina en longueur.

La conduite de Louis à l'égard de Richard confirma les premiers soupçons, & l'on songea aussi-tôt à lui enlever le jeune Prince. Hosmond son Gouverneur ayant trouvé moyen de le faire disparoître de la Cour, le conduisit à Senlis chez Bernard oncle maternel de Guillaume. On prit aussi-tôt des mesures pour le mettre à l'abri des poursuites du Roi, & l'on engagea Aigrold Roi de Dannemarck à venir à son secours. Ce Monarque ayant équipé une nombreuse Flotte parut bientôt en Basse-Normandie. Cependant le Roi ignoroit ce qui se tramoit contre lui. Bernard le Danois pour le faire tomber dans le piége qu'il lui tendoit, lui donna avis de l'arrivée des Normands, & l'invita à venir s'opposer à ce nouvel ennemi. Aigrold qui étoit

944.
Louis est fait prisonnier par les Normands.

du complot proposa au Roi une entrevue ; mais pendant qu'on étoit occupé à traiter de diverses négociations qui ne devoient pas avoir lieu, il s'éleva à dessein une querelle qui facilita aux Normands les moyens de se saisir de la personne du Roi. On ne consentit à rendre ce Monarque qu'à condition qu'il feroit serment de laisser le jeune Richard en possession de tout ce qui avoit été cédé à Rollon. En conséquence de ce Traité qui ne fut signé que l'année suivante, le Roi fut rendu à ses Sujets.

945.
Il est remis en liberté.

946.

Ce Monarque aussi malheureux que son pere & son ayeul ne sortit d'une prison que pour être conduit dans une autre. Hugues le Grand qui étoit

tantôt

tantôt dans ses intérêts, & tantôt dans ceux des ennemis de ce Prince, avoit résolu à la faveur de tant de troubles de se rendre Propriétaire du Comté de Laon. Pour y forcer le Roi il eût la perfidie de le retenir prisonnier jusqu'à ce que ce Prince infortuné lui eut abandonné cette Place. Ce fut en vain que les Rois d'Angleterre & de Germanie parurent choqués de la conduite de Hugues le Grand. Il persista dans son entreprise, & le Roi fut contraint de lui accorder ce qu'il exigeoit avec tant de violence.

DE LA FRAN-
CE.

LOUIS IV.
DIT
D'OUTREMER
XXIX. ROI.
Il tombe sous la puissance de Hugues le Grand.

Cependant Louis voulant se venger de ce Sujet rebelle, eut recours à Othon Roi de Germanie. L'Empereur étant entré en France à la tête d'une armée de près de cent mille hommes, les deux Monarques allerent ensemble mettre le Siége devant Rheims. Cette Place ne put tenir contre tant d'assaillans : elle fut prise, & l'Archevêque Artaud qui en avoit été dépossedé par Hugues fils de Herbert Comte de Vermandois, fut rétabli dans son Siége. Après cette expédition le Roi de Germanie s'étant retiré dans ses Etats, & n'ayant pas jugé à propos de rentrer en France l'année suivante, Louis fut obligé de soutenir seul la guerre contre les Rebelles. Les succès alternatifs porterent les deux partis à en venir à un accommodement dont le Roi de Germanie fut le Médiateur. Cette affaire eut cependant de longues suites, & le Pape à qui le Roi s'étoit adressé, fut obligé d'interposer son autorité non-seulement contre Hugues le Grand, mais encore contre Hugues qui prétendoit rentrer en possession de l'Archevêché de Rheims. Les menaces du Pape n'eurent aucun effet, & ce ne fut que par l'entremise du Roi de Germanie que la paix fut conclue deux ans après. Hugues rendit hommage au Roi, & lui remit la Ville de Laon.

Ligue contre Hugues le Grand.

948.

950.

Louis profita de cette paix pour passer en Aquitaine, & recevoir les hommages des Seigneurs de cette Province. Il paroît qu'il y avoit alors quelques troubles en Auvergne. Le sujet de cette révolte étoit que Louis après la mort de Raimond Pons, qui possedoit le Duché d'Aquitaine & le Comté d'Auvergne, avoit disposé de l'un & de l'autre en faveur de Guillaume Tête-d'Etoupes, au préjudice de Guillaume Taillefer fils de Raimond, & que les Auvergnats attachés à la Maison des Comtes de Toulouse refuserent de reconnoître Guillaume Tête-d'Etoupes (88).

951.
Louis va en Aquitaine.

Louis regna encore trois ans après cette expédition, & pendant tout ce temps il fut toujours exposé à l'ambition de Hugues les Grand. Enfin comme le Roi poursuivoit un Loup sur le bord de la riviere d'Aîne, il fut renversé de son cheval & mourut à Rheims le 10 Septembre selon Dom Vaissette, ou le 15 d'Octobre selon Mezerai. Ce Monarque étoit alors âgé d'environ 38 ans, & il en avoit régné 18. Il laissa de la Reine Gerberge Lothaire & Charles. Le premier succeda à son pere; & Charles n'eut aucune part au Royaume; ce qui étoit contre l'usage de ce temps là. Mais il y a tout lieu de croire qu'il n'étoit pas possible de partager alors le Royaume, puisqu'il ne restoit plus au Roi de France aucune Ville en propre que Rheims & Laon.

954.
Mort de Louis IV.

Lothaire n'eut pas de peine à se faire reconnoître Roi de France par tous les Seigneurs, d'autant qu'il y avoit déja trois ans que son pere l'avoit associé

LOTHAIRE
XXX. ROI.

(88) Art de vérifier les Dates.

Tome I. Partie II.   N*

à la Couronne. Hugues le plus redoutable ennemi du dernier Roi se montra même favorable à Lothaire. La politique arrêtoit sans doute les mouvemens de son ambition. Il prévoyoit les grands obstacles qui s'opposer ient à son élevation ; ainsi il aima mieux jouir de l'autorité sous un Roi dont il auroit paru prendre les intérêts, que de tenter de monter sur un trône qu'on auroit pu lui disputer. Lothaire ayant été sacré à Rheims le 12 Novembre commença son régne par récompenser Hugues le Grand de l'attachement qu'il lui avoit témoigné depuis la mort de Louis. Il lui donna les Duchés de Bourgogne & d'Aquitaine ; ce qui rendoit ce Seigneur extrêmement puissant, puisqu'il étoit déja Duc de France, Comte de Paris & d'Orléans.

Guillaume II. Comte de Poitiers voulut lui disputer l'Aquitaine, mais ayant été vaincu, il fut contraint de céder une Province qui étoit comme attachée à sa famille. Hugues ne posseda pas long-temps ce nouveau Duché, car il mourut l'année suivante. Il laissa quatre fils. Hugues, surnommé Capet, & qui fut depuis Roi de France, eut les Comtés de Paris & d'Orléans. Othon son second fils fut reconnu Duc de Bourgogne ; les deux autres Eudes & Henry possederent successivement cette Province. Si le Roi eût pu se rendre le maître de la succession de Hugues le Grand, il auroit pu rétablir peu à peu sa puissance. Mais les Seigneurs qui se trouvoient dans le même cas que Hugues s'y seroient opposés. Les derniers Rois de cette seconde Race n'avoient plus que le titre de Souverain. Leur pouvoir étoit si borné qu'ils ne pouvoient faire la guerre sans le secours de leurs Vassaux. Souvent ceux-ci refusoient de faire marcher leur troupes qu'ils n'employoient le plus souvent qu'à se faire la guerre les uns aux autres. Le plus fort envahissoit les terres du plus foible ; & le Roi ne pouvoit arrêter tous ces désordres, qui étoient des especes de guerres civiles continuelles.

Lothaire sentoit l'état de sa situation. Il se voyoit avec peine renfermé dans des bornes si étroites. Il songea à s'emparer de la Normandie ; mais cette entreprise ne réussit point comme il s'en étoit d'abord flatté, & après plusieurs ravages réciproques, on en vint à une paix qui confirma les Normands dans la possession des terres qu'on leur avoit déja cédées. Son expédition en Flandre fut plus heureuse ; car il réduisit le Comte de Flandre à lui rendre foi & hommage, & à lui fournir des troupes.

La guerre d'Allemagne que Lothaire entreprit quelques années après fut beaucoup plus considerable. Othon avoit créé Charles Duc de Lorraine sans la participation de Lothaire. Ce Monarque craignant alors que Charles n'eût quelque dessein sur la France associa d'abord son fils Louis à la Couronne. S'étant mis ensuite à la tête d'une nombreuse armée il entra dans la Lorraine, reçut le serment de fidélité des Lorrains, & se rendit à Aix la Chapelle avec tant de diligence que l'Empereur eut à peine le temps de se sauver. Cependant Othon ayant promptement rassemblé ses troupes porta à son tour la guerre dans le sein de la France, & vint jusqu'aux portes de Paris. Lothaire & Hugues Capet s'opposerent à ses progrès, & le forcerent à songer à la retraite. Mais comme il se préparoit à quitter les terres de France, son arriere-garde fut entierement défaite.

Les deux Princes étoient las de la guerre, ainsi il fut bientôt question de la paix. Lothaire céda à Othon la Lorraine pour la tenir en Fief de la Couronne de France. Par ce Traité la souveraineté du Royaume de Lorraine demeura à Lothaire, & le Duché de la Basse-Lorraine retourna à sa disposition, mais il le céda à son frere Charles. Othon étant mort quelques années après, Lothaire s'empara de nouveau de la Lorraine ; mais c'étoit à dessein de la conserver à Othon III. à qui Henry de Baviere vouloit la disputer. Le reste de la vie de Lothaire ne nous présente aucun événement considérable. Ce Monarque mourut le 2 Mars 986 dans la trentiéme année de son régne depuis la mort de son pere, & dans la quarante-cinquiéme de son âge. Ce Prince auroit fait honneur au trône si la France eût été moins divisée par les factions & par l'ambition & la puissance des Grands. On ne peut trop admirer son habileté à réunir les esprits des Seigneurs François, & à les soumettre à ses ordres.

DE LA FRANCE.

LOTHAIRE XXX. ROI.

980.

Traité entre les deux Monarques.

984.

986.

Mort de Lothaire.

Louis avoit environ dix-huit ans lorsque son pere mourut. La briéveté de son régne ne nous permet pas de juger des talens & des qualités de ce Prince. Cependant la valeur qu'il fit paroître au Siége de Rheims dont il se rendit maître, nous fait connoître que c'est à tort que quelques-uns de nos Historiens lui donnent le nom de Fainéant (89). On voit de plus dans l'Histoire que Louis marcha au secours de Borrel Comte de Barcelone, qui étoit attaqué par les Sarrasins. La Reine Blanche son épouse, qui ne l'aimoit pas, & qui l'avoit déja quitté une fois pour retourner avec ses parens, fut soupçonnée de l'avoir empoisonné. Ce Prince mourut l'an 987 le 21 de Mai âgé d'environ vingt ans, & dans la seconde année de son régne, ou dans la neuviéme si l'on compte depuis l'an 978 qu'il fut associé au trône par son pere. Louis est le dernier Roi de la Race de Charlemagne, qui avoit régné 236 ans en France.

LOUIS V. XXXI. ROI.

987.

Mort de Louis V. Extinction de la seconde Race.

Louis étoit mort sans enfans, & il ne restoit plus de la famille Carlovingienne que Charles frere de Lothaire. Le trône devoit lui appartenir ; mais ce Prince s'étoit rendu odieux par sa conduite, & particuliérement par son Traité avec Othon II. Roi de Germanie. Les Seigneurs songerent à se donner un d'entr'eux pour Souverain. Ils s'assemblerent pour cet effet à Noyon, & convinrent de mettre la Couronne sur la tête de Hugues Capet qui s'étoit attiré l'estime de la Nation par sa prudence & sa valeur. Le Sceptre avoit déja été deux fois dans la Maison des Comtes de Paris. Eudes & Robert, l'un & l'autre fils de Robert le Fort Comte d'Anjou l'avoient porté, mais sans pouvoir alors le conserver à leurs descendans. Hugues Capet étoit petit-fils de Robert, petit-neveu du Roi Eudes, & fils de Hugue le Grand, Duc de France, Comte de Paris & d'Orléans, quatriéme Duc de Bourgogne, & d'Hadwige, sœur d'Othon I. Roi de Germanie. Hugues fut sacré à Rheims le 3 de Juillet 987.

TROISIÉME RACE.

HUGUES CAPET XXXII. ROI.

Charles Duc de Lorraine n'eut pas plutôt appris l'élection de Hugues qu'il prit les armes pour soutenir ses droits. Quelques Seigneurs qui n'avoient pas assisté à l'Assemblée tenue à Noyon en faveur du nouveau Roi, se déclarerent pour le fils de Louis d'Outremer. Le plus puissant d'entre eux étoit

Charles lui dispute le trône.

(89) Dom Vaissette Auteur de l'Histoire du Languedoc.

> DE LA FRAN-
> CE.
>
> HUGUES
> CAPET
> XXXII. ROI.
>
> 988.
>
> 989.
>
> 991.

Guillaume Duc de Guienne. Cette guerre devoit décider du fort de Hugues Capet. Ce Prince marcha d'abord contre Guillaume, le vainquit & le força de le reconnoître pour son Souverain. Cette premiere expédition ne suffisoit pas pour lui assurer le trône, il falloit réduire celui qui en pouvoit disputer la possession. Charles étoit entré en France, & déja maître de Laon, il se disposoit à s'emparer des autres Villes voisines. Hugues pour arrêter ses progrès l'assiégea dans cette Place. Le Duc de Lorraine s'y défendit avec tant de valeur qu'il força le Roi de lever le Siége après lui avoir taillé en piéces une partie de son armée. Profitant ensuite de sa victoire, il alla attaquer Rheims qui lui ouvrit ses portes par la trahison d'Arnoul fils naturel de Lothaire, & qui étoit Archevêque de cette Ville. Hugues après avoir fait d'inutiles efforts pour s'opposer ouvertement à son ennemi, fut obligé d'avoir recours à la ruse. Il gagna Ascelin ou Adalberon Evêque de Laon, & par les intrigues de ce Prélat il fut introduit dans la Place, & se rendit maître de Charles qu'il fit conduire à Orléans où il mourut peu de temps après. La mort du Duc de Lorraine remit la paix dans le Royaume, & le Roi qui n'avoit plus de concurrent jouit tranquillement d'un trône qu'il devoit à son mérite. Il s'y maintint avec plus de majesté, d'autorité & de puissance que plusieurs de ses Prédécesseurs. En réunissant le Duché de France à la Couronne, il rétablit le siége ordinaire de nos Rois à Paris, où Clovis l'avoit fixé, mais où il avoit cessé d'être pendant le régne de la seconde Race.

> 996.
> Mort de Hugues Capet.

Ce Prince mourut le 24 Octobre de l'année 996, dans la dixiéme année de son régne. Il laissa d'Adelaïde, Robert qui lui succeda, & trois Princesses.

> ROBERT
> XXXIII ROI.

Hugues Capet avoit eu soin d'assurer la Couronne à ses descendans & de la fixer dans sa famille en associant son fils Robert au trône, & en le faisant sacrer la seconde année de son régne, c'est-à-dire, le premier de Janvier 988, pendant que Charles cherchoit à s'emparer de la Monarchie Françoise. Robert avoit vingt-huit ans lorsque son pere mourut. Les Seigneurs déja accoutumés à lui voir partager le poids du Gouvernement, ne firent aucune difficulté de le reconnoître pour leur Souverain. Le commencement de son régne fut troublé par les querelles qu'il eut avec la Cour de Rome au sujet de son mariage avec Berthe veuve d'Eudes Comte de Chartres & de Blois, fille de Conrad Roi de Bourgogne. Robert étoit parent de Berthe, & de plus il avoit tenu sur les Fonts de Baptême un enfant du premier mariage de cette Princesse. Grégoire V. qui occupoit alors le Saint Siége cassa ce mariage dans un Concile tenu à Rome l'an 998.

> 998.
> Le mariage de ce Prince est cassé.

Robert ne voulut point se rendre à la décision du Concile, & continua de vivre avec sa femme, ce qui porta le Pape à l'excommunier. Abbon Abbé de Fleury voyant le Roi ébranlé par ce coup, le pressa vivement d'obéir au Décrét du Concile, & il fit tant par ses exhortations que Robert renvoya Berthe, & épousa Constance fille de Guillaume Taillefer Comte de Toulouse (90).

> 1003.
> & suiv.
> Conquête de la Bourgogne

Robert aimoit la paix, & ne songeoit nullement à aggrandir ses Etats. Cependant la mort de Henry, dit le Grand, fils de Hugues le Blanc, &

---

(90) Art de vérifier les Dates.

premier Duc Propriétaire du Duché de Bourgogne, l'obligea de prendre les armes. Henri n'avoit laissé qu'un fils naturel nommé Eudes, Vicomte de Beaune, & un fils adoptif nommé Othon-Guillaume que Gerberge femme de Henry avoit eu en premieres noces d'Albert Duc de Lombardie, Othon-Guillaume en vertu de son adoption s'empara du Duché de Bourgogne. Robert qui vouloit le réunir à la Couronne, se rendit dans cette Province à la tête de son armée, & fit le siége d'Auxerre. Mais n'ayant pu s'en rendre maître il retourna en France. Il fit depuis plusieurs voyages en Bourgogne avant que de pouvoir s'y faire reconnoître pour Souverain (91), & ce ne fut qu'en l'année 1015 qu'il en fut entiérement possesseur. Il y a même lieu de croire que ce ne fut que du consentement des Seigneurs, & non pas la force des armes que ce Duché rentra sous la domination de son légitime Souverain. Othon-Guillaume céda le droit qu'il pouvoit avoir ; mais il conserva ses biens, ses autres titres, & jouit paisiblement du Comté de Dijon jusqu'à sa mort. Robert maître du Duché de Bourgogne le donna à Henry son second fils. Ce Prince est le second Duc Propriétaire de ce Duché, & le premier de la famille Royale. Il le céda dans la suite à son frere Robert Chef de tous les Ducs de Bourgogne de la premiere Race. Ce ne fut qu'en 1361 que ce Duché fut réuni à la Couronne par le Roi Jean, qui le donna à Philippe son quatriéme fils. Avant le Roi Philippe-Auguste les fils de France possederent en propriété, & non comme appanage, les portions d'héritages qui leur furent données par nos Rois.

Robert à l'exemple de Hugues Capet associa à la Couronne son fils aîné Hugues, & le fit couronner à Compiegne le jour de la Pentecôte de l'année 1017.

Quelques années après la France fut troublée par une nouvelle Secte de Manichéens ; mais le Roi eut bientôt mis fin à cette hérésie, en faisant punir de mort les Auteurs de cette Secte, & ceux qui y étoient attachés. Robert avoit sçu entretenir la paix avec ses voisins, & surtout avec Henry Roi de Germanie. Ces deux Monarques étoient si unis entre eux qu'ils voulurent avoir une entrevue dans laquelle ils se donnerent des marques réciproques de la plus grande confiance. Henry, que l'Eglise Romaine a mis au nombre de ses Saints, étant venu à mourir, les Italiens offrirent l'Empire à Robert, & à son refus ils firent la même proposition à Eudes fils aîné de ce Monarque ; mais ces deux Princes ne voulurent point accepter ces offres, non plus que Guillaume IV. Duc d'Aquitaine.

L'année suivante ou celle d'après Robert eut le chagrin de perdre son fils aîné ; ce qui l'obligea de s'associer Henry son second fils, & de le faire couronner à Rheims le 14 de May de l'an 1027 (92).

La Reine Constance avoit fait tous ses efforts pour s'opposer à cette association, parce qu'elle vouloit élever au trône Robert son troisiéme fils. N'ayant pû réussir dans ses desseins elle chercha non-seulement à s'en venger sur Henry, mais même sur Robert qui refusoit de seconder sa passion. Les mauvais traitemens que ces deux Princes reçurent de leur mere, les porta à se révolter. Ils furent bientôt à la tête d'une armée, avec laquelle

DE LA FRANCE.

ROBERT XXXIII Roi.

1015.

1017. Hugues associé au trône.

1022. Secte de Manichéens en France.

1023.

1024.

1025 ou 1026. Mort de Hugues.

1030. Révolte des fils de Robert.

(91) Art de vérifier les Dates. (92) Le Pere Mabillon.

DE LA FRANCE.

ROBERT XXXIII ROI.

1031.
Mort de Robert.

ils firent le ravage sur les terres de leur pere, & se rendirent maîtres d'Avalon & de Beaune. Robert fut contraint de marcher contre eux; mais cette guerre fut promptement terminée par la médiation de Guillaume Abbé de Saint Benigne.

Ce fut le dernier événement considerable du regne de ce Prince. Il mourut à Melun au mois de Juillet après avoir regné 34 ans depuis la mort de son pere, & dans la soixantiéme année de son âge. Robert avoit eu trois femmes, Lieutgarde ou Rosale veuve d'Arnoul Comte de Flandre; Berthe veuve d'Eudes I. Comte de Chartres & de Blois, & Constance fille de Guillaume Taillefer Comte de Toulouse. Il eut quatre fils de cette Princesse, Hugues qui mourut en 1025 ou 26, Henry qui lui succeda, Robert qui fut Duc de Bourgogne, & Eudes qui fut Evêque d'Auxerre selon quelques-uns. Il eut outre cela deux filles; Alix qui épousa Baudouin V. Comte de Flandre, & une autre dont on ignore le nom.

Robert, plus pieux que guerrier, fit bâtir plus de Monasteres & d'Eglises qu'il ne força de Villes. Tous les Historiens s'accordent à louer son grand amour pour les Pauvres, & l'on assure qu'il en nourrissoit quelquefois jusqu'à mille par jour.

HENRY I. XXXIV ROI.

Troubles occasionnés par la Reine.

A peine Henry fut-il monté sur le trône que la Reine Constance fit révolter contre lui une grande partie du Royaume. Cette révolution fut si subite que le Roi qui ne se trouvoit pas alors en état de résister aux Rebelles fut obligé de se retirer à Fecamp auprès du Duc de Normandie. Ce Prince pour donner au Roi le temps de rassembler ses forces, fit des courses sur les terres des Seigneurs qui étoient du parti de la Reine. Cependant Henry à la tête d'une armée attaqua & prit plusieurs Villes, battit differens corps de troupes des Rebelles & les força d'avoir recours à sa clémence. La Reine voyant son parti ruiné par la défaite des Factieux fut contrainte de demander la paix que son fils lui accorda. Il reçut aussi en même temps les excuses de son frere Robert, pour qui la Reine avoit excité tant de troubles dans le Royaume, & lui donna en propriété le Duché de Bourgogne comme nous l'avons dit plus haut.

Mort de Henry.

1060.

Le regne de Henry ne nous fournit aucun événement considerable. Ce Prince après avoir occupé le trône pendant trente ans depuis la mort de son pere, mourut à Vitri en Brie le 4 d'Août 1060. Il avoit épousé en premieres noces Mathilde, que quelques-uns ont fait fille & niece de Conrad, mais qui n'étoit que la fille de cet Empereur (93). Après la mort de Matilde il épousa Anne, fille de Jerolaus Duc des Russes, dont il eut trois fils, Philippe, Hugues & Robert. Ce dernier mourut fort jeune. Ce fut sous le regne de Henry que nâquit Guillaume, surnommé le Conquérant, fils naturel de Robert I. Duc de Normandie. Son pere en partant pour Jerusalem l'avoit fait déclarer son Successeur, & l'avoit mis sous la protection du Roi de France. Henry lui fut d'un grand secours contre ceux qui voulurent lui disputer le Duché; car ayant marché avec Guillaume contre les Rebelles, il les battit au Val des Dunes entre Caën & Argences. Par cette victoire Guillaume se vit tranquille possesseur de la Normandie. Cependant il eut

(93) Art de vérifier les Dates.

DE L'UNIVERS. Liv. I. Chap. II.

dans la fuite quelques démêlés avec le Roi, ce qui occafionna des guerres dont la plus funefte aux François fut en 1054, puifque Henry perdit une bataille confiderable proche de Mortemer dans le Pays de Caux (94).

Henry fuivant l'ufage de fes Prédéceffeurs avoit fait facrer en 1059 Philippe fon fils aîné; & comme ce Prince n'avoit que huit ans lorfqu'il fuccéda à fon pere, Baudoin V. Comte de Flandre fut chargé de la tutelle du jeune Roi. Ce fut pendant la minorité de Philippe que Guillaume prit poffeffion du Royaume d'Angleterre dont Edouard III. dit le Confeffeur, l'avoit déclaré héritier. Nous parlerons ailleurs plus amplement de cette expédition. Le Régent prévoyoit les fuites de cet aggrandiffement; mais comme il ne pouvoit s'y oppofer directement, il eut foin de fufciter à Guillaume des ennemis; mais la valeur & la prudence de ce Conquérant en vinrent facilement à bout.

Sur ces entrefaites Baudoin mourut après avoir gouverné la France pendant fept ans avec autant de prudence, de fageffe & d'application que de defintéreffement. Les deux fils de ce Seigneur, fçavoir, Baudoin VI. & Robert fe difputerent la fucceffion de leur pere. Baudoin ayant été tué dans une bataille qu'il livroit à fon frere, Robert s'empara de fes Etats au préjudice de fes neveux. Richilde leur mere & veuve de Baudoin, implora le fecours de la France, le Roi prit d'abord fes intérêts; mais fon armée ayant été défaite par Robert, il abandonna la Princeffe qui fut obligée d'implorer la protection de l'Empereur. Cependant les chofes tournerent de telle maniere que Robert demeura maître du Comté de Flandre.

D'un autre côté Guillaume tâchoit de fe fortifier dans fes nouveaux Etats; mais les révoltes continuelles des Comtes d'Anjou & de Bretagne lui donnoient bien de l'occupation, & l'obligeoient de paffer fouvent en France. Après avoir puni les Manceaux, il attaqua le Duc de Bretagne, & mit le fiége devant Dol. Philippe, que le Duc avoit intereffé dans fa caufe, alla au fecours de Dol, força le Roi d'Angleterre à décamper, & tailla en piéces fon arriere-garde. Cet échec porta le Roi d'Angleterre à demander la paix, & elle fut conclue entre les deux Rois. Elle dura jufqu'en 1087, qu'elle fut rompue pour une plaifanterie que Guillaume auroit dû méprifer. Ce fut dans cette guerre qu'il mit en cendres la Ville de Mante après en avoir ravagé les environs, & qu'il porta le fer & le feu jufqu'aux portes de Paris. Guillaume ne jouit pas long-temps de fes avantages; car ayant été bleffé en tombant de cheval, il mourut à Rouen où il s'étoit fait tranfporter. La mort de Guillaume occafionna de grands troubles dans fes Etats qu'il avoit partagés entre fes trois fils. Philippe après avoir été quelque temps fpectateur de leurs querelles, prit parti tantôt pour l'un, tantôt pour l'autre. Mais une affaire qui le regardoit perfonnellement, & qui fit beaucoup d'éclat dans l'Europe, lui donna affez de foins & d'inquiétude pour ne plus s'occuper que de fes propres affaires.

Philippe avoit époufé, en 1071, Berthe fille de Florent Comte de Frife, & en 1081 il en avoit eu un fils à qui il donna le nom de Louis. Quelques années après s'étant laiffé furprendre par les charmes de Bertrade, fille de Simon de Montfort, femme de Foulques Comte d'Anjou, dit le

---

(94) Le Pere Daniel.

Marginalia:
De la France.
Philippe I. XXXV. Roi.
1065. Conquête de l'Angleterre par Guillaume.
1067. Mort de Baudoin.
1070. Guerre en Flandre.
1071. Guillaume eft en guerre avec la France.
1087.
1092. Philippe répudie la Reine Berthe.

DE LA FRANCE.

PHILIPPE I. XXXV. ROI.
Il est excommunié.

1094. & suiv.

1099.
Louis est couronné.

1108.
Mort de Philippe.

Croisades.

Origine des Armoiries.

Nouveau Royaume de Jerusalem.

LOUIS VI. DIT LE GROS XXXVI. ROI.

Bechin ; il répudia la Reine Berthe, l'envoya au Château de Montreüil sur mer, & épousa sa rivale. Ce mariage fut déclaré incestueux dans un Concile tenu à Autun par ordre d'Urbain II., & le Roi y fut excommunié. L'année suivante le Pape étant venu en France, confirma la décision du Concile quoique la Reine Berthe fût morte. Cependant cette excommunication fut levée, sur la promesse que le Roi fit de ne plus vivre avec Bertrade ; mais Philippe n'ayant pas gardé sa parole fut excommunié de nouveau en 1100, & enfin rétabli dans la Communion de l'Eglise en 1104.

Philippe appréhendant que ces excommunications réiterées ne portassent ses Sujets à la révolte, désigna Roi son fils Louis, & le fit couronner à Orléans. Ce jeune Prince revêtu de la souveraine Autorité rendit de grands services à son pere, en contenant ou remettant dans le devoir ceux qui se croyoient autorisés à se soustraire à l'obéissance qu'ils devoient à leur Souverain. Il se comporta avec tant de prudence & de courage, que Philippe passa tranquillement les dernieres années de sa vie.

Ce Prince mourut à Melun le 29 de Juillet, ou le 3 d'Août (95), de l'année 1108, après un régne de quarante-huit ans depuis la mort de son pere. Son corps fut transporté & inhumé dans l'Abbaye de Saint-Benoît sur Loire, comme il l'avoit demandé. Le regne de Philippe est le plus long de tous ceux qui l'avoient précédé, excepté celui de Clotaire I. Il fut fertile en grands événemens, mais ausquels Philippe n'eut aucune part. Ce fut sous le regne de ce Prince que commencerent les Croisades qui durerent près de deux cens ans, & qui furent l'occasion des grands troubles dont plusieurs Etats furent agités. Pendant ces guerres l'or & l'argent sortirent de l'Europe, les Terres demeurerent incultes, les Arts furent abandonnés, les Villes dépeuplées, & les Royaumes exposés aux insultes de leurs voisins, ou déchirés par différentes factions. C'est à ce temps qu'on doit rapporter l'origine des Armoiries dont les Chevaliers se servirent, afin de pouvoir se reconnoître dans la mêlée. On les mettoit sur les Cottes d'armes, sur les Boucliers & sur les Drapeaux. Nous ne suivrons point ici les différentes expéditions des Croisés ; il nous suffira de remarquer que ce fut dans la premiere Croisade que fut fondé le nouveau Royaume de Jerusalem dont Godefroi de Bouillon, Duc de la Basse Lorraine, fut le premier Roi.

Louis, dit le Gros, avoit environ vingt-huit ans lorsqu'il succeda à son pere. Il avoit été couronné en 1099. Cependant il voulut renouveller cette cérémonie, & elle se fit à Orléans le 3 du mois d'Août par Daimbert Archevêque de Sens. Rodolphe Archevêque de Rheims voulut s'y opposer, prétendant que lui seul avoit le droit de sacrer les Rois, mais on lui prouva que cette prétention étoit mal fondée. D'ailleurs ce n'étoit point du consentement du Roi que Rodolphe avoit pris possession de l'Archevêché de Rheims, & en conséquence il avoit mis en sa place un Archevêque nommé Gervais. Eudes Comte de Corbeil, Philippe Comte de Mante, Amauri de Monfort II., Thomas de Marle Seigneur de Couci, & Hugues de Puiset en Beauce, Vicomte de Chartres soutenoient Rodolphe dans sa rebellion. Le Roi eut bientôt rangé les Rebelles dans leur devoir en prenant & rasant les Villes & Châteaux qui appartenoient à ces Seigneurs.

(95) Dom Vaissette.

Ces troubles domestiques furent suivis d'une guerre étrangere qui occupa le Roi pendant quelque temps. Henry, le dernier fils de Guillaume le Conquérant, avoit usurpé la Couronne d'Angleterre sur Robert son frere aîné qu'il avoit fait mettre en prison. Henry par ce moyen se trouvant maître de la Normandie s'empara de Gisors, Place forte sur les Frontieres de France & de Normandie ; mais qui suivant les Traités ne devoit recevoir aucunes troupes, soit Angloises, Normandes ou Françoises. Louis somma le Roi d'Angleterre de sortir de cette Place ou d'en faire raser les fortifications, & sur le refus de ce Prince il lui déclara la guerre. Les premieres hostilités commencerent par la prise du pont dont Louis s'empara, & par la défaite de quelques troupes Angloises & Normandes que le Roi poussa jusqu'à Gisors. On fut quelque temps à se préparer à la guerre de part & d'autre ; mais en 1112 les François entrerent en Normandie & prirent quelques Places. Henry eut aussi de son côté quelques avantages. Cette guerre dont les succès furent variés fut terminée par un Traité de paix l'an 1114. Le Comte de Blois neveu du Roi d'Angleterre profitant de cette occasion se saisit de Puiset, & en releva les fortifications que le Roi avoit fait abbattre. Robert Comte de Flandre étant venu joindre le Roi avec ses troupes, le Comte de Blois fut battu en diverses occasions, il fut même blessé d'un coup de lance, que Robert lui porta dans le combat qui se donna près de Puiset, que le Rebelle vouloit défendre. La Ville n'espérant plus de secours de la part du Comte de Blois ouvrit ses portes au Vainqueur. Le Roi maître de la Place la fit entiérement raser, & fortifia Yonville dans laquelle il mit une grosse garnison pour empêcher les Rebelles de faire des courses. Pendant les premieres années du regne de Louis le Gros ce Monarque eut toujours les armes à la main pour réprimer l'audace des Seigneurs de son Royaume, qui s'étoient révoltés. Tels étoient Hugues Seigneur de Crecy, Gui de Rochefort, & Thibaut Comte de Champagne. Ce dernier malgré sa défaite prit souvent les armes contre son Souverain. Il y a lieu de croire qu'il y étoit excité par le Roi d'Angleterrre qui lui fournissoit des troupes & de l'argent.

La paix qui avoit été conclue entre les Rois de France & d'Angleterre n'étoit pour ainsi dire qu'une suspension d'armes. Aussi deux ans après vit-on la guerre recommencer entre ces deux Monarques. La puissance de Henry avoit donné de la jalousie au Roi de France, qui avoit tout à craindre d'un voisin si redoutable. Henry maître de l'Angleterre & de la Normandie se trouvoit en état de faire quelques tentatives sur les Provinces voisines de son Duché. Louis pour abaisser cette Puissance qui pouvoit devenir dangereuse pour ses intérêts résolut de lui enlever le Duché de Normandie, ou plutôt de le faire passer entre les mains de Guillaume Cliton fils de Robert que le Roi d'Angleterre retenoit toujours en prison. Un grand nombre de Seigneurs Normands & François se déclarerent pour ce jeune Prince fugitif. La ligue étant formée Louis entra en Normandie, & y fit de grands ravages, & prit plusieurs Places. Henry de son côté faisoit le dégat sur les terres de ceux qui avoient pris le parti de son neveu. Mais tous ces ravages ne décidoient point la querelle. Henry chercha les François, & les ayant rencontrés près le Château de Noyon dans le Vexin, on en vint aux mains dans la Plaine de Brenneville. Les François eurent d'abord l'avantage, mais s'étant trop laissés emporter par l'ardeur

DE LA FRANCE.

LOUIS VI. DIT LE GROS XXXVI. ROI.

1009.
Louis fait la guerre au Roi d'Angleterre.

1112.

1115.

1116.

1119.
Bataille de Brenneville où les François sont battus.

Tome I. Partie II. O *

<sub>DE LA FRAN-
CE.</sub>

<sub>LOUIS VI.
DIT LE GROS
XXXVI. ROI.</sub>

_{1120.}

_{1124.}

de poursuivre leur victoire, ils furent chargés par l'arriere-garde de l'armée Angloise, & mis en déroute. Le Champ de bataille resta aux Anglois, & c'est tout l'avantage qu'ils retirerent de ce combat; car il y eut peu de François tués dans cette occasion. Un tel échec n'empêcha pas Louis de prendre Ivri, Place alors très-forte, & de s'avancer jusqu'à Breteuil.

Il y avoit tout lieu de croire que la guerre devoit encore durer long-temps; mais le Pape Calixte II. s'étant fait médiateur entre les deux Monarques la paix fut conclue, & le Roi de France abandonna le parti de Guillaume Cliton. Deux ans après Henry ayant perdu Guillaume Adelin son fils unique, les Partisans de Cliton reparurent de nouveau, & formerent une ligue plus considerable que la premiere. Louis qui aimoit beaucoup Cliton se déclara secretement en sa faveur, & fournit sous main des troupes pour seconder les desseins des Seigneurs Normans. Henry étant venu à bout de détruire le parti de Cliton déclara la guerre à la France, & appella à son secours Henry V. Empereur d'Allemagne. Le Royaume se trouvoit alors dans le plus grand danger; mais l'union des Vassaux avec le Roi rendit inutiles les projets du Roi d'Angleterre. Tous les Seigneurs avoient pris les armes, & les avoient fait prendre à ceux qui dépendoient d'eux; de sorte que suivant le rapport de l'Abbé Suger l'armée étoit de près de deux cens mille hommes. L'Empereur étonné de trouver un si prodigieux nombre de troupes, prit le parti de se retirer sous prétexte qu'il se faisoit quelques mouvemens au-delà du Rhin. Ce Prince étant mort quelque temps après, le Roi d'Angleterre se vit obligé de faire la paix avec la France. Cette paix ne fut gueres plus solide que les autres; car nous lisons dans l'Histoire de ces temps-là qu'il eut toujours quelques démêlés avec Louis, & que leurs querelles ne furent terminées qu'avec la vie du premier, qui arriva en 1127. On remarque que c'est à l'occasion de cette guerre qu'on voit pour la premiere fois dans l'Histoire de France le Roi prendre sur l'Autel de Saint Denys l'Etendart appellée Oriflamme, qui étoit une espece de Baniere de couleur rouge, fendue par en bas & suspendue au bout d'une lance dorée. Cet Oriflamme étoit l'Etendart de l'Abbaye de Saint-Denys.

_{Oriflamme.}

_{1127.}

Quelques années après Charles Comte de Flandre étant mort sans laisser d'enfant, le Roi donna ce Comté à Guillaume Cliton.

_{1129.}

Louis pour suivre la coutume de ses Prédécesseurs fit couronner à Rheims Philippe son fils aîné; mais ce jeune Prince étant mort deux ans après, Louis son second fils fut sacré par les mains du Pape Innocent qui étoit venu en France.

_{1131.}

_{1137.}
_{Le Duché de Guienne réuni a la Couronne.}

Il y avoit déja six ans que Louis étoit associé au trône lorsque Guillaume Duc de Guienne envoya des Députés pour offrir ses Etats à ce Prince aux conditions qu'il épouseroit Eleonore sa fille aînée. Ce Duché comprenoit une grande partie des Pays qui sont au-delà de la Loire, le Poitou, la Gascogne, la Biscaye & plusieurs autres Domaines jusqu'aux Pyrenées. Des offres aussi avantageuses furent acceptées par les deux Rois, & le jeune Louis partit avec un pompeux équipage pour aller épouser la Princesse & prendre possession de ses nouveaux Etats; car Guillaume étoit mort pendant que ses Députés étoient en route pour se rendre à la Cour de France.

_{Mort de Louis le Gros.}

Pendant qu'il étoit occupé à Bordeaux à célebrer son mariage, Louis son pere mourut à l'âge d'environ soixante ans, après en avoir régné vingt-neuf depuis la mort de Philippe I. Il laissa en mourant six fils & une fille : Louis qui lui succeda ; Henry qui fut Moine de Clervaux, ensuite Evêque de Beauvais, & enfin Archevêque de Rheims ; Robert, Chef de la branche Royale de Dreux ; Pierre de Courtenai, qui a eu des descendans mâles jusqu'à notre temps ; Philippe Archidiacre de l'Eglise de Paris, qui céda à Lombard l'Evêché de Paris auquel il avoit été nommé ; Hugues dont l'histoire ne nous apprend rien ; & Constance qui épousa en premieres noces Eustache, Comte de Boulogne, & en secondes Raimond V. Comte de Toulouse, Duc de Narbonne. Quelque temps après la mort de Louis, la Reine Adelaïde se remaria à Mathieu de Montmorenci Connétable de France.

_{DE LA FRANCE.}

Louis, dit le Jeune, ayant appris la mort de son pere se rendit promptement à Paris pour prévenir les troubles que quelques Seigneurs auroient pu occasionner. Tous resterent dans le devoir, & la France jouit pendant quelque temps d'un repos dont elle avoit été privée depuis long temps. Il n'en étoit pas de même de l'Angleterre & de la Normandie où tout étoit en combustion depuis la mort de Henry I. Etienne Comte de Boulogne, neveu de Henry, par sa mere, s'étoit emparé de tous les Etats de son oncle au préjudice de Mathilde fille de ce Prince, & de Godefroi Plantagenet, Comte d'Anjou, second mari de cette Princesse à qui le Roi les avoit laissés. Ce qui occasionna en-deçà & au-delà de la Mer une guerre civile, qui empêcha les Anglois & les Normands de troubler la tranquillité dont la France jouissoit alors.

Louis VII. dit le Jeune XXXVII. Roi.

Cette tranquillité fut cependant interrompue en 1141 au sujet de l'élection de Pierre de la Chastre à l'Archevêché de Bourges. On n'avoit point attendu le consentement du Roi, ce qui obligea ce Prince à se déclarer contre lui, & à se brouiller en même temps avec le Pape qui soutenoit le Prélat. Pierre de la Chastre ne se croyant pas en sûreté sur les terres de la domination du Roi, se retira auprès de Thibaud Comte de Champagne. La retraite du Prélat en Champagne fut un des prétextes dont le Roi se servit pour entrer dans cette Province. Il y mit tout à feu & à sang, prit & pilla Vitri en Pertois, & fit périr treize cens personnes qui s'étoient réfugiées dans une Eglise où il avoit fait mettre le feu. Cette action lui causa un chagrin si vif qu'il se réconcilia avec le Pape Célestin successeur d'Innocent II., & qu'il prit la résolution de faire voyage de la Terre Sainte pour expier cette faute. En conséquence de cette résolution il prit la Croix dans une grande assemblée qu'il avoit tenue à Vezelai, & où Saint Bernard avoit prêché la Croisade. Un grand nombre de Seigneurs suivirent son exemple. Ce projet ne fut exécuté que l'année suivante le 14 de Juin, après que le Roi eut nommé Suger Abbé de Saint-Denys, pour gouverner le Royaume pendant son absence, Louis fut exposé à plusieurs périls sur la route, & il perdit la plus grande partie de son armée par la perfidie des Grecs. Enfin il arriva à Antioche au mois de Mars, & de-là il se rendit à Jerusalem où il resta quelque temps. L'année suivante après avoir célebré les Fêtes de Pâques, il se mit en chemin pour revenir en France, sans autre gloire que celle d'avoir tenté une entreprise si dangereuse.

1141.
Il fait la guerre contre le Comte de Champagne.

1142.

1146.
Croisade prêchée en France.

1147.
Louis part pour la Terre Sainte.

1148.

1149.
Son retour.

A son retour il trouva le Royaume dans une tranquillité que l'Abbé Suger

DE LA FRAN-CE.

LOUIS VII.
DIT LE JEUNE
XXXVII. Roi.

1151.

Il fait casser son mariage avec Eleonore.

avoit entretenue par sa prudence & sa fermeté. Ce ne fut pas la seule obligation qu'il eut à ce sage Ministre : il l'empêcha tant qu'il vécut de faire une chose dont il eut sujet de se repentir dans la suite. Eleonore par sa mauvaise conduite chagrinoit le Roi depuis long-tems, & il avoit pris la résolution de faire divorce ; mais Suger l'avoit détourné de ce dessein, en lui en faisant envisager les suites. Après la mort de cet Abbé il assembla un Concile à Beaugenci, & y ayant prouvé que sa femme ne pouvoit demeurer avec lui parce qu'elle étoit sa proche parente, le mariage fut cassé. Six semaines après cette Princesse épousa Henry Duc de Normandie, & porta en dot à ce Prince toute les Provinces qu'elle avoit apportées à Louis & que ce Monarque lui avoit rendues : faute considerable dont la France se sentit pendant quelque temps. Le Duc de Normandie devenu si puissant par ce mariage donna de l'inquiétude au Roi, qui chercha inutilement les moyens d'abattre une Puissance qu'il avoit lieu de redouter. Henry fut assez heureux pour mettre la France dans le cas de le laisser tranquille pendant quelque temps, & pour forcer Etienne Roi d'Angleterre à l'adopter pour

1158.

Hommage de Henry II. pour les Duchés de Normandie, de Guienne, &c.

son fils, & à le déclarer son Successeur. Henry étant monté sur le trône d'Angleterre après la mort d'Etienne, vint en France pour faire hommage au Roi à cause des Provinces de Normandie, de Guienne, de Poitou, d'Anjou, de Touraine & du Maine. Les deux Rois traiterent en même temps du mariage du fils aîné de Henry avec la Princesse Marguerite, fille de Louis & de Constance, que le Roi avoit épousée depuis son divorce avec Eleonore. Ce mariage ne se fit cependant que l'année suivante. Malgré cette alliance, la France & l'Angleterre eurent souvent des démêlés ensem-

1164.

ble ; mais ce qui fit plus de peine à Henry, ce fut l'asyle que Louis accorda à Thomas Bequet Archevêque de Cantorbery, qui étoit brouillé avec le Roi, parce qu'il soutenoit avec hauteur & fermeté les immunités de son Eglise. Nous parlerons ailleurs des chagrins que cette affaire causa au Roi d'Angleterre, il nous suffit de remarquer ici qu'elle obligea Henry à toujours agir politiquement avec la France, & que depuis cette année 1164. jusqu'à 1177 il y eut de temps en temps de petites guerres interrompues par des tréves, & que ce ne fut qu'à cette derniere année que les deux Rois firent une paix solide par la médiation de Pierre Cardinal de S. Chrysogone Légat du Pape. Ces deux Princes firent même un Traité par lequel ils s'engagerent de marcher ensemble au secours des Chrétiens de la Palestine. Mais cette résolution n'eut pas lieu.

1179.

1180.

Mort de Louis le Jeune.

Cependant Louis ayant perdu en 1160 sa femme Constance, fille d'Alphonce VIII. Roi de Castille, épousa quinze jours après Adele fille de Thibaud Comte de Blois & de Champagne. Cette Princesse mit au monde en 1165 un fils qui fut nommé Philippe. Louis le fit couronner en 1179, parce qu'il prévoyoit que la fin de sa vie approchoit. En effet il mourut le 18 de Septembre de l'année suivante étant âgé de soixante ans, & après un regne de quarante-trois ans depuis la mort de son pere. Il fut enterré dans l'Abbaye de Barbeau de l'Ordre de Citeaux qu'il avoit fondée en 1147.

PHILIPPE II.
SURNOMMÉ

Philippe avoit environ seize ans lorsqu'il succeda à son pere, & quoiqu'il eût été sacré à Rheims le premier de Novembre 1179, il se fit couronner de nouveau à Saint-Denys le 29 de Mai de l'année suivante avec

DE L'UNIVERS. Liv. I. Chap. II.

Isabelle, fille de Baudoin Comte de Hainault qu'il venoit d'épouser. Philippe étoit encore trop jeune pour gouverner ses Etats par lui-même. Philippe Comte de Flandre & oncle de la jeune Reine fut chargé de la Régence, à l'exclusion de la Reine mere. Cette Princesse irritée de ce qu'on ne lui avoit pas confié le maniement des affaires se retira en Champagne, mit ses freres dans son parti & excita quelques troubles qui furent bient-tôt appaisés, & la Reine mere revint à la Cour. Cette réconciliation porta le Comte de Flandre à se révolter ; mais Philippe l'obligea enfin de rentrer dans le devoir.

DE LA FRANCE.

AUGUSTE XXXVIII. Roi.

Le jeune Roi employa les premieres années de son regne à faire divers réglemens. Il poursuivit les Hérétiques de tous côtés, chassa les Juifs de ses Etats, & changea leurs Synagogues en Eglises. Ce fut aussi dans ces temps-là qu'il fit paver les rues de Paris, & entourer de murailles le bois de Vincennes.

Il y avoit cependant toujours eu quelques querelles entre Philippe & Henri II., & il ne s'étoit point encore passé d'années qu'il n'y eût eu des hostilités de part & d'autres ; mais en 1188 les Rois firent enfin la paix, s'engagerent à marcher au secours des Chrétiens de la Palestine, & reçurent la Croix des mains de Guillaume de Tyr, qui étoit passé en Europe pour prêcher une nouvelle Croisade. Ce fut en cette occasion que le Roi imposa une taxe qui fut appellée *Décime Saladine* ; parce qu'alors le plus redoutable des ennemis des Chrétiens, étoit le fameux Saladin ou Salahedin si connu dans l'Histoire des Croisades.

1188.
Philippe se croise.

La paix que Philippe avoit conclue avec Henri II. ne fut pas de longue durée. Richard d'Angleterre étant entré sur les terres de Raimond V. Comte de Toulouse, le Roi se crut obligé de prendre la défense de son Vassal. Il s'avança dans le Berri, & se rendit maître de plusieurs Places de cette Province. Henri pour faire diversion passa aussi-tôt en Normandie, & obligea le Roi à tourner ses forces de ce côté-là pour défendre la Frontiere. Richard profitant de l'éloignement de Philippe entra dans le Berri & maltraita fort la Noblesse qui s'étoit déclarée pour le Roi.

Nouvelle guerre avec l'Angleterre.

Les choses étoient en cet état lorsqu'on parla de paix. Les deux Rois eurent plusieurs conférences dans lesquelles on ne put convenir d'aucun article, parce que toutes les propositions étant en faveur de Richard, le Roi d'Angleterre refusoit de les accepter. Il paroit que quelque temps avant ces conférences Richard s'étoit accommodé avec Philippe & avoit mis ce Prince dans ses intérêts ; puisque pendant la tréve, qui fut la suite de toutes ces négociations, Richard se retira à la Cour de France. La tréve étant expirée Philippe & Richard s'emparerent du Mans, de Tours & de plusieurs autres Places. Henry chassé de toutes les Places dans lesquelles il s'étoit retiré, fut obligé de consentir à tout ce qu'on voulut. La révolte de Richard, & de Jean son autre fils causa tant de chagrin à ce Monarque qu'il mourut peu de temps après.

1189.

Il y avoit lieu de croire que cette mort pourroit occasionner quelques brouilleries entre le Roi de France & Richard dont les intérêts devenoient différens depuis qu'il étoit en possession du trône d'Angleterre. Cependant le desir sincere qu'ils avoient de faire le voyage de la Terre Sainte les porta à s'ac-

1190.
Départ de Philippe pour la terre Sainte.

O iij

DE LA FRAN-
CE.

PHILIPPE II.
SURNOMMÉ
AUGUSTE
XXXVIII. ROI.

Son arrivée.

1191.
Prife d'Acre.

1194.

Philippe est en
guerre avec les
Anglois.

1195.

commoder. Philippe ayant confié la tutelle de Louis son fils & la Régence
du Royaume à sa mere & à Guillaume Cardinal & Archevêque de Rheims,
se rendit le 24 de Juin à Saint-Denys, & y prit l'Oriflamme. Le 4 de Juillet il se mit en route, & arriva le même jour à Vezelai, où il avoit donné rendez-vous à Richard. Les deux Rois marcherent ensemble jusqu'à Lyon,
& Philippe prit ensuite la route de Genes & Richard celle de Marseille.
Ils se rejoignirent ensuite à Messine comme ils en étoient convenus. Pendant le séjour qu'ils firent en Sicile, ils penserent en venir plusieurs fois à
une rupture ouverte; mais enfin ils convinrent de divers arrangemens qui
devoient s'exécuter au retour de la Palestine.

Philippe s'étant embarqué le 30 Mars, arriva le 20 d'Avril devant Acre
que les Croisés tenoient assiégée depuis deux ans. Les attaques recommencerent alors avec plus de vigueur; cependant, Philippe ne voulut point qu'on
donnât l'assaut avant l'arrivée du Roi d'Angleterre. Lorsque ce Prince se fut
rendu au Camp des Croisés, on fit jouer les mines avec tant de violence
que la Place fut à découvert. Les Emirs ne pouvant plus résister aux différens assauts qu'on leur livroit, rendirent la Ville à composition. On n'en
étoit encore qu'au mois de Juillet, & les Princes Chrétiens de la Palestine
se flattoient que cette conquête leur en faciliteroit d'autres pour le reste de la
campagne; mais la santé de Philippe & les brouilleries continuelles qui arrivoient entre lui & le Roi d'Angleterre, ne lui permirent pas de rester plus
long-temps dans le Pays. Il s'embarqua le dernier de Juillet, & arriva en
France vers la fin de Décembre.

Richard avoit engagé Philippe à ne rien entreprendre sur ses Etats pendant
son absence; cependant il favorisa les projets de Jean qui s'empara du Royaume d'Angleterre & de la Normandie malgré l'opposition de plusieurs Seigneurs
qui étoient restés fidéles à leur Souverain. Richard étoit alors prisonnier en
Allemagne. Enfin après plus d'un an de prison l'Empereur le remit en liberté,
& écrivit en même temps à Philippe pour l'engager à rendre les Places qu'il
avoit prises dans la Normandie. L'arrivée de Richard en Angleterre obligea
Jean à se retirer en France; mais ce jeune Prince voulant se réconcilier avec
son frere, surprit le Château d'Evreux & fit passer au fil de l'épée tout ce
qui se trouva de François dans la Ville & la Forteresse. Philippe se vengea
bientôt, car ayant à son tour surpris les Anglois dans Evreux, il les fit tous
assomer. Richard qui étoit alors en Normandie tomba sur le Camp des François qui assiégeoient Verneuil, & les mit en fuite. Poursuivant ensuite sa
victoire, il se rendit maître de plusieurs Places tant en-deçà qu'au-delà de
la Loire. Philippe de son côté avoit aussi quelques avantages. On voulut en
venir à un accommodement, mais toutes les conférences se réduisirent à une
tréve. Elle ne fut pas plutôt expirée que les hostilités recommencerent &
durerent jusqu'en 1195 que les deux Rois firent la paix. Elle ne dura que
deux ans, & fut rompue par le Roi d'Angleterre qui maltraita & fit raser le Château du Seigneur de Vierzon en Berri, Vassal du Roi. Philippe
à cette nouvelle alla mettre le siége devant Aumale. Richard abandonna le
Berri & vint au secours de la Place; mais n'ayant pu forcer le Camp des
François, il fut obligé de se retirer, & la Ville tomba au pouvoir du Roi.
Richard marcha ensuite contre les Bretons qui lui refusoient la tutelle de

son neveu Artur. Après les avoir soumis, & s'être réconcilié avec le Comte de Touloufe, il les mit dans ses intérêts aussi-bien que Baudoin IX. Comte de Flandre, les Seigneurs de la Maison de Champagne, Renaud de Dammartin Comte de Boulogne, & plusieurs autres Vassaux de la Couronne. Tant d'ennemis ne furent pas capables d'abbattre le courage de Philippe. Il reprit la plûpart des Villes que Richard lui avoit enlevées, se fit jour avec deux cens hommes au travers d'un corps de quinze cens à la tête duquel étoit le Roi d'Angleterre, & marcha à la rencontre du Comte de Flandre qui avoit déja pris Saint-Omer, Aire, Douai, & qui assiégeoit alors la Ville d'Aras. Mais le Comte de Flandre ayant trouvé moyen de lui couper les vivres, le Roi se trouva obligé de se réconcilier avec lui. Le Comte voulut même devenir le Médiateur entre ce Monarque & celui d'Angleterre. On conclut encore une trêve d'un an, & cet intervalle ne servit qu'à faire de nouveaux préparatifs pour continuer la guerre. Elle recommença avec plus de chaleur qu'auparavant. Philippe fut battu deux fois, & pensa même perdre la vie dans la seconde déroute. Le Pont de Gisors sur lequel le Roi se sauvoit avec une partie de ses troupes, s'étant rompu, Philippe tomba dans la riviere, & il y auroit été noyé s'il n'eût été promptement secouru. Le Pape Innocent III. ne put voir ces deux Princes se faire une si longue guerre. Il ménagea si bien les choses qu'il les fit consentir à une trêve de cinq ans, afin que pendant ce temps on pût en venir à une paix solide. Richard remit l'exécution du Traité après son retour de Poitou; mais ce Prince y perdit la vie en assiégeant le Château d'Aymar Vicomte de Limoges, qui avoit refusé de lui ceder en entier un Thrésor qu'il avoit trouvé.

La mort de Richard occasionna de nouveaux troubles. Jean avoit été déclaré Roi d'Angleterre par Richard; mais Artur neveu du dernier Roi y prétendoit aussi. Ce jeune Prince avoit été envoyé en France par Constance sa mere qui l'avoit mis sous la protection du Roi. Philippe entra dans la Normandie, & mit des Commandans François dans toutes les Villes & Forteresses du Maine, de l'Anjou, & de la Touraine. Le Roi d'Angleterre de son côté prit le Mans & en rasa les murailles. Cependant les hostilités cesserent pour quelques mois par l'entremise du Cardinal de Capoue qui étoit venu en France pour un autre sujet.

En 1193, Philippe avoit épousé en secondes noces Ingelburge Princesse de Dannemarck; mais au moment même de la cérémonie il prit une aversion insurmontable pour cette Princesse quoiqu'elle fût belle, vertueuse, & qu'il l'eût recherchée avec empressement. Enfin ne pouvant vaincre une répugnance dont on n'a jamais sçu le sujet il fit casser son mariage sous prétexte de parenté; & l'an 1196 il épousa Marie, que d'autres appellent Agnès, fille du Duc de Meranie. Le Roi de Dannemarck s'étant plaint au Pape de la conduite de Philippe à l'égard d'Ingelburge, le Souverain Pontife envoya en 1200 Pierre de Capoue pour examiner de nouveau l'affaire. Le Légat n'ayant pu approuver les raisons que le Roi apportoit de son divorce, ni contraindre ce Monarque à reprendre la Princesse de Dannemarck, il publia une Sentence d'Interdit sur tout le Royaume. Il dura sept mois, & ne fut levé qu'après que le Roi eut promis de reprendre Ingelburge, & eut renvoyé de la Cour la Princesse Marie. Cependant ce ne fut qu'en 1213 qu'Ingelburge fut rappellée.

DE LA FRANCE.

PHILIPPE II. SURNOMMÉ AUGUSTE XXXVIII. ROI.

1197.

1199.

Mort de Richard.

La guerre continue.

Mariage de Philippe avec Ingelburge. Troubles à cette occasion.

DE LA FRANCE.

PHILIPPE II. SURNOMMÉ AUGUSTE XXXVIII. ROI.

Ce fut pendant le cours de cette négociation que le Comte de Flandre céda à Philippe le Pays qu'on nomme aujourd'hui le Comté d'Artois, excepté Aire, Saint-Omer, & quelqu'autres lieux. Ce Canton de Flandre fut alors érigé en Comté, & le Roi le donna à Louis son fils, qui en fut le premier Comte (96). La paix se fit ensuite avec Jean, & elle fut conclue le 22 de Mai entre Gaillon & Andeli. Un des articles de ce Traité fut le mariage de Louis de France avec Blanche de Castille, fille d'Alphonse VIII. & niéce du Roi d'Angleterre. Le jeune Prince qui n'avoit alors que treize ans l'épousa le lendemain de la signature du Traité (97).

La Normandie réunie à la Couronne.

Tout sembloit assurer une paix solide entre les Cours de France & d'Angleterre lorsqu'un événement qui paroissoit dabord peu intéressant pour ces deux Puissances, occasionna une nouvelle rupture entre les deux Monarques. Jean s'étoit laissé surprendre par les charmes d'Isabelle, fille d'Aimar Comte d'Angoulême. Ce Seigneur ayant eu connoissance de l'inclination du Roi, consentit volontiers au mariage de sa fille avec ce Monarque, quoiqu'il l'eût déja promise à Hugues le Brun Comte de la Marche, & que ce Seigneur eût été fiancé avec elle. Le Comte de la Marche irrité contre Aimar & le Roi d'Angleterre, forma un parti considerable contre ce Monarque. Mais Jean s'étant rendu promptement en Normandie, sa présence déconcerta les Factieux. Le Roi pour achever de dissiper cette conjuration voulut en punir les Chefs & les cita à son Tribunal. Ils refuserent de s'y présenter prétendant que le Roi de France pouvoit seul les juger. Philippe les prit en effet sous sa protection & écrivit au Roi d'Angleterre en leur faveur. Jean promit d'abord de les laisser retourner dans leurs terres; mais usa ensuite de tant de délais que le Roi se crut obligé de prendre les armes pour les mettre à l'abri des poursuites du Monarque Anglois.

Artur profitant des circonstances voulut faire valoir les droits qu'il avoit sur la succession du feu Roi d'Angleterre, comme étant fils de Geofroi frere aîné du Prince régnant. Il commença par le siége de Mirebeau; mais cette tentative lui devint funeste. Il fut battu, fait prisonnier, & envoyé au Château de Rouen, où il mourut peu de temps après. Les uns prétendent qu'il fut empoisonné, d'autres disent que Jean le poignarda lui-même. Jean devint odieux à tout le monde par cette action; & la plûpart des Seigneurs ses Vassaux se donnerent à la France. La Duchesse Constance mere d'Artur en demanda justice à Philippe. Le Roi le fit citer le 30 Avril au Tribunal des Pairs pour répondre, comme son Vassal, sur le crime dont il étoit accusé. Jean n'ayant point voulu comparoître, fut déclaré par Arrêt de la Cour des Pairs convaincu de parricide, & toutes les terres qu'il tenoit à hommage de la Couronne de France furent confisquées. Philippe à l'aide des Brétons & des Poitevins s'empara aussi-tôt de plusieurs Places au-delà de la Loire & prit possession d'Alençon que le Comte lui céda. Philippe poursuivant ses conquêtes entra dans la Normandie qu'il réunit enfin à la Couronne (98), ainsi que le Maine, Angers, Tours, Poitiers, Loudun, Loches & Chinon.

1203.

1204.

1205.

(96) Le Pere Daniel.
(97) Idem.

(98) C'est ainsi que cette Province qui en 912 avoit été cédée à Raoul premier

Cependant

DE L'UNIVERS. Liv. I. Chap. II.

Cependant le Duc de Bretagne craignant que le Roi ne lui enlevât cette Province, sur laquelle il n'avoit d'autre droit que celui que lui donnoit la qualité de mari de la feue Duchesse, fit un Traité avec l'Angleterre. Philippe qui en eut connoissance entra aussi-tôt en Bretagne, & prit Nantes ; ce qui obligea le Duc à demander la paix. Jusqu'alors Jean avoit fait d'inutiles efforts pour arrêter les progrès de Philippe ; mais ne se rebutant pas, il parut à la Rochelle à la tête d'une armée. Quelques Seigneurs du Poitou se joignirent à lui, & entre autres Aymeri de Touars frere du Duc de Bretagne, & Sénéchal du Poitou. Philippe toujours heureux battit ces Seigneurs révoltés, & les força à se soumettre. On fit alors une tréve après l'expiration de laquelle la guerre recommença, mais toujours à l'avantage de la France ; ce qui occasionna une nouvelle tréve.

Le Pape Innocent III. en profita pour faire prêcher en France, avec l'agrément du Roi, une Croisade contre les Albigeois, especes de Manichéens, dont les erreurs avoient infecté tout le Languedoc. Ils avoient à leur tête Raimond VI. Comte de Toulouse. Ce Seigneur pour prévenir l'orage qui le menaçoit, se soumit à tout ce que le Légat du Pape exigea de lui, & reçut à Saint-Gilles l'absolution de son hérésie. Il demanda même d'être admis au nombre des Croisés ; ce qu'on lui accorda. La guerre commença par la prise de Besiers & de Carcassone. Les Croisés choisirent alors pour leur Chef Simon de Montfort, tige de l'illustre Maison de Montfort-l'Amaury. Il ne fut pas plutôt à la tête des Croisés qu'il se rendit maître de plusieurs Places & Châteaux qui appartenoient aux Chefs des Albigeois. Mais il ne put les conserver long-temps n'ayant point assez de troupes pour y mettre de bonnes garnisons, parce que les Croisés n'ayant fait vœu de servir que l'espace de quarante jours, il se trouvoit alors sans troupes.

On s'appercevoit bien que le Comte de Toulouse étoit secretement dans le parti des Albigeois, & les Légats vouloient le dépouiller de ses Etats ; mais on craignoit Pierre II. Roi d'Aragon, dont le Comte avoit épousé la sœur. Cependant Simon de Montfort ayant reçu quelques secours surprit plusieurs Places qui appartenoient à Raimond ; mais il ne put prendre Toulouse qu'il avoit assiégé, parce qu'il se vit de nouveau abandonné par les Croisés, qui avoient fini le temps de leur engagement.

Ce fut alors que Raimond levant entièrement le masque attaqua Montfort qui s'étoit retiré dans Castelnaudari. La Ville se rendit au Comte de Toulouse, & Montfort fut obligé de se retirer dans la Citadelle. Il fut secouru par deux de ses Officiers Généraux, qui ayant trouvé moyen de rassembler quelques troupes attaquerent les Albigeois, taillerent en piéces & forcerent le Comte de Toulouse à lever le siége. Sur ces entrefaites une nouvelle armée de Croisés alla joindre Montfort. Ce Seigneur fit alors tant de conquêtes, qu'il ne resta plus au Comte de Toulouse que sa Capitale & Montauban. Montfort maître de tout le Pays partagea entre les Seigneurs François les Châteaux qu'il avoit pris sur les Hérétiques.

Cependant, le Comte de Toulouse se voyant perdu sans ressource im-

De la France.
Philippe II. surnommé Auguste XXXVIII. Roi.

1206.

1208.
Guerre contre les Albigeois.

1209.
& suiv.

Duc des Normands, rentra sous l'obéïssance de son légitime Souverain, après avoir été deux cens quatre-vingt douze ans sous une domination étrangere.

DE LA FRANCE.

PHILIPPE II. SURNOMMÉ AUGUSTE XXXVIII. ROI.

pioroit le secours du Roi d'Aragon. Ce Monarque fit tant d'instances auprès du Pape qu'il révoqua la Croisade ; mais les Légats ayant fait entendre au Souverain Pontife qu'on cherchoit à le tromper, il ordonna qu'on poursuivît les Hérétiques avec plus de vigueur qu'auparavant. Pendant la suspension d'armes les Croisés s'étoient presque tous retirés, & Montfort n'avoit plus sous ses ordres qu'environ neuf cens hommes ; de sorte qu'il ne paroissoit pas être en état de rien entreprendre contre les Albigeois, d'autant plus que le Roi d'Aragon avoit passé les Pyrenées avec une armée considérable. Montfort cependant osa attaquer les Espagnols qui faisoient le siége de Muret, petite Ville dans le Comté de Comminges, & fut assez heureux pour les enfoncer & les mettre en fuite. La mort du Roi d'Aragon, qui fut tué dans le commencement de l'action, jetta la consternation dans l'armée ennemie, & fut cause d'un succès si extraordinaire. Le ravage des terres de plusieurs Seigneurs attachés au Comte de Toulouse, fut la suite de cette expédition ; car c'est tout ce qu'il pouvoit faire avec une si petite troupe. Mais un grand nombre de Croisés l'étant venu joindre, il soumit tout le Comté de Toulouse, & les Comtes de Foix, de Comminges & Gaston de Bearn abandonnerent le parti des Albigeois. Dans le Concile de Montpellier tenu au mois de Janvier 1215, & dans celui de Latran tenu au mois de Novembre suivant on disposa du Comté de Toulouse en faveur de Simon de Montfort, à la réserve d'une petite partie qui fut conservée au jeune Raimond. Simon en prit de nouveau possession l'année suivante, & fit prêter serment de fidélité aux Habitans ; mais en 1217 les Toulousains se révolterent, & rappellerent leur Comte à qui ils ouvrirent les portes de leur Ville. Ce fut inutilement que Simon de Montfort entreprit de l'en chasser. Raimond soutint le siége pendant neuf mois, & s'y défendit avec toute la valeur possible. Cependant Montfort étoit prêt de se rendre maître de la Place, & il avoit déja fait approcher du Fossé les Machines pour battre en bréche, lorsque Raimond fit une vigoureuse sortie. Montfort accourut promptement pour repousser les ennemis ; mais il eut le malheur d'être tué d'un coup de pierre qui le frappa à la tête. Son fils qui succeda à ses droits ne put continuer le siége, & fut contraint de l'abandonner aussi-tôt après la mort de son pere. Raimond reprit dans la suite la plus grande partie de ce qui lui avoit été enlevé. Mais voyons ce qui se passoit en Angleterre pendant ce temps-là.

1215.

1218.

Guerre avec l'Angleterre.

Tout y étoit en combustion. Les Peuples étoient prêts à se révolter en Irlande & dans le Pays de Galles : la Noblesse Angloise n'étoit pas contente du Gouvernement, & le Pape avoit jetté un Interdit sur l'Angleterre parce que le Roi avoit refusé de reconnoître pour Archevêque de Cantorberi le Cardinal Etienne Langeton. Le Pape ne s'en étoit pas tenu à un simple Interdit ; il avoit déposé Jean & déclaré le trône vacant. Le Roi de France avoit reçu une Lettre du Souverain Pontife par laquelle le Pape engageoit ce Monarque à passer en Angleterre, & à réunir ce Royaume à la Couronne de France. Il y avoit eu même à ce sujet une Croisade publiée, & Pandulphe Légat *à Latere* s'étoit rendu auprès du Roi pour hâter l'exécution de cette entreprise.

Philippe accepta volontiers l'offre que lui faisoit le Pape, & il employa un an à faire les préparatifs nécessaires pour cette expédition. Cependant le

Légat étant passé en Angleterre eut une conférence avec le Roi dans laquelle DE LA FRAN-
ce Prince pour sortir de l'embarras où il étoit, fit une donation de son CE.
Royaume au Pape, & se reconnut son Vassal. Le Légat satisfait de la soumission du Roi d'Angleterre retourna en France, & déclara à Philippe qu'il PHILIPPE II.
ne devoit plus songer à rien entreprendre contre le Roi Jean, parce que son SURNOMMÉ
Royaume étoit alors un Fief de l'Eglise Romaine. Philippe surpris d'un tel XXXVIII. Roi.
discours répondit qu'il prendroit le parti qu'il jugeroit à propos.

Philippe avoit fait de trop grands préparatifs pour en rester là; sa Flotte étoit toute prête, ainsi que son armée de terre. Il se détermina donc à poursuivre son entreprise. Sa Flotte se rendit à Boulogne où ses troupes devoient s'embarquer. Il voulut avant que de passer la Mer soumettre le Comte de Flandre qui étoit dans les intérêts du Roi d'Angleterre. En conséquence de cette résolution il entra en Flandre, se rendit maître de quelques Places & alla mettre le siége devant la Ville de Gand. Pendant qu'il étoit occupé à ce siége la Flotte Angloise étoit sorti de ses Ports, & les Anglois ayant appris que les soldats que Philippe avoit laissés pour garder les Vaisseaux, en étoient descendus pour aller piller, fondirent sur la Flotte Françoise, & en enleverent trois cens Bâtimens. Ils attaquerent ensuite les autres Vaisseaux qui étoient dans le Canal & le Port de Damme. Philippe à cette nouvelle quitta le siége de Gand & vint au secours de sa Flotte. Il surprit les ennemis & en tua environ deux mille. Après cette expédition il continua ses conquêtes en Flandre; mais il fut obligé de renoncer au dessein qu'il avoit conçu de passer en Angleterre.

Cependant le Roi Jean pour se venger de l'entreprise de Philippe débarqua à la Rochelle au Printemps de l'année 1214, & marcha vers Angers dont il s'empara, ainsi que de plusieurs autres Places. Louis fils de Philippe fut aussi-tôt envoyé en Anjou pour arrêter les progrès du Roi d'Angleterre. Il eut bientôt repris tout ce que les François avoient perdu; il battit même une partie de l'armée Angloise. Sur ces entrefaites l'Empereur Othon que Jean avoit engagé dans sa querelle, se rendit dans les Pays-Bas à la tête d'une armée considérable, qui fut encore augmentée par les troupes d'Angleterre, du Comte de Flandre, du Duc de Lorraine, du Comte de Hollande & de plusieurs Vassaux de l'Empire.

Philippe n'avoit alors en Flandre que cinquante mille hommes, parce que Bataille de Bou-
le reste de ses troupes étoit en Anjou. Cependant malgré l'inégalité de ses vines.
forces il résolut de se présenter à l'ennemi. Les deux armées se rencontrerent auprès du Pont de Bouvines, qu'une partie de l'armée Françoise avoit déja passé, & l'on en vint aux mains avec une égale ardeur. L'Infanterie Allemande enfonça d'abord un corps de troupes Françoises à la tête desquelles le Roi se trouvoit. Ce fut en cette occasion que ce Monarque courut un danger éminent de la vie. Il se trouva en but à mille traits, & fut renversé de son cheval. Mais les François étant revenu à la charge débarasserent le Roi, & pousserent si vivement les Alliés qu'ils furent entièrement vaincus. Le Comte de Flandre & le Comte de Boulogne furent faits prisonniers. Philippe après une si éclatante victoire entra triomphant dans Paris, s'étant fait accompagner du Comte de Flandre qui étoit porté dans une litiere découverte, & qui fut exposé aux insultes du Peuple. Il fut ensuite enfermé dans une

P ij

tour appellée *la Tour-Neuve*, hors des murailles de Paris, & il n'en sortit que sous le regne de Saint Louis. Le Roi d'Angleterre qui étoit alors à Parthenai, se trouva fort embarrassé par la défaite de ses Alliés. Cependant Philippe voulut bien consentir à une tréve à la priere du Cardinal Robert de Corçon; elle fut signée pour cinq ans. Ce fut après cette guerre que Louis marcha contre les Albigeois, & força les Villes de Narbonne & de Toulouse à abbattre leurs murailles, afin que ces Places ne pussent plus servir de retraite aux Albigeois. Cette expédition est antérieure à la conquête du Comté de Toulouse par Simon de Montfort.

Pendant que Louis étoit en Languedoc, il y avoit à Paris des Députés de la Nation Angloise qui venoient lui offrir la Couronne d'Angleterre. On avoit conspiré de nouveau contre Jean, & on l'avoit déposé. Philippe qui appréhendoit de se brouiller avec la Cour de Rome, parut ne pas se mêler des affaires de son fils; il fit même semblant de s'opposer à son passage en Angleterre. Le Légat fit ce qu'il put pour empêcher le jeune Prince d'accepter les offres des Rebelles; mais comme tout étoit prêt pour son voyage, & que son armée l'attendoit à Calais, il partit de Paris & arriva le 23 de Mai à Tanet entre Sandwick & la Tamise. Jean ne se trouvant pas en état de résister, se retira à Wincester. La plûpart des Villes ne firent presque point de difficultés de se rendre, & Louis maître des principales Villes de l'Angleterre fut proclamé Roi à Londres. Le nouveau Roi travailla alors à soumettre les Places qui tenoient encore pour le Roi Jean. Le Pape voyant que ses representations n'avoient point eu lieu excommunia Louis & Philippe, parce qu'il étoit persuadé que ce dernier avoit prêté les mains à l'entreprise de son fils.

La mort de Jean sans terre arrivée quelque temps après fit perdre à Louis la Couronne d'Angleterre. Toute la Nation s'interressa en faveur de Henri fils du feu Roi, & qui n'avoit que huit ans. Louis presqu'abandonné des Anglois, & sans secours d'hommes & d'argent repassa en France pour engager son pere à lui fournir de nouvelles troupes. Cette absence lui fit beaucoup de tort; car on lui débaucha quelques Seigneurs qui soutenoient encore son parti.

Louis ayant rassemblé quelques troupes repassa en Angleterre; mais il y fut battu, & le secours qui lui venoit par mer ayant eu le même sort, il se trouva enfermé dans Londres sans aucune esperance. Il demanda une conférence avec le Légat, & étant convenu avec lui qu'on lui donneroit sûreté pour se retirer, il repassa en France au mois de Septembre. Les deux Nations resterent en paix jusqu'à la fin de la tréve, après laquelle Louis reprit la Rochelle sur les Anglois. Cette Ville leur fut ensuite remise par un nouveau Traité (99). Louis de retour de la Rochelle marcha contre les Albigeois que la mort de Simon de Montfort avoit ranimés.

Tels furent les principaux événemens arrivés sous le regne de Philippe à qui sa valeur & ses grands exploits firent donner le surnom d'Auguste. Ce Monarque étoit dans la cinquante-huitiéme année de son regne lorsqu'il fut

---

(99) Ce Traité est à la Bibliothéque du Roi au vingt-huitiéme Volume des Manuscrits de Brienne. Le Pere Daniel.

attaqué d'une fievre qui le conduifit au tombeau. Il mourut le 14 de Juillet de l'année 1223, après avoir régné 43 ans. Il laiffa d'Ifabelle fa premiere femme un fils nommé Louis qui fut fon fucceffeur ; & d'Agnès de Meranie, un autre fils appellé Philippe qui fut Comte de Boulogne, & une fille nommée Marie, ces deux enfans furent légitimés par une Bulle d'Innocent III. datée du 2 Novembre 1201 à la demande du Roi qui craignoit que leur état ne fût contefté.

<small>DE LA FRAN-
CE.</small>

Louis VIII. avoit atteint la trente-fixiéme année de fon âge lorfqu'il fucceda à fon pere. Ce fut le 8 d'Août qu'il fut facré & couronné à Rheims avec la Reine Blanche fa femme. Il ne fut pas plutôt fur le trône que Henri III. Roi d'Angleterre lui envoya demander la reftitution de la Normandie & des autres Provinces que Philippe Augufte avoit enlevées à Jean fans Terre. Louis déclara aux Ambaffadeurs qu'il étoit dans l'intention de les garder, parce qu'elles avoient été légitimement confifquées fur un Vaffal rebelle. Cette réponfe annonçoit une guerre prochaine entre les deux Couronnes, & l'on s'y prépara de part & d'autre avec une égale ardeur.

<small>LOUIS VIII. XXXIX Roi.</small>

Louis qui avoit réfolu d'enlever aux Anglois ce qu'ils poffedoient encore en France, commença fes conquêtes par la prife de Niort, qui fut bientôt fuivie de celle de Saint-Jean d'Angeli & de la Rochelle. Ces fuccès obligerent les Anglois de paffer la Mer avec une Flotte confiderable dont ils avoient donné le commandement au Comte de Salifburi fous les ordres de Richard, frere cadet du Roi d'Angleterre, & à qui ce Monarque avoit fait prendre le titre de Comte de Poitou. L'arrivée de Richard porta quelques Seigneurs de cette Province à fe joindre à lui. Le Prince d'Angleterre ne refta pas long-temps dans l'inaction ; il prit la Réole Bergerac, Saint-Macaire, & battit un corps de troupes Françoifes qui étoit venu au fecours de la premiere de ces Places. Cependant le Roi s'emparoit de fon côté de plufieurs Fortereffes. Ces fuccès alternatifs porterent les deux Rois à convenir d'une tréve qui fut fignée pour trois ans.

<small>1224.
Guerre contre les Anglois.</small>

<small>1226.</small>

Louis employa cet intervalle à pourfuivre les Albigeois. Amauri de Montfort, qui dès l'an 1224 avoit déja cédé au Roi fes droits fur les Domaines du Comté de Touloufe, les céda de nouveau, ainfi que Gui fon oncle. Tout étant prêt pour cette expédition le Roi fe rendit le 28 de Mai à Lyon d'où il s'avança vers Avignon à la tête d'une armée de plus de 20000 hommes. Sur le refus que les Habitans firent de lui ouvrir les portes de la Ville, il mit le fiége devant cette Place le 10 de Juin & s'en rendit maître le 12 de Septembre fuivant. Après cette conquête Louis paffa le Rhône, & entra dans la Province de Languedoc dont il foumit une partie par la force des armes, l'autre s'étant rendue volontairement. Le Roi content des avantages qu'il venoit de remporter reprit la route de Paris; mais une maladie qui l'incommodoit depuis quelque temps, & qui devint plus confiderable, l'obligea s'arrêter à Montpenfier en Auvergne, où il mourut le 8 de Novembre âgé d'environ trente-neuf ans, dont il n'en avoit regné que trois & quelques mois. Louis avoit époufé le 23 Mai de l'année 1200 Blanche, fille d'Alphonfe IX. Roi de Caftille, de laquelle il laiffa cinq fils, dont le plus âgé avoit à peine douze ans ; fçavoir, Louis IX. qui lui fucceda ; Robert Comte d'Artois ; Alphonfe Comte de Poitou ; Charles Comte d'Anjou ; & Jean qui mourut

<small>Guerre contre les Albigeois.</small>

<small>Mort de Louis VIII.</small>

P iij

peu de temps après son pere. Il avoit outre cela une fille nommée Elisabeth, qui devint célébre par sa Sainteté. Le Corps de Louis VIII. fut porté à Saint-Denys, & enterré auprès du Roi Philippe son pere. Ce Prince fut également recommandable par ses exploits & par ses vertus, entre lesquelles on remarque la chasteté conjugale.

DE LA FRANCE.

Louis IX. étoit trop jeune pour gouverner ses Etats par lui-même : la Reine Blanche sa mere ayant été nommée Régente par le feu Roi, prit en main l'administration du Royaume. Elle commença par faire couronner le jeune Monarque par Jacques de Basoche Evêque de Soissons, parce que le Siége de Rheims étoit vacant. Cette cérémonie se fit le 29 de Novembre. Les minorités des Rois sont presque toujours sujettes à quelques troubles, & celle de Louis IX. n'en fut pas exempte. Les Comtes de Bretagne, de la Marche & de Champagne leverent l'étendart de la révolte peu de temps après le Couronnement du Roi ; mais la prudence & l'activité de la Régente eurent bientôt dissipé ce parti. Thibaut Comte de Champagne ayant été le premier vaincu, les autres Seigneurs se virent contrains de mettre bas les armes & de recourir à la clémence du jeune Roi, que Thibaut venoit d'éprouver. Quelque temps après ces Seigneurs reprirent de nouveau les armes ; mais toujours sans succès.

Louis IX. XL. Roi.

Ce fut encore à l'habileté de la Régente qu'on dut la réunion à la Couronne du Domaine de plus des deux tiers de la Province de Languedoc par un Traité qu'elle força le Comte de Toulouse de faire avec le jeune Roi. Cependant le Comte de Bretagne, qui étoit un esprit inquiet & violent fut souvent la cause de quelques troubles en se liguant tantôt avec les mécontens du Royaume, tantôt avec les Anglois. Mais en 1234, il fut obligé de se soumettre à toutes les conditions que le Roi voulut lui imposer. On vit dans la suite ce Seigneur accompagner Louis IX. dans son voyage de la terre Sainte en 1248.

1229.

Réunion d'une grande partie du Languedoc à la Couronne.

Louis avoit atteint la dix-neuviéme année de son âge lorsque sa mere lui fit épouser Marguerite, fille de Raimond Berenger de Provence. Ce Prince avoit procuré par sa fermeté & par sa prudence la tranquillité à ses Etats, & il auroit souhaité qu'elle fût rétablie entre le Pape & l'Empereur Frederic II. Il ne voulut point se déclarer ni pour l'un ni pour l'autre ; car d'un côté il refusa pour son frere Robert le Comte d'Artois la Couronne Impériale que le Pape lui avoit offerte, & de l'autre, il permit qu'on publiât dans ses Etats les Censures que le Souverain Pontife avoit lancées contre l'Empereur. Il fit cependant tout ce qu'il put pour réconcilier l'Empereur avec le Pape, & il y a tout lieu de croire que ce fut lui qui proposa d'assembler un Concile général pour terminer les différends qui subsistoient depuis quelque temps entre ces deux Puissances. Mais nous parlerons ailleurs des suites de cette affaire qui n'a d'autre rapport à l'Histoire de France que par l'intérêt que le Roi y prenoit.

1234.

Mariage de Louis IX.

1239.

1240.

Tandis que ce Monarque cherchoit les moyens de procurer la paix à ses voisins, il s'élevoit dans son Royaume des troubles qui auroient eu de dangereuses suites sans sa prudence & son activité ordinaire. Les Comtes de Toulouse, & de la Marche avoient formé une Ligue dans laquelle ils avoient fait entrer le Comte de Provence & le Roi d'Angleterre. Le Comte de la

1241.

Révolte de quelques Seigneurs.

DE L'UNIVERS. LIV. I. CHAP. II. 119

Marche donna le signal de la révolte en venant insulter à Poitiers le Comte Alphonse frere de Louis, en faveur duquel il avoit disposé des Comtés de Poitou, d'Auvergne & du Pays des Albigeois, que le Comte Raimond avoit cédé par le Traité de 1229. Louis pour venger l'insulte faite à son frere entra sur les terres du Comte de la Marche, & lui enleva plusieurs Places.

Cependant le Roi d'Angleterre qui pensoit que les Rebelles avoient une armée considérable, comme ils l'en avoient assuré, aborda avec sa Flotte au Port de Royan. Louis faisoit alors le siége de Fontenai. Il le continua & força la Garnison de se rendre à discrétion. Poursuivant ensuite ses conquêtes il soumit tout le Pays jusqu'à la Charante, & s'avança jusqu'à Taillebourg pour attaquer les Anglois qui étoient campés vis-à-vis de cette Ville de l'autre côté de la Riviere. L'affaire commença par l'attaque du Pont que cinq cens Cavaliers François voulurent passer pour tomber sur l'armée Angloise, parce que sur un mouvement qu'ils lui avoient vu faire, ils s'étoient imaginés qu'elle faisoit retraite. Le Roi qui reconnut le danger où ses troupes se trouvoient alors exposées courut à leur secours. L'action devint bientôt générale, le Pont ayant été forcé, & le reste de l'armée ayant passé la riviere sur des batteaux. Les Anglois surpris d'une attaque si imprévue ne purent soutenir long-temps les efforts des François, ils lacherent pied, & on les poursuivit jusqu'à Saintes. Ce combat se donna le 20 de Juillet. Quatre jours après le Comte de la Marche ayant attaqué les Fourageurs de l'armée du Roi, on en vint une seconde fois aux mains; & la victoire se déclara de nouveau pour les François. Le Roi d'Angleterre après cette défaite ne songea plus qu'à retourner dans ses Etats, & sa retraite obligea les Comtes de la Marche & de Touloufe à avoir recours à la clémence du Roi.

Deux ans après le Roi fut attaqué d'une maladie si dangereuse, qu'il fut réduit à l'extrêmité. Il tomba même en léthargie, & on l'auroit enterré sans une Dame qui s'y opposa. Quelque temps après la connoissance & la parole étant venue au Roi, il fit approcher l'Evêque de Paris, & se fit mettre la Croix de Pelerin pour le voyage de la Terre Sainte. Il n'éxécuta cependant ce dessein que quatre ans après, lorsqu'il eut pris toutes les précautions nécessaires pour maintenir la tranquillité pendant son absence. La Reine Blanche sa mere fut déclarée Régente, & le Roi lui donna les pouvoirs les plus étendus. Il voulut en même temps que le Comte de Poitiers demeurât encore un an avec elle, pour l'assister de ses conseils & de son autorité dans les commencemens de sa Régence.

Tout étant ainsi disposé Louis partit le 12 de Juin pour se rendre au Port d'Aigues-Mortes qu'il avoit fait construire. Il s'y embarqua sur la fin du mois d'Août avec Marguerite son épouse, ses freres Robert, Alphonse & Charles, & fit voile vers l'Isle de Chypre, où il avoit fait faire des magasins considérables.

Les Chrétiens de la Palestine étoient alors dans une triste situation, & les Etats qu'ils avoient formés dans ce Pays ne subsistoient que par la mésintelligence qui regnoit parmi les Princes Mahométans. Ces Etats étoient en Palestine & en Syrie, & consistoient encore en quatre Principautés : sçavoir, celle d'Acre ou Ptolemaïs, dans laquelle les Vénitiens, les Genois, les Pisans, & quelques autres avoient chacun leur quartier qui leur appartenoit :

DE LA FRANCE.

LOUIS IX.
XL. ROI.

1242.
Le Roi d'Angleterre passe en France au secours des Rebelles.

1244.
Maladie du Roi. Il prend la Croix.

1248.
Départ du Roi pour la Palestine.

Situation des Chrétiens dans ce Pays.

DE LA FRAN-
CE.

LOUIS IX.
XL. ROI.

1249.

Prife de Da-
miette.

1250.

celle de Tripoli, celle de Tyr, & celle d'Antioche, fans parler de quelques autres Seigneuries, mouvantes pour la plûpart de ces quatre Principautés. Mais tout cela fe trouvoit invefti & refferré de tous côtés par les
Mahométans, dont le plus puiffant étoit Mélech-Sala, Soudan d'Égypte.
Ce fut contre ce Prince que Louis réfolut de marcher. Après avoir
paffé l'Hyver en Chypre, il remit à la voile le premier jour de Juin de l'année fuivante, & en quatre jours il arriva à la vue de Damiette. D'un
côté une armée confiderable de Mahométans étoit rangée fur le rivage pour
empêcher les Croifés de prendre terre, & de l'autre une nombreufe Flotte
fermoit l'embouchure du bras du Nil par où l'on montoit à Damiette. Tant
d'obftacles ne furent point capables d'arrêter le Roi. Les Croifés prirent terre
malgré les ennemis, & toute l'armée s'étant rangée en bataille s'avança vers
les Mufulmans, qui furpris d'une fi grande intrépidité, n'oferent tenir long-
temps, & prirent bientôt la fuite. La Flotte Mahométane fuivit l'exemple de
l'armée de terre, de forte que le Roi put faire débarquer tous les chevaux
& toutes les machines de guerre fans être inquiété par les Mahométans. Sur
ces entrefaites la fauffe nouvelle de la mort de Soudan s'étant répandue,
les Habitans & la garnifon de Damiette abandonnerent la Ville après y avoir
mis le feu. Le Roi averti de cet événement s'en empara auffi-tôt, & y
fit fon entrée le premier Dimanche d'après la Trinité. On réfolut enfuite
de faire le fiége du Grand Caire dans l'efperance que la prife de cette Place
faciliteroit celle des autres Villes. L'armée du Roi étoit alors de foixante
mille hommes dont il y en avoit vingt mille de Cavalerie. Ce fut vers la
fin de Novembre que l'armée fe mit en marche. On s'avança jufqu'à une
pointe qui fépare deux bras du Nil. Il s'agiffoit de paffer le bras oriental de
ce fleuve ; mais Facardin le plus grand Général des Mahométans étoit de
l'autre côté avec une puiffante armée, & il avoit quantité de différentes groffes
machines pour lancer des pierres. Le Roi fut trois mois fans pouvoir venir
à bout de paffer ce fleuve. Enfin on découvrit un gué, & l'armée ayant trouvé
moyen de paffer le Nil, Louis attaqua le Camp des ennemis, les y força
& en fit un grand carnage. Plufieurs Émirs furent tués dans cette action, ainfi
que le Général Facardin. Le Comte d'Artois s'abandonnant trop à fon courage,
& oubliant la parole qu'il avoit donnée à fon frere de ne point trop fuivre
fon ardeur, n'eut pas plutôt vû la déroute des Mufulmans, qu'il fe mit à
les pourfuivre avec un petit corps de troupes, & entra pêle mêle avec eux
dans la Ville de Maffoure. Animé par ce fuccès il fortit de la Ville & fe
mit de nouveau à la pourfuite des fuyards. Ceux-ci ayant bientôt reconnu
le petit nombre des Chrétiens, fe ralliérent en plufieurs endroits, & fondirent tous enfemble fur le Comte d'Artois. Malgré fa valeur il fe vit contraint de céder & de rentrer dans Maffoure. On l'y fuivit, & enfin on le
força dans une maifon où il s'étoit retiré. Le Comte de Salifbury, Raoul de
Couci & Robert de Vert qui portoit la Baniere d'Angleterre périrent auffi
dans cette occafion. Le Grand-Maître du Temple & le Comte Pierre de
Bretagne eurent le bonheur d'échapper.

 Cependant le Roi marchoit au fecours du Comte d'Artois dont il ignoroit
le fort. Il rencontra l'armée des Mahométans, qui fiers de l'avantage qu'ils
venoient de remporter, oferent préfenter le combat aux Croifés. On en
vint

DE L'UNIVERS. Liv. I. Chap. II.

vint aux mains avec une égale ardeur ; chacun y fit des prodiges de valeur, le Roi lui-même fut investi par six Soldats ennemis, dont il sçut se débarrasser à coups d'épée, & il n'y eut que la nuit qui sépara les Combattans. Aucun des deux partis ne put se glorifier d'avoir remporté la victoire ; cependant les Musulmans abandonnerent le champ de Bataille. Sur la fin de la même nuit ils vinrent attaquer le Camp du Roi, mais ils furent repoussés par Joinville & par Gaucher de Châtillon.

Quelques jours après il y eut une nouvelle action qui fut extrêmement sanglante. Ce fut en cette occasion que les ennemis se servirent du feu Gregeois, qui causa un désordre effroyable dans l'armée des Croisés. Enfin après un combat des plus opiniâtres, le Général des Infidéles fit sonner la retraite. Les Musulmans perdirent plus de monde que les Chrétiens ; mais quelque grande que fût leur perte, ils pouvoient facilement la réparer.

Le Soudan d'Egypte étant arrivé sur ces entrefaites, il y eut quelque proposition de paix ; & le Roi y consentoit d'autant plus volontiers que la maladie s'étoit mise dans son armée, ce qui l'affoiblissoit beaucoup, jointe aux pertes qu'il avoit faites dans les différens combats qui s'étoient déja donnés. Les Musulmans, qui avoient sans doute connoissance du triste état où les Croisés étoient réduits, proposerent des conditions si dures qu'on ne put les accepter. On songea donc dès-lors à se retirer à Damiette, & l'armée passa le Nil assez heureusement, mais dans la suite il fallut soutenir à tout moment quelque nouveau combat. Le Roi étant arrivée à Cazel y tomba dans une si grande défaillance qu'on crut qu'il alloit mourir. Lorsqu'il eut repris ses esprits, il envoya faire de nouvelles propositions à l'Emir qui commandoit les troupes du Soudan. Pendant qu'on étoit occupé à dresser les articles du Traité, un Hérault du Roi, nommé Marcel, vint sans ordre crier que tout le monde mît les armes bas (1). On obéit à la voix du Hérault, & l'Émir étant entré dans la Ville arrêta le Roi prisonnier. Ce Prince fit alors paroître une constance & une fermeté extraordinaires, qui ne se démentirent point tout le temps de sa captivité, & qui remplirent les Mahométans d'admiration & d'étonnement. Il conserva même un certain air d'autorité qui inspiroit de la crainte & du respect à ceux qui étoient chargés de le garder. On traita ensuite de la rançon de ce Monarque ; mais il refusa de racheter sa liberté à prix d'argent. Il consentit seulement que la Ville de Damiette fût rendue pour sa rançon, & donna quatre cens mille livres aux Infidéles pour celle des autres prisonniers.

La mort du Soudan arrivée sur ces entrefaites, jetta le Roi dans de nouveaux embarras, & lui fit essuyer bien des contradictions & des perfidies de la part des Emirs qui avoient déja projetté de lui faire couper la tête, ainsi qu'aux autres prisonniers.

Enfin le Roi après avoir payé le quart de la somme dont il étoit convenu pour la rançon de ses troupes, & rendu la Ville de Damiette, s'embarqua avec ses freres & plusieurs Seigneurs, & arriva au Port d'Acre le 8 de Mai. Il étoit alors presque résolu de repasser en France, mais le traitement que les Mahométans faisoient aux Chrétiens, malgré le dernier Traité, l'enga-

DE LA FRANCE.

LOUIS IX. XL. Roi.

1250.
Captivité du Roi.

(1) Le Pere Daniel.

Tome I. Partie II. Q*

DE LA FRAN-
CE.

LOUIS IX.
XL. ROI.

1252.
Mort de la Reine Blanche.

gea à rester encore trois ans dans ce Pays. Il employa tout ce temps à faire fortifier ou rétablir les Places des Chrétiens, & à les mettre en état de défense. Il ne se passa rien de considerable pendant son séjour en Palestine, & le Roi après avoir satisfait sa dévotion en visitant les Villes de Cana, de Nazareth & le Mont Thabor songea à son départ. Ce qui le détermina entiérement fut la nouvelle qu'il reçut de la mort de la Reine Blanche, arrivée le premier de Décembre 1252.

     » L'Histoire fournit peu de personne de son sexe qui l'ayent égalée dans
» l'habileté pour le gouvernement. Un esprit droit & ferme, un courage mâle
» à l'épreuve des événemens les plus fâcheux & les plus subits, faisoient son
» principal caractere. Ces qualités jointes à beaucoup d'adresse, à un air insi-
» nuant, aux charmes & aux graces dont la nature l'avoit abondamment pour-
» vue, lui donnoient cette grande autorité dont elle fit toujours un très-bon
» usage pour le bien de l'Etat. Elle étoit pleine de piété & de vertu; mais im-
» périeuse jusqu'au point qu'elle se seroit peut-être fait plus redouter qu'aimer
» par un fils d'un autre caractere que Saint Louis (2) ». Ce Monarque apprit la mort de sa mere en Héros Chrétien, & après avoir satisfait au devoir de la nature, il montra une grande résignation aux décrets de Dieu. Louis resta encore un an en Palestine, afin de mettre ce Pays en état de résister aux

Louis revient en France.

1254.

attaques des Mahométans. Enfin il s'embarqua au Port d'Acre le 24 Avril 1254, & arriva le 11 de Juillet aux Isles d'Hieres devant un Château qui appartenoit au Comte d'Anjou. Il s'y reposa quelques jours & se rendit le 5 de Septembre à Vincennes, d'où il alla à Saint-Denys rendre graces à Dieu de son heureux retour.

     La France étoit alors gouvernée par les Comtes d'Anjou & de Poitiers qui avoient pris l'administration du Royaume depuis la mort de la Régente, & ils avoient sçu entretenir la paix que cette Princesse avoit procurée à l'Etat pendant l'absence du Roi. Il s'étoit cependant allumé une cruelle guerre entre les Seigneurs de la Maison d'Avennes & les Seigneurs de la Maison de Dampierre, au sujet de la succession de Marguerite Comtesse de Flandre & de Hainault. Le Comte d'Anjou avoit pris part à cette guerre; mais le Roi termina deux ans après ces differends & engagea le Comte d'Anjou à renoncer à la donation qui lui avoit été faite du Comté de Hainault (3).

Séjour du Roi d'Angleterre à Paris.

     Quelque temps après le retour de Saint Louis il y eut en France des Fêtes très-brillantes. Elles furent occasionnées par l'arrivée de Henry III. Roi d'Angleterre, qui ayant été obligé de passer en Gascogne pour y appaiser quelques troubles, demanda au Roi la permission de traverser la France pour retourner dans ses Etats. S. Louis le reçut à Paris avec toute la magnificence possible, & le Monarque Anglois ayant séjourné huit jours dans la Capitale, prit la route de l'Angleterre. Les deux Monarques étoient si satisfaits l'un de l'autre qu'ils conclurent peu de temps après une tréve de deux ans. Le mariage d'Isabelle fille de Saint Louis avec Thibaud II. Roi de Navarre fournit aux François de nouveaux sujets de réjouissances.

     Louis depuis son retour dans son Royaume ne s'occupa plus qu'à faire le bonheur de ses Peuples, à leur rendre la justice, & à publier de sages Or-

---

(2) Le Pere Daniel.   (3) *Ibidem.*

donnances pour arrêter divers abus. Il défendit les guerres particulieres entre les Gentilshommes & les Seigneurs qui poſſedoient des Fiefs ; abolit pareillement la preuve de l'innocence par le Duel . & fit enſuite pluſieurs Traités dont les deux plus importans furent entre Jacques I. Roi d'Aragon, & Henry III. Roi d'Angleterre.

DE LA FRANCE.
Louis IX;
XL. ROI.

1258.
Traité avec le Roi d'Aragon.

Par le premier Traité Louis renonça pour lui & pour ſes Succeſſeurs à tous les droits qu'il pouvoit avoir ſur les Comtés ou Seigneuries de Barcelonne, d'Urgel, de Beſalu, de Rouſſillon, de Lampourdàn, de Cerdagne, de Conflans, de Girone & d'Auſſone, appellée aujourd'hui Vic. Le Roi d'Aragon de ſon côté fit les mêmes renonciations pour Carcaſſonne, le Raſez, le Lauraguez, Termes, Beſiers, Agde, Albi, Rodez, Foix, Cahors, Narbonne, Minerbe, Frenolhedes, le Pays de Sault, le Gevaudan, Niſme, Toulouſe, Saint Gilles, & généralement pour tout ce qui avoit été poſſedé, ſoit en Domaine, ſoit en Seigeurie par Raimond dernier Comte de Toulouſe. Le Roi d'Aragon renonça encore en faveur de la Princeſſe Beatrix à tous les droits qu'il pourroit avoir ſur les Comtés de Provence & de Forcalquier, auſſi-bien que ſur les Villes d'Arles, d'Avignon & de Marſeille (4). Les deux Rois conclurent alors le mariage de Philippe ſecond fils de France, avec Iſabelle d'Aragon, mais la jeuneſſe du Prince & de la Princeſſe firent retarder ce mariage de quelques années.

Traité avec le Roi d'Angleterre.

Les articles du ſecond Traité, c'eſt-à-dire celui qui fut fait entre la France & l'Angleterre, étoient : 1°. Que le Roi céderoit à l'Angleterre le Limouſin, le Querci & le Perigord. 2°. Agen & l'Agenois après la mort du Comte & de la Comteſſe de Poitiers, au cas que ce Pays faute d'Hoirs revînt à la Couronne de France; la même choſe fut ſtipulée pour la partie de la Saintonge au-delà de la Charente. 3°. Que moyennant ces ceſſions le Roi d'Angleterre, & Edouard ſon fils aîné renonceroient à tous les droits qu'ils prétendoient avoir ſur le Duché de Normandie, ſur les Comtés d'Anjou, du Maine, de Touraine, de Poitou, & ſur tout ce que les Anglois pouvoient avoir poſſedé en-deçà de la Mer, excepté les choſes ſpécifiées dans les autres articles (5). Tels étoient les principaux points de ce Traité qui fut ratifié par Henry Roi d'Angleterre, par Richard ſon frere Roi des Romains, par les deux fils de Henry, Edouard & Edmond & par les Prélats & Barons d'Angleterre. Quelque temps après Henry III. vint en France pour faire hommage des Provinces qui lui avoient été cédées par le Traité, & il fut rétabli au nombre des Pairs en qualité de Duc de Guienne.

1264.
Saint Louis prononce un jugement en faveur du Roi d'Angleterre.

Les Seigneurs Anglois ne profiterent de la paix que pour mettre tout le Royaume en combuſtion. Ce fut alors que Henry ſe vit expoſé à perdre le trône par la faction des Rebelles. Cependant les deux partis convinrent de s'en rapporter au jugement du Roi de France, & tout ayant été arrangé pour cette affaire, le Roi d'Angleterre avec les Seigneurs de ſon parti, & la plûpart des Rebelles ſe rendirent à Amiens. Louis ayant écouté les raiſons des uns & des autres parla en Juge Souverain, & prononça en termes abſolus un Arrêt par lequel il maintenoit chacun dans ſes anciens droits, & leur faiſoit ſentir la juſtice de ſon Jugement. Un grand nombre de Rebelles ſe

(4) *Ibidem.* (5) *Ibidem.*

Q ij

DE LA FRAN-
CE.

LOUIS IX.
XL. ROI.

Saint Louis
prend de nou-
veau la Croix.

1267.

1270.
Départ du Roi.

Son arrivée
Tunis.

Sa mort.

conforma à la décision du Roi, mais ceux qui n'aimoient que le trouble & la dissention reprirent de nouveau les armes. Cette guerre ne put être terminée que par la mort du Comte de Leicester Chef des Factieux. Ce fut à peu près dans ce même temps que le Pape Urbain IV. offrit la Couronne de Sicile à Charles Comte d'Anjou, & frere de Saint Louis. Nous parlerons ailleurs de cette expédition.

Cependant le Roi songeoit à passer une seconde fois en Palestine, où le Soudan d'Egypte étoit entré avec de nombreuses troupes, & s'étoit déja rendu maître de Cesarée, de Saphet & de plusieurs Forteresses importantes. Ces fâcheuses nouvelles engagerent le Pape à publier une Croisade. Saint Louis & ses trois fils, Philippe, Jean Comte de Nevers & Pierre Comte d'Alençon, prirent la Croix, ainsi que plusieurs Seigneurs de France. Le Roi fut trois ans à se préparer à ce voyage, & il employa ce temps à régler les affaires de son Royaume & de sa famille. Dans l'incertitude où il étoit de son retour, il régla les apanages de ses fils, envoya en Castille Blanche sa fille pour y épouser Ferdinand, maria sa seconde fille à Henry Duc de Brabant, & destina une somme pour l'établissement de la troisiéme qui n'étoit pas encore nubile.

Après toutes ces dispositions Louis se prépara à son voyage, & ayant nommé pour Régens du Royaume Mathieu Abbé de Saint-Denys, qui étoit de la Maison des Comtes de Vendôme, & Simon de Clermont Comte de Nesle, tous deux d'une probité reconnue, il reçut dans l'Eglise de Saint-Denys des mains du Légat le Bourdon de Pélerin & partit avec les Princes ses fils & les autres Seigneurs Croisés pour se rendre à Aigue-Mortes, où étoit le rendez-vous des Croisés. Après deux mois de séjour dans ce Port, Louis s'embarqua le premier de Juillet & fit voile pour Tunis. Il avoit résolu de passer plutôt en Afrique qu'en Palestine sur la fausse esperance qu'on lui avoit donnée que le Roi de Tunis étoit disposé à embrasser le Christianisme. De plus il pensoit que la conquête de Tunis faciliteroit celle d'Egypte, & ensuite celle de toute la Palestine.

Après seize jours de navigation on arriva à la hauteur de Tunis & de Carthage. Les Sarrasins voulurent d'abord s'opposer à la descente; mais à peine les Chrétiens eurent-ils approché leurs Vaisseaux que les ennemis prirent la fuite. On attaqua ensuite le Château de Carthage qu'on emporta l'épée à la main. La prise de ce Fort fut salutaire à l'armée des Croisés, parce qu'elle les mit en possession des puits d'eau douce qui étoient autour du Château. Les Croisés ne furent pas long-temps tranquilles dans ce poste, les Sarrasins vinrent presque tous les jours les y attaquer; mais ce n'étoit que des escarmouches continuelles, & il n'y eut point d'action générale. Le Roi ne vouloit faire aucune entreprise avant l'arrivée de Charles Roi de Sicile. Le retard de ce Prince fut cause de la perte d'une grande partie de l'armée. Diverses maladies occasionnées par les chaleurs excessives, firent périr un grand nombre de personnes. Jean Comte de Nevers, fut le premier emporté d'une fiévre maligne. Philippe son frere pensa subir le même sort. Le Roi lui-même fut attaqué d'une dyssenterie qui le mit en peu de jours au tombeau. Il mourut le 25 Août, à l'âge de cinquante-cinq ans, après en avoir regné quarante-quatre. Ce Monarque avoit eu de Marguerite de Provence plusieurs Princes; sçavoir, Louis né le

21 de Septembre 1243, mort l'an 1260; Philippe qui lui succeda. Ce Prince étoit né au mois de Mai 1245; Jean né l'an 1246, & mort au mois de Mars 1248; Jean Tristan né à Damiette l'an 1250, mort sans enfans l'an 1270; Pierre Comte d'Alençon, mort à Salerne en 1283; Robert Comte de Clermont né en 1256, mort au mois de Février 1313; Robert épousa Beatrix fille & héritiere d'Agnès de Bourbon. De ce sixiéme fils de Saint Louis est issue la Branche de Bourbon qui est parvenue par droit à la Couronne, & à donné à la France Henry le Grand premier Roi de cette Branche. Louis eut encore de son mariage cinq filles; sçavoir, Blanche morte au berceau l'an 1243; Isabelle qui fut mariée à Thibaud II. Roi de Navarre; Blanche née en Syrie l'an 1252, qui épousa Ferdinand Infant de Castille, & lui donna deux fils qui furent privés du Royaume de leur pere; Margueritte mariée à Jean Duc de Brabant, & Agnès qui épousa Robert Duc de Bourgogne. DE LA FRAN-
CE.

La mort du Roi jetta les Croisés dans le désespoir; mais l'arrivée des Vaisseaux du Roi de Sicile releva un peu leur courage. La consternation étoit si grande qu'on ne répondit point au salut de la Flotte Sicilienne, & qu'on ne députa pas même vers ce Prince pour le recevoir. Il ne fut pas long-temps à ignorer le sujet d'une si grande tristesse, car à peine eut-il mis pied à terre qu'on lui annonça la mort de son frere. Il se rendit en diligence à la tente où reposoit le corps de ce Monarque, & donna des marques de la plus sincere douleur.

Cependant les François proclamerent Roi Philippe surnommé le Hardi, & lui prêterent serment de fidélité. Les Rois de Sicile & de Navarre, ainsi que les autres Princes & Seigneurs lui firent hommage des Fiefs qu'ils possedoient en France. Philippe étoit alors dans la vingt-sixiéme année de son âge. Après cette proclamation on délibera sur le parti qu'on devoit prendre. On avoit déja remporté deux grands avantages sur les Sarrasins depuis l'arrivée du Roi de Sicile; mais la maladie faisoit toujours de grands ravages dans l'armée. On étoit en balance si l'on entreprendroit le siége de Tunis, ou si l'on s'embarqueroit pour repasser en Europe, lorsque le Roi de Tunis envoya faire des propositions de paix. Les Croisés les accepterent avec joie, & les conditions ayant été réglées, & en partie exécutées, Philippe se mit en mer au commencement de Novembre, emportant avec lui les os du Saint Roi son pere; car il avoit accordé la chair & les entrailles aux instantes sollicitations du Roi de Sicile, qui les fit inhumer dans l'Abbaye de Montreal auprès de Palerme. Philippe après une heureuse navigation arriva à Trapané où il eut la douleur de voir mourir Thibaud Roi de Navarre qu'il aimoit beaucoup. Peu de temps après il perdit Isabelle sa sœur, & Isabelle d'Aragon sa femme. Tant de chagrins aussi sensibles firent craindre pour sa vie; mais la force de son tempérament le sauva, & le rendit à des Sujets qui témoignerent une grande joie à son retour. Ce fut le 21 de Mai qu'il arriva à Paris. Il avoit pris sa route par Rome & par Viterbe où on lui avoit rendu les plus grands honneurs, ainsi que dans tous les Etats de l'Italie. PHILIPPE III.
DIT LE HARDI
XLI. ROI.

1271.
Philippe de retour en France.

Philippe de retour dans la Capitale fit faire les Obseques de tant d'illustres Morts. On les transporta à Saint-Denys, & le Roi aida à porter le cercueil de son pere depuis Paris jusqu'à Saint-Denys. On voit encore aujourd'hui sept Pyramides de pierre dans le Fauxbourg Saint-Laurent & sur le chemin

DE LA FRAN-
CE.

PHILIPPE III.
DIT LE HARDI
XLI. ROI.

Comté de Toulouse réuni à la Couronne.

de Saint-Denys que ce Prince fit élever dans les endroits où il s'étoit reposé. Quelque temps après il se rendit à Rheims & fut sacré le 15 d'Août selon les uns & le 30 selon les autres.

Sur ces entrefaites Alphonse Comte de Poitiers étant mort ainsi que la Comtesse, Philippe envoya à Cohardon Sénéchal de Carcassonne une Commission pour se saisir du Comté de Toulouse ; mais Cohardon avoit déja prévenu les ordres du Roi, & avoit fait prêter serment de fidélité aux Consuls. Depuis ce temps-là il n'est plus fait mention des Comtes de Toulouse dans notre Histoire. Le Comté de Toulouse ne fut cependant réuni à la Couronne que l'an 1361. Philippe III. & ses Successeurs gouvernerent jusqu'à ce temps-là différens Pays dont ils avoient hérité par la mort de Jeanne ; mais en qualité de Successeurs des Comtes de Toulouse, & comme Comtes particuliers de cette Ville.

A peine Philippe étoit-il sur le trône qu'il reçut une Ambassade solemnelle du Roi d'Angleterre. Ce Prince lui demandoit la restitution de l'Angoumois & du Querci en vertu du Traité fait avec Saint Louis. Philippe ne se pressa pas de satisfaire Henry sur cet article, & ce ne fut que l'an 1279 qu'il restitua l'Agenois à Edouard fils & successeur de Henry, par un Traité conclu à Amiens entre ces deux Princes. L'affaire du Querci ne fut terminée que sous le regne suivant. Philippe le Bel fit en 1286 un Traité par lequel il s'engagea à payer au Roi d'Angleterre trois mille livres tournois de rente pour ses prétentions sur le Querci qui fut ainsi réuni à la Couronne.

1272.

Révolte & punition du Comte de Foix.

Philippe alla prendre possession de ce Comté, & ce fut en cette occasion qu'il se vit contraint de faire une action de sévérité pour retenir dans la suite les Seigneurs dans le devoir. Roger Bernard Comte de Foix s'étant joint avec le Comte d'Armagnac son beau-frere, tenoit assiégé le Château de Sompui (6), parce que Geraud de Casaubon Seigneur de ce Château avoit refusé de rendre hommage au Comte d'Armagnac, prétendant ne le devoir qu'au Roi, comme alors maître du Comté de Toulouse. Philippe ayant assemblé une armée beaucoup plus considerable qu'il n'étoit besoin contre un si foible ennemi, alla l'assiéger dans le Château de Foix, situé sur une montagne escarpée. Le Roi eut bientôt surmonté les obstacles qui s'opposoient à la prise de la Place & le Comte voyant qu'il alloit être bientôt forcé fit faire des propositions à Philippe. Ce Prince les refusa toutes, & voulut absolument que le Comte se rendît à discrétion. Ce Seigneur n'ayant point d'autre parti à

1274.

prendre vint se remettre entre les mains du Roi, qui l'envoya en prison où il resta un an, c'est-à-dire jusqu'à la fin de l'an 1273 qu'à la priere du Roi d'Aragon il lui permit de revenir à la Cour, & ensuite il le renvoya dans son Comté.

Il s'étoit cependant présenté une Héritiere de Jeanne Comtesse de Toulouse, je veux dire Philippe de Lomagne. Cette Dame formoit ses prétentions sur un Testamment de la Comtesse, par lequel elle étoit déclarée héritiere pour les Domaines dont Jeanne pouvoit jouir ; mais le Parlement de Paris la débouta de sa demande par un Arrêt rendu en 1274. Ce fut aussi cette même année que Philippe céda à Grégoire X. Le Comté Vainaissain dont il

(7) *Castrum Summi Podii.* Ce Château étoit dans le Diocèse d'Auch.

le mit en poſſeſſion avant la fin d'Avril. Depuis ce temps-là les Papes ont joui de cettte portion du patrimoine des Comtes de Toulouſe (7).

DE LA FRANCE.

La mort de Henri I. Roi de Navarre, & celle de Ferdinand Infant de Caſtille, & époux de Blanche ſœur de Philippe, troublerent le repos dont la France jouiſſoit alors. Le Roi de Navarre avoit laiſſé pour héritiere de ſes Etats Jeanne ſa fille âgée de trois ans, & qui étoit ſous la tutelle de ſa mere. Des factions qui s'éleverent dans ce Royaume obligerent la Reine mere de ſe retirer en France juſqu'à ce que les troubles fuſſent appaiſés. Philippe ne put ſe diſpenſer de prendre les intérêts de ſa couſine germaine. En 1276, ou 1278, il envoya le Comte d'Artois avec une armée pour forcer les Rebelles à rentrer dans leur devoir ; ce qui fut exécuté promptement par cet habile Général.

PHILIPPE III. DIT LE HARDI XLI. ROI.

La ſœur de Philippe & les neveux de ce Prince, c'eſt-à-dire, la femme & les enfans de Ferdinand n'avoient pas moins beſoin de la protection du Roi pour rentrer dans leurs droits. Alphonſe X., ayeul des deux jeunes Princes, avoit déclaré héritier de ſa Couronne Don Sanche frere de Ferdinand, & par cette déclaration les jeunes Princes ſe trouvoient exclus de la Couronne. Philippe ne put s'empêcher de ſe déclarer en leur faveur, & après avoir inutilement tenté toutes les voies de négociations, il ſe prépara à faire la guerre au Roi de Caſtille. Blanche ſe retira à la Cour de France ; mais Alphonſe ne voulut point permettre que les deux Infants y ſuiviſſent leur mere. Cependant Yolande femme d'Alphonſe, fâchée de la conduite que ſon mari tenoit à l'égard de ſes petits-fils, ſe retira avec eux auprès de Pierre d'Aragon ſon frere, qui dans la ſuite refuſa de les rendre au Roi de France & à celui de Caſtille.

Philippe ſe préparoit à forcer Alphonſe à rendre juſtice à ſes neveux lorſque la révolution arrivée en Sicile l'obligea de tourner ſes armes de ce côté-là.

Les Siciliens mécontens du gouvernement de Charles avoient réſolu de ſe ſouſtraire à ſa domination. Ils formerent une conjuration qui éclata le jour même de Pâques. Comme on ſonnoit les Cloches pour les Vêpres, les Siciliens ſe jetterent ſur les François, & les égorgerent. On n'épargna pas même les femmes groſſes, que l'on eut l'inhumanité d'éventrer. On fait monter le nombre des François qui furent maſſacrés juſqu'à huit mille. Le Roi d'Aragon avoit prêté les mains à cette entrepriſe, & il s'étoit rendu maître de la Sicile après le maſſacre des François.

1282.
Maſſacre des François en Sicile, ou Vêpres Siciliennes.

Le Pape excommunia auſſi-tôt le Roi d'Aragon, & publia une Croiſade contre ce Prince. Philippe qui s'étoit préparé pendant un an à la guerre qu'il vouloit entreprendre contre le Roi d'Aragon pour venger l'injure qu'il avoit fait à ſon oncle, ſe mit à la tête de ſes troupes ſur la fin d'Avril de l'année 1285, & s'avança vers Perpignan dont il s'empara ainſi que de la Ville d'Elne, qu'il ruina de fond en comble. Il paſſa enſuite les Pyrenées par le Col de Mançana, & aſſiégea Gironne qui ne fut priſe que deux mois après. Ces ſuccès furent ſuivis d'une perte conſidérable que les François firent alors, c'eſt-à-dire de la priſe de leur Flotte par l'Amiral Roger d'Oria. Comme on ne pouvoit plus conſerver les magaſins qu'on avoit à Roſe

1285.
Philippe fait la guerre au Roi d'Aragon.

---

(7) Art de vérifier les Dates, page 504.

De la France.

Philippe III. dit le Hardi XLI. Roi.

Mort de Philippe.

où étoit la Flotte ; le Roi fut obligé de repasser les Pyrenées, mais ce ne fut qu'avec de grandes difficultés, puisqu'il fallut se faire jour par-tout l'épée à la main. Le Roi, que tant de fatigues avoient fait tomber malade, fut contraint de rester à Perpignan où il mourut le cinq d'Octobre âgé de quarante-deux ans, dont il en avoit regné quinze. Les chairs de ce Prince furent inhumées dans la Cathédrale de Saint Just de Narbonne, où Philippe le Bel son fils lui fit faire un magnifique Tombeau, & où il fonda en 1288 un anniversaire pour lequel il assigna vingt livres de rente. Il emporta avec lui les ossemens de son pere qu'il fit inhumer dans l'Eglise de Saint-Denys.

Philippe avoit été marié deux fois. De sa premiere femme Isabelle d'Aragon il avoit eu Louis qui mourut l'an 1276 ; Philippe surnommé le Bel qui lui succéda ; Charles de Valois qui forma la premiere Branche collaterale des Rois, & Robert Comte d'Artois. Il eut de Marie de Brabant sa seconde femme, & qu'il épousa en 1274, Louis Comte d'Evreux, Souche des Comtes d'Evreux Rois de Navarre ; Marguerite qui fut mariée à Edouard I. Roi d'Angleterre, & Blanche qui épousa Rodolphe Duc d'Autriche, fils aîné de l'Empereur Albert I.

Philippe IV. dit le Bel XLII. Roi.

Philippe le Bel avoit dix-sept ans lorsqu'il succéda à son pere. Il se rendit à Rheims le 6 Janvier 1285, (1286) & y fut sacré avec les cérémonies ordinaires. Philippe auroit bien voulu continuer la guerre contre le Roi d'Aragon ; mais les troubles qui agitoient alors la Castille ne lui permettant pas d'espérer du secours du Roi Don Sanche, avec lequel il avoit fait une ligue, il fut obligé d'abandonner cette guerre. Il en eut dans la suite une plus considérable, je veux dire celle qu'il entreprit contre Edouard Roi d'Angleterre.

Guerre avec l'Angleterre.

1293.

Les Historiens François ne nous apprennent point le vrai motif de cette guerre, ils nous font seulement entendre que la qualité de Vassal paroissant un titre indigne d'un Prince tel qu'étoit Edouard, ce Monarque cherchoit continuellement l'occasion de secouer le joug. Les Ecrivains Anglois rejettent au contraire la faute sur le Roi de France, & donnent une origine bien simple à une guerre considérable. Deux Matelots, disent-ils, l'un Normand, l'autre Anglois, prirent querelle ensemble à Bayonne. Les Assistans se mêlerent bientôt de la dispute, & chacun embrassa le parti de celui de sa Nation. Les Normands maltraités se plaignirent au Roi, qui leur promit d'user de représailles, & insensiblement la guerre s'alluma entre la France & l'Angleterre. Cependant les deux Couronnes ne voulurent point en venir d'abord à une rupture ouverte. On s'envoya de part & d'autre des Ambassadeurs pour porter des plaintes qui étoient réciproques. Ces Ambassades ne servirent qu'à irriter les esprits, parce que chaque Ministre avoit joint les menaces aux plaintes.

Philippe poussa les choses jusqu'à citer le Roi d'Angleterre à la Cour des Pairs de France, & sur le refus que ce Prince fit de comparoître, toutes les terres qu'il avoit en France furent confisquées au profit de la Couronne. Il envoya Raoul de Clermont, Seigneur de Nesle & Connétable, pour se saisir de l'Aquitaine & de tous les autres Domaines soumis aux Anglois en-deça de la Mer. Cet ordre fut exécuté en 1294, & les Anglois livrerent

livrerent d'eux-mêmes les Places au Connétable (8). Edouard fut cité de nouveau & déclaré contumace dans un Parlement tenu le Mercredi après Pâques. Edouard irrité d'un pareil traitement déclara la guerre à Philippe, & mit dans fes intérêts Jean II. Duc de Bretagne, & Gui Comte de Flandre. Philippe de fon côté engagea dans fon parti le Roi d'Ecoffe, qui étoit bien aife de profiter de l'occafion pour fe délivrer du Vaffelage où il s'étoit engagé avec le Roi d'Angleterre.

DE LA FRANCE.

PHILIPPE IV. DIT LE BEL XLII. ROI.

1294.

Vers la fin de la même année la Flotte Angloife fur laquelle étoit une armée confiderable, fit une defcente dans l'Ifle de Ré, qui fut mife à feu & à fang. Ils s'avancerent enfuite jufqu'à l'embouchure de la Garonne où ils débarquerent. Bourg, la Réole, Bayonne, Sordes & Saint-Sever de Cap tomberent en leur puiffance; mais ils ne purent fe rendre maîtres de Bourdeaux, que le Connétable fçut conferver avec quelques autres Places d'importance jufqu'à l'arrivée du Comte de Valois frere du Roi.

1295.

Les chofes changerent alors de face : le Comte de Valois prit la Réole & Saint-Sever ; mais les Anglois reprirent cette derniere Ville pendant l'abfence du frere du Roi qui étoit retourné à la Cour après cette expédition. Cependant la Flotte Françoife d'un côté, fous la conduite de Mathieu de Montmorenci & de Jean d'Harcourt, s'étoit emparé de Douvre, & en avoit ruiné une partie par le feu ; les Galois d'un autre s'étoient révoltés & avoient défait les troupes que le Comte de Lancaftre avoit menées contre eux ; ce qui avoit obligé Edouard à repaffer en Angleterre l'année fuivante. Le Comte de Lancaftre conduifit en Guienne une nouvelle armée avec laquelle il prit quelques Places ; mais Robert Comte d'Artois s'étant rendu dans cette Province avec de nombreufes troupes il battit les Anglois, & leur enleva leurs conquêtes.

1296.

L'alliance que Gui Comte de Flandre avoit faite avec le Roi d'Angleterre étoit contraire aux devoirs attachés à fa qualité de Vaffal de la France. Philippe qui en fut inftruit, ne differa pas à fe venger de ce Sujet rebelle. Il le fit arrêter à Corbeil, & ne lui accorda la liberté qu'aux conditions qu'il ne traiteroit point du mariage de fa fille fans l'agrément de fon Souverain, & que cette Princeffe feroit élevée à la Cour de France. Gui ne fut pas plutôt de retour dans fes Etats qu'il ofa déclarer la guerre à Philippe. Il eut bientôt lieu de fe repentir de fa témérité. Le Roi entra en Flandre avec une puiffante armée, fit le dégât de tous côtés, fe rendit maître de Lille, de Courtrai & de Bruges, tandis que Robert fon frere, qui avoit quitté la Gafcogne pour venir dans fon Comté d'Artois, battoit les ennemis à Furnes & s'emparoit de cette Ville ainfi que de Caffel. Après ces

1297.

Guerre de Flandre.

---

(8) L'Hiftorien Anglois parle d'un Concordat par lequel on convint que le Roi d'Angleterre céderoit pour la forme, & comme par fatisfaction, quelques Places au Roi de France ; mais qu'enfuite ces mêmes Places rentreroient fous la domination Angloife. Par cette convention Philippe devoit révoquer la Citation publique qu'il avoit faite à Edouard de comparoître à la Cour des Pairs. Ce Concordat avoit été figné & ratifié, felon l'Auteur Anglois, par Edouard. Philippe devoit auffi envoyer un Sauf-conduit pour le Roi d'Angleterre. Mais ce Traité n'eut point fon exécution, & Philippe continua toujours d'agir avec rigueur contre le Roi d'Angleterre, fans qu'on nous en apprenne les raifons.

Tome. I. Partie II.

DE LA FRANCE.

PHILIPPE IV. DIT LE BEL XLII. ROI.
Treve entre la France & l'Angleterre.

1296.

Différend entre Bonniface VIII. & Philippe le Bel.

conquêtes, Philippe s'avança vers Gand où les Anglois avoient une armée. Edouard ne se voyant pas alors en état de résister à un ennemi tel que Philippe, envoya demander une suspension d'armes. Le Roi satisfait d'avoir porté ses ennemis à plier devant lui, consentit à une tréve de deux ans, dans laquelle le Comte de Flandre fut compris. Philippe resta maître des Places qu'il avoit prises pendant la campagne, & à l'égard de la Guienne chacun demeura en possession de ce qu'il avoit conquis. Le Pape qui desiroit que la paix fût rétablie entre ces deux Couronnes, dressa un Traité qu'il envoya aux deux Rois. Par un des principaux articles de ce Traité le Roi d'Angleterre devoit être remis en possession de la Guienne. Cette affaire traîna cependant en longueur, & ce ne fut qu'en 1303 qu'elle fut entièrement terminée. Philippe n'ayant pu obtenir qu'Edouard rendît la liberté au Roi d'Ecosse, qui pour lors étoit enfermé dans la Tour de Londres en qualité de prisonnier de guerre, ne voulut point que le Comte de Flandre fût compris dans le Traité; de sorte que la guerre continua toujours en Flandre. Nous interromprons le récit de cette guerre pour parler du fameux différend qui s'éleva entre Boniface VIII. & Philippe le Bel (10).

Le Pape & le Roi de France étoient déja brouillés ensemble lorsque Philippe & Edouard firent la paix. La querelle entre la Cour de Rome & celle de France commença par une Bulle du Souverain Pontife. Il défendoit par cet Ecrit à tous les Gens d'Eglise de fournir de l'argent aux Princes, soit par maniere de prêt, de don gratuit, de subside, ou à quelque titre que ce fût, sans la permission du Saint Siége. Philippe qui voyoit quelles étoient les vûes du Pape fit aussi-tôt paroître une Ordonnance (11), par laquelle il défendoit à ses Sujets de transporter hors du Royaume de l'argent monnoyé ou non monnoyé, joyaux ou autres choses précieuses.

Quoique Philippe n'eut point fait mention de la Cour de Rome dans son Ordonnance, le Pape ne laissa pas de comprendre qu'elle le regardoit. Il écrivit au Roi une Lettre en forme de Bulle par laquelle il lui marquoit qu'il ne songeoit point à empêcher les redevances & les services que les Prélats lui devoient en qualité de ses Feudataires; mais qu'il trouvoit imprudent que le Roi prétendît que la défense qu'il avoit faite par sa derniere Ordonnance s'étendît jusqu'aux Ecclésiastiques, sur lesquels ni le Roi, ni aucun Prince séculier n'avoient aucune autorité. Il lui soutenoit en même temps que les différends qu'il avoit avec l'Angleterre & le Roi des Romains devoient être décidés au Tribunal du Saint Siége; & il ajoutoit que s'il ne suivoit les conseils qu'il lui donnoit, il seroit obligé d'employer les remédes les plus forts, c'est-à-dire, les Excommunications & les Interdits.

Philippe irrité des menaces du Pape fit paroître un Manifeste pour justifier sa conduite (12). Cet Ecrit obligea le Souverain Pontife à écrire au Roi d'une maniere plus moderée. Il ordonna cependant en même temps aux Evêques d'Albano & de Palestrines ses Légats en France d'excommunier le

---

(10) Ce qu'on va dire à ce sujet est extrait du Pere Daniel, & du Livre intitulé *Art de vérifier les Dates*, à l'article des Conciles & des Papes.

(11) Elle étoit datée du 17 Août 1296.

(12) Au Recueil des preuves de l'Histoire du différend de Boniface avec Philippe le Bel, *Bulla exii à te nuper*, du 7 Février 1297.

DE L'UNIVERS. LIV. I. CHAP. II.

Roi ou ſes Officiers, s'ils perſiſtoient à empêcher le tranſport de l'argent à Rome, comme mettant un obſtacle au ſecours de la Terre Sainte.

Les Légats qui prévoioient les dangereuſes ſuites de la conduite du Pape avec la France, ne ſe preſſerent pas d'agir ſuivant les intentions du Souverain Pontife. Ils lui écrivirent pour l'engager à prendre des voies plus douces avec le Roi, & lui repréſenter que tous les Princes & Seigneurs du Royaume avoient réſolu de tenir une aſſemblée avec les Evêques afin de prendre des meſures pour maintenir l'honneur du Roi & de ſa Couronne.

Le Pape ne put ſe refuſer aux ſages remontrances de ſes Légats. Il leur envoya cependant une nouvelle Bulle par laquelle il ordonnoit aux Rois de France & d'Angleterre, ſous peine d'excommunication, de prolonger la tréve qu'ils avoient faite. Philippe ne s'oppoſa pas à la publication de cette Bulle; mais il voulut qu'elle fût accompagnée d'une Lettre du Pape dans laquelle le Souverain Pontife déclaroit que l'excommunication ne regardoit pas le Roi de France.

Depuis cette déclaration la bonne intelligence commença à ſe rétablir entre Boniface & Philippe. Le Pape donna une interprétation de la Bulle qui avoit occaſionné la rupture entre les deux Cours, & il envoya peu de temps après la Bulle de Canoniſation de Saint Louis. Cette bonne union ne dura pas long-temps, & les deux Cours ſe brouillerent de nouveau. Le Pape avoit pluſieurs ſujets de mécontentemens contre le Roi. 1°. Ce Monarque ſoutenoit le parti d'Albert d'Autriche Roi des Romains, que Boniface refuſoit de reconnoître. 2°. Philippe avoit reçu avec honneur les Seigneurs Colonne que le Pape avoit fort maltraités. 3°. Le Roi avoit chaſſé de ſa Cour Bernard Saiſſeti Evêque de Pamiers, dont les diſcours & les actions avoient irrité Philippe. Le Pape fit publier de nouveau la Bulle qui défendoit aux Eccléſiaſtiques de France de donner des Décimes & des Subſides au Roi. Ce Monarque de ſon côté renouvella l'Ordonnance pour empêcher de tranſporter l'argent hors du Royaume. Ce fut dans ce même temps que le Pape fit propoſer à Philippe de faire une Ligue avec le Roi de Perſe & de ſe croiſer pour le ſecours de la Terre Sainte. L'Evêque de Pamiers fut nommé Légat pour cette affaire, & il parla avec tant de hauteur & d'inſolence, que le Roi étoit réſolu de le faire arrêter. On préſenta alors à ce Monarque pluſieurs Mémoires qui contenoient divers chefs d'accuſation contre le Prélat, & en conſéquence on inſtruiſit ſon procès. Il fut reconnu coupable dans une Aſſemblée tenue à Senlis. On l'arrêta, & il fut confié à la garde de l'Archevêque de Narbonne ſon Métropolitain.

Le Pape le reclama, & prétendit qu'il falloit remettre le jugement de cette affaire au Saint Siége. Comme Philippe ne ſe preſſoit pas de ſatisfaire le Souverain Pontife ſur cet article, il lui écrivit une Lettre au commencement de l'année 1302. Il lui faiſoit ſçavoir qu'en qualité de Vicaire de Jeſus-Chriſt, Dieu l'avoit établi ſur les Rois & ſur les Royaumes de la terre avec plein pouvoir, ſuivant les paroles du Prophéte, d'arracher, de détruire, de diſſiper, d'édifier. *C'eſt pourquoi, mon cher Fils,* lui diſoit-il, *ne vous laiſſez point perſuader ce qu'on veut vous faire croire, que vous n'avez point de ſupérieur ſur la terre, & que vous n'êtes point ſoumis au Chef de la Hiérarchie Eccléſiaſtique: c'eſt être inſenſé que de penſer de la ſorte, & celui*

DE LA FRANCE.

PHILIPPE IV, DIT LE BEL XLII. ROI.

1302.

qui s'obstine à demeurer dans cette erreur, cesse d'être fidele, & n'est plus dans le Bercail de son Pasteur.

Cette Lettre fut suivie d'une Bulle adressée aux Evêques, aux Chapitres, aux Universités, pour leur ordonner sous peine de désobéïssance de se rendre à Rome, afin de déliberer sur les moyens de conserver la liberté Ecclésiastique, de réformer le Royaume, de corriger les excès du Roi, & d'établir un bon gouvernement de l'Etat. Le Roi fut si irrité de cette Bulle qu'il la jetta au feu en présence du Nonce à qui on enleva toutes les copies qu'il pouvoit avoir, ainsi que les Lettres qui étoient adressées aux Evêques. Le Nonce fut ensuite reconduit jusqu'aux Frontieres avec l'Evêque de Pamiers. Il fut défendu à ce dernier de rentrer en France sans la permission du Roi. Ce Prince fit en même temps partir un Envoyé pour se plaindre au Pape de la conduite qu'il tenoit à son égard. Boniface refusa de l'entendre, & renvoya un nouveau Légat en France; mais Philippe le traita comme son Envoyé l'avoit été à Rome.

Le Roi voulant prévenir les impressions que les Bulles & les Censures du Pape pourroient faire sur les esprits, assembla au Louvre les Seigneurs de son Royaume, les Ecclésiastiques & les Jurisconsultes. Il demanda aux Ecclésiastiques de qui relevoit leur temporel ? Ils répondirent qu'ils le tenoient de lui comme de leur Souverain. *Je suis ravi*, leur dit-il, *d'être assuré par votre propre bouche que vous ne croyez pas que le Royaume de France soit un Fief du Saint Siége, comme le Pape le prétend.* Il défendit alors à tous les Ecclésiastiques, & à tous ceux que le Pape appelloit en Italie de sortir de France sans sa permission. Comme il vit que l'Assemblée entroit parfaitement dans ses vûes, il permit à Guillaume de Nogaret de lui adresser une Requête sur les affaires présentes, & de se porter accusateur contre le Pape. Ce Seigneur déclara que le Pape étoit un Intrus, & qu'il s'engageoit à le convaincre d'Hérésies, de Simonie & de plusieurs autres crimes. Cette accusation étoit conforme à l'idée que les Colonnes avoient donné de Boniface dans leur Manifeste contre ce Souverain Pontife. Nogaret proposa ensuite au Roi de faire assembler un Concile général pour l'Election d'un Pape légitime. Ce discours fut enregistré, ainsi que celui de Pierre Flotte, autre Chevalier sçavant dans le Droit.

Le Pape fut bientôt informé de la résolution qu'on avoit prise en France, par trois Lettres, dont la premiere étoit adressée aux Cardinaux de la part des Pairs & autres Seigneurs de la Cour. Les deux autres lui avoient été envoyées par les Ecclésiastiques & le Tiers-Etat. Il écrivit aux Evêques de France, & se plaignit de leur lâcheté. Il tint ensuite un Concile à Rome dans lequel il éclata en menaces contre Philippe le Bel, & publia une Bulle par laquelle il déclare que tous les hommes sont sujets du Pontife Romain, & qu'on ne peut être sauvé sans le croire. Mais le Pape paroît y avoir exprès enveloppé sa pensée, pour ne pas dire expressément que les Princes sont dépendans des Papes pour leur temporel, & tout ce que cette Bulle contient semble pouvoir se réduire à-peu-près à ce qu'ont enseigné depuis quelques Docteurs Ultramontains, que le Pape n'a pas le Domaine direct, & qu'il a seulement le Domaine indirect sur le temporel des Rois. Mais les Souverains ne s'accommodent ni de l'un ni de l'autre de ces Domaines, qui dans le fond les aſſujettiroient également, & Philippe s'appercevant bien que toutes ces diſtinctions ne mettoient point l'autorité Royale en aſſurance continua à prendre ſes précautions contre ce qui ſe faiſoit à Rome.

En conſéquence le Roi tint une ſeconde Aſſemblée, le 13 de Juin, au Louvre où il renouvella la défenſe qu'il avoit faite à ſes Sujets de ſortir de ſon Royaume ſans ſa permiſſion. Il fit en même temps ſaiſir le temporel de ceux qui s'étoient rendus à Rome. Ce fut dans cette Aſſemblée que Guillaume Dupleſſis y préſenta contre le Pape une Requête qui contenoit vingt-ſept articles, & il s'offrit de les prouver au Concile général ou ailleurs. Il appella à ce Concile, & appella en même temps de toutes les procédures que le Pape pourroit faire. Les Prélats au nombre de trente-ſept formerent auſſi leur appel portant les mêmes clauſes. Depuis ce jour juſqu'au mois de Septembre incluſivement le Roi obtint plus de ſept cens Actes d'appel de conſentement & d'adhéſion du Chapitre & de l'Univerſité de Paris; des Evêques, des Chapitres, des Cathédrales & des Collégiales; des Abbés & des Religieux de divers Ordres, même des Freres Mandians & des Communautés des Villes.

Le Pape irrité plus que jamais contre la France, après avoir inutilement tenté de mettre dans ſes intérêts Albert d'Autriche Roi des Romains, publia encore de nouvelles Bulles. Dans la premiere datée du 15 Août, il menace de nouveau le Roi & ſes Adhérans de procéder contre eux en temps & lieu ſelon qu'il ſera expédient. La ſeconde porte que les Citations faites par le Pape dans la Salle du Palais, & enſuite affichées aux portes de la grande Egliſe du lieu où réſide la Cour de Rome, vaudront comme ſi elles avoient été faites à la Perſonne citée au bout d'un temps proportionné à la diſtance des lieux. La troiſiéme étoit contre Gerard Archevêque de Nicoſie en Chipre, qui étoit un des Appellans avec Philippe le Bel. La quatriéme ſuſpendoit tous les Docteurs juſqu'à ce que le Roi ſe ſoumît aux ordres de l'Egliſe, déclarant nulles les Licences qu'ils donneront au préjudice de cette défenſe. Enfin par une derniere Bulle, du 15 du même mois d'Août, le Pape réſerve à ſa diſpoſition tous les Evêchés & toutes les Abbayes du Royaume de France qui vaquent & qui vaqueront juſqu'à ce que le Roi revienne à l'obéïſſance du Saint Siége.

Cependant Philippe qui vouloit empêcher le Pape de pouſſer les choſes plus loin, forma le deſſein de le ſurprendre & de l'enlever. Guillaume de Nogaret & Sciarra Colonne ſe chargerent de l'entrepriſe. Ils paſſerent en Toſcane ſous prétexte d'aller traiter avec le Pape, & ayant levé ſecretement quelques troupes, ils s'emparerent de la Ville d'Anagnie où le Pape s'étoit retiré. Ils forcerent enſuite le Palais, & l'appartement où Boniface revêtu de ſes habits pontificaux attendoit la déciſion de ſon ſort. Ce fut en cette occaſion que Sciarra Colonne après avoir fait au Pape les plus ſanglans reproches, eut la brutalité de le frapper ſur la joue de ſa main couverte d'un gantelet, & il étoit dans la réſolution de le tuer ſi Nogaret ne s'y fût oppoſé.

Le Pape fut mis en priſon, mais ſa captivité ne dura que trois jours; car les Habitans d'Anagnie s'étant révoltés, l'enleverent des mains de ſes ennemis & le conduiſirent à Rome. Il y tomba malade de chagrin, & mourut le 11 d'Octobre 1303. Le jour que Boniface fut arrêté il devoit publier une nouvelle Bulle, dans laquelle il difoit que comme Vicaire de J. C. il avoit le pouvoir de gouverner les Rois avec la verge de fer, & les brifer comme des vaiffeaux de terre, &c. il la finiffoit en difant que Philippe le Bel avoit manifeftement encouru les Excommunications portées par plufieurs Canons ; fes Vaffaux & tous fes Sujets y étoient abfous de la fidélité qu'ils lui devoient, même par ferment ; & nous défendons, ajoutoit le Pape, fous peine d'anathême de lui obéir & de lui rendre aucun fervice, &c.

Benoît XI. Succeffeur de Boniface termina cette affaire en Pape vraiment pacifique, en accordant au Roi Philippe l'abfolution des Cenfures que ce Prince ne lui avoit point fait demander, mais qu'il avoit ordonné à fes Envoyés de recevoir fi on la lui offroit. Par fa conduite prudente & modérée il vint à bout de remettre les chofes dans le même état où elles étoient auparavant. Il donna à ce fujet différentes Bulles ; dans l'une il donnoit l'abfolution à ceux qui avoient eu part à la prife du Pape Boniface, & il n'en excepte que Nogaret dont il fe réferve particuliérement l'abfolution. Dans la fuite Clement V. donna auffi une Bulle, datée du 1 Juin 1307, où il dit au Roi Philippe : *Nous révoquons & annullons toutes les Sentences d'Excommunications, d'Interdits & autres peines prononcées contre vous.... depuis le commencement du différend entre Boniface & Vous.... Nous aboliffons le reproche de fa capture ; nous vous en déchargeons & nous vous en quittons entiérement.* Il abfout en même temps Guillaume de Nogaret & Renaud de Supino, qui avoient pris Boniface, pourvu qu'ils fe foumettent à la pénitence qu'il leur fera impofée par trois Cardinaux qu'il nomma. Mais retournons en Flandre pour voir ce qui s'y paffoit en 1299.

Gui Comte de Flandre ne pouvant plus compter fur la protection du Roi d'Angleterre, crût qu'il n'avoit point de meilleur parti à prendre que celui de fe mettre à la difcrétion de Philippe le Bel. Il fit un Traité avec le Comte de Valois, & confentit de venir à Paris, à condition néanmoins que fi la paix ne pouvoit fe conclure dans l'efpace d'un an, il auroit la liberté de retourner en Flandre. Philippe le reçut d'un air froid, & lui déclara que le Traité avoit été fait fans fon aveu. Il l'envoya enfuite en prifon à Compiegne avec quelques Seigneurs Flamans qui l'avoient accompagné dans ce voyage. Robert fon fils fut mis au Château de Chinon, & Guillaume fon autre fils fut enfermé dans un Château en Auvergne. Quelque temps après le Roi fe rendit en Flandre avec toute fa Cour. Il déclara aux Seigneurs Flamans & aux Magiftrats de cette Province qu'il réuniffoit le Comté de Flandre à la Couronne, parce que le Feudataire avoit mérité par fa félonie la confifcation de fon Domaine.

Philipppe par fes manieres gracieufes & populaires avoit fçu gagner le cœur des Flamans, mais Jacques de Châtillon oncle de la Reine, & que le Roi avoit nommé Gouverneur de Flandre, irrita les Habitans de cette Province par la dureté de fon gouvernement. Les Flamans ne tarderent pas à fe révolter ; mais Pierre le Roi, Tifferand & Chef des Séditieux, ayant été arrêté & envoyé en exil avec quelqu'autres Rebelles, le trouble fut appaifé. Cette révolte obligea Jacques de Châtillon à faire bâtir une Citadelle à Bruges, deux à Courtrai, une à Lille, & à fortifier plufieurs autres Places. Le Gouverneur se croyant alors en état de retenir les Flamans dans le respect, les traita avec plus de rigueur qu'auparavant, & augmenta les impôts qu'il avoit déja établis. Les fils de Gui Comte de Flandre, qui n'avoient pas fait le voyage de France avec leur pere, étoient retirés dans le Comté de Namur, où ils attendoient quelque évenement favorable, pour rentrer en possession des Etats de leur pere. Ils engagerent Pierre le Roi à exciter quelque nouvelle sédition, dans l'espérance qu'elle engageroit les autres Villes à se soulever entiérement. Cet Artisan sçut si bien ménager les choses qu'il assembla un petit corps de troupes avec lequel il surprit Bruges. Ce premier succès fut suivi de quelques autres. La Ville de Gand se révolta ; mais la Faction du Lys (13), & les Magistrats firent bientôt rentrer le Peuple dans le devoir. Cependant Pierre le Roi se rendit maître d'Ardenbourg ; mais la prise de cette Place lui fit perdre la Ville de Bruges, qui s'étoit rendue aux François pendant son absence. Le Seigneur de Châtillon avoit engagé la Ville à se soumettre au Roi, & il avoit permis à cinq mille Séditieux de se retirer où ils le jugeroient à propos. Ces Rebelles ne profiterent de la liberté qui leur avoit été accordée que pour surprendre quelques Places, & massacrer les garnisons Françoises. Le Seigneur de Châtillon étant entré dans Bruges avec une escorte de près de deux mille hommes fit de sanglans reproches aux Habitans de cette Ville sur ce qui s'étoit passé. La sévérité avec laquelle ce Seigneur leur parla, leur fit croire qu'ils étoient perdus. Ils envoyerent demander des troupes à Pierre le Roi, qui vola promptement à leur secours avec un corps de sept mille hommes. Les François qui ne s'attendoient pas à être attaqués, furent bientôt forcés, & il n'y en eut que très peu qui purent échapper. Le Sire de Châtillon & Pierre Flotte furent de ce nombre. Les fils du Comte de Flandre profitant de la déroute des François reprirent plusieurs Places ; mais ils ne purent venir à bout de se rendre maîtres de Gand & de Lille.

Philippe à cette nouvelle fit marcher contre eux une armée considérable sous les ordres de Robert Comte d'Artois, un des plus grands Capitaines de la France. Cependant Gui de Flandre avoit rassemblé une armée d'environ soixante mille hommes, & avoit résolu d'attendre les François dans son Camp qui étoit défendu par la Lys du côté du Nord, & par de profonds & larges fossés à l'Orient & à l'Occident. Le Comte d'Artois étant arrivé à la vûe de ce Camp, résolut de l'attaquer contre l'avis du Connétable de Nesle. Cette entreprise ne fut pas heureuse, les François furent repoussés de tous côtés, & il en périt plus de vingt mille en cette occasion. Le Comte d'Artois fut trouvé parmi les morts, ainsi que plus de soixante Seigneurs portant titre de Baron, & plus de douze cens Gentilshommes.

Bataille de Courtrai.

Les Flamans fiers de la victoire qu'ils venoient de remporter sur les François reconnurent pour Lieutenant du Comté de Flandre Jean Comte de Namur fils aîné du Comte de Flandre. Philippe croyant réparer cette perte passa promptement dans cette Province ; mais il ne put forcer le Comte de Namur à en venir à une action ; & la saison étant devenue pluvieuse, il fut contraint de revenir en France. L'année suivante il y eut une trêve de huit

---

(13) Elle portoit ce nom à cause de son attachement pour la France.

mois, pendant laquelle le Comte de Flandre que le Roi avoit envoyé vers les Flamans, fit tous ses efforts pour ramener les esprits de ses Sujets. Ce Seigneur n'ayant pu réussir se rendit à Compiegne, suivant la parole qu'il en avoit donnée.

Après l'expiration de la tréve les hostilités recommencerent de part & d'autre. Grimaldi Genois qui étoit au service de la France battit les Flamans sur mer, & fit prisonnier Gui de Flandre. Philippe de son côté entra dans le Pays à la tête de cinquante mille hommes, & alla Camper entre Lille & Douai à Mons en Puële. Philippe de Flandre qui depuis son retour d'Italie avoit pris le commandement de l'armée Flamande, fit semblant de vouloir éviter la bataille que le Roi de France lui présentoit ; mais ayant trouvé un moment favorable à ses desseins, il surprit les François dans leur Camp. Dans le premier tumulte il perça jusqu'à la tente du Roi, & ce Monarque ne dut son salut qu'à sa valeur & au Comte de Valois à qui sa résistance avoit donné le temps de venir à son secours avec la Cavalerie. Les choses changerent alors de face : les Flamans furent enfoncés de toutes parts, & l'on en fit un grand carnage. Cette victoire fut suivie de la prise de Lille dont les Habitans capitulerent malgré Philippe de Flandre.

Cependant le Comte de Savoye & le Duc de Brabant employerent leurs bons offices auprès du Roi pour le porter à la paix. Philipe y consentit volontiers & le Traité fut signé l'année suivante. » Les principaux articles
» qui furent observés étoient : Que le Roi remettroit en liberté les trois
» fils du Comte de Flandre (14), dont Robert dit de Bethune étoit l'aîné :
» Que tous les Flamans qui étoient prisonniers en France seroient pareille-
» ment rendus : Que le Roi demeureroit maître de la Flandre en-deçà de
» la Lys, c'est-à-dire, de Lille, de Douai, d'Orchies, de Bethune, &
» des autres Places & Territoires où l'on parloit Wallon ; qu'il les réuni-
» roit à sa Couronne ; que le reste appartiendroit à Robert de Flandre com-
» me il avoit appartenu à son pere, c'est-à-dire, avec obligation d'hom-
» mage & de serment de fidélité : Que parmi les Villes qu'on lui laissoit il
» n'en pourroit avoir que cinq fortifiées : Que le Roi pourroit l'obliger à les
» démolir quand il le jugeroit nécessaire pour son service, & qu'outrecela on
» lui payeroit deux cens mille livres à divers termes dont on convint (15).

Philippe délivré de cette guerre songea à se reconcilier avec la Cour de Rome, comme on l'a vû plus haut. Clément V. étant monté sur la Chaire de Saint Pierre, il engagea ce Souverain Pontife à examiner conjointement avec lui la conduite & la vie des Templiers (16). Ils furent tous arrêtés le même jour Vendredi 13 Octobre, & il y en eut cent quarante du Temple de Paris entre lesquels étoit Jacques de Molay Grand-Maître de l'Ordre, & l'on poursuivit leur procès. Le Pape se plaignit au Roi par une Lettre de Poitiers datée du 27 d'Octobre de ce qu'il alloit trop vite dans cette affaire ; ce qui obligea ce Monarque de consulter la Faculté de Paris, & de con-

(14) Ce Prince étoit mort dans sa prison quelque temps après son retour de Flandre.
(15) Le Pere Daniel.
(16) Les Templiers ou Chevaliers du Temple étoient un Ordre Militaire qui florissoit depuis près de deux siécles, ayant été établis vers l'an 1118. Ils étoient obligés de défendre les Pélerins de la Terre Sainte contre les Infidéles, & de pourvoir à la sûreté des chemins.

voquer

DE L'UNIVERS. Liv. I. Chap. II.

voquer dans le même dessein les Etats Généraux du Royaume, qui avoient ordre de s'assembler à Tours dans le mois de Mai. Après la tenue de ces Etats le Roi eut une nouvelle conférence à Poitiers avec Clément V. Ce Souverain Pontife reçut lui-même la déposition de soixante-douze Templiers qui s'avouerent coupables. Il nomma trois Cardinaux pour recevoir la déposition, & envoya des Commissaires dans les Provinces. Plusieurs Templiers avouerent les crimes dont ils étoient accusés, d'autres les nierent, enfin d'autres ne les confesserent que dans les fers & les cachots, ou dans la violence des tourmens de la question. Quelques-uns après avoir tout avoué se rétracterent ensuite & nierent tout jusqu'au dernier soupir. Ces derniers furent tous brûlés vifs & à petit feu. L'exécution ne s'en fit que l'an 1309 & 1310, & le Grand-Maître ne fut exécuté que l'an 1313 (16). L'Ordre des Templiers fut aboli dans le Concile de Vienne tenu en 1312, & toutes les terres & les revenus que cet Ordre possédoit en France furent donnés à l'Ordre de Saint Jean de Jerusalem, qui est celui des Chevaliers de Malthe.

Il s'étoit cependant élevé quelques troubles dans la Ville de Lyon. Pierre de Savoye Doyen du Chapitre ayant été élu Archevêque de cette Ville refusa de se soumettre aux Concordats qui avoient été faits entre ses prédécesseurs & les Rois de France. Philippe ravi de l'occasion qui se présentoit de rentrer dans la possession de cette Ville, envoya son fils Louis contre les Rebelles. L'Archevêque & les Habitans intimidés à la vûe de l'armée Royale, consentirent à capituler. Il fut réglé que l'Archevêque & les Bourgeois céderoient au Roi la Jurisdiction temporelle sur la Ville & sur le Château de Saint Just avec leurs appartenances, en se la réservant seulement sur 'e Château de Pierre-Encise. Ainsi la Ville de Lyon fut réunie à la Couronne après en avoir été démembrée sous la seconde Race. Elle avoit fait alors partie du Royaume d'Arles, puis du Royaume de Bourgogne, ensuite de l'Empire; & enfin la Jurisdiction temporelle s'étant insensiblement réunie à la spirituelle dans la personne des Archevêques, ils étoient devenus indépendans.

Le Comte de Flandre avoit enfreint quelques articles du Traité, ce qui obligea le Roi à se rendre dans ce Pays à la tête de ses troupes; mais cette expédition ne lui fut pas heureuse par la faute d'Enguerrand son Ministre. Philippe fut contraint de revenir à cause d'une maladie dont il étoit atteint: c'étoit une langueur qui le conduisit au tombeau. Il mourut à Fontainebleau le 29 de Novembre âgé d'environ quarante-six ans, après en avoir regné vingt-neuf depuis la mort de son pere. Son corps fut enterré dans l'Eglise de Saint Denys, où l'on voit son tombeau; son cœur fut porté à Poissy.

Philippe avoit épousé en 1284 la Reine Jeanne de Navarre, dont il

---

De la France.

Philippe IV. dit le Bel XLII. Roi.

1314. Mort de Philippe le Bel.

---

(16) La plûpart des Historiens prétendent que Gui frere du Dauphin Viennois étoit de l'Ordre des Templiers, & qu'il fut brûlé avec Jacques de Molay Grand-Maître de l'Ordre. Mais feu M. Lancelot de l'Académie des Belles-Lettres prouve dans un Mémoire que Gui Dauphin, ni Henri son frere n'ont jamais été dans cet Ordre, & que ce n'est à aucun d'eux qu'est arrivé cette catastrophe. Voyez les Mémoires de l'Académie, Tome VIII. page 682, & suivantes.

Tome I. Partie II.   S *

DE LA FRAN-CE.

PHILIPPE IV.
DIT LE BEL
XLII. ROI.

fut privé en 1304. Il laissa de cette Princesse trois fils, sçavoir ; Louis Hutin, Philippe le Long Comte de Poitiers, & Charles Comte de la Marche. Il eut aussi trois filles, Marguerite qui épousa Ferdinand Roi de Castille, Isabeau qui fut femme d'Edouard II. Roi d'Angleterre, & Jeanne ou Blanche qui mourut en bas âge. Philippe réunit à la Couronne de France par son mariage avec la Princesse Jeanne le Royaume de Navarre & les Comtés de Champagne & de Brie. Il rendit le Parlement sédentaire à Paris l'an 1302., & lui destina le Palais pour y tenir ses séances. Il rendit aussi sédentaire à Rouen l'Echiquier de Normandie. C'est ainsi qu'on appelloit le principal Tribunal des Ducs de Normandie, où ressortissent les Appels des Jurisdictions subalternes. Les Grands-Jours à Troyes furent pareillement de son institution. C'étoit aussi une espece de Cour Souveraine pour la Champagne. Il érigea la Bretagne en Pairie en 1297 en faveur de Jean II., & déclara que c'étoit un Duché ; car jusqu'alors les Princes de Bretagne avoient tantôt porté le titre de Comte & tantôt celui de Duc, & on leur disputoit ce dernier titre.

Philippe eut la derniere année de son regne un chagrin des plus sensibles, causé par la mauvaise conduite de Marguerite & de Blanche épouses des deux Princes Louis & Charles fils du Roi. Deux Gentilshommes, Philippe & Gautier de Launai, qui étoient freres, furent convaincus d'un commerce criminel avec les deux Princesses, & furent écorchés tout vifs.

LOUIS X.
DIT HUTIN
XLIII. ROI.

Louis X. surnommé Hutin étoit né en 1289, ou 1291 selon d'autres. Ce Prince étoit déja Roi de Navarre par sa mere, & il avoit été couronné à Pampelune l'an 1307. Il differa son sacre jusqu'au mois d'Août 1315, parce qu'il vouloit être couronné & sacré avec Clémence fille de Charles Martel Roi de Hongrie qu'il attendoit pour l'épouser en secondes noces ; Marguerite de Bourgogne sa premiere femme étant morte dès l'an 1313 dans la prison de Château Gaillard en Normandie.

Pendant cet intervalle Charles de Vallois oncle du Roi se mit à la tête du Gouvernement & trouva moyen d'appaiser un soulevement de la Noblesse en rétablissant par ordre du Roi certaines Prérogatives des Seigneurs & des Gentilshommes sur le même pied qu'elles étoient sous le regne de Saint Louis.

1315.

Ce Prince satisfit en même temps la haine qu'il avoit contre Enguerrand de Marigni. Ce Ministre fut accusé de malversation dans son administration des finances, & de plusieurs autres crimes. Charles de Valois ayant persuadé au Roi que le Ministre avoit été convaincu de tout le mal dont on l'accusoit, fut condamné à être pendu, & son corps exposé au gibet de Montfaucon près de Paris. Ce qui fut exécuté le 30 Avril 1315. La plûpart des Historiens de ce temps-là, & les Modernes, à l'exception de Mezerai, justifient ce Ministre (17). Le Comte de Valois lui-même reconnut dans la suite la faute qu'il avoit commise en le faisant périr malgré son innocence. Ce Prince étant tombé dangereusement malade voulut rétablir la Mémoire d'Enguerrand de Marigni, en faisant distribuer des aumônes dans Paris, & en donnant ordre à ceux qui les distribuoient de dire : *Priez Dieu pour*

---

(17) Mémoires de l'Académie des Belles-Lettres. T. X. p. 602 & suivantes.

Monseigneur Enguerrand de Marigni, & pour Monseigneur Charles de Valois.

Louis ayant été couronné songea à porter la guerre en Flandre ; mais il retira peu de gloire de cette expédition. Ce Prince avoit pris la résolution d'y repasser l'année suivante, & il avoit fait de grands préparatifs lorsqu'il mourut de pleuresie. Il étoit alors dans sa vingt-sixiéme année, & n'avoit regné qu'un an sept mois & quelques jours. Son corps fut enterré à Saint-Denys. Ce Prince laissa de Marguerite de Bourgogne sa premiere femme une fille nommée Jeanne, qui fut Reine de Navarre, & qui épousa Philippe Comte d'Evreux. Clémence sa seconde femme étoit enceinte lorsqu'il mourut, & la régence du Royaume fut destinée à Philippe Comte de Poitiers frere du feu Roi, en attendant les couches de la Reine, qui devoient lui assurer la couronne ou l'en exclure.

DE LA FRANCE.

LOUIS X. DIT HUTIN XLIII. ROI.
Mort de Louis.

1316.

La mort du Roi avoit causé un si violent chagrin à la Reine qu'elle resta malade jusqu'au temps de ses couches. Elles mit au monde le quinze de Novembre un fils qui fut nommé Jean. La fievre continuelle que la Reine avoit eue pendant sa grossesse avoit tellement alteré le temperament de ce jeune Prince, qu'il mourut quelques jours après sa naissance.

JEAN I. XLIV. ROI.

Par la mort de Jean I. la Couronne passa pour la premiere fois depuis Hugues Capet, à la ligne collaterale. Philippe V. dit le Long à cause de sa taille, fut déclaré Roi, & ce Prince se fit couronner à Rheims avec son épouse le 9 de Janvier 1316 (1317). Eudes Duc de Bourgogne oncle paternel de la Princesse Jeanne fille de Louis X. voulut faire valoir les prétendus droits de cette jeune Princesse ; mais Philippe ayant convoqué le jour de la Purification une assemblée des Prélats, de la Noblesse & du Tiers-Etat, son couronnement y fut confirmé, ainsi que la Loi qui excluoit les femmes de la Couronne. Le regne de Philippe, qui ne fut que de cinq ans, ne nous offre aucun événement considerable si ce n'est le massacre des Juifs par une troupe de Scelerats & de Fanatiques connus sous le nom de Pastoureaux, & la punition de plusieurs Lépreux, qui à l'instigation des Juifs avoient empoisonné plusieurs fontaines dans la Guienne. Ce Prince avoit conçu le projet de passer en Palestine, & il n'avoit différé l'éxecution de son dessein que pour établir la paix dans ses Etats, & sur-tout en Flandre où le Comte faisoit toujours quelques mouvemens.

PHILIPPE V. DIT LE LONG XLV. ROI.

1316.

Philippe mourut le 3 de Janvier l'an 1321 (1322), étant âgé d'environ vingt-huit ans. Il fut enterré à Saint-Denys. Lorsque ce Prince mourut, il étoit occupé à faire un Réglement pour qu'il n'y eût qu'une sorte de poids & de mesure dans son Royaume. Ce Monarque laissa de Jeanne Comtesse de Bourgogne quatre Princesses, sçavoir ; Jeanne, qui avoit épousé Eudes IV. Duc de Bourgogne ; Marguerite femme de Louis Comte de Flandre ; Isabelle, qui après avoir été accordée à Alphonse XI. Roi de Castille, fut mariée à Guigue Dauphin de Viennois, & enfin Blanche qui fut Religieuse. Louis fils unique de Philippe étoit mort en 1317, peu de temps après le couronnement de son pere.

Mort de ce Prince.

1321.

Philippe n'ayant point laissé d'enfans mâles la Couronne passa une seconde fois en ligne collaterale, & Charles IV. frere de ce Prince monta sur le trône. Il fut sacré à Rheims le 21 de Février. A peine Charles étoit-il sur le trône qu'il fut sollicité par le Pape à envoyer du secours aux Rois d'Ar-

CHARLES IV. DIT LE BEL XLVI. ROI.

menie & de Chipre, qui étoient vivement preſſés par les Infidéles. Le Roi y conſentit & nomma Amauri Comte de Narbonne pour commander les troupes qu'il envoyoit à ces Princes.

Quelques années après il eut une guerre à ſoutenir contre l'Angleterre, à l'occaſion d'un Château que le Seigneur de Montpeſat, Sujet du Roi d'Angleterre en Guienne avoit fait bâtir. Comme il ſe trouvoit ſur les terres de France le Roi voulut s'en emparer; mais le Seigneur de Montpeſat prétendit qu'il étoit ſur le Domaine d'Angleterre. L'affaire fut portée au Parlement de Paris, & ayant été jugée en faveur du Roi, ce Monarque envoya des ſoldats pour ſe rendre maître du Château. Le Seigneur de Montpeſat ayant mis ſes Vaſſaux ſous les armes, reprit cette Place, & paſſa au fil de l'épée la garniſon que le Roi y avoit miſe. Charles demanda ſatisfaction au Roi d'Angleterre; mais ce Prince ayant tiré la choſe en longueur, Charles envoya le Comte de Valois en Guienne. Il commença ſon expédition par la priſe du Château de Montpeſat qui fut raſé, & enſuite il réduiſit une grande partie des Villes de cette Province. Les Anglois propoſerent alors la paix & Iſabelle de France Reine d'Angleterre vint à Paris avec ſes Ambaſſadeurs pour la concluſion de cette affaire.

Ce n'étoit pas le ſeul motif du voyage de cette Princeſſe. Elle venoit chercher un aſyle en France pour ſe dérober à la jalouſie des deux Hugues Spencer, dont l'autorité étoit devenue inſupportable à toute la Nobleſſe, & ſurtout à la Reine dont ils redoutoient le crédit. Cette Princeſſe vouloit engager le Roi à la venger de ces deux Miniſtres; mais Charles fit comprendre qu'il ne pouvoit point ſe mêler de cette affaire qu'après la concluſion du Traité. Il fut ſigné à Paris le dernier jour de Mai 1325. Charles exigea en conſéquence de ce Traité que le Roi d'Angleterre lui rendît hommage pour les Domaines qu'il poſſedoit en France. Les deux Spencers s'oppoſerent au voyage du Roi, & lui conſeillerent de les céder à ſon fils. Le Prince de Galles paſſa alors en France & vint prêter ſerment de fidélité entre les mains du Roi. Edouard envoya enſuite ordre à la Reine & à ſon fils de retourner en Angleterre. La Reine lui fit ſçavoir qu'elle avoit tout à craindre tant que les deux Spencers ſeroient dans le Miniſtere. Le Roi la preſſa de nouveau & ſur ſon refus il la déclara ennemie de l'Etat. Pluſieurs Seigneurs mécontens du Gouvernement ſe rendirent en France auprès d'elle, & d'autres reſterent en Angleterre pour former un parti. Edouard perſuadé que le Roi de France la ſoutenoit dans ſa déſobéïſſance, rompit la paix, & commit des hoſtilités. Charles agit de repréſailles & la guerre recommença de nouveau. Cependant la Cour de France voulut mettre promptement fin à cette guerre, & l'on engagea la Reine & le Prince de Galles à ſortir de France. Elle ſe retira chez le Comte de Hainault, où ayant équipé une Flotte elle paſſa en Angleterre, ſe vengea de ſes ennemis, & s'empara du trône, comme on le verra dans l'Hiſtoire d'Angleterre.

Sur ces entrefaites le Pape avoit réſolu de faire rentrer la Couronne Impériale dans la Maiſon de France au préjudice de Louis de Baviere qui s'étoit fait reconnoître Roi des Romains. Charles céda aux vives ſollicitations du Pape, & ſe rendit à Bar-ſur-Aube où pluſieurs Seigneurs Allemands avoient promis de ſe rendre pour procéder à l'Election; mais Léopold d'Autriche fut le feul qui s'y trouva. Le Roi chagrin de cette fauſſe démarche abandonna cette entrepriſe, & il fut impoſſible au Pape de rien gagner fur fon eſprit.

L'année fuivante il y eut de grands troubles dans la Gafcogne. Pluſieurs Bâtards de la principale Nobleſſe de cette Province ayant pris les armes, attaquerent les Châteaux & les autres Domaines du Roi, & donnerent occaſion à une nouvelle guerre appellée *la guerre des Bâtards*. Charles envoya contre eux Alphonſe d'Eſpagne & le Maréchal de Briquebec qui les battirent & les défirent entiérement.

Ce fut le dernier événement remarquable qui arriva fous le régne de ce Prince. Il mourut à Vincennes, âgé de trente-quatre ans, après un regne de ſix (19) ans. Il fut enterré à Saint-Denys. Charles eut trois femmes dont il ne laiſſa aucun enfant mâle. La premiere fut Blanche d'Artois; la ſeconde Marie de Luxembourg, fille de l'Empereur Henry VII., qu'il épouſa l'an 1323 après avoir fait caſſer ſon mariage avec Blanche. Marie de Luxembourg étant morte en 1324, il épouſa en troiſiémes nôces Jeanne d'Evreux qu'il laiſſa enceinte.

La France ſe trouva dans le même cas où elle avoit été à la mort de Louis X. Il fut réſolu qu'on attendroit les couches de la Reine pour donner un Succeſſeur à Charles IV.; mais en attendant Philippe VI. fils de Charles de Valois, frere de Philippe le Bel fut déclaré Régent du Royaume, à l'excluſion d'Edouard III. Roi d'Angleterre, qui y prétendoit à titre de neveu du feu Roi, étant fils d'Iſabeau fille de Philippe le Bel, & ſœur du Roi Charles IV. La Reine étant accouchée deux mois après d'une Princeſſe, Philippe fut reconnu Roi par les Etats, & ſacré à Rheims le 28 de Mai. Ce Prince avant que d'être ſacré avoit rendu à Philippe Comte d'Evreux la Navarre qui lui appartenoit de droit, parce qu'il avoit épouſé Jeanne fille de Louis Hutin Roi de France par ſon pere, & Roi de Navarre par ſa mere.

Philippe à ſon avénement à la Couronne ſe vit obligé de prendre les intérêts du Comte de Flandre ſon parent & ſon vaſſal, contre lequel les Flamans s'étoient révoltés. Philippe entra en Flandre, & alla camper à une lieue de Mont-Caſſel dont les ennemis étoient maîtres. Les Flamans ne reſterent pas long-tems tranquilles dans leur poſte : ils attaquerent le Camp des François avec tant de vigueur qu'ils pénétrerent juſqu'au quartier du Roi. Robert de Caſſel frere du Comte de Flandre arriva heureuſement dans une conjoncture ſi critique. Il arrêta les ennemis aſſez long-temps pour que l'armée Françoiſe pût ſe rallier & revenir à la charge. La Cavalerie qui étoit accouru au ſecours du Roi, dont elle avoit appris le danger, culbuta les ennemis, & bientôt ils furent enfoncés de toutes parts. Il en demeura près de douze mille ſur le Champ de bataille, ſans compter ceux qui furent tués en fuyant. Cette victoire fut ſuivie de la priſe de Caſſel qui fut raſée & réduite en cendres. La Flandre ne tarda pas enſuite à être ſoumiſe, & l'on punit les principaux auteurs de la ſédition.

Philippe de retour dans ſes Etats envoya deux Seigneurs en Angleterre

DE LA FRANCE.

CHARLES IV. DIT LE BEL XLVI. Roi.
Guerre des Batards.

1327.
Mort de Charles le Bel.

BRANCHE COLLATERALE DES VALOIS.

PHILIPPE IV. DIT DE VALOIS XLVII. Roi.

Guerre de Flandre.

---

(19) Il mourut le 31 Janvier 1328 ſelon Dom Vaiſſette; le premier de Février ſelon Dom Montfaucon & Mezerai.

DE LA FRAN-
CE.

PHILIPPE VI.
DIT
DE VALOIS
XLVII. ROI.

1329.
Philippe se
croise.

1331.
(1332.)
Robert d'Artois
exilé de France
passe en Angle-
terre.

1336.

Guerre de Phi-
lippe avec l'An-
gleterre.

1338.

1339.

pour sommer Edouard III. de venir lui rendre hommage pour le Duché d'Aquitaine. Edouard fit d'abord quelques difficultés ; mais ayant appris que le Roi de France se disposoit à l'y contraindre, il se rendit à Amiens, où il y eut encore quelques débats, parce qu'on vouloit exiger de lui qu'il rendît un hommage-lige, au lieu qu'il vouloit n'en rendre qu'un simple. Enfin le 16 de Juin Edouard prêta serment de fidélité dans l'Eglise Cathédrale, & s'en retourna en Angleterre. Cependant Philippe brûloit d'envie de signaler son courage contre les Infidéles, & comme il se voyoit alors en paix, il se croisa pour le voyage de la Terre Sainte ; mais la guerre qu'il eut peu de temps après à soutenir contre l'Angleterre l'empêcha d'exécuter son dessein. Elle fut suscitée par les intrigues de Robert d'Artois que le Roi avoit chassé de ses Etats, pour le punir d'une lâcheté indigne d'un Prince de son sang.

Robert fils de Philippe d'Artois & petit-fils de Robert II. Comte de cette Province avoit prétendu à la possession de ce Comté après la mort de son ayeul ; mais comme Philippe étoit mort avant Robert II. Mathilde sœur de ce dernier, & femme d'Othon IV. Comte de Bourgogne en obtint l'investiture pour son mari, à l'exclusion de son neveu. Après la mort d'Othon Mathilde fut confirmée dans la possession de ce Comté par deux Arrêts des Pairs. Ces choses s'étoient passées sous Philippe le Bel & Louis Hutin. Philippe de Valois étant monté sur le trône, il crut avoir trouvé un protecteur ; mais comme il ne pouvoit esperer de faveur qu'autant qu'il y auroit apparence de justice de son côté, il produisit des titres dont on découvrit la fausseté. Philippe irrité de cette action exila Robert d'Artois, qui après s'être réfugié chez le Comte de Namur & ensuite chez le Duc de Brabant, passa en Angleterre où il fut très-bien reçu du Roi.

Philippe eut bientôt occasion d'agir de représailles. David de Brus Roi d'Ecosse ayant été détrôné par Edouard de Bailleul que le Roi d'Angleterre soutenoit, vint chercher un asyle en France. Le Roi lui assigna pour sa demeure Château-Gaillard, place sur la Seine à quelques lieues de Rouen. Les deux Rois ne tarderent pas à en venir à une rupture ouverte, & chacun mit dans son parti différens Souverains de l'Europe. Edouard fit une ligue avec le Comte de Hainault, & avec un grand nombre des Seigneurs des Pays-Bas. Il vint aussi à bout de faire soulever les Flamans par le moyen d'un Brasseur de bierre, nommé Artevelle, qui demeuroit à Gand, & pour lequel la Populace avoit beaucoup d'attachement, parce qu'il haïssoit la Noblesse. Philippe de son côté mit dans ses intérêts le Roi de Navarre, le Duc de Bretagne, le Comte de Bar & ses autres Vassaux. Il se servit aussi des Vaisseaux & des Officiers de Marine qui étoient destinés pour la Terre Sainte, & par ce moyen il se trouva une Flotte assez considérable pour être en état de s'opposer aux Anglois. Cependant ce ne fut qu'en 1338 que le Roi d'Angleterre déclara la guerre à Philippe dans les formes.

Les hostilités commencerent par le Siége de Cambrai, que le Roi d'Angleterre fut contraint de lever. Il s'en vengea par le dégât qu'il fit en Picardie, & par la prise de la Ville de Guise. Philippe n'eut pas plutôt appris la nouvelle de l'arrivée des Anglois en Flandre qu'il se mit en marche pour aller à leur rencontre. Les deux armées se trouverent en présence près de la Capelle, mais on n'en vint point aux mains, parce que d'un côté le Roi d'Angleterre n'avoit pas assez de troupes, & que de l'autre Philippe ne vouloit pas exposer son Royaume au sort d'une bataille. Edouard, ne trouvant cependant point de sûreté à rester dans son poste se retira dans les Pays-Bas. Ses armes ne furent pas plus heureuses en Guienne : les François lui enleverent Bourg, Blaye, & quelques autres Forteresses, tandis que la Flotte Françoise après avoir remporté un avantage considérable sur celle des Anglois, avoit fait une descente à Portsmouth d'où elle remporta un grand butin. Telle fut l'expédition de la premiere campagne, pour laquelle Edouard avoit fait tant de dépense, & dont il ne retira aucun fruit.

De la France.
Philippe VI. dit de Valois XLVII. Roi.

Les Anglois rebutés par ces mauvais succès ne vouloient plus fournir de subsides au Roi pour continuer la guerre ; mais ce Prince ayant fait déclarer les Flamans en sa faveur, & s'étant revêtu du titre de Roi de France pour autoriser la révolte de ces derniers, releva l'espérance des Anglois, & en obtint ce qu'il desiroit. Philippe se vengea des Flamans par le ravage qu'il fit de leurs terres pendant l'Hyver & le Printemps suivant. Edouard ne tarda pas à venir à leurs secours. La Flotte Françoise voulut s'opposer à son passage, mais après un combat des plus opiniâtres, elle fut battue, & les Anglois entrerent triomphans dans le Port de l'Ecluse. Cette défaite obligea Philippe à se retirer sous Arras, tandis qu'Edouard s'avançoit pour faire le Siége de Tournai. La Ville étoit prête à se rendre, & Philippe s'étoit approché du Camp des ennemis pour leur livrer Bataille, lorsque Jeanne de Valois sœur du Roi, mere du Comte de Hainault & belle-mere du Roi d'Angleterre obtint que les deux Partis entreroient en conférence. Philippe & Edouard avoient trop d'intérêts à concilier pour qu'on pût en venir à une paix solide, de sorte que toutes les négociations n'aboutirent qu'à une tréve qui devoit durer jusqu'à la Saint Jean-Baptiste de l'année suivante. Le Pape employa inutilement cet intervalle pour porter les deux Rois à la paix ; mais il ne put obtenir qu'une prolongation de tréve.

Edouard III. prend le titre de Roi de France.

1340.

Sur ces entrefaites Jean III. Duc de Bretagne mourut sans laisser d'enfans. Il avoit désigné pour son Successeur Charles de Blois fils puîné de Gui de Châtillon Comte de Blois, & de Marguerite de Valois sœur de Philippe de Valois. Les Seigneurs Bretons avoient consenti à ce choix, & Jean pour assurer la possession de ses Etats à Charles de Blois, lui avoit fait épouser sa niece fille de Gui Comte de Penthievre. Ces arrangemens n'empêcherent point Jean de Montfort fils d'Artur II. & d'Yolande sa seconde femme de prétendre au Duché de Bretagne. Après la mort du Duc, Jean de Montfort se rendit à Nantes, où il fut reconnu Souverain à l'exclusion de Charles de Blois, & en peu de temps il s'empara d'une partie du Duché. Philippe ne put s'empêcher de prendre les intérêts de son neveu. Il cita Montfort à comparoître devant les Pairs pour y plaider sa cause. Ce Seigneur se rendit à Paris accompagné de quatre cens Gentilshommes ; mais ayant apperçu que l'affaire ne seroit point décidée en sa faveur, il sortit sécretement de Paris & retourna en Bretagne. Cependant les Pairs rendirent le 7 Septembre un Arrêt en faveur de Charles. Le Roi en conséquence de la

1341.
Troubles en Bretagne.

DE LA FRAN-
CE.

PHILIPPE VI.
DIT
DE VALOIS
XLVII. ROI.

décision des Pairs, envoya une armée en Bretagne sous la conduite du Duc de Normandie son fils aîné. Ce Prince mit le Siége devant Nantes, & força Jean de Montfort à se rendre prisonnier. Il y avoit lieu de croire que la querelle étoit terminée, & que Charles resteroit tranquille possesseur du Duché de Bretagne, mais la fermeté de Jeanne de Flandre épouse de Montfort empêcha les effets fâcheux qui devoient naturellement suivre la captivité de son mari. Cette Héroïne, l'une des plus courageuses Princesses dont l'Histoire fasse mention, rassura les esprits, & soutint un parti qui paroissoit abbatu. On la vit faire toute les fonctions du Général le plus habile & le plus expérimenté, & du plus brave Soldat; marcher en campagne le casque en tête, l'épée à la main, soutenir des Siéges, assiéger des Villes, combattre sur mer & sur terre.

1345.

Sur ces entrefaites Jean de Montfort ayant trouvé moyen de sortir de sa prison se retira d'abord en Angleterre, & revint ensuite en France. Il ne survécut pas long-temps à sa liberté, & il mourut le 7 de Septembre. La Comtesse de Montfort ne fut pas plus déconcertée de la mort de son mari qu'elle l'avoit été de sa prison, & avec le secours des Anglois elle fit tête à Charles de Blois, & gagna plusieurs batailles contre lui. Ce Prince eut enfin le malheur d'être fait prisonnier en 1347, & Jeanne de Penthievre son épouse fit alors ce que la Comtesse de Montfort avoit fait pendant la captivité de son mari, & ce qu'elle faisoit encore pour conserver à Jean son fils le Duché de Bretagne. Ces deux femmes pousserent la guerre avec vigueur, & ce ne fut que le 29 Septembre 1364 que cette querelle fut terminée par la mort de Charles de Blois. Cette guerre avoit duré vingt ans.

1346.

Bataille de Creci.

Cependant elle continuoit toujours entre la France & l'Angleterre; ou plutôt l'affaire de Bretagne avoit servi de motif à Edouard pour faire passer des troupes en France. Il avoit d'abord envoyé Henry de Lancastre Comte de Derby, avec une flotte & une armée considérable. Il débarqua à Bayonne, passa à Bordeaux, & se rendit maître de plusieurs Places dans la Guienne. On ne put arrêter les progrès des Anglois, parce qu'on n'avoit point alors de troupes, ni d'argent pour en lever. Edouard profitant des circonstances fit lui-même une descente en Normandie au mois de Juillet 1346, & s'avança jusqu'aux portes de Paris, portant par-tout le fer & le feu. Il brûla Saint-Germain-en-Laye, Nanterre, Saint-Cloud & Bourg-la-Reine. Philippe ayant rassemblé une nombreuse armée marcha à la rencontre de l'ennemi, qui se retira du côté de Beauvais. Pendant qu'il faisoit d'inutiles efforts pour s'en rendre maître, Philippe approchoit, & les deux armées s'étant trouvées en présence le 26 d'Août, on en vint aux mains avec une égale ardeur. Edouard étoit à la tête de quarante mille hommes bien aguéries, & Philippe avoit une armée de près de cent mille hommes, mais fatigués par une marche de trois jours. La plûpart avoient été levés à la hâte, de sorte qu'ils ne connoissoient ni l'ordre ni la discipline. Après un combat long & sanglant la victoire se déclara pour les Anglois. Philippe presqu'entièrement abandonné des siens fut contraint de se retirer à Amiens. Les François perdirent en cette occasion vingt-cinq ou trente mille hommes. On trouva parmi les morts le Roi de Bohême, le Comte d'Alençon, le Duc de Lorraine;

raine; les Comtes de Flandre, de Blois, de Harcourt, de Saint-Paul & un grand nombre de Gentilshommes. Edouard après cette victoire fit le Siége de Calais dont il ne put s'emparer qu'au bout d'un an. La défaite de Philippe l'avoit obligé de retirer le peu de troupes qu'il avoit dans la Guienne. Ainsi cette Province se vit exposée à la fureur des Anglois qui y exercerent toutes sortes de cruautés. Le Pape Clément VI. voyoit avec peine ces deux Monarques se faire continuellement la guerre. Il employa toutes sortes de moyens pour les porter à la paix; mais ce fut toujours inutilement. Il vint cependant à bout de les engager à faire une tréve qui devoit durer depuis le 1 Octobre jusqu'au 24 de Juin de l'année 1348. Elle fut prolongée successivement jusqu'à la Pentecôte de l'année 1350, & ensuite jusqu'au premier Avril de l'année suivante; mais elle fut mal observée, car il y eut toujours quelques hostilités de part & d'autre.

<small>DE LA FRANCE.</small>

<small>PHILIPPE VI. DIT DE VALOIS XLVII. ROI.</small>

<small>1348.</small>

Pendant que la France jouissoit pour quelque temps d'un repos dont elle avoit été privée depuis plusieurs années, Humbert II. Comte Dauphin de Vienne qui avoit cédé dès l'an 1343, par un Traité fait au mois d'Avril, cette Province à Philippe, confirma cette cession en 1349, & se retira dans un Couvent de l'Ordre de Saint Dominique. C'est depuis cette donation que les fils aînés de France ont pris le titre de Dauphin. Ce fut vers ce même temps que le Comté de Roussillon, & la Seigneurie de Montpellier furent réunis à la Couronne. Cette Seigneurie étoit depuis long-temps dans la Maison d'Aragon; mais Jacques d'Aragon la vendit à Philippe, & employa cet argent à lever des troupes pour se venger de Pierre IV. Roi d'Aragon qui l'avoit dépouillé de ses Etats.

<small>Le Dauphiné cédé à la France.</small>

Cependant le Pape travailloit avec ardeur à réconcilier Edouard avec Philippe, & l'espérance d'une paix prochaine avoit répandue la joie dans le cœur des François; mais elle fut troublée par la mort du Roi. Elle arriva à Nogent-le-Roi le 22 Août 1350. Ce Monarque étoit alors dans la cinquante-septiéme année de son âge, & dans la vingt-troisiéme de son regne. Philippe laissa de Jeanne de Bourgogne sa premiere femme morte le 12 de Septembre 1348 quatre fils & une fille; sçavoir, Jean Duc de Normandie, qui monta sur le trône; Philippe Duc d'Orléans, un autre Jean & un autre Louis, tous deux morts dans leur jeunesse, & Marie, qui épousa le Duc de Limbourg. Philippe avoit épousé en secondes nôces le 29 Janvier 1349, Blanche d'Evreux-Navarre. La Reine qui étoit enceinte à la mort du Roi accoucha quelque temps après d'une Princesse. Le Corps de Philippe fut porté à Saint-Denys, ses entrailles aux Dominicains de la rue Saint-Jacques à Paris, & son cœur à la Chartreuse de Bourg-Fontaine en Valois.

<small>1350. Mort de Philippe.</small>

Après la mort de Philippe de Valois, Jean son fils aîné monta sur le trône le 22 Août, & fut sacré à Rheims le 26 de Septembre suivant. Ce Prince avoit plus de quarante ans. La tréve que les Anglois avoient faite avec Philippe n'étoit point encore expirée, elle fut même prolongée jusqu'en 1354, quoiqu'il y eût pendant cet intervalle quelques hostilités de part & d'autre.

<small>JEAN II. XLVIII. ROI.</small>

La France ne jouissoit pas de la tranquillité que la tréve lui procuroit. Un ennemi aussi dangereux que le Roi d'Angleterre occasionna des troubles

Tome I. Partie II. T*

qui mirent ce Royaume à deux doigts de sa perte. Charles Roi de Navarre, fils de Philippe Comte d'Evreux Prince du sang, & de Jeanne de France fille de Louis Hutin profitant de l'embarras que les Anglois causoient au Roi, demanda la restitution des Comtés de Champagne & de Brie, & le Duché de Bourgogne qu'il prétendoit lui appartenir du chef de Jeanne sa mere. Jean lui refusa sa demande, mais il lui donna Mante & Meulan en échange du Comté d'Angoulême. Ce qui rendit ce Prince très-puissant en Normandie où il possedoit déja le Comté d'Evreux, celui de Mortain, & quelques autres Places. Le Comté d'Angoulême fut donné à Charles d'Espagne Connétable de France. Le Roi de Navarre ennemi mortel du Connétable, ne put voir sans jalousie ce Seigneur revêtu de sa dépouille, & l'ayant surpris dans une Hôtellerie, il le fit assassiner. Le Roi se trouva fort embarrassé pour punir un tel coupable qui étoit en même temps Roi & son gendre. Jean obligé de céder dans les circonstances critiques où il se trouvoit, puisqu'on étoit toujours dans la crainte de voir arriver les Anglois en France, consentit que Charles de Navarre demanderoit pour la forme pardon en plein Parlement, & qu'ensuite le Roi lui pardonneroit son crime. Quelque temps après Jean découvrit les liaisons secretes que Charles entretenoit avec l'Angleterre au préjudice de la France. Le Roi pour le punir de sa félonie entra en Normandie & ordonna la saisie de toutes les terres que le Roi de Navarre possedoit dans cette Province; mais il ne put se rendre maître des Places que les troupes Navaroises défendoient. Charles qui avoit été informé de ce qui se passoit étant arrivé dans ce Pays avec un Corps de deux mille hommes le Roi fut contraint d'acheter la paix à prix d'argent, parce que la guerre étoit sur le point de recommencer plus vivement que jamais avec l'Angleterre.

En effet à peine la tréve étoit-elle expirée que le Prince de Galles passa en Gascogne, tandis que le Roi d'Angleterre se rendoit en Flandre. Ils ne firent cependant aucune expédition considérable, & ils se contenterent de ravager les terres dans ces Provinces. Cependant le Roi de Navarre cherchoit les moyens d'exciter des troubles dans l'Etat; il avoit voulu même engager le Dauphin dans ses intrigues. Jean résolut enfin de se délivrer d'un ennemi si dangereux, mais comme il ne pouvoit le faire à force ouverte, il eut recours à la ruse. Le Dauphin de concert avec son pere l'invita à dîner dans le Château de Rouen, & pendant qu'il étoit à table le Roi fit entrer des Soldats qui l'arrêterent prisonnier avec plusieurs Seigneurs de sa cabale. Le Comte d'Harcourt, Graville, Maubue & Doublet, qui étoient du nombre des Seigneurs qu'on venoit d'arrêter furent condamnés sur le champ à avoir la tête tranchée, ce qui fut exécuté. Le Roi de Navarre fut d'abord conduit à Château-Gaillard, & ensuite transferé au Châtelet de Paris avec Fiquant & Vaubattu, les autres Seigneurs furent mis en liberté.

Philippe de Navarre frere du Roi, & Géofroi d'Harcourt le plus dangereux homme de cette famille, rassemblerent les Partisans du Roi de Navarre, & se cantonnerent dans le Cotentin, où ils furent bientôt renforcés par le Duc de Lancastre qui y arriva avec quatre mille Anglois. Avec ce secours ils attaquerent Verneuil, dont ils se rendirent maîtres. Le Roi ayant assemblé son armée marcha à la rencontre des ennemis qu'il ne put forcer à en venir aux mains, mais il prit Tillieres & Breteuil. D'un autre côté le Prince de Galles que le Roi d'Angleterre avoit chargé de la guerre en France, étoit paſſé de la Gaſcogne juſque dans l'Auvergne, le Limouſin & le Berri. Jean étonné de la témérité de ce jeune Prince paſſa la Loire à deſſein de le couper dans ſa retraite, & le joignit à Montpertuis à deux lieues de Poitiers. Le Prince de Galles ſe trouva dans un extrême embarras, & il auroit été obligé de ſe rendre priſonnier avec toute ſon armée, ſi le Roi ſe fût contenté de le bloquer dans le poſte où il étoit ; mais l'ardeur des François ne leur permit pas de reſter tranquilles à la vûe des ennemis, & il fut réſolu qu'on les forceroit dans leurs retranchemens. Le terrein que les Anglois occupoient étoit fort inégal, embarraſſé de vignes & de buiſſons, & il étoit impoſſible de les y attaquer à cheval. Les ennemis outre cela avoient creuſé des foſſés le long de la haye qui défendoit ce poſte. Malgré tant de difficultés les François entreprirent de les forcer ; mais les troupes qui entrerent les premieres dans ce retranchement ayant été culbutées, le chemin qui étoit fort étroit ſe trouva entiérement bouché ; de ſorte que celles qui les ſuivoient ſe trouverent expoſées aux traits des ennemis ſans pouvoir ſe défendre. Le déſordre ſe mit bientôt parmi les François, & l'ennemi profitant des circonſtances les pouſſa vivement & les mit en fuite. Cependant le Roi faiſoit tous ſes efforts pour les ramener au combat, & il ne put ſe réſoudre à abandonner le Champ de bataille. On lui crioit de tous côtés de ſe rendre ; mais il aſſommoit à coup de hâche quiconque oſoit l'approcher. Enfin accablé de laſſitude, il ſe rendit priſonnier avec ſon fils Philippe, qui avoit donné des preuves de ſon courage & de ſon intrépidité. Le Prince de Galles uſa avec modération de ſa victoire, & rendit à ſon priſonnier tous les honneurs poſſibles. Le Roi fut d'abord conduit à Bordeaux, & l'année ſuivante le Prince de Galles l'emmena avec lui en Angleterre, où ils arriverent au mois d'Avril.

Charles Dauphin Duc de Normandie, n'avoit alors qu'environ dix-neuf ans ; mais il étoit naturellement prudent & moderé, & quoiqu'il n'eût aucune expérience dans le Gouvernement, il auroit pû ſoutenir l'Etat s'il eût trouvé des Sujets dociles & affectionnés. Après la retraite du Prince de Galles, il ſe rendit à Paris où les Habitans lui donnerent d'abord des marques de leur attachement ; mais dans la ſuite ils ſe laiſſerent corrompre par Marcel Prévôt des Marchands, homme ſéditieux & entreprenant. Son premier ſoin fut d'aſſembler les Etats. On ne put cependant y rien décider parce que le Dauphin s'étant apperçu qu'ils vouloient le gouverner, rompit l'aſſemblée ſous prétexte d'un voyage qu'il étoit obligé de faire à Metz, où l'Empereur Charles IV. ſon oncle maternel, devoit tenir une grande Diette, dans laquelle on traiteroit de la délivrance du Roi.

L'abſence du Dauphin ſervit à forttifier le parti des Factieux à la tête deſquels étoient Robert Evêque de Laon, Jean de Pequigni Gouverneur d'Artois, & Marcel Prévôt des Marchands. Ce dernier fit ſoulever le Peuple à l'occaſion d'une Ordonnance que le Dauphin en qualité de Lieutenant du Royaume avoit rendue pour donner cours à une nouvelle monnoye. C'étoit le moyen le plus aiſé que ce Prince pût prendre pour ſubvenir aux preſſantes néceſſités de l'Etat. La ſédition ne put être appaiſée que par la révocation de

T ij

cette Ordonnance. Cet attentat du Prévôt des Marchands ne fut que les préliminaires des troubles qu'il occasionna dans la Capitale & qui mirent le Dauphin en danger de perdre la vie. Marcel étoit dans les intérêts du Roi de Navarre, & cherchoit tous les moyens de procurer la liberté à ce Prince, aux dépens de la tranquillité du Royaume. Il fit convoquer de nouveau les Etats, & fit une infinité de changemens dans le Parlement & la Chambre des Comptes. Sur ces entrefaites on conclut avec le Prince de Galles une tréve pour deux ans. Le Dauphin voulut alors congédier les Etats ; mais Marcel les fit continuer malgré le Dauphin. Ce Magistrat avoit représenté au Peuple que son salut dépendoit de cette assemblée, & qu'on devoit regarder comme des traîtres ceux qui avoient conclu la tréve avec l'Angleterre. Le Dauphin ne se trouvoit point en sûreté dans Paris, & il auroit voulu pouvoir se retirer dans quelque Province ; mais il étoit gardé à vûe ; ce fut dans cette occasion que commença l'usage de tendre des chaînes dans les rues. On creusa des fossés au dehors de la Ville dans les endroits où il n'y en avoit point, & l'on mit du canon sur les remparts. Paris étoit devenu une Ville de guerre ; on y montoit tous les jours la garde. Les Navarrois ravageoient les environs, & les Paysans se révoltoient de tous côtés contre les Seigneurs. Les autres Villes du Royaume n'étoient pas plus tranquilles & se trouvoient exposées à la fureur des Brigands qui causoient d'horribles ravages.

Le Dauphin ayant trouvé moyen de s'échapper, les Parisiens appréhenderent que ce Prince ne les fît repentir de leur rébellion. Ils lui envoyerent des Députés pour le prier de revenir, & ils l'assurerent en même temps d'une obéissance à toute épreuve. Il se rendit à leurs prieres, & revint dans la Capitale. Sur ces entrefaites Pequigni ayant contrefait un ordre du Dauphin, fit rendre la liberté au Roi de Navarre. Le Dauphin consterné de cette nouvelle fut encore obligé de se prêter aux circonstances. A la priere des deux Reines Douairieres il lui accorda sa grace & un sauf-conduit pour venir à la Cour. Ce Prince ne se servit de sa liberté que pour exciter de nouveaux troubles. Etant arrivé à Paris le Prévôt des Marchands à la tête de dix milles personnes du Peuple se rendit auprès de lui dans un Champ qui étoit près de l'Abbaye Saint-Germain-des-Prés, & où le Roi se plaçoit ordinairement pour voir l'exercice de la Joute, qui se faisoit dans ce Champ. Ce fut dans cet endroit que Charles de Navarre tint un discours séditieux au Peuple, & exagera les maux qu'on lui avoit fait souffrir dans sa prison. Le Dauphin n'étoit point en état de réprimer une telle audace, il fut même obligé le lendemain d'approuver la réponse que l'Evêque de Laon fit au Roi de Navarre, par laquelle il assuroit ce Prince au nom du Dauphin, qu'on lui feroit justice des mauvais traitemens que ses ennemis lui avoient attirés. Cependant le Dauphin ne pouvoit consentir à rendre au Roi de Navarre les Places qu'on lui avoit enlevées dans la Normandie, ni rétablir la mémoire des Gentilshommes qui avoient été pris avec lui ; mais le Prévôt des Marchands eut l'insolence de lui dire de faire de bonne grace une chose qu'il falloit absolument qu'il fît. Le Dauphin obligé de dissimuler consentit enfin à ce qu'on exigeoit de lui. Il avoit cependant eu soin de faire connoître ses véritables intentions aux Gouverneurs de ses

Places, de sorte que le Roi de Navarre ne put s'en rendre maître. Il s'en vengea par les ravages que ses troupes faisoient autour de Paris, & le Prévôt des Marchands saisissoit cette occasion pour rendre le Dauphin responsable de tous ces maux & pour soulever le Peuple. Il eut la hardiesse de faire porter à ses Partisans des chaperons moitié rouges & moitié bleus, afin de reconnoître ceux qui étoient dans ses intérêts. Cependant plusieurs personnes appréhendant d'être assommées par les Factieux prirent aussi de ces sortes de bonnets. Animé par tant de succès il eut l'audace d'entrer dans l'appartement du Dauphin avec des gens armés, & de faire poignarder en présence de ce Prince Robert de Clermont Maréchal de France, & Jean de Conflans Maréchal de Champagne. Après cet horrible attentat qu'il fit approuver au peuple, il alla recevoir le Roi de Navarre qui étoit venu à Paris avec une grosse garde. Dans les conférences qu'ils eurent ensemble, il fut convenu qu'il feroit ensorte de faire monter ce Prince sur le trône de France. Depuis cette résolution ils dresserent des embuches au Dauphin, & ce Prince pensa même être enlevé à Saint-Ouen, Village qui est aux environs de Paris. L'on prétend que ce fut vers ce temps-là que le Roi de Navarre fit donner au Dauphin un poison lent qui altera fort sa santé.

Le Dauphin cependant affecta toujours beaucoup de franchise & d'ouverture pour ce Prince & pour le Prévôt des Marchands. Ils en furent la dupe; car le Dauphin trouva moyen de se faire déclarer par le Parlement Régent du Royaume, & de s'échapper une seconde fois de Paris. Il se rendit à Senlis & de-là à Compiegne, où il avoit invité la plus grande partie de la Noblesse à le venir trouver. Les Parisiens allarmés de la retraite du Régent lui envoyerent des Députés pour le supplier de revenir à Paris. Le Dauphin ne voulut consentir à leur demande qu'à condition qu'ils lui livreroient dix de ceux qui se trouveroient les plus coupables du massacre des deux Seigneurs qu'on avoit massacrés dans son appartement. Le Prévôt des Marchands qui sentit bien que le Dauphin demandoit sa tête anima de nouveau le Peuple contre le Dauphin, & fit déclarer le Roi de Navarre Capitaine ou Gouverneur de la Ville. Le Régent qui comptoit sur l'attachement des Champenois convoqua les Etats de ce Pays à Provins, & y manda le Roi de Navarre. Ce Prince qui avoit promis de s'y rendre, manqua à sa parole; mais les Parisiens y envoyerent leur Députés. Les Etats de Champagne promirent au Dauphin tout ce qui dépendroient d'eux. Sur ces assurances il convoqua les Etats de tout le Royaume à Compiegne, au lieu qu'ils devoient se tenir à Paris.

Le Régent y ayant obtenu des troupes & de l'argent, il songea à soumettre les Rebelles, & fit de Meaux & de Melun ses Places d'armes. Il s'empara de Corbeil, & fit construire un Pont sur la Seine entre cette Place & Paris, pour avoir la liberté de faire des courses des deux côtés de la riviere. Paris se trouvoit bloqué de ce côté-là, ce qui embarrassa fort le Prévôt des-Marchands. Ce Magistrat s'étant mis à la tête de quelques troupes attaqua Corbeil, repoussa les troupes Royales, & détruisit le Pont. Cependant la Campagne étoit désolée par des Compagnies de Brigands connus sous le nom de *Jacquerie*.

Le Régent vouloit absolument réduire les Parisiens; il assembla pour cet effet une nombreuse armée, & vint se poster à Charanton & à Saint-Maur. Les Parisiens à qui les vivres commençoient à manquer, sentirent trop tard qu'ils étoient la victime de l'ambition du Prévôt des Marchands : ils murmurerent hautement contre lui, & plusieurs se détacherent de son parti. Le Roi de Navarre qui ne se croyoit pas en sûreté dans la Ville, en sortit sous prétexte qu'il devoit avoir une armée pour tenir tête à celle du Roi. Marcel s'étoit déja apperçu que son parti s'affoiblissoit, & il se voyoit dans le cas de pousser les choses à la derniere extrêmité. Il convint donc avec le Roi de Navarre de lui livrer Paris, & de faire main-basse sur tous ceux qui ne seroient pas de son parti. Il devoit ensuite le faire proclamer Roi, en vertu du droit que ce Prince prétendoit avoir à la Couronne du chef de sa mere fille de Louis Hutin. Le premier jour du mois d'Août, qui étoit le jour dont il étoit convenu avec le Roi de Navarre, il voulut poster ses Partisans à la Porte Saint-Honoré & à la Porte Saint-Antoine.

Mais un Bourgeois, nommé Maillard qui commandoit à cette derniere Porte ayant soupçonné quelque trahison, résista au Prévôt des Marchands, & la querelle s'étant échauffée, Maillard frappa de sa hâche d'armes le Prévôt des Marchands, & l'étendit mort à ses pieds. Maillard prit ensuite une Banniere aux armes du Roi, s'avança dans la Ville en criant *Montjoye Saint Denys*. Il raconta au Peuple ce qui venoit de se passer, & leur apprit que Marcel avoit voulu livrer la Ville aux Anglois. La Populace qui passe facilement d'un excès à l'autre, s'emporta contre la mémoire du Prévôt des Marchands, & traîna son corps par toutes les rues de Paris. Le Dauphin ne fut pas long-temps sans apprendre une si heureuse nouvelle. Il se rendit promptement à Paris avec une bonne escorte, & il fut reçu avec toutes les démonstrations de joie. Les complices du Prévôt des Marchands furent exécutés quelques jours après, & il pardonna aux autres.

Le Roi de Navarre voyant ses esperances détruites par la mort de Marcel déclara la guerre au Dauphin, & fit des courses de tous côtés. Il se flattoit d'être bientôt secondé par les troupes du Roi d'Angleterre, parce qu'alors la tréve étoit prête d'expirer.

Edouard toujours occupé du dessein de s'emparer de la Couronne de France, recommença les hostilités aussi-tôt que la tréve fut expirée; les troupes du Roi de Navarre, qui jusqu'alors avoient ravagé la France sous le nom de ce Prince, continuerent à la désoler sous les étendards du Roi d'Angleterre. Mais pendant que les deux partis en étoient aux mains, & qu'on faisoit le Siége de quelques Places, Jean ennuyé de sa prison signa un Traité de paix qui ouvroit aux Anglois un chemin à l'entiere possession de la France. Par ce Traité Jean accordoit à Edouard la possession & la souveraineté des Duchés de Normandie & de Guienne, des Comtés de Poitou, de Touraine, d'Anjou, du Maine, de l'Agenois, du Quercy, de la Gascogne, de la Saintonge, de l'Angoumois, du Limousin, du Perigord, &c. Edouard outre cela retenoit Calais, avec les Comtés de Boulogne & de Guines, & entroit en possession du Comté de Ponthieu & de la Vicomté de Montreuil. Le Roi consentoit encore que le Duc de Bretagne fît hommage de son Duché au Roi d'Angleterre, & que ce Prince fût Juge du différend qui étoit entre Jean de Montfort & Charles de Blois. Enfin on donnoit pour la rançon du Roi & des Seigneurs prisonniers quatre millions d'or. Le Roi d'Angleterre renonçoit de son côté au droit qu'il prétendoit avoir sur la Couronne de France. Ces conditions étoient si dures que le Dauphin & les Etats refuserent de les accepter. Edouard irrité de l'opposition des Etats renferma le Roi & son fils Philippe dans la Tour de Londres, & passa en France avec une armée formidable. Le Régent qui ne se voyoit pas en état de tenir la Campagne, mit de fortes garnisons dans les Places frontieres, & s'enferma dans Paris avec la principale Noblesse du Royaume. Cependant Edouard étoit entré en Champagne, qu'il ravageoit par le fer & par le feu. Il mit le Siége devant Rheims, mais il fut obligé de le lever. La Bourgogne & le Nivernois racheterent le pillage de leurs biens en donnant de grosses sommes d'argent. Edouard animé par ces succès tourna du côté de Paris, prit Châtres & Montlheri, & se présenta aux portes de Paris. Le Dauphin n'osa pas risquer la bataille & se tint toujours enfermé dans la Capitale.

Edouard ne pouvant esperer de forcer la Ville, & touché sans doute des maux qu'il avoit faits à la France, commença à se montrer plus traitable. La plûpart des Historiens attribuent ce changement à l'impression qu'un orage épouvantable fit sur l'esprit de ce Prince, tout intrépide qu'il étoit. On rapporte que ce fut pendant cette tempête qu'il promit à Dieu de faire la paix avec la France. D'autres prétendent que ce Prince voyant son armée considérablement affoiblie, commença à craindre qu'on ne l'inquiétât dans sa retraite; & que cette raison l'engagea à faire des propositions de paix au Dauphin. Quoiqu'il en soit le Traité fut signé à Bretigni le 8 de Mai. Les principaux articles furent, que le Poitou, la Saintonge, la Rochelle, l'Agenois, le Perigord, le Limousin, le Querci, le Rouergue, l'Angoumois, les Comtés de Bigore & de Gaure, les Comtés de Ponthieu, & de Guines, la Ville de Montreuil, Calais seroient cédés au Roi d'Angleterre, pour être possédés à titre de Domaine & de Souveraineté, sans nulle mouvance de la Couronne de France. D'autre part le Roi d'Angleterre & le Prince de Galles renonçoient à porter dans leur Ecu les Armes de France, & à toutes leurs prétentions sur la Couronne, & aux droits qu'ils s'attribuoient sur la Normandie, la Touraine, l'Anjou & le Maine. La rançon du Roi fut taxée à trois millions d'écus d'or payables en plusieurs termes, & pour l'assurance de l'exécution du Traité il devoit donner quarante Otages, dont on conviendroit avec le Roi d'Angleterre dans l'entrevue des deux Rois à Calais, & le Pape fut garant du Traité (19).

Après la conclusion de ce Traité Edouard repassa en Angleterre, & Jean fut remis en liberté. Il se rendit à Calais pour y attendre le Monarque Anglois qui devoit bientôt s'y rendre. La paix y fut confirmée entre les deux Rois, & elle fut aussi signée entre le Roi de France & de Navarre. Les principaux Otages qui furent livrés aux Anglois étoient Louis Duc d'Anjou & Jean Comte de Poitiers fils du Roi, Philippe Duc d'Orléans son frere, Pierre Comte d'Alençon & Jean Comte d'Etampes.

Le Roi se rendit ensuite à Paris, où il arriva le 13 de Décembre. Les Parisiens

---

(19) Le Pere Daniel.

lui témoignerent la joie sincere que son retour leur causoit. Ce Monarque ne put jouir tranquillement de la liberté que le Traité de Bretigni lui avoit procurée. D'un côté il prévoyoit de grandes difficultés pour l'entiere exécution de ce Traité, de l'autre des troupes de Brigands causoient des désordres effroyables dans ses Etats. Il envoya contre eux Jacques de Bourbon Connétable de France; mais il fut défait, & la victoire qu'ils remporterent sur les troupes Royales les rendit plus fiers & plus entreprenans. Cependant les deux Rois se plaignoient qu'on n'exécutoit point les articles du Traité, & l'on fut prêt à en venir à une rupture ouverte.

Le Roi prit la résolution de repasser en Angleterre, pour conférer avec Edouard & prendre des arrangemens sur cette affaire. Il y arriva vers les Fêtes de Noël. Peu de temps après il tomba malade, & mourut le 8 d'Avril âgé de cinquante-cinq ans, après un regne de quatorze années. Ce Monarque avoit réuni à la Couronne en 1361 le Duché de Bourgogne après la mort de Philippe Duc & Comte de cette Province, & qui étoit le dernier de la Branche aînée de la premiere famille Royale de Bourgogne. Cette Province le dédommageoit en quelque sorte des grands Domaines qu'il avoit été obligé de céder à l'Angleterre. On rapporte que ce Prince étant sollicité de violer le Traité qu'il avoit fait par nécessité, il fit cette belle réponse. *Si la bonne foi étoit périe par toute la Terre, elle devroit se trouver dans le cœur & la bouche des Rois.* Jean avoit toujours conservé un si grand desir de passer en Palestine qu'au sortir de sa prison il prit la Croix, & promit du secours à Pierre de Lusignan Roi de Chipre, qui étoit venu en France pour demander une Croisade. Il laissa de Bonne de Bohême sa premiere femme, fille de Jean Roi de Bohême, quatre fils & quatre filles; Charles V. Duc de Normandie qui lui succéda; Louis Comte de Poitiers & ensuite Duc d'Anjou, & depuis Roi de Sicile; Jean Duc de Berry, & Philippe Duc de Bourgogne, qui fut le Chef de la seconde Race des Ducs de Bourgogne issue de nos Rois. Les quatre filles furent Jeanne, qui épousa Charles I. Roi de Navarre, Prince qui excita tant de troubles dans le Royaume, comme on vient de le voir; Marie qui fut mariée à Robert Duc de Bar; Elisabeth qui épousa Jean Galéas Visconti premier Duc de Milan, & Marguerite qui fut Religieuse à Poissy. Le Roi Jean eut de Jeanne de Boulogne sa seconde femme deux filles qui moururent en bas âge. Le corps de ce Prince fut rapporté en France & inhumé dans l'Abbaye de Saint-Denys.

Aussi-tôt que Charles eut appris la mort de son pere, il prit en main les rênes du Gouvernement auquel il étoit déja accoutumé depuis long-temps, & le 19 de Mai il se fit couronner à Rheims avec Jeanne de Bourbon sa femme. Ce Prince étoit alors dans la vingt-septiéme année de son âge. Les malheurs du dernier regne causés par la prison du Roi lui firent prendre d'autres mesures pour gouverner que ses Prédécesseurs. Il comprit qu'il n'étoit pas nécessaire, ou plutôt qu'il étoit dangereux pour un Royaume qu'un Roi se trouvât à la tête de ses troupes; & qu'il lui étoit plus avantageux de faire la guerre par ses Généraux, afin d'être en état de remédier aux malheurs qui pouvoient survenir. En conséquence de cette sage réflexion il chargea Bertrand du Guesclin, Gentilhomme Breton, dont la valeur & l'habileté l'habileté étoient connues, de faire la guerre contre le Roi de Navarre. Il le fit en même temps Gouverneur de Pontorson à l'extrêmité de la Basse-Normandie sur les Frontieres de Bretagne. Du Guesclin répondit à la confiance que le Roi avoit en lui; il surprit Mante, Meulan & Rouleboise: battit les Anglois & les Navarrois à Cocherel Village sur la riviere d'Eure entre Evreux & Vernon, & fit prisonnier le Captal de Busch, qui commandoit les ennemis. Cette victoire releva d'autant plus le courage des François que depuis quelque temps ils étoient toujours battus. Le Roi pour récompenser du Guesclin lui donna le Comté de Longueville & le fit Maréchal de Normandie.

De la France. Charles V. dit le Sage XLIX. Roi.

Cependant la bonne intelligence ne regnoit point entre la France & l'Angleterre, & le Traité de Bretigni ne s'exécutoit point entiérement. On ne cessoit de négocier & rien ne se terminoit. Les deux Nations étoient toujours aux mains l'une contre l'autre dans la Bretagne, où le Comte de Blois & celui de Montfort se faisoient une cruelle guerre, comme nous l'avons dit plus haut, car ce ne fut que sous le regne de Charles V. que cette affaire fut terminée par la mort du Comte de Blois. Charles appréhendant alors que le Comte de Montfort ne reconnût le Roi d'Angleterre pour son Souverain, abandonna le parti de la Comtesse de Penthievre, à qui cependant on laissa ce Comté, & consentit que Monfort possedât la Bretagne, à condition qu'il lui en feroit hommage. Le Roi d'Angleterre ne forma aucune difficulté à ce sujet, & la paix fut de nouveau confirmée entre les deux Couronnes. Elle fut suivie de celle que le Roi de Navarre fit en même temps par l'entremise du Captal de Busch, pour qui le Roi avoit eu toutes sortes d'égards pendant sa prison.

Paix avec le Roi de Navarre.

1365.

La France délivrée au-dehors de ses ennemis, étoit toujours désolée par les Compagnies de Brigands qu'il n'étoit pas facile de réduire. La guerre civile de Castille, je veux dire, celle qui se faisoit entre Pierre le Cruel & Henry Comte de Transtamare, son frere naturel, fournirent une occasion au Roi pour se délivrer des Brigands. Du Guesclin chargé de leur proposer d'entrer au service de Henry, réussit dans sa négociation, & moyennant une grosse somme d'argent, & des vivres pour faire leur route, ils rendirent les Places qu'ils occupoient dans le Royaume & passerent les Pyrenées (20).

1368.

Pendant que l'Espagne étoit déchirée par une guerre intestine à laquelle les Anglois avoient pris part, ainsi que le Roi de France qui y avoit envoyé quelque troupes, Charles s'étoit mis en état de ne plus redouter les Anglois. Le Traité de Bretigni si désavantageux à la France lui faisoit beaucoup de peine, & il cherchoit volontiers l'occasion de rompre avec l'Angleterre, & de lui enlever les Provinces qui lui étoient cédées par le Traité. Le mécontentement des Gascons que le Prince de Galles avoit imposés à la Capitation, lui fournit bientôt le prétexte qu'il cherchoit. Comme le Roi d'Angleterre n'avoit point encore renoncé juridiquement à ses prétendus droits sur la Couronne de France, sur la Normandie, sur le Maine & sur l'Anjou, & que Charles V. n'avoit point pareillement renoncé à ceux

(20) Voyez l'Histoire d'Espagne au sujet de cette guerre.

DE LA FRAN-CE.

CHARLES V. DIT LE SAGE XLIX. ROI.

qu'il avoit sur les Pays compris sous la Principauté de Gascogne & de Guienne, ce dernier se crut en droit de recevoir les plaintes des Gascons. Il fut cependant un an sans paroître prendre ouvertement leurs intérêts, mais au bout de ce temps il cita Edouard à comparoître devant la Cour des Pairs. Le Prince de Galles irrité de ce procédé, répondit qu'il se trouveroit à Paris comme il avoit fait quelques années auparavant à Poitiers. Cette réponse fut regardée comme une déclaration de guerre ; & l'on s'y prépara de part & d'autre avec la même ardeur.

1369.

Charles déclare la guerre au Roi d'Angleterre.

Cependant Edouard dont l'âge avoit ralenti le desir de faire des conquêtes, auroit souhaité pouvoir se dispenser de cette guerre, d'autant plus que le Prince de Galles étoit en très-mauvaise santé. Il offrit au Roi de faire incessamment la renonciation portée dans le Traité de Bretigni, pourvû que Charles réparât les dommages causés aux Anglois par le Come d'Armagnac, & les autres Seigneurs de son parti, & qu'il renonçât à la Guienne. Le Roi communiqua à la Cour des Pairs les propositions du Monarque Anglois. Elles furent rejettées, & il fut résolu qu'on lui déclareroit la guerre. Charles étoit en état de l'entreprendre par les sages précautions qu'il avoit prises, & par les Traités qu'il avoit faits avec la plûpart des Seigneurs de son Royaume, & avec Henry Roi de Castille qui devoit lui envoyer une Flotte considérable. En conséquence de la résolution de la Cour des Pairs, il fit partir pour Londres un simple Officier de sa Maison, pour lui déclarer la guerre.

Edouard piqué du mépris que le Roi de France lui témoignoit en cette occasion, assembla son Parlement, & lui annonça qu'il prétendoit défendre de nouveau ses droits sur la Couronne de France. On applaudit à sa résolution, & l'on consentit à lui fournir tout ce qui étoit nécessaire pour cette entreprise.

Conquêtes des François sur les Anglois.

Pendant qu'on assembloit une armée en Angleterre & que les troupes se disposoient à partir, le Comte de Saint-Pol & le Sire de Châtillon s'emparent d'Abbeville, taillerent en piéces les Anglois qui gardoient le Pont de Saint-Remi, & se rendirent maîtres de tout le Ponthieu. Les armes du Roi n'étoient pas moins heureuses dans le Languedoc, où le Duc d'Anjou Gouverneur de la Province enleva plusieurs Places aux ennemis. Les conquêtes du Duc d'Anjou engagerent une partie du Querci, du Rouergue à secouer le joug des Anglois, & cet exemple fut suivi par la Ville de Montauban & par quelques autres. Les troupes d'Angleterre étoient enfin débarquées à Calais sous les ordres du Duc de Lancastre autre fils d'Edouard. Le Duc de Bourgogne qui devoit passer en Angleterre pour porter la guerre dans ce Pays, fut contraint de rester en Picardie pour coûvrir le Ponthieu. Il se tint toujours sur la défensive parce que le Roi lui avoit défendu de livrer bataille. La conduite des François étonna l'ennemi, & il commença à les redouter davantage. Cependant le Duc de Lancastre après avoir ravagé le plat Pays entreprit de brûler la Flotte du Roi qui étoit à Harfleur. Ce projet n'eut point son exécution, par la prudence du Comte de Saint-Pol. Ce Seigneur ayant pénétré le dessein des Anglois côtoya pendant quelque temps leur armée, & se jetta enfin dans Harfleur avec deux cens lances. C'est tout ce qui se passa de considérable pendant cette campagne.

Les années suivantes furent plus fécondes en grands événemens. Char- | DE LA FRAN-
les ayant fait revenir du Guesclin qui étoit encore en Espagne, & ayant | CE.
tout disposé pour entrer en campagne, assembla les Pairs le 14 de Mai,
& déclara par un Arrêt que le Duché de Guienne, & tous les Fiefs posse- | CHARLES V.
dés en France par Edouard & par le Prince de Galles, étoient confisqués & | DIT LE SAGE
réunis à la Couronne. Edouard fut frappé de ce coup, & comme il com- | XLIX. ROI.
prit que Charles n'en étoit pas venu jusques-là sans être en état de soutenir
une pareille entreprise, il donna ordre au Duc de Lancastre de joindre le | 1370.
Prince de Galles, & au Général Knolle Capitaine très-expérimenté de commander les troupes qui étoient passées à Calais. Ce Général après avoir
ravagé les campagnes de Picardie & du Vermandois, vint jusqu'aux environs de Paris, brûla quelques Villages, & se retira dans le Maine. Du
Guesclin que le Roi avoit fait Connétable à la place du Seigneur de Fiennes que son grand âge avoit obligé de se retirer du service, se mit alors
à la tête d'un Corps de Gendarmerie, & d'une grande quantité de Noblesse Bretonne qui voulurent l'accompagner. Il joignit les ennemis près
Pont Vallain, les attaqua & les tailla en pièces. Cette victoire fut suivie
de la prise de plusieurs Villes. Le Duc d'Anjou eut le même avantage dans
la Gascogne, de sorte que les armes du Roi prospéroient de tous côtés.

Le Prince de Galles dont la santé s'affoiblissoit tous les jours, fut con- | 1371.
traint de retourner en Angleterre, & il laissa le soin de la guerre au Duc
de Lancastre. Le Pape Urbain V. & Grégoire XI. son successeur firent d'inu- | Tentatives inu-
tiles efforts pour rétablir la paix entre les deux Rois. Les esprits étoient | tiles pour la paix.
trop animés, & la guerre continua avec la même chaleur. Edouard vou- | Succès des Fran-
lant faire un dernier effort pour regagner, s'il étoit possible, l'avantage | çois.
qu'il avoit eu autrefois sur les François, équipa une Flotte considérable.
Elle devoit se rendre à la Rochelle, & y débarquer une puissante armée. | 1372.
Charles averti du dessein des Anglois, le fit sçavoir au Roi de Castille
qui envoyoit une Flotte à son secours, comme ils en étoient convenus par
un Traité. Les Castillans croiserent sur les Côtes de Poitou & de Sain-
tonges, & par ce moyen surprirent la Flotte Angloise commandée par
Pembroc. Une grande partie des Vaisseaux furent pris ou coulés à fond,
& le Comte de Pembroc fut fait prisonnier. Cette bataille se donna le 24
de Juin.

Après cette victoire les conquêtes des François devinrent plus rapides,
ils s'emparerent d'un grand nombre de Places, dont les unes furent emportées de force, & les autres ouvrirent leurs portes d'elles-mêmes. Poitiers, Angoulême, la Rochelle rentrerent avec joie sous la domination Fran-
çoise. Edouard paroissoit alors sans ressource, & l'on se flattoit de chasser | 1373.
bientôt de la France le reste des Anglois; mais ce Prince suscita un nouvel
ennemi à Charles, en faisant révolter le Duc de Bretagne, & cette guerre
empêcha le Roi de terminer ce qu'il avoit si heureusement commencé. Le
Comte de Montfort ébloui par les promesses du Roi d'Angleterre, consentit
que ce Monarque envoyât des troupes dans la Bretagne. La plûpart des Seigneurs qui étoient dans les intérêts du Roi de France, firent main-basse de tous
côtés sur les Anglois, & prierent le Roi de leur envoyer des troupes. Du Guesclin passa promptement dans cette Province à la tête d'une armée; & sa

V ij

présence ayant intimidé le Comte, il songea à la retraite, & bientôt il s'embarqua pour l'Angleterre. Cependant plusieurs Villes se fournirent volontairement, & il n'y en eut que quelques-unes qui se laisserent assiéger.

Sur ces entrefaites le Duc de Lancastre étoit arrivé avec un Corps considérable de troupes qui s'augmenta jusqu'au nombre de trente mille. Charles suivant toujours ses mêmes maximes n'opposa à ses ennemis que des Places défendues par de fortes garnisons, & un Camp volant pour les harceler pendant leur marche. Du Guesclin eut ordre de quitter la Bretagne, & de passer en Champagne pour couvrir cette Province, tandis que le Duc de Bourgogne à la tête d'un grand Corps de Cavalerie côtoyeroit l'armée ennemie, sans engager de combats. Le Duc de Lancastre traversa toute la France sans pouvoir rien entreprendre, & lorsqu'il arriva à Bourdeaux, son armée n'étoit composée que de six mille hommes, la plûpart ayant péri de fatigues & de faim, parce que le Roi avoit eu soin de faire renfermer les vivres dans les villes. Le Duc de Lancastre ne pouvant plus tenir la campagne avec un si petit nombre de troupes, fut obligé de repasser la mer.

La retraite de l'armée Angloise mit la Guienne & la Gascogne à découvert, & facilita les conquêtes que le Duc d'Anjou fit dans ces Provinces. Cependant le Pape fit de nouveaux efforts pour porter les Rois à la paix; mais tout ce qu'il put obtenir fut une tréve qui devoit durer jusqu'au 30 de Juin 1376. Le Comte de Bretagne ne fut point compris dans cette tréve, de sorte que la guerre continua dans cette Province. Le Comte de Bretagne s'y étant rendu à la tête de trois mille hommes & de deux mille Archers, reprit plusieurs Places; mais le Duc de Lancastre ayant signifié au Comte de Montfort la tréve qui étoit signée entre la France & l'Angleterre, il fut obligé de suspendre les hostilités. La mort du Prince de Galles arrivée sur ces entrefaites fut un contre-temps des plus fâcheux pour les Anglois. Ils faisoient une perte irréparable, & surtout dans des conjonctures aussi critiques, où l'Angleterre étoit prête à perdre son soutien, je veux dire Edouard III. qui ne survécut qu'un an à son fils. Ce Monarque après que la tréve fut expirée, se préparoit à entrer en campagne lorsqu'il fut attaqué d'une maladie qui le conduisit au tombeau. Charles profitant des troubles & de la consternation que la mort d'Edouard avoit causés en Angleterre équipa une Flotte, dont il donna le commandement à Jean de Vienne. Ce Seigneur fit une descente dans cette Isle, & y porta la désolation. D'un autre côté Charles envoya le Duc de Bourgogne à la tête d'une armée sur les Frontieres de Picardie, & le Duc d'Anjou avec le Connétable se rendirent dans la Guienne, où ils firent des progrès considérables. On prétend que dans l'espace de trois mois, du Guesclin enleva aux Anglois trois cens Villes, Bourgs ou Villages dans le Périgord, l'Agenois, le Bazadois & le Bourdelois. La Cour de Rome voulut encore tenter la voie de la Médiation, mais toujours inutilement, & l'Empereur Charles IV. qui se rendit à Saint-Denys pour accomplir un vœu qu'il avoit fait, ne put trouver mauvaises les raisons que Charles alléguoit pour continuer la guerre.

Ce Monarque avoit encore un autre ennemi, mais d'autant plus dangereux qu'il n'agissoit qu'en secret. Le Roi de Navarre affectoit toujours d'être dans les intérêts de la France, pour mieux cacher ses desseins criminels: ne pouvant rien entreprendre contre Charles, il résolut d'attenter de nouveau à la vie de ce Monarque comme il avoit déja fait une fois. La conjuration fut heureusement découverte, & les Ministres du crime du Roi de Navarre subirent la peine que méritoit une action si atroce. Charles pour se venger du Roi de Navarre envoya du Guesclin en Normandie pour se saisir de toutes les Places qui appartenoient à ce Prince. Tout prospéroit à Charles, & ses armes victorieuses avoient chassé les Anglois de presque toute la Guienne: le Roi de Navarre n'avoit plus de Places en Normandie que Cherbourg: presque toutes celles de Bretagne étoient soumises au Roi, & la plus grande partie de la Noblesse de cette Province lui étoit dévouée. Tant de bonheur éblouirent les yeux de Charles, & lui fit commettre une faute qui pensa lui devenir funeste. Croyant n'avoir plus rien à redouter, il résolut de réunir la Bretagne à la Couronne; mais il rencontra des obstacles qu'il n'avoit pas prévus. Les Seigneurs qui jusqu'alors s'étoient déclarés pour lui prirent le parti du Comte de Montfort, & ce Prince étant revenu d'Angleterre avec quelques troupes, trouva les Bretons disposés à la guerre. Les choses tournerent si fort au désavantage de la France que le Roi fut obligé de consentir que le Comte de Flandre fût Médiateur entre lui & Monfort; mais la chose ne réussit pas comme on s'en étoit flatté, & ce ne fut que sous le regne suivant que cette affaire fût terminée.

Cependant la guerre continuoit toujours avec les Anglois, & la prudence de Charles le rendoit souvent victorieux de ses ennemis. Mais enfin ils remporterent sur lui un avantage considérable dans une bataille qui se donna dans un lieu nommé le Pastoi-des-Bois. Charles pour avoir sa revanche envoya du Guesclin en Languedoc. Le Connétable commença la campagne par le Siége du Château de Randon. Les fatigues qu'il y essuya lui causerent une maladie dont il mourut après avoir obligé le Gouverneur de la Place à capituler. La vénération que le mérite du Connétable avoit inspirée au Gouverneur du Château fut si grande, qu'il lui apporta lui-même les clefs, & les posa aux pieds du corps de du Guesclin. Le Roi le fit transporter à Saint-Denys, où il le fit inhumer pour le récompenser des grands services qu'il avoit rendus à l'Etat.

Charles mourut quelques temps après, & l'on prétend que sa maladie avoit été causée par un poison lent que le Roi de Navarre lui avoit donné. Ce Monarque étoit alors dans la quarante-troisiéme année de son âge, & en avoit regné seize. Il laissa de Jeanne de Bourbon son épouse, deux fils; Charles Dauphin qui lui succéda, & Louis Duc d'Orléans. Il eut aussi six filles: deux qui porterent le nom de Jeanne, Bonne, Marie & Isabelle mortes en bas âge, & Catherine mariée à Jean de Berri Comte de Montpensier. Charles V. mérita à juste titre le nom de Sage. En montant sur le trône il avoit trouvé les affaires du Royaume presque désespérées, il les releva par sa prudence, & les porta au plus haut point. Sans sortir de son Cabinet, il reprit sur les Anglois tous les Pays que ses Prédécesseurs avoient perdus à la tête des armées les plus nombreuses. Edouard disoit avec étonnement, que jamais Roi ne s'étoit moins armé, & que cependant jamais Roi

De la France.
Charles V. dit le Sage XLIX. Roi.

Soulevement dans la Bretagne.

1379.

1380.

Mort de du Guesclin.

Mort de Charles V.

V iij

n'avoit fait de si grandes choses. Ce Prince rendit au mois d'Août 1374 une Ordonnance qui déclare les fils aînés de France majeurs lorsqu'ils ont atteint l'âge de quatorze ans.

DE LA FRANCE.

CHARLES VI. L. ROI.

Minorité de ce Prince.

Charles V. avant que de mourir avoit voulu prendre des précautions pour que la minorité de son fils ne fût point funeste à ses Sujets. Il auroit voulu que le Duc de Bourbon son beau-frere, dont il connoissoit la prudence & la probité, pût être seul chargé de l'administration des affaires ; mais il comprenoit en même temps que ses trois freres pourroient exciter des guerres civiles si on les excluoit entiérement du Gouvernement. Il fut donc obligé de confier la tutelle de son fils aux Ducs de Berri, de Bourgogne & de Bourbon, & de ne laisser au Duc d'Anjou que le moins d'autorité qu'il seroit possible. Il ne donna cependant le titre de Régent à aucun d'eux ; mais il instruisit plus particuliérement les Ducs de Bourgogne & de Bourbon, & leur communiqua ses vûes pour le bien & la tranquillité du Royaume. Après la mort du Roi, ces quatre Princes s'assemblerent pour convenir entr'eux de leur autorité, & pour prendre des moyens d'entretenir une parfaite intelligence pour la tranquillité & la conservation du Royaume. Mais les caracteres différens de ces Princes ne permettoient pas d'esperer que leur union fût de longue durée. Ils tinrent ensuite une autre assemblée pour nommer un Régent, & après bien des difficultés il fut résolu qu'on avanceroit le temps de la majorité du Roi, & que jusqu'à ce temps le Duc d'Anjou porteroit le titre de Régent ; qu'en cette qualité il feroit émanciper le jeune Monarque avant son Sacre, & que dès-lors le Royaume seroit gouverné au nom du Roi *par le conseil & avis de Messieurs ses Oncles*. Après tous ces arrangemens Charles VI. fut conduit à Rheims, où il fut sacré le 4 de Novembre. Ce Prince avoit alors environ douze ans.

1381.

La mésintelligence qui commença à regner entre les Princes Chefs du Gouvernement fut d'autant plus dangereuse à l'Etat, qu'on ne put prendre aucun arrangement pour appaiser le soulevement du Peuple & des Soldats. Les Anglois à la faveur de tant de troubles continuoient leurs hostilités en Bretagne ; mais le Duc ayant abandonné le parti des Anglois, & s'étant réconcilié avec la France, le Comte de Buckingam fut contraint de repasser la mer, après avoir laissé une garnison Angloise dans Brest. Richard Roi d'Angleterre voulut alors engager les fils du Comte de Blois à répéter leurs droits sur la Bretagne. Ces jeunes Princes refuserent absolument de causer aucun trouble dans cette Province, & déclarerent au Roi d'Angleterre qu'ils n'oublieroient jamais les obligations que leur pere avoit à la France.

Guerre de Flandres.

A peine étoit-on délivré de la crainte qu'on pouvoit avoir du côté de la Bretagne, que Charles se vit contraint d'entreprendre une guerre qui ne le regardoit pas directement. Louis Comte de Flandre avoit irrité ses Sujets par les impôts dont il les avoit surchargés, pour subvenir à ses folles dépenses. Résolus de se soustraire à la domination du Comte, ils se souleverent, & mirent à leur tête Philippe d'Artevelle, fils de Jacques d'Artevelle, ce fameux Brasseur de Bierre qui avoit fait tant de bruit sous le regne de Philippe de Valois. Le Comte de Flandre se trouvant dans un extrême embarras, eut recours à la France. Le Duc de Bourgogne gendre du Comte de Flandre & son héritier présomptif par sa femme, fille unique du Comte, fit comprendre au Roi qu'il étoit de son honneur de secourir son Vassal. Le Roi non-seulement consentit qu'on envoyât une armée contre les Rebelles, mais il voulut encore la commander. Lorsque les François entrerent en Flandre, Artevelle faisoit le siége d'Oudenarde. On ne jugea pas à propos de marcher au secours de cette Place, & l'on fut d'avis d'attaquer la partie de la Flandre qui est au-de-là de la Lys. Les Flamans furent par-tout battus, & les Villes forcées de se soumettre. On s'approchoit de Gand, & les Habitans commençoient à craindre d'être obligés d'ouvrir leurs portes. Artevelle averti du danger de ses Concitoyens, alla à leur secours, & s'avança jusqu'à Rosebeque, Village entre Deinze & Harlebec. On en vint aux mains, & les Flamans furent taillés en piéces. On en tua encore un grand nombre le lendemain. Artevelle Chef des Rebelles fut trouvé parmi les Morts.

DE LA FRANCE.

CHARLES VI. L. ROI.

1382.

Courtrai, Bruges & plusieurs autres Villes implorerent la clémence du Vainqueur. La Ville de Gand fut la seule qui persista dans sa rébellion. On ne put en faire le siége, parce que la saison étoit alors trop avancée, & le Roi retourna à Paris. Il entra dans cette Ville à la tête de ses troupes, & après les avoir distribuées par quartiers, il fit punir plusieurs Factieux, parmi lesquels étoit l'Avocat Général des Marêts qui eut la tête tranchée. On désarma ensuite tous les Habitans, la Porte Saint-Antoine fut abbattue, & il fut résolu qu'on acheveroit de bâtir les Tours de la Bastille que le feu Roi avoit commencées. La Charge de Prévôt des Marchands fut supprimée, la Jurisdiction en fut attribuée au Prévôt de Paris, les droits & les revenus de l'Hôtel de Ville furent réunis au Domaine. Après tant d'exécution le Roi accorda une Amnistie au reste des coupables, & ils furent seulement condamnés à une amende pécuniaire. On en usa de même à l'égard des autres Villes du Royaume, & les subsides qui avoient occasionnés les troubles furent rétablis en peu de temps.

1383.

Punition des Rebelles en France.

Cependant les hostilités continuoient toujours au-de-là de la Loire où les Anglois furent chassés des postes qu'ils occupoient. Les deux Rois las de la guerre auroient desiré en venir à une paix solide, mais il y avoit trop d'obstacles. Le Pape Urbain en vouloit outre cela aux François, parce qu'ils avoient reconnu le Pape Clément son Compétiteur, & ce Schisme causoit depuis long-temps de grands troubles dans l'Europe. Urbain chargea l'Evêque de Norwic d'une Croisade contre les Partisans de Clément. Ce Prélat à la tête d'une armée débarqua à Calais, & attaqua le Comte de Flandre, quoiqu'il fût du Parti d'Urbain. Il fit plusieurs conquêtes dans le Pays; & il formoit le siége d'Ypres lorsque le Roi passa une seconde fois en Flandre. L'armée Angloise se retira à l'approche des François & s'enferma dans différentes Villes. Charles ne voyant plus d'ennemis en campagne, fit le siége de plusieurs Places qu'il emporta. Le Duc de Bretagne ayant alors offert sa médiation, on convint d'une tréve qui devoit durer jusqu'à la fin de Septembre de l'année suivante.

Continuation de la guerre avec les Anglois.

Sur ces entrefaites le Comte de Flandre mourut, & la mort de ce Prince rendit le Duc de Bourgogne très-puissant, puisqu'il possedoit alors le Duché de Bourgogne, le Comté de Flandre, les Comtés d'Artois, de Retel, de

DE LA FRANCE.

CHARLES VI.
L. ROI.

1384.

Nevers, la Seigneurie de Salins & plusieurs autres Domaines. Les Flamans ne furent pas plus soumis à leur nouveau Maître qu'ils l'avoient été auparavant, & Charles fut obligé de marcher contre eux une troisiéme fois. Cependant les conférences continuoient toujours ; mais le résultat de tant de négociations fut la prolongation de la tréve jusqu'en 1385. Ce fut dans ce même temps qu'on apprit la mort du Duc d'Anjou, que la Reine Jeanne avoit déclaré son héritier du Royaume des deux Siciles, & qui étoit parti pour faire valoir ses prétentions (21).

1385.

Charles prend seul les rênes du Gouvernement.

Charles avoit atteint sa dix-septiéme année, & les Princes ses oncles songerent à le marier. On lui fit épouser Isabelle fille d'Etienne Duc de Baviere, alliance qui fut si funeste à la France. Ce mariage fut célébré à Amiens au mois de Juillet avec toute la magnificence possible. Cependant la tréve étoit expirée ; & comme on avoit résolu de pousser vivement la guerre contre les Anglois, on équipa une Flotte à l'Ecluse Ville de Flandre qui appartenoit au Roi. Les Habitans de Damme proposerent au Roi d'Angleterre de la brûler ; mais la conspiration ayant été découverte, on punit de mort les plus coupables. Après la prise de cette Place, la Ville de Gand demanda la paix, & elle fut conclue à Tournai le 18 de Décembre, malgré les intrigues des Partisans de la Cour de Londres. Pendant que ces choses se passoient en Flandre, le Duc de Bourbon faisoit des conquêtes dans la Saintonge & dans le Poitou. On découvrit cette même année une conspiration contre la vie du Roi. Le Roi de Navarre qui ne pouvoit plus rien entreprendre ouvertement contre la France, avoit formé le projet détestable de faire périr Charles VI. comme il avoit fait son pere. Le complot fut heureusement découvert, les complices furent punis de mort, & l'on procéda criminellement contre le Roi de Navarre. Ce Prince mourut au mois de Janvier 1387, & la France se vit délivrée d'un dangereux ennemi.

Conspiration du Roi de Navarre.

1386.

Charles étoit toujours occupé du dessein de faire passer une armée en Angleterre, & la conjoncture étoit alors très-favorable vû l'affoiblissement des forces de ce Royaume, causé par l'ambition du Duc de Lancastre. Ce projet ne put avoir son exécution par la faute du Duc de Berri, qui n'étoit point d'avis qu'on fît cette entreprise, & qui la fit échouer par la lenteur avec laquelle il rassembla les troupes. Cependant il fut tenté de nouveau en 1387 ; mais le Roi fut encore obligé de l'abandonner par la trahison du Duc de Bretagne qui avoit fait arrêter le Connétable de Clisson seul capable de conduire l'armée Françoise en Angleterre. La détention du Connétable auroit attiré de mauvaises affaires au Duc de Bretagne s'il n'eût pas eu dans ses intérêts les Ducs de Berri & de Bourgogne. Ces deux Princes obtinrent sa grace auprès du Roi, & le reconcilierent avec le Connétable.

1387.

1388.

Guerre dans le Duché de Gueldres.

Quelque temps après Guillaume Duc de Gueldres ayant eu la hardiesse de déclarer la guerre au Roi, parce que le Duc de Bourgogne avoit donné du secours à Jeanne Duchesse de Brabant, avec laquelle il avoit un différend, Charles se rendit dans son Pays à la tête d'une armée. Le

(21) On parlera de cette affaire dans l'Histoire de Naples.

Duc

Duc de Gueldres reconnoissant sa témérité vint faire ses soumissions au Roi. Ce Monarque lui pardonna, & voulut bien être l'Arbitre de la querelle qui étoit survenue entre le Duc & la Duchesse de Brabant.

De la France.

Charles VI. L. Roi.

Charles à son retour de Gueldres s'arrêta à Rheims où ayant assemblé les Princes du Sang, plusieurs Prélats & Seigneurs, déclara qu'il vouloit gouverner par lui-même. Les Ducs de Bourgogne & de Berri se retirerent alors dans leurs Gouvernemens, & il ne resta auprès du Roi que le Duc de Bourbon. On reprit ensuite les négociations pour la paix entre la France & l'Angleterre ; mais les difficultés qui la retardoient n'ayant pu être levées, on fit seulement une tréve pour trois ans.

Tout paroissant alors tranquille dans le Royaume, le Roi fit un voyage dans le Berri, dans la Bourgogne, se rendit à Avignon pour visiter le Pape Clément VII. assista au Couronnement de Louis II. Duc d'Anjou & Roi de Naples, parcourut le Languedoc, mit ordre aux affaires du Pays, & fit exécuter Jean de Betifac Secrétaire du Duc de Berri.

Les désordres que Charles avoit arrêtés dans les Provinces qu'il avoit parcourues, & les sages Réglemens qu'il avoit établis pour réprimer & prévenir différens abus, sembloient devoir maintenir la paix dans l'intérieur du Royaume, lorsqu'elle fut troublée par la grande jalousie que les Grands conçurent contre le Connétable. Le Duc de Berri à qui le Roi avoit ôté son Gouvernement de Languedoc, à cause de ses véxations, attribua cet affront à ce Ministre ; le Duc de Bretagne ne cherchoit que de nouvelles occasions de rupture ; mais la disgrace de Pierre de Craon, que Louis Duc d'Orléans frere du Roi exila de sa Cour, fut la cause des malheurs qui arriverent au Connétable, & qui par contre-coup pensa renverser l'Etat. Pierre de Craon s'imaginant que Clisson l'avoit mal mis dans l'esprit du Roi, le fit assassiner comme il sortoit de l'Hôtel Saint-Pol, où le Roi logeoit. Redoutant ensuite le châtiment que méritoit son crime, il se retira en Bretagne, ce qui donna lieu de soupçonner que le Duc avoit part à cet assassinat. Sur le refus que fit le Duc de rendre le coupable, le Roi se disposa à passer en Bretagne à la tête de ses troupes.

1390.
1391.
1391.

Un accident imprévû suspendit cette exécution. L'esprit du Roi commença à s'affoiblir, & il fit même plusieurs extravagances. Mais ce qui contribua le plus à lui déranger la raison, fut l'apparition subite d'un homme mal vêtu & de fort mauvaise mine, qui sortant du fond d'une Forêt par où le Roi passoit, saisit la bride de son cheval en lui disant : *Noble Roi, ne passe pas outre, retourne sur tes pas, tu es trahi*. Cette aventure jointe à la grande chaleur, & à la vue d'une épée nue qui étoit tombée par hazard du foureau d'un de ses Gardes, firent une telle impression sur le Roi qu'il tomba en frénésie, & tirant son épée il tua quelques-uns de sa suite. Trois jours après ce Monarque étant revenu à lui fut au désespoir de ce qui s'étoit passé. Il fit plusieurs Vœux & Pélerinages pour obtenir la guérison de sa maladie ; mais il eut le malheur de retomber souvent dans le même état ; ce qui l'engagea à consentir que les Ducs de Berri & de Bourgogne se mêlassent du Gouvernement.

Accident qui trouble l'esprit du Roi.

A peine ces Princes eurent-ils pris en main l'administration des affaires que le Connétable Clisson qui étoit échappé de ses blessures, fut dis-

Tome. I. Partie II. X*

gracié. Ce Seigneur redoutant l'autorité des Princes se retira en Bretagne, où aidé par le Duc d'Orléans, il fit vivement la guerre contre le Duc. On le regarda alors comme rebelle, & Philippe d'Artois Comte d'Eu fut revêtu de la dignité de Connétable. Sur ces entrefaites on prolongea la tréve avec les Anglois jusqu'à la Saint Michel de l'an 1394.

DE LA FRANCE.

CHARLES VI. L. ROI.

1393.
Balet des Sauvages.

Cependant on ne cherchoit que les occasions de divertir le Roi. Une Dame Allemande de la Maison de la Reine s'étant mariée, ont fit de grandes réjouissances, & il y eut un Bal masqué. Le Roi avec quelques Seigneurs se déguiserent en Sauvages par le moyen d'habits enduits de poix-raisine sur laquelle on avoit appliqué de la laine. Le Duc d'Orléans ayant approché une bougie auprès de l'habit d'un de ces masques, le feu y prit avec tant de violence qu'il se communiqua promptement aux autres qui étoient attachés ensemble. On ne put apporter aucun secours à ces Malheureux qui furent consumés, & le Roi se trouvoit dans le même danger, si la Duchesse de Berri ne l'eût promptement enveloppé d'un manteau, & par ce moyen elle vint à bout d'étouffer la flamme, & de sauver le Roi. La frayeur que le Prince eut en cette occasion le fit retomber dans ses accès de phrénesie.

1395.
Traité avec l'Angleterre.

Cette maladie engagea les Régens à faire prolonger de nouveau pour quatre ans la tréve avec l'Angleterre. On entama ensuite de nouvelles conférences, & comme il fut impossible d'en venir à un Traité de paix, on fit une tréve de vingt-huit ans, & les deux Rois eurent une entrevue entre Ardres & Calais, où le mariage de Richard avec Isabelle de France fut arrêté, quoique cette Princesse n'eût alors que sept ans. En conséquence de ces arrangemens elle fut conduite en Angleterre, pour y être élevée jusqu'à l'âge nubile. Brest fut en même temps rendue au Duc de Bretagne, & Cherbourg au Roi de Navarre; mais dans la suite cette Place demeura à Charles, & l'on donna en échange au Roi de Navarre le Duché de Némours, & quelques autres Terres, à condition qu'il renonceroit à toutes ses prétentions sur la Champagne & sur la Brie. Quelques années après Charles fit un autre Traité qui parut d'abord fort avantageux; mais dont on sentit dans la suite toutes les incommodités. Les Génois craignant de tomber sous la puissance de Galéas Viscomti Seigneur de Milan, se donnerent au Roi. Ils le reconnurent lui & ses successeurs Seigneurs de Génes à perpétuité, & consentent que le Roi y mît un Gouverneur; mais ils demanderent en même temps qu'il conservât les Priviléges des Nobles & des Bourgeois.

Les Génois se donnent à la France.

1403.
Nouvelles hostilités entre la France & l'Angleterre.

Cependant Richard II. avoit perdu le trône & la vie en 1399 par les intrigues de Henry Duc de Lancastre, & après bien des difficultés on avoit permis à Isabelle son épouse de revenir en France. Les Régens de ce Royaume avoient résolu de profiter des troubles que l'usurpation de Henry avoit causés en Angleterre, & de favoriser Edmond Mortimer Comte de la Marche, héritier légitime de la Couronne. Pour cet effet on renouvella les anciens Traités avec la Castille & avec l'Ecosse, & l'on engagea les Habitans de la Province de Galles à faire quelques mouvemens. Cependant il se passa environ cinq ans sans que la guerre fût ouvertement déclarée entre les deux Nations. Il y eut seulement pendant cet intervalle quelques courses & quelques entreprises réciproques en Guienne, en Picardie & sur les Côtes de la Mer.

Sur ces entrefaites le Duc de Bourgogne mourut, & Jean son fils lui succéda dans le pouvoir qu'il avoit eu à la Cour. On nous repréfente ce Prince comme un homme violent, fier, ambitieux & animé de la même jalousie de son pere contre le Duc d'Orléans. Toute l'autorité étoit alors entre les mains de ce dernier & de la Reine Isabeau de Baviere. On étoit mécontent de leur administration, & l'on s'en plaignit hautement. Le Roi pour remédier aux désordres de l'Etat, résolut d'assembler un Conseil extraordinaire, où les Princes du Sang furent appellés, ainsi que le Duc de Bourgogne. Ce Prince se rendit à Paris à la tête d'un Corps de troupes d'environ six mille hommes, à dessein de surprendre la Reine & le Duc d'Orléans. Ils en furent avertis & se retirerent à Melun, après avoir donné ordre au Maréchal de Boucicaut de les suivre le lendemain, & de leur amener le Dauphin avec ses freres. Le Duc de Bourgogne informé de ce qui se passoit, se trouva à Juvisi au moment que le jeune Prince en partoit. Le Dauphin lui ayant déclaré que c'étoit contre sa volonté qu'on l'avoit fait sortir de Paris, il le ramena dans cette Ville, & le lendemain ayant assemblé les Princes, les Prélats & plusieurs Professeurs en Droit, il leur rendit compte de ce qu'il avoit fait le jour précédent. On étoit à la veille d'une guerre civile, & chacun se fortifioit de son côté : le Duc d'Orléans s'étoit déja emparé du Pont de Charenton, & le Duc de Bourgogne s'étoit saisi d'Argenteuil. Mais le Duc d'Orléans ayant bien voulu alors consentir à se conformer aux Réglemens qui seroient faits dans le Conseil, la paix fut rétablie entre les Princes, & les troupes furent congédiées de part & d'autre. Pendant tous ces troubles Jean de Bourbon Comte de Clermont, Capitaine Général en Languedoc & en Guienne, âgé seulement de vingt-quatre ans, se signaloit contre les Anglois. Il leur enleva trente-quatre Places dans le Limousin, d'où il les chassa entiérement en six semaines, & l'année suivante s'étant joint au Comte d'Armagnac, il passa en Gascogne, prit dix-huit Places fortes, & bloqua la Ville de Bordeaux qu'il mit à contribution.

Les avantages que l'on remportoit en Picardie n'étoient pas si considérables, parce que les Anglois y faisoient plus facilement passer des troupes. On résolut donc d'enlever Calais aux ennemis, afin de les empêcher de transporter leurs troupes par ce côté-là. Le Duc de Bourgogne chargé de cette expédition fut long-temps devant cette Place sans pouvoir la forcer. On s'ennuya à la Cour de la longueur du siége, & le Duc de Bourgogne eut ordre d'abandonner cette entreprise. Ce Prince attribua son rappel au Duc d'Orléans, dont il étoit jaloux de l'autorité, & il chercha alors le moyen de se délivrer d'un Rival dont il redoutoit la puissance. Il le fit assassiner comme il sortoit de chez la Reine, qui étoit logée à l'Hôtel Barbette. Le Duc de Bourgogne qui n'étoit point encore soupçonné de cet assassinat parut aussi consterné que les autres ; mais ayant été dans la suite reconnu auteur de ce crime, il se retira à Bapaume. On fut fort embarrassé à la Cour pour punir un tel coupable, & d'un autre côté il étoit injuste de ne point donner satisfaction à la Duchesse d'Orléans. L'orgueil du Duc de Bour-

DE LA FRANCE.

CHARLES VI. L. ROI.

1404.

Troubles à la Cour.

Ils font appaisés.

1407.

Le Duc de Bourgogne fait assassiner le Duc d'Orléans.

X ij

gogne ne lui permettoit pas de se prêter à aucun accommodement. Il osa même noircir la réputation du Duc d'Orléans, & se rendre à Paris malgré les défenses que le Roi lui avoit fait faire par le Duc de Berri. La Reine ne se croyant plus en sûreté dans cette Ville qui avoit pris le parti du Duc de Bourgogne, se rendit à Melun avec le Dauphin & les autres enfans de France. Le Duc de Bourgogne maître de la Capitale y fortifia son parti, & se préparoit à profiter de la bonne volonté des Parisiens, lorsqu'il fut obligé de marcher au secours de Jean de Baviere son beau-frere, Evêque de Liége, contre lequel les Liégeois s'étoient révoltés.

Pendant l'absence du Duc de Bourgogne la Reine revint à Paris, & fit déclarer que le Roi avoit choisi M. le Dauphin & elle pour gouverner le Royaume. Elle fit en même temps faire le procès au Duc de Bourgogne, révoquer l'Acte d'abolition de son crime que le Roi lui avoit donné. Le Duc de Bourgogne ayant soumis les Liégeois se mit en chemin pour se rendre à Paris. Son retour obligea la Cour à se retirer à Tours, de sorte que le Duc se vit privé de ses espérances; car son dessein étoit de se rendre maître de la famile Royale. Maître une seconde fois de Paris, il crut que le véritable moyen d'affermir son autorité étoit de se réconcilier avec la Maison d'Orléans. La chose devenoit plus facile, parce que la Duchesse d'Orléans étoit morte. Le Comte de Hainault & Montagu firent réussir cette affaire, & la paix paroissant rétablie entre les Princes, la Cour se rendit à Paris. La joie qu'on ressentoit alors de cette apparence de paix fut bientôt troublée par la nouvelle de la révolte des Génois, qui avoient massacré tous les François, & qui s'étoient donné au Marquis de Montferat. La France n'étoit point en état de se venger des Génois ; elle étoit trop déchirée par les factions qui avoient déja recommencé.

Le Duc de Bourgogne vouloit dominer, & il mettoit tout en usage pour venir à bout de ses desseins. Il crut même devoir gagner l'amitié de la Reine, & il en chercha les moyens en faisant conclure le mariage du Duc de Baviere, frere de cette Princesse, avec la fille du Roi de Navarre. Elle lui en sçut en effet bon gré, & les troubles parurent alors appaisés. Mais le Duc de Berri ne tarda pas à en exciter de nouveaux. Irrité de ce que le Duc de Bourgogne étoit chargé de l'éducation du Dauphin, & de ce qu'on négligeoit de l'appeller au Conseil, il forma un parti avec le Duc de Bourbon, & plusieurs autres Princes. La guerre civile fut bientôt allumée, & les deux partis se préparerent à en venir aux dernieres extrèmités. Le Duc de Berri s'étoit déja avancé jusqu'à Wincester (22), & il y avoit déja eu plusieurs hostilités tant dans le Fauxbourg Saint-Marceau que du côté de Saint-Cloud, lorsque par la médiation du Roi de Navarre on conclut un Traité, dont le principal article fut que le Duc de Bourgogne & le Duc de Berri demeureroient éloignés de la Cour, & laisseroient la liberté au Roi de se choisir un Conseil qui gouverneroit sous ses ordres. En conséquence de ce Traité le Duc de Berri prit le chemin de Dourdan, & le Duc de Bourgogne celui de Meaux.

(22) Aujourd'hui Bicestre. Cette Maison ou Château avoit appartenu à Jean Evêque de Wincester en Angleterre, sur qui Philippe le Bel la confisqua ; il la lui rendit ensuite. *Le Pere Daniel.*

A peine les Princes avoient-ils mis les armes bas qu'ils songerent à les reprendre. Le Duc de Berri leva des troupes de tous côtés, ce qui irrita tellement les Parisiens contre lui qu'ils demanderent au Roi pour Gouverneur le Comte de St-Pol. Ce Comte qui étoit dans les intérêts du Duc de Bourgogne, ne fut pas plutôt en place qu'il forma dans Paris un Corps de milice, dont la plus grande partie étoit composée des Bouchers. Ils exercerent tant de violences dans cette Capitale que la plûpart des Bourgeois abandonnerent la Ville : Le Roi & le Dauphin furent même obligés de se retirer au Château du Louvre. Le Duc d'Orléans & le Duc d'Armagnac, Partisans du Duc de Berri ravagerent la Picardie ; ce qui engagea le Duc de Bourgogne à marcher de ce côté-là. Il cherchoit l'occasion d'en venir aux mains ; mais la défection des Flamans qui étoient dans son armée le contraignit à se retirer en Artois.

Le Duc d'Orléans qui étoit à Mondidier profita des circonstances, & s'avança jusqu'à Paris. Les Habitans de la Capitale furent alors dans de grandes allarmes, & elles redoublerent bien plus lorsqu'on sçut que le Duc d'Orléans étoit maître de Saint-Denys & de Saint-Cloud. Le Duc de Bourgogne comprit que sa présence étoit nécessaire à Paris, & il se mit promptement en marche pour s'y rendre. Le Duc d'Orléans voulut l'arrêter à Pontoise ; mais il fut assez heureux pour arriver à Paris, où il étoit attendu avec impatience. Il mit alors tout en usage pour dissiper le parti du Duc d'Orléans ; il le fit excommunier, ainsi que tous ceux qui combattoient sous ses ordres : on les déclara ennemis de l'Etat, & leurs biens furent confisqués. Toutes ces choses firent beaucoup de tort au Duc d'Orléans ; mais ce qui acheva de ruiner son parti, fut l'échec qu'il reçut auprès de Senlis, & quelques jours après à Saint-Cloud. Quantité de Villes l'abandonnerent alors, & se rendirent au Duc de Bourgogne.

Le Roi avoit ignoré jusqu'alors tout ce qui s'étoit passé, parce qu'il étoit malade ; mais lorsqu'il fut revenu en santé les Partisans du Duc de Bourgogne l'en instruisirent, de façon qu'il ne put s'empêcher d'approuver la conduite de ce Prince, & il résolut de poursuivre les Rebelles avec toute la rigueur possible. Les Princes confederés ne pouvant compter sur les Provinces qui avoient d'abord pris leurs intérêts, firent un Traité avec l'Angleterre. Charles en ayant été averti marcha contre le Duc de Berri, & alla mettre le siége devant la Ville où il s'étoit enfermé. Le siége fut poussé avec tant de vigueur que le Duc de Berri se vit contraint de faire des propositions. On les écouta, & le Traité fut conclu, aux conditions que les Princes confederés renonceroient à toute alliance avec l'Angleterre, & que les choses seroient remises sur le même pied qu'elles étoient après l'accommodement solemnel qui s'étoit fait à Chartres entre les Maisons d'Orléans & de Bourgogne. Après ces arrangemens le Duc de Berri fut obligé de donner une certaine somme aux Anglois qui étoient arrivés en Normandie, afin de les engager à se retirer.

La paix qui venoit d'être rétablie entre les Princes ne fut pas de longue durée, & les troubles recommencerent bientôt. Ils furent occasionnés par des Essars sur-Intendant des Finances, qui avoit accusé le Duc de Bourgogne d'avoir dissipé deux millions d'or, & d'avoir voulu faire assassiner

DE LA FRANCE.

CHARLES VI.
L. ROI.

le Duc d'Orléans. Des Effarts appréhendant que le Duc de Bourgogne ne lui fît un mauvais parti eut recours au Dauphin, & devint bientôt son homme de confiance. Il lui fit connoître l'ambition du Duc de Bourgogne, & il convint avec lui qu'il l'enleveroit de Paris pour le tirer des mains de ce Duc. La Populace de Paris étoit alors mutinée, & l'on reconnut dans la suite que le Duc de Bourgogne y avoit grande part. Des Effarts s'empara de la Bastille par ordre du Dauphin ; mais cette précaution ne servit qu'à aigrir les esprits. Les Emissaires du Duc publierent qu'on vouloit enlever le Roi & le Dauphin ; ce qui excita une révolte presque générale. Simon Caboche, & Jean de Troye, Chirurgien, étoient à la tête des Factieux. Ils commirent des excès horribles, enleverent avec violence le Duc de Baviere frere de la Reine, le Duc de Bar, & plusieurs autres Seigneurs & Dames de distinction. Ils obligerent le Roi & le Dauphin de prendre le chaperon qu'ils portoient, & qui étoit la marque que les Séditieux s'étoient donné pour se distinguer, disoient-ils, des Armagnacs. Ils firent le procès aux prisonniers & plusieurs eurent la tête tranchée. Des Effarts fut pendu au même gibet où il avoit fait mettre le Sire de Montagu son prédécesseur dans l'administration des Finances. Le Roi voulant se mettre en état d'arrêter les violences des Séditieux, négocia la paix avec les Princes. Le Traité se fit à Pontoise : le Duc de Berri rentra en grace, & fut rétabli dans son Gouvernement de Paris. Ce nouveau Traité déconcerta le Duc de Bourgogne & les *Cabochéens*. Les fidéles Sujets du Roi reprirent le dessus, & les Mutins furent contraints de sortir de Paris. Le Duc de Bourgogne voyant son parti affoibli se retira en Flandre avant l'arrivée des Princes. Le Roi publia une Déclaration contre lui, dans laquelle il l'accusoit de tous les malheurs de l'Etat. Il se mit ensuite à la tête d'une armée pour lui faire la guerre, & lui prit Compiegne, & Soissons qui fut livrée au pillage. La prise de ces deux Villes lui causa moins de peine que de se voir abandonné de sa famille. Il songea alors à se reconcilier avec le Roi ; mais ce Monarque ne vouloit écouter aucune proposition. Il le poursuivit en Flandre, & lui enleva Bapaume & Arras. Cependant le Duc de Brabant & la Comtesse de Hainault firent tant auprès de Charles & du Dauphin, qu'on accorda la paix au Duc de Bourgogne.

1414.

1415.

Le Roi d'Angleterre déclare la guerre à la France.

Bataille d'Azincourt.

Il étoit de la prudence du Roi de céder dans les circonstances où la France se trouvoit alors. Henri V. Roi d'Angleterre après bien des négociations & quelques prolongations de tréve avoit fait de grands préparatifs de guerre, & il y avoit lieu de craindre que le Duc de Bourgogne ne se jettât dans son parti. Les hostilités ne tarderent pas à commencer, & la prise de Harfleur par les Anglois fut le signal de la guerre qu'ils déclarerent à la France. Cette conquête avoit tellement affoibli l'armée Angloise que Henri fut obligé de gagner Calais pour y prendre des quartiers. L'Armée Françoise le harcela pendant toute sa marche, & lui présenta la bataille dans la Plaine d'Azincourt & de Ruffeauville. Les François étoient en plus grand nombre que les Anglois, cependant ils éprouverent le même sort qu'ils avoient eu autrefois à Creci sous Philippe de Valois, & à Poitiers sous le Roi Jean. Plus de six mille François périrent dans le combat, & quinze cens ou environ furent faits prisonniers. De ce nombre furent les

DE L'UNIVERS. Liv. I. Chap. II.

Ducs d'Orléans & de Bourbon, les Comtes d'Eu, de Vermandois, de Harcourt, de Richemont, (23) &c. Les Anglois ne perdirent que quinze cens hommes; mais leur armée étoit en si mauvais état qu'elle ne put faire aucune entreprise. Henri se retira à Calais d'où il repassa ensuite en Angleterre.

La consternation fut générale à la nouvelle de cette défaite, & il n'y eut que le Duc de Bourgogne qui n'y fut pas sensible. Ce Prince n'avoit cédé qu'aux circonstances, & il entretenoit toujours dans son cœur les sentimens d'une ambition qui fut si funeste à la France. On n'eut pas de peine à pénétrer ses intentions, & le Roi prit des moyens pour s'opposer à ses pernicieux desseins.

Il mit de bonnes garnisons dans les Villes voisines de Paris & dans la Picardie, & donna l'épée de Connétable à Bernard Comte d'Armagnac, le meilleur homme de guerre qui fut alors en France, & le plus grand ennemi du Duc de Bourgogne. Sur ces entrefaites Louis Dauphin fut attaqué d'une violente dyssenterie, dont il mourut le 18 de Décembre. Jean Duc de Touraine son frere, âgé d'environ dix-huit ans, prit la qualité de Dauphin & d'héritier présomptif de la Couronne.

Cependant le Duc de Bourgogne s'étoit approché de Paris, & avoit posté ses troupes à Lagni. Il se flattoit que ses Partisans y pourroient occasionner quelques troubles; mais les sages précautions du Connétable rompirent toutes ses mesures, & il se vit obligé de retourner en Artois.

Tandis que le Connétable étoit occupé à maintenir la tranquillité dans la Capitale, la Normandie étoit exposée aux courses des Anglois, & leurs Vaisseaux tenoient sans cesse cette Province en allarme. Le Connétable s'y transporta, & attaqua les ennemis avec les Vaisseaux que le Roi de Castille avoit fournis, & que les Génois avoient montés. Il ne fut pas heureux dans cette occasion, & sa Flotte fut battue par celle des Anglois commandée par le Duc de Clarence. Quelque temps après ayant rencontré un Corps d'Anglois d'environ trois mille hommes, il l'attaqua & en mit huit cens hors de combat; mais le reste des ennemis ayant été réduit à la nécessité de vaincre ou de périr, ils se battirent avec tant de fureur qu'ils enleverent la victoire aux François.

Ce fut vers ce même temps que la France perdit Jean Duc de Berri oncle du Roi, âgé de soixante-seize ans, & le jeune Dauphin auquel Charles succéda. Ce jeune Prince n'avoit alors que quinze ans. Il avoit été élevé dans la haine de la Faction Bourguignone, & le Comte d'Armagnac étoit entièrement maître de son esprit. Le Duc de Bourgogne n'ayant rien à espérer du Dauphin, tenta de soulever de nouveau les Peuples par les Manifestes qu'il répandit dans le Royaume. La disgrace de la Reine qui arriva sur ces entrefaites lui facilita les moyens de venir à bout de son entreprise. Cette Princesse soupçonnée, ou plutôt convaincue de quelque intrigue galante, fut exilée à Tours. Animée par un injuste dépit, elle chercha l'occasion de se venger de la Cour, & regarda le Duc de Bourgogne comme

De la France.
Charles VI. L. Roi.

Mort du Dauphin.

1416.
La Flotte Françoise battue par les Anglois.

Nouveaux troubles dans le Royaume.

1417.

---

(23) Ce fut dans cette bataille que l'Oriflamme parut pour la derniere fois, suivant du Tillet, Sponde, Dom Felibien & le Pere Simplicien. Cependant, suivant une Chronique manuscrite, Louis XI. prit encore l'Oriflamme en 1465. *Le P. H.*

DE LA FRANCE.

CHARLES VI. L. ROI.

l'unique Prince qui pouvoit entrer dans ses vûes. Elle lui fit sçavoir ses intentions, & l'engagea à venir la tirer des mains de ceux qui la gardoient. Le Duc faisoit alors le siége de Corbeil ; mais à peine eut-il reçu les Lettres de la Reine qu'il leva le siége & se rendit en diligence à Tours. Il fit investir le Monastere où la Reine étoit, & s'étant rendu maître de sa personne il la conduisit à Chartres. La Reine ne fut pas plutôt en liberté qu'elle fit publier une ancienne Ordonnance, par laquelle le Roi l'avoit autrefois nommée Régente du Royaume, pendant qu'il seroit malade. Elle institua en conséquence une Chambre Souveraine à Amiens, cassa le Parlement de Paris, & en établit un autre à Troyes où elle se rendit.

Descente des Anglois en Normandie.

Pendant que ces choses se passoient dans l'intérieur du Royaume, les Frontieres étoient en proie aux ennemis. Le Roi d'Angleterre ayant fait une nouvelle descente en Normandie, y fit des conquêtes considérables ; tandis que le Prince d'Orange s'emparoit de plusieurs Villes du Languedoc au nom du Duc de Bourgogne. Le Pape Martin V. touché des malheurs de la France offrit sa médiation pour réunir la Maison Royale, afin qu'on pût mieux s'opposer aux Anglois. Après divers négociations on dressa un Traité qui étoit à l'avantage du Duc de Bourgogne ; mais le Comte d'Armagnac empêcha le Roi de le signer.

1418.

Le Duc de Bourgogne Maître de Paris.

Pendant ces différentes contestations Villiers-l'Isle-Adam, un des plus considérables Seigneurs du parti Bourguignon, trouva moyen de s'introduire dans Paris avec plusieurs Seigneurs. La troupe ne tarda pas à se grossir, & ils se virent bientôt à la tête d'un corps considérable de Bourgeois qui avoient mis sur leurs habits la Croix de Saint André, marque de la Faction Bourguignone. Ils s'emparerent de la personne du Roi, & arrêterent le Connétable d'Armagnac avec plusieurs Seigneurs & personnes de considération. Tannegui du Châtel fit heureusement sauver le Dauphin & l'emmena à Melun. Le Connétable, le Chancelier, & plusieurs autres Partisans du Dauphin furent massacrés quelques jours après par la Populace, à la fureur de laquelle ils furent livrés. Il y eut près de trois mille personnes égorgées dans les différens quartiers de la Ville, qui ressembloit alors à une Ville prise d'assaut.

La prise de Paris causa une grande joie au Duc de Bourgogne, & ce Prince s'y rendit en diligence avec la Reine. Ils y furent reçus avec une pompe extraordinaire, le Peuple criant par-tout *Vive Bourgogne*. Ce Duc engagea le Roi à faire revenir le Dauphin ; mais ce Prince sçavoit tout ce qu'il avoit à craindre de ses ennemis. Il songea à se former un parti pour être en état de s'opposer aux intrigues de la Reine & du Bourguignon. Il fit usage de la qualité de Lieutenant Général du Royaume que le Roi lui avoit donnée. Il établit un Parlement à Poitiers, & envoya le Comte de Foix avec des troupes pour se rendre maître du Languedoc.

1419.

Le Roi d'Angleterre profitant des troubles qui agitoient l'Etat continuoit ses conquêtes en Normandie. Il prit le Pont de l'Arche & la Ville de Rouen devant laquelle il fut sept mois entiers.

Cependant le Roi d'Angleterre faisoit des propositions de paix ; mais elles étoient si dures que ni le Dauphin, ni le Duc de Bourgogne ne purent se résoudre à les accepter. Ce dernier obtint seulement une tréve pendant

dant laquelle il fit fa paix avec le Dauphin. Après quelques conférences tenues par des Députés les deux Princes fe trouverent près de Pouilli-le-Fort proche Melun. Ils fe donnerent alors des marques d'une reconciliation la plus fincere, & la paix fut fignée ce même jour 11 de Juillet. Ils convinrent enfuite de fe trouver dans un mois à Montereau-Faut-Yonne, afin de concerter enfemble fur les moyens qu'on pourroit prendre pour chaffer les Anglois. Ils s'y trouverent en effet, & ce fut dans cette occafion que le Duc de Bourgogne fut tué par les Gens du Dauphin. Les Hiftoriens rapportent diverfement ce fait. Les uns difent que pendant que le Dauphin faifoit quelques reproches au Duc fur ce qu'il n'obfervoit pas les conventions du dernier Traité, celui-ci porta la main à fon épée pour la rapprocher de fon côté parce qu'alors elle étoit trop en arriere; que fur ce mouvement Tannegui du Chatel le frappa de fa hâche d'armes, & qu'auffi-tôt il fut percé de mille coups. D'autres prétendent que le Duc de Bourgogne ayant parlé avec trop d'arrogance on s'échauffa de part & d'autre; que le Seigneur de Noailles ayant porté la main droite fur fon épée, & ayant avancé la main gauche fur le Dauphin, ceux qui accompagnoient ce Prince fe jetterent fur le Duc & le tuerent, ainfi que tous ceux qui étoient avec lui. D'autres enfin affurent que le Dauphin étoit innocent de ce meurtre, & qu'il ne fut affaffiné que par ceux qui vouloient venger la mort du Duc d'Orléans.

Le Dauphin ne put cependant venir à bout de fe juftifier, & fa mere qui le haïffoit, parce qu'il lui avoit fait enlever fon tréfor, & qu'il avoit confenti à fon exil, réfolut de le perdre entiérement. Le Dauphin pour fe mettre à l'abri des pourfuites d'une mere dénaturée fe retira d'abord à Gien, & de-là il paffa à Bourges où il affembla une armée. Il parcourut enfuite le Poitou & l'Auvergne pour y affermir fon autorité, & fe rendit à Toulouze où il établit un Parlement par des Lettres datées de Carcaffonne le 20 Mars 1419. (1420).

Charles VI. livré aux funeftes deffeins de la Reine, & de Philippe nouveau Duc de Bourgogne, & incapable par fa maladie de connoître les conféquences de fes démarches convint d'un Traité à Troyes, le 21 de Mai, avec Henri V. Roi d'Angleterre. Par ce Traité il lui donna fa fille Catherine en mariage, & le déclara fon fucceffeur & légitime héritier de la Couronne, à l'exclufion du Dauphin & de toute la famille Royale. Voici les principaux articles de ce Traité.

" Que Madame Catherine de France époufèroit Henri V. Roi d'Angle-
" terre. Qu'après la mort de Charles VI. Roi de France, Henri lui fuccé-
" deroit à la Couronne comme fon héritier, & qu'elle pafferoit à fes def-
" cendans. Que quoique le Roi Charles, tandis qu'il vivoit dût être pof-
" feffeur du Royaume, néanmoins le foin de le gouverner en feroit confié
" à Henri. Qu'après que Henri feroit parvenu à la Couronne de France,
" les deux Royaumes de France & d'Angleterre feroient unis en une même
" perfonne tant de lui que de fes hoirs, fans pouvoir être poffédés par deux
" &c. "

Il n'y eut jamais de Traité où les nullités fuffent plus vifibles, & où la paffion fe fût portée à de plus grands excès, aux dépens même de ceux qu'elle

faisoit agir , puisque le Duc de Bourgogne y sacrifioit les droits qu'il auroit pu avoir un jour à la Couronne. Mais les bons François qui sçavoient
les Loix anciennes de la Monarchie, ne furent point ébranlés de cette disposition du Roi, contraire aux Loix fondamentales du Royaume. D'ailleurs
il n'étoit pas raisonnable que le Roi Charles qui n'étoit pas en état de
gouverner son Royaume, fût en état de le donner.

Après la signature de ce Traité Catherine de France épousa le Roi d'Angleterre ; le Dauphin fut déclaré ennemi de l'Etat, & incapable par ses
crimes de succéder à la Couronne. Il fut ensuite cité à la Table de Marbre, condamné par Contumace, & banni du Royaume à perpétuité (24).

Il fut alors résolu qu'on marcheroit contre ce Prince, & les deux Rois
ayant joint leurs forces prirent Sens, Montereau & Melun sur le Dauphin, & se rendirent ensuite à Paris le premier Dimanche de l'Avent où
ils tinrent séparément leurs Cours. L'année suivante Henri repassa en Angleterre pour y faire de nouvelles levées, & laissa en France le Duc de
Clarence son frere, qu'il avoit fait Gouverneur de Normandie. Ce Prince
ayant voulu surprendre un Corps de quatre mille Ecossois, qui étoient
venus au secours du Dauphin, & qui étoient alors auprès de Baugé en
Anjou, fut entiérement défait & perdit la vie dans le combat. Cette victoire releva le courage de ceux qui étoient dans les intérêts du Dauphin,
& le Comte de Boukam Général des Ecossois profitant de l'avantage qu'il
avoit eu sur les Anglois, fit la conquête de quelques Places. Le Roi d'Angleterre ayant appris cette nouvelle ne tarda pas à revenir en France. Il
arriva à la tête de vingt-huit mille hommes, ce qui empêcha le Dauphin
de continuer ses conquêtes ; il perdit même plusieurs Places que les Anglois lui enleverent dans la Picardie, dans la Champagne & dans l'Isle
de France. Les nouveaux secours que la Reine d'Angleterre amena à son
mari l'aiderent à pousser plus loin ses conquêtes. Sur ces entrefaites ce Monarque étant tombé malade, se fit transporter à Vincennes où il mourut
le 31 d'Août. Il avoit conseillé d'offrir la Régence du Royaume de France
au Duc de Bourgogne, & au cas qu'il la refusât il avoit nommé le Duc
de Bedford, qui en fut en effet chargé du consentement du Duc de Bourgogne. Cette mort ne causât aucun changement dans l'Etat, & le Dauphin
n'en tira aucun avantage. Mais les choses changerent bientôt de face par
la mort de Charles VI. Ce Monarque mourut dans son Palais de Saint-
Pol le 20 Octobre (25), dans la quarante-troisiéme année de son regne
& la cinquante-quatriéme de son âge. Il fut enterré à Saint-Denys,
& aucun Prince du Sang n'assista à ses Obséques, le seul Duc de Bedford
étoit en deuil. Après les cérémonies funéraires, ce Seigneur oncle & tuteur du jeune Henri VI. Roi d'Angleterre, fit crier par un Hérault, *Vive
Henri de Lancastre Roi de France & d'Angleterre.* Le Duc de Bedford au
retour du convoi fit porter devant lui l'épée Royale comme Régent du
Royaume, ce qui fit murmurer le Peuple.

Charles eut d'Isabelle de Baviere six fils & six filles. Les deux aînés nommés

(24) Ce fait quoiqu'attesté par Monstrelet & par tous les Historiens, ne paroît
pas néanmoins bien constant.

(25) Le 21 selon le Pere Labbe, le 22
selon Monstrelet & M. Duclos.

DE L'UNIVERS. LIV. I. CHAP. II.

Charles moururent fort jeunes : le troisiéme fut Louis Dauphin Duc de Guienne qui épousa Marguerite de Bourgogne & mourut sans enfans : le quatriéme Jean Dauphin & Duc de Touraine mort sans enfans : le cinquiéme Charles Dauphin qui épousa l'an 1413 Marie fille de Louis II. d'Anjou Roi de Sicile, & qui succéda à la Couronne : le sixiéme Philippe mort le jour de sa naissance. Les filles furent Jeanne, morte au berceau : Isabelle, mariée à Richard II. Roi d'Angleterre, & en secondes noces à Charles Duc d'Orléans : Jeanne, mariée à Jean VI. Duc de Bretagne : Marie, Religieuse à Poïssi : Michelle, mariée à Philippe Duc de Bourgogne : Catherine, mariée à Henri V. Roi d'Angleterre.

_{DE LA FRANCE.}
_{CHARLES VI. L. ROI.}

Les Armoiries de France furent réduites à trois Fleurs de Lys par Charles VI. On peut cependant rapporter au regne de Charles V. l'origine de cette réduction (16).

Le Dauphin n'eut pas plutôt appris la mort de son pere, qu'il prit le titre de Roi. Il étoit alors dans un petit Château nommé Espali près du Puy en Vellay ; ce Prince se rendit de-là à Poitiers où il se fit couronner, en attendant qu'il pût le faire à Rheims.

_{CHARLES. VII. DIT LE VICTORIEUX LI. ROI.}

Cependant le Duc de Bedford fit reconnoître Henri VI. son neveu pour Roi de France. Cette proclamation se fit à Paris avec autant de tranquillité que si ce jeune Prince eût été le Roi légitime. On commença dès le 9 de Novembre à sceller en la Chancellerie de Paris au nom du Monarque Anglois, & l'on mit au titre de tous les Actes publics ces paroles : *Henri, par la grace de Dieu, Roi de France & d'Angleterre.* Edouard III. avoit déja usurpé ce titre long-temps auparavant ; mais c'est ici proprement l'époque de la prétention chimérique des Rois d'Angleterre sur la Couronne de France ; comme si la plus injuste des usurpations pouvoit jamais être un titre légitime. Si Henri VI. prit & porta le titre de Roi de France dans Paris même, il en fut uniquement redevable à la vengeance d'une mere dénaturée, à la perfidie d'un Prince traître au Roi & à sa Patrie, & à la foiblesse d'esprit de Charles VI.

Henri VI eft reconnu Roi de France à Paris.

Henri VI. maître de Paris ne l'étoit pas de tout le Royaume, & il y avoit un grand nombre de Villes qui s'étoient déclarées pour leur légitime Souverain. La crainte des Anglois & les troupes Bourguignones empêchoient les autres de suivre leur devoir. Le Duc de Bedford mettoit tout en usage pour affermir la domination de Henri, tandis que Charles faisoit tous ses efforts pour rentrer dans la possession de ses Etats. Le premier avoit dans ses intérêts les Ducs de Bourgogne & de Bretagne, & le Comte de Richemont frere de ce dernier, & plusieurs autres Seigneurs de la Faction Bourguignone. Charles de son côté avoit fait alliance avec l'Ecosse. Mordac Stuart qui gouvernoit ce Royaume pendant que Jacques étoit prisonnier en Angleterre, s'engagea à envoyer des troupes au secours du Roi de France, & à ne faire ni paix, ni tréve avec les Anglois, sans le consentement de Charles. Ce Monarque reçut aussi quelques secours d'Espagne, & Philippe-Marie Duc de Milan lui fournit six cens Lances & mille Fantassins.

1423.

Les hostilités avoient cependant déja commencé entre les deux Partis.

(16) *Le Pre. Hai.*

De la France.

Charles VII. dit le Victorieux LI. Roi.

Différens succès des Royalistes & des Anglois.

Meulan que Jean de Grainville avoit enlevé aux Anglois, fut repris par ceux-ci quelque-temps après. Les Royalistes s'étoient emparés de plusieurs Places dans la Picardie, & avoient gagné la bataille de Graville, dans laquelle près de trois mille hommes des ennemis furent tués ou faits prisonniers. Les Anglois prirent leur revanche dans une autre occasion & battirent les François à Crevant. Ils eurent un nouvel avantage sur eux à Verneuil où plus de cinq mille hommes des meilleures troupes du Roi resterent sur le champ de bataille. Guillaume Vicomte de Narbonne qui avoit engagé l'action témérairement y fut tué avec plusieurs autres Seigneurs de distinction. Verneuil n'esperant plus de secours après la défaite des Royalistes, se rendit le lendemain aux Anglois. Le Vainqueur profitant de la consternation des Peuples, prit le Mans, Mayenne, Sainte-Suzanne & Vitri en Perthois. Le Duc de Bedford s'étoit rendu redoutable par toutes ces conquêtes, & il y avoit tout lieu de croire qu'il passeroit bientôt la Loire pour se rendre maître du reste du Royaume, mais la mésintelligence qui se mit entre ses ennemis suspendit les progrès des Anglois.

1424.

Mesintelligence des ennemis.

Elle fut occasionnée par le mariage clandestin de Jacqueline Comtesse de Hainault & de Hollande avec le Duc de Glocester Régent du Royaume d'Angleterre. Cette Princesse ne pouvant souffrir Jean Duc de Brabant son époux qui étoit vieux & infirme, prétendit avoir de bonnes raisons pour casser son mariage, & en écrivit en Cour de Rome. Mais pendant qu'on y examinoit cette affaire, elle épousa le Duc de Glocester, & l'engagea à passer dans le Hainault pour s'en emparer. Le Duc de Bourgogne prit le parti du Duc de Brabant son cousin germain, & cette diversion obligea le Duc de Bedford à agir foiblement contre le Roi.

1425.

Nouveaux secours que le Roi reçoit.

Pendant cette inaction la Noblesse d'Auvergne & du Bourbonnois vint offrir ses services à Charles, & lui amenerent un renfort considérable de troupes. Ces secours mettoient le Roi en état de faire quelqu'entreprise contre ses ennemis; mais il comprit que le meilleur moyen pour affoiblir le parti Anglois étoit de s'attacher le Duc de Bretagne.

Il proposa à Artus de Bretagne Duc de Richemont, & frere du Duc de Bretagne, la Charge de Connétable vacante par la mort du Comte de Boukam, tué à la bataille de Verneuil. Le Duc de Richemont avoit toujours eu le cœur François; mais il ne pouvoit accepter la dignité de Connétable sans le consentement de son frere, & celui-ci n'osoit y consentir par la crainte qu'il avoit des Anglois & du Duc de Bourgogne. Après bien des négociations le Duc de Bourgogne, qui étoit irrité contre le Duc de Glocester ne s'opposa point aux intentions du Duc de Richemont, & ce Prince causa une grande joie au Roi en acceptant cette dignité. Le Duc de Bretagne fit ensuite son Traité avec le Roi, & il fut signé à Saumur le 25 d'Octobre. Ce Prince rendit hommage au Roi pour son Duché & pour le Comté de Montfort.

1426.

Le Duc de Richemont Connétable.

La prise de Pontorson fut la premiere expédition du Connétable, qui vouloit mettre la Bretagne à couvert. Il ne fut pas si heureux à Beuvron où il fut repoussé. Il en rejetta la faute sur le Chancelier de Bretagne & sur le Seigneur de Giac, qui l'avoient laissé manquer d'argent. Le Chancelier trouva moyen de se justifier & fut renvoyé absous; mais le Connétable fit noyer le Seigneur de Giac après quelques formalités de Juſtice. Le Roi ſupporta avec peine l'action du Connétable ; il fut cependant obligé de diſſimuler ſon reſſentiment. Cette impunité rendit le Connétable plus téméraire & plus inſolent. Il eut la hardieſſe de faire poignarder Camus de Beaulieu qui avoit remplacé le Seigneur de Giac, & il força en même temps le Roi de mettre le Seigneur de la Trimouille à la tête de ſon Conſeil. Il eut lieu de s'en repentir dans la ſuite, comme le Roi lui avoit fait entendre lorſqu'il le propoſa pour cette place importante.

Les Anglois continuoient cependant la guerre. Ils mirent le ſiége devant Montargis, & preſſerent vivement cette Place. Elle ſe défendit pendant trois mois, & étoit réduite à ſe rendre faute de vivres lorſque le Connétable leur envoya un convoi ſous l'eſcorte de ſeize cens hommes. Le Bâtard d'Orléans, connu depuis ſous le nom de Comte de Dunois, fut chargé de les conduire. Ce Seigneur conjointement avec le fameux Lahire attaquerent en plein jour les retranchemens des Anglois, les forcerent, taillerent en piéces une partie des ennemis, mirent le reſte en fuite & entrerent triomphans dans la Ville. Charles récompenſa la fidélité & le courage des Habitans par les grands Priviléges qu'il leur accorda. La joie que cette agréable nouvelle cauſa à la Cour fut troublée par celle qu'on reçut quelque temps après de la défection du Duc de Bretagne. Le Duc de Bedford étoit entré dans ſes Etats, avoit ravagé tout le Pays, & par ces hoſtilités il avoit forcé le Duc de Bretagne à abandonner le parti du Roi, & à ſigner le Traité de Troyes, par lequel Henri VI. étoit déclaré légitime héritier de Charles VI. Ce changement fit un grand tort au Connétable, & le Roi ceſſa de lui payer ſes Penſions & ſes Appointemens.

Le Duc de Bedford maître d'une grande partie du Pays en-deçà de la Loire, réſolut de porter ſes conquêtes au-de-là de ce Fleuve ; mais il ſe détermina auparavant à faire le ſiége d'Orléans. Thomas de Montagu Comte de Saliſbery chargé de cette expédition ſe rendit le 12 d'Octobre devant la Ville & en forma le ſiége. Il fut pouſſé avec toute la vigueur poſſible. La Garniſon & les Habitans ſe défendirent en Héros, & les femmes même s'y diſtinguerent. La Ville n'étoit pas cependant ſi bien bloquée qu'on ne pût en ſortir & y faire entrer de temps en temps des troupes & des vivres. Le Comte de Clermont ayant reçu ordre d'y conduire un convoi apprit que Faſtol Chevalier Anglois en conduiſoit un autre au Camp. S'étant fait joindre par le Comte de Dunois & par une partie des Ecoſſois commandés par Jean & Guillaume Stuart, ils attaquerent les Anglois. La témérité des Généraux Ecoſſois leur fit perdre l'avantage qu'ils avoient ſur les Anglois, & ils furent entiérement défaits. Les deux Stuart y furent tués avec pluſieurs Seigneurs & Gentilshommes.

Ce combat qui ſe donna à Rouvrai-Saint-Denys en Beauſſe fut appellé *la journée des Harengs* parce qu'il y en avoit une grande quantité de caques parmi les vivres que l'Officier Anglois conduiſoit au Camp. La Ville commençoit à être réduite à l'extrêmité malgré la belle défenſe de la Garniſon & des Habitans, & le Roi avoit tout lieu de craindre qu'elle ne tombât bientôt au pouvoir des Anglois. Ce Monarque penſa alors à l'abandonner & à ſe retirer à l'extrêmité du Royaume. La Reine Marie d'Anjou

DE LA FRANCE.

CHARLES. VII. DIT LE VICTORIEUX LI. ROI.

1427.
Siége de Montargis.

1428.
Siége d'Orléans.

1429.
Journée des Harengs.

DE LA FRAN-
CE.

CHARLES
VII.
DIT LE
VICTORIEUX
LI. ROI.

La Pucelle d'Orléans délivre la Ville, & fait couronner le Roi à Rheims.

lui fit sentir les conséquences de cette dangereuse démarche, & l'on fait aussi honneur à la belle Agnès Sorel, Demoiselle de Touraine & Maîtresse de ce Prince, d'avoir beaucoup contribué à l'encourager en cette occasion. Il fut donc résolu que si l'on perdoit la Ville d'Orléans, on tâcheroit de couvrir le Berri & la Touraine.

Le Roi étoit dans ces fâcheuses circonstances lorsqu'il reçut un secours inattendu, & contre toute espérance. » Jeanne d'Arc native de Dom-Remi,
» proche de Vaucouleurs sur la Meuse vers les Frontieres de la Lorraine,
» étoit une jeune Paysanne de dix-huit à vingt ans, bien faite, de bonne
» taille, forte & robuste, de bon esprit & de bons sens, que ses parens
» occupoient au ménage de la Campagne. Elle alla pendant le siége trouver
» le Seigneur de Baudricourt Gouverneur de Vaucouleurs, & lui dit qu'elle
» venoit de la part de Dieu, qui la destinoit à faire lever le siége d'Orléans, &
» à conduire le Roi à Rheims pour l'y faire sacrer. Baudricourt la regarda d'a-
» bord comme une folle ; mais dans un second entretien il changea d'idée.
» Sur ce qu'elle lui dit que le jour même qu'elle lui parloit les troupes du
» Roi avoient reçu un assez grand échec, il attendit la vérification de la
» prophétie, & reçut en effet peu de jours après la nouvelle de la journée
» des Harengs, avec la circonstance du jour qu'elle lui avoit marquée.
» Cette merveille, l'air inspirée avec lequel elle lui parloit, sa fermeté,
» la sagesse qu'il remarquoit dans ses discours, le déterminerent à l'en-
» voyer au Roi. Il lui donna un habit d'homme, des armes & un cheval,
» & la fit conduire par deux Gentilshommes. Ils passerent au travers du
» Pays ennemi sans aucune mauvaise rencontre, comme elle le leur avoit
» prédit, & ils arriverent à Chinon où le Roi étoit. On la lui amena,
» & quoiqu'elle ne l'eût jamais vû, elle sçut le distinguer des autres Sei-
» gneurs qui étoient avec lui, & lui adressa la parole, en lui disant
» comme elle avoit fait à Baudricourt, qu'elle étoit envoyée de Dieu pour
» sauver Orléans, & le faire sacrer à Rheims. Le Roi qui ne vouloit rien
» faire légerement la fit examiner par plusieurs Théologiens, par son Con-
» fesseur, par divers Seigneurs, & enfin par le Parlement qui étoit à Poi-
» tiers. C'étoit à qui lui tendroit plus de piéges pour la faire couper ; mais
» elle répondit à tout avec tant de prudence & de présence d'esprit que
» tous avouerent qu'il y avoit quelque chose d'extraordinaire dans cette fille.
» Ainsi il fut conclu qu'on ne refuseroit point un secours que le Ciel sem-
» bloit présenter à la France (17) «.

Jeanne d'Arc fut envoyée à Blois où l'on préparoit un convoi. Elle en partit le 28 d'Avril à la tête de dix à douze mille hommes, arriva le 29 à la vûe d'Orléans, fit entrer son convoi dans la Ville, & y entra elle-même à la priere des Habitans. Le 4 de Mai elle fait entrer un nouveau convoi. Le même jour elle emporte la Bastille de Saint-Loup, & tous les Anglois qui y étoient furent pris ou tués. Le 6 elle emporta la Bastille des Augustins : le 7 elle força les Anglois dans le Boulevard & dans les Tourelles. Enfin cette Héroïne après avoir fait périr plus de six mille Anglois, sans perdre plus de cent François, les obligea à lever le siége le 8 de Mai.

(17) Le Pere Daniel.

Elle se rendit ensuite à Chinon où étoit le Roi, & se mit à la tête de l'armée qui étoit commandée par le Comte d'Alençon. Elle alla attaquer Gergeau qui fut pris d'assaut. Elle s'empara du Pont de Meun & de Beaugenci. Tant de succès ranimerent le courage des François, & ils demanderent qu'on les menât contre les Anglois. Le 18 ou le 20 de Juin elle rencontra l'armée ennemie près de Patay en Beausse : elle leur livra combat, & les François animés par l'exemple de la Pucelle enfoncerent les Anglois de toutes parts. Ils perdirent plus de deux mille hommes dans cette action, & Talbot leur Général fut fait prisonnier avec plusieurs autres Officiers Généraux. Le Roi qui jusqu'alors avoit été retenu par son Conseil au-de-là de la Loire, se rendit à Gien où il se mit à la tête de ses troupes. Jeanne d'Arc lui persuada de prendre la route de Rheims, quoique tout ce Pays fût au pouvoir des ennemis. Ce Prince plein de confiance pour sa Libératrice, ne balança pas à suivre le conseil qu'elle lui donnoit. Il traversa la Champagne, s'empara de Troyes & de Châlons sur Marne. Lorsqu'il fut à quatre lieues de Rheims, il voulut sonder l'intention des Habitans. Les fidéles Sujets résisterent aux vives sollicitations des Seigneurs qui étoient dans le parti des Anglois. Ils députerent plusieurs d'entre eux pour faire leur soumission au Roi, & pour le prier d'entrer dans la Ville. Le Roi y fit son entrée le 16 de Juillet au son des cloches & avec toute la magnificence que le peu de temps qu'on avoit eu à se préparer le pût permettre, & le lendemain Dimanche il fut sacré par l'Archevêque Renaud de Chartres. La Pucelle d'Orléans ayant accompli le dernier point de sa mission, demanda la permission de se retirer ; mais le Roi la retint après lui avoir marqué la reconnoissance sensible qu'il avoit des services signalés qu'elle lui avoit rendus.

A peine eut-on appris le sacre de Charles qu'un grand nombre de Villes se rendirent au Roi, telles furent entr'autres, Laon, Soissons, Château-Tierry, Provins. Compiegne promit d'ouvrir ses portes aussi-tôt que le Roi se présenteroit, Beauvais en fit de même, & chassa Cauchon son Evêque qui étoit dévoué aux Anglois, & tous les gens suspects. Le Roi ayant joint le Duc de Bedford près de Senlis, lui présenta la bataille ; mais celui-ci la refusa, & se retira promptement. Après la retraite de ce Duc les Habitans prirent les armes, chasserent la garnison Angloise & ouvrirent leurs portes au Roi. Plusieurs Villes & Châteaux de Champagne & de Picardie secouerent pareillement le joug des Anglois, & rentrerent sous la domination de leur légitime Souverain.

Les succès continuels de Charles VII. allarmerent le Duc de Bedford, & lui firent craindre pour la Normandie, où il y avoit déja eu quelques mouvemens. Il quitta Paris sur la fin du mois d'Août pour se rendre dans la Haute-Normandie. Le Roi profitant de l'absence de ce Duc s'avança vers la Capitale, & se présenta devant Saint-Denys qui ouvrit ses portes. Il attaqua ensuite Paris, força la barriere de la porte Saint-Honoré, & mit en fuite les Anglois qui la défendoient. Il ne put cependant se rendre maître de la Ville dont les Habitans n'étoient pas en état de se déclarer en sa faveur, à cause des troupes Angloises qui étoient répandues dans tous les quartiers. Les vivres & l'argent commençant à manquer dans son armée, il fut

DE LA FRAN-CE.

CHARLES VII. DIT LE VICTORIEUX LI. ROI.

Le Roi annoblit la Pucelle d'Orléans.

obligé de se retirer. Sa retraite lui fit perdre Saint-Denys que les Anglois reprirent ; mais ils furent repoussés à Lagni par Ambroise de Lore qui y commandoit. Les succès furent variés pendant le reste de la campagne, & si d'un côté on enlevoit quelques Places aux ennemis, ils avoient un pareil avantage d'un côté.

Vers la fin de l'année le Roi voulant reconnoître les grands services que Jeanne d'Arc lui avoit rendus, l'annoblit avec toute sa famille, c'est-à-dire, son pere, sa mere, ses trois freres & toute sa postérité légitime tant en ligne masculine que feminine.

L'article qui regarde la ligne feminine fut ôté à cette famille en 1614, sur la réquisition du Procureur Général, & depuis ce temps-là les femmes descendues de cette Maison n'annoblissent plus leur postérité. Le Roi leur donna des Armoiries significatives. Ils portent *d'Azur à une Epée d'argent la garde & la poignée d'or surmontée d'une Couronne, & acostée de deux Fleurs-de-Lys de même.* Ils prirent aussi le nom de d'Ulis, au lieu d'Arc ou Dai, car la Pucelle est appellée Jeanne Dai dans l'Acte d'annoblissement, quoique dans les Histoires & en plusieurs Monumens elle porte le nom de Jeanne d'Arc (28).

1430.

Les Anglois ne furent pas les seuls ennemis qui donnerent de la peine à Charles VII. Le Duc de Savoye (Amedée VIII.) & Louis de Châlons Prince d'Orange voulurent profiter des troubles du Royaume pour aggrandir leurs Etats. Raoul de Gaucourt qui commandoit en Dauphiné pour le Roi, pénétra les desseins de ces Princes. Il assembla promptement quelques troupes, & prit Colombiere Forteresse qui appartenoit au Prince d'Orange. Il le surprit ensuite lui-même dans un défilé, le défit entiérement, s'empara de ses Etats & même d'Orange. D'un autre côté le Roi prit Sens & Melun, & la Pucelle d'Orléans attaqua près de Lagni un Corps de trois ou quatre cens Anglois qui fut taillé en piéces.

La Pucelle d'Orléans est prise par les Anglois.

Les Anglois malgré toutes ces pertes espéroient toujours racommoder leurs affaires. Ils firent le siége de Compiegne au mois de Mai. La Pucelle vola au secours de la Place, & s'y jetta le 25 de Mai avec les troupes qu'elle avoit avec elle. Dès le soir du même jour de son arrivée elle fit une sortie à la tête de cinq ou six cens hommes, & attaqua les Anglois au-de-là du Pont, où étoit le quartier de Jean de Luxembourg. Elle repoussa deux fois les ennemis jusqu'au quartier de Bourgogne. On la poursuivit comme elle se retiroit ; mais ayant été renversée de son cheval elle fut prise par Lionnel de Vendôme Officier dans les troupes de Jean de Luxembourg. Ce Gentilhomme la vendit ensuite aux Anglois, qui en eurent tant de joie qu'ils en firent chanter le *Te Deum* à Paris. La Garnison de Compiegne ne se laissa pas abbattre par une si grande perte, & elle se défendit encore pendant six mois. Le Comte de Vendôme étant venu à son secours le premier de Novembre, força les retranchemens des Anglois, leur fit lever le siége, & leur prit tous leurs bagages & leurs munitions. Cette victoire fut suivie de la prise de plusieurs Villes tant sur les Anglois que sur les Bourguignons. Sur la fin de cette année ou au commencement de la suivante les Royalistes

(28) Le Pere Daniel.

remporterent

remporterent un avantage confidérable fur les ennemis. Renaud Barbafan à la tête de trois mille hommes ayant rencontré à la Croifette près de Châlons fur Marne un Corps de troupes de huit mille hommes tant Anglois que Bourguignons, les attaqua & les battit à plate-couture. Il fit fix cens prifonniers, & il ne perdit que quatre-vingts hommes. Ce brave Capitaine fut tué l'année fuivante à la bataille de Bullegneville donnée contre le Comte de Vaudemont & René d'Anjou.

Le Duc de Bedford & les Anglois voulant venger fur la Pucelle d'Orléans la honte de tant de défaites pendant les deux dernieres campagnes, lui firent faire fon procès. On l'accufa d'être Magicienne, Impie & Idolâtre, & comme telle elle fut condamnée à être brûlée vive à Rouen, où elle avoit été transferée. Cette cruelle exécution fe fit le 30 de Mai dans le vieux Marché de Rouen. Cette Héroïne avoit toujours témoigné devant fes Juges une grande fermeté, & une préfence d'efprit qui les confondoit. Elle convint hardiment des deffeins qu'elle avoit formés contre les Anglois, & les affura de la part de Dieu qu'ils feroient chaffés de France. Sa mere & fes freres obtinrent vingt-quatre ans après du Pape Calixte, un ordre pour faire la révifion de fon Procès. Il fe fit l'an 1456, à la honte éternelle de fes Juges & de fes adverfaires. Louis XI. dix-fept ans après cette juftification ordonna que les Actes qu'on en confervoit dans la Chambre des Comptes de Paris, en fuffent tirés & mis au Tréfor des Chartes. Après le Jugement des Commiffaires du Pape, il fut ordonné que dès le même jour on feroit à Rouen une Proceffion générale dans la Place de Saint-Ouen où la Sentence contre la Pucelle avoit d'abord été prononcée, & le lendemain une autre Proceffion au vieux Marché où elle avoit été exécutée. La Sentence qui juftifioit la mémoire de la Pucelle d'Orléans fut publiée par toute la France, & depuis on érigea dans une Place de la Ville de Rouen proche du vieux Marché un autre Monument en l'honneur de cette Héroïne, & qui fubfifte encore.

Après la condamnation de Jeanne d'Arc, le Duc de Bedford fit venir à Paris le Roi Henri, afin de relever fon parti. Ce jeune Prince fit fon entrée le 2 de Décembre, & fut couronné & facré le 17 dans Notre-Dame par le Cardinal de Wincefter. Il demeura dans cette Capitale jufqu'au lendemain de Noël, & retourna enfuite à Rouen. Ce Prince penfa y tomber entre les mains des Royaliftes. Le Château fut furpris par un Gentilhomme de Normandie nommé Ricarville; mais la méfintelligence qui fe mit entre les Officiers de l'armée du Maréchal de Bouffac, qui étoit venu pour foutenir Ricarville, empêcha de profiter de cet avantage, & donna le temps aux Anglois de reprendre le Château. Cependant le Comte de Dunois & le Seigneur d'Illiers s'étoient emparés de Chartres (29), & Ambroife de Lore avoit battu les ennemis à Saint-Cénéric-le-Geré (30), Château fur la Sarre entre Alençon & Beaumont au Diocéfe de Sées. Lahire & Santraille eurent le même avantage fur le Comte d'Arondel, qui fut bleffé & fait (31) pri-

---

(29) Cette expédition eft placée par quelques-uns à l'année précédente.
(30) Les Payfans de cette Paroiffe l'appellent Saint-Celerin.
(31) Quelques Hiftoriens placent cette bataille en 1435.

Tome. I. Partie II.   Z

sonnier. C'est ainsi que les François conservoient l'ascendant qu'ils avoient pris sur les Anglois depuis le siége d'Orléans. Cependant le Roi n'étoit pas encore en état d'abbattre leur Puissance; mais c'étoit toujours beaucoup que de pouvoir leur résister. Les princes de l'Europe étoient spectateurs de cette guerre, & il n'y eut que les Papes qui tâcherent de rétablir la paix entre le Roi & le Duc de Bourgogne. Mais toutes leurs tentatives se terminerent à une tréve de six ans, qui fut rompue quelques mois après.

Pendant toutes ces négociations les Anglois reprirent Louvier & Montargis. Le Seigneur de la Trimouille fut accusé d'être la cause de ce malheur par sa négligence. Son grand crédit lui avoit attiré un grand nombre d'ennemis; on résolut sa perte, & le Connétable se chargea de l'enlever du Château de Chinon où il étoit avec le Roi. Ce complot fut exécuté, & la Trimouille fut conduit à un Château nommé Monthresor qui appartenoit à de Beuil: c'étoit celui que le Connétable avoit chargé de l'exécution. Le Roi fut indigné de ce nouvel attentat du Connétable; mais il étoit nécessaire qu'il dissimulât. Ce Seigneur sans aucun ordre de son Souverain, & même malgré lui, s'étoit mis à la tête de quelque troupes, & donnoit beaucoup d'exercice aux Anglois. Le Roi oublia bientôt la Trimouille, & le Comte du Maine fut chargé de la conduite des affaires. Il fit approuver à Charles l'enlevement de son Ministre, & vint à bout de faire rétablir le Connétable dans les bonnes graces du Roi. Ce Monarque en perdant le Seigneur de la Trimouille étoit affranchi du joug d'un Ministre impérieux, mais c'étoit pour subir celui d'un autre; car il étoit incapable de s'en garentir. Charles en donnant sa confiance à un Ministre, & son cœur à une Maîtresse en devenoit également esclave. Quelqu'attaché cependant qu'il fût à ses Ministres il ne les soutenoit pas dans l'occasion, & il suffisoit de lui en proposer un nouveau pour qu'il fût bientôt dégoûté du premier. Tel étoit le caractere de ce jeune Prince plus occupé en ces temps-là de ses plaisirs que des affaires de son Royaume. Il fut plus redevable de ses premieres conquêtes aux grands hommes de guerre que la Providence eut soin de lui fournir, qu'à sa prudence & à son courage. On peut dire qu'il ne devint un grand Roi qu'avec le temps, & après que l'âge eût meuri & amorti son esprit (32).

Cependant la guerre continuoit & les succès étoient assez variés. Il ne se passa même rien de considérable jusqu'en 1435, puisque tout se réduisit à quelques courses réciproques, & à la prise de quelques Châteaux. Les ennemis n'étoient pas en état de faire de plus grandes entreprises, surtout depuis que le Duc de Bourgogne étoit allé dans les Pays-Bas, pour appaiser la sédition qui s'y étoit élevée. Ce Prince d'ailleurs mécontent du Duc de Bedford, se détachoit insensiblement du parti Anglois. Il s'étoit accommodé avec Charles Comte de Clermont devenu Duc de Bourbon par la mort de Jean son pere, & cette réunion étoit un acheminement à sa reconciliation avec la France. En effet, il consentit quelque temps après à entrer en accommodement. On convint alors de s'assembler à Arras au mois de Juillet, pour y travailler à la paix. On fit sçavoir cette résolution au

(32) Le Pere Daniel.

Pape, au Concile de Bâle, à plusieurs Princes, & au Roi d'Agleterre même, afin qu'ils envoyassent leurs Agens.

Les Ambassadeurs de tous ces Princes s'y rendirent au commencement de Juillet. Le Duc de Bourgogne y vint en personne. Cette Assemblée fut une des plus célébres qu'on eût vû depuis long-temps, puisqu'outre les Ministres des différens Souverains & autres Princes intéressés soit comme Parties contractantes, soit comme Médiateurs, on y compta jusqu'à cinq cens Chevaliers.

DE LA FRANCE.

CHARLES VII. DIT LE VICTORIEUX LI. ROI.

On ouvrit les conférences au mois d'Août dans l'Abbaye de Saint-Vaast, & l'on commença par traiter de la paix entre les Rois de France & d'Angleterre ; mais les Anglois firent des propositions si déraisonnables qu'on rompit avec eux, & leurs Ministres se retirerent le 6 du mois de Septembre. Après leur retraite, les Légats du Pape ne songerent plus qu'à reconcilier le Duc de Bourgogne avec le Roi de France. Ce Duc profitant des circonstances n'y consentit qu'aux conditions suivantes, & qu'on fut obligé de lui accorder par rapport au triste état où le Royaume étoit réduit. Il fut dit entre autres propositions :

» Que le Roi désavoueroit le meurtre de Jean Duc de Bourgogne, son
» pere ; le prieroit d'oublier cette injure & de se reconcilier avec lui ; qu'il
» feroit rechercher les coupables pour les punir, & que si l'on ne pouvoit
» s'en saisir, ils seroient bannis à perpétuité du Royaume & tous leurs
» biens confisqués.

» Que le Roi céderoit à perpétuité au Duc de Bourgogne la Cité &
» Comté de Macon, la Cité & Comté d'Auxerre & Bar-sur-Seine ; que
» Peronne, Mondidier & Roye lui seroient cédés, mais pour ses hoirs
» mâles seulement.

» Qu'il transporteroit au Duc de Bourgogne toutes les Villes, Forteresses, &c. situées sur la Somme de l'un & de l'autre côté ; le Comté
» de Ponthieu, Dourlens, Saint-Riquier, Arleux, Mortagne ; mais que le
» Roi pourroit les racheter au prix de quatre cens mille écus d'or.

» Qu'on lui céderoit pour lui & pour ses hoirs mâles procréés de son
» corps seulement la Ville & Comté de Boulogne sur Mer, après quoi on
» pourroit examiner à qui ce Comté devroit appartenir.

» Que le Duc de Bourgogne ne seroit tenu faire foi, ni hommage, ni
» service au Roi, pour tout ce qu'il possedoit ou possederoit des Mouvances de la Couronne ; mais feroit & demeureroit exempt de sa personne
» en tous cas, de Subventions, Hommages, Ressorts, Souverainetés & autres du Royaume durant la vie de lui Roi ; mais après le décès du Roi,
» il fera à son fils & Successeurs à la Couronne de France les hommages, fidélités & services qui sont appartenans, & aussi si le Duc de
» Bourgogne alloit de vie à trépas devant le Roi, les héritiers & ayant
» cause feront au Roi lesdits hommages, fidélité & services, ainsi qu'il
» appartiendra.

» Que s'il arrivoit que ledit Traité fut enfreint par le Roi, ses Vassaux
» & Féaux, Sujets présens & à venir, ne seroient plus tenus de lui obéir
» & servir ; mais seroient tenus dès-lors de servir ledit Seigneur de Bourgogne, & ses Successeurs à l'encontre de lui. . . . . . & que dès mainte-

Z ij

» nant le Roi Charles leur commande de ainsi faire, & les quitte & décharge de toutes les obligations & sermens au cas des susdits, & que pareillement soit fait & consenti par ledit Seigneur de Bourgogne au regard de ses Vassaux, Féaux, Sujets & Serviteurs.

» Que seront de la part du Roi Charles faites les promesses, obligations & soumissions touchant l'entérinement de ce présent Traité és mains des Cardinaux Légats du Pape & du Concile de Bâle, & sur les peines d'Excommunication, Interdits en ses Terres & Seigneuries, pourvû que pareillement soit fait du côté du Duc de Bourgogne.

» Qu'avec ce, seroit le Roi avec son scellé, bailler audit Seigneur Duc de Bourgogne les Scellés des Princes & Seigneurs de son sang, & promettroient d'entretenir & maintenir de leur part le contenu dudit Scellé ; & s'il étoit enfreint de la part du Roi, dans ce cas être aidans & confortans ledit Seigneur de Bourgogne & les siens à l'encontre du Roi ; & pareillement sera fait du côté dudit Seigneur de Bourgogne «.

Cette paix fut publiée dans les deux Etats avec de grandes cérémonies, & elle causa une grande joie aux Royalistes ; mais les Anglois en furent très mortifiés. Ils ne s'étoient soutenus que par le Duc de Bourgogne, & en le perdant ils étoient privés de leur plus ferme appui. Cependant comme les choses étoient trop avancées pour en rester là, ils resolurent de continuer toujours la guerre dans l'esperance qu'il arriveroit peut-être quelque révolution favorable à leurs desseins. Le Duc de Bedford comprit qu'il lui étoit important de conserver Paris, & que pour cet effet il devoit s'emparer de Saint-Denys d'où les Royalistes envoyoient souvent des détachemens pour ravager les environs de la Capitale. Il attaqua cette Place qui après une belle défense fut obligée de Capituler ; mais il perdit en même temps Meulan, dont les Seigneurs de Rambouillet & Pierre Jaillet s'emparerent. Sur ces entrefaites Isabeau de Baviere Reine de France & mere du Roi mourut de chagrin à Paris vers la fin de Septembre, haïe des François & méprisée des Anglois. Ses Obseques se firent à Saint-Denys avec très-peu de cérémonie, & il n'y eut que le Duc de Bourgogne qui lui en fit faire de magnifiques dans l'Abbaye de Saint-Vaast d'Arras.

Depuis que le Duc de Bourgogne avoit fait sa paix avec le Roi le parti des Anglois s'affoiblissoit considérablement. La plûpart des Seigneurs François qui étoient auparavant dans leurs intérêts rentrerent dans leur devoir, ce qui occasionna les nouvelles conquêtes qu'on fit sur les ennemis. Dieppe, Montiviliers & Harfleurs leur furent enlevés. Ils firent en même temps une perte bien considérable, ce fut celle du Duc de Bedford qui mourut à Rouen le 15 de Décembre. Il eut pour successeur dans le Gouvernement de ce que les Anglois tenoient en France, Richard Duc d'Yorck.

Paris étoit toujours au pouvoir des Anglois, & il n'étoit pas facile de les chasser de cette Place où ils n'avoient rien oublié pour s'y maintenir. Cependant malgré la vigilance de Wideville (33) Gouverneur de Paris pour

---

(33) Richard de Wideville ou Wodewil est celui qui ayant épousé la Veuve du Duc de Bedford, fut pere d'Elizabeth femme d'Edouard IV., qui le fit Comte de Rivers. *Le Pere Daniel.*

les Anglois, quelques Bourgeois des plus accrédités formerent une conspiration en faveur de Charles, & firent sçavoir leurs intentions au Connétable. Ce Seigneur avec le Comte de Dunois marcherent en diligence vers Paris. Ayant rencontré à la Briche, Village près de Saint-Denys, un Corps d'Anglois de huit cens hommes, ils en laisserent quatre cens sur la Place. Animés par ce succès ils se présenterent le 13 d'Avril à la Porte-Saint-Jacques où ils trouverent une partie des Conjurés qui leur ouvrirent la porte. Les Anglois surpris firent d'inutiles efforts pour retenir le Peuple qui crioit de tous côtés *Vive le Roi Charles & le Duc de Bourgogne.* On fit main-basse sur tous les ennemis, dont on tua un grand nombre, & le reste eut bien de la peine à se sauver dans la Bastille. On auroit pu les y forcer; mais le Connétable voyant que le Peuple inclinoit à la clémence, leur permit de se retirer à Rouen. Ainsi Paris rentra sous l'obéïssance de son légitime Souverain, après avoir été dix-huit ans sous la tyrannie des Anglois. Charles étoit à Vienne sur le Rhône où il tenoit les Etats de Languedoc, lorsqu'il apprit la réduction de Paris. Après la tenue des Etats ce Monarque se rendit à Tours, & assista à la fin de Juin aux nôces de Louis Dauphin son fils qui épousoit Marguerite d'Ecosse fille de Jacques I. Sur ces entrefaites la Ville de Soissons fut prise par Lahire, & cette conquête étoit importante dans les circonstances présentes.

Le Duc de Bourgogne irrité de plus en plus contre les Anglois résolut de leur enlever Calais. Il alla mettre le siége devant cette Place, mais les Gantois ayant refusé au bout d'un mois de le continuer il fut obligé de le lever; il ne fut pas plus heureux l'année suivante devant Crotoi qu'il ne put emporter. Cependant le Roi se disposoit à se rendre à Paris où il étoit extrêmement desiré. Il voulut auparavant se rendre maître de Montereau-faut-Yonne. Cette Ville fut emportée d'assaut, & le Roi monta le premier à l'échelle qu'on avoit appliquée à la muraille du rempart. Le Roi se rendit ensuite à Melun & de-là à Saint-Denys, d'où il partit le 8, ou selon d'autres le 12 de Novembre pour se rendre à Paris. Il y fut reçu avec toute la magnificence possible, & avec les plus grandes démonstrations de joie. Le Roi fut obligé d'en sortir quelque temps après parce que la peste ravageoit cette Capitale, & il passa la Loire.

Cependant il s'étoit élevé quelques différends entre le Concile de Bâle & le Pape Eugene IV. Ce Souverain Pontife voulut le transferer à Ferrare, & excommunia tous ceux qui continueroient de tenir les Assemblées à Bâle. Les Peres de ce Concile envoyerent une Ambassade au Roi, pour le prier de faire publier dans son Royaume divers Réglemens pour la réformation de la Police Ecclésiastique. Le Roi tint à ce sujet une grande Assemblée à Bourges où il déclara qu'il recevoit ces Réglemens en y mettant quelques modifications que demandoient certains usages de l'Eglise Gallicane. De ces Décrets ou Réglemens fut composé ce qu'on a depuis appellé la Pragmatique-Sanction, dans laquelle on reconnut la supériorité du Concile au-dessus du Pape. On y donna l'usage & la forme ancienne des Elections des Evêques, & l'on y retrancha beaucoup d'usages fort avantageux & fort utiles au Saint Siége. Cette Pragmatique-Sanction fut enregistrée au Parlement le 13 de Juillet de l'année suivante. Dans la suite Louis XI.

DE LA FRAN-
CE.

CHARLES
VII.
DIT LE
VICTORIEUX
LI. ROI.

1440.
Conſpiration
contre le Roi.

1441 &
ſuiv.

Charles fait la
guerre en per-
ſonne contre les
Anglois.

l'abolit en partie ; mais on peut dire qu'elle ne le fût entiérement que ſous
François I. par le Concordat. Cependant le Concordat renferme la plûpart
des diſpoſitions & des Réglemens de la Pragmatique, aux élections près qui
ne ſubſiſtent plus (34).

Cependant Iſabeau de Portugal Ducheſſe de Bourgogne avoit offert ſa
médiation entre la France & l'Angleterre. Il y eut pluſieurs conférences à
ce ſujet ; mais les propoſitions des Anglois étoient ſi déraiſonnnables que
le Roi rompit toute négociation, & l'on continua la guerre. Elle ſe faiſoit
foiblement de la part des ennemis ; mais ils ſe ſoutenoient toujours dans
la Picardie & la Normandie, où ils ſe flattoient qu'il arriveroit quelques
événemens favorables pour eux. Il en arriva bientôt un qui penſa avoir
des ſuites bien funeſtes pour le Royaume. Le Seigneur de la Trimouille de
retour à la Cour y voyoit avec chagrin le Comte du Maine occuper ſa
place. Profitant des mauvaiſes intentions des Ducs de Bourbon & d'Alençon, des Comtes de Dunois & Vendôme, il forma avec eux une conſpiration ſous prétexte de demander une réformation de l'Etat. Pour appuyer
leur parti ils engagerent le Dauphin à ſe mettre à leur tête, & flatterent ce
jeune Prince en lui faiſant enviſager la gloire qu'il s'acquereroit par le
rétabliſſement du bon ordre dans le Royaume. Les Rebelles entrerent auſſi-
tôt dans le Berri & la Sologne pour faire ſoulever ces Provinces. Ils parcoururent tout le Royaume, mais ils trouverent plus de réſiſtance qu'ils
n'avoient cru. La Nobleſſe d'Auvergne refuſa abſolument d'entrer dans leur
complot, ainſi que le Duc de Bourgogne. Le Roi étoit à Angers lorſqu'il
apprit cette fâcheuſe nouvelle. Il ne perdit point de temps & marcha promptement contre les Factieux. Ils furent bientôt forcés de tous côtés, parceque
toutes les Villes leur fermoient les portes, & les ouvroient au Roi. Le
Comte de Dunois agité par les remords de ſon crime fut le premier qui
rentra dans le devoir, & le Roi ayant alors plus d'égard à ſon repentir
qu'à ſa faute, lui pardonna, & lui rendit ſon amitié. Le Dauphin ne
voyant plus de ſûreté pour lui, eut recours au Duc de Bourgogne, afin
qu'il obtînt ſa grace du Roi. Ce Monarque conſentit à lui pardonner aux
conditions qu'il ne ſe mettroit plus dans le cas d'avoir beſoin d'une nouvelle grace. Ainſi fut terminée cette guerre civile qui avoit duré ſix
mois.

Les ſuccès de cette guerre avoit acquis au Roi un dégré d'autorité qu'il
n'avoit point eu juſqu'alors. Il comprit qu'un Prince qui agit par lui-même
exécute ce qu'il a projetté tout autrement qu'il le feroit par ſes Miniſtres,
& cette réflexion le porta à faire la guerre en perſonne contre les Anglois.
Les choſes changerent bientôt de face, & la fortune qui juſques-là avoit
paru balancer entre les deux partis, ſe déclara entiérement pour lui ; car
tandis que d'un côté il leur enlevoit pluſieurs Places, le Dauphin & ſes
autres Généraux chaſſoient les Anglois de divers poſtes tant en Normandie
que dans le Languedoc. Après ces différentes conquêtes, le Roi rétablit le
Parlement dans cette Province, & en fixa la réſidence à Toulouſe par un
Edit donné à Saumur le 11 d'Octobre 1443. Les progrès de Charles por-

(34) Le Pere Daniel.

rerent les Anglois à defirer la paix; mais il n'étoit pas facile de la conclure parce qu'ils ne vouloient point rendre hommage pour le Pays qu'ils avoient en France & que le Roi ne vouloit point céder ce droit qui étoit la plus belle prérogative de la Couronne. On s'affembla cependant à Tours, & le réfultat des conférences qui s'y tinrent fut une tréve, dont le commencement fut fixé au 15 de Mai, & la fin ou 1 Avril de l'année fuivante. Elle fut enfuite prolongée jufqu'en 1448. Ainfi la tranquillité fut rétablie pendant quelque temps dans le Royaume.

Le Roi fe trouva alors fort embarraffé du grand nombre de troupes qu'il avoit, & qu'il n'étoit pas en état de foutenir. Il auroit voulu les licentier, mais on avoit à craindre qu'elles ne fe raffemblaffent & ne commiffent de grands défordres dans le Royaume. Comme il étoit à déliberer fur le parti qu'il devoit prendre, il fe trouva une occafion favorable de donner de l'occupation à ces troupes, & de les faire fubfifter en Pays étranger. Sigifmond Duc d'Autriche, & fiancé depuis plufieurs années avec Radegonde de France, demanda du fecours contre les Suiffes avec lefquels il étoit en guerre. L'Empereur Frederic fon coufin étoit dans le même cas. Le Duc de Lorraine qui vouloit foumettre la Ville de Metz révoltée contre lui, implora pareillement l'affiftance de Charles. Ce Monarque donna ordre au Dauphin de marcher vers Montbeliard tandis qu'il iroit mettre le fiége devant Metz. Le Roi d'Angleterre joignit auffi fes troupes à celles du Dauphin, & leur ordonna de reconnoître ce Prince pour leur Géneraliffime. Tout céda à la valeur de cette armée, Montbeliard fut prife, les Suiffes furent battus en divers rencontres, & obligés de traiter avec le Duc d'Autriche. Ce fut en cette occafion que fut fait le premier Traité entre les François & les Suiffes, par lequel les deux Nations fe promirent une amitié réciproque, & d'entretenir un libre commerce l'une avec l'autre. Il fut figné le 28 d'Octobre. D'un autre côté Charles avoit foumis les Habitans de Metz, & s'étoit emparé de plufieurs Villes & Forterefes de la dépendance de cette Place. Les vaincus furent contraints de payer au Roi deux cens mille écus, pour les frais du fiége, & de donner au Roi de Sicile quittance de cent mille florins qu'il leur avoit empruntés.

Après ces glorieufes expéditions le Roi fe rendit à Châlons fur Marne où il fit la réforme de fes troupes. Il avoit auparavant pris toutes les précautions néceffaires pour empêcher les inconvéniens qui en pouvoient réfulter. Les Soldats réformés eurent ordre fous peine de la vie de fe retirer chacun dans leur Pays, ce qui contribua bientôt au rétabliffement du Commerce & de l'Agriculture.

On commençoit à peine à recueillir les fruits d'une tranquillité que les Peuples avoient attendu depuis longt-temps, que la guerre recommença de nouveau avec plus de vigueur qu'auparavant. La tréve duroit encore lorfque François de Lurienne, dit l'Arragonois, attaqua & prit la Ville de Fougeres en Bretagne. Les Anglois ayant refufé la fatisfaction que le Roi demandoit, ce Monarque leur déclara la guerre. Le Duc de Bretagne la commença par la conquête de plufieurs Places. Charles s'étant mis enfuite en campagne avec une armée bien difciplinée, fe rendit maître en peu de temps de plufieurs Villes de Normandie, & le 20 d'Octobre, il fit fon

---

DE LA FRANCE.

CHARLES VII. DIT LE VICTORIEUX LI. ROI.

1444.
On convient d'une tréve.

Le Roi fait marcher fes troupes contre les Suiffes.

Premier Traité entre les François & les Suiffes.

1445.
Réforme dans les troupes Françoifes.

1448 & 1449.
Les Anglois rompent la tréve.

Suite de cette rupture.

entrée dans la Ville de Rouen. Les Anglois qui avoient évacué cette Place s'étoient retirés à Harfleur, le Roi les y poursuivit, & le premier de Janvier suivant, ils furent forcés de la rendre à composition. C'étoit la premiere Ville que Henri V. avoit prise en 1415. Toute la Normandie en deçà de la Seine se trouva alors entierement soumise. Il ne restoit plus au mois de Mars au Duc de Sommerset de Villes considérables en Normandie que Caën, Bayeux, Cherbourg, Vire & Falaise. Le Dauphin n'avoit eu aucune part à ces expéditions, car depuis 1446 il étoit resté en Dauphiné où le Roi lui avoit permis de faire un voyage. L'état d'indépendance que ce Prince chérissoit l'empêchoit de revenir à la Cour, dont il haïssoit les principaux Seigneurs, surtout ceux qui avoient part au gouvernement, ou qui étoient dans les bonnes graces du Roi.

Les Anglois auroient dû être rebutés par tant de mauvais succès, cependant ils oserent encore continuer la guerre. Il est vrai qu'ils ne se battoient plus qu'en retraite ; mais les nouveaux secours qu'ils recevoient de temps en temps rendoit leur résistance plus longue, & augmentoit la gloire de Charles. Le Général Kiriel amena en Normandie un nouveau Corps de troupes au commencement de la campagne, & ayant été joint d'une partie des Anglois qui étoient dans cette Province, il reprit Vire & Valogne. Il ne jouit pas long-temps de ces nouvelles conquêtes ; car peu de temps après il fut battu près du Village de Fourmigni par le Comte de Clermont qui commandoit sous les ordres du Connétable. Trois mille sept cens Anglois demeurerent sur la place, & quatorze cens furent faits prisonniers, du nombre desquels fut le Général avec plusieurs personnes de remarque. Cette victoire fut suivie de la prise de plusieurs Villes, & surtout de celle de Caën que le Duc de Sommerset qui y étoit avec quatre mille Anglois, fut contraint de rendre après un siége de vingt-cinq jours. Enfin toute la Normandie rentra sous la domination de Charles, & les Anglois perdirent en un an une belle Province, qui leur avoit été offerte à condition qu'ils se retireroient des autres Provinces de la France. Les Anglois chassés de la Normandie, le furent bientôt de la Guienne. Le Roi y conduisit son armée victorieuse, & commença la conquête de cette Province par la prise de Bergerac en Perigord. Cette expédition fut terminée par la prise de Bordeaux, qui se rendit dans le mois de Juin au Comte de Dunois, & par celle de Bayonne qui fut prise au mois d'Août suivant. Ainsi l'Aquitaine qu'Henri II. Roi d'Angleterre avoit uni à sa Couronne, trois cens ans auparavant, & qui avoit été cédée par Saint Louis à Henri III. rentra sous la domination Françoise.

Charles devenu maître de son Royaume songea à se venger de ses voisins dont il avoit eu à se plaindre pendant que les Anglois étoient en possession de Etats. Il déclara la guerre au Duc de Savoye dont les troupes avoient exercé plusieurs violences sur les Terres de France. Cependant cette guerre n'eut pas lieu parce que le Cardinal d'Estouteville ayant engagé le Duc de Savoye à satisfaire le Roi, la paix fut conclue entre les deux Princes. Charles s'étoit prêté d'autant plus volontiers à cet accommodement qu'il se voyoit obligé de marcher de nouveau en Guienne, où il se faisoit de grands mouvemens en faveur des Anglois. Talbot étoit arrivé dans le Médoc avec cinq

mille

mille hommes, & il s'étoit faiſi de quelques Places, d'où il faiſoit des courſes ſur les Terres des François. Cette Province étoit mal gardée ainſi que la Ville de Bordeaux, parce que le Roi croyoit par cette marque de confiance gagner le cœur des Habitans. Ils eurent la lâcheté d'en abuſer, & les Bordelois ouvrirent leurs portes au Général Anglois. Bientôt toute la Guienne fut au pouvoir des ennemis, qui reçurent encore un renfort de quatre mille hommes, avec quatre-vingt Vaiſſeaux chargés de toutes ſortes de munitions. Charles à cette nouvelle envoya promptement quelques troupes, & ſe mit enſuite en marche pour ſe rendre dans cette Province. Chablais fut la premiere Place dont il ſe rendit maître ; ſon armée étant arrivée près de Châtillon, il la campa dans un lieu avantageux, & fortifia ſon Camp. Le Général Talbot vint pour l'attaquer dans ſes retranchemens ; mais les François ſe défendirent avec tant de courage qu'ils repouſſerent les Anglois & les taillerent en piéces. Le Général Talbot fut tué dans cette action, & ſa mort ne contribua pas peu à la déroute entiere des ennemis. L'armée de France devenue conſidérable par les nouvelles troupes que la Nobleſſe du Royaume conduiſoit avec elle, fut en état d'entreprendre pluſieurs ſiéges à la fois. Les ennemis furent chaſſés de tous les poſtes qu'ils occupoient, & l'on fit enfin le blocus de Bordeaux. Cette Ville qui n'avoit plus de ſecours à eſpérer demanda à capituler. Le Roi accorda une amniſtie à tous les Bourgeois, mais il ſupprima leurs Priviléges. Toutes les autres Villes de la Province ſe ſoumirent enſuite, & la Guienne rentra une ſeconde fois ſous la domination du Roi. Ce Monarque prit alors de nouvelles meſures pour retenir les Habitans dans le devoir, & empêcher que les Anglois n'y miſſent le pied.

Cependant le Dauphin étoit toujours en Dauphiné où il ne pouvoit reſter tranquille. Il ſe brouilla avec le Duc de Savoye, & il y eut entre eux une guerre qui dura trois mois. Le Roi appréhendant que ce jeune Prince ne formât de nouveaux projets, réſolut de le faire enlever pour le faire revenir à la Cour. Le Dauphin ayant pénétré les deſſeins de ſon pere, voulut d'abord ſe retirer chez le Duc de Savoye ; mais ce Prince refuſa de lui donner retraite. Il paſſa dans le Brabant où il eſperoit que le Duc de Bourgogne voudroit bien le recevoir. Ce Duc ne lui accorda cependant un aſyle qu'après qu'il en eût été prié par le Roi. Il travailla enſuite à le faire rentrer en grace, parce qu'il appréhendoit que ce Prince n'attirât la guerre dans ſes Etats. Charles n'y voulut conſentir qu'aux conditions que le Dauphin ſe ſoumettroit à tout ce qu'il exigeroit de lui.

Cependant Charles étoit toujours occupé du deſſein de ſe venger des Anglois & de porter la guerre dans leur pays, afin de les contraindre à rendre Calais & le Comté de Guienne. Pierre de Breſé Sénéchal de Normandie chargé de cette expédition, s'embarqua avec quatre mille hommes, & fit une deſcente auprès de Sandwick. La Ville fut priſe & pillée, & les François revinrent en France chargés d'un butin conſidérable : jamais expédition de cette nature ne fut mieux concertée & mieux exécutée.

Quelque temps après on découvrit une conſpiration qui auroit eu de dangereuſes ſuites pour l'Etat, ſi elle eût eu ſon exécution. Le Duc d'Alençon homme d'un caractere remuant, prit des engagemens avec les An-

DE LA FRANCE.

CHARLES VII. DIT LE VICTORIEUX LI. ROI.
1453.

1455.

1457.
Les François font une deſcente en Angleterre.

1458.
Conſpiration du Duc d'Alençon.

Tome I. Partie II.   Aa *

glois pour les introduire en France, afin de se venger du Roi dont il prétendoit avoir été maltraité dans un différend qu'il avoit eu avec le Duc de Bretagne. Ayant été trahi par son Aumônier, il fut arrêté & conduit au Château de Chantelle en Bourbonnois. On lui fit son procès à Vendôme, & il fut convaincu de crime de lez-Majesté. En conséquence il fut condamné à perdre la tête ; mais le Roi s'étant laissé toucher par le Duc de Bourgogne & le Connétable, il commua la peine de mort en une prison perpétuelle. En conséquence il fut conduit au Château de Loches, d'où il ne sortit que sous le regne suivant pour commettre de nouvelles fautes. Ses biens furent accordés à sa femme & à ses enfans à la réserve du Duché d'Alençon, & de toutes ses dépendances qui furent unis au Domaine.

Cette derniere conspiration & l'obstination du Dauphin qui refusoit toujours de se soumettre, inquiéterent tellement le Roi qu'il commença à croire que tout le monde le trahissoit & en vouloit à sa vie : il refusa de prendre de la nourriture de crainte qu'on ne l'empoisonnât. Il passa sept jours de la sorte ; mais enfin ayant voulu prendre quelque chose au bout de ce temps, il fut suffoqué. Ce Monarque mourut à Meun en Berri le 22 de Juillet dans la soixante-neuviéme année de son âge, & après un regne de trente-huit ans & environ dix mois, à compter depuis la mort de son pere. Son corps fut transporté à Saint-Denys. Jamais Prince n'eut de plus grandes traverses, ni de plus grands ennemis que Charles VII. & ne les surmonta avec plus de gloire. *On eut pû le nommer heureux*, dit le Continuateur de M. de Fleury, *s'il avoit eu un autre pere*, (il auroit pû dire une autre mere) *& un autre fils*. Un Historien Anglois fait son éloge en deux mots, en disant *qu'il fut la gloire des François, & le restaurateur de son Royaume*. Charles VII. doit être mis au rang des plus grands Princes, pour toutes ses bonnes qualités, balancées par plusieurs défauts. Le Pere Daniel remarque avec beaucoup de fondement que quelques-uns de nos Modernes (auxquels il faut ajouter l'Auteur de la nouvelle Vie de Louis XI.) n'ont pas rendu assez de justice à ce Prince (35).

Charles eut de Marie d'Anjou quatre fils & sept filles : Louis qui regna après lui ; Philippe & Jacques morts dans l'enfance ; Charles Duc de Berri, ensuite de Guienne, & enfin de Normandie, né le 28 Décembre 1446, mort sans être marié en 1472. Les filles furent, Radegonde morte fille ; Yolande, mariée à Amedée Duc de Savoye ; Catherine, à Charles Duc Bourgogne ; Jeanne, à Jean II. Duc de Bourbon ; Magdeleine accordée à Ladislas d'Autriche Roi de Hongrie. Ce Prince étant mort avant que le mariage fût consommé, Magdeleine fut ensuite mariée à Gaston fils du Comte de Foix ; une autre Jeanne & Marie décédées fort jeunes.

Louis fils aîné de Charles VII. étoit à Genep en Brabant lorsqu'il apprit la mort de son pere. Il se rendit en diligence en France, & se fit sacrer à Rheims le 15 d'Août (36) par l'Archevêque Juvenal des Ursins. Ce Monarque étoit alors dans sa trente-uniéme année, étant né à Bourges le 3 de Juillet 1423. Nous avons vû ce Prince lorsqu'il étoit Dauphin, se distinguer par plusieurs expéditions, tant en deçà qu'au-de-là de la Loire ; accom-

(35) Art de vérifier les Dates.   (36) Ce fut le 13 selon M. Duclos.

pagner le Roi dans ses différentes campagnes ; signaler son courage sous les yeux de ce Monarque aux siége de Montereau, de Creil, &c. & forcer par sa valeur les Anglois à lever celui de Dieppe. Nous l'avons vû ensuite entrer dans les conspirations formées contre son pere, & abreger les jours de ce Prince par les chagrins continuels que lui causerent son humeur inquiete, & son caractere dissimulé & vindicatif. Les fidéles Serviteurs de Charles VII. devenus par leur zéle pour leur Souverain les plus grands ennemis de Louis XI. comprirent bientôt qu'il ne tarderoit pas à leur faire sentir les effets de son injuste courroux, & le Duc de Bourgogne voulant dérober à sa vengeance tant de Coupables innocens, se jetta aux pieds du Roi pendant la cérémonie du Sacre, & le supplia de pardonner à ceux qui avoient été obligé de l'offenser pendant qu'il étoit Dauphin. Louis parut se rendre aux prieres du Duc de Bourgogne : il promit de pardonner à tous ceux dont il avoit sujet de se plaindre ; mais il en excepta sept seulement qu'il ne voulut point nommer.

Le Roi se rendit ensuite à Saint-Denys & de-là à Paris, où il fit son entrée au milieu des acclamations du Peuple. Louis à son avénement à la Courone sembla affecter de tenir une conduite opposée à celle de son pere, & de changer tout ce que ce Prince avoit fait. Il cassa la plûpart des Officiers de Charles VII., & les remplaça par ceux qui avoient toujours été attachés à ses intérêts. C'étoit le seul mérite de la plus grande partie de ceux qui occuperent les premieres places, & tous ces changemens ne tendirent pas au bien de l'Etat. Il accorda la grace au Comte d'Armagnac, condamné sous le regne précédent ; & remit en liberté le Duc d'Alençon, le plus dangereux esprit qui fût alors dans le Royaume ; mais il ne tarda pas à s'en repentir. Il songea en même temps à affermir son autorité, ce qu'il ne pouvoit faire qu'en abbattant la puissance de plusieurs Vassaux. Les plus redoutables étoient alors les Ducs de Bourgogne & de Bretagne.

Cependant le Pape Pie II. ne perdoit point de vûe le projet qu'il avoit formé d'abolir la Pragmatique-Sanction. Il avoit déja pris des arrangemens à ce sujet avec Louis lorsqu'il n'étoit que Dauphin, & ce Prince étant monté sur le trône ceda aux vives instances de Geffroi ou Joffredi Evêque d'Arras, à qui le Pape avoit promis le Chapeau de Cardinal. La Pragmatique-Sanction fut cassée malgré les obstacles que le Roi eut à lever tant de la part du Parlement que de l'Université. Mais le seul fruit que Louis tira de sa complaisance pour le Pape, fut une épée bénite que le Souverain Pontife lui envoya, & sur laquelle on lisoit ces Vers :

Exerat in Turcas tua me, Lodoice, furentes
Dextera, Graiorum Sanguinis ultor ero ;
Corruet Impèrium Mohumetis, & inclita rursus
Gallorum virtus te petet astra duce. M. Duclos.

Le Roi n'avoit cependant consenti à l'abolition de ce Réglement que dans l'espérance d'engager le Pape à renoncer à la protection qu'il donnoit à Ferdinand d'Arragon pour le Royaume de Naples, contre la Maison d'Anjou, & à rétablir un Légat François dans ses Etats pour la nomination des Béné-

DE LA FRAN-
CE.

LOUIS XI.
LII. ROI.

fices, afin que l'argent ne fortît point du Pays. L'Evêque d'Arras plus oc- cupé de fes intérêts que de ceux de fon Souverain, remit au Pape cette piéce importante avant que de propofer les demandes du Roi. Pie II. ayant obtenu ce qu'il defiroit, ne fongea point à fatisfaire le Roi, ce qui en- gagea ce Prince à permettre à fon Parlement de continuer à faire executer la Pragmatique-Sanction à l'exception de deux articles qui regardoient les Réfervations & les Graces expectatives ; de forte que cette affaire ne fut entiérement confommée que fous le regne de François I.

La tranquillité qui régnoit dans le Royaume pendant les premieres années du regne de Louis, le mit en état de donner du fecours à fes voifins & de retirer ce qui avoit été engagé de fon Domaine fous le regne précédent.

Troubles en
Angleterre.

Henri VI. Roi d'Angleterre, chaffé du trône avec Marguerite d'Anjou fa femme par Edouard Comte de la Marche, Chef de la Maifon d'Yorck, fut obligé d'avoir recours à Louis. Il en obtint d'abord deux mille hommes qui fous la conduite de Bréfé pafferent en Angleterre ; mais Henri ayant été battu de nouveau & fait prifonnier, le Roi ne confentit à prêter vingt mille écus à la Reine d'Angleterre qu'à condition qu'elle engageroit au nom de fon mari le Château de Calais pour cette fomme. Les troubles furvenus en Efpagne, & les vûes que Louis avoit de ce côté-là l'empêcherent de foutenir le parti de Henri autant qu'il auroit pû. Jeanne Reine d'Aragon accufée

1462.

Louis envoie du
fecours au Roi
d'Aragon.

d'avoir fait empoifonner Charles de Prince Viane, fe trouvoit expofée avec fon fils Ferdinand à toute la fureur des Navarrois & des Catalans foutenus par le Roi de Caftille. Elle implora le fecours de la France, & le Roi d'Aragon fut obligé d'engager le Rouffillon & la Cerdagne pour trois cens mille écus d'or, qui étoient la fomme à laquelle le Roi de France fit monter les dépenfes de l'armement qu'il alloit faire en leur faveur. Jac- ques d'Armagnac Duc de Nemours chargé du commandement de ces trou- pes auxiliaires délivra la Reine, & fit rentrer les Rebelles dans leur devoir. Après cette expédition Louis fe rendit médiateur entre le Roi d'Aragon & celui de Caftille, & porta ces deux Princes à faire la paix. Il eut enfuite une entrevûe avec ce dernier, & l'on rapporte que les deux Monarques fe féparerent avec beaucoup de froideur. Ce fut dans cette occafion que Louis trouva moyen de gagner plufieurs Seigneurs Caftillans, dont il tira de grands

Les Villes de
Picardie cédées
au Duc de Bour-
gogne font réu-
nies à la Cou-
ronne.

fervices quelque temps après. Les Etats de Louis étoient beaucoup aug- mentés par l'acquifition qu'il venoit de faire du Rouffillon & de la Cer- dagne ; mais il avoit encore à cœur de rentrer dans la poffeffion des Villes de Picardie qu'on avoit cédées au Duc de Bourgogne par le Traité d'Arras.

1463.

Le Duc de Bourgogne confentit volontiers à les rendre, & il reçut en échange quatre cens mille écus d'or, fomme convenue par le vingtiéme Article du Traité. Le Comte de Charolois, qui étoit alors brouillé avec fon pere, ne put s'oppofer à cette négociation ; mais elle lui caufa un fi grand chagrin qu'il réfolut de s'en venger.

Il ne fut pas long-temps fans en trouver l'occafion. Les changemens que le Roi avoit faits au commencement de fon regne lui avoit attiré un grand nombre d'ennemis fecrets, & la puiffance de plufieurs Seigneurs que le Roi avoit déja abbattue, faifoit craindre aux autres un fort femblable. Les dif- férends qu'il eut enfuite avec le Duc de Bretagne furent une occafion dont les Mécontens se servirent pour former une conspiration qui fut conduite avec tant de secret qu'elle ne fut découverte qu'au moment qu'elle étoit prête à éclater. Les Ducs de Calabre, de Bourbon, de Bretagne, les Comtes de Dunois, de Charolois, de Dammartin, & le Maréchal de Loheac, furent les principaux Chefs de cette faction. Comme il falloit un prétexte aux Factieux pour prendre les armes, ils publierent qu'ils n'avoient d'autre but que celui de porter le Roi à remédier au mauvais état du Royaume, ce qui fit donner à leur faction le nom de *Ligue du bien public*: prétexte ordinaire des Rebelles, mais qui est rarement leur motif. Pour donner plus de crédit à leur Ligue, ils engagerent Charles Duc de Berri frere du Roi à se mettre à leur tête. Ce Prince alors âgé de dix-sept à dix-huit ans, se laissa facilement persuader que c'étoit le véritable moyen de forcer Louis à lui donner un apanage plus considerable que celui qu'il avoit. On arma de toutes parts, sans que les motifs de cette Ligue fussent bien éclaircis. On n'y apperçut que beaucoup d'ambition de la part des Grands, de l'inquiétude dans les Peuples, de l'animosité dans le Comte de Charolois, & de la foiblesse dans le Duc de Berri. Les Ligués pour se reconnoître portoient à leur ceinture une petite aiguillette de soie, qu'eux seuls pouvoient appercevoir.

Le Roi se trouva alors dans d'étranges embarras. Il commença par fortifier Paris, & mettre cette Ville en état de résister aux Factieux. Il envoya ensuite des troupes en Picardie, en Normandie, dans le Poitou & dans l'Anjou. Ce Monarque s'étant mis à la tête de vingt-quatre mille hommes entra dans le Berri pour attaquer le Duc de Bourbon. La plus grande partie des Villes du Berri & du Bourbonnois ouvrirent leurs portes à l'armée Royale. le Duc de Bourbon, le Duc de Nemours, le Comte d'Armagnac & plusieurs autres Seigneurs ligués se jetterent dans Riom, où ils furent bientôt assiégés. Louis étoit prêt à les forcer lorsqu'il apprit la marche du Comte de Charolois. Obligé d'aller à la rencontre de ce Seigneur rebelle, il écouta les propositions des assiégés, & leur pardonna à condition qu'ils mettroient les armes bas, & engageroient les autres Ligués à suivre leur exemple. Après cet accommodement & différentes protestations sur lesquelles le Roi faisoit peu de fonds, il s'avança vers la Capitale que l'approche du Comte de Charolois inquiétoit beaucoup. Ce Comte s'étoit déja rendu maître de plusieurs Places en Picardie. Lorsqu'il fut à Lagni il fit brûler les Registres des Impôts, & vendre le Sel au même prix qu'il coûtoit aux Gens préposés par le Roi pour le mettre dans les Greniers. Il s'approcha ensuite de Paris, & fit donner un assaut à la barriere de la porte de Saint-Denys. Il y fut repoussé par le Maréchal de Gamaches qui commandoit dans Paris, & il perdit beaucoup de monde en cette occasion. Ayant appris que le Duc de Bretagne s'avançoit par la Beauce, il prit le parti d'aller au-devant de lui. Cependant le Roi étoit arrivé à Orléans, & son dessein n'étoit pour lors que de se rendre promptement à Paris. Brésé Sénéchal de Normandie qui commandoit l'avant-garde étoit d'avis de combattre le Comte avant que le Duc de Bretagne eût joint le Comte de Charolois. Il fit si bien qu'il arriva à Montlheri où étoient les Rebelles. On en vint aux mains, & après une longue & sanglante bataille dans laquelle le Roi & le Comte de Cha-

DE LA FRANCE.

LOUIS XI. LII. ROI.

Guerre du bien Public.

1465.

Commencement de cette guerre.

Bataille de Montlheri.

rolois eurent alternativement de l'avantage, & coururent l'un & l'autre de grands dangers, les armées se séparerent sans que la victoire se fût déclarée. Le Roi pressé de se rendre à Paris, décampa la nuit suivante, & cette retraite précipitée donna lieu au Comte de s'attribuer l'honneur de la journée quoiqu'il eût perdu autant de monde, & que les Royalistes eussent fait un grand nombre de prisonniers. Cette bataille se donna le 16 de Juillet. Le Roi étant arrivé à Paris deux jours après y ratifia un Traité fait le mois précédent avec les Liégeois. Il en partit ensuite pour aller chercher quelques secours en Normandie. Les Princes liguées profitant de son absence s'avancerent vers Paris avec une armée de plus de cinquante mille hommes, dans laquelle étoit cinq cens Suisses que le Duc de Calabre avoit amenés. Ce sont les premiers qui soient passés en France. Cette nouvelle engagea le Roi à revenir promptement. Il y rentra avec une si grande quantité de vivres, que pendant un siége d'environ trois mois la Ville fut toujours dans l'abondance. Après différentes escarmouches assez vives & fréquentes de part & d'autre, on fit quelques propositions. Comme le dessein du Roi étoit de céder aux circonstances, & de ne garder les Traités qu'autant que ses intérêts le demanderoient suivant la pernicieuse politique qui lui avoit été inspirée par Sforce Duc de Milan, il résolut de traiter avec le Comte de Charolois. Il eut la hardiesse, pour ne pas dire la témérité, de se rendre au Camp de ce Seigneur. On convint de quelques articles qui furent ratifiés dans les Conférences suivantes. Les Villes de la Somme furent cédées au Comte, & le Duché de Normandie fut donné en apanage au Duc de Berri Le Traité fut signé le 5 d'Octobre à Conflans, & le 29 du même mois il y en eut un autre à Saint-Maur, par lequel les autres Princes ligués obtinrent ce qu'ils desiroient. Après que chacun eut pris ses suretés pour l'accomplissement des Traités on se sépara & le calme parut rétabli.

Ce n'étoit en effet qu'en apparence : Louis n'avoit nullement dessein d'observer les Traités, & cette infraction devoit nécessairement exciter de nouveaux troubles. Il n'avoit cédé la Normandie que malgré lui, aussi ne tarda-t-il pas à y entrer à main armée. Ce Monarque avoit profité de la division qui s'étoit mise parmi les Seigneurs dans la Cour du nouveau Duc de Normandie. L'ambition qui les y avoit attirés, les eut bientôt désunis. Louis la réduisit en peu de jours sous son obéissance, & en dépouilla son frere qui fut contraint de se retirer en Bretagne. Le Comte de Charolois ne put venir à son secours. Il étoit alors occupé à soumettre les Liégeois qui avoient fait diversion en faveur de Louis. Pendant qu'il étoit occupé à cette guerre, Philippe Duc de Bourgogne mourut, & par cette mort le Comte de Charolois fut reconnu Duc de Bourgogne. Le Roi lui envoya des Députés pour l'engager à laisser tranquilles les Liégeois, & à ne se point mêler de la guerre qu'il vouloit entreprendre contre le Duc de Bretagne. Charles refusa les propositions qu'on lui faisoit de la part du Roi, continua la guerre avec succès, & menaça de marcher au secours du Duc de Bretagne. Ce Prince après diverses résolutions s'étoit déclaré ouvertement pour le Duc de Berri, & étoit entré en Normandie. Le Duc d'Alençon à qui le Roi avoit rendu la liberté à son avénement à la Couronne, avoit livré la Ville d'Alençon aux Bretons. Ceux-ci s'étoient déja rendus maîtres de Caën, de

Bayeux & de toute la Basse-Normandie. La seule Ville de Saint-Lo étoit restée fidele. Une femme, dont l'Histoire auroit dû conserver le nom, avoit donné l'allarme, & s'étant mis à la tête des Bourgeois, elle avoit repoussé les Bretons, & en avoit tué plusieurs de sa main (37). Les Rebelles avoient compté sur le secours du Duc de Bourgogne; mais ce Prince étoit convenu avec le Roi d'une tréve de six mois (38). On ignore les motifs d'un changement qui surprit tout le monde. Louis n'ayant alors rien à craindre de la part du Bourguignon, marcha contre les Bretons, les défit en plusieurs rencontres, & les chassa de la Ville d'Alençon.

Les Traités de Conflans & de Saint-Maur n'étoient plus observés que dans l'Article où le Roi avoit cédé les Villes de la Somme au Duc de Bourgogne alors Comte de Charolois. Le Duc Berri ne possedoit plus la Normandie, & le Roi s'étoit déclaré ouvertement sur cette affaire. On murmura hautement, & les Ligués étoient prêts à reprendre les armes: le nombre des mécontens augmentoit tous les jours: Louis n'étoit continuellement occupé qu'à examiner la conduite des Princes, afin d'être en état de les prévenir. Pour leur ôter tout prétexte d'exciter de nouveaux troubles, & finir la contestation qui regardoit l'apanage de son frere, il convoqua les Etats à Tours au mois d'Avril: Ils déclarerent que la Normandie étoit inséparablement unie & annexée à la Couronne; que le Roi pouvoit s'en tenir à la Déclaration de Charles V., qui ordonnoit que les fils de France n'auroient pour apanage que douze mille livres de rente en fonds de terres qu'on érigeroit en Duché ou en Comté; mais que le Roi ayant offert à Charles son frere jusqu'à soixante mille livres de rente, il seroit supplié de mettre la clause que ce seroit sans tirer à conséquence. Ils déclarerent encore que si Monsieur ou le Duc de Bretagne osoient faire la guerre au Roi, ce Prince devoit procéder contre eux. On nomma en même temps des Commissaires pour reformer divers abus qui s'étoient introduits dans le Royaume.

Les Rebelles ne se conformerent pas aux décisions des Etats, & tout ce qu'on pût obtenir du Duc de Bourgogne, fut une prolongation de deux mois pour la tréve qui étoit prête à expirer. Cependant le Duc de Bretagne ayant fait avec l'Angleterre une ligue offensive & défensive contre la France, entra avec Monsieur dans la Normandie. Louis fit marcher promptement des troupes contre eux. Les Bretons furent si vivement attaqués que le Duc de Bretagne fut contraint de faire la paix, qui fut signée à Ancenis le 10 de Septembre. Le Duc de Bourgogne à qui elle fut signifiée, en fut très-surpris, & eut même peine à croire que le Traité fût véritable; mais quoiqu'il en fût enfin convaincu, il refusa de régler sa conduite sur celle de ses Alliés. Le Roi se vit encore obligé d'entrer en négociation avec lui, & résolut d'avoir une entrevûe avec ce Prince. Il lui fit demander un Sauf-conduit pour se rendre à Peronne. A peine y fut-il arrivé qu'on apprit que les Liégeois s'étoient révoltés à la sollicitation du Roi, qu'ils avoient surpris Tongres, pris leur Evêque & commis de grandes cruautés. Le Duc à cette nouvelle entra dans une extrême fureur, fit fermer les portes de la Ville,

De la France.
Louis XI. LII. Roi.

1468.

(37) Quelques années après Louis XI. voulut voir cette Héroïne, & lui donna vingt écus d'or pour la récompenser. (38) M. Duclos.

DE LA FRAN-
CE.

LOUIS XI.
LII. ROI.

& défendit que qui que ce fût osât approcher du Roi : à peine même lui laissa-t-il des Officiers pour le servir. Il passa plusieurs jours dans des agitations & des transports extraordinaires, ne formant que des projets funestes. Louis étoit perdu si quelqu'un eût alors donné un conseil violent au Duc ; mais l'argent que le Roi fit répandre à propos engagea ceux qui avoient la confiance du Duc à porter ce Prince à la douceur. Le quatriéme jour il entra brusquement dans la chambre du Roi & lui proposa de signer un Traité qu'il lui présenta. Louis n'étoit pas en état de rien refuser : il accepta tout ce qui lui fut proposé, & la paix fut jurée sur la vraie Croix qu'il portoit ordinairement avec lui.

" Tous les articles qui avoient été discutés dans les Conférences de Ham,
" ceux des Traités d'Arras & de Conflans furent décidés, ou rappellés dans
" celui de Peronne. Il est dit qu'ils seront exécutés dans tous leurs points,
" & principalement à l'égard de ce qui a été accordé au Duc de Bourgo-
" gne ; que tous les Alliés de ce Prince, & nommément le Duc de Savoye
" & ses trois freres, seront compris dans ce Traité ; que rien ne pourra
" préjudicier à l'alliance qui est entre le Roi d'Angleterre & le Duc de
" Bourgogne ; que si le Roi revient contre son serment il sera déchu de
" tous droits de Souveraineté sur les terres du Duc de Bourgogne, qui
" demeurera quitte de la foi & hommage ; que si au contraire le Duc
" romp le Traité, toutes ses Terres & Seigneuries relevant de la Couronne
" seront confisquées au profit du Roi ; que Charles de France frere du Roi
" remettra le Duché de Normandie, & aura pour apanage les Provinces
" de Champagne & de Brie ; que ces Articles ainsi arrêtés, le Duc fera
" hommage au Roi pour tout ce qu'il tient de lui. On convint encore que
" tout ce qui avoit été pris de part & d'autre seroit restitué, & que les
" choses seroient remises dans l'état où elles étoient avant la guerre ". Le Duc obligea ensuite le Roi à se joindre à lui contre les Liégeois, qui n'étoient coupables que pour lui avoir rendu service. Ils ne purent résister aux forces du Duc de Bourgogne : leur Ville fut prise & mise au pillage, il n'y eut que les Eglises auxquelles on ne toucha point. Le Roi ayant ainsi satisfait aux engagemens qu'il avoit pris avec le Duc de Bourgogne, quitta ce Prince, & se rendit à Senlis. Il y manda le Parlement avec la Chambre des Comptes, & leur fit part du Traité de Peronne.

1469.

Le Roi toujours occupé du dessein de détacher son frere du parti du Duc de Bourgogne lui fit proposer d'accepter le Duché de Guienne avec le Gouvernement de la Rochelle, au lieu de la Champagne & de la Brie. Le Duc de Bourgogne fit tout ce qu'il put pour persuader au Duc de Berri de ne point faire cette échange. Le Cardinal de la Balue que le Roi avoit tiré de la poussiere pour l'élever au plus haut rang de l'Eglise & de l'Etat, & Guillaume d'Haraucourt, qui étoit irrité contre Louis, parce qu'il ne lui procuroit pas le Chapeau de Cardinal, inspirerent les mêmes sentimens au frere du Roi. Le Cardinal de la Balue étoit bien aise d'entretenir la désunion dans la famille Royale, afin que ses services parussent plus nécessaires. Le complot fut découvert : on les arrêta, & l'un & l'autre ayant été convaincus de trahison, ils furent enfermés chacun dans une cage de fer dont l'Evêque avoit été l'inventeur, & où ils resterent douze ans. Les contestations

DE L'UNIVERS. Liv. I. Chap. II.   193

testations qu'il y eut entre le Roi & le Pape sur la forme des procédures qu'on garderoit dans cette affaire, furent cause qu'on ne fit point le procès au Cardinal, & qu'il demeura si long-temps en prison. La division qui étoit entretenue par de la Balue & d'Haraucourt, cessa alors dans la famille Royale, & le frere du Roi accepta la Guienne pour son apanage. Après la conclusion de ce Traité, Monsieur vint trouver son frere aux Montils près de Tours, & il y eut de grandes réjouissances au sujet de cette paix qu'on desiroit depuis si long-temps, & qui chagrina si fort le Duc de Bourgogne.

C'étoit déja beaucoup que d'avoir ôté aux Ligués un Prince dont les intérêts leur avoient servi de prétexte pour se soulever ; mais pour ruiner entiérement ce parti il falloit désunir le Duc de Bretagne & celui de Bourgogne, & abbattre la puissance de ces deux redoutables Vassaux. Il y avoit encore un autre Rebelle qui pour être moins puissant n'en étoit pas moins dangereux, je veux dire le Comte d'Armagnac. Ce Seigneur qui n'auroit jamais dû entrer dans la Ligue du Bien public après les obligations qu'il avoit au Roi, n'observoit point le Traité de Saint-Maur, & entretenoit des liaisons criminelles avec l'Angleterre : outre cela ses troupes causoient des désordres épouvantables dans le Languedoc. Le Roi informé de tous ces excès envoya Dammartin avec des troupes pour arrêter le Comte. Comme il ne se sentoit pas en état de résister il prit le parti de la retraite & se sauva à Fontarabie. Dammartin marcha ensuite contre le Comte de Nemours, qui étoit du parti d'Armagnac. Il fut convaincu de crime de leze-Majesté, & en conséquence tous ses biens furent confisqués ; mais le Roi à la priere de Dammartin le rétablit dans tous ses Domaines à condition qu'il resteroit tranquille. A l'égard du Comte d'Armagnac le Parlement le déclara coupable envers le Roi & envers l'Etat ; tous ses biens furent confisqués & partagés entre ceux qui avoient mieux servi le Roi.

Malgré toutes les précautions qui avoient été prises par le Traité de Peronne pour terminer & prévenir les différends qui étoient ou pouvoient naître entre le Roi & le Duc de Bourgogne, il paroissoit difficile que la paix subsistât long-temps entre ces Princes. Ils étoient trop animés l'un contre l'autre, & vivoient dans une défiance réciproque & injurieuse. D'un autre côté le Duc de Bretagne cherchoit à susciter des ennemis à la France, pour empêcher le Roi d'entrer sur ses Terres. Monsieur, que nous appellerons désormais le Duc de Guienne avoit conçu le dessein d'épouser l'Héritiere de Bourgogne : le Connétable Saint-Pol sacrifiant les intérêts de son Souverain aux siens propres souhaitoit que la guerre durât toujours, parce que ses revenus étoient alors plus forts ; de sorte que trompant également le Roi & les Princes, il les excitoit les uns contre les autres par des avis & des conseils différens. Louis pour être assuré par lui-même des véritables sentimens du Duc de Bretagne lui envoya le Collier de Saint-Michel, Ordre qu'il avoit établi le premier d'Août de l'année précédente. Le Duc refusa cet honneur, sous prétexte qu'étant Souverain il ne pouvoit s'engager comme un simple Chevalier. Le Roi connut aussi-tôt les véritables motifs de ce refus ; & ayant convoqué le Ban & Arriere-Ban de plusieurs Provinces, il se disposa à marcher contre le Duc de Bretagne. Ce Seigneur

DE LA FRANCE.

LOUIS XI.
LII. ROI.

1470.

Tome I. Partie II.   Bb * arma de son côté, ainsi que le Duc de Bourgogne, & tout se prépara à une guerre ouverte ; mais enfin on conclut un Traité à Angers, qui ne fut qu'une ratification de celui d'Ancenis.

<small>DE LA FRAN-
CE.

LOUIS XI.
LII. ROI.
Le Roi déclare la guerre au Duc de Bourgogne.</small>

Tant de Traités n'empêcherent pas que le Duc de Bourgogne ne se brouillât de nouveau avec le Roi, ce qui obligea enfin ce Monarque à lui déclarer la guerre. La protection que Louis avoit accordée à Henri VI. Roi d'Angleterre & aux Partisans de ce Prince, avoit été un des motifs de rupture de la part du Duc de Bourgogne qui avoit reçu dans ses Etats Edouard chassé d'Angleterre. Le Roi avoit plusieurs sujets de plainte contre ce Duc ; mais voulant mettre les Princes dans son parti, il les assembla avec les principaux Officiers & les Personnes de tous les Ordres de l'Etat (39), & la guerre y fut résolue d'un consentement unanime. Pendant qu'on s'y préparoit le Roi qui n'avoit pû obtenir Isabelle de Castille pour le Duc de Guienne, fit demander pour ce Prince Jeanne fille unique du Roi Henri & niéce d'Isabelle. Le Roi de Castille y consentit avec plaisir, & le Duc de Guienne quoique toujours occupé du dessein d'épouser l'Héritiere de Bourgogne, parut entrer dans les intentions de son frere, & l'affaire fut terminée par Procureur. Les lenteurs & les indécisions du Duc de Guienne furent cause que ce mariage n'eût pas lieu.

<small>1471.</small>

Cependant le Roi fit marcher ses troupes vers la Picardie sous la conduite du Connétable & de Dammartin. Il se rendit aussi sur la Frontiere afin d'empêcher par sa présence que ces deux Généraux qui étoient de même caractere, ne vinssent à se brouiller ensemble. L'armée du Duc de Bourgogne étoit plus nombreuse que celle du Roi ; cependant par la prudence des Généraux & des vieux Officiers on eut toujours l'avantage sur le Duc. Il perdit plusieurs Villes, on lui enleva un grand nombre de convois, & ses troupes furent presque toujours battues dans les différentes escarmouches qu'il y eut entre les deux partis. Enfin le Duc ennuyé de tant de pertes consentit à une tréve de trois mois que le Roi fit ensuite prolonger en accordant quelques petites Places au Duc.

<small>Son opposition au mariage du Duc de Guienne.</small>

Le Duc de Guienne, comme nous l'avons déja dit, songeoit toujours à épouser Marie de Bourgogne, & il pressoit vivement le Duc sur cette affaire. Ce Prince qui sçavoit que son frere empêcheroit ce mariage autant qu'il le pourroit, voulut lui donner le change en lui faisant proposer d'épouser la fille du Comte de Foix. Louis qui étoit averti des nouvelles intrigues que son frere entretenoit avec les Ducs de Bretagne, de Bourgogne, Edouard Roi d'Angleterre, le Comte de Foix & d'autres Seigneurs, répondit à son frere qu'il ne pouvoit consentir à ce mariage, mais que s'il vouloit se marier à la Princesse de Castille, & renoncer à toutes les alliances qu'on lui proposoit, il devoit tout esperer du Roi, & même de partager l'autorité Royale.

Louis envoya ensuite en Cour de Rome, pour engager le Pape à ne point donner de dispenses pour ce mariage, ou à les révoquer si elles étoient

---

(39) Philippes de Commines a confondu cette Assemblée des Etats avec celle qui se tint à Tours en 1468, mais il s'est trompé ; car les Etats ne se tinrent alors que par députation, au lieu que l'Assemblée de cette année 1470, ne fut composée que de ceux que le Roi y appella. *M. Duclos.*

DE L'UNIVERS. Liv. I. Chap. II.

déja données. Toutes ces offres furent inutiles, & le Duc de Guienne persista toujours dans son dessein ; mais sa mort arrivée à Bourdeaux le 28 de Mai en empêcha l'exécution. On crut qu'il étoit mort de poison, & le Roi fut même soupçonné d'être l'auteur de ce crime. Il fit cependant tout ce qu'il put pour écarter les soupçons qu'on avoit contre lui, & consentit que les personnes qui avoient commis ce forfait fussent jugées en Bretagne, quoiqu'ils fussent ses sujets, & qu'il eût pu les reclamer. Plusieurs pensent que le Duc de Guienne fut empoisonné par hazard ayant mangé la moitié d'une pêche qu'on avoit préparée pour sa Maîtresse. Quoiqu'il en soit, on n'a jamais pu avoir d'éclaircissemens sur ce fait ; Frere Jean Fauve Deversois Abbé de Saint-Jean-d'Angely s'étant étranglé dans sa prison au bout de deux ans qu'il y étoit, & la Roche son complice ayant trouvé moyen de se sauver, à ce que l'on croit, car depuis ce temps on n'a plus entendu parler de lui.

Lorsque le Duc de Guienne mourut le Roi étoit prêt à signer avec le Duc de Bourgogne un Traité désavantageux ; mais que les circonstances l'obligeoient d'accepter pour rompre la nouvelle Ligue qui s'étoit formée contre lui. La mort du Duc de Guienne changeoit les choses de face, & délivroit le Roi de bien des inquiétudes : ainsi autant il avoit montré d'empressement pour terminer avec le Duc, autant il usa de délais pour trainer l'affaire en longueur. Le Duc de Bourgogne voyant ses espérances trompées se mit en campagne, & alla camper entre Arras & Bapaume : le Roi de son côté s'empara de la Guienne, rétablit à Bourdeaux le Parlement qu'il avoit transferé à Poitiers, & pardonna à tous ceux qui avoient pris le parti de son frere. Cependant le Duc de Bourgogne ayant passé la Somme prit & brûla la Ville de Nesle, se rendit maître de Roye, & tenta inutilement le siége de Beauvais qu'il fut obligé de lever par la valeur des Habitans. Le Roi pour reconnoître le courage & la fidélité de ses Sujets leur accorda de grands Priviléges qu'il fit enregistrer à la Chambre des Comptes. Le Duc poursuivant ses conquêtes entra dans le Pays de Caux qu'il ravagea ; mais la fureur avec laquelle il faisoit la guerre contribua à la ruine de son armée, qui ne trouva plus de quoi subsister. Le Comte de Roussi ne faisoit pas la guerre avec moins de cruauté dans la Champagne. Le Dauphin d'Auvergne pour user de représailles entra dans la Bourgogne qui étoit abandonnée, & y porta le fer & le feu. Le Roi se contentoit d'envoyer quelques Corps de troupes pour s'opposer aux projets de ses ennemis ; mais il ne voulut jamais abandonner la frontiere de Bretagne. Il avoit été informé que le Duc avoit fait un Traité avec l'Angleterre, & qu'il devoit donner entrée aux troupes Angloises. Le Roi voulant prévenir l'exécution de ce complot entra en Bretagne & soumit une partie de la Province. Le Commerce des Bretons étant interrompu par cette guerre ils presserent leur Duc d'écouter les propositions que le Roi lui faisoit. On entamma les négociations, dont les suites furent la conclusion d'une tréve d'un an, dans laquelle on comprit les Ducs de Calabre & de Bourbon. Le Duc de Bourgogne fut aussi contraint d'en accepter une, car cette guerre lui avoit été plus onéreuse qu'il n'en avoit retiré d'avantage. Ce fut environ dans ce même temps que le Roi qui vouloit ménager Sixte IV. alors

De la France.
Louis XI. LII. Roi.
1472.
Mort de ce Prince.

Le Roi continue la guerre.

Tréve d'un an.

DE LA FRAN-
CE.

LOUIS XI.
LII. ROI.

1473.
Négociations
pour la Paix.

sur la Chaire de Saint Pierre, conclut par ses Ambassadeurs un Concordat que ce Pape lui avoit proposé. L'Université de Paris s'y opposa formellement, & il ne fut enregistré dans aucun Parlement du Royaume, de sorte qu'il resta sans exécution.

Louis qui ne cherchoit alors qu'à assurer une paix solide dans ses Etats confirma les anciennes tréves avec les Ducs de Bretagne & de Bourgogne, & en conclut une nouvelle qui devoit durer jusqu'au premier Avril 1474, & prit les arrangemens pour tenir le 8 de Juillet un Congrès à Clermont en Beauvoisis afin d'y travailler à la paix. Dans cette derniere négociation on ne comprit point le Duc d'Alençon ni le Comte d'Armagnac, qui avoient lassé la clémence du Roi, & qui n'avoient jamais obtenu de grace que pour devenir ensuite plus criminels. Le premier venoit de traiter avec le Duc de Bourgogne pour lui vendre tous les biens qu'il possedoit en France. Le Roi averti de ce qui se passoit le fit arrêter ; mais ce ne fut que le 18 de Juillet 1474 qu'il fut condamné à mort par Arrêt du Parlement, *dont l'exécution fut réservée jusqu'au bon plaisir du Roi*. A l'égard du Comte d'Armagnac il périt dans la prise de Leitoure, dont il s'étoit emparé après la mort du Duc de Guienne.

Guerre en Rous-
sillon.

L'armée qui venoit de prendre Leitoure eut ordre de marcher dans le Roussillon. Le Roi d'Aragon qui avoit rompu la tréve, étoit entré dans Perpignan, & la garnison Françoise avoit eu à peine le temps de se retirer dans le Château. La prise de cette Ville entraîna celle de plusieurs autres ; ainsi il étoit de l'intérêt du Roi de reprendre cette Place. Le Roi d'Aragon quoiqu'il fût alors âgé de soixante & seize ans ne fut point étonné de l'arrivée des François, & il fut impossible de le faire consentir à la retraite. Il prit la résolution de se défendre jusqu'à l'extrêmité, & en effet il soutint le siége avec tant de courage que l'armée Françoise affoiblie par les fréquentes sorties des Assiégés, & par les maladies, fut obligée de lever le siége. Quelques temps après le Roi fit marcher de nouvelles troupes dans le Roussillon ; mais tous ces préparatifs de guerre tournerent en négociations, & il y eut un Traité dont les articles furent : 1°. » Que le Roi Très-Chrétien rendra » les Comtés de Roussillon & de Cerdagne dès que le Roi d'Aragon lui aura » payé les sommes pour lesquelles ces Comtés ont été engagés. 2°. Que » le Roi d'Aragon présentera deux hommes, le Roi Très-Chrétien en choi- » sira un pour être sous son nom Gouverneur Général des Comtés de Rous- » sillon & de Cerdagne, & prêter serment aux deux Rois. 3°. Que le Roi » Très-Chrétien présentera quatre hommes, le Roi d'Aragon en choisira » un, & lui confiera la garde des Châteaux de Perpignan, de Colioure & » des autres Places que le Roi Très-Chrétien possede encore dans le Rous- » sillon. 4°. Que le Gouverneur Général & ceux des Places des Comtés » étant nommés garants du Traité, seront dispensés de toute obéissance » envers leurs Princes légitimes, & ne souffriront pas qu'il soit rien fait » de contraire aux engagemens réciproques de ces Princes. Les Garnisons » ne recevront d'ordre que du Gouverneur Général : les autres troupes » évacueront les Comtés. 5°. Que le prix de l'engagement des Comtés sera » rendu dans le courant de l'année, le Gouverneur s'obligera par serment » de les remettre au Roi d'Aragon aussi-tôt après. Si le Roi d'Aragon ne

DE L'UNIVERS. Liv. I. Chap. II. 197

« paye pas la somme entiere dans le cours de l'année, le Gouverneur re-
» mettra les Places au Roi Très-Chrétien. 6°. Que les Rois de France &
» d'Aragon, les Roi & Reine de Sicile conserveront leurs Alliés ; de sorte
» qu'ils pourront les secourir sans contrevenir au Traité qui ne concerne
» que le Roussillon & la Cerdagne (40). «

Les autres articles ne sont que des précautions prises pour l'exécution du Traité. Il fut signé le 17 de Septembre à Perpignan par le Roi d'Aragon, & envoyé de sa part à Louis XI. qui le ratifia le 10 de Novembre en présence des Ambassadeurs d'Aragon.

Cependant on tenoit des Conférences à Compiegne & à Senlis pour chercher les moyens de parvenir à une paix solide avec le Duc de Bourgogne ; mais ce fut inutilement. Ce Prince vouloit absolument qu'on lui rendît Amiens & Saint-Quentin. Le Roi ne pouvoit consentir à cette restitution, parce que ces deux Places défendoient les Frontieres de Picardie. Sur ces entrefaites le Connétable Saint-Pol s'empara de la seconde de ces deux Villes sous prétexte de s'opposer aux entreprises que le Duc de Bourgogne pourroit former dessus. Le véritable dessein du Connétable étoit de s'y établir en espece de Souverain : le Roi ne l'ignoroit pas ; mais il fut obligé de dissimuler dans la crainte qu'il ne livrât la Place au Duc de Bourgogne. Ce Prince qui prétendoit ne plus relever du Roi établit un Parlement à Malines pour juger définitivement toutes les affaires des Pays-Bas. L'envie d'étendre ses Etats le porta à déclarer la guerre au Duc de Wirtemberg qu'il fit prisonnier, & sur lequel il prit Montbelliard. Animé par ces succès il rompit la tréve avec la France & entra dans le Nivernois où il fit plusieurs conquêtes. Le Roi envoya promptement des troupes dans cette Province pour arrêter les progrès des Bourguignons. Ils furent battus, & l'on reprit sur eux toutes les Villes dont ils s'étoient rendus maîtres.

Quelque temps après la France pensa perdre son Souverain par un complot des plus noirs. Ithier Marchand, Maître de la Chambre aux Deniers du Duc de Guienne à qui le Roi avoit fait faire des offres considérables pour se l'attacher, conçut l'horrible dessein de l'empoisonner. Jean Hardi un de ses Domestiques qu'il avoit chargé de commettre ce crime ayant été découvert, fut écartelé, son corps brûlé, & ses membres envoyés dans les quatre Villes frontieres. Ithier prit la fuite, & par conséquent ne put porter la peine que méritoit un si noir forfait. Le Duc de Bourgogne fut soupçonné d'avoir eu part à ce crime ; parce qu'on ne pouvoit pas croire qu'Ithier eût refusé les offres avantageuses de Louis, s'il n'eût été attiré par quelque chose de plus considérable. Cependant comme la tréve étoit prête à expirer, on la prolongea jusqu'au mois de Mai de l'année suivante, & ce fut tout ce que les Plénipotentiaires du Roi purent obtenir.

Le Roi d'Aragon n'avoit pas été compris dans cette tréve, & ses Ambassadeurs s'en plaignirent dans le Conseil que le Roi avoit établi à Paris pendant qu'il étoit sur les Frontieres de Picardie. Ils firent outre cela plusieurs plaintes sur ce que le Roi n'avoit pas observé le Traité de 1462, par lequel il s'étoit engagé à soumettre la Catalogne, & qu'outre cela il avoit

(40) M. Duclos.

DE LA FRAN-
CE.

LOUIS XI.
LII. ROI.

fourni des troupes au Duc de Lorraine contre le Roi d'Aragon. Le Conseil de son côté reprocha aux Ambassadeurs que les troupes Aragonoises avoient commis des hostilités dans le Languedoc & dans la Cerdagne. Ainsi il paroissoit que tous ces différends ne pouvoient se terminer que par les armes. Les Ambassadeurs voyant qu'on ne vouloit leur donner aucune satisfaction se retirerent ; mais ils furent arrêtés à Lyon sous prétexte qu'ils ne seroient pas en sûreté sur la route. Cependant l'armée Françoise étoit entré dans le Roussillon avant que le Roi d'Aragon eût appris qu'elle étoit en marche, parce que les passages étoient gardés de tous côtés. Le Duc de Bourgogne prétendit que le Roi d'Aragon avoit été compris dans la tréve ; mais Louis allégua que les Royaumes d'Aragon & de Valence lui appartenoient comme héritier & donataire de la Reine Marie d'Anjou sa mere à qui ils avoient été cédés par son Contrat de mariage. Le Duc de Bretagne que le Roi avoit choisi pour arbitre fut de même avis que le Duc de Bourgogne, & prétendit que toute voie de fait étoit contraire à l'esprit de la tréve. Louis n'ayant aucun égard à ces décisions ouvrit la campagne par le siége d'Elne, qui fut obligée de se rendre à discrétion.

Le Connétable rentre dans son devoir.

Pendant que l'armée du Roi étoit occupée dans le Roussillon, ce Monarque cherchoit les moyens de se défaire du Connétable qui étoit devenu un Sujet trop puissant. Pour engager le Duc de Bourgogne à lui livrer ce Seigneur, il lui promit de lui rendre Saint-Quentin & de lui donner les Terres du Connétable. Le Duc qui le craignoit autant que le Roi entra dans les intentions de ce Monarque & se préparoit à le satisfaire lorsque le Connétable averti du complot demanda une entrevûe à Louis, en le menaçant en cas de refus de prendre le parti du Duc de Bourgogne. Le Roi dissimulant ses ressentimens se rendit sur un Pont entre la Fere & Noyon. Le Connétable s'y rendit avec trois cens hommes d'armes, & lui-même étoit armé. Il s'excusa sur ce qu'il craignoit Dammartin, son plus grand ennemi. Ensuite il pria le Roi d'oublier le passé & lui promit de le servir fidélement. Le Roi parut satisfait de sa soumission, mais il eut toujours à cœur de ce qu'il avoit osé traiter avec lui comme d'égal à égal.

Le Duc de Bourgogne fait un Traité avec l'Angleterre.

Cependant le Duc de Bourgogne qui cherchoit à faire des conquêtes en Allemagne, apprehendant que Louis ne profitât des circonstances pour entrer sur ses Terres, voulut lui opposer un ennemi capable de faire une puissante diversion. Disons mieux : le Duc poussé par la haine & l'ambition n'étoit occupé que des moyens de renverser la puissance de celui qu'il regardoit comme son plus grand ennemi, & de s'aggrandir sur ses ruines. Il fit le 25 de Juillet avec Edouard une Ligue offensive & défensive, par laquelle ils convinrent de détrôner Louis XI. En conséquence de ce Traité le Roi d'Angleterre cédoit au Duc de Bourgogne la Champagne, le Comté de Nevers, les Villes de la Riviere de Somme, les Terres du Comte de Saint-Pol, se réservant cependant le droit de se faire couronner à (41) Rheims. Louis ayant eu connoissance de ce Traité par le Roi d'Ecosse qui avoit refusé d'entrer dans cette Ligue crut qu'il étoit plus à propos de sus-

---

(41) Ce Traité ignoré de tous ceux qui ont écrit jusqu'aujourd'hui, n'a été connu que par les Actes de Rimer. M. *Duclos*.

citer sous main des ennemis au Duc que de l'attaquer ouvertement. Les Suisses étoient irrités contre le Duc de Bourgogne alors maître du Comté de Ferette que Sigismond Duc d'Autriche lui avoit engagé pour cent mille florins. Hagembac Gouverneur de ce Comté s'étoit attiré la haine publique par ses véxations, & l'impunité de ses crimes avoit porté les Suisses à détester la domination du Duc de Bourgogne. Louis saisissant cette occasion favorable à ses desseins prêta cent mille florins à Sigismond pour rembourser le Duc de Bourgogne, & fit un Traité d'alliance offensive & défensive avec le Canton de Berne & avec ceux de la Ligue d'Allemagne.

De la France.

Louis XI. LII. Roi.

Premier Traité avec les Suisses.

Comme ce Traité a servi de modéle à ceux qui l'ont suivi, il est à propos d'en donner le Sommaire. Les Alliés s'expriment à-peu-près en ces termes : » Le Seigneur Roi en toutes & chacune nos guerres, & spéciale-
» ment contre le Duc de Bourgogne nous doit fidélement donner aide,
» secours & défense à ses dépens. Outre plus tant qu'il vivra il nous fera
» tenir & payer tous les ans en la Ville de Lyon en témoignage de sa cha-
» rité envers nous la somme de vingt mille florins ; & si ledit Seigneur
» Roi en ses guerres & armées avoit besoin de notre secours, & d'icelui
» nous requeroit, dès lors nous serons tenus de lui fournir à ses dépens tel
» nombre de Soldats armés que le pourrons faire, c'est à sçavoir en cas
» que ne fussions pas occupés en nos propres guerres, & sera la paye de
» chaque soldat de quatre florins & demi du Rhin par mois.

» Quand ledit Seigneur Roi voudra nous demander tel secours il fera
» tenir dans l'une des Ville de Zurich, Berne ou Lucerne la paye d'un mois
» pour chaque soldat, & pour les deux autres mois suivans en la Cité de
» Genève, ou autre lieu à notre choix.

» Du jour que les nôtres seront sortis de leurs maisons, commencera la
» paye desdits trois mois. Ils jouiront de toutes les franchises, immunités
» & priviléges desquels les Sujets du Roi jouissent ; & si en quelque temps
» que ce soit nous requerons ledit Seigneur Roi de nous prêter secours à
» nos guerres contre le Duc de Bourgogne, & que pour autres guerres sien-
» nes il ne pût nous secourir, dès lors, afin de pouvoir soutenir nosdites
» guerres, ledit Seigneur Roi nous fera délivrer en sa Ville de Lyon tant
» & si longuement que nous les continuerons à main armée, la somme
» de vingt mille florins du Rhin par quartier, sans préjudice de la somme
» ci-dessus mentionnée.

» Et quand nous voudrons faire paix ou tréve avec le Duc de Bourgogne
» ou autre ennemi du Roi ou de nous, ce qui nous sera loisible de faire, nous
» devons & sommes tenus de reserver spécifiquement icelui Roi, & lui
» semblablement comme nous doit en toutes ses guerres avec le Duc de
» Bourgogne & autres, pourvoir que faisant paix ou tréve nous soyons spé-
» cifiquement & singulierement réservés comme lui.

» En toutes ces choses nous réservons de notre part notre Saint Pere le
» Pape, le Saint Empire Romain & tous ceux avec lesquels nous avons
» jusqu'aujourd'hui contracté alliances : le même sera de la part du Roi ;
» hormis le Duc de Bourgogne, à l'endroit duquel nous nous comporte-
» rons ainsi que dit à été.

» Et s'il arrive que nous soyons enveloppés de guerre avec ledit Duc

" de Bourgogne, dès lors & à l'inftant icelui Roi doit mouvoir puiffam-
" ment en guerre contre ledit Duc, & faire les chofes accoutumées en
" guerre qui foient à lui & à nous profitables, le tout fans dol & fraude
" aucune.

" Et pour autant que cette amiable union doit être de bonne foi gardée,
" ferme & inviolable durant la vie d'icelui Roi ; à cette caufe nous avons à
" icelui Roi fait délivrer ces Préfentes fcellées, ayant reçu les femblables
" fcellées & confirmées de fon fceau (42) ". Plufieurs Villes d'Allemagne
& d'Alface entrerent dans cette Ligue, & le Comté de Ferette rentra fous
la domination de fon ancien Souverain. Ce fut alors que les Suiffes ne
gardant plus aucune mefure avec le Duc de Bourgogne, firent des courfes
fur fes terres, & y cauferent de grands ravages. Le Duc étoit occupé au
fiége de Nuys qu'il avoit entrepris en faveur de Robert de Baviere Electeur de Cologne chaffé de fon Electorat par le Chapitre & la Nobleffe du
Pays.

Pendant que Louis prenoit toutes fes précautions pour rompre les effets
de la Ligue du Duc de Bourgogne avec le Roi d'Angleterre, il fe préfenta
une occafion de reprendre la Ville de Perpignan. La mort de Henri IV.
Roi de Caftille avoit caufé une guerre civile dans le Pays au fujet de la
fucceffion de cette Couronne. Ifabelle & Jeanne fe difputoient le thrône,
& chaque parti avoit envoyé des Ambaffadeurs à Louis XI. Pendant les
différentes négociations que le Roi traînoit à deffein en longueur, fes troupes s'emparerent de Perpignan. La prife de cette Ville auroit pû occafionner
une longue guerre ; mais le Roi d'Aragon ne defiroit que la paix, & Louis
avoit d'autres ennemis qu'il devoit redouter ; ce qui engagea les deux Rois
à figner une tréve de fix mois.

Louis profita de cet intervalle pour attaquer le Duc de Bourgogne. Il y
fut porté par l'Empereur Frederic III. qui lui avoit propofé un Traité ; mais
le Roi qui connoiffoit le caractere foible & inconftant de l'Empereur voulut que les Princes & Electeurs de l'Empire y fuffent compris. Il fut dit
dans ce Traité que le Roi mettroit vingt mille hommes en campagne ; que
l'Empereur & les Princes de l'Empire en auroient trente mille, & que
cette armée entreroit au plutôt dans les Etats du Duc de Bourgogne. En
conféquence Louis ouvrit la campagne par la prife de Tronquoi qui fut
fuivie de celle de plufieurs autres Places. Le Duc de Bourgogne étoit toujours devant Nuys où il étoit fouvent repouffé. D'un autre côté le Duc de
Lorraine étoit entré dans le Luxembourg où il faifoit quelques conquêtes.
Le Duc de Bourgogne ennuyé de la longueur du fiége, & défefpérant de fe
rendre maître de la Place fit une tréve de neuf mois avec l'Empereur. Il
fit enfuite marcher fon armée vers Thionville pour fe venger du Duc de
Lorraine.

Cependant le Roi qui appréhendoit que les Anglois ne fiffent une defcente
en Normandie fe rendit à Rouen avec une armée. Ce fut là qu'il traita
de la Principauté d'Orange avec Guillaume de Châlons, à qui il en laiffa
les principaux droits en acquérant la Souveraineté pour lui. L'armée que

(42) M. Duclos.

le Roi d'Angleterre avoit levé pour paſſer en France étant prête à s'embar- DE LA FRAN-
quer, il envoya un Hérault pour ſommer Louis XI. de lui rendre le Royau- CE.
me de France. Le Roi ne parut point étonné de cette demande ridicule :
il combla le Hérault de careſſes & de préſens , & celui-ci s'étant laiſſé LOUIS XI.
ſéduire par les artifices du Roi, lui déclara que l'Angleterre n'étoit pas con- LII. ROI.
tente de cette guerre , & que lorſqu'Edouard ſeroit débarqué à Calais il
pourroit traiter de la paix par le moyen de Howart & de Stanley. Edouard
après le retour de ſon Hérault ſe mit en mer, & arriva à Calais. Il fut
fort ſurpris de ce que le Duc de Bourgogne s'y trouva ſeul, & qu'il occupoit ſes troupes dans la Lorraine tandis qu'il étoit convenu de joindre ſon
armée à celle des Anglois. La perfidie du Connétable qui refuſa de rendre
Saint-Quentin & qui fit tirer ſur les Anglois contre la parole qu'il avoit
donnée, acheva d'indiſpoſer le Roi d'Angleterre contre le Duc. Louis pro- Trêve avec
fitant alors de l'avis du Hérault dépêcha quelqu'un de confiance vers Howart l'Angleterre.
& Stanley. Ces deux Seigneurs qui avoient tout pouvoir ſur l'eſprit du Roi
d'Angleterre, le porterent à écouter les propoſitions que Louis faiſoit faire.
On conclut une trêve de neuf ans , & Louis s'engagea à donner une ſomme
de ſoixante & douze mille écus & une penſion de cinquante mille. Ce
Traité fut ſigné le 29 d'Août, & les deux Rois le confirmerent dans une
entrevûe qu'ils eurent le même jour à Pequigny. Louis voulant gagner l'amitié
des Anglois & en mettre un grand nombre dans ſon parti, fit des préſens
conſidérables à tous les Seigneurs , & défraya les autres pendant quatre
jours à Amiens. On rapporte qu'il s'y trouva juſqu'à neuf mille Anglois à
la fois.

Le Duc de Bourgogne n'ayant plus d'eſpérance d'être ſoutenu par les An- Traité du Duc
glois conſentit à faire un Traité avec Louis XI. Ce fut dans cette occaſion de Bourgogne
que ces deux Princes ſe ſacrifierent mutuellement leurs amis & leurs enne- avec le Roi.
mis. Le Roi conſentit à abandonner René de Lorraine, à condition que le
Duc lui livreroit le Connétable Saint-Pol. Ce Seigneur ayant été mis entre
les mains des Officiers du Roi, fut conduit à la Baſtille le 27 Novembre ;
ayant été atteint & convaincu de crime de leze-Majeſté, il fut condamné à
avoir la tête tranchée vis-à-vis de l'Hôtel de Ville de Paris. Ce qui fut exécuté
le 19 de Décembre. Ce Seigneur montra beaucoup de fermeté & de réſigna-
tion dans un moment ſi terrible. Il étoit digne par ſes grands talens & ſa
haute extraction d'une fin plus glorieuſe.

Le Duc de Bourgogne après le Traité qu'il avoit fait avec la France tourna ſes 1476.
armés contre le Duc de Lorraine & les Suiſſes. Il eut d'abord quelques avantages Il tourne ſes
aſſez conſidérables, car outre la Ville de Nanci dont il ſe rendit maître, il prit armes contre les
encore celle de Granſon. Ce Prince eut l'inhumanité de faire pendre quatre cens Suiſſes.
hommes de la Garniſon qui s'étoit rendue à diſcrétion, & d'en faire noyer
cent autres. Les Suiſſes qui marchoient au ſecours de leurs Compatriotes
n'arriverent qu'après la priſe de la Ville. Le Duc eut l'imprudence de les
attaquer dans les défilés dont ils étoient maîtres, au lieu de les attendre dans
la plaine, ſuivant l'avis de ſes Généraux. Il eut bientôt lieu de ſe repentir
de n'avoir pas ſuivi leur conſeil. Il fut entièrement défait, tout ſon bagage
devint la proie du Vainqueur, & les Suiſſes reprirent Granſon & les autres
Châteaux dont le Duc s'étoit emparé. Pour venger la mort de leurs Com-

Tome I. Partie II. Cc*

patriotes ils firent pendre autant de Bourguignons qu'il y avoit eu de Suiſſes pendus. Cet échec cauſa tant de chagrin au Duc qu'il tomba dans une mélancolie ſi grande que rien n'étoit capable de l'en tirer. Croyant réparer ſa honte dans une autre occaſion, il fit le ſiége de Morat Ville ſituée ſur le Lac de ce nom. Cette Ville étoit ſi bien fortifiée qu'il ne put s'en rendre maître. Cependant le Duc de Lorraine que les Suiſſes avoient mis à leur tête s'avançoit pour ſecourir la Place. Le Duc marcha à ſa rencontre & livra la bataille avec autant d'imprudence que celle de Granſon. Il y eut le même ſort, & après la perte de ſon armée, il ſe vit contraint de prendre la fuite, & ſe retira à Saint-Claude. Le Roi auroit pû alors profiter des circonſtances & rompre la tréve qu'il avoit faite avec le Duc ; mais comme il voyoit que ce Prince couroit de lui-même à ſa perte, il ne lui donna aucun ſujet d'inquiétude : il ſe contenta ſeulement de paſſer dans le Lyonnois, pour y attendre la ſuite de cette guerre. Il ne voulut pas même accepter les offres de Campobaſſe Officier Général de ce Prince qui étoit venu propoſer au Roi de lui livrer le Duc ou de le tuer. Louis eut tant d'horreur de cette propoſition qu'il écrivit au Duc de ſe méfier de cet Officier ; mais le Duc qui croyoit que le Roi ne cherchoit qu'à lui débaucher ſes plus fidéles Sujets, n'en eut que plus de confiance pour Campobaſſe. René de Lorraine pourſuivant ſes conquêtes attaqua & prit Nanci. Ce nouvel avantage obligea le Duc de ſe mettre à la tête de nouvelles troupes levées à la hâte, & ſans attendre les ſecours qu'on lui envoyoit de différens endroits, il oſa attaquer le Duc de Lorraine dont l'armée étoit ſupérieure à la ſienne. Les Bourguignons ſe battirent d'abord avec une valeur incroyable ; mais ayant été enfoncés de tous côtés, ils furent bientôt défaits, & obligés de chercher leur ſalut dans la fuite. Le Duc de Bourgogne y fut tué après avoir donné les preuves d'une valeur extraordinaire. » Ainſi périt Charles, dernier Duc de Bourgogne, qui n'eut d'autres vertus que celles d'un Soldat. » Il fut ambitieux, téméraire, ſans conduite, ſans conſeil, ennemi de la » paix & toujours altéré de ſang. Il ruina ſa Maiſon par ſes folles entrepriſes, fit le malheur de ſes Sujets & mérita le ſien «.

Louis ne put diſſimuler la joie que lui cauſa la nouvelle de la mort du Duc de Bourgogne. Il conçut dès lors le deſſein de réunir à la Couronne tous les biens qui avoient appartenus à ce Duc. Il demanda des ſubſides à toutes les Villes du Royaume afin d'être en état de mettre ce projet en exécution. Les Etats de Bourgogne ne firent pas beaucoup de difficulté de ſe ſoumettre, & ils n'eurent aucun égard aux repréſentations de Marie de Bourgogne qui les avoit invités à lui garder fidélité. Cependant Louis s'étoit avancé ſur la frontiere de Picardie & s'étoit emparé de toutes les Places qui avoient appartenu au feu Duc. Les ſuccès ne furent pas ſi rapides en Flandre & dans l'Artois. Le Roi ne put ſe rendre maître d'Arras qu'en faiſant entendre aux Habitans & aux Miniſtres de la Cour de la Princeſſe de Bourgogne, que ſon intention étoit de marier le Dauphin avec l'Héritiere de Bourgogne. Ce mariage auroit en effet eu lieu, ſi le Roi par une imprudence extrême n'eût remis aux Ambaſſadeurs des Etats de Flandre la Lettre que la Princeſſe lui écrivoit, & par laquelle elle marquoit qu'elle ne vouloit point ſe conduire par les Etats du Pays, mais ſeulement par le conseil de ceux qu'elle avoit choisis. Cette Lettre que les Ambassadeurs présenterent aux Etats attira de grands reproches à la Princesse de la part de ceux qui les composoient, & fut cause de la mort des deux plus habiles Ministres de la Princesse, & qui étoient dans les intérêts du Roi. Ce Monarque perdit en même temps la confiance de Marie, & ne put jamais la regagner. La conquête d'Arras fut suivie de celle de Cambrai, de Tournai & de plusieurs autres Places. Les Flamans pour arrêter les progrès de Louis mirent à leur tête Adolphe Duc de Gueldres, & lui promirent de lui donner leur Princesse en mariage s'il pouvoit chasser les François & reprendre Tournai. Un motif si puissant réveilla le courage de ce Prince. Il s'avança jusqu'aux Fauxbourgs de Tournai qu'il brûla ; mais Moui & la Sauvagere qui commandoient dans la Ville étant sortis à la tête d'un Corps de trois mille hommes, l'attaquerent & taillerent ses troupes en piéces. Ce Prince fut tué dans la mêlée. Deux jours après les Flamands qui s'étoient rassemblés auprès du Pont d'Espierre au nombre de quatre mille hommes, furent encore battus par le Général Moui. Le Duc Maximilien fils de l'Empereur Frederic III. se vit sans concurrent par la mort du Duc de Gueldres. Les Flamans prétendirent que cette Princesse ne feroit que se conformer aux volontés du feu Duc son pere qui l'avoit promise à Maximilien, & que la Princesse même lui avoit écrit pour ratifier la promesse de son pere. Louis fit ce qu'il put pour traverser ce mariage ; mais ce fut inutilement, puisqu'il se fit à Gand le 18 Août. Ce Mariage a été pendant plus de deux Siécles le principe d'une guerre presque continuelle, & dont le germe n'est pas encore détruit. Ce fut à cette occasion que le Roi renouvella la tréve avec Edouard, & les deux Rois convinrent qu'elle seroit prolongée pour la vie des deux Contractans, & pour un an au-de-là. Ce nouveau Traité engagea le Duc de Bretagne à se reconcilier sincérement avec le Roi, & à en faire un avec ce Prince.

Quelque temps après Louis pensa perdre la Bourgogne par la révolte de Jean de Châlons Prince d'Orange, qui étoit repassé dans le parti de la Duchesse avec autant de légereté qu'il l'avoit abandonné. Irrité de ce que le Roi ne lui avoit donné que la Lieutenance Générale de la Bourgogne, dont Craon étoit Gouverneur, il se joignit à Jean de Cleves. Tous ceux qui étoient encore attachés aux intérêts de la Princesse de Bourgogne, se déclarerent ouvertement, ainsi que les Suisses, malgré le Traité de Lucerne. Cependant ceux de ce Canton n'y prirent aucune part. Les Rebelles s'emparerent bientôt de plusieurs Places, & Craon qui vouloit s'opposer à leurs progrès fut presque toujours battu. Le Roi auroit perdu tout ce qu'il possedoit dans la Bourgogne, si Maximilien qui vouloit s'affermir dans ses nouveaux Etats, n'eût proposé au Roi d'entrer en négociation. Ces deux Princes convinrent d'une tréve, pendant laquelle on travailla à la paix. Le Roi mécontent de la conduite de Craon donna le Gouvernement de Bourgogne à Charles de Chaumont d'Amboise, homme recommandable par sa valeur, sa probité & son désintéressement. La guerre que le Roi avoit entreprise pour s'emparer des Etats du Duc de Bourgogne, & l'argent qu'il donnoit dans les différentes Cours, pour se faire des Créatures, l'empêcherent de fournir à Alphonse Roi de Portugal les secours qu'il lui avoit promis, & la né-

De la France.
Louis XI.
LII. Roi.

Mort du Connétable.

cessité de ses affaires l'obligea de reconnoître Ferdinand & Isabelle pour Roi & Reine de Castille.

Louis cherchoit à rétablir la paix dans ses Etats, & à étouffer une semence de révolte. La mort du Connétable Saint-Pol avoit retenu les Mécontens; mais l'exécution qu'il fit faire cette année de Jean d'Armagnac Duc de Nemours acheva de les retenir dans le devoir. Ce Prince avoit toujours abusé de la clémence du Roi, & ce Monarque lassé de lui pardonner si souvent, le fit condamner à la mort. Il eut, le 4 d'Août, la tête tranchée aux Halles de Paris, & la confiscation de ses Terres fut partagée entre ses Juges & les Favoris du Roi.

1478.

Le Roi attaque la Mémoire du Duc de Bourgogne.

Louis persistoit toujours dans le dessein qu'il avoit conçu de s'emparer des Etats du Duc de Bourgogne; mais il vouloit que cette entreprise parût du moins fondée sur quelque droit. Il entreprit d'attaquer la mémoire de ce Prince & de lui faire faire son procès pour crime de rebellion & de félonie. Les procédures commencerent le 11 de Mai. On y rappella le meurtre du Duc d'Orléans, l'entrée des Anglois en France, les alliances des Ducs de Bourgogne avec eux, la perfidie du Duc Charles qui avoit arrêté le Roi à Peronne, & tous les maux que lui & son pere avoient causés à la France. Cependant Louis continuoit ses conquêtes, tant en personne que par ses Généraux. Maximilien étonné des succès du Roi, fit quelques propositions d'accommodement. On convint d'une tréve de dix jours qui fut prolongée pour un an. On régla par ce Traité que le Roi rendroit à Maximilien tout ce qu'il avoit pris dans le Hainault, & la Franche-Comté; que la liberté du Commerce seroit rétablie, & que chacun jouiroit paisiblement de ses biens.

Conjuration contre la vie du Roi.

Sur ces entrefaites le Prince d'Orange que le Roi avoit déja fait condamner à la mort lorsqu'il avoit pris les armes contre lui, résolut de faire périr ce Monarque par le poison. Il avoit chargé de l'exécution de ce criminel projet un homme déterminé à tout entreprendre; mais sur quelque soupçon qu'on lui donna sur cet homme il le fit arrêter comme il étoit en route pour se rendre à la Cour. Ce Scelerat ayant trouvé moyen de s'échapper, déclara au Roi les intentions du Prince d'Orange. Louis en donna avis au Parlement qui confirma l'Arrêt de mort déja prononcé contre ce Prince.

Louis porte la guerre en Italie.

Le massacre des Médicis arrivé à Florence par la jalousie des Pazzi & des Salviati soutenus par le Pape, obligea le Roi à porter ses armes en Italie. Les Florentins irrités contre les Pazzi, se jetterent sur eux & en tuerent un grand nombre pour venger la mort des Médicis. Le Souverain Pontife excommunia les Florentins, & les fit attaquer par ses troupes & par celles du Roi de Naples qui s'étoit joint au Pape, dans l'espérance de tirer quelqu'avantage de ces troubles. Les Florentins prêts à succomber sous les efforts de tant d'ennemis implorerent le secours de la France. Le Roi eut de la peine à se rendre à leurs prieres, parce qu'il n'aimoit pas à s'engager dans les guerres d'Italie; mais s'étant enfin laissé toucher, il envoya Commines à Milan pour engager la Duchesse & les Vénitiens de se joindre à lui. Cette Princesse fit aussi-tôt partir trois cens hommes d'armes, qui aiderent les Florentins à repousser leurs ennemis. Le Pape fut très-embarrassé lorsqu'il apprit que le Roi prenoit les intérêts des Médicis. N'osant refuser ouvertement ce Monarque, il usa de tant de délais que le Roi irrité de la conduite du Pape, convoqua à Orléans un Concile National, défendit tout commerce avec la Cour de Rome & l'entrée du Royaume à ceux qui avoient eu part à l'assassinat des Médicis. Les Princes d'Italie qui desiroient la paix, demanderent que le Roi fût l'arbitre de leurs différends ; ce qui engagea ce Monarque à envoyer des Ambassadeurs dans les différentes Cours de ce Pays. Ils passerent ensuite à Rome, où ils presserent le Pape de se déterminer à pardonner aux Florentins. Il fut plus de deux mois sans vouloir écouter aucune proposition ; mais enfin appréhendant de se brouiller avec la Cour de France, il leva les Censures, accorda une suspension d'armes, & se soumit l'année suivante à l'arbitrage des Rois de France & d'Angleterre.

DE LA FRANCE.
LOUIS XI.
LII. ROI.

L'union regnoit toujours entre ces deux Monarques, & Louis qui connoissoit le foible d'Edouard, avoit soin de lui fournir de l'argent ; de sorte qu'il disposoit de ce Prince comme il le jugeoit à propos. Pour cimenter de nouveau leur union, ils signerent une nouvelle tréve qui devoit durer cent ans après la mort des deux Rois. On prit en même temps des arrangemens pour le Mariage du Dauphin avec Elizabeth d'Angleterre ; mais ce mariage n'eut pas lieu, comme on le verra dans la suite. Après la conclusion de cette tréve Louis réforma dix Compagnies de Gens d'armes, & employa ce fonds à lever un Corps de Suisses qui depuis ce temps-là sont entrés au service de la France. Le Roi par cette alliance se voyoit en état d'avoir autant de troupes qu'il en auroit besoin, & enlevoit en même temps au Duc Maximilien un secours, dont il auroit pu se servir. La tréve étoit expirée entre ces deux Princes, & comme toutes les négociations n'avoient point réussi, la guerre recommença avec plus de fureur qu'auparavant. Charles de Chaumont d'Amboise fut envoyé en Bourgogne, qui fut entierement soumise par la valeur & la sagesse de ce Général. Les armes des François n'étoient pas si heureuses dans la Flandre. Les succès y étoient variés. L'imprudence de Desquerdes lui fit perdre l'avantage qu'il avoit remporté sur les Flamans. Cette perte fut en quelque sorte réparée par les succès du Vice-Amiral Coulon. Cet Officier s'étoit emparé de la Flotte Hollandoise composée de quatre-vingt Navires chargés de Bled, avec toute la pêche des Harengs, & l'avoit conduit dans les Ports de Normandie. Cette prise jetta la consternation dans toute la Hollande.

1479.

Premiers Suisses au service de France.

Les succès de Louis obligerent Maximilien à entrer dans quelque négociations. Le Roi employa ce temps à entretenir l'amitié des Suisses, qui quoique ses Alliés, voyoient toujours avec peine qu'il étoit maître de la Franche-Comté. D'un autre côté il avoit soin de fournir de l'argent au Roi d'Angleterre, de peur que malgré les Traités il ne se laissât gagner par l'Empereur. Sur ces entrefaites il eut connoissance des secrettes liaisons que le Duc de Bretagne entretenoit avec la Cour de Londres. Pour donner de l'inquiétude à ce Prince, il acheta, moyennant la somme de cent cinquante mille écus, les droits qu'avoient sur ce Duché Jean de Brosse & Nicole de Châtillon ou de Bretagne, arriere-petite fille & héritiere de Jeanne la Boiteuse, qui avoit disputé si courageusement la Bretagne à Jean de Montfort son Oncle. La Baronie de Penthievre fut perdue par cette vente pour Jean de Brosse & sa femme & pour leurs descendans.

Guerre contre Maximilien.

Les Conférences n'ayant pas eu tout le succès qu'on en avoit attendu,

1480.

les hostilités recommencerent dans la Flandre au Printemps ; mais la campagne se passa en escarmouches. Le Pape voulut se mêler de cette affaire, & rétablir la paix entre les Princes Chrétiens, afin de les engager à marcher au secours de l'Italie qui étoit alors attaquée par les Turcs. Il envoya un Légat en France & au Duc Maximilien. Mais il y avoit tant d'intérêts différens à concilier qu'on ne pouvoit se flatter d'en venir à une paix solide. Le Roi d'Angleterre fit entendre au Duc Maximilien qu'il étoit de sa prudence de céder aux circonstances ; que selon les apparences Louis ne pouvoit pas encore vivre long-temps ; qu'après la mort de ce Monarque il pourroit disputer ses droits ; ainsi qu'il lui conseilloit de proposer une tréve de deux ans. En effet, la santé du Roi étoit fort mauvaise, & il tomboit souvent dans des foiblesses qui annonçoient une fin prochaine. Louis ne laissoit pas cependant de vouloir sçavoir tout, & il se mêloit du gouvernement comme s'il eût eu la tête aussi forte qu'autrefois. Il étoit jaloux de son autorité & de sa puissance, & punissoit la moindre marque de désobéissance : en un mot il vouloit être absolu jusqu'à la mort, & ne vouloit point accoutumer ses Sujets à lui manquer en rien, sous prétexte de le servir plus utilement qu'il n'étoit souvent capable d'ordonner. Le Légat du Pape profita de la situation du Roi pour obtenir la liberté du Cardinal Balue, & celle de l'Evêque de Verdun. Il avoit cependant tiré parole du Légat que le Pape feroit punir le premier ; mais après sa mort le Souverain Pontife l'envoya en France en qualité de Légat, & il y fut reçu malgré le Parlement. La maladie du Roi ne l'empêchoit pas de veiller au soin de son Royaume, & à l'utilité de ses Sujets. Il réunit le Duché d'Anjou à la Couronne, & conserva la Chambre des Comptes établie à Angers. Il accorda de grands Priviléges aux Francs-Comtois, établit un Parlement à Salins, fit venir dans ses Etats plusieurs Ouvriers, afin d'élever différentes Manufactures, & les exempta de tous droits & impôts, eux, leurs femmes & leurs enfans.

1481. Cependant Maximilien avoit fait tous ses efforts pour mettre le Roi d'Angleterre dans son parti, mais n'ayant pu réussir dans cette entreprise il fut contraint de demander la prolongation de la tréve. Louis étoit prêt à se mettre en campagne, & il avoit fait tous les préparatifs nécessaires pour continuer la guerre avec succès. Débarrassé du soin de cette guerre, il songea à établir les droits qu'il prétendoit avoir sur le Duché de Bar & sur la Lorraine, & l'affaire ayant été examinée par des Jurisconsultes, il intenta l'action en son nom. Pendant ce temps-là, il partit de Tours & se rendit en Normandie avec dix mille hommes. Il y resta sept jours & revint à Tours où il eut une attaque d'apopléxie ou d'épilepsie. Le Roi étoit si changé depuis ce temps-là qu'il n'osoit plus se montrer en public que dans des habillemens magnifiques, esperant par ce moyen cacher son état. Ce fut alors que la crainte de la mort commençant à agir fortement sur lui, il fit faire des prieres de tous les côtés, donna de grands présens aux Eglises, & fit quelques pélerinages. Sur ces entrefaites Charles Comte de Provence, dernier Prince de la seconde Maison d'Anjou, étant mort, Louis qu'il avoit institué pour son héritier universel, réunit la Provence à la Couronne.

1482. La mort de Marie Duchesse d'Autriche fit aussi changer les choses de

DE L'UNIVERS. Liv. I. Chap. II. 207

face. Les Gantois qui defiroient la paix, & qui ne regardoient le Duc Maximilien que comme un Etranger, voulurent le forcer à la faire avec la France. Ils se saisirent du Prince Philippe & de la Princesse Marguerite ses enfans, & envoyerent des Députés à Louis, pour lui propofer le mariage du Dauphin avec la Princesse Marguerite. Ce mariage fut conclu par un Traité de paix fait à Arras, & signé le 23 Décembre. Le Roi se rendit ensuite à Amboise où étoit le Dauphin, & lui donna par écrit une instruction sur les obligations d'un Prince.

Le Roi qui sentoit que sa fin approchoit, redoubloit ses prieres & ses aumônes. Ayant entendu parler du mérite & des éclatantes vertus de François de Paule il le fit venir auprès de lui, & lui fit bâtir une Maison dans son Parc du Plessis-les-Tours. Quoique le Roi fût presque à l'extrêmité, il vouloit qu'on ignorât sa situation. Il faisoit faire de grandes préparatifs de guerre, entamoit des négociations, entroit dans les moindres détails du Gouvernement. Pendant qu'il étoit occupé de toutes ces choses, Marguerite d'Autriche fille de Maximilien & de la Duchesse de Bourgogne, fut remise le 19 de Mai entre les mains du Sire de Beaujeu, & d'Anne de France son épouse. La Princesse fit son entrée à Paris le 2 de Juin, se rendit ensuite à Amboise, où elle fut fiancée le 23 avec le Dauphin, mais le mariage fut retardé à cause de la maladie du Roi. Ce Monarque ne doutant plus qu'il ne touchât aux derniers momens de sa vie, se dispofa à mourir en Prince Chrétien. Il reçut les derniers Sacremens & mourut le 30 Août, âgé de soixante ans, après en avoir regné vingt-trois. Il avoit épousé en premieres nôces Marguerite d'Ecosse qui mourut sans enfans. Il épousa ensuite Charlote de Savoye dont il eut trois fils & trois filles : sçavoir, Joachim qui mourut âgé d'un an ; Charles qui lui succéda, & François qui vécut peu de temps. Ses filles étoient, Louise qui mourut dans l'enfance ; Anne mariée à Pierre de Bourbon Comte de Beaujeu, & Jeanne mariée à Louis Duc d'Orléans, qui étant devenu Roi, la répudia pour épouser Anne de Bretagne.

Louis XI. créa deux Parlemens, celui de Bourdeaux en 1462, & celui de Dijon le 18 Mars 1476 (1477) ; & institua l'Ordre de Saint Michel, le premier Août 1469. Ce Prince établit aussi les Postes dans tout le Royaume. Ce fut sous son regne que l'Imprimerie commença en France, vers l'an 1470.

Charles VIII. né à Amboise le 30 Juin 1470, n'avoit pas encore quatorze ans lorsqu'il succéda à son pere Louis XI. Ce jeune Prince quoique majeur selon la Déclaration de Charles V. n'étoit guéres en état de gouverner par lui-même. Louis XI. qui avoit toujours défendu qu'on l'instruisît des affaires, sentit bien que ce Prince auroit besoin de Conseil pendant les premieres années de son régne ; il jetta les yeux sur Anne de France Dame de Beaujeu, sa fille aînée, femme au-dessus de son Sexe, & qui ne le cédoit à aucun homme, pour la prudence & la fermeté. Ce fut cette Princesse qu'il chargea seule de la tutelle de son fils, & de l'administration du Royaume.

Lorsque le Roi fut mort, tous les Princes du Sang se rendirent à Amboise où Charles étoit alors, & ce fut là qu'il se forma plusieurs cabales contre la Régente. Le Duc d'Orléans âgé de vingt-trois ans, excité par la

DE LA FRANCE.

Louis XI.
LII. Roi.

1483.

Mort de Louis XI.

Charles VIII.
LIII. Roi.

INTRODUCTION A L'HISTOIRE

DE LA FRANCE.

CHARLES VIII.
LIII. ROI.

plus grande partie des Princes & des Seigneurs qui souffroient avec peine qu'une femme fût à la tête des affaires, parut vouloir se mêler du Gouvernement. La Dame de Beaujeu crut satisfaire son ambition en lui accordant les Gouvernemens & la Lieutenance Générale de Paris, de l'Isle de France, de la Brie, de la Champagne, du Gâtinois, de Senlis, du Beauvoisis, & du Vermandois. Le Comte de Dunois eut aussi part aux graces de la Cour, & il fut fait Gouverneur du Dauphiné. Mais toutes ces Places, quelques considérables qu'elles fussent, ne contentoient pas les Princes, & ils en vouloient toujours à la Régence. Se flattant que leurs demandes seroient écoutées dans les Etats Généraux, ils firent tant d'instances pour qu'on les convoquât, que l'Assemblée fut indiquée à Tours pour le 5 de Janvier suivant. Pendant cet intervalle le Roi fit plusieurs petits voyages; il alla à Beaugency, à Melun, à Orléans, &c, (43).

L'ouverture des Etats se fit, le 14 de Janvier 1483 (1484) (44), dans la Salle du Palais de l'Archevêque de Tours. Les Princes qui prétendoient à l'administration du Royaume mirent alors tout en œuvre pour parvenir à leur but ; mais Madame de Beaujeu qui avoit trouvé moyen de rompre leurs mesures, fut chargée par les Etats de la tutelle du jeune Monarque & du Gouvernement du Royaume. On examina ensuite les griefs contenus dans les Cahiers des trois Ordres, & le Roi satisfit les Etats sur la plûpart des points qui avoient été proposés. L'Assemblée se sépara le 7 (45) Mars, & le lendemain le Roi retourna à Amboise.

Intrigues des Princes.

Après la séparation des Etats le Duc d'Orléans passa en Bretagne (46). Plusieurs raisons l'engagerent à ce voyage. Les brouilleries du Duc avec les Seigneurs Bretons au sujet de Landais ou Landois ; ses vûes pour épouser Anne de Bretagne, mais plus encore l'envie d'engager le Duc dans un parti contre la Dame de Beaujeu. Cette Princesse qui eut connoissance des desseins du Duc d'Orléans, se servit de l'occasion du Sacre du Roi pour le faire revenir promptement ; cette cérémonie se fit à Rheims le 30 de Mai par l'Archevêque Pierre de Laval. Le Duc d'Orléans représenta le Duc de Bourgogne, & donna l'Ordre de Chevalerie au Roi. Ce Monarque se mit ensuite en chemin pour se rendre à Paris, & après avoir séjourné quelque temps à Braine & à Vincennes, il fit le 5 de Juillet son entrée dans la Capitale. Le Duc d'Orléans fit faire de grandes réjouissances à cette occasion. Ce Prince & le Comte de Dunois resterent quelque temps en repos ; mais ne pouvant plus cacher leurs véritables sentimens, ils formerent de nouvelles cabales. Madame de Beaujeu instruite de tout ce qui se passoit, fit

Cabale du Duc d'Orléans.

d'abord partir le Roi pour Malesherbes, & ensuite pour Montargis. Ce fut alors que le Duc d'Orléans leva entièrement le masque. Il se rendit souvent

---

(43) Il faut remarquer que dans tous ces voyages, même dans ceux que le Roi faisoit de Paris à Vincennes, à Saint-Denys, ou autres Lieux aussi peu éloignés, il avoit toujours à sa suite six piéces d'artillerie, avec de la poudre, pierres plombées, & autres matieres pour le service de ces piéces. *M. Lancelot. Mémoires de l'Académie des Bel-* *les-Lettres.* Tome VIII. page 713.

(44) *Ibid.* Art de vérifier les Dates.

(45) Le 17, selon les Bénédictins Auteurs de *l'Art de vérifier les Dates*, & le 7, suivant M. Lancelot dans le Mémoire ci-dessus cité.

(46) M. Lancelot, *ibid.*

au Parlement, se montroit en public, donnoit des fêtes, en un mot faisoit tout ce qui pouvoit lui attirer l'amitié & la confiance des Peuples.

DE LA FRANCE.
CHARLES VIII. LIII. Roi.

Le Seigneur & la Dame de Beaujeu voulant prévenir les effets des intrigues du Duc d'Orléans, firent un Traité avec le Duc de Lorraine, avec plusieurs Seigneurs de Bretagne, & avec les trois Etats ou Membres de Flandre. Le Duc d'Orléans d'un autre côté envoya le Comte de Dunois en Bretagne pour mettre ce Duc dans son parti. » Celui-ci promit de les assister & » de concourir avec eux à mettre le Roi hors des mains de ceux qui le » *détiennent prisonnier*, lui rendre sa liberté, remettre les affaires en l'état » qu'elles doivent être, &c ». Ce Traité fut passé à Rennes le 23 Novembre 1484 (47). Le Duc d'Orléans assuré du Duc de Bretagne ne tarda pas à faire un coup d'éclat. Il se rendit au Parlement le 17 de Janvier 1484 (1485), & voulut l'engager à se déclarer contre la Dame de Beaujeu. Cette tentative ayant été inutile, il s'adressa à l'Université ; mais il ne fut pas mieux écouté. Cependant le Duc de Bretagne envoya aux Habitans de Sens une espece de Manifeste, dans lequel il leur faisoit entendre qu'il étoit de l'intérêt de l'Etat de remettre l'administration du Royaume entre les mains du Duc d'Orléans. Ce Manifeste est du 9 Janvier de la même année.

Madame de Beaujeu persuadée que la présence du Roi seroit capable d'arrêter les progrès de cette conspiration, le fit partir pour Paris. Quelques Historiens assurent qu'elle avoit pris la résolution de faire enlever le Duc d'Orléans ; mais que ce Prince ayant été averti du complot avoit eu le temps de se retirer auprès du Duc d'Alençon. Le Roi étant arrivé à Paris le 5 de Février, se rendit au Parlement le 14. Pour le récompenser de l'attachement qu'il lui avoit témoigné, ce Monarque lui accorda l'exemption de Ban & d'Arriere-Ban. Madame de Beaujeu fit en même temps ôter aux Princes rebelles leurs Charges & leurs Gouvernemens. Celui du Dauphiné qui étoit au Comte de Dunois, fut donné à Philippe de Savoye Seigneur de Bresse. Il y a beaucoup d'apparence qu'on en usa de même à l'égard des Gouvernemens donnés au Duc d'Orléans. Du moins on trouve que l'administration de Paris fut remise entre les mains d'Antoine de Chabannes Comte de Dammartin, nommé dans les Titres Lieutenant Général de cette Ville, Isle & Pays de France. Ce Seigneur l'étoit encore en 1486 (48) & 1487.

Sage conduite de la Régente.

La Régente conduisit ensuite le Roi en Normandie. Il arriva au mois de Mars à Evreux, & Madame de Beaujeu retira de cette démarche tout le fruit qu'elle en avoit attendu. Le Comte de Dunois conseilla au Duc d'Orléans de se reconcilier avec le Roi ; ce Prince suivit le conseil de son cousin & la tranquillité fut rétablie, du moins en apparence. Pendant que le Roi étoit en Normandie, la Régente lui fit tenir le 27 d'Avril un Lit de Justice à l'Echiquier de Rouen. Les Ducs d'Orléans, de Bourbon, de Lorraine, plusieurs autres Princes & Seigneurs y assisterent. Charles après avoir séjourné dans cette Ville pendant quelque temps, retourna à Paris au mois de Juin.

1485.

Le Duc d'Orléans n'avoit cédé qu'aux circonstances : toujours occupé de

---

(47) M. Lancelot. *Ibid.*   (48) M. Lancelot. *Ibid.*

ses pernicieux desseins, il ne cherchoit que des moyens pour les faire réussir. Ayant mis dans ses intérêts, Maximilien Archiduc d'Autriche, & ayant détaché les Flamans de leur alliance avec la Régente, il rassembla un Corps de troupes assez considérable pour former quelque entreprise. Son dessein étoit de se rendre maître d'Orléans ; mais Madame de Beaujeu le prévint, & le 29 Août elle fut reçue dans cette Ville où elle assista au Contrat de mariage de Philippe de Gueldre niéce de son mari avec René Duc de Lorraine.

Le Duc d'Orléans n'ayant pu exécuter le projet qu'il avoit médité, se renferma dans Beaugenci. Madame de Beaujeu qui apprit que le Duc de Bourbon avoit donné ordre au Comte d'Angoulême & à la Noblesse d'Angoumois de se tenir prêts à marcher sous ses ordres au secours des Princes Ligués, résolut de pousser à bout le Duc d'Oléans. Elle alla mettre le siége devant Beaugenci ; & les Rebelles ne se trouvant pas en état de résister firent quelques propositions. Elles furent écoutées & le Traité de paix fut fait à l'avantage de Madame de Beaujeu. Par un des articles de ce Traité le Comte de Dunois fut exilé à Ast en Piémont, Ville & Comté qui appartenoit alors au Duc d'Orléans. Ainsi fut terminée cette premiere guerre civile par l'adresse & la prudence de Madame de Beaujeu. Elle trouva en même temps moyen de détacher le Duc de Bretagne du parti des Princes.

Cette même année le Roi reçut le Comte de Richemont héritier de la Maison de Lancastre. Il lui fournit des hommes, de l'argent & de l'artillerie, & ces secours lui aiderent à monter sur le trône d'Angleterre qu'il occupa sous le nom de Henri VII. Le 17 du mois de Décembre le Roi ratifia la trêve qu'il avoit conclue avec ce Prince.

La France ne fut pas long-temps tranquille. Dès le Printemps suivant le Duc Maximilien attaqua les Frontieres de Picardie, & s'empara de Terouenne, de Mortagne & de Lens. L'Archiduc avoit entrepris cette guerre pour se venger de Madame de Beaujeu qui avoit engagé les Flamans à se soulever contre lui. La Régente n'eut pas plutôt appris les premieres hostilités de Maximilien qu'elle fit marcher le Roi vers la Champagne. Il se rendit à Troyes le 11 de Mai & il y demeura près d'un mois. Pendant son séjour dans cette Ville, Madame de Beaujeu négocia si adroitement auprès du Connétable par le moyen du Comte de Vendôme, qu'il se détermina à se rendre auprès du Roi. Cependant ce ne fut qu'au mois de Septembre suivant lorsque la Cour étoit à Compiegne, que la reconciliation fut véritable entre Madame de Beaujeu & le Connétable. Un des effets de cette réunion fut l'éloignement des Seigneurs de Culant & d'Argenton qui furent congédiés de la Maison du Duc de Bourbon.

Quoique les Princes eussent perdu leur plus ferme appui, ils ne laisserent pas de former de nouveaux desseins. La Régente avertie de leur complot engagea le Roi à se rendre sur la Loire, afin d'examiner de plus près les actions des Confédérés. La maladie du Duc de Bretagne fut le prétexte de ce voyage. Sur ces entrefaites le Comte de Dunois étoit rentré en France & s'étoit fortifié dans son Château de Parthenay. Le Roi lui envoya aussi-tôt ordre de sortir de cette Place & de se retirer à Longueville en Normandie ; mais il refusa d'obéir. Les tentatives que l'on fit auprès du Duc d'Orléans, pour le détacher du parti des Rebelles, n'eurent pas plus d'effets : Madame de Beaujeu eut même le chagrin de voir que le Duc de Lorraine qui lui avoit toujours été inviolablement attaché, s'étoit enfin ligué avec les Mécontens & avoit fait alliance avec l'Archiduc & le Duc de Bretagne. La prudence de la Régente la fit triompher de tant d'ennemis réunis pour la perdre. Charles par le conseil de cette Princesse se rendit au mois de Février dans le Poitou & l'Angoumois, & eut la gloire de soumettre tout le Pays en moins d'un mois & demi. Il marcha ensuite à Parthenay, pour y suprendre le Comte de Dunois ; mais ce Seigneur n'avoit osé attendre l'armée Royale & s'étoit retiré en Bretagne où le Duc d'Orléans étoit déja passé. Le Roi pour punir les Princes de leur rébellion, fit saisir les Terres du Duc d'Orléans, du Comte de Dunois & des autres Rebelles. On pourvut cependant à la subsistance de la Comtesse de Dunois & de ses enfans.

Le Roi ayant résolu de porter la guerre en Bretagne pour achever de ruiner le parti des Princes ligués, conduisit son armée dans cette Province. Les hostilités commencerent par la prise de Ploermel qui fut emportée d'assaut. Le Roi fit ensuite mettre le siége devant Vannes pour y surprendre le Duc de Bretagne qui s'y étoit enfermé. Ce Prince seroit tombé entre les mains des Vainqueurs, s'il n'eût pas trouvé moyen de monter sur un Vaisseau que le Prince d'Orange avoit conduit à ce Port, & avec lequel il le transporta à Nantes. Vannes ne tarda pas à se rendre après la retraite du Duc. On le poursuivit à Nantes, & le siége fut mis devant cette Place. Les François resterent six semaines devant la Ville sans pouvoir s'en rendre maîtres. Le Roi ayant appris que le Comte de Dunois y étoit entré avec quinze cens Lances, & que son armée diminuoit considérablement, il envoya ordre de lever le siége.

L'armée qui étoit en Flandre ne faisoit pas la guerre avec moins de succès. Des Querdes qui commandoit dans ce Pays s'empara de Saint-Omer & de Terouane, dont le Gouverneur & la Garnison furent faits prisonniers. Il battit ensuite Ravestein qui venoit surprendre Bethune, & fit prisonniers le Duc de Gueldres & le Comte de Nassau.

Cependant les Seigneurs Bretons s'étant réconciliés avec leur Duc, ce Prince se trouva en état de résister aux François, & de reprendre sur eux tout ce qu'il avoit perdu ; mais la prise de Fougeres par le Seigneur de la Trimouille, & la victoire qu'il remporta le 28 de Juillet auprès de Saint-Aubin sur le Duc d'Orléans, obligerent le Duc de Bretagne à demander la paix. On la lui accorda par un Traité signé le 20 Août, & dont les principalles conditions étoient :

» Que le Duc de Bretagne congédieroit incessamment tous les Etrangers
» qu'il avoit fait venir pour faire la guerre au Roi ; que le Duc ne marie-
» roit point ses filles sans l'agrément & le consentement du Roi ; que ce
» Monarque demeureroit en possession de Saint-Malo, de Saint-Aubin, de
» Dinan, de Fougeres, & de quelques autres Places de la Bretagne dont
» il étoit alors maître «. Le Duc de Bretagne ne survécut pas long-temps à ce Traité, car il mourut le 7 Septembre suivant, ou le 9 selon quelques Historiens. La mort de François II. Duc de Bretagne occasionna de grands troubles dans cette Province. Anne de Bretagne fille aînée du Duc

DE LA FRAN-
CE.

CHARLES
VIII.
LIII. ROI.

prit le titre de Duchesse, & implora le secours des Anglois pour se maintenir dans la possession des Etats de son pere où Charles VIII. avoit déja envoyé des troupes. Henri VII. oubliant les obligations qu'il avoit au Roi de France, fit passer six mille hommes en Bretagne ; mais comme la Princesse n'étoit pas en état de les payer ils ne firent rien de considérable pendant la campagne. Il y eut alors quelque mouvement en Flandre où le Roi des Romains surprit Saint-Omer. Le Roi & la Reine de Castille ayant aussi en même temps assemblé quelque troupes ; Charles se vit obligé d'envoyer une armée du côté de Fontarabie. Le Roi voyant de grandes difficultés dans la conquête de la Bretagne, résolut de la réunir à la Couronne par une autre voye, c'est-à-dire qu'il songea à épouser la Princesse. Il falloit cependant surmonter de grands obstacles. Le Seigneur d'Albret qui la cherchoit en mariage n'étoit pas celui qu'il eût le plus à redouter. L'Archiduc d'Autriche étoit un rival bien plus dangereux. Il s'étoit déclaré, & son mariage s'étoit déja fait par Procureur. De plus, Charles avoit promis par le Traité d'Arras en 1483 d'épouser Marguerite, sœur de l'Archiduc, & il venoit de conclure la paix avec ce Prince. Tant d'oppositions n'arrêterent point le Roi. Le Prince d'Orange cousin germain de la Princesse se chargea de cette négociation. Il étoit entré dans les intérêts du Roi depuis que ce Monarque lui avoit rendu la liberté qu'il avoit perdue à la journée de Saint-Aubin, où il avoit été fait prisonnier avec le Duc d'Orléans. Il y avoit déja près de trois ans qu'il étoit enfermé dans la grosse Tour de Bourges.

1490.

Le Prince d'Orange profitant des circonstances obtint du Roi qu'il seroit remis en liberté, & ce fut la premiere action que Charles VIII. fit de sa propre autorité sans le consentement de Madame de Beaujeu, connue alors sous le nom de Duchesse de Bourbon, titre qu'elle portoit depuis la mort du Connétable. La Duchesse obligée de dissimuler, fit un accueil gracieux au Duc d'Orléans, qui de son côté affecta d'être persuadé de la sincérité de ses sentimens. La délivrance du Duc d'Orléans engagea le Prince d'Orange & le Comte de Dunois à négocier avec plus d'ardeur. Il s'agissoit de vaincre l'aversion de la Princesse pour le Roi, & de lever les scrupules qu'elle se faisoit à cause du mariage qu'elle avoit contracté par Procureur avec l'Archiduc. Le Roi par le conseil du Prince d'Orange entra en Bretagne avec une puissante armée, & se présenta devant Rennes où étoit la Princesse. Elle n'avoit alors aucun prompt secours à attendre de ses Alliés. Dans un cas si pressant elle assembla son Conseil, pour délibérer sur le parti qu'elle devoit prendre. La plus grande partie de ceux qui le composoient étoit gagnée par le Prince d'Orange & le Comte de Dunois. On fut donc d'avis que la Duchesse devoit accepter les offres du Roi, & cette Princesse se vit contrainte de faire tout ce qu'on voulut. On dressa les articles du Traité de Mariage, & celui de l'union de la Bretagne à la Couronne de France.

1491.

Mariage du Roi avec Anne de Bretagne.

» Les points essentiels de ce Traité furent qu'Anne de Bretagne à cause
» de l'honneur qu'elle recevoit par ce Mariage, cédoit pour toujours & irré-
» vocablement au Roi, & aux Successeurs du Roi par titre de donation,
» tous ses droits sur le Duché de Bretagne, même au cas qu'elle mourût
» avant le Roi, sans avoir eu d'enfans de son mariage «.

» Que le Roi cédoit réciproquement à ladite Dame tous les droits qu'il

» avoit fur le Duché de Bretagne pour toujours & irrévocablement au cas
» qu'il mourût avant elle fans avoir eu d'enfans de fon mariage ; mais
» qu'en ce cas elle ne pourroit fe marier en fecondes nôces qu'au Roi futur ;
» que fi cela ne pouvoit fe faire à caufe, par exemple, que ce Prince feroit déja
» marié, elle ne fe marieroit qu'au prochain préfomptif futur Succeffeur de
» la Couronne à condition que fon mari tiendroit le Duché de Bretagne de
» la Couronne de France, comme les Ducs fes prédéceffeurs, & qu'il ne
» le pourroit aliener qu'en le remettant entre les mains du Roi, qui feroit
» alors, ou de fes Succeffeurs.

» En troifiéme lieu, qu'en cas qu'il y eût des enfans du préfent ma-
» riage, & qu'Anne de Bretagne furvécût au Roi, elle auroit toujours la
» poffeffion du Duché comme d'un Etat qui lui appartiendroit (49) «.

Le Roi fit en même temps un autre Traité avec les Etats de Bretagne, dans lequel il confirma leurs Priviléges, & leur permit de fuivre leurs Coutumes & Ufages.

Après ces divers arrangemens la Ducheffe fut conduite à Langeais en Touraine, où le mariage fe célébra le 6 de Décembre. Le Roi & la Reine allerent enfuite à Pleffis-les-Tours, de-là ils fe rendirent à Paris, & enfuite à Saint-Denys où la Reine fut facrée.

Maximilien fe vit doublement offenfé par ce mariage. Réfolu de s'en venger, il implora le fecours de l'Efpagne & de l'Angleterre. Henri VII. ayant alors des raifons pour faire voir aux Anglois qu'il avoit oublié les fervices que le Roi de France lui avoit rendus, débarqua à Calais avec vingt-cinq mille hommes, & mit le fiége devant Boulogne ; mais ayant connu que l'Archiduc n'avoit point de troupes pour joindre aux fiennes, ni d'argent pour foutenir les frais de la guerre, il écouta les propofitions du Roi. Ce Monarque lui ayant donné une fomme confiderable d'argent ils firent le 3 Novembre un Traité de paix à Eftaples, après la conclufion duquel Henri VII. repaffa en Angleterre. Cependant Maximilien furprit Arras & Saint-Omer, mais trop foible pour continuer la guerre, il confentit à faire une tréve d'un an.

Charles occupé du deffein de faire valoir fes droits fur le Royaume de Naples (50), prit le parti de faire la paix avec fes voifins, afin de n'avoir rien à craindre d'eux pendant fon expédition d'Italie. Il conclut un Traité avec le Roi de Caftille & Maximilien. Par le Traité fait avec le Roi de Caftille à Narbonne, le 18 de Janvier, il lui céda les Comtés de Rouffillon & de la Cerdagne. Par celui de Senlis il céda à Maximilien les Comtés de Bourgogne, d'Artois & de Charolois, & abandonna ainfi des Provinces qu'il lui étoit plus avantageux de conferver, que de conquerir des Pays étrangers. Tous les Princes d'Italie prirent part à cette guerre fui-

---

(49) Le Pere Daniel.

(50) René d'Anjou Roi titulaire de Naples eut un frere nommé Charles Duc du Maine ; ce Prince laiffa un fils nommé pareillement Charles dernier Comte de Provence, qui fit Louis XI. Roi de France héritier de la Provence & de toutes fes autres Terres, Droits & prétentions. Dans ces derniers articles la Succeffion au Royaume de Naples y étoit comprife. Louis XI en laiffant la Couronne à Charles VIII. fon fils, l'inveftit de tous fes droits. Ferdinand fils naturel d'Alphonfe I. Roi d'Aragon & de Naples occupoit le trône de ce dernier Royaume, lorfque Charles VII. entreprit d'en faire la conquête.

vant leurs interêts particuliers ; les Vénitiens par l'esperance de s'aggrandir à la faveur de tant de troubles ; Alexandre VI. pour procurer des établissemens à sa famille ; mais surtout Ludovic Sforce, qui avoit formé le projet d'usurper le Duché de Milan sur son neveu Galéas qu'il vouloit empoisonner. Il espéroit par le moyen des François donner assez d'affaires à Ferdinand Roi de Naples, dont la petite fille avoit épousé Galéas pour l'empêcher de s'en venger.

Charles ayant fait tous les préparatifs nécessaires pour son voyage, & laissé le Gouvernement du Royaume à la Reine, au Duc de Bourbon & à l'Amiral de Graville, se mit à la tête d'environ vingt-cinq mille hommes, & partit de Lyon au commencement de Septembre. Etant arrivée à Ast en Piémont il y tomba malade de la petite vérole. Cependant Alphonce II. qui avoit succédé à Ferdinand son pere au Royaume de Naples cherchoit les moyens d'empêcher les François de pénétrer dans ses Etats, & de les arrêter en Lombardie. Il voulut surprendre Génes, & si son projet eût réussi, Charles auroit été obligé de renoncer à son entreprise, parce qu'il auroit perdu sa Flotte, sa grosse artillerie, & ses munitions de bouche : mais Ludovic ayant pourvu à la sûreté de Génes, le Duc de Bourbon qui commandoit la Flotte Françoise eut le temps de se mettre en état de repousser l'ennemi, & de le contraindre à abandonner son entreprise. Le Roi étant rétabli de sa maladie continua sa route pour se rendre dans le Royaume de Naples ». Cette marche ne parut une expédition militai- » re, que parce qu'elle se faisoit avec une armée. Elle n'eut presqu'en tout » le reste que l'air d'un simple voyage d'un Monarque qui alloit se mon- » trer à ses Alliés & à ses Sujets ; & on lui rendoit partout à l'envi des » respects & des soumission «. Ludovic qui craignoit que le Roi ne prît des Quartiers dans le Milanez, donna une grosse somme d'argent pour la subsistance des troupes. Il accompagna le Roi jusqu'à Plaisance ; mais ayant appris dans ce lieu que le jeune Duc de Milan se mouroit, il quitta le Roi & se rendit à Milan, afin de s'emparer de ce Duché à l'exclusion du fils que le Duc laissoit en mourant, & qui n'étoit âgé que de cinq ans.

Pierre de Médicis ayant appris que Charles prenoit sa route par la Toscane, & qu'il attaquoit Sérésana & Sérésanello, commença à envisager le péril qui le menaçoit. Il étoit haï des Florentins à cause de sa conduite ; & il s'étoit déclaré contre le Roi en prenant des liaisons avec le Pape & le Roi de Naples. Dans un si pressant danger, il prit le parti de se reconcilier avec le Roi. Ce Monarque voulut bien le recevoir, mais ce fut à condition qu'il renonceroit à la Ligue qu'il avoit faite avec le Pape ; qu'il lui livreroit les deux Places qu'il assiégeoit, & qu'il lui feroit prêter deux cens mille ducats par les Florentins. L'execution de ces conditions diminua considérablement le parti du Roi de Naples, & mit les François en état de se rendre maîtres de la Romagne. Charles se rendit ensuite à Florence, où après avoir fait un Traité avec les Florentins, il lui fut permis d'entrer avec ses troupes. Il ne s'agissoit plus que de s'emparer de Viterbe pour arriver à Rome. Le Duc de Calabre qui s'étoit d'abord posté aux environs de cette premiere Ville, en auroit pû rendre la conquête difficile. Mais ce Prince ayant appris que le Pape vouloit entrer en négociation avec le Roi, se retira vers Rome, & abandonna Viterbe, où les François mirent garnison. Charles s'avança ensuite vers Rome, & il fut bientôt maître des environs. Le Pape investi de tous côtés, se trouvoit dans un étrange embarras. Il n'ignoroit pas combien le Roi devoit être irrité contre lui ; puisqu'après avoir engagé ce Monarque à entreprendre la conquête du Royaume de Naples, il avoit depuis fait tous ses efforts pour le traverser dans cette entreprise. De plus, il appréhendoit que ses ennemis ne profitassent des circonstances, & ne fissent assembler un Concile général, pour le déposer, à cause de sa conduite scandaleuse. Il prit le parti de faire une paix particuliere avec le Roi, & députa vers ce Monarque, pour le prier de lui envoyer quelqu'un afin de convenir des conditions. Charles lui fit sçavoir qu'il n'avoit rien à craindre, mais qu'il vouloit entrer dans Rome. Le Pape n'étoit pas en état de rien refuser ; & le Roi entra dans la Ville le soir du 31 Décembre. On se saisit de tous les postes, & l'on garnit d'artillerie le Palais de Saint-Marc, que le Roi avoit choisi pour son logement. Cependant le Pape qui s'étoit retiré dans le Château Saint-Ange, fut contraint de le rendre, & de signer avec le Roi un Traité, par lequel il s'engageoit à s'unir avec ce Monarque pour la sûreté de l'Italie ; à lui laisser Viterbe, Terracine, Civita-Vecchia & Spolette ; à ne point inquieter les Cardinaux ou les Seigneurs qui s'étoit déclarés pour la France, & à lui livrer Zizim, frere de Bajazet Empereur des Turcs, dont le Roi vouloit se servir pour faire la guerre à ces Infidéles, après la conquête de Naples. Charles ne put retirer de la possession de Zizim tout ce qu'il en attendoit, car ce Prince mourut quelques jours après qu'il eût été livré entre ses mains. On soupçonna le Pape de lui avoir fait donner un poison lent (51).

Le Roi ayant resté un mois à Rome, où le Souverain Pontife lui avoit donné toutes les marques extérieures d'une sincére reconciliation, en partit le 27 de Janvier pour rentrer sur les Terres de Naples. Plusieurs Villes de ce Royaume qui ne haïssoient pas moins Alphonse que son Prédécesseur, ouvrirent leurs portes, & prirent même les armes en faveur des François. Alphonse n'osant esperer retenir le reste de ses Sujets dans l'obéïssance, & appréhendant de tomber entre les mains du Vainqueur, renonça à la Couronne, & fit monter sur le trône Ferdinand II. son fils, Prince courageux & aimé des Napolitains. Il se retira ensuite en Sicile, où il embrassa la vie religieuse. Charles déja maître de Monte-Sortino & de Mont-Saint-Jean, s'avançoit vers la Ville de Naples. Le nouveau Roi pour arrêter les progrès des François, se posta sous Saint-Germain Place très-forte, & qui auroit pu soutenir un long siége ; mais la terreur que les armes Françoises avoient répandue dans les esprits étoit si grande que l'armée Napolitaine se dissippa à l'approche de Charles quelque effort que fit en cette occasion Ferdinand pour retenir ses troupes. Ce succès inesperé livra la Ville de Saint-Germain aux François, & leur facilita la conquête de Naples. Ferdinand après la déroute de son armée s'étoit d'abord retiré à Capone où il se flattoit de faire une longue résistance. Les prieres de la Reine Mere lui firent abandonner cette Ville pour rentrer dans Naples, dont les Ha-

(51) Nous parlerons de tout ce qui regarde ce Prince dans l'Histoire des Turcs.

DE LA FRANCE.

CHARLES VIII. LIII. ROI.

Ligue contre le Roi pour le chasser d'Italie.

bitans s'étoient déclarés en faveur des François. Pendant cet intervalle Trivulce Gouverneur de Capoue la livra au Roi, & Ferdinand n'ayant pu ramener les Habitans de Naples, se retira à l'Isle d'Ischia, qui en est à trente milles. Par la retraite de ce Prince Charles demeura maître de tout le Royaume, & le 22 de Février il fit son entrée dans la Capitale.

Les progrès de Charles qui en quatre mois avoit parcouru toute l'Italie, & soumis en quinze jours le Royaume de Naples, donnerent de la jalousie aux Princes d'Italie, & porterent la terreur jusqu'à Constantinople. Il fut alors résolu de chasser les François de cette Contrée, & il se forma à ce sujet une Ligue entre le Pape, les Vénitiens, l'Empereur, le Roi de Castille, & le Duc de Milan. Charles averti de ce complot, & que les Vénitiens avoient résolu de lui couper la retraite, songea à retourner promptement en France. Sa présence étoit cependant nécessaire dans un Pays nouvellement conquis, & il auroit dû y faire passer de nouvelles troupes pour affermir son autorité. Il commit une seconde faute, en confiant cette conquête au Comte de Montpensier Prince du Sang. Il avoit à la vérité donné plus d'une fois des marques d'une valeur à toute épreuve, mais cette valeur n'étoit point soutenue par la prudence, ni par la vigilance, qualités si nécessaires à un Général chargé d'un fardeau aussi considérable que l'étoit celui-là.

1495.

Charles résolu de passer en France, fit le 12 de Mai son entrée triomphante dans la Ville de Naples, & en partit le 20 du même mois à la tête de neuf mille hommes au plus. Il arriva à Sienne le 11 de Juin, sans avoir trouvé aucun obstacle dans sa route. Comines lui conseilla alors de hâter sa marche & de se rendre promptement à Ast, afin de prévenir les mauvais desseins des Ligués, dont les troupes n'étoient point encore assemblées. Au lieu de suivre un conseil si salutaire, il s'y arrêta quinze jours pour régler des affaires moins pressantes que celles du salut de sa personne & de son armée. Le Roi étant arrivé à Pontremoli, les Suisses qui étoient à son service entrerent dans cette Ville l'épée à la main, & en massacrerent les Habitans, pour venger la mort de leurs camarades qui avoient été tués dans une querelle qu'ils prirent avec eux lors de leur premier passage. Le Roi fut vivement irrité de cette action; mais la pénitence qu'ils s'imposerent eux-mêmes obligea le Roi de leur pardonner. Ce Monarque étoit fort embarrassé pour faire passer son artillerie par les Montagnes, & il se voyoit presqu'obligé de l'abandonner, lorsque les Suisses proposerent de la monter & de la descendre; ce qu'ils exécuterent malgré l'extrême chaleur qu'il faisoit. L'armée étoit à peine rendue au Village de Fornoue dans le Parmesan, que les Alliés qui avoient eu le temps de s'assembler présenterent la bataille. Le Roi n'avoit alors qu'environ sept mille hommes, & les ennemis en avoient environ trente-cinq mille. Le bonheur de Charles & la valeur de sa petite troupe le firent triompher de ses ennemis, qui laisserent près de quatre mille hommes sur la place. Le Roi y courut un grand danger, & pensa deux fois tomber entre les mains des ennemis. Cette action se passa le 6 de Juillet. Malgré cette victoire, Charles n'étoit pas encore hors des dangers qu'il avoit à craindre. En conséquence, deux jours après il fit décamper sécretement son armée avant le Soleil levé, & les Alliés n'en furent avertis que sur le midi. Les François marcherent dans le Milanez

Les Confédérés arrêtent l'armée du Roi dans le Parmesan.

Ils sont défaits.

pour

pour délivrer le Duc d'Orléans qui étoit assiégé dans Navarre. Il étoit dif- DE LA FRAN-
ficile de forcer le Camp des Assiégeans, on fut donc contraint d'avoir CE.
recours à la négociation. Elle réussit, parce que d'un côté le Duc de Milan
étoit bien aise de voir les François hors de ses Etats, & que d'un autre CHARLES
Charles vouloit finir, & se rendre promptement dans son Royaume. Après VIII.
ce Traité il continua sa route, & arriva à Lyon le 7 de Septembre. LIII. ROI.

Le Roi de Naples profitant de l'absence de Charles, tenta de recouvrer Charles perd
le Royaume qu'il avoit perdu. Il fut secouru dans cette entreprise par Gon- le Royaume de
salve Fernand de Cordoue, qui commandoit la Flotte Espagnole que Fer- Naples.
dinand Roi d'Espagne avoit envoyée en Sicile. Les premieres tentatives ne
réussirent point ; mais les Napolitains ayant changé de sentimens à l'égard
de leur Roi, ils se souleverent, & le firent entrer dans la Ville en criant
Vive Ferdinand. Le Comte de Montpensier qui s'étoit laissé surprendre fut
obligé de se retirer dans les Châteaux ; mais il y fut bientôt forcé. Il sauva
cependant deux mille cinq cens hommes qu'il fit embarquer, & avec lesquels il se retira à Salerne. Ferdinand maître de Naples, le fut bientôt de
tout le Pays, & les François furent attaqués de tous côtés.

Le Roi qui apprit cette fâcheuse nouvelle, vouloit faire de grands pré- 1496.
paratifs pour continuer la guerre d'Italie, & il avoit même déja donné des
ordres pour faire des levées de troupes & équiper une Flotte considérable,
lorsque le Duc d'Orléans, qui devoit être le Généralissime de cette armée,
fit échouer le projet. La mort du Dauphin fils unique du Roi, & la foible santé de ce Monarque étoient des motifs très-puissans pour l'arrêter en
France. Devenu l'héritier présomptif de la Couronne, il étoit de son intérêt
de rester dans le Royaume. Le Comte de Montpensier n'ayant pû recevoir
de secours, fut obligé de se rendre à Ferdinand qui l'avoit assiégé à At-
telle dans la Basilicate. Il fut conduit à Naples, où le Roi par un des articles
de la Capitulation devoit lui fournir des Vaisseaux pour passer en Provence ; mais ce n'étoit qu'à condition qu'il feroit rendre les Villes de la
Calabre & de l'Abruzze. Aubigni & Gracien qui commandoient dans ces
deux Provinces refuserent de ratifier le Traité. Le Comte de Montpensier
n'ayant pû satisfaire à ses engagemens, fut conduit à Pouzzols où il mourut
de maladie. Aubigni & Gracien ne purent cependant se défendre encore long-
temps. Se voyant sans ressources ils firent un Traité avec les ennemis, &
il leur fut permis de se retirer en France avec toutes leurs troupes. Ce
mauvais succès détourna entiérement le Roi de songer davantage à la conquête du Royaume de Naples. Il tourna ses armes contre Ferdinand Roi
d'Espagne, qui avoit fourni des secours au Roi de Naples, & qui faisoit
des courses dans le Languedoc. Saint-André eut ordre d'arrêter les progrès
des Espagnols & de marcher vers le Roussillon. Ce Général battit les Castillans en diverses rencontres, & emporta d'assaut la Ville de Salces à la vûe
d'une armée supérieure à la sienne. Ces succès obligerent le Roi d'Espagne
de signer une tréve de deux mois, qui fut prolongée dans la suite.

Charles méditoit de nouvelles expéditions, lorsqu'une mort imprévûe 1498.
l'empêcha de les exécuter. Ce Monarque étoit au Château d'Amboise où Mort de ce
il alloit voir jouer une partie de paume. Il se heurta la tête si violemment Prince.
dans une galerie, qu'il en mourut neuf ou dix heures après. Ce funeste évé-

Tome I. Partie II. E e *

De la France.

Charles VIII. LIII. Roi.

nement arriva le 7 d'Avril, le Roi étant alors âgé de vingt-sept ans, neuf mois, huit jours ; après un regne de quatorze ans, sept mois & neuf jours. Il ne laissa point d'enfans quoiqu'il eût eu d'Anne de Bretagne trois Princes & une Princesse. Le corps de ce Monarque est inhumé à Saint-Denys. Charles étoit doué d'excellentes qualités, il aimoit son Peuple, étoit brave, doux, affable, bien-faisant, *si bon*, dit Philippe de Commines, *qu'il n'est pas possible de voir meilleure Créature.*

Louis XII. dit le Pere du Peuple LIV. Roi.

Charles VIII. étant mort sans enfans, la Couronne appartenoit à Louis Duc d'Orléans. Ce Prince étoit fils unique de Charles Duc d'Orléans & de Marie de Cléves, descendant de Charles V. par Louis d'Orléans son ayeul assassiné par les ordres du Duc de Bourgogne. Louis XII. étoit né à Blois au mois de Mars, ou selon d'autres le 27 de Juin 1662, & il étoit dans la trente-septiéme année de son âge lorsqu'il monta sur le trône. Ce Monarque fut sacré à Rheims le 27 de Mai, par Briçonnet Archevêque & Cardinal. Il commença son regne par soulager le Peuple, en diminuant les impôts, fit en même temps de sages Réglemens pour corriger divers abus & en prévenir d'autres. Anne de Bretagne eut d'abord la permission de se retirer dans ses Etats ; mais peu de temps après il fit casser son mariage

Son mariage avec Anne de Bretagne.

avec Jeanne fille de Louis XI. qu'il avoit épousée malgré lui, & se maria avec la Duchesse de Bretagne. Les nôces furent célébrées au mois de Janvier avec une grande magnificence. La Reine Jeanne se retira à Bourges où elle passa saintement sa vie, & y fonda un Couvent de Religieuses de l'Annonciade.

1499.

Louis fait des préparatifs pour continuer la guerre en Italie.

Louis après divers arrangemens qui tendoient tous au bien de ses Sujets, songea à faire valoir ses droits sur le Royaume de Naples, & sur le Duché de Milan. Les Conjonctures étoient alors favorables pour cette entreprise. D'un côté la mésintelligence entre les Vénitiens & le Duc de Milan, de l'autre le desir que le Pape Aléxandre VI. avoit d'élever sa famille, & qu'il ne pouvoit que par le moyen de la France, n'ayant pu réussi dans les autres Cours, sembloient inviter le Roi à porter ses armes en Italie. Pour se rendre favorable le Souverain Pontife, il donna le Duché de Valentinois à César Borgia, fils du Pape, s'engagea à lui faire épouser Charlotte de Foix. Il promit aussi au Pape de le remettre en possession de quelques Villes de la Romagne ; mais ceci ne devoit s'exécuter qu'après la conquête du Duché de Milan. Aléxandre flatté par tous ces avantages, travailla à mettre les Vénitiens dans les intérêts de la France, tandis que le Roi de son côté renouvella le Traité avec le Roi d'Angleterre ; se reconcilia avec le Roi d'Espagne ; termina les différends qu'il avoit avec Philippe Archiduc & Seigneur des Pays-Bas. Il négocia en même temps avec le Duc de Savoye pour obtenir un libre passage sur ses Terres, & fit avec les Suisses une nouvelle Ligue offensive & défensive. Ils lui promirent de ne favoriser en aucune maniere Ludovic-Marie Sforce alors Duc de Milan.

Après toutes ces précautions Louis envoya une armée en Italie sous le commandement de Jacques Trivulce, de Louis de Luxembourg & de d'Aubigni. Ce Monarque se rendit ensuite à Lyon, afin d'être à portée de soutenir ses troupes. Elles passèrent les Alpes vers la fin de Juillet & au commencement du mois d'Août. A peine l'armée Françoise fut-elle entrée dans le Milanez que la plûpart des Villes ouvrirent leurs portes, & se soumirent aux François. Ludovic ne trouvant plus de sûreté à rester dans ses Etats où ses Généraux le trahissoient, chercha un asyle à la Cour de l'Empereur. Sa retraite lui fit perdre les autres Places qui ne s'étoient pas encore rendues, & Bernardino de Corse livra aux François le Château de Milan. Enfin tout le Milanez fut soumis en vingt jours, & cette conquête ne coûta point de sang. Louis ayant appris cette agréable nouvelle, qui alloit au-delà de ses espérances, passa promptement les Alpes, & se rendit à Milan, où il fit son entrée le 6 d'Octobre. Il y fut complimenté par tous les Princes d'Italie, dont les uns lui offrirent leur alliance, d'autres lui demanderent sa protection. Il sçut adroitement ménager tous ces Princes pour les engager à le servir dans son expédition de Naples, ou du moins à n'y point mettre d'obstacles. Pour remplir le Traité qu'il avoit fait avec le Pape, il donna au Duc de Valentinois trois cens Lances & quatre mille Suisses, avec lesquels il se rendit maître d'Imola & de Forli. Le Roi ne resta pas long-temps à Milan: il en partit au commencement de Décembre pour retourner en France, après avoir laissé le Gouvernement de la Province à Jacques Trivulce.

Ce Général étoit bien capable de conserver une telle conquête; mais la haine qu'il portoit aux Gibelins, dont la faction étoit plus forte que celle des Guelphes, fut cause d'une révolution qui remit le Duché de Milan sous la domination de Ludovic Sforce. Elle arriva à l'occasion d'un Impôt que les Bouchers refuserent de payer, & pour lequel ils maltraiterent ceux qui étoient chargés de percevoir ce Droit. Trivulce ayant sçu ce qui se passoit, se transporta sur les lieux & tua de sa main quelques Rebelles. Cette action irrita si fort les Bourgeois qu'ils formerent dès-lors le dessein de le chasser de Milan. Ce fut en vain qu'il prit toutes les précautions nécessaires pour s'opposer à un soulevement général. Ludovic qui venoit de rassembler une armée avoit déja mis le siége devant Côme, & plusieurs Villes ayant sçu son arrivée s'étoient déclarées en sa faveur. Les Gibelins prirent aussi-tôt les armes, & Trivulce eut bien de la peine à se sauver dans le Château. Cependant Ludovic étoit entré dans Côme que Louis de Luxembourg avoit été forcé d'abandonner pour aller au secours de Trivulce. Ce Général voyant que le Château étoit en état de se défendre, ne jugea pas à propos d'y rester enfermé. Il en sortit pour tâcher de mettre les autres Villes à couvert des entreprises de Ludovic. Cependant la Garnison qu'il mit dans Novare n'empêcha pas cette Place d'être forcée à capituler. Le Milanez étoit perdu pour le Roi si ce Monarque n'eût promptement envoyé un puissant secours. A l'approche de ces nouvelles troupes, les Suisses qui étoient au service de Ludovic, & qui composoient la plus grande partie de la Garnison de Novare, déclarerent à ce Duc qu'ils ne pouvoient combattre contre leurs Compatriotes, qui étoient dans l'armée Françoise; ainsi qu'ils étoient résolus de retourner dans leur Pays. Le Duc fit tout ce qu'il put pour les engager du moins à le conduire dans un lieu où il fut en sûreté. N'ayant pu obtenir ce qu'il demandoit, il prit le parti de se déguiser sous l'habillement d'un Soldat Suisse & de sortir avec la Garnison. Il eut le malheur d'être reconnu, ou disons mieux, on le trahit. Il fut aussi-tôt arrêté, & conduit en France. Le Roi le fit mettre en prison dans le Château de

DE LA FRANCE.

LOUIS XII.
DIT LE PERE
DU PEUPLE
LIV. ROI.

Traité du Roi avec Ferdinand Roi d'Espagne, au sujet du Royaume de Naples.

1501.

1502.
Guerre entre ces deux Couronnes.

1503.

Loches, & il y mourut vers l'an 1510. Le Cardinal Afcanio frere de Ludovic fut auffi fait prifonnier ; mais dans la fuite le Roi lui rendit fa liberté. Les deux fils du Duc fe retirerent à la Cour de l'Empereur. Tout le Milanez rentra alors fous l'obéiffance du Roi, & ce Monarque fe vit plus en état d'entreprendre la conquête du Royaume de Naples.

Cependant comme il avoit lieu de craindre que Ferdinand Roi d'Efpagne ne s'oppofât à fon entreprife, il fit avec lui un Traité, par lequel la Pouille & la Calabre appartiendroient à Ferdinand, & que Louis refteroit maître du Royaume & prendroit le titre de Roi de Naples & de Jerufalem. Il en fit en même temps un autre avec l'Empereur, & promit de donner Claude de France en mariage à Charles Duc de Luxembourg, qui fut depuis l'Empereur Charles-Quint. Le Traité entre les Rois de France & d'Efpagne fut tenu fecret jufqu'au moment que les troupes de France d'un côté & celles d'Efpagne de l'autre s'avançoient les unes vers le Royaume de Naples & les autres vers la Pouille & la Calabre. Le Pape qui avoit été d'intelligence avec les deux Rois, leur donna l'invefliture des Pays qu'ils alloient conquérir. Frederic environné de tant d'ennemis prit le parti après une foible réfiftance de fe remettre entre les mains de Louis, qui lui donna en échange du Royaume de Naples le Duché d'Anjou avec trente mille ducats de rente, dont il jouit jufqu'à fa mort. Le Duc de Calabre fils de Frederic fut envoyé en Efpagne par Confalve Général de la Flotte Efpagnole. Ainfi le Royaume de Naples fut enlevé à cette Branche de la Maifon d'Aragon.

La bonne union ne dura pas long-temps entre les deux Couronnes. Il y eut d'abord quelques différends au fujet des Limites. On en vint bientôt aux mains de part & d'autre, & quoique les deux Rois euffent défendu les voies de fait, les hoftilités ne laifferent pas de continuer. Enfin on en vint à une guerre ouverte. Il y avoit en même temps quelques troubles en Tofcane ; ce qui obligea le Roi de paffer en Italie pour y rétablir la tranquillité. Il profita de fon féjour dans ce Pays pour faire un nouveau Traité avec le Pape, dont il avoit cependant fujet d'être mécontent à caufe des entreprifes du Duc de Valentinois. Le Roi de retour en France eut à Lyon une entrevûe avec l'Archiduc qui revenoit d'Efpagne. Il avoit offert fa médiation pour rétablir la paix entre les deux Monarques, & le Roi d'Efpagne y avoit confenti. Le Traité fut conclu le 5 d'Avril, & il y fut arrêté :
" 1°. Qu'il y auroit une fufpenfion d'armes dans le Royaume de Naples.
" 2°. Qu'en vertu du mariage qui avoit été réglé entre Claude de France
" & Charles Duc de Luxembourg fils de l'Archiduc, les Rois de France
" & d'Efpagne fe défaifiroient, le premier, du Royaume de Naples ; &
" le fecond, des Duchés de Calabre & de la Pouille en faveur de la jeune
" Princeffe & du jeune Prince, qui dès-lors porteroient le titre de Roi &
" de Reine de Naples, & de Duc & de Ducheffe de Calabre. 3°. Que
" ce que le Roi de France y auroit poffédé avant la guerre déclarée, &
" depuis, feroit gouverné au nom de Madame Claude, par un Seigneur
" qu'il nommeroit, & que l'Archiduc gouverneroit au nom du Duc de
" Luxembourg fon fils, ce que le Roi d'Efpagne y tenoit actuellement.
" 4°. Que le différend touchant la Capitanate, qui avoit donné princi-

» palement lieu à la guerre, demeureroit en l'état où il étoit pour être dé-
» cidé par des Arbitres non suspects, dont les deux Rois conviendroient
» entr'eux (52) «.

Louis comptant sur la foi d'un Traité si avantageux à la Maison d'Espagne qui acquéroit un Royaume, suspendit la marche des troupes qu'il devoit envoyer au secours du Duc de Nemours. Mais il eut bientôt lieu de se repentir de son imprudence. Le Traité fut rompu par la perfidie de Ferdinand, qui donna ordre à Gonsalve de continuer la guerre dans le Royaume de Naples. Les Généraux François n'ayant point assez de troupes pour faire face de tous côtés, d'Aubigni fut battu dans la Calabre, & le Duc de Nemours près de Cérignole, où il perdit la vie. Ces deux victoires rendirent les Espagnols maîtres du Royaume de Naples, qui fut perdu sans ressource pour la France, & demeura à la Maison d'Aragon d'où il passa ensuite à celle d'Autriche. Les armes du Roi n'eurent pas un meilleur succès du côté des Pyrénées. Les troupes que le Roi avoit envoyées furent défaites par les Espagnols, & la Flotte que Prégent de Bidoux conduisit sur les côtes de Catalogne, fut obligée de se retirer dans les Ports de France après avoir été considérablement endommagée par une violente tempête.

Louis & le Roi d'Espagne convinrent alors d'une tréve de cinq mois ; mais elle n'étoit que pour les Quartiers des Pyrénées. La tranquillité parut cependant rétablie en Italie, & il n'y eut que les Vénitiens qui profitant de l'embarras où étoit le Duc de Valentinois depuis la mort d'Alexandre VI. lui enleverent Faenza & quelques autres Places. Ce Prince ayant eu dans la suite le malheur de tomber entre les mains des Espagnols, il fut enfermé dans le Château de Medina del Campo, d'où il trouva moyen de s'échapper. Il se retira dans la Navarre, où il entra au service de ce Prince. Il fut tué dans une embuscade comme il marchoit contre les Rebelles. Cet événement arriva trois ans après la mort du Pape Alexandre VI.

La tréve conclue entre les Rois de France & d'Espagne, paroissoit devoir être un acheminement à la Paix. Il y eut en effet plusieurs négociations à ce sujet ; mais elles se terminerent par une nouvelle tréve, qui fut prolongée pour trois ans. Louis fit en même temps un Traité avec l'Archiduc Philippe. On y traita de nouveau du mariage de Madame Claude de France avec le fils de l'Archiduc, & de l'investiture que le Roi des Romains devoit donner au Roi pour le Duché de Milan. » Par ce Traité, les biens
» patrimoniaux du Roi, c'est-à-dire, le Duché de Milan, le Comté d'Ast,
» la Seigneurie de Gènes ; de plus, la Bretagne du chef de la Reine Anne
» mere de l'Archiduchesse, & outre cela le Duché de Bourgogne devoient
» lui revenir après la mort du Roi (53) «. Un Traité aussi désavantageux ne pouvoit pas subsister, & en effet il fut rompu, comme on le verra dans la suite. Le motif qui avoit porté le Roi à le signer, étoit d'engager le Pape & le Roi des Romains à former une Ligue contre les Vénitiens sur lesquels il vouloit reprendre le Bressan, le Territoire de Crême, le Bergamasque, le Crêmonois & la Giradadda.

(52). Le Pere Daniel.   (53). Le Pere Daniel.

De la France.

Louis XII. dit le Pere du Peuple LIV. Roi.

Les Vénitiens auroient été sans doute accablés par tant d'ennemis réunis pour les perdre ; mais les affaires que le Roi des Romains eut en Allemagne, & la maladie dont Louis fut alors attaqué, empêcherent l'effet de cette Ligue.

Le Roi n'ayant pû réussir dans ce projet, songea au moyen de rompre le dernier Traité qu'il avoit fait avec l'Archiduc. Sur ces entrefaites Ferdinand qui craignoit de se voir accablé par différentes Ligues qu'on pouvoit former contre lui, chercha à se reconcilier avec le Roi. Le sceau de leur union fut le mariage de Germaine de Foix, niéce de Louis, avec Ferdinand. La clause de ce Mariage étoit qu'au cas que la Princesse n'eût point d'enfans la partie du Royaume de Naples qui avoit été cédée au Roi dans le partage que ces deux Monarques avoient fait de cet Etat, lui seroit cédée. Le Traité fut signé à Blois le 2 d'Octobre, & les nôces furent célébrées à Valladolid au mois de Mars suivant.

1505.

1506. *Il est rompu.*

Ce fut alors que le Roi ayant résolu de rompre avec l'Archiduc assembla les Etats à Tours pour prendre les avis de tous les Ordres du Royaume. Sur les représentations de cette Assemblée, il rompit tous les engagemens qu'il avoit pris pour le mariage de sa fille avec Charles de Luxembourg, & donna cette Princesse à François Duc d'Angoulême. Ce mariage devoit sans doute irriter Philippe qui étoit alors sur le trône de Castille, & Charles de Luxembourg ; mais ils dissimulerent leur mécontentement & parurent même satisfaits des raisons que le Roi leur donna, en rejettant sur les Etats le nouvel arrangement qu'on avoit pris.

Révolte des Génois appaisée.

La révolte des Génois obligea le Roi de passer en Italie. Une Bataille gagnée sur les Rebelles, rendit le Roi maître de la Ville. La clémence dont il usa envers eux fit plus que ses armes n'auroient pû faire, puisqu'elle lui attira tous les cœurs. Cependant Demetrio Justiniani un des principaux Chefs des Révoltés, fut puni de mort. On découvrit par son interrogatoire que le Pape avoit fomenté cette révolte. Ce fut dans ce voyage que le Roi eut une entrevûe avec Ferdinand Roi d'Arragon, & ces deux Princes se donnerent en cette occasion des marques réciproques d'amitié, quoique le Roi de France eût lieu de se plaindre de Ferdinand, qui avoit fait décider par les Etats du Royaume de Naples que les enfans de Jeanne sa fille succéderoient à cette Couronne. Ce qui étoit une infraction au dernier Traité qu'il avoit fait avec Louis.

Tentative inutile de l'Empereur pour soulever le Corps Germanique contre Louis XII.

L'Empereur irrité contre le Roi de France cherchoit tous les moyens d'engager le Corps Germanique dans sa querelle. Dans cette vûe il assembla une grande Diette à Constance, & il y représenta qu'il étoit de l'intérêt de la Nation d'empêcher que la France ne s'étendît davantage. Les Partisans de la France sçurent dissiper les soupçons non-seulement par leurs remontrances ; mais par de grosses sommes d'argent qu'ils répandirent à propos. L'Empereur n'ayant pu réussir dans ce projet, songea à exécuter celui qu'il avoit formé contre les Vénitiens. Il prit prétexte qu'il vouloit se faire couronner à Rome, & en conséquence il demanda aux Vénitiens le passage sur leurs Terres. Le Sénat y consentit pourvû que l'Empereur marchât sans son armée. Cette réponse ne le satisfit point, & il fit avancer des troupes du côté de l'Etat de Venise. Lorsqu'il fut arrivé à Trente il fit commencer

1508.

ses hostilités, & ses troupes étant entrées dans le Frioul, s'emparerent de Cadore. Après différentes escarmouches on conclut une tréve pour trois ans.

Elle n'eut cependant pas lieu; car le Pape Jules II., l'Empereur, le Roi de France & le Roi d'Espagne firent à Cambrai une Ligue contre les Vénitiens. Chacun de ces Princes confédérés vouloit reprendre sur cette République des Places qui leur avoient appartenues. Louis parut le premier sur les Terres des Vénitiens, & commença ses conquêtes par la prise de Trévi. Le Pape de son côté employa les Foudres du Vatican, & menaça la République de Venise des Censures Ecclésiastiques, si elle ne rendoit les Places qu'elle avoit usurpée sur le Saint Siége. Cependant les Vénitiens ayant repris Trévi, le Roi s'empara de Rivolte, & marcha du côté de Pandones. Le Général Vénitien connoissant l'importance de ce Poste, fit avancer son armée pour prévenir celle de France. Ces deux armées s'étant rencontrées, on en vint aux mains proche le Village d'Aignadel. La Victoire demeura aux François, & fut suivie de la prise de plusieurs Villes, dont quelques-unes appartenoient à l'Empereur. Louis par une générosité peu commune renvoya les Députés de ces Villes aux Ambassadeurs de l'Empereur, qui en prirent possession au nom de leur Souverain. Le Roi ne poussa pas plus loin ses conquêtes, & prit la résolution de retourner en France, après avoir laissé de bonnes garnisons dans les Places dont il s'étoit rendu maître. Plusieurs raisons le déterminerent à prendre ce parti. D'un côté l'Empereur ne s'étoit point encore rendu en Italie; de l'autre le Pape ne témoignoit plus la même ardeur. Ces motifs joints à la foiblesse de sa santé l'engagerent à reprendre la route de France où il arriva au commencement d'Août. Avant son départ il avoit fait avec le Pape un nouveau Traité, par lequel ils promirent mutuellement de défendre les Etats l'un de l'autre; mais ils convinrent en même temps qu'il leur seroit libre de traiter avec les autres Princes ou Etats comme ils le jugeroient à propos, pourvû que ce ne fût point contre les intérêts de l'un ou de l'autre.

Cependant ce Traité n'eut aucun effet par la mauvaise foi du Pape. Satisfait d'avoir en sa possession Faenza & Ravennes, il forma le dessein de chasser les François de l'Italie. Afin de mettre ce projet en exécution il fit tous ses efforts pour engager Henri VIII. Roi d'Angleterre à déclarer la guerre à la France. Il travailla en même temps à détacher les Suisses de l'alliance de la France, & sollicita l'Empereur à s'accommoder avec les Vénitiens. Le Roi informé de tout ce qui se passoit, se prépara à envoyer des troupes contre les Vénitiens. Les troupes Impériales ayant joint celles de France & du Duc de Ferrare. L'armée combinée passa le Pô sous la conduite du Maréchal de Chaumont & du Prince d'Anhalt, & s'empara de plusieurs Places. Après ces conquêtes le Général François se retira du côté du Milanez pour le mettre à couvert. En effet, les Suisses au nombre de dix à douze mille, tenterent de faire une irruption dans ce Pays; mais la valeur & la prudence du Maréchal de Chaumont fit avorter leur dessein. Cependant les Vénitiens profitant de l'absence du Général François rentrerent dans les Places qu'il leur avoit enlevées dans le Padouan & le Vicentin. Louis cherchoit à finir cette guerre, & auroit voulu que le Pape eût consenti à un accommodement. Les tentatives qu'il fit à ce sujet ayant

DE LA FRANCE.

LOUIS XII. DIT LE PERE DU PEUPLE. LIV. ROI.
Ligue contre les Vénitiens.

1509.

Bataille d'Aignadel où les François sont vainqueurs.

1510.
Projet du Pape pour chasser les François de l'Italie.

224 INTRODUCTION A L'HISTOIRE

De la France.

Louis XII. dit le Pere du Peuple LIV. Roi.

Il attaque le Duc de Ferrare qui étoit sous la protection de la France.

été inutiles, il résolut de continuer la guerre & de défendre le Duc de Ferrare que le Pape pressoit vivement. Le Maréchal de Chaumont s'avança vers Ferrare, afin d'empêcher les Vénitiens de mettre le siége devant cette Place. Son approche ayant éloigné les ennemis, il rabbattit tout d'un coup sur Bologne où étoit alors le Souverain Pontife. Il étoit résolu de l'enlever ; mais le Pape ayant trouvé moyen de l'amuser sous prétexte d'une négociation, le Maréchal de Chaumont fut obligé de décamper à cause de l'approche des Vénitiens. On étoit au mois d'Octobre, & les Vénitiens qui ne faisoient la guerre que parce qu'ils étoient forcés par le Pape, auroient voulu se retirer en quartier d'hiver. Le Souverain Pontife plus animé que jamais à la perte du Duc de Ferrare, les obligea de faire le siége de la Mirandole. Ce siége fut poussé avec toute l'activité que la rigueur de la saison pouvoit le permettre ; car quelque diligence qu'on eût faite on n'avoit pû le commencer que vers la fin de Décembre, & il faisoit alors un grand froid & la terre étoit couverte de neige. La présence du Pape servit à relever le courage des Assiégeans. » Ce Souverain Pontife étoit logé à la portée du » canon, alloit aux tranchées, visitoit les batteries, couroit à cheval pour » animer les Officiers & les Soldats. La Ville ayant été obligée de capi- » tuler le 20 de Janvier, le Pape entra par la Bréche en Vainqueur ». Sur ces entrefaites Chaumont étant mort, le Général de Trivulce se chargea du commandement des troupes Françoises qui étoient dans le Milanez.

La prise de la Mirandole fournit au Pape les moyens d'attaquer Ferrare. Cette Ville fut assiégée par six mille hommes d'Infanterie, & deux cens hommes d'armes Espagnols ; mais Pierre du Terrail, plus connu sous le nom du Chevalier Bayard, ayant surpris les ennemis les tailla en piéces & leur enleva tout le bagage avec l'artillerie. Le Roi & l'Empereur firent de nouvelles tentatives auprès du Pape pour le porter à la paix. Leurs démarches ayant été inutiles, ils citerent le Souverain Pontife au Concile général qui devoit se tenir à Pise. Cependant la guerre continua avec plus d'ardeur qu'auparavant, & Trivulce après plusieurs conquêtes battit l'armée du Pape & celle des Vénitiens. Jules II. pour empêcher que le Concile de Pise eût aucun effet en convoqua un à Rome, & excommunia ceux qui assisteroient à celui de Pise. Il fit en même temps entrer dans la Ligue le Roi d'Espagne qui voyoit d'un œil jaloux les progrès des François.

1511.

Les Suisses firent alors une nouvelle irruption dans le Milanez ; mais elle ne leur fut pas plus heureuse que la derniere. Gaston de Foix Duc de Nemours neveu du Roi Gouverneur du Milanez, & qui n'avoit que 23 ans, imita la conduite du Maréchal de Chaumont. Il leur coupa les vivres, & sans en venir aux mains, il les fatigua tant par de fréquentes escarmouches qu'il les força à retourner dans leur Pays. Délivré de cet ennemi il marcha contre les Espagnols qui sous les ordres de Pierre Navare, assiégeoient Boulogne & la pressoient vivement. Il trouva moyen à la faveur d'une grosse neige qui tomboit de s'introduire dans la Place avant le jour sans que les ennemis s'en fussent apperçus. Mais quelques Cavaliers étant sortis pour faire la maraude, & ayant été surpris par les ennemis, ils annoncerent l'arrivée du Duc de Nemours. Les Espagnols jugerent à propos de décamper promptement, & de reprendre la route d'Imola. Il n'étoit plus temps de les poursuivre lorsqu'on s'apperçut

1512.

perçut de leur retraite. D'ailleurs la nouvelle de la prise de Bresse par les Vénitiens l'obligea de tourner ses armes de ce côté-là. Il fut aussi heureux dans cette expédition qu'il l'avoit été dans la premiere. Bresse fut reprise après deux combats dans lesquels les Vénitiens perdirent près de huit mille hommes. Animés par tant de succès il chercha les ennemis pour leur livrer bataille. Afin de les forcer à lui présenter le combat, il mit le siége devant Ravenne. Les Alliés qui sçavoient de quelle conséquence il étoit pour eux de conserver cette Place, s'avancerent pour la secourir. Le Duc de Nemours les attaqua aussi-tôt qu'ils se furent approchés de son Camp. Les ennemis se défendirent avec courage, & la victoire fut long-temps incertaine. Enfin elle se déclara pour les François, & les Alliés ayant été enfoncés de tous côtés, on en fit un grand carnage. Le Duc de Nemours pour rendre sa victoire complette voulut enfoncer un gros d'Espagnols qui se retiroient en bon ordre. Sa valeur lui devint funeste; car il fut tué dans cette action, où il ne s'étoit pas assez ménagé. Ravenne & la plûpart des Villes de la Romagne se rendirent aux François après cette victoire. Un tel succès répandit la consternation dans Rome, dans Venise & dans toute l'Espagne. Le Pape étoit même presque déterminé à faire quelque proposition; mais la retraite de la Palice, qui s'étoit chargé du commandement de l'armée Françoise, & qu'il conduisoit dans le Milanez, réveilla le courage des Confédérés. L'arrivée du Cardinal Archevêque d'York qui venoit au nom du Roi d'Angleterre signer avec le Pape une Ligue contre la France, & les nouveaux efforts que le Roi d'Espagne étoit résolu de faire en Italie, rendirent le Souverain Pontife plus intraitable que jamais.

Sur ces entrefaites, les Suisses qui ne s'étoient point rebutés par les tentatives inutiles qu'ils avoient déja faites sur le Milanez, entrerent en Italie par le Trentin au nombre de dix-huit mille hommes. La Palice n'étoit point en état de s'opposer à leur irruption. Il avoit été obligé de faire repasser les Alpes à la plus grande partie de la Gendarmerie pour garder les Frontieres contre les Anglois & les Espagnols, & les troupes Allemandes l'avoient en même temps abandonné. Toutes les Villes du Milanez ouvrirent alors leurs portes aux Suisses, & il ne resta bientôt plus aux François que les Châteaux de Milan, de Novare & de Crémone avec les Villes de Crême, de Bresse & de Pescaire. Les Génois se révolterent en même temps, & élirent pour Doge Jean Fregosse. Louis ne pouvoit suffire à tant d'ennemis, & le nombre de ses troupes n'étoit pas capable de faire face de tous côtés. Cependant il ne put s'empêcher de prendre le parti de Jean d'Albret Roi de Navarre que Ferdinand Roi d'Espagne avoit chassé de ses Etats.

Les conquêtes que les Alliés avoient faites en Italie penserent semer la division parmi eux. Les Espagnols s'opposerent aux desseins du Pape qui vouloit dépouiller le Duc de Ferrare de ses Etats, & conjointement avec l'Empereur ils prétendoient donner le Duché de Milan à Charles d'Espagne ou à Ferdinand son frere; mais les Suisses & les Vénitiens y établirent Maximilien Sforce fils de Ludovic. Ces derniers ne tarderent pas long-temps à se brouiller avec le Pape, parce que le Souverain Pontife vouloit

Tome I. Partie II. Ff*

DE LA FRAN-
CE.

LOUIS XII.
DIT LE PERE
DU PEUPLE
LIV. ROI.

Louis fait de nouveau la conquête du Milanez, & la perd auſſi-tôt.

les forcer à ſe reconcilier avec l'Empereur à des conditions trop déſavantageuſes. Jules ſe flattoit au Printemps ſuivant de réduire le Duc de Ferrare ; mais la mort mit fin à tous ſes projets. *C'étoit un homme né avec de grands talens pour gouverner tout autre État que celui de l'Egliſe.* Leon X. ſon ſucceſſeur étoit au contraire d'une humeur douce & naturellement porté à la paix. Mais les affaires de l'Italie étoient tellement brouillées qu'il ne paroiſſoit pas facile d'y rétablir ſitôt la tranquillité.

Louis étoit réſolu de rentrer dans le Milanez où il ne poſſédoit plus que le Château de Milan & celui de Crémone. Il fit pour cet effet de grands préparatifs, & afin de n'être point obligé d'avoir continuellement une armée ſur les Frontieres du côté des Pyrénées, il conclut une tréve d'un an avec le Roi d'Eſpagne ; mais ce ne fut que pour ces Frontieres ſeulement. Il fit en même temps avec les Vénitiens une Ligue offenſive & deffenſive contre le Pape, l'Empereur & leurs Alliés. Ce fut inutilement qu'il tenta de regagner les Suiſſes, & Louis de la Tremoille qu'il avoit envoyé à Lucerne, y fut même inſulté. Cependant il envoya Trivulce en Italie en attendant que la Tremoille fût en état d'y paſſer. Trivulce commença heureuſement la campagne, & tandis qu'il s'emparoit de pluſieurs Poſtes dans le Milanez, les Vénitiens ſoumettoient le Crémonois, & la Flotte Françoiſe faiſoit rentrer Gènes dans le devoir. Maximilien Sforce ne ſe voyoit plus maître que de Côme & de Novare. Le Général la Tremoille étant arrivé en Italie s'approcha de Novare pour y aſſiéger Maximilien qui s'y étoit enfermé. Les Suiſſes ne tarderent pas à marcher au ſecours du nouveau Duc de Milan ; ils attaquerent le Camp des François, & après une action des plus vives & des plus opiniâtres l'armée Françoiſe fut obligée de prendre la fuite. A la nouvelle de la défaite des François tout le Milanez ſe ſouleva, & l'exemple de cette Province fut ſuivi par la République de Gènes : de ſorte que la perte du Milanez fut plus prompte que la conquête n'en avoit été rapide.

Succès des Anglois en Picardie.

Louis auroit peut-être réparé cette perte, s'il n'eût été obligé de marcher contre un nouvel ennemi, je veux dire Henri VIII. Roi d'Angleterre. Ce Monarque ſuivant le Traité qu'il avoit fait avec Jules II. avoit armé par terre & par mer. Il y eut deux combats ſur mer qui ne déciderent rien ; mais la guerre fut plus conſidérable ſur terre. Henri étant débarqué à Calais avec une armée de trente mille hommes, à laquelle Maximilien en avoit joint vingt-trois, s'empara de la Ville de Terouenne après un ſiége d'un mois.

Cette conquête fut ſuivie d'un autre avantage : l'armée Françoiſe s'étant laiſſée ſurprendre à Guinegaſte par les Anglois, fut miſe en déroute. Ce fut dans cette occaſion que le Chevalier Bayard après avoir fait tout ce qui dépendoit de lui, pour donner le temps à la Gendarmerie de ſe rallier & de revenir au combat, ſe rendit priſonnier à un Officier qui étoit déja le ſien. Lorſqu'il voulut retourner à l'armée de France l'Officier ennemi lui demanda ſa rançon ; Bayard lui demanda en même temps la ſienne, & l'affaire ayant été portée devant l'Empereur & le Roi d'Angleterre, elle fut décidée en faveur de Bayard. Cette déroute des François fut appellée la *Journée des Eperons*, parce que les Gendarmes s'étoient ſervis plutôt de leurs éperons que de leurs épées.

Quelque temps après les Suisses au nombre de vingt-cinq mille hommes entrerent en Bourgogne & mirent le siége devant Dijon. Louis de la Tremoille Gouverneur de la Province négocia si adroitement avec eux qu'ils leverent le siége, & se retirerent des Terres de France. Ce Royaume fut en même temps délivré des Anglois ; car après la prise de Tournai le Roi d'Angleterre retourna dans son Pays pour y passer l'Hyver.

La mort de la Reine Anne de Bretagne qui suivit tant de mauvais succès, causa au Roi un chagrin des plus sensibles. Il en tira cependant un grand avantage par l'alliance qu'elle lui donna occasion de contracter avec Henri VIII., c'est-à-dire, en lui permettant d'épouser Marie sœur de ce Monarque. Elle avoit été promise à Charles Prince d'Espagne ; mais le Roi afin de rompre la Ligue qui s'étoit faite contre lui, proposa Renée sa seconde fille pour le Prince d'Espagne, & demanda en mariage la Princesse d'Angleterre. Henri VIII. flatté de voir la Couronne de France sur la tête de sa sœur, consentit à ce mariage & les nôces furent célébrées à Abbeville les premiers jours d'Octobre.

Louis n'avoit alors que cinquante-quatre ans ; mais la délicatesse de sa santé ne s'accordant pas avec l'amour qu'il avoit pour sa nouvelle épouse, il fut attaqué d'une dyssenterie dont il mourut le premier de Janvier, après un regne de dix-sept ans. Il ne laissa que deux filles d'Anne de Bretagne, Claude qui avoit épousé François Duc de Valois, & Renée qui fut mariée avec Hercule Duc de Ferrare. Jamais Prince ne fut plus aimé & plus regretté de ses Sujets, & jamais Prince n'aima plus tendrement ses Peuples : il ne les chérissoit pas moins que ses propres enfans. Sa bonté & son équité lui ont acquis le glorieux titre de *Pere du Peuple*.

Après la mort de Louis XII. le trône fut occupé par François I. Ce Prince né à Cognac le 12 Septembre 1494, étoit fils de Charles d'Angoulême & de Louise de Savoye. Il descendoit du Roi Charles V. par Louis de France Duc d'Orléans, second fils de Charles V., ayant pour ayeul Jean d'Orléans Comte d'Angoulême troisiéme fils de Louis, & pour pere Charles Comte d'Angoulême cousin germain de Louis XII. Il fut sacré à Rheims le 25 de Janvier, par l'Archevêque Robert de Lenoncourt.

François fut à peine sur le trône qu'il songea à profiter des préparatifs que Louis XII. avoit faits pour reprendre le Milanez ; mais il eut soin de dissimuler son projet, & ne voulut le mettre en exécution qu'après avoir renouvellé les anciens Traités avec les Alliés de la France, & avoir détaché de la Ligue les Puissances qui s'étoient déclarées contre elle. Henri VIII. & la République de Venise confirmerent de nouveau les arrangemens qu'ils avoient pris avec le feu Roi, & le Doge de Génes s'étant laissé gagner par les présens que François I. lui fit, engagea cette République à rentrer sous la domination Françoise. Il fut impossible de ramener les Suisses, ils ne voulurent entendre à aucun accommodement qu'aux conditions que Maximilien Sforce resteroit possesseur du Duché de Milan. Ces conditions ne pouvant avoir lieu, François se prépara à passer les Alpes au mois d'Août. Les Suisses pour empêcher le Roi de pénétrer en Italie, s'emparerent de tous les passages, & ils étoient si bien gardés qu'il paroissoit impossible de les forcer. Heureusement on en découvrit un par le moyen d'un Paysan ; mais

DE LA FRANCE.

FRANÇOIS I. LV. ROI.

il falloit se frayer un chemin au travers des Rochers. Tant de difficultés ne rebuterent pas les François, & tandis qu'on amusoit les ennemis du côté des Monts Genévre & Cenis, l'armée défiloit par la Vallée de Barcelonnette, par Roquesparvieres, par Saint-Paul, par l'Argentiere & en cinq jours l'avant-garde parut dans une Plaine à deux lieues de Coni. Le Chevalier Bayard s'avança alors vers Villefranche & y surprit Prosper Colonne qui y étoit avec près de mille chevaux. Les Suisses à cette nouvelle abandonnerent leurs postes & se rassemblerent dans le Milanez. Quelques jours après le Roi à la tête du gros de l'armée parut dans la Plaine de Quieras. A son approche les Habitans de Novare ouvrirent leurs portes. La prise de cette Ville fut d'autant plus avantageuse au Roi, qu'il y trouva beaucoup d'artillerie. Le Pape & les Espagnols surpris de l'arrivée des François ne montrerent plus la même ardeur, & refuserent d'aller joindre les Suisses. Ceux-ci se voyant abandonnés accepterent la médiation du Duc de Savoye pour négocier avec la France. Le Duché de Milan devoit être remis entre les mains de François I. moyennant une grosse somme d'argent, & une pension qu'il donneroit à Maximilien Sforce.

Bataille de Marignan dans laquelle les Suisses sont vaincus.

Sur la foi de ce Traité le Roi s'avançoit pour prendre possession du Milanez; mais le Cardinal de Sion ayant fait changer les Suisses de sentiment, les engagea à surprendre l'armée Françoise qui ne devoit pas être sur ses gardes. Leur dessein ayant été découvert, ils resterent tranquilles pendant quelques jours, & souffrirent même qu'on les vînt insulter jusqu'aux portes de Milan. Le Roi cependant se tenoit toujours sur ses gardes, & lorsque les Suisses arriverent pour attaquer l'armée, ils la trouverent en bataille. Le combat fut des plus vifs & des plus opiniâtres, & les deux partis étoient tellement mêlés qu'on avoit peine à se reconnoître. Le Roi y courut plus d'une fois danger de sa vie; enfin la nuit sépara les combattans. François la passa sur l'affut d'un canon, & lorsque le jour parut on s'apperçut qu'il n'étoit qu'à cinquante pas d'un bataillon Suisse. Les ennemis revinrent à la charge avec autant de fureur que le jour précédent; & l'on se battit longtemps avec un égal avantage; mais le Duc d'Alençon ayant défait un Corps de Suisses qui venoit prendre l'armée Françoise en queue, les ennemis commencerent à plier & à se retirer en bon ordre du côté de Milan. Le Roi ne permit point qu'on les poursuivît, soit qu'il voulut leur faire voir qu'on les ménageoit, soit qu'il crût qu'il ne devoit pas trop fatiguer ses troupes, ni les exposer à la fureur de gens qui se seroient battus en désespérés. Cette bataille se donna le 13 de Septembre près de Marignan. Les Suisses y perdirent environ quinze mille hommes.

Conquête du Milanez.

Les Suisses trop affoiblis par cette bataille ne jugerent pas à propos de rester dans le Milanez, qu'ils ne pouvoient plus défendre, & se retirerent dans leur Pays. François n'eut alors aucune peine à se rendre maître de ce Duché, & Maximilien Sforce qui n'aimoit que le plaisir, se soumit au Roi. Ce Monarque le fit conduire en France, & lui assigna une pension de soixante mille ducats. La conquête du Milanez fit craindre au Pape que le Roi ne s'emparât de l'Etat Ecclésiastique. Depuis la retraite des Suisses & du Viceroi de Naples, il n'étoit pas en état de se défendre; ce qui le porta à s'accommoder avec le Roi. Ce fut dans l'entrevûe qu'il y eut entre ces deux

Souverains que commença la négociation pour le Concordat qui fut substitué à la Pragmatique-Sanction. Il fut confirmé un an après par le Concile de Latran. Par le principal article de ce Traité le Roi accorda au Pape les Annates, & le Souverain Pontife de son côté, consentit que le Roi nommât aux Bénéfices consistoriaux. François n'ayant plus d'ennemis à combattre en Italie, repassa les Alpes & arriva à Lyon au commencement de Février. Avant son départ il étoit venu à bout de faire alliance avec huit Cantons Suisses, & il se flattoit de ramener les autres avec le temps.

La tranquillité ne dura pas long-temps en Italie. L'Empereur excité par le Roi d'Angleterre envoya une armée dans ce Pays & fit lever le siége de Bresse, que les François assiégeoient. Le Connétable de Bourbon que le Roi avoit laissé dans le Milanez, n'avoit pas assez de troupes pour s'opposer aux progrès des Impériaux. Les seize mille Suisses que les huit Cantons devoient fournir n'étoient pas encore arrivés. Cependant lorsqu'ils eurent joint son armée, il n'en put tirer aucun service, parce qu'ils reçurent bientôt l'ordre de retourner dans leurs Cantons. L'Empereur se trouva bientôt dans le même cas, & il y a lieu de croire que ce rappel n'eut d'autre raison que parce que les Cantons ne voulurent pas que les troupes d'une même Nation fussent exposées les unes contre les autres. L'Empereur se trouvant alors plus foible que les François abandonna ses conquêtes & regagna le Trentin.

Cependant Ferdinand étoit mort, & Charles d'Autriche connu sous le nom de Charles-Quint étoit monté sur le trône d'Espagne. Ce Prince alors âgé de quinze ans se trouvoit maître de l'Espagne, des Pays-Bas & du Royaume de Naples. Un Souverain si puissant devenoit un voisin dangereux, surtout pour la France. Le Roi songea dès-lors à lui susciter des ennemis. Il fournit des troupes à Jean d'Albret, pour l'aider à recouvrer son Royaume de Navarre. Ses efforts furent inutiles, & il mourut deux mois après laissant ses droits sur le Royaume de Navarre à Henri son fils, qui ne fut pas plus heureux que son pere.

Le Roi d'Espagne connoissant combien la paix lui étoit avantageuse à son avénement à la Couronne, la fit proposer au Roi. Elle fut conclue à Noyon entre le Roi, l'Empereur & le Roi d'Espagne. Venise rentra en possession de tout ce qu'elle avoit avant que Louis XII. eût fait contre elle la Ligue de Cambrai. Il n'y eut cependant qu'une tréve entre l'Empereur & cette République. Le Traité entre la France, l'Empereur & le Roi d'Espagne, fut confirmé par un nouveau qui fut fait à Cambrai le 11 de Mars. Il fut suivi deux mois après d'un autre que le Roi fit avec les treize Cantons & leurs Alliés. François pour mettre en même temps le Pape dans ses intérêts, fit épouser à Laurent de Médicis Magdeleine de Boulogne sa cousine, héritiere de la Maison de Boulogne & fille de la sœur du Comte de Vendôme François de Bourbon. Toutes les mesures que François prenoit pour se faire des Alliés, faisoient bien voir qu'il comptoit peu sur la paix qu'il avoit faite avec le Roi d'Espagne. Il crût même qu'il étoit de son intérêt de détacher Henri VIII. du parti de Charles-Quint. Il fit à cette occasion un Traité avec le Roi d'Angleterre, qui lui rendit Tournai moyennant les frais de la construction de la Citadelle que le Roi s'obligea de payer.

DE LA FRANCE.

FRANÇOIS I.
LV. ROI.

Concordat entre le Pape & le Roi.

1516.
L'Empereur envoye une armée en Italie contre les François.

Charles-Quint monte sur le trône d'Espagne.

Il fait la paix avec le Roi.

1517.

DE LA FRAN-
CE.

FRANÇOIS I.
LV. ROI.

1519.
Prétentions de
François I. à
l'Empire.

1520.
Entrevûe du
Roi de France
avec celui d'An-
gleterre.

La mort de l'Empereur Maximilien arrivée le 19 de Janvier, rendit rivaux François I. & le Roi d'Espagne. Ces deux Souverains prétendirent à l'Empire, & chacun fit jouer divers ressorts pour parvenir à son but. La faction de Charles étant la plus forte, il fut proclamé Empereur dans la Diette de Francfort. Si François I. avoit redouté la puissance de Charles lorsqu'il étoit monté sur le trône d'Espagne, il avoit alors bien plus lieu de la craindre. Il ne négligea rien pour l'abbattre, & profitant des troubles dont l'Espagne étoit agitée, il fournit des troupes à Henri d'Albret pour rentrer dans la Navarre. Pour s'assurer en même temps du Roi d'Angleterre, il lui fit proposer une entrevûe. Henri l'accepta volontiers, & se rendit le 7 de Juin dans une petite Vallée nommée le Val-doré entre la Ville d'Ardres & le Château de Guynes. La magnificence de cette assemblée fit appeller ce lieu *le Camp du Drap-d'or*, parce que les plus bas Officiers & même les Valets y étoient couverts d'or ; ce qui en ruina un grand nombre, *plusieurs*, dit un Auteur, *y portèrent leurs Moulins, leurs Foréts & leurs Prés sur leurs épaules*. Ce ne fut que divertissemens, tournois & festins jusqu'aux 24 de Juin que les deux Rois se quitterent après s'être promis de vivre à jamais en bons freres & amis. De si belles promesses eurent peu d'effets ; car à peine avoit-il quitté le Roi de France, qu'il eut une pareille entrevûe avec Charles-Quint. Ce Prince en allant par mer à Aix-la-Chapelle pour se faire couronner Empereur, avoit relâché à Douvres. Le Cardinal Volsei par l'esprit duquel le Roi se gouvernoit en tout, servit si bien le nouvel Empereur, que Henri lui promit de se faire arbitre des différends qui s'eleveroient entre lui & le Roi de France, & de prendre les armes contre celui qui refuseroit de s'en rapporter à son arbitrage. François par ce nouvel arrangement n'avoit plus la liberté de demander à l'Empereur la restitution de la Navarre, qui étoit un des articles du Traité de Noyon.

Conduite du
Pape à l'égard de
François I. & de
l'Empereur.

La conduite du Pape à l'égard du Roi de France & de l'Empereur étoit assez équivoque ; car d'un côté il ne s'opposa pas que Charles-Quint conservât le Royaume de Naples avec l'Empire, ce qui jusqu'alors avoit été une chose incompatible ; de l'autre, il fit un Traité avec François I. par lequel il promettoit de ne jamais donner l'investiture de ce Royaume à l'Empereur, & consentoit que le Roi portât la guerre dans ce Royaume. François I. se croyant en sûreté du côté de l'Italie, permit au Roi de Navarre de tenter la conquête de ses Etats. Les progrès furent rapides & en moins d'un mois toute la Navarre fut soumise. André de Foix animé par tant de succès, voulut pousser ses conquêtes jusques dans la Castille ; mais cette entreprise ayant réveillé le courage des Espagnols, les François perdirent la Navarre en aussi peu de temps qu'ils en avoient mis à la conquérir.

Charles-Quint
déclare la guerre
à la France.

L'Empereur ne pouvoit point témoigner de ressentiment contre François I. au sujet de l'expédition de la Navarre ; puisqu'il étoit convenu dans le Traité de Noyon de rendre ce Royaume à Henri d'Albret, & qu'en cas qu'il ne satisfît point à cet engagement, il consentoit que le Roi aidât ce Prince à rentrer dans les Etats de son pere. Mais il ne tarda pas à trouver un prétexte de déclarer la guerre à la France. Elle fut occasionnée par les entreprises de Robert de la Marck Seigneur de Sédan & de Bouillon, qui n'ayant pas été traité favorablement de l'Empereur au sujet de la Ville d'Hierge dans les Ardennes, que le Seigneur d'Aymeries lui disputoit, vint offrir ses petits services à François I. Robert de la Marck assuré de la protection de la France, osa faire des courses dans le Luxembourg après avoir fait déclarer la guerre dans les formes à l'Empereur. Un si foible ennemi ne tint pas long-temps contre les forces de Charles-Quint, qui soupçonnant avec quelque fondement que le Roi de France étoit l'Auteur de l'entreprise de Robert de la Marck, lui enleva Saint-Amand & Mousson.

Ces hostilités obligerent le Roi de se mettre à la tête de ses troupes, & de se rendre en Flandre. Son approche força le Comte de Nassau de lever le siége de Mezieres que le Chevalier Bayard défendoit depuis un mois. Les François reprirent alors toutes les Places que les Espagnols leur avoient enlevées. L'Empereur ayant appris que le Roi étoit arrivé au bord de l'Escaut, s'avança pour lui disputer le passage ; mais il avoit été prévenu par la diligence de François I. qui avoit fait construire un Pont sur cette riviere. Charles-Quint ne se croyant pas alors en sûreté se retira la nuit suivante dans le Comté de Flandre & abadonna son armée. Elle auroit été défaite si le Roi eût suivi le conseil du Connétable de Bourbon ; mais le Maréchal de Châtillon pour faire sa cour à la Reine mere qui haïssoit le Connétable, fut d'avis contraire & empêcha qu'on ne poursuivît les ennemis. Cependant les François se rendirent maîtres de Fontarabie.

Tous ces différens avantages n'étoient pas capables de réparer les pertes qu'ils faisoient en Italie. Leon X. oubliant les obligations qu'il avoit au Roi, s'étoit ligué avec l'Empereur, & avoit reçu de sa part la Hacquenée blanche que les Rois de Naples étoient obligés de présenter au Pape en qualité de Vassaux. Charles-Quint de son côté avoit promis au Souverain Pontife de le mettre en possession de Parme & de Plaisance qui appartenoient aux François. Il ne s'agissoit plus que de trouver une occasion favorable pour faire réussir leurs desseins. Elle se présenta bientôt. Le Maréchal de Lautrec avoit par ses hauteurs indisposé contre lui les Habitans du Milanez, & tout paroissoit annoncer une révolte générale. Plusieurs Seigneurs mécontens du Gouvernement s'étoient déja retirés auprès de François Sforce, & entretenoient des liaisons secretes avec ceux qui étoient restés. D'un autre côté, le Cardinal de Sion avoit obtenu, quoiqu'avec beaucoup de difficultés, des troupes des treize Cantons, mais à condition qu'elles ne seroient point employées dans le Milanez. Le Maréchal de Foix chargé du Gouvernement de cette Province pendant l'absence de Lautrec, crut pouvoir facilement appaiser ces premiers troubles, en surprenant dans Reggio ceux qui s'étoient bannis volontairement du Milanez ; mais son entreprise échoua, & servit de prétexte au Pape pour se déclarer ouvertement contre la France. A cette nouvelle Lautrec eut ordre de se rendre promptement en Italie, & on lui promit de lui faire tenir de l'argent, dont il avoit besoin pour la solde des troupes. Cette promesse n'eut point son effet, parce que la Reine Mere qui haïssoit Lautrec détourna l'argent qu'on devoit lui envoyer. Lautrec n'ayant point assez de troupes pour repousser les ennemis & faire quelque entreprise, distribua son armée dans toutes les Places de la domination Françoise, & se tint sur la défensive.

Les Alliés ayant joint leurs troupes enfemble, commencerent par le fiége de Parme. Cette Place auroit été obligée de capituler fi le Duc de Ferrare n'eût fait diverfion en attaquant Modene. Les ennemis abandonnerent bientôt Parme & marcherent au fecours de Modene. Le Milanez fe trouvoit alors menacé ; ce qui engagea Lautrec à couvrir cette Province. Il fe flattoit d'autant plus de faire échouer le projet des Alliés, qu'il avoit reçu de nouveaux renforts de troupes, outre douze mille Suiffes que les Cantons lui avoient envoyés. Ceux qui étoient au fervice du Cardinal de Sion ne devoient point l'inquiéter, puifque fuivant les conditions ils ne pouvoient entrer dans le Milanez. Cependant la mauvaife foi du Cardinal le jetta bientôt dans de grands embarras. Ce Prélat, non-feulement fit entrer les Suiffes dans le Milanez, mais il eut encore l'adreffe d'arrêter à fon fervice ceux de l'armée Françoife qui avoient reçu ordre de leurs Cantons de retourner en Suiffe avec leurs camarades de l'armée des Alliés. Cette défertion fut fuivie de la prife de Milan, & bientôt après de toute la Province, excepté du Château dont la Garnifon Françoife fe défendit toujours.

La mort de Leon X. fufpendit pour quelque-temps les progrès des Ligués ; mais l'élection d'Adrien VI. Adminiftrateur du Royaume d'Efpagne, releva l'efpérance des Conféderés & confterna le Roi de France. Il ne négligea rien pour tâcher de fe rétablir dans le Milanez & envoya de nouvelles troupes au Maréchal de Lautrec. François Sforce fe préparoit alors à paffer en Italie où il étoit attendu avec impatience de la part des Habitans du Milanez. Lautrec fit tous fes efforts pour empêcher ce jeune Prince de pénétrer dans ce Pays, & après avoir inutilement tenté de fecourir le Château de Milan, il alla fe camper à Caffano fur l'Adda. Ce Général ayant été joint par les Vénitiens, & par les troupes que le Maréchal de Foix, Pierre de Navarre & le Chevalier Bayard conduifoient, on fit le fiége de Novare, qui fut prife d'affaut & livrée au pillage, pour punir les Habitans qui avoient pouffé l'inhumanité jufqu'à arracher le cœur à des François pour le manger, & à en ouvrir quelques-uns tout vivans pour donner de l'avoine à leurs chevaux dans le ventre de ces Malheureux (54). La prife de Novare fut fuivie de celle de la Ville & du Château de Vigevano. Cependant François Sforce trouva moyen de fe rendre à Milan, où il fut reçu des Habitans avec de grandes démonftrations de joie.

Lautrec à cette nouvelle s'approcha de Milan, & établit fon Camp près de la petite Ville de Monza. Colonne craignant que les François ne fiffent quelque entreprife fur la Capitale, s'avança de ce côté-là & fe pofta à la Bicoque (55). Il n'étoit pas facile de forcer l'ennemi dans un lieu fi avantageux ; mais Lautrec s'y trouva forcé par les Suiffes, qui n'ayant point reçu d'argent demanderent *argent*, *congé* ou *combat*. L'entreprife auroit peut-être réuffie par l'ardeur avec laquelle les Suiffes attaquerent les retranchemens, s'ils euffent donné le temps au Maréchal de faire venir l'artillerie pour ruiner les fortifications des ennemis, ou fi après qu'ils eurent été re-

---

(54) Art de vérifier les Dates.
(55) Ce lieu étoit un Château environné d'un Parc d'une grande étendue, où les anciens Ducs de Milan prenoient le plaifir de la chaffe. Ce Parc étoit enfermé de murailles & défendu par des foffés très-profonds,

pouffés,

poussés, ils eussent voulu retourner à la charge, & seconder les efforts du Maréchal de Foix qui s'étoit rendu maître d'un Pont de pierre par où l'on entroit dans le Camp. Cette action si fatale aux François se passa le 17 Avril, & deux jours après les Suisses quitterent l'armée Françoise & s'en retournerent dans leurs Pays. Les affaires des François furent alors entiérement ruinées en Italie. Les Alliés leur enleverent toutes les Places qu'ils avoient conquises, & les Vénitiens craignant que l'orage ne fondît sur eux, firent une paix particuliere avec l'Empereur.

<small>DE LA FRANCE.</small>
<small>FRANÇOIS I. LV. ROI.</small>

Lautrec ne se trouvant plus en état de tenir contre l'ennemi, repassa en France & vint rendre compte au Roi de la triste situation où il avoit laissé le Milanez. François I. qui ignoroit qu'on eût laissé manquer d'argent au Maréchal, lui fit de vives reproches; mais ce Seigneur s'étant justifié sur cet article, toute la colere du Roi tomba sur Semblançai Surintendant des Finances que la Reine Mere abandonna, quoique ce fût elle qui eut retenu l'argent destiné pour la guerre d'Italie (56).

François I. se trouvoit alors dans un extrême embarras. Il ne lui restoit plus en Italie que les Châteaux de Milan, de Novare & de Crémone; les Espagnols l'attaquoient du côté des Pyrénées, en même temps que le Roi d'Angleterre faisoit marcher ses troupes vers la Picardie. La conduite de Charles V. Roi de France, fut le modéle qu'ils se proposa. Ses Généraux eurent ordre d'éviter un combat décisif, & il leur ordonna de harceler l'ennemi par des Camps volans. Ses ordres furent si bien exécutés que l'entreprise des Anglois se réduisit à quelques ravages qu'ils firent dans la Picardie. Les Comtes de Guise & de Saint-Pol, & le brave Créqui de Pondormi après avoir remporté sur eux divers avantages, les forcerent de repasser dans leur Isle.

<small>Sage conduite des Généraux François en Picardie.</small>

Le Roi délivré de la crainte des Anglois ne s'occupa plus que du dessein qu'il avoit formé de rentrer dans le Duché de Milan. Persuadé que sa présence rétabliroit ses affaires en Italie, il se disposa à faire ce voyage. Il ignoroit encore les liaisons secrettes du Connétable de Bourbon avec l'Empereur. Ce Monarque avoit sçu profiter du chagrin que la Reine Mere avoit donné au Connétable, par le procès qu'elle intenta contre lui touchant les biens de la Maison de Bourbon. Pour le mettre entiérement dans ses intérêts, il lui fit proposer le Mariage d'Eléonore d'Autriche sa sœur, avec des avantages proportionnés à cette alliance. Le Connétable oubliant ce qu'il devoit à son Roi & à sa Patrie, & n'écoutant que son ressentiment accepta des offres si avantageuses, & résolut dès-lors la ruine du Royaume. Il étoit à Moulins & avoit supposé une maladie considerable, afin de n'être point obligé de suivre le Roi en Italie. Cependant ce Monarque étant arrivé à Saint-Pierre-le-Moustier apprit tout le détail de cette intrigue. Il se rendit à Moulins, & déclara au Connétable qu'il avoit découvert ses intelligences secrettes. Ce Prince se justifia avec tant de fermeté & de tranquillité d'esprit que le Roi le crut innocent, & continua sa route jusqu'à Lyon où le Connétable avoit promis de le joindre incessamment. A peine le Roi fut-il parti que le Connétable accompagné d'un seul Gentilhomme sortit de France, & passa en Italie avec la qualité de Lieutenant Général de l'Empereur. Cette nouvelle

<small>1523.
Révolte du Connétable de Bourbon.</small>

---

(56) Cinq ans après, c'est-à-dire en 1527, Semblançai fut pendu à Montfaucon pour crime de Péculat.

Tome I. Partie II.   Gg *

empêcha le Roi de continuer son voyage, & il se reposa sur l'Amiral Bonnivet du soin de la guerre en Italie.

Les premiers succès des François furent assez rapides, & bientôt tout le Pays d'en-deçà du Tesin fut soumis par l'Amiral. Il manqua cependant de se rendre maître de Milan & se contenta de bloquer cette Place. Crémone fut délivrée par le Chevalier Bayard. Il ne restoit plus dans le Château que huit hommes de la garnison, bien résolus de se défendre jusqu'à la derniere goutte de leur sang (56). Jannot d'Herbouville qui étoit mort dans la Place leur avoit inspiré ces sentimens.

Cependant la France se vit attaquée en même temps par trois endroits différens. En Bourgogne par les Lansquenets ; en Picardie par les Anglois qui s'avancerent jusqu'à onze lieues de Paris, & en Guienne par les Espagnols qui assiégerent Bayonne par mer & par terre. La prudence & la valeur des Généraux qui commandoient sur ces Frontieres, rendirent inutiles les tentatives des ennemis, & les forcerent enfin à se retirer. Il n'y eut que la Ville de Fontarabie qui tomba au pouvoir des Espagnols par la lâcheté de Franguet. Cet Officier fut dégradé de Noblesse sur un échaffaut avec les cérémonies les plus humiliantes.

Les armes de la France eurent un sort bien différent en Italie. Les Alliés sous la conduite du Connétable de Bourbon, du Comte de Lannoi Viceroi de Naples, du Duc d'Urbin Général des troupes de l'Eglise, de Pietro Pessaro Provediteur de l'armée de Venise & du Marquis de Pesquaire, passerent le Tesin à dessein d'envelopper l'Amiral Bonnivet. Ce Général dont l'armée n'étoit pas aussi considérable que celle des Confédérés, fut contraint de se retirer. Il attendoit six mille Grisons & six mille Suisses ; mais les ennemis couperent le chemin aux premiers, & les seconds étant arrivés de l'autre côté du bord de la Sessia, vis-à-vis le Camp des François, envoyerent déclarer à l'Amiral qu'ils n'étoient venus que pour reconduire leurs compagnons dans leur Pays. Les Suisses qui étoient dans l'armée de France ayant eu connoissance de la résolution de leurs camarades, désertérent par bande, & laisserent l'Amiral dans un extrême embarras. Il se prépara alors à passer la Sessia sur le Pont qu'il avoit fait construire. Les ennemis étoient si près de lui, qu'il ne put leur cacher sa retraite. Son arriere-garde fut attaquée & se défendit vivement. L'Amiral y fut considérablement blessé, & le fameux Chevalier Bayard mourut sur le Champ de bataille d'un coup de mousquet qu'il reçut dans les reins. Cependant on sauva l'artillerie & la plûpart des bagages. Les autres Corps de troupes qui étoient répandus dans différens Postes, n'ayant plus de secours à espérer firent des capitulations honorables, & se retirerent en France : ainsi le Milanez demeura entierement au pouvoir des ennemis.

Le Connétable de Bourbon poursuivant ses conquêtes fit entrer son armée en Provence & mit le siége devant Marseille, qui fut en même temps attaquée du côté de la mer par Hugues de Moncade. François I. s'étant mis à la tête d'une armée d'environ quarante mille hommes, marcha contre les ennemis. Le Connétable n'attendit pas l'arrivée du Roi : il leva promp-

---

(57). Art. de vérifier les Dates.

rement le siége après quarante jours d'attaque. On le pourſuivit, & ſon arriere-garde fut maltraitée, outre le bagage qu'il perdit en cette occaſion. La Flotte ennemie fut auſſi battue par le Vice-Amiral de la Fayette & par André d'Oria.

François I. flatté de ce premier ſuccès, prit la réſolution de paſſer les Alpes avec ſon armée victorieuſe, malgré l'avis de ſes plus habiles Généraux. Tandis qu'il s'avançoit du côté de Turin par le Mont Cenis, l'armée Impériale marchoit vers le Montferat pour couvrir Milan. Les François étant arrivés devant cette Capitale, on commença à attaquer les Fauxbourgs. Le Viceroi de Naples qui s'étoit jetté dans la Place ſe défendit avec beaucoup de courage ; mais voyant que le nombre des ennemis augmentoit, il abandonna la Ville & ſe retira dans le Château. Tout paroiſſoit favoriſer l'entrepriſe de François I. Les Alliés ne montroient plus la même ardeur, & il ſembloit que chacun cherchoit à ſe détacher de la Ligue. Le Roi profitant de cette eſpece d'inaction, entreprit le ſiége de Pavie. Cette Ville forte par elle-même étoit défendue par une nombreuſe Garniſon, à la tête de laquelle étoit Antoine de Leve un des plus expérimentés Capitaines de l'Empereur. Le Roi fut deux mois devant cette Place, ſans avoir encore eu quelqu'avantage conſidérable. Cependant le Viceroi de Naples ayant reçu d'Allemagne un renfort conſidérable de troupes, s'avança pour ſecourir Pavie. Les deux armées ayant reſté pendant quatorze jours en préſence, attaquerent le 24 de Février le Camp du Roi par le quartier du Duc d'Alençon. Ce Prince ſe défendit avec tant de courage, & ſe ſervit ſi utilement de ſon artillerie que les ennemis commencerent à faire retraite. Le Roi qui arriva ſur ces entrefaites voulut les pourſuivre, & ſe trouva pour lors entre ſon canon & l'ennemi. Les Impériaux étant revenus à la charge l'action devint des plus vives. Le Roi y fit des prodiges de valeur & tua de ſa propre main Ferdinand Caſtriot Marquis de Saint-Ange. Cependant il étoit en grand danger, & la Gendarmerie commençoit à plier, lorſque les Suiſſes qu'on fit avancer rétablirent le combat. Mais ils ne tinrent pas long-temps, car le Viceroi de Naples leur ayant oppoſé un Corps de Lanſquenets, ils céderent le terrein & prirent la fuite. La victoire ſe décida alors pour les Alliés malgré les efforts extraordinaires que firent les François, & ſurtout le Roi qui tua ſept hommes de ſa main. Son cheval fut tué ſous lui, & il reçut pluſieurs bleſſures. Il étoit environné de tous côtés & perdoit tout ſon ſang, & cependant il refuſoit toujours de ſe rendre. Enfin le Viceroi s'étant préſenté, il conſentit à ſe remettre entre ſes mains. Les François perdirent dans cette journée huit à neuf mille hommes, parmi leſquels il y avoit une infinité de Gentilshommes & de perſonnes de qualité. Théodore Trivulce & Chandion qui commandoient dans Milan ſe retirerent avec deux mille hommes qu'ils y avoient, & le Duc d'Alençon ayant raſſemblé les débris de l'armée chercha pareillement à ſe mettre en ſûreté. Le Roi fut d'abord conduit au Château de Pizighitone où il demeura juſqu'à Pâques. Il fut enſuite transferé en Eſpagne où il eut le Château de Madrid pour priſon. Cependant il ne s'étoit paſſé rien de conſidérable ſur les Frontieres de la Picardie & des Pays-Bas, par la prudence & la valeur de Créqui de Pontdormi. La France eut le malheur de perdre ce Général qui

Gg ij

fut tué par un accident, en donnant des ordres pour la défense du Château de Hesdin.

DE LA FRANCE.

FRANÇOIS I. LV. ROI. Traité de la Régente avec le Roi d'Angleterre.

La nouvelle de la prise du Roi causa une consternation générale en France, & jetta la Reine Mere dans un extrême embarras. Le Royaume étoit alors épuisé d'hommes & d'argent, & il y avoit lieu de craindre que le Roi d'Angleterre profitant des circonstances, ne fît une descente à Calais. La prudence de la Reine Mere sçut écarter le danger qui menaçoit l'Etat. Elle négocia si adroitement avec le Roi d'Angleterre, qu'elle le détacha du parti de l'Empereur, & conclut trois Traités avec lui. Par le premier daté du 30 Août 1525, on convint d'une Ligue offensive entre les deux Couronnes, & le Roi d'Angleterre s'y engagea à porter l'Empereur à rendre la liberté à François I, moyennant des conditions raisonnables. Par le second le Roi promit de payer en certains termes à Henri VIII. cent dix-huit mille sept cens trente-six écus au soleil, dont chacun valoit trente-huit sols tournois. Ce Traité souffrit des difficultés par les protestations de l'Avocat Général & du Procureur Général du Parlement de Paris. Par le troisiéme on régla le Commerce des deux Nations par mer & par terre.

Politique de Charles-Quint.

Cependant Charles-Quint qui avoit appris le grand avantage que ses troupes avoient remporté en Italie & que le Roi étoit son prisonnier, témoigna une grande modération en pareille circonstance. Il ne voulut point qu'il y eût de réjouissances publiques, & se contenta seulement de faire chanter le *Te Deum*. Il défendit en même temps aux troupes qui étoient sur les Frontieres, de commettre aucunes hostilités. Il exigea cependant des conditions trop dures pour rendre au Roi la liberté. Sur ces entrefaites ce Monarque tomba malade de chagrin, & sa maladie ne l'allarma pas moins que la France. Il rendit visite à ce Souverain qu'il n'étoit pas encore venu voir; & pour le consoler il l'assura qu'il seroit bientôt libre. Marguerite d'Alençon sœur du Roi, se rendit en Espagne pour traiter de la délivrance de François I.; mais Charles-Quint persistant toujours à faire des propositions trop onéreuses, elle se retira, assurant l'Empereur que le Roi étoit résolu de mourir dans sa prison plutôt que de les accepter. Et en effet ce Monarque avoit remis à la Duchesse un Acte signé de sa main, par lequel il permettoit à François Dauphin son fils de se faire couronner Roi de France. Charles-Quint ébranlé par cette démarche, craignit que la Reine mere ne se joignît aux Princes d'Italie qui commençant à redouter la trop grande puissance de l'Empereur, avoient formé un projet de lui enlever le Royaume de Naples. Il renoua la négociation, & enfin le Roi signa un Traité, dont voici les principaux articles:

Délivrance du Roi. Traité à ce sujet.

» Que le Roi céderoit à l'Empereur le Duché de Bourgogne & ses dé-
» pendances, sans réserve de ressorts & d'hommages, & que ce Pays lui
» seroit livré dès que le Roi seroit de retour en France. Que le Roi renon-
» ceroit en faveur de l'Empereur à toutes ses prétentions sur le Royaume
» de Naples, le Duché de Milan, la Seigneurie de Génes, le Comté
» d'Ast, & à tout ressort de Souveraineté qu'il pouvoit prétendre sur les
» Comtés de Flandre & d'Artois, & sur quelques Domaines que ce fût
» que l'Empereur possédoit actuellement. Que le Roi épouseroit Eléonore
» sœur de l'Empereur; qu'il y auroit entre les deux Princes Ligue offensive

» & deffensive contre quiconque attaqueroit leurs Etats. Que le Roi ne
» donneroit aucun secours au Roi de Navarre, pour le rétablir dans cet
» Etat. Ce Traité fût entiérement conclu le 14 de Janvier de l'an 1525,
» (1526)-(58). «

Le Roi avant que de signer ce Traité protesta juridiquement en secret contre la violence qu'on lui faisoit. Ce Monarque resta encore plus d'un mois à Madrid depuis la signature du Traité, & ce ne fut que le 17 de Février qu'il se mit en chemin pour retourner dans ses Etats. François Dauphin, & Henri Duc d'Orléans son frere furent donnés en échange au milieu de la riviere d'Andaye qui sépare les deux Royaumes. Le Roi se rendit ensuite à Bayonne où toute la Cour l'attendoit. Ce fut dans cette Ville que les Ambassadeurs de l'Empereur le sommerent de ratifier le Traité de Madrid ; il promit de rendre réponse à l'Empereur après qu'il auroit assemblé les Etats de son Royaume & surtout ceux de Bourgogne. Sur ces entrefaites François I. reçut des Envoyés du Pape & des Vénitiens qui lui proposerent de faire une Ligue avec eux pour la liberté de l'Italie. Le Roi y consentit volontiers & le Traité fut signé à Cognac le 22 de Mai. On lui donna le nom de *la Sainte Ligue*, parce que le Pape étoit à la tête. Ce ne fut qu'au mois de Juin que François I. rendit ce Traité public, après que les Etats eurent déclaré que le Roi ne pouvoit aliener les Domaines de la Couronne, & que ceux de Bourgogne particuliérement eurent refusé de passer sous une domination étrangere.

Charles-Quint comprit alors que le Roi ne vouloit point observer le Traité de Madrid, & il ne songea qu'à poursuivre ses conquêtes en Italie. La guerre y continuoit toujours, & les succès étoient assez variés de part & d'autre. Le Duc de Bourbon étoit maître de Milan, & les Généraux du Pape avoient surpris Lodi, Porto-Hercole, Telamone & Orbitello, tandis que Pierre de Navarre avec la Flotte de France s'étoit emparé de Savone. L'Empereur, qui avoit tout lieu de craindre qu'on ne lui enlevât le Milanez & le Royaume de Naples, fit passer un Corps considérable de troupes en Italie, pour s'opposer aux progrès des Confederés. Irrité contre le Pape auteur de la Ligue qui s'étoit faite contre lui, il mit dans son parti les Colonnes, ennemis du Souverain Pontife. Ils servirent si bien l'Empereur qu'ils s'emparerent de Rome. Le Pape qui s'étoit sauvé dans le Château Saint-Ange se vit forcé à signer une tréve de quatre mois avec Charles-Quint. En conséquence de la tréve il fut obligé de faire revenir les troupes qu'il avoit dans le Milanez, & rentrer les Galeres dans ses Ports.

Le Pape échappé de ce danger retomba bientôt dans un nouveau. Le Connétable de Bourbon n'ayant point d'argent pour payer ses troupes, résolut de les faire subsister aux dépens de l'ennemi. Après avoir pillé plusieurs petites Villes d'Italie, il arriva le 25 de Mai dans la Campagne de Rome, dont il destinoit les richesses à servir de butin à ses troupes. Il voulut emporter la Ville d'assaut ; mais comme il approchoit une échelle des murailles il fut tué d'un coup d'arquebuse. Le Prince d'Orange qui prit le commandement de l'armée, se rendit maître de la Ville & l'abandonna à

(58). Le Pere Daniel.

DE LA FRAN-
CE.

FRANÇOIS I.
LV. ROI.

toute la fureur du Soldat. Le Pape qui s'étoit enfermé dans le Château Saint-Ange fut témoin des désordres effroyables que les Vainqueurs commirent dans cette Capitale. Ils surpassèrent les ravages, la désolation & les crimes des Barbares, lorsque cette Ville étoit tombée autrefois en leur puissance. L'Empereur ayant appris que ses troupes avoient assiégé le Château Saint-Ange, donna toutes les marques extérieures du plus grand chagrin; mais il ne donna aucun ordre pour lever le siége. Les Rois de France & d'Angleterre qui venoient de conclure un nouveau Traité à Westminster, travaillerent efficacement à procurer la liberté au Souverain Pontife. Ils envoyerent d'abord des Ambassadeurs à Charles-Quint pour lui proposer de rendre la liberté au Pape, d'accepter deux millions d'or pour la rançon des deux fils de François I. & de payer en même temps les sommes qu'il devoit au Roi d'Angleterre. Ces propositions n'ayant point été acceptées, les Hérauts des deux Monarques lui déclarerent la guerre. Ce fut dans cette occasion que Charles-Quint reprocha au Roi de France d'avoir manqué à sa parole. Ce discours ayant été rapporté à François I. ce Monarque donna un démenti à l'Empereur, & accepta le duel que Charles lui proposoit. Il n'eut cependant pas lieu par la prudence & les sages remontrances de leurs Conseillers.

Pendant ces différentes négociations le Pape avoit été obligé de capituler, n'ayant point été secouru par le Duc d'Urbin Général de l'armée des Confédérés, qui après s'être montré près de Rome s'étoit retiré sans attaquer les Impériaux. L'arrivée de Lautrec avec une partie de l'armée Françoise, fit changer les choses de face. Ce Maréchal s'étant emparé d'Alexandrie, de Pavie, de Biagrassa, de Vigevano, de toute l'Omeline, de la Ville & du Château de Génes, s'avança vers Rome où le Pape étoit toujours prisonnier, parce qu'il ne lui avoit pas été possible d'exécuter le Traité de la Capitulation. Hugues de Moncade qui commandoit alors l'armée Impériale appréhendant que les François n'attaquassent le Royaume de Naples, traita avec le Pape plus favorablement qu'il n'avoit fait jusqu'alors. Il se contenta d'une certaine somme d'argent & de la parole que le Souverain Pontife lui donna de ne se point déclarer davantage contre l'Empereur. La saison étoit avancée: Lautrec ayant appris la délivrance du Pape, ne jugea pas à propos de pousser plus avant. Il se retira à Bologne après avoir remis Parme & Plaisance entre les mains du Pape.

1528.
Entreprise des François sur le Royaume de Naples.

Le Maréchal de Lautrec, dont le dessein étoit de se rendre maître du Royaume de Naples, fit marcher ses troupes de ce côté-là sitôt que l'Hyver fut passé. Toute l'Abruze & la Capitanate, à l'exception de Manfredonia, fut bientôt au pouvoir des François. Les Villes voisines de Naples se rendirent avec la même facilité, de sorte que le Maréchal parut à la vûe de la Capitale sur la fin d'Avril ou au commencement de Mai. La Place fut attaquée par terre par l'armée Françoise, tandis que Philippe d'Oria en bloquoit le Port par huit Galeres & deux gros Vaisseaux. Le Viceroi qui ne pouvoit recevoir des vivres qu'avec beaucoup de difficulté, résolut d'attaquer la Flotte ennemie. Cette expédition lui fut très-funeste, sa Flotte fut battue, & il perdit la vie dans le combat. Les Habitans de Naples consternés à cette nouvelle, vouloient absolument se rendre. Le Prince d'Orange qui commandoit dans la Place, raſſura les eſprits & ſe défendit avec tant de courage que le ſiege dura encore trois mois. Cependant la peſte & la famine lui emportoient toutes ſes troupes, & il commençoit à ſonger à capituler, lorſqu'il apprit que la maladie avoit fait le même ravage dans l'armée Françoiſe. Lautrec en étoit lui-même attaqué, & hors d'état de donner aucun ordre. Pour comble de malheur André d'Oria avoit fait ſa paix avec l'Empereur, & avoit fait retirer ſes Vaiſſeaux du Port de Naples. Le Maréchal étant mort ſur ces entrefaites, le Marquis de Saluces chargé du commandement de l'armée, leva le ſiege & fit ſa retraite en bon ordre. On le pourſuivit juſqu'à Averſe, où il fut aſſiégé & obligé de ſigner une Capitulation honteuſe.

<small>DE LA FRAN-CE.</small>
<small>FRANÇOIS I. LV. ROI.</small>
<small>Elle leur devient funeſte.</small>

Ce ne fut pas le ſeul déſavantage que les François eurent en Italie; car ils perdirent Génes qu'André d'Oria avoit fait révolter, & les Impériaux leur enleverent en même temps pluſieurs Places dans le Milanez. Cependant les affaires de l'Empereur n'étoient pas en meilleur état malgré ces derniers ſuccès, & il étoit auſſi las de la guerre que le Roi de France, de ſorte que ces deux Monarques conſentirent volontiers à entrer en négociation, & l'on convint de tenir des Conférences à Cambrai. Cependant la guerre continua dans le Milanez; mais le Comte de Saint-Pol ayant été battu près de Pavie, les troupes Françoiſes déſerterent par bande, & il n'y en eut bientôt plus dans le Milanez.

<small>Révolte de Génes.</small>
<small>1529.</small>

Les Conférences, qui avoient commencé au mois de Mai eurent tout le ſuccès qu'on en avoit attendu. La paix fut conclue au mois d'Août entre les Puiſſances belligerentes. Les Principaux articles de ce nouveaux Traité, furent la ceſſion de l'hommage de Flandre & d'Artois de la part du Roi, & le déſiſtement de l'Empereur ſur la Bourgogne & autres Pays. François I. s'engagea auſſi à payer deux millions d'écus d'or au ſoleil comme la rançon de ſes deux fils. Il y eut un article particulier pour le rétabliſſement de la mémoire du feu Connétable de Bourbon, & pour la réintégrande de ſes Héritiers dans les biens qu'ils avoient poſſédés.

<small>Paix de Cambrai.</small>

En conſéquence de ce Traité les deux Princes & la Princeſſe Eléonore furent remis entre les mains du Maréchal de Montmorenci. Le Roi qui s'étoit rendu à Bordeaux alla au-devant de la Princeſſe juſqu'à une Abbaye entre Roquehort de Marcan & Captieux. La cérémonie du Mariage ſe fit le lendemain, & le Roi reprit la route de Paris.

Le Roi profita de la paix dont il n'avoit point encore joui depuis qu'il étoit ſur le trône, pour procurer divers avantages à ſes Sujets. Il travailla à remedier aux déſordres qu'une longue guerre avoit occaſionnés dans ſes Etats; s'appliqua au rétabliſſement des Lettres qui étoient fort négligées depuis long-temps; donna commencement à une Imprimerie Royale, & fonda dans l'Univerſité des Profeſſeurs en Langues Grecque & Hébraïque, & d'autres pour la Langue Latine, les Mathématiques, la Philoſophie & la Médecine. L'année ſuivante François I. perdit Louiſe de Savoye ſa mere, dont la haine contre Lautrec & le Connétable de Bourbon avoit cauſé de grandes pertes à l'Etat.

<small>Amour du Roi pour les Sciences.</small>

Le Roi qui ne s'occupoit plus que de ce qui pouvoit conttibuer à l'avantage de ſon Royaume, chercha les moyens de réunir pour toujours le Du-

DE LA FRAN-
CE.

FRANÇOIS I.
LV. ROI.

Duché de Bretagne réuni à la Couronne.

1533.

1534.
Légions Françoises.

Nouvelle guerre dans le Milanez.

1535.

ché de Bretagne à la Couronne. Malgré les donations faites par la Duchesse Anne à Charles VIII. & à Louis XII. & par la feue Reine Claude à François I. il y avoit des clauses qui pouvoient faire naître des contestations. Le Roi se rendit en Bretagne à dessein d'éxécuter ce projet ; mais il auroit eu peine à en venir à bout sans le crédit & le conseil de Louis des Deserts Président au Parlement de cette Province. Ce Magistrat engagea les Etats à proposer au Roi la réunion qu'il souhaitoit, & la Requête ayant été facilement accordée, on en dressa aussi-tôt la Charte.

L'année suivante François I. accompagné de la Reine & des Princes ses fils, parcourut diverses Provinces de son Royaume. Il traversa l'Auvergne, alla au Puy & se rendit à Toulouze ; où il fit son entrée solemnelle le premier Août, & tint son Lit de Justice le 4. Il alla ensuite à Montpellier, visita l'Isle de Maguelone, & arriva à Marseille au commencement d'Octobre. Il y eut une entrevûe avec Clément VII. qui fit la cérémonie du mariage de Catherine de Médicis avec Henri, second fils du Roi.

La France jouissoit encore de la paix que le Traité de Cambrai lui avoit procurée. Le Roi profita de ce temps favorable pour mettre sa Milice sur un autre pied. Jusqu'alors la plus grande partie de l'Infanterie (59) n'avoit été composée que de troupes Etrangeres, dont le caprice ou l'infidélité avoient été tant de fois funestes à la France. Le Roi pour remédier à ces inconvéniens conçut le dessein de lever un nombreux Corps d'Infanterie, qu'il forma sur le modéle des Légions Romaines & auquel il donna ce même nom. Il partagea son Royaume en sept Départemens, & leva dans chacun une Légion composée de six Compagnies. Chaque Légion étoit de six mille hommes. La Normandie, la Bretagne, la Picardie, la Bourgogne, en devoient fournir chacune une ; la Champagne & le Viennois ensemble, une cinquiéme ; le Dauphiné, la Provence, le Lyonnois & l'Auvergne, la sixiéme ; le Languedoc la septiéme ; outre celle qu'on devoit lever en Guienne, pour la tenir à la garde des Places de cette Frontiere. Les premieres qui furent levées furent celles de Normandie, de Picardie & de Champagne dont il fit la revûe, les autres ne furent point formées.

Le premier emploi qu'il fit de cette nouvelle Infanterie fut contre François Sforce Duc de Milan qui avoit fait mourir un Gentilhomme nommé Merveille qu'il avoit envoyé à sa Cour pour y entretenir quelque intelligence, & être son Agent secret auprès du Duc. L'Empereur étoit alors occupé en Afrique, & le Duc de Milan qui ne pouvoit esperer aucun secours de ce côté-là, auroit payé la peine de sa témérité si le Duc de Savoye ne se fût pas opposé au passage des troupes Françoises. Le Roi piqué du refus

─────────

(59) La force des armées Françoises sous la premiere & sous une partie de la seconde Race, c'est-à-dire, avant l'introduction des Fiefs consistoit dans l'Infanterie. Mais depuis ce temps la Cavalerie reprit le dessus. Charles VII. qui sentoit le besoin qu'il avoit d'une bonne Infanterie, créa les Francs-Archers après avoir établi un Corps de Cavalerie sous le titre de Compagnie d'Ordonnance. François I. suivit les vûes de Charles VII. & même les perfectionna. Mais la nouvelle Milice qu'il établit ne dura guéres, & on en revint aux Bandes, qui n'étoient que de cinq ou six cens hommes.

de ce Prince, & ayant outre cela plusieurs sujets de mécontentement envoya l'Amiral Chabot & le Comte de Saint-Pol pour lui faire la guerre ; il s'avança en même temps vers Lyon pour les soutenir. Les succès furent d'abord assez rapides en Savoye & en Piémont; mais le retour de l'Empereur qui étoit revenu victorieux, obligea le Roi de rappeller la plus grande partie de ses troupes. Il ne conserva de toutes ses conquêtes que Turin, Coni & Fossano. La mort de Sforce arrivée sur ces entrefaites ôtoit à François I. tout motifs de continuer la guerre, & lui rendoit ses droits sur le Milanez. Il en fit demander l'investiture à l'Empereur ; mais ce Prince après plusieurs promesses sans effets, fit connoître qu'il se préparoit à attaquer la France. On se disposa à le bien recevoir, & comme il y avoit lieu de croire que tout l'effort de la guerre seroit en Provence, on y posta la plus grande partie des troupes. Le Maréchal Anne de Montmorenci fut nommé Généralissime de l'armée qui étoit en Provence, & le Roi s'avança lui-même jusqu'à Valence, pour être à portée du Camp d'Avignon où étoit le Maréchal. Cependant Coni s'étoit rendue par la trahison du Marquis de Saluces qui étoit passé du côté de l'Empereur, & Montpezat avoit été contraint d'abandonner Fossano après une Capitulation très-honorable. Il ne restoit plus que Turin qui étoit défendue par d'Annebaut & de Couci ; mais quoiqu'il n'y eût pas d'apparence que cette Place tombât si-tôt au pouvoir des Impériaux, Charles ne laissa pas de persister à vouloir passer au plutôt en Provence.

Il se mit en marche au mois de Juillet, & après avoir traversé les Alpes il passa le Var le 25 du même mois à la tête de soixante mille hommes, & s'avança jusqu'à Aix où il fit camper ses troupes. Dans cette marche il ne trouva qu'un Corps de trois cens hommes, qui avoient passé les ordres du Roi. Ils furent battus, & les deux Généraux qui les commandoient furent faits prisonniers. Ce premier avantage flatta si fort l'Empereur, qu'il écrivit en Italie & en Allemagne qu'il avoit battu l'avant-garde de l'armée Françoise. Cet échec ne laissa pas que de faire beaucoup de peine au Roi qui venoit de perdre François Dauphin âgé de dix-huit ans. Il avoit été empoisonné par son Echanson, & l'Empereur fut soupçonné d'y avoir eu (60) part. Lorsque ce Monarque fut entré dans les Plaines, il connut qu'il lui étoit impossible de subsister dans un Pays que François I. avoit fait ravager. Il fut alors fort incertain sur le parti qu'il devoit prendre, & après avoir long-temps balancé pour sçavoir s'il attaqueroit le Camp d'Avignon, ou s'il feroit le siége de Marseille, il se détermina à ce dernier parti, afin de pouvoir tirer des vivres par la Mer, lorsqu'il seroit maître de cette Ville. Mais ce fut inutilement qu'il fit attaquer la Place, elle se défendit si vigoureusement qu'il perdit une partie de son armée, tant par la maladie qui se mit dans son Camp que par les fréquentes sorties que faisoient les Assiégés. Il n'avoit alors d'autre parti à prendre pour finir glorieusement cette C-mpagne, que de forcer le Camp d'Avignon. Il fit pour cet effet la revûe de son armée ; mais l'ayant vû diminuée de plus de moitié, il songea promptement à la retraite. François averti du dessein de l'ennemi fit attaquer son arriere-garde. Charles perdit en cette occasion plus de deux mille hommes,

(60) Le Pere Daniel.

Marginalia: DE LA FRANCE. FRANÇOIS I. LV. ROI. 1536. Charles-Quint entre en Provence avec une nombreuse armée.

{{MARGIN}}
DE LA FRANCE.

FRANÇOIS I.
LV. ROI.
Il est obligé de repasser honteusement les Alpes.

Entrée des ennemis en Picardie.

Succès des François dans le Piémont.

1537.

Trêves.

1538.
{{/MARGIN}}

& repassa les Alpes couvert de confusion. Tel fut le succès de cette grande expédition, dont Charles-Quint esperoit tirer tant de gloire. Il s'étoit vanté d'aller jusqu'à Paris & de se rendre maître de tout le Royaume, en montrant seulement sa personne. On ne parloit dans son armée que des présens qu'il feroit à ses Officiers, des Charges, des Terres & des Gouvernemens qu'il devoit donner. On délibera si on le suivroit jusqu'en Italie ; mais les nouvelles que François I. reçut de la Picardie, l'obligerent à porter ses forces de côté-là.

Le Comte de Nassau & Adrien de Croy étoient entrés en Picardie dans le même temps que l'Empereur étoit passé en Provence. La prise de la Ville de Guise leur avoit facilité les moyens de faire le siége de Peronne. Le Maréchal de la Marck, qui commandoit dans cette Place s'y défendit avec tant de courage qu'après avoir soutenu quatre assauts, il obligea les Impériaux à lever le siége. Cette même année Jacques V. Roi d'Ecosse leva une armée pour venir au secours du Roi, quoiqu'il n'en eût point été prié. Il fut reçu en France avec tous les honneurs & toute la reconnoissance que méritoit un si rare exemple de générosité. Le Roi lui accorda en mariage la Princesse Magdeleine sa fille : les nôces se célébrerent à Paris au mois de Janvier.

Cependant Turin avoit été délivré & plusieurs Places de Piémont s'étoient rendues aux François. L'Empereur qui avoit repassé les Monts n'étant plus en état de s'opposer à leurs progrès, tenta inutilement de soulever contre eux les Princes d'Italie. N'ayant pû réussir dans ses desseins, & craignant que François I. ne le vînt attaquer, il se rendit à Génes où il s'embarqua pour passer en Espagne. Le Duc de Savoye se voyant ainsi abandonné de l'Empereur, se retira à Nice. La guerre continua cependant dans le Piémont entre les François & les Impériaux ; mais les succès furent peu considérables le reste de la Campagne.

L'année suivante le Roi fit déclarer au Parlement l'Empereur déchu des Comtés de Flandre & d'Artois, comme ayant violé le Traité de Cambrai. Après cette déclaration il se mit de bonne heure en campagne, & surprit plusieurs Places, dont quelques-unes furent aussi-tôt reprises par les Impériaux. Les deux Partis étoient prêts à en venir aux mains, lorsque Marie Reine douairiere de Hongrie, sœur de l'Empereur & Gouvernante des Pays-Bas, fit proposer une suspension d'armes. Elle fut acceptée & signée pour dix mois ; mais seulement pour les Frontieres des Pays-Bas & de la Picardie. Le Roi n'ayant plus rien à craindre de ce côté-là, résolut de passer en Piémont où la mésintelligence de ses Généraux avoit empêché le succès de ses armes. Le Maréchal de Montmorenci qu'il envoya devant lui, força le Pas de Suze au mois d'Octobre, & se rendit maître de la Ville & du Château. Le Dauphin d'un autre côté s'empara de plusieurs Places, & poursuivit le Général Autrichien qu'il avoit contraint d'abandonner Pignerol & de passer le Pô. Sur ces entrefaites le Roi arriva à Carignan : ce Prince avoit dessein d'assiéger Quiers, lorsque l'Empereur fit proposer une trêve générale pour trois mois. On employa ce temps à diverses négociations pour en venir à une paix solide ; mais comme on ne put s'accorder sur ce qui regardoit le Milanez, on convint de prolonger la trêve jusqu'au mois de Juin 1538. Le défaut d'argent, & les progrès de

Soliman avec lequel François I. avoit fait une Ligue contre l'Empereur, obligerent ce Prince à songer à la paix. Paul III. profitant des conjonctures offrit sa médiation, & engagea les deux Monarques à prolonger la tréve pour dix ans. Pendant ces dernieres Conférences qui s'étoient tenues à Nice, le Roi & l'Empereur ne se virent point, & le Pape fut obligé de traiter avec eux séparément. Mais quelques jours après la conclusion du Traité, Charles ayant été forcé par un vent contraire de relâcher à l'Isle de Sainte-Marguerite, il envoya à Avignon, où le Roi étoit alors, lui proposer une entrevûe. François accepta avec plaisir l'offre que lui faisoit l'Empereur, & ils se donnerent réciproquement des marques de confiance & d'amitié. Elles étoient si sinceres de la part de François I. que ce Prince refusa de soutenir les Gantois qui s'étoient révoltés contre l'Empereur, & qu'il accorda même à ce Prince le passage sur ses Terres, pour aller punir les Rebelles. Il fut cependant la dupe de sa bonne foi & de sa confiance aux paroles de Charles-Quint; car l'Empereur étant arrivé aux Pays-Bas, refusa de donner au Roi l'investiture du Milanez qu'il lui avoit promis en reconnoissance du passage que ce Monarque vouloit bien lui accorder.

Le Roi ne tarda pas à avoir de nouveaux sujets de plaintes contre Charles. Le Marquis de Guast qui commandoit en Italie les troupes de l'Empereur fit attaquer sur le Pô un Batteau qui portoit deux Gentilshommes que le Roi envoyoit à la République de Venise. Le Roi irrité d'un tel attentat résolut de s'en venger; mais ce ne fut que l'année suivante qu'il déclara la guerre à l'Empereur. Ce Prince revenoit d'Afrique, d'où il ramenoit à peine le quart d'une nombreuse armée, qu'il avoit conduit dans ce Pays. François attaqua en même temps l'Empereur par deux côtés opposés. Le Dauphin & le Maréchal d'Annebaut marcherent en Roussillon, & le Duc d'Orléans eut ordre de se rendre dans le Luxembourg. Les succès y furent rapides, & en peu de temps le Duc d'Orléans se vit maître de tout le Duché, à l'exception de Thionville. Ce Prince auroit pû faire de plus grandes conquêtes, si un courage imprudent ne l'eût porté à quitter le Luxembourg, pour se rendre dans le Roussillon, où il avoit appris qu'il devoit y avoir une bataille. On étoit encore devant Perpignan qui se défendoit depuis près de deux mois, & qu'il fallut enfin abandonner. Le Roi apprit en même temps que les ennemis avoient repris la Ville de Luxembourg; de sorte que cette Campagne n'eut pas les succès qu'on en avoit attendu. La suivante ne fut pas plus favorable, si ce n'est que le Roi obligea l'Empereur de lever le siége de Landreci, & que le Duc d'Orléans fit la conquête du Luxembourg avec la même facilité qu'il l'avoit fait l'année précédente.

L'Empereur avoit alors suscité un nouvel ennemi à la France, je veux dire Henri VIII. Roi d'Angleterre. Quoique Charles eût de grands sujets de haine contre le Roi d'Angleterre, sa politique le porta à signer une Ligue avec ce Prince contre la France. Cependant François I. continuoit toujours la guerre en Piémont. Il envoya le Comte d'Anguien pour se joindre aux Turcs, afin de faire le siége de Nice. Mais cette armée combinée ne put s'emparer que de la Ville, & le Château se défendit si vaillament qu'on ne put s'en rendre Maître.

L'alliance que le Roi avoit faite avec les Turcs, indisposa tellement les

DE LA FRANCE.

FRANÇOIS I. LV. ROI.

Mauvaise foi de Charles-Quint.

1539.

1540.

1541.

La guerre recommence en Italie, dans les Pays-Bas & dans le Roussillon.

1542.

1543.

DE LA FRANCE.

FRANÇOIS I.
LV. ROI.

1544.

Bataille de Cerisoles où les Impériaux sont défaits.

Princes d'Allemagne contre ce Monarque, qu'ils consentirent à lui déclarer la guerre au nom de l'Empire, & à fournir à l'Empereur une armée de vingt-quatre mille hommes de pied & de quatre mille chevaux: François se trouvoit alors un grand nombre d'ennemis sur les bras, & il ne se voyoit guéres en état de pousser plus avant ses conquêtes en Italie, lorsque le Comte d'Anguien après avoir pris Carmagnole & investi Carignan, battit les ennemis à platte-couture auprès de Cerisoles. Ce grand succès auroit eu des suites très-avantageuses pour la France, si le Roi n'eût pas été forcé de faire venir en Picardie une grande partie de cette armée victorieuse. Henri VIII. qui étoit débarqué à Calais, avoit ordonné au Duc de Norfole de mettre le siége devant Montreuil, tandis qu'il feroit celui de Boulogne. L'Empereur de son côté assiégea & prit Luxembourg, ainsi que la Ville de Commerci & Ligni en Barois. Il attaqua ensuite Saint-Disier, Ville mal fortifiée, mais que Louis de Beuil Comte de Sancerre défendit si courageusement que l'Empereur fut sept semaines devant la Place sans pouvoir s'en emparer. Le Comte de Sancerre se trouvant enfin obligé de capituler, en obtint le consentement du Roi, & rendit la Ville à l'Empereur. Charles-Quint quoique Vainqueur, commençoit à se trouver fort embarrassé pour faire subsister son armée. Il écouta alors les propositions de paix qu'on lui fit, & les Conférences furent indiquées pour ce sujet à la Chaussée entre Châlons & Vitri ; mais il n'y eut point de suspension d'armes. La paix fut retardée par les intrigues de la Duchesse d'Estampes, maîtresse de l'esprit & du cœur du Roi, & qui favorisoit le Duc d'Orléans. Charles avoit promis de donner sa fille ou sa petite fille en mariage au Duc d'Orléans, & de lui céder en conséquence le Milanez ou les Pays-Bas avec les Comtés de Bourgogne & de Charolois ; mais aux conditions que le Roi renonceroit pour lui & pour ses Successeurs aux droits qu'il avoit sur le Milanez & sur le Royaume de Naples. Le Dauphin regardant cette renonciation comme préjudiciable à ses intérêts, trouva moyen de faire rompre les Conférences. Il étoit appuyé par Diane de Poitiers qui mettoit tout en usage pour empêcher les effets des brigues de la Duchesse d'Estampes. Cette Dame intéressée à faire réussir ce qu'elle avoit entrepris en faveur du Duc d'Orléans, livra à l'Empereur Château-Thierri, où il trouva des magasins considérables, dont son armée avoit grand besoin. Cette nouvelle inquiéta d'autant plus le Roi, que l'Empereur après la prise de Château-Thierri s'avança jusques dans le Soissonnois, & sembloit menacer Paris. D'un autre côté Montreuil ne pouvoit plus long-temps se défendre, & Boulogne étoit prête à subir la Loi du Vainqueur. François I. se crut alors perdu : il dépêcha promptement vers l'Empereur, pour l'engager à reprendre les Conférences. Charles qui avoit déja consommé les vivres qu'il avoit trouvés à Château-Thierri, se voyoit dans le même embarras où il étoit auparavant ; de sorte qu'il consentit à entrer en négociation. Elles furent terminées par un Traité qui fut conclu à Crépi en Valois. Le Roi par ce Traité fit les mêmes renonciations qui avoient été proposées dans les Conférences de la Chaussée ; mais tout ce qui avoit été pris de part & d'autre depuis la tréve de Nice, fut réciproquement rendu.

Traité de paix avec Charles-Quint.

Le Roi d'Angleterre qui s'étoit enfin emparé de Boulogne, par la lâcheté du Gouverneur, refufa d'entrer dans le Traité, afin de n'être point obligé de rendre cette Ville ; de forte que la guerre continua avec les Anglois. Henri VIII. n'ayant pû fe rendre maître de Montreuil par la vigoureufe réfiftance du Maréchal du Biez, ordonna au Duc de Norfolk de lever le fiége, d'autant plus que la faifon étoit extrêmement avancée. Cependant il ne s'étoit rien paffé de confidérable en Piémont, où les Puiffances belligerentes avoient laiffé peu de troupes. Le Dauphin peu fatisfait de la paix qu'on venoit de conclure, protefta en préfence des Notaires contre tout ce qui s'étoit paffé à Crépi ; mais cette proteftation devint inutile par la mort du Duc d'Orléans qui arriva le 8 de Septembre.

Le Roi qui n'avoit plus alors d'ennemis que les Anglois, réfolut de pouffer vivement la guerre, & de les attaquer par terre & par mer. Il envoya pour cet effet des troupes en Ecoffe pour feconder les efforts des Ecoffois qui étoient entrés en Angleterre, & fit équiper à Harfleur une Flotte confidérable. Il fit en même temps venir d'autres troupes du Piémont fous les ordres du Baron de la Garde. Ce Général dans fon paffage réduifit en cendres Cabrieres petite Ville du Comtat & Merindol gros Bourg de Provence voifin du Comtat. Cette expédition cruelle fe fit pour punir les Habitans de ces lieux, qui étoient infectés de l'erreur des Vaudois, & qu'on accufoit d'avoir deffein de furprendre Marfeille (61). La Flotte Françoife étant entiérement équipée l'Amiral d'Annebaut mit à la voile, & alla chercher les Anglois qui étoient à la vûe de l'Ifle de Vight. Il fit tout ce qu'il put pour les attirer au combat ; mais les Anglois perfiftant à refter dans leur pofte, il les canonna d'abord fort long-temps, & les fit enfuite attaquer par fes Galeres à la faveur d'un grand calme. Un des plus gros Vaiffeaux ennemi fut coulé à fond & l'Amiral fut fort maltraité. Le vent qui s'éleva obligea les Galeres de fe retirer, & elles le firent fans être pourfuivies des Anglois. D'Annebaut n'ayant pu forcer les ennemis au combat, fit une defcente dans l'Ifle de Vight qu'il ravagea. Après cette expédition, il mit à la voile & ramena fa Flotte au Havre. Les Anglois ne furent pas plus heureux fur terre : ils furent battus près de Boulogne & on leur enleva la Terre d'Oye. Ces défavantages & ceux qu'ils eurent l'année fuivante engagerent Henri VIII. à faire la paix. Elle fut conclue le 7 de Juin auprès d'Ardres. Henri s'engagea à rendre Boulogne, & François promit de lui payer huit cens mille écus en forme de dédommagement.

François ne furvécut à cette paix que quelques mois ; car il mourut à Rambouillet le 31 de Mars dans la cinquante-troifiéme année de fon âge, & la trente-troifiéme de fon régne. Son corps eft enterré à Saint-Denys. Il eut fept enfans de la Reine Claude fa premiere femme, trois fils & quatre filles ; fçavoir, François Dauphin né en 1517, mort le 12 d'Août 1536 ; Henri né à Saint-Germain-en-Laye le 31 Mars 1518, & qui lui fuccéda ; Charles Duc d'Orléans né en 1521, mort en 1545 ; Louife & Charlotte mortes au berceau ; Magdeleine mariée à Jacques V. Roi d'Ecoffe, morte peu après fon mariage ; Marguerite qui époufa Emmanuel-Philibert Duc de Savoye. François n'eut point d'enfans de fon fecond mariage avec Eléonore d'Autriche. Ce Monarque fit en 1539 une Ordonnance, portant

(61) Voyez les Mémoires de l'Académie des Belles-Lettres. Tome XVIII. page 375.

DE LA FRAN-
CE.

FRANÇOIS I,
LV. ROI.

que tous les Arrêts feroient rendus en François & non autrement. Le 5 Décembre 1541, il rendit un Edit qui a donné l'origine au Bureau des Tréforiers de France. Ce fut aussi ce Prince qui rendit venales les Charges de la Judicature pour se procurer de l'argent, afin de soutenir les longues guerres qu'il fit contre Charles-Quint. Ce fut sous le regne de ce Prince que fut convoqué le Concile de Trente contre les erreurs de Luther, de Zuingle & de Calvin. Il avoit été indiqué à Mantoue dès l'an 1537 : ensuite à Vicence & enfin à Trente, où il commença le 13 de Décembre 1545.

HENRI II.
LVI. ROI.

Henri II. fut proclamé Roi le même jour que son pere mourut, & fut sacré le 26 de Juillet par l'Archevêque Charles de Lorraine. Les deux derniers Traités de paix que François I. avoit faits, laissoient jouir la France d'un repos dont elle avoit souvent été privée ; mais il ne paroissoit pas qu'elle pût être durable. Les Anglois ne rendoient point Boulogne comme on en étoit convenu, & Charles-Quint vainqueur des Princes Allemands, se souvenoit que la France l'avoit beaucoup traversé dans cette guerre. Ainsi tout sembloit annoncer une rupture prochaine. Le Roi pour se mettre en état de résister à ces deux ennemis, commença par s'attacher les Ecossois en faisant venir en France Marie Stuart héritiere de la Couronne d'Ecosse qu'il fit épouser dans la suite à François Dauphin, lorsque la Princesse fut nubile. Il parcourut en même temps toutes les Frontieres du Royaume & les mit en état de défense. Pendant qu'il faisoit tous ces préparatifs, il s'éleva une révolte dans l'Angoumois, la Saintonge, le Périgord, l'Agenois, le Limousin, la Gascogne, le Poitou & la Guienne. Elle avoit été

1548.

occasionnée par quelques violences commises de la part de ceux qui étoient chargés de recevoir les Impôts. Elle n'eut pas de suite, & la présence du Connétable Anne de Montmorenci qui se rendit dans ces Provinces à la tête de onze mille hommes, rétablit bientôt le calme. Les plus coupables des séditieux furent punis de divers supplices.

1549.
Reddition de
Boulogne.

Ces troubles étant appaisés, le Roi envoya une armée dans le Boulonois ; mais on ne put se rendre maître que de quelques postes qui défendoient Boulogne, & les pluies d'Automne ayant empêché qu'on ne fît le siége de cette Place, on se contenta de la bloquer. Elle fut serrée de si près qu'Edouard VI. Roi d'Angleterre consentit à rendre la Place aux premieres conditions que François I. avoit acceptées. Le Roi d'Ecosse fut compris dans ce Traité ; & Edouard promit de ne point attaquer les Ecossois à

1550.

moins qu'ils ne lui donnassent de nouveaux sujets de plainte. Ce Traité est du 24 Mars 1550.

1551.
Henri déclare la
guerre à Charles V.

Henri ayant heureusement terminé l'entreprise qu'il avoit formée contre les Anglois, ne s'occupa plus que des moyens de se venger de tout ce que son pere avoit eu à souffrir de la part de l'Empereur. Il ne fut pas longtemps sans trouver occasion de lui faire la guerre. Elle commença par l'Italie au sujet du Duché de Parme & de Plaisance. Ferdinand de Gonzague s'étoit emparé de ce dernier Duché depuis la mort de Pierre-Louis Farnese massacré dans une sédition en 1547, & faisoit tous ses efforts pour se rendre maître du Parmesan. Les Farneses reçurent les troupes Françoises dans les Places de leurs dépendances. Charles de Cossé Comte de Brissac

Gouverneur du Piémont-François, se mit en campagne à la fin du mois d'Août, & enleva aux Impériaux Quiers, Saint-Damien & quelques autres Forteresses. Ces conquêtes obligerent Ferdinand de Gonzague à se retirer vers Milan pour couvrir cette Ville. Jules III. qui étoit alors sur la Chaire de Saint Pierre fut allarmé des succès des François, d'autant plus que l'Empereur ne pouvoit envoyer de grands secours en Italie, parce qu'il étoit occupé en Allemagne contre les Princes Protestans, & qu'il avoit appris que le Turc armoit contre lui. Le Pape fit proposer à Henri une suspension d'armes. Le Roi y consentit, & la tréve fut conclue pour deux ans. Les principales conditions étoient; » Qu'Octave Farnese resteroit en » possession de Parme pendant ce temps-là, après lequel il lui seroit libre » de traiter avec le Pape, comme il jugeroit à propos; que la Principauté de » Castro seroit remise entre les mains des deux Cardinaux Farnese : Que le » Roi révoqueroit la défense qu'il avoit publiée du Commerce de la France » avec Rome pour les Bénéfices & pour les autres affaires Ecclésiastiques ; » enfin que si l'Empereur vouloit être compris dans le Traité, on ne feroit » plus aucune hostilité sur ses Terres de ce côté-là. » L'Empereur contraint de céder aux circonstances accéda à ce Traité, & la paix fut rétablie dans ces Contrées.

Comme cette tréve ne regardoit que l'Italie, elle n'empêcha pas le Roi de faire un Traité avec les Princes Allemands, & plus particuliérement avec Maurice Duc de Saxe. Ce Prince ambitionnoit de se faire Chef du Parti Protestant, & avoit profité, pour en venir à son but, de l'animosité des autres Princes Allemands que l'Empereur avoit traités avec trop de rigueur. Le Traité fut signé le 5 d'Octobre & fut ratifié à Chambor le 15 de Janvier suivant. En conséquence le Roi se saisit de Toul, de Verdun & de Metz; mais il ne put se rendre maître de Strasbourg qui étoit bien défendue ; d'ailleurs les Suisses députerent vers ce Monarque pour le prier d'épargner cette Ville. Le dessein de Henri étoit de passer le Rhin & de pénétrer en Allemagne : il en fut empêché par les Allemands qui le supplierent de ne pas aller plus avant. Le Roi ne voulant point choquer les Princes Allemands, rentra dans la Lorraine & marcha contre Martin Rossem Général de l'Empereur, qui ravageoit la Champagne : à son arrivée les Impériaux se retirerent dans le Luxembourg. Henri les poursuivit, fit à son tour le dégât dans cette Province, & se rendit maître de plusieurs Places.

Cependant l'Electeur de Saxe étoit venu à bout de ses desseins : il avoit forcé l'Empereur à accorder aux Princes d'Allemagne la liberté de conscience, & l'on avoit conclu à Passau un Traité par lequel ils avoient obtenu tout ce qu'ils desiroient. L'Empereur voulant se venger de ce que le Roi avoit pris le parti de ses ennemis, entra en France à la tête d'une armée de cent mille hommes & mit le siége devant Metz. Les attaques commencerent le 22 Octobre ; mais la Ville fut si bien défendue par le Duc de Guise, que l'Empereur fut contraint de lever le siége sur la fin de Décembre, après avoir perdu plus de trente mille hommes (62). Les Impériaux ne furent pas

(62) Ce fut à ce sujet qu'on fit le Vers suivant, dont toute la pensée ne consiste que dans un jeu de mots.
Siste viam Metis, hæc tibi meta datur.

De la France.

Henri II. LVI. Roi.

1553.

plus heureux en Picardie, où l'on reprit toutes les Places dont ils s'étoient emparés, & le Maréchal de Brissac continua la guerre avec succès en Piémont, tandis que M. de Termes remportoit de grands avantages sur les Impériaux dans le Pays de Siennes & dans l'Isle de Corse. L'Empereur n'ayant pû emporter la Ville de Metz, crut réparer l'affront qu'il avoit reçu devant cette Ville, en prenant & en faisant raser celle de Terouenne, qui n'a jamais été rebâtie depuis. Le Roi pour s'opposer aux Impériaux marcha à la tête de soixante mille hommes ; mais avec une si nombreuse armée il ne fit rien de considérable, parce que la saison étoit trop avancée.

1554. Ses conquêtes dans les Pays-Bas.

Sur ces entrefaites Edouard VI. (IX.) Roi d'Angleterre étant mort, Marie fille de Henri VIII. & de Catherine d'Aragon, monta sur le trône. Cette Princesse qui faisoit profession de la Religion Catholique avoit besoin d'être appuyée de quelque Prince qui fût de sa même Communion, afin d'être en état de résister aux différens partis qui se formoient contre elle. Ces circonstances l'engagerent à épouser Philippe II. fils de Charles-Quint. Henri II. appréhendant que cette alliance ne devînt funeste à son Royaume, envoya trois Corps d'armées dans les Pays-Bas sous les ordres du Prince de la Roche-sur-Yon, du Connétable & du Duc de Nevers. Ces troupes qui étoient entrées de bonne heure en campagne la commencerent par la prise de plusieurs Villes. Le Roi s'étant mis quelque temps après à la tête de son armée, prit Bouvines, Dinan & fit le dégât dans tout le Pays. Ce Monarque alla ensuite assiéger Renti, afin de forcer l'Empereur à accepter le combat. Charles-Quint songeoit alors à se rendre maître du Bois de Renti pour attaquer le Camp des François ; mais le Duc de Guise, le plus grand Capitaine de son siécle, ayant pénétré les desseins de l'Empereur, envoya trois cens Arquebusiers dans le bois, & fit ranger en bataille la troupe qu'il commandoit. Les Arquebusiers furent bientôt forcés de sortir du Bois, & les Impériaux ayant paru, le Duc de Guise les attaqua & les pressa vivement. Cependant l'Infanterie du Camp du Roi étant arrivée, les ennemis furent enfoncés de toutes parts, & il en périt deux mille en cette occasion. L'Empereur craignant que cette déroute ne devînt générale fit retirer les troupes qui étoient le moins avancées, & fit faire pendant la nuit des retranchemens autour de son Camp, de peur que les François ne le vinssent attaquer le lendemain. Cette victoire fit tant de plaisir au Roi, qu'il ôta de son col le Collier de l'Ordre pour en honorer le Duc de Guise. Henri malgré l'avantage qu'il venoit de remporter leva le siége de Renti, & l'Empereur ne jugea pas à propos de l'inquiéter dans sa retraite.

Mauvais succès en Toscane.

La joie que la défaite des Impériaux avoit donnée au Roi fut bientôt troublée par la nouvelle qu'il reçut du mauvais succès de ses armes en Toscane. Son armée commandée par le Maréchal de Strozzi, habile Capitaine, mais peu heureux dans ses entreprises, avoit été battue le 3 Août par le Marquis de Marignan, dit le Medequin, Général des troupes Espagnoles. Cette déroute avoit été suivie du siége de Sienne où commandoit de Montluc. La valeur de cet Officier arrêta les ennemis pendant neuf mois devant cette Place & leur fit perdre la moitié de leur armée, & ce ne fut qu'à la derniere extrêmité que ce brave Commandant se rendit après avoir obtenu

tenu une des plus honorables Capitulations. Il refuſa de la ſigner, *ne vou-* DE LA FRAN-
lant pas, diſoit-il, *qu'on vît jamais le nom de Montluc ſouſcrit à une* CE.
Capitulation.
 Le Maréchal de Briſſac fut plus heureux en Italie : il ſurprit la Ville & HENRI II.
le Château de Verceil, & s'empara d'Yvrée, de Bielle & de Caſal. M. de LVI. ROI.
Termes d'un autre côté ſe ſoutenoit en Corſe malgré tous les efforts des
Génois. Cependant la guerre ſe faiſoit aſſez foiblement dans les Pays-Bas, 1555.
& il n'y eut rien de conſidérable que la priſe de cinq Vaiſſeaux Hollandois
par les Armateurs de Dieppe. On découvrit cette année ou l'année précédente, ſelon d'autres, une conſpiration formée par des Cordeliers pour livrer la Ville de Metz à l'Empereur. Mais la vigilance de François de Sce-
peaux Seigneur de Vieille-Ville ſauva la Place, & lui valut le Collier de
l'Ordre avec le Bâton de Maréchal.
 Sur ces entrefaites Charles-Quint convoqua une grande Aſſemblée à Bru- 1556.
xelles où il ſe démit de la Couronne d'Eſpagne en faveur de Philippe II. ſon
fils. Comme il vouloit lui procurer la paix au commencement de ſon regne,
il fit propoſer au Roi de ſigner une tréve. Henri ſe trouva embarraſſé par
cette propoſition, parce qu'il avoit conclu une Ligue ſecrette avec Paul IV.
alors ſur la Chaire de Saint Pierre. Ce Souverain Pontife l'avoit engagé à
tenter avec lui conjointement la conquête du Royaume de Naples, & le Roi
s'étoit rendu aux inſtances du Pape, malgré les ſages remontrances du Connétable de Montmorenci & du Cardinal de Tournon. Le Duc de Guiſe & le
Cardinal de Lorraine furent les ſeuls qui le porterent à écouter les propoſitions du Pape. Henri croyant ſe tirer de l'embarras où la demande
de l'Empereur l'avoit jetté, lui fit ſçavoir qu'il ne ſigneroit la tréve
qu'aux conditions que chacun demeureroit en poſſeſſion de ce qu'il tenoit
alors. L'Empereur qui ſentoit la néceſſité de cette tréve conſentit à tout
ce que le Roi voulut ; de ſorte qu'elle fut ſignée le 5 de Février à l'Abbaye de Vaucelles auprès de Cambrai. Le Pape ayant appris cette nouvelle, envoya en France le Cardinal Carafe pour engager le Roi à rompre
la tréve. Ce Cardinal négocia avec tant d'adreſſe que Henri conſentit à
attaquer les Eſpagnols, ſous prétexte que le Duc d'Albe avoit rompu le
premier la tréve dans laquelle le Pape étoit compris, en ſe rendant maître
de Ponte-Corvo & de Freſinone. Le Duc d'Albe avoit été forcé à agir de
la ſorte, pour ſe venger de l'inſulte que le Pape avoit faite à l'Empereur,
en arrêtant un de ſes Meſſagers & Jean-Antoine de Taxis Général de ſes
Poſtes.
 En conſéquence de ces hoſtilités la guerre fut réſolue, & le Duc de 1557.
Guiſe paſſa en Italie avec une armée de vingt mille hommes. Il n'y fit
aucun exploit mémorable ; parce qu'il fut mal ſecondé par le Pape, & que
le Duc d'Albe eut le temps de recevoir des renforts conſidérables, & de mettre
de bonnes Garniſons dans les Places frontieres. Le Duc de Guiſe n'étant pas
en état de tenir la Campagne envoya demander de nouveaux ſecours en
France ; mais on n'étoit pas en état de lui en fournir.
 Marie Reine d'Angleterre avoit déclaré la guerre à Henri, & le Duc de Guerre dans les
Savoye à la tête de l'armée Eſpagnole avoit inveſti la Ville de Saint-Quen- Pays-Bas.
tin, dans laquelle l'Amiral de Coligni avoit trouvé moyen de ſe jetter. Le

Tome I. Partie II.   I i *

DE LA FRANCE.

HENRI II. LVI. ROI.

Bataille de St-Quentin, dans laquelle les Anglois sont vainqueurs.

Connétable de Montmorenci, contre l'avis du Maréchal de Saint-André, voulut faire entrer de nouvelles troupes dans la Place. Le Comte d'Egmont lui coupa la retraite, & l'ayant attaqué il le vainquit & le fit prisonnier. La France étoit alors perdue si les ennemis profitant de leur victoire fussent venus jusqu'à Paris. Mais Philippe II. ne voulut point s'exposer à pénétrer dans le Royaume avant la prise de la Ville, & la vigoureuse défense de l'Amiral, qui soutint encore l'effort des ennemis pendant dix-sept jours, donna le temps au Roi de munir ses Places de bonnes garnisons. Ainsi la perte de cette Bataille n'eut d'autres suites funestes que la prise du Câtelet, de Noyon, de Chauni & de Ham.

La guerre des Pays-Bas obligea le Roi d'abandonner celle qu'il avoit entreprise en Italie, d'en rappeller le Duc de Guise & de faire revenir quelques troupes du Piémont, où le Duc de Brissac avoit continué de faire quelques conquêtes. L'arrivée du Duc de Guise obligea le Baron de Poleville qui étoit campé autour de Bourg avec une armée de vingt mille hommes d'abandonner la Bresse, & rompit les desseins que ce Général ennemi avoit formés sur Lyon, où il avoit des intelligences secretes. Ces succès furent suivis d'autres plus considérables. Le Duc de Guise ayant été déclaré Lieutenant Général du Royaume, assembla promptement autant de troupes qu'il lui fût possible, & se rendit en Picardie. Après plusieurs marches & contre marches il rabbatit tout d'un coup sur Calais, & mit le siége devant cette Place le premier de Janvier. Le huitième jour il emporta la Citadelle, & la Ville fut aussi-tôt obligée de capituler (63). Plusieurs autres Places eurent le même sort, & le Duc de Guise eut la gloire de chasser en moins de trois semaines tous les Anglois du Royaume. Sur la fin du mois suivant, François Dauphin épousa à Paris Marie Stuard Reine d'Ecosse, & prit le titre de Roi d'Ecosse. Ce mariage fut un nouvel appui pour les Princes de la Maison de Guise, dont la Reine Dauphine étoit niece, & la Reine Régente d'Ecosse la sœur. Les Guises commencerent alors à ruiner le parti du Connétable de Montmorenci, & nous les verrons dans la suite jouer un des plus grands rolles dans l'Histoire. Le reste de la Campagne ne fut pas moins favorable aux François que le commencement l'avoit été ; car tandis que d'un côté le Duc de Guise s'emparoit de Thionville, le Maréchal de Termes, Gouverneur de Calais, se rendit maître de Mardick, de Dunkerque & de Berg-Saint-Vinox ; mais après de si heureux succès ce Maréchal fut battu le 13 de Juillet près de Gravelines, & fait prisonnier par le Comte d'Egmont Général des Espagnols. Cette défaite obligea le Duc de Guise à abandonner le Luxembourg & à se rapprocher de la Champagne & de la Picardie pour couvrir ces deux Provinces. Sur ces entrefaites les Anglois firent une descente à l'extrémité de la Basse-Bretagne ; mais les Milices de la Province s'étant assemblées, on les força bientôt à rentrer dans leurs Vaisseaux avec perte de plus de six cens hommes.

1558.

Prise de Calais par le Duc de Guise.

Cependant les Espagnols s'étant avancés jusqu'à Dourlens, le Duc de

---

(63) Edouard III. Roi d'Angleterre n'avoit pû prendre cette Place qu'après onze mois de siége, & les Anglois s'y étoient maintenus pendant deux cens dix ans. Ils avoient mis une Inscription sur une des portes : *Les François reprendront Calais quand le plomb nagera sur l'eau comme le liége.*

Guife alla camper aux environs d'Amiens, & il y avoit tout lieu de penfer qu'on étoit à la veille d'une bataille, lorfqu'on commença à traiter férieufement de la paix. Le Connétable avoit été chargé par le Confeil de la Ducheffe de Valentinois de faire des propofitions au Roi d'Efpagne, & ce Monarque qui defiroit ardemment paffer en Efpagne, confentit d'abord à une tréve. Sur ces entrefaites Marie Reine d'Angleterre étant morte, & Elizabeth étant monté fur le trône, Philippe II. fe prêta plus volontiers à la paix, & elle fut conclue d'abord avec l'Angleterre, aux conditions que la Ville de Calais refteroit à la France pendant huit ans, après lequel temps cette Ville devoit retourner aux Anglois, pourvû que pendant l'efpace de ces huit années Elizabeth n'entreprît rien contre la France ou contre l'Ecoffe. Cette Princeffe n'ayant point obfervé cette condition, Calais eft demeuré aux François. Le lendemain les Efpagnols fignerent auffi un Traité, & l'on convint que tout ce qui avoit été pris de part & d'autre feroit reftitué. On compta jufqu'à deux cens Villes & Foreterreffes que le Roi rendit ; mais la plûpart de ces Places n'étoient que de petits Châteaux qu'il auroit été fort incommode de conferver. Elifabeth fille aînée du Roi fut en même temps accordée en mariage à Philippe II. qui l'époufa par Procureur le 27 de Juin. La Princeffe Marguerite fœur de Henri fut promife à Emmanuel Philibert Duc de Savoye qui recouvra ainfi fes Etats par ce Traité & ce Mariage. Le Roi conferva cependant Turin, Pignerol, Quiers, Chivas & Villeneuve-d'Aft, jufqu'à ce que les prétentions qu'il avoit fur les Etats de Savoye, en vertu des droits de Louife de Savoye mere de François I. euffent été examinés (64).

> DE LA FRANCE.
> HENRI II. LVI. ROI.
> 1559.
> Paix du Câteau Cambrefis le 2 Avril.

Après ces divers arrangemens on fongea à célébrer les deux mariages, & le Roi voulut que la cérémonie s'en fît avec toute la magnificence poffible, & ordonna un Tournois pour trois jours. Le Roi qui étoit extrêmement adroit voulut être du nombre des combattans & força le Comte de Montgomeri à rompre une lance contre lui. La vifiere du cafque du Roi s'étant ouverte un éclat de lance lui pénétra fi avant dans l'œil droit, qu'il fut bleffé mortellement. Cet accident fut caufe que le mariage du Duc de Savoye fe fit dans la Chambre du Roi, qui mourut le onzième jour de fa bleffure, c'eft-à-dire le 10 de Juillet, dans la quarante-uniéme année de fon âge, après un regne de douze ans. Son corps fut porté à Saint-Denys où la Reine lui fit dreffer un tombeau des plus fuperbes.

> Mariage des deux Princeffes de France.
> Mort tragique du Roi.

Ce Prince avoit d'excellentes qualités ; mais elles furent obfcurcies par l'afcendant que prit fur fon efprit Diane de Poitiers fous laquelle tout le monde étoit obligé de plier.

Henri avoit époufé, le 7 d'Octobre 1533, Catherine de Médicis niéce du Pape Clément VII., fille de Laurent de Médicis Duc d'Urbin. Il avoit eu de cette Princeffe François II. né le 19 de Janvier 1543 qui lui fuccéda; Louis d'Orléans né le 3 Février 1549, mort avant l'âge de deux ans ; Charles-Maximilien né le 27 de Juin 1550, qui regna fous le nom de Charles IX ; Edouard-Alexandre né le 21 de Septembre 1551 qui fut Roi de Pologne, & enfuite Roi de France fous le nom de Henri III ; Her-

(64) Le Pere Daniel.

<small>DE LA FRANCE.</small>

<small>HENRI II. LVI. ROI.</small>

cules Duc d'Alençon né le 18 de Mars 1554. Les filles de Henri furent Elizabeth née le 13 d'Avril 1545, mariée le 27 de Juin 1559 à Philippe II. Roi d'Espagne ; Claude née au mois de Novembre 1547, mariée le 5 de Février 1558 à Charles II. Duc de Lorraine ; Marguerite Duchesse de Valentinois née le 14 de Mai 1552, & mariée le 18 Août 1572 à Henri Roi de Navarre, & ensuite Roi de France, qui fit rompre son mariage l'an 1599 ; Victoire née le 24 de Juin 1556, morte le 17 Août suivant ; Jeanne sœur jumelle de Victoire, morte aussi-tôt après sa naissance.

<small>FRANÇOIS II. LVII. ROI.</small>

François II. étant monté sur le trône le 10 de Juillet, après la mort de son pere, fut sacré à Rheims le 19 de Septembre suivant. La foiblesse d'esprit de ce Prince, sa jeunesse, jointe à une mauvaise santé, furent des motifs trop puissans pour réveiller l'ambition & la jalousie des premiers de la Cour ; ce qui produisit tous les maux qui désolerent depuis la France.

<small>La Souveraine autorité entre les mains des Guises.</small>

Chacun prétendit au gouvernement de l'Etat. La Maison de Guise qui avoit eu beaucoup de crédit sous le dernier regne, voyoit son autorité plus affermie sous celui-ci, comme alliée de la Couronne par le mariage de Marie Stuard avec le Roi : les Princes de Bourbon d'un autre côté voyoient avec peine qu'on les vouloit priver d'un droit qui leur appartenoit si légitimement : enfin la Reine Mere employoit toutes sortes de ruses pour être à la tête des affaires. Elle s'unit aux Princes de Guise, dont le parti paroissoit le plus fort, & partagea avec eux l'administration du Royaume. Elle conserva la principale autorité, donna le commandement des armées au Duc de Guise & fit déclarer Premier Ministre le Cardinal de Lorraine frere de ce Duc. La Maison de Montmorenci se trouva entiérement abbatue par ce coup. Le Connétable fut obligé de se démettre de sa Charge & de se retirer. On éloigna en même temps de la Cour Antoine de Bourbon Roi de Navarre, Premier Prince du Sang, & le Prince de Condé son frere. Le premier fut envoyé en Espagne pour y conduire Elizabeth de France, & le second fut envoyé aux Pays-Bas pour ratifier le Traité de paix du Câteau Cambresis.

<small>Mécontentemens des Princes.

Troubles qu'ils occasionnent.</small>

Pendant l'absence du Prince de Condé, on donna au Maréchal de Brissac le Gouvernement de Picardie que le feu Roi avoit destiné au Prince. Cette préférence jointe aux autres sujets de mécontentement, le porterent à former un parti contre la Reine & contre les Guises. Le Roi de Navarre fit tout ce qu'il put pour engager son frere à ne rien précipiter ; mais ce fut inutilement. Le Prince de Condé d'un caractere fier & impétueux ayant assemblé de nouveau les Mécontens, les convainquit qu'il falloit éclater au plutôt, & que les retardemens leur deviendroient funestes. L'Amiral de Coligni qui étoit de ce conseil lui proposa de prendre le parti des Protestans, comme le seul & unique moyen de réussir dans une telle entreprise. Le Prince de Condé qui ne respiroit que la vengeance, consentit à tout & fut déclaré *Chef Muet* de ce complot ; Dandelot & le Vidame de Chartres furent chargés de conduire l'intrigue.

<small>1560.

Conjuration d'Amboise dissipée.</small>

Ils ne tarderent pas à mettre dans leurs intérêts un grand nombre de Seigneurs & de Gentilshommes ; mais celui qui les servit mieux fut un nommé Jean du Barri Seigneur de la Renaudie, homme adroit & prêt à tout entreprendre. Il passa en Angleterre, parcourut toutes les Provinces de la France, & rassembla un Corps de troupes assez considerable. Elles eurent ordre de se rendre secrettement le 6 de Mars dans le Blesois à la Fredonnier chez le Seigneur de ce Village. Le dessein des Conjurés étoit d'assassiner les Guises & d'enlever le Roi qui étoit à Blois. Le complot fut découvert : le Roi quitta Blois & se retira au Château d'Amboise. Cependant le Duc de Guise dressa plusieurs embuscades dans lesquelles les Conjurés tomberent tous. On en tua un grand nombre, parmi lesquels étoit la Renaudie, & le reste fut fait prisonnier. Ils ne furent point épargnés : une partie fût pendue aux crenaux & l'autre noyée dans la Riviere. La Bigne Sécrétaire de la Renaudie ayant déclaré qu'il avoit ouï dire que si les Rebelles pouvoient se rendre maîtres d'Amboise, le Prince de Condé se mettroit à leur tête, on donna des Gardes à ce Prince, & le Roi le menaça de lui faire faire son procès. Mais comme on appréhenda que sa mort n'occasionnât de nouveaux troubles, on lui rendit la liberté dont il profita pour se retirer auprès du Roi de Navarre. Le Roi par le conseil des Guises, qui voyoient leur autorité attaquée de toutes parts, fit un Edit, par lequel il ne décernoit peine que contre les Protestans qu'on pourroit convaincre de violence, de sédition ou de tenir des assemblées. Cet adoucissement n'empêcha pas les Huguenots de faire quelques mouvemens dans diverses Provinces du Royaume. Ils firent même une tentative sur Lyon, mais elle n'eut point d'effet. Le Roi qui vouloit mettre fin à tant de troubles, convoqua une Assemblée à Fontainebleau, & y invita le Roi de Navarre & le Prince de Condé ; mais ces deux Princes ne croyant pas pouvoir y venir en sûreté, refuserent de s'y rendre. On en fit l'ouverture le 21 d'Août en présence du Roi. L'Amiral eut la hardiesse d'y présenter une Requête, dont le contenu se réduisoit à demander pour les Calvinistes la liberté de conscience avec la permission de bâtir des Temples. Les Duc de Guise & le Cardinal de Lorraine s'éleverent beaucoup contre cette proposition qui avoit trouvé des Partisans dans cette Assemblée. Le Roi ne prit alors aucune résolution en apparence : il convoqua les Etats à Meaux pour le mois suivant, & déclara qu'en attendant on ne procéderoit point contre les Calvinistes, excepté contre ceux qui prendroient les armes. Les Guises n'étoient pas contens de la tenue des Etats, appréhendant que cette Assemblée ne portât quelque atteinte à leur autorité. Ils firent cependant tout ce qui dépendit d'eux, pour que le plus grand nombre des Députés fût de leurs Créatures. Ils obtinrent en même temps que les Etats se tiendroient à Orléans, afin de rompre les mesures du Bailli, qui avoit formé le dessein de livrer cette Ville aux Protestans.

Le Roi écrivit de nouveau au Roi de Navarre & à son frere de se trouver aux Etats : ces Princes étoient résolus de désobéir ; mais s'étant laissés vaincre par les représentations du Cardinal de Bourbon & du Maréchal de Saint-André, ils arriverent à Orléans le 31 d'Octobre. Le Roi les fit aussi-tôt arrêter, & nomma des Commissaires pour faire le procès au Prince de Condé. Il fut condamné à mort, & les Guises firent tout ce qu'ils purent pour faire executer l'Arrêt, mais la Reine Mere s'y opposa toujours. Le Roi qui étoit tombé malade sur ces entrefaites mourut d'un abcès dans la tête, le 5 de Décembre âgé de près de dix-sept ans, n'ayant régné que dix-sept mois. Ce Prince n'eut point d'enfans de Marie Stuard son épouse, elle quitta à regret la France l'année suivante pour retourner en Ecosse où elle arriva le 21 Août. Cette Princesse perdit la vie sur un échaffaut, le 8 ou le 18 de Février 1587, après dix-huit ans de prison, par un Jugement qui rendra à jamais odieuse la mémoire de la Reine Elizabeth.

DE LA FRANCE.

François II. étant mort sans enfans, Charles IX. son frere fut déclaré son successeur. Il n'avoit que dix ans & demi lorsqu'il monta sur le trône, & les circonstances présentes ne lui permettoient pas un regne plus tranquille que celui de son frere. La Religion étoit le voile dont les Grands couvroient leurs desseins ambitieux, & les troubles qui s'éleverent sous ce prétexte penserent causer la ruine de l'Etat. Les Factions étoient les mêmes que celles qui s'étoient formées sous le regne précédent : la Reine Mere vouloit conserver l'autorité & se faire déclarer Régente. Elle avoit engagé le Roi de Navarre à renoncer à ce titre, & c'étoit à cette condition qu'elle avoit fait rendre la liberté à son frere. Cette Princesse avoit en même temps mis le Connétable dans ses intérêts & l'avoit rappellé à la Cour. Elle n'avoit pas pour cela négligé l'appui de la Maison de Guise, elle les avoit même fait assurer qu'elle leur seroit toujours attachée.

CHARLES IX. LVIII. ROI.

Ayant ainsi disposé toutes choses, on ouvrit le 13 de Décembre les Etats à Orléans. La Reine y fut déclarée Régente malgré l'Amiral de Coligni qui vouloit faire tomber cette place au Roi de Navarre : ce Prince eut seulement la Lieutenance Générale du Royaume. On fit alors plusieurs propositions en faveur des Protestans ; mais il fut résolu qu'on en délibereroit dans la nouvelle Assemblée des Etats, qui devoit se tenir à Pontoise au mois de Mai prochain. Il y eut une Amnistie générale pour tout ce qui s'étoit passé, & le Roi défendit de faire aucune poursuite au sujet de la Religion.

Tenue des Etats.

Il se forma alors une espece de Triumvirat, qui fut composé du Duc de Guise, du Connétable de Montmorenci qui s'étoit racommodé sincérement avec lui, & le Maréchal de Saint-André, auteur de leur réunion. La Reine parut inquiéte de cette confédération, & flatta le Roi de Navarre pour l'empêcher de s'y joindre.

1561.
Sacre du Roi.
Requête du Roi de Navarre en faveur des Protestans.

Le 15 de Mai le Roi se rendit à Rheims, & il y fut sacré par le Cardinal de Lorraine, qui en étoit Archevêque. Quelque temps après le Roi de Navarre présenta une Requête en faveur des Protestans. Elle fut examinée au Parlement, & après diverses délibérations, on défendit sous peine de la vie toutes les Assemblées, & on ordonna de prêcher & d'administrer selon la maniere jusqu'alors usitée par l'Eglise Romaine. L'Edit qu'on donna ensuite au mois de Juillet à Saint-Germain-en-Laye étoit dressé sur cette décision ; mais la Reine y fit mettre quelques adoucissemens. L'Amiral & les Protestans en furent consternés. Le premier peu content de ce que la Reine avoit fait, voulut s'en venger en mettant de nouveau en délibération si la Reine devoit conserver la Régence. Cette Princesse en fut avertie : elle regagna l'Amiral en obtenant que les Protestans auroient permission de disputer contre les Catholiques, c'est ce qu'on appelle le *Colloque de Poissy*. L'ouverture s'en fit le 9 de Septembre dans le Réfectoire de l'Abbaye de Poissy en présence du Roi, de la Reine, des Princes du Sang, de plusieurs Seigneurs, de six Cardinaux, de quelques Archevêques &

Evêques. Claude d'Efpenfe, & d'autres Docteurs de Paris y affifterent pour le parti Catholique ; Théodore de Beze y porta la parole pour les Proteftans. Le Cardinal de Lorraine y fit briller fon éloquence & fon zéle pour la Religion. Les Calviniftes préfenterent une Profeffion de Foi, qui fut déclarée infuffifante, captieufe & hérétique par la Faculté de Paris. La Cenfure des Docteurs fut approuvée par l'Affemblée de Poiffy, & les Miniftres Proteftans ayant refufé de foufcrire une Formule Catholique, on rompit les Conférences, & l'on renvoya de nouveau les difputes des Proteftans au Concile de Trente.

DE LA FRANCE.
CHARLES IX, LVIII. Roi.

Ceux-ci perdirent peu de temps après un grand appui. Le Roi de Navarre follicité par le Légat, qui l'avoit flatté de l'efperance de rentrer dans fon Royaume, abandonna le parti Proteftant, & fe déclara même leur ennemi. La Reine qui jufqu'alors s'étoit maintenue contre le Triumvirat, commença à le redouter depuis que le Roi de Navarre s'y fut joint. Elle s'unit alors au Prince de Condé, & afin de fe l'attacher elle fit révoquer l'Edit de Juillet, & en fit donner un autre qu'on appella l'Edit de Janvier. Il accordoit aux Proteftans la permiffion de tenir des Prêches dans les Fauxbourgs des Villes, à condition qu'ils rendroient aux Catholiques les Eglifes dont ils s'étoient emparés. Ce fut alors que le nombre des Proteftans s'augmenta beaucoup, & que le Calvinifme fit de grands progrès.

Edits au fujet des Proteftans.

1562.

Le Légat & l'Ambaffadeur d'Efpagne forcerent le Roi de Navarre à folliciter la Reine pour faire fortir de la Cour les Coligni ; mais elle n'y voulut confentir qu'à condition que le Cardinal de Lorraine, le Duc de Guife & le Maréchal de Saint-André fe retireroient dans leurs Terres. Ils céderent volontiers aux circonftances, d'autant plus qu'ils laiffoient auprès de Charles, le Roi de Navarre qui auroit foin de leurs intérêts.

Le Prince de Condé n'eut pas plutôt appris la retraite des Guifes qu'il vint à Paris, ce qui releva beaucoup le parti des Huguenots. Le Roi de Navarre crut qu'il étoit de fa prudence de faire fortir fon frere de cette Capitale de peur qu'il ne s'y fortifiât. Il manda le Duc de Guife & le Connétable, & les engagea de venir promptement avec des troupes. Ils fe mirent auffi-tôt en chemin, & le Duc de Guife étant arrivé à Vaffi, petite Ville de Champagne, quelques-uns de fes Domeftiques s'approcherent par curiofité d'une Grange où les Proteftans tenoient leur Prêche. Ceux-ci croyant qu'on venoit les infulter, maltraiterent les Domeftiques du Duc de Guife. On en vint aux mains, le Duc fut bleffé, & il refta plus de foixante Proteftans fur la place. Cet accident que le hafard feul avoit occafionné fut comme le fignal de la guerre civile dont tout le Royaume fut affligé pendant tant d'années.

Guerre civile.

Le Prince de Condé obligé de fortir de Paris fe mit à la tête des Proteftans, & commença les hoftilités par la prife d'Orléans, dont il fe rendit maître le deuxiéme d'Avril. Cependant les Catholiques forcerent la Reine à ramener le Roi à Paris, de peur que le parti ennemi ne voulût enlever ce Monarque, comme on avoit lieu de le foupçonner. La Reine voyant fon autorité affoiblie par la puiffance des Guifes joints au Roi de Navarre & au Connétable, écrivit plufieurs Lettres au Prince de Condé pour la tirer de la dépendance où elle étoit. Quelques-unes de fes Lettres furent rendues

<small>DE LA FRAN-
CE.

CHARLES IX.
LVIII. ROI.

Diverses opéra-
tions militaires.</small>

publiques, ce qui lui causa de la peine dans la suite. Après la prise d'Orléans, les Huguenots prirent les armes dans toutes les Provinces, s'emparerent de plusieurs Villes & pillerent toutes les Eglises. La Cour étonnée de ce soulevement presque général, envoya des troupes en Normandie, en Touraine, en Guienne & en Gascogne.

Cependant on assembloit aux environs de Paris une armée pour opposer à celle du Prince de Condé. Le Roi de Navarre en prit le Commandement, ayant sous ses ordres le Duc de Guise & le Connétable. Le Prince de Condé étoit si bien retranché à quatre lieues d'Orléans qu'il ne paroissoit pas facile de le forcer. On jugea à propos de prendre la voie des négociations. Le Prince ne consentit à mettre bas les armes qu'à condition que le Duc & le Connétable quitteroient l'armée les premiers & désarmeroient. Ces deux Seigneurs y consentirent, & prirent la route de leurs Terres. Les Seigneurs Protestans représenterent alors au Prince qu'il étoit dangereux pour lui de désarmer, & voyant qu'ils ne pouvoient le fléchir sur ce point, parce qu'il avoit donné sa parole, ils lui proposerent de l'enlever dans l'entrevue qu'il devoit avoir avec la Reine. Ce projet fut exécuté, & le Prince croyant avoir mis son honneur à couvert par ce stratagême, marcha le 2 de Juillet à dessein de surprendre l'armée Royale. Le Roi de Navarre averti de son dessein se prépara à le bien recevoir; cependant il n'y eut que quelques escarmouches de part & d'autre, après lesquelles le Prince de Condé se retira à Lorges à une lieue de-là. Le Duc de Guise & le Connétable informés de la mauvaise foi du Prince de Condé, se rendirent à l'armée Royale avec de nouvelles troupes. Cette jonction obligea le Prince de mettre ses troupes dans diverses Places, pour les défendre en cas qu'elles fussent attaquées. En effet, les Royalistes ne tarderent pas à former plusieurs siéges & à reprendre un grand nombre de Villes.

<small>Prise de Rouen
par les Royalistes.</small>

Après ces conquêtes, il fut résolu qu'on marcheroit vers Rouen pour empêcher les Anglois de s'établir dans la Normandie. Les Huguenots les avoient appellés à leur secours, & leur avoient livré le Havre de Grace. Les Royalistes mirent le siége devant Rouen le 25 de Septembre, & la Ville fut prise d'assaut le 26 du mois suivant. Le Roi de Navarre qui commandoit à ce siége, mourut le 17 Novembre d'une blessure qu'il y avoit reçue. La prise de Rouen fut suivie de la soumission de la plûpart des Villes de Normandie.

<small>Bataille de
Dreux.</small>

Sur ces entrefaites le Prince de Condé ayant reçu des renforts d'Allemagne, s'approcha de Paris & fit attaquer le Fauxbourg Saint-Victor. Il fut repoussé par le Duc de Guise, & obligé de se retirer en Beausse. Le Duc de Guise & le Connétable le suivirent, & les deux armées s'étant rencontrées près de Dreux, il y eut une action très-vive entre les deux Partis. Les Royalistes resterent maîtres du Champ de Bataille; mais la plûpart des Historiens prétendent que la perte fut à peu près égale des deux côtés, & que le nombre des morts alla à huit à neuf mille. Le Prince de Condé fut fait prisonnier, & le Connétable fut pris par les Huguenots. Le Maréchal de Saint-André & le Duc de Nevers périrent dans cette Bataille.

Les Puissances voisines de la France profitant de tous ces désordres chercherent à s'aggrandir à ses dépens. Le Duc de Savoye demanda & obtint

la

la Ville de Turin, mais on refufa de lui rendre Pignerol, Savillan & la Pe-   DE LA FRAN-
roufe. L'Empereur de fon côté prétendit qu'on lui reftituât Metz, Toul &   CE.
Verdun. On éluda fa demande en lui propofant le mariage du Roi avec
Elizabeth fa petite fille. Ce mariage eut lieu quelques années après. Tant   CHARLES IX.
de motifs porterent la Reine à defirer la paix. Le Duc de Guife au contraire   LVIII. ROI.
prétendoit qu'il falloit pourfuivre les Huguenots fans relâche, & qu'on devoit commencer par le fiége d'Orléans.

    L'Amiral ayant reconnu le deffein du Duc de Guife, jetta des troupes   1563.
dans la Place, & la mit en état de faire une vigoureufe défenfe. Le Duc   Siége d'Orléans
de Guife fe préfenta devant la Ville le 5 de Février, & commença l'atta-   par les Royalif-
que quelques jours après. Il pouffa le fiége avec tant de vigueur, que mal-   tes.
gré la réfiftance & le courage des Affiégés, il auroit pû emporter la Place
en moins de quinze jours ; mais la mort l'empêcha de réuffir dans fes
projets. Il fut tué par un Emiffaire de l'Amiral de Coligny, nommé Pol-
trot, qui lui tira un coup de piftolet lorfqu'il retournoit à fon Quartier.
Il mourut de cette bleffure fept jours après.

    Cependant l'Amiral faifoit de grands ravages en Normandie, où il prit
& faccagea plufieurs Villes. Le Duc de Guife avant que de mourir avoit
confeillé à la Reine de faire la paix, vû la fituation préfente des affaires.
Elle y étoit naturellement portée, d'autant plus qu'elle penfoit rétablir fon
autorité après la fin de tous les troubles. D'un autre côté la Princeffe de
Condé qui étoit dans Orléans, craignoit d'être faite prifonniere, & qu'on ne
lui fît enfuite fon procès avec fon mari. Toutes ces différentes raifons porterent les deux Partis à entrer en négociations. Elles furent terminées par
un Traité, dont voici les principaux articles :

    » Qu'on accorderoit aux Huguenots un Prêche dans chaque Bailliage   Traité avec les
» hors des Villes, & un ou deux dans les Villes dont ils étoient actuel-   Huguenots.
» lement les maîtres ; mais qu'ils ne fe serviroient pas des Eglifes pour
» faire leurs prieres & leurs affemblées. Que tous les Gentilshommes Hu-
» guenots ayant Juftice ou Fief de Hauber pourroient faire l'exercice de
» leur Religion dans leurs Maifons avec leurs Vaffaux. Qu'il ne fe feroit
» aucun Exercice de la Religion Prétendue Réformée ni dans la Ville de
» Paris, ni dans la Prévôté. C'eft-là tout ce qui fut ftipulé fur l'article de
» la Religion.

    » Les autres articles furent : Que tous les Soldats étrangers forti-
» roient de France au plutôt, & que les Villes prifes par les Huguenots
» feroient remifes en l'obéiffance du Roi, & que le Roi donneroit une
» amniftie générale. Que les Chefs du Parti Proteftant ne pourroient fous
» peine de la vie faire déformais aucun Traité avec les Etrangers, ni lever
» aucun argent fur les Sujets du Roi (65) «.

    Charles en conféquence de ce Traité publia au mois de Mars un Edit
datté d'Amboife. L'Amiral fit tout ce qu'il put pour s'oppofer à cette négociation ; mais le Prince de Condé ayant menacé d'abandonner le parti
Proteftant, il fut contraint de céder. Dès que le Traité eut été figné on
rendit la liberté au Prince de Condé & au Connétable. Le calme parut

(65) Le Pere Daniel.

DE LA FRANCE.

CHARLES IX.
LVIII. ROI.
Siége du Havre de Grace.

alors rétabli dans l'intérieur du Royaume : on ne fut plus occupé que du soin de chasser des Frontieres les Anglois qui s'étoient établis au Havre. Sur le refus que la Reine Elizabeth fit de le rendre, on chargea le Prince de Condé de marcher vers cette Place & d'en faire le siége. La Ville fut investie le 20 de Juillet, & huit jours après elle fut obligée de capituler. Il arrivoit alors une Flotte de soixante Vaisseaux pour la secourir. Le Roi qui étoit à ce siége, fit son entrée dans la Place, & se rendit à Rouen où il fut déclaré majeur en plein Parlement. Le 17 Août. Elizabeth n'ayant pû obtenir qu'on lui rendît Calais, & voyant le Roi déterminé à continuer la guerre, consentit à faire la paix. Elle fut conclue le 11 d'Avril de l'année suivante.

1564.
Le Roi visite les Provinces de son Royaume.

Il ne se passa rien de considérable en 1564, le Roi employa une partie de cette année à parcourir diverses Provinces de son Royaume. Ce voyage inquiéta fort les Huguenots, qui craignoient que la Reine n'eût quelques desseins contre eux. En effet le Roi d'Espagne sollicitoit beaucoup Charles IX. à faire une Ligue avec lui contre les Protestans. Le Roi étant au Château de Roussillon sur le Rhône, fit un Edit en interprétation de celui d'Amboise, & quelques Articles de ce nouvel Edit chagrinerent les Protestans & le Prince de Condé. Il en fit un autre en même temps, par lequel il fixa le commencement de l'année au premier de Janvier. Le nouveau Calcul ne fut généralement établi que quelques années après. Cette même année on termina le 4 de Décembre le Concile de Trente.

1565.

1566.

Le Roi continua ses voyages l'année suivante. Il tint le 5 de Février son Lit de Justice dans le Parlement de Toulouse, & passa ensuite à Bordeaux, & de-là à Bayonne, où il eut une entrevûe avec Elizabeth Reine d'Espagne sa sœur. Au commencement de l'année suivante le Roi tint les Etats à Blois, & y reconcilia, du moins en apparence, la Maison de Guise avec l'Amiral.

1567.
La guerre civile recommence.

Les troubles que les Protestans, sous le nom de *Gueux*, avoient excités dans les Pays-Bas, furent comme un incendie qui ne tarda pas à gagner la France. L'Approche du Duc d'Albe qui venoit de punir les Auteurs de la rebellion, firent croire au Prince de Condé & à l'Amiral qu'on vouloit exterminer les Huguenots, & que les Conférences de Bayonne n'avoient point d'autres motifs. Dans cette pensée ils prirent des précautions pour leur sûreté, & formerent des liaisons avec les Protestans d'Angleterre, d'Allemagne, & des Pays-Bas. Comme on n'osoit lever des troupes sans se rendre suspects, ils représenterent au Roi qu'il étoit de sa prudence d'assembler promptement une armée, de peur d'être surpris par les Espagnols. La Reine Mere habile dans l'art de dissimuler, & qui avoit pénétré les desseins du Prince de Condé, approuva son conseil & donna ordre de lever six mille Suisses. On fit en même temps d'autres levées de troupes dans le Lyonnois. La Reine instruisit le Roi d'Espagne de tout ce qui se passoit, & l'affaire fut conduite avec tant d'adresse que tout le monde crut que les deux Couronnes ne tarderoient pas à en venir à une rupture ouverte. Le Prince de Condé y fut même trompé; mais l'Amiral le désabusa, & lui fit connoître le danger qui le menaçoit. En effet, le conseil qu'il avoit donné d'assembler une armée tourna contre lui-même; puisqu'il l'empêcha d'exécuter le projet qu'il avoit formé. L'arrivée des six mille Suisses, qui sous les ordres du Colonel Fiffer, s'avançoient vers l'Isle de France, leur fit comprendre qu'on les avoient prévenus.

Ils prirent alors la résolution d'enlever le Roi, qui étoit à Monceaux, Maison de plaisance en Brie. La Reine en fut avertie, mais elle négligea d'abord les avis qu'on lui donna à ce sujet. Elle n'en fut persuadée que lorsqu'il n'étoit presque plus temps de sauver le Roi. Elle se retira avec précipitation à Meaux, & envoya ordre aux Suisses qui étoient à Château Thierri de venir promptement au secours du Roi. Ces troupes quoique fatiguées d'une longue marche se rendirent en diligence à Meaux, & ramenerent toute la Cour à Paris, malgré les efforts des Rebelles qui les harcelerent le long de la route. Cette action leur fit beaucoup d'honneur, & le Roi leur témoigna sa reconnoissance d'une maniere particuliere, en leur faisant donner une double paye. On les distribua dans les Fauxbourgs de Paris, parce qu'on appréhendoit que les ennemis ne vinssent les attaquer.

Les Rebelles n'ayant pû réussir dans leur entreprise, souleverent toutes les Provinces du Royaume, & plongerent la France dans les horreurs d'une nouvelle guerre civile ; puisqu'on se battoit de tous côtés avec différens succès. Le Prince de Condé s'étant rendu maître de plusieurs petites Places aux environs de Paris, s'approcha de cette Capitale le 25 d'Octobre. Le Connétable qui se voyoit à la tête d'une armée supérieure à celle des Huguenots, sortit le 10 de Novembre & présenta la bataille dans la Plaine de Saint-Denys. Son aîle gauche y fut enfoncée, & il fut même blessé à mort, cependant il gagna le Champ de Bataille. Le Prince de Condé & l'Amiral se retirerent en bon ordre, sans qu'on les inquiétât, ce qui fit que chacun s'attribua la victoire, quoique le nombre des morts fût assez égal de part & d'autre. Le Connétable mourut deux jours après, âgé de quatre-vingt ans (66). Sa place ne fut point remplie, parce que tous ceux à qui on auroit pû la donner étoient suspects. Le Duc d'Anjou frere du Roi, fut fait Lieutenant Général & mis à la tête des troupes. Le Duc d'Aumale & le Maréchal de Cossé commandoient sous ses ordres.

Le défaut des vivres & du fourage obligerent le Prince de Condé à décamper le 15 de Novembre. Il prit la route de la Lorraine, pour y joindre un Corps d'Allemands que le Prince Casimir fils de Frederic III. Comte Palatin lui amenoit. L'armée Catholique le suivit & manqua l'occasion de le battre. Cependant les Toulousains formerent le 12 de Mars une Association sous le nom de *Croisade*, & prirent pour devise ces paroles : *Eamus nos moriamur cum Christo* (67). Le Parlement l'autorisa, & le Pape donna une Bulle en sa faveur. Cette Bulle fut enregistrée au Parlement de Toulouse le 4 de Mai 1596, dans le temps que cette Ville étoit le plus livrée aux fureurs de la Ligue. *D'où l'on doit conclure que cette même Ville a le triste avantage d'avoir donné l'origine à cette célèbre Association, qui causa quelques années après tant de troubles dans le Royaume* (68).

La Rochelle se déclara en même temps pour les Protestans, & devint

---

(66) Soixante & quatorze, selon le Pere Daniel.
(67) Art de vérifier les Dates.
(68) Dom Vaissette dans son Histoire du Languedoc.

le principal soutien du Parti. D'un autre côté, le Prince de Condé ne voulant pas laisser ses troupes dans l'inaction, mit le siége devant Chartres. Cette Place fit une si longue résistance que le Prince de Condé apprehendant d'échouer dans son entreprise, écouta volontiers les propositions que la Reine lui fit faire. On fit de nouveau la paix, & le Traité fut réglé sur le précédent. On ajouta seulement que l'Edit de Roussillon seroit supprimé. Le Prince de Condé & l'Amiral se retirerent ensuite, le premier à Noyers, en Auxerrois, & le second à sa Terre de Châtillon sur le Loin.

Cette paix ne fut pas de longue durée : les troubles recommencerent bientôt : chaque Parti en rejetta la faute sur l'autre. Le dessein qu'on avoit formé d'enlever le Prince de Condé & l'Amiral, & qu'on ne put exécuter, parce qu'ils en furent avertis, leur fournit un prétexte de prendre les armes. La Rochelle leur ouvrit ses portes, & bientôt ils se virent à la tête d'une armée qui de jour en jour devint considérable. La Reine de Navarre, accompagnée du jeune Prince Henri son fils, joignit le Prince de Condé à la Rochelle & lui amena un Corps de troupes. Ces nouveaux renforts le mirent en état de faire le siége de plusieurs Places. Sur ces entrefaites le Duc de Montpensier remporta sur les Rebelles un avantage aux environs de Perigueux. Le Duc d'Anjou ayant pris le commandement de l'armée Catholique, marcha à la rencontre des Huguenots : il présenta plusieurs fois la bataille au Prince de Condé ; mais divers contre-temps empêcherent qu'on en vînt à une action, & le reste de la campagne se passa en différentes escarmouches. L'année suivante le Duc d'Anjou ayant trouvé une occasion favorable près de Jarnac, les deux armées en vinrent aux mains. Le combat fut long & opiniâtre sans être meurtrier. Le Prince de Condé y fut pris & tué par le Baron de Montesquiou qui lui cassa la tête d'un coup de pistolet (69).

La mort de ce Prince auroit été capable d'abbattre le Parti des Huguenots, si l'Amiral & la Reine de Navarre n'eussent relevé leur courage. On tint une Assemblée, dans laquelle Henri son fils fut reconnu Chef des Protestans, qui jurerent tous de lui obéir jusqu'à l'extrêmité. L'Amiral profitant de leur ardeur, & des nouvelles troupes Allemandes qui l'étoient venu joindre, fit quelques conquêtes dans la Bretagne & dans le Bas-Poitou ; mais ces Places étoient aussi-tôt reprises par les Catholiques. Enfin le fort de la guerre tomba sur le Haut-Poitou. L'armée Royale qui étoit dans le Limousin y reçut un échec le 25 de Juin. Deux Régimens furent battus par l'Amiral, en un lieu nommé la Roche-Belle, dans le Limousin, à une lieue de Saint-Irier. Après cette expédition l'Amiral prit la route du Péri-

(69) Quelques Historiens ont prétendu que ce Prince avoit fait battre au mois d'Octobre 1567, une Monnoye d'or ou d'argent (car ils varient sur le métal) avec cette légende, LUDOVICUS XIII. DEI GRATIA FRANCORUM REX, PRIMUS CHRISTIANISSIMUS. Ils se fondent sur un passage de Brantome, qui à la vérité rapporte ce fait ; mais il ajoute ensuite : *je ne sçai s'il est vrai.* M. Secousse, qui a examiné cette matiere dans un de ses Mémoires Académiques, fait voir que c'est une calomnie inventée par les ennemis du Prince de Condé. Il appuie son sentiment sur le passage de Brantome même, & sur le silence des Historiens contemporains. Mais il est porté à croire qu'on battit en effet dans ce temps-là un Jetton sur lequel on lisoit AU ROI DES FIDELES. Ce Jetton aura pû être frappé par les Partisans du Prince de Condé, sans qu'il y ait eu aucune part. *Mémoires de l'Académie Royale des Belles-Lettres.* Tome XVII. page 607 & suiv.

gord. Le Duc d'Anjou le suivit pendant quelque temps ; mais son armée se trouvant affoiblie, il se retira à Tours & mit ses troupes en garnison.

DE LA FRAN-CE.

De Coligni ne voyant plus paroître d'ennemis en campagne s'avança vers Poitiers, & en fit le siége, qui fut célébre par la valeur & l'opiniâtreté des Assiégeans, & de ceux qui défendoient la Place. La résistance fut telle que l'Amiral désesperant la prendre par force, résolut de la réduire par la famine. Le Duc d'Anjou ne trouva pas d'autre moyen de lui faire lever le siége qu'en attaquant Châtelraud. Cette diversion obligea Coligni à décamper le 7 de Septembre, pour marcher au secours de Châtelraud. Le Duc d'Anjou ayant appris la levée du siége de Poitiers se retira, & mit la Riviere de Creuse entre lui & l'Amiral. Cependant les Catholiques s'étoient rendus maîtres du Bearn & des autres Domaines de la Reine de Navarre. Ils ne les conserverent pas long-temps par la valeur de Montgommeri, qui fit lever le siége de Navarrins, & soumit tout ce que les Royalistes avoient enlevé.

CHARLES IX. LVIII. ROI. Siége de Poitiers.

Le Duc d'Anjou ayant rassemblé son armée vers la fin de Septembre, s'avança du côté de Montcontour à dessein de couper la retraite aux Rebelles dans le Bas-Poitou. L'Amiral pénétra son intention, & forma le projet de s'emparer de cette Place le premier. Cette entreprise lui fut malheureuse : une partie de son arriere-garde fut battue dans la Plaine de Saint-Clair, & il fut entiérement défait près de Montcontour. Cette bataille qui se donna le 3 d'Octobre fut très-sanglante : les Huguenots y perdirent environ douze mille hommes. L'Amiral ne fut point accablé par tant de perte, & ayant rassemblé les débris de son armée, il ranima le courage des Protestans en leur assurant qu'il devoit bientôt recevoir de nouveaux secours d'Allemagne & d'Angleterre. La Reine de Navarre fit aussi de son côté tout ce qu'elle put pour les engager à continuer la guerre. Elle refusa même d'écouter les propositions que le Roi lui fit faire.

Bataille de Montcontour.

Les Protestans abandonnerent toutes les Places du Poitou & ne voulurent conserver au-de-là de la Loire que Saint-Jean-d'Angeli, la Rochelle, Angoulême & la Charité ; mais il perdirent bientôt la premiere de ces Villes, qui se rendit le 2 de Décembre après une vigoureuse résistance. Le Roi & la Reine étoient à ce siége. On fit en même-temps quelques conquêtes sur les Huguenots.

1570.

L'Amiral ne pouvant plus subsister dans le Bearn, ni dans le Languedoc où Montluc lui avoit coupé le passage de la Garonne, prit la résolution de gagner les Frontieres de l'Allemagne, pour y joindre les troupes qui lui venoient de ce côté-là. Il traversa tout le Royaume malgré quelques Partis Catholiques qui le harcelerent pendant sa route. Il entra en Bourgogne, & se saisit d'Arnai-le-Duc. On crut alors qu'il avoit dessein de venir jusqu'à Paris ; ce qui fut cause qu'on donna ordre au Maréchal de Cossé de marcher à sa rencontre. L'Amiral qui n'avoit pas assez de troupes, ni d'artillerie pour tenir contre l'armée Catholique, se retrancha si avantageusement qu'on ne pût le forcer dans son Camp. Cependant le fort de la guerre étoit dans le Poitou & la Saintonge. Malgré tant d'animosités réciproques les deux Partis étoient las de la guerre & l'on songeoit à la paix. Le Roi qui voyoit son Royaume en proie aux Etrangers, résolut de la faire à quelque prix

Paix accordée aux Protestans.

K-k iij

que ce fût. On prétend que dès-lors il avoit conçu le projet qu'il exécuta dans la suite, & que voyant qu'il étoit impossible de réduire les Rebelles par la force, il avoit formé le dessein de se venger d'eux par surprise. La paix fut conclue par un Traité fait au commencement du mois d'Août à Saint-Germain-en-Laye. Il fut tout à l'avantage des Huguenots; car outre un Edit de pacification, on leur accorda quatre Villes de sûreté; sçavoir la Rochelle, la Charité, Montauban & Coignac, qui devoient être livrées au Prince de Bearn & au Prince de Condé. Charles profita de la tranquillité que cette paix venoit de donner à son Royaume, pour célébrer ses nôces avec Elizabeth d'Autriche fille de l'Empereur Maximilien II. Ce fut le 26 de Novembre qu'il épousa cette Princesse à Mesieres.

Le Roi pour mieux surprendre les Huguenots, & sur-tout les Chefs de leur parti, envoya proposer à la Reine de Navarre le mariage de son fils avec Marguerite sa sœur. Il eut soin en même temps de faire sçavoir indirectement à l'Amiral qu'il avoit dessein de déclarer la guerre à l'Espagne. Le Comte de Nassau sur cette nouvelle se rendit auprès du Roi, & lui fit connoître que l'occasion étoit favorable pour entrer dans les Pays-Bas, où le Duc d'Albe étoit détesté. Le Roi approuva ce conseil; mais il fit entendre au Comte de Nassau qu'il n'y avoit que l'Amiral capable de conduire cette guerre. On crut que le Roi parloit sincérement, & les meilleurs amis de l'Amiral lui conseillerent de se rendre à la Cour. La Reine de Navarre s'y étoit déja rendue, & le Roi avoit même été au-devant d'elle jusqu'à Blois. On croit que ce fut dans cette Ville que Charles prit la résolution de faire massacrer tous les Protestans. La Reine étant arrivée à Paris, on dressa le 11 d'Avril les Articles du mariage de Henri, avec Marguerite de France. L'Amiral suivant l'avis du Comte de Nassau & d'autres Seigneurs, arriva aussi à la Cour, où le Roi lui fit un accueil très-favorable. Il lui accorda cinquante Gentilshommes pour sa garde, lui rendit toutes ses Charges, l'admit à son Conseil, & le combla de bienfaits. Ce fut dans ce même temps qu'on fit un Traité avec la Reine Elizabeth, & que le Roi lui proposa d'épouser le Duc d'Anjou.

La permission que le Roi avoit donnée au Comte de Nassau de lever des troupes pour les conduire aux Pays-Bas, avoit indisposé le Roi d'Espagne contre la France, & l'Amiral crut alors que la rupture entre les deux Couronnes ne tarderoit pas à se faire. Ce Seigneur perdit un de ses plus fermes appuis: la Reine de Navarre mourut au commencement de Juin pendant qu'on faisoit les préparatifs de nôces de son fils. Ce Prince prit alors le titre de Roi de Navarre, & vint à Paris avec le Prince de Condé son cousin. Les fiançailles se firent le 17 d'Août par le Cardinal de Bourbon, & le mariage fut célébré le lendemain. Quelques jours après, c'est-à-dire le 22. L'Amiral fut blessé d'un coup d'arquebuse que lui tira un Assassin aposté par le Duc de Guise, qui vouloit venger la mort de son pere. Cet accident fit beaucoup de bruit, & quoique le Roi eût promis de venger l'Amiral, quelques Seigneurs Huguenots murmurerent, & parlerent même avec trop de hauteur. Ils blâmerent l'Amiral de ce qu'il ne s'étoit pas fait transporter au Fauxbourg Saint-Germain. La Reine appréhendant la suite de ces murmures, & que Paris ne devînt le théâtre de la guerre, engagea le Roi à ne plus différer le maſſacre des Proteſtans. En conſéquence, le Préſident Charron Prévôt des Marchands eut ordre de tenir prêtes les Milices Bourgeoiſes, & de faire main-baſſe ſur les Huguenots ſi-tôt qu'on entendroit ſonner le Tocſin au Palais. Le Duc de Guiſe à qui le Roi avoit confié cette entrepriſe, l'exécuta avec tant de ſecret & de promptitude, que les Huguenots ne purent prévenir le danger qui les menaçoit. Ce fut la nuit du 23 au 24 Août que ſe paſſa cette ſcène tragique appellée *la Journée de Saint Barthelemi* ou *les Matines de Paris*. L'Amiral de Coligni, la Rochefoucaud, la plûpart des Chefs des Rebelles & un nombre infini d'Huguenots furent égorgés. On n'épargna ni vieillards, ni enfans, ni femmes groſſes. Chacun exerçoit ſes vengeances particulieres ſous prétexte de Religion, & il y eut beaucoup de Catholiques maſſacrés en cette occaſion. Pendant ce carnage qui ne finit entiérement qu'au bout de ſept jours, il périt plus de ſix mille perſonnes, parmi leſquelles il y eut environ ſix cens Gentilshommes; & l'on pilla environ ſept cens maiſons. On avoit en même temps envoyé des Couriers dans les Provinces, portant ordre aux Gouverneurs de ne point épargner les Huguenots. Cet ordre fut exécuté dans pluſieurs Villes du Royaume, à Meaux, à Orléans, à Rouen, à Troyes, à Bourges, à Lyon, à Toulouze où cinq Conſeillers furent pendus en robbe rouge. Mais il n'en fut pas de même dans pluſieurs autres Villes par la prudence des Gouverneurs, qui répondirent qu'ils ne croyoient point que le Roi commandât tant de meurtres, & qu'ils attendoient de nouveaux ordres. Il ne périt qu'un ſeul homme en Bourgogne, par les bons ordres qu'y donna Chabot, & le Comte de Tende ſauva la Provence. Bientôt même la Cour dépêcha de nouveaux Couriers pour faire ceſſer cette boucherie, *qui lorſqu'on la conſidera depuis de ſang froid fut blâmée & déteſtée de tout le Monde.*

Après ce maſſacre, Charles IX. obligea le Roi de Navarre & le Prince de Condé à embraſſer la Religion Catholique. Ils y conſentirent & quelque temps après ils firent leur abjuration. Cependant le Parti des Proteſtans ne fut point abbattu par ce furieux coup. Ils reprirent les armes pour venger la mort de leurs freres. Niſmes & pluſieurs Villes du Vivarais, du Velai & des Cevenes, ſe révolterent ouvertement. Montauban, Caſtres, Niſmes & la Rochelle formerent une confédération.

La Place la plus importante pour les Huguenots étoit la Rochelle. On réſolut de s'en rendre maître, & le Duc d'Anjou en commença le ſiége au mois de Février. Cette Ville dont la garniſon étoit très-nombreuſe, ſoutint juſqu'à neuf aſſauts ſans pouvoir être forcée. Pendant que le Duc d'Anjou preſſoit vivement ce ſiége, des Ambaſſadeurs de Pologne étoient arrivés à la Cour, pour lui annoncer qu'il avoit été élu Roi de ce Pays. Il en avoit obligation à Jean de Montluc Evêque de Valence, qui avec ſon habileté ordinaire dans les négociations, l'avoit emporté en faveur de ce Prince ſur ſes autres concurrens. Cette nouvelle le tira d'embarras, & l'obligea à lever le ſiége. On accorda le 24 de Juin une capitulation fort avantageuſe, par laquelle les Habitans reſtérent maîtres de leur Ville. Niſmes & Montauban furent compriſes dans ce Traité.

Après la ratification de ce Traité, le Duc d'Anjou fit les préparatifs né-

---

DE LA FRANCE.

CHARLES IX. LVIII. Roi.

Maſſacre de la S. Barthelemi.

Nouvelle guerre civile.

1573.
Siége de la Rochelle.

cessaires pour son voyage. Il partit le 29 de Septembre, & fut couronné à Cracovie le 15 de Février de l'année suivante. Cependant les Religionnaires continuoient toujours la guerre dans le Languedoc. Sur ces entrefaites il se forma un nouveau Parti, appellé les *Mécontens* ou *les Politiques*, parce qu'ils n'avoient pas la Religion pour prétexte : ils prétendoient seulement réformer l'Etat. Les ennemis des Guises, & sur-tout les Maréchaux de Montmorenci & Damville étoient les Chefs de ce Parti. Comme ils ne pouvoient se soutenir par eux-mêmes, ils se liguerent avec les Protestans, & entreprirent de mettre à leur tête le Duc d'Alençon frere du Roi. Ce Prince d'un esprit inquiet y consentit volontiers, & convint avec eux de se faire enlever. Mais cette conspiration ayant été découverte, quelques-uns des Complices furent arrêtés, & eurent la tête tranchée. Mongommeri faisoit cependant de grands ravages en Normandie, mais ayant été fait prisonnier dans Domfront, il fut condamné à mort & exécuté à Paris le 26 de Juin. Saint-Lo fut emportée d'assaut le 10 de Juin, & enfin toute la Normandie secoua le joug des Anglois & des Protestans.

Sur ces entrefaites Charles mourut le 30 de Mai au Château de Vincennes, étant âgé de vingt-quatre ans moins vingt-huit jours, après un regne de treize ans. Ce Prince n'eut d'Elizabeth d'Autriche qu'une fille qui mourut à l'âge de cinq ans & demi. Il laissa un fils naturel nommé Charles, qui fut Grand-Prieur de France, Comte d'Auvergne, enfin Duc d'Angoulême, & qui mourut l'an 1651. Charles avoit reçu de la nature un excellent esprit & de grands talens ; mais la mauvaise éducation & la trop grande indulgence de sa Mere l'avoient gâté. Il étoit brave & intrépide, d'une pénétration merveilleuse, d'une éloquence mâle ; mais ces bonnes qualités étoient contrebalancées par le penchant qu'il avoit à la vengeance & par les emportemens de sa colere. Il avoit du goût pour les Belles-Lettres, & il réussissoit à faire des Vers. Ce goût lui avoit été inspiré par Amyot Evêque d'Auxerre son Précepteur. Sa passion dominante étoit la Chasse, & nous avons même un Livre de lui sur la Chasse du Cerf.

Charles IX. avant que de mourir avoit déclaré le Duc d'Anjou pour son Successeur & avoit laissé la Régence du Royaume à la Reine Mere jusqu'au retour de ce Prince. Il étoit en Pologne lorsqu'il apprit la mort de son frere, & il se trouvoit alors fort embarrassé. D'un côté les Polonois le gardoient à vûe de peur qu'il ne leur échappât, & de l'autre il alloit monter sur un trône que différentes factions ne cessoient d'ébranler. Cependant malgré toutes les précautions des Polonois, il trouva moyen de sortir de leur Pays. Après avoir traversé l'Allemagne & les Etats de Venise, il passa par Turin, où le Duc de Savoye le reçut avec toute la magnificence possible. Le Roi s'étant laissé gagner par ces démonstrations extérieures d'attachement, & par les instances de Marguerite de France sa femme & tante du Roi, lui rendit Pignerol, Savillan & la Perouse. Henri partit de Turin sur la fin du mois d'Août d'où il se rendit à Lyon. Il y trouva la Régente qui étoit venue au-devant de lui. Cette Princesse pendant l'absence du Roi avoit pris toutes les précautions qu'elle avoit crû nécessaires pour arrêter les factions qui troubloient l'Etat. Cependant elle n'avoit pû empêcher le Maréchal de Damville Chef des *Mécontens* de traiter avec les Huguenots,

&

& d'avoir la hardiesse de convoquer les Etats de Languedoc, Province dont il étoit Gouverneur. Le Prince de Condé qui s'étoit réfugié en Allemagne, avoit été en même temps reconnu Chef des Huguenots dans une Assemblée qu'ils avoient tenue à Millaud en Rouergue. Tel étoit alors l'état des affaires en France lorsque Henri III. y arriva.

DE LA FRAN-CE.

HENRI III. LIX. ROI.

Ce Monarque fut long-temps à délibérer sur le parti qu'il devoit prendre dans de telles circonstances. L'Empereur & les Vénitiens lui avoient conseillé de publier une Amnistie générale à son avénement à la Couronne; mais soit qu'il eût été excité par la Reine & par les Guises, soit qu'il eût cru venir facilement à bout de toutes ces factions, il prit le dessein d'agir avec rigueur contre les Rebelles. Il envoya des troupes dans le Languedoc, le Dauphiné, la Guienne & le Poitou. Toutes ces précautions n'empêcherent pas les Huguenots de se soutenir, & même de faire quelques entreprises. Le Maréchal de Damville étoit devenu redoutable par les secours d'argent qu'il recevoit du Roi d'Espagne & du Duc de Savoye, & par les troupes du Roi qu'il avoit débauchées. Le Roi n'eut alors d'autre parti à prendre que de rendre ses intérêts communs avec ceux de la Maison de Guise, dont il avoit cependant résolu la ruine.

Les troubles continuent.

Le 13 de Février le Roi se rendit à Rheims où il fut sacré par Louis Cardinal de Guise Evêque de Metz, & frere du Cardinal de Lorraine mort quelques mois auparavant. Henri considérant qu'il ne pouvoit réduire les Factieux par la force, tenta, mais trop-tard, la voie de pacification. Les choses étoient changées : le Roi s'étoit attiré le mépris de ses Sujets par son peu d'application aux affaires & par son amour pour le plaisir. On ne reconnoissoit plus le Duc d'Anjou, qui sous ce nom s'étoit acquis beaucoup de gloire. De plus les Rebelles avoient eu le temps de connoître leurs forces & de prendre des mesures pour se maintenir dans leur rebellion. De sorte qu'ils reçurent avec hauteur les propositions d'accommodement que le Roi leur fit faire. Ils présenterent alors à ce Monarque une Requête, dont le principal objet étoit l'entier & libre exercice de leur Religion. Cette Requête irrita beaucoup le Roi, cependant il ne voulut point rompre la négociation, & l'on chercha tous les moyens possibles pour concilier les esprits. Tandis qu'on étoit occupé à dresser les articles d'un Traité, la guerre se faisoit toujours avec la même chaleur dans les diverses Provinces du Royaume. Les avantages des Catholiques furent plus considérables dans le Dauphiné, où Montbrun un des plus redoutables Chefs des Huguenots, fut vaincu & fait prisonnier. Le Roi lui fit faire son procès par le Parlement de Grenoble, qui le condamna à avoir la tête tranchée. Cette exécution ne fut pas la seule chose qui retarda la paix : l'évasion du Duc d'Alençon en fut un nouvel obstacle, ce Prince s'étant échappé secretement de la Cour, se retira à Dreux où il fut bientôt joint par un grand nombre de Mécontens de l'une & l'autre Communion. Les Allemans qui jusqu'alors avoient balancé à se rendre sous les Drapeaux du Prince de Condé, n'eurent pas plutôt appris la révolte du frere du Roi, qu'ils passerent en France à son service. Henri se trouva dans une extrême embarras, il avoit dissipé son argent avec des Favoris indignes de la libéralité d'un Monarque, & il manquoit de troupes. On eut beaucoup de peine à rassembler une armée de dix mille hommes

1575.

Tome I. Partie II. Ll *

DE LA FRAN-CE.

HENRI III. LIX. ROI.

d'Infanterie & de trois mille de Cavalerie. Le Duc de Guise fut mis à leur tête. Ce Seigneur s'avança promptement vers la Touraine, & alla au-devant de Thoré, qui conduisoit au Duc d'Alençon deux milles Reistres & cinq cens Arquebusiers. Ils furent taillés en piéces ; mais leur Général eut le bonheur de se sauver. Le Duc de Guise fut blessé au visage dans cette occasion, ce qui lui fit donner le surnom de *Balafré*. La Reine qui avoit fait sortir de la Bastille les Maréchaux de Montmorenci & de Cossé, se servit du crédit qu'ils avoient sur l'esprit du Duc d'Alençon, pour engager ce Prince à consentir à une tréve de six mois. Elle fut conclue le 22 de Novembre à Champigni-sur-Vede, aux Confins du Poitou & de la Touraine, les conditions étoient fort onéreuses pour le Roi, puisqu'il fut obligé de s'engager à donner cent soixante mille écus aux Allemans à condition qu'ils ne passeroient pas le Rhin ; d'accorder six Villes de sûreté aux Huguenots, & de leur permettre le libre exercice de leur Religion.

Tréve de six mois.

La Reine Mere se flattoit que pendant cet intervalle on pourroit en venir à une paix solide ; mais le Roi de Navarre s'étant retiré de la Cour, & ayant déclaré que son abjuration n'avoit été que simulée, on eut tout lieu de craindre une guerre longue & sanglante. La réputation du Roi de Navarre lui avoit attiré un grand nombre de Partisans, & toutes les forces des Rebelles s'étant réunies, leur armée montoit à près de trente mille hommes. Heureusement pour la France, les Factieux manquoient d'argent, & les Allemans qui composoient une grande partie de leurs forces, ne cessoient d'en demander. Cette circonstance obligea les Rebelles à écouter les propositions que la Reine Mere leur fit faire. On convint entre autres articles que les Huguenots auroient le libre exercice de la Religion Prétendue (70) Réformée ; mais que ce ne seroit qu'à deux lieues des endroits où se trouveroit la Cour, & à pareille distance de Paris ; qu'on institueroit les Chambres mi-parties, c'est-à-dire composées moitié Catholiques, moitié Huguenots ; que la mémoire de l'Amiral de Coligni & de plusieurs autres seroit rétablie, & qu'on accorderoit huit Places de sûreté, tant aux Huguenots qu'à la faction des *Mécontens*. On rendit en même temps au Maréchal de Damville ses Charges & ses Gouvernemens ; le Prince de Condé rentra dans celui de Picardie, & l'apanage du Duc d'Alençon fut augmenté du Duché d'Anjou, de Touraine, de Berri & du Maine, & depuis ce temps-là il porta le titre de Duc d'Anjou.

Ligue Sainte.

Le calme auroit peut-être été rétabli dans le Royaume, par cet Edit de pacification, si un zèle mal entendu n'eût troublé de nouveau l'Etat. Quelques Catholiques commencerent à murmurer des priviléges qu'on avoit accordés aux Protestans, & publierent bientôt que c'étoit l'unique moyen de renverser la Religion Catholique. Quelques Villes en furent allarmées, & Peronnne (71), après avoir refusé de recevoir les troupes du Prince de Condé, forma une Association contre les Huguenots. L'exemple de cette Ville fut suivi par plusieurs autres, & ce fut ainsi que se forma la Ligue, qui fut qualifiée de *Sainte*. Elle devint funeste à l'Etat & fut cause, comme le remar-

---

(70) Ce fut la premiere fois qu'on lui donna ce nom.

(71) C'étoit une des Places de sûreté qu'on avoit accordée aux Huguenots.

que le Pere Daniel, de l'exécrable attentat qui fit périr le Souverain même. En conséquence de cette Ligue, les Huguenots furent attaqués dans différentes Villes du Royaume: le Cardinal de Bourbon Archevêque de Rouen, alla même avec main-forte les troubler dans l'exercice de leur Religion, & depuis ce moment on leur fit beaucoup de difficultés pour les admettre dans les Charges. Le Duc de Guise Chef secret de cette Association, y fit entrer le Roi d'Espagne, ce Monarque avoit grand intérêt à entretenir en France la guerre contre les Huguenots, de peur que ceux-ci ne se joignissent aux Rebelles des Pays-Bas.

DE LA FRANCE.
HENRI III.
LIX. Roi.

Sur ces entrefaites le Roi tint le 6 de Décembre à Blois les Etats, dont les Protestans avoient demandé l'Assemblée avec tant d'instances. Les Députés des Provinces étoient tous Catholiques, & même la plûpart étoient déja engagés dans la Ligue. Il fut résolu que le Roi seroit prié de ne souffrir dans son Royaume que la Religion Catholique, & de défendre l'exercice de toute autre. Sangenis & la Popeliniere, députés, le premier par le Roi de Navarre, & le second par le Prince de Condé, protesterent au nom des deux Princes contre cette décision. On n'eut aucun égard à leur protestation; mais pour ôter à ces Princes tout sujet apparent de se plaindre, on leur envoya des Députés de chaque Ordre, pour les inviter à se rendre aux Etats, & pour les engager à embrasser la Religion Catholique. Le Roi de Navarre, le Prince de Condé & le Maréchal de Damville, ne donnerent aucune réponse satisfaisante. La clôture des Etats se fit au commencement de Mars, après qu'on eut décidé qu'on déclareroit de nouveau la guerre aux Huguenots, & qu'on révoqueroit les Priviléges qui leur avoient été accordés. On autorisa aussi dans cette Assemblée la *Sainte Ligue* que le Roi fut obligé de signer, & dont même il se déclara le Chef, pour ôter la trop grande puissance que ceux qui étoient à la tête de cette Association vouloient s'attribuer.

Etats de Blois.

1577.

En conséquence de la résolution qu'on avoit prise dans les Etats, la guerre fut déclarée aux Protestans, & les hostilités commencerent par le siége de la Charité, dont le Duc d'Anjou se rendit maître: Issoire en Auvergne eut bientôt le même sort. Pendant ces différentes expéditions, le Maréchal de Damville ayant reçu quelque mécontentement de la part des Huguenots, se reconcilia avec le Roi, & fit un Traité avec ce Prince le 21 de Mai. Il se mit alors à la tête des Royalistes, & enleva aux Rebelles plusieurs Places considérables, & fit même le siége de Montpellier. Les grands avantages que le Roi remportoit sur les Protestans, n'empêcherent pas ce Monarque de songer à la paix. Il appréhendoit que les Etrangers ne rentrassent en France, & que ce Royaume ne fût de nouveau exposé à leur fureur. D'un autre côté le Prince de Condé manquoit d'argent, & il voyoit son armée diminuer chaque jour. Comme les deux Partis étoient naturellement portés à la paix, elle fut bientôt conclue, & le Traité fut signé le 17 de Septembre à Bergerac en Périgord, & fut ratifié à Poitiers par le Roi, qui donna un nouvel Edit de pacification. Malgré cet Edit la guerre continua toujours dans le Languedoc.

Nouvelle guerre contre les Protestans.

La Reine Mere desirant mettre fin à ces troubles, partit de Paris au mois de Juillet, pour se rendre dans la Guienne & ensuite dans le Languedoc.

1578.

Ll ij

DE LA FRAN-
CE.

HENRI III.
LIX. ROI.

Institution de l'Ordre du Saint-Esprit.

Elle fit d'inutiles efforts pour engager le Roi de Navarre à revenir à la Cour : il fallut même dans les Conférences qui se tinrent à Nérac, & qui ne furent terminées qu'au mois de Février de l'année suivante, accorder de nouveaux Priviléges aux Protestans. Cependant le Roi voulant détacher les principaux Seigneurs de la Ligue & du Parti des Huguenots, institua au mois de Décembre l'Ordre des Chevaliers du Saint-Esprit (72). La cérémonie s'en fit le 31 de Décembre & les deux jours suivans aux Augustins de Paris. Par les Statuts de cet Ordre, il falloit faire profession de la Religion Catholique, Apostolique & Romaine, & le Chevalier faisoit vœu & serment » de ne prendre gages, pensions, ni état d'autre Prince quel-
» conque, ni de s'obliger à autre personne du Monde que ce soit, sans
» l'expresse permission du Roi «. Henri ne remplit pas dans cette premiere Promotion le nombre des cent places de l'Ordre; afin de laisser aux Seigneurs Protestans qui voudroient rentrer dans la Religion Catholique, l'espérance de participer à cet honneur.

1579.

Les arrangemens qu'on avoit pris par le Traité de Nérac, ne furent pas plus solides que les précédens. Le Roi de Navarre craignant toujours quelque surprise, entretenoit des intelligences secrettes dans plusieurs Villes, & se préparoit à la guerre, dans le temps même qu'il signoit un Traité de paix. La Cour étoit également sur ses gardes, ayant tout à craindre d'un Parti qui étoit devenu si puissant, & que les Chefs rendoient encore plus redoutable. On étoit convenu par le dernier Traité que les Huguenots rendroient au mois d'Octobre les Places de sûreté qu'on leur avoit données ; mais lorsque le Duc de Montmorenci (73) se présenta pour en exiger la restitution, le Roi de Navarre trouva divers prétextes pour autoriser son refus.

1580.

Le Prince de Condé se rendit sur ces entrefaites en Picardie, & s'empara de la Fere. Après cette expédition il passa en Allemagne pour y lever des troupes. Ces premieres hostilités furent suivies de la prise de Cahors le 25 de Mai, par le Roi de Navarre, qui dans une Assemblée tenue à Montauban, avoit porté les Protestans à reprendre les armes. Cette guerre ne fut pas de longue durée, & la paix fut signée de nouveau le 26 de Novembre à Fleix; ce qui occasionna un nouvel Edit de pacification. Mais le

1581.

Prince de Condé s'étant rendu dans le Languedoc empêcha pour quelque temps l'acceptation de cette paix : ce ne fut qu'à la fin d'Octobre 1581, que les deux Partis convinrent que les Edits de pacification seroient observés de bonne foi de part & d'autre.

Cependant les Pays-Bas s'étoient révoltés contre le Roi d'Espagne, & les Etats de ces Provinces en avoient offert la Principauté au Duc d'Anjou, qui l'avoit acceptée. Nous ne suivrons point ce Prince dans ses différentes expéditions ; il en sera fait mention dans l'article des Pays-Bas. Il suffit de rapporter ici que cette entreprise fut malheureuse, parce que le Duc d'Anjou ne suivit pas

---

(72) Le Président Hainaut place au premier de Janvier l'institution de cet Ordre, & nous apprend que le Roi l'institua en mémoire de ce qu'il avoit été élu Roi de Pologne, & étoit parvenu à la Couronne de France le jour de la Pentecôte. Il rapporte ensuite les mêmes raisons que nous venons de donner.

(73) C'est du Maréchal de Damville dont il est ici fait mention. Il avoit succédé au nom & aux biens de François Maréchal de Montmorenci son frere aîné, mort sans postérité au mois de Mai 1579.

les sages conseils du Duc de Montpensier & du Maréchal de Biron, & que ce Prince fut obligé de retourner en France en 1583, après avoir perdu une grande partie de son armée, il mourut l'année suivante âgé de trente ans. Quelques Ecrivains ont assuré qu'il fut empoisonné. La Reine Elizabeth d'Angleterre avoit long-temps amusé ce Prince, en lui promettant de l'épouser. Elle avoit même poussé les choses assez loin, puisqu'elle lui avoit donné un anneau, avoit fait dresser les articles du Contrat, & réglé les cérémonies des nôces ; mais elle differa toujours l'exécution sous diverses prétextes.

De la France.
Henri III. LIX. Roi.

Le Roi de Navarre devenu héritier présomptif de la Couronne par la mort du Duc d'Anjou, parce que le Roi n'avoit point d'enfans, se vit exposé à la jalousie des Grands, & sur-tout du Duc de Guise. Ce Seigneur forma le projet d'exclure du trône le légitime héritier, pour s'y placer lui-même. La Religion & l'intérêt de l'Etat furent le voile dont il couvrit ses desseins ambitieux, & il employa toutes sortes d'intrigues pour réussir. Il rassembla les Chefs de la Ligue, dans laquelle il fit entrer le Pape Grégoire XIII. & le Cardinal de Bourbon oncle du Roi de Navarre en fut reconnu le Chef par une Déclaration du 31 de Mars. On avoit fait consentir ce Prince à cette Association, en lui représentant que le trône devoit lui appartenir à l'exclusion du Roi de Navarre. Tout le Royaume fut alors en combustion, & il se trouva en même temps trois Partis en France ; sçavoir, celui du Roi, celui des Ligueurs & celui des Protestans, mais celui du Roi étoit le plus foible. Ce Monarque n'étoit plus respecté ni craint, & les Prédicateurs par leurs Sermons séditieux, avoient soulevé les Sujets contre leur Souverain. Henri III. se trouvoit fort embarrassé pour dissiper cette Ligue. Il envoya un exprès au Roi de Navarre, pour l'engager à embrasser la Religion Catholique, en lui représentant que c'étoit l'unique moyen de dissiper l'orage qui s'étoit formé contre lui. Le Roi de Navarre inflexible sur cet article, refusa les propositions que Henri III. lui fit faire, & se prépara du mieux qu'il lui fut possible à repousser ses ennemis.

1585.
Ligue contre le Roi de Navarre.

Cependant les Ligueurs s'étoient déja emparés de plusieurs Places, dont les unes avoient garnisons Royales, & les autres étoient au pouvoir des Protestans. Henri fut si fort allarmé des progrès des Factieux, qu'il engagea la Reine Mere à employer toutes sortes de voies pour prévenir les malheurs dont il étoit menacé. Elle ne put en venir à bout qu'en faisant signer au Roi le Traité de Nemours, qui prouvoit en même temps la foiblesse du Gouvernement & la puissance des Ligueurs. Voici quels furent en substance les articles de ce Traité :

» On convint qu'il n'y auroit désormais en France qu'une seule Religion ;
» que les Ministres Huguenots sortiroient du Royaume dans un mois, &
» dans six mois tous les autres qui ne voudroient pas rentrer dans la Re-
» ligion Catholique ; que tout Hérétique pour la seule raison d'hérésie
» seroit incapable de posseder aucune Charge, Dignité ou Bénéfice ; que
» les Chambres mi-parties appellées Chambre de l'Edit seroient supprimées ;
» que le Roi autoriseroit ce Traité par un Edit irrévocable, & que lui,
» son Conseil, & tous les Corps du Royaume le confirmeroient par leur
» serment ; qu'il seroit enregistré au Parlement & exécuté sans délai ;

Traité de Nemours avec les Ligueurs.

" qu'on retireroit des mains des Huguenots les Villes qu'on leur avoit cé-
" dées ; que le Cardinal de Bourbon auroit Soissons pour Ville de sûreté ;
" le Duc de Mercœur Dinan , & le Conquêt en Bretagne ; le Duc de
" Guise Verdun , Toul, Saint-Disier & Châlons ; le Duc de Mayenne le
" Château de Dijon, la Ville & le Château de Beaune ; le Duc d'Aumale
" Saint-Esprit-de-Rur en Picardie ; que le Gouvernement de Bourbonnois
" vacant par la mort du Sieur de Ruffec, seroit donné au Duc d'Elbeuf ;
" que le Cardinal de Bourbon auroit pour sûreté de sa personne soixante
" & dix Gardes à cheval & trente Arquebusiers ; le Cardinal de Guise ,
" trentre Arquebusiers , & les Ducs de Mercœur, de Guise & de Mayenne
" trente Gardes à cheval ; que tout ce qui avoit été entrepris par la Ligue
" Catholique seroit avoué & approuvé du Roi, comme fait pour son ser-
" vice & pour celui de l'Etat , sans qu'aucun de ceux qui y avoient eu part
" pût être inquiété.
" On ajouta de plus que la Citadelle de Lyon seroit rasée ; que le Roi
" fourniroit aux Ligueurs la somme de deux cens un mille six écus , dont
" les deux tiers seroient employés à payer les troupes Etrangeres qu'ils
" avoient levées , & qu'il donneroit cent mille écus pour bâtir une Cita-
" delle à Verdun , outre l'entretien des Gardes qu'il accordoit aux Princes
" de la Ligue «.

Ce Traité est du 17 Juillet, & fut confirmé par un Edit enregistré au Parlement le 18 du même mois. Sur ces entrefaites les Ligueurs perdirent un ferme appui par la mort de Grégoire XIII. Sixte V. son successeur se déclara contre eux ; mais l'excommunication qu'il lança peu de temps après contre le Roi de Navarre & le Prince de Condé, autorisa de nouveau les Factieux à poursuivre sans relâche le Roi de Navarre , & à le reconnoître dans la suite pour leur Souverain. Ce Prince de son côté protesta contre la Bulle, dont il appella comme d'abus, & dressa un Manifeste contre la Ligue.

En conséquence du Traité de Nemours, la guerre s'alluma bientôt dans la plûpart des Provinces du Royaume. Les hostilités commencerent en Bretagne , où le Duc de Mercœur attaqua Fontenai. Le Prince de Condé l'obligea bientôt d'en lever le siége , & après lui avoir enlevé dans sa retraite une partie de ses bagages, avec un grand nombre de Soldats, il investit Brouage. Cette Place se défendit avec toute la vigueur possible ; mais sa résistance lui seroit devenue inutile si le Prince de Condé n'eût été forcé de marcher au secours de Roche-Morte, qui avoit surpris le Château d'Angers, & que les Bourgeois de cette Ville pressoient vivement. Il arriva trop tard ; la Roche-Morte avoit été tué , & le Château étoit déja rentré au pouvoir des Bourgeois. Il se trouva alors dans une extrême embarras, étant environné de tous côtés par les troupes Catholiques. Enfin après mille périls, dont il eut le bonheur d'échapper, il gagna l'Isle de Grenesei, d'où il passa en Angleterre. Le Reine Elizabeth lui fit un très-bon accueil , & lui fournir quelques Vaisseaux, par le moyen desquels il se rendit à la Rochelle.

Cependant le Roi de Navarre surprit plusieurs Places dans le Poitou , dans la Saintonge, & en Guienne, tandis que Lesdiguieres faisoit de grands ravages dans le Dauphiné. Le Languedoc n'étoit pas moins exposé aux fureurs de la guerre. Cette Province étoit partagée entre le Duc de Montmorenci un des Chefs des Huguenots, & le Duc de Joyeufe qui faifoit tous fes efforts pour les détruire.

La France n'étoit pas encore au comble de fes maux. Un nouveau Parti s'éleva bientôt, qui penfa renverfer l'Etat, & qui fut la caufe de la mort du Souverain. Trois Curés de Paris, quelques Docteurs, avec des Bourgeois formerent fecrettement une Ligue, qui fut appellée la *Ligue des Seize*. Le but de cette affociation étoit de mettre Paris dans les intérêts de la Ligue qui étoit répandue par tout le Royaume. Pour venir à bout de leur deffein, ils diftribuerent entre eux les feize Quartiers de la Capitale, afin de fe faire un grand nombre de Partifans, & ce fut des feize Quartiers que cette Ligue prit ce nom, & non pas du nombre de ceux qui la compofoient.

Elle fit en peu de temps de grands progrès; mais le fecret fut fi bien obfervé que le Roi n'en eut connoiffance qu'un an après. Le Duc de Guife informé de ce qui fe paffoit à Paris en fa faveur, fongea à pourfuivre les Proteftans plus vivement que jamais. Le Duc de Mayenne ne perdoit point de vûe le Roi de Navarre, & tous fes foins ne tendoient qu'à fe rendre maître de fa perfonne; mais ce Prince trouva moyen de fe retirer à la Rochelle, où il fut reçu avec beaucoup de joie. Le Duc de Mayenne ne put continuer la guerre encore long-temps dans la Guienne, parce qu'il manqua d'argent & de troupes, & que la Cour ne fe preffoit pas de lui en fournir. Le Roi ne croyoit pas devoir exterminer entiérement les Huguenots, de peur que la Ligue ne devînt alors trop puiffante; de forte que les Généraux qui étoient fincérement attachés à ce Prince, contrebalançoient autant qu'ils le pouvoient l'autorité de la Ligue, & ne faifoient que foiblement la guerre contre les Proteftans. Quelques-uns fe comporterent avec tant de prudence, qu'ils tinrent en refpect les Ligueurs & les Huguenots. Mais le Roi avoit peu de fidéles Serviteurs, & la Ligue devenoit de jour en jour plus redoutable.

Celle *des Seize* pouffa même l'infolence jufqu'à publier un Mémoire féditieux contre le Roi, & à répandre le bruit que c'étoit ce Monarque qui avoit armé les Allemans en faveur du Roi de Navarre. Toutes les Provinces en furent allarmées, & l'on fit des levées de troupes pour les joindre à celles des Ligueurs. La Cabale *des Seize* penfa alors à foulever tout Paris, à s'emparer de la Baftille, de l'Arfenal, du Temple, du Palais, du Louvre & à fe faifir de la perfonne du Roi. L'Arrivée du Duc d'Epernon arrêta les projets des Factieux. Le Duc de Mayenne ne fe croyant plus en fûreté dans Paris, demanda la permiffion de fe retirer en Bourgogne; ce qui lui fut accordé d'autant plus volontiers, que fon abfence pourroit ralentir l'ardeur des Ligués. Il auroit été de la prudence du Roi de pourfuivre juridiquement les Chefs de la Ligue *des Seize*; mais ce Prince trop foible pour prendre une ferme réfolution, crut avoir affez fait que d'avoir mis des troupes dans les endroits dont les Factieux pourroient s'emparer.

Cependant les Allemans que le Roi de Navarre avoit engagés à venir à fon fecours, s'avançoient vers les Frontieres. Le Roi de concert avec le Duc de Guife envoya des troupes en Champagne, & en deftina un autre Corps

DE LA FRANCE.

HENRI III. LIX. ROI.

1586.
Ligue *des Seize*.

1587.
La Ligue *des Seize* éclatte.

DE LA FRANCE.

HENRI III.
LIX. ROI.

Bataille de Courtras.

pour empêcher le Roi de Navarre d'aller au-devant des troupes Etrangeres. Le Duc de Joyeuse fut chargé de ce soin, & il se flattoit d'autant plus de réussir que son armée étoit supérieure à celle du Roi de Navarre. Ce Prince après avoir fait quelques conquêtes dans le Poitou, se disposa à passer la Loire pour se rendre en Bourgogne, où étoit le rendez-vous des Allemans. Le Duc de Joyeuse le joignit sur les Confins du Périgord & de la Guienne. Les deux armées s'étant trouvées en présence proche le Bourg de Courtras en Saintonge, on en vint aux mains avec une égale ardeur. La fortune fut d'abord contraire au Roi de Navarre : une partie de sa Cavalerie fut maltraitée ; mais un moment après le combat s'étant rétabli par la valeur de Mongommeri & de Belzunz, la victoire ne tarda pas à se déclarer en sa faveur. Le Duc de Joyeuse se voyant sans ressource voulut se rendre prisonnier ; mais Lamothe-Saint-Herai lui cassa la tête d'un coup de pistolet. Cette bataille se donna le 24 d'Octobre.

Le Roi de Navarre ne profita point de l'avantage qu'il venoit de remporter sur l'armée Catholique ; car au lieu de gagner la haute Loire afin de se joindre aux Allemans, ou de faire la conquête des Provinces voisines, dont les Places n'étoient pas en état de défense ; il partagea son armée en plusieurs Corps, chargea le Prince de Conti, d'aller se mettre à la tête des Allemans, & se mit en route pour se rendre en Bearn. Cependant le Roi prenoit toutes les précautions nécessaires pour empêcher les Allemans de se joindre aux Huguenots. Il se mit à la tête d'un Corps de troupes considérable & se posta à Gien sur la Loire, tandis que les Ducs de Guise & de Montpensier assembloient une armée ; le premier à Chaumont en Bassigni, & le second à Troyes. Les Allemans ayant passé le Rhin, le Duc de Guise s'avança vers la Lorraine, & ayant joint ses troupes à celles du Duc, il ne cessa de harceler les ennemis, & de leur couper les vivres. Il se comporta avec tant de prudence qu'il les empêcha de faire aucune conquête dans le Pays. Ils passerent la Meuse à Neuchâtel, traverserent la Seine au-dessus de Châtillon, & arriverent à la mi-Octobre à la vûe de la Charité sur Loire. Tous les gués de cette Riviere étoient bien gardés ou entiérement rompus, & le Roi étoit de l'autre côté pour leur en disputer le passage. Le Baron Donaw, qui les commandoit, reconnoissant le danger où il étoit, voulut reprendre la route de l'Allemagne. On eut bien de la peine à l'appaiser & à le faire consentir à se retirer en Beausse. Le Duc de Guise le suivit jusqu'à un Bourg nommé Vimori dans les environs de Montargis, & ayant trouvé une occasion favorable il les attaqua. Les ennemis perdirent en cette occasion tous leurs bagages dont une partie fut brûlée, & l'autre fut pillée. Cette perte fit révolter les Reistres, & l'on ne put les calmer qu'en leur abandonnant Château-Landon que Châtillon venoit d'emporter d'assaut, & la rançon des prisonniers qui leur fut aussi distribuée. Ils s'avancerent ensuite vers Chartres, où le Prince de Conti se mit à leur tête. Cette armée étoit alors bien affoiblie, & peu de temps après elle le fut encore plus par la retraite des Suisses, qui se rendirent aux remontrances du Duc de Nevers. Le Roi avoit alors passé la Loire, & avoit marché à la rencontre des ennemis. Il les fit attaquer dans la petite Ville d'Aulneau. Il y eut douze cens Allemans tués dans cette affaire, & l'on en fit un grand nombre prisonniers,

Les Allemans passent le Rhin.

DE L'UNIVERS. Liv. I. Chap. II. 273

niers. Ils furent alors obligés de suivre l'exemple des Suisses. On conclut avec eux, le 8 de Décembre à Marigni, un Traité aussi honteux pour eux qu'il fut glorieux à la Nation Françoise. Le Duc de Bouillon se retira à Genêve, où il mourut le onziéme de Janvier suivant. Henri Prince de Condé ne lui survécut pas deux mois, étant mort à Saint-Jean-d'Angely à l'âge de trente-cinq ans.

Pendant que ces choses se passoient, la guerre se faisoit avec vigueur dans le Dauphiné, & les succès furent assez variés. Le Duc de Lesdiguieres y fit plusieurs conquêtes, tandis que d'un autre côté les Catholiques s'emparerent de Montelimar. Mais ceux-ci ayant voulu surprendre le Château, ils furent repoussés & perdirent près de deux mille hommes. Alphonse d'Ornano Colonel des Corses qui étoient au service du Roi, répara cette perte par la défaite de trois mille Suisses qui venoient joindre Lesdiguieres.

Après que le Roi eut obligé les troupes étrangeres à sortir de ses Etats, il reprit la route de Paris, où il arriva deux jours avant Noël. Au lieu d'y être reçu comme le Libérateur de l'Etat, la faction des Seize & les autres Partisans des Guises ne cessoient de calomnier ce Prince, & de diminuer tout ce qui pouvoit lui regagner l'estime & l'amour de ses Sujets. On relevoit au contraire tout ce que le Duc de Guise avoit fait, & on le regardoit comme le Sauveur de la France. Les Prédicateurs répétoient continuellement dans leurs Sermons ces paroles de l'Ecriture : *Saül en a tué mille, mais David en a tué dix mille.* La Faculté de Théologie étoit alors si infectée du Fanatisme qu'elle osa décider, *qu'on pouvoit ôter le Gouvernement aux Princes qu'on ne trouvoit pas tels qu'il falloit, comme l'administration au Tuteur qu'on avoit pour suspect* (74). Le Roi trop timide pour punir un tel attentat, se contenta de faire quelques réprimandes. L'impunité du crime rendit les Factieux plus hardis & plus entreprenans.

Le Duc de Guise & les principaux Chefs de la Ligue s'assemblerent à Nanci au mois de Février, & dresserent un Mémoire pour être présenté au Roi. Entre autres demandes qu'ils faisoient, ils exigeoient, 1°. Que ce Prince se déclarât plus ouvertement pour la Ligue. 2°. Qu'il fît publier le Concile de Trente. 3°. Qu'il établît le Tribunal de l'Inquisition, au moins dans les principales Villes de France. Le Roi quoique fort irrité de l'audace des Ligués n'osa le faire paroître, & fit semblant d'approuver leurs demandes. Cependant quelque temps après il voulut faire une action de vigueur. Le Président de Neüilli fut mandé à la Cour avec les principaux Chefs de la Faction des Seize. Le Roi après de vives réprimandes menaça le Président de le faire pendre, s'il continuoit à causer tant de troubles dans la Capitale. Les Factieux furent effrayés de ces menaces, & écrivirent au Duc de Guise pour l'engager à venir à leur secours. Ce Seigneur s'avança aussi-tôt vers Soissons, & envoya des Officiers pour se mettre à la tête de la Bourgeoisie, à qui il donna ordre de se munir d'armes. Henri ayant découvert ce qui se tramoit contre lui, fit défendre au Duc de Guise de se rendre à Paris. Ce Duc fit beaucoup de difficulté pour obéir aux ordres du Roi, assurant qu'il ne se rendroit à la Cour que pour se justifier des calomnies

DE LA FRANCE.

HENRI III. LIX. Roi.

Etat des affaires en Provence.

Retour du Roi à Paris.

1588.

Les Factieux présentent un Mémoire au Roi.

(74) Le Pere Daniel.
Tome I. Partie II. Mm*

que ses ennemis se plaisoient d'inventer continuellement contre lui. Il consentit seulement à attendre encore trois jours pour recevoir les nouveaux ordres qu'il plairoit au Roi de lui envoyer. Celui qui en étoit chargé ne put lui reporter, & un Courrier à qui on les confia ayant retardé cette dépêche, le Duc de Guise partit au bout de quatre jours, & se rendit à Paris. Il alla d'abord chez la Reine Mere qui fut fort étonnée de le voir. Cette Princesse fit aussi-tôt sçavoir au Roi l'arrivée du Duc. Ce Monarque forma alors le dessein de le faire assassiner, mais il en fut détourné par ceux à qui il fit cette confidence. Le Duc de Guise ayant reçu la permission de se présenter devant le Roi, se rendit à pied au Louvre. Cette marche fut pour lui une espece de triomphe. Toutes les rues étoient bordées par la Populace qui ne cessoit de crier, *Vive Guise, vive le défenseur de l'Eglise & de la Religion Catholique, le Sauveur de Paris.* Le Roi le reçut avec un visage sévére, & le Duc ayant voulu se justifier, & assurer ce Monarque de son zéle & de son attachement, le Roi lui répondit. *Ce sera par votre conduite que vous vous justifierez, & les effets me feront juger de vos intentions.*

Après ce court entretien, qui parut trop long au Duc de Guise, il sortit du Louvre, & se rendit à son Hôtel au milieu des acclamations du Peuple.

Le Roi ne se voyant plus en sûreté dans sa Capitale y fit entrer secrettement, le 12 de Mai, quatre milles Suisses & deux mille hommes d'Infanterie Françoise. Ils furent distribués dans les différens Quartiers de Paris; mais comme le Roi avoit défendu de charger la Populace, il ne fut pas possible de s'emparer de la Place Maubert, & par ce moyen les Ligueurs resterent maîtres du Quartier de l'Université. Le Comte de Brissac qui y commandoit les Factieux, fit aussi-tôt dresser des Baricades, & bientôt on en fit autant dans toute la Ville, de sorte que les Soldats, qu'on avoit placés dans différens endroits, se virent enfermés & exposés à être assommés par les Bourgeois qui leur lançoient des pavés sur la tête. Le Roi n'eut alors d'autre parti à prendre que la retraite, & pendant que la Reine Mere amusoit le Duc de Guise par des négociations, le Roi monta secrettement à cheval sur les cinq heures & demie du soir, passa la Riviere au Pont de Saint-Cloud, & arriva le jour suivant à Chartres. Il se rendit ensuite à Rouen, où il passa une grande partie de l'Eté. Le Duc de Guise maître de Paris y rétablit la tranquillité & fit ôter les Baricades. Il s'empara de la Bastille, de l'Arsenal, du Château de Vincennes, de Corbeil, & donna les principales Places à ceux de son parti, après en avoir dépouillé ceux qui étoient attachés au Roi.

On vit alors paroître des Manifestes de la part de ce Prince & du Duc de Guise. Ils produisirent divers effets selon que les Ligueurs étoient plus ou moins forts dans une Province, & l'on se vit à la veille d'une guerre civile entre les Catholiques. Cependant la Reine ne cessoit d'avoir des conférences avec le Duc de Guise, dont le résultat fut un Traité aussi honteux à la Majesté Royale, que celui de Nemours. Il fut conclu au mois de Juillet, & est connu sous le titre de *Traité de Réunion*. Le Roi partit ensuite de Rouen & retourna à Chartres, où il se disposa à tenir les Etats qu'il avoit convoqués à Blois. Tous les Chefs de la Ligue se rendirent dans cette premiere Ville, & le Roi leur fit à tous un accueil favorable : il en combla même plusieurs de nouveaux bienfaits. Le Cardinal de Guise fut déclaré premier Prince du Sang & Héritier présomptif de la Couronne, & le Duc eut tout le pouvoir de Lieutenant Général de l'Etat, pour les Armées. Henri ayant séjourné quelques temps à Chartres, partit pour Blois sur la fin de Septembre avec le Duc de Guise. Le Roi avoit pris la résolution de ne plus écouter que les avis de ceux qui le portoient à témoigner de la fermeté ; c'est ce qui l'engagea à faire des changemens considérables dans son Conseil, & de n'y admettre que des gens d'une probité reconnue & sincérement attachés à leur Souverain. Depuis cet instant la Reine Mere perdit beaucoup de son crédit, & il n'eut plus pour cette Princesse qu'une confiance apparente.

Après ces différens arrangemens le Roi ouvrit le 16 d'Octobre l'Assemblée des Etats par un discours dans lequel il témoigna beaucoup de fermeté. Dans la seconde séance, le Roi & les Etats firent serment d'observer l'*Edit de Réunion*, comme une Loi fondamentale du Royaume. Dans les autres séances les Ligueurs firent faire diverses propositions, dont l'acceptation ou le refus tendoient également à le rendre odieux, & à augmenter le crédit du Duc de Guise. Sur ces entrefaites on apprit la nouvelle que le Duc de Savoye s'étoit emparé du Marquisat de Saluces. Le Roi soupçonna le Duc de Guise d'être d'intelligence avec ses ennemis, & l'on prétend que dès-lors il forma le dessein de le faire périr. Il tint conseil à ce sujet avec le Maréchal d'Aumont, Nicolas d'Angennes Sieur de Rambouillet, Louis d'Angennes son frere, & Beauvais Nangis. Après que le Roi leur eut exposé les motifs qui le portoient à se défaire du Duc de Guise, ils convinrent tous qu'il méritoit la mort ; mais qu'il ne paroissoit pas possible de le faire mourir juridiquement. Il fut donc résolu qu'il n'y avoit que le poignard qui pût délivrer le Roi d'un si dangereux ennemi. Loignac premier Gentilhomme de la Chambre, & Capitaine de quarante-cinq Gentilshommes Gascons, dont le Duc d'Epernon avoit formé depuis peu une nouvelle Garde pour le Roi, se chargea de l'exécution. Les mesures furent prises pour le 23 de Décembre.

Le Duc de Guise fut averti qu'il se tramoit quelque chose contre lui ; mais il négligea ces avis, & ne prit aucune précaution, pour éviter le danger qui le menaçoit. Le Roi avoit mandé son Conseil pour le jour qu'il avoit destiné à l'exécution de son dessein. Lorsque tout le monde fut assemblé le Roi envoya dire au Duc de Guise de le venir trouver dans son Cabinet. Comme il étoit prêt d'entrer dans ce Cabinet, les Conjurés se jetterent sur lui & le percerent de leurs poignards. Le Cardinal de Guise & l'Archevêque de Lyon furent en même temps arrêtés & enfermés dans une des plus hautes Chambres du Château. Après cette sanglante exécution la Chambre du Roi fut ouverte, & les Seigneurs y étant entrés, ce Monarque leur rendit compte des raisons qui l'avoient porté à en venir à cette extrêmité. On se saisit aussi des principaux des Ligueurs, mais la plûpart eurent le temps de se sauver. Le lendemain le Cardinal de Guise eut le même sort que son frere, & cette action indisposa la Cour de Rome contre le Roi. Ce Prince sçachant de quelle importance il étoit pour lui d'avoir en sa

DE LA FRANCE.

HENRI III.
LIX. ROI.

Assemblée des Etats à Blois.

Le Duc de Guise est assassiné.

puissance le Duc de Mayenne frere du Duc de Guise, chargea Alphonse Ornano de l'enlever à Lyon ; mais il avoit été averti de la mort de son frere & s'étoit mis en sûreté.

Henri venoit de faire un coup d'autorité qui étoit capable de faire rentrer les Rebelles dans leur devoir ; mais il ne sçut pas profiter de la terreur qui étoit répandue dans tous les esprits. Il pardonna à tous ceux qui avoient été arrêtés, & négligea de se rendre dans la Capitale de ses Etats avec l'armée que le Duc de Nevers commandoit. Tous ces délais donnerent le temps aux Ligueurs de reprendre courage, & de former contre le Roi un parti qui le fit périr lui-même. Sur ces entrefaites la Reine Mere mourut le 5 de Janvier au Château de Blois, âgée de soixante & deux ans.

Lorsque la Ligue *des Seize* eut appris la mort du Duc de Guise, elle prit les armes, & se porta aux plus horribles excès. Il n'y eut point d'outrages qui ne fussent faits à la Majesté Royale, dans les Libelles, dans les Prédications, au Tribunal même de la Pénitence où les Confesseurs refusoient l'absolution à ceux qui reconnoissoient le Roi pour leur légitime Souverain. La Sorbonne subjuguée par les Ligueurs approuva ces attentats par des Décisions, contre lesquelles il y eut cependant réclamation de la part de quelques-uns de ses Docteurs. Tous ceux qui étoient attachés au Roi se trouvoient exposés à toutes sortes d'outrages. Bussy-le-Clerc, ci-devant Procureur au Parlement, & fait Gouverneur de la Bastille par le Duc de Guise, alla le 16 de Janvier à main armée au Palais, & n'ayant pû y faire enregistrer une Requête qui tendoit à délier les Sujets du serment de fidélité, les mena tous à la Bastille au nombre de cent cinquante, & forma ensuite un autre Parlement. Jamais la France ne fut réduite dans un si triste état, déchirée d'un côté par les Protestans, & de l'autre par les Catholiques conduits par un zéle aveugle, & soulevés contre leur légitime Souverain. Plusieurs Villes du Royaume imiterent le funeste exemple de la Capitale & se révolterent contre le Roi.

Ce Monarque n'ayant pû se rendre maître de la personne du Duc de Mayenne, fit inutilement tous ses efforts pour le gagner. Il écouta plus volontiers les offres que lui firent les Parisiens, & s'étant rendu à leurs instances, il arriva le 12 de Février à Paris. Il y entra au milieu des acclamations du Peuple & des cris de joie. Ce Seigneur ne voulant point dépendre de la Ligue *des Seize*, dont l'autorité étoit trop considérable, leur fit entendre que le Conseil d'union qu'ils avoient formé, & qui n'étoit composé que de quarante personnes, n'étoit pas assez considérable. Il augmenta beaucoup le nombre de ces Conseillers, & toutes les places furent remplies par des personnes de poids & d'autorité, sur l'attachement desquelles il pouvoit compter. Un des premiers Actes de cette Assemblée fut de le nommer Lieutenant Général de l'*Etat Royal & Couronne de France*. Le Duc revêtu de ce titre, qui ne signifioit rien par lui-même, usurpa les droits de la Souveraineté, & fit plusieurs Réglemens de Police, tant pour la Capitale que pour le reste du Royaume.

Le Roi desesperant remedier à tant de désordres, & craignant de succomber sous les efforts des Rebelles, n'eut d'autre parti à prendre que celui de se joindre au Roi de Navarre. Ces deux Princes se virent au Plaissis-

DE L'UNIVERS. Liv. I. Chap. II.

les-Tours le 30 d'Avril & convinrent de joindre leurs forces ensemble pour châtier les Rebelles. Le Roi avoit alors avec lui quatre mille hommes sous la conduite du Duc d'Epernon, outre le Régiment des Gardes Françoises qui ne l'avoient point quitté, & les Suisses de Galati. Quantité de Seigneurs & de Gentilshommes étoient aussi venus le joindre, & le Sieur de Sanci étoit allé demander du secours aux Suisses. Le Traité de Tours avoit rendu la paix aux Provinces de Dauphiné, de Bearn, de Gascogne, de Poitou & de la Saintonge, où les Catholiques & les Huguenots s'accordoient bien ensemble. Tout l'effort de la guerre fut dans la Normandie, la Picardie & la Champagne, dont les Habitans avoient pris part à la Ligue. Le Duc de Mayenne ayant appris la réunion de Henri avec le Roi de Navarre, se rendit secrettement aux environs de Tours pour enlever le Roi. Ce Monarque pensa être surpris dans une partie de promenade, & à peine eut-il le temps de rentrer dans la Ville. Le Duc de Mayenne fit attaquer le Fauxbourg ; mais l'arrivée des troupes du Roi de Navarre l'obligerent à se retirer. Les deux Rois prirent alors la résolution de marcher vers Paris, pour se rendre maîtres de cette Capitale. Pendant leur route, le Comte de Châtillon ayant rencontré un Corps de troupes de l'armée des Ligueurs le défit entiérement, entre Bonneval & Chartres. D'un autre côté, la Noue qui étoit venu joindre le Roi de Navarre avec les troupes qu'il commandoit, força le Duc d'Aumale de lever le siege de Senlis, & lui tailla en piéces son armée. Cependant les deux Rois s'emparerent de Gien, de la Charité, de Gergeau, de Pluviers, d'Etampes, de Poissi & de Pontoise. Ce fut dans ce quartier que le fidéle Sanci amena au Roi une armée de dix mille Suisses, de deux mille Lansquenets & de quinze cens Reîtres. Le Roi témoigna à Sanci toute la reconnoissance qu'il lui devoit, car outre l'habileté & la valeur que ce Seigneur avoit fait voir en conduisant cette armée au milieu d'un Pays dont les Factieux étoient maîtres, il avoit vendu toutes ses pierreries & une partie de son bien pour lever ces troupes.

L'armée Royale se trouva alors de plus de trente mille hommes effectifs & tous bien armés. Les deux Rois profitant de l'ardeur des troupes, résolurent le siége de Paris. Le dernier de Juillet le Roi se rendit maître de Saint-Cloud, où il prit son quartier : le Roi de Navarre établit le sien à Meudon. Le Duc de Mayenne envoya aussi tôt des Couriers au Duc de Lorraine, & au Duc de Nemours qui étoit à Lyon, pour les presser de lui envoyer du secours. Malgré toutes ces précautions, il y a tout lieu de croire que la Capitale auroit été forcée de se rendre, si un Scelerat n'eût fait perdre la vie à son Roi. Jacques Clément jeune Religieux Dominicain entiérement dévoué aux fureurs de la Ligue, présenta un Placet à Henri III, & pendant que ce Monarque étoit occupé à le lire, il lui plongea un couteau dans le bas-ventre. Ce Malheureux fut aussi-tôt percé de mille coups, & son corps fut jetté par les fenêtres. La blessure étoit mortelle, & quelques soins qu'on apportât, ce Prince mourut le lendeman 2 Août. Avant que de mourir, il avoit déclaré le Roi de Navarre légitime héritier de la Couronne, & lui avoit fait prêter serment par les Seigneurs qui étoient présens. Henri étoit alors âgé de trente-sept ans, dix mois & quatorze jours, & il en avoit regné quatorze, cinq mois & vingt jours depuis son Sacre. Ce

Prince ne laissa point d'enfans de Louise de Vaudemont son épouse, & la Maison de Valois fut éteinte en lui. Cette Maison par une longue suite de Rois avoit occupé le trône de France pendant près de deux cens soixante ans. Henri III. s'étoit fait une belle réputation n'étant que Duc d'Anjou, mais il ne la soutint point sur le trône, quoiqu'il eût réellement d'excellentes qualités. Si jamais il ne fut parvenu à la Couronne, il eût passé pour un Prince des plus dignes de la porter. *Caractere d'esprit incompréhensible ; en certaines choses*, au-dessus de sa dignité ; *en d'autres, au-dessous même de l'enfance* (75). " Les Protestans lui avoient fait la guerre comme
" à l'ennemi de leur Secte, & les Ligueurs l'assassinerent à cause de son union
" avec le Roi de Navarre Chef des Huguenots. Suspect aux Catholiques,
" & aux Huguenots par sa légereté, & devenu méprisable à tous par une
" vie également superstitieuse & libertine, il parut digne de l'Empire tant
" qu'il ne régna pas (76).

L'extinction de la Maison de Valois par la mort de Henri III. laissoit la Couronne de France à la Branche de Bourbon Vendôme. Henri Roi de Navarre Chef de cette Branche, tiroit son origine de Robert de France Comte de Clermont, Seigneur de Bourbon, cinquiéme & dernier fils de Saint Louis. Henri né au Château de Pau en Bearn le 13 de Décembre 1553, d'Antoine de Bourbon Duc de Vendôme, & de Jeanne d'Albret, étoit âgé de trente-six ans lorsqu'il parvint au trône. Tous les Seigneurs qui avoient prêté serment au Roi de Navarre pendant que Henri III. étoit encore en vie, changerent bientôt de sentiment lorsque ce Monarque fut expiré. Ils firent beaucoup de difficulté pour reconnoître un Roi Protestant, & le Duc de Longueville à la tête de la Noblesse Catholique le conjura de renoncer à la Religion Prétendue Reformée ; & l'assura qu'alors il verroit tous les Ordres du Royaume se ranger sous ses Loix. Henri leur déclara qu'un changement si subit lui feroit tort dans l'esprit de tout le Monde, & que par conséquent il ne pouvoit prendre une résolution si prompte ; mais qu'il leur promettoit de se faire instruire. En même temps les Suisses se présenterent pour lui prêter serment de fidélité. Ils furent présentés par le Maréchal de Biron, de Guitri, de Sanci & de la Noue. En conséquence de la réponse du Roi, les Seigneurs tinrent plusieurs assemblées. Il fut enfin décidé que Henri seroit reconnu Roi de France à condition que la Religion Catholique seroit la seule dominante dans le Royaume, & que l'exercice de la Protestante ne seroit permis que suivant les Edits du feu Roi. Henri accepta ces propositions, & les Seigneurs n'ayant plus aucune raison pour lui refuser l'hommage qui lui étoit dû, la plûpart lui prêterent serment de fidélité, & lui promirent de le soutenir dans ses droits. Le Duc d'Epernon refusa de souscrire à la décision de tant de Seigneurs, & quelque temps après il se retira avec six mille hommes de pied & douze cens chevaux qu'il avoit amenés au secours de Henri III. Son exemple fut suivi de quelques-uns ; ce qui affoiblit tellement l'armée du Roi qu'il ne se trouvoit plus en état de continuer le siége de Paris.

Cette Ville obsédée par les Ligueurs refusoit de reconnoître son légitime Souverain. Les Rebelles se porterent alors aux derniers excès : *La détesta-*

(75) M. de Thou. (76) Le Président Hainault.

ble Doctrine du Tyrranicide fut prêchée & enseignée publiquement, & le Scelerat qui avoit trempé ses mains sacriléges dans le sang de son Roi, fut qualifié de Martyr. Le Duc de Mayenne profitant des circonstances favorables à ses desseins, écrivit à tous les Gouverneurs des Villes qui tenoient le parti de l'*Union*, pour les fortifier dans leurs sentimens, & demanda en même temps quelques troupes au Roi d'Espagne.

Le Roi n'ayant pû venir à bout de faire rentrer le Duc de Mayenne dans le devoir, & n'ayant point assez de troupes pour forcer la Capitale, se retira en Normandie. Il envoya le Duc de Longueville en Picardie & le Maréchal d'Aumont en Champagne, afin d'y contenir les Ligueurs. Lorsque le Roi fut arrivé en Normandie, Pont-de-l'Arche & la Ville de Dieppe lui furent remises entre les mains par les Gouverneurs de ces Places. Ces deux Postes lui étoient d'autant plus importans, qu'ils lui facilitoient les moyens de recevoir les secours qu'il attendoit d'Angleterre. Le Duc de Mayenne s'étant mis à la tête de trente mille hommes, ne tarda pas à se rendre dans cette Province à dessein d'y combattre le Roi. Ce Monarque qui n'avoit alors que sept mille hommes, se posta avantageusement sous le Château d'Arques, environ à une lieue & demie de Dieppe, afin d'entretenir la communication avec cette Place. Le Duc de Mayenne l'attaqua le 16 de Septembre par le Fauxbourg de Polet; mais la vigoureuse résistance du Comte de Châtillon qui avoit été chargé de la défense, obligea le Duc d'attaquer le Roi dans ses retranchemens. Il ne fut pas plus heureux dans cette entreprise. Le Roi par son habileté, son activité & sa présence d'esprit autant que par sa valeur, suppléa au petit nombre de troupes qu'il avoit, & sçut rendre inutiles tous les efforts des ennemis. Ils furent repoussés par tout avec perte, & enfin obligés de se retirer. Après cette victoire l'armée du Roi fut renforcée par quatre mille Anglois que la Reine Elizabeth lui envoya. Ce renfort avec ceux que le Duc de Longueville & le Maréchal d'Aumont lui amenoient, contraignirent le Duc à s'éloigner de Dieppe. Il tourna vers la Picardie, où il surprit la Fere. Le Roi le suivit jusqu'à la Somme: il prit ensuite la route de Paris, où l'on avoit répandu le bruit qu'il avoit été battu, & qu'il étoit passé en Angleterre. Ce Prince parut à la vûe de cette Ville sur la fin d'Octobre, & le premier de Novembre il emporta d'assaut les Fauxbourgs de St-Germain, de St-Michel, de St-Jacques, de St-Marceau. Les Ligueurs perdirent dans ces attaques près de mille hommes, quatorze enseignes & treize piéces de canon. Le Duc de Mayenne informé du danger auquel les Parisiens étoient exposés, accourut promptement à leur secours. Son approche obligea le Roi à se retirer; il ne le fit cependant pas sans avoir resté en Bataille plus de la moitié du jour; mais voyant que les Rebelles n'osoient sortir pour accepter le combat, il se mit en chemin pour se rendre en Beauce. Ce Monarque après avoir soumis tout le Pays se rendit à Tours, où il fit son entrée le 21 de Novembre. Ce fut ce même jour que le Duc de Mayenne fit proclamer Roi de France le Cardinal de Bourbon, sous le nom de *Charles X*. Ce Prince étoit encore en prison à Fontenai-le-Comte en Poitou. Les prétentions de l'Espagne sur la Couronne de France, avoient obligé le Duc à agir de la sorte dans la crainte de devenir l'esclave de l'Espagne, qui sous prétexte de soutenir la Ligue, ne cherchoit qu'à étendre son autorité

De la France.

Henri IV. dit Le Grand, LX. Roi.

Henri IV. se retire en Normandie.

Victoire qu'il remporte sur le Duc de Mayenne.

Il attaque Paris.

DE LA FRAN-
CE.

HENRI IV.
DIT
LE GRAND,
LX. ROI.

1590.

dans le Royaume & à ruiner celle du Duc. Ce Seigneur n'avoit osé s'emparer de la Couronne, que les Ligueurs lui avoient offerte, dans la crainte de soulever contre lui les Puissances qui le maintenoient dans sa rebellion ; mais il étoit en même temps sur ses gardes contre les tentatives des Espagnols. La Faction *des Seize* qui vouloit toujours dominer, n'incommodoit pas moins le Duc de Mayenne. Pour s'en délivrer, il trouva le moyen de casser le Conseil de l'*Union*, où ils avoient grand crédit, & créa quatre nouveaux Secrétaires d'Etat, qui étoient dans ses intérêts. Par ce nouvel arrangement il s'empara de l'exercice entier de l'autorité Suprême.

Pendant que ces choses se passoient dans la Capitale, les Royalistes faisoient la guerre dans les Provinces méridionales de la France ; mais les succès étoient assez variés de part & d'autre. Le Maréchal de Matignon, quoiqu'il fût du nombre des Ligueurs, résolut de temporiser, & força la Ville de Bordeaux à garder la neutralité. Le Parlement de Grenoble, qui étoit pareillement dans les intérêts de la Ligue, refusa d'écouter les propositions qui lui furent faites de la part du Duc de Savoye. Mais le Roi eut lieu de se plaindre des Parlemens de Toulouse, d'Aix & de Rouen qui rendirent des Arrêts en faveur des Factieux.

Batailles d'Ivri
& d'Issoire.

Sur ces entrefaites le Duc de Mayenne s'étant rendu maître de Pontoise & de Vincennes, alla mettre le siége devant Meulan ; mais l'approche des troupes du Roi l'obligea de renoncer à son entreprise. Henri marcha ensuite vers Dreux : à peine avoit-il fait ses dispositions pour l'attaque de la Place, qu'il décampa promptement pour aller au-devant du Duc de Mayenne, qui venoit au secours de cette Ville. Les deux armées se rencontrerent le 14 de Mars dans les Plaines d'Ivri, & le Roi fit attaquer les Rebelles, quoique le nombre de ses troupes fût inférieur à celles du Duc de Mayenne. La victoire se déclara en faveur des Royalistes, qui enleverent aux Ligueurs le canon, le bagage & les drapeaux. Le Duc de Mayenne eut bien de la peine à se sauver, & il seroit tombé entre les mains du Vainqueur, si les Habitans de Mante ne lui eussent ouvert leurs portes. Cette journée fut remarquable par un grand avantage que les Royalistes remporterent sur les Ligueurs à la vûe de la Ville d'Issoire en Auvergne.

Siég. de Paris.

Paris étoit alors dans une si grande consternation que le Roi auroit pû facilement s'en rendre maître, si le défaut d'argent, qui fit presque mutiner les Suisses, n'eût empêché ce Monarque de marcher promptement vers la Capitale. Ce retard donna le temps au Duc de Mayenne & au Cardinal Caëtan Légat du Pape de rassurer les esprits, & de se mettre en état de défense. Cependant le Roi s'étant approché de Paris, en forma le blocus. Les Ligueurs voulant amuser le Prince, afin d'avoir le temps de faire venir les troupes qu'ils attendoient, firent quelques propositions d'accommodement par le moyen de M. de Villeroi. Mais le Roi ne voulut rien écouter, & refusa de recevoir la loi de ses Sujets. Il s'empara le 8 de Mai de tous les Postes aux environs de Paris, afin de couper les vivres & de prendre la Ville par famine. Elle ne tarda pas à se faire sentir malgré les libéralités de l'Ambassadeur d'Espagne, & elle fut telle que non-seulement on mangea les rats & les souris ; mais même qu'on fit une espéce de pain avec des os de Morts. Le Peuple étoit soutenu par les discours séditieux des Prédicateurs

&

& par les fausses décisions de la Faculté de Théologie. On fit même une Procession où l'Evêque de Senlis, le Curé de Saint Côme, le Prieur des Chartreux assisterent, tenant la Croix d'une main & la Pique de l'autre. On forma ensuite un Régiment composé de Prêtres, de Religieux & d'Ecoliers. Ces premiers mirent le casque en tête, & endosserent la cuirasse sur leurs habits ecclésiastiques. Le Duc de Nemours commandant alors dans la Place pour le Duc de Mayenne, prenoit aussi ses précautions afin d'éviter toutes surprises ; car le Roi avoit plusieurs Partisans dans la Ville. Les Fauxbourgs étoient déja au pouvoir des Royalistes, & le Roi se flattoit de se rendre bientôt maître de la Place, lorsqu'il apprit que le Prince de Parme venoit au secours des Parisiens à la tête de quinze mille hommes.

DE LA FRANCE.

HENRI IV. DIT LE GRAND, LX. ROI.

Cette nouvelle l'obligea de lever le siége sur la fin d'Août, & de marcher à la rencontre des Espagnols. Il fit tout ce qu'il put pour les engager à accepter le combat : mais voyant qu'il ne pouvoit réussir dans son dessein, il forma divers Corps de son armée qu'il envoya dans différentes Provinces pour contenir les Ligueurs. Le Duc de Parme ayant délivré & ravitaillé Paris, se rendit maître le 24 de Septembre de Corbeil, & reprit ensuite le chemin des Pays-Bas, où le Prince Maurice à la tête de l'armée des Etats profitoit de son absence. Il fut incommodé pendant sa route par les Royalistes, & par l'armée même du Roi, qui le poursuivit pendant quelque temps ; mais il ne perdit qu'une partie de ses bagages.

Tandis que ces choses se passoient du côté de la Capitale, la fureur de la Ligue ne se faisoit pas moins sentir dans les autres Provinces du Royaume. Les Factieux furent battus dans le Maine, & on leur prit la Ferté-Bernard, l'unique Place qui leur restoit dans le Pays. En Bretagne le Duc de Mercœur Gouverneur de cette Province, plus attaché à ses propres intérêts qu'à ceux de la Ligue, dont il étoit Partisan, fit diverses tentatives pour se rendre Souverain dans son Gouvernement, avec le secours des Espagnols. Ceux-ci formoient aussi quelques prétentions sur ce Duché, par l'Infante fille d'Elizabeth de France, & ils se flattoient pouvoir s'y maintenir, & en chasser le Duc après qu'il les auroit aidé à cette conquête. Ce projet qui n'eut point d'effet occasionna plusieurs combats & fit répandre bien du sang.

Entreprise du Duc de Mercœur dans la Bretagne.

D'un autre côté le Duc de Savoye profitant des troubles de la France, forma le dessein de s'emparer du Dauphiné ; mais il fut battu par Lesdiguieres, qui reprit en même temps plusieurs Places sur les Ligueurs. Le Duc de Savoye fut plus heureux en Provence, où il se rendit maître de Nice. Il fut ensuite reçu à Aix, & déclaré au Parlement Gouverneur & Lieutenant Général de Provence. L'année suivante Lesdiguieres & la Valette étant passés dans cette Province, firent changer les choses de face, battirent le Duc de Savoye en plusieurs rencontres, & l'obligerent à quitter le Pays.

Le Duc de Savoye entre en Provence.

Tous ces différens succès ne terminoient point la guerre, & la fureur des Factieux sembloit s'augmenter de plus en plus. La protection de Grégoire XIV. second successeur de Sixte V. les rendoit plus hardis & plus déterminés. Ce Souverain Pontife envoya en France le Nonce Landriano chargé de deux Monitoires contre le Roi, par lesquels il déclaroit ce Prince hérétique, relaps, persécuteur de l'Eglise, privé de ses Royaumes & de tous

1591.
Henri IV. est excommunié.

Tome I. Partie II.   Nn*

ses Domaines. En conséquence, le Pape excommunioit & suspendoit tous les Ecclésiastiques qui ne se sépareroient pas du Roi. Il menaça de la même peine les Seigneurs qui lui restoient attachés. Ces Monitoires & autres Actes furent flétris par le Parlement de Châlons sur Marne, par celui de Paris qui étoit alors à Tours, & déclarés nuls, abusifs, scandaleux, séditieux.

Pendant que la Cour de Rome lançoit ses foudres contre Henri, les Ligueurs faisoient tous leurs efforts pour lui enlever les Places qui s'étoient soumises d'elles-mêmes, ou dont il avoit fait la conquête. Le 3 de Janvier ils attaquerent Saint-Denys; mais il furent vivement repoussés. Le Roi fit alors une nouvelle tentative sur Paris; son dessein fut découvert, & ce Monarque ayant été obligé de se retirer, fit le siége de Chartres, dont il se rendit maître malgré la rigueur de la saison. Le Duc de Mayenne s'empara en même temps de Château-Thierri. Cet avantage n'étoit pas capable de contrebalancer la prise de Chartres, ni les conquêtes que les Royalistes faisoient de tous côtés sur les Ligueurs.

Division parmi les Ligueurs.

La division commença à se mettre parmi eux. Un troisiéme Parti se forma, pour mettre la Couronne sur la tête du jeune Cardinal de Bourbon, neveu de celui qui étoit mort l'année précédente dans sa prison de Fontenai-le-Comte. D'un autre côté les *Seize* prirent la résolution d'abandonner le Duc de Mayenne, & de mettre à leur tête le jeune Duc de Guise, qui s'étoit échappé de sa prison. Ces Furieux arrêterent le 15 de Septembre le Président Brisson, Larcher Conseiller au Parlement, & Tardif au Châtelet. Ces Magistrats furent condamnés à être pendus & exécutés le même jour. Le Duc de Mayenne averti de ces désordres, partit de Laon & se rendit en diligence à Paris. Il tint une assemblée à l'Hôtel de Ville, où il dissimula son ressentiment; mais il fit arrêter pendant la nuit trois Factieux & les fit pendre sur le champ. Cette action de sévérité jetta la terreur parmi les *Seize*, dont les deux plus coupables avoient pris la fuite. Le Roi ayant reçu sur ces entrefaites de l'argent & des munitions de la part de la Reine d'Angleterre, & une armée de seize mille hommes que les Princes Protestans d'Allemagne lui envoyoient, il forma le siége de Rouen le 11 de Novembre. Pendant qu'il étoit occupé devant cette Place, on se battoit avec fureur dans les autres Provinces du Royaume avec divers succès. Le Duc de Savoye que la Valette & Lesdiguieres avoient déja forcé à se retirer, rentra de nouveau en Provence, & tint les Etats à Aix, sous prétexte de prendre des mesures pour exterminer les Huguenots & leurs adherans. Il fut ensuite reçu dans la Ville de Marseille & dans celle d'Arles, par le crédit de la Comtesse de Sault. Mais Lesdiguieres ayant joint la Valette, ces deux Généraux firent le siége de plusieurs Places, & battirent deux fois l'armée du Duc de Savoye qui avoit été renforcée par les Espagnols. Le Roi pour faire diversion envoya du secours aux Génevois. Ceux-ci ne tarderent pas à commencer les hostilités, & à l'aide des troupes Françoises ils enleverent plusieurs Places au Duc de Savoye.

Siége de Rouen.

1592.
Il est levé.

Cependant le siége de Rouen continuoit toujours. Les Assiégés se défendoient avec tant de valeur que le Maréchal de Biron ne put s'emparer du Fort de Sainte-Catherine qui commandoit la Ville, & par où l'on avoit commencé l'attaque. Il eut même le malheur de se laisser surprendre par une vigoureuse sortie que firent les Assiégés, & dans laquelle ils comblerent tous les travaux, enleverent les poudres & cinq canons, en enclouerent deux & taillerent en piéces tous ceux qui se trouverent dans la tranchée. Villars qui commandoit dans la Place, envioit au Duc de Parme la gloire de faire lever le siége. En effet, ce Prince s'avançoit à grandes journées, & après avoir évité la bataille que le Roi lui avoit présentée, il s'approcha de Caudebec dont il se rendit maître. Le Maréchal de Biron après l'échec qu'il avoit reçu n'étoit plus en état de continuer le siége : ayant appris l'arrivée du Duc de Parme il se retira aux Bans, Village sur le chemin du Pont-de-l'Arche. Le Roi ne tarda pas à le venir joindre, & son armée ayant été renforcée par les troupes qu'il avoit fait venir, il suivit le Duc de Parme qui après la prise de Caudebec s'étoit engagé dans le Pays de Caux, afin de le forcer à accepter le combat, ou à laisser périr son armée dans un Pays déja ruiné. Le Duc se trouvoit alors enfermé d'un côté par la Seine, qui est très-large en cet endroit, & par la mer ; de l'autre il avoit en face l'armée du Roi de beaucoup supérieure à la sienne. Le Duc étoit perdu sans ressource, si le Roi eût gardé le passage de la Seine ; mais sa négligence fut le salut des Espagnols. Le Duc ayant trouvé moyen de faire venir grande quantité de Batteaux, il en fit un Pont, & le Roi ne s'apperçut de l'évasion des ennemis, que lorsqu'il n'étoit plus temps de les poursuivre ; car le Duc de Parme avoit eu soin de faire mettre le feu au Pont aussi-tôt que son armée fut passée. Ce Prince échappé d'un danger si évident, força sa marche & gagna promptement Château-Thierri, d'où il prit sa route pour les Pays-Bas. Il y mourut au mois de Décembre de la même année. Le Roi n'ayant pû s'opposer à la retraite du Duc de Parme, passa en Champagne, où il se rendit maître d'Epernai. Ce fut dans ce siége qu'il perdit le Maréchal de Biron ; ce brave Officier fut tué d'un coup de canon en allant reconnoître la Place.

Le Duc de Mercœur se soutenoit toujours en Bretagne à la faveur de tant de troubles : il remporta même le 24 de Mai un avantage assez considérable sur les Princes de Conti & de Dombes. Mais du côté de la Meuse & dans le Languedoc les armes du Roi étoient plus heureuses. Le Duc de Bouillon tailla en piéces sept cens Lorrains à quelques lieues de Sedan, & le Duc de Joyeuse, fameux Partisan de la Ligue, fut battu près de Villemur, & se noya en passant la Riviere de Tarn. Les Toulousains n'ayant pû engager le Cardinal son frere à se mettre à leur tête, tirerent le Pere Ange de Joyeuse du Couvent des Capucins, & en firent leur Chef. Celui-ci se rendit volontiers à leurs sollicitations, & prit le casque & l'épée avant qu'il eût reçu la dispense du Pape qui n'arriva qu'au mois de Juin 1594. Le nouveau Duc de Joyeuse convint le 14 de Décembre d'une trêve d'un an avec le Duc de Montmorenci.

D'un autre côté le Duc de Savoye cherchoit tous les moyens pour se maintenir en Provence & dans le Dauphiné. Arles avoit cependant secoué le joug qu'il lui avoit imposé. Roquebrune s'étoit rendue aux troupes commandées par la Valette, qui étoit péri dans cette expédition ; le Duc d'Epernon que le Roi avoit été forcé par les Gascons de mettre à sa place, lui avoit enlevé Montauroux & Antibes, dont il avoit traité la Garnison

DE LA FRANCE.

HENRI IV.
DIT
LE GRAND.
LX. ROI.

avec beaucoup de rigueur. Tant de conquêtes ne suffisoient cependant pas pour arrêter les desseins du Duc de Savoye. Le Maréchal de Lesdiguieres crut que l'unique moyen de délivrer la France d'un tel ennemi, étoit de porter la guerre dans ses Etats. Le succès répondit à son attente. Après avoir passé le Mont-Genêvre le 6 de Septembre, il entra dans le Piémont, où il se rendit maître de la Peroufe, du Château d'Ofafque, de la Tour de Luferne, du Fort de Mirebouc, du Château-Dauphin, de Cahours, & établit les contributions jusqu'aux portes de Turin. La rigueur de la faifon, & les ravages que le Marquis de Trefort Gouverneur de Savoye faifoit dans le Grefivaudan, obligerent le Maréchal de Lefdiguieres de repaffer les Monts. Le Comte de Trefort fe retira à fon arrivée, & chacun mit fes troupes en quartier d'hyver.

1593.
Etats tenus à Paris par le Duc de Mayenne.

Le grand mobile de la Ligue étoit le Duc de Mayenne ; & fi ce Prince eût voulu fe déclarer pour Henri IV. à fon avénement à la Couronne, ce Monarque n'auroit pas eu tant de peine à prendre poffeffion d'un Trône qui lui appartenoit fi légitimement, & qu'on ne lui difputoit que par un efprit de faction qui fe coloroit d'un faux zèle. Le Roi étoit entré plufieurs fois en négociation avec le Duc de Mayenne ; mais toujours inutilement. Il s'étoit laiffé gagner par les offres des Efpagnols, ou du moins il fe fervit de leur fecours pour foutenir fes projets ambitieux, qui ne lui permettoient pas de terminer une guerre pendant le cours de laquelle, fans porter le titre de Roi, il jouiffoit de toute l'autorité Royale ; étoit cheri d'une partie du Peuple ; traitoit avec les Puiffances Etrangeres, & fe rendoit redoutable à fon propre Souverain. Ce rôle quelque brillant qu'il fût, n'étoit pas exempt de chagrin & d'inquiétudes. D'un côté les différentes Factions qui fe formoient parmi les Ligueurs ; d'un autre les prétentions ridicules des Efpagnols fur la Couronne de France, lui faifoient fentir la difficulté de conferver long-temps l'efpéce d'indépendance qu'il avoit ufurpée.

Les Ligueurs étoient alors partagés en deux partis, dont les uns qu'on nommoit *les Politiques*, vouloient qu'on traitât avec le Roi, fuppofé qu'il fe convertît ; les autres, qui étoient *les Seize*, refufoient abfolument de reconnoître Henri pour leur Souverain, prétendant que fa converfion ne feroit jamais fincere. Ils étoient appuyés par le Roi d'Efpagne, dont le but étoit de faire élire un Roi qui épouferoit l'Infante. Le Duc de Mayenne à qui les Efpagnols avoient déja fait cette propofition contraire à la Loi Salique, avoit promis d'affembler les Etats (77), pour délibérer fur une matiere d'une telle importance. Il avoit ajouté, que l'abolition de cette Loi ne fe pourroit faire qu'à force d'hommes & d'argent, & qu'ainfi les Efpagnols examinaffent s'ils étoient en état de tenter la réuffite d'un tel projet. Il eut à ce fujet une difpute affez vive avec le Duc de Feria, & il fit voir aux Efpagnols que fans lui ils ne pourroient jamais venir à bout de leurs deffeins. En effet, quoiqu'il fe fût reconcilié avec le Miniftre Efpagnol, du moins en apparence, il gagna les Chefs de l'Affemblée & fit éluder la propofition du Roi d'Efpagne. Cette Affemblée illegitime avoit tenu fa

---

(77) C'eft par tolérance ou plutôt pour fuivre l'ufage qu'on s'eft fervi de ce nom, puifque le Souverain feul a droit de convoquer les Etats.

première séance dans la grande Salle du Louvre le 26 de Janvier. Dans la seconde, le Légat avoit voulu exiger qu'on fît serment de ne reconnoître jamais Henri pour Roi de France, quand même il embrasseroit la Religion Catholique. Cette proposition fut entiérement rejettée par le Duc de Mayenne même. Le lendemain le Roi envoya un Trompette, chargé d'un Ecrit dans lequel les Catholiques du parti du Roi demandoient une conférence. Le Roi donna en même temps un Manifeste, qui fit impression sur l'esprit de plusieurs. Ces Ecrits furent communiqués à l'Assemblée, malgré les oppositions du Légat. Ce fut après cette séance que le Duc de Mayenne partit pour aller au-devant du Duc de Feria, & qu'il eut avec lui cette dispute dont ont vient de parler. Le Duc de Feria s'étant rendu le 2 d'Avril à l'Assemblée, ne put faire changer les dispositions de ceux qui la composoient. On nomma des Députés pour assister aux Conférences de Surenne, qui s'ouvrirent le 29. Renaut de Beaune Archevêque de Bourges, fut le Chef des Députés du Roi; & l'Archevêque de Lyon de ceux de la Ligue. Il y eut cinq Conférences, dans lesquelles l'Archevêque de Bourges parla avec beaucoup de zèle en faveur de son Souverain, & déclara que le Roi étoit dans une sincere disposition d'embrasser la Religion Catholique. Cette agréable nouvelle engagea plusieurs personnes à quitter le parti de la Ligue, & à passer du côté du Roi, malgré les défenses du Cardinal Légat, du Duc de Mayenne & des autres Chefs de la Ligue.

Le Roi voyant que tant de démarches n'étoient pas capables de faire rentrer Les Rebelles dans le devoir, & que ceux-ci ne cherchoient qu'à gagner du temps, afin de fortifier Paris; fit assiéger la Ville de Dreux le 7.' de Juin, & s'en rendit maître le 18. La prise de cette Ville jetta la terreur dans les esprits; mais le Duc de Feria ne se rebutant pas de tant de difficultés, osa proposer à l'Assemblée que la Couronne de France fût mise sur la tête de l'Infante Claire-Eugénie-Isabelle, qui devoit épouser l'Archiduc Ernest. Une telle proposition ayant fait murmurer tout le monde, le Ministre d'Espagne fit entendre que l'Infante épouseroit le Duc de Guise, si le Prince Ernest n'étoit point agréable aux François. Le Président le Maître pour faire connoître aux Espagnols que les propositions qu'ils faisoient ne pouvoient avoir lieu, rendit le 28 de Juin un Arrêt solemnel pour soutenir la Loi Salique. Cet Arrêt & les Lettres que le Légat reçut de la Cour de Rome, obligerent ce Prélat & le Duc de Mayenne d'accepter la tréve que le Roi avoit déja proposée.

Henri profitant de cet intervalle, eut le 23 de Juillet une conférence à Saint-Denys avec l'Archevêque de Bourges & quelques autres Prélats qu'il y avoit fait venir pour lever les doutes qu'il avoit encore au sujet de quelques articles de la Religion. Le 25 du même mois il fit abjuration dans l'Eglise de Saint Denys, se confessa & entendit la Messe: l'après-midi, il assista aux Vêpres & au Sermon, & alla en dévotion à Montmartre. Les Parisiens accoururent en foule pour voir cette auguste cérémonie, & tous les bons François firent éclater leur joie; mais ceux que l'esprit seul de révolte conduisoit, se déchaînerent avec plus de fureur que jamais contre le Roi, & publierent que sa conversion n'étoit que simulée. Aussi-tôt que le Roi eut fait abjuration, il en fit part à tous les Parlemens de son Royaume, ainsi que des raisons qui l'avoient engagé à la différer. Henri nomma en même temps le Duc de Nevers pour son Ambassadeur à Rome. Clement VIII. alors Souverain Pontife, après avoir fait beaucoup de difficultés pour recevoir cet Ambassade, persista toujours dans la résolution où il étoit de differer l'absolution du Roi, sous prétexte qu'il vouloit l'éprouver. Il n'étoit pas difficile de s'appercevoir qu'il favorisoit les Espagnols, & que c'étoit la seule raison de son refus. La tréve qui venoit d'être conclue fut publiée à Paris & à Saint-Denys le premier Août. Sur la fin de ce même mois, le Roi pensa devenir la victime d'un Furieux, nommé Pierre Barriere, qui avoit formé le dessein de l'assassiner. Ce Scelerat fut arrêté & tiré à quatre chevaux le 31.

Le Duc de Mayenne au lieu de profiter des circonstances, afin de faire avec le Roi un accommodement avantageux, ne perdoit point de vûe les projets que son ambition lui dictoit. Il envoya en Espagne Montpesat fils de la Duchesse de Mayenne, pour faire élire Roi de France Henri de Lorraine son fils aîné (78), & pour demander du secours, afin d'obliger le Maréchal de Matignon à lever le siége de Blaye. La Flotte Espagnole parut en effet, mais elle fut battue par le Maréchal, qui leur coula plusieurs Vaisseaux à fond. Malgré cette défaite, ils trouverent moyen de jetter dans Blaye des munitions de guerre & de bouche, avec de nouvelles troupes; ce qui obligea le Maréchal à lever le siége. Cependant le Duc de Savoye ayant rassemblé une armée d'environ douze mille hommes, se rendit maître d'Exiles après avoir perdu beaucoup de monde dans les quatre assauts que cette Place soutint. Lesdiguieres eut bientôt sa revanche; car il battit le Général Roderic de Tolede, & lui tua environ quinze cens hommes. Cette défaite engagea le Duc de Savoye à demander d'être compris dans la tréve que le Roi avoit accordée à la Ligue. La suspension d'armes fut prolongée jusqu'à la fin de Décembre, & le Roi accorda une amnistie en faveur de ceux qui quitteroient le parti des Rebelles pendant ce temps.

Lorsque la nouvelle de la conversion du Roi eut été rendue publique, plusieurs Villes s'empresserent de rentrer dans le devoir. Meaux fut la premiere à se soumettre, & son exemple fut bientôt suivi par Lyon, Orléans, Bourges & quelques autres Places. Le Roi voulant porter le dernier coup à la Ligue, se rendit à Chartres pour y être sacré, parce que la Ville de Rheims étoit au pouvoir des Ligueurs. Cette cérémonie se fit un Dimanche 27 de Février. Elle eut tout l'effet que le Roi pouvoit en attendre: le nombre de ses Partisans augmenta beaucoup, & sur-tout à Paris, où l'on songeoit déja à prendre des mesures pour lui livrer la Ville. Le Duc de Mayenne commençoit à s'appercevoir que son autorité étoit beaucoup diminuée, & qu'il se tramoit quelque chose en faveur du Roi. Il prit le parti d'abandonner la Capitale, après avoir mis ses intérêts entre les mains du Comte de Brissac, alors Gouverneur de Paris. Ce Seigneur déja ébranlé par l'exemple de ceux qui s'étoient soumis volontairement au Roi, ne crut pas devoir résister aux sollicitations secretes que ce Monarque lui fit faire. Résolu de faire rentrer la Capitale sous l'obéissance de son Sou-

---

(78) Le Pere Daniel.

vérain, il en conferà avec Lullier Prévôt des Marchands, Langlois & Neret Echevins, le Maître Président & Molé Procureur Général. Les arrangemens furent pris avec tant de prudence, que le 22 de Mars le Roi fut introduit dans la Ville, sans effusion de sang. Ce Monarque se voyant maître de la Capitale, se rendit à Notre-Dame, où il entendit la Messe & fit chanter le *Te Deum*. Le Cardinal Pellevé, l'un des plus furieux Ligueurs, qui étoit malade, n'eut pas plutôt appris l'entrée du Roi dans la Ville qu'il expira sur le champ. En moins de deux heures le calme fut rétabli dans Paris, les boutiques furent ouvertes, les Bourgeois prirent l'écharpe blanche & l'on entendit de tous côtés les acclamations de *Vive le Roi*. Les Espagnols s'étoient rangés en bataille dans les environs du Temple, parce qu'ils craignoient d'être attaqués; mais le Roi leur fit dire qu'on ne leur feroit point de mal, pourvû qu'ils restassent tranquilles. La Capitulation ayant été signée, ils sortirent de la Ville & on leur donna une escorte jusqu'à Guise. Quelques jours après la Bastille & le Château de Vincennes furent rendus au Roi. Ce Monarque assista le 29 à une Procession, qui se renouvelle tous les ans le 22 de Mars, en mémoire de ce grand événement.

Ceux qui avoient contribué à la réduction de Paris, furent récompensés par des Charges que le Roi leur accorda, ou dans lesquelles il les confirma. Il en fut de même des Gouverneurs de Villes, qui à l'imitation de la Capitale se soumirent d'eux-mêmes au Roi. Ils furent conservés dans leurs postes & dans leurs dignités. La plûpart de ceux à qui le Duc de Mayenne avoit accordé quelque grade, furent regardés sur le même pied en passant au service du Roi, & ces graces que le Prince faisoit en faveur de ceux qui rentroient dans le devoir, ne contribua pas peu à lui attirer un grand nombre de Seigneurs du Parti de la Ligue. De Villars se soumit enfin, & rendit la Ville de Rouen. Troyes, Sens, Agen, Villeneuve, Marmande, &c. ne tarderent pas à faire de même. Bientôt il ne resta plus à la Ligue dans le Poitou que le Château de Mirebeau. Le Duc de Guise qui tenoit la Champagne, fit son Traité & remit cette Province en la puissance du Roi.

Cependant le Duc de Mayenne persistoit dans la Rebellion, & faisoit tous ses efforts pour retenir dans son parti Amiens, Laon & quelques autres Villes de la Province. Cette derniere Place fut obligée de se rendre au mois de Juillet. Les Espagnols de leur côté s'emparerent de la Capelle & ce fut tout ce qu'il purent faire de considérable de ce côté-là. Les plus grands troubles étoient alors en Provence, où le Duc d'Epernon vouloit usurper une sorte de Souveraineté. Lesdiguieres se rendit dans cette Province avec des troupes, & ayant trouvé une occasion favorable, il fit raser le Fort de Ste-Eutrope que le Duc d'Epernon avoit fait bâtir près de la Ville d'Aix, & qui chagrinoit beaucoup les Habitans de cette Capitale. Fréjus & quelques autres Villes se souleverent alors contre le Duc, qui malgré ces revers continua à troubler le Pays. Le Duc de Savoye profitant des circonstances se rendit maître de Briqueras; mais Lesdiguieres lui enleva un Fort près de Pignerol, pour conserver la communication dans le Piémont.

Vers la fin de cette année, c'est-à-dire le 27 de Décembre, le Roi courut risque de la vie, par l'horrible attentat de Jean Châtel fils d'un Drapier de Paris. Le Roi arrivoit de Picardie & étoit descendu chez la Marquise

De la France.

Henri IV.
dit
le Grand,
LX. Roi.

de Monceaux qui demeuroit à l'Hôtel de Schomberg derriere le Louvre. Ce Scelerat ayant trouvé moyen d'entrer furtivement dans l'appartement où étoit le Roi, lui porta un coup de couteau, qui heureusement ne blessa ce Prince qu'à la bouche, parce qu'il se baissa par hasard dans ce moment. Le Criminel fut arrêté, & le 29 le Parlement rendit un Arrêt qui le condamnoit à être écartelé. Par ce même Arrêt les Jésuites furent bannis du Royaume ; le Parlement de Bordeaux & celui de Toulouse ne se conformerent pas à l'Arrêt du Parlement de Paris, & retirerent les Jésuites dans leur District ; mais quelques années après ils furent rappellés & rétablis par tout.

1595.
Le Roi déclare la guerre aux Espagnols.

Le Roi échappé de ce danger, ne songea plus qu'à poursuivre le Duc de Mayenne, & à attaquer la Bourgogne où ce Duc avoit ses principales forces. Il déclara en même temps la guerre aux Espagnols, dont il avoit tant de sujets de se plaindre. Le Maréchal de Biron II. du nom s'étant approché de cette Province, plusieurs Villes se soumirent au Roi. Ce Monarque ayant appris que le Duc de Mayenne s'avançoit du côté de la Franche-Comté à la tête d'une armée Espagnole, partit de Paris pour aller à la rencontre des ennemis. Il les joignit près d'un lieu nommé *Fontaine-Françoise*, dans les environs de Dijon. Sa valeur pensa lui devenir funeste ; il eut cependant le bonheur de mettre en fuite une armée d'environ dix-huit mille hommes. Ce fut après cette journée qu'il écrivit à sa sœur : *peu s'en est falu que vous n'ayez été mon héritiere*. La reddition des Châteaux de Dijon & de Talan suivit de près cette victoire, & bientôt il ne resta plus rien en Bourgogne au Duc de Mayenne que Seure & Châlon sur Saône, où il se retira. Après cette expédition, il entra dans la Franche-Comté qu'il ravagea ; mais il se trouva obligé d'abandonner cette conquête, pour faire plaisir aux Suisses. De-là, il se rendit à Lyon où il fit le 4 de Septembre une entrée des plus magnifiques.

Le Pape accorde l'Absolution au Roi.

Pendant qu'il étoit dans cette Ville, le Cardinal du Perron qu'il avoit envoyé à Rome, travailloit fortement à obtenir du Pape l'Absolution que ce Prince desiroit si ardemment, afin d'ôter au Duc de Mayenne & au reste des Ligueurs tout prétexte de persister dans leur rebellion. Le Cardinal négocia avec tant d'adresse & si efficacement, que le Pape consentit enfin à satisfaire le Roi. La cérémonie s'en fit à Rome le 17 de Septembre, & le canon du Château Saint-Ange l'annonça au Peuple, qui en témoigna sa joye par de vives acclamations. Plusieurs mirent les Armes de France sur leurs portes, & chacun témoigna un empressement extrême pour avoir le portrait du Roi. Si-tôt que ce Prince eut reçu la Bulle d'Absolution, il en fit part à tous les Evêques de son Royaume, & envoya des Lettres de remerciement au Souverain Pontife. Depuis cet instant tout fut soumis au Roi. Le Duc de Joyeuse abandonna le parti de la Ligue, & rendit Toulouse & les autres Villes rebelles de cette Province. Le Duc de Mayenne fit proposer une tréve que le Roi voulut bien lui accorder pour trois mois, à condition que pendant cet intervalle on travailleroit sincérement à un Traité de paix. Le Duc de Savoye en fit en même temps une, qui devoit durer jusqu'à la fin de l'année. Il n'y avoit plus que la Provence à pacifier. Le Duc d'Epernon refusoit toujours de se démettre de son Gouvernement, & les hostilités continuoient

tinuoient entre lui & les Provençaux, qui le détestoient mortellement. Le Roi avoit cependant obligé les deux Partis à accepter des tréves ; mais elles étoient toujours mal observées. Henri n'étoit pas alors en état de forcer le Duc d'Epernon, les succès des Espagnols en Picardie l'obligeoient à songer à la défense de cette Province. Ils s'étoient déja rendus maîtres de la Capelle, du Câtelet, de Dourlens où ils avoient commis des cruautés inouïes, & ils assiégeoient Cambrai. Henri voulut marcher au secours de cette Place ; mais il n'étoit encore qu'à Beauvais lorsqu'il apprit qu'elle avoit été obligée de capituler par la faute de Balagni qui n'avoit pas eu soin de la fournir de vivres. Le Roi tourna du côté de la Fere, & en forma le blocus.

DE LA FRANCE.
HENRI IV. DIT LE GRAND, LX. ROI.
Succès des Espagnols en Picardie.

Le chagrin que les affaires de Picardie causoient au Roi, fut en quelque sorte moderé par la joie que lui donna le Traité de paix qu'il fit avec le Duc de Mayenne, le Duc de Joyeuse, & presque tous les Ligueurs. Le Duc de Mayenne depuis sa reconciliation avec le Roi, mérita par sa conduite la confiance de son Souverain. Il ne restoit plus que le Duc de Mercœur qui continuoit dans sa révolte, & qui soutint encore la Ligue pendant deux ans en Bretagne. Le Duc d'Epernon de son côté s'obstinoit à refuser de céder le Gouvernement de Provence au Duc de Guise. La prise de Marseille par les intrigues de Liberat, Corse de Nation, força le Duc d'Epernon à abandonner la partie. Ayant dans la suite obtenu sa grace du Roi, par le moyen de Roquelaure, il fut nommé Gouverneur du Limousin.

1596.
Paix avec le Duc de Mayenne.

Cependant les Espagnols avoient toujours l'avantage en Picardie. Ils prirent Calais après quinze jours de siége, & le 24 d'Avril ils emporterent le Château. Ardres eut le même sort le 23 de Mai, tandis que le Roi se rendoit maître de la Fere. Henri fit alors contre l'Espagne un nouveau Traité de Ligue deffensive & offensive entre l'Angleterre & la Hollande. Les entreprises des Huguenots n'inquiéterent pas moins le Roi, que les conquêtes des Espagnols. Les premiers lui faisoient des demandes qu'il ne pouvoit leur accorder, sans s'exposer de nouveau aux fureurs de la Ligue. Ils tinrent plusieurs assemblées, & songerent à fortifier les Villes de sûreté qu'on leur avoit accordées par l'Edit de pacification. Le Roi se trouvoit dans un extrême embarras & dans de grandes inquiétudes, qui furent encore augmentées par la prise d'Amiens, dont les Espagnols s'étoient rendus maîtres le 11 de Mars. Henri temporisa tant qu'il put avec les Huguenots, & songea à reprendre Amiens. Il en vint à bout le 25 de Septembre, par sa vigilance & sa valeur. L'Archiduc qui étoit venu au secours de la Place, n'osa accepter la bataille que le Roi lui présenta. Ce succès intimida les Huguenots & les rendit plus dociles aux ordres du Souverain ; quelques-uns même d'entre eux révélerent à ce Monarque des secrets qu'il lui importoit de sçavoir, & dont il profita avec prudence. Les armes du Roi eurent en même temps des avantages considérables en Savoye, où Lesdiguieres fit de grandes conquêtes. Le Pape qui étoit alors dans les intérêts de la France, travailloit à reconcilier l'Espagne avec cette Couronne.

Continuation de la guerre en Picardie.

1597.

Depuis long-temps les Seigneurs Bretons avoient fait sçavoir à Henri que sa présence seule étoit capable de mettre fin aux troubles, dont la Bretagne étoit agitée. Ce Monarque s'étant rendu à leurs représentations, laissa le Connétable de Montmorenci pour garder la Frontiere de Picardie, & s'avança

1598.
Le Roi marche en Bretagne.

Tome. I. Partie II. Oo

DE LA FRAN-
CE.

HENRI IV.
DIT
LE GRAND,
LX. ROI.

Paix de Vervins
entre la France &
l'Espagne.

avec son armée vers la Bretagne. Son approche eut l'effet qu'on lui avoit
promis : les Seigneurs vinrent au-devant de lui, & remirent entre ses
mains les Places qui dépendoient d'eux. Le Duc de Mercœur se voyant ainsi
abandonné, employa le crédit de la Marquise de Monceaux. Il ne put obtenir de conserver son Gouvernement; mais le Roi consentit au mariage de
sa fille avec César de Vendôme fils naturel du Roi & de la Marquise. En
conséquence de ce mariage, le Gouvernement de Bretagne fut donné à
César de Vendôme, à qui le Roi accorda encore d'autres biens. Le Traité
avec le Duc de Mercœur fut signé à Angers le 26 de Mars. Henri se rendit ensuite en Bretagne, dont il visita les principales Villes, & sûr-tout
celle de Nantes. Ce fut dans cette Ville qu'il fit ce fameux Edit en faveur
des Protestans, & qui fut scellé le 13 d'Avril. Quelque temps après, c'est-
à-dire le 2 de Mai, la paix fut signée à Vervins entre la France & l'Espagne.
Calais, Ardres, Montulin, Dourlens, la Capelle & le Câtelet, furent
rendus au Roi par ce Traité : le Roi d'Espagne eut seulement la possession
libre du Comté de Charolois, pour en jouir lui & ses successeurs en le
tenant sous la souveraineté du Roi de France. Le Duc de Savoye ayant
obtenu la permission d'envoyer ses Plénipotentiaires, rendit aussi la Ville
& le Château de Berre, qu'il tenoit encore en Provence.

1599.
Le Mariage du
Roi est cassé.

Tant de troubles se trouverent enfin pacifiés, & le Roi se vit tranquille
possesseur de ses Etats. Il songea alors à faire casser son Mariage avec la Reine
Marguerite, afin d'épouser Gabrielle d'Estrées Marquise de Monceaux & Duchesse de Beaufort. Le Pape ayant ouï tous les témoins, & ayant eu des
preuves que ce Mariage n'avoit jamais été contracté du consentement des
Parties, il le déclara nul, pour cause de parenté au troisiéme degré, d'affinité spirituelle & défaut de liberté. La Reine Marguerite se retira quelques
années après dans un Monastere, & y mena une vie très-édifiante. Mais
pendant qu'on travailloit à cette affaire Gabrielle d'Estrée mourut, & le Roi
quelque temps après se laissa surprendre par les charmes de Mademoiselle
d'Entragues, à qui il fit une promesse de Mariage.

1600.
Traités avec le
Duc de Savoye.

Ce qui regardoit le Marquisat de Saluces avoit été remis à la décision
du Pape; mais le Duc de Savoye voyant que les choses ne tournoient pas
à son avantage, résolut de venir à la Cour de France, pour traiter avec
le Roi de cette affaire. Il s'y rendit en effet au mois de Décembre de l'année précédente, & il reçut sur la route les plus grands honneurs. Il n'eut
cependant pas lieu d'être content de son voyage; car il fut obligé de consentir à l'échange du Marquisat de Saluces, & le Traité en fut signé le 27
de Février. Le Duc devoit en conséquence ceder tout le Pays de Bresse,
Barcelonette avec son Vicariat jusqu'à l'Argentiere, le Val de Shore, celui de Perouse avec ses dépendances, la Ville & le Château de Pignerol
avec son Territoire. Le Duc s'engageoit en même temps à démolir le Fort
de Béche-Dauphin. Le Duc étant de retour dans ses Etats, refusa l'exécution de ce Traité. Le Roi se vit forcé de le contraindre par la voye des
armes. Biron & Lesdiguieres entrerent dans son Pays, & firent la conquête
d'une grande partie. Mais le Pape ayant offert sa médiation, la paix fut signée
à Lyon le 17 de Janvier de l'année suivante. Le Roi par cette paix joignit
à ses Etats la Bresse, le Bugey, le Pays de Valromey & de Gex.

DE L'UNIVERS. Liv. I. Chap. II.

Ce fut pendant le cours de cette derniere guerre que Henri épousa Marie de Médicis fille de François Grand Duc de Toscane, & niece de Ferdinand alors régnant. Le mariage se fit à Lyon dans le mois de Décembre, & le Cardinal Aldobrandin Légat en fit la Cérémonie. Le Roi & la Reine ne vinrent à Paris que sur la fin de l'Hyver.

Henri ne pouvoit jouir tranquillement de ses Etats. A peine avoit-il mis fin aux troubles qui avoient agité si long-temps l'intérieur du Royaume, qu'il s'en forma de nouveaux. Le Maréchal de Biron dont l'ambition devoit être satisfaite par toutes les Places éminentes que le Roi lui avoit accordées pour récompense de ses bons services, osa se liguer avec les Espagnols & la Maison d'Autriche, contre son Souverain. Il avoit formé le projet de rendre tous les grands Gouvernemens indépendans de la Couronne, & d'en faire autant de Principautés Souveraines, à *l'instar* de celles d'Allemagne. Ce Traité secret avec l'Espagne fut arrêté à Somo en Italie sur le Pô. Le Roi qui avoit eu quelque soupçon de ce qui se passoit, fut pleinement instruit par un Gentilhomme nommé la Fin, qui étoit le confident du Maréchal de Biron, & qui le trahit pour avoir sa grace. Le Roi qui vouloit sauver le Maréchal de Biron, le fit venir à la Cour, & après l'avoir traité avec amitié, il exigea de lui qu'il lui fît l'aveu de son crime, l'assurant qu'il lui pardonneroit. Biron au lieu de répondre aux sentimens que le Roi lui marquoit, parla avec beaucoup de hauteur, ce qui obligea ce Prince à le faire conduire à la Bastille le 15 de Juin, & à nommer des Commissaires pour lui faire son procès. Il fut convaincu de crime de leze-Majesté, condamné à perdre la tête le 29 de Juillet & exécuté le 31. Toutes les Puissances étrangeres envoyerent des Ambassadeurs à Henri pour le féliciter sur la découverte de cette conspiration. Le Comte d'Auvergne, le Baron de Lux, le Prince de Joinville & quelques autres Complices de Biron eurent leur grace. Le 20 d'Octobre fut remarquable par le renouvellement de l'alliance des Suisses. Ils vinrent au nombre de quarante-deux Ambassadeurs, & cette cérémonie se fit dans l'Eglise de Notre-Dame.

L'année suivante le Roi fit un voyage à Metz, pour appaiser le différend qui s'étoit élevé entre le Commandant & les Bourgeois de la Place. Le Commandant avoit été placé par le Duc d'Epernon; mais à l'arrivée du Roi il se démit de son poste, & le calme fut rétabli par ce moyen. Pendant son séjour plusieurs Seigneurs Allemans se rendirent en cette Ville, pour le visiter. L'Electeur Palatin se justifia de ce qu'il avoit reçu dans ses Etats le Duc de Bouillon, qui avoit quitté le Royaume. Le Roi alla ensuite à Nanci, où il vit la Princesse sa sœur. Comme il étoit en chemin pour retourner à Paris, il apprit la mort d'Elisabeth Reine d'Angleterre. Jacques VI. Roi d'Ecosse lui ayant succédé, Henri lui envoya en Ambassade extraordinaire Christophe de Harlai Comte de Beaumont. Ce Ministre négocia avec tant de prudence que le Roi d'Angleterre consentit à renouveller avec la France tous les Traités qu'Elisabeth avoit faits avec elle. Il conclut même une Ligue contre l'Espagne. Au mois de Septembre le Roi fit un voyage à Rouen, & ce fut dans cette Ville qu'il dressa un Edit pour le rappel des Jésuites.

L'Esprit de révolte n'étoit pas entiérement détruit, & il y avoit toujours

DE LA FRANCE.

HENRI IV.
DIT
LE GRAND,
LX. Roi.
Henri épouse Marie de Médicis.

1602.
Conspiration du Maréchal de Biron.

1603.
Voyage du Roi.

1605.

Oo ij

DE LA FRANCE.

HENRI IV.
DIT
LE GRAND,
LX. ROI.

Nouvelles conspirations contre le Roi.

quelques brouillons qui ne cherchoient que le moment favorable, pour occasionner des troubles dans l'Etat. Les Chefs de ces Factieux étoient le Duc de Bouillon, le Duc de la Trimouille & le Sieur Duplessis-Mornai. Les Espagnols qui cherchoient l'occasion de susciter de nouvelles affaires au Roi, avoient des liaisons secrettes avec le Comte d'Auvergne, la Marquise de Verneuil Maîtresse du Roi, & d'Entragues son frere. Ce complot ayant été découvert, ils furent arrêtés & condamnés à mort le premier de Février. Le Roi accorda la vie au Comte d'Auvergne & à d'Entragues. La Marquise de Verneuil, qui devoit être enfermée dans le Monastere de Beaumont-les-Tours, eut permission de se retirer dans ses Terres de Verneuil.

La conspiration du Duc de Bouillon, qui de concert avec l'Espagne vouloit faire soulever le Limousin, le Périgord, le Querci & la Guienne, fut aussi découverte. Elle fut bientôt dissipée & il en coûta la vie à neuf ou dix Gentilshommes des plus coupables. Le Duc de Bouillon fut obligé de ceder au Roi la Ville de Sédan; mais ce Prince content de sa soumission, lui rendit au bout d'un mois.

1607.

Henri n'étoit seulement pas occupé du soin de maintenir la tranquillité dans son Royaume, il cherchoit en même temps les moyens de la procurer aux Nations Etrangeres, lorsqu'elles avoient quelque différend entre elles. Il vint à bout de reconcilier la République de Venise avec le Pape, & ménagea une tréve de douze ans entre les Espagnols & les Hollandois. Par ce Traité qui étoit l'ouvrage du Président Jannin, la Souveraineté de la République de Hollande fut établie & reconnue par les Espagnols. Les Hollandois en eurent obligation au Roi & à la grande prudence de son Ministre.

1609.

Etablissement de la Souveraineté de la République de Hollande.

Henri avoit formé un projet extraordinaire dont on n'a jamais bien pénétré le secret, & il faisoit des préparatifs considérables de guerre, puisqu'il avoit assemblé une armée de six vingt mille hommes; mais sa mort précipitée rompit tous ses grands desseins, & la fureur du détestable Ravaillac mit fin à ses jours & à son glorieux regne, en le poignardant auprès du Cimetiere des Innocens. Ce funeste événement arriva le 14 de Mai. Ainsi périt ce grand Prince qui faisoit l'admiration de l'Europe & le bonheur de la France par ses excellentes qualités & son tendre amour pour ses Sujets.

1610.

Le Roi est assassiné.

» La France n'avoit point eu de meilleur ni de plus grand Roi que Henri
» IV. Il étoit son Général & son Ministre: il unit à une extrême fran-
» chise la plus adroite politique; aux sentimens les plus élevés, une sim-
» plicité de mœurs, & à un courage de Soldat, un fond inépuisable d'hu-
» manité.

» Il rencontra ce qui forme & ce qui déclare le grand homme, des ob-
» stacles à vaincre, des périls à essuyer, & sur-tout des adversaires dignes
» de lui. Enfin, *il fut de ses Sujets le Vainqueur & le Pere* (78).

Henri étoit dans la cinquante-huitiéme année de son âge, dans la trente-huitiéme année de son regne comme Roi de Navarre, & dans la vingt-uniéme comme Roi de France. Il ne laissa point d'enfans de Marguerite sa premiere femme fille de Henri II. Cette Princesse mourut le 27 de Mars 1615. Il eut trois fils & trois filles de Marie de Médicis sa seconde femme;

(78) Le Président Hainaut.

sçavoir, Louis qui lui succeda; le second qui ne fut point nommé, mort au mois de Novembre 1611; Jean-Baptiste Gaston Duc d'Orléans; Elisabeth qui fut mariée à Philippe IV. Roi d'Espagne; Christine mariée à Victor Amedée Duc de Savoye, & Henriette mariée à Charles I. Roi d'Angleterre. Il eut plusieurs enfans naturels: 1°. De Gabrielle d'Estrées, César de Vendôme; Alexandre de Vendôme, Grand Prieur de France, & Catherine-Henriette mariée au Duc d'Elbeuf. 2°. De Henriette d'Entragues, qu'il fit Marquise de Verneuil, Henri Duc de Verneuil, & Gabrielle. 3°. De Jacqueline de Beuil, Antoine de Bourbon Comte de Moret. 4°. De Charlotte des Essarts, Jeanne qui fut Abbesse de Fontevraud, & Henriette Abbesse de Chelles.

Louis XIII. fils de Henri IV. & de Marie de Médicis, né au Château de Fontainebleau le 27 de Septembre 1601, monta sur le trône dans sa neuviéme année, & fut sacré à Rheims le 17 d'Octobre par le Cardinal de Joyeuse. La foiblesse de son âge ne lui permettant pas de gouverner ses Etats lui-même, on se vit dans le cas d'une Régence, qui fut traversée par la jalousie des Princes; ce qui occasionna des troubles, dont une partie du regne de ce Monarque fut agitée. La Reine qui avoit été nommée Régente par le feu Roi dans le temps qu'il se préparoit à la guerre, voulut alors faire valoir ses droits, & secondée du Duc d'Epernon, elle força le Parlement à lui déférer cet emploi important. Après avoir formé son Conseil & pris les mesures nécessaires pour contenir les Protestans & les autres Factieux, elle fit faire les Obseques de Henri IV. On travailla ensuite au procès de Ravaillac, & ce Scelerat fut écartelé vif le 27 de Mai dans la Place de Gréve, par Arrêt du Parlement.

La Reine avoit profité de l'absence du Prince de Condé & du Comte de Soissons pour se faire déclarer Régente. Le premier avoit été obligé de quitter le Royaume, & de se retirer à Milan, à cause de l'inclination que Henri IV. avoit témoignée pour Charlotte-Marguerite de Montmorenci, son épouse. Le second avoit quitté la Cour par quelqu'autre mécontentement. Ces deux Princes n'eurent pas plutôt appris la mort du Roi qu'ils se rendirent à Paris. Le Comte de Soissons parut mécontent de ce qu'on avoit réglé ce qui regardoit la Régence sans le consulter; mais on eut soin de l'appaiser en lui donnant le Gouvernement de Normandie. Le Prince de Condé parut ne vouloir entrer dans aucune intrigue. Il refusa même les offres des Espagnols & du Maréchal de Bouillon, qui vouloient le mettre à la tête des Protestans. Ce Maréchal n'ayant pû réussir à causer des troubles à la Cour, piqué d'ailleurs de ce qu'on avoit donné au Maréchal de la Châtre le commandement des troupes qu'on envoyoit dans le Duché de Cléves & de Juliers contre l'Archiduc Léopold, vendit sa Charge de premier Gentilhomme de la Chambre à Concini, Florentin de Nation, Favori de la Reine, & qui venoit d'acheter le Marquisat d'Ancre en Picardie, & se retira de la Cour.

On ne fut pas long-temps sans y voir de ces révolutions qu'on y éprouva souvent. Le Duc de Sully ayant excité la jalousie de ceux qui envioient sa Place, fut disgracié par leurs intrigues: & le Duc d'Epernon voulant prévenir un pareil traitement, demanda à se retirer. Le Prince de Condé, le Comte de Soissons & le Duc de Guise eurent aussi entre eux quelques démêlés,

DE LA FRANCE.

HENRI IV. DIT LE GRAND, LX. ROI.

LOUIS XIII. DIT LE JUSTE, LXI. ROI.

1611.

De la France.

Louis XIII.
DIT
LE JUSTE,
LXI. Roi.

Propositions de mariage entre la France & l'Espagne.

Inquiétudes & mouvemens des Protestans.

que la Reine tâcha d'appaiser. Mais pendant qu'ils étoient occupés de leurs querelles particulieres, cette Princesse songeoit à affermir son autorité. Elle forma pour cet effet le dessein de marier le Roi avec l'Infante d'Espagne, & Madame Elisabeth de France avec Philippe Prince de Castille.

Ce double mariage inquiéta beaucoup les Protestans. Ils demanderent qu'on leur laissât encore pour cinq ans leurs Villes de sûreté. On leur accorda ce qu'ils souhaitoient, & on leur permit même de s'assembler à Saumur. Lorsqu'ils eurent dressé leurs Requêtes, la Régente leur ordonna de dissoudre l'Assemblée, & de nommer seulement six Députés, parmi lesquels le Roi en choisiroit deux pour les lui présenter. Il y eut à ce sujet de grandes contestations, & la Reine fut obligée de leur écrire une Lettre assez vive ; mais le Maréchal de Bouillon, & Duplessis-Mornai Président de l'Assemblée ayant calmé les esprits, ils se soumirent aux volontés de la Cour. Leurs demandes étoient si exorbitantes que la réponse qu'on y fit ne put les satisfaire. Cependant l'Assemblée se sépara après trois mois de séance.

1602.

Le mariage du Roi est déclaré.

La Reine s'occupoit toujours de la double alliance entre les Couronnes de France & d'Espagne. Elle trouva quelque difficulté de la part de cette derniere, qui ne vouloit accorder que la cadette des Infantes ; mais la Régente ayant accepté les propositions de l'Espagne, elle prit la résolution de n'accorder au Prince de Castille que la seconde Dame de France, & de satisfaire par ce moyen le Duc de Savoye qui demandoit l'aînée pour le Prince de Piémont, & à qui elle avoit été promise. Les Espagnols craignant que cette liaison ne leur fût préjudiciable, consentirent que l'Infante aînée épouseroit Louis XIII, & que Madame Elisabeth de France seroit donnée au Prince de Castille. Ces arrangemens qu'on avoit pris avec la Cour d'Espagne ne suffisoient pas, il falloit encore faire agréer ce mariage en France. Le Prince de Condé & le Comte de Soissons s'y opposerent d'abord, mais ayant été gagnés par les promesses que la Reine Mere leur fit, le mariage fut proposé & arrêté dans le Conseil, & la publication en fut différée jusqu'au 5 d'Avril, à cause de la mort du Duc de Mantoue beaufrere de la Reine. Les Princes de Condé & de Soissons n'assisterent point au Carousel qu'on avoit fait à ce sujet : ils s'étoient retirés de la Cour, parce qu'on ne leur avoit pas tenu les paroles qu'on leur avoit données. La Reine les attira de nouveau dans son parti, & alors on disposa tout ce qui étoit nécessaire pour ce double mariage. Le Duc de Mayenne fut chargé (80) d'aller en Espagne faire la demande de l'Infante, & le Duc de Pastrane eut la même commission pour venir en France. Ce dernier eut son audience le 16 d'Août & le Contrat fut signé le 25. La dot de la Princesse monta à cinq cens mille écus d'or ; mais en même temps elle renonça à tous les droits de succession qu'elle pouvoit avoir du côté du Roi son pere, de la Reine sa mere & des Princes ses freres, sans en excepter les Etats qui ne sont pas Fiefs masculins. Cet article regardoit les droits du Royaume de Navarre & de la Principauté de Bearn que Henri IV,

---

(80) Il étoit fils de Charles de Lorraine, Duc de Mayenne, Chef des Ligueurs, mort le 3 d'Octobre de l'année derniere.

tenoit de la Reine sa mere. Le Contrat de mariage du Roi avec l'Infante fut signé à Madrid le 22 d'Août, & l'on fit pareillement renoncer l'Infante à tous les droits qu'elle pouvoit prétendre à la succession d'Espagne, excepté deux cas seulement ; l'un, supposé que demeurant veuve & sans enfans, elle retournât en Espagne ; l'autre, si par raison d'Etat, elle venoit à se remarier avec le consentement du Roi son pere, ou du Prince son frere (81).

DE LA FRANCE.

LOUIS XIII. DIT LE JUSTE, XLI. ROI.

Les Protestans qui regardoient ce mariage comme un acheminement à leur ruine, firent tout ce qu'ils purent pour l'empêcher. Le Duc de Bouillon représenta à la Reine que l'Angleterre & les Provinces-Unies ne seroient pas contentes de cette alliance ; mais elle lui répondit qu'elle enverroit des Ambassadeurs à ces Puissances pour le leur faire agréer. Elle le nomma en même temps pour aller auprès du Roi Jacques. Il ne fut pas heureux dans sa négociation, & ses ennemis prirent occasion de lui nuire dans l'esprit de la Reine. Ce Seigneur irrité contre les Ministres, résolut leur perte, & mit dans ses intérêts les Princes du Sang avec quelques autres Grands de l'Etat. Silleri fut la premiere victime qu'on lui sacrifia. Le Maréchal d'Ancre vouloit pousser les choses à l'extrêmité, mais la prudence du Maréchal de Bouillon, & son attachement pour le Roi, arrêta des projets qui tendoient à la Rebellion.

Le Duc de Rohan au lieu de suivre un tel exemple, confirma les soupçons que la Cour avoit formés déja contre lui. Le temps de la Magistrature du Maire de Saint-Jean-d'Angeli, dont il étoit Gouverneur, étant expiré, il voulut remplacer cette Charge par une personne de son parti. La Cour s'y opposa par Lettres de Cachet ; mais il en fit peu de cas & passa outre. La Régente irritée d'une telle audace, chargea les Maréchaux de Bouillon & de Lesdiguieres de le poursuivre comme Rebelle. Cette affaire pensa devenir sérieuse : les Protestans voulurent prendre son parti, quoique la Reine eût déclaré qu'on ne songeoit point à eux, & qu'il ne s'agissoit que de punir un Rebelle. Cependant comme elle apprehendoit d'exciter une guerre civile, elle consentit à entrer en négociation, & le Gouvernement de Saint-Jean-d'Angeli fut continué au Duc de Rohan.

Révolte du Duc de Rohan.

Cet affaire ne fut pas plutôt terminée que la Reine se trouva dans de nouveaux embarras par les nouvelles démarches du Prince de Condé, dont le parti dominoit à la Cour. Ce Prince qui étoit en état de tout oser & de tout obtenir, fit demander le Gouvernement du Château-Trompette. Cette demande inquieta fort la Reine, & l'obligea d'avoir recours à Bassompierre. Ce Seigneur lui fit connoître que l'unique moyen d'arrêter les projets du Prince de Condé, étoit de rappeller auprès d'elle les Ministres qu'elle en avoit éloignés pour le satisfaire, de se reconcilier avec le Duc de Guise en faisant cesser la procédure contre le Chevalier de Guise, qui avoit tué en duel (82) le Baron de Luze, & de se raccommoder avec le Duc d'Epernon. La Reine profitant de ce conseil, n'épargna ni argent, ni Charges, ni honneurs pour regagner tous ces Seigneurs.

1613.

(81) Le Pere Daniel.
(82) Ce fut à cette occasion que le Roi donna une Déclaration contre les Duels, avec protestation de n'en accorder jamais de grace.

DE LA FRANCE.

LOUIS XIII.
DIT
LE JUSTE,
LXI. ROI.

Nouvelles tentatives des Protestans.

Elle ne jouit pas long-temps de cette tranquillité apparente qu'elle s'étoit procurée à tant de frais. Les Protestans qui avoient été forcés de se séparer à Saumur, sans avoir eu la liberté d'examiner les Réponses de la Cour, tinrent plusieurs Assemblées Provinciales, & envoyerent huit Députés à la Régente. Cette députation embarrassa la Reine, & l'obligea à consulter le Maréchal de Bouillon. Ce Seigneur lui conseilla de ne faire aucune réponse & de les renvoyer dans leurs Provinces. La Reine suivit cet avis & fit rendre par le Roi une Déclaration qui leur défendoit de s'assembler davantage, sans une permission expresse. On leur permit seulement les Consistoires, les Colloques & les Synodes Provinciaux, pourvû qu'on n'y traitât que des matieres de Religion. Cette Déclaration fut enregistrée du consentement d'une partie des Réformés, & malgré les oppositions des autres.

1614.

Le Prince de Condé se retire de nouveau de la Cour.

Jusqu'alors le Maréchal de Bouillon avoit toujours été sincérement attaché aux intérêts de la Cour, & la Reine s'étoit bien trouvée des conseils qu'il lui avoit donnés ; mais tant de services mal récompensés le firent changer de sentimens, & le porterent à exciter des troubles. Les meilleurs Historiens de ce temps-là prétendent que ce fut lui qui anima le Prince de Condé contre le Marquis d'Ancre, dont la puissance & le crédit étoient montés à un point extraordinaire. Le Prince de Condé excité par le Maréchal, se retira de la Cour, & fut suivi par les Ducs de Nevers & de Mayenne, de Vendôme, de Longueville & de Piney-Luxembourg. Le prétexte de cette retraite & de cette ligue, fut la réforme des abus qui s'étoient glissés dans le Gouvernement. Le rendez-vous étoit en Champagne, & c'étoit dans cette Province qu'on devoit assembler une armée. De Villeroi étoit d'avis qu'on marchât promptement contre eux, avant qu'ils eussent le temps de rassembler des troupes. La Reine aima mieux tenter la voie de la négociation, & pendant qu'elle faisoit tous ses efforts pour les faire revenir à la Cour, ce Prince se rendit maître de Mezieres, & publia un Manifeste, dans lequel après plusieurs plaintes contre les Ministres, il demandoit principalement trois choses ; sçavoir 1°. le désarmement de part & d'autre ; 2°. la suspension du mariage du Roi & de Madame Elisabeth ; 3°. la convocation des Etats généraux, dans cinq mois au plû-tard. Il en écrivit en même temps à tous les Parlemens ; mais il n'en eut aucune réponse. La Reine de son côté répondit à toutes ces plaintes & publia aussi son Manifeste. Comme elle appréhendoit que les négociations n'eussent pas l'effet qu'elle desiroit, elle se mit en état de forcer les Princes à consentir à la paix. On leva des troupes, & l'on demanda aux Cantons six mille Suisses, dont Bassompierre fut nommé Colonel Général à la place du Duc de Rohan, qui avoit bien voulu se démettre de cette Charge en sa faveur. Le Prince de Condé n'ayant point encore de troupes, consentit à entrer en accommodement, & la premiere conférence à ce sujet se tint dans son Château le 14 d'Avril. Il y eut bien des difficultés avant qu'on pût convenir de quelque chose ; mais enfin le Traité par lequel on accordoit au Prince ce qu'il demandoit, fut conclu & signé le 15 de Mai.

Le Roi est déclaré majeur.

Les Etats Généraux qui devoient, selon ce Traité, s'assembler à Sens le 25 d'Août, furent indiqués à Paris pour le premier d'Octobre ; mais ils ne se tinrent que le 26. Ils furent retardés à cause des troubles que le Prince de de Condé avoient caufés dans le Poitou, dont il avoit voulu s'emparer de la Capitale. Cependant le Roi étant entré dans fa quatorziéme année le 27 de Septembre, ce Prince fe rendit le 2 d'Octobre au Parlement, & y fut déclaré majeur. Quelques jours après, c'eft-à-dire le 26 du même mois, on fit dans une des Salles du Louvre l'ouverture des Etats généraux. Les demandes des trois Ordres étoient fi oppofées aux intérêts des uns & des autres qu'elles y firent bientôt naître la difcorde. La Reine en profita, & leur donna ordre de préfenter leurs Cahiers, & enfuite de fe retirer. Il y eut bien des conteftations à ce fujet; mais enfin il fallut obéir. C'eft ainfi que fut terminée une Affemblée qui devint tout à fait inutile, & qui penfa caufer de plus grands maux que ceux dont elle demandoit la réformation. Les Remontrances que le Parlement voulut faire après la féparation des Etats, au fujet des demandes des trois Ordres, donnerent à la Reine de nouveaux embarras, cependant l'affaire fut terminée à la fatisfaction des uns & des autres.

Les circonftances ne permettoient pas de pouffer les chofes plus loin. La Reine étoit occupée du voyage que le Roi devoit faire en Guienne, pour aller au-devant de l'Infante d'Efpagne, & elle n'ignoroit pas que le Prince de Condé s'y oppofoit tant qu'il pouvoit. Ce Prince mécontent de la maniere dont s'étoient paffés les Etats généraux, quitta la Cour dans le deffein de s'oppofer au double mariage. Le Maréchal de Bouillon, le Duc de Mayenne, le Duc de Longueville fuivirent fon exemple. La Reine fit tout ce qu'elle put pour l'engager à revenir, & le Roi même lui écrivit, pour lui faire fçavoir que fa naiffance demandoit qu'il allât recevoir la Princeffe d'Efpagne. Le Prince de Condé perfifta dans fes deffeins, & refufa abfolument d'accompagner le Roi. Marie de Médicis excitée par le Maréchal d'Ancre, qui appréhendoit que cette Princeffe ne le facrifiât au Prince, fomentoit la divifion, & confeilla à la Reine d'agir avec fermeté, & de rompre les Conférences qu'on avoit entamées, pour en venir à un accommodement. Le Maréchal de Bouillon faififfant alors cette occafion engagea le Prince & fes Partifans à lever des troupes. La Reine en fit autant de fon côté, & affembla deux armées, l'une pour couvrir Paris, fous la conduite de Bois-Dauphin; & l'autre fous les ordres des Ducs de Guife & d'Epernon, qui étoient chargés de conduire le Roi & la Princeffe jufqu'à Bordeaux.

Lorfqu'on eut pris toutes ces mefures, le Roi partit le 17 d'Août & arriva le 9 de Septembre à Poitiers. Il fut obligé d'y refter quelque temps à caufe de la maladie de Madame Elifabeth. Ce fut dans cette Ville qu'il donna une Déclaration, par laquelle le Prince & fes Partifans furent déclarés Rebelles & Criminels de leze-Majefté. Cette Déclaration n'arrêta point les projets du Prince de Condé: il s'empara de Château Thierri & d'Epernai, fans que le Maréchal de Bois-Dauphin pût s'y oppofer. Il paffa enfuite la Seine à Merri, tourna vers la Loire, traverfa le Berri, & entra dans le Poitou, où le Duc de Rohan l'attendoit à la tête des Huguenots. Ils ne purent cependant empêcher le Duc de Guife de conduire Madame fur la Frontiere & de ramener l'Infante à Bordeaux, où le Roi étoit arrivé le 7 d'Octobre. La célébration du mariage s'y fit le 18, en même temps qu'elle fe faifoit à Burgos. L'échange des deux Princeffes fe fit le 9 de Novembre

Tome I. Partie II.   P p *

DE LA FRANCE.

LOUIS XIII. DIT LE JUSTE, LXI. ROI.

Affemblée des Etats.

1615.

Le Prince de Condé s'oppofe ouvertement au mariage du Roi.

Louis fe rend à Bordeaux pour époufer l'Infante.

sur la Riviere de Bidaſſoa qui ſépare la France & l'Eſpagne. Le 25, le Roi épouſa l'Infante, & reſta à Bordeaux juſqu'à la fin de l'année.

Il en partit enſuite pour ſe rendre à Tours. Les troupes qui l'eſcortoient marcherent toujours en bataille, afin d'être en état de repouſſer les Rebelles, & les Huguenots, qui venoient de conclure un Traité d'union avec le Prince de Condé. La Cour reſta dans cette Ville juſqu'à la fin des négociations qu'on avoit entamées avec les Mécontens. La Reine avoit eſpéré par ce moyen diviſer cette Ligue, & en effet elle y réuſſit. Le Duc de Mayenne, le Maréchal de Bouillon, ainſi que les autres Seigneurs avoient leurs intérêts particuliers, & appréhendoient de perdre leurs Gouvernemens; de ſorte qu'ils étoient volontiers portés à la paix. Le Roi accorda une ſuſpenſion d'armes, & choiſit la Ville de Loudun pour les Conférences. L'habileté de Villeroi ſçut applanir les difficultés qui s'oppoſoient à la paix, & la Reine Mere ne put s'empêcher de ſuivre ſon avis. Le Traité fut conclu, & le Roi le ratifia à Blois. Cette paix fut également avantageuſe aux Princes & aux Calviniſtes. Le Prince de Condé obtint la Plume dans le Conſeil, outre quinze cens mille livres qu'on lui accorda pour les frais de la guerre. On confirma tous les Edits faits en faveur des Proteſtans, & il y eut une Amniſtie générale, pour tout ce qui s'étoit paſſé.

Cette paix ne fut pas de longue durée. Le Maréchal d'Ancre que les Mécontens avoient nommé parmi ceux qui étoient cauſe des troubles de l'Etat, s'appercevoit qu'on en vouloit à ſon crédit, & peut-être même à ſa vie. Il voulut d'abord s'appuyer de la protection du Prince de Condé; mais voyant qu'il ne pouvoit compter deſſus, il chercha tous les moyens de le perdre, & remplit l'eſprit de la Reine de crainte & de ſoupçons. Cette Princeſſe s'étant laiſſée perſuader, fit arrêter le Prince que l'on conduiſit d'abord à la Baſtille, & de-là à Vincennes. Tous les Seigneurs de ſon parti ſe retirerent de la Cour, & réſolurent de prendre les armes pour forcer le Roi à rendre la liberté au Prince, & à ſe délivrer du Maréchal d'Ancre. La Populace de Paris à la nouvelle de l'empriſonnement du Prince, pilla l'Hôtel du Maréchal & la Maiſon de ſon Secrétaire.

La Reine fit tout ce qu'elle pût pour détacher de cette Ligue le Duc de Guiſe, & aſſembla en même temps trois armées pour oppoſer aux Rebelles. Le Roi donna auſſi une Déclaration dans laquelle il expliquoit les raiſons qui l'avoient porté à faire arrêter le Prince de Condé. Les Ducs de Guiſe & de Longueville s'étant reconciliés avec la Cour, les projets des Mécontens furent ſuſpendus, & l'on entra en négociations; mais ſeulement pour amuſer la Reine; car il fut réſolu qu'on prendroit les armes au Printemps prochain.

Le Roi tomba malade ſur ces entrefaites, & l'on craignit pour ſa vie. Les Seigneurs qui s'étoient retirés de la Cour, témoignerent à ce Monarque qu'ils ſeroient charmés de pouvoir ſe rendre auprès de lui, & qu'ils iroient volontiers s'ils n'avoient pas à craindre le crédit & l'autorité du Maréchal d'Ancre, qui ne cherchoit qu'à bouleverſer l'Etat. De Luines nouveau Favori appuya les plaintes des Mécontens, & fit enfin conſentir le Roi à ſe défaire du Maréchal. Pendant qu'on travailloit ainſi à ſa perte, il cherchoit tous les moyens de détruire la Ligue qui ſe formoit contre lui. La Reine Mere à sa considération changea presque tous les Ministres, & nomma Secrétaire d'Etat Richelieu Evêque de Luçon.

Plus la Reine favorisoit le Maréchal, plus les Seigneurs du parti du Prince de Condé faisoient paroître leurs mécontentemens. Le Duc de Nevers après avoir long-temps balancé, prit enfin le parti du Prince de Condé, & leva des troupes dans son Gouvernement & sur ses Terres. La Reine Mere le fit d'abord déclarer Criminel de leze-Majesté, & envoya des troupes contre lui & contre les autres Seigneurs qui avoient également pris les armes. On les battit en Champagne, dans le Nivernois & dans l'Isle de France. Le Duc d'Angoulême s'avança même jusqu'à Soissons, & mit le siége devant cette Ville. Il fut poussé avec tant de vigueur que les Rebelles se trouverent réduits ou à périr dans la Place, ou à sortir du Royaume. Pendant qu'ils étoient ainsi pressés par le Duc d'Angoulême, de Luines portoit les derniers coups au Maréchal d'Ancre. Il avoit enfin tellement persuadé le Roi que cet Etranger étoit capable de tout entreprendre contre lui, que ce Monarque ne balança plus à s'en débarrasser, & consentit même à l'exil de la Reine Mere. Vitri Capitaine des Gardes, & grand ennemi du Maréchal fut chargé de l'arrêter ; mais ce Seigneur ayant porté la main sur son épée pour se mettre en défense, fut tué de trois coups de pistolets. Son corps qu'on avoit enterré secrettement à Saint Germain de l'Auxerrois, fut exhumé par la Populace, traîné par les rues, & enfin les membres en furent brûlés dans différens quartiers de la Ville ». Telle fut la fin tragi-
» que du Maréchal d'Ancre : il étoit Etranger ; il devint trop puissant, &
» se fit trop d'ennemis. Il eut de très-grands vices : il étoit joueur, am-
» bitieux, débauché à l'excès ; mais il ne fut jamais aussi méchant hom-
» me que ses ennemis l'ont publié (83) «. Sa femme eut quelque temps après la tête tranchée par Arrêt du Parlement, & son corps fut jetté au feu. Le Maréchal d'Ancre auroit pû éviter une si triste destinée s'il eût suivi les sages conseils qu'on lui avoit donnés, & qu'il se fût retiré en Italie avec toutes ses richesses ; car il fut averti de tout ce qui se tramoit contre lui ; mais il voulut se roidir contre sa mauvaise fortune, & enfin il succomba.

La mort de Concini fit changer les affaires de face. Le crédit de la Reine tomba : elle fut réleguée à Blois : les anciens Ministres furent rétablis dans leurs places, & les Rebelles mirent bas les armes. Le Roi voulut bien oublier tout ce qui s'étoit passé, & rendit aux Seigneurs qui s'étoient soulevés leurs Gouvernemens & leurs Charges. L'Evêque de Luçon à qui l'on disputa le rang que la Reine lui avoit donné dans le Conseil, suivit cette Princesse dans son exil ; mais étant devenu suspect au Duc de Luines, il eut ordre de se retirer d'abord dans son Prieuré de Coussai en Anjou, ensuite à Luçon & enfin à Avignon.

L'éloignement de la Reine Mere & la mort de son Favori en terminant la guerre civile mettoient aussi fin à la tutelle du Roi ; car quoique ce Monarque eût été déclaré majeur, toutes les affaires s'étoient faites jusqu'alors sans sa participation ; aussi regarde-t'on comme les premiers Actes de

(83) Le Pere Daniel.

DE LA FRANCE.

LOUIS XIII. DIT LE JUSTE, LXI. ROI.

1617.
Guerre civile.

Mort du Maréchal d'Ancre.

Disgrace de la Reine Mere.

Le Roi prend en main le maniement des affaires.

Pp ij

sa majorité le rétablissement de la Religion Catholique Romaine dans le Bearn, malgré les remontrances & les expositions des Protestans, la réunion de cette Province à la Couronne, & l'observation du Traité d'Ast, à laquelle il força les Espagnols, en envoyant Lesdiguieres au secours du Duc de Savoye. Il s'occupa en même temps des moyens de réformer les abus pour lesquels on avoit tenu les Etats généraux. Comme ils n'avoient produit aucun effet, le Roi crut y remedier par une Assemblée des *Notables*, dont l'ouverture se fit le 4 de Décembre. Elle étoit composée des Principaux du Clergé, de la Noblesse & des Parlemens. Le Roi y invita les Princes, les Cardinaux, les Ducs & Pairs & les Officiers de la Couronne. Elle fut terminée le 26 de Décembre, & tout le fruit qu'on en tira fut la suppression de la *Paulette*; mais elle fut rétablie quelque temps après.

De Luines auteur de la disgrace de la Reine Mere, entretenoit des Espions auprès de cette Princesse pour veiller sur toutes ses actions, & traverser ses desseins. Bartolini, Envoyé du Duc de Florence, soupçonné de travailler à procurer l'évasion de la Reine, eut ordre de sortir du Royaume. On emprisonna, ou exila tous ceux qui furent convaincus d'entretenir des intelligences secrettes avec Marie de Médicis. Cette conduite jointe à la dureté avec laquelle on la traitoit dans Blois, puisqu'il lui fut défendu de sortir de la Ville, lui firent prendre la résolution de s'échapper à quelque prix que ce fût. Elle s'adressa d'abord au Duc de Bouillon, qui s'excusa sur son grand âge & sur ses infirmités; mais il lui conseilla d'avoir recours au Duc d'Epernon. L'occurence étoit favorable, le Roi venoit de l'exiler dans son Gouvernement de Metz, à cause de quelque différend qu'il avoit eu avec le Garde des Sceaux au sujet de la préséance, & il s'en étoit vengé dans l'Eglise pendant la Messe du Roi, ce qui avoit irrité ce Monarque; cependant il lui en avoit accordé le pardon. Ce mot de pardon avoit choqué le Duc, & le fit parler avec hauteur. Tant de fierté déplût au Roi, & fut cause de la disgrace du Duc. Quoiqu'il fût porté à se venger de la Cour dont il croyoit avoir lieu de se plaindre, il fit quelques difficultés de recevoir les propositions que la Reine lui faisoit faire. S'étant enfin laissé gagner, il ne s'occupa plus que des moyens de faire réussir l'entreprise.

Malgré les inquiétudes que pouvoient causer d'une part les desseins de la Reine Mere, & de l'autre les mécontentemens des Bearnois, qui s'opposoient à la restitution des biens Ecclésiastiques, ce n'étoit que fêtes & que divertissemens à la Cour, à l'occasion du mariage de Victor Amedée Prince de Piémont, & de Madame Christine sœur du Roi. Cependant le Duc d'Epernon ne négligeoit rien pour venir à bout du dessein qu'il avoit formé, & tiroit avantage de l'indolence du Favori, qui ne profitoit pas des avis qu'on lui donnoit. Il demanda à la Cour la permission d'aller en Saintonge, sous prétexte de mettre ordre à ses affaires. On lui refusa, parce qu'on soupçonnoit que ce voyage cachoit quelque projet contraire aux intérêts de l'État. Malgré les défenses de la Cour, il partit de Metz & se rendit dans les environs de Loches, où il attendit la Reine. Cette Princesse s'étoit échappée de Blois avec le secours de ceux que le Duc lui avoit envoyés, & ce Seigneur qui étoit allé au-devant d'elle, avec plus de cent cinquante Gentilshommes, la conduisit à Angoulême. Le Duc de Luines n'eut pas plutôt appris l'évasion de la Reine, qu'il proposa au Roi de marcher à la tête d'une armée contre le Duc d'Epernon. Cet avis fut rejetté par le Duc de Bouillon qui proposa la voie des négociations comme plus convenable en pareilles conjonctures. Ce conseil qui paroissoit le plus prudent fut accepté, & le Roi envoya auprès de sa Mere plusieurs personnes de distinction, pour en venir à un accommodement. Ces premieres tentatives n'eurent aucun succès, & il n'y eut que l'Evêque de Luçon qu'on avoit rappellé d'Avignon, qui vint à bout de déterminer la Reine. Le Traité fut conclu à Angoulême, & les principales conditions étoient que cette Princesse auroit en échange de son Gouvernement de Normandie, celui d'Anjou, de la Ville & du Château d'Angers, de Chinon & du Pont-de-Cé ; qu'on lui payeroit tout ce qui lui étoit dû, & qu'elle auroit la liberté de se retirer où bon lui sembleroit. Malgré ce Traité on eut beaucoup de peine à faire consentir la Reine à une entrevûe avec son fils, & à dissiper ses craintes. Elle se rendit enfin, & arriva à Cousieres où le Roi étoit venu la recevoir pour la conduire à Tours. Cette entrevûe fut des plus tendres de part & d'autre ; mais la reconciliation quoique sincere ne fut pas de longue durée.

DE LA FRANCE.

LOUIS XIII. DIT LE JUSTE, LXI. Roi.

Elle se reconcilie avec le Roi.

Cette Princesse esperoit aller à Paris avec le Roi. Le Duc de Luines s'y opposa, & la Reine Mere fut obligée de se retirer dans son nouveau Gouvernement d'Angers, bien résolue de se venger du Favori. Elle eut encore un autre sujet de chagrin dans la Déclaration que le Roi donna pour justifier le Prince de Condé qu'il avoit fait sortir de Vincennes, & dont la Reine même avoit demandé la liberté. On crut alors appaiser cette Princesse en la rappellant à la Cour ; mais elle le refusa, & se rendit aux sollicitations des Seigneurs jaloux du crédit & de l'autorité du Duc de Luines. Elle leva des troupes dans le dessein de s'avancer jusqu'à Paris. Les Ducs de Vendôme, de Longueville, de Mayenne, de Rohan, de Retz & d'Epernon, prirent les armes pour seconder ses desseins, & les Huguenots mêmes promirent de la secourir.

1620.
Elle se brouille de nouveau.

Toutes les négociations ayant été inutiles, le Roi suivant l'avis du Prince de Condé entra en Normandie à la tête de huit mille hommes. Le Duc de Longueville s'étant retiré à Dieppe, la Ville de Caën ouvrit ses portes, & bientôt toute la Province fut entiérement soumise.

Le Roi se met à la tête de ses troupes.

Après cette expédition, Louis traversa le Perche, le Maine & la Touraine sans trouver d'obstacles, & se rendit en Anjou, où étoient toutes les forces de Marie de Médicis. Cette Princesse intimidée de l'approche du Roi, envoya vers ce Monarque pour lui proposer un accommodement. Bassompierre s'étoit cependant avancé jusqu'au Pont-de-Cé, & en avoit forcé les retranchemens. Le Roi consentit aux demandes de la Reine Mere, & l'entrevûe se fit le 13 de Juillet à Brissac, où le Roi reçut sa Mere avec une tendresse vraiment filiale. Marie de Médicis pour récompenser Richelieu qui avoit encore été le Ministre de ce raccommodement, pria le Roi de demander pour lui le Chapeau de Cardinal : il ne l'obtint cependant qu'après la mort du Duc de Luines, son plus grand ennemi.

L'indocilité des Bearnois obligea le Roi à se rendre dans leur Province après avoir calmé les troubles de la Normandie & du Poitou. Sa présence

Se rend dans le Bearn.

força les Rebelles à se soumettre, & à accepter les Loix qu'il voulut leur imposer. Le Bearn fut réuni à la Couronne par un Edit du mois d'Octobre, avec le Royaume de Navarre, Andorre & Donazan; la Chancellerie de Pau érigée en Parlement, la Religion Catholique rétablie dans le Bearn, & les Ecclésiastiques eurent main-levée pour les biens qu'on leur avoit saisis. Le Roi mit ensuite de fortes garnisons dans les principales Villes, & se mit en route pour aller à Paris, où il arriva au commencement de Novembre.

La tranquillité paroissoit rétablie dans le Royaume, & elle auroit pû être de longue durée si les Protestans ne l'eussent troublée. Malgré les défenses qu'on leur avoit faites, ils continuoient leur Assemblée générale à la Rochelle. Le Roi s'en plaignit & les menaça. Ils firent alors des Remontrances ; mais elles ne servirent qu'à prouver qu'ils avoient dessein d'en venir à une guerre ouverte. En effet, ils ne tarderent pas à commettre des hostilités, & s'emparerent de quelques Places dans le Vivarez, le Bearn, le Languedoc & la Guienne. On remporta sur eux les mêmes avantages, & la guerre fut déclarée.

Louis tout occupé qu'il étoit de ces divisions intestines, songeoit à terminer l'affaire de la Valteline. Bassompierre fut envoyé pour ce sujet en Espagne, afin d'engager Philippe III. à rendre ce Pays aux Grisons. Philippe y consentit, & ce Prince étant mort sur ces entrefaites, le 30 de Mars, son Successeur ratifia le Traité ; cependant ce ne fut que par la voie des armes qu'on put venir à bout de le faire exécuter.

Cependant les Huguenots se fortifioient dans leur révolte. Ils firent fondre des canons, acheterent des armes, battirent monnoie à un Coin particulier, & prirent pour devises ces paroles : *Pour Christ & pour le Roi*. Ils donnerent alors à connoître qu'ils avoient dessein d'exécuter le projet qu'ils avoient formé de réduire la France en République, & de la diviser en huit Cercles à l'exemple de ceux d'Allemagne. Chaque Seigneur de leur parti devoit avoir le commandement dans un de ces Cercles. On les prévint, en mettant la division parmi eux, & en gagnant la plûpart de leurs Chefs. Le Roi voulant réduire les Rebelles par la force des armes, se mit en campagne sur la fin du mois d'Avril : il se fit accompagner du Prince de Condé, & du Duc de Luines qu'il venoit de nommer Connétable. Tout plia devant lui tant dans le Poitou, la Saintonge, la Guienne, que dans le Bearn. Ses Généraux qu'il avoit envoyés dans les autres Provinces, y faisoient la guerre avec le même avantage. La seule Ville de Montauban arrêta tant de succès, & releva le courage abbattu des Protestans. Un siége de trois mois, la perte d'environ huit mille hommes, & les approches de la mauvaise saison obligerent le Roi d'abandonner cette entreprise, qui avoit été mal concertée par le Connétable de Luines. Ce Seigneur mourut peu de temps après, & sa place fut donnée à Lesdiguieres, qui l'avoit méritée par une suite continuelle de belles actions. La retraite de l'armée Royale fut suivie de la perte de plusieurs Places, dont les Huguenots se rendirent maîtres, & sur-tout de Montpellier, où ils commirent toutes sortes d'excès.

Les anciens Ministres étoient d'avis qu'on entrât en négociations avec les Huguenots, & en conséquence le Roi avoit chargé le Connétable de Les-

DE L'UNIVERS. LIV. I. CHAP. II. 303

diguieres de fonder leurs intentions ; mais le Prince de Condé & quelque autres Seigneurs porterent le Roi à continuer la guerre. Ce Monarque se rendit à Nantes le 10 d'Avril, & marcha vers l'Isle de Riès, où l'armée de Soubise étoit retranchée. Les obstacles qu'il falloit surmonter pour y arriver ne furent pas capables d'arrêter le Roi, qui donna en cette occasion des marques d'une valeur & d'une intrépidité sans égale. Voici ce que Bassompierre dit à ce sujet : » J'ai vû le Roi en diverses occasions périlleuses, » & je puis avancer sans flatterie, que je n'ai jamais vû d'homme plus » assuré que lui : son pere dont la bravoure fut si estimée n'étoit pas plus » intrépide (84) «. Louis à la tête de ses Gardes passa dans cette Isle à minuit, & pénétra jusqu'au Camp. Il fut forcé & la déroute des Rebelles fut si complette que de six mille hommes qu'ils étoient, il n'en retourna pas quatre cens à la Rochelle. Le Roi ne se distingua pas moins au siége de Royan, & Bassompierre donne encore ici à ce Prince les louanges qui lui sont dûes. » J'irai demain à la tranchée, dit le Roi, & j'y serai à quatre » heures du matin. Il y vint en effet accompagné du Duc d'Epernon & du » Comte de Schomberg. Plus brave, plus intrépide qu'aucun de nous, il » monta trois ou quatre fois sur la Banquette, pour reconnoître l'état de » la Place, & s'y tint si long-temps que les Officiers frémissoient du péril » où il s'exposoit avec plus de sens froid & d'assurance que n'en eût pu avoir » le plus vieux Capitaine (85) «. La présence du Roi anima si fort les assiégeans que la Ville fut bientôt forcée.

Cependant le Prince de Condé réduisoit les Rebelles dans le Pays de Médoc. Le Duc d'Elbeuf & le Maréchal de Themines prirent la Ville de Tonneins, & la réduisirent en cendres. Ces différens succès porterent plusieurs Seigneurs à rentrer dans le devoir. Le Marquis de la Force fut le premier qui donna l'exemple. Il obtint par sa soumission le Bâton de Maréchal de France, les Charges & les Gouvernemens qu'il avoit lui furent conservés, & on lui fit présent de deux cens mille écus. Toutes ces nouvelles donnoient au Roi une grande satisfaction ; mais ce qui lui causa plus de joie, fut la conversion de M. de Lesdiguieres, qui fit abjuration le 13 de Juillet dans la Cathédrale de Grenoble. Louis poursuivant ses conquêtes attaqua Montpellier, dont il se rendit maître après un siége de cinq semaines poussé & soutenu avec une égale ardeur. Ce nouvel avantage força les Protestans à demander la paix, que le Roi voulut bien leur accorder. Le Traité fut rédigé en forme d'Edit, & confirma celui de Nantes. On donna aux Huguenots pour Places de sûreté Montauban & la Rochelle. Cette Ville étoit alors bloquée par le Comte de Soissons. Malgré la conclusion du Traité il y eut une action sur Mer, entre le Duc de Guise qui commandoit la Flotte Royale, & les Rochellois. Ceux-ci furent vaincus, & payerent bien cher l'épreuve qu'ils voulurent faire de leurs forces. En conséquence de la paix qui venoit d'être signée le Comte de Soissons retira ses troupes qui étoient devant la Rochelle ; mais on laissa subsister le Fort-Louis, afin de contenir les Rochellois, & il ne devoit être démoli qu'après que les fortifications de la Rochelle auroient été détruites. Louis débarrassé de la guerre

(84) Le Pere Daniel.   (85) Le Pere Daniel.

DE LA FRANCE.

LOUIS XIII. DIT LE JUSTE, LXI. ROI.

1623.
Nouvelle révolte des Protestans.

civile parcourut la Provence, se rendit en Avignon où il eut quelques conférences secrettes avec le Duc de Savoye au sujet de la Valteline. Il reprit ensuite la route de ses Etats ; & passa par Lyon. Ce fut dans cette Ville que Richelieu reçut le Chapeau de Cardinal.

Les Huguenots ne tarderent pas long-temps à donner de nouveaux sujets de mécontentement à la Cour. Ils se révolterent d'abord à Montpellier au sujet de l'élection d'un Consul. Les Rochellois d'un autre côté se plaignirent de ce qu'on laissoit subsister le Fort-Louis, & continuerent leurs Assemblées malgré les défenses du Roi. Ce Monarque les réitera, & il fut ordonné qu'il y auroit un Officier du Roi dans les Colloques ou Synodes qu'ils tiendroient. Ils trouverent ces conditions bien dures ; mais il fallut obéir. Après qu'on eut pris toutes ces mesures pour obliger les Huguenots à rester tranquilles, on travailla au recouvrement de la Valteline. La Ligue que le Roi avoit faite à ce sujet avec le Duc de Savoye & la République de Venise, avoit été signée à Paris le 7 de Février, & devoit durer deux ans.

1624.
Le Cardinal de Richelieu entre dans le Ministere.

Cependant Marie de Médicis faisoit tous ses efforts pour faire entrer le Cardinal de Richelieu dans le Ministere ; mais il falloit vaincre bien des obstacles. Les Ministres qui étoient en place redoutoient son génie, & craignoient qu'il ne les supplantât bientôt. Le Chancelier de Silleri, & Puisieux son fils Secrétaire d'Etat, voyant que leur crédit commençoit à diminuer, prévirent leur chûte en demandant à se retirer. La Vieuville sur-Intendant des Finances étoit alors le seul qui fût contraire au Cardinal ; mais on trouva moyen de le gagner, & Richelieu fut admis dans le Conseil à des conditions qui ne subsisterent pas long-temps, puisqu'il devint bientôt le premier Ministre, & que tout ne se fit que par ses ordres. Ses premiers soins furent la restitution de la Valteline. Il envoya pour cet effet le Marquis de Coeuvres en qualité d'Ambassadeur chez les Suisses, pour les engager à se joindre au Roi pour l'exécution de cette entreprise. Sitôt qu'il se vit à la tête de sept ou huit mille hommes il entra dans la Valteline, en chassa les Espagnols, s'empara des Forts qu'on avoit mis en sequestre entre les mains du Pape, & remit une partie du Pays au pouvoir des Grisons. Cette affaire ne fut pas pour cela entiérement terminée ; les François & les Espagnols se disputerent encore long-temps le terrein. Le Cardinal devenu maître du Conseil termina la négociation entamée par la Vieuville au sujet du mariage de Madame Henriette soeur du Roi avec le Prince de Galles fils de Jacques I. La différence de Religion mettoit un obstacle à l'accomplissement de ce mariage ; mais on prit toutes les précautions nécessaires à cet égard, & il fut conclu le 20 de Novembre : la cérémonie en fut cependant retardée au 11 de Mai de l'année suivante. Charles I. étoit alors sur le trône ayant succédé à son pere mort le 8 d'Avril, le 4 selon M. Sponde, ou le 27 de Mars selon d'autres.

1625.
Seconde guerre de Religion.

Cette alliance que les Religionnaires devoient regarder comme favorable, ne les empêcha pas de se soulever, & l'inéxécution prétendue du dernier Traité fut le prétexte de leur révolte. Cette seconde guerre commença le 18 de Janvier par l'entreprise de Soubise sur le Port de Blavet. Il s'empara des Vaisseaux que le Duc de Nevers avoit dans ce Port, & flatté de ce succès

il

il mit pied à terre à deſſein de ſurprendre la Fortereſſe. Il y trouva plus de réſiſtance qu'il ne comptoit : la Nobleſſe de Bretagne s'étoit jettée dans le Fort & avoit pris les armes. Soubiſe fut repouſſé, les troupes furent battues, & il ſe vit en danger d'être pris. Il fut cependant aſſez heureux pour ſe retirer à l'Iſle de Rhé, & pour ſe rendre maître de celle d'Oleron.

Une telle entrepriſe fut comme le ſignal de la guerre que l'on fit en même temps dans le Vivarez, la haute Guienne & le Languedoc. Le Duc de Rohan fut déclaré Général des Rebelles dans toutes ces Provinces. Le Duc d'Epernon & le Maréchal de Thémines marcherent contre eux, & remporterent des avantages conſidérables. Thémines força le 23 de Juin le Château de Bonac. Un ſeul des Religionnaires eut la vie ſauve, à condition qu'il pendroit tous les autres, du nombre deſquels fut ſon pere (86). Il attaqua enſuite le Duc de Rohan, le battit près de Viane, & l'obligea à prendre la fuite. Thoiras de ſon côté chaſſa le Duc de Soubiſe du Pays de Médoc. Tant de pertes réiterées ne furent point capables de vaincre l'opiniâtreté des Rochellois. Ils refuſerent de conſentir à la paix que les Ducs de Rohan & de Soubiſe ſupplioient le Roi d'accorder aux Proteſtans. Ils ne vouloient écouter aucune propoſition, qu'on eût auparavant démoli le Fort-Louis. Le Cardinal les fit bientôt repentir de leur opiniâtreté. Il fit attaquer leur armée navale par ſept gros Vaiſſeaux qui avoient eu ordre de partir de Dieppe pour l'Angleterre, & qu'il fit revenir pour les joindre à l'Eſcadre du Roi. Les Rochellois furent battus ſur Mer, & on les chaſſa même de l'Iſle de Rhé, malgré les efforts du Duc de Soubiſe.

Pendant que le Cardinal étoit occupé à pourſuivre les Huguenots, il ſe preſſoit de finir l'affaire de la Valteline. Le Pape ſous prétexte de réparer l'affront qu'il avoit reçu dans ce pays, donna ordre à cinq mille hommes d'Infanterie & à cinq cens Chevaux de ſe rendre dans la Valteline. Ils devoient marcher ſi lentement que le Traité devoit être conclu entre la France & l'Eſpagne avant qu'ils fuſſent en état d'agir ; car le Pape n'ignoroit pas ce qui ſe négocioit entre les deux Couronnes par les ordres du Cardinal. Ce Miniſtre qui avoit ſes propres intérêts à ménager, preſſoit la concluſion de ce Traité : il s'étoit formé un orage contre lui, & il vouloit ſe débarraſſer du ſoin des affaires du Royaume, afin d'être en état de le diſſiper. Du Fargis Ambaſſadeur à la Cour de Madrid ſuivit les intentions du Cardinal, & la négociation fut conduite avec tant de ſecret que le Prince de Piémont & l'Ambaſſadeur de Veniſe qui étoient en France n'en eurent aucune connoiſſance que lorſqu'elle fut terminée. Le Roi parut ſurpris d'un Traité qu'on avoit conclu ſans ſa participation, & refuſa de le ſigner ; mais le Cardinal lui ayant repréſenté l'avantage qu'il en tireroit, il conſentit à le ratifier moyennant quelques changemens qu'on y fit. On avoit ſtipulé que les Forts de la Valteline ſeroient remis entre les mains du Pape pour être démolis. On trouva moyen d'y faire conſentir les Vénitiens & le Duc de Savoye, en flattant la vanité de l'un & en amuſant les autres. Il fut auſſi approuvé par les Cantons Catholiques des Suiſſes, excepté l'article de la Religion : les Griſons n'en furent pas contens, & ils trouverent

---

(86) Art de vérifier les Dates.

Tome I. Partie II.   Qq *

[marginalia:]
DE LA FRANCE.
LOUIS XIII. DIT LE JUSTE, LXI. ROI.

1626.
affaires de la Valteline entiérement terminées.

DE LA FRANCE.

LOUIS XIII. DIT LE JEUNE, LXI. ROI.

Traité avec les Huguenots.

qu'une pension annuelle de vingt mille écus que les Valtelins devoient leur payer ne les dédommageoit pas assez de l'atteinte qu'on donnoit à leur Souveraineté. On étoit outre cela convenu qu'en cas que les Grisons & les Valtelins ne s'accommodassent pas, on prendroit les moyens convenables pour les y engager.

Le Cardinal étant venu à bout de cette affaire, songea à donner la paix aux Huguenots. Les Anglois & les Hollandois lui parurent très-propres à l'exécution de ce dessein. Il leur fit entrevoir avec tant d'adresse l'avantage qu'ils pourroient retirer de cet accommodement, qu'ils ne négligerent rien pour porter les Protestans à recevoir la paix aux conditions qu'il plairoit au Roi de leur prescrire. Les Religionnaires se voyant sans esperance de secours de la part des Etrangers, se soumirent au Roi. On leur promit la démolition du Fort-Louis, & que le Roi d'Angleterre seroit garant du Traité. Il fut enfin conclu, & il y eut à ce sujet un Edit de pacification, qui fut enregistré le 6 d'Avril.

Cabale contre le Cardinal de Richelieu.

Tout paroissant calme au-dedans & au dehors du Royaume, le Cardinal de Richelieu ne s'occupa plus que de ce qui le regardoit personnellement, c'est-à-dire de faire tomber sur ses ennemis les coups qu'ils vouloient lui porter. Les Princes & tous les Seigneurs qui avoient du crédit à la Cour avoient résolu sa perte. L'origine de cette Cabale fut le mariage de Monsieur avec Mademoiselle de Montpensier. La Reine avoit résolu cette alliance ; mais le Roi s'y opposoit, ainsi que les Princes & plusieurs Seigneurs qui vouloient marier Gaston avec une Princesse Etrangere, pour le rendre indépendant du premier Ministre. Le Cardinal par complaisance pour la Reine, ou peut-être pour ses propres intérêts vint à bout d'avoir le consentement du Roi. Il fit en même temps arrêter d'Ornano Gouverneur de Monsieur, ce qui irrita tellement ce Prince contre le Cardinal, qu'on prétend qu'il forma le dessein de le faire tuer dans sa Maison de Fleuri. Richelieu averti du danger qui le menaçoit, s'en plaignit au Roi, & fit semblant de vouloir abandonner le Ministere. Le Roi qui connoissoit sa capacité & ses talens, l'assura de sa protection & lui donna une Compagnie de Gardes du Corps. Le Ministre se voyant au-dessus de ses ennemis, ne songea plus qu'à les perdre. Le Duc de Vendôme & le Grand Prieur son frere furent arrêtés & conduits au Château d'Amboise ; Chablais eut la tête tranchée ; d'Ornano mourut à Vincennes. Cependant le mariage de Monsieur se fit à Nantes le 6 du mois d'Août, & le Cardinal en fit la cérémonie. Le Roi donna pour apanage à Monsieur les Duchés d'Orléans & de Chartres, & le Comté de Blois. La Seigneurie de Montargis y fut depuis ajoûtée. La Princesse lui apporta de son côté les Principautés de Dombes & de la Roche-sur-Yon, les Duchés de Montpensier, de Châtelleraut, & de Saint-Fargeau, *& avec tous ses grands revenus une grande beauté & une grande vertu.*

Mariage de Monsieur.

Plus les ennemis du Cardinal de Richelieu cherchoient à le détruire, plus son crédit augmentoit. Le Roi le fit Chef & sur-Intendant de la Navigation & du Commerce de France. La Charge de Grand Amiral dont le Duc de Montmorenci s'étoit démis, & celle de Connétable vacante par la mort de Lesdiguieres furent supprimées par un Edit du mois de Janvier de l'année suivante. Richelieu devenu plus puissant, se trouva en état d'exécuter les projets qu'il avoit formés de réduire entiérement les Religionnaires, & d'affoiblir la puissance des Grands. Dans ce dessein il persuada au Roi de convoquer aux Thuileries une Assemblée de Notables. L'ouverture s'en fit le 2 de Décembre. Cette Assemblée n'étoit composée en grande partie que de gens qui lui étoient dévoués. Ils demanderent le retranchement des pensions, & la démolition des Places fortes. Ils ajouterent que par ce moyen le Roi se trouveroit en état de diminuer les impôts, & de faire les préparatifs nécessaires pour s'opposer aux Anglois qui étoient sur le point de rompre avec la France.

En effet, Charles I. venoit de renvoyer les Domestiques François qui devoient rester au service de la Reine, suivant un des articles du Contrat de mariage. On attribue cette infraction au Duc de Buckingham, qui n'avoit pû obtenir des places de Dames d'honneur de la Reine pour quelques-unes de ses parentes. On le regarde aussi comme l'auteur de la troisième guerre de Religion, dont le Royaume fut affligé peu de temps après. Le Duc de Soubise qui étoit à Londres entretenoit la mesintelligence entre les deux Couronnes, & demandoit du secours pour les Protestans. Le Duc de Buckingham jaloux de la gloire du Cardinal de Richelieu, & voulant regagner l'affection des Anglois, appuya les demandes du Duc de Soubise. On équippa une Flotte qui devoit faire une descente dans l'Isle d'Oleron; mais le Général Anglois ayant changé de dessein, descendit le 22 de Juillet dans l'Isle de Rhé. Il fut repoussé jusqu'à trois fois; cependant Toiras qui y commandoit fut obligé de se retirer dans le Fort de Saint-Martin.

La négligence des Anglois lui donna le temps de se mettre en défense, & d'attendre les secours que le Duc d'Orléans ne tarda pas à lui envoyer. Cependant le Duc de Rohan engagea les Rochellois à ne point écouter les propositions que la Cour leur faisoit, & souleva en même temps le Languedoc & les Cevenes. Le Roi croyant sa présence nécessaire pour soumettre les Rebelles de la Rochelle, & forcer les Anglois à se retirer; craignant d'ailleurs que le Duc d'Orléans ne se laissât trop emporter par le désir de faire quelque action d'éclat, se rendit le 22 d'Octobre au Camp qui étoit devant la Rochelle, & prit le commandement de l'armée. Il envoya six mille hommes d'Infanterie & trois cens Chevaux pour secourir le Fort de Saint-Martin, que les Anglois pressoient vivement. Buckingham se flattoit d'emporter le Fort avant l'arrivée de ces troupes; mais ayant été repoussé avec perte dans un assaut général qu'il donna, il ne songea plus qu'à la retraite. Le Maréchal de Schomberg le suivit, mit son arriere-garde en déroute, lui tua quinze cens hommes, enleva tout le canon & quarante drapeaux. De sorte qu'on assure que le Général Anglois perdit près de huit mille hommes dans cette expédition qui lui fit peu d'honneur, & où il perdit sa réputation.

Les Rochellois se virent alors privés d'un secours sur lequel ils avoient si fort compté. Leur Ville avoit été bloquée dès le 10 d'Août par le Duc d'Angoulême; mais le Cardinal de Richelieu persuada au Roi d'en faire le siége dans les formes. C'est un des plus fameux dont notre Histoire fasse mention tant par l'opiniâtreté des Assiégés, qui supporterent l'horreur d'une famine la plus affreuse, que par la constance des Assiégeans qui furent obligés

DE LA FRAN-
CE.

LOUIS XIII.
DIT
LE JUSTE,
LXI. ROI.

de faire des travaux extraordinaires pour réduire les Rebelles. La Ville étoit si ferrée du côté de la terre qu'elle ne pouvoit plus recevoir de vivres, ni d'autres secours : il n'y avoit que le côté de la Mer qui étoit libre, & cette liberté les soutenoit dans leur révolte. Le Cardinal après différens travaux que la Mer ruina, fit construire une digue dont on attribue l'invention à Louis Mezereau & à Jean Tiriot ; mais qui fut achevée par Pompée Targon le plus habile homme de son siécle. L'ouvrage étoit défendu par plusieurs batteries de canon dressées sur la terre ferme, & par deux cens Vaisseaux de toutes grandeurs qui bordoient le rivage. Ce travail n'intimida point les Rochellois : ils esperoient qu'il seroit ruiné comme les autres ; mais il subsista jusqu'à la prise de la Ville, & ce ne fut même que huit jours après qu'une violente tempête en fit tomber quarante toises.

1628.

Les Rochellois ne cessoient cependant d'engager le Roi d'Angleterre à leur envoyer une Flotte. Enfin après bien des promesses il en parut une au commencement du mois de Mai. Elle vint jusqu'à la portée de la batterie *du Chef de bois*, déchargea son artillerie sur la Flotte Françoise & se retira. Les Rochellois furent fort affligés de sa retraite, car ils étoient déja réduits à la derniere extrêmité. Ils étoient résolus de se rendre ; mais Guiton qu'ils avoient choisi pour Maire s'y opposa. Il fit sçavoir à Londres le triste état de la Ville, & ses représentations étant appuyées par le Duc de Soubise, Charles fit équiper une Flotte de cent quarante voiles. Elle fit le 2 & 3 d'Octobre deux tentatives pour forcer la digue : elles furent sans effet, & l'Amiral Anglois commença à entrer en négociation avec Louis XIII. au sujet des Anglois qui étoient dans la Rochelle, & fit prier ce Monarque de la part du Roi d'Angleterre de pardonner aux Rebelles. Ils conçurent alors qu'ils n'avoient plus d'esperance que dans la clémence du Roi. Ils vinrent implorer sa bonté & se soumirent enfin le 28 d'Octobre. Le 30 les Gardes Françoises & Suisses prirent possession de la Ville, & le Roi y entra le premier de Novembre. Il leur accorda l'amnistie du passé, la sûreté de leurs personnes, la jouissance de leurs biens, & le libre exercice de la Religion Réformée dans leur Ville. Les Fortifications furent démolies, les Fossés comblés, les Habitans désarmés & rendus taillables ; la Mairie, l'Echevinage & la Communauté de Ville abolis à perpétuité.

Réduction de cette Ville.

Pendant que le Roi étoit occupé à ce siége, le Prince de Condé & le Duc de Montmorenci soumettoient les Villes du Languedoc, & remportoient divers avantages sur le Duc de Rohan. Après la réduction de la Rochelle on rasa les Fortifications de la plûpart des Villes qui avoient servi de retraite aux Protestans. Le Roi se rendit ensuite à Paris & y fit son entrée triomphante le 23 de Décembre.

1629.
Guerre d'Italie.

Louis débarrassé de la guerre civile, resolut d'aller au secours de Charles de Gonzagues Duc de Nevers que les Espagnols vouloient dépouiller du Duché de Mantoue, dont Vincent II. Duc de Mantoue l'avoit institué héritier avant sa mort arrivée le 24 de Décembre 1627. Casal étoit alors assiégée, & les ennemis pressoient vivement cette Place. Le Roi partit le 16 de Janvier après avoir déclaré la Reine Mere Régente du Royaume, & donné une Déclaration, par laquelle il ordonnoit à tous les Protestans du Languedoc de mettre bas les armes, sous peine d'être punis comme cri-

DE L'UNIVERS. LIV. I. CHAP. II.

minels de leze-Majesté. Lorsqu'il fut arrivé en Piémont, il envoya demander le passage au Duc de Savoye. Ce Prince n'osant refuser ouvertement, usa de quelques délais ; mais le Roi connoissant ses desseins, se mit à la tête de ses troupes, & à la faveur des ténébres il passa les Alpes malgré les neiges & les glaces. Le 6 de Mars il força en personne les trois Barricades du Pas de Suze : peû s'en fallut que le Duc de Savoye & son fils ne fussent fait prisonniers. Le lendemain la Ville & le Château de Suze se rendirent au Roi, qui y mit garnison. Le Duc de Savoye effrayé des succès de l'armée Françoise, consentit à faire un Traité avec le Roi, » par lequel il s'en» gagea à donner passage aux troupes de France ; à fournir des vivres en » payant ; à contribuer au secours de Casal, à recevoir dans les Châteaux » de Suze & de Saint-François une garnison Suisse, commandée par tel » Officier qu'il plairoit à Sa Majesté de nommer. Louis promettoit de son » côté de lui remettre ces deux Places dès qu'il auroit exécuté le Traité : » de lui faire ceder la propriété de la Ville de Trino par le Duc de Man» toue, avec quinze mille écus d'or de revenu ; bien entendu que Son » Altesse renonceroit à tous les droits sur le Montferat. Il fut encore sti» pulé par des articles secrets, que le Duc de Savoye feroit ravitailler in» cessamment Casal ; que Don Gonzale en leveroit le siége & se retireroit » du Montferat avec ses troupes «.

Ce Traité eut d'abord son exécution : le Général Espagnol leva le siége le 15 de Mars : les François y entrerent sous le commandement du Maréchal de Toiras, & le Roi d'Espagne ratifia le Traité de Suze. Louis fit alors une Ligue avec la République de Venise & le Duc de Savoye, pour la conservation des Etats du Duc de Mantoue. Il conclut en même temps un Traité de paix avec le Roi d'Angleterre. » Ce Traité portoit que les ar» ticles du Contrat de mariage de la Reine de la Grande Bretagne seroient » confirmés de bonne foi, & que tout ce qui concernoit sa Maison se feroit » de part & d'autre de gré à gré «.

Cependant les Religionnaires à l'instigation du Duc de Rohan avoient repris les armes dans le Languedoc & les Cevenes, malgré les défenses du Roi. Ce Monarque instruit des intrigues du Duc avec l'Angleterre & l'Espagne, fit repasser les Monts à ses troupes, & arriva le 8 de Mai à Valence. Le Duc de Rohan se trouva extrêmement embarrassé à l'approche de l'armée Royale : chaque Ville lui demandoit du secours, & il ne pouvoit être par-tout. Les Royalistes les pressoient en effet, & elles furent toutes obligées de se rendre de gré ou de force. Les Protestans consternés & abbattus par tant de pertes, implorerent la clémence du Souverain : le Duc de Rohan lui-même demanda la paix. Le Roi voulut bien l'accorder, & elle fut conclue le 27 de Juin par le Traité d'Alais. Il y eut une abolition générale de tout ce qui s'étoit passé, & la confirmation des Edits faits en faveur des Protestans ; mais il fut en même temps ordonné que les Fortifications de leurs Villes seroient démolies. Nismes & Montauban firent quelques difficultés : l'approche de l'armée les rendit plus dociles, & elles subirent le même sort que les autres Villes Rebelles. C'est ainsi que fut terminée une guerre qui avoit désolé le Royaume pendant tant d'années.

Louis profita du calme qui régnoit alors dans ses Etats, pour faire passer

DE LA FRANCE.

Louis XIII. DIT LE JUSTE, LXI. ROI.

Traité avec le Duc de Savoye,

Avec l'Angleterre.

Derniére guerre de Religion.

La guerre recommence en Italie.

DE LA FRANCE.

LOUIS XIII. DIT LE JUSTE, LXI. ROI.

1630.

de nouveau son armée en Italie. Le Duc de Mantoue y étoit accablé par les troupes de l'Empereur & celles des Espagnols. Le Duc de Savoye trahissoit la France quoiqu'il parût toujours être dans ses intérêts. Le Cardinal de Richelieu fut chargé du soin de cette guerre sous le titre de *Lieutenant Général représentant la personne du Roi*, & il partit de Paris au mois de Décembre. Il y eut encore de nouvelles difficultés de la part du Duc de Savoye ; mais le Cardinal trouva moyen de les applanir en faisant le siége de Pignerol, dont il se rendit maître en deux jours. La prise de cette Ville fut bientôt suivie de plusieurs autres. Le Roi s'étant rendu lui-même dans la Savoye, en fit la conquête en peu de temps. Il se préparoit à passer dans le Montferat lorsqu'il tomba malade à Saint-Jean de Maurienne ; ce qui l'obligea de se faire transporter à Lyon. Le Duc de Montmorenci & le Marquis d'Effiat eurent ordre de conduire de nouvelles troupes dans le Piémont. Ils ne tarderent pas à se signaler par quelque action d'éclat. Pendant qu'ils marchoient pour attaquer le Duc de Savoye qui étoit à Veillane, ils battirent le Général d'Oria, qui venoit attaquer leur arriere-garde avec l'élite des vieilles Bandes de l'Empereur. Le Duc de Savoye s'étant ensuite avancé jusqu'à Savillan dans le dessein de livrer combat aux François, mourut sur la fin de Juillet d'une attaque d'apoplexie. Victor Amédée son successeur ne put arrêter les progrès de l'armée de France : elle lui enleva Revel, Villefranche, Pontcarlier, Carignan & Veillane.

Prise de Mantoue par les Impériaux.

Les Impériaux se vengerent de ces pertes par la victoire qu'ils remporterent sur les Vénitiens, & par la prise de Mantoue qui fut abandonnée à toute la fureur du Soldat. Le Duc de Mantoue eut la permission de se retirer dans l'Etat Ecclésiastique avec toute sa famille. Casal auroit eu le même sort malgré la vigoureuse résistance de Toiras, si la tréve ménagée par l'adresse de Mazarini (87), entre les François & les Espagnols, n'eut donné le temps aux premiers de venir au secours de la Place. Elle fut signée le 4 de Septembre, & devoit durer jusqu'au 15 d'Octobre. On avoit en même temps conclu un Traité à Ratisbonne, entre l'Empereur & le Roi de France.

Il avoit été négocié par le Sieur Brulard de Léon, & le Pere Joseph Capucin, qui étoit l'Homme du Cardinal de Richelieu, & qui avoit le secret de la Cour. Aucune des Parties interressées n'en furent satisfaite, & les Généraux François ayant refusé de l'accepter, marcherent au secours de Casal, aussitôt que la tréve fut finie. On étoit prêt à en venir aux mains lorsque Mazarin accourut à toute bride un papier à la main, & obligea les deux armées à suspendre leur fureur. Il y eut alors une Conférence entre les Généraux ennemis, & l'on convint ; » que le lendemain 27 d'Octobre les Espagnols » sortiroient de la Ville & Château de Casal, de Pont-de-Sture, & des

---

(87) Ce Gentilhomme Romain avoit été envoyé de la part du Pape, pour engager les Puissances belligerentes à en venir à un accommodement, & sa premiere négociation avoit été entre le Duc de Savoye & le Cardinal de Richelieu, qui fut charmé de son esprit, & de sa dexterité à manier les affaires. Les différentes négociations dans lesquelles il fut employé servirent à l'élever à ce haut point de grandeur où nous le verrons.

DE L'UNIVERS. LIV. I. CHAP. II.

» autres Places du Montferat ; que les François se retireroient en même temps de la Citadelle de Casal ; que le Duc de Mayenne (88) mettroit dans tous ces endroits des Gouverneurs à son gré & une garnison, pourvû qu'elle ne fût pas Françoise ; que pour sauver en quelque maniere la dignité de l'Empereur, on laisseroit dans Casal un Commissaire de sa part, qui sans se mêler d'autre chose, donneroit le mot jusqu'à ce que le Duc de Mantoue eût demandé & reçu l'investiture que l'Empereur devoit lui donner avant le 23 de Novembre ; que le Commissaire Impérial sortiroit le même jour, soit que l'Empereur accordât ou refusât l'investiture ; que dès le lendemain 27, les François, les Impériaux, les Espagnols commenceroient à se retirer, & que les François rendroient à Victor Amedée les Places qu'ils occupoient dans ses Etats ». Après la conclusion de ce Traité, il survint encore quelques difficultés, mais l'adresse de Mazarin sçut tout applanir, & le Traité eut lieu.

DE LA FRANCE.

LOUIS XIII. DIT LE JUSTE, LXI. ROI.

Cependant le Roi étoit dangereusement malade à Lyon. Il fut transporté à Paris par les soins de la Reine Mere. Cette Princesse haïssoit alors le Cardinal de Richelieu autant qu'elle l'avoit aimé autrefois. Elle forma le dessein de le perdre, & elle fut bientôt secondée par les Seigneurs & Dames de la Cour à qui le crédit du Cardinal donnoit de la jalousie. Ce Ministre se crut en effet perdu ; mais à peine eut-il trouvé le moyen de parler au Roi, qu'il fut plus en grace que jamais. Cette journée fut appellée *la Journée des Dupes*, parce que ses ennemis furent confondus. Il ne tarda pas à s'en venger, & les uns furent mis en prison sous différens prétextes, les autres furent envoyés en exil, & tous perdirent leurs Charges & leurs Emplois. Il se racommoda cependant avec Monsieur, ou du moins il se prêta aux apparences.

Maladie du Roi.

Malgré le Traité que le Roi avoit conclu avec l'Empereur, il signa le 23 de Janvier une Ligue avec Gustave Roi de Suede. Cette alliance tendoit à la liberté de l'Allemagne & de l'Europe contre les entreprises de la Maison d'Autriche (89). Pendant que Gustave se signaloit par ses grands exploits, la Cour de France étoit dans de grands mouvemens. Gaston mécontent de l'autorité que le Cardinal s'étoit attribuée, se retira en Lorraine. La Reine Mere songea en même temps à sortir du Royaume avec les ennemis du Cardinal. Ce Ministre vint encore à bout de parer les coups qu'on vouloit lui porter. Maître de l'esprit du Roi, il lui fit entendre que ce complot tendoit à boulverser l'Etat, & qu'il se trouvoit obligé d'abandonner le Ministere si l'on n'éloignoit pour quelque temps de la Cour la Reine Mere. Le Roi persuadé par le Cardinal, & craignant d'être la victime d'une conspiration qui n'étoit formée que contre Richelieu, consentit que Marie de Médicis fût arrêtée à Compiegne. Toutes les personnes qui lui étoient attachées furent disgraciées ; l'on en mit plusieurs à la Bastille, & quelques-unes même furent traitées en criminels d'Etat. La Reine Mere ayant trouvé moyen de s'échapper de Compiegne, se retira à Bruxelles d'où elle écrivit plusieurs Lettres en forme de Manifestes, tant au Roi, qu'au

1631.

Ligue avec le Roi de Suéde. Nouveaux troubles à la Cour.

---

(88) C'étoit le second fils du Duc de Mantoue.

(89) Voyez l'Histoire d'Allemagne & de Suéde à l'année 1631 dans les Volumes suiv.

De la France.

Louis XIII. dit le Juste, LXI. Roi.

Guerre de Lorraine.

1632.

Troubles en Languedoc. Mort du Maréchal de Montmorenci.

Parlement & au Prévôt des Marchands. Monsieur qui étoit en Lorraine, & qui se préparoit à épouser Marguerite, sœur du Duc Charles, en envoya aussi quelques-unes, dans lesquelles le Cardinal n'étoit point épargné. Le Roi toujours excité par le Cardinal de Richelieu, établit par Lettres Patentes du 23 Septembre une Chambre de Justice à l'Arsenal, pour faire le procès aux Partisans de la Reine Mere & du Duc d'Orléans. Le Parlement forma quelques oppositions ; mais il fallut obéir.

La guerre fut ensuite déclarée au Duc de Lorraine, parce qu'il avoit donné retraite au Duc d'Orléans. Les Maréchaux de la Force & Schomberg en furent chargés. Les conquêtes qu'ils firent dans le Pays, obligerent bientôt le Duc de Lorraine d'aller trouver le Roi, qui étoit à Metz avec le Cardinal. Le Roi voulut bien l'écouter favorablement, & il y eut un Traité signé à Vic le 6 de Janvier. En conséquence de ce Traité Marsal fut remis aux François, & le Duc d'Orléans se retira dans les Pays-Bas Espagnols. Cependant le Duc de Lorraine ne désarmoit pas, & l'on voyoit bien qu'il étoit toujours dans les intérêts de Monsieur ; mais la perte de quelques Places le contraignirent à se soumettre, & à faire un nouveau Traité, qui fut conclu le 26 de Juin à Lyverdun.

Le Duc d'Orléans persuadé que le Languedoc se déclareroit en sa faveur s'il pouvoit y joindre le Maréchal de Montmorenci, qui y entretenoit quelques intrigues, traversa la France & se rendit dans cette Province, sans avoir trouvé d'opposition sur son passage ; mais en même temps il fut fort étonné de ce que les Places les plus importantes lui fermoient leurs portes. Il n'y eut même que quelques Villes du Languedoc qui se déclarerent pour lui. Ce Prince s'étoit trop précipité, & n'avoit pas donné au Duc de Montmorenci le temps de former un parti considérable. Cette précipitation jointe à l'imprudence du Maréchal, qui se laissant entraîner par son courage auprès de Castelnaudari, se jetta presque seul au milieu des ennemis, où il fut pris tout percé de coups, ruinerent entiérement les affaires du Duc d'Orléans, & l'obligerent à traiter avec le Roi. Il insista long-temps sur la délivrance du Maréchal qui s'étoit sacrifié pour lui ; mais s'étant laissé surprendre par les discours artificieux de quelques Courtisans qui lui conseilloient d'abandonner le prisonnier à la clémence du Roi, il consentit à un accommodement, & en signa les conditions. Tout le Languedoc rentra bientôt dans le devoir, & le Roi tint les Etats de cette Province à Beziers. Il nomma ensuite le Parlement de Toulouse pour faire le procès au Maréchal de Montmorenci. Ce fut en vain qu'on sollicita sa grace ; le Roi fut inflexible. Le Maréchal fut condamné à mort le 30 d'Octobre & exécuté le même jour. Il mourut en vrai Héros Chrétien, à l'âge de trente-huit ans, & fut regretté de tout le Monde. Le Duc d'Orléans piqué du peu d'égard qu'on avoit eu pour lui en cette occasion, ou plutôt ne cedant en effet qu'aux conseils de Puilaurens, sortit de nouveau du Royaume, & se rendit à Bruxelles, où il esperoit trouver la Reine Mere ; mais cette Princesse étoit alors à Gand, où elle s'étoit retirée pour éviter la rencontre de Monsieur. Elle étoit fâchée de ce qu'il n'avoit fait aucune mention d'elle lorsqu'il avoit conclu le Traité de Beziers. Cependant ce Prince étant allé la trouver à Gand, la reconciliation fut bientôt faite.

DE L'UNIVERS. LIV. I. CHAP. II.

La retraite du Duc d'Orléans inquiéta beaucoup le Cardinal, & lui fit craindre qu'il ne se joignît aux ennemis de la France. Dans l'appréhension où il étoit que la mort de Gustave Roi de Suéde tué à la bataille de Lutzen, & celle de Frédéric V. Roi de Bohême, ne rendissent la paix à l'Allemagne, & ne donnassent à la Maison d'Autriche le moyen de fournir des troupes au frere du Roi, il eut soin de faire renouveller la Ligue entre la France & la Suéde & les Protestans d'Allemagne. Il rompit en même temps celle que les Provinces-Unies & les Pays-Bas Catholiques vouloient conclure ensemble.

DE LA FRANCE.

LOUIS XIII. DIT LE JUSTE, LXI. ROI.

1633.

Pendant que le Cardinal étoit occupé à entretenir les troubles dans les Pays Etrangers, & à prévenir les mauvaises intentions de ses propres ennemis, le Roi accorda au mois de Mars un Edit portant abolition générale à tous ses Sujets du Languedoc qui avoient suivi le parti du Duc d'Orléans. Il en exceptoit quelques personnes, & entre autres les Evêques d'Albi, d'Uzès, de Lodeve, d'Alet & de Saint-Pons, & autorisa par Lettres Patentes datées du 16, le Bref du Pape qui nommoit des Commissaires pour faire le procès à ces Evêques. Ceux d'Alet & de Saint-Pons furent renvoyés absous; mais on donna des successeurs aux autres.

Evêques déposés.

Le Duc de Lorraine ne cessoit de donner quelque sujet de mécontentement à la France; sur le refus qu'il fit de rendre hommage pour le Duché de Bar, le Roi réunit à la Couronne ce Domaine avec toutes ses dépendances. La perte de ce Duché ne fut pas capable d'obliger le Duc à demeurer tranquille : il prit les armes contre les Suédois alliés de la France, & viola hautement les Traités de Vic & de Lyverdun. Louis voulant le contraindre à les observer, entra sur ses Terres à la tête de son armée. La prise de plusieurs Places & le siége de Nanci, forcerent bientôt le Duc à signer le 20 de Juillet un nouveau Traité, par lequel il s'engageoit à remettre Nanci entre les mains du Roi pour garant de ses promesses; à rompre le mariage de la Princesse Marguerite avec le Duc d'Orléans, & à faire hommage pour le Duché de Bar. Il n'étoit cependant pas en son pouvoir d'exécuter le second article de ce Traité, puisque la Princesse s'étoit échappée de Nanci pour aller trouver le Duc d'Orléans qui étoit à Bruxelles.

Le Duc de Lorraine se déclare contre la France.

Le Duc de Lorraine n'avoit signé le dernier Traité que pour arrêter les progrès des François; il ne cherchoit que les occasions de le rompre; mais en même temps il pensoit qu'il ne pouvoit le faire sans s'exposer à perdre tous ses Etats. Il crut enfin avoir trouvé un moyen de satisfaire sa haine contre la France, & lui faire la guerre impunément. Il fit une donation de tous ses Etats, par Acte du 19 de Janvier, à son frere qui étoit Cardinal, & se retira en Allemagne, où il mena une vie plutôt d'un Soldat que d'un Souverain. Le nouveau Duc s'étant dépouillé de la Pourpre Romaine épousa sa cousine germaine, sans attendre la dispense du Pape; mais elle ne tarda pas à venir. Le Roi donna aussi-tôt ordre au Maréchal de la Force de marcher à Luneville. La Ville fut prise, & les nouveaux Mariés furent conduits à Nanci, d'où ils s'échapperent au mois de Mars, & se retirerent à Besançon, de-là à Florence. Le Cardinal de Richelieu fit alors raser les Fortifications des Villes dans lesquelles les Lorrains auroient pû se cantonner.

1634. Il cede ses Etats à son frere.

Cependant la Reine Mere s'ennuyoit éloignée de la Cour ; elle fit tous

Tome I. Partie II.   Rr *

DE LA FRANCE.

LOUIS XIII.
DIT
LE JUSTE,
LXI. ROI.

Retour du Duc d'Orléans en France.

ses efforts pour y revenir ; mais le Cardinal s'y opposa toujours. Il desiroit plutôt pouvoir ramener le Duc d'Orléans qu'il redoutoit dans l'éloignement par les liaisons qu'il avoit avec les Espagnols. Il avoit fait avec eux un Traité par lequel il s'engageoit à refuser tout accommodement avec le Roi son frere pendant l'espace de deux ans, & en conséquence on lui fournissoit douze mille hommes de pied, trois mille chevaux, soixante & dix mille écus une fois payés pour la levée des troupes Françoises, & quarante-cinq mille écus par mois pour leur entretien. Il ratifia en même temps son mariage avec la Princesse de Lorraine ; mais le Parlement de Paris le déclara nul, parce qu'il n'étoit pas revêtu du consentement du Roi. Cette Décision fut confirmée par l'Assemblée du Clergé. Les difficultés que la Cour de France faisoit pour reconnoître son mariage, aigrissoient de plus en plus ce Prince, & l'engageoient à se tenir éloigné du Royaume ; mais le refroidissement des Espagnols pour ses intérêts le porterent à traiter de son retour. Il ne put le faire si secrettement que les Espagnols n'en eussent connoissance, & le Roi d'Espagne lui écrivit même qu'il ne s'y opposeroit pas, qu'il le prioit seulement de le faire avertir de son départ, afin qu'on lui rendît en cette occasion tout ce qui lui étoit dû. Monsieur ne jugea pas à propos d'attendre des honneurs qui auroient pû lui être funestes : il s'échappa secrettement de Bruxelles le 8 d'Octobre, & arriva le 21 à Saint-Germain, où il fut très-bien reçu du Roi. Ce Monarque mit en même temps sous sa protection plusieurs Villes & Châteaux dans l'Alsace & le Palatinat ; tels furent Colmar, Haguenau, Landau, Philisbourg, Spire, &c. Ces Villes depuis la déroute des Suédois à Nord-Linguen, craignant de tomber entre les mains des Impériaux, eurent recours à Louis XIII. qui y mit garnison Françoise. Ces Places servirent alors comme de Barriere pour arrêter les Impériaux qui avoient dessein d'entrer dans la Lorraine, & de se jetter ensuite dans le Royaume.

1635.
Louis déclare la guerre à l'Empereur & à l'Espagne.

Premieres expéditions dans les Pays Bas.

Jusqu'alors les François n'avoient fait la guerre en Allemagne contre l'Empereur & les Espagnols, que comme troupes auxiliaires de l'armée de Suéde ; mais la prise de Philisbourg par les Impériaux le 23 de Janvier, & celle de Tréves le 26 par les Espagnols, qui enleverent l'Electeur & le conduisirent à Bruxelles, obligerent le Roi à déclarer la guerre à l'Empereur & au Roi d'Espagne. Elle dura treize ans contre le premier, & vingt-cinq contre le second. On la fit en même temps en Allemagne, en Italie & dans les Pays-Bas, & les succès en furent assez variés. En conséquence de la Ligue offensive & deffensive signée le 8 de Février, entre la France & les Etats Généraux, les Maréchaux de Châtillon & de Brezé eurent ordre de se rendre avec leur armée dans les Pays-Bas, pour se joindre aux troupes Hollandoises : Frédéric Henri Prince d'Orange fut reconnu Généralissime des armées combinées. Le Prince Thomas de Savoye Général de l'armée Espagnole, voulut s'opposer au passage de François ; mais ayant été forcé le 20 de Mai dans ses retranchemens, on lui tua quinze cens hommes, on fit plus de trois mille prisonniers & le reste fut mis en fuite. Le fruit de cette victoire fut la jonction des troupes & la prise de Tillemont qui se rendit le 8 de Juin. On s'avança ensuite jusqu'à Bruxelles ; mais on rabattit tout d'un coup sur Louvain. Cette expédition ne fut point heureuse. Les Impériaux ayant eu le temps de rassembler leurs troupes & de joindre les Espagnols, firent lever le siége le 5 de Juillet après dix jours de tranchée ouverte. Les deux armées se séparerent ensuite, celle de France se rétira à Ruremonde, & celle des Etats Généraux du côté de Bois-le-Duc. On prétend que les François furent mal secondés par les Hollandois qui craignoient d'avoir des voisins si redoutables; d'autres ont pensé que les lenteurs du Prince d'Orange ne venoient que de la haine qu'il portoit au Cardinal de Richelieu, qui avoit voulu lui enlever sa principauté.

{DE LA FRANCE.}
{LOUIS XIII. DIT LE JUSTE, LXI. ROI.}

On ne fit pas une campagne plus glorieuse en Allemagne. Le Duc de Weimar étoit le seul qui osât encore résister à l'Empereur, quoiqu'il n'eût presque point de troupes; mais il y avoit tout lieu de craindre qu'il ne cedât aux vives sollicitations que Ferdinand lui faisoit faire. Pour le tenir dans le parti de la France, on lui envoya quinze mille hommes d'Infanterie, & trois mille Chevaux avec cent mille écus; on lui promit dans la suite quatre millions par an, & le Landgraviat d'Alsace ou quelque chose d'équivalent. Le Cardinal de la Valette eut ordre de le joindre avec une armée de vingt mille hommes. Ces deux Généraux s'avancerent vers la Ville des Deux-Ponts que Galas tenoit assiégée. Ils le forcerent à décamper, & la retraite du Général de l'Empereur leur facilita les moyens de ravitailler Mayence. La mortalité qui se mit dans l'armée Françoise, & le manque de vivres l'empêcherent de faire de nouvelles entreprises, & l'obligerent à se retirer en Lorraine. Elle eut beaucoup à souffrir dans sa retraite, étant continuellement harcelée par les Impériaux. Cependant les Espagnols firent une descente en Provence, & s'emparerent des Isles de Sainte-Marguerite & de Saint-Honorat. Le Duc de Lorraine de son côté fit quelques conquêtes dans son Duché. Le Roi se mit en campagne malgré le Cardinal de Richelieu, & s'étant rendu en Lorraine, il fit le siége de S.-Michel ou S.-Mihel, dont il se rendit maître en peu de temps. Les Officiers de la garnison furent envoyés à la Bastille avec le Gouverneur de la Place, les Soldats aux Galeres; le Château fut rasé & le Parlement supprimé. Le Roi retourna ensuite à Saint-Germain où il arriva le 22 d'Octobre. Le Comte de Galas ayant joint le Duc de Lorraine, ils se trouverent en état de résister aux François; mais le Cardinal de la Valette, le Duc de Weimar, le Duc d'Angoulême & le Maréchal de la Force ayant réuni leurs troupes, ils se camperent si avantageusement entre Vic & Moyen-Vic, qu'ils couperent les vivres à l'ennemi & le contraignirent à sortir de la Lorraine. Galas se retira en Alsace, le Duc Charles dans la Franche-Comté, & les François prirent leurs quartiers d'hyver en-deçà de la Moselle.

{En Allemagne.}
{En Provence.}
{En Lorraine.}

Le Duc de Rohan fut plus heureux dans la Valteline. Ce Général y commandoit un petit Corps de troupes; mais sa prudence & sa valeur trouverent moyen d'y suppléer. Il ferma le passage aux troupes de l'Empereur qui devoient aller dans le Milanès au secours des troupes du Roi d'Espagne, & battit les Impériaux & les Espagnols en deux différentes rencontres. Dès le 11 de Juillet la France avoit conclu une Ligue offensive & deffensive avec les Ducs de Savoye & de Parme; mais l'inconstance du premier, & les différends survenus entre lui & le Maréchal de Créqui, empêcherent

{En Valteline.}
{Dans le Milanès.}

R r ij

DE LA FRAN-
CE.

LOUIS XIII.
DIT
LE JUSTE,
LXI. ROI.

1636.
En Alsace.

qu'on ne réussît. Ce Maréchal ayant joint le Duc de Parme, on fit le siége de Valence. Le Duc de Savoye qui ne s'étoit point trouvé au commencement de l'attaque, prétendit qu'on s'y étoit mal pris, & après six semaines de tranchée ouverte, il fit lever le siége, & l'on décampa le 29 d'Octobre.

On ne s'occupa de part & d'autre pendant l'Hyver qu'à prendre des mesures pour commencer la campagne avec succès ; car aucun des partis ne songeoit à la paix, & la guerre fut allumée plus que jamais en Allemagne, aux Pays-Bas, en Franche-Comté, en Italie & en France. Les Impériaux, dont l'armée étoit diminuée par le détachement que le Général Galas avoit conduit au secours de l'Electeur de Saxe, ayant voulu attaquer Colmar, Schelestat & Haguenau, furent obligés d'abandonner leur entreprise, par les soins du Cardinal de la Valette, qui avoit ravitaillé ces Places. On ne put cependant les empêcher de prendre Longwi ; mais les François eurent leur revanche par l'avantage que le Marquis de la Force remporta sur le Général Colloredo. Quelque temps après le Duc de Weimar fit le siége de Saverne, dont les ennemis s'étoient emparés la campagne derniere. La Place se défendit vigoureusement : on y perdit beaucoup de monde dans trois assauts qui se donnerent ; mais enfin elle fut emportée. D'un autre côté le Prince de Condé voulant punir les Francs-Comtois qui avoient fourni des troupes & des munitions aux ennemis de la France, entreprit le siége de Dole. Les Assiégés firent une si longue & si vive résistance, que le Prince désespéroit pouvoir s'en rendre maître, lorsqu'il reçut ordre d'abandonner cette entreprise, & de passer en Picardie.

En Picardie &
en Bourgogne.

Les Impériaux & les Espagnols sous les ordres du Prince Thomas étoient entrés dans cette Province. La Capelle & le Câtelet furent ses premieres conquêtes, par la faute des Gouverneurs, dont l'un se rendit le septiéme jour du siége, & le second ouvrit ses portes avant que les ennemis eussent tiré le canon. Ils voulurent attaquer Guise, mais la valeur du Comte de Guebriant les engagea à se retirer. Ils passerent ensuite la Somme à Cerisi, & battirent le Comte de Soissons, qui n'avoit pas assez de troupes pour résister. Jean de Wert Général Espagnol ravagea tout le Pays, & y commit des désordres effroyables. Roye & Corbie ne purent se défendre long-temps, & la prise de ces deux Places jetta une si grande frayeur dans l'esprit des Parisiens, que la plûpart sortirent de la Ville & se refugierent dans la Province. Le Cardinal même en fut si épouvanté qu'il auroit abandonné le Ministere, si le Pere Joseph ne l'eût engagé à y demeurer, & à reprendre courage. Il trouva moyen de calmer l'esprit des Parisiens, & de les faire contribuer d'hommes & d'argent. Tout le monde ouvrit sa bourse ou prit les armes, ce qui mit le Roi en état de marcher aux ennemis. Roye & Corbie furent bientôt reprises (89) ; & les armées combinées de l'Em-

---

(89) Ce fut pendant le siége de cette derniere Place que Monsieur, & le Comte de Soissons avoient résolu de faire assassiner le Cardinal de Richelieu : mais la délicatesse de leur conscience & les sentimens d'honneur les empêcherent d'exécuter ce dessein, dont le Cardinal n'a jamais eu de connoissance, à ce qu'on prétend. Cependant Monsieur & le Comte de Soissons appréhendant qu'il n'eût transpiré, se retirerent de la Cour. Le Cardinal fit revenir le premier, en faisant agréer son mariage par le Roi ; & le second fit quelques temps après son accommodement.

piré & de l'Espagne repasserent promptement la Somme. La Bourgogne étoit en même temps exposée à la fureur des Lorrains. Le Duc de Lorraine qui y étoit entré avec le Général Galas, mit tout à feu & à sang, pilla le Monastere de Cîteaux se rendit maître de Mirebaux; mais il échoua devant Saint-Jean-de-Lône, Place peu considérable. Une violente tempête jointe au débordement subit de la Saône, obligea le Duc à décamper promptement & à laisser son artillerie avec une partie de son bagage. Le Comte de Rantzau étant survenu, battit son arriere-garde, & le reste de son armée fut maltraité par le Cardinal de la Valette & le Duc de Weimar. En Italie les Espagnols furent défaits par le Duc de Savoye & le Maréchal de Créqui. On ne profita point de cette victoire par la faute du Duc de Savoye, qui mit ses troupes en quartier d'Hyver dès le 15 du mois d'Août. Il agissoit de la sorte, parce qu'il n'étoit pas bien aise de ceder autant de Pays au Roi aux environs de Pignerol qu'on en prendroit dans le Milanès. C'étoit un des articles du Traité qu'on avoit fait avec lui.

{DE LA FRANCE. / LOUIS XIII. DIT LE JUSTE, LXI ROI. / En Italie.}

La mort de l'Empereur Ferdinand II. arrivée à Vienne le 14 de Février, ne mit point fin à la guerre. La France refusa de reconnoître pour son Successeur Ferdinand III. son fils aîné, Roi de Bohême & de Hongrie. Le Cardinal de Richelieu fut alors soupçonné d'avoir empêché la réussite des négociations qu'on avoit entamées pour la paix; de sorte que la guerre continua avec plus de vigueur que jamais. Le Comte d'Harcourt ayant fait en Avril une descente dans l'Isle de Sardaigne, & pris la Ville d'Oristan, s'approcha des Isles de Sainte-Marguerite & de Saint-Honorat. L'Archevêque de Bordeaux s'étant joint à lui, ils firent leur descente avec tant d'ordre & de prévoyance qu'ils se rendirent maîtres, le 6 & le 14 de Mai, de ces deux Isles malgré le valeur des Espagnols, qui se défendirent vigoureusement. Ils perdirent quinze cens hommes dans ces deux attaques, & il en périt douze cens du côté des François. Les Espagnols furent pareillement chassés de la Guienne par le Duc de la Valette, qui leur ayant coupé les vivres, les obligea de se retirer avec perte. Cette Province ne fut pas pour cela plus tranquille. On vit tout d'un coup un soulevement presque général dans le Périgord, le Querci, l'Agenois & le Bordelois; mais la présence du Duc de la Valette qui étoit venu joindre le Duc d'Epernon, dissipa bien-tôt les Rebelles. La valeur & la prudence de Barri Gouverneur de Leucate, ne fut pas moins funeste aux Espagnols dans le Languedoc. Serbellon à la tête d'une armée de treize mille hommes d'Infanterie & de quinze cens Chevaux, étant entré dans cette Province commença par le siége de Leucate. Le Gouverneur de la Place soutint l'effort des ennemis pendant un mois, & donna par ce moyen le temps au Duc d'Halloin (connu depuis sous le nom de Schomberg) de rassembler les troupes & de tailler en piéces les Espagnols. On leur tua plus de deux mille hommes, & on leur prit toutes leurs munitions de guerre, avec une grande partie de leur artillerie.

{1637. / En Provence. / En Guienne & en Languedoc.}

Les François n'avoient pas de moindres avantages dans les Pays-Bas. La prise de Landreci par le Cardinal de la Valette, leur ouvrit l'entrée du Hainault, & fut bientôt suivie de la conquête de Bavai, de Maubeuge & de la Capelle. L'armée Françoise s'étoit alors séparée pour attaquer en même

{Dans les Pays-Bas.}

Rr iij

DE LA FRAN-CE.

LOUIS XIII. DIT LE JEUNE, LXI. ROI.

temps plusieurs Places. Le Cardinal Infant voulut profiter de cette séparation: il se posta entre les deux Corps qu'il incommoda beaucoup, & fit le siége de Maubeuge ; mais la résistance du Vicomte de Turenne l'obligea de se retirer. Tout réussissoit alors aux François & à leurs Alliés. Le Maréchal de Châtillon après avoir enlevé plusieurs Forts dans le Luxembourg, se rendit maître d'Yvoi & de Danvilliers, tandis que d'un autre côté le Prince d'Orange enlevoit Breda aux Espagnols. Ils s'en dédommagerent en partie par la prise de Ruremonde & de Venlo.

En Italie.

Cependant il ne se passoit rien de considérable en Italie : les François n'étoient plus guéres en état d'y faire de grandes entreprises, ayant perdu deux Alliés, je veux dire, le Duc de Parme & les Grisons : le premier du consentement de la Cour de France s'étoit trouvé forcé de faire un accommodement avec l'Espagne : les Grisons à qui il étoit dû plus d'un million, se déclarerent pour les Espagnols & chasserent le Duc de Rohan de leur Pays. Ce Seigneur craignant que le Cardinal de Richelieu ne le rendît responsable d'un événement dont lui seul étoit coupable, passa chez les Suisses. Il alla ensuite trouver le Duc de Weimar, & servit dans son armée en qualité de Volontaire.

1638.
En Allemagne.

Les plus grands efforts de la guerre se firent cette année en Allemagne. Dès le mois de Janvier le Duc de Weimar se mit en campagne, & malgré la rigueur de la saison, & à la vûe de quatre Généraux de l'Empereur il surprit Lauffembourg, Valdshut, Sekingen & assiégea Rhinsfeld. Jean de Wert accourut promptement au secours de cette Place, y jetta quelques troupes & battit le Prince de Saxe, qui perdit son bagage & ses munitions. Il ne tarda pas à se venger. Profitant de la sécurité dans laquelle les Impériaux étoient depuis leur victoire, il les attaqua à l'improviste, & les défit entiérement. Ce qu'il y eut de plus remarquable en cette occasion, ce fut la prise de quatre Généraux de l'Empereur. Jean de Wert fut conduit en triomphe à Paris, & dans la suite il fut échangé avec le Maréchal Horn, que le Duc de Baviere avoit fait prisonnier à la bataille de Norlinguen. Le fruit de cette victoire fut la prise de Fribourg, de Rheinsfeld & de plusieurs autres Places. Le Duc de Weimar animé par ces succès investit Brissac, quoique son armée fût considérablement affoiblie par tous les chocs qu'elle avoit eu à soutenir : mais les troupes que le Roi lui envoya d'abord sous la conduite de Guebriant, & quelque temps après sous les ordres du Vicomte de Turenne, le mirent en état de poursuivre ses conquêtes. Les Impériaux qui sçavoient de quelle importance il étoit pour eux de garder Brissac, firent tous leurs efforts pour conserver cette Place. Trois batailles qu'ils livrerent au Duc de Weimar, ne servirent qu'à relever la gloire de ce Prince, & n'empêcherent pas la prise de Brissac, qui fut obligée de se rendre après plus de cinq mois de blocus. Les Habitans avoient souffert la plus horrible famine ; les meres mangerent leurs enfans, & il fallut garder les Cimetieres pour empêcher qu'on ne déterrât les morts. Les armes du Roi eurent aussi de grands succès en Franche-Comté, où le Duc de Lorraine fut battu par le Duc de Longueville, qui s'empara de Poligni. Le Prince de Condé eut aussi quelque avantage dans la Navarre. Il se rendit maître d'Iron, du Fort du Figuier, du Port du Passage, & enleva douze Vaisseaux aux ennemis.

En Franche-Comté & en Navarre.

Il n'en étoit pas de même dans les Pays-Bas. Le Maréchal de Châtillon après avoir fait tout ce qu'on pouvoit attendre de lui, fut obligé de lever le siége de Saint-Omer, ne pouvant résister à deux armées qui étoient venues au secours de la Place. Ce malheur fut cause de la disgrace de Châtillon. On fut cependant en quelque sorte dédommagé par la victoire que l'Archevêque de Bordeaux, & le Marquis de Pont-Courlai remportèrent sur Mer. Le premier s'empara de toute la Flotte d'Espagne, proche le Golfe de Gattari en Biscaye, & le second les battit sur la Côte de Gênes. On ne fut pas si heureux au siége de Fontarabie, que le Prince de Condé fut contraint d'abandonner. Les Ducs d'Epernon & de la Valette, furent accusés d'être la cause de ce mauvais succès, parce qu'ils étoient jaloux de la gloire que le Prince auroit pû acquerir en cette occasion. Le Cardinal de Richelieu fit condamner le Duc de la Valette à perdre la tête ; mais il évita le coup en se retirant en Angleterre.

Les affaires des François n'étoient pas en meilleur état en Italie Le Marquis de Leganès profitant de leur foiblesse attaqua le Fort de Brême. Le Maréchal de Créqui s'approcha pour secourir la Place ; mais pendant qu'il examinoit les dispositions des Espagnols, il fut tué d'un coup de canon. Sa mort faisant perdre courage à Mont-Gaillard Gouverneur de Brême, il se rendit plutôt qu'il n'auroit dû. Le Cardinal de la Valette qui remplaça le Maréchal de Créqui, ne se trouvant pas assez fort pour s'opposer aux entreprises des Espagnols, ne put les empêcher de se rendre maîtres de Verceil. Si les Espagnols faisoient des conquêtes en Italie, il n'en étoit pas de même dans la Picardie où M. Duhallier leur enleva le Câtelet, l'unique Place qui leur restoit dans cette Province. Sur la fin de cette année le Cardinal de Richelieu perdit son Confident, je veux dire, le Pere Joseph Capucin, célébre par ses intrigues & ses négociations.

Le Duc de Weimar étoit toujours le premier en campagne. Dès le 24 du mois de Janvier il s'empara de Pontarlier. La Ville & le Château de Noserai & le Fort de Joux, eurent le même sort dans le mois suivant. Le Cardinal se proposoit alors de laisser ces conquêtes au Prince Saxon, pour l'engager à ceder Brissac que le Roi étoit bien aise de posseder. D'Erlak Colonel des troupes Saxones, fut gagné par le Cardinal, & il promit de livrer cette Ville à la France, si le Duc venoit à mourir. On n'eut pas long-temps à attendre. Le Prince Saxon ayant fait plusieurs conquêtes dans la Franche-Comté, & battu le Duc de Lorraine, se préparoit à repasser le Rhin, & il étoit déja arrivé à Huningue lorsqu'il y tomba malade. Il se fit transporter à Neubourg où il mourut trois jours après, le 18 de Juillet dans la 36e année de son âge. Il laissa par son Testament ses Conquêtes à celui de ses freres qui en accepteroit la propriété ; à leur défaut, il les cedoit à la France. Il ordonnoit en même temps que le Major Général d'Erlak auroit le commandement de ses troupes, avec trois autres Officiers Généraux qu'il nomma, & il laissa son épée, ses pistolets & son cheval de bataille au Comte de Guebriant. Les intrigues du Cardinal de Richelieu déconcerterent bientôt les projets de tous ceux qui prétendoient aux conquêtes du Duc de Weimar, & qui esperoient attirer ses troupes à leur service. La Ligue fut renouvellée entre la France & la Suéde, & la Ville de Brissac reçut garnison Françoise & Allemande.

De la France.

Louis XIII. dit le Juste, LXI. Roi.

Dans les Pays-Bas.

Le Roi avoit alors six armées sur pied : la premiere commandée par M. de la Meilleraie, étoit destinée pour les Pays-Bas ; la seconde par M. de Feuquieres, devoit marcher vers le Luxembourg ; la troisiéme sous le Maréchal de Châtillon, étoit pour la Champagne ; la quatriéme en Languedoc sous les ordres du Prince de Condé ; la cinquiéme en Italie commandée par le Duc de Longueville ; & la sixiéme en Piémont sous les ordres du Cardinal de la Valette. On ouvrit la Campagne dans l'Artois par le siége de Hesdin, où le Roi se trouva en personne. Celui de Thionville fut en même temps commencé ; mais l'armée Françoise ayant été battue près de cette Place, la Ville fut délivrée. Le Vainqueur n'osant venir au secours d'Hesdin attaqua Mouson, petite Ville sur la Meuse. La valeur du Comte de Refuge qui y commandoit donna le temps au Maréchal de Châtillon de s'en approcher, & d'en faire lever le siége. Celui d'Hesdin continuoit toujours. La Meilleraie étoit prêt à donner l'assaut, lorsque la Place se rendit le 29 de Juin. Yvoi que le Maréchal de Châtillon attaqua ensuite ne fit pas une longue résistance : elle battit la chamade le quatriéme jour de tranchée ouverte. Le Prince de Condé ne se distinguoit pas moins dans le Roussillon ; mais son armée qui étoit composée de mauvaises troupes ne répondit pas à sa valeur, & l'empêcha de chasser les Espagnols qui attaquoient le Fort de Saluces, Place qu'il leur avoit enlevée l'épée à la main. Elle se défendit pendant quatre mois, & elle ne se rendit qu'à la derniere extrêmité. M. d'Espenan qui y commandoit, s'acquit beaucoup de gloire en cette occasion.

En Piémont.

Cependant le Roi s'avançoit vers la Savoye, à dessein de détacher les Princes du parti des Espagnols. Les deux Oncles du jeune Duc de Savoye prétendoient à l'administration de l'Etat, & secondés par les Espagnols, ils s'étoient déja emparés de plusieurs Places. La Duchesse fit alors un Traité avec le Roi, & ce Monarque mit en conséquence garnison dans Carmagnole, Savillan & Querasque, avec promesse de les rendre à la paix. Il envoya en même temps de nouvelles troupes sous la conduite du Duc de Longueville, pour renforcer celles qui étoient aux ordres du Cardinal de la Valette. Ce Général avec ce nouveau secours s'empara de Chivas ; mais il ne put empêcher les Princes de se rendre maîtres de Saluces, de Revel & de Coni. Ils surprirent en même temps la Ville de Turin, & la Duchesse n'eut que le temps de se sauver dans la Citadelle, d'où elle se retira ensuite à Suze. Les Princes de Savoye proposerent alors un accommodement, auquel le Roi voulut bien consentir. On signa une tréve de deux mois, & il fut réglé que la Citadelle de Turin resteroit au pouvoir de la Duchesse & aux François, & la Ville aux Princes de Savoye. Le Roi profitant de cette tréve envoya ordre au Duc de Longueville de passer en Allemagne, avec une partie de ses troupes. A peine la tréve fut elle expirée que le Comte d'Harcourt qui avoit succédé au Cardinal de la Valette mort le 28 de Septembre, prit Quiers que la famine le força d'abandonner quelque temps après. Son armée étoit moins forte de moitié que celle des ennemis. Malgré cette infériorité, il osa livrer bataille aux Princes, & les défit entiérement.

Le Roi se brouille avec la Cour de Rome.

Le Cardinal de Richelieu étoit mécontent du Pape, qui lui refusoit des Bulles pour les Abbayes de Cîteaux & de Prémontré, & le Chapeau de Cardinal

Cardinal pour l'Abbé Mazarin. Il cherchoit un prétexte pour rompre avec la Cour de Rome, & il se présenta bientôt. On avoit assaffiné dans cette Capitale Rouvrai Ecuyer de l'Ambaffadeur de France, & le Souverain Pontife avoit refusé satisfaction au Roi sur ces griefs. Il fut défendu au Nonce Scoti de se présenter à son audience, & aux Prélats de France d'avoir aucune communication avec lui. Marie de Medicis fit alors plusieurs démarches pour revenir en France. Le Roi paroiffoit touché du triste état de sa mere ; mais le Cardinal demeura inflexible. Sur la fin de cette année il s'éleva des troubles en Normandie, qui furent occafionnés par la véxation des Commis prépofés pour percevoir les deniers du Roi. La sédition commença dans la Ville de Rouen, gagna les autres Villes de la Province, & passa de-là dans la Campagne. Le Mutins furent nommés *Va-nuds-pieds*. Le Comte de Gaffion s'étant rendu en diligence avec des troupes en Normandie, diffipa bientôt les Séditieux & rendit la tranquillité à la Province. Le Parlement de Rouen fut interdit, parce qu'on l'accufa à la Cour de n'avoir pas févi avec assez de vigueur contre les Mutins. L'interdit fut levé au mois de Janvier 1641 ; mais le Parlement fut partagé en Semeftres.

DE LA FRANCE.

LOUIS XIII. DIT LE JUSTE, LXI. ROI.

Le Comte d'Harcourt ne se diftingua pas moins cette année qu'il avoit fait la précédente. Toujours jaloux d'acquerir de la gloire, il attaqua le 28 ou 29 d'Avril le Marquis de Leganès qui affiégeoit Cafal, & le força à se retirer avec perte. La prife de Turin ne lui fit pas moins d'honneur : il s'en rendit maître le 27 de Septembre, malgré les Espagnols qui faifoient tous leurs efforts pour fecourir la Place. Ce qu'il y eut de fingulier à ce fiége, c'eft que la Citadelle fe trouvoit affiégée par le Prince Thomas en même temps que la Ville étoit attaquée par le Comte d'Harcourt, qui à son tour étoit affiégé par les Espagnols. Ceux-ci n'étoient pas plus heureux fur Mer : le Duc de Brezé remporta fur eux une victoire complette, à la vûe de Cadix. Cependant il ne fe faifoit rien de confidérable en Allemagne, quoique l'armée de Suéde fe fût jointe à celle de France. Le Général Picolomini s'y conduifit avec tant d'adreffe qu'il rompit toutes les mefures de l'armée combinée de France & de Suéde ; de forte que toute la campagne fe paffa en obfervations. Il n'en étoit pas de même dans les Pays-Bas, où les deux Partis fe fignalerent au fiége d'Arras. Le terrein y fut difputé autant qu'il étoit poffible, & autant les François montrerent d'ardeur pour s'emparer de la Ville, autant les ennemis s'efforcerent de la fecourir. Elle fut cependant obligée de fe rendre le 10 d'Août. Ce ne furent pas les feules pertes que les Espagnols firent cette année. Les Catalans irrités de ce qu'on avoit violé leurs Priviléges, fe fouleverent de tous côtés, & fe donnerent au Roi (90), par un Traité qui fut figné le 20 de Février, ou le 2 de Septembre felon le Vaffor.

1640.

En Piémont.

Dans les Pays-Bas.

La Catalogne fe fouleve contre l'Espagne.

La France fe vit alors menacée d'une guerre civile par la révolte du Comte de Soiffons. Le Cardinal craignant que le Duc de Lorraine ne fe joignît à lui, le gagna par le moyen de la Comteffe de Cantecroix, & on lui rendit fes Etats par un Traité figné le 2 d'Avril à Saint-Germain-en-Laye ; mais dont les conditions étoient très-dures pour le Duc. Cependant les Ducs de

1641.

(90) Voyez l'Article d'Espagne à l'an 1640.

Tome I. Partie II. Ss *

322   INTRODUCTION A L'HISTOIRE

De la France.

Louis XIII, dit le Juste, LXI. Roi.

Révolte du Comte de Soiſſons.
Bataille de la Marſée.

Guiſe & de Bouillon ayant levé des troupes, ſe joignirent au Comte de Soiſſons, & firent un Traité avec le Cardinal Infant. Les Maréchaux de la Meilleraie & de Châtillon marcherent contre les Rebelles. Le premier devoit empêcher l'Infant de ſecourir le Comte de Soiſſons, & le ſecond avoit ordre de ſe rapprocher de Sedan. Lamboi Général de l'Empereur s'étant approché de cette Ville, les Rebelles livrerent bataille aux troupes du Roi le 6 de Juillet, & la gagnerent ; mais le Comte de Soiſſons y fut tué. *Cette mort fut un myſtere qu'on n'a jamais bien pénétré.* Les uns ont prétendu qu'il s'étoit tué par mégarde en relevant la viſiere de ſon caſque avec ſon piſtolet, d'autres ont cru que ce coup avoit été prémédité par quelques-uns de ſes ennemis particuliers. La mort du Comte de Soiſſons mit bientôt fin à ces nouveaux troubles : le Duc de Bouillon ſe voyant aſſiégé par le Roi en perſonne, & craignant d'être forcé dans ſa Place, ſe ſoumit & rentra dans les bonnes graces du Roi. Le Duc de Lorraine avoit déja rompu le Traité qu'il venoit de faire avec la France, ce qui obligea Louis XIII. à envoyer le Comte de Grancei pour s'emparer de nouveau des Etats de ce Prince.

En Artois.

Les Eſpagnols profitant de tous ces troubles, enleverent pluſieurs petites Places aux environs d'Arras ; mais Lens fut le terme de ces conquêtes. La priſe d'Aire par les François les auroit bien dédommagé de ces pertes, s'ils avoient pû la conſerver. L'approche des ennemis obligea le Maréchal de la Meilleraie de ſe retirer après avoir laiſſé trois mille hommes de garniſon dans la Place. Les Fortifications n'étoient pas encore réparées ; cependant Aiguebere chargé de la défenſe de la Ville ne ſe rendit qu'après trois mois de ſiége. Lens, la Baſſée & Bapaume furent enlevées pendant ce ſiége. La garniſon de cette derniere Ville n'étant accompagnée que d'un Trompette du Maréchal de la Meilleraie, fut rencontrée par Saint-Preuil, qui croyant avoir affaire à un Parti ennemi, le fit charger, & ne reconnut ſon erreur que trop tard. Il fit tout ce qui dépendoit de lui pour réparer cette faute ; mais le Cardinal qui vouloit venger ſes injures perſonnelles, ſe ſervit de ce prétexe pour faire périr un des plus braves hommes qu'il y eut alors, & qui avoit ſervi le Roi avec diſtinction depuis l'âge de quatorze ans.

En Italie.

Cependant la guerre continuoit en Italie. Le Comte d'Harcour y remporta des avantages conſidérables. Il battit les troupes du Cardinal Maurice devant Ivrée, fit lever le ſiége de Chivas au Prince Thomas, & ſe rendit maître de Coni. Le Prince de Monaco fatigué de la domination Eſpagnole, ſe mit en même temps ſous la protection du Roi, par un Traité conclu le 8 de Juillet.

En Allemagne.

Les ſuccès n'étoient pas moins grands en Allemagne. La bataille de Wolfenbutel où les Impériaux laiſſerent environ deux mille cinq cens morts ſur la place, & dans laquelle on leur fit deux mille priſonniers, porterent l'Empereur & l'Eſpagne à ſigner à Hambourg le 25 de Décembre les Préliminaires pour la paix générale. Il fut alors réglé qu'on entameroit les Conférences à Munſter pour la France, & à Oſnabrug pour la Suéde, & que les deux Traités qu'on y feroit ne ſeroient regardés que comme un ſeul. Ces Conférences devoient commencer le 25 de Mars ſuivant ; mais elles furent différées juſqu'au 10 de Juillet 1643.

1642.

La ſignature de ces Préliminaires, qui ſe négocioient depuis cinq ou ſix ans, n'empêcherent pas que la guerre ne continuât avec autant d'ardeur qu'auparavant. La santé du Roi qui avoit été fort mauvaise depuis son retour de Picardie s'étant un peu rétablie, il régla les opérations de la campagne, & se mit en chemin pour se rendre dans le Roussillon. Ce fut pendant les préparatifs de ce voyage qu'il reçut l'agréable nouvelle de la victoire éclatante que le Comte de Guébriant avoit remportée en Allemagne sur le Général Lamboi. Plus de deux mille Impériaux étoient restés sur la place, & environ cinq mille avoient été faits prisonniers. La conquête de la plus grande partie de l'Electorat de Cologne fut le fruit de cette victoire, qui valut le bâton de Maréchal au Comte de Guébriant. Le Roi étant arrivé à Narbonne prépara le siége de Perpignan par la prise de Collioure, dont le Maréchal de la Meilleraie se rendit maître le 10 d'Avril. Le lendemain il investit Perpignan, qui ne fut bloqué que parce que le Roi avoit résolu de la prendre par famine, afin de ménager la vie de ses Soldats. La Ville capitula le 29 Août, & les troupes Françoises y entrerent le 9 de Septembre. Six jours après Salces se rendit, & ainsi fut terminée la conquête du Roussillon, qui a toujours été depuis uni à la Couronne. La campagne n'étoit pas si avantageuse dans les Pays-Bas. Les Espagnols s'emparerent de Lens, de la Bassée, & battirent près l'Abbaye d'Honnecourt le Maréchal de la Guiche.

Le Cardinal retira un grand avantage de ces pertes; puisqu'elles servirent à le faire rentrer dans les bonnes graces du Roi, qui lui avoit témoigné beaucoup de refroidissement pendant l'expédition du Roussillon. Tout sembloit alors devoir accabler le Ministre: d'un côté Henri Deffiat Marquis de Cinq-Mars Grand Ecuyer de France, & le plus intime Favori du Roi, avoit résolu la perte du premier Ministre. Plusieurs Princes & Seigneurs étoient entrés dans la conjuration, dont Monsieur étoit le Chef. Le Duc de Bouillon y étoit aussi compris, & M. de Thou en étoit le confident. Cinq-Mars avoit formé le dessein de terminer l'affaire par un coup de poignard ou de pistolet; mais le Duc d'Orléans s'y opposa. Les conjurés négocierent alors un Traité avec l'Espagne, & Fonterailles fut chargé d'aller à Madrid. Le Cardinal qui soupçonnoit que Cinq-Mars formoit quelque entreprise contre lui, suivit le Roi jusqu'à Narbonne; mais il ne se rendit pas au Camp de Perpignan, où ce Monarque s'étoit transporté. Il fit tout ce qu'il put pour le faire revenir à Narbonne, sous prétexte de lui communiquer des affaires de la derniere importance. Le refus qu'il essuya en cette occasion lui fut très-sensible, & il crut piquer le Roi en se retirant à Tarascon. Ce fut pendant son séjour dans cette Ville qu'on apprit les succès des Espagnols dans les Pays-Bas. Ces nouvelles allarmerent tellement le Roi qu'il dépêcha Chavigni pour examiner avec son Ministre ce qu'il étoit à propos de faire. Le Cardinal voyant son autorité rétablie, ne songea plus qu'à perdre ses ennemis. Il montra au Roi une copie du Traité que Cinq-Mars avoit fait avec l'Espagne, & qu'il avoit eu le secret de découvrir. Louis donna aussi-tôt ses ordres pour faire arrêter les coupables. Ils furent tous pris, excepté Fonterailles qui s'étoit sauvé en Angleterre, & qui avoit conseillé à Cinq-Mars de le suivre dans ce Royaume. Monsieur n'eut pas plutôt appris la découverte de la conspiration qu'il promit de

Ss ij

DE LA FRANCE.

**LOUIS XIII.
DIT
LE JUSTE,
LXI. ROI.**

tout déclarer, si le Roi vouloit le recevoir dans ses bonnes graces. Le Cardinal accepta la proposition, & sur le rapport que Monsieur fit de tout ce qui s'étoit passé à ce sujet, Cinq-Mars & de Thou furent condamnés le 12 de Septembre à perdre la tête sur un échaffaut ; le premier comme l'auteur de la conspiration, & le second pour ne l'avoir point révélée. Cet Arrêt fut exécuté à Lyon, où ils avoient été condamnés. Le Duc de Bouillon sauva sa vie en abandonnant au Roi la Principauté de Sédan, pour laquelle on lui donna d'autres Terres dans le Royaume. Le Duc d'Orléans eut la permission de se retirer à Blois. Tout ceci se passoit pendant qu'on étoit occupé à la conquête du Roussillon.

En Catalogne & en Piémont.

Après qu'on se fut rendu maître de cette Province, on marcha en Catalogne où le Maréchal de la Mothe gagna le 7 d'Octobre la bataille de Lerida sur le Marquis de Léganès, dont l'armée étoit beaucoup plus forte. L'accommodement que le Roi avoit ménagé entre Madame Royale & les deux Princes de Savoye, fut très-préjudiciable aux Espagnols. Ils perdirent Crescentin, Nice de la Paille, Verue, Novare & Tortonne. Cette derniere Place fut prise à la vûe de trente mille Espagnols, & au milieu des rigueurs de l'Hyver.

Mort de la Reine Mere & du Cardinal de Richelieu.

Pendant ces différentes expéditions Marie de Médicis mourut à Cologne le 3 de Juillet, après avoir erré plus de dix ans en Flandre, en Hollande & en Angleterre. Cette mort fut suivie quelque mois après de celle du Cardinal de Richelieu. Cet événement arriva à Paris le 4 de Décembre. Ce Ministre étoit âgé de cinquante-huit ans : il fut enterré en Sorbonne, qu'il avoit rebâtie avec une magnificence vraiment Royale. » Le Cardinal de Ri-
» chelieu uniquement occupé d'accroître l'autorité de son Maître, qui étoit
» devenue la sienne propre, passa sa vie dans le trouble que lui causoit
» nécessairement la crainte de ses ennemis, tandis qu'il auroit eu besoin
» de tout le calme de son ame, pour former des projets aussi vastes &
» aussi compliqués qu'étoient les siens. Ce même homme qui s'exposoit à
» la haine & à la vengeance de ce qu'il y avoit de plus grand dans le
» Royaume, pour rendre le Gouvernement de son Maître plus absolu, avoit
» autant à craindre du Roi pour qui il risquoit tout, que du ressentiment
» de ceux qu'il forçoit d'obéir. Que de cette situation il naisse des résolu-
» tions méditées, un système suivi, des entreprises aussi sages qu'éclatan-
» tes ; qu'il puisse y avoir un homme né assez grand & assez ennemi de
» lui-même pour s'occuper tout entier de l'administration d'un Royaume,
» où il est également craint & de celui qu'il sert, & de ceux qu'il soumet ;
» en vérité c'est un problème qu'il n'appartient qu'aux passions de résoudre,
» ou un amour du bien public fort au-dessus de l'humanité (92) «. On lui doit l'établissement de l'Académie Françoise en 1635. Elle fut autorisée par un Edit, & les Lettres Patentes furent enregistrées le 10 de Juillet de l'année 1637. Ce Ministre a aussi établi l'Imprimerie Royale, ce qui coûta alors trois cens soixante mille livres. Les choses resterent après sa mort dans l'état où il les avoit mises, ce qui fit dire au Duc de la Rochefoucaut : *Que le Cardinal régna bien plus absolument après sa mort, que le*

---

(92) Le Président Henault.

Roi son Maître n'avoit pû faire depuis trente-trois ans qu'il étoit parvenu à la Couronne.

Richelieu fut bientôt remplacé par le Cardinal Mazarin que le Roi appella au Conseil. Ce fut lui qui reconcilia le Roi avec Monsieur, & qui fit révoquer l'Edit par lequel ce Prince ne devoit avoir aucune part à la Régence. La plûpart des Seigneurs qui s'étoient éloignés de la Cour, ou que Richelieu avoit exilés, furent rappellés, & l'on rendit la liberté aux Maréchaux de Bassompierre & de Vitri, & au Comte de Cramail qui étoient à la Bastille. Le Roi voyant que sa santé s'affoiblissoit de plus en plus, régla enfin ce qui concernoit la Régence. Elle fut déférée à la Reine, & le Duc d'Orléans fut déclaré Lieutenant Général du Roi mineur, sous l'autorité de la Reine. Il fut en même temps décidé que la Régente & le Lieutenant Général ne pourroient rien faire que par l'avis du Conseil de Régence, & que ce Conseil seroit composé du Prince de Condé, du Cardinal Mazarin, du Chancelier, du sur-Intendant des Finances, & de Chavigni Sécrétaire d'Etat. Louis XIII. ne vécut pas long-temps après ces arrangemens. Il mourut le 14 de Mai sur les deux heures après-midi, dans la quarante-deuxiéme année de son âge, & la trente-troisiéme de son régne. Il laissa deux fils d'Anne d'Autriche, Louis né à Saint-Germain-en-Laye le 5 de Septembre 1638; & Philippe né le 21 de Septembre 1640.

» Louis XIII. avoit l'esprit juste, solide & même agréable; beaucoup de
» mémoire, peu d'imagination. Le goût qu'il avoit pour la retraite le rendit
» esclave de ses Favoris; il ne pouvoit s'en passer. Il les quittoit aisément
» & en reprenoit d'autres. Il eût été plus grand si son Ministre l'eut moins
» maîtrisé (93) «. La Statue équestre de ce Prince fut posée dans la Place Royale le 27 de Septembre 1639.

Louis XIV. n'avoit que quatre ans & environ huit mois, lorsqu'il succéda à son pere. La Reine peu contente des bornes que le feu Roi avoit mises à son pouvoir, engagea si bien dans ses intérêts le Duc d'Orléans & les autres Princes, que le 18 de Mai le Parlement la déclara Régente avec une puissance absolue. Le Cardinal Mazarin fut alors nommé premier Ministre. Il sçut par sa prudence conserver la paix au-dedans de l'Etat pendant les cinq premieres années de son Ministere, & continua la guerre que Louis XIII. avoit commencée.

Les premiers jours du régne de Louis XIV. furent marqués par une célébre victoire que le Duc d'Enguien remporta le 19 sur les Espagnols, qui perdirent quinze mille hommes à cette journée, sçavoir, huit mille Morts, du nombre desquels fut le Comte de Fuente Général de l'armée, & sept mille Prisonniers. Les Espagnols furent long-temps à se relever de cette perte. On compta deux mille hommes du côté des François. Le Duc d'Enguien profitant d'un si grand avantage attaqua Thionville, dont il se rendit maître le 10 d'Août, & bientôt toutes les petites Places qui sont sur le bord de la Moselle, entre Tréve & Thionville, furent au pouvoir des François. Les succès étoient plus variés en Allemagne. La prise de Rotheuil coûta la vie au Maréchal de Guébriant, & fut presqu'aussitôt reprise par les Impériaux. Cependant le Maréchal de la Mothe faisoit toujours de

(93). Le Pere Daniel.

DE LA FRANCE.

LOUIS XIII.
DIT
LE JUSTE,
LXI. Roi.

1643.
Elevation du Cardinal Mazarin.

Mort du Roi.

LOUIS XIV.
DIT
LE GRAND,
LXII. ROI.

Bataille de Rocroy.

En Allemagne & en Catalogne.

grands progrès en Catalogne où il battit souvent les Espagnols, qui furent aussi vaincus sur Mer le 3 de Septembre, par le Duc de Brefé à la vûe de Carthagêne.

Malgré toutes ces conquêtes la Reine écouta volontiers les propositions de paix, dont une grande partie de l'Europe avoit besoin. Elle envoya ses Plénipotentiaires pour assister aux Conférences de Munster; mais en même temps elle renouvella les alliances avec les Etats Généraux, & avec le Roi de Portugal. Cette Princesse voulant forcer les ennemis à la paix, se mit en état de continuer la guerre avec avantage. Le Cardinal Mazarin en profita pour éloigner les Princes de la Cour, leur présence étant un obstacle à son autorité qu'il vouloit établir. Le Duc d'Orléans fut chargé de conduire l'armée qui devoit agir dans les Pays-Bas. La prise de Gravelines précédée de celles de quelques petits Forts, furent les premieres conquêtes de ce Prince. Cette Ville se rendit par capitulation le 18 de Juillet, & ce fut à quoi se bornerent les expéditions de la campagne dans cette Province, par la nonchalance des Hollandois que la politique portoit à agir foiblement en faveur des François.

Le Maréchal de Turenne qu'on avoit rappellé d'Italie pour remplacer le Maréchal de Guébriant en Allemagne, n'étoit pas en état de faire de grandes entreprises avec les troupes qu'il y trouva. N'ayant pû recevoir d'argent de la Cour, il remonta de ses deniers cinq mille Cavaliers, & habilla quatre mille hommes d'Infanterie. Ce fut avec cette petite troupe qu'il battit Gaspard Merci, qui étoit cantonné au-delà de la Forêt Noire. Malgré cet avantage il ne put empêcher le Général Merci, frere de Gaspard, de se rendre maître de Fribourg. Mais l'arrivée du Duc d'Enguien avec un Corps de douze mille hommes, fit changer les choses de face. Le Camp du Général Merci défendu par un Ruisseau, un Bois épais & marécageux, des Montagnes escarpées, une Ligne, des Redoutes & une Ravine très-profonde, fut emporté après trois différentes attaques, & Philisbourg fut obligée de se rendre après onze jours de tranchée ouverte. Spire, Worms, Landau & Manheim n'attendirent pas qu'on les forçât à se rendre : elles ouvrirent leurs portes aux Vainqueurs, qui maîtres du cours du Rhin prirent leurs quartiers au-delà de ce Fleuve.

Ces succès furent balancés par les pertes que les François firent en Catalogne. Le Maréchal de la Mothe ne fut pas si heureux cette campagne qu'il l'avoit été dans les précédentes. Il ne put empêcher la prise de Lérida : il fut même battu & obligé de lever le siége de Tarragone. Tant de malheurs firent oublier les autres belles actions de ce Maréchal. Il fut rappellé, & mis à Pierre-Encise : on voulut lui faire son procès; mais le Parlement de Grenoble le déclara innocent, & on lui rendit sa liberté en 1648. Le Comte d'Harcourt fut envoyé à sa place en Catalogne avec le Comte du Plessis-Praslin.

Le premier se chargea de tenir la campagne pour occuper les Ennemis pendant que son Collègue fit le siége de Roses. Cette Place ne se rendit que le dernier de Mai, après quarante-neuf jours de tranchée ouverte. La communication entre la Catalogne & le Roussillon devint libre par la prise de cette Ville. Le Comte d'Harcourt de son côté s'empara d'Agramont, de

DE L'UNIVERS. LIV. I. CHAP. II.

Saint Aunais, passa la Segre, battit les Espagnols dans la Plaine de Liorens le 23 de Juin, & se rendit maître de Balaguier. Il s'étoit cependant formé une conjuration conduite par la Baronne d'Albi, par l'Abbé Gallicans & par Onufre Aquilés, pour chasser les François de la Catalogne. Elle fut découverte, & les Auteurs furent condamnés les uns à perdre la vie, & les autres à une prison perpétuelle.

DE LA FRANCE.

LOUIS XIV. DIT LE GRAND, LXII. ROI.

Le Duc d'Orléans qui avoit sous ses ordres le Maréchal de Gassion & Rantzau, ne faisoient pas la guerre avec de moindres avantages dans les Pays-Bas. Le Fort de Link, Bourbourg, Bethune, Cassel, Merville, Saint-Venant, Lilers, la Mothe aux Bois, Armantieres, Varneton, Comines, Marchienes, le Pont à Vendin, Lens, Orchies, l'Ecluse, Arleux furent enlevés aux ennemis pendant cette campagne ; mais on ne put les empêcher de reprendre Cassel & le Fort de Mardik. Cependant les Suédois continuoient à seconder les efforts de la France contre l'Empereur. La victoire que Tortenson leur Général avoit remportée le 6 de Mars à Tabor sur les Impériaux, engagea le Maréchal de Turenne à s'avancer dans l'Allemagne, pour empêcher Merci d'entrer dans la Franconie. Lorsqu'il fut arrivé à Mariendal, il distribua ses troupes en quartier de rafraîchissement, sur les assurances que Rosen lui donna, qu'il n'y avoit point d'ennemis en campagne. Merci profitant de l'imprudence du Maréchal de Turenne (qui est la seule qu'on puisse lui reprocher) l'attaqua le 5 de Mai dans le temps qu'il s'y attendoit le moins. Malgré cette surprise & la supériorité de l'Ennemi, Turenne enfonça la Cavalerie Allemande, encloua quelques piéces de canon, & enleva plusieurs Drapeaux ; mais l'Infanterie Françoise commandée par Rosen ayant pris l'épouvante, il fut obligé d'abandonner le Champ de bataille, & se retira en bon ordre. Le Duc d'Enguien qui étoit alors en Champagne, se mit en marche pour aller au secours du Maréchal de Turenne, & prit en chemin la Forteresse de la Mothe en Lorraine, qui fut rasée. Cette expédion fut cause qu'il ne joignit le Maréchal qu'au mois de Juillet. L'armée s'avança alors vers la Baviere, & se rendit maître de Wimphen qui lui ouvroit un passage sur le Nekre. Le Prince ayant rencontré le 3 d'Août les Impériaux près de Nortlingue Ville Impériale de la Suabe, les attaqua contre l'avis de Turenne, & les défit entièrement. Le Général Merci y fut tué, quatre mille hommes des ennemis resterent sur la place, & l'on fit un si grand nombre de prisonniers qu'on fut contraint d'en renvoyer une partie. Cette victoire fut suivie de la prise de plusieurs Places ; mais l'Archiduc Léopold frere de l'Empereur, & le Général Galeas reprirent bientôt tout ce qu'on leur avoit enlevé entre le Nekre & le Danube. Philisbourg fut sauvée par la valeur du Vicomte de Turenne, qui termina la campagne par la prise de Tréves, où il rétablit l'Electeur. Ce Prince étoit devenu libre par la médiation du Roi, qui avoit déclaré que sans cette condition il n'écouteroit aucune proposition de paix.

Dans les Pays-Bas.

En Allemagne.

Les Conférences se tenoient toujours à Munster ; mais il n'étoit pas facile de concilier les prétentions opposées des Puissances belligérantes. La France vouloit conserver toutes ses conquêtes ; l'Empereur & le Roi d'Espagne refusoient la paix à ces conditions ; de sorte que la guerre continua avec autant de chaleur qu'auparavant. Pour forcer les Espagnols à la paix,

1646.

En Catalogne.

DE LA FRAN-
CE.

LOUIS XIV.
DIT
LE GRAND,
LXII. ROI.

En Italie.

on résolut de les pousser vivement de tous côtés ; mais les succès ne répondirent pas également aux projets que la France avoit formés en Catalogne & sur les Côtes de la Toscane. L'entreprise sur Lerida par le Comte d'Harcourt ne fut pas heureuse : le Marquis de Leganès étant venu au secours de cette Place, le Général François fut obligé de se retirer au mois de Novembre. Cependant le Prince Thomas & l'Amiral de Brezé assiégeoient Orbitello par terre & par mer. Les Espagnols battus pendant trois jours par la Flotte Françoise, étoient prêts à se rendre lorsqu'un boulet de canon emporta le Duc de Brezé, enleva la victoire aux François, & sauva Orbitello. La prise de Piombino & de Porto-Longone par les Maréchaux de la Meilleraie & Duplessis-Praslin eut tout l'effet qu'on attendoit, & rétablit l'union entre le Pape & la France. Les succès étoient plus suivis en Flandre, &

Dans les Pays-Bas.

le Duc d'Enguien y marchoit de conquête en conquête. La défaite d'un Corps d'ennemis qui furent forcés le 13 de Mai dans leurs lignes entre Dunkerque & Bruges par le Maréchal de Gassion, facilita au Duc d'Orléans la prise de Courtrai, qui se rendit le 28 de Juin après 15 jours de siége. Mardik eut le même sort le 24 ou le 25 d'Août ; mais les François y perdirent plusieurs Officiers de distinction. Dunkerque fit en vain une vigoureuse résistance : elle fut obligée de capituler le 10 d'Octobre après dix-huit jours de tranchée ouverte. La campagne fut terminée par la défaite des ennemis qui vouloient arrêter un convoi destiné pour la Ville de Courtrai.

En Allemagne.

Le Vicomte de Turenne n'acqueroit pas moins de gloire en Allemagne. Ce Général ayant joint les Suédois sur les Frontieres de Hesse réduisit les Impériaux & les Bavarois à une telle extrêmité que l'Electeur de Baviere demanda la paix à la France & fit un Traité de neutralité.

1647.

En conséquence le Maréchal de Turenne repassa le Rhin à dessein d'entrer dans le Luxembourg ; mais il lui fut impossible d'engager la Cavalerie Allemande à le suivre : elle se donna à Wrangel Général Suédois. L'Electeur de Baviere croyant n'avoir plus rien à craindre des François, se jetta de nouveau dans le parti de l'Empereur. Le Vicomte de Turenne fut obligé de revenir sur les bords du Rhin pour secourir Worms que les Impériaux tenoient assiégée. Ils se retirerent à l'approche de l'armée Françoise, qui alla se cantonner sur les confins de la Franconie.

En Catalogne
& en Italie.

Les ennemis se défendoient mieux en Catalogne. Le Duc d'Enguien, qui s'appella le Prince de Condé depuis la mort de son pere arrivée le 26 de Décembre dernier, voulant venger l'affront que les François avoient reçu devant Lerida, mit le siége devant cette Place & fit ouvrir la tranchée au son des violons ; mais son armée s'étant affoiblie par la désertion & par les maladies, il n'osa pas attendre les Espagnols qui venoient au secours de la Place, & se retira le 17 de Juin à Balaguier. Il s'en vengea par la prise de quelques postes, & délivra le Château de Constantin que le Marquis d'Ayeronne assiegeoit. Les Espagnols n'étoient pas en état de faire de grandes expéditions en Italie : tous leurs exploits se bornerent à la prise de Nice de la Paille qui se rendit le 23 de Mai après vingt-deux jours de siége. La révolte des Napolitains occupoit leurs forces de ce côté-là. Le Duc de Guise avoit été déclaré Généralissime des Rebelles ; mais l'affaire étoit si mal concertée que la France ne prit qu'une foible part à cet événement. Le jeune Duc

de

de Richelieu se contenta d'insulter la Flotte Espagnole sans la poursuivre, & M. de Guise ne reçut ni les vivres ni l'argent qu'il demandoit. Il fut fait prisonnier dans la suite & resta quatre ans au pouvoir des Espagnols (94). Les succès étoient assez variés en Flandre, où les deux partis s'enleverent réciproquement quelques Places. L'Archiduc Léopold se rendit maître d'Armentiers & de Landreci : & le Maréchal de Gassion s'empara de la Bassée. Il fit ensuite le siége de Lens, qui fut obligé de se rendre ; mais le Maréchal y perdit la vie d'un coup de mousquet.

DE LA FRANCE.
LOUIS XIV. DIT LE GRAND, LXII. ROI.
Dans les Pays-Bas.

Ces avantages n'étoient pas encore capables de forcer les ennemis à la paix, & quoiqu'on y travaillât avec ardeur à Osnabrug de la part de l'Empereur & des Suédois, la guerre ne fut pas moins vive dans les Pays qui en étoient le théâtre depuis long-temps. L'Empereur accablé d'ennemis de tous côtés, fit des efforts inutiles pour engager les Suédois à rompre avec la France ; l'Espagne réussit mieux à détacher les Etats Généraux du parti François, malgré les représentations des Ministres de France ; ce qui faisoit clairement voir que l'Espagne ne cherchoit que les moyens d'éloigner la paix. En effet, dans les circonstances où les choses se trouvoient, elle se voyoit dans l'obligation d'abandonner à Louis XIV. la plus grande partie de ses conquêtes, & ce sacrifice l'effrayoit. La France privée du secours des Hollandois, qui ne l'avoient toujours servie que foiblement, eut cependant de grands succès dans les Pays-Bas. Ypres se rendit au Prince de Condé le 17 ou le 28 de Mai ; l'Archiduc s'en vengea par la prise de Courtrai, de Furnes & de Lens ; mais ces conquêtes ne lui resterent pas long-temps. Le Prince de Condé l'attaqua près de cette derniere Ville, & remporta sur lui une victoire des plus complettes, puisque l'Archiduc perdit en cette occasion plus de neuf mille hommes, en comptant les prisonniers. Lens & Furnes se soumirent aux François après cette journée aussi glorieuse au Prince de Condé que celle de Rocroi & de Nordlingue. Le Maréchal de Turenne joint aux Suédois, ne remporta pas de moindres avantages sur les Impériaux. Il gagna sur eux, le 17 de Mai, la célebre bataille de Zusmarhausem (95), dans laquelle les ennemis laisserent plus de quatre mille hommes sur la place, perdirent dix piéces de canon & tout leur bagage. Cette victoire fut suivie de la prise de plusieurs Places : tous les Etats du Duc de Baviere furent saccagés, & ce Prince âgé de soixante & dix-huit ans fut contraint de chercher un asyle auprès de l'Archevêque de Salsbourg, qu'il n'avoit pas trop ménagé pendant la guerre. Les Espagnols n'étoient pas mieux traités en Catalogne où ils perdirent Tortose, qui leur fut enlevé par le Maréchal de Schomberg. Ils furent aussi battus en Italie près de Crémone par le Duc de Modene joint au Maréchal Duplessis-Pralin ; mais cette armée victorieuse qui manquoit de tout, ne put s'emparer de Crémone.

1648.
Traité entre l'Espagne & les Provinces-Unies.

En Allemagne.

Cependant on avoit signé le 6 d'Août à Osnabrug un Traité entre l'Empire & la Suéde ; mais il fut tenu secret jusqu'à la conclusion de la paix entre l'Empereur & le Roi Très-Chrétien. Elle fut signée à Munster le 24 d'Octobre, malgré les Espagnols qui firent tout ce qu'ils purent pour s'y

Traité de Munster.

---

(94) Voyez l'article de Naples.   (95) Ou Summerhausen près d'Ausbourg.

opposer. Les principaux articles de ce dernier Traité furent : « Qu'il seroit » créé un huitiéme Electorat en faveur de la Ligne Palatine de Baviere, » nommée Rodolphine, & qu'au cas que la Ligne Guillelmine ou l'autre » vînt à manquer, alors le huitiéme Electorat seroit supprimé ; Qu'il ne » seroit rien fait dans l'Empire sans l'avis & le consentement d'une Assem- » blée libre de tous les Etats de l'Empire ; Que chacun desdits Etats joui- » roit librement & à perpétuité du droit de faire entre eux & avec les » Etrangers des alliances pour leur sûreté & pour leur conservation, pour- » vû qu'elles ne fussent pas contre l'Empereur & l'Empire ; Que par » rapport à la France, la suprême Seigneurie sur les Evêchés de Metz, » Toul & Verdun, & sur Moyenvic, lui appartiendroit ; Que l'Empereur » & l'Empire céderoient au Roi tous leurs droits sur Pignerol, ainsi que » sur Brissac, le Landgraviat de la Haute & Basse Alsace, le Sundgaw, & » la Préfecture Provinciale de dix Villes Impériales, situées en Alsace ; Que » le Roi auroit droit de tenir une garnison à Philisbourg. Il fut encore dit » par ce Traité, que ceux de la Confession d'Ausbourg qui avoient enlevé » les biens des Eglises Catholiques seroient maintenus dans leur possession, » & qu'il seroit libre aux autres Princes de l'Empire qui desiroient em- » brasser la même Confession, d'en pratiquer les exercices comme il leur » paroîtroit convenable «. Le Duc de Lorraine ne fut point compris dans ce Traité, & l'on remit à discuter ses intérêts lorsque la France & l'Es- pagne feroient la paix. Les Traités d'Osnabrug & de Munster sont regar- dés comme le Code politique d'une partie de l'Europe, & ont été depuis le fondement de tous ceux qui ont été faits entre les mêmes Puissances.

Louis XIV. consentit alors à restituer aux Maisons de Wirtemberg & de Montbelliard les Places qui leur appartenoient. Il s'obligea en même temps à rendre à l'Archiduc Ferdinand-Charles les quatre Villes forestieres, le Comté de Hawestin, la Forêt Noire, le Brisgaw & l'Ortnau : il promit aussi de payer à ce Prince la somme de trois millions en trois années. On prit en même temps des mesures pour suppléer à la cession que l'Empe- reur avoit promis d'obtenir de l'Espagne à l'égard de l'Alsace, & du Sunt- gaw: Tout l'Empire réuni garentit ces Provinces à la France, & Louis XIV. fut autorisé par une convention particuliere à retenir les Villes forestieres, & à differer le payement des trois millions qu'il avoit promis, jusqu'à ce que l'Espagne eût accedé à la cession de l'Alsace & du Suntgaw.

Les Traités de Munster & d'Osnabrug ne terminoient point entiérement la guerre : ils en firent seulement changer la scêne, c'est-à-dire qu'elle con- tinua toujours entre la France & l'Espagne. Cette Puissance qui avoit des intelligences secretes avec les Séditieux de la France, se flattoit qu'en en- tretenant les troubles domestiques de ce Royaume, elle pourroit forcer Louis XIV. à renoncer aux conquêtes qu'il avoit faites au dehors & à demander la paix.

Troubles dans l'Etat. En effet le Royaume étoit alors en combustion, & les troubles qui l'agi- toient n'avoient aucun objet réel pour le bien public, & ne pouvoient être utiles qu'à quelques Particuliers inquiets. La haine qu'on portoit au Car- dinal Mazarin, & à d'Emeri sur-Intendant des Finances, fut en quelque sorte l'origine de cette émotion, qui avoit commencé sur la fin de l'année

DE L'UNIVERS. LIV. I. CHAP. II.

derniere 1647. Le redoublement des impôts, la retenue des gages des Officiers du Parlement, la création de douze Charges de Maîtres des Requêtes, & quelques Edits burfaux donnerent lieu aux premiers mouvemens. Le Parlement rendit deux Arrêts d'Union avec les Parlemens & autres Compagnies du Royaume, l'un du 13 Mai, l'autre du 15 de Juin. Le Cardinal crut calmer les efprits en facrifiant d'Emeri, & en mettant à fa place le Maréchal de la Meilleraie. Ce moyen n'ayant pas fuffi, la Régente fit emprifonner deux Confeillers du Grand Confeil, & le 26 Août jour que l'on chantoit le *Te Deum* à Notre-Dame pour la Victoire remportée à Lens, le Préfident Poitier de Blancmenil & Brouffel Confeiller, furent auffi arrêtés. Le Peuple auffi-tôt fe mutina, & les chaînes furent tendues dans Paris (c'eft ce qu'on appelle la Journée *des Baricades*). On crut appaifer ce tumulte en rendant les Prifonniers; mais il refta un levain qui eut de grandes fuites, & qui fe communiqua dans plufieurs Provinces. Il y avoit alors trois Partis dans le Royaume; celui des *Frondeurs*, ainfi nommés parce qu'ils étoient oppofés aux réfolutions de la Cour; celui des *Mazarins*, parce qu'ils avoient de la complaifance pour le Cardinal, & celui des *Mitigés*, qui tenoient un milieu entre les deux autres. A la tête des Frondeurs étoient le Duc de Beaufort, fauvé du Château de Vincennes où il étoit prifonnier depuis près de cinq ans; de Retz Coadjuteur de Paris, qui fut depuis Cardinal; la Ducheffe de Longueville; le Prince de Marfillac qui l'aimoit; le Prince de Conti; le Duc de Vendôme, fon beaufrere le Duc de Nemours; le Duc de Bouillon, qui étoit l'ame de ce Parti; le Maréchal de Turenne, fon frere le Maréchal de la Mothe, &c. Du côté de la Cour étoient le Prince de Condé, le Maréchal de Gramont, le Duc de Châtillon, &c. Mais en moins de trois ans les intérêts changerent totalement, comme on le verra.

Le calme n'étoit rétabli qu'en apparence par la délivrance des Prifonniers, & bientôt l'efprit de révolte fe fit fentir plus que jamais. La Régente & le Cardinal affûrés de la fidélité du Prince de Condé, fortirent fecrettement avec le Roi la nuit du 6 de Janvier, & fe retirerent à Saint-Germain. Le lendemain le Prince de Condé fit le blocus de Paris, avec huit mille hommes, & le 8 de Février il fe rendit maître du Pont de Charenton. Les différens avantages qu'il remporta fur les Parifiens les engagerent à defirer la paix. La Cour voulut bien l'accorder, & les conditions de l'accommodement furent fignées le 11 de Mars, fans qu'aucun des Partis eût fatisfaction: le Parlement demeura en liberté de s'affembler, ce que la Cour avoit voulu empêcher au moins pour le refte de l'année, & la Cour conferva fon Miniftre, dont le Parlement & le Peuple avoient demandé l'éloignement. Le Roi ne rentra cependant dans Paris que le 18 d'Août, ayant dans fon caroffe le Prince de Condé & le Cardinal Mazarin, contre lequel le Parlement avoit rendu plufieurs Arrêts. On fongea en même temps à arrêter les mouvemens qu'il y avoit eu à Bordeaux & à Aix, & le Roi voulut bien accorder une abolition de tout ce qui s'étoit paffé.

Cette guerre inteftine empêcha le Miniftere d'envoyer de nouvelles troupes dans les Provinces, qu'on avoit cependant grand intérêt de garder. Les Efpagnols profitant des circonftances, reprirent Ypres & Saint-Venant dans

DE LA FRANCE.

LOUIS XIV, DIT LE GRAND, LXII. ROI.

1649.
Suite des troubles.

Etat de la guerre en Flandre, &c.

Tt ij

DE LA FRAN-
CE.

LOUIS XIV.
DIT
LE GRAND,
LXII. ROI.

1650.
Les troubles recommencent dans le Royaume.

les Pays-Bas, & s'emparerent de quelques Places dans la Catalogne. Le Duc de Modene ne pouvant esperer d'être soutenu par la France, fut obligé de s'accommoder avec les Espagnols. Ces pertes furent en quelque sorte réparées par divers avantages que le Comte d'Harcourt remporta sur les ennemis dans les Pays-Bas, après avoir manqué l'entreprise qu'il avoit formée sur Cambrai. Il termina la Campagne par la prise de Condé, qui se rendit après deux jours de tranchée ouverte.

Cette année vit renaître les désordres avec plus de fureur que jamais, & les intérêts étant alors différens, les Chefs des Partis ne furent plus les mêmes. Le Prince de Condé qui avoit défendu l'Etat & soutenu le Cardinal contre ses Ennemis, se déclara contre l'un & l'autre, parce qu'il crut que l'on n'avoit pas assez payé les services qu'il avoit rendus. Animé par la Duchesse de Longueville & par toute sa famille, il se joignit aux Frondeurs; mais cette union ne dura pas long-temps, & il eut même une querelle assez vive avec le Coadjuteur & le Duc de Beaufort. La Reine & le Cardinal qui commençoient à le redouter, profiterent des circonstances & le firent arrêter le 18 de Janvier avec le Prince de Conti & le Duc de Longueville. On les conduisit d'abord au Château de Vincennes, & de-là à Marcoussis, d'où ils furent enfin transferés au Havre.

Tous ceux qui étoient attachés à ces Princes se déclarerent ouvertement contre l'Etat. La Duchesse de Longueville se sauva en Normandie, tandis que Messieurs de Bouillon & de Turenne se rendoient, le premier à Turenne, & le second à Stenai. La Reine mena le Roi en Normandie, & la présence de ce jeune Monarque eut l'effet que la Régente en avoit attendu. Toutes les Villes ouvrirent leurs portes, & les Gouverneurs assurerent le Roi de leur fidélité. La Duchesse de Longueville n'ayant pu trouver de sûreté dans cette Province, chercha un asyle en Hollande, d'où elle se rendit à Stenai. Le Roi de retour à Paris, fut obligé de passer en Bourgogne, que les Partisans des Princes avoient fait révolter. La prise de Bellegarde intimida les autres Villes, & toute la Province rentra bientôt dans le devoir.

Les plus grands troubles furent en Guienne, où commandoient les Ducs de Bouillon & de la Rochefoucaut. La Ville & le Parlement de Bordeaux ayant cedé aux vives instances de ces deux Seigneurs, donnerent asyle à Madame la Princesse & au Duc d'Enguien son fils. Le secours qu'on promit aux Bordelois de la part des Espagnols, acheva de les engager dans la révolte, & ils leverent des troupes en faveur des Princes. Le Roi qui avoit été devancé par le Maréchal de la Meilleraie s'étant rendu dans cette Province, fit mettre le siége devant Bordeaux. La Place fut vivement défendue; mais enfin elle fut contrainte de capituler, & les Chefs des Rebelles s'étant soumis, le Roi voulut bien accorder une Amnistie générale.

Expéditions des deux armées.

Cependant le Maréchal de Turenne qui avoit fait un Traité avec les Espagnols pour la délivrance des Princes s'empara d'Aubenton, d'Irson & du Câtelet, tandis que l'Archiduc attaqua la Ville de Guise. La résistance du Gouverneur ayant donné le temps au Maréchal Duplessis de s'avancer pour secourir la Place, les Espagnols furent obligés de se retirer; mais il ne put les empêcher de se rendre maîtres de la Capelle, de Mouzon, de Vervins, de Château Porcien & de Rhetel. La perte de cette derniere Ville engagea le Cardinal Mazarin à se rendre sur la Frontiere. Le Maréchal Duplessis fortifié par les nouvelles troupes que le Cardinal avoit amenées avec lui, fit le siége de Rhetel, prit la Ville & marcha aux ennemis commandés par le Vicomte de Turenne, & les défit entiérement. Château Porcien fut en même temps repris par le sieur de Bougi. Les succès des Espagnols étoient plus considérables en Italie & en Catalogne. Ils rentrerent en possession de Piombino & de Porto Longone, dont les François s'étoient rendus maîtres en 1646. En Catalogne, Flix, Tortose, Balaguier & toute la Plaine d'Urgel se soumirent aux Espagnols. Les armes du Roi étoient plus heureuses en Lorraine. Les Ennemis y furent battus par le Maréchal de la Ferté, qui fit aussi quelques conquêtes dans le Pays.

<small>DE LA FRANCE.

LOUIS XIV. DIT LE GRAND, LXII. Roi.</small>

On en vouloit toujours au Cardinal, & les Frondeurs qui s'étoient ligués avec lui pour perdre les Princes, se déclarerent de nouveau pour eux, & mirent dans leur parti le Duc d'Orléans. Ce Prince voyant avec peine la grande autorité du Cardinal, se joignit volontiers avec ses ennemis. La Reine fut en même temps sollicitée par le Parlement qui la pressoit de mettre les Princes en liberté, & d'éloigner le Cardinal de la Cour. Cette Princesse crut ne pas devoir résister plus long-temps, du moins en apparence. Les ordres furent donnés pour l'élargissement des Princes, & le Cardinal voulut aller lui-même leur ouvrir les portes de la prison. Mais c'étoit trop tard, & les Princes ne lui sçurent aucun gré de ce qu'il faisoit alors. Le Cardinal cédant aux circonstances, se retira à Breuil sur les Terres de l'Electeur de Cologne, tandis que les Princes s'avançoient vers la Capitale, où ils furent reçus comme en triomphe. On avoit fait des réjouissances lorsqu'ils furent arrêtés, & l'on fit des feux de joie pour leur retour. Tel est le Peuple! La Reine donna une Déclaration en faveur des Princes, & ils furent remis en possession de leurs biens & de leurs dignités. Le Parlement rendit en même temps plusieurs Arrêts contre le Cardinal, & le bannit à perpétuité du Royaume.

<small>1651.
Nouvelles cabales contre Mazarin.</small>

La Reine se flattoit cependant de trouver quelque moment favorable pour le faire revenir à la Cour. Elle n'épargna aucune ruse pour réussir dans ce dessein : car tandis qu'elle employoit tous les ressorts pour gagner le Prince de Condé, elle cherchoit les moyens de le brouiller avec les Frondeurs. Cette Princesse eut bientôt lieu d'être satisfaite : le Prince vit en peu de temps tout conspirer contre lui, & ses amis l'abandonnerent. Averti ce qui se tramoit contre lui, il se retira dans son Château de Saint-Maur, & refusa de paroître à la Cour, à moins qu'on ne chassât du Conseil Servien, le Tellier & de Lyonne. On lui accorda sa demande ; mais ce sacrifice loin de l'engager à rester tranquille, le porta à faire de nouvelles propositions qu'on ne put lui accorder. Enfin les choses furent portées à un point qu'il fallut en venir à une guerre ouverte, qui fut précédée de divers Ecrits dans lesquelles chaque Parti expliquoit ses raisons. La Reine publia une Déclaration contre le Prince : elle lui reprochoit dans cette sorte de manifeste ses cabales au-dedans & au-dehors du Royaume.

Pendant qu'on se préparoit à la guerre de part & d'autre, le Roi qui avoit atteint sa quatorziéme année, se rendit le 7 de Septembre au Parlement, où il tint son Lit de Justice pour déclarer sa Majorité. Le Roi donna

<small>Le Roi est déclaré Majeur.</small>

DE LA FRAN-
CE.

LOUIS XVI.
DIT
LE GRAND,
LXII. ROI.

alors une Déclaration pour la juſtification du Prince de Condé : elle étoit conçue dans les termes les plus forts qu'on eût pû deſirer ; mais cette Déclaration ne fut point capable de faire rentrer le Prince dans ſon devoir ; ſon Traité étoit fait avec l'Eſpagne, & tous ſes arrangemens étoient pris pour la guerre. Pluſieurs Seigneurs de Guienne entrerent dans ſes vûes, & ſe déclarerent pour lui contre leur Souverain. Le Roi pour arrêter les projets des Rebelles, marcha dans le Berri que ſa ſeule préſence força à ſe ſoumettre. Il ordonna enſuite au Comte d'Harcourt de paſſer en Saintonge. Le Prince de Condé étoit maître de cette Province, & il ne lui manquoit que la Ville de Coignac. Il en faiſoit le ſiége lorſque l'armée du Roi le força de l'abandonner après avoir défait ſes troupes devant cette Place. La Rochelle & tout le Pays d'Aunis ſe ſoumirent en même temps. Le Comte d'Harcourt pourſuivit ſa route juſqu'à Tonaicharente, où étoit le Prince de Condé, que le Comte de Marcin avoit joint avec quelque troupes qu'il lui avoit amenées de Catalogne. Le Comte d'Harcourt avoit formé le deſſein de les ſurprendre ; mais ayant manqué ſon coup, le reſte de la campagne ſe paſſa en eſcarmouches, qui ne déciderent rien. Cette diviſion inteſtine mettoit la France hors d'état de pouſſer vivement la guerre au-dehors. Les Eſpagnols profitoient de tous ces troubles, & enleverent dans les Pays-Bas Furnes, Bergues & Saint-Vinock ; reprirent Cervers en Catalogne & mirent le ſiége devant Barcelonne. Ces pertes furent contrebalancées par les avantages que le Maréchal de la Ferté remporta en Lorraine, où il s'empara de Chaté, de Mirecourt & de Vaudrevange.

1652.
Retour du Cardinal Mazarin.

Le Cardinal Mazarin regardant la révolte du Prince de Condé comme une occaſion favorable de faire connoître au Roi le beſoin qu'il avoit de ſes conſeils, écrivit à la Reine, & l'engagea à favoriſer ſon retour. Il n'eut pas de peine à obtenir ce qu'il deſiroit, & le Roi envoya au-devant de lui les Maréchaux d'Hocquincourt & de Grancei. Le Miniſtre à la tête de cinq mille hommes qu'il avoit levés pour le ſervice du Roi, arriva à Poitiers où étoit alors toute la Cour, dont il fut très-bien reçu. Ses ennemis ne virent ſon retour qu'avec chagrin ; le Parlement rendit pluſieurs Arrêts contre lui, & le Duc d'Orléans qui flottoit depuis long-temps entre les deux Partis, ſe joignit au Prince de Condé, pour forcer de nouveau la Reine à renvoyer le Cardinal. Le Roi caſſa tout ce qui s'étoit fait contre le Miniſtre, & ordonna au Maréchal d'Hocquincourt de pouſſer vivement les Rebelles. En conſéquence, il attaqua & ſe rendit maître d'Angers. La réduction de cette Place fut bientôt ſuivie de celle de la Flêche & de pluſieurs autres Villes de l'Anjou.

Suite de la guerre civile.

Le Prince de Condé ayant quitté la Guienne, ſe rendit à Orléans où campoit l'armée des Ducs de Nemours & de Beaufort. Il la conduiſit à Montargis, & retourna vers Château-Bernard. Informé que l'armée Royale, commandée par le Maréchal de Turenne, qui étoit reconcilié avec le Roi, & par le Maréchal d'Hocquincourt, occupoit alors des quartiers ſéparés, il ſe hâta d'attaquer ce dernier & le mit en déroute. Turenne averti de ce qui ſe paſſoit accourut au ſecours d'Hocquincourt, & oſa préſenter la bataille à une armée ſupérieure de beaucoup à la ſienne, & qui venoit de vaincre. Cette hardieſſe étonna le Prince de Condé & le força à ſe retirer. Ce coup sauva le Roi qui étoit à Gien, & que le Prince avoit dessein d'enlever. La Cour se rendit ensuite à Saint-Germain-en-Laye, & le Prince de Condé à Paris. On entamma alors quelques négociations ; mais elles furent sans effet.

<small>DE LA FRANCE.</small>

Ces Conférences n'avoient point suspendu les hostilités. Le Vicomte de Turenne profitant de l'absence du Prince de Condé, attaqua l'armée des Rebelles qui étoit dans un Fauxbourg d'Etampes, tailla en piéces mille ou douze cens hommes, & fit environ deux mille prisonniers. Ce succès l'engagea à faire le siége de cette Ville, & il s'en seroit rendu maître sans la diversion que fit alors le Duc de Lorraine. Ce Prince étoit entré en France avec son armée, & il avoit même pénétré jusqu'à Villeneuve-Saint-Géorges ; mais une somme d'argent qu'on lui donna, le fit bientôt reprendre la route de ses Etats. Le Prince de Condé n'ayant pû le retenir, conduisit son armée à Ville-Juif & de-là à Saint-Cloud. Elle ne resta pas long-temps dans l'inaction. Le Pont de Saint-Cloud fut attaqué, & le Prince de Condé maître du passage tomba tout d'un coup sur Saint-Denys qu'il emporta ; mais le lendemain cette Ville fut reprise par le Maréchal de Turenne, ce qui obligea M. le Prince à retourner à Saint-Cloud. Il fit de nouvelles propositions ; mais comme il vouloit traiter sans le Cardinal Mazarin, les Conférences furent rompues, & l'on ne songea plus qu'à envelopper l'armée des Rebelles. Le Prince s'en étant apperçu abandonna Saint-Cloud, & se mit en marche pour gagner Charenton. Son arriere-garde ayant été attaquée près de la Porte Saint-Martin, il n'eut que le temps de se jetter dans le Fauxbourg Saint-Antoine. Ce fut dans cet endroit que se donna, le 2 de Juillet, ce fameux combat où le Prince de Condé & le Maréchal de Turenne acquirent une gloire égale. Cependant le Maréchal de la Ferté marchoit en diligence pour joindre M. de Turenne. M. le Prince se vit sur le point d'être forcé ; mais heureusement pour lui les Parisiens qui jusqu'alors avoient été tranquilles spectateurs du combat, ouvrirent les portes de la Ville à la persuasion de Mademoiselle de Montpensier, qui fit tirer le canon de la Bastille sur l'armée du Roi. La présence du Prince de Condé ranima là haine qu'on portoit au Cardinal : le Parlement rendit de nouveaux Arrêts contre lui, & Monsieur fut déclaré Lieutenant Général du Royaume. Le Roi qui étoit à Pontoise y transfera le Parlement par une Déclaration du 6 Août ; mais il ne fut pas nombreux. Ceux qui s'y rendirent trouverent moyen de faire consentir le Roi à l'éloignement de son Ministre, & le Cardinal lui-même se prétant aux circonstances, sortit une seconde fois du Royaume, & se retira à Sedan.

<small>LOUIS XIV. DIT LE GRAND, LXII. ROI.</small>

<small>Bataille de Saint-Antoine.</small>

Tout prétexte de révolte cessoit alors, aussi vit-on bientôt les Peuples rentrer dans leur devoir, & les Parisiens implorer la clémence de leur Souverain. Le Roi touché de leur soumission, fit publier le 21 d'Octobre une Amnistie générale, & rentra le même jour dans Paris, d'où le Prince de Condé étoit sorti cinq jours auparavant. Ce Prince, dont le crédit étoit beaucoup tombé se retira dans les Pays-Bas ; & fut offrir ses services aux Espagnols, qui le déclarerent Généralissime de leur armée. Monsieur eut ordre de se rendre à Blois, Mademoiselle dans ses Terres, & le Cardinal de Rets fut d'abord enfermé à Vincennes, & ensuite dans la Citadelle de Nantes, d'où il se sauva en 1661. Cependant les Espagnols eurent quelques avan-

<small>Le calme est rétabli dans le Royaume.</small>

<small>Succès des Ennemis.</small>

tages assez considérables. Ils se rendirent maîtres pendant cette campagne de Barcelonne, de Cazal, de Gravelines, de Dunkerque, de Rhetel & de Sainte-Menehoult. Ces deux dernieres Villes furent prises par le Prince de Condé.

Le retour du Cardinal ne souffroit plus d'obstacle depuis la retraite de M. le Prince. Les esprits étoient entièrement changés à son égard. On le vit avec plaisir revenir dans la Capitale, & ses plus grands ennemis s'empresserent même de lui faire leur cour. Depuis cet instant, le Ministre reprit son ancienne autorité, & la conserva jusqu'à sa mort. Le commencement de son nouveau Ministere ne fut marqué que par des graces; mais en même temps qu'il cherchoit à gagner l'affection de ceux mêmes qui s'étoient le plus déclarés contre lui, il s'occupoit du soin de réparer les désordres que la guerre civile avoit occasionnés dans le Royaume, & de pousser avec vigueur celle qu'on faisoit aux Espagnols. Le calme étant rétabli dans toutes les Provinces, & les Chefs du Parti rebelle ayant fait leur accommodement avec la Cour, on ne songea plus qu'à se mettre en état de forcer les Ennemis du dehors à la paix.

On leur enleva Rhetel & Commerci ; mais on perdit en même temps Roye & Rocroi. Le Maréchal de Turenne à qui la Cour avoit défendu de hasarder une bataille, n'ayant pû garantir cette derniere Ville, incommoda tellement les Ennemis par ses campemens avantageux, ses marches & contre-marches, qu'ils abandonnerent la Picardie. Le Maréchal de Turenne s'empara aussi de Mouson, & tandis qu'il observoit les Ennemis, le Maréchal du Plessis-Praslin se rendit Maître de Sainte-Menehoult. Le Roi étoit présent à ces deux siéges. Les succès étoient plus suivis en Catalogne. Du Plessis-Belliere y avoit conservé toutes les Places qui étoient restées à la France. Le Maréchal d'Hocquincourt Viceroi de cette Province, s'y étant rendu, empêcha les Espagnols de faire le siége de Roses, leur tua cinq ou six cens hommes, & fit plus de huit cens prisonniers. Animé par cet avantage, il attaqua Gironne ; mais après deux mois de tranchée ouverte, il fut contraint d'abandonner son entreprise. Il s'en vengea par la défaite des Espagnols, qui étoient venus attaquer son arriere-garde. Ils furent aussi battus en Italie dans un endroit nommé la Roquette, par le Maréchal de Grancei qu'on avoit envoyé au secours du Duc de Savoye. Les Ennemis perdirent en cette occasion plus de neuf cens hommes.

Le parti des Rebelles n'étoit point entièrement abbattu ; mais la prise de Béfort en Alsace qui tenoit pour le Prince de Condé, & le mariage que le Prince de Conti fit avec la niéce du Cardinal Mazarin, lui porta un coup violent. Il ne restoit plus au Prince de Condé que quelques Places, dont Stenai étoit celle qu'il consideroit le plus. On résolut de commencer la campagne par le siége de cette Ville ; mais il fut différé après le Sacre du Roi. Cette cérémonie se fit à Rheims le 7 de Juin par l'Evêque de Soissons, parce que Henri de Savoye Duc de Nemours, Archevêque de Rheims n'avoit pas encore l'Ordre de Prêtrise. Le Roi se rendit ensuite au Camp qui étoit devant Stenai. La Ville capitula au bout de trente-trois jours. Cependant les Espagnols, par le conseil du Prince Condé, avoient mis le siége devant Arras, afin de faire diversion, & d'avoir une entrée en France de ce côté-là. Ce siége

siége fut célèbre par les différentes expéditions militaires qui s'y firent. La Ville n'avoit qu'une foible garnison ; mais les François trouverent moyen d'y jetter des troupes, malgré les Espagnols. Ceux-ci avoient si bien fortifié leurs lignes qu'elles paroissoient inexpugnables. M. de Turenne ayant enlevé tous les convois destinés pour les Ennemis, entreprit enfin le 25 d'Août de les forcer dans leurs retranchemens. Les Espagnols avertis du dessein du Général François, étoient sur leurs gardes lorsqu'on les attaqua. Le combat fut très-vif de tous côtés ; mais la victoire se déclara pour les François. Ils resterent maîtres du Camp dans lequel on trouva soixante-trois piéces de canon, cinq mille tentes, plus de deux mille chariots, huit mille chevaux, beaucoup de munitions de guerre, & un butin immense. Les Ennemis perdirent dans cette affaire plus de six mille hommes. Le lendemain le Roi fit son entrée dans Arras avec la Reine & toute sa Cour. La saison étant alors trop avancée, la campagne fut terminée de ce côté-là par la prise du Quesnoy, qui fit peu de résistance. Le Prince de Conti qui commandoit en Catalogne y eut plusieurs avantages. Il s'empara de Villefranche, de Puicerda & de quelques autres Places. Les expéditions militaires ne furent pas considérables en Italie, où il n'y eut que des escarmouches.

Le fort de la guerre fut cette année dans les Pays-Bas. Le Maréchal de Turenne ayant empêché les Ennemis de faire le siége du Quesnoy, se rendit maître de Landreci. Après cette conquête qui ouvroit les Pays-Bas Espagnols, le Roi marcha vers le Hainault, & prit Maubeuge sur sa route. Saint-Guilain & Condé eurent bientôt le même sort. Le Vicomte de Turenne se prépara ensuite à marcher contre les Espagnols ; mais ils se retirerent du côté de Cambrai. Sur ces entrefaites le Duc François de Lorraine mécontent des Espagnols, abandonna leur armée, & passa dans le parti de la France ; son exemple fut suivi par le Duc de Modene, ce qui engagea le Roi à lui envoyer des troupes. Avec ce nouveau secours il obligea le Marquis de Caracenne à lever le siége de Reggio. Il fut à son tour contraint d'abandonner celui de Pavie, après plus de quarante jours de tranchée ouverte. Du côté de la Catalogne les succès furent plus favorables. Le Prince de Conti s'étant rendu maître du Cap de Quiers & de la Ville de Castillon, laissa le commandement de l'armée au Marquis de Merinville qui fit lever le siége de Solsone à Don Juan d'Autriche ; mais ce Prince l'obligea à son tour d'abandonner son entreprise sur la Ville de Bergues. Cependant le Duc de Vendôme remporta une victoire considérable sur Mer devant Barcelone. Vers la fin de cette année le Roi donna deux Déclarations. Par la premiere, il renouvella les Edits que son Prédécesseur avoit donnés contre les Duels ; & par la seconde, il défendit aux Pages & aux Laquais de porter l'épée, ni aucune autre arme.

Malgré les avantages que le Roi avoit eus dans les dernieres campagnes, & l'alliance qu'il venoit de contracter avec les Anglois, alors sous la tyrannie de Cromwell, il fit faire des propositions de paix aux Espagnols, & donna ordre à M. de Lyonne son Ministre de demander l'Infante en mariage ; mais cette négociation n'eut aucun effet, & la guerre continua. Les François ouvrirent la campagne par le siége de Valenciennes. Les ennemis alors commandés par Don Juan d'Autriche & le Prince de Condé marche-

DE LA FRANCE.

LOUIS XIV. DIT LE GRAND, LXII. ROI.
Siége d'Arras.

1655.
Suite de la guerre contre les Espagnols.

1656.
Louis propose inutilement la paix aux Espagnols.

Tome I. Partie II.   V v *

DE LA FRAN-
CE.

LOUIS XIV.
DIT
LE GRAND,
LXII. ROI.

rent au secours de la Place. Les Assiégés ayant lâché les écluses, tout le Camp François fut inondé, & les Ponts de communication qui étoient sur l'Escaut furent rompus. Ces obstacles retarderent les travaux & donnerent le temps aux Espagnols de rassembler leurs troupes. Ils tomberent tout d'un coup sur le quartier du Maréchal de la Ferté, s'en rendirent maîtres, & firent un grand carnage des François. Ce Maréchal qui n'avoit point voulu profiter des conseils du Vicomte de Turenne, fut fait prisonnier. Turenne fit alors une retraite qui lui fit beaucoup d'honneur; puisqu'il emmena toute son artillerie, & fit emporter tous ses bagages. Il se comporta avec tant de prudence pendant le reste de la campagne que les ennemis ne purent profiter de leur avantage. Il leur fit manquer Saint-Guilain, tandis qu'il se rendoit maître de la Capelle, qui étoit le magasin d'où ils tiroient leur subsistance.

1657.

La mort de l'Empereur Ferdinand III. arrivée le 2 d'Avril, engagea le Roi à envoyer le Maréchal de Gramont & de Lyonne en Ambassade à la Diette de Francfort, à dessein d'empêcher l'élection de Léopold son fils. Ce fut dans cette Diette qu'on fit de nouvelles propositions de paix, qui furent sans effet. Cependant le Prince de Condé s'étoit déja emparé de Saint-Guilain qui lui coûta deux mille hommes. M. de Turenne crut réparer cette perte par la prise de Cambrai, dont la garnison n'étoit pas nombreuse; mais le Prince de Condé ayant trouvé moyen d'y entrer à la tête de deux mille chevaux, le Général François abandonna cette entreprise, & attaqua Saint-Venant, qui se rendit en trois jours. La capitulation n'étoit pas encore signée qu'il envoya un détachement de quatre mille chevaux au secours de la Ville d'Ardres qui étoit bloquée. Les Ennemis se retirerent à l'approche de ces troupes, s'imaginant que toute l'armée venoit à eux. Turenne poursuivant ses conquêtes, s'empara de Mardick, de la Mothe-aux-Bois, de Cassel, du Fort-Rouge, de Bourbourg, & força les ennemis à se retirer sous le canon de Dunkerque. Ce fut dans cette campagne que M. de Turenne manquant de tout par la faute du Cardinal Mazarin, fit couper sa vaisselle d'argent par morceaux pour la distribuer aux Soldats. D'un autre côté Louis XIV. en personne assiégea Montmedi. Le Maréchal de la Ferté commandoit à ce siége, que l'armée de Turenne couvroit. La Place ne se rendit cependant qu'après cinquante jours de tranchée ouverte. Les Espagnols se soutenoient mieux en Italie. La mesintelligence qui régnoit entre le Prince de Conti & le Duc de Modene, fut cause de leur défaite devant Alexandrie la Paille, qu'ils assiégeoient conjointement. Cet échec leur fit suspendre leurs haines pour quelque temps, ils concourerent tous deux à la délivrance de Valence, que les Espagnols pressoient vivement. Le Marquis de Saint-Abrés eut le même avantage sur eux en Catalogne, les ayant forcé de lever le siége d'Urgel qu'ils tenoient bloqué depuis dix jours. Ce fut dans cette année que le Roi fit bâtir à Paris l'Hôpital général.

1658.
Siége de Dunkerque, & Bataille des Dunes.

Les succès de la derniere Campagne n'étoient point encore décisifs, il falloit porter de plus grands coups pour en venir à la paix. Après plusieurs délibérations du Conseil, il fut résolu qu'on feroit le siége de Dunkerque. Cette entreprise étoit assez difficile. La Place défendue par une bonne garnison, avoit pour Gouverneur le Marquis de Leide, connu par sa valeur.

Furnes, Berg-Saint-Vinox, Nieuport, Gravelines & Oſtende qui appartenoient au Roi d'Eſpagne, formoient une ligne pour la couvrir. Il falloit outre cela emporter pluſieurs Forts, avant que de faire le ſiége. Ces avenues pouvoient être facilement inondées, & ce n'étoit que dans le ſable mouvant qu'on pouvoit ouvrir la tranchée. Toutes ces difficultés n'effrayerent pas le Maréchal de Turenne; & les troupes animées par la préſence du Roi, firent des prodiges de valeur. Turenne maître de tous les poſtes qui défendoient l'approche de la Place, l'inveſtit le 26 de Mai avec toute ſon armée, renforcée par les troupes Angloiſes que Cromwell avoit envoyées ſuivant le Traité. La Flotte Angloiſe ſerroit la Ville du côté de la mer, tandis qu'on pouſſoit les travaux avec vigueur du côté de la terre. La tranchée fut ouverte la nuit du 4 au 5 de Juin à douze cens pas de la Place. On forma deux attaques; l'une où il n'y avoit que des troupes Françoiſes, & l'autre où étoient les Anglois. Les Aſſiégés troublerent continuellement les travaux par de fréquentes ſorties; mais le Maréchal de Turenne étoit toujours ſur ſes gardes.

Les Ennemis qui ſentoient l'importance de ce poſte, ſe préparerent à attaquer les lignes des François. Turenne averti de leurs deſſeins, marcha à eux après avoir laiſſé dans les lignes le nombre de troupes néceſſaire pour continuer le ſiége. Les Eſpagnols ſurpris de l'arrivée des François, ſe rangerent promptement en bataille. On en vint aux mains avec une ardeur égale; le Prince de Condé & Dom Juan d'Autriche firent tout ce qu'on pouvoit attendre de ſi grands Généraux: les Ducs d'Yorck & de Gloceſter freres de Charles II. Roi d'Angleterre, donnerent auſſi des preuves de leur courage; cependant la victoire ſe déclara pour le Maréchal de Turenne, qui ramena ſon armée victorieuſe au Camp. Les Ennemis perdirent dans cette bataille trois mille hommes, & quatre mille priſonniers. Cette victoire ne fut pas capable d'ébranler le courage du Marquis de Leide; il étoit réſolu de réſiſter juſqu'à la derniere extrêmité, & de s'enterrer ſous les ruines de la Place. Elle pouvoit encore ſe défendre long-temps; mais le Gouverneur étant mort quelques jours après d'une bleſſure qu'il avoit reçue dans une ſortie, la Ville capitula le 25, & le Roi la remit aux Anglois, comme on en étoit convenu.

Turenne fut obligé de ſuſpendre les opérations militaires, par un accident qui penſa plonger toute la France dans le plus grand deuil. Le Roi tomba dangereuſement malade à Mardick; on le tranſporta à Calais où il fut en grand danger. Un Médecin d'Abbeville, nommé du Sauſſoi guérit ce Monarque avec du vin émetique, peu connu alors. Le rétabliſſement de la ſanté du Roi cauſa à la France une joie égale à la douleur qu'elle avoit reſſentie de ſa maladie. Sitôt que le Maréchal de Turenne eut appris la convaleſcence du Roi, il fit attaquer Gravelines, qui ouvrit ſes portes après trois ſemaines de ſiége. La perte que les Ennemis avoient faite à la Bataille des Dunes les empêcha de tenir la campagne, de ſorte que les François firent de grands progrès. Dixmude, Oudenarde, Menin & Ypres furent auſſi obligés de ſe rendre. Tels furent les ſuccès de l'armée de France dans les Pays-Bas. Le Duc de Modene ſe diſtinguoit auſſi en Italie par ſa valeur. Il battit les Ennemis en pluſieurs rencontres, leur en-

DE LA FRAN-
CE.

LOUIS XIV.
DIT
LE GRAND,
LXII. ROI.

Nouvelles propositions du mariage du Roi avec l'Infante d'Espagne.

leva Mortare, & les battit près de Valence, qu'ils vouloient affiéger. Sa mort arrivée le 14 d'Octobre, mit fin à fes conquêtes.

Le Cardinal Mazarin, qui ne perdoit point de vûe le projet qu'il avoit formé de faire époufer au Roi l'Infante d'Efpagne, crut que l'unique moyen d'y parvenir étoit d'ufer d'artifice, & de donner de la jaloufie à la Cour de Madrid. La Princeffe Marguerite de Savoye, fut propofée pour le Roi. Ce Monarque fe rendit même à Lyon, où cette Princeffe arriva avec toute la Cour de Turin. Le Roi d'Efpagne allarmé de ce voyage, donna ordre à Don Antonio Pimentel d'aller en diligence à Lyon, pour y traiter de la paix & du mariage de l'Infante. Les propofitions ayant été acceptées, on fit entendre à la Ducheffe de Savoye qu'il n'étoit pas poffible de refufer l'alliance que l'Efpagne venoit offrir, puifque la paix ne fe pouvoit faire qu'à ce prix là.

1659.

Traité des Pyrenées.

Comme les deux Nations la defiroient fincérement, on convint d'une fufpenfion d'armes qui devoit fubfifter pendant deux mois, à compter du 10 de Mai ; mais elle fut renouvellée au mois de Juin. Pendant ce temps là, on fe préparoit aux Conférences qui devoient fe tenir dans l'Ifle des Faifans, formée par la Riviere de Bidaffa. Le Cardinal Mazarin qui devoit traiter avec Don Louis de Haro, s'étant rendu au lieu indiqué, la premiere Conférence fe tint le 13 Août. Le Traité ne fut conclu que le 7 de Novembre (96), par les difficultés que le Miniftre Efpagnol faifoit naître au fujet du Prince de Condé, dont il demandoit le rétabliffement dans fes Gouvernemens. Le Cardinal refufoit toujours de foufcrire à ces propofitions, & la négociation auroit encore traîné en longueur, fi M. le Prince n'eût écrit à Don Louis de Haro, pour le prier de terminer fans fonger à fes intérêts, qu'il abandonnoit à la clémence du Roi.

Ce Traité contient cent trente-quatre articles. Le Mariage du Roi avec l'Infante Marie-Thérefe fut un des premiers. L'Efpagne promit cinq cens mille écus d'or pour la dot de cette Princeffe, aux conditions qu'elle renonceroit aux droits qu'elle avoit fur le Royaume d'Efpagne. On regla enfuite ce qui concernoit les conquêtes qu'on avoit faites de part & d'autre. Il fut décidé que le Roi Très-Chrétien garderoit dans les Comtés d'Artois, Arras, Hefdin, Bapaume, Bethune, Lillers, Lens & Terouanne ; dans le Comté de Flandre, Gravelines, avec les Forts Philippe, l'Eclufe & Hannuin, Bourbourg, Saint-Venant ; dans le Comté de Hainault, Landreci, le Quefnoy & Avennes ; dans la Province de Luxembourg, Thionville, Montmedi, Damvilliers, Ivoi, Chavanci & Marville. Le Roi confentit auffi de céder à l'Efpagne la Baffée, Berg-Saint-Vinox & Fort Royal, en échange de Marienbourg & de Philippeville. Pour ce qui regardoit les Places conquifes du côté des Pyrenées, on convint d'abord que ces Monts ferviroient de barriere aux deux Royaumes; que le Roi Très-Chrétien refteroit maître de tout le Comté de Rouffillon & de Conflans. L'Alface fut auffi cédée à ce Monarque, fans qu'il fût obligé de payer les trois millions pour l'évaluation de cette Province. Telles furent les Places que le Roi conferva par ce

(96) Ce Traité eft placé dans l'Hiftoire d'Efpagne, à l'an 1660, mais c'eft une faute d'impreffion.

Traité. L'Espagne eut le Comté de Charrolois, pour le tenir sous la Souveraineté du Roi Très-Chrétien. On lui restitua aussi dans les Pays-Bas, Ypres, Oudenarde, Dixmude & Furnes ; en Italie, Valence sur le Pô & Mortare ; dans le Comté de Bourgogne, Saint-Amour, Bleserans & Joux ; du côté de l'Espagne, Roses, le Fort de la Trinité, Cadagues, la Seau d'Urgel, Toxen, la Bastide, Baga, Ripol & le Comté de Cerdana. Le Roi Catholique s'obligea en même temps de remettre entre les mains du Roi Très-Chrétien, Rocroi, le Câtelet & Linchamp, dans lesquels le Prince de Condé avoit mis garnison. Par ce même Traité Verceil fut rendue au Duc de Savoye, le Traité de Querasque fut confirmé, la France conserva Pignerol, & le Prince de Monaco rentra en possession des Domaines qu'il avoit avant la guerre. Le Traité du Duc de Modene fut aussi ratifié par le Roi d'Espagne. On remit à un autre temps pour regler ce qui regardoit le rétablissement du Duc de Lorraine ; mais il ne fut point fait mention de Charles II. Roi d'Angleterre, à qui les Rebelles disputoient la possession légitime de ses Etats. C'est ainsi que fut terminée une guerre qui avoit duré pendant vingt-cinq ans (97).

DE LA FRANCE.

LOUIS XIV. DIT LE GRAND, LXII. ROI.

On disposa alors tout ce qui étoit nécessaire pour le voyage du Roi, qui vouloit aller recevoir l'Infante à Saint-Jean-de-Luz. Il partit de Paris au mois de Janvier, & s'étant rendu dans les Provinces Méridionales, il punit les Rebelles de Marseille & de la Ville d'Aix. Ce fut dans cette derniere Place qu'il apprit que Gaston Duc d'Orléans son oncle, étoit mort à Blois le 2 de Février. L'Infante étant arrivée à Fontarabie, Don Louis de Haro, chargé de la procuration du Roi de France, épousa cette Princesse le 3 de Juin. Le Roi eut le 6 du même mois une entrevûe avec le Roi d'Espagne dans l'Isle de la Conférence. Ils se séparerent très-contens l'un de l'autre, & l'Infante s'étant ensuite rendue à Saint-Jean-de-Luz, l'Evêque de Bayonne réitera la célébration de Mariage. Cet événement occasionna de grandes fêtes dans la Capitale, qui avoit fait tous ses efforts pour recevoir le Roi avec la magnificence que l'occasion requéroit. Le 26 d'Août le Roi & la Reine firent leur entrée dans Paris.

1660. Mariage du Roi.

Le Duc Charles de Lorraine peu content du Traité des Pyrenées eut recours au Cardinal Mazarin, pour faire son accommodement avec la France. Il obtint que la Lorraine & le Duché de Bar lui seroient rendus, à serve de Sirk, & de quelques Villages ; que le Roi retiendroit Moyenvic, le Comté de Clermont, Stenai & Jamerz ; que les fortifications de Nanci seroient démolies ; que le Duc n'en pourroit faire de nouvelles en aucune autre Place de ses Etats sans l'agrément du Roi ; que ce Monarque seroit mis en possession de Sarbourg & de Phalsbourg, & des Postes nécessaires pour conserver un chemin libre depuis l'entrée des Terres de son Domaine jusqu'en Allemagne. Ce Traité conclu à Vincennes fut le dernier que fit le Cardinal Mazarin.

1661. Traité avec le Duc de Lorraine.

Ce Ministre mourut le 9 de Mars âgé de cinquante-neuf ans. » Il étoit » aussi doux que le Cardinal Richelieu étoit violent : un de ses plus grands

Mort du Cardinal Mazarin.

(97) Voyez l'Histoire du Traité des Pyrenées. Deux Volumes in douze. A Paris chez Briasson 1752.

" talens fut de bien connoître les hommes. Le caractere de sa politique
" étoit plutôt la finesse & la patience que la force : opposé à Don Louis
" de Haro, comme Richelieu l'avoit été au Duc Olivarès, après être par-
" venu au milieu des troubles civils de la France à déterminer toute l'Al-
" lemagne à ceder de gré à cette Monarchie ce que son prédécesseur lui
" avoit enlevé par la guerre, il sçut tirer un avantage encore plus pré-
" cieux de l'opiniâtreté que l'Espagne fit voir alors, & après lui avoir
" donné le temps de s'épuiser, il l'amena enfin à la conclusion de ce cé-
" lébre mariage, qui acquit au Roi des droits légitimes & vainement con-
" testés sur une des plus puissantes Monarchies de l'Univers. Ce Ministre
" pensoit que la force ne doit jamais être employée qu'au défaut des au-
" tres moyens, & son esprit lui fournissoit le courage conforme aux circon-
" stances. Hardi à Cazal, tranquille & agissant à Cologne, entreprenant
" lorsqu'il fallut faire arrêter les Princes ; mais insensible aux plaisanteries
" *de la Fronde*, méprisant les bravades du Coadjuteur, & écoutant les
" murmures de la Populace, comme on écoute du rivage le bruit des flots
" de la Mer. Il y avoit dans le Cardinal de Richelieu quelque chose de
" plus grand, de plus vaste & de moins concerté ; & dans le Cardinal
" Mazarin, plus d'adresse, plus de mesure & moins d'écarts. On haïssoit
" l'un & on se moquoit de l'autre ; mais tous deux furent les maîtres de
" l'Etat (98).

Le mois d'Avril suivant ne fut employé qu'en fêtes & en divertissemens au sujet du mariage de Monsieur, frere unique du Roi, avec Henriette d'Angleterre, fille de Charles I. Quelques temps après on fit celui de Mademoiselle d'Orléans avec le Prince de Toscane.

Après la mort du Cardinal Mazarin le Roi voulut gouverner par lui-même, & l'attention qu'il donna aux affaires, fit bientôt connoître qu'il n'avoit point voulu ôter le gouvernement au Cardinal de peur de le mortifier. Il commença par mettre ordre aux Finances, & fit arrêter Fouquet sur-Intendant. Il fit ensuite faire une exacte perquisition de ceux qui avoient manié les deniers Royaux, & qui s'étoient enrichis. Le Roi donna alors la direction des Finances à M. de Colbert sous le titre de Contrôleur Général, la Charge de sur-Intendant des Finances ayant été supprimée. La paix qu'on venoit de conclure avec l'Espagne pensa être rompue par l'imprudence de l'Ambassadeur d'Espagne, qui à l'entrée de l'Ambassadeur de Suéde à Londres, insulta le carosse de l'Ambassadeur de France, & le contraignit à lui ceder le pas ; mais le Roi d'Espagne ayant désavoué son Ambassadeur, & fait au Roi la satisfaction qu'il desiroit, la bonne intelligence fut rétablie entre les deux Couronnes. Un événement à-peu-près semblable arriva l'année suivante à Rome à l'égard de M. de Créqui Ambassadeur de France, qui fut insulté par la Garde Corse. Le Roi pour s'en venger s'empara d'Avignon ; & força par ce moyen Alexandre VII. de lui donner satisfaction. Les Coupables furent punis, les Corses bannis à perpétuité de l'Etat Ecclésiastique, & l'on éleva une Pyramide vis-à-vis de leur ancien Corps-de-garde, avec une inscription qui contenoit les articles

---
(98) Le Président Henaut.

de la satisfaction ; elle fut abbattue par le consentement du Roi sous le Pontificat de Clément IX.

DE LA FRANCE.

Cette même année Dunkerque fût remise à la France pour la somme de cinq millions : les Etats de Hollande garantirent cette acquisition en vertu du Traité qu'ils avoient fait derniérement avec le Roi. Les Principaux articles regardoient la sûreté du Commerce & de la Navigation, & la garantie des Places que chacune de ces Puissances possedoit alors. Le Duc de Lorraine fit en même-temps un autre Traité avec le Roi. Il le déclaroit Héritier de ses Etats, & promettoit pour sûreté de l'exécution de lui remettre la Ville de Marsal, à condition que tous les Héritiers du Duc Charles seroient déclarés Princes du Sang de France. Le Parlement vérifia ce Traité avec clause qu'il n'auroit lieu que quand tous ceux qui y avoient intérêt l'auroient signé. Cette clause en empêcha l'exécution.

LOUIS XIV. DIT LE GRAND, LXII. Roi.

Différens Traités.

Le Duc de Lorraine malgré son Traité différoit de rendre Marsal, & donnoit de nouvelles preuves de son inconstance ; mais l'arrivée de l'armée Françoise & la prise de cette Ville le contraignirent à signer un nouveau Traité à Noméni. L'Alliance avec les Suisses fut aussi renouvellée le 28 de Novembre. Louis profitant de la paix s'appliqua à faire fleurir les Arts, les Sciences, à rétablir la Marine & à procurer la sûreté du Commerce. Pour l'execution de ces glorieux desseins, le Roi envoya des Colonies dans l'Isle de Cayenne & dans le Canada, & fit équiper plusieurs Flottes, afin d'assurer l'établissement de ces Colonies. Les Algériens qui troubloient la Navigation de la Méditerranée, ressentirent les premiers effets de la Puissance Maritime de la France. Le Duc de Beaufort leur enleva le 22 de Juillet Gigeri Ville d'Afrique ; mais comme il n'étoit pas facile de conserver cette Place, il l'abandonna au mois d'Octobre suivant après l'avoir démolie. Le Roi qui n'avoit plus de guerre à soutenir pour ses propres intérêts, ne refusa pas aux Puissances voisines les secours dont ils avoient besoin. Huit mille hommes qu'il envoya à l'Empereur, alors fort pressé par les Turcs, lui aiderent à gagner la bataille de Saint-Godard ou du Râab en Hongrie. L'Electeur de Mayence eut aussi obligation aux troupes Françoises, par le moyen desquelles il soumit les Rebelles de la Ville d'Erford. Pendant ces différentes expéditions militaires, le Roi continuoit ses soins pour faire fleurir le Commerce. Le Canal du Languedoc pour la communication des deux Mers, fut entrepris & commencé au mois de Novembre.

1663.

1664.

Les avantages qu'on avoit remportés sur les Pirates d'Afrique l'année précédente, ne les empêchoient pas d'exercer leur brigandage sur la Méditerranée. Le Duc de Beaufort chargé de leur donner la chasse, remporta sur eux deux victoires considérables : la premiere sous le Fort de la Goulette, & la seconde sous la Forteresse de Serfilles près d'Alger. Ils furent tellement affoiblis par ces défaites consécutives, qu'ils furent long-temps sans oser reparoître. Vers le même temps le Roi se trouva engagé dans une nouvelle guerre ; mais seulement à titre d'auxiliaire. Les Hollandois attaqués par l'Evêque de Munster, soutenu par Charles II. Roi de la Grande Bretagne, demanderent du secours au Roi en vertu du dernier Traité. Les troupes que Louis XIV. leur envoya obligerent bientôt l'Evêque de Munster à demander la paix ; mais il ne fut pas si facile d'y porter l'Angleterre. Les hosti-

1665.

DE LA FRANCE.

lités continuerent jufqu'en 1667, qu'elles furent terminées par le Traité de Breda (99).

LOUIS XIV. DIT LE GRAND, LXII. ROI.

1667.
Guerre de Flandre contre l'Efpagne.

Le Roi fe difpofoit alors à entrer dans les Pays-Bas Efpagnols à la tête de fon armée. Cette guerre étoit occafionnée par la demande que le Roi faifoit des Etats de Brabant, qui étoient dévolus à la Reine. Louis XIV. les avoit exigés du vivant de Philippe IV (1). Il en écrivit à la Reine Régente d'Efpagne pendant la minorité de Charles II. Mais n'ayant pû rien obtenir par les négociations, parce que la Cour d'Efpagne objectoit toujours les renonciations de la Princeffe, il réfolut d'avoir recours aux armes. Tout étant reglé pour la campagne, le Roi fe rendit dans les Pays-Bas avec la Reine. Les hoftilités commencerent par le fiége de Charleroi, qui capitula le 2 de Juin. Bergues-Saint-Vinox, Furnes, Ath, Tournai, Douai, le Fort de l'Efcarpe, Courtrai, Oudenarde & Aloft eurent bientôt le même fort; & cette glorieufe campagne fut terminée par la conquête de Lille, qui fe foumit le 27 d'Août, & par la défaite du Comte de Marcin & du Prince de Ligne, qui étoient venus au fecours de cette Place. Cette action fe paffa le 31. Le Roi avoit été préfent à tous ces fiéges, & il s'étoit même expofé fi fort à celui de Lille qu'un de fes Pages de la grande Ecurie fut tué derriere lui.

1668.
Succès des François.

Traité d'Aix-la-Chapelle.

Les grands avantages que le Roi avoit remportés l'année derniere, allarmerent les Hollandois, & engagerent les Efpagnols à écouter les propofitions de paix. On tint à ce fujet des Conférences à Aix-la-Chapelle; mais elles n'eurent aucun effet. Ce fut à cette occafion que fut fignée le 2 de Février la triple alliance entre l'Angleterre, la Hollande & la Suéde, contre la France. Cette confédération n'empêcha pas le Roi de continuer la guerre. Les fuccès de cette campagne ne furent pas moins rapides que ceux de l'année derniere, puifque la conquête de la Franche-Comté fut achevée en moins d'un mois. Le Prince de Condé commandoit l'armée fous les ordres du Roi; M. de Louvois fut foupçonné de l'avoir fait préférer au Maréchal de Turenne, dont la faveur lui donnoit beaucoup d'ombrage, & qui avoit fait fa derniere campagne, avec tant de fuccès dans les Pays-Bas. Tant d'exploits forcerent enfin les Efpagnols à figner un Traité qui fut conclu à Aix-la-Chapelle, par lequel la Franche-Comté fut rendue à l'Efpagne, & les conquêtes dans les Pays-Bas refterent à la France. Ce fut après cette paix que le Roi envoya des troupes au fecours de Candie affiégée par les Turcs. La valeur des François retarda de trois mois la prife de cette Place; mais leur trop grande ardeur en fit périr un grand nombre. Le Duc de Beaufort y fut tué, ou du moins on n'a jamais fçu ce qu'il étoit devenu.

1670.
Traité avec les Algériens.

Cependant les Corfaires de Barbarie ne ceffoient de troubler par leurs courfes la navigation dans la Méditerranée. Le Roi voulant réprimer leur audace, fit un armement confidérable. Les Algériens intimidés de ces préparatifs, fe prefferent d'envoyer des Députés pour demander la paix. Le Roi

---

(99) Voyez l'Hiftoire d'Angleterre & celle de Hollande dans les Volumes fuivans, aux années 1665 & fuivantes.

(1) Ce Prince étoit mort le 17 de Septembre 1665.

y consentit, aux conditions qu'ils rendroient les Esclaves François, tout ce qu'ils avoient pris sur les Vaisseaux de cette Nation, & qu'ils perdroient tout ce que les François leur avoient enlevé. Louis se vengea en même temps d'un autre ennemi, qui, pour n'être pas si dangereux, n'en étoit pas moins incommode. Le Duc de Lorraine toujours inconstant ne cessoit de se brouiller avec la France, & de faire des Traités qu'il n'observoit jamais. Le Roi lassé de toutes ses infidélités, envoya le Maréchal de Créqui dans les Etats de ce Prince, & la conquête en fut bientôt faite.

Ce n'étoient pas les seuls ennemis dont le Roi eût à se venger. Les Hollandois lui donnerent continuellement de nouveaux sujets de plainte; car outre la triple alliance qu'ils avoient formée contre ce Monarque, ils en avoient fait une autre avec l'Empereur & l'Espagne. Ces démarches qui dévoiloient les desseins des Provinces-Unies, mirent le Roi dans la nécessité de leur déclarer la guerre; mais il pensa qu'il ne devoit le faire qu'après avoir dissipé toutes les Ligues qui s'étoient formées contre lui. La Duchesse d'Orléans vint à bout de gagner le Roi d'Angleterre; mais on ne put rien obtenir de la Régente d'Espagne, conduite par les seuls conseils du Comte de Monterey, qui traversa la négociation. On fut plus heureux du côté de l'Allemagne: l'Electeur de Cologne & l'Evêque de Munster consentirent à se joindre à la France, & leverent des troupes en conséquence.

Pendant qu'on se préparoit de part & d'autre à une guerre qui devint considérable dans la suite, le Roi fit un voyage dans les Pays-Bas, alla visiter Dunkerque dont il augmenta les Fortifications. De retour à Paris, il fit commencer le 30 de Novembre l'Hôtel des Invalides ou de Mars: établissement très-utile, & qui fait le plus d'honneur à ce grand Roi. La gloire de son nom étoit déja portée dans les autres parties du Monde. Un Prince de Guinée, connu sous le nom de Roi d'Arda, lui envoya une Ambassade pour conclure un Traité de Commerce avec les François établis à la Martinique.

Louis XIV. ayant levé une armée de plus de cent cinquante mille hommes, se mit en campagne au mois de Mai, & s'avança sur les frontieres de Flandre, tandis que le Roi d'Angleterre attaquoit les Hollandois par Mer. Louis partagea ses troupes en trois Corps. Il commandoit le premier, ayant sous ses ordres le Duc d'Orléans Généralissime, & le Vicomte de Turenne Maréchal Général, dignité qui lui avoit été accordée après le Traité des Pyrenées. Le second Corps de troupes étoit commandé par M. le Prince, & M. de Chamilli, depuis Maréchal de France, étoit à la tête du troisiéme. On avoit résolu de commencer les hostilités par le siége de Maestricht; mais les Hollandois ayant inondé tout le Brabant jusqu'à Berg-op-zoom, on se détermina à celui de Maseyck, qui se rendit à M. de Chamilli au bout de deux jours de siége. L'armée après cette conquête marcha de différens côtés. Le Roi ayant passé la Meuse à Viset s'avança vers le Rhin, & celle du Prince de Condé tira vers Keiserwert, de sorte qu'on put faire le siége de plusieurs Places à la fois. Le Roi prit Orsoi & Rhimberg, pendant que le Prince de Condé se rendit maître de Vesel, & d'Emeri; & que M. de Turenne s'emparoit de Burich & de Rées. L'Evêque de Munster de son côté enleva aux Ennemis Groll, Borkelo, Zwol, Deventer, Coëvorden, &

Tome I. Partie II.   X x *

DE LA FRAN-
CE.

LOUIS XVI.
DIT
LE GRAND,
LXII. ROI.
Paſſage du Rhin.

pluſieurs petites Places dans la Province d'Over-Iſſel ; mais ayant tenté la conquête de Groningue, il fut vaincu par Rabenhaupt, qui reprit tout ce que l'Evêque avoit enlevé aux Hollandois.

Louis maître de tout ce qui étoit en-deçà du Rhin, ordonna à ſes trou‑pes de paſſer ce Fleuve à la nâge auprès de Tolhuis. Ce paſſage un des plus célébres dont l'Hiſtoire faſſe mention, ſe fit à la vûe des Ennemis, qui après une foible réſiſtance lâcherent le pied, & demanderent quartier. Ils l'avoient obtenu lorſque le Duc de Longueville ayant imprudemment tiré un coup de piſtolet ſur eux, occaſionna une action dans laquelle il perdit la vie. Le Prince de Condé y fut auſſi bleſſé, & le Régiment d'Aylva Friſon fut paſſé au fil de l'épée, pour venger la mort du Duc de Longue‑ville. Le Roi ayant enſuite traverſé le Fleuve, le Prince d'Orange ſe retira ; ce qui facilita la priſe de l'Iſle de Betaw. Après cette conquête Louis re‑paſſa le Rhin, & s'étant avancé dans le Comté de Zutphen, il ſe rendit maître de Doëſbourg, & bientôt toutes les Villes de cette Province furent au pouvoir des François. Le Maréchal de Turenne qui avoit pris le com‑mandement de l'armée du Prince de Condé, enleva auſſi aux Hollandois les Places que le Roi avoit laiſſées derriere lui. Les Habitans d'Utrecht n'at‑tendirent pas qu'on vînt les aſſiéger : ils ſe ſoumirent volontairement, & le Roi y fit ſon entrée le 30 de Juin. Pendant qu'il étoit dans cette Ville les Etats de Hollande envoyerent des Députés pour demander la paix ; mais les négociations ayant été ſans effet, la guerre continua. Les Hollandois craignant que les François ne pénétraſſent plus avant dans le Pays lâcherent les Ecluſes, & inonderent toute la Hollande. Le Roi ſe détermina alors à retourner à Paris, après s'être rendu maître en moins de deux mois des Pro‑vinces d'Over-Iſſel, de Gueldres, d'Utrecht, & de plus de quarante Villes fortifiées. Le Duc de Luxembourg reſta en Hollande, & le Maréchal de Turenne s'avança vers la Weſtphalie pour s'oppoſer aux troupes de l'Empereur & de l'Electeur de Brandebourg.

Les Conquêtes du Roi avoient excité la jalouſie de l'Empereur, & il s'étoit ligué contre la France avec l'Eſpagne, l'Electeur de Brandebourg & la Hollande. Le Vicomte de Turenne quoiqu'il n'eût alors que douze mille hommes, trouva moyen d'empêcher les Ennemis d'entrer dans la Hollande ; & le Duc de Luxembourg avec ſa petite troupe déconcerta tous les projets du Prince d'Orange Stathouder des Provinces-Unies. La guerre ſe faiſoit en même temps ſur mer : les François & les Anglois joints enſemble, attaquerent au mois de Juin la Flotte Hollandoiſe, commandée par Ruiter célébre Capitaine. Le combat fut très-vif, & la victoire incertaine, car chacun s'attribua l'avantage de cette action.

1673.
En Weſtphalie.

Le Vicomte de Turenne ne ſe contenta pas d'avoir arrêté les troupes Allemandes, il prit la réſolution de ſe venger de l'Electeur de Brandebourg. Dès le mois de Janvier il paſſa le Rhin, entra ſur les Terres de l'Electeur, s'empara de pluſieurs Places dans la Weſtphalie, & contraignit ce Prince à demander une trêve, qu'il obſerva fort mal. On renoua alors de nouvelles Conférences pour la paix, & les Puiſſances intéreſſées envoyerent leurs Plé‑nipotentiaires à Cologne. On avoit propoſé une ſuſpenſion d'armes, mais l'Empereur & le Roi d'Eſpagne s'y oppoſerent, & dans la ſuite ils firent rompre les Conférences. Le Roi voyant ses Ennemis déterminés à la guerre entra en campagne au mois de Juin, & après avoir fait semblant d'en vouloir à Bruxelles, il se rabbattit tout d'un coup sur Maestricht. La tranchée fut ouverte en deux endroits le 17, & la Ville capitula le 29 ou le 30. Ce siége fut très-meurtrier, & il se fit quantité d'actions éclatantes de part & d'autre. Les François y perdirent trois mille hommes. Après cette conquête le Roi passa en Alsace, & obligea Strasbourg à garder la neutralité.

Le Roi voyant que son Royaume alloit être attaqué de tous côtés, résolut de porter la guerre en Flandre & en Allemagne, & se trouva obligé d'abandonner ses conquêtes. Ce fut alors qu'on reconnut la prudence de l'avis de M. de Turenne, qui avoit conseillé de démolir toutes les Places dont on s'étoit emparé. Le Prince d'Orange profitant de l'éloignement de l'armée Françoise, reprit Naërden, & marcha vers Bonn pour en faire le siége, afin de procurer un libre passage aux troupes de ses nouveaux Alliés. Le Vicomte de Turenne fit tout ce qui dépendoit de lui pour s'opposer à cette jonction, mais il ne put prévenir la trahison de l'Evêque de Wirtzbourg, qui donna passage aux Allemans commandés par Montécuculi. L'Electeur de Tréve leur avoit en même temps livré les deux Ponts qu'il avoit à Coblentz sur le Rhin & sur la Moselle, de sorte que toutes ces troupes se réunirent à Bonn, dont ils se rendirent maîtres. Le Vicomte de Turenne entra alors sur les Terres de l'Evêque de Virtzbourg qu'il ravagea, ainsi que celles de l'Electeur de Tréves. Pendant ces dernieres expéditions, les Cours de France & d'Espagne se déclarerent la guerre, par des Manifestes qu'elles firent paroître, & dans lesquels chacune de ces Puissances apporta les raisons qui la déterminoient à cette rupture.

Tous les Princes de l'Empire, à l'exception des Ducs de Baviere & de Neubourg, se joignirent en même temps à l'Empereur ; mais ce grand nombre d'ennemis ne servit qu'à augmenter la gloire de la France. Seule contre tant de Puissances liguées pour l'abbattre, elle trouva des ressources en elle-même, & sortit enfin triomphante d'une guerre qui sembloit devoir causer sa ruine. Les Conférences tenues à Cologne pour la Paix ayant été rompues par l'attentat commis à l'égard du Prince Guillaume de Furstemberg, que l'Empereur fit enlever contre le droit des gens, le Roi ne songea plus qu'à s'opposer aux entreprises de ses ennemis qui l'attaquoient de tous côtés. Ce Monarque mit trois armées sur pied. La premiere devoit agir sous ses ordres ; la seconde commandée par le Prince de Condé, étoit destinée pour les Pays-Bas ; & M. de Turenne qui étoit à la tête de la troisiéme, se disposoit à marcher contre les Impériaux.

Le premier coup que le Roi porta aux Espagnols fut en Franche-Comté. Le Duc de Navailles s'étoit emparé de quelques Places pendant l'Hyver ; & Louis XIV. s'étant rendu dans cette Province au commencement de Mai, en acheva la conquête en deux mois. Ce Prince maître de la Franche-Comté pour la seconde fois, retourna triomphant à Versailles, & envoya son armée en Flandre, pour renforcer celle du Prince de Condé ; ce renfort la fit monter à cinquante mille hommes ou environ ; mais elle étoit de beaucoup inférieure aux Ennemis qui avoient quatre-vingt-quatre mille hommes sous les ordres du Prince d'Orange Généralissime des Confédérés.

DE LA FRAN-
CE.

LOUIS XIV.
DIT
LE GRAND,
LXII. Roi.

r Dans les Pays-Bas.

1674.

Conquête de la Franche-Comté.

X x ij

DE LA FRANCE.

LOUIS XIV. DIT LE GRAND, XLII. ROI.

Bataille de Senef.

Cette supériorité des Ennemis n'étonna pas le Prince de Condé. Il observa tous leurs mouvemens, & les ayant vû défiler, il fondit sur leur arriere-garde composée d'Espagnols, & les défit entiérement. Quinze cens hommes resterent sur la place, & l'on fit trois mille prisonniers. On leur enleva aussi cent drapeaux ou étendarts, leurs bagages & munitions avec tout l'argent des Hollandois. Le Prince poursuivant sa victoire marcha contre le reste de l'armée qui étoit posté avantageusement. Le combat y fut alors plus sanglant que le premier : on se battit de part & d'autre avec beaucoup de valeur ; les Ennemis furent enfin obligés de céder, & le Champ de bataille resta au Prince de Condé. Cette action qui se passa le 11 d'Août, ne finit qu'à onze heures du soir, après en avoir duré plus de douze. Le *Te Deum* fut chanté à Paris & à Bruxelles ; mais, comme le remarque le Comte de Châvagnac dans ses Mémoires, *il n'y avoit pas trop de quoi chanter de part & d'autre.*

Cet échec n'empêcha pas le Prince d'Orange d'entreprendre le siége d'Oudenarde, qu'il fut contraint de lever à l'approche du Prince de Condé. Il s'en vengea par la prise de Grave, dont cependant il ne put se rendre maître qu'après trois mois de siége. Le Marquis de Chamilli défendoit cette Place, & le célébre Rabenhaupt commandoit les troupes qui l'assiégeoient. Dinan & Hui tomberent aussi au pouvoir des Ennemis, & ce furent tous les avantages qu'ils retirerent d'une armée aussi considérable que celle qu'ils avoient.

En Allemagne.

Les Alliés étoient encore plus maltraités en Allemagne. M. de Turenne avec une armée de dix à douze mille hommes soutint les efforts des Impériaux sur les bords du Rhin & du Nekre. Il ne resta pas toujours sur la défensive ; car ayant appris que leur armée devoit être renforcée par un Corps de troupes que le Duc de Bournonville conduisoit, il marcha en diligence jusqu'à Wissock, & les attaqua le 16 de Juin aux environs de Seintzeim où ils étoient campés, & leur tua deux mille hommes. Il porta ensuite le fer & le feu dans tout le Palatinat, que le Duc de Lorraine & le Comte de Caprara avoient abandonné depuis leur défaite. La jonction du Duc de Bournonville l'obligea de revenir en-deçà du Rhin ; mais ayant alors reçu quelques renforts, il repassa ce Fleuve, marcha aux Ennemis, battit leur arriere-garde à Lademboug, & les força de reculer jusqu'à Francfort.

Ce fut dans cet endroit que toutes les forces de l'Empire s'étant réunies, elles passerent le Rhin à Spire & à Strasbourg, & s'étendirent dans l'Alsace. Le Vicomte de Turenne, qui avoit alors vingt-deux mille hommes, alla camper à Wentzenaw, à une lieue & demie de Strasbourg. L'avantage du lieu que les Ennemis occupoient au-delà du Village d'Ensheim, ne l'empêcha pas de les attaquer le 4 d'Octobre. Ils perdirent dans cette journée trois mille hommes ; & se retirerent sous Strasbourg où ils furent joints par les troupes de l'Electeur de Brandebourg, qui avoit rompu la neutralité. Le Vicomte de Turenne mit alors en œuvre toutes les ruses de guerre pour obliger cette armée composée de soixante mille hommes à se diviser. Il se retira de la Lorraine, & feignit d'abandonner l'Alsace. Ce Général remit ses troupes en campagne au mois de Décembre, fit le tour des Montagnes de Vôges & rentra en Alsace par la plaine de Béfort. Il commença par chasser les Impériaux de divers postes qu'ils occupoient, & après plusieurs avantages remportés sur eux, il les battit pour la troisiéme fois à Turkheim le 5 de Janvier 1675, & les obligea d'abandonner l'Alsace & de repasser le Rhin, ayant à peine vingt mille hommes.

Les affaires de la France n'étoient pas en si bon état en Roussillon. Les Espagnols y firent quelques progrès par le moyen des intelligences qu'ils avoient dans cette Province ; mais la prudence & la valeur du Comte de Schomberg, arrêterent les progrès des Ennemis. Un événement favorable aux intérêts de la France acheva de délivrer cette Province. Messine s'étoit révoltée, & avoit imploré la protection de Louis XIV. Les secours que ce Monarque y envoya, contraignirent les Espagnols à tourner leurs forces de ce côté-là, & firent une diversion dont les François sçurent tirer avantage.

Cependant les Hollandois firent plusieurs entreprises sur mer, qui ne leur réussirent point. L'Amiral Tromp fit une descente dans Belle-Isle sur les côtes de Bretagne ; mais il fut contraint de faire rembarquer ses troupes, sans avoir remporté le moindre avantage. L'Amiral Ruiter ne réussit pas mieux dans la Martinique, où il perdit douze cens hommes.

Les succès que M. de Turenne avoit eu la derniere campagne, le mettoient en état d'en esperer de nouveaux. Il songeoit cependant à se retirer, & en avoit même demandé la permission au Roi ; mais ce Prince l'ayant engagé à faire encore cette campagne, il assembla au mois de Mai son armée à Schelestat, & alla camper à une lieue de Strasbourg. Montécuculi qui commandoit alors les troupes Impériales, fit tout ce qu'il put pour l'obliger à quitter son poste. Le Maréchal de Turenne ne se laissa point surprendre, & rendit inutiles toutes les ruses du Général des Allemans. Cependant s'étant apperçu que les Habitans de Strasbourg fournissoient des vivres à l'armée Impériale, il passa le Rhin, & se posta entre cette Ville & le Camp ennemi. Après plusieurs marches & contre-marches, il resserra si fort les Impériaux qu'il leur ôta tous les moyens de pouvoir subsister dans l'endroit qu'ils occupoient. Il prit alors la résolution de les attaquer, & il avoit si bien pris ses mesures qu'ils ne pouvoient lui échapper. Mais pendant qu'il étoit à observer les mouvemens des Ennemis qui commençoient à défiler, il fut tué le 27 de Juillet d'un boulet de canon. Ainsi périt ce grand homme, dont le nom seul fait le plus parfait éloge. Sa vertu, ses excellentes qualités, son habileté dans l'Art Militaire, feront toujours l'admiration des siécles à venir. Le Roi fut sensiblement touché de cette perte, & il voulut que son corps fût mis dans le lieu destiné à la Sépulture des Rois de France.

L'armée qui venoit de perdre son Général ne songea plus qu'à la retraite. M. de Vaubrun & M. de Lorges, qui se chargerent du Commandement, la firent le 2 Août avec toute la prudence possible. Montécuculi laissa défiler l'armée Françoise sans l'inquieter ; mais lorsqu'elle fut arrivée sur les bords du Rhin il attaqua l'arriere-garde. Il y eut en cette occasion plusieurs petits combats assez vifs, dans lesquels les Allemans furent toujours repoussés. M. de Vaubrun y fut tué après avoir donné des marques de la plus grande valeur.

Les François ayant passé le Rhin, allerent camper à Chastenai auprès de

DE LA FRANCE.

LOUIS XIV.
DIT
LE GRAND,
LXII. ROI.

Sainte-Marie aux Mines. Les Ennemis qui fembloient n'avoir plus rien à craindre depuis la mort de M. de Turenne, entrerent dans l'Alface & firent le fiége de Saverne & de Haguenau. Ils ne refterent pas long-temps devant ces deux Places, fur l'avis qu'ils reçurent que le Prince de Condé, qui avoit remplacé M. de Turenne, marchoit à leur fecours. Le Duc de Lorraine fut plus heureux au fiége de Tréves. Le Maréchal de Créqui n'ayant pu réuffir dans l'entreprife qu'il avoit projettée pour furprendre les Affiégeans, fut défait le 11 d'Août, & eut bien de la peine à fe jetter dans la Place. Il s'y défendit jufqu'au 6 de Septembre que la Ville fut livrée aux Impériaux par la trahifon de Boisjourdan, Capitaine dans le Régiment de la Marine. Ce Traître eut quelque temps après la tête tranchée, & les Officiers qui avoient quelque part à fa félonie, furent dégradés fuivant les ufages de la guerre.

Dans les Pays-Bas.

La perte de cette Place fe trouvoit bien réparée par les conquêtes que le Roi fit dans les Pays-Bas. Dès le mois de Mai ce Prince s'étoit mis en campagne & s'étoit emparé de Dinan & de Hui ; la premiere de ces deux Villes avoit capitulé le 29 du même mois, & la feconde le 6 de Juin. Il entreprit enfuite le fiége de Limbourg, Place défendue par une forte garnifon, & pleine de toute forte de munitions. Le Prince d'Orange s'en approcha pour la fecourir ; mais le Roi ayant marché contre lui, il ne jugea pas à propos d'attendre ce Monarque, & fe retira. La Ville arbora le drapeau blanc après fept jours de tranchée ouverte.

En Catalogne.

Le Comte de Schomberg n'avoit pas eu de moindres avantages en Catalogne. Figuieres, Bafchara, le Fort-Joui, Ampurias, & quelques autres Places s'étoient rendues aux François. Le Duc de Saint-Germain Général des Efpagnols avoit été battu, & la prife de Bellegarde fut la fuite de cette victoire.

1676.

Combats fur Mer.

On commença alors à parler de paix, & la médiation du Roi d'Angleterre ayant été acceptée, on choifit Nimegue pour y tenir les Conférences à ce fujet. Elle n'empêcherent cependant pas que la guerre ne continuât avec la même ardeur. Le Roi qui n'avoit point abandonné l'affaire de Meffine, y envoya un nouveau fecours fous les ordres du Maréchal de Vivonne. Le Lieutenant Général du Quefne chargé d'efcorter le convoi, fut obligé de livrer combat à la Flotte ennemie commandée par Ruiter. Le Général François la maltraita beaucoup, & entra triomphant dans le Port de Meffine. Cette action s'étoit paffée le 6 de Janvier à la vûe de Stromboli. L'Amiral Ruiter fuivant les ordres qu'il avoit reçus, fe joignit à la Flotte Efpagnole & alla faire le fiége d'Agoufte. M. du Quefne fortit du Port de Meffine, & fit voile de ce côté-là. Les deux Flottes engagerent le 22 d'Avril un nouveau combat qui fut très-meurtrier, & dans lequel l'Amiral Ruiter perdit la vie. Chacun s'attribua l'avantage de cette Journée : cependant le fiége d'Agoufte fut levé, & les Ennemis fe retirerent. La victoire que Meffieurs de Vivonne & du Quefne remporterent le 2 ou 3 de Juin auprès de Palerme fut des plus complettes. Elle fut fuivie de la prife de la Scalette & de quelques autres poftes, qui rendirent les François maîtres de ce Pays là. Palerme auroit eu le même fort fi le Maréchal de Vivonne n'eût craint d'affoiblir la garnifon de Meffine. Il étoit obligé de prendre cette précaution à cause de plusieurs mouvemens qui se faisoient dans cette Ville en faveur des Espagnols. Les Hollandois perdirent aussi cette année l'Isle de Cayenne, que le Comte d'Estrées reprit sur eux. Les avantages que l'Amiral Tromp eut sur les Suédois dans la Mer Baltique, engagerent la France à déclarer la guerre au Dannemarck.

De la France.

Louis XIV.
dit
le Grand,
LXII. Roi.

On se battoit sur terre avec autant d'ardeur. Louis XIV. qui s'étoit rendu dans les Pays-Bas au mois d'Avril, s'empara de Condé le 26 du même mois. Monsieur qui avoit accompagné le Roi dans cette campagne, alla faire le siége de Bouchain, la Place capitula le 12. de Mai. Pendant cette derniere expédition le Prince d'Orange ayant rangé ses troupes en bataille, & le Roi s'étant approché de l'Ennemi dans le même ordre, on eut tout lieu de croire qu'il y auroit une action générale; mais l'irrésolution des Généraux des deux Partis, fut cause que les armées se retirerent sans qu'on en fût venu aux mains. Louis XIV. se rappelloit toujours ce moment avec regret. Ce Prince ayant manqué l'occasion de battre l'Ennemi, retourna à Paris, & laissa le commandement de son armée au Maréchal de Schomberg. Le Prince d'Orange entreprit alors le siége de Maestricht. La valeur de Calvo Gouverneur de la Place rendit inutiles tous les efforts des Assaillans, & leur fit périr bien du monde. Le Prince d'Orange voyant ses troupes rebutées de la longueur d'un siége si meurtrier, & apprenant que le Maréchal de Schomberg venoit au secours de Maestricht, il décampa en diligence. Le canon & les malades qu'il avoit fait embarquer sur la Meuse, tomberent entre les mains des François.

Dans les Pays-Bas.

Cependant le Maréchal de Luxembourg qui commandoit sur le Rhin, harceloit continuellement les Ennemis. Il remporta sur eux plusieurs petits avantages; mais il ne put empêcher le jeune Duc de Lorraine (2) de faire le siége de Philisbourg. M. du Fai qui commandoit dans la Ville se défendit pendant soixante-dix jours de tranchée ouverte, soutint trois assauts, & ne fit battre la chamade qu'après avoir consommé toute la poudre. Le Roi pour récompenser la valeur d'un si brave Officier lui donna le Gouvernement de Brisac. Ce fut à cette occasion que le Roi dit: *qu'il y avoit quatre hommes que ses Ennemis respecteroient dans ses Places, Montal, Chamilli, Calvo & du Fai.* Le Maréchal de Luxembourg répara cette perte par la prise de Montbelliard.

En Allemagne.

Les Conférences tenues à Nimegue dès le commencement de l'année derniere n'avoient encore produit aucun effet par la mauvaise volonté des Puissances belligérentes, qui souhaitoient la continuation de la guerre, dans l'espérance de regagner ce qu'elles avoient perdu, & de forcer la France à accepter la paix aux conditions qu'elles voudroient. Le succès ne répondit point à des espérances si flatteuses. Le Roi voyant ses Ennemis déterminés à la guerre entra en campagne dès le mois d'Avril, & pendant qu'on délibéroit à la Haye, sur les opérations de cette campagne, il prit d'assaut Valenciennes, par la valeur des Mousquetaires. Il attaqua ensuite Cambrai, tandis que le Duc d'Orléans faisoit le siége de Saint-Omer. Le Prince d'O-

1677.

Dans les Pays-Bas.

(2) Charles IV. Duc de Lorraine, & oncle de ce jeune Prince, étoit mort le 18 de Septembre 1675.

range n'ayant pû fauver Cambrai, qui fe rendit au bout de neuf jours, marcha avec trente mille hommes au fecours de Saint-Omer. Le Roi envoya auffi-tôt un gros détachement aux troupes qui faifoient le fiége. Ce renfort les ayant mis en état de marcher aux Ennemis, on en vint aux mains le 11 d'Avril auprès de Mont-Caffel. Le Prince d'Orange fit tout ce qu'on pouvoit attendre de lui ; mais la victoire fe déclara pour les François commandés par le Duc d'Orléans, & les Alliés perdirent quatre mille hommes, outre treize piéces de canon, quinze étendarts & plus de quarante drapeaux. Les Ennemis confternés de tant de pertes, voulurent engager le Roi d'Angleterre à fe déclarer contre la France ; mais ce Prince perfifta toujours à conferver fa qualité de Médiateur. Le Prince d'Orange malgré fa défaite alla mettre le fiége devant Charleroi, que Montal défendoit. La vigoureufe réfiftance de cet Officier, l'obligea à décamper, y étant contraint d'ailleurs par la difette des vivres que le Duc de Luxembourg lui avoit coupés. La campagne fut terminée de ce côté-là par la prife de Saint-Guilain au mois de Décembre.

Le Duc de Lorraine ne réuffiffoit pas mieux fur les bords du Rhin, que le Prince d'Orange avoit fait dans les Pays-Bas. Le Maréchal de Créqui rompit toutes fes mefures, & le ferra toujours de fi près, qu'il l'empêcha d'aller joindre le Prince d'Orange. Il le battit même à Kocberg, Montagne près de Strafbourg, & après lui avoir donné plufieurs fois le change, il tomba tout d'un coup fur Fribourg, qui capitula au bout de fix jours de tranchée ouverte. Le Maréchal de Navailles qui commandoit du côté des Pyrenées, acquit beaucoup de gloire dans cette campagne. Il défit les Efpagnols en plufieurs rencontres avec une armée moins forte de moitié que celle des Ennemis. Les Hollandois furent auffi maltraités en Amérique par le Comte d'Eftrées Vice-Amiral, & par le Sieur Louis Gabaret. Ce dernier périt à la premiere attaque de Tabago, qui fut manquée ; mais le Comte d'Eftrées étant revenu fur la fin de l'année, la Place fut prife, le Fort démoli, & toute la Colonie Hollandoife fut ruinée.

Tant de fuccès confécutifs étonnerent les Alliés, & les porterent à defirer la paix ; mais ils vouloient que la France l'acceptât fur le plan qu'ils propofoient. Louis XIV. refufant de foufcrire à des conditions défavantageufes, réfolut de faire les derniers efforts pour les contraindre à terminer la guerre. Tout l'Hyver fes troupes furent en mouvement, & dès le mois de Mars il parut en campagne. Quatre fiéges furent entrepris à la fois. Mons, Namur, Ypres & Luxembourg, fe virent en même temps attaqués. Le Roi à la tête de quatre-vingt mille hommes fit le fiége de Gand en perfonne, & s'en rendit maître en quatre jours. Après ces expéditions le Roi retourna à Verfailles, d'où il écrivit aux Etats Généraux pour leur faire connoître fes intentions pour la paix. Leurs Hautes-Puiffances firent une députation à ce Monarque pour demander une fufpenfion d'armes pendant fix femaines ; ce Prince y confentit d'autant plus volontiers que les Hollandois ne la demandoient que pour avoir le temps de difpofer les Efpagnols à accepter la paix. La négociation eut le fuccès que Louis XIV. en avoit attendu ; ils écouterent les propofitions qu'on leur fit. Le Traité particulier de la Hollande avec la France, fut figné à Nimegue le 10 d'Août, & en conféquence Maeftricht fut rendue aux Hollandois. Les hoftilités devoient ceffer cesser de ce côté-là, cependant le Prince d'Orange, soit qu'il fût mécontent du Traité, soit qu'il crût avoir trouvé l'occasion de venger toutes ses défaites par la victoire qu'il espéroit remporter sur les François, attaqua le Maréchal de Luxembourg à Saint-Denys sous Mons. Le Général François, qui sur la foi du dernier Traité croyoit n'avoir rien à craindre, se trouva surpris à l'approche des Ennemis ; mais sa valeur & sa diligence le mirent bientôt en état de recevoir le Prince d'Orange. Le combat fut très-vif de part & d'autre, & coûta beaucoup de monde aux Hollandois. La paix qu'on venoit de conclure empêcha que cette affaire n'eût quelque suite. Le 17 de Septembre l'Espagne accéda au Traité de Nimegue, qui assura à la France la Franche-Comté, Valenciennes, Cambrai, Ypres, Saint-Omer, & quelques autres Places.

La guerre continua cependant en Allemagne, & M. de Créqui la fit avec succès. Ce Général après avoir fait échouer tous les desseins du Duc de Lorraine, le battit en plusieurs rencontres ; mais la plus célèbre victoire qu'il remporta sur lui, fut à Gretzinghen le 6 de Juillet au Pont de Rhinfeld. Le carnage fut si grand que les corps morts dont le Pont étoit couvert, empêcherent les François d'entrer dans la Ville. Le Roi abandonna cette année l'affaire de Messine, & M. de la Feuillade qui avoit été envoyé pour remplacer M. de Vivonne, ramena sans aucun accident toutes les troupes Françoises, & quatre cens familles qui étoient restées attachées à la France.

La retraite des François de Messine, & quelques avantages qu'ils remporterent en Allemagne déterminerent l'Empereur à la paix. Elle fut conclue le 5 de Février du consentement des Princes d'Allemagne, excepté de l'Electeur de Brandebourg. Elle devint bientôt générale, & fut faite sur le plan que le Roi avoit proposé aux Alliés. Les principaux articles furent : » Que le Roi » Très-Chrétien céderoit à l'Empereur ses droits sur Philisbourg, & réci- » proquement l'Empereur au Roi ses prétentions sur Fribourg en Brisgaw ; » Que le Duc de Lorraine, dont l'Empereur prenoit les intérêts, seroit » rétabli dans les Etats que le feu Duc son oncle possedoit en 1670, à la » réserve de Nanci que le Roi gardoit ; Que le Prince Guillaume de Furstemberg seroit remis en liberté, & les autres Princes de Furstemberg rétablis dans tous leurs biens (3) ».

Deux mariages furent la suite de cette paix, qui valut à Louis XIV. le sur-nom *de Grand*. Marie-Louise d'Orléans fille de Monsieur, & de Henriette d'Angleterre, épousa Charles II. Roi d'Espagne. La cérémonie du mariage se fit à Fontainebleau le 31 d'Août ; & le 8 de Mars de l'année suivante Monsieur le Dauphin épousa à Châlons sur Marne Anne-Marie-Christine fille de l'Electeur de Baviere.

Le Roi ne s'occupa pendant la paix qu'à profiter des avantages qu'elle lui procuroit, & qu'à se mettre en état de résister aux entreprises que les Ennemis de la France pourroient former contre elle. Après diverses Réglemens qui regardoient l'intérieur du Royaume, il songea à fortifier les dehors. Rochefort fut bâti, son Port mis en état de recevoir les plus grands Vais-

(3) Le Pere Daniel.

seaux; & l'on construisit la Forteresse de Mont-Louis en Cerdagne. Le Roi alla visiter toutes les Places maritimes de Flandre, & y fit ajoûter des Fortifications qu'il jugea nécessaires; Sarlouis & Huningue dans la Haute-Alsace, furent aussi l'objet de ses soins. Il força en même temps les Espagnols à lui remettre la Ville de Dinan, qui lui avoit été cedée par le dernier Traité de paix; & réunit au Domaine les Terres démembrées de l'Alsace, & les Fiefs démembrés des trois Evêchés. Ces réunions se firent en conséquence des Arrêts rendus par le Conseil de Brisac & la Chambre de Metz que le Roi avoit établis pour ce sujet, & dont l'exécution fut confirmée par un Edit qu'il donna le 24 de Juillet. Les Princes intéressés dans ces Fiefs se plaignirent hautement de cette entreprise, qu'ils regardoient comme une infraction à la paix. On tint un Congrès à Courtrai pour regler les dépendances; mais les contestations qui s'eleverent furent les semences de la guerre qui s'alluma en 1689, & qui embrasa toute l'Europe.

DE LA FRANCE.

LOUIS XIV. DIT LE GRAND, LXII. ROI.

1681.

On regla cependant dans ces Conférences que le Comté de Chinei dans les Pays-Bas seroit cedée à la France; mais comme on ne décidoit rien sur le Comté d'Aloft, le Roi se détermina à faire le blocus de Luxembourg: il le fit lever l'année suivante lorsqu'il apprit que les Turcs marchoient en Hongrie. Quelque temps après il s'empara de Strasbourg par les négociations de M. de Louvois, & ce Monarque accompagné de la Reine & du Dauphin y fit son entrée le 23 d'Octobre. Tandis que Louis le Grand se rendoit maître de cette Place, M. de Boufflers prenoit possession de Casal, que le Duc de Mantoue avoit vendue à ce Prince. La Conquête de ces deux Places étonna les Puissances voisines, & excita même leurs murmures; mais la plûpart n'étoient pas en état de recommencer la guerre, & l'Empereur étoit obligé de se défendre contre les Turcs. D'ailleurs le Roi s'étoit mis en état de résister à ses Ennemis: il avoit profité de la paix pour relever sa Marine. Le Port de Toulon & celui de Brest avoient été perfectionnés, & l'on avoit équipé un grand nombre de Vaisseaux. Les premiers essais de ces nouvelles forces maritimes furent faits contre les Corsaires de Tripoli, qui avoient pillé des Vaisseaux François. M. du Quesne les battit en diverses rencontres, & les obligea à demander la paix.

Prise de Strasbourg, & autres expéditions.

1682.

Affaire de la Régale.

Cependant il étoit survenu quelques brouilleries entre Louis XIV. & le Pape Innocent XI. au sujet de l'Edit que le Roi avoit donné en 1673, par lequel il étendoit la Régale à toutes les Eglises du Royaume. Ce Prince convoqua une Assemblée générale du Clergé, dont l'ouverture se fit le 9 de Novembre de l'année précédente. Le Clergé consentit par un Acte aux volontés du Roi; ce qui engagea le Pape à envoyer des Brefs qui renfermoient des maximes contraires à celles qui étoient contenues dans l'Edit. Ces Brefs donnerent lieu à examiner des Propositions présentées par la Sorbonne en 1663, & le résultat de cette Assemblée furent les quatre Propositions que M. Bossuet Evêque de Meaux dressa sur la Puissance Ecclésiastique. La premiere, que le Pape & toute l'Eglise n'ont aucune autorité directe ni indirecte sur le temporel des Rois. La seconde, que le Concile général est au-dessus du Pape, conformément à ce qui a été reconnu dans les Sessions IVᵉ & Vᵉ du Concile Œcuménique de Constance. La troisième, que l'usage de la Puissance Apostolique doit être reglée par les Canons; que les

DE L'UNIVERS. Liv. I. Chap. LI. 355

Régles, les Mœurs, les Conſtitutions & les Uſages de l'Egliſe Gallicane doivent demeurer inébranlables. Et la quatriéme, que quoique le Pape ait la principale part dans les queſtions de foi, & que ſes Décrets regardent toutes les Egliſe, & chaque Egliſes en particulier, ſon Jugement n'eſt pourtant pas *irréformable*, à moins que le conſentement de l'Egliſe n'intervienne. Cette Déclaration fut confirmée par l'Edit du Roi enregiſtré au Parlement le 23 de Mars.

<small>De la France.
Louis XIV. dit le Grand, LXII. Roi.</small>

Les Corſaires de Barbarie malgré le Traité qu'on avoit fait avec eux, recommencerent leurs brigandages, ſur-tout ceux d'Alger, qui oſerent prendre quelques Vaiſſeaux François, & mettre à la chaîne ceux qui les montoient. M. du Queſne pour les punir de ces violences, parut devant Alger le 30 d'Août, & déſola cette Ville par le grand nombre de bombes qu'il y fit jetter. Ce châtiment ne les rendit pas plus circonſpects, & l'année ſuivante M. du Queſne fut obligé de bombarder de nouveau cette Ville. Le Roi de Maroc inſtruit par cet exemple de ſévérité, fit avec la France un Traité de paix & de commerce. Ce fut environ dans ce même temps que le Grand-Seigneur accorda à l'Ambaſſadeur de France l'honneur du Sopha, honneur qui n'avoit jamais été accordé à aucun Ambaſſadeur des Princes Chrétiens. La célébre machine de Marli fut commencée cette année ſur le deſſein de M. de Ville Liégeois.

<small>Expéditions contre les Corſaires.</small>

Le Roi peu content des Conférences de Courtrai & de la Diette de Ratiſbonne, ſe diſpoſa à forcer les Eſpagnols à lui céder les Places qu'il demandoit. Ce Prince ne voulut cependant point agir contre eux pendant que les Turcs étoient devant Vienne ; mais auſſi-tôt que les Ottomans eurent été chaſſés, & qu'il vit l'Empereur débarraſſé d'une guerre ſi dangereuſe, il propoſa une tréve de trente ans, pour diſcuter à fond les points conteſtés. Cette offre n'ayant point été acceptée, il fit marcher ſes troupes dans la Flandre Eſpagnole, ſous les ordres du Maréchal d'Humieres qui s'empara de Courtrai & de Dixmude. M. de Créqui s'avança enſuite vers Luxembourg qu'il bombarda pendant quelques heures, en repréſailles des courſes que la garniſon avoit faites ſur les Terres qui appartenoient aux François. Le Roi ayant égard à la médiation des Hollandois, fit ceſſer le bombardement, & accorda même une ſuſpenſion d'armes juſqu'à la fin de Janvier de l'année ſuivante. Les Eſpagnols au lieu de profiter de ce temps pour faire un accommodement avec la France, ne l'employerent qu'à faire des préparatifs de guerre, & à chercher des Alliés.

<small>1683.</small>

Les Génois écouterent volontiers les propoſitions de la Cour de Madrid, & ſe joignirent aux Eſpagnols contre la France. Ils ne tarderent pas à ſe repentir de cette nouvelle alliance. Le Roi chargea M. du Queſne de ſe rendre devant Génes avec ſa Flotte & de demander ſatisfaction ſur l'infraction du Traité qui ſubſiſtoit entre cette Ville & la France. Les Génois ne répondirent que par une décharge générale de toute leur artillerie. M. du Queſne s'en vengea bientôt en faiſant jetter plus de douze mille bombes, qui détruiſirent un grand nombre d'Edifices, & cauſerent un incendie effroyable. Le Fauxbourg de Saint-Pierre d'Arena fut en même temps détruit par le fer & le feu. Les Eſpagnols n'étoient guéres mieux traités en Catalogne. Le Maréchal de Bellefonds après avoir paſſé le Ter en leur préſence,

<small>1684. Bombardement de Génes.</small>

Y y ij

les battit, leur tua huit cens hommes, & prit d'assaut la Ville de Gironne; mais s'étant avancé au milieu de la Ville sans prendre assez de précautions, il fut repoussé, obligé d'en sortir, & de lever le siège au bout de six jours. L'entreprise sur Luxembourg fut plus heureuse. Le Maréchal de Créqui l'assiégea tandis que le Roi couvroit le siège avec une armée de quarante mille hommes. Les Ennemis se défendirent avec beaucoup de courage; mais ils se virent contraints de capituler le 7 Juin, après vingt-six jours de tranchée ouverte. M. de Créqui obligea ensuite la Ville de Tréve à raser ses Fortifications, & à combler ses Fossés. Le Roi poursuivit aussi les Espagnols sur mer, & on leur enleva plusieurs Vaisseaux. Tant de pertes consécutives jointes au Traité que les Etats Généraux firent avec le Roi, déterminerent les Espagnols à accepter une tréve de vingt ans que le Roi proposoit. Elle fut conclue à Ratisbonne, & l'on convint que Dixmude & Courtrai, dont les Fortifications seroient rasées, rentreroient sous la domination Espagnole, & que la France conserveroit pendant ce temps-là Luxembourg, Bouvines, Chimai & leurs dépendances. L'Empereur accéda aussi au Traité, & abandonna ses prétentions sur Strasbourg.

Louis le Grand satisfait d'avoir rendu la tranquillité à l'Europe, ne voulant pas que les Génois fussent seuls exceptés, leur accorda la paix; mais aux conditions que le Doge & quatre Sénateurs se rendroient en France pour demander pardon au nom de la Seigneurie. Il exigea en même temps que le Doge conservât sa dignité; car on sçait qu'il perd ce titre lorsqu'il sort de sa Capitale. Cette cérémonie extraordinaire se fit le 15 de Mai à Versailles, & la maniere dont le Roi reçut le Doge, adoucit en quelque sorte l'humiliation du personnage qu'il étoit venu faire en France.

Il arriva cette même année une Ambassade du Roi de Siam, pour conclure un Traité de commerce entre les Sujets du Roi Très-Chrétien, & ceux du Roi de Siam. Ce Prince avoit fait partir des Ambassadeurs dès l'année 1680; mais ils avoient fait naufrage. Le Chevalier de Chaumont & l'Abbé de Choisi, furent nommés pour aller de la part du Roi à Siam. Ils en revinrent l'année suivante avec de nouveaux Ambassadeurs qui eurent audience du Roi, dans la grande Gallerie; car les premiers ne l'avoient eue que de M. Seignelai, & de M. de Croissi. Ils apporterent des presens considérables; & le Roi les renvoya avec d'autres qui n'étoient pas moins magnifiques. La fin de cette année 1685, fut remarquable par la révocation de l'Edit de Nantes, que Henri le Grand avoit accordé en 1598 aux Calvinistes. Cette révocation fit sortir un million d'hommes du Royaume. Le Roi se vit contraint à cette action de vigueur pour punir les Protestans de la désobéissance qu'ils affectoient, en tenant des Assemblées contre sa défense.

Cette année pensa devenir funeste à la France. Le Roi tomba dangereusement malade de la fistule, & le 18 de Novembre on fut obligé de lui faire l'opération, qu'il supporta avec tout le courage possible. Le 11 de Décembre le Grand Condé mourut âgé de soixante-cinq ans. Ce Prince accablé de la goute s'étoit retiré de la Cour depuis quelque temps & vivoit dans la retraite à Chantilli. La maladie de Madame la Duchesse sa petite fille, attaquée de la petite vérole, l'engagea à se rendre à Fontainebleau, où elle étoit, &

DE L'UNIVERS. Liv. I. Chap. II.

il y mourut. Cette même année fut auſſi remarquable par l'établiſſement de la Maiſon de Saint-Cyr, pour l'éducation de trois cens Demoiſelles.

La tréve que le Roi avoit conclue avec l'Empereur & les Eſpagnols ſembloit devoir aſſurer la tranquillité à l'Europe ; mais l'ambition du Prince d'Orange, & la jalouſie des Ennemis de la France ſuſciterent bientôt une guerre longue & cruelle. Le Prince d'Orange qui avoit formé depuis longtemps le deſſein de monter ſur le trône d'Angleterre au préjudice de ſon beau-pere, crut qu'il ne pouvoit réuſſir qu'à la faveur des troubles qu'il exciteroit dans l'Europe, & ſur-tout en occupant la France afin qu'elle ne fût pas en état de ſecourir Jacques II. Ses intrigues ſecrettes eurent le ſuccès qu'il en avoit eſperé. La fameuſe Ligue d'Auſbourg projettée l'année précédente contre la France, fut conclue à Veniſe pendant le Carnaval. Elle fut ſignée entre l'Empereur, le Roi d'Eſpagne, le Roi de Suéde, les Provinces-Unies, le Prince Palatin, l'Electeur de Baviere, tous les Princes de la Maiſon de Saxe, & les Cercles de Franconie & du Haut-Rhin. Le Pape même ſe déclara contre Louis XIV. L'affaire de la Regale avoit commencé la querelle, & celle des *Franchiſes* acheva de brouiller ces deux Cours. Innocent XI. vouloit ôter aux Ambaſſadeurs le droit de *Franchiſes* qui s'étendoit non-ſeulement dans leur Palais ; mais encore dans tout le quartier qu'ils habitoient. Les autres Princes de l'Europe y avoient conſenti. Louis XIV. ne crut pas devoir ceder un droit dont il étoit en poſſeſſion depuis long-temps. Le Pape prit la choſe avec hauteur ; il excommunia l'Ambaſſadeur que le Roi avoit envoyé, & jetta l'interdit ſur l'Egliſe où ce Miniſtre s'étoit rendu pour y aſſiſter à l'Office divin. Le Roi irrité du procédé du Souverain Pontife, ſe ſaiſit du Comtat d'Avignon, tandis que le Procureur Général appella de la Bulle du Pape au futur Concile.

Louis le Grand abandonné de tous ſes Alliés, attaqué par tous ſes voiſins, & n'ayant d'autres reſſources que dans lui-même, fit voir que rien n'étoit capable de l'étonner, & ſe prépara à ſoutenir les efforts de tant d'ennemis. Loin de ſe tenir ſur la défenſive, il fut le premier à porter la guerre chez ſes voiſins. Les hoſtilités commencerent ſur les bords du Rhin par la priſe de Heidelberg, de Mayence, & d'Ebernebourg, afin de terminer les conteſtations qui s'étoient élevées au ſujet de la ſucceſſion Palatine, entre Madame & le nouvel Electeur Palatin, & pour rendre à cette Princeſſe les Domaines qui lui appartenoient. La conquête de ces Places facilita celle de Philiſbourg, dont le Dauphin ſe rendit maître en dix-neuf jours de tranchée ouverte. Manheim, Frankendal, Keiſerlauter, Neuſtadt, Oppenheim, Worms, Spire & Tréves ſubirent bientôt la loi du Vainqueur. On raſa les Places qu'il étoit difficile de conſerver, & l'on ne garda que celles qui étoient les clefs du Pays. Le Roi après ces conquêtes propoſa des accommodemens à l'Empereur & au Prince Palatin ; mais ils furent rejettés.

Les ſuccès du Prince d'Orange en Angleterre (4) ſembloient les conſoler de toutes ces pertes. Ce Prince étoit venu à bout de ſes deſſeins criminels, & avoit ſoulevé toute l'Angleterre contre ſon Roi légitime. Louis XIV. menaça alors la Hollande de lui déclarer la guerre ſi elle favoriſoit

De la France.

Louis XIV. dit le Grand, LXII. Roi.

1687.

Ligue d'Auſbourg.

Différents avec la Cour de Rome.

1688.

Expéditions en Allemagne.

---

(4). Cette révolution ſera détaillée dans l'Hiſtoire d'Angleterre.

DE LA FRANCE.

LOUIS XIV.
DIT
LE GRAND,
LXII. ROI.

1689.

Arrivée du Roi Jacques II. en France.

les Rebelles, & n'ayant pu engager l'Espagne à se joindre à lui pour rétablir Jacques II. sur le trône, il la déclara à cette Puissance.

Cependant Jacques II. ne trouvant plus de sûreté dans ses Etats, fut contraint de chercher un asyle en France où il fut traité en Roi. Louis XIV. lui céda le Château de Saint-Germain-en-Laye, pourvût avec une magnificence Royale à son entretien, & employa tous les moyens pour lui faire oublier ses malheurs. Il songea en même temps à lui procurer les secours nécessaires pour châtier les Rebelles & chasser l'Usurpateur du Trône dont il s'étoit emparé. La plus grande partie de l'Ecosse & de l'Irlande étoit restée fidéle à son légitime Souverain. Le Duc de Gordon refusoit constamment de rendre le Château d'Edimbourg dont il étoit Gouverneur, & le Comte de Tirconel Viceroi d'Irlande entretenoit les Peuples de cette Isle dans l'attachement qu'ils témoignoient pour Jacques II. La présence de ce Prince paroissant nécessaire en Irlande, il y passa au mois de Mars avec sept mille hommes de débarquement sous les ordres du Comte de Lauzun. La Flotte qui portoit ces troupes étoit commandée par le fameux Gabaret. Peu de temps après le Comte de Château-Renaud conduisit un nouveau Corps de troupes composé de trois mille hommes avec des armes, & quelques autres munitions de guerre. Le Roi Jacques renvoya en échange huit bataillons Irlandois qui composoient cinq Régimens (5). Ils s'embarquerent sur la Flotte du Comte de Château-Renaud, qui à son retour battit la Flotte Angloise, prit sept Vaisseaux Hollandois richement chargés & arriva à Brest le 18 de Mai.

Prises de quelques Places par les Impériaux.

Combat de Valcourt.

Les Confédérés de la Ligue d'Augsbourg ayant publié leur Manifestes, se disposerent à entrer en Campagne. Louis XIV. publia les siens, & porta ses principales forces en Flandre, où il avoit plus de cent mille hommes. On n'avoit rien à craindre du côté du Rhin qui étoit gardé par des Places bien fortifiées. Les Alliés commencerent les hostilités par la prise de Keiserwert. M. de Boufflers répara cette perte en emportant d'assaut Kocheim sur la Moselle. Les Ennemis qui avoient alors une armée de près de cent mille hommes bornerent toutes leurs expéditions aux siége de Mayence & de Bonn. Le Marquis d'Uxelles qui commandoit dans la premiere fut obligé de se rendre avant la prise du chemin couvert, parce qu'il manquoit de poudre. C'étoit la faute du Ministre; mais en habile politique il s'en chargea pour assurer sa fortune. Le Baron d'Asfeld après s'être défendu dans Bonn pendant quatre-vingt-dix-sept jours avec une valeur extraordinaire, fit une capitulation honorable. Les Alliés restoient en Flandre dans l'inaction, & le Prince de Waldek Général de leur armée se tenoit dans son camp, sans rien entreprendre. Le Maréchal d'Humieres résolu de le forcer à accepter le combat, fit d'abord attaquer le Fort de Valcourt. Cette entreprise ne lui réussit pas : il y perdit beaucoup de monde & fut obligé de se retirer.

---

(5) Ces Régimens étoient ceux de *Mont-Cassel* & de *Clare*, levés par le grand pere de Milord Clare, actuellement Chevalier des Ordres du Roi, & Lieutenant Général des Armées de Sa Majesté : de *Dillon*, levé par le grand pere de Milord Dillon d'aujourd'hui. Ces trois Régimens étoient chacun de douze cens quatre-vingt hommes. Les deux autres étoient ceux de *Fielding* & de *Butler*. Comme ils étoient trop foibles & que leurs Colonels étoient restés en Irlande, on les incorpora dans *Mont-Cassel* & dans *Clare*.

M. de Luxembourg vengea cette défaite par la victoire qu'il remporta le premier de Juillet à Fleurus fur les Alliés. Il fut redevable de ce succès aux dispositions qu'il avoit faites, & à la promptitude avec laquelle il exécuta ses desseins. Les Ennemis eurent six mille hommes tués dans cette affaire ; on leur fit huit mille prisonniers, & ils perdirent toute leur artillerie & plus de deux cens étendarts ou drapeaux. M. de Catinat ne remporta pas de moindres avantages en Italie. Après avoir forcé le Duc de Savoye à déclarer ses véritables intentions, qui étoient contraires aux intérêts de la France, il attaqua Rivalt qu'il emporta d'assaut ; se rendit maître de la Roche de Cahours, & ayant trouvé l'occasion de livrer bataille au Duc, il le défit auprès de l'Abbaye de Staffarde sur le Pô. Il resta sur la place quatre mille hommes des Ennemis, qui perdirent leur artillerie, les équipages & un grand nombre de drapeaux. Cette action se passa le 18 d'Août. Le fruit de cette victoire fut la prise de Saluces & de plusieurs Villes du Piémont. M. de Saint-Ruth soumit en même temps presque toute la Savoye, excepté Montmelian qu'il bloqua. Il ne se passa rien du côté du Rhin où l'armée Françoise sous les ordres du Dauphin se tint sur la défensive, & déconcerta les projets du Duc de Baviere Commandant de l'armée Impériale depuis la mort du Duc de Lorraine arrivée le 17 d'Avril.

Pendant que Louis triomphoit de ses Ennemis, la fortune s'étoit déclarée contre Jacques II. & ce Prince avoit été défait le 11 de Juillet par le Prince d'Orange sur les bords de la Boyne, malgré la valeur du Duc de Berwick, du Chevalier d'Hocquincourt & de Richard Hamilton. La perte de cette bataille décida du sort de l'Angleterre. Jacques n'ayant plus de ressources dans le Pays fut obligé de repasser en France, tandis que le Duc de Lausun sauvoit le reste des troupes par une des plus belles retraites qu'on ait jamais faites. Elles s'enfermerent dans Limerick, & s'y défendirent avec tant de courage que le Prince d'Orange fut obligé d'en lever le siége, après avoir perdu beaucoup de monde. M. Boisselot Capitaine aux Gardes Françoises commandoit alors dans la Place.

Les armes du Roi n'avoient pas été moins glorieuses sur mer pendant cette campagne qu'ils l'avoient été sur terre. Le Comte de Château-Renaud s'étant joint au Comte de Tourville, attaqua la Flotte ennemie dans la Manche & la mit en désordre. Le Comte d'Etrées que M. de Tourville détacha ensuite, alla faire une descente à Teingmouth où il brûla quatre Vaisseaux de guerre aux Ennemis, & plusieurs Vaisseaux Marchands. Le Comte de Frontenac chargé de la défense de Quebek, ne donna pas de moindres marques de son courage. Il repoussa le Chevalier Guillaume Phips, l'empêcha de se rendre maître d'aucun poste, & l'obligea de se retirer avec tant de précipitation qu'il ne put embarquer son canon.

Les progrès que Messieurs de Feuquieres & de Catinat firent dans le Piémont & la Savoye, furent capables de faire repentir le Duc d'avoir pris parti contre la France ; mais les secours qu'il attendoit de l'Espagne & de l'Allemagne l'engagerent à persister dans l'alliance de ces deux Etats. M. de Feuquieres qui commandoit dans Pignerol, s'étant occupé pendant tout l'Hyver à poursuivre les Barbets, & à rendre le chemin des Vallées libre jusqu'à Briançon, fit des courses dans les environs de Pignerol, & enleva

DE LA FRANCE.

LOUIS XIV. DIT LE GRAND, LXII. ROI.

1690.
Bataille de Fleurus.
Succès en Italie.

Défaite de Jacques II. en Irlande.

Sur Mer.

1691.
En Italie.

quelques postes. M. de Catinat de son côté s'empara de Villefranche, de Nice, de Villane, de Carmagnole, & termina la campagne par la prise de Montmelian. On n'avoit pas réussi au siége de Coni par la faute d'un Officier Général qui sur un faux bruit de l'arrivée du Prince Eugene, décampa trop promptement. Il fut envoyé prisonnier dans la Citadelle de Pignerol.

Les succès de Louis le Grand dans les Pays-Bas répondirent à ceux d'Italie. Le Roi ayant fait tous les préparatifs nécessaires pour le siége de Mons, partit de Versailles au mois de Mars, & se rendit devant cette Place que M. de Boufflers avoit investie. Aussi-tôt que le Roi fut arrivé, on commença les travaux qui furent dirigés par M. de Vauban. Le Prince d'Orange s'approcha de Notre-Dame de Hall, & l'on crut alors qu'il vouloit secourir la Place; cependant le Roi s'en rendit maître le 9 d'Avril au bout de seize jours de tranchée ouverte. Après cette conquête le Roi quitta l'armée dont il donna le commandement à M. de Luxembourg. Ce Général & le Prince d'Orange passerent tout le reste de la campagne à s'observer; mais ce dernier ayant abandonné le commandement de l'armée au Prince de Waldec, le Maréchal de Luxembourg l'attaqua le 19 de Septembre dans le temps qu'il décampoit de Leuze, & battit entiérement son arriere-garde, quoiqu'il n'eût d'abord avec lui que la Maison du Roi & la Gendarmerie.

La fortune ne se lassoit point d'être contraire au Roi Jacques. Louis XIV. avoit envoyé en Irlande trois mille hommes sous la conduite du Comte de Saint-Ruth, pour soutenir les troupes qui étoient restées fidéles à leur légitime Souverain: un convoi de quarante Bâtimens leur avoit porté une grande quantité de munitions de guerre & de bouche, & étoit arrivé heureusement à Limerick. Le Général Ginkel commandant les troupes de l'Usurpateur s'avança vers cette Place pour en faire le siége. Saint-Ruth qui étoit campé à l'Abbaye de Kilconnel sur la Riviere du Suc, soutint l'attaque des Rebelles avec toute la valeur possible, & avoit déja rompu l'Infanterie du Prince d'Orange, lorsqu'il fut tué d'un boulet de canon. La mort de ce grand Capitaine fut suivie de la perte de la bataille, & bientôt après de la prise de Limerick, qui se rendit au bout de trente-huit jours par une des plus célebres capitulations qu'on ait jamais vûes. Il étoit dit dans un des articles, que les troupes Irlandoises auroient la liberté d'entrer au service du Prince étranger qu'elles voudroient, & qu'on leur fourniroit les moyens de sortir de l'Irlande en toute sûreté. En conséquence de cette capitulation, il passa au service de France vingt-cinq Bataillons, deux Régimens de Dragons & deux Compagnies des Gardes du Corps. Ils furent escortés par une Escadre de Vaisseaux de guerre François commandée par M. de Château-Renaud. Ces troupes allerent joindre la Brigade de *Mont-Cassel*, qui étoit en Italie, & qui servoit sous M. de Catinat. Plusieurs Familles abandonnerent en même temps l'Irlande, & se retirerent en France où elles ont trouvé une nouvelle Patrie, par les libéralités sans nombre du Monarque qui regnoit alors & de son auguste Successeur. Les troupes Irlandoises ont toujours fait voir, par l'ardeur avec laquelle elles ont combattu contre les Ennemis de la France, que les intérêts de cette Puissance ne leur étoient pas moins chers que ceux de leur Patrie.

Ce fut pendant ces circonstances que mourut M. de Louvois, Ministre

& Secrétaire d'Etat, » né avec de grands talens qui avoient la guerre pour
» objet, il rétablit l'ordre & la discipline dans les armées, ainsi qu'avoit
» fait M. de Colbert dans les Finances. Mieux informé souvent que le Gé-
» néral lui-même, aussi attentif à récompenser qu'à punir, œconome &
» prodigue suivant les circonstances, prévoyant tout & ne négligeant rien,
» joignant aux vûes promptes & étendues la science des détails : profon-
» dément secret, formant des entreprises qui tenoient du prodige par leur
» exécution subite, & dont le succès n'étoit jamais incertain, malgré la
» foule des combinaisons nécessaires qui devoit y concourir ; l'instruction
» donnée au Maréchal d'Humieres pour le siége de Gand, fut regardée
» comme un chef-d'œuvre dans son genre. Mais il eut été à souhaiter qu'il
» n'eût pas porté trop loin le zèle pour la gloire de son Maître, & que se
» contentant de voir le Roi devenu l'objet du respect de l'Europe, il n'eût
» pas voulu encore qu'il en devînt la terreur «.

Les malheurs qu'on avoit éprouvés en Irlande n'empêcherent pas Louis XIV. de faire de nouveaux efforts en faveur de Jacques II. Ce Prince avoit encore un grand nombre de Partisans en Angleterre, & l'on se flattoit que s'il pouvoit y paroître à la tête d'un Corps de troupes, ses fidéles Sujets se déclareroient, & que les Rebelles rentreroient dans le devoir. On fit les préparatifs nécessaires pour la descente qu'on méditoit, & le Roi Jacques s'avança même vers les Côtes de Normandie. Les Anglois & les Hollandois qui eurent connoissance de ce projet couvrirent la mer de leurs Vaisseaux ; ce qui retarda l'embarquement. On attendoit cependant que le Comte d'Etrées pût venir joindre le Comte de Tourville ; mais les vents contraires ayant empêché le premier de ramener son Escadre qui étoit dans la Méditerranée, M. de Tourville eut ordre d'attaquer la Flotte ennemie, parce que la Cour comptoit sur des intelligences qui ne réussirent point, M. de Tourville malgré la supériorité des Ennemis ne perdit pas un seul Vaisseau dans le combat, qui dura le 29 de Juillet depuis le matin jusqu'à la nuit, & ce ne fut qu'en allant échouer à la Hougue & à Cherbourg qu'il fut obligé de brûler ou de couler bas quatorze Vaisseaux. Le Roi récompensa la valeur de ce Général par le Bâton de Maréchal. Il n'avoit pas été victorieux parce qu'il étoit impossible de l'être en cette occasion.

Cependant le Roi faisoit le siége de Namur qu'il avoit investi le 24 de Mai. Ce Prince fit ouvrir la tranchée le 29 en trois endroits, & huit jours après la Ville se rendit. Il ne fut pas si facile de se rendre maître du Château. Il fallut faire des tranchées dans le Roc, & supporter des pluies continuelles qui tomboient en abondance. Le Roi, quoiqu'alors incommodé de la goute, se fit porter en chaise à la tranchée. Il y étoit si exposé au feu des Ennemis, que le Comte de Toulouse qui étoit derriere lui fut blessé d'un coup de fusil: Les travaux furent poussés avec tant de vivacité que le Château demanda à capituler le 30 de Juin après vingt-deux jours de tranchée ouverte, en présence du Prince d'Orange qui étoit à la tête de cent mille hommes. Il crut réparer cet affront en attaquant le 4 d'Août l'armée Royale commandée par M. de Luxembourg. En effet, ce Général trompé par un faux avis fut surpris par les Alliés, & le commencement du combat fut fort désavantageux ; mais ayant eu le temps de rassembler ses troupes, il

Tome I. Partie II. Z z *

DE LA FRANCE.

LOUIS XIV. DIT LE GRAND, LXII. Roi.

Nouvelles tentatives en faveur de Jacques II.

Siége de Namur.

Bataille de Steinkerque.

fit bientôt changer les choses de face, & arracha des mains des Ennemis la victoire qui s'étoit d'abord déclarée pour eux. Les Alliés perdirent plus de douze mille hommes dans cette affaire, qui en coûta environ huit aux François.

Le Maréchal de Lorges n'avoit pû rien entreprendre sur les bords du Rhin dans le commencement de la campagne à cause du petit nombre de troupes qu'il avoit alors. Sitôt qu'il eut reçu celles qu'on lui envoya après le siége de Namur, il passa le Rhin à dessein de faire sortir les Ennemis de l'Alsace. Ils le suivirent en effet, & attaquerent son arriere-garde; mais ils furent repoussés, & perdirent plus de cinq cens hommes. Il remporta un plus grand avantage à Phortzeim sur le Prince Administrateur de Wirtemberg, dont il mit l'armée en déroute, lui tua neuf cens hommes, & le fit prisonnier. Il mit ensuite tout le Wirtemberg à contribution, & força le Landgrave de Hesse à lever le siége d'Ebernbourg.

M. de Catinat étoit resté sur la défensive en Italie, n'ayant que quinze mille hommes sous ses ordres. Le Duc de Savoye renforcé par les troupes Impériales & Hollandoises résolut de porter la guerre en France. Après s'être rendu maître du Bourg & du Château de Guilestre, il passa la Durance, s'empara d'Embrun & réduisit Gap en cendres. Le Roi par ses largesses répara tous les desordres que les Allemans avoient causés. Le Duc de Savoye étant tombé malade pendant ces expéditions, abandonna ses conquêtes & retourna à Turin. L'année suivante il fit le siége de Pignerol au mois de Septembre; mais il ne resta pas long-temps devant cette Place. M. de Catinat ayant été joint par un corps de Cavalerie, étoit entré en Piémont par la Vallée de Suze; & avoit déja brûlé les deux Veneries; Maisons de plaisance du Duc de Savoye. Ce Prince quitta promptement Pignerol pour aller au-devant des François. Les deux armées se trouverent en présence le 4 d'Octobre dans les Plaines de la Marsaille. Les Ennemis après avoir soutenu assez vivement le choc des François, furent enfoncés & taillés en piéces. Près de huit mille hommes des Alliés demeurerent sur le Champ de bataille, trente-quatre piéces de canon, cent dix étendarts ou drapeaux, & un grand nombre de prisonniers resterent au pouvoir du Vainqueur. Le Duc de Vendôme eut grande part au gain de cette bataille, où les Régimens Irlandois se trouverent.

La campagne (6.) avoit commencé de meilleure heure en Flandre. Dès le mois de Janvier les Marquis de Boufflers & de Villars s'étoient emparés de Furne & de Dixmude. Les troupes furent ensuite remises en quartier d'Hyver, d'où elles ne sortirent qu'au mois d'Avril. Les Conférences qu'on avoit entammées quelques temps auparavant à Maestricht n'ayant eu aucun succès, le Roi donna ordre au Maréchal de Luxembourg d'attaquer les Ennemis. Ce Général manquoit alors de vivres & d'argent : mais il ne tarda pas à recevoir un convoi considérable qui arriva heureusement à Namur par la valeur des Comtes de Guiscard & de Verreillac. Ces deux Officiers eurent un combat à essuyer contre un Détachement de l'armée du

---

(6) Ce fut au commencement de cette campagne que le Roi établit l'Ordre Royal & Militaire de Saint Louis.

Prince d'Orange. Ils le taillerent en piéces ; mais on perdit M. de Verteillac qui fut tué d'un coup de fufil. Le nouveau fecours que le Maréchal de Luxembourg venoit de recevoir, le mit en état de marcher à l'Ennemi. Il trouva moyen de lui faire abandonner le pofte avantageux qu'il occupoit, en faifant femblant de vouloir attaquer Liége. Le Prince d'Orange ayant paffé la Geete avec le Duc de Baviere, fe trouva furpris par M. de Luxembourg, qui par une marche forcée fe trouvoit campé devant lui. On ne put lui livrer bataille dans le moment à caufe de la nuit qui étoit proche, & que l'arriere-garde n'étoit pas encore arrivée. Le Prince d'Orange profitant de cette heureufe circonftance, fe fortifia du mieux qu'il put, ayant couvert la tête de fon camp d'un large foffé qui s'étendoit depuis le Village de Nerwinde jufqu'à Landen, & le borda de cent piéces de canon. Le lendemain 29 de Juillet, le Maréchal fit attaquer Nerwinde qui fut emporté après un combat de plus de quatre heures. Les Ennemis le reprirent bientôt après : on les en chaffa une feconde fois. Ils revinrent de nouveau à la charge avec tant de vigueur qu'ils l'emporterent. M. de Luxembourg ne fe rebutant pas de tant de difficultés, s'avança avec les Princes & le Maréchal de Villeroi à la tête des Gardes Françoifes & du Régiment de la Saare, & s'en rendit maître pour ne plus le perdre. Les Ennemis fe défendirent encore long-temps ; mais le Marquis d'Harcourt étant furvenu dans ce moment critique, fit décider la victoire en faveur des François. Ce combat leur coûta près de fept mille hommes, & plus de douze mille aux Ennemis, fur lefquels on fit outre cela deux mille prifonniers. La campagne fut terminée de ce côté-là par la prife de Charleroi, qui fe rendit le 11 d'Octobre.

DE LA FRANCE.

LOUIS XIV. DIT LE GRAND, LXII. ROI.

Bataille de Nerwinde.

Les fuccès n'avoient pas été fi heureux en Allemagne. Le Comte de Teffé fut obligé de lever le fiége de Rhinsfeld, que le Landgrave de Heffe vint fecourir. Le Maréchal de Lorges s'en vengea par la prife d'Heidelberg, qui fut emportée de force. Il chercha enfuite les Ennemis, pour leur livrer bataille ; mais ils étoient fi bien retranchés que le Dauphin qui s'étoit rendu à l'armée, jugea l'attaque impoffible, & ne voulut pas rifquer d'échouer dans cette entreprife.

En Allemagne.

Cependant les Anglois firent le 5 d'Avril une defcente à la Martinique, d'où ils furent chaffés après avoir perdu beaucoup de monde. D'un autre côté M. de Tourville battit entre Lagos & Cadix le Vice-Amiral Rook qui efcortoit la Flotte de Smirne. Les Hollandois furent plus heureux dans les Indes, où ils fe rendirent maîtres de Pondicheri. La tentative que les Anglois firent le 26 de Novembre fur Saint-Malo ne leur réuffit pas. Une machine qu'ils avoient inventée pour détruire cette Ville, n'eut d'autre effet que de caffer les vitres des maifons, & d'enlever les tuiles & les ardoifes.

Sur Mer.

La plus glorieufe campagne de cette année fut en Catalogne où le Maréchal de Noailles acquit beaucoup de gloire. Ce Général ayant paffé le Ter le 27 de Mai à la vûe des Efpagnols qui étoient retranchés fur le bord de cette Riviere, les tailla en piéces, leur tua cinq mille hommes, & leur fit plus de trois mille prifonniers. Cette victoire répandit une telle confternation dans le Pays, que les Villes fe rendirent fans faire beaucoup de réfiftance. Palamos, Gironne, Oftalric & Caftelfolit tomberent au pouvoir

En Catalogne.

DE LA FRAN-
CE.

LOUIS XIV.
DIT
LE GRAND,
LXII. ROI.

du Vainqueur. Il ne se passoit cependant rien de considérable en Flandre, en Allemagne & en Italie, où chacun se tenoit sur la défensive. Ce qu'il y eut de plus remarquable en Flandre, fut cette marche célébre que le Dauphin fit faire à l'armée depuis Vignamont jusqu'au pont d'Espierres, & par laquelle il déconcerta tous les projets du Prince d'Orange, garantit les Frontieres depuis l'Escaut & la Lys jusqu'à l'Océan & empêcha ce Prince d'attaquer les Places maritimes qui étoient menacées par la Flotte ennemie. Elle se présenta devant Brest où elle fut maltraitée. Les Ennemis s'en vengerent par le bombardement de Dieppe & du Havre de Grace; la premiere de ces deux Villes fut réduite en cendres par la faute des Habitans qui n'y apporterent aucun secours. Ils ne firent pas grand mal à Dunkerque, les deux machines infernales qu'ils avoient approchées de cette Ville n'ayant point fait l'effet qu'ils en avoient attendu. Les Hollandois ne furent pas plus heureux: le Capitaine Jean Bart leur enleva le 19 de Juin un convoi de Bled dont ils s'étoient emparés, & leur prit en même temps trois Vaisseaux & mit les autres en fuite.

1695.
En Flandre.

Les Puissances Belligerentes commençoient à être lasses de la guerre, leurs forces étoient épuisées ainsi que les Finances; cependant elles refusoient toujours la paix que Louis le Grand ne cessoit de leur offrir. Ce Monarque obligé de continuer la guerre, trouva un moyen de fournir aux dépenses nécessaires en établissant la *Capitation* sur tous les Sujets de son Royaume. Avec ce nouveau secours il se mit en état de poursuivre ses conquêtes; mais ce ne fut qu'en Flandre, où les expéditions furent plus considérables. Elles ne furent pas si favorables à la France qu'elles l'avoient été les années précédentes. M. de Luxembourg qui étoit mort le 4 de Janvier, fut remplacé par le Maréchal de Villeroi. Le Prince d'Orange songeant à réparer les pertes qu'il avoit faites dans les autres campagnes, forma le projet de se rendre maître de Namur. Pour couvrir son dessein, il feignit de vouloir pénétrer en France du côté de Dunkerque, & fit pour cet effet attaquer le Fort de la Kenoque. Cette ruse lui coûta plus de mille hommes, qui périrent en cette occasion. Ce Prince fit alors investir Namur, pendant que le Prince de Vaudemont couvroit le siége avec un Camp d'observation. M. de Villeroi tarda trop à l'attaquer, & lui donna le temps de faire une retraite qui lui fit beaucoup d'honneur. Cependant il ne put empêcher le Prince d'Orange de continuer le siége de Namur, qui se défendit depuis le premier de Juillet jusqu'au 4 d'Août contre une puissante armée: mais le Château ne capitula que le 5 de Septembre. M. de Boufflers & le Comte de Guiscard, qui commandoient dans la Place, y acquirent beaucoup de gloire. La conquête de cette Ville coûta la vie à près de vingt mille hommes, tant du côté des François que de celui des Ennemis. M. de Montal en se rendant maître de Dixmude & de Deinse, ne répara pas la perte que l'on fit en perdant Namur. Le reste de la campagne se passa en bombardement. M. de Villeroi bombarda Bruxelles, qu'il ruina presqu'entiérement, pour se venger des Anglois qui ne cessoient de jetter des bombes dans les Villes maritimes de la France. Cette Puissance perdit encore Cazal qui fut rasée & remise entre les mains du Duc de Mantoue.

1696.

Malgré le grand nombre d'Ennemis que Louis le Grand avoit sur les bras, il songeoit aux moyens de rétablir le Roi Jacques sur le trône. Tout se disposoit pour un embarquement lorsque le secret fut découvert, ce qui fit manquer le projet qu'on avoit formé. Le Roi ordonna en même temps de grands préparatifs pour la campagne, & mit quatre puissantes armées sur pied ; mais tandis qu'il ne paroissoit occupé que de la guerre, il employoit les négociations pour porter ses Ennemis à la paix. M. de Catinat, qui étoit à la tête de l'armée d'Italie, fut chargé de détacher le Duc de Savoye du parti des Alliés. Il négocia si adroitement que ce Prince fit son accommodement avec la France ; mais ce Traité fut tenu secret jusqu'à ce qu'il eût engagé les Confédérés à consentir à la neutralité pour l'Italie. En conséquence de ce Traité on rendit au Duc de Savoye toutes les Places qu'on lui avoit enlevées ; on y ajoûta Pignerol avec ses dépendances ; mais aux conditions que les fortifications seroient démolies & ne pourroient être rétablies. On convint aussi du mariage de la Princesse Marie-Adelaïde de Savoye avec M. le Duc de Bourgogne, & en considération de ce mariage le Roi accordoit aux Ambassadeurs de Savoye, tous les honneurs qu'on rend à ceux qui appartiennent aux têtes couronnées. La Princesse arriva le 5 de Novembre à Montargis, où le Roi alla pour la recevoir ; mais la cérémonie du mariage fut différée jusqu'au mois de Décembre de l'année suivante. Cet accommodement particulier engagea les Hollandois & les Anglois à devenir plus traitables, quoique ces derniers continuassent à insulter les Villes maritimes, sans cependant y faire beaucoup de mal.

DE LA FRANCE.

Louis XIV, DIT LE GRAND, LXII. ROI.

Accommodement du Duc de Savoye avec la France.

Enfin les Alliés, à l'exception de l'Empereur & du Roi d'Espagne, consentirent aux Conférences pour la paix, & le Château de Riswick fut destiné pour y recevoir les Plénipotentiaires des Puissances qui avoient quelques intérêts à ce Congrès. Il s'ouvrit le 9 de Mai. Le Roi y déclara qu'il étoit dans la résolution de rendre toutes ses conquêtes, & que par conséquent rien ne devoit retarder la paix. Malgré une proposition si désintéressée, l'Empereur & l'Espagne témoignoient toujours le désir qu'ils avoient pour la continuation de la guerre. Louis forcé à la continuer, donna ordre à ses Généraux de presser vivement les Espagnols. M. de Catinat, qui commandoit alors en Flandre, se rendit maître d'Ath le 5 de Juin, tandis que M. de Vendôme s'empara le 10 d'Août de Barcelone, Place qui fut long-temps disputée, & qui coûta bien du monde. Ces succès accompagnés de la prise de Carthagène dans l'Amérique Méridionale, par le Baron de Pointis, & les avantages remportés sur la Flotte Hollandoise, & sur les Anglois, par M. du Guai-Trouin & le Marquis de Nesmond, mirent l'Espagne dans la nécessité d'écouter les propositions de la France. Le Roi d'Espagne envoya ordre à ses Plénipotentiaires de signer la paix : l'Empereur fit encore quelques difficultés, & ne voulut d'abord qu'une suspension d'armes ; mais enfin il accéda au Traité le 30 d'Octobre : il avoit été signé le 20 de Septembre par les autres Puissances.

1697. Conférences à Riswick pour la paix.

„ Les principaux articles de ce Traité furent, que les Etats Généraux
„ remettroient le Comte d'Auvergne en possession du Marquisat de Berg-op-
„ zoom, & qu'ils restitueroient Pondicheri à la Compagnie des Indes éta-
„ blie en France. Que le Roi Très-Chrétien rendroit à la Couronne d'Es-
„ pagne, Gironne, Roses, Belver, Barcelone, Mons, Charleroi, Ath &

Traité de Riswick.

» fes dépendances, Courtrai, Luxembourg, le Comté de Chini & tout ce
» qui avoit été réuni par les Chambres de Metz & de Brifac. Que le Roi
» Très-Chrétien s'engageoit à ne troubler en aucune façon le Prince d'Orange,
» reconnu alors fous le nom de Guillaume III, dans la poffeffion de fes
» Royaumes, & de n'affifter directement ni indirectement fes ennemis. »
Le Roi Jacques dont les intérêts n'avoient point été ftipulés dans le Congrès, protefta contre tout ce qu'on auroit pû faire à fon préjudice. Le Duc de Lorraine fut rétabli dans fes Etats à-peu-près aux mêmes conditions que fon oncle l'avoit été en 1670; car il fut réglé que les Baftions & les Remparts de la nouvelle Ville de Nanci feroient démolis; que le Roi fe réferveroit la Fortereffe de Saare-Louis, la Préfecture de Longwi, & un paffage libre par la Lorraine. Ce Prince époufa l'année fuivante Elifabeth Charlote fille de M. le Duc d'Orléans.

Cependant Sobieski Jean III, Roi de Pologne étoit mort le 3 de Juin de l'année précédente. François-Louis de Bourbon Prince de Conti, fut proclamé le 27 de Juin de cette année 1697, Roi de Pologne par le Cardinal Radziejouski Primat du Royaume : & deux heures après Frederic-Augufte Electeur de Saxe, qui avoit fait abjuration, le fut par l'Evêque de Cujavie. L'Electeur de Saxe qui étoit le plus près, arriva en Pologne, figna le 21 de Juillet les *Pacta Conventa*, & fe fit facrer à Cracovie le 17 de Septembre. Le Prince de Conti n'arriva à la Rade de Dantzic que le 26, & voyant que fon parti s'affoibliffoit tous les jours, quoique fon élection fût la feule juridique, il fe rembarqua le 6 de Novembre.

1698.

L'Europe ne fentit les douceurs de cette paix que pendant trois ans : la fucceffion à la Couronne d'Efpagne en troubla bientôt la tranquillité, & ralluma une guerre plus terrible que la derniere. Charles II. Roi d'Efpagne n'avoit point d'enfans, & la fanté de ce Prince qui s'affoibliffoit de jour en jour, donnoit à connoître que le Trône feroit bientôt vacant. Guillaume III. propofa alors un Traité de partage, qui fut figné entre Louis le Grand, le Roi d'Angleterre & les Etats Généraux. Le Prince Electoral de Baviere y étoit défigné Roi d'Efpagne; le Dauphin avoit pour fa part les Royaumes de Naples & de Sicile, & les Places dépendantes de la Monarchie d'Efpagne, fituées fur la Côte de Tofcane ou Ifles adjacentes, la Ville & le Marquifat de Final, la Province de Guipufcoa, nommément les Villes de Fontarabie, & Saint-Sébaftien, fituées dans cette Province, & fpécialement le Port du Paffage; on donnoit à l'Archiduc Charles d'Autriche le Duché de Milan. Il étoit ftipulé de plus, que fi l'Empereur & le Duc de Baviere refufoient d'accéder à ce Traité, les deux Rois contractans & les Etats Géraux les empêcheroient de fe mettre en poffeffion des portions qui leur étoient affignées. L'Empereur qui comptoit fur la poffeffion entiere de l'Efpagne refufa d'accéder au Traité. L'Efpagne, le Duc de Savoye & les Princes d'Italie s'y oppoferent également.

Le Roi d'Efpagne irrité d'apprendre qu'on ofât partager fes Etats tandis qu'il étoit encore vivant, fit un premier Teftament, par lequel il appelloit le jeune Prince de Baviere au Trône. La Cour de Vienne employa alors toutes fortes d'intrigues pour engager Charles II. à déclarer l'Archiduc fon Succeffeur à la Couronne. Toutes ces négociations aigrirent de plus en plus l'esprit du Roi d'Espagne, & le Prince Electoral de Baviere étant mort sur ces entrefaites, Charles fit le 2 d'Octobre 1700 un nouveau Testament en faveur de Philippe Duc d'Anjou, second fils de M. le Dauphin. Cette négociation fut l'ouvrage du Marquis d'Harcourt, que le Roi avoit envoyé en Ambassade à Madrid; il avoit été appuyé par le Cardinal Porto Carrero & par le Comte de Monterey. Charles II. mourut un mois après la signature de ce Testament. Elle fut aussi-tôt notifiée en France, & le Roi ayant reçu le Testament de ce Monarque, & ayant accepté la Couronne d'Espagne pour son petit-fils, le Duc d'Anjou fut salué en qualité de Roi par l'Ambassadeur d'Espagne & par toute la Cour. Le 24 du même mois la proclamation s'en fit à Madrid. Ce Prince qui prit le nom de Philippe V. partit le 4 de Décembre, fut accompagné jusqu'aux Frontieres par les Ducs de Bourgogne & de Berri.

DE LA FRANCE.
LOUIS XIV. DIT LE GRAND, LXII. ROI.
1700.

Ce grand événement causa bientôt une guerre à laquelle presque toutes les Puissances de l'Europe prirent part. L'Angleterre & la Hollande après quelques délais reconnurent le nouveau Roi : ils ne resterent pas long-temps dans ces sentimens, & firent une Ligue avec l'Empereur contre la France. L'Electeur de Baviere sincérément attaché aux intérêts de cette Couronne, se déclara pour Philippe V. & fit entrer des troupes Françoises dans plusieurs Villes des Pays-Bas, dont il étoit Gouverneur. Le Duc de Savoye parut d'abord embrasser le même parti, & donna même sa seconde fille en mariage au Roi d'Espagne; mais dans la suite il se joignit aux Ennemis de la France. Il n'y avoit point encore de guerre déclarée; cependant les troupes Impériales & Françoises marchoient déja en Italie, les premieres sous les ordres du Prince Eugene, & les autres sous ceux de M. de Catinat. L'Empereur avoit alors dessein de se rendre maître du Milanès qui avoit reconnu Philippe V. M. de Catinat fit ce qu'il put pour empêcher les Impériaux de passer l'Adige; mais soit qu'il n'eût pas pris de justes mesures ou que le Duc de Savoye les eût rendu inutiles, le Prince Eugene passa cette Riviere, & présenta la bataille aux François. Ce combat ne leur fut pas favorable, & le Prince Eugene après les avoir obligés de se retirer resta maître de tout le Pays qui est entre l'Adige & l'Adda. Les François ne furent pas plus heureux à Chiari, & cette derniere défaite fit ouvrir les yeux sur la conduite du Duc de Savoye.

1701.
La grande Alliance.

Hostilités en Italie.
Combat de Carpi, 9 de Juillet.
De Chiari, premier Septembre.

L'Empereur animé par Guillaume Roi d'Angleterre, voulut engager tout le Corps Germanique dans sa querelle. L'Electeur de Baviere & celui de Cologne son frere, résolurent de garder la neutralité; mais Léopold refusant de la leur accorder, exerça contre eux les plus grandes violences. Cependant les Impériaux avoient toujours de grands succès en Italie. Le Prince Eugene maître de Governolo, de Marmirolo & de Butilano, faisoit le blocus de Mantoue. Pendant qu'il paroissoit occupé devant cette Place, il entretenoit des intelligences secrettes dans Crémone. Un Prêtre ayant introduit quelques troupes Allemandes par un Egoût, elles égorgerent la Garde de la Porte Sainte-Marguerite, & l'ouvrirent au Prince Eugene qui avoit avec lui quatre mille hommes. Ils devoient être soutenus par un autre Corps qui devoit entrer par la Porte du Pô. Il n'étoit alors que quatre heures du matin, & la Ville étoit dans le plus grand calme. Le Prince Eugene se flattoit déja

1702.
Affaire de Crémone le 1 de Février.

De la France.

Louis XIV. dit le Grand, LXII. Roi.

de la réuſſite de ſon entrepriſe, lorſque ſes Cuiraſſiers furent reconnus, & vivement attaqués par le Chevalier d'Entragues à la tête du Régiment *des Vaiſſeaux*, qui s'aſſembloit pour paſſer en revûe. L'allarme fut bientôt dans la Ville, & les Soldats de la Garniſon négligeant de prendre leurs habits, ne ſongerent qu'à ſe charger de leurs armes, & combattirent pour la plûpart nuds en chemiſes. Chaque rue étoit un champ de bataille qui étoit bientôt couvert de Morts par l'acharnement des Combattans. Malgré la vigoureuſe réſiſtance de tant de braves gens, la Ville auroit été entièrement au pouvoir des Impériaux, ſi les Cuiraſſiers euſſent pû ſe rendre maîtres de la Porte du Pô. Mais les Irlandois s'étoient emparés de ce poſte, & par leur valeur ils donnerent le temps au Marquis de Praſlin de faire couper le Pont, & de priver par ce moyen le Général Ennemi du ſecours qu'il attendoit. Le Prince Eugene après un combat de dix heures ſe vit obligé de ſe retirer par la porte dont il étoit toujours reſté en poſſeſſion. Il ſortit avec tant de précipitation qu'il laiſſa plus de trois cens Officiers ou Soldats dans la Ville. Cette journée lui coûta près de deux mille hommes. Le Maréchal de Villeroi fut fait priſonnier.

Déclaration de guerre.

Succès des François & des Eſpagnols en Italie.

Il n'y avoit point encore de déclaration de guerre ; mais il ne tarda pas à en paroître pluſieurs. Les Hollandois la déclarerent le 8 de Mai, la Reine Anne (7) le 15 du même mois, & l'Empereur le 3 de Juillet. La France & l'Eſpagne réunirent alors toutes leurs forces contre tant d'Ennemis. Philippe V. croyant ſa préſence néceſſaire en Italie, s'étoit rendu à Naples dès le 15 d'Avril. Après avoir parcouru les autres Etats de l'Italie qui lui appartenoient comme Roi d'Eſpagne, il prit le commandement de l'armée combinée, ayant ſous ſes ordres le Duc de Vendôme, & alla camper à Caſtelnovo.

26 Juillet.

Viſconti chargé par le Prince Eugene d'obſerver les ennemis, ſe campa avec tant de déſavantage que le Duc de Vendôme réſolut de l'attaquer. Viſconti ne pût réſiſter au choc des François, & perdit plus de ſix cens hommes, ſans compter ceux qui ſe noyerent dans le Teſſone. On lui enleva outre cela douze cens chevaux; & l'on fit ſur lui un butin conſidérable. La ſuite de cet avantage fut la priſe de Modene, de Reggio, de Corregio, de Carpi, & la levée du Blocus de Mantoue. Le Prince Eugene voulant venger la défaite de Viſconti, attaqua l'armée combinée de France & d'Eſpagne près de Luzara. Le combat fut long & meurtrier ; chacun s'en attribua l'avantage ; mais le Champ de bataille reſta à Philippe V. & le Duc de Vendôme ſe rendit maître de Luzara, de Guaſtalla & de Borgoforte. Après ces ſuccès Philippe V. fut obligé de repaſſer en Eſpagne pour s'oppoſer aux entrepriſes de l'Archiduc qui s'étoit fait déclarer Roi d'Eſpagne ſous le nom de Charles III.

Bataille de Luzara, le 15 d'Août.

Bataille de Nimegue le 10 de Juin.

Ce n'étoit pas ſeulement en Italie que la guerre ſe faiſoit, les Pays-Bas & l'Allemagne en étoient en même temps le théâtre. Le Duc de Bourgogne qui commandoit dans les Pays-Bas, battit près de Nimegue la Cavalerie des Ennemis, & leur tua près de douze cens hommes. Ils s'en vengerent par la priſe de Venlo, dans la Gueldre, de Ruremonde & de la Cita-

---

(7) Guillaume étoit mort le 19 de Mars, & Anne Stuard fille de Jacques II. fut auſſi-tôt reconnue Reine d'Angleterre.

delle de Liége. Ils eurent aussi d'abord quelques avantages en Allemagne Keiserwert & Landau tomberent en leur pouvoir ; mais ce ne fut qu'après la plus vigoureuse résistance. La seconde de ces deux Places soutint le siége pendant quatre-vingt-quatre jours. M. de Villars répara ces pertes par la bataille de Fridelingue qu'il gagna sur l'armée Impériale commandée par le Prince de Bade. M. de Magnac qui étoit à la tête de la Cavalerie, eut grande part à la gloire de cette journée.

DE LA FRANCE.
LOUIS XIV.
DIT
LE GRAND,
LXII. Roi.
Bataille de Fridelingue.

1703.
Différentes expéditions.

La défection du Roi de Portugal, & celle du Duc de Savoye augmenterent le nombre des ennemis de la France & du Roi d'Espagne : ce qui obligea ces deux Couronnes à mettre de nouvelles armées sur pied, & à faire de grands préparatifs pour se trouver en état de résister à tant de Puissances réunies. Les Maréchaux de Villeroi & de Joufflers devoient agir de concert ensemble avec l'armée qu'ils commandoient chacun en particulier, & le Maréchal de Tallard eut un Corps de troupes séparé sur la Moselle. La campagne commença par la prise de Rhinberg, dont les Alliés se rendirent maîtres ; mais ils ne purent prendre Traerbach que le Prince de Hesse-Cassel assiégeoit : l'arrivée du Maréchal de Tallard l'obligea d'abandonner cette entreprise. D'un autre côté le Maréchal de Villars, Général actif & intrépide, poussoit ses conquêtes jusqu'à Vienne, & ayant joint l'Electeur de Baviere, ils entrerent dans le Tirol qu'ils soumirent en dix jours. Le Trentin alloit subir le même sort, & M. de Vendôme qui s'étoit avancé pour joindre l'Electeur & le Maréchal de Tallard, n'étoit plus qu'à dix lieues de leurs armées, lorsqu'on apprit que le Duc de Savoye s'étoit déclaré contre la France & l'Espagne. Cette défection arrêta l'execution des projets qu'on avoit si bien concertés. Louis XIV. irrité contre le Duc, donna ordre à M. de Vendôme de faire désarmer les cinq mille hommes de troupes Piémontoises qui étoient dans l'armée de France, & de les faire Prisonniers de guerre. Le Duc de Savoye répara bientôt cette perte par le secours que le Comte de Staremberg lui amena. M. de Vendôme qui avoit suivi le Général Allemand le joignit près de Castelnuovo, & battit son arriere-garde. Cependant le Maréchal de Villars, qui étoit encore campé entre Dillingen & Lavingen ayant appris que le Prince Louis de Bade avoit envoyé un Détachement pour surprendre Augsbourg, chargea le Marquis du Heron & M. de Légal d'aller à la rencontre des Impériaux. Ils les trouverent rangés en bataille dans une Plaine près de Munderkingen. Le combat ne fut pas d'abord favorable aux François ; mais l'Infanterie s'étant avancée la bayonette au bout du fusil, enfonça la Cavalerie Allemande & la culbuta entiérement. M. du Heron fut tué dans cette affaire. Ce succès n'empêcha pas les Habitans d'Augsbourg de recevoir dans leur Ville les troupes Impériales. L'Electeur avoit résolu de s'en venger, mais il forma auparavant le dessein d'attaquer le Comte de Stirum avant qu'il eût pu joindre le Prince Louis de Bade. Le combat se donna dans la Plaine d'Hochstet & fut très-meurtrier pour les Ennemis qui laisserent quatre mille hommes sur la place, outre quatre mille Prisonniers qu'on leur fit. Cette action toute glorieuse qu'elle étoit pour M. de Villars fut en partie cause de son rappel. Sa façon de parler avec liberté, & sa trop grande activité que l'Electeur nommoit témérité, engagerent ce Prince à demander à Louis XIV. un

I. Bataille d'Hochstet, le 20 de Septembre.

Tome I. Partie II. Aaa*

autre Général. Le Roi qui vouloit ménager le Duc de Baviere lui envoya le Comte de Marsin, & donna ordre au Maréchal de Villars de passer dans les Cevenes, dont les Paysans s'étoient révoltés. L'Electeur cependant continua d'être heureux le reste de la campagne : il prit Ausbourg & Passau ; ce qui jetta tant de terreur à Vienne que l'Empereur fut prêt à prendre le parti de sortir de sa Capitale de peur d'y être assiégé.

Le Duc de Bourgogne qui commandoit sur le Rhin, n'avoit pas eu de moindres avantages. Il s'étoit rendu maître le 7 de Septembre de Brisac après treize jours de tranchée ouverte. On fut redevable de cette prompte reddition à l'habileté de M. de Vauban. Le Maréchal de Tallard fit ensuite le siége de Landau que le Prince de Hesse-Cassel voulut secourir ; mais la victoire complette que le Maréchal remporta sur lui dans la Plaine de Spire, fit tomber Landau le même jour au pouvoir des François. Ils ne furent pas si heureux dans les Pays-Bas. Le Maréchal de Villeroi avoit commencé la campagne par la prise de Tongres, qui avoit capitulé le 10 de Mai. Marlborough s'en étoit vengé par celle de Hui, & n'ayant pu engager l'armée de France à accepter le combat, il envoya des Détachemens qui forcerent les Lignes que les François avoient construites dans le Pays de Vaës. M. de Boufflers empêcha le Baron d'Obdam de forcer celles d'Anvers, & le battit même entre Eckeren & Capelle, quoiqu'en dise quelques Historiens. Les Alliés se rendirent encore maîtres de Limbourg & de Gueldres. La premiere de ces deux Villes se rendit le 27 de Septembre, & la seconde le 17 de Décembre après un blocus de quatorze mois. Les Anglois avoient fait pendant cette campagne plusieurs tentatives sur les Côtes de Bretagne, mais aucune n'avoit réussi.

Les Provinces méridionales de la France étoient alors fort agitées. Quelques Protestans, croyant avoir trouvé l'occasion favorable de se délivrer de la contrainte où ils étoient au sujet de leur Religion, avoient pris les armes & excité de grands troubles dans les Cevenes. Leur nombre augmenta bientôt, & comme ils n'avoient point de magasins, ils se mirent à piller de tous côtés, & commirent les plus grands excès. Ce mélange de gens que la Religion avoit assemblés, & de ceux que l'impunité du crime & l'espérance du butin avoit attirés, fut appellé *Camisards*. Montrevel qu'on avoit d'abord envoyé pour arrêter ces violences, fit périr par diverses supplices tous ceux qui tomberent entre ses mains. Ces remédes violens ne servirent qu'à aigrir le mal. La conduite du Maréchal de Villars vint à bout peu à peu de calmer ces troubles. On permit aux Chefs de ces Rebelles de se retirer dans les Pays étrangers.

Le Duc de Savoye à la faveur de tant de troubles se flattoit de se rendre maître du Dauphiné ; mais cette Province étoit bien gardée, & ses troupes après y avoir levé quelques contributions, furent obligées de se retirer. Cependant le Duc de la Feuillade avoit soumis toute la Savoye dans le mois de Janvier, & tout le Pays que le Duc possedoit en-deçà des Alpes à la réserve de Montmelian. Le Général François maître de Suze, de Pignerol & de plusieurs autres Places, s'étoit ouvert le chemin du Piémont que le Duc de Vendôme attaquoit du côté du Milanès. Ils y firent bientôt de grandes conquêtes. M. de Vendôme après avoir battu l'arriere-garde du

Duc de Savoye, qui étoit campé entre Villanova & Bazola, assez près de Verceil, assiégea & prit cette Ville dont il fit raser les fortifications pour se venger du Duc de Savoye qui venoit de signer un nouveau Traité avec l'Angleterre. Ce Prince perdit encore Yvrée & la Ville d'Aoste. Il ne lui restoit plus de tous ses Etats que Turin & Verue. M. de Vendôme attaqua cette derniere Place le 22 d'Octobre, & ne put s'en mettre en possession que le 10 d'Avril de l'année suivante. Il falloit que ce fut ce Général pour obliger le Soldat à passer l'Hyver dans la tranchée.

<small>DE LA FRAN-CE.
LOUIS XIV. DIT LE GRAND, LXII. ROI.</small>

L'Empereur étoit à-peu-près dans le même état que le Duc de Savoye: les succès continuels de l'Electeur de Baviere le jetterent dans de terribles embarras. Dans cette extrêmité, il se vit contraint de presser les Puissances alliées de voler à son secours. Le Prince Eugene & le Duc de Marlbourough ayant rassemblé une partie des forces des Alliés, marcherent contre l'Electeur de Baviere. La France ne l'abandonna pas dans des momens si périlleux: M. de Tallard malgré les difficultés qu'il rencontroit à chaque instant, amena à ce Prince un Corps de troupes considérable. Il n'avoit cependant pas encore reçu toutes ces troupes, lorsque Marlborough qui avoit joint près d'Ulm l'armée du Prince Louis de Bade, fit attaquer les Bavarois dans les Lignes de Schellemberg. Les Ennemis furent repoussés à plusieurs reprises; mais l'armée du Prince de Bade étant arrivée, les Lignes furent forcées & les François & les Bavarois ne songerent plus qu'à faire leur retraite en bon ordre; il y eut près de sept mille hommes qui périrent en cette occasion; sçavoir, cinq mille du côté des ennemis, & deux mille de l'armée de l'Electeur. Ce Prince qui s'étoit retiré sous Augsbourg ayant reçu les nouveaux renforts que le Maréchal de Tallard lui avoit amenés, résolut de livrer bataille. Les Alliés la desiroient aussi, comme la seule ressource qu'ils eussent alors; car ils ne pouvoient pénétrer dans la Baviere par la position de l'armée du Duc, & les munitions de bouche & les fourages leur manquoient dans le Pays qu'ils occupoient. Les deux armées s'assemblerent dans la Plaine d'Hochstet où le Maréchal de Villars avoit battu le Comte de Stirum l'année précédente. La fortune s'étoit alors déclarée pour les Ennemis. M. de Marcin qui commandoit l'aîle gauche de l'armée Françoise, eut d'abord un avantage considérable sur l'aîle droite des Ennemis; mais les Alliés ayant passé un Marais qu'on avoit cru impraticable, tomberent sur l'aîle droite commandée par M. de Tallard, pénétrerent jusqu'au centre & enfoncerent la Cavalerie, ce qui causa la déroute de l'armée. Le Duc de Baviere & M. de Marcin se retirerent en assez bon ordre avec les débris de l'armée. Cette action coûta à la France plus de sept mille hommes qui resterent sur le Champ de bataille. Vingt-sept Bataillons & quatre Régimens de Dragons qu'on avoit postés dans un Village, furent enveloppés &, forcés de se rendre malgré leur désespoir. Plusieurs déchirerent leurs Drapeaux & les enterrerent de peur qu'ils ne tombassent entre les mains des Ennemis. M. de Tallard fut fait prisonnier dans le temps qu'il marchoit pour donner ordre à ce Corps de réserve de venir soutenir les troupes qui commençoient à être enfoncées. La suite de cette défaite fut la perte de plus de quatre-vingt lieues de Pays. On étoit sur le bord du Danube, & bientôt il fallut repasser le Rhin. L'Electeur de Baviere contraint d'abandonner ses Etats, se retira en Flandre.

<small>Seconde bataille d'Hochstet, le 13 d'Août.</small>

Aaa ij

Ulm, Landau, Tréves & Traerbach tomberent bientôt au pouvoir du Vainqueur.

La guerre ne se faisoit pas avec moins de vigueur en Portugal & en Espagne, où l'Archiduc suscitoit de nouveaux ennemis au Roi d'Espagne; mais les avantages considérables que remporterent les Généraux François affermirent Philippe V. sur le Trône, & le firent triompher de ceux qui s'étoient déclarés contre lui (8). Les François furent plus heureux sur mer qu'ils ne l'avoient été sur terre. M. le Comte de Toulouse Grand Amiral de France, ayant sous ses ordres le Maréchal de Cœuvres, battit le 24 d'Août près de Malaga la Flotte combinée d'Angleterre & de Hollande, commandée par l'Amiral Rook. L'action commença vers les dix heures du matin, & dura jusqu'à huit heures du soir. Les Alliés perdirent plus de deux mille hommes sans compter les blessés; du côté des François il y en eut quinze cens tant tués que blessés. M. le Comte de Toulouse y donna des marques d'une valeur & d'une intrépidité digne de son sang. Quatre de ses Pages furent tués à ses côtés; il fut lui-même blessé, mais légèrement.

Les Ducs de Vendôme & de la Feuillade continuoient à se signaler en Italie, ainsi que le Chevalier de Vendôme Grand Prieur de France. Dès le 2 de Février il avoit enlevé tous les Quartiers des Ennemis le long du Lac de Garde & de l'Adige, tandis que le Duc de la Feuillade prenoit d'assaut Villefranche, & Mont-Alban. Le Duc de Vendôme d'un autre côté maître de Verue, le fut bientôt de la Mirandole, & eut la gloire de battre le Prince Eugene le 16 d'Août près de Cassano. La victoire fut long-temps indécise; mais après un combat long & opiniâtre dans lequel les deux Partis se battirent avec toute la valeur possible, elle se déclara pour les François. M. de Vendôme & le Prince Eugene y furent tous deux blessés. Le nombre des morts du côté des Ennemis monta à près de sept mille hommes, & du côté des François il fut de deux mille cinq cens ou environ. Le Régiment de Dillon, celui de Milord Galmay & les Officiers Irlandois y soutinrent les plus grands efforts des Ennemis. Les Régimens de Lautrec, de Verac & du Peron, & la Brigade de la Marine contribuerent beaucoup au gain de la bataille. M. de Vendôme s'empara ensuite de Sancino. Montmelian peu de temps après se rendit au Chevalier de la Fare.

La prudence de M. de Villars sauva la France du côté de l'Allemagne. Avec une armée inférieure à celle de Marlborough, il arrêta les projets des Alliés, qui avoient résolu d'emporter Thionville; de se rendre maîtres des Trois Evêchés & de pénétrer en France par la Champagne avec une armée de cent mille hommes. Ayant forcé les Ennemis à décamper, il envoya des Détachemens qui s'emparerent de plusieurs Forts. Mais ayant été obligé de donner des troupes à l'Electeur de Baviere, il ne put empêcher le Prince Louis de Bade de forcer les Lignes de Haguenau, & de prendre cette Place. Le Duc de Baviere qui étoit campé à Vignamont avec le Maréchal de Villeroi fut contraint d'abandonner les Lignes qu'il avoit faites pour couvrir une partie de la Flandre Espagnole, & de se retirer avec perte dans le Camp de Porti près de Louvain. Cette retraite facilita aux Ennemis la prise de

---

(8). Voyez le Chapitre de l'Espagne.

Tillemont & de Leuwe. Ils voulurent ensuite passer la Dile ; mais ils furent obligés de renoncer à leur dessein après avoir perdu quatre cens hommes. Les Anglois eurent plusieurs désavantages sur mer. Le Chevalier de Saint-Paul, & le Sieur Bart leur enleverent le 31 d'Octobre une Flotte escortée de trois Vaisseaux de guerre. Le Chevalier de Saint-Paul fut tué dans l'action.

Cependant Philippe V. avoit beaucoup de peine à se soutenir en Espagne, & les progrès de l'Archiduc inquiétoient la Cour de France. Louis XIV. fit alors des propositions avantageuses aux Alliés ; elles ne furent point acceptées, & ce Monarque se vit obligé de faire de nouveaux préparatifs pour continuer la guerre. Le Maréchal de Villars qui commandoit toujours en Allemagne, conserva l'avantage qu'il avoit eu sur les Ennemis conjointement avec le Maréchal de Marcin. Il fit lever le Blocus du Fort-Louis que le Prince de Bade avoit formé, chassa les Impériaux des Lignes de la Moutre, & reprit Haguenau & Drusenheim. Il alla ensuite camper à Spire, & leva de grandes contributions dans le Palatinat. M. de Villars executa en même temps un projet qui lui fit beaucoup d'honneur, & qui mit le Fort-Louis en sûreté ; ce fut la prise de l'Isle du Marquisat.

Tout promettoit une campagne encore plus glorieuse en Italie. Le Duc de Berwick, qui n'étoit pas encore passé en Espagne, s'étoit emparé de la Ville & du Château de Nice, & l'on se flattoit de se rendre bientôt maître de Turin. M. de Vendôme résolu de livrer auparavant bataille au Comte de Reventlau qui commandoit l'armée ennemie en l'absence du Prince Eugene, usa de divers stratagêmes pour tromper les Alliés. Lorsqu'ils étoient dans la plus grande sécurité, il parut à la pointe du jour au pied des hauteurs qu'ils occupoient. Le Duc de Vendôme sans leur donner le temps de se reconnoître, les fit attaquer brusquement. Le désordre se mit bientôt parmi eux, & ils prirent la fuite avec tant de précipitation qu'ils ne s'arrêterent qu'à Roveredo, où le Prince Eugene entroit en même temps qu'ils y arrivoient. On leur tua trois mille hommes, & on leur fit huit mille prisonniers. Ce grand succès mit le Duc de Vendôme en état de faire le siége de Turin. Le Duc de la Feuillade en fut chargé, & on lui donna soixante & huit Bataillons & quatre-vingt Escadrons. Le siége ne fut pas poussé avec autant de vigueur qu'on sembloit devoir s'y attendre, vû le grand nombre de troupes & la grande quantité de bombes & de boulets qu'on avoit destinés pour cette entreprise. Le Duc d'Orléans qui avoit remplacé le Duc de Vendôme, désaprouva la façon dont on avoit conduit le siége. La lenteur dont on avoit usé donna le temps au Prince Eugene de rassembler ses troupes & de venir attaquer le Camp des François. Le Duc d'Orléans étoit d'avis qu'on allât au-devant des Impériaux ; mais le Maréchal de Marcin qui avoit des ordres secrets ne fut pas de ce sentiment. Les François soutinrent les efforts des Ennemis autant qu'il étoit possible. Ils furent enfin obligés de céder au nombre, & les Lignes furent forcées. L'armée se retira en désordre, n'ayant pû être commandée par le Duc d'Orléans & par le Maréchal de Marcin. Le premier avoit reçu deux blessures considerables, & l'autre étoit blessé mortellement. Turin fut ainsi délivré après un siége de quatre mois.

Marginalia: De la France. Louis XIV. dit le Grand', LXII Roi. 1706. Avantages des François en Allemagne. Bataille de Calcinato, le 19 d'Avril. Levée du siége de Turin par les François, le 7 de Septembre.

DE LA FRAN-
CE.

LOUIS XIV.
DIT
LE GRAND,
LXII. ROI.

Bataille de Ramillies, le 23 de Mai.

L'armée Françoife après cet échec fe rendit à Pignerol au lieu de fe retirer à Cafal, & par cette pofition elle laiffa le Modenois, le Mantouan, le Milanès, le Piémont, & enfin le Royaume de Naples au pouvoir des Alliés. La bataille que le Comte de Medavi remporta deux jours après à Solfara fur le Prince de Heffe, ne fut pas capable de réparer la perte qu'on venoit de faire, & n'empêcha pas le Duc de Savoye & le Prince Eugene de reprendre la plûpart des Places que les François avoient enlevées dans les campagnes précédentes. Les fuccès de l'Archiduc en Catalogne obligeoient la France de pouffer vivement la guerre dans les Pays-Bas. On réfolut de livrer bataille aux Alliés: le Duc de Baviere & le Maréchal de Villeroi en conféquence des intentions de la Cour marcherent aux Ennemis, & les joignirent dans la Plaine de Ramillies. Après qu'on fe fut canoné pendant trois heures, l'affaire commença avec chaleur. Tout le fort du combat tomba fur l'aîle droite où étoit la Maifon du Roi. Ce Corps fe diftingua beaucoup & enfonça les Ennemis jufqu'à la troifiéme Ligne; mais n'ayant point été foutenu, & fe trouvant accablé par le nombre, il fut obligé de céder. Le défordre s'étant mis enfuite dans l'armée, elle fe débanda & fut mife en déroute. Je ne dois pas omettre ici une belle action du Régiment *de Clare* Irlandois. Ce Régiment tombant fur les Ennemis qui pourfuivoient quatre Bataillons au fortir de Ramillies, les pouffa dans la Plaine de l'autre côté du Village: *Picardie* & *Royal Italien* étant accourus d'eux-mêmes pour le foutenir, il fe fit dans le Village pendant cinq quarts d'heure un combat inégal & bien meurtrier. Clare perdit dans cette occafion quarante-deux Officiers & trois cens fix Soldats. Il enleva deux Drapeaux, fçavoir, un du Régiment Anglois de Marlborough, & l'autre d'un Régiment Ecoffois au fervice de Hollande. Ce mauvais fuccès fit perdre à la France une grande partie des Pays-Bas.

Louis XIV. fouhaitoit la paix, & le Duc de Baviere fut chargé de la négociation. Le Duc de Marlborough qui gouvernoit également Londres & la Haye, ne voulut écouter aucune propofition avant que Philippe V. renonçât à la Couronne. Les Hollandois qui avoient des vûes fur les Pays-Bas Efpagnols, defiroient la guerre. Louis XIV. voyant tous fes démarches inutiles pour la paix, ne s'occupa plus que des moyens de réfifter à tant d'Ennemis. Il fongea à retirer fon armée de la Lombardie, & la Capitulation par laquelle il lui fut permis d'évacuer cette Province, fut fignée à Milan le 13 de Mars. Ces troupes pafferent en Efpagne pour renforcer celles qu'on y avoit déja envoyées (9). Ce nouveau fecours mit le Duc de Berwick en état de pouffer vivement les Ennemis, & de remporter fur eux de grands avantages.

1707.

Le Duc de Savoye paffe le Var.

Le Duc de Savoye n'ayant plus rien à craindre pour fes Etats forma le deffein de porter la guerre en France. L'armée s'étant rendu au commencement de Juillet fur les bords du Var, paffa cette Riviere le 11, & s'avança vers Toulon. La Place étoit alors fans défenfes & le Pays dépourvû de troupes. Si le Duc eût hâté fa marche il fe rendoit maître de la Ville & d'un des meilleurs Ports de la Méditerranée. Mais par fa lenteur

(9) Voyez le Chapitre de l'Efpagne.

affectée, dont on n'a jamais bien sçu le véritable motif, il donna le temps au Maréchal de Tessé de jetter des troupes dans Toulon, & d'ajoûter de nouvelles fortifications aux anciennes. Cependant le Duc de Berwick ayant passé les Pyrenées s'avançoit avec un Corps de troupes considérable : le Maréchal de Villars envoyoit un fort Détachement de son armée, & les Ducs de Berri & de Bourgogne se disposoient à partir pour la Provence. Le Duc de Savoye craignant alors que s'il restoit plus long-temps, sa retraite ne devînt trop difficile, il songea à rembarquer tous ses équipages & à décamper promptement. L'Amiral Schowel couvrit sa retraite en jettant pendant trois jours des bombes dans la Ville où il ruina vingt-quatre Maisons. Le Maréchal de Tessé voulut alors poursuivre le Duc de Savoye; mais il avoit déja trois jours de marche sur lui.

Il ne se passoit aucune action considérable en Flandre. Le Duc de Vendôme qui avoit une armée bien inférieure à celle des Alliés, empêcha Milord Marlborough de faire la moindre entreprise. M. de Villars eut des succès plus brillans en Allemagne. Il força le passage du Rhin au-dessous de Lauterbourg, & se rendit maître des Lignes de Stolophen, que les Ennemis regardoient comme le rempart de l'Allemagne. Les Officiers qu'il chargea de cette expédition furent M. de Perri Lieutenant Général, le Comte de Chamillard, Maréchal de Camp, M. de Lée, Lieutenant Général, & le Marquis de Vieuxpont. Les François ayant alors une entrée libre en Allemagne, poussèrent leurs contributions jusques dans la Suabe & la Franconie. Ils prirent outre cela plusieurs postes, & remporterent divers avantages sur quelques Corps de troupes qu'ils rencontrerent.

L'année commença par un événement qui attira l'attention de toute l'Europe. Les Écossois mécontens du Gouvernement d'Angleterre, députerent huit Seigneurs pour presser Jacques III. de se mettre à leur tête. Ce Prince répondant à leurs vives sollicitations, s'embarqua à Dunkerque au mois de Mars sur une Flotte commandée par le Chevalier de Fourbin. Les vents contraires, l'approche de la Flotte Angloise & la tranquillité dans laquelle les Ecossois resterent, lorsque le Prince parut dans le Golfe d'Edimbourg, obligerent le Chevalier Fourbin à faire une fausse route pour tromper les Anglois. Il gagna ensuite les Côtes de France, & arriva à Dunkerque au mois d'Avril. Le Roi Jacques resta en Flandre, où il fit la campagne. Les commencemens en furent assez heureux : l'on prit Gand, Bruges & Plassendal. Ces conquêtes engagerent le Duc de Bourgogne, qui commandoit l'armée, ayant sous ses ordres M. de Vendôme, d'aller assiéger Oudenarde. Le Prince Eugene ayant eu connoissance des desseins du Duc de Bourgogne, joignit le Duc de Marlborough. Ils marcherent ensuite vers Oudenarde & ayant fait passer l'Escaut à leurs troupes, ils les rangerent en bataille. L'armée Françoise étant arrivée en même temps, on en vint aux mains. Le combat dura depuis quatre heures du soir jusqu'à la nuit, & les Ennemis en eurent tout l'avantage. Il n'y eut qu'une partie de l'armée Françoise qui combattit, parce que le reste arriva trop tard. Aucun des avis de M. de Vendôme ne fut suivi. Il vouloit qu'on restât sur le Champ de bataille, afin de recommencer le lendemain matin ; mais il ne put mettre le Conseil de guerre dans son parti, ce qui fut cause que deux mille hommes qui s'étoient égarés pendant l'obscurité de la nuit, tomberent entre les mains des Ennemis. Le Prince Eugene n'ayant osé attaquer le Duc de Bourgogne qui s'étoit retiré du côté de Lille, il forma le projet d'assiéger cette Place. Elle étoit défendue par une forte Garnison commandée par le Maréchal de Boufflers, & par des Fortifications que M. de Vauban avoit encore augmentées. La réussite paroissoit douteuse; on se flattoit même en France qu'il étoit impossible au Prince Eugene de se rendre maître de cette Ville. La tranchée fut ouverte la nuit du 22 au 23 d'Août, & fut attaquée par cent vingt piéces de canon & quatre-vingt mortiers. Le Duc de Bourgogne, dont l'armée avoit été renforcée par des Détachemens de celle de l'Electeur de Baviere, & qui étoit alors composée de cent mille hommes, marcha en diligence au secours de la Place. Les Ennemis à l'approche des François travaillerent à fortifier leurs Lignes. Le Duc de Vendôme conseilla de les attaquer avant que l'ouvrage fût perfectionné. On fut d'un avis contraire, & ce ne fut qu'au bout de quelques jours qu'on résolut l'attaque des retranchemens; mais lorsqu'on alla les reconnoître on décida que l'entreprise étoit impossible. Il n'y avoit point d'autre parti à prendre que d'empêcher les Assiégeans de recevoir des vivres. On y réussit & la famine se fit bientôt sentir dans leur armée. Ils étoient prêts à lever le siége lorsqu'ils reçurent des munitions de bouche. L'Officier François chargé d'enlever le convoi avoit été battu, la moitié étoit passée au Camp des Alliés, & l'autre étoit retournée à Ostende. Le Pays étoit inondé; mais par le moyen des Barques plates, on vint à bout de transporter le reste. M. de Boufflers n'ayant pû être secouru, trouva des ressources dans sa propre valeur, & dans celle de sa Garnison. Après avoir fait périr dix-sept mille hommes environ aux Ennemis, & perdu plus de la moitié de ses troupes, il se vit forcé de capituler le 22 d'Octobre. Le Prince Eugene lui laissa dresser les articles de la Capitulation. Il se retira ensuite dans le Château, où il se défendit encore six semaines. Le Roi content d'une si glorieuse défense le fit Pair de France, & donna à son fils la survivance du Gouvernement de Flandre, qui a passé depuis à son second fils. Quelques jours après M. de Vendôme enleva un Poste entre le Camp des Ennemis & Ostende, malgré l'inondation qui le défendoit, & y surprit deux mille Anglois qui furent passés au fil de l'épée. Pendant que les Alliés assiégeoient le Château de Lille, le Duc de Baviere attaquoit Bruxelles. Le Prince Eugene n'ayant plus alors besoin de tant de monde pour continuer le siége du Château, marcha avec le reste de l'armée au secours de Bruxelles. L'Electeur à cette nouvelle fut obligé de décamper, n'étant pas assez fort pour résister à l'armée Impériale. Ces grands avantages engagerent les François à évacuer Gand, Bruges & Plassendal. La premiere soutint un siége de cinq jours. Le Duc de Villars eut quelques avantages contre le Duc de Savoye. Il prit à la vûe de ce Prince les deux Villes de Sezanne. Cependant les affaires de Philippe V. étoient en meilleur état, & le Parti de l'Archiduc diminuoit considérablement.

Les revers que la France avoit essuyés dans les dernieres campagnes, la famine qui se faisoit déja sentir & qui étoit causée par un des plus rigoureux Hyver qu'on ait vû en France, le Royaume presque épuisé d'hommes ou d'argent, tout en un mot portoit Louis XIV. à desirer la paix. Le

Duc de Holstein Gottorp le seul sur qui la France pût alors compter, se chargea d'en faire les propositions aux Alliés. M. Petkum son Ministre à la Haye les présenta aux Etats Généraux, & elles leur parurent si avantageuses, qu'ils consentirent à traiter avec la France. Le Duc de Marlborough & le Prince Eugene qui avoient leurs vûes, rendirent bientôt inutiles les bonnes intentions des Hollandois, & les Conférences que le Président Bouillé & M. de Torci avoient eu avec les Ministres des Etats Généraux. Ils firent alors des propositions si dures que le Roi ne put les accepter. Elles contenoient particuliérement, que la France reconnoîtroit l'Archiduc pour Roi d'Espagne, & se déclareroit contre le Duc d'Anjou, s'il refusoit de remettre la couronne à l'Archiduc ; que Strasbourg, Brisac & Landau seroient à l'Empire ; que toutes les Places fortes sur le Rhin seroient rasées depuis Bâle jusqu'à Philisbourg, & plusieurs autres propositions semblables. Louis XIV. fit alors de nouveaux efforts pour obtenir une paix honorable, & la guerre fut continuée.

<small>DE LA FRANCE.

LOUIS XIV. DIT LE GRAND, LXII. ROI.</small>

M. de Villars qui commandoit cette année en Flandre, n'avoit que soixante & cinq mille hommes sous ses ordres, au lieu que l'armée des Ennemis montoit à cent dix mille. Cette supériorité les mit en état de faire plusieurs conquêtes, & d'autant plus facilement qu'il fallut affoiblir les Garnisons de quelques Villes. Les Alliés voulurent commencer la campagne par le siége d'Ypres ; mais la position avantageuse de M. de Villars fit avorter leur projet. Il ne put cependant pas les empêcher de s'emparer de Tournai, dont la Ville capitula faute de vivres le 29 de Juillet après un mois de siége. La Citadelle ne se rendit que le 3 de Septembre. Le Prince Eugene & Marlborough passerent ensuite l'Escaut, pour aller faire le siége de Mons. Le Maréchal de Villars averti du dessein des Ennemis, se rendit dans les Plaines de Mons, & se campa entre les Bois de Blangis & la Forêt de Murin, près de Malplaquet. Ce fut dans cet endroit que se donna un combat des plus meurtriers qu'il y ait eu pendant cette guerre. La Plaine étoit couverte de deux cens cinquante mille hommes qui se battirent avec une valeur incroyable. Le Champ de bataille resta aux Ennemis ; mais il leur coûta trente mille hommes, en comptant les blessés. Le Maréchal de Villars ayant été blessé au genouil, le Maréchal de Boufflers fut chargé de la Retraite, qui de l'aveu des Ennemis fut une des plus belles qu'on eût vûes. Malgré cette grande perte, les Alliés firent le siége de Mons, qui se rendit le 21 de Décembre, par une Capitulation honorable. On auroit pû secourir cette Place ; mais on ne jugea pas à propos de hasarder le sort d'une nouvelle bataille. Les François eurent leur revanche en Allemagne. Le Comte du Bourg, qui avoit été détaché de l'armée du Maréchal d'Harcourt défit le 26 d'Août près de Rumersheim en Alsace un Corps de troupes de neuf mille Allemans, commandé par le Général Merci. Le Duc de Hanovre avoit chargé cet Officier d'établir une communication entre la Savoye & la Franche-Comté. Le Comte Thaun qui commandoit dans la premiere de ces Provinces apprenant la défaite du Général Merci repassa les Alpes, & envoya le Général Rebender pour s'avancer vers le Pont de la Vachette près de Briançon, à dessein d'enlever les Postes avancés. M. Dillon Lieutenant Général étant entré secretement dans la Vachette, surprit le Général Allemand,

<small>Bataille de Malplaquet le 11 de Septembre.</small>

Tome I. Partie II.   Bbb *

lui tua quatre cens hommes, & le poursuivit jusqu'au Mont de Genevre. L'armée ennemie qui étoit supérieure à celle de France commandée par M. de Berwick, ne put rien entreprendre, & fut obligée de retourner en Piémont. Cette campagne est une des plus glorieuses du Maréchal de Berwick, & elle lui mérita seule la réputation de grand Général.

Les Préliminaires que les Ennemis avoient présentés l'année précédente, faisoient clairement voir qu'ils ne vouloient point faire la paix. Cependant Louis XIV. leur fit faire de nouvelles propositions, & les Conférences se renouerent dès le commencement de l'année. Le Maréchal d'Uxelles & l'Abbé de Polignac se rendirent à Gertruidemberg, près de Breda. Cette négociation qui dura depuis le mois de Janvier jusqu'au mois de Juillet, n'eût aucun succès, quoique le Roi accordât la plus grande partie des demandes des Alliés; puisqu'il consentoit à reconnoître l'Archiduc Roi d'Espagne, promettoit de ne donner aucun secours à Philippe V. s'il refusoit de quitter l'Espagne; mais à condition qu'on lui donneroit un autre Etat en échange; il s'engageoit aussi à rendre Strasbourg, Landau, &c. L'obstination des Alliés leur fut préjudiciable, & l'expérience fit voir que leur refus avoit été avantageux à Louis XIV. Ce Monarque aussi grand dans l'adversité que dans la prospérité, fit de nouveaux efforts pour forcer ses Ennemis à devenir plus traitables, & se prépara à continuer la guerre. Cette Campagne ne fut pas heureuse, & la France fit encore de grandes pertes. Les Alliés s'étant rendus maîtres des Lignes que les François avoient faites depuis Maubeuge jusqu'à Ypres, investirent Douai avec une armée d'environ cent quarante mille hommes. La tranchée fut ouverte le 4 de Mai. M. Albergoti, qui commandoit dans la Ville se défendit autant qu'il étoit possible, & fit périr un grand nombre d'Ennemis, tant par ses fréquentes sorties, que par ses mines & les fourneaux. M. de Villars résolu de secourir la Place, s'approcha du Camp des Ennemis; mais l'ayant trouvé trop fortifié, il usa de divers stratagèmes pour les attirer en plaine. Toutes ses tentatives ayant été inutiles, il décampa en plein midi dans l'espérance qu'ils sortiroient de leurs Retranchemens pour attaquer son arriere-garde; mais ils se contenterent de pousser vivement le siége de Douai. La Ville se rendit le 25 de Juin après cinquante-deux jours de tranchée ouverte. Béthune qui eut le même sort le 26 d'Août, se défendit aussi vigoureusement, & coûta cher aux Alliés. M. de Pui-Vauban y commandoit, Saint-Venant & Aire tomberent encore au pouvoir des Alliés: la premiere fut prise par le Prince de Nassau, & la seconde par le Prince d'Anhalt. M. de Selve qui commandoit dans Saint-Venant, & le Marquis de Guebriant, qui défendoit la Ville d'Aire, s'acquirent beaucoup de gloire en cette occasion. Pendant ces deux sièges, M. de Ravignan défit un Corps considérable des troupes des Alliés, qui conduisoit sous les ordres du Comte d'Atlone un convoi sur la Lys. Le Général fut fait prisonnier avec neuf cens hommes.

Tous les malheurs sembloient alors vouloir accabler la France. Elle perdit le 14 d'Avril Louis Dauphin de France, mort à Meudon de la petite verole, dans la cinquantiéme année de son âge, étant né le 1 de Novembre 1661. Ce Prince recommandable par une infinité de belles qualités, laissa de Marie-Anne de Baviere qu'il avoit épousée le 8 Mars 1680, trois Princes : le Duc de Bourgogne, Philippe V. Roi d'Espagne & le Duc de Berri.

La mort de l'Empereur Joseph arrivée trois jours après celle du Dauphin changea la face des affaires de l'Europe. Son frere ayant été élu à sa place, ne trouva plus chez quelques-uns des Alliés cette même ardeur qu'ils avoient témoignée pour ses intérêts. Un Prince maître de l'Empire, Souverain des Royaumes de Hongrie, de Bohême, & des riches Provinces qui appartenoient à la Maison d'Autriche, leur parut un Allié trop puissant, si à tant de titres il joignoit encore la Couronne d'Espagne. De plus les Torys avoient repris le dessus en Angleterre, & l'on avoit ôté aux Whiggs le commandement des troupes : le Ministere étoit changé, & ceux qui étoient entrés dans les principales Charges de l'Etat, se trouvoient d'autant plus disposés à la paix, qu'ils vouloient rendre inutiles les qualités militaires du Duc de Marlborough, dont la femme étoit déja disgraciée. La Cour de Londres ainsi disposée à la paix, écouta volontiers les premieres propositions que M. de Tallard, qui y étoit prisonnier, fit à la Reine d'Angleterre. On entamma dès-lors quelques Conférences secrettes, & l'on signa enfin sept articles Préliminaires qui devoient servir de fondement à la paix. Les Hollandois & la Cour de Vienne s'y opposerent de tout leur pouvoir. Ces Conférences, & les dispositions favorables que la Reine d'Angleterre avoit témoignées n'empêcherent pas que la guerre ne continuât avec la même chaleur. Il ne se passa cependant rien de considérable jusqu'au 15 de Juillet. Les deux armées qui avoient leur Camp en Artois, étoient séparées par la Scarpe. Les François avoient élevé une digue pour empêcher que l'eau de la Sensée ne tombât dans la Scarpe, & par ce moyen rendre inutiles les Moulins de Douai. Les Alliés s'emparerent de ce Poste ; mais pendant qu'ils étoient occupés à le fortifier, le Comte de Gassion accompagné du Marquis de Coigni, attaqua les troupes qui couvroient les Travailleurs. Plus de mille hommes des Ennemis périrent en cette occasion : il eurent outre cela un grand nombre de blessés, perdirent mille chevaux, leurs timbales & leurs étendards. Ils étoient cependant toujours maîtres du Fort ; mais le Maréchal de Montesquiou s'étant avancé avec un nouveau Détachement, l'investit à la pointe du jour, & l'emporta d'assaut à une heure après midi. Le Duc de Marlborough voulut réparer cette perte par la prise de Bouchain, malgré la défense de la Reine d'Angleterre. Le Duc de Villars qui avoit reçu ordre de ne point attaquer les Alliés, se campa avantageusement sur la hauteur de Cambrai, & par cette position il évita la bataille que le Général Anglois lui présentoit. Bouchain fut investi, & demanda à capituler le 13 de Septembre après une glorieuse résistance. Pendant ce siége le Maréchal de Villars envoya de différens côtés divers Détachemens, qui remporterent plusieurs avantages. Ils enleverent trois Généraux ; sçavoir, le Général d'Erbach, le Général-Major Bork, & le Général-Major Vassenaer. Les succès étoient plus considérables sur mer. M. Sans avoit enlevé aux Anglois le 16 de Janvier presque toute la Flotte de la Virginie, & M. du Guay-Trouain, qui avoit fait une descente à Rio-Janeiro dans le Brésil, s'étoit emparé de la Ville, des Forts, & avoit obligé le Gouverneur de lui payer six cens dix mille crusades pour racheter la Ville. Cette expédition coûta vingt-cinq millions ax Portugais.

DE LA FRAN-CE.

LOUIS XIV.
DIT
LE GRAND
LXII. ROI.

1712.
Congrès d'U-trecht.

Les négociations entre la Cour de France & celle de Londres, firent réfoudre les Alliés à tenir le 29 de Janvier un Congrès à Utrecht, afin d'y travailler férieufement à rendre la paix à l'Europe. Cette nouvelle caufa une grande joie en France ; mais elle fut bientôt troublée par la mort de prefque tous les Princes de la famille Royale. Dès le 12 de Février, elle perdit Madame la Dauphine Marie-Adélaïde de Savoye, qui n'étoit âgée que de vingt-cinq ans. M. le Dauphin ne lui furvécut que fix jours, & mourut à Marly le 18, âgé de trente ans. M. le Duc de Bretagne, l'aîné des deux Princes qu'il laiffoit, mourut le 8 de Mars âgé de cinq ans. M. le Duc d'Anjou, (Louis XV.) fut auffi en grand danger. Le Ciel exauça les vœux des François, & leur conferva un Prince qui fait la gloire & la félicité de fon Royaume. La mort de ces Princes approchoit Philippe V. du Trône, & fit craindre aux Alliés la réunion de la Couronne de France avec celle d'Efpagne. On les raffura par une renonciation que Philippe V. confentit à faire en fon nom, & en celui de fes defcendans. Ce fut un des points qui occupa les Miniftres affemblés à Utrecht. Pendant que chacun y difcutoit fes droits, la guerre continuoit toujours, & la Flandre en fut le théâtre principal.

Différentes expéditions en Flandre.

Les Ennemis commencerent les hoftilités en jettant quelques bombes dans la Ville d'Arras. Le Comte d'Albemarle chargé de cette expédition, avoit avec lui un Corps d'environ vingt-cinq mille hommes. La Garnifon fit une fortie fi vigoureufe qu'après lui avoir tué la plus grande partie de fon monde, elle l'obligea à fe retirer précipitamment. Cet avantage fut fuivi de la prife du pofte de l'Eclufe fur la Senfée. Le Prince Eugene à l'arrivée du Duc d'Ormond qui remplaçoit le Duc de Marlborough, fe flattoit de réparer bientôt ces petites pertes ; mais il fut bien furpris d'apprendre de la bouche de ce Général qu'il lui étoit défendu d'agir contre les François. Le Prince Eugene fit auffi-tôt fçavoir aux Alliés les difpofitions de la Reine d'Angleterre. Les Etats Généraux s'en plaignirent hautement ; mais leurs plaintes n'empêcherent pas que la fufpenfion d'armes entre la France & l'Angleterre ne fût publiée. En conféquence le Duc d'Ormond fe fépara des Alliés, & la Ville de Dunkerque fut remife entre les mains des Anglois, pour la fûreté de l'exécution des promeffes que le Roi avoit faites. Le Prince Eugene qui s'étoit déja rendu maître du Quefnoi, forma le deffein de prendre Landreci. M. de Villars fçachant combien il étoit important de conferver cette Place, mit en ufage tous les ftratagêmes de la guerre pour la fecourir. Après plufieurs marches fimulées, & qui faifoient craindre au Prince Eugene qu'il n'en voulût au Camp de Landreci, il marcha fecrettement à Denain, où il y avoit quarante Bataillons aux ordres du Général Fagel. Le Maréchal de Villars fit couper la communication de ces troupes avec celles du Prince Eugene, & força le Camp de Denain. Le Prince Eugene marcha au fecours de fes troupes ; mais le Maréchal de Villars le battit, & l'obligea de fe retirer. Les Détachemens que le Général François envoya enfuite, s'emparerent de Mortagne, de Saint-Aman, & de Marchienne. On trouva dans ce dernier Pofte plus de cent piéces de canon, un nombre prodigieux de bombes, de grenades, de boulets, plus de trois cens chariots avec leurs attelages, une grande quantité de provifions. Toutes ces pertes obligerent le Prince Eugene à lever le fiége de Landreci le 2 d'Août, & à fe retirer vers

Mons. M. de Villars profitant de fes avantages reprit Douai, le Quefnoi & Bouchain. Ainfi fut terminée une Campagne qui releva la gloire des armes de France, & qui mit Louis XIV. en état de parler différemment à Utrecht, qu'il n'avoit fait à Gertruidemberg.

<small>DE LA FRANCE.
LOUIS XIV. DIT LE GRAND, LXII. Roi.</small>

Philippe V. qui confervoit toujours fa fupériorité fur le parti de l'Archiduc, figna le 5 de Novembre un Acte de renonciation à la Couronne de France, pour lui & pour fes defcendans. Par cet Acte le Duc de Savoye & les Princes de fa Maifon, comme defcendans de Dona Catherine, fille de Philippe II. étoient appellés à la Couronne d'Efpagne, à l'exclufion de la Maifon de France & de celle d'Autriche. Le Duc de Berri & le Duc d'Orléans renoncerent pareillement à leurs prétentions fur l'Efpagne.

La Cour d'Angleterre fatisfaite de cette renonciation, confentit à faire la paix avec la France. Les autres Puiffances, excepté l'Empereur, fentirent bien qu'en perdant un tel Allié, ils n'avoient point d'autre parti à prendre que de fuivre l'exemple de l'Angleterre. Le premier Traité fut figné avec cette Couronne le 11 d'Avril à trois heures après midi ; avec le Duc de Savoye, à quatre heures ; avec le Roi de Portugal, à huit heures ; avec le Roi de Pruffe, à minuit ; & avec les Etats Généraux, à une heure & un quart.

<small>1713.
Paix d'Utrecht.</small>

Par le Traité conclu avec la Reine d'Angleterre, le Roi de France la reconnoiffoit en cette qualité, & s'engageoit à reconnoître la fucceffion en faveur de la Princeffe Sophie, & de fes Héritiers dans la Ligne Proteftante ; à faire rafer les Fortifications & combler le Port de Dunkerque, & à céder à l'Angleterre quelques endroits de l'Amérique. On convint que l'Ifle & le Cap Breton appartiendroient à la France, & qu'elle céderoit à la Grande-Bretagne la Baye & le Détroit de Hudson, l'Ifle de Saint-Chriftophe, l'Acadie, la Ville de Port-Royal, qu'on nommeroit à l'avenir *Annapolis Royale*, & l'Ifle de Terrre-Neuve avec la Ville & le Fort de Plaifance.

<small>Traité avec l'Angleterre.</small>

On convint par le Traité avec les Plénipotentiaires du Duc de Savoye, que Louis XIV. rendroit à ce Prince la Savoye, le Comté de Nice ; qu'il lui céderoit de plus la Vallée de Prajelas, avec les Forts d'Exiles, de Feneftrelles, les Vallées d'Oulx, de Sezane, de Bardonache, & de Château-Dauphin, & tout ce qui eft au-delà des Alpes vers le Piémont. Le Duc de Savoye cédoit à Sa Majefté Très-Chrétienne la Vallée de Barcelonette & fes dépendances. Le Roi de France confirmoit la ceffion du Royaume de Sicile, faite par le Roi d'Efpagne au Duc de Savoye. Il confentoit pareillement que la renonciation du Roi d'Efpagne, qui au défaut de fes Defcendans affuroit la fucceffion de fa Monarchie à la Maifon de Savoye, fût regardée comme une condition effentielle à la paix.

<small>Avec le Duc de Savoye.</small>

Celui qui fut figné avec l'Electeur de Brandebourg, portoit que le Roi de France en vertu du pouvoir qu'il avoit reçu du Roi d'Efpagne, cédoit à l'Electeur la Partie du Haut-Quartier de Gueldre ; qu'il le reconnoiffoit Prince Souverain de Neufchâtel & de Valengin. L'Electeur de fon côté renonçoit à fes droits fur la Principauté d'Orange, en fe chargeant de donner un équivalent aux Héritiers du feu Prince de Naffau-Frife : permis à lui de revêtir du nom de Principauté d'Orange le Quartier de la Gueldre qu'on lui avoit cédé, & d'en retenir le titre & les armes. Il y eut de plus

<small>Avec l'Electeur de Brandebourg.</small>

deux articles séparés : par le premier, le Roi tant en son nom qu'en celui du Roi d'Espagne, promit à l'Electeur qu'on le reconnoîtroit en qualité de Roi de Prusse ; qu'on lui donneroit à l'avenir le titre de Majesté, & qu'on accorderoit à ses Ministres les mêmes honneurs qu'à ceux des Têtes couronnées. Par le second, le Roi de Prusse promit de rendre la Ville de Rhimberg à l'Archevêque de Cologne, immédiatement après la paix de l'Empire ; mais sans préjudice de ses prétentions sur cet Archevêché.

Il fut arrêté par le Traité conclu avec les Etats Généraux, que le Roi de France leur remettroit en faveur de la Maison d'Autriche tous les Pays-Bas Espagnols, & de plus, Menin, Furnes, Furnembach, le Fort de la Kenoque, Dixmude, Loo, Ypres & Tournai, à l'exception de la Haute-Gueldre & de la Ville du même nom qu'on cédoit au Roi de Prusse. Louis XIV. s'engageoit encore d'obtenir de l'Electeur de Baviere la cession de tous ses droits sur le Comté de Namur & sur le Duché de Luxembourg, à condition que ce Prince en retiendroit la Souveraineté & les revenus, jusqu'à ce qu'il eût été rétabli dans ses Etats d'Allemagne, & dans le rang d'Electeur, qu'il fût mis en possession du Royaume de Sardaigne, & que l'Archiduc l'eût dédommagé des pertes qu'il avoit souffertes contre la teneur du Traité conclu près de Landau en 1704. Il étoit encore particuliérement stipulé, que dans tous les Lieux confiés aux Etats Généraux pour la Maison d'Autriche, soit dans les Pays-Bas Espagnols, soit dans les Pays-Bas François, la Religion Catholique seroit conservée en l'état où elle étoit avant la guerre ; que les Magistrats ne pourroient être que Catholiques, & qu'on laisseroit les Ecclésiastiques, les Religieux & l'Ordre de Malthe en possession de leurs revenus. Les Etats Généraux promettoient réciproquement de remettre au Roi la Ville de Lille, & toute sa Châtellenie, le Pays de Laleu, la Gorque, Aire, Bethune, Saint-Venant, & le Fort Saint-François.

Le fils unique de Jacques II. Roi d'Angleterre, fit sa protestation contre tout ce qui pouvoit être fait à son préjudice.

La Cour de Vienne ayant refusé d'acceder au Traité, la guerre continua en Allemagne. Le Prince Eugene avoit dessein de passer le Rhin ; le Maréchal de Villars par ses différentes manœuvres l'empêcha d'executer ce projet, lui coupa la communication de Landau, & chargea le Maréchal de Bezons de faire le siége de cette Place. Elle étoit défendue par le Prince de Wirtemberg, qui avoit huit à neuf mille hommes de troupes sous ses ordres. Keiserlauter, & un ouvrage à Cornes qui couvroit le Pont-volant de Manheim, furent enlevés par M. Dillon, pendant que le siége de Landau se continuoit. Le Prince de Wirtemberg n'ayant pu être secouru par le Prince Eugene, Landau demanda à capituler les 20 d'Août, après deux mois de tranchée ouverte. La Garnison qui étoit encore de quatre mille hommes, fut désarmée & conduite à Haguenau. Le Maréchal de Villars maître de cette Place, prit la résolution d'attaquer Fribourg. Les Lignes que les Impériaux avoient faites depuis le Château de Hornberg jusqu'aux ouvrages avancés de Fribourg, & un Corps de dix-sept mille hommes chargé de leur défense, sembloient être un obstacle au projet du Maréchal. Son adresse & sa valeur lui firent bientôt vaincre toutes ses difficultés. Les Lignes furent emportées, les Impériaux mis en fuite, & Fribourg affiégé. La tranchée fut ouverte la nuit du 29 au 30 de Septembre. Le Baron d'Arche qui commandoit dans la Place, fe défendit avec toute la valeur poffible, & ce ne fut que le premier de Novembre qu'il rendit la Ville à difcrétion, & fe retira dans le Château. M. de Villars n'ufa point de fon droit de Vainqueur, & la Ville ne fut point pillée; il eft vrai qu'elle fournit un million pour fe racheter du pillage. Le Baron d'Arche avoit deffein de faire une longue réfiftance dans le Château; mais les menaces du Maréchal de Villars, & le peu d'efpérance qu'il avoit de recevoir du fecours, l'obligerent à capituler. La Garnifon fortit au nombre de fept mille hommes, avec les honneurs de la guerre.

<small>DE LA FRANCE.
LOUIS XIV. DIT LE GRAND, LXII. ROI.</small>

Tant de fuccès forcerent enfin la Cour de Vienne à rechercher la paix. Le Prince Eugene & le Maréchal de Villars fe rendirent à Raftad pour y tenir des Conférences à ce fujet. Elles commencerent vers la fin de Novembre, furent interrompues pendant quelque temps, & fe terminerent enfin le 6 de Mars 1714, par la fignature d'un Traité de Paix, entre la France & l'Empereur. Il portoit en fubftance : que les Frontieres de France du côté de l'Allemagne, refteroient dans l'état où elles étoient au commencement de la guerre, & celles des Pays-Bas, comme elles avoient été réglées à Utrecht; que les chofes demeureroient en Italie fur le pied où elles étoient alors, c'eft-à-dire, que l'Empereur jouiroit tranquillement du Milanès, de Naples, de la Sardaigne, & des Places qu'il occupoit du côté de la Tofcane. L'Empereur s'engageoit de fon côté à rendre aux Ducs de Guaftale & de la Mirandole, & au Prince de Caftiglione, les Etats dont ils avoient été dépouillés. Les Electeurs de Cologne & de Baviere étoient rétablis dans tous leurs Etats, droits & prérogatives, & le Roi reconnoiffoit la dignité Electorale dans la Maifon de Hanower. On convint enfuite qu'on tiendroit un Congrès dans la Ville de Bade en Suiffe, afin que les différens Membres du Corps Germanique puffent y affifter, & qu'en conféquence tous les articles dont ont étoit convenu à Raftad y fuffent ratifiés. Ces Conférences commencerent le 15 de Juin, & le Traité fut figné le 7 de Septembre. Il n'étoit conclu qu'entre la France & l'Empire. On n'y faifoit aucune mention de la Monarchie d'Efpagne. L'Empereur refufoit encore de reconnoître Philippe V. pour Roi d'Efpagne, & Philippe V. difputoit à Charles VI. le titre d'Empereur. Ce dernier Traité dérogea en bien des chofes à celui d'Utrecht.

<small>Conférences pour la paix. 1714.</small>

La plûpart des articles qui regardoient les deux Electeurs y furent changés. Le Roi Très-Chrétien conferva Strafbourg, Landau, Huningue & le Neuf-Brifac. C'eft ainfi que Louis XIV. termina glorieufement une guerre dont le fuccès avoit fouvent allarmé tous les bons François.

Cependant la France avoit encore perdu le 4 de Mai un de fes Princes, fçavoir Charles Duc de Berri qui étoit dans la vingt-huitiéme année de fon âge. Il ne laiffoit point d'enfans de Marie-Louife-Elifabeth d'Orléans fon époufe. Louis le Grand qui n'avoit défiré fi ardemment la conclufion de la paix, que pour faire jouir au-dehors fon petit-fils d'une minorité tranquille, voulut encore prévenir les troubles inteftins qui pourroient s'élever. Il fit fon Teftament pour régler le Confeil de Régence & la tutelle du jeune Prince, & envoya cet Acte au Parlement. Pendant que ce Monarque étoit occupé à

<small>Teftament de Louis XIV. 1715.</small>

regler tout ce qu'il prévoyoit être utile au repos de ſes Peuples & à leur ſoulagement, il reçut une Ambaſſade du Roi de Perſe. Ce Miniſtre fit ſon entrée à Paris le 9 de Février, & eut ſon audience de congé le 13 d'Août.

La ſanté du Roi commença alors à s'affoiblir beaucoup, & fit craindre pour ſa vie. Ce Monarque toujours Grand enviſagea la mort avec une tranquillité d'eſprit, une fermeté & une grandeur d'ame, dont l'Hiſtoire fournit peu d'exemples. Il mourut le 1 de Septembre ſur les huit heures & demie du matin dans la ſoixante & dix-ſeptiéme année de ſon âge, & après avoir regné plus de ſoixante & douze ans.

Il gouverna en Monarque abſolu, vécut en grand Roi, & mourut en Héros Chrétien. " Tout éclatant de gloire & de majeſté, ſe voir approcher peu-
" à-peu du Tombeau; l'appercevoir ce Tombeau, & prêt à y être préci-
" pité; le regarder du haut du Trône d'un œil tranquille, & ſans preſque
" ſuſpendre le cours de ſes affaires, eſt-ce force d'eſprit, eſt-ce Religion,
" eſt-ce inſenſibilité ? Un Prince aimé de ſes Peuples, terrible à ſes En-
" nemis, & digne d'être à jamais le modéle de tous les Rois, a terminé
" une carriere ſi glorieuſe aux yeux des hommes, ſans ſentir le moindre
" retour ſur ſa félicité, prêt à s'évanouir, ſans nul regret des grandeurs &
" de l'autorité ſuprême, ſans nulle terreur ſur ce que la Mort a de plus
" effrayant pour la Nature; mais humblement ſoumis aux ordres de la
" Providence, & toujours intimement uni à ſon Dieu, il s'eſt endormi en
" paix. Il a fini, & il a fini ſans qu'on ſe ſoit apperçu par la moindre
" émotion en lui, qu'il alloit être confondu dans la pouſſiere avec les derniers
" de ſes Sujets. Quelle grandeur d'ame! Quelle force d'eſprit! Quelle Re-
" ligion dans un Prince qu'on ne peut imiter ni dans ſa vie, ni dans ſa
" mort (10).

Ce Prince eut de la Reine ſon épouſe trois Princes & trois Princeſſes, auſquels il ſurvécut. Louis Dauphin de France né le 1 de Novembre 1661, mort le 14 d'Août 1711 : Philippe de France Duc d'Anjou né le 2 d'Août 1668, mort le 10 de Juillet 1671 : Louis-François de France Duc d'Anjou né le 14 de Juin 1672, mort le 4 de Novembre ſuivant. Anne-Eliſabeth de France née le 18 de Novembre 1662, morte le 30 de Décembre ſuivant; Marie-Anne de France née le 16 de Novembre 1664, morte le 26 de Décembre ſuivant; Marie-Thérèſe de France née le 2 de Janvier 1667, morte le 1 de Mars 1672.

Louis XV. (11) troiſiéme fils du Duc de Bourgogne, & de Marie-Adelaïde

(10) Les Hommes. Chap. 24. Tome I.
(11) Ce Prince deſcend de Henri IV. ſon quatriéme ayeul par ſept différentes lignes. 1°. De pere en fils. 2°. De Marie-Thérèſe ſa biſayeule, fille de Philippe IV. Roi d'Eſpagne & d'Eliſabeth de France, qui étoit fille d'Henri IV. 3°. Madame la Dauphine Marie-Anne Chriſtine de Baviere, étoit petite fille de Chriſtine de France, fille de Henri IV., mariée à Victor-Amé I. Duc de Savoye. 4°. Madame la Dauphine Adelaïde de Savoye, mere de Louis XV étoit fille de Victor-Amé II. Duc de Savoye, petit-fils de la même Chriſtine de France. 5°. Victor-Amé II. étoit fils de Marie-Jeanne Baptiſte de Savoye-Nemours, petite fille de Céſar de Vendôme, fils naturel de Henri IV. 6°. Madame la Dauphine mere du Roi étoit fille d'Anne d'Orléans, Reine de Sicile, fille de feu *Monſieur*, frere unique de Louis XIV. & petit-fils de Henri IV. 7°. Enfin, la même Anne d'Orléans, Reine de Sicile, étoit fille de Henriette d'Angleterre, qui étoit fille de Charles I. Roi d'Angleterre, & de Henriette de France fille de Henri IV.

de Savoye, fut proclamé Roi auſſi-tôt après la mort de Louis le Grand. Ce jeune Monarque né à Verſailles le 15 de Février 1710, & qui portoit le nom de Duc d'Anjou, n'avoit que cinq ans & demi lorſqu'il monta ſur le Trône. Le lendemain le Duc d'Orléans accompagné des Princes du Sang, des Ducs & Pairs, ſe rendit au Parlement où il fut déclaré Régent du Royaume. Ce fut dans cette occaſion que ce Prince déclara qu'il conſentoit à avoir les mains liées pour faire du mal ; mais qu'il vouloit être le Maître pour faire du bien. Le Roi, qui tint ſon Lit de Juſtice le 12, rendit un Arrêt par lequel il confirmoit tout ce qui avoit été réglé pour la Régence. Il donna en même temps une Déclaration par laquelle il établiſſoit ſix Conſeils particuliers, ſubordonnés au Conſeil Supérieur de la Régence; ſçavoir, un Conſeil de Conſcience & de Religion, un Conſeil de Guerre, un Conſeil de Finance, un Conſeil pour les Affaires Etrangeres, un Conſeil pour celles du dedans du Royaume, & un Conſeil pour le Commerce. Les Préſidens de tous ces Conſeils particuliers avoient place & étoient admis dans le Conſeil ſuprême de Régence pour les Affaires dépendantes de leur Juriſdiction. Le Duc du Maine fut nommé ſur-Intendant de l'éducation du Roi, & le Maréchal Duc de Villeroi fut déſigné pour être ſon Gouverneur. En attendant qu'il eût atteint l'âge de ſept ans, le ſoin de ſon enfance fut confié à la Ducheſſe de Vantadour, qui avoit été Gouvernante de tous les Enfans de France.

DE LA FRANCE.

LOUIS XV. DIT LE BIEN AIMÉ, LXIII. ROI.

Les premiers ſoins du Régent furent de chercher divers moyens pour remedier au déſordre & à l'épuiſement extraordinaire des Finances, rétablir la Marine, relever le Commerce qui avoit langui pendant la derniere guerre & acquitter les dettes de l'Etat. Il établit une Chambre de Juſtice où tout Officier comptable & Gens d'affaires furent obligés d'aller rendre leurs Comptes, & furent taxés à proportion du profit qu'ils avoient fait dans les affaires du Roi. Cette Chambre fut ſupprimée le 22 de Mars 1717. Le Roi donna le 6 d'Août de cette même année des Lettres Patentes pour l'établiſſement d'une Compagnie de Commerce ſous le nom de *Compagnie d'Occident*; il lui accorda les Terres & les Iſles du Gouvernement de la Louiſiane. Enfin l'on employa toutes ſortes de reſſources pour décharger l'Etat des dettes immenſes dont il étoit accablé. Le 2 de Mai de l'année précédente le Roi avoit donné des Lettres Patentes au Sieur Law & à ſa Compagnie, pour l'établiſſement d'une Banque générale en France.

Pendant que Louis apprenoit l'art de regner & qu'il donnoit déja à connoître ce qu'il devoit être un jour : un Souverain du Nord, je veux dire, Pierre I. Empereur de Ruſſie, parcouroit les divers Etats de l'Europe pour s'inſtruire des Mœurs & des Uſages des différentes Nations, afin de donner à ſon Empire une forme de Gouvernement qui lui fût avantageux, & transformer, pour ainſi dire, ſes Sujets en de nouveaux hommes (12). Ce Prince ſi digne des plus grands éloges, arriva en France le 21 d'Avril 1717, & ſe rendit à Paris le 8 de Mai accompagné d'un Détachement de Gardes du Corps, qui avoit été au-devant de lui juſqu'à Beaumont. Depuis qu'il

1717.
Arrivée du Czar Pierre I. en France.

―――――――――――――――
(12) Je renvois à l'Article de la Ruſſie pour ce qui regarde les voyages de ce Prince & ſes autres actions.

Tome I. Partie II.

DE LA FRAN-
CE.

LOUIS XV.
DIT LE
BIEN-AIMÉ,
LXIII. ROI.

étoit entré en France on lui avoit accordé tous les honneurs dûs aux Têtes couronnées. L'Hôtel de Lefdiguieres (13) fut deftinée pour fon logement. Il y fut fervi par les Officiers du Roi, & la Garde que le Roi lui donna étoit compofée de cinquante Gardes Françoifes & Suiffes, & de huit Gardes du Corps. Pendant le féjour qu'il fit dans la Capitale, il ne s'occupa qu'à vifiter tout ce qui pouvoit être digne de fa curiofité. Il alla plufieurs fois à l'Obfervatoire, & ne fe laffoit point d'admirer les Machines & les expériences qu'on faifoit en fa préfence, ni de converfer avec les Sçavans qui compofent cette célèbre Compagnie. On avoit foin de le prévenir fur tout ce qui pouvoit lui faire plaifir, & il eut lieu plus d'une fois d'être furpris agréablement. Ayant defiré de voir la Monnoye des Médailles, il fut fort étonné en faifant agir un Balancier, de voir fortir de deffous le Coin une Médaille d'or fur laquelle fon portrait étoit gravé. On lifoit autour cette Légende, CZAR PETRUS ALEXIOWITZ, MAG. RUSS. IMP. Au revers étoit repréfentée une Renommée avec ces mots : VIRES ACQUIRIT EUNDO ; & dans l'Exergue : LUT. M. D. CC. XVII. M. de Launai alors Directeur de la Monnoye des Médailles en fit diftribuer de pareilles en argent à tous les Mofcovites qui accompagnoient le Czar. Ce Prince après avoir fatisfait de toutes manieres fa curiofité, partit de Paris le 20 de Juin, comblé des riches préfens que lui avoient fait le jeune Roi & tous les Princes, charmé de la magnificence de la Cour & des Grands, & pénétré des marques d'honneur & d'eftime qu'il avoit reçus en général de toute la Nation. Lorfque ce Monarque fut arrivé à Rhetel, il refufa d'accepter le Lit magnifique qu'on lui avoit préparé, & voulut coucher dans un Grenier. On ignore le véritable motif de cette conduite. Je ne dois pas oublier que ce Prince qui avoit honoré de fa préfence les Académies de Paris, honora particuliérement celles des Sciences, en acceptant le titre d'Académicien honoraire. L'Académie lui ayant envoyé un exemplaire de fon Hiftoire depuis fon établiffement & de fes ouvrages, il fit écrire à M. l'Abbé Bignon Préfident de l'Académie, pour lui en témoigner fa reconnoiffance.

1718.
Traité avec la Lorraine.

Le Régent toujours occupé de ce qui pouvoit contribuer à la gloire ou à l'avantage du Royaume, termina les différends qui regnoient depuis fi long-temps entre la France & la Lorraine. Le Traité fut figné le 21 de Janvier, & ratifié dix jours après. Il avoit pour baze ceux qui avoient été faits en 1661 & 1663, entre Louis XIV & le Duc Charles ; ainfi que ceux que le feu Roi d'une part, l'Empereur & l'Empire de l'autre, avoient fignés à Rifwick & à Baden en 1697 & 1714, la bonne intelligence ayant été ainfi rétablie entre les Cours de France & de Lorraine, le Duc & la Ducheffe fe rendirent à Paris où ils furent reçus avec les marques d'honneur & de diftinction dûes à des Souverains alliés de fi près à la Maifon de France. Après deux mois de féjour dans la Capitale, ils partirent le 8 d'Avril pour retourner dans leurs Etats.

Triple alliance

Ce Traité n'étoit pas le feul qui fût important aux intérêts de la France. Les hoftilités qui fubfiftoient toujours entre l'Empereur & le Roi d'Efpagne, donnoit lieu de craindre que la guerre, qui fembloit être terminée

(14) Cet Hôtel étoit auprès de la Baftille.

par le Traité d'Utrecht, ne se ralumât de nouveau, & n'embrasât toute l'Europe. Le Régent crut que l'unique moyen de maintenir la tranquillité dans l'Etat, étoit de faire une alliance offensive & deffensive avec les Puissances dont on pouvoit avoir quelque chose à redouter. En conséquence, il en avoit conclu une qui fut signée à la Haye le 4 de Janvier 1717, entre l'Angleterre & la République de Hollande. Par ce Traité ces trois Puissances se promettoient réciproquement une défense mutuelle contre ceux qui voudroient les attaquer ou troubler le repos de l'un des Alliés, par des dissentions intestines ou par des rebellions au sujet des Successions des Couronnes qu'on avoit reglées par le Traité d'Utrecht, pour ce qui concernoit la France & l'Angleterre, dont les Etats Généraux avoient promis la garantie. On étoit en même temps convenu de ne donner aucun asyle aux Sujets de l'un ou de l'autre Puissance, qui auroient été déclarés rebelles. Il étoit aussi fait mention des troupes ou de l'argent que chacun des Alliés devoit fournir, dans le cas où l'on en auroit besoin.

DE LA FRANCE.

LOUIS XV. DIT LE BIEN-AIMÉ, LXIII. ROI.

Cette alliance cependant ne suppléoit point à ce qui manquoit à la perfection des Traités d'Utrecht & de Bade, parce que les différens qui subsistoient entre l'Empereur & le Roi d'Espagne, n'étoient point encore reglés. On forma donc un nouveau projet, afin d'établir une solide paix dans l'Europe. Les négociations des Cours de France & de Londres, eurent tout l'effet qu'on pouvoit en attendre du côté de l'Empereur; mais le Cardinal Alberoni, qui gouvernoit la Cour de Madrid, ne songeoit qu'à continuer la guerre. La conquête de la Sardaigne, & la prise de Palerme en Sicile engagerent les Rois de France & de la Grande Bretagne à signer le 2 Août 1718 un nouveau Traité avec l'Empereur. On s'étoit flatté que la République de Hollande y accederoit aussi-tôt; mais les intrigues de l'Ambassadeur d'Espagne auprès de leurs Hautes-Puissances, en retarderent l'accession, & elles ne le signerent que le 16 de Février suivant. Le Duc de Savoye, qui s'étoit démis du droit qu'on lui avoit donné sur la Sicile en échange de la Sardaigne, se joignit aux Alliés. Par ce Traité l'Empereur faisoit les renonciations telles que le Roi d'Espagne les avoit demandées & à Utrecht & à Bade, & qui étoient nécessaires pour établir l'équilibre & le repos de l'Europe. L'Empereur consentoit donc à renoncer tant pour lui que pour ses Héritiers, Successeurs & Descendans mâles & femelles, à tous ses droits & prétentions sur les Royaumes d'Espagne, dont Philippe V. avoit été reconnu légitime possesseur par le Traité d'Utrecht. Il exigeoit en même temps que le Roi Catholique renonçât de son côté à tous droits & prétentions sur les Etats que l'Empereur possedoit en Italie & aux Pays-Bas, qui ont appartenu à la Monarchie d'Espagne. Il demandoit aussi que Philippe V. renonçât au Marquisat de Final, & aux droits de réversion qu'il s'étoit réservés sur le Royaume de Sicile, &c. Il y avoit lieu de croire que la Cour d'Espagne auroit accepté des arrangemens si avantageux, & qui mettoient fin à la guerre. Le Ministre d'Espagne avoit d'autres vûes, & se flattoit à la faveur des troubles qu'il vouloit exciter dans quelques Etats de l'Europe de se rendre maître de tous les Pays que Philippe V. étoit obligé de céder par le Traité. Ses intrigues en France furent bientôt découvertes, & le Roi se vit obligé de déclarer la guerre à l'Espagne le 19 de Janvier 1719, par un Manifeste

Quadruple Alliance.

Déclaration de Guerre contre l'Espagne.

DE LA FRANCE.

LOUIS XV.
DIT LE
BIEN-AIMÉ,
LXIII. ROI.

Lit de Justice.

1719.
Guerre contre
l'Espagne.

Siége & Prise
de Fontarabie.

qui expliquoit les raisons que ce Monarque avoit eu de faire alliance avec l'Empereur & l'Angleterre, & les motifs qui le forçoient à rompre avec l'Espagne. L'Angleterre s'étoit déja déclarée sur la fin de Décembre de l'année précédente.

Pendant que tout se disposoit à la guerre contre l'Espagne, le Roi faisoit plusieurs nouveaux Réglemens dans ses Etats. Il tint le 26 Août 1718 un Lit de Justice au Palais des Thuilleries, où le Parlement s'étoit rendu en Corps au nombre de plus de cent cinquante. On commença par l'enregistrement des Lettres Patentes, qui établirent M. d'Argenson Garde des Sceaux. On fit ensuite la lecture de l'Arrêt du Conseil d'Etat du 21 Août & des Lettres Patentes du 26 du même mois, données en conséquence, portant Réglement au sujet du Parlement de Paris, tant sur les enregistremens d'Edits & Déclarations que sur les Remontrances que le Roi permet à cette auguste Compagnie de lui faire. On fit après cela la lecture de l'Edit du Roi & de la Déclaration qui révoquent une partie des Prérogatives que Louis XIV. avoit accordées au Duc du Maine & au Comte de Toulouse. M. le Duc de Bourbon fut en même temps déclaré Sur-Intendant de l'éducation du Roi à la place de M. le Duc du Maine.

Rien n'ayant été capable de porter l'Espagne à un accommodement avec la Cour de Vienne, & le Roi se voyant forcé de se venger du Cardinal Alberoni, qui avoit formé le projet d'exciter des troubles dans la France, fit marcher ses troupes vers les Frontieres d'Espagne. Le Marquis de Silly Lieutenant Général ayant passé le 21 d'Avril la Riviere de Bidassoa, se rendit maître du Château de Behobie (15), dans lequel il y avoit quatre-vingt hommes de garnison qui furent faits Prisonniers de guerre. Le Poste nommée l'*Hermitage de Saint-Marcel* eut bientôt le même sort. M. de Silly s'étant ensuite avancé vers la Riviere d'Oyarcou sur laquelle est située la petite Ville qu'on appelle le *Passage*, entre Fontarabie & Saint-Sébastien, s'empara le 24 d'Avril de la Tour & du Fort de Sainte-Elisabeth. La prise de ces petits Postes, mirent les François en état de pénétrer dans la Biscaye. Les Espagnols qui ne s'étoient pas attendus qu'ils seroient attaqués de ce côté-là, avoient fait des coupures & des retranchemens dans toutes les gorges par lesquelles on pouvoit entrer sur leurs Terres ; mais ils avoient négligé de fortifier la route qui conduit de Saint-Sébastien au Passage ; peut-être se flattoient-ils que les Marais que forme la Riviere de Bidassoa, rendroient cette route impraticable.

Le Maréchal Duc de Berwick ayant pris le Commandement de l'armée le 12 de Mai, fit investir Fontarabie le 16 ; mais la tranchée ne fut ouverte que le 27, parce qu'on voulut attendre le Prince de Conti Général de la Cavalerie. L'attaque se fit entre les Bastions *de la Reine* & celui *des Innocens*. Ce siége fut poussé avec tant de vigueur que les François étoient logés dans le Chemin couvert le 16 de Juin : les Bréches étoient si considérables qu'on pouvoit facilement monter à l'assaut, ce qui obligea le Commandant à capituler. La Garnison sortit le 18 avec tous les honneurs de la guerre, & fut conduite à Pampelune. Le Roi d'Espagne ayant appris le

---

(15) C'est un Village situé à une lieue au-dessus de l'Isle des Faisans.

Siége de Fontarabie, se mit à la tête de son armée à dessein de secourir la Place ; il étoit déja à San-Istevan lorsqu'il reçut la nouvelle de la reddition de la Ville ; ce qui l'obligea à suspendre sa marche. Pendant qu'on étoit occupé au siége de Fontarabie, le Marquis de Bonas à la tête d'un Corps de troupes alla attaquer le Château de Casteleon ; il en ouvrit la tranchée le 29 de Mai, & força le Commandant à se rendre le 11 de Juin. La Garnison fut faite prisonniere de guerre.

DE LA FRANCE.

LOUIS XV. DIT LE BIEN-AIMÉ, LXIII. ROI.

Après ces conquêtes l'armée Françoise passa la Riviere d'Atiaragua, & alla investir la Ville de Saint-Sébastien par terre, pendant que quelques Frégates Angloises croisoient devant le Port, pour empêcher qu'on n'y introduisît aucun secours par Mer. Le Marquis de Fimarcon eut en même temps ordre avec un petit Camp volant de veiller à la sûreté du Roussillon, afin d'empêcher les Espagnols d'y faire des courses par la Catalogne. Cet Officier s'étant avancé par les Pyrennées jusqu'à la Source de la Riviere du Ter, s'empara de Campredon. Toutes les dispositions étant faites pour le siége de Saint-Sébastien, la tranchée fut ouverte la nuit du 19 au 20 de Juillet. La Place fut serrée de si près que le Gouverneur fut contraint de battre la chamade le 1 d'Août. Il demandoit qu'il lui fût permis de sortir avec tous les honneurs de la guerre, & que sa Garnison fût conduite à Pampelune ; mais le Maréchal de Berwick ayant exigé qu'il se rendît prisonnier de guerre, il se retira dans le Château. M. de Berwick fit ouvrir la tranchée la nuit du 2 au 3. Les Assiégés ayant détruit les deux premiers jours les travaux de Assaillans, firent une sortie le 5 vers le midi, pendant que leur artillerie faisoit un feu considérable ; mais M. de Guerchi les obligea de se retirer. La valeur avec laquelle les Espagnols se défendirent n'empêcha pas les François de continuer le siége avec beaucoup de vigueur. Le Commandant du Château craignant d'être pris d'assaut, arbora le Drapeau blanc le 17. On signa la Capitulation & la Garnison ennemie sortit avec tous les honneurs de la guerre. Cependant le Chevalier de Givri, qui s'étoit embarqué le 11 d'Août avec sept cens hommes sur les Frégates Angloises, arriva à la Plage de Centena ou Santona que forme une Riviere qui tombe des Montagnes de Guipuscoa, & va se jetter dans la Mer de Biscaye. Cette Plage est éloignée d'environ huit lieues de Côtes de Saint-Sébastien, & de dix de Bilbao. Les Espagnols y avoient fait un amas de bois & d'agrès pour la construction de plusieurs Vaisseaux de guerre, dont trois étoient déja sur le Chantier. M. de Givri ayant fait son débarquement à l'entrée de la nuit à la faveur de Frégates Angloises qui canonoient la Plage, surprit la Ville de Centena, se saisit des Forts que les troupes de Milices avoient abandonnés à l'arrivée des François, fit crever ou enclouer cinquante piéces de canon destinés pour la Marine, brûla les Magasins, ainsi que les trois Vaisseaux qui étoient prêts à être équipés. Le Maréchal de Berwick poursuivant ses conquêtes, entra dans la Cerdagne où il se rendit maître le 11 d'Octobre d'Urgel & de son Château appellé Ciudad. Il se présenta devant Roses le 23 ; mais il abandonna son entreprise le 23 du mois suivant, n'ayant pû recevoir la grosse artillerie qu'il attendoit.

De Saint Sébastien.

Tous ces avantages joints aux vives sollicitations des Etats Généraux, porterent le Roi d'Espagne à la paix, & lui firent prendre le parti d'accepter

Cessation des hostilités.

DE LA FRAN-
CE.

LOUIS XV.
DIT LE
BIEN-AIMÉ,
LXIII. ROI.

les conditions proposées par le Traité de Londres. Toutes les Puissances avoient demandé la retraite du Cardinal Alberoni (16). Le Roi d'Espagne mécontent d'ailleurs de ce Ministre, lui ordonna de sortir du Royaume. Depuis la disgrace de ce Cardinal, il n'y eut plus d'opposition à la paix de la part de Philippe V, & ce Monarque accéda le 26 de Février 1720. au Traité de la quadruple alliance, par lequel si d'un côté on le frustroit de ses conquêtes en Sicile & en Sardaigne, on lui promettoit de lui rendre Gibraltar, & d'assurer à l'un de ses fils de son second Mariage la succession des Etats de Parme & de Toscane. Le Roi Catholique de son côté renonçoit en faveur de l'Empereur aux prétentions que la Couronne d'Espagne avoit sur les Pays-Bas Catholiques, sur le Milanès, sur Naples, sur la Sicile, sur la Sardaigne, &c. Ce dernier Royaume fut accordé au Duc de Savoye, qui commença alors à être reconnu sous le titre de Roi de Sardaigne. Ces renonciations conventionnelles furent précédées d'une mutuelle reconnoissance des titres & dignités que les deux Monarques se disputoient depuis vingt ans. Tout ce qui n'avoit pû être reglé par le Traité de Londres fut renvoyé au Congrès qui devoit se tenir à Cambrai, où les différentes Puissances intéressées envoyerent leurs Plénipotentiaires, afin de travailler à une paix durable & solide. En attendant, la suspension d'armes fut publiée en France & en Angleterre, & toutes les hostilités cesserent. On convint alors du mariage du Roi avec l'Infante d'Espagne, & de celui du Prince des Asturies avec Mademoiselle de Montpensier, derniere fille de M. le Régent.

Ce Prince toujours attentif à tout ce qui pouvoit contribuer au progrès des Lettres, engagea le Roi à donner des Lettres Patentes pour l'établissement de l'Instruction gratuite dans les neuf anciens Colléges de la Faculté des Arts, sur le même pied que dans le Collége Mazarin. Ces Lettres

(16) Le Cardinal Alberoni passa assez promptement de l'état le plus obscur au poste le plus éminent. Il s'appelloit Jules Alberoni, & étoit né à Plaisance Ville d'Italie le 30 Mars 1664. L'Evêque lui donna la Tonsure & successivement les Ordres Mineurs. Son esprit vif, ses manieres insinuantes, beaucoup de hardiesse, soutenue d'une heureuse mémoire, lui procurerent un Bénéfice qui lui servant de patrimoine le conduisit à l'Ordre de Prêtrise. L'Evêque l'ayant pris en amitié l'honora de sa protection. Il accompagna M. de Barni neveu de ce Prélat dans un voyage qu'il fit à Rome. De retour il accompagna le Comte Roncoveri, que le Duc de Parme envoyoit auprès de M. de Vendôme, qui commandoit l'armée de France en Lombardie M. Alberoni trouva moyen de gagner l'estime & l'amitié de M. de Vendôme. Ce Prince lui permit même de le suivre en France, & ensuite à la Campagne de Flandre qui précéda le siége de Lille. A son retour à Paris, il le présenta à Louis XIV. & lui fit obtenir une Pension considérable. Lorsque M. de Vendôme passa en Espagne, il se fit accompagner de l'Abbé Alberoni, qui obtint une autre Pension du Roi Catholique. Après la mort de ce Duc, M. Alberoni revint en France. Il n'y resta pas long-temps & retourna en Espagne. Il y fut bientôt honoré de la protection de la Princesse de Parme, alors Reine d'Espagne. Cette protection lui fit obtenir le Chapeau de Cardinal, & la place de premier Ministre. La guerre de Sardaigne & de Sicile, dont il fut regardé l'auteur, le brouilla avec la Cour de Rome, & l'empêcha d'obtenir ses Bulles pour l'Archevêché de Séville, auquel il avoit été nommé. Depuis sa disgrace le Pape informa contre lui & voulut lui faire son procès. Il écrivit à ce sujet aux Cardinaux plusieurs Lettres dans lesquelles il refutoit les différens chefs d'accusation intentés contre lui. En voilà suffisamment pour faire connoître quel étoit ce Ministre.

DE L'UNIVERS. Liv. I. Chap. II.

dattées du 14 Avril 1719, furent enregiſtrées au Parlement & à la Chambre des Comptes les 8 & 12 de Mai ſuivant. Les dernieres années de la minorité du Roi ne nous offrent plus d'événemens conſidérables, ſi ce n'eſt la diſgrace de M. Law auteur d'un ſyſtême de Finances, & l'arrivée d'un Ambaſſadeur de la Porte, qui venoit de la part du Grand-Seigneur féliciter le Roi ſur ſon avénement à la Couronne. Cet Ambaſſadeur fit ſon entrée publique le 8 de Mars, & il eut ſon audience du Roi le 21. Il reſta à Paris juſqu'au 12 de Juillet. L'année ſuivante le Roi fut ſacré à Rheims le 25 d'Octobre par Armand-Jules de Rohan Guimené Archevêque de cette Ville.

Louis XV. ayant atteint ſa quatorziéme année, ſe rendit au Parlement le 22 de Février pour y être déclaré Majeur. Ce fut en cette occaſion qu'il loua le Duc d'Orléans Régent, ſur la ſageſſe de ſon adminiſtration. Ce Prince étant mort le 2 de Décembre 1723, le Duc de Bourbon fut chargé des fonctions de principal Miniſtre juſqu'en 1726, que le Roi déclara vouloir déſormais gouverner ſon Royaume par lui-même. Ce Monarque, de l'avis de ſon Conſeil qui lui fit connoître le deſir que ſes Peuples témoignoient de lui voir inceſſamment des Succeſſeurs, ſe vit obligé par cette raiſon d'Etat de faire accepter à la Cour d'Eſpagne le retour de l'Infante, dont la jeuneſſe ne permettoit pas d'eſpérer qu'elle eût ſitôt des enfans. Cette Princeſſe étant retournée en Eſpagne, le Roi déclara ſon mariage avec Marie-Charlotte-Sophie-Félicité Leſzczinska, fille unique de Nicolas-Staniſlas Leſzczinski (17), élû Roi de Pologne le 12 de Juillet 1704, & de Catherine Comteſſe de Bnin Opalinſka. Le Duc d'Antin & le Marquis de Beauveau allerent demander cette Princeſſe au nom du Roi, & firent dreſſer le Contrat. Le Duc d'Orléans chargé de la procuration de l'épouſer, ſe rendit à Straſbourg où la cérémonie fut faite le 15 d'Août par le Cardinal de Rohan. Ce Prélat donna la Bénédiction nuptiale au Roi & à la Reine le 5 de Septembre à Fontainebleau. De cet heureux mariage ſont venus deux Princes & huit Princeſſes; ſçavoir, Louis Dauphin né à Verſailles, le 4 de Septembre 1729, marié le 23 de Février 1745 avec Marie-Thereſe Infante d'Eſpagne. De ce Mariage eſt née le 19 de Juillet 1746 une Princeſſe, morte le 27 Avril 1748. Madame la Dauphine mourut en couches de cette Princeſſe. M. le Dauphin épouſa en ſecondes nôces le 9 de Février 1747 Marie-Joſephine, troiſième fille d'Auguſte III. Roi de Pologne Electeur de Saxe. Le ſecond fils de France fut le Duc d'Anjou né le 30 Août 1730,

DE LA FRANCE.

LOUIS XV. DIT LE BIEN-AIMÉ, LXIII. ROI.

1723. Le Roi eſt déclaré Majeur.

1725. Son Mariage.

---

(17) Ce Prince deſcend d'une des premieres Maiſons de Sileſie, d'où il tire ſon origine. Philippe un de ſes Ancêtres fut nommée par Boleſlas I. Duc de Bohême pour accompagner la Princeſſe ſa fille, qui fut donnée en mariage à Miéciſlas I. Duc de Pologne dans le dixiéme Siécle. Philippe étant reſté quelque temps à la Cour de ce Prince vint à bout de lui perſuader d'embraſſer le Chriſtianiſme. Miéciſlas le retint auprès de ſa perſonne, & le diſtingua par les honneurs auſquels ſa naiſſance pouvoit le faire aſpirer. Il s'établit dans la Pologne, & fit bâtir un Château & une Ville avec le titre de Comté de Leſno, dont ſes deſcendans ont toujours porté le nom. Pluſieurs d'entre eux ſont parvenus aux premieres dignités du Royaume, telles que ſont celles de Grand Général, de Grand Tréſorier de la Couronne & même de Primat, qui eſt la Principale place dans l'Etat, & qui donne droit d'exercer l'autorité Royale lorſque le Trône eſt vaquant.

<small>DE LA FRAN-
CE.

LOUIS XV.
DIT LE
BIEN-AIMÉ,
LXIII. ROI.

Différentes né-
gociations.</small>

mort le 7 Avril 1733. Les Princesses sont Louise-Elisabeth & Anne-Henriette nées le 14 Août 1727, la premiere fut mariée le 26 Août 1739, à Don Philippe Duc de Parme. La seconde est morte le 10 de Février 1752. Louise-Marie née le 28 de Juillet 1728, morte le 19 de Février 1733; Marie-Adelaïde née le 23 de Mars 1732; Marie-Louise-Thérese-Victoire née le 11 de May 1733; Sophie-Philippine-Elisabeth-Justine née le 27 de Juillet 1734; N. de France, née le 16 Mai 1736, morte dans l'Abbaye de Fontevrault, le 28 de Septembre 1744; Louise-Marie née le 15 de Juillet 1737.

En même temps que le Roi étoit occupé à faire divers Réglemens pour l'utilité & l'avantage de ses Peuples, il songeoit à procurer à l'Europe une paix solide & durable, & c'étoit à quoi se bornoient les instructions qu'il avoit données à ses Ministres dans les Cours étrangeres. L'accession de la Cour de Madrid au Traité de la quadruple alliance, ne terminoit point entiérement tous les différens entre l'Empereur & le Roi d'Espagne; il restoit encore bien des choses à discuter non-seulement entre ces deux Puissances, mais même avec quelques autres Etats de l'Europe. On convint de s'assembler à Cambrai: les négociations y traînerent en longueur, & enfin le Roi d'Espagne traita sans Médiateurs avec l'Empereur. Ce Traité fut signé à Vienne le 30 d'Avril 1725. On en signa deux autres le même jour; sçavoir, un Traité de paix entre l'Empereur & l'Espagne, & l'autre de Commerce entre l'Empereur & le Roi Catholique. Il y en eut un quatriéme dont on garda le secret, & qui étoit une alliance défensive. Les autres Puissances intéressées se crurent alors obligées de s'unir entre elles pour leur sûreté commune, & c'est ce qui occasionna le Traité de Hanover entre la France & la Grande-Bretagne, le Roi de Prusse & les Etats Généraux. Ces derniers n'accéderent au Traité qu'en 1726.

La guerre qu'il paroissoit qu'on vouloit éviter par toutes ces précautions, pensa éclater de tous côtés. Le Roi de la Grande-Bretagne excité par quelques motifs secrets, ou seulement par des soupçons, envoya deux Escadres dans la Mer Méditerranée, & dans les Indes Occidentales. Cette derniere empêcha les Galions de sortir de Porto-Bello, & retarda leur retour en Europe. Le Roi d'Espagne de son côté forma le siége de Gibraltar, qui ne lui avoit pas été rendu comme on lui avoit promis, pour l'engager à accéder au Traité de la quadruple alliance. Ces premieres hostilités n'eurent pas les suites fâcheuses qu'on avoit lieu d'appréhender. On entra en négociations, & le 31 de Mai 1727 les Ministres de France, d'Angleterre & de Hollande signerent les articles préliminaires de la paix. On convint que le Commerce des Indes, qui avoit été accordé par l'Espagne aux Habitans des Pays-Bas (18), seroit suspendu pendant sept ans; que les Escadres Angloises se retireroient, pour ne plus donner d'inquiétude aux Espagnols ou aux Sujets de l'Empereur, & qu'il y auroit une suspension d'armes. On convint en même temps qu'on tiendroit un nouveau Congrès en France, après que le Roi d'Espagne auroit signé ces articles. Tout le fruit qu'on retira

---

(18) Cette Concession avoit beaucoup chagriné les Anglois & les Hollandois, & avoit été en partie cause de la rupture entre l'Espagne & l'Angleterre.

des

des Conférences, qui se tinrent à Soissons & ailleurs, fut de reconnoître que les Traités de Hanover & de Vienne, ne pouvoient subsister ensemble dans toute leur étendue; ce qui obligea à entrer dans des négociations particulieres, & le 9 de Novembre 1729, il y eut un nouveau Traité signé à Séville entre la France, l'Espagne & l'Angleterre. Les Etats Généraux y accéderent quelque temps après. Tout ce qu'il y avoit de plus important dans ce Traité concernoit les Garnisons des Places du Grand Duché de Toscane & des Duchés de Parme & de Plaisance. Ces Garnisons devoient être des troupes neutres suivant le Traité de Londres & celui de Vienne; mais l'on convint à Séville qu'elles seroient de troupes Espagnoles. Suivant cet arrangement le Roi d'Espagne promettoit aux Anglois le rétablissement de leur Commerce dans ses Etats, sur le même pied qu'il étoit auparavant. L'Empereur peu satisfait de cet accord fit passer des troupes en Italie, ce qui fit craindre qu'on n'en vînt à une rupture; mais de nouvelles négociations qu'on entamma alors, furent terminées par un Traité conclu à Vienne le 16 Mars 1730, entre l'Empereur & le Roi de la Grande-Bretagne. On y accordoit au Roi d'Espagne ce qui avoit été réglé par celui de Séville au sujet des Garnisons Espagnoles dans les Villes des Duchés de Toscane, de Parme & de Plaisance. Philippe V. satisfait à cet égard, consentit à faire un nouveau Traité avec l'Empereur & le Roi d'Angleterre. Le Grand Duc étant entré dans les vûes de ces Puissances, on fut bientôt d'accord avec lui. Don Carlos fut alors reconnu de toute l'Europe Duc de Parme & Héritier du Grand Duché de Toscane.

Tant de Traités consécutifs sembloient enfin devoir rétablir la bonne intelligence entre les Puissances contractantes, & faire jouir l'Europe d'une tranquillité qu'elle s'étoit vûe sur le point de perdre à tous momens. Mais les difficultés continuelles que l'Empereur faisoit pour empêcher Don Carlos de prendre possession des Etats qu'il avoit hérités par la mort du Duc de Parme, avoient tellement irrité la Cour de Madrid, qu'elle étoit résolue de forcer l'Empereur, par la voye des armes, à observer ce qui avoit été réglé dans les derniers Traités. Elle étoit dans ces dispositions lorsque Fréderic-Auguste II. Roi de Pologne mourut. Le Roi Stanislas fut alors appellé pour la seconde fois au Trône de Pologne, par le consentement unanime de la Nation. Mais l'Empereur & la Czarine s'étant liguées en faveur de Fréderic-Auguste, Electeur de Saxe & fils du feu Roi, la France se vit obligée de déclarer la guerre à l'Empereur, pour soutenir les droits du Roi Stanislas. Les Rois d'Espagne & de Sardaigne, qui avoient de grands sujets de se plaindre de la Cour de Vienne, se joignirent à la France contre l'Empereur. Les Provinces-Unies accepterent alors le parti de la neutralité, & l'Angleterre se contenta de faire l'office de Médiateur.

Le Roi ayant déclaré la guerre à l'Empereur, le Maréchal de Berwick qui étoit chargé du Commandement de l'armée, passa le Rhin le 12 d'Octobre, & le 18 au soir il fit ouvrir la tranchée devant le Fort de Kell. Ce siége ne fut ni long ni meurtrier : la Place se rendit le 28 au soir. Comme la saison étoit fort avancée, le Maréchal de Berwick s'étant assuré des trois Passages du Rhin, au Fort de Kell, au Marquisat & au Pont de Huningue, repassa le Fleuve le 13 de Novembre, & mit ses troupes en quartier d'Hyver.

DE LA FRAN-
CE.

LOUIS XV.
DIT LE
BIEN-AIMÉ,
LXIII ROI.
Succès en Italie.

La Campagne fut plus longue en Italie, & les expéditions y furent plus considérables. L'armée Françoise qui avoit passé les Alpes au mois d'Octobre, s'étoit assemblée sous Verceil, Mortare & Alexandrie, où elle avoit été jointe par celle du Roi de Sardaigne. Ce Prince s'étant mis à la tête des troupes combinées, passa le Tessin sans obstacle. On lui apporta alors les clefs de la Ville & du Château de Pavie. Les Généraux de l'Empereur n'ayant point assez de troupes pour conserver le Milanès & le Crémonois, se retirerent à Mantoue. La Ville de Milan se voyant abandonnée, envoya à l'armée de France cent cinquante muids de farine, & les clefs de leur Ville ; ainsi cette conquête ne coûta pas beaucoup, non plus que celle de Lodi. Le Roi de Sardaigne étant arrivé le 10 de Novembre à Malleo sous Pisighitone, fit investir le lendemain Gerra-d'Adda par le Marquis de Maillebois. Le Maréchal de Villars, qui avoit demandé le Commandement de l'armée malgré son grand âge, se rendit au Camp le 11 du même mois. Tous les préparatifs pour le siége de Gerra-d'Adda ayant été faits, on ouvrit la tranchée la nuit du 17 au 18. La descente du fossé se trouva si avancée le 24 au matin, que le Gouverneur de la Place, qui craignoit l'assaut, fit battre la chamade. On ne voulut écouter aucune proposition, qu'à condition que Pisighitone se rendroit en même temps. Les Officiers Généraux de l'Empereur demanderent que la reddition de cette Ville fût différée jusqu'au 16 de Décembre ; mais le Roi de Sardaigne exigea qu'elle ouvrît ses Portes le 9, & ce ne fut qu'à cette condition que fut signée la Capitulation de Gerra-d'Adda. Le Comte de Broglio qui avoit été détaché de l'armée le 23, s'étoit emparé de Sabionette & de Bozolo que les Impériaux avoient abandonnés à l'approche des troupes Françoises. Le Roi de Sardaigne maître de Gerra-d'Adda & de Pisighitone, fit avancer l'armée vers Milan pour faire le siége du Château. La tranchée fut ouverte la nuit du 15 au 16 de Décembre, & le 29 du même mois le Maréchal Visconti Gouverneur du Château fit battre la chamade. On lui accorda les honneurs de la guerre, & on lui permit de se retirer le 2 de Janvier à Mantoue avec sa Garnison, qui étoit réduite à huit cens hommes. La conquête du Château fut bientôt suivie de celle de tout le Milanès. Novare & Tortone ne se défendirent que chacun deux jours. La premiere de ces deux Villes se rendit le 7 de Janvier, & la seconde le 28. Le Château de Seravalle avoit capitulé dès le 5 du même mois. On eut soin ensuite de mettre des troupes Françoises dans Guastalle, pour empêcher les troupes Impériales de s'en emparer, & pour ôter la libre navigation du Pô à celles qui étoient enfermées dans la Ville de Mantoue.

1734.

Cependant le Roi d'Espagne qui avoit fait passer des troupes en Italie, sous les ordres du Comte de Montemar, avoit résolu de s'emparer du Royaume de Naples. L'Empereur informé du dessein des Espagnols, prit toutes les mesures possibles pour s'opposer à leurs desseins ; mais le défaut d'hommes & d'argent, joint à l'attachement de la plûpart des Napolitains pour les Espagnols, rendirent ses précautions inutiles. Les différens mouvemens de l'armée Espagnole, qui s'avançoit toujours vers le Royaume de Naples, empêcherent le Général Allemand prévoir par quel endroit elle entreroit dans ce Royaume, & l'obligerent souvent à changer de résolution. Le

Viceroi n'avoit que dix mille cinq cens hommes pour défendre le Pays, & avec une si foible troupe il ne pouvoit pas tenir la campagne & garnir ses Places. Il falloit donc abandonner une partie de ce Royaume, & se retrancher dans l'autre pour la défendre, jusqu'à ce que de nouveaux secours fussent arrivés d'Allemagne, & c'est le parti qu'il prit, n'ayant plus d'espérance de conserver la Ville de Naples. En effet, une Escadre Espagnole, qui avoit paru à la vûe de Naples dès le 19 de Mars, s'étoit emparée des Isles de Procida & d'Ischia, & quelques jours après l'armée commandée par Don Carlos étoit entrée dans le Royaume de Naples. Toutes les Villes sur son passage se soumirent à lui ; les Magistrats de la Capitale vinrent aussi lui présenter les clefs & lui prêter serment de fidélité. Il disposa ensuite tout ce qui étoit nécessaire pour l'attaque des Châteaux, & fit marcher deux Corps d'armée, l'un pour faire le siége de Capoue, & l'autre pour bloquer Gaette. Les Châteaux ne firent pas une longue résistance. Ceux de Saint-Elme & de Bayé se rendirent le 24 d'Avril : celui de l'Œuf & le Château-Neuf battirent la chamade, le premier le 30 du même mois, & le second le 9 de Mai. Toutes ces Garnisons furent faites prisonnieres de guerre. Après la réduction de ces Forts, l'Infant fit son entrée dans la Ville de Naples. Ce fut dans cette Place qu'il reçut le Diplôme, par lequel le Roi d'Espagne le déclaroit Roi de Naples, & enjoignoit à tous les Seigneurs, Barons & autres Habitans du Royaume de le reconnoître en cette qualité. En conséquence, tous les Tribunaux allerent lui prêter serment de fidélité, & les Napolitans témoignerent beaucoup de joie d'être rentrés sous la domination Espagnole. Le Comte de Visconti ci-devant Viceroi de Naples, faisoit tous ses efforts pour se maintenir dans le Pays. Il fut obligé de se retirer de la Pouille, dont les Habitans s'étoient déclarés en faveur des Espagnols. Ayant reçu quelques troupes qui étoient arrivées de Sicile, il s'avança jusqu'à Bari, dont il s'assura, & alla ensuite camper à Bitonto, où il se posta assez avantageusement. Il n'y resta pas long-temps tranquille. Le Comte de Montemar força ses retranchemens, & se rendit maître du Camp. Cet avantage fut suivi de plusieurs autres ; la Ville de Tarente se déclara pour l'Espagne, ainsi que plusieurs autres Villes. Le Comte de Visconti ne trouvant plus de retraite assurée dans tout le Pays, fut contraint de se retirer dans l'Etat Ecclésiastique, en attendant les secours qui devoient arriver de Vienne ; mais ces secours n'étant point venus assez-tôt, ou le nombre de troupes qu'on envoya n'étant pas assez considérable, Capoue, Gaette, & plusieurs autres Places, qui restoient encore aux Impériaux, tomberent sous la puissance des Espagnols. Ces conquêtes leur faciliterent celle de la Sicile, dont les Habitans paroissoient disposés à secouer le joug de la Maison d'Autriche.

Pendant que les Espagnols poursuivoient les Impériaux de tous côtés dans le Royaume de Naples, & qu'ils se disposoient à pénétrer dans la Sicile, l'armée combinée de France & de Sardaigne, ne remportoit pas de moindres avantages sur eux. Les troupes Impériales sous les ordres du Comte de Merci, s'étant assemblées auprès de Mantoue, passerent le 2 de Mai le Pô sur deux Ponts vis-à-vis de Portiolo, entre Borgoforte & San-Benedetto. L'éloignement de la plûpart des Quartiers de l'armée Françoise leur facilita

DE LA FRANCE.

LOUIS XV. DIT LE BIEN-AIMÉ, LXIII. Roi.

Conquête du Royaume de Naples par les Espagnols.

ce Passage & les moyens de s'emparer de tous les Postes que les François occupoient à la droite de cette Riviere, & qu'ils abandonnerent à l'approche des Impériaux. Ils ne profiterent pas long-temps de leur avantage. Le Roi de Sardaigne & le Maréchal de Villars rassemblerent l'armée, & la firent marcher aux Ennemis; mais comme on s'apperçut qu'ils se retiroient à mesure qu'on avançoit, & que d'ailleurs il paroissoit qu'ils vouloient repasser le Pô, on ne jugea pas à propos de les poursuivre plus loin. Le Roi de Sardaigne fit alors camper une partie de son armée sur la gauche du Pô, depuis Casal-Maggiore jusqu'à l'Oglio, l'autre partie le long de cette Riviere, & le reste dans les Retranchemens que l'on forma à la tête des Ponts de Sacca sur le Pô, pour assurer la communication avec le Parmesan. Les Ennemis ayant dessein de pénétrer dans cette Province, déguiserent leur marche, & envoyerent le 25 de Mai un Détachement pour se rendre maître du Village de Colorno, mais ils ne purent s'en emparer. Les Ennemis passerent alors la Lenza, & se posterent de façon qu'ils avoient au-de-là de cette Riviere quatorze mille hommes, un autre Corps de six mille hommes étoit à Guastalla, un troisiéme de sept à huit mille hommes à San-Benedetto sur le Pô, & le reste de leur armée étoit dans le Seraglio.

Les Impériaux ne resterent pas long-temps dans l'inaction: ils se présenterent de nouveau devant le Château de Colorno au nombre de quatre mille hommes d'Infanterie & de douze cens Cuirassiers, avec six piéces de canon. M. de Contades, qui étoit dans ce Poste avec quatre cens hommes, se défendit aussi long-temps qu'il lui fût possible. M. de Maillebois, qui s'étoit avancé avec un Détachement trop foible, & qui craignoit d'être coupé dans sa retraite, ne put engager le combat pour sauver Colorno. M. de Contades alla rejoindre M. de Maillebois, & ne laissa que trente hommes dans une Tour du Château, sous les ordres de M. d'Arsy. Cet Officier se défendit encore quelque temps, & demanda enfin à capituler. Les Ennemis perdirent beaucoup de monde dans cette expédition. L'armée combinée passa le Pô le 3 de Juin, & s'étant avancée dans la partie du Bourg, qui est en-deçà de la Parma, elle en chassa les Ennemis, & s'étendit par la droite & par la gauche le long de la Chaussée sur le bord de la Riviere, afin de masquer le Pont de Colorno, & d'occuper plus sûrement le Pont de pierre qui est sur le Larno. M. Thomé ayant attaqué ce dernier Pont, culbuta les Impériaux. Ils essuyerent en se retirant tout le feu des Grenadiers, qui étoient au centre avec le Marquis de Maillebois. L'Infanterie ennemie s'étant aussi-tôt rangée de l'autre côté de la Riviere, fit pendant trois heures un feu très vif. Mais celui des François étant superieur, les Impériaux se retirent dans le Château & dans le Jardin sur la droite, d'où ils continuerent à tirer jusqu'à la nuit. Le Marquis de Maillebois employa ce qui lui resta de jour pour faire établir deux Ponts sur le Lorno, à une petite distance du Château. L'Infanterie & la Cavalerie y passerent, & allerent camper vis-à-vis la Parma. Les Ennemis sortirent de leurs Retranchemens au nombre de deux mille, ayant toujours la Parma entre eux & les François. Ils ne resterent pas long-temps dans cette position; car à peine eurent-ils essuyé quelques décharges, qu'ils abandonnerent Colorno, & allerent rejoindre le gros de leur armée à Sorbolo, entre la Lenza & la Ville de

Parme. Quelques jours après les Impériaux s'étant approchés de cette Place, le Roi de Sardaigne & le Marquis de Coigni (19), firent avancer leurs troupes, & établirent leur Camp à deux mille de Parme.

Tous ces différens mouvemens annonçoient une bataille prochaine. En effet, M. de Coigni ayant été informé que les Ennemis s'approchoient de plus en plus, rangea son armée en bataille. Pendant qu'il faisoit toutes ses dispositions, le Comte de Merci faisoit toute la diligence possible pour attaquer l'armée combinée de France & de Sardaigne, avant qu'elle fût rangée. Les deux armées se trouverent en présence le 19 de Juin ; mais elles étoient séparées par le grand Chemin qui va de Parme à Plaisance, & qui est bordé des deux côtés d'un grand Fossé. Les Grenadiers François soûtinrent le premier feu des Ennemis avec beaucoup de valeur. On fit ensuite avancer la Brigade de Picardie, qui fut relevée par celle de Champagne. Les Impériaux ayant passé le Fossé, la Brigade de Champagne le passa en même temps, prit les Ennemis en flanc & fondit dessus la bayonnette au bout du fusil. Ils furent d'abord enfoncés ; mais ils se rallierent bientôt après. Le combat devint alors des plus vifs : toutes les Brigades d'Infanterie se succéderent les unes aux autres ; & l'action qui avoit commencé à onze heures du matin, ne finit qu'à neuf heures du soir. Le terrein étoit si resserré qu'on ne put faire grand usage de l'artillerie, & la Cavalerie des deux armées fut contrainte de demeurer dans l'inaction. Les troupes combinées de France & de Sardaigne, qui avoient gagné plusieurs Maisons ou Cassines, passerent la nuit sur le Champ de bataille. Les Ennemis perdirent près de dix mille hommes dans cette action : le Comte de Merci leur Général y fut tué. Les François perdirent environ trois ou quatre mille hommes, en comptant les blessés. Le Roi de Sardaigne ne s'étoit point trouvé à cette bataille : il étoit retourné à Turin, à cause de la maladie de la Reine. Il rejoignit l'armée le lendemain de la bataille, & fut d'avis qu'on poursuivît les Ennemis. Ils s'étoient retirés au-de-là de la Secchia ; mais comme leur Cavalerie n'avoit pas été entamée, le Maréchal de Broglio, qui avoit été détaché avec trois Brigades d'Infanterie, cinq Brigades de Carabiniers, & huit Régimens de Dragons, ne jugea pas à propos de s'avancer jusques sur la Secchia ; il se contenta de passer le Crostolo, & s'étant replié sur Guastalla, où il y avoit un Bataillon ennemi avec un Détachement de quatre cens hommes, il les força de se rendre prisonniers de guerre. Ce Maréchal étant arrivé le 7 de Juillet sur les bords de la Secchia ne put la passer, parce que les Ennemis avoient rompu tous les Ponts, & enlevé tous les Batteaux. L'armée combinée, qui n'avoit pû se rendre à Bondanello que le 10, y établit son Camp. Il ne se passa rien de considérable jusqu'au mois de Septembre, les grandes chaleurs ayant interrompu les opérations de la Campagne.

On étoit occupé au mois de Septembre à travailler aux Retranchemens de Bondanello, lorsque le Comte de Konigsegg qui commandoit alors l'ar-

---

(19) Le Maréchal de Villars qui avoit demandé au Roi la permission de se rendre en France pour y rétablir sa santé, fut obligé de s'arrêter à Turin, où il mourut le 17 de Juin, dans la quatre vingt-quatriéme année de son âge.

mée Impériale, résolut de passer la Secchia. Il fit avancer un Corps de dix mille hommes sur les bords de cette Riviere, & ayant trouvé plusieurs endroits qui n'avoient qu'un ou deux pieds d'eau, il la passa le 14 au matin entre deux Cassines, qui étoient occupées par le Maréchal de Broglio & le Comte de Beuil, & défendues par cinquante hommes. Les Ennemis s'emparerent de ce Poste avant que les deux Bataillons du Régiment Dauphin, qui étoient campés à la droite & à la gauche pussent s'y rendre. Ceux-ci furent même obligés d'abandonner leur Camp, après avoir résisté à l'Ennemi autant que leur nombre pouvoit le permettre. Un autre Corps de Cavalerie & d'Infanterie des Impériaux s'approcha de Bondanello, & attaqua la Brigade de Picardie & deux Régimens de Cavalerie.

Le Roi de Sardaigne & le Maréchal de Coigni, informés de l'arrivée des Ennemis, se rendirent à la tête de la Ligne, & firent promptement rassembler les Brigades qu'on rangea aussi-tôt en Bataille. Ces mouvemens arrêterent l'armée Impériale, & rétablirent le désordre que cette surprise avoit occasionné. Le Roi de Sardaigne ayant reconnu que les Ennemis avoient dessein de s'emparer de Guastalla, & des Ponts de communication, rompit toutes leurs mesures par les Détachemens qu'il envoya. Le Comte de Konigsegg comprenant alors qu'il ne pouvoit se rendre maître de Guastalla, n'abandonna pas le projet qu'il avoit formé de se saisir des Ponts ; & étant arrivé le 18 à Luzara, il y eut des escarmouches entre quelques Détachemens de Cavalerie & de Hussards. Le Roi de Sardaigne ne doutant pas que les Ennemis ne voulussent livrer bataille, rangea l'armée combinée sur les dispositions de celles des Impériaux. Comme il s'apperçut qu'ils portoient toutes leurs forces du côté du Pô, & sur la gauche de son armée, il y porta aussi toute sa seconde ligne. L'Infanterie étoit appuyée à une Chaussée qui va de Guastalla à Luzara, & la Cavalerie depuis cette Chaussée jusqu'au Pô. La droite fut en même temps rapprochée au Village de la Rotta près de Guastalla, l'Infanterie en avant, & la Cavalerie dans l'espace qui est entre ce Village & le Crostolo. Le Comte de Konigsegg envoya douze Compagnies de Grenadiers, soutenues de la Cavalerie, pour chasser l'Infanterie Françoise, qui étoit à la tête de la Chaussée. Le combat commença par la Cavalerie. Quinze Escadrons conduits par le Comte de Châtillon & le Duc d'Harcourt, fondirent sur les Cuirassiers de l'Empereur, & les repousserent jusqu'à l'entrée d'un Bois, qui est au de-là de la Plaine. La Cavalerie Françoise s'étant remise en bataille celle des Ennemis reparut dans la Plaine ; mais elle fut de nouveau repoussée dans le Bois. Ce fut dans cette occasion que le Marquis de Beaupreau alors Capitaine dans le Régiment de Vogué Cavalerie, enleva une paire de Timballes. Le Roi pour récompenser sa valeur lui accorda le Régiment Lyonnois. Le Comte de Konigsegg fit ensuite avancer son Infanterie sur deux colomnes, au milieu desquelles il plaça la Cavalerie. Le feu, tant d'artillerie que de mousqueterie, fut alors très-vif de part & d'autre, & l'on se battit avec une ardeur incroyable. Enfin, après un combat de plus de sept heures, les Impériaux abandonnerent le Champ de Bataille. Le Marquis de Savines, de Bonas, d'Epinay & le Comte de Coigni, chargés de poursuivre l'Ennemi, le suivirent jusqu'à un mille du Pô. Les Impériaux laisserent sur le Champ de bataille plus de deux mille Morts, du nombre desquels furent les Princes de Wirtemberg, de Saxe Gotha, & plusieurs autres Officiers de distinction. Ils eurent sept mille hommes blessés, perdirent une partie de leur canon avec plusieurs timballes & étendards. Du côté de l'armée combinée il y eut environ douze cens hommes tués, & plus de deux mille blessés.

DE LA FRANCE.
LOUIS XV. DIT LE BIEN-AIMÉ, LXIII. ROI.

Les Ennemis après leur défaite se retirerent au-de-là du Zero (20). Quatre mille hommes que le Comte de Konigsegg avoit placés dans Borgoforte, couvrit sa retraite, & sauva son armée. Les Détachemens que M. de Coigni avoit envoyés pour reconnoître la situation des Ennemis, les trouverent si bien fortifiés qu'on ne jugea pas à propos de les attaquer, ni de les inquieter lorsqu'ils passèrent le Pô. Le Roi de Sardaigne & le Maréchal de Coigni, voulant profiter de l'avantage qu'ils avoient remporté sur les Impériaux, envoyerent le 30 M. de Maillebois pour faire le siége de la Mirandole, & le 3 d'Octobre ils firent avancer leurs armées à Comessazzo. Le siége de la Mirandole fut poussé avec assez de vivacité, le Maréchal de Maillebois étoit déja maître du Chemin couvert, & se disposoit à donner l'assaut, lorsque l'approche de l'armée Impériale l'obligea d'abandonner son entreprise. Le reste de la campagne se passa en différens mouvemens de part & d'autre, dont le but principal étoit de prendre des cantonnemens avantageux, pour passer commodément la mauvaise saison. Les Espagnols cependant poursuivoient leurs conquêtes dans le Royaume de Naples, & la plûpart des Places considérables de la Sicile étoient déja tombées en leur pouvoir.

La Campagne n'avoit pas été moins glorieuse pour les François au-delà du Rhin. L'armée Françoise commandée par le Maréchal de Berwick, s'étoit mise en mouvement dès le 8 d'Avril. Le Comte de Belle-Isle passa la Sarre à la tête d'un Corps de troupes, s'empara de Tréves & mit tout l'Electorat à contribution. Il se présenta ensuite devant le Château de Traerback, & ouvrit la Tranchée devant ce Fort le premier de Mai. La Garnison demanda le lendemain à capituler, & on lui accorda les honneurs de la guerre. Le Maréchal de Berwick fit alors passer le Rhin à toute l'armée au Fort-Louis & au Fort de Kell. Le Duc de Noailles se rendit maître des Lignes d'Etlingen, gardées par un Corps de deux mille hommes, & força les Ennemis dans leurs Retranchemens. Le Prince de Tingry s'empara en même temps d'un Fort qui étoit vis-à-vis de ces Lignes. On perdit peu de monde dans ces différentes attaques. Le Prince Eugène averti que les Lignes avoient été forcées, voulut se retirer dans son premier Camp de Waghausel pour couvrir Philisbourg ; mais sur la nouvelle que trente Bataillons qui étoient dans le Camp de Spire avoient passé le Rhin, & étoient dans l'Isle de Neckerau, entre Philisbourg & Manheim, il fit marcher une partie de son armée vers Phortezheim, & l'autre à Hailbron. L'armée Françoise se rassembla alors à Mulberg, & le 7 de Mai elle se rendit à Graben, & alla ensuite camper la droite à Obstatt, & la gauche à Bruchsall. Le Maréchal de Berwick détacha le 23 de Mai le Marquis d'Asfeld avec

Conquêtes des François en Allemagne.

(20) C'est un petit Bras du Pô, qui forme avec l'autre Bras une assez grande Isle, dans laquelle entre autres Villages est celui de Montgiana entre Luzara & San Benedetto.

DE LA FRAN-
CE.

LOUIS XV.
DIT LE
BIEN-AIMÉ,
LXIII. ROI.

Siége de Philif-
bourg.

trente-deux Bataillons & deux Régimens de Dragons, pour invertir Philifbourg. Il établit deux Ponts fur le Rhin, au-deffus & au-deffous de cette
Place à Oberhaufen & à Gnaudenheim, & dès le lendemain au foir le Chevalier de Marcieux s'empara d'une Redoute à cinq cens toifes de la Place.
Le Comte de Belle-Ifle de fon côté attaqua le 26 le Fort du Pont de Philifbourg, & y ayant fait ouvrir la Tranchée le premier de Juin, il s'empara le trois au matin de l'Angle-Saillant du Chemin couvert de ce Fort,
que les Ennemis abandonnerent dans le cours de la journée, après en avoir
retiré leur artillerie. La Prife de ce Fort étoit très-importante, parce qu'elle
donnoit la facilité de prendre des revers fur la Place. Le Marquis d'Asfeld
ouvrit la Tranchée la nuit du 2 au 3 de Juin, & la Ville fe rendit le 18
de Juillet, après quarante-huit jours de Tranchée ouverte, en préfence des
principales forces de l'Empereur & de l'Empire, & malgré les crues pro-
digieufes du Rhin qui rempliffoient les travaux, & mettoient les Affiégeans
dans la néceffité de traverfer de longues inondations à découvert, & fous
le feu de la Place. Les Affiégés difputerent le terrein pied à pied, & firent
une très-belle défenfe. Tant de difficultés n'avoient point ébranlé la fermeté des François. Ils les furmonterent toutes avec une patience & un
courage incroyable. Les travaux du fiége furent fi bien conduits, l'armée
d'obfervation fi bien retranchée, la liberté des convois & la communication des Quartiers fi bien affurées, que les Généraux vinrent à bout de
leur entreprife, malgré tout ce qui paroiffoit devoir la faire échouer. Pendant ce fiége le Maréchal de Berwick eut la tête emportée d'un boulet de canon,
& ce fut alors que M. d'Asfeld eut feul la conduite du fiége. On trouva
dans la Place foixante & quinze piéces de canon, vingt mortiers, un pareil
nombre de pierriers, cinquante mille boulets, près de trois cens milliers de
poudre, avec deux mille facs de farine & onze cens foudres de vin.

Marche des
deux Armées.

Après la prife de Philifbourg le Prince Eugene quitta le Camp qu'il occupoit pendant le fiége, & s'éloigna de l'armée de France. Celle-ci fe mit en
marche le 28 pour repaffer le Rhin. Elle fe partagea en deux colomnes, qui
paflerent fur les deux Ponts, & qui fe joignirent près de Walsheim fur le
Chemin de Spire à Worms. On s'étoit affuré de cette derniere Place dès
la nuit du 22, & le Comte de Belle-Ifle y étoit arrivé le 24 avec fix Bataillons, dix-huit Efcadrons de la Cavalerie & fix Régimens. Le Maréchal
de Noailles refta dans le Spirback, avec vingt-cinq Bataillons & vingt & un
Efcadrons : le Maréchal d'Asfeld alla camper avec le refte de l'armée près
de Frankendal. Le Prince Eugene de fon côté envoya à Mayence un Corps
de deux mille hommes de Cavalerie & de deux Bataillons d'Infanterie. Il
partit enfuite le 2 d'Août de Bruchfall, & fit paffer le Necker à fes troupes fur quatre Ponts qu'il avoit fait jetter fur cette Riviere, vis-à-vis de
Ladenbourg. Toutes fes troupes étant venues le joindre à Weinheim, il
marcha les jours fuivans vers Mayence, où il fit quelques difpofitions qui
donnerent à croire qu'il vouloit paffer le Rhin. L'armée Françoife abandonna
le 3 d'Août le Camp qu'elle occupoit auprès de Worms, & fe rendit à celui
d'Oppenheim ; mais elle y retourna quelque temps après, afin d'attirer l'attention du Prince Eugene de ce côté-là, & l'empêcher de tenter quelque
entreprife. Il ne fe paffa plus rien de confidérable pendant le refte de la
Campagne

Campagne qui se réduisit à plusieurs marches & à différens campemens, qui avoient pour objet de rompre les mesures des Ennemis. La saison étant trop avancée pour continuer les opérations militaires, on songea à prendre des quartiers d'Hyver. Le Duc de Wirtemberg, qui commandoit les troupes Impériales que le Prince Eugene avoit jugé à propos de laisser pendant l'Hyver à Heydelberg & aux environs, fit entrer dans Worms un Corps de six mille hommes, en envoya trois milles à Oppenheim, & distribua d'autres troupes dans les Villages qui sont aux environs de Mayence. Il fit faire aussi quelques travaux pour défendre cette Place, & ordonna de relever les Fossés qui entourent le Fauxbourg du côté du Rhin. Le Maréchal de Noailles informé des entreprises des Impériaux, se rendit à Landau avec un Corps considérable de troupes & un train d'artillerie, tandis que le Comte de Belle-Isle s'avançoit de son côté avec un autre Corps de troupes. Les Impériaux à l'approche des François abandonnerent Worms, Oppenheim & les environs de Mayence, & retirerent tous leurs quartiers qu'ils avoient en-deçà du Rhin. Tous ces Postes furent en même temps occupés par les troupes Françoises.

On travailla de part & d'autre pendant tout l'Hyver à faire les préparatifs nécessaires pour continuer la guerre avec avantage; mais l'Empereur n'ayant pas reçu du Corps Germanique tout les secours qu'il en attendoit, perdit entiérement la Sicile, & les autres Places qu'il possedoit en Italie, à la réserve de Mantoue, qui souffrit beaucoup d'un long blocus que les Alliés avoient mis devant cette Ville. Il ne fit pas des pertes si considérables sur le Rhin; car depuis la prise de Philisbourg, les succès de l'armée Françoise se bornerent à la conquête de quelques petits Postes, & à différens avantages qu'elle remporta sur quelques Corps des troupes Impériales. Mais Pendant que les Généraux des Puissances belligérentes cherchoient à se signaler, la Cour de France & celle de Vienne étoient entrées dans des négociations secrettes. Elles furent si heureuses que les Préliminaires de la paix furent signés à Vienne le 3 d'Octobre entre le Roi & l'Empereur. En conséquence on dépêcha des Couriers sur le Rhin & en Italie, afin de faire cesser les hostilités.

Ces Préliminaires étoient conçus en sept articles. On régla, 1°. Que le Roi de Pologne beau-pere du Roi, abdiqueroit; mais qu'il seroit reconnu & conserveroit les titres & honneurs de Roi de Pologne, & de Grand-Duc de Lithuanie; qu'on lui restitueroit ses biens, & ceux de la Reine son épouse, dont ils auroient la libre jouissance & disposition; qu'il y auroit en Pologne une amnistie de tout le passé, & que chacun y seroit rétabli dans ses biens, droits, priviléges, &c. L'Empereur consentoit par ce même article, que le Roi de Pologne, beau-pere du Roi, seroit mis en possession paisible des Duchés de Bar & de Lorraine & de leurs dépendances dans la même étendue que les possedoit alors la Maison de Lorraine; mais qu'immédiatement après la mort de ce Prince ils seroient réunis en pleine Souveraineté & pour toujours à la Couronne de France. Bien entendu que quant à ce qui releve de l'Empire, l'Empereur comme son Chef consentoit à cette réunion & de plus promettoit d'en obtenir le consentement. Le Roi Très-Chrétien, renonçoit encore tant en son nom qu'au nom du Roi son beau-pere à l'usage

Tome I. Partie II,   Eee *

DE LA FRANCE.

LOUIS XV. DIT LE BIEN-AIMÉ, LXIII. ROI.

Préliminaires de la paix.

de la voix & séance à la Diette de l'Empire. Enfin, on régloit par ce même article, que le Roi Auguste seroit nommé Roi de Pologne & Grand-Duc de Lithuanie par toutes les Puissances qui prendroient part au Traité de paix.

2°. Que le Grand-Duché de Toscane, après la mort de celui qui possédoit alors ce Duché, appartiendroit à la Maison de Lorraine pour la dédommager des Duchés de Lorraine & de Bar ; que toutes les Puissances contractantes lui en garantiroient la succession éventuelle ; que les troupes Espagnoles seroient retirées des Places fortes du Grand-Duché, & qu'en leur place on y introduiroit un pareil nombre de troupes Impériales, uniquement pour la sûreté de la succession éventuelle, & de la même maniere qu'il avoit été stipulé à l'égard des Garnisons neutres, par la quadruple Alliance ; que jusqu'à ce que la Maison de Lorraine se trouvât en possession du Grand-Duché de Toscane, elle resteroit dans celle du Duché de Lorraine & de ses dépendances, conformément au Traité de la paix de Riswick. Enfin, que Livourne demeureroit Port franc.

3°. On stipula les intérêts de Don Carlos déja couronné Roi des Deux Siciles, & il fut réglé que les Royaumes de Naples & de Sicile lui appartiendroient, & qu'il en seroit reconnu Roi par toutes les Puissances qui accéderoient au Traité ; qu'il auroit les Places de la Côte de Toscane que l'Empereur a possédées ; sçavoir, Porto Longone & ce que le Roi d'Espagne possédoit du temps de la quadruple Alliance dans l'Isle d'Elbe, &c.

4°. On régla aussi ce qui concernoit le Roi de Sardaigne. On lui donnoit à choisir le Novarrois & le Vigevanasque, ou le Novarrois & le Tortonois, où ce dernier avec le Vigevanasque, & il étoit décidé que les deux Districts qu'il choisiroit seroient réunis à ses autres Etats. Bien entendu que comme tout l'Etat de Milan est Fief de l'Empire, il reconnoîtroit encore pour tels les Districts qui en seroient démembrés ; que le même Prince auroit la Supériorité territoriale des Terres des Langhes, conformément à la Liste produite en 1732 par le Commandeur de Solara ; que pour cet effet, non-seulement l'Empereur renouvelleroit en faveur du Roi de Sardaigne tout le contenu du Diplôme du feu Empereur Léopold, du 2 Février 1690 ; mais que de plus, il étendroit la Concession qui y est énoncée sur toutes les Terres spécifiées dans cette Liste, ensorte que comme arriere-Fiefs, elles seroient sous sa domination immédiate ; mais que du reste il seroit tenu de les reconnoître comme mouvantes & relevantes de l'Empereur & de l'Empire ; qu'il auroit aussi les quatre Terres de San-Fedele, Torre-di-Forte, Gravedo & Campo Maggiore, en conformité de la Sentence prononcée par les Arbitres en 1711, & qu'il lui seroit permis de fortifier pour sa défense telles Places qu'il jugeroit à propos, dans les Pays acquis ou cédés.

5°. On convint qu'on rendroit à l'Empereur, sans exception, tous les autres Etats qu'il possédoit en Italie avant la guerre ; qu'on lui céderoit en pleine propriété les Duchés de Parme & de Plaisance. Ce Monarque s'obligeoit en même temps à ne point poursuivre la *Desincameration* de Castro & de Ronciglione ; comme aussi de rendre justice à la Maison de Guastale, pour ses prétentions sur le Duché de Mantoue, conformément à l'Article 32 du

Traité de Bade. Il fut encore décidé par cet Article, que le Roi restitueroit à l'Empereur & à l'Empire toutes les conquêtes qu'il avoit faites sur l'un ou sur l'autre.

6ª. Le Roi s'obligeoit à garantir dans la meilleure forme la Pragmatique-Sanction de 1713, pour les Etats que l'Empereur possedoit alors, ou qu'il possederoit en vertu de cette paix.

7°. Enfin, on décida qu'il seroit nommé des Commissaires de part & d'autre, pour régler les Limites de l'Alsace & des Pays-Bas, conformément aux Traités précédens & notamment celui de Bade.

Ces Préliminaires furent d'abord communiqués aux Rois d'Espagne & de Sardaigne, & deux mois après on en donna la communication en forme au Roi d'Angleterre, & aux Etats Généraux des Provinces-Unies, pour les engager à s'y joindre. Ces Puissances ayant reconnu que ces Articles ne s'éloignoient pas des principes & de l'essentiel du plan de la pacification qu'on avoit proposé au mois de Février 1735, & qu'ils ne contenoient rien qui portât préjudice à l'équilibre de l'Europe, les approuverent & parurent disposées à concourir à la paix générale. Le Roi de Sardaigne les accepta pareillement & choisit le Novarrois & le Tortonnois. Le Roi d'Espagne consentit que l'Empereur prît possession des Duchés de Parme & de Plaisance, & il promit en même temps de retirer ses troupes de la Toscane, aussi-tôt après qu'on seroit convenu de ce qui concernoit les Cessions réciproques. L'Empereur fit part de ces Préliminaires à la Diette de Ratisbonne, & l'on y convint qu'il ne seroit pas nécessaire d'assembler les Ministres Plénipotentiaires des différens Princes de l'Empire, pour perfectionner l'Ouvrage de la paix ; mais que cette affaire seroit traitée de la même maniere qu'elle l'avoit été en 1714. En conséquence de ces différens arrangemens, les troupes de l'Empereur entrerent, le 28 d'Avril 1736, dans les Duchés de Parme & de Plaisance, & le Duc de Modene se rendit dans ses Etats le 24 de Mai. Ce qui regardoit la Pologne fut terminé au mois de Juillet suivant dans une Diette de Pacification. On a été plus long-temps à dresser les Actes par lesquels on assuroit au Roi de Sardaigne la possession des Pays que l'Empereur lui cédoit. L'échange des Actes de Cessions & de garantie que l'Empereur, le Roi de Sardaigne & le Roi des Deux Siciles devoient se remettre réciproquement, fut fait le 5 de Janvier. Le Baron de Méchec prit possession au mois de Février du Duché de Bar au nom du Roi de Pologne, & le même jour M. de la Galaiziere en prit possession éventuelle au nom du Roi. Le 21 de Mars ils prirent possession de celui de Lorraine, & le 3 d'Avril le Roi de Pologne arriva à Lunéville, où il a fixé sa résidence. Enfin le 18 de Novembre 1738, le Traité de paix entre le Roi & l'Empereur fut signé à Vienne, & la paix fut publiée à Paris le premier de Juin 1739.

Tout sembloit assurer une paix solide & durable à l'Europe, lorsque la mort de l'Empereur Charles VI. arrivée le 20 d'Octobre 1740, causa une guerre à laquelle presque toutes les Puissances de l'Europe prirent part. Charles ne laissoit point d'enfans mâles : l'Archiduchesse Marie-Thérese, Grande-Duchesse de Toscane sa fille aînée, s'empara de la succession de la Maison d'Autriche, & se fit couronner Reine de Hongrie. Plusieurs Princes firent

DE LA FRAN-
CE.

LOUIS XV.
DIT LE
BIEN-AIMÉ,
LXIII. ROI.

alors paroître des Manifestes, par lesquels ils expliquoient les prétentions qu'ils avoient sur ces mêmes Biens. L'Electeur de Baviere, du chef de l'Archiduchesse Anne d'Autriche, épouse d'Albert V. Duc de Baviere, & mere de Guillaume V. son trisayeul, fit connoître ses droits. Le Roi de Prusse de son côté se fondant sur des anciennes conventions de famille & de confraternité, entre les Electeurs de Brandebourg ses ancêtres, & les Princes de Silesie, revendiqua les siens sur cette Province. Le Roi d'Espagne se mit aussi sur les rangs, & expliqua les motifs de ses prétentions (21). Le Roi de Sardaigne publia les siennes sur le Milanès. Enfin, le Roi de Pologne se mit au nombre des Prétendans, sans trop expliquer ses droits. La France qui avoit un Traité particulier avec la Baviere, se vit obligée de se déclarer pour ce Prince. Toute l'Allemagne fut alors en combustion : le Roi de Prusse d'un côté étoit entré dans la Silesie (22), tandis que de l'autre l'Electeur de Baviere attaquoit la Haute Autriche & le Royaume de Bohême.

1741.
Hostilités en Bohême.

Ce Prince étoit déja maître de Passau, lorsqu'il fut joint par quarante mille hommes que le Roi lui envoyoit, avec les Lettres Patentes qui le déclaroient Généralissime de ses troupes. Avec ce nouveau secours il ne tarda pas à soumettre toute la Haute Autriche. Maître de cette Province il s'avança jusqu'à Polten, qui est à dix lieues de Vienne, dans le dessein d'en former le siége. Mais soit que la saison ne parût pas favorable, soit pour d'autres raisons, il se replia sur l'Ens, & vers la fin d'Octobre, il passa le Danube, entra en Bohême, & dirigea sa marche vers Prague, où il arriva le 19 de Novembre. Il fit alors toutes les dispositions nécessaires pour faire le siége de cette Ville; mais ayant appris que le Grand-Duc de Toscane s'étoit rendu à Neuhauss, où il avoit été joint par un Corps d'armée commandé par le Prince de Lobkowits, il résolut de tenter de se rendre maître de la Ville par escalade. Ce projet eut son exécution à la faveur d'une fausse attaque. Les Officiers François qui commandoient ces attaques, furent le Comte de Polastron, M. de Chevert, Lieutenant Colonel du Régiment de Beauce, le Comte de Broglie & le Comte de Saxe. L'action quoique vigoureuse coûta peu de monde, & les Officiers firent observer une si exacte discipline, qu'il ne se commit aucun désordre. Le Gouverneur de la Place & la Garnison furent faits prisonniers de guerre. Le Grand-Duc de Toscane n'ayant pû secourir la Ville de Prague, se rapprocha de la Frontiere de Bohême, pour mettre la Moravie en sûreté. Les Etats du Royaume de Bohême s'étant rendus à Prague le 19 de Décembre, rendirent leur hommage à l'Electeur de Baviere, & le reconnurent Roi de Bohême. Ce Prince retourna ensuite à Munich, & laissa le Commandement de l'armée au Maréchal de Broglie. Ce Général profitant de l'éloignement des troupes Autrichiennes, s'empara de plusieurs Postes importans.

La Haute Autriche ne resta pas long-temps au pouvoir de l'Electeur de Baviere. Le Grand-Duc de Toscane & le Comte de Kevenhuller y entrerent le 31 de Décembre, & obligerent les troupes Françoises & Bavaroises, qui étoient sur la Riviere d'Ens, de se retirer à Lintz.

(21) On les a vûes dans l'Histoire d'Espagne à l'année 1741.

(22) On verra le détail de cette Conquête dans l'Article d'Allemagne.

Le Général Autrichien passa la Riviere sans obstacle, reprit plusieurs Postes & mit le siége devant Lintz. Le Comte de Ségur qui y commandoit, s'y défendit aussi long-temps qu'il lui fut possible; mais n'ayant aucune espérance d'être secouru, & se voyant prêt à être forcé dans la Place, il capitula le 23 de Janvier 1742.

Cependant on s'étoit assemblé à Francfort, pour l'Election d'un Empereur. Les voix s'étant réunies pour l'Electeur de Baviere, ce Prince fut élu Roi des Romains le 24 du même mois, & le 31 il fit son entrée à Francfort, où il fut reconnu Empereur par toutes les Puissances de l'Europe. La Reine de Hongrie protesta contre cette Election, dans laquelle elle prétendit qu'il y avoit quelque nullité.

Le Comte de Kevenhuller poursuivant ses conquêtes, s'empara de Passaw que la Garnison avoit abandonné. On assiégea le Château où elle s'étoit retirée, & le 27 de Janvier elle fut obligée de capituler. Le Général Autrichien s'étant approché ensuite des Frontieres de la Baviere, détacha le Général Berenklaw, qui se rendit maître de Braunaw, obligea les Bavarois à abandonner le Poste de Burghausen, & celui de Landzhut, & s'approcha de Munich. Cette Ville n'étant point fortifiée, les Habitans furent contrains d'ouvrir les Portes aux troupes Autrichiennes. On leur avoit accordé une capitulation fort honorable; mais les Articles en furent mal observés. La prise de la Capitale fut bientôt suivie de celle de plusieurs autres Villes, & peu s'en fallut que tout l'Electorat ne passât au pouvoir des Autrichiens. Un nouveau Corps de troupes Françoises que le Roi envoya au secours de l'Empereur, fit d'abord changer les choses de face. Les Autrichiens abandonnerent le siége de Straubingen qu'ils faisoient alors, & évacuerent Munich, & tous les Postes qu'ils occupoient entre le Danube, l'Iser & la Wils & sur l'Inn. Le Comte de Kevenhuller repassa même cette derniere Riviere, & alla camper entre Schardingen & Passaw. Mais s'étant apperçu que ces troupes ne faisoient aucunes entreprises, il donna ordre au Général Berenklaw de reprendre possession de Munich; ce qu'il exécuta le 6 de Mai. Ainsi dans l'espace de cinq mois les Autrichiens entrerent en Baviere, l'évacuerent & y rentrerent en y commettant toutes sortes de désordres, sur-tout de la part des Pandoures & des Croates.

Les armes de l'Empereur étoient en meilleur état en Bohême. Les Alliés après la prise de Prague s'étoient établis à Pisseck, & avoient formé le blocus d'Egra. Le Prince de Lobkowits de son côté qui étoit à Budeweiss, avoit passé la Moldaw, & le 18 de Mai, il avoit ouvert la tranchée devant le Château de Frawemberg. Le Maréchal de Broglie s'étant avancé promptement pour secourir ce Poste, les Autrichiens songerent à se retirer à Budeweiss. Le Maréchal de Broglie attaqua leur arriere-garde & engagea un combat qui dura depuis quatre heures du soir jusqu'à la nuit. Le Prince de Lobkowits y perdit beaucoup de monde, & fut obligé de lever le siége qu'il avoit commencé. Il ne lui auroit pas même été facile de gagner son Camp, si la Cavalerie Françoise eût pû arriver assez-tôt. Quelques jours auparavant le Roi de Prusse avoit remporté un avantage plus considérable sur le Prince Charles de Lorraine. Le Général François s'empara ensuite du Pont & de la Ville de Thein, ce qui étoit de conséquence, après la

DE LA FRANCE.

LOUIS XV. DIT LE BIEN-AIMÉ, LXIII. Roi.

L'Electeur de Baviere est reconnu Empereur.

Succès des Autrichiens en Baviere.

Combat de Sahay.

De la France.

Louis XV. dit le Bien-Aimé, LXIII. Roi.

levée du siége du Château de Frawemberg.; parce qu'au moyen des Ponts qui étoient sur la Moldaw en ces deux endroits, les François pouvoient pénétrer jusqu'au centre des Quartiers que les Ennemis occupoient entre cette Riviere & le Lokwits.

Les choses étoient dans cet état, lorsque le Roi de Prusse fit sa paix avec la Reine de Hongrie, qui avoit consenti à lui céder la Silesie. Par le Traité qu'il fit avec cette Princesse, il fut conclu qu'il resteroit neutre pendant la guerre, & qu'il retireroit ses troupes de Bohême. Le Maréchal de Broglie se voyant abandonné par un Allié si puissant, songea à mettre ses troupes en sûreté. Ayant trouvé moyen de gagner une marche sur le Prince Charles de Lorraine, qui le poursuivoit, il arriva heureusement sous le canon de Prague, & s'y campa si avantageusement qu'il ne pouvoit y être forcé. Cette retraite qui le couvrit de gloire, n'étoit que le prélude de ce qu'il devoit bientôt faire après, pour sauver une seconde fois cette armée & conserver Prague. On avoit alors à se défendre non-seulement contre l'armée Autrichienne, qui n'avoit plus d'autres Ennemis que les François & les Bavarois, depuis que le Roi de Prusse avoit fait sa paix, & que le Roi de Pologne étoit entré en négociation; mais on avoit encore à redouter la mauvaise volonté de cinquante mille Habitans, avec lesquels les Ennemis entretenoient des intelligences secrettes. Le Maréchal de Belle-Isle ayant joint M. de Broglie, ils concerterent ensemble les mesures qu'ils devoient prendre, le premier pour contenir les Habitans dans le devoir, & le second pour soutenir les attaques des Ennemis. Ceux-ci se présenterent devant la Ville le 24 de Juillet, & quelques jours après ils firent les dispositions nécessaires pour le siége de la Place. M. de Belle-Isle eut alors quelques conférences avec le Comte de Konigsegg, pour convenir d'un accommodement. Il offrit, suivant ses instructions, d'évacuer Prague, à condition que la Garnison en sortiroit avec tous les honneurs de la guerre, pour prendre avec l'armée Françoise telle route qu'elle jugeroit à propos. Ces propositions & toutes celles qu'on fit ensuite de la part de la France ou de l'Empereur furent refusées, & les Autrichiens ouvrirent la tranchée devant Prague la nuit du 16 au 17 de Juillet. La vigoureuse résistance des Assiégés rendit inutiles tous les efforts des Autrichiens, & leur fit périr plus de quinze mille hommes. Enfin après un siége de cinquante-huit jours de tranchée ouverte, ils se virent obligés d'abandonner leur entreprise, pour marcher à la rencontre du Maréchal de Maillebois qui étoit entré en Bohême à la tête d'un Corps de troupes.

Siége de Prague par les Autrichiens.

L'éloignement des Ennemis permit à M. de Broglie de sortir à la tête de vingt mille hommes. Avec ce Corps de troupes il obligea le Général Festetiz, qui étoit resté aux environs de Prague, de s'en éloigner: il s'empara en même temps de plusieurs Forts sur le Moldaw & sur l'Elbe, & dirigea sa marche vers Leutmeritz, pour aller joindre le Maréchal de Maillebois. Ce Général avoit dessein de pénétrer dans le Cercle de Saatz; mais les défilés étoient si bien gardés que cette jonction ne put se faire. L'armée se replia sur le Danube, pour rentrer dans le Haut Palatinat. Le Maréchal de Broglie s'y étant rendu, se mit à la tête de toutes les troupes Françoises, qui étoient rassemblées dans ces quartiers. Le Prince de Lobkowits se rap-

Glorieuse retraite de M. de Belle-Isle.

procha alors de Prague, afin de la bloquer de nouveau. Le Maréchal de Belle-Isle suivant les ordres qu'il avoit reçus se disposa à ramener le reste de l'armée qui étoit à Prague & dans les environs. Il se conduisit avec tant de prudence & tant d'adresse qu'il trouva moyen de cacher ses desseins aux Habitans de Prague, & au Prince de Lobkowits qui n'étoit qu'à cinq lieues de lui, avec huit mille Chevaux & douze mille Hommes d'Infanterie. Après avoir pris toutes les précautions nécessaires pour executer heureusement son projet, il sortit de Prague par deux Portes la nuit du 16 au 17 de Décembre à la tête de onze mille Hommes d'Infanterie & de trois mille deux cens cinquante Chevaux, six cens Chevaux d'équipage, trente piéces de canon, avec des munitions de guerre & de bouche pour douze jours. Ce coup avoit été si bien prémédité qu'il déroba vingt-quatre heures de marche au Prince de Lobkowits. Il perça le Quartier des Ennemis, traversa dix lieues de Plaines, & gagna les défilés avant que le Général Autrichien pût l'atteindre. Ce qui acheva d'assurer cette glorieuse retraite, c'est que M. de Belle-Isle au lieu de prendre dans les défilés l'un des deux chemins les plus fréquentés qui conduisoient à Egra, & que les Autrichiens avoient rendu impratiquables, il en prit un troisiéme qui étoit entre les deux autres, où il ne trouva d'autres obstacles que ceux de la Nature. Enfin, il arriva le 26 à Egra, sans avoir pû être entamé, quoiqu'il eût été continuellement harcelé par les Hussards. La petite Garnison que M. de Belle-Isle avoit laissée à Prague, capitula ce même jour & fut conduite à Egra. Les Autrichiens firent bientôt après le blocus de cette Place, qui fut converti en siège. Le Marquis d'Herouville qui commandoit dans la Ville, après avoir fait pour sa défense tout ce qu'on pouvoit attendre d'un si brave Officier, & se voyant prêt à manquer de vivres, capitula le 6 de Septembre 1743.

Prise d'Egra.

Les Impériaux avoient cependant conservé leurs avantages dans la Haute Autriche; mais les Autrichiens étant devenus maîtres de la Bohême, porterent toutes leurs forces dans la Baviere & y firent des conquêtes considérables. L'Empereur voyant tous ses Etats au pouvoir des Autrichiens, convint d'une suspension d'armes avec la Reine de Hongrie. Cet accommodement pensa causer la ruine de l'armée Françoise qui se trouvoit enveloppée d'Ennemis de tous côtés & bien inférieure en nombre à celle des Autrichiens. Le Maréchal de Broglie ayant reçu ordre du Roi d'évacuer la Baviere, le Haut Palatinat, & de se rapprocher du Rhin, prit toutes les mesures nécessaires pour sauver l'armée. Le Prince Charles de Lorraine le suivit avec toutes les forces de la Reine de Hongrie, à dessein de s'approcher du Rhin, pendant que l'armée des Alliés composée de troupes Angloises, Hanoveriennes & Hessoises, aux ordres du Comte de Stairs, marchoient vers le Mein. Le Maréchal de Broglie ayant ramené en-deçà du Rhin l'armée qui avoit servi en Baviere. Le Maréchal de Noailles en prit le commandement. Le Prince Charles de Lorraine fit alors plusieurs tentatives pour passer le Rhin. Croyant avoir trouvé une occasion favorable à l'exécution de son projet, il le passa à l'Isle de Reignac la nuit du 3 au 4 de Septembre. Cette expédition ne fut pas heureuse : toutes les troupes qui étoient passées furent taillées en piéces ou noyées, & la perte des Autrichiens monta à près de trois mille hommes.

Succès des Autrichiens en Baviere.

DE LA FRANCE.

LOUIS XV. DIT LE BIEN-AIMÉ, LXIII. ROI.

Bataille d'Ettingen.

Cependant l'armée des Alliés commandée par le Roi d'Angleterre & le Duc de Cumberland, avoit passé le Mein le 4 de Juin près de Francfort. Le Maréchal de Noailles à cette nouvelle passa le Rhin, & s'approcha des Ennemis. Il fit tant de diligence qu'il s'empara du Camp qu'ils se disposoient à occuper ; ce qui les obligea de repasser le Mein, pour aller camper à Hoëscht, d'où il s'avancerent vers le Haut Mein & se posterent, leur droite au Village de Kleimostheim, & leur gauche à la Ville d'Aschaffembourg. Le Maréchal de Noailles ayant marché vers ce dernier Village, se rendit maître de plusieurs Postes sur le Haut & le Bas Mein ; ce qui ôta aux Ennemis le moyen de subsister dans leur Camp, & les obligea de l'abandonner la nuit du 26 au 27, pour aller camper à Hanaw. Cette position des Ennemis engagea le Maréchal de Noailles à faire passer le Mein à Selingestatt, à cinq Brigades d'Infanterie & à vingt-neuf Escadrons, à dessein de tomber sur l'arriere-garde des Alliés. Ceux-ci s'étant rangés en Bataille, en vinrent aux mains avec une grande partie de l'armée Françoise qui s'étoit avancée jusqu'à Ettingen. L'action fut vive & opiniâtre ; mais la Fortune se déclara pour les Alliés. Ils passerent ensuite le Rhin à Mayence, & allerent camper le 27 du mois d'Août à Oppenheim. Le Maréchal de Noailles qui étoit à Worms s'avança vers Landaw, qu'il mit en état de défense. Ces dispositions ayant empêché les Ennemis de faire le siége de cette Place, les armées se retirerent en quartier d'Hyver.

Campagnes d'Italie, en 1742 & 1743.

L'Allemagne n'étoit pas le seul théâtre de la guerre, l'Italie éprouvoit en même temps les mêmes malheurs. Le Roi d'Espagne en conséquence des Manifestes qu'il avoit publiés, avoit fait passer des troupes en Lombardie, pour soutenir ses droits. Il se flattoit que le Roi de Sardaigne, qui avoit déclaré les siens sur le Milanès, se joindroit à lui contre les Autrichiens. Mais ce Prince ayant fait un accommodement avec la Reine de Hongrie, s'engagea à agir de concert avec cette Princesse, pour s'opposer aux entreprises des Espagnols. Le Roi de Sardaigne après avoir pris possession des principales Villes du Milanès, dont la garde lui fut confiée, donna ordre à son armée de se mettre en marche pour se rendre dans les Duchés de Parme & de Plaisance, tandis que le Comte de Traun prendroit aussi la même route, avec quelques troupes Autrichiennes. L'armée Espagnole commandée par le Duc de Montemar, qui étoit allé camper entre Sezana & Pesaro, ayant été jointe par les troupes Siciliennes, entra dans le Bolonois, & s'avança jusqu'au Panaro qui le sépare du Modenois. Le Roi de Sardaigne entra alors dans cette derniere Province, & voulut forcer le Duc de Modene à se déclarer. Ce Prince résolu de garder une exacte neutralité, refusa de prendre aucun intérêt dans cette guerre, & de livrer la Citadelle de Modene pour sûreté de ses promesses. Persuadé que les Alliés viendroient bientôt l'assiéger, il se retira au mois de Juin 1742 dans le Ferrarois, & fit passer la Garnison dans la Citadelle. Les Piémontois & les Autrichiens entrerent dans la Ville le 8 du même mois, & ouvrirent la tranchée devant la Citadelle, qui capitula le 28 après une vigoureuse résistance. Ils firent ensuite le siége de la Mirandole, dont ils se rendirent maîtres le 22 de Juillet. Les Espagnols ne firent aucun mouvement pendant ces deux siéges, après lesquels ils se retirerent en Umbrie. Le Roi de Sardaigne &

le Comte de Traun les fuivirent, & l'on croyoit qu'il y auroit une action, lorfque le Roi de Sardaigne fut obligé de reprendre la route de fes Etats avec la plus grande partie de fes troupes. Le Roi d'Efpagne qui avoit affemblé un nouveau Corps de troupes en Catalogne fous les ordres du Comte de Glimes, efperoit le faire paffer en Italie par Mer ; mais comme la Méditerranée étoit couverte de Vaiffeaux Anglois, & que les chemins par Villefranche & le Comté de Nice étoient fermés, les Efpagnols cherche- rent un paffage par le Marquifat de Saluces. Les mêmes obftacles s'étant préfentés, ils traverferent le Briançonnois & le Grefivaudan & arriverent le 28 d'Août fur les Frontieres de Savoye, à deffein d'y prendre des quartiers. Le Roi de Sardaigne ayant raffemblé un Corps de vingt mille hommes, les fit entrer par le Mont Cenis & le Mont Saint-Bernard. L'armée Efpagnole fe replia alors fous Saint-Jean de Maurienne & s'y retrancha. Mais craignant que les Ennemis ne lui coupaffent la communication avec le Dauphiné, elle alla former deux Camps, l'un près de Chamberry, l'autre à Montmelian. Les Piémontois prirent alors poffeffion des Poftes qui étoient entre eux & les Efpagnols, enforte que ceux-ci n'efperant plus pouvoir fe maintenir dans la Savoye, en fortirent le 15 d'Octobre & retournerent en Dauphiné pour y attendre un renfort qui leur arrivoit de Catalogne.

DE LA FRAN-
CE.

LOUIS XV.
DIT LE
BIEN AIMÉ,
LXII. ROI.

L'armée Efpagnole qui étoit dans le Bolonois ayant reçu ordre de paffer le Panaro pour attaquer les Alliés, le Comte de Gages qui la commandoit alors exécuta les ordres de la Cour de Madrid, la nuit du 4 au 5 de Février 1743. Après avoir mis en fuite un Détachement des Autrichiens qui vouloit lui difputer le paffage, il fe rendit maître de Campo-Santo & de Final. Le Comte de Traun averti de la marche de Efpagnols, raffembla promptement fes troupes, & le 8 les deux armées s'étant trouvées en préfence, on en vint aux mains avec une ardeur égale. Le combat fut long & opiniâtre : on fe battit jufqu'à deux heures de nuit au clair de la Lune, & les deux Partis s'attribuerent la victoire. Les Efpagnols refterent maîtres du Champ de bataille, & ne repafferent le Panaro que le lendemain. L'armée Efpagnole affoiblie, & fans efpérance de recevoir de nouveaux fecours par mer ou par terre, fe retira fur la fin du mois de Mars dans la Romagne. Le Comte de Traun fit attaquer l'arriere-garde des Efpagnols, ce qui donna lieu à une action dans laquelle les Autrichiens perdirent beaucoup de monde, & furent repouffés. Le Duc de Modene ayant été déclaré Généraliffime de cette armée, il la renforça de quatre à cinq mille hommes de troupes qu'il avoit levées. Malgré ce renfort les Efpagnols n'étoient pas encore en état de rien entreprendre, d'autant plus que l'armée ennemie étoit fupérieure en nombre, & que le Roi des deux Siciles, obligé de garder la neutralité, avoit fait retirer fes troupes.

Les Efpagnols étoient dans une pofition plus favorable du côté de la Savoye. Le Marquis de Las-Minas, chargé du Commandement de l'armée fous les ordres de Don Philippe, ayant fait fes difpofitions le 5 de Décembre 1742, pour entrer en Savoye, s'empara le 21 du Château d'Afpremont : Chamberry fut bientôt obligée d'ouvrir fes portes, & les Piémontois évacuerent la Ville & le Château d'Aiguebelle. Ils fe rapprocherent infenfiblement du Mont Cenis, ce qui laiffa à la difpofition des Efpagnols Mont-

Tome I. Partie II. Fff *

Melian, Saint-Jean de Maurienne, Annecy & plusieurs autres Postes, ensorte que presque toute la Savoye tomba en peu de jours au pouvoir de Don Philippe. Le Roi de Sardaigne se retira alors en Piémont, dont il se prépara à disputer l'entrée aux Espagnols. Il étendit son armée au de-là des Alpes, & fit couper & garder exactement les gorges & les défilés. Ces précautions obligerent l'armée Espagnole à rester tranquille jusqu'au mois d'Octobre 1743. Alors ayant tenté le passage par le Marquisat de Saluces, elle attaqua & prit le Château du Pont, & le 8 d'Octobre elle s'approcha des retranchemens que les Ennemis avoient aux environs du Château-Dauphin, à dessein de les attaquer ; mais les ordres qui arriverent alors de la Cour de Madrid firent suspendre les opérations militaires, qui furent remises au Printemps suivant. Les Espagnols se retirerent dans la Savoye, où ils prirent des quartiers d'Hyver.

L'armée qui étoit aux ordres du Duc de Modene croyoit passer tranquillement l'Hyver dans la Romagne, lorsque le Prince de Lobkowits Général de l'armée Autrichienne, s'étant avancé pour l'attaquer, l'obligea de se rétirer entre Fano & Pesaro, où elle avoit un Camp bien fortifié. Les vivres étant venus à manquer, les Espagnols furent contraints de s'approcher de l'Abruze. Le Prince de Lobkowits les harcela beaucoup dans leur retraite, mais il ne put les entamer, & il n'y eut que quelques escarmouches. Le Roi des deux Siciles qui pénétroit le dessein des Ennemis, se mit à la tête de ses troupes, après avoir exposé par un écrit les raisons qui le forçoient à rompre la neutralité qu'il avoit promise. Le Général Autrichien s'avança vers la Campagne de Rome, à dessein de pénétrer dans le Royaume de Naples, par la Vallée de San Germano, qui fait la Frontiere de la Terre de Labour. Il esperoit que l'Escadre Angloise qui croisoit dans la Méditerranée, favoriseroit son projet. L'armée combinée d'Espagne & de Sicile s'étant rassemblée, marcha à la rencontre de l'Ennemi. Le Prince de Lobkowits se flattant de soulever les Napolitains, répandit un Rescript de la Reine de Hongrie, par lequel cette Princesse promettoit de grandes récompenses aux Villes qui voudroient la reconnoître ; mais ses tentatives ne firent aucune impression sur l'esprit des Napolitains, & ils resterent dans le devoir. Les deux armées s'étant approchées à la distance d'une lieue l'une de l'autre, elles se canonerent pendant plusieurs jours, & il y eut diverses escarmouches, qui ne décidoient rien. Mais le Prince de Lobkowits voulant tâcher de faire quitter à l'armée combinée le Poste qu'elle occupoit, fit passer le 18 de Juin le Tronto à un Détachement de ses troupes, & en envoya un autre à San-Germano. Son dessein étoit de partager l'attention des Ennemis, & de diviser leurs forces par cette double diversion, tandis qu'avec le reste de son armée il attaqueroit le Camp des Espagnols. Le Roi de Naples rompit ses mesures en faisant attaquer les Retranchemens que les Autrichiens avoient construits sur la Montagne de Notre-Dame des Anges. Cette ruse obligea le Prince de Lobkowits de rappeller ces deux Détachemens ; & malgré une vigoureuse défense les Autrichiens furent délogés de la Montagne. Ce fut en vain que le Prince de Lobkowits tenta de reprendre ce Poste : il y perdit beaucoup de monde, & se détermina enfin à se retirer de l'Etat Ecclésiastique. Le Comte de Gages le suivit

pas à pas, & surprit sur sa route plusieurs Postes qui lui ouvrirent le pas- DE LA FRAN-
sage de la Lombardie, & lui assurerent sa jonction avec Don Philippe. CE.

L'armée de ce Prince avoit été renforcée dès le commencement de l'an- LOUIS XV.
née 1744, par un Corps de troupes que le Roi avoit jugé à propos d'en- DIT LE
voyer au secours des Espagnols, sous les ordres du Prince de Conti. Les BIEN-AIMÉ,
armées combinées de France & d'Espagne s'étant mises en mouvement dès LXIII. ROI.
le mois de Mars, elles s'avancerent vers le Comté de Nice. A leur appro- Troupes Fran-
che huit Bataillons Piémontois, qui étoient dans la Capitale, se retirerent çoises en Italie.
dans les Retranchemens que le Roi de Sardaigne avoit fait construire près de
Villefranche & de Montalban. Le Parlement de Nice envoya alors des Députés pour assurer Don Philippe de sa soumission. On marcha ensuite vers
ces Retranchemens, que les Piémontois abandonnerent aussi, ce qui facilita la prise de Montalban & de Villefranche. La premiere de ces deux
Places capitula le 23 & la seconde le 25. Après ces avantages, on songea
à resserer les Piémontois, qui s'étoient retirés dans Oneille, & à leur couper
la communication avec le Col de Tende. Les Piémontois n'attendirent pas
qu'on vînt les forcer dans la Place, ils quitterent Oneille, pour aller camper dans un Poste très-avantageux. Le Prince de Conti les y enveloppa,
& ils n'auroient pû y tenir long-temps faute de vivres, si les circonstances
n'avoient obligé de changer le plan des opérations. D'un côté, les Vaisseaux Anglois, qui croisoient à la hauteur d'Oneille & de Port Maurice,
pouvoient affamer l'armée en empêchant le transport des munitions, & de
l'autre, on vouloit épargner aux Gênois les effets du ressentiment du Roi
de la Grande Bretagne ; ce qu'ils n'auroient pû éviter alors, si l'armée
combinée eût continué de marcher sur leurs Terres, pour s'avancer en
Italie.

Don Philippe jugeant donc à propos d'abandonner ses conquêtes dans le
Comté de Nice, l'armée s'avança vers le Briançonnois pour attaquer les débouchés du Piémont. Il y avoit deux Passages à forcer, l'un dans la Vallée
de Sture, fermé par de fortes Barricades ; l'autre dans celle de l'Achenul
& Château-Dauphin, défendu par des Retranchemens formidables. Tous
deux paroissoient également impraticables ; cependant le Roi de Sardaigne
persuadé que l'attaque se feroit par la Vallée de l'Achenul, s'y porta en
personne avec toute l'élite de ses troupes, mais ce fut du côté de la Vallée
de Sture que les Espagnols firent leur attaque. Pendant que les colomnes
d'*Aremburu* & de *Villemur* faisoient en front une fausse attaque aux Barricades, le Marquis de Castellar & le Comte de Lautrec, à le tête de deux
autres Colomnes, les tournerent par la droite & par la gauche. Les Piémontois se voyant enveloppés & en risque d'être faits prisonniers de guerre,
abandonnerent les Barricades dont on se rendit maître. Ce succès avoit été
préparé de loin, par la belle manœuvre du Prince de Conti. Le Bailli de
Givri, qui ignoroit qu'on eût forcé les Barricades, attaqua avec sa Colomne
les Retranchemens de Château-Dauphin, & quoique blessé mortellement
d'un coup de feu, il les força de tous côtés. Les troupes y firent des prodiges de valeur, inouïs jusqu'alors, sur-tout le Régiment de *Poitou*, qui
s'y acquit une gloire immortelle.

Ces deux Passages ayant été forcés, on s'avança vers Démont. On ouvrit

DE LA FRAN-
CE.

LOUIS XV.
DIT LE
BIEN-AIMÉ,
LXIII ROI.

Bataille de Coni.

la tranchée devant ce Fort, & il y avoit lieu de croire que la Place résisteroit long-temps, lorsqu'une bombe ayant mis le feu à un Magasin de méches, fit craindre que l'incendie ne se communiquât aux Magasins de poudre ; ce qui détermina la Garnison à capituler le 17 d'Août 1744. L'armée marcha aussi-tôt vers Coni, dont on commença le siége la nuit du 12 au 13 de Septembre. Les travaux furent poussés avec toute l'ardeur possible, malgré les obstacles que les pluies fréquentes & les débordemens des Rivieres, opposoient à leurs progrès. Le Roi de Sardaigne qui campoit à Saluces, s'approcha de Coni pour en faire lever le siége. Il s'avança pour cet effet à deux lieues & demie de cette Ville, & fit jetter plusieurs Ponts sur la Basse Sture. L'Infant & le Prince de Conti, informés des desseins des Ennemis, marcherent à leur rencontre après avoir laissé devant la Place ce qu'il falloit de troupes pour garder les travaux. Don Philippe alla jusqu'au Couvent Della-Madonna Del-Ulmo, où il appuya sa droite, ayant sa gauche à une Cassine. Le 30 dès la pointe du jour, quatre à cinq mille hommes des Ennemis attaquerent Borgo ; mais le Comte de Lautrec, qui commandoit entre la Sture & la Gesse, envoya promptement un Détachement sous les ordres du Comte de Volvire. Ces troupes repousserent bientôt les Piémontois, & les poursuivirent jusqu'à Roccavion. Sur les onze heures le Couvent Della-Madonna Del-Ulmo (Notre-Dame de l'Orme), & les Postes avancés des Espagnols furent attaqués par la Colomne de la gauche des Ennemis : le centre des Alliés & la Cassine occupée par la Brigade de Lyonnois commandée par le Marquis de Senecterre Lieutenant Général, ayant sous ses ordres le Marquis de Beaupreau alors Brigadier, eurent à soutenir tout l'effort de la Colomne du centre ; la troisième resta devant la Cavalerie Françoise & Espagnole. Quatre batteries de piéces de Campagne bordoient le front de l'armée du Roi de Sardaigne. Le Prince de Conti voyant que tout le fort du combat alloit tomber sur le centre, le fit soutenir par les Régimens de Stainville, de Flandre, de Foix, de Brie & de Conti. Stainville & Lyonnois chargerent alors ensemble, & rompirent la Colomne qu'ils avoient en tête, la repousserent jusqu'à la seconde ligne, s'emparerent d'une de leur batterie, qu'ils tournerent contre eux. Le Marquis de Senecterre reçut un coup de fusil dans la cuisse, le Comte de Cossé & le Marquis de Beaupreau eurent leurs Chevaux tués sous eux. Les Espagnols d'un autre côté fondirent avec impétuosité sur plusieurs Postes avancés, & obligerent les Piémontois à les abandonner. On voulut à la faveur de ce nouvel avantage faire prendre en flanc par la Cavalerie l'armée Piémontoise ; mais ayant reconnu qu'ils étoient couverts par des coupures & des chevaux de frise, on se contenta de soutenir la Bataille dans tout le front de l'Infanterie, & de proteger les batteries, qui faisoient un feu continuel. L'ardeur des Ennemis se ralentit, & ils commencerent à songer à leur retraite ; enfin, sur les six heures du soir le Roi de Sardaigne se retira, abandonnant cinq piéces de canon & tous les chevaux de frise, après avoir perdu plus de cinq mille hommes, tant tués que blessés ou faits prisonniers. Le Roi de Sardaigne, quoique vaincu, s'acquit beaucoup de gloire dans cette journée, tant par la belle disposition qu'il avoit faite, que par la valeur & la prudence qu'il fit voir. Le Prince de Conti fit de son côté tout ce qu'il étoit possible de faire pour soutenir la réputation qu'il s'étoit acquise. Après ce combat on reprit les travaux du siége de Coni, avec une nouvelle ardeur ; mais la saison continuant d'apporter tous les jours de plus grandes difficultés au succès de l'entreprise, les Princes crurent devoir la remettre à un temps plus favorable, & l'armée se replia sous Démont.

Les avantages que l'armée Françoise avoit remportés en Flandre pendant ce temps-là avoient été encore plus considérables. Le Roi qui n'avoit d'abord pris parti dans cette guerre qu'en qualité d'Auxiliaire, se vit obligé par la conduite que la Reine de Hongrie & le Roi de la Grande Bretagne tenoient à son égard, de déclarer la guerre à ces deux Puissances. En conséquence le Roi partit de Versailles, le 3 de Mai pour aller se mettre à la tête de l'armée qu'il avoit rassemblée en Flandre. Elle étoit divisée en deux Corps, l'un sous les ordres du Maréchal de Noailles, l'autre sous ceux du Maréchal Comte de Saxe. Cependant une troisiéme armée commandée par le Maréchal de Coigni, se mettoit en mouvement en Alsace le long du Rhin. Le Roi étant arrivé à Lille le 12, alla le 15 faire la revûe de son armée & donna des ordres pour faire l'investissement de Menin ; ce qui fut executé le 18. Pendant qu'on se préparoit au siège de cette Place, les Etats Généraux des Provinces-Unies, intimidés de l'approche de l'armée Françoise, chargerent le Comte de Wassenaer leur Ministre Plénipotentiaire de prier le Roi de leur part de vouloir bien suspendre les hostilités pendant un mois, afin de leur donner le temps de prendre un parti. Le Roi craignant qu'un si long délai ne lui fût préjudiciable & ne donnât le temps aux Alliés de la Reine de Hongrie de réunir toutes leurs forces, ne voulut accorder que vingt-quatre heures, après lesquelles le Maréchal de Saxe se présenta devant Courtrai, qui se soumit sans résistance. La tranchée devant Menin fut ouverte le 18, & le 4 de Juin suivant la Place demanda à capituler. Dès le lendemain & les jours suivans le Roi fit investir la Ville d'Ypres, qui se rendit le 26. Le Fort de la Knocke ne fit pas une longue défense, ayant ouvert ses portes après vingt-quatre heures de tranchée ouverte. La Ville de Furnes eut aussi le même sort ; de sorte qu'en trente-neuf jours, à compter depuis l'investissement de Menin, le Roi fut maître de quatre Villes & d'un Fort important ; ce qu'on dut à la présence de ce Monarque, qui excita l'émulation des troupes, & en particulier à la valeur du Comte de Clermont Prince du Sang, dont la vigilance hâta beaucoup le progrès des travaux. L'armée des Alliés qui étoit campée près d'Oudenarde, fut spectatrice des succès des armes Françoises, & ne fit aucun mouvement pour s'y opposer.

De si grands avantages au commencement d'une Campagne sembloient en annoncer de plus grands encore, lorsque le Roi se vit obligé de suspendre ses conquêtes en Flandre pour passer en Alsace. Le Prince Charles de Lorraine à la tête de l'armée qu'il commandoit, s'étoit avancé sur les bords du Rhin à dessein de passer ce Fleuve ; mais les précautions du Maréchal de Coigni rompirent d'abord toutes ses mesures, & l'empêcherent d'executer son projet. L'armée Impériale commandée par le Comte de Seckendorff campoit alors sous Philisbourg ; mais la suspension d'armes conclue l'année précédente entre l'Empereur & la Reine de Hongrie étant ex-

DE LA FRANCE.

LOUIS XV. DIT LE BIEN-AIMÉ, LXIII. ROI.

Campagne du Roi en Flandre.

Ce Prince se rend en Alsace.

F f f iij

De la France.

Louis XV. dit le Bien-Aimé, LXIII. Roi.

pirée le 6 de Juin, le Prince Charles fit attaquer les Impériaux. Ils furent alors obligés de se mettre à couvert en-deçà du Rhin. Le Prince Charles ayant partagé son armée en plusieurs Corps, trouva moyen de passer ce Fleuve le 29 de Juillet, & de prendre poste en quelques endroits. Le Maréchal de Coigni avoit résolu de s'emparer des Lignes de Lautern, lorsqu'il apprit que les Ennemis en étoient déja les maîtres. Il marcha néanmoins de ce côté-là, & les contraignit d'abandonner les postes dont ils s'étoient emparés. Malgré toutes les précautions de ce Général, les Autrichiens passèrent le Fleuve, & la supériorité des Ennemis ne lui permettant pas de se maintenir dans les Lignes, il se replia sous Haguenau, où il campa avec les troupes Françoises & l'armée Impériale. Cet événement obligea le Roi d'abandonner la Flandre pour se rendre en Alsace. Il laissa le Maréchal de Saxe avec une armée considérablement plus foible que celle des Alliés ; mais ce grand Général se conduisit avec tant de prudence que les Ennemis ne purent rien entreprendre pendant cette Campagne, qui fit beaucoup d'honneur au Maréchal.

Maladie du Roi. Le Roi étant arrivé à Metz le 4 du mois d'Août, y tomba dangereusement malade. Jamais douleur ne fut si générale ni si caractérisée que celle que la France témoigna alors. La nouvelle de sa guérison, qu'on n'osoit plus espérer, fit succéder à la douleur une joie aussi universelle & aussi vive. Ce fut en cette occasion, qui a été & qui sera un monument éternel de l'attachement des François pour leurs Rois, & pour l'auguste Famille des Bourbons, que fut donné à Louis XV. le glorieux titre de BIEN-AIMÉ.

Le Prince Charles de Lorraine dès le 27 de Juillet s'étoit avancé pour attaquer les François dans leur Camp de Haguenau, ce qui avoit déterminé MM. de Coigni & de Seckendorf à se retirer à Lampertheim derrière la Sorn & la Bruch à une lieue & demie de Strasbourg. Cette position mettoit à couvert la Haute Alsace, & tous les débouchés par où les troupes qui venoient de Flandre, pouvoient arriver. Le Duc d'Harcourt qui les avoit précédées, se posta avec celles qu'il commandoit, sur les hauteurs de Phalsbourg, ensorte qu'il couvroit tout le Pays en-deçà des Vauges, la Lorraine & les Trois Evêchés. Le Prince Charles ayant fait faire le 13 un mouvement à son armée, qui étoit alors campée au-de-là de la Sorn, le Duc d'Harcourt en profita pour attaquer un Corps de troupes, qui étoit posté a Saverne, sous les ordres du Comte de Nadasti, mais le Prince Charles ayant envoyé le Baron de Berenklau avec l'aîle droite de son armée, pour soutenir le Général Autrichien, le Duc d'Harcourt fut contraint de se retirer. Les Autrichiens rentrèrent alors dans Saverne. Mais comme le Prince Charles faisoit déja ses dispositions pour repasser le Rhin, ils en sortirent le 15 d'Août & allèrent rejoindre le reste de l'armée. Toutes les troupes venues de Flandre ayant joint l'armée du Maréchal de Coigni, & celle de l'Empereur, ce Général se mit à la poursuite du Prince Charles. L'armée s'avança pour cet effet à Brumpt, d'où l'on détacha trois mille hommes, pour tomber sur l'arriere-garde des Ennemis. On les attaqua le 23 près de Suffelsheim & d'Angenheim, & l'on se battit jusqu'à la nuit. Les François resterent sous les armes dans la résolution de les poursuivre le lendemain ; mais toute l'armée ennemie étoit entièrement passée.

La retraite précipitée du Prince Charles avoit deux motifs preſſans : la ſupériorité des François depuis l'arrivée des troupes de Flandre, & l'entrée des troupes Pruſſiennes en Bohême & en Moravie (23). Auſſi-tôt que l'armée Françoiſe & les troupes Impériales eurent paſſé le Rhin, elles ſe préparerent à agir de différens côtés. Le Maréchal de Coigni s'étant emparé du vieux Briſack, alla inveſtir Fribourg, & l'on ouvrit la tranchée devant cette Place le 30 de Septembre. Malgré les pluies & les inondations de la Traiſanne, malgré la vigoureuſe réſiſtance des Aſſiégés, qui avoient une prodigieuſe quantité d'artillerie, on avança les attaques avec tant de vivacité & de perſévérance, que le 5 de Novembre le Commandant demanda à capituler. Le Roi qui s'étoit rendu à ſon quartier le 10 du mois précédent accorda les articles de la capitulation, & partit enſuite pour retourner à Paris, où il reçut de la part des Habitans de nouvelles marques de leur joie, de leur zèle & de leur attachement ſincere. Pendant le ſiége de cette Ville le Chevalier de Belle-Iſle ſe rendit maître de pluſieurs Places dans l'Autriche Anterieure, tandis que le Général de l'Empereur & le Comte de Saint-Germain s'avançoient vers la Baviere, que les Autrichiens abandonnerent de nouveau à l'approche des troupes Françoiſes & Impériales. L'Empereur fit ſon entrée dans Munich le 21 d'Octobre.

DE LA FRANCE.

LOUIS XV. DIT LE BIEN-AIMÉ, LXIII. ROI.

Le ſeul événement conſidérable qu'il y eut ſur Mer fut le combat qui ſe donna ſur la Méditerranée le 22 de Février 1744, entre l'Eſcadre Françoiſe & l'Eſcadre Angloiſe. L'Amiral Matthews ayant l'avantage du vent, engagea le combat en attaquant l'Eſcadre Eſpagnole commandée par Don Joſeph de Navarro. Cette Eſcadre étoit deſtinée pour l'avant-garde; mais le changement du vent l'avoit fait devenir l'arriere-garde. L'événement de ce combat, qui commença entre midi & une heure, & qui dura juſqu'à la nuit, fut que M. Court Commandant de l'Eſcadre Françoiſe, ayant porté du ſecours à tous les Vaiſſeaux Eſpagnols, empêcha qu'aucun d'eux ne reſtât au pouvoir des Anglois. Ceux-ci au contraire, après avoir été deux fois obligés de prendre le large, perdirent un Vaiſſeau de trois Ponts. Le lendemain l'Eſcadre Angloiſe, quoique toujours favoriſée du vent, reſta en ligne ſans vouloir engager un ſecond combat. Un vent du Nord qui s'éleva le 24 contraignit les Eſcadres combinées de faire voile vers les Côtes d'Eſpagne.

Différentes expéditions ſur Mer.

La mort de l'Empereur Charles VII. arrivée le 20 de Janvier 1745, ſembloit devoir apporter quelque changement à l'état préſent des affaires; mais les Puiſſances belligérentes ſe trouvant dans des circonſtances qui ne leur permettoient pas de poſer les armes, la guerre ſe perpétua ſur des motifs différens de ceux qui l'avoient allumée. La France ayant ſujet de ſe plaindre de la conduite que la Reine de Hongrie & le Roi de la Grande-Bretagne avoient tenue à ſon égard, continua la guerre dans les Pays-Bas, & ne ceſſa pas d'envoyer des troupes à Don Philippe. Le Traité que l'Electeur de Baviere fils de l'Empereur, conclut quelque temps après la mort de ſon pere, obligea le Roi à faire retirer ſes troupes de l'Allemagne, & à ne s'occuper de ce côté-là qu'à garantir ſes Frontieres de quelques invaſions de la part

1745.
Mort de l'Empereur Charles VII.

---

(23) Je renvoye les détails de cette guerre à l'Article d'Allemagne.

DE LA FRAN-
CE.

LOUIS XV.
DIT LE
BIEN-AIMÉ,
LXIII. Roi.

Conquêtes des François en Flandre.

des Autrichiens ; de forte que ce Monarque porta toutes fes forces dans les Pays-Bas.

La Campagne commença par le fiége de Tournai. Le Maréchal de Saxe chargé du Commandement de l'armée Françoife, fit invertir cette Place le 22 d'Avril, & la tranchée fut ouverte la nuit du 30 au 31. Le Roi accompagné de M. le Dauphin, ne tarda pas à fe rendre en Flandre. Dès le 7 du mois de Mai il étoit arrivé à Douai, où ayant appris que les Ennemis fe difpofoient à marcher au fecours de Tournai, il fe rendit au Camp qui étoit devant cette Place. Ce Monarque approuva les difpofitions que le Maréchal de Saxe avoit faites pour aller attaquer les Ennemis, & il donna fes ordres pour la marche des troupes. On laiffa environ dix mille hommes pour continuer le fiége, & le 9 l'armée paffa l'Efcaut. Les mouvemens que les Alliés firent le 10 donnoient à croire qu'ils vouloient attaquer l'armée Françoife, ce qui obligea le Roi à faire ranger fon armée en bataille. Elle refta toute la nuit dans cette fituation, & le Maréchal de Saxe la paffa dans fon caroffe. Tous les Officiers Généraux qu'on avoit diftribués le long des différentes lignes, ne quitterent point leurs divifions.

Bataille de Fontenoi.

Le Maréchal de Saxe ayant reconnu le lendemain à la pointe du jour que les Alliés étoient prêts à attaquer, il ajoûta aux difpofitions qu'il avoit déja faites les deux jours précédens, toutes celles qui pouvoient affurer le fuccès de l'action. Le Roi & M. le Dauphin s'étoient rendus fur le Champ de bataille dès cinq heures du matin. On commença à fe canoner vers les fix heures, & le feu de l'artillerie dura pendant plus de trois heures, avec une vivacité toujours égale. On découvrit peu de temps après les Ennemis fur deux lignes. Les troupes Angloifes, celles de la Reine de Hongrie & celles de Hanover avoient leur droite appuyée au Bois de Bary, & leur gauche s'étendoit jufqu'à la hauteur du Village de Fontenoi. La droite des troupes Hollandoifes, qui avoient leur gauche au Village de Pierronne, joignoit la ligne formée par ces premieres troupes. La Cavalerie Hollandoife s'avança fur la haut de la Plaine d'Antoin, & un Détachement d'Infanterie y occupa un chemin creux vis-à-vis des troupes Françoifes, poftées entre Antoin & Fontenoi. Les Ennemis à la faveur de leur batterie compofée d'environ cinquante piéces de canon, fe mirent en ordre de bataille. Leurs difpofitions ayant fait connoître, qu'ils avoient deffein de tenter en même temps l'attaque du Pofte de Fontenoi, & celle de la Redoute, de la droite des Bois de Bary, & de tâcher de pénétrer par le centre, le Maréchal de Saxe fut obligé de changer quelques-unes de fes premieres difpofitions. Cependant les Ennemis s'avançoient lentement, & dans le plus grand ordre. Des trois colomnes qu'ils avoient formées de leur Infanterie, celle de la droite parut diriger fa marche fur la Redoute des Bois de Bary, celle du centre fur Fontenoi & celle de la gauche fur Antoin. Les Hollandois qui compofoient la troifiéme colomne ne purent s'avancer jufqu'à Antoin, parce que le canon qui étoit dans ce Pofte, & dans les Redoutes qui couvroient les Brigades de Crillon, de Bettens & les Dragons, les repouffèrent vivement & leur cauferent une grande perte. Cette derniere colomne s'étant rapprochée de celle du centre, les Ennemis marcherent fur Fontenoi, & tentè-

rent

rent plusieurs fois de s'en rendre maîtres, sans que leurs attaques eussent aucun succès. La colomne de la droite ne réussit pas mieux dans le projet qu'elle avoit formé de s'emparer de la premiere Redoute des Bois de Bary. Ce fut pour lors que les Ennemis reconnoissant l'impossibilité d'enlever ni cette Redoute, ni le Poste de Fontenoi, réunirent toutes leurs troupes pour tenter de pénétrer entre ces deux Postes. Ils rapprocherent de leur centre la colomne qui étoit à leur droite, & rangerent leur Infanterie sur deux lignes très-épaisses, soutenues d'une troisiéme en réserve. Dans cet ordre ils attaquerent les troupes du Roi placées entre Fontenoi & la Redoute. Le feu continuel de la Mousqueterie des deux lignes d'Infanterie des Alliés, & la supériorité de leur nombre sur les troupes Françoises qu'ils attaquoient, forcerent ces dernieres à plier, & donnerent le moyen aux Ennemis de s'avancer jusqu'à trois cens pas au-de-là de Fontenoi, sans que les Brigades de Cavalerie, qui soutenoient l'Infanterie, pussent les en empêcher. Malgré cet avantage ils s'apperçurent du danger de leur position, qui exposoit les flancs de leurs lignes au feu du canon & de la mousqueterie. Pour se mettre à couvert, ils songerent à pénétrer plus avant & à embrasser en même temps Fontenoi & la Redoute. Ils fermerent pour cet effet, par un Bataillon soutenu d'un second, le vuide qui se trouvoit entre les deux lignes de leur Infanterie, & formerent une colomne formidable dont le front étoit de trois Bataillons, & dont les flancs étoient fort longs. Par cette disposition ils conserverent pendant quelque temps le terrein qu'ils avoient gagné. Dans cette circonstance qui pouvoit décider du sort de la bataille, & en procurer l'avantage aux Ennemis, le Roi, qui pendant toute l'action avoit donné des preuves d'une fermeté & d'une grandeur d'ame digne d'admiration, trouvant dans ces deux qualités des ressources qui pouvoient concourir avec celle qu'il attendoit de la valeur de ses troupes, s'appliqua à faire cesser le désordre qu'avoit jetté dans une partie de l'armée le feu prodigieux de l'Infanterie Ennemie. De concert avec le Maréchal de Saxe, il donna des ordres, à l'execution desquels on doit attribuer le gain de la bataille. On fit avancer la Maison du Roi, les Carabiniers, deux Bataillons des Gardes Françoises, ceux des Gardes Suisses, la Brigade des Irlandois à la tête desquels étoit Milord Thomond (24) le Régiment de Normandie & celui des Vaisseaux. Les Ennemis furent attaqués de front par la Maison du Roi & par les Carabiniers, pendant que les Gardes Françoises & Suisses, les Irlandois, & les Régimens de Normandie & des Vaisseaux les prirent par le flanc droit. Les Brigades de Royal, de la Couronne, du Roi & d'Aubeterre, qui avoient empêché pendant toute l'action les Alliés de tourner le Poste de Fontenoi, chargerent en même temps avec quelques Escadrons de Cavalerie, le flanc gauche de la colomne d'Infanterie Angloise, contre laquelle on fit avancer quatre piéces de canon. Le combat devint alors très-vif, & l'on se battit de part & d'autre avec un courage incroyable ; mais enfin la colomne Angloise ayant été entiérement entammée par la Brigade de Normandie & par

---

(24) Ce Seigneur connu auparavant sous le nom de Milord Clare, prit en 1741 celui de Thomond. Ce nom est attaché à l'aîné de sa Maison dont il héritoit par le décès de Milord Comte de Thomond dernier de la premiere Branche. Le Régiment a toujours conservé le nom de Clare, qu'il porte depuis sa création.

DE LA FRAN-
CE.

LOUIS XV.
DIT LE
BIEN-AIMÉ,
LXIII. ROI.

Prife de Tournai.

Siège & prife
de Gand.

celle des Irlandois, elle fe retira dans un grand défordre, fans que la Cavalerie ennemie fe mît en devoir de combattre, ou de la foutenir. La déroute de cette colonne compofée d'environ quinze mille hommes, qui combattirent avec beaucoup de valeur & d'acharnement, décida du fort de cette Journée, & affura au Roi une victoire d'autant plus glorieufe qu'elle avoir été long-temps difputée. Ce Monarque donna en cette occafion aux Généraux, aux Officiers & même aux Troupes les louanges qu'ils avoient méritées. On eut lieu d'admirer dans cette grande Journée le courage, le fens froid & la préfence d'efprit du Roi, fes fentimens d'humanité lorfqu'il parcourut le Champ de bataille couvert de Morts & de Bleffés ; l'ardeur que M. le Dauphin témoigna pendant l'action, ayant défiré de charger les Ennemis à la tête de la Maifon du Roi ; l'habileté du Maréchal de Saxe & fon activité, malgré le peu de fanté dont il jouiffoit alors ; la valeur & la conduite des Officiers Généraux, des Officiers fubalternes, & même des Soldats.

L'armée étoit trop fatiguée pour qu'on l'envoyât à la pourfuite des Ennemis ; d'ailleurs il auroit fallu les fuivre par un Pays coupé & incommode pour la Cavalerie. Les Alliés après la perte de la Bataille fe retirerent dans les environs d'Ath, enfuite au Camp de Leflines, pour couvrir le Brabant & le Hainaut Autrichien. Après cette Victoire le Gouverneur de la Ville de Tournai ne tarda pas à capituler. Il évacua la Ville le 24, fe retira dans la Citadelle avec la Garnifon, & dépêcha à la Haye pour fçavoir les intentions de Etats Généraux, parce que le Roi n'avoit point voulu accorder de Capitulation pour la Ville, à moins que la Citadelle ne fe rendît en même temps. Le Gouverneur ayant reçu ordre de défendre cette Forterefle, on en commença le fiége la nuit du 31 du même mois au premier de Juin. Les travaux furent pouffés fans interruption jufqu'au 19 que le Gouverneur demanda à capituler. Le Roi voulut bien accorder à la Garnifon compofée de troupes Hollandoifes, tous les honneurs de la guerre à ces conditions principales : » Que ces troupes ne pourroient fervir contre la
» France ou fes Alliés, ni faire aucune fonction militaire, ni même être
» mifes en garnifon dans les Places jufqu'au premier de Janvier 1747, &
» & que les Officiers & les Soldats ne pourroient pendant ce temps être
» incorporés dans d'autres Régimens, ni paffer dans aucun fervice étran-
» ger, &c. « La prife de Tournai, précédé du gain d'une bataille, ouvrit une route aux autres conquêtes du Roi.

Ce Monarque ayant réfolu de s'emparer de la Ville de Gand, conduifit fon armée fur la Dendre pour y contenir les Ennemis, qui n'oferent la paffer. Pendant que le Marquis du Chayla & le Comte de Lowendahl fe portoient vers Gand, l'un par la droite & l'autre par la gauche de l'Efcaut, ils rencontrerent le 9 de Juillet un Corps de fix mille hommes des Ennemis qui étoient partis d'Aloft pour fe jetter dans cette Ville. On en vint aux mains ; mais les François eurent tout l'avantage de cette rencontre, & les Ennemis furent entiérement défaits. Deux jours après cette action le Comte de Lowendahl s'étant préfenté devant la Ville de Gand, emporta la Place l'épée à la main & facilita l'entrée au Marquis du Chayla. La Garnifon s'étant retirée dans le Château, fut obligée de fe rendre le 15 prifonniere de guerre, au nombre de sept cens hommes. Cette conquête en privant les Alliés de toute communication avec la Flandre Maritime, mit le Roi en possession de leurs principaux Magasins & de leur artillerie de siége, assura à son armée des subsistances abondantes pendant le reste de la Campagne, & lui ouvrit les chemins des plus riches Cantons des Pays-Bas Autrichiens.

La Ville de Bruges eut bientôt le même sort, & le 18 du même mois elle fut obligée d'ouvrir ses Portes au Marquis de Souvré. Cependant le Comte de Lowendalh qui avoit formé l'investissement d'Oudenarde, ouvrit la tranchée la nuit du 17 au 18, & poussa si vivement ce siége que le Gouverneur demanda à capituler le 21. Le Roi qui pendant ce siége étoit resté à la tête de son armée dans le Camp de Bost, se rendit le 25 à Oudenarde & y fit son entrée. Il visita ensuite Gand & Bruges. Ce Monarque ayant formé le projet d'attaquer la Ville de Dendermonde, fit passer le 7 d'Août la Dendre à son armée, qui forma en partie l'investissement de la Place. Le Duc d'Harcourt chargé du siége, fit ouvrir la tranchée la nuit du 11 au 12, & vingt-quatre heures après il s'en rendit maître. Le siége d'Ostende qu'on entreprit ensuite, sembloit devoir occuper le reste de la Campagne, puisque cette Place avoit autrefois soutenu un siége de trois ans contre les Espagnols, & un autre près de six mois sous le dernier regne; cependant elle capitula le 23 d'Août après cinq ou six jours de tranchée ouverte. M. de Lowendalh commandoit ce siége. Ce Général se rendit encore maître de Nieuport le 5 de Septembre. Enfin la Campagne fut terminée par la prise d'Ath qui se soumit le 8 d'Octobre au Comte de Clermont Gallerande.

Les succès n'avoient pas été moins considérables en Italie. Le parti que les Gênois avoient pris de conclure un Traité avec la France, l'Espagne & le Roi des deux Siciles avoit rendu les Passages libres à l'armée combinée des troupes de ces Puissances. Don Philippe ayant été joint par le Maréchal de Maillebois, se rendit le 23 de Juin à Final, & de-là à Savonne, tandis que le Duc de Modene de son côté à la tête de l'armée combinée d'Espagne & de Naples passoit la Montagne de la Bochetta. Ce Prince ayant forcé le Comte de Schulembourg Général des troupes Autrichiennes, à quitter le Camp qu'il occupoit aux environs de Novi, fit entrer quinze cens hommes dans cette Place, & se disposa à aller attaquer les Autrichiens. En conséquence d'un Conseil de guerre que Don Philippe fit tenir, il fut résolu qu'on enverroit des Détachemens des deux armées du côté d'Alexandrie, de Tortonne & de Seravalle, trois endroits par lesquels on se proposoit d'attaquer en même temps le Roi de Sardaigne, pour l'obliger à diviser ses forces. L'armée combinée s'avança jusqu'à une lieue d'Alexandrie, & celle du Duc de Modene, alla occuper l'intervalle qui est entre Alexandrie & Tortonne. M. de Seves s'étant rendu maître de Seravalle le 24 de Juillet, le Duc de Modene alla investir Tortonne. La tranchée fut ouverte la nuit du 8 au 9 d'Août, & la Ville capitula le 14. On fut ensuite obligé d'attaquer le Château dans lequel la Garnison s'étoit retirée; mais le 3 de Septembre le Gouverneur se vit contraint de se rendre. Le Duc de la Viefville s'empara de son côté de Plaisance, dont la Garnison se rendit à discrétion, ainsi que celle

DE LA FRANCE.

LOUIS XV, DIT LE BIEN-AIME', LXIII. Roi.
De Bruges.
D'Oudenarde.

De Dendermonde.

D'Ostende.

De Nieuport.
D'Ath.

Campagne d'Italie.

de la Citadelle. Auſſi-tôt que les troupes Autrichiennes, qui étoient dans la Ville de Parme eurent appris cette nouvelle, elles ſe retirerent avec précipitation dans le Mantouan. Elles abandonnerent auſſi le Poſte de Piovera, & la Citadelle de Parme. Par ces conquêtes le Duché de ce nom & celui de Plaiſance rentrerent ſous la domination du Roi d'Eſpagne. Le Duc de Modene avec un ſecond Détachement entra dans Pavie par un Aqueduc la nuit du 21 au 22 de Septembre, & s'en rendit maître. Une partie de la Garniſon fut faite priſonniere de guerre, & le reſte ſe jetta dans le Château.

Le Comte de Schulembourg craignant que les Eſpagnols ne lui coupaſſent la retraite vers le Mantouan, avoit repaſſé le Pô avec l'armée Autrichienne, pour ſe rapprocher de celle du Roi de Sardaigne ; mais à la nouvelle de la ſurpriſe de Pavie, il tourna toute ſon attention ſur le Milanès. Pour cet effet, il ſe ſépara de nouveau des Piémontois, & repaſſa le Pô pour ſe mettre plus à portée de couvrir ce Duché. Don Philippe réſolut de profiter de ce mouvement de l'armée Autrichienne, pour obliger celle du Roi de Sardaigne à s'éloigner des environs d'Alexandrie, dont l'Infant vouloit former le ſiége. Les troupes combinées ſe mirent en marche le 26 de Septembre au commencement de la nuit, à deſſein de tenter le paſſage du Tanaro, ce qui donna lieu à une action conſidérable, dans laquelle les troupes combinées remporterent une victoire complette, & forcerent l'armée Piémontoiſe à abandonner Monte-Caſtello. L'armée victorieuſe ayant quitté le 4 d'Octobre le Camp de Pezzeto pour s'approcher d'Alexandrie, on fit les diſpoſitions néceſſaires pour attaquer cette Place, qui étoit déja inveſtie. La tranchée fut ouverte la nuit du 6 au 7, & les travaux ayant été pouſſés avec vigueur, le Gouverneur abandonna la Ville le 12, & ſe retira dans la Citadelle, qui fut auſſi-tôt aſſiégée. L'Infant fit en même temps le ſiége de Valence, devant laquelle on ouvrit la tranchée le 19, & dont la Garniſon ſe rendit à diſcrétion la nuit du 29 au 30, en rendant aux troupes combinées la Ville & le vieux Château. Le Comte de Lautrec avoit remporté le 11 près de Joſſeau un autre avantage ſur les Ennemis dans un combat qu'il leur livra. Valence, Cazal, Aſt & Milan eurent bientôt le même ſort, & la priſe de ces Places termina glorieuſement la Campagne en Italie.

Les Anglois cependant ne ceſſoient pas de courir la Méditerranée ; mais leur préſence preſque continuelle le long des Côtes de l'Etat de Gênes, ne put empêcher l'arrivée de preſque tous les Bâtimens de tranſport, chargés d'argent ou de munitions, que les Cours de Madrid & de Naples envoyoient ſucceſſivement dans les Ports de cette République. Ils chercherent à s'en venger en jettant quelques bombes ſur Gênes, ſur Savone, ſur Final, & ſur San-Remo, qui toutes, à l'exception de la derniere, n'en furent que fort peu incommodées. Les Anglois avoient été plus heureux en Amérique, où ils s'étoient rendus maîtres de Louis-Bourg dans l'Iſle Royale. Une Flotte Angloiſe de près de deux cens Voiles, ſoutenue par trois Vaiſſeaux de guerre & par pluſieurs Frégates, qui bloquoit le Port de Louis-Bourg depuis le 14 de Mars dernier, entra le 11 de Mai dans la Baye de Gabaray, où les Ennemis firent leur débarquement au nombre de ſix mille hommes. Ayant trouvé le moyen de tranſporter leur artillerie par des Marais, qui avoient toujours paru impraticables, ils établirent sept batteries de gros canon & de mortiers, & ouvrirent la tranchée du côté de la Porte Dauphine. Ces batteries firent un feu si vif, que malgré celui de la Place, qui fut toujours bien servi, les Ennemis parvinrent à faire brèche en trois différens endroits. D'un autre côté les trois Vaisseaux de guerre, qui avoient conduit les Bâtimens de débarquement, furent joints par une autre Escadre de huit Vaisseaux. L'impuissance de faire une plus longue résistance, obligea les Assiégés de capituler le 26 de Juin, après quarante-sept jours de tranchée ouverte. On accorda les honneurs de la guerre à la Garnison de la Place, qui étoit composée de six cens hommes de troupes réglées & de quatre cens de Milice; mais aux conditions que ces troupes ne pourroient servir d'un an contre le Roi de la Grande Bretagne, ni contre ses Alliés. Il fut en même temps réglé qu'il ne demeureroit aucun François dans toute l'étendue de l'Isle, & que si les Habitans manquoient de Vaisseaux & de vivres pour repasser en France, les Assiégeans s'engageoient à leur en fournir.

Cette perte fut bien réparée non-seulement par les conquêtes que le Roi avoit faites en Flandre cette même année, mais encore par celles qu'il fit l'année suivante. Dès le mois de Janvier, M. le Maréchal de Saxe, qui formoit le dessein d'obliger les Ennemis à abandonner différens Postes, qu'ils avoient conservés, & de s'emparer de Bruxelles, mit les troupes du Roi en mouvement. En conséquence, Bruxelles fut investie le 30 de Janvier. M. de Beausobre qui s'étoit avancé vers Malines, y entra le premier de Février, tandis qu'un Détachement du Régiment de Grassin s'empara de Louvain après avoir mis le feu à une des Portes. Cependant le Maréchal de Saxe fit ouvrir la tranchée devant Bruxelles, la nuit du 7 au 8, & la Place fut forcée de capituler le 20. La Garnison qui montoit à dix-huit Bataillons, & deux Escadrons, fut faite prisonniere de guerre: avantage qu'on eut raison de comparer au gain d'une bataille. L'armée du Roi se trouvant alors supérieure à celle des Alliés, le Prince de Waldeck Général des troupes Hollandoises, qui depuis la prise de Bruxelles, s'étoit occupé du soin de garder les bords de la Rupel, se vit bientôt forcé par la position que prit le Maréchal de Saxe d'abandonner ces Lignes, & de laisser Anvers à découvert; ce qui donna aux troupes Françoises le temps de prendre quelque repos, jusqu'à ce que la saison devînt plus favorable.

Le Roi qui étoit parti de Versailles le 2 de Mai, pour aller se mettre à la tête de son armée, fit le 4 son entrée solemnelle à Bruxelles. Les Villes de Louvain & de Malines, où l'on n'avoit point laissé de Garnisons Françoises, furent une seconde fois abandonnées par les Ennemis à l'approche des Détachemens qu'on fit marcher pour s'en rendre maîtres. On enleva en même temps plusieurs Postes sur la droite & sur la gauche, entre Malines & Anvers, & la Garnison de cette derniere Ville s'étant retirée dans la Citadelle, les Magistrats envoyerent le 19 des Députés pour se soumettre au Roi. La nuit du 25 au 26 on ouvrit la tranchée devant la Citadelle d'Anvers, qui se rendit le 31 au Comte de Clermont Prince du Sang, chargé de cette expédition. L'armée des Alliés craignant sur la disposition des François d'être enveloppée, se retira du côté de Breda, & après diverses marches se campa entre Gertruy-Denberg & la Dunge, de maniere qu'elle

DE LA FRANCE.

LOUIS XV. DIT LE BIEN-AIMÉ, LXIII. ROI.

Prise de Charleroi & de Saint-Guillain.

pouvoit couvrir les Frontieres de la Hollande, & être à portée de recevoir les renforts de troupes qu'elle attendoit de la Grande-Bretagne & de l'Allemagne. Cependant le Roi ayant fait marcher divers Détachemens vers Mons, le Prince de Conti fit ouvrir la tranchée devant cette Place la nuit du 24 au 25 de Juin. Les Assiégés ne purent tenir long-temps contre les attaques vigoureuses des Assaillans, & le 10 de Juillet ils arborerent le Drapeau blanc. La Garnison fut faite prisonniere de guerre.

Le Maréchal de Saxe fit alors prendre à l'armée une position assez favorable pour veiller également à ce qui se passeroit tant sur la Meuse que du côté d'Anvers, supposé que les mouvemens que faisoient les Alliés eussent pour objet de former quelque entreprise sur cette Ville, ou de se porter du côté de Maestricht. Ce fut à cette derniere idée qu'ils s'attacherent, & après avoir été joints par les troupes de Hesse, de Hanover & par quelques troupes Angloises & Autrichiennes, ils dirigerent leurs marches vers le Pays de Liége, tant pour aller couvrir Maestricht, que pour être à portée de secourir Namur, si les François vouloient l'attaquer. Le Roi étant parti le 10 de Juin pour retourner à Versailles & se trouver aux Couches de Madame la Dauphine, le Maréchal de Saxe fut chargé d'executer ses ordres. Ce Général régla sur les marches des Ennemis celle de l'armée Françoise, pendant que le Prince de Conti, qui assiégea Charleroi le 16 de Juillet, s'en rendit maître le 2 d'Août, & que le Marquis de la Farre, qui étoit sous les ordres de ce Prince, s'empara de Saint-Guillain. Après la prise de ces deux Villes le Prince de Conti se mit en marche pour aller rejoindre le gros de l'armée, & le Maréchal de Saxe ayant appris que celle des Alliés, alors commandée par le Prince Charles de Lorraine, marchoit à dessein d'occuper le Camp des Gemblours, il les prévint, s'en empara le 31 de Juillet, & s'avança jusques sur les bords de la Mehaigne, au-de-là de laquelle les Ennemis étoient campés. Dans ce mouvement l'armée fut suivie jusqu'au Camp par les troupes légeres des Alliés, & par un Détachement de quatre mille hommes d'Infanterie, qui attaquerent son arriere-garde, commandée par le Comte de Lowendalh. Les François se défendirent avec tant de valeur qu'ils ne purent être entamés, & que les Ennemis perdirent environ deux mille hommes. Comme les Alliés ne s'étoient approchés de la Mehaigne que pour favoriser le Détachement qui venoit d'attaquer l'arriere-garde Françoise, ils s'en éloignerent & allerent camper dans la Plaine de Bourdine, près de Falais. La difficulté de les attaquer derriere la Mehaigne, ne laissant d'autre parti à prendre que celui de leur ôter les subsistances qu'ils tiroient du Pays de Liége, le Maréchal de Saxe détacha le 20 d'Août le Comte de Lowendalh, pour s'emparer de Hui où étoient leurs Magasins.

Prise de Namur. Bataille de Rocoux.

Le Prince Charles de Lorraine ne pouvant subsister dans son Camp par la position avantageuse des François, se retira sous Maestricht. Les approches de la Ville de Namur se trouvant libres par la retraite des Alliés, le Comte de Clermont Prince du Sang, forma l'investissement de cette Place le 5 de Septembre. La tranchée fut ouverte la nuit du 12 au 13, & la Ville capitula le 19. Un des articles de la Capitulation portoit que la Garnison se retireroit dans les Châteaux, & qu'on ne pourroit y faire transporter ni les vivres, ni les munitions qui se trouvoient dans la Ville. Ainsi ces Châteaux dont on commença le siége le 24, ne purent tenir que jusqu'au 30. Toutes les troupes de la Garnison furent faites prisonnieres de guerre. L'objet du Maréchal de Saxe après la prise de Namur, étant de forcer les Ennemis à repasser la Meuse, résolut de les attaquer. L'armée ayant passé le Jard le 10 d'Octobre, on marcha le lendemain matin aux Ennemis. Le Comte de Clermont Prince du Sang, & le Comte d'Estrées commencerent l'attaque aux Fauxbourg de Sainte-Valburge, & au Village d'Ance, d'où les Ennemis furent délogés presqu'aussi-tôt. Le Marquis de Maubourg, chargé de l'attaque du Village de Varoux, s'en empara de même; le Marquis d'Herouville, chargé de l'attaque de celui de Rocoux, l'emporta vers les trois heures après midi. Pendant l'attaque, le Comte de Clermont Gallerande, qui étoit entre ce Village & Liers, joignit le Corps qui étoit sous ses ordres à celui que commandoit le Marquis d'Herouville. Les Ennemis abandonnerent encore deux Redoutes qu'ils avoient sur les hauteurs, & l'artillerie des François ayant jetté le désordre dans la Cavalerie Hollandoise, sa fuite précipitée jetta une extrême confusion dans le reste de l'armée, qui se mit en déroute. Il étoit cinq heures lorsque le Maréchal de Saxe envoya de la Cavalerie légere à la poursuite des Fuyards; mais la nuit qui survint & des Ravins impraticables assurerent leur retraite, & l'on se contenta de les canoner. Les Alliés perdirent environ treize mille hommes, en comprenant trois mille prisonniers. Les François n'eurent que mille hommes tués, & deux mille blessés. L'armée ennemie repassa la Meuse le 12, & le Prince Charles de Lorraine n'ayant pû rentrer dans le Pays de Liége, mit ses troupes en quartier d'Hyver.

DE LA FRANCE.

Louis XV. DIT LE BIEN-AIMÉ, LXIII. ROI.

Cependant les affaires avoient fort mal tourné en Italie. Le Roi de Sardaigne s'y étoit rendu maître d'Asti le 5 de Mars; & cette conquête avoit été bientôt suivie de celle de Guastalla, qui avoit capitulé le 27. Le siége de Valence que les Ennemis entreprirent ensuite, obligea le Maréchal de Maillebois de faire tous ses efforts pour sauver cette Place; mais le Général Leutrum avoit poussé le siége avec tant de vigueur, que la Ville fut obligée de se rendre le 2 de Mai, avant l'arrivée des troupes Françoises. Les succès des Autrichiens engagerent l'Infant Don Philippe à se retirer sous Plaisance, & à envoyer une partie de ses équipages à Gênes. Toutes les troupes Espagnoles se replierent alors sous Plaisance, où elles joignirent l'armée. Le Prince Lichtenstein ayant rassemblé les différens Corps de troupes Autrichiennes, passa le Taro vers la fin d'Avril, & par cette position il coupa les vivres aux Espagnols. L'Infant n'ayant plus d'autres parti à prendre que celui d'attaquer les Ennemis, résolut de leur livrer bataille. M. de Maillebois, qui avoit évacué Novi, ayant joint Don Philippe, l'armée combinée marcha le 16 de Juin aux Ennemis. Le Marquis d'Aremburu à la tête d'une Colomne Espagnole attaqua avec beaucoup de courage la Cassine de Saint-Dominique, qui fortifioit la gauche des Autrichiens. Le Maréchal de Maillebois passa en même temps le Refudo avec les Colomnes Françoises pour soutenir les Espagnols; mais il s'apperçut que ceux-ci avoient été obligés de replier, ne pouvant soutenir l'effort de la Cavalerie Autrichienne, ni le grand feu de l'artillerie placée dans la Cassine. L'In-

Italie. Succès des Alliés.

Combat de San-Lazaro.

fanterie. Françoise se soutint pendant quelque temps, & auroit arrêté l'impétuosité des Ennemis, si un nouveau Corps de Cavalerie qui la prit en flanc, n'y eût jetté le désordre. M. de Maillebois n'ayant pu le réparer, repassa le Refudo pour rallier ses troupes. Le Comte de Gages qui avoit commencé l'attaque de la gauche, ayant été chassé deux fois des Redoutes de San-Lazaro, dont il s'étoit emparé d'abord, l'Infant ne jugea pas à propos de continuer l'attaque, & donna ordre aux troupes de reprendre le chemin de Plaisance, où elles furent suivies par les François.

Quelques jours après, l'Infant fit repasser le Pô à l'armée Espagnole, qui s'avança du côté de Pizzighitone. Le Prince Lichtenstein ne pouvant plus subsister dans son Camp de San-Lazaro, décampa le 16 de Juillet pour s'approcher de la Trebia, & joignit sur les bords de cette Riviere les troupes du Roi de Sardaigne. Ce Prince ayant pris le commandement de l'armée, entra dans le Pavesan à dessein de s'emparer de Lodi, & d'empêcher l'armée combinée de France & d'Espagne de continuer de mettre le Milanès à contribution, & de tirer des vivres de l'Etat de Venise. L'Infant hors d'état de secourir Lodi, & de subsister long-tems dans son Camp, n'eut d'autre parti à prendre que de retourner dans le Tortonois, & pour cet effet, il prit la résolution hardie de repasser le Pô à la vûe des Ennemis. L'armée s'étant mise en mouvement le 8 d'Août au soir, passa le 9 le Pô sur trois Ponts. Le lendemain elle passa le Tidon, & se disposoit à continuer sa marche vers San-Giovanni, lorsqu'elle fut attaquée par les Ennemis. Il y eut en cette occasion un combat très-vif dans lequel les Autrichiens eurent tout le désavantage. L'armée combinée qui étoit allé camper près de Tortone, fut obligée de se rapprocher de Gênes, pour mettre cette République à couvert; mais se trouvant inférieure en nombre à celle des Ennemis, l'Infant se vit contraint de prendre la route d'Antibes, & de faire défiler ses troupes vers le Comté de Nice. Les Autrichiens maîtres des Postes de Seravalle & de Gavi, forcerent bientôt celui de la Bochetta. Les Gênois députerent alors au Marquis de Botta Général des troupes Autrichiennes, pour se soumettre à la discrétion de la Reine de Hongrie. Cette soumission paroissant forcée, on traita les Gênois avec toute la dureté possible (25). Cependant le Roi de Sardaigne s'étant emparé de Savone & de Final, se mit en marche avec son armée pour entrer dans le Comté de Nice, où il entra le 16 d'Octobre avec les troupes Autrichiennes. L'Infant Don Philippe fit alors repasser le Var à son armée, & se rendit à Antibes avec le Duc de Modene. La retraite de l'armée combinée de France & d'Espagne mit le Roi de Sardaigne en état de se rendre maître du Comté de Nice. Les Ennemis après s'être emparés du Château de Vintimille & de la Citadelle de Villefranche, passerent le Var la nuit du 29 au 30 de Novembre, entrerent en Provence, s'avancerent jusqu'à la Ville de Grasse, brûlerent le Bourg de Saint-Laurent & deux autres Villages, & allerent camper sous Antibes, dont ils firent le blocus. Le Maréchal de Belle-Isle, qui avoit remplacé le Maréchal de Maillebois, trouva moyen d'arrêter les progrès des En-

---

(25) Je renvoye ces détails à l'Article de Gênes, dans le Chapitre qui traitera de l'Italie.

nemis,

nemis, & malgré leur supériorité, ils ne purent s'établir en-deçà de l'Argens, ni s'emparer d'aucun Poste important ; mais la révolution qui venoit d'arriver à Gênes, les obligea bientôt à songer à la retraite. Les Gênois supportant avec impatience la pesanteur du joug des Allemans, cherchoient les moyens de s'y soustraire, lorsqu'un Officier Autrichien frappa de sa canne un des Habitans. Le Peuple prit aussi-tôt les armes : dans un instant la révolte fut générale, & les Autrichiens poursuivis de Postes en Postes furent contraints d'abandonner la Ville. Les Paysans des environs s'étant rassemblés, tomberent sur les Allemans, & en firent un grand carnage. Cette révolution qui arriva le premier de Décembre coûta plus de cinq mille hommes à la Reine de Hongrie.

DE LA FRANCE.
LOUIS XV. DIT LE BIEN-AIMÉ, LXIII. ROI.
Délivrance de Gênes.

Cependant l'armée de Provence ayant été fortifiée par de nouvelles troupes qu'on y envoya, M. de Belle-Isle attaqua les Ennemis & les chassa de tous les Postes dont ils s'étoient emparés. Ils furent si vivement poursuivis que le 3 de Février toute leur armée repassa le Var. Les Autrichiens & les Piémontois ayant entiérement évacué la Provence, le Comte de Belle-Isle se rendit maître du Fort Saint-Honorat, & de celui de Sainte-Marguerite. Le Maréchal passa ensuite le Var le 3 de Juin, & le lendemain il fit ouvrir la tranchée devant Montalban, dont la Garnison se rendit prisonniere le 5. Villefranche ne resista pas long-temps & capitula le 11. Le Chevalier de Belle-Isle ne fut pas si heureux à l'attaque des Retranchemens que le Roi de Sardaigne avoit fait construire sur le Plateau de l'Assiete pour couvrir Ex les & Fenestrelle. Après avoir donné des marques d'une intrépidité extraordinaire, il fut tué avec les principaux Officiers de son Détachement, & plus de quinze cens hommes, dont on ne peut assez louer la valeur & la fermeté, puisqu'ils retournerent trois fois à la charge sans se rebuter. L'Infant força de son côté les Ennemis à quitter tous les Postes qu'ils occupoient aux environs de Vintimille.

1747.
Les Ennemis repassent le Var.

Les Gênois animés par les avantages continuels qu'ils avoient eus sur les Autrichiens, ne cessoient d'en remporter de nouveaux. Secondés des troupes auxiliaires de France & d'Espagne, ils battirent le 14 d'Avril le Comte de Schulembourg, & le chasserent de la Montagne du Diamant, dont il s'étoit emparé. Le Duc de Boufflers étant arrivé à Gênes le premier de Mai pour y commander les troupes, battit les Autrichiens en diverses rencontres, & rendit inutiles les différentes tentatives qu'ils firent pour rentrer dans Gênes. Ce Seigneur, au milieu de ses Victoires, mourut le 2 de Juillet à l'âge de quarante-deux ans, généralement regretté de la Noblesse & du Peuple. En reconnoissance des services qu'il avoit rendus aux Gênois, le Grand-Conseil inscrivit sa Famille parmi celle de la premiere Noblesse de la République. Le Comte de Schulembourg voyant son armée extrêmement affoiblie par toutes les pertes qu'il avoit essuyées, leva le blocus & se retira entiérement le 3 de Juillet. Quelques jours après les Gênois reçurent un nouveau convoi, qui fut conduit par le Marquis de Bissi. Sur la fin de Septembre le Duc de Richelieu fut envoyé par la Cour de France, pour prendre le Commandement de l'armée. Les services qu'il rendit à la République furent récompensés par les mêmes honneurs qu'on avoit accordés au Duc de Boufflers. Son nom & celui du Duc de Fronsac son fils furent

Succès des Gênois.

DE LA FRAN-CE.

**LOUIS XV.
DIT LE
BIEN-AIMÉ,
LXIII. ROI.**

Campagne de Flandre.

inscrits dans le Livre d'or, & ils furent déclarés Nobles Gênois, eux & leurs descendans. Le Sénat ordonna de plus qu'on érigeroit au Duc de Richelieu une Statue de marbre qui seroit placée dans le grand Salon du Palais ; ce qui a été exécuté.

Ces nouveaux succès avoient été soutenus par les grands avantages que le Roi avoit remportés en Flandre sur les Alliés. Le Maréchal de Saxe résolu de se rendre maître de la Flandre Hollandoise, avoit fait marcher le 17 d'Avril des troupes vers le Pays de Waës, sous les ordres de M. de Lowendalh. Ce Général se rendit bientôt maître des Forts de l'Ecluse & du Sas de Gand, tandis que des Détachemens de l'armée s'emparerent des Forts de la Perle, d'Issendick, de Philippin & de Saint-Antoine. Enfin, dans l'espace d'un mois, tout ce qui est entre l'Escaut & la Mer, se trouva réduit sous l'obéïssance du Roi, & la conquête de la Flandre Hollandoise fut achevée par MM. de Lowendalh & de Contade. La prise de l'Ecluse ayant jetté l'allarme dans la Zelande, cette Province nomma de son chef le Prince d'Orange Statouder, & le 4 de Mai il fut reconnu en cette qualité par les Etats Généraux. Le Roi étant arrivé à l'armée, le Maréchal de Saxe la mit en mouvement pour commencer ses opérations sous les ordres de ce Monarque ; car jusqu'alors la plus grande partie des troupes étoit resté cantonnée ; mais de maniere à pouvoir se rassembler en quatre heures sur la Dyle. Les Alliés qui le premier de Mai avoient été camper à quatre lieues d'Anvers, avoient abandonné cette position à l'approche de M. de Lowendalh, pour aller occuper le Camp entre les deux Nethes. Les Détachemens que le Roi envoya les contraignirent à quitter ce Camp, pour aller à Diest, ensuite ils s'approcherent de Hasselt. Le Roi à cette nouvelle avoit résolu de se porter sur Tongres avec toute son armée ; mais ayant appris que le Maréchal de Saxe s'étoit avancé avec une partie de l'armée dans l'intention d'attaquer un Corps considérable de celle des Alliés, qui paroissoit sur les hauteurs, il alla sur le champ joindre ce Général.

Bataille de Lauweld.

Toutes les mesures étant prises pour attaquer les Ennemis, le Roi monta à cheval le 2 de Juillet à la pointe du jour, & fit ranger son armée en bataille. L'action commença à dix heures du matin par l'attaque du Village de Lauweld défendu par les troupes Angloises, Hanoveriennes, Hessoises & par quelques Régimens Hollandois. Les Brigades de Monaco, de Segur & de la Ferre marcherent sous les ordres du Comte de Lautrec, du Comte de Berenger Lieutenants Généraux, & du Comte de Froulai Maréchal de Camp, & chasserent les Ennemis du Village. Mais comme ils le soutenoient par colomnes avec d'autres troupes, ils l'attaquerent à leur tour, & ces Officiers Généraux avec la plûpart des Colonels ayant été tués ou mis hors de combat, les troupes furent obligées de plier. Le Marquis de Beaupreau alors Maréchal de Camp, qui étoit en réserve au centre à la tête de la Brigade de Bourbon, reçut ordre de soutenir celle de la Ferre. Cet Officier Général ayant été renforcé par les Régimens de Monin & de Bettens Suisses, aux ordres de M. de Montbarrey Maréchal de Camp, fit attaquer une seconde fois le Village. Les Ennemis furent alors délogés une seconde fois du Village, & on leur enleva les batteries de canon, qui étoient sur le front & au centre du Village. Les Alliés ayant été soutenus par de nouvelles troupes obligèrent les Brigades Suisses de se replier. Cependant celle de Ségur, de la Ferre & de Monaco, qui s'étoient ralliés, vinrent attaquer à la droite de la Brigade de Bourbon, & toutes ensemble combattirent jusqu'à la fin de l'action : Bourbon & Ségur sous les ordres du Marquis de Beaupreau, la Ferre & Monaco sous ceux du Comte de l'Aigle Maréchal de Camp. Le Maréchal de Saxe fit ensuite avancer les Bataillons des Vaisseaux & des Irlandois, à la tête desquels étoit le Comte de Clermont Prince du Sang, ayant sous ses ordres Milord Thomond Lieutenant Général, les Comte & Duc de Fitz-James, & le Duc d'Havré Maréchaux de Camp. Ces Bataillons attaquant en même temps par la gauche, repoussèrent les Ennemis jusqu'à la moitié du Village. Ceux-ci à qui il importoit de s'y maintenir, firent marcher toute la gauche de leur Infanterie. Sur ce mouvement, le Maréchal de Saxe fit avancer les Brigades du Régiment du Roi & de la Tour-du-Pin & d'Orléans, commandées par le Marquis de Sallieres Lieutenant Général, & par le Comte de Lorges & le Marquis de Guerchi Maréchaux de Camp. Ces Brigades chargèrent avec tant de valeur que la colomne des Ennemis fut culbutée & le Village entièrement emporté. La Cavalerie qui étoit en bataille derriere ces trois Brigades, s'avança en même temps, & chargea non-seulement la colomne ; mais aussi un Corps de Cavalerie, qui s'avançoit pour soutenir l'Infanterie. Aussi-tôt que les Ennemis virent le Village sur le point d'être emporté, ils essayerent de faire une diversion en attaquant la Cavalerie des Corps commandés tant par le Comte de Ségur que par le Comte d'Estrées. Le Maréchal de Saxe s'étant porté de ce côté-là avec le Comte de Clermont, fit venir les Carabiniers qui acheverent de mettre en déroute la Cavalerie Angloise, déja ébranlée par les premieres charges. Bientôt le désordre gagna le reste de l'aîle gauche de l'armée des Alliés. Cette aîle qui étoit sur deux lignes d'Infanterie & de Cavalerie à la hauteur du Village de Westervesel, prit la fuite. Elle fut poursuivie jusqu'à Maestricht par la Cavalerie du Corps du Maréchal d'Estrées, qui avoit chassé les Ennemis du Village de Vilre. Le Roi qui avoit été présent à tout jusqu'à exposer sa personne, fit avec le Comte de Saxe de nouvelles dispositions pour attaquer les troupes de la Reine de Hongrie, commandées par le Comte de Bathiany, & qui étoient demeurées spectatrices du combat. Mais ce Général Autrichien avoit pris sagement le parti de la retraite dès que le Village de Lauweld eut été emporté, & il fit tant de diligence qu'en peu de temps il fut hors de portée d'être attaqué. Cette Journée coûta aux Alliés environ dix mille hommes, & aux François près de cinq mille, parmi lesquels se trouva un grand nombre d'Officiers de marque. On peut à juste titre appeller la prise du Village de Lauweld, le triomphe de l'Infanterie Françoise. Toute l'armée des Alliés ayant passé la Meuse, se rassembla à la hauteur de Maestricht ; à l'égard de celle du Roi elle campa la droite vers le Jaar, & la gauche à Cleyn Spaven.

Après cette victoire, le Roi ordonna à M. de Lowendalh de marcher vers Berg-op-Zoom pour faire le siége de cette Place. La Tranchée fut ouverte la nuit du 14 au 15 de Juillet, & les travaux furent poussés avec tant de rapidité, que ce Général connoissant le 15 de Septembre que les brèches faites au corps de la Place étoient pratiquables, fit ses dispositions pour donner l'assaut le lendemain. On attaqua par trois endroits en même temps, & les troupes s'y porterent avec tant d'ardeur qu'elles forcerent les Retranchemens que les Ennemis avoient faits dans les Bastions & sur la demi-Lune, & se mirent en bataille sur les Remparts. Lorsqu'on se fut emparé des deux Portes du côté d'Anvers & de Breda, les François entrerent l'épée à la main dans la Ville, & passerent au fil de l'épée tous ceux qui ne voulurent pas mettre bas les armes. Après la prise de la Ville, les Forts de Mormont, de Pinson, & de Rowers, dont on avoit contenu la Garnison, se rendirent par capitulation. La perte des Ennemis dans cette Journée monta à cinq mille hommes. Il n'y eut du côté des François que cent trente-sept Soldats tués, & deux cens soixante blessés. On trouva dans la Ville plus de deux cens bouches à feu, & l'on s'empara de dix-sept Bâtimens qui étoient dans le Port, chargés de provisions de toute espece. Les troupes des Alliés qui campoient dans les Lignes, les abandonnerent avec tant de précipitation, que la plûpart y laisserent leurs armes, leurs tentes & leurs bagages. On trouva même dans le Camp les équipages des Généraux & les caisses militaires de différens Régimens. Ce siége sera à jamais mémorable dans l'Histoire, & éternisera le nom du Comte de Lowendalh, que le Roi récompensa aussi-tôt du Bâton de Maréchal de France. En effet, on ne pourra apprendre sans étonnement qu'une Place investie d'un seul côté, libre du côté de la Mer, & défendue par un Camp retranché des Ennemis, qui pouvoient sans cesse rafraîchir la Garnison, ait été prise d'assaut au bout de deux mois de siége. Cette conquête fut suivie de la prise des Forts Fréderic & de Lillo, ce qui termina cette glorieuse Campagne dans les Pays-Bas.

L'Hyver ne fut employé qu'en préparatifs de guerre, & il paroissoit que les Ennemis avoient résolu de la faire durer long-temps, se flattant sans doute de réparer leurs pertes. Ils chercherent pour cet effet de nouveaux Alliés, & firent avec l'Impératrice de Russie un Traité, par lequel cette Princesse s'obligeoit moyennant un subside de fournir trente-cinq mille hommes de troupes. En conséquence de ce Traité, elles se mirent en marche pour se rendre dans les Pays-Bas ; mais les Ennemis furent forcés de faire la paix avant que les Russiens eussent fait la moitié de la route. Le Roi après avoir tenté plusieurs fois inutilement de porter ses Ennemis à la paix, & d'engager les Etats Généraux à se détacher des intérêts de la Reine de Hongrie, voyant d'ailleurs que les Conférences tenues à Breda n'avoient eu aucun succès, & n'esperant pas plus de celles qui devoient se tenir à Aix-la-Chapelle, fit ses derniers efforts, pour contraindre ses Alliés à mettre fin à la guerre. Le Maréchal de Saxe s'étant mis en campagne dès le mois de Mars, inquieta beaucoup les Ennemis par les différens mouvemens qu'il fit faire à ses troupes. Après leur avoir persuadé qu'il songeoit au siége de Breda ou à celui de Steenbergen, il dirigea ses marches avec tant d'adresse que Maestricht se trouva investie du côté de la rive gauche de la Meuse, tandis que le Maréchal de Lowendalh par une marche différente arriva sur la rive droite de cette riviere, & investit la Place de ce côté-là. On ouvrit la tranchée la nuit du 15 au 16 d'Avril sur l'une & l'autre rive. Le Baron d'Aylva qui commandoit dans la Place, avoit une Garnison assez considérable, & assez de valeur & d'expérience pour en disputer long-temps la conquête. Il fit faire plusieurs sorties dans lesquelles les Assiégés ruinerent les travaux. Cependant, on se rendit maître de quelques ouvrages exterieurs, & le 3 de Mai on devoit attaquer le chemin couvert d'un autre ouvrage, lorsque le Duc de Cumberland envoya ordre au Baron d'Aylva de rendre la Place; mais ce Commandant refusa d'obéir, jusqu'à ce qu'il en eût reçu les ordres des Etats Généraux. Lorsqu'ils furent arrivés il demanda à capituler, & le 10 la Garnison sortit de la Ville avec tous les honneurs de la Guerre.

DE LA FRANCE.

LOUIS XV. DIT LE BIEN-AIMÉ; LXIII. ROI.

Cet événement imprévu étoit l'effet des Conférences d'Aix-la-Chapelle. Les Ministres Plénipotentiaires des Puissances respectives, qui s'étoient assemblés dans le mois de Mars avoient signé le 30 d'Avril les Articles préliminaires d'accommodement, dont les Principaux Articles étoient:

Signature des Préliminaires.

» Qu'on restitueroit de part & d'autre toutes les conquêtes qui avoient été
» faites depuis le commencement de la guerre, tant en Europe qu'aux In-
» des Orientales & Occidentales; que Dunkerque resteroit dans l'état où
» il étoit avant la guerre; que les Duchés de Parme, de Plaisance & de
» Guastalla seroient cédés à l'Infant Don Philippe, avec une clause de ré-
» version aux présens Possesseurs, en cas que ce Prince passât au Trône des
» deux Siciles, ou qu'il mourût sans postérité; que le Duc de Modene se-
» roit remis en possession de ses Etats; qu'on rendroit à la République de
» Gênes tout ce dont elle étoit en possession avant la guerre; que le Roi
» de Sardaigne resteroit en possession de tout ce dont il jouissoit ancien-
» nement & nouvellement, & particuliérement de l'acquisition qu'il avoit
» faite en 1743 du Vigevanasque, d'une partie du Pavesan & du Comté
» d'Anghera; que le Roi de la Grande-Bretagne seroit compris dans les pré-
» sens Articles préliminaires, comme Electeur de Hanovre, & qu'ayant, en
» qualité de Roi de la Grande-Bretagne, des prétentions à former sur la
» Couronne d'Espagne pour des sommes d'argent, le Roi de France & les
» Etats Généraux s'engageoient d'employer leurs bons offices auprès du Roi
» Catholique, pour procurer au Roi de la Grande-Bretagne la liquidation
» & le payement de ces sommes; que le Traité de l'Assiento pour la Traite
» des Négres, signé à Madrid le 26 Mars 1713, & l'Article du Vaisseau
» annuel seroient spécialement confirmés pour les années de non-jouissance;
» que les prétentions de l'Electeur Palatin sur le Fief de Plestein seroient
» renvoyées au Congrès général pour y être discutées & reglées; que le
» Prince élu à la dignité d'Empereur (26) seroit reconnu en cette qualité
» par toutes les Puissances qui ne l'avoient pas encore reconnu; que toutes
» les Puissances intéressées aux présens Articles, renouvelleroient dans la
» meilleure forme qu'il seroit possible la garantie de la Pragmatique-Sanc-
» tion du 19 Avril 1719, pour tout l'héritage du feu Empereur Charles
» VI. en faveur de sa Fille présentement régnante, & de ses Descendans
» à perpétuité, suivant cette Sanction, à l'exception cependant des cessions
» déja faites par cette Princesse, & de celles qui sont stipulées par les pré-
» sens Articles; que le Duché de Silesie & le Comté de Glatz seroient
» garantis au Roi de Prusse par toutes les Parties contractantes, &c.

(26) François-Etienne de Lorraine, Grand Duc de Toscane, Epoux de la Reine de Hongrie, avoit été élu Roi des Romains le 13 de Septembre 1745.

DE LA FRAN-
CE.

LOUIS XV.
DIT LE
BIEN-AIMÉ,
LXIII. ROI.

En conséquence de la signature de ces Articles préliminaires, les hostilités cesserent d'abord dans les Pays-Bas & ensuite en Italie, où il ne s'étoit encore rien passé de considérable. Le Traité définitif de paix fut fait sur ces Articles, & signé le 18 d'Octobre à Aix-la-Chapelle par tous les Ministres des Puissances respectives. C'est par cette époque heureuse, & qui fait en même temps honneur à la modération du Roi, que je finirai le récit abrégé des principaux événemens qui regardent l'Histoire de France en général.

Il me reste maintenant à donner une idée des Mœurs & Coutumes des François ; mais avant que de traiter cette matiere, je crois devoir dire un mot des différentes révolutions que quelques Provinces de France ont éprouvées avant leur réunion à la Couronne de France, & donner une Liste Chronologique des Souverains ou Seigneurs qui les ont gouvernées.

LISTE CHRONOLOGIQUE

Des Souverains ou Seigneurs de BOURGOGNE, *de* PROVENCE, *d'*ARLES, *de* NORMANDIE, *du* LANGUEDOC, *de* TOULOUSE, *& d'*AQUITAINE; *de* BRETAGNE, *de* CHAMPAGNE *& de* BLOIS.

ROYAUME DE BOURGOGNE.

LES Francs ne furent pas les seuls qui firent des irruptions dans les Gaules. Les Bourguignons de leur côté y entrerent l'an 406 ou 407. Ces Peuples, selon Dom Plancher, faisoient partie dans leur premiere origine des plus anciens Peuples de la Germanie, qu'on appelloit Vandales, ou du moins ils en étoient limitrophes. Leur premiere demeure étoit sur la Vistule, dont ils occupoient apparemment les deux Rivages, où sont à présent la Prusse Royale & la Prusse Ducale. Chassés de cette premiere demeure l'an 245 par Fastida Roi des Gepides, ils allerent s'établir en-deçà de l'Elbe, où Procope les place un peu au-dessous des Turingiens. L'Empereur Probus leur fit quitter ce séjour en 277; mais ils y rentrerent dans la suite, puisque c'est delà qu'ils marcherent au secours des Romains, y étant invités par l'Empereur Valentinien vers l'an 370. Après cette expédition, ils retournerent dans leur Pays, dans lequel ils resterent jusqu'à la fin de l'an 406, ou au commencement de 407, qu'ils passerent le Rhin & se rendirent maîtres d'une partie des Gaules. Ils y firent des conquêtes assez rapides & s'emparerent des Pays situés entre le Haut Rhin, le Rhône & la Saône, & d'une partie de ceux que les Gaulois occupoient en-deçà de ces deux Rivieres. Ils y établirent un puissant Royaume, dont les Auteurs anciens & modernes mettent le commencement à l'an 413 ou 414, & la fin en 613. Les Bourguignons eurent pour Rois :

Anciens Rois.

413. I. Ondicaire, ou Gondioc, regna cinquante ans. Il laissa quatre fils, Chilperic, Gondebaud, Godegiselle & Godomar.

463. II. Chilperic son fils regna environ vingt-huit ans (1) & fut assassiné par les ordres de Gondebaud son frere. Il laissa deux filles, Chrône qui prit le Voile & Clotilde qui épousa dans la suite Clovis.

491. III. Gondebaud, fils de Gondicaire, frere & meurtrier de Chilperic, regna vingt-cinq ans. Il laissa deux fils, Sigismond & Godomar.

516. IV. Sigismond fils de Gondebaud. Ce Prince se retira dans un Mo-

---

(1) Selon l'Auteur de la nouvelle Histoire de Bourgogne.

nastere après sept ou huit ans de regne, à dessein d'y faire pénitence à cause de la mort de son fils, qu'il avoit fait périr injustement. Il fut ensuite livré à Clodomir Roi d'Orléans, qui le fit mourir.

523. V. Godomar son frere regna en paix pendant dix ans, selon Dom Plancher. D'autres Historiens prétendent qu'il fut chassé de ses Etats par Clotaire & Childebert, & que depuis ce temps on ignore ce qu'il est devenu. Quoiqu'il en soit, il fut le dernier des anciens Rois de Bourgogne, & en lui finit l'ancien Royaume de ce nom, après avoir subsisté environ cent vingt ans. Cet état dans la suite fut tantôt divisé entre plusieurs Rois de France, tantôt réuni sous un seul, & enfin partagé en deux ou trois portions, dont chacune fut honoré du titre de Royaume de Bourgogne.

Rois de la Maison de France.

591. I. Gontran, fils de Clotaire, eut une partie du Royaume de Bourgogne, c'est-à-dire, ce qu'on appelle aujourd'hui le Duché, avec le Dauphiné, la Savoye & la moitié de la Provence. Il porta seul le titre de Roi de Bourgogne, quoique Sigebert son frere fût maître d'une grande partie. Il regna trente-trois ans.

593. II. Childebert fils de Sigebert Roi d'Austrasie & neveu de Gontran, regna trois ans. *Voyez les Rois de France.*

596. III. Thiery ou Théodoric, second fils de Childebert, regna dix-sept ans. Après sa mort aucun Prince ne porta le titre de Roi de Bourgogne. Le Royaume devint comme une Province unie à la Monarchie Françoise, qui fut même démembrée en différens temps par les partages qu'on fit entre les Princes. Le premier démembrement se fit en 843, par le partage que les fils de Louis le Débonnaire firent entre eux. Le second en 855 par Lothaire fils de ce Prince, lorsqu'il partagea ses Etats entre ses trois fils. Le troisiéme en 858 & 859, par la cession que Lothaire Roi d'Austrasie fit à ses deux freres, Louis Empereur, & Charles Roi de Provence, de la Bourgogne Transjurane, qu'il se sépara de la Bourgogne Cisjurane, appellée depuis Comté de Bourgogne & Franche-Comté.

Il retint pour lui celle-ci; & depuis, ces deux portions de la Haute Bourgogne n'ont point été réunies. Enfin, des débris de l'ancien Royaume de Bourgogne, se sont successivement formés trois Royaumes; sçavoir, celui de Provence l'an 855; celui de Bourgogne Transjurane vers l'an 888, & celui d'Arles composé des deux, vers l'an 930.

Le Royaume de Provence érigé par l'Empereur Lothaire en faveur de Charles, son fils, comprenoit les Pays renfermés entre la Durance, les Alpes, la Mediterrannée & le Rhône, avec le Duché de Lyon.

Royaume de Provence.

855. I. Charles régna huit ans. Après sa mort le Royaume de Provence parut anéanti pendant l'espace de quinze ou seize ans, jusqu'à l'Election de Boson.

879. II. Boson, dont l'origine est peu connue, étoit fils d'un Comte nommé Bavin, & frere de Richard, Comte d'Autun. Ce Prince, sollicité par sa femme Hermengarde, fille de l'Empereur Louis, se fit élire Roi de Provence par 23 Evêques assemblés à Mantale, dans le territoire de Vienne. Il régna huit ans.

890.

890. III. Louis, son fils, fut couronné & reconnu Roi de Provence par les Evêques & les Seigneurs assemblés à Valence par Lettres du Pape Etienne. Il régna trente-trois ans, & laissa un fils, nommé Charles Constantin, qui ne lui succeda pas au Royaume de Provence, mais qui eut le Duché de Vienne.

923 ou 924. IV. Hugues, Comte d'Arles & de Provence, fils du Comte Thibaut, selon le P. Pagi, ou plutôt fils de Lothaire, Comte d'Arles, succeda à Louis au préjudice du fils de ce Prince. Hugues fut le dernier Roi de Provence.

Le Royaume de la Bourgogne Transjuranne étoit peu considérable, & ne contenoit que la Suisse, le pays de Vallais, de Genéve & de Chablais. Les troubles excités après la mort des Charles le Gros l'an 888, donnerent naissance à ce Royaume en favorisant l'ambition d'un Particulier qui profita de la conjoncture de ces troubles pour se faire déclarer Roi d'un Pays dont son pere étoit seulement Gouverneur. Le Royaume est appellé différemment par les Auteurs, Royaume de la Bourgogne Supérieure, de la Gaule Cisalpine, de la Bourgogne Juranne ou Transjuranne. Il n'eut que deux Rois.

888. I. Rodolphe, fils de Conrad le jeune, Comte de la Bourgogne Supérieure, & neveu de Hugues, se fit reconnoître Roi par les Seigneurs & Evêques. Il régna environ vingt-cinq ans.

911 ou 912. Rodolphe II, son fils, lui succeda. Ce Prince, par un Traité qu'il fit avec Hudes, Roi d'Italie, réunit une partie de la Provence à son Royaume, & fut proclamé le premier Roi d'Arles. Il régna 25 ans.

Ce Royaume fut formé de ceux de Provence & de la Bourgogne Transjuranne réunis ensemble. Cette réunion, qui se fit l'an 930, doit fixer le commencement de ce Royaume.

937. II. Conrad, fils de Rodolphe II, fut reconnu Roi après la mort de son pere. Il régna près de cinquante-sept ans.

993. III. Rodolphe III, fils aîné de Conrad, succeda à ce Prince. Il régna trente-neuf ans. Les trois Royaumes de Provence, de la Bourgogne Transjuranne, & d'Arles, finirent en sa personne après avoir duré 177 ans.

Depuis le partage que les fils de Louis le Débonnaire firent entr'eux l'an 843, la partie de l'ancien Royaume de Bourgogne, située en deçà du Rhône & de la Saône, appellée Duché de Bourgogne, n'a jamais été réunie aux autres parties du Royaume dont elle avoit été séparée. Elle a toujours été sous la puissance des Rois de France, qui l'ont cédée en propriété sous le titre de Duché relevant de leur Couronne, aux Princes de leur Maison, d'abord purement & simplement, sans autre charge que celle de la foi & hommage, puis à titre d'Apanage seulement, & à la charge de retour & de réunion à la Couronne, au défaut d'enfans mâles. Il faut distinguer avec D. Plancher deux sortes de Ducs; les uns héritiers du Duché par concession & révocables à vo-

Tome I. Partie II.

lonté ; les autres Souverains & Propriétaires du Duché. On doit retrancher avec cet Auteur cinq Ducs prétendus, sçavoir, 1°. Hugues, fils naturel de Charlemagne ; 2°. Un autre Hugues, dit l'Abbé, Comte d'Orléans & d'Anjou, même Duc de France, fils du Prince Conrad, frere du Judith, seconde femme de Louis le Débonnaire. Ce Prince est différent d'un autre Hugues, qui a porté les mêmes noms que lui, a eu les mêmes qualités & a été réellement Duc de Bourgogne. 3°. Eudes, Comte d'Orléans, Duc de Guyenne, & enfin Roi de France après la mort de Charles le Gros. 4°. Robert, dit l'Abbé, frere d'Eudes, & Roi de France après lui. 5°. Raoul, fils de Robert, Duc de Bourgogne. Si ces trois derniers ont exercé leur autorité sur la Bourgogne, c'est à titre de Souverains & de Rois de France, mais non en qualité de Ducs.

Ducs par concession.

877. I. Richard, frere de Boson & de Richilde, que Charles le Chauve épousa. Il mourut l'an 923, selon la nouvelle Histoire de Bourgogne, ou 921 selon Flodoard, Auteur contemporain, & autres Chroniqueurs.

923. II. Gislebert, qui épousa la fille de Richard, lui succeda par la cession de ses beaux-freres. Hugues le Blanc, fils de Robert, second fils de Robert le Fort, & Hugues le Noir, fils puîné de Richard, ayant partagé entr'eux la Bourgogne en 938, ils en prirent le titre de Ducs ; de sorte qu'il y en eut trois à la fois ; car Gislebert ne cessa pas de l'être, & le fut encore 20 ans, jusqu'à l'an 956, qu'il remit son Titre & ses Droits à Hugues le Blanc, selon le P. Mabillon, ou selon la Chronique de Fleuri, à Othon, son gendre, fils de Hugues le Blanc.

936. III. Hugues le Noir. Il mourut en 951.

938. IV. Hugues le Blanc. Il mourut en 956.

956. V. Othon, second fils de Hugues le Blanc, succeda à son pere, & fut confirmé dans sa Dignité par le Roi Lothaire. Il mourut l'an 965.

Ducs Propriétaires.

965. I. Henri, dit le Grand, fils de Hugues le Blanc, succéda à Othon, son frere. Il devint Duc Propriétaire de Bourgogne par la cession que lui en fit Hugues Capet. Henri mourut l'an 1002, selon Odoran, Auteur contemporain : les autres placent sa mort en 997, 1001, 1003. Il ne laissa qu'un fils naturel & un fils adoptif.

1015. II. Henri II, fils aîné du Roi Robert, qui étoit rentré en possession du Duché de Bourgogne. Henri est le premier Duc Propriétaire de la Maison Royale de France.

1032. III. Robert I. Ce Prince fut établi Duc de Bourgogne par son frere Henri, qui étoit monté sur le Trône de France. Il mourut l'an 1075.

1075. IV. Hugues I, petit-fils du Duc Robert, succeda à son ayeul. Il se retira dans un Monastere en 1078.

1078. V. Eudes I, fut reconnu Duc après la retraite de son frere Hugues. Il mourut l'an 1102.

1102. VI. Hugues II. son fils, surnommé Borel & le Pacifique. Il mourut en 1142.

1142. VII. Eudes II. fils de Hugues II. Il mourut en 1162.

1162. VIII. Hugues III. succeda à Hugues II. son pere. Il mourut en 1192.

1192. IX. Eudes III. son fils aîné. Il mourut en 1218.

1218. X. Hugues IV. succeda à son pere Eudes III. Il mourut en 1272.

1272. XI. Robert II. fils de Hugues IV. Il mourut l'an 1305.

1305. XII. Hugues V. succeda à Robert II. son pere. Il mourut en 1315, sans laisser d'enfans.

1315. XIII. Eudes IV. frere de Hugues V. fut reconnu son successeur. Il mourut en 1349.

1349. XIV. Philippe de Rouvre I. Comte d'Artois, succeda à Eudes IV. son ayeul. Il mourut en 1361. En lui finit la Branche Royale des Ducs de Bourgogne de la premiere Race. Ce Duché passa à Jean Roi de France, comme au plus proche héritier du Duc Philippe, mort sans enfans.

1363. Philippe IV. fils de Jean Roi de France, fut créé Lieutenant au Duché de Bourgogne, par Lettres du Roi son pere. Peu de temps après il fut fait Duc de Bourgogne à la demande des Nobles & du Peuple, & créé en même temps premier Pair de France. Il mourut en 1404. Ce Prince Chef de la seconde Race des Ducs de Bourgogne, en porta la puissance à un point où elle n'avoit pas encore été, non-seulement sous les premiers Ducs; mais même sous les anciens Rois de Bourgogne. Les conquêtes & les alliances des Ducs de cette seconde Race rendirent leur Maison une des plus puissante de l'Europe, enforte qu'il y avoit peu de Souverains qui les égalassent en pouvoir, & tout leur étoit inférieur en magnificence.

1404. Jean Sans-Peur, fils aîné de Philippe le Hardi, succeda à son pere. Il fut assassiné en 1419 dans une entrevûe qu'il eut avec le Dauphin sur le Pont de Montereau.

1419. Philippe le Bon, Comte de Charolois, succeda à Jean son pere. Il mourut l'an 1467.

1467. Charles, surnommé le Hardi, le Guerrier, le Terrible, le Téméraire, fut reconnu Duc de Bourgogne après la mort de Jean son pere. Ce Prince fut le plus grand ennemi que Louis XI. ait eu. Il fut tué dans une bataille qu'il livra en 1477 au Duc de Lorraine. Charles fut le dernier Duc Propriétaire de Bourgogne.

DUCS DE NORMANDIE.

Des Peuples sortis de Dannemarck & de la Norwege au commencement du neuvième Siécle, firent d'abord une irruption en Flandre. Ils entrerent ensuite dans les Isles de Zélande, ravagerent les Côtes Maritimes du Poitou, parcoururent une partie de l'Espagne, revinrent en France par l'Aquitaine, & se jetterent dans la Bretagne. Les guerres civiles, qui désoloient la France sous la seconde Race, engagerent les Princes à les prendre à leur service. Enfin, Charles le Simple pour se mettre à couvert de leurs vexations leur accorda une partie de la Neustrie, à condition de la tenir en Fief de la Couronne de France. Le Pays qui leur fut cedé prit le nom de Normandie. Leurs Ducs furent :

905. I. Raoul, ou Rolon, à qui Charles le Simple accorda une partie de la Neustrie, & sa fille en mariage, à condition qu'il se feroit baptiser ; ce qui fut executé l'an 912. Il mourut l'an 917.

917. II. Guillaume I. succeda à son pere Raoul. Il fut assassiné en trahison par les ordres du Comte de Flandre en 942 ou 943, & même 944 selon quelques-uns.

942. III. Richard I. surnommé l'Ancien ou Sans-Peur, succeda à Guillaume son pere. Il mourut l'an 996.

996. IV. Richard II. surnommé le Bon, fils aîné de Richard I. & d'une Concubine, eut le Duché de Normandie après la mort de son pere. Il mourut l'an 1027.

1027. V. Richard III. succeda à son pere Richard II. Il mourut la seconde année de son regne, ne laissant qu'un fils qui fut Abbé de Saint-Ouen.

1028. VI. Robert I. surnommé le Magnifique, succeda à son frere Richard III. Il mourut en 1035, en revenant de la Terre Sainte.

1035. VII. Guillaume, dit le Bâtard ou le Conquérant. Il étoit fils naturel de Robert I. qui le déclara Duc de Normandie dans l'Assemblée des Etats de cette Province, & le mit ensuite sous la protection du Roi de France. Guillaume appellé au Trône d'Angleterre par Edouard III. dit le Confesseur, mort sans enfans l'an 1065, ne put s'en rendre maître que par la force. Il mourut en 1087.

1087. VIII. Robert II. surnommé Courte-heuse, fils aîné de Guillaume le Conquérant, fut reconnu Duc de Normandie après la mort de son pere. Il perdit le Duché de Normandie & la liberté l'an 1106, ayant été vaincu par son frere Henri. Il eut les yeux crevés, & fut enfermé dans une prison, où il mourut l'an 1134. Guillaume son fils ne put jamais se faire reconnoître Duc de Normandie.

1096. IX. Guillaume le Roux, fils de Guillaume II. ou le Conquérant, & frere de Robert II. est placé par quelques-uns parmi les Ducs de Normandie, & d'autres ne le regardent que comme Régent de cette Province.

que fon frere Robert lui avoit engagée l'an 1096, avant fon voyage pour la Terre Sainte. Il la poffeda foit comme Duc, foit comme Régent jufqu'à l'an 1100.

1106. X. Henri I. troifiéme fils de Guillaume le Conquérant. Il jouit de ce Duché jufqu'à l'an 1135, qu'il mourut. Ce Prince étoit en même temps Roi d'Angleterre. La Race mafculine des Ducs de Normandie périt en lui.

1135. XI. Etienne de Blois Roi d'Angleterre. Il fut dépouillé de la Normandie par Géofroi Comte d'Anjou.

1144. XII. Géofroi d'Anjou. Il mourut en 1150 ou 1151.

1150. XIII. Henri II. fils aîné de Géofroi, fucceda à fon pere au Duché de Normandie, aux Comtés d'Anjou, du Maine & de Touraine. Il y joignit dans la fuite la Guienne, le Poitou & la Saintonge. Il mourut en 1189. Ce Prince étoit auffi Roi d'Angleterre.

1189. XIV. Richard IV. furnommé *Cœur de Lion*, fucceda à Henri II. fon pere, & poffeda tous fes Etats jufqu'en 1199, qu'il fut tué devant le Château de Chalus.

1199. XV. Jean Sans-Terre quatriéme fils de Henri II. s'empara des Etats de fon frere Richard après fa mort, au préjudice de fon neveu Artus Duc de Bretagne, qu'il fit mourir. Philippe Augufte l'ayant cité à caufe de fon meurtre à comparoître devant les Pairs de France, & Jean Sans-Terre ayant refufé d'y venir, le Roi s'empara de la Normandie l'an 1204. Cette Province depuis ce temps-là n'a plus été détachée de la Couronne.

ROIS VISIGOTHS DANS LE LANGUEDOC.

Les Goths Occidentaux, ou les Vifigoths, après avoir ravagé pour la troifiéme fois l'Italie au commencement du cinquième fiécle, pénétrerent dans les Gaules fous la conduite d'Ataulphe leur Roi, y fixerent leur demeure, établirent à Touloufe le Siège de leur Empire, & donnerent enfuite leur nom à la Narbonnoife premiere. Ils eurent pour Rois :

412. I. Ataulphe, qui avoit été élu Roi des Vifigoths après la mort d'Alaric fon beau-frere, fi célébre par fes exploits contre les Romains. Ataulphe fut affaffiné l'an 415 par un de fes Domeftiques.

415. II. Sigeric. Ce Prince monta par brigue & par violence fur le Trône des Vifigoths. Il fit mourir les enfans de fon Prédéceffeur ; mais il périt lui-même le dix-feptiéme jour de fon regne.

415. III. Wallia, beau-frere d'Ataulphe, fut élu Roi des Vifigoths après la mort de Sigeric. Il établit le Siège de fon Empire à Touloufe, qui le fut fans interruption pendant quatre-vingt-neuf ans. Ce Prince mourut l'an 419. Il paroît que l'Etat des Vifigoths comprenoit alors le Touloufain, l'Agenois, le Bordelois, le Périgord, la Saintonge, l'Aunis, l'Angoumois & le Poitou.

419 ou 420. IV. Théodoric I. appellé par les Anciens Theudo, Théo-

dore, Théodorit & Théodoride, fut le succeſſeur de Wallia. Il perdit la vie l'an 451 dans un combat qui ſe donna près de Troyes en Champagne contre Attila Roi des Huns.

451. V. Thoriſmond, fils de Théodoric, fut élu Roi par l'armée des Viſigoths le lendemain de la bataille. Il fut aſſaſſiné l'an 453 par ſes deux freres Théodoric & Fréderic.

453. VI. Théodoric II. frere & meurtrier de Thoriſmond, devint ſon Succeſſeur. Il fut aſſaſſiné l'an 466, par ſon frere Euric.

466. VII. Euric ou Evaric s'empara du Royaume après la mort de ſon frere. Le Royaume des Viſigoths étoit alors très-puiſſant & très-étendu par les conquêtes de Théodoric, & par l'acquiſition de la Narbonnoiſe premiere, qui commença à être appellée Septimanie, parce qu'elle renfermoit ſept Cités ou Dioceſes. Elle fut auſſi appellée Gothie, & eut encore divers noms. Euric étendit encore ce Royaume par les grandes conquêtes qu'il fit. Il mourut à Arles ſur la fin de l'année 484, après avoir ſoumis preſque toute l'Eſpagne, & s'être rendu maître d'Arles, de Marſeille & de toute la Provence.

484. VIII. Alaric II. fils d'Euric eſt reconnu Roi des Viſigoths. Il fut vaincu par Clovis en 507, & perdit la vie dans le combat. En lui finit le Royaume de Toulouſe, dont Clovis ſe rendit maître.

507. IX. Géſalic, fils naturel d'Alaric II. ſucceda à ce Prince, au préjudice d'Amalaric ſon fils légitime, parce qu'il n'avoit que quatre ans lorſque ſon pere mourut. Il fut tué par les Soldats de Théodoric Roi des Viſigoths en Eſpagne. Ce Prince gouverna, juſqu'à ſa mort arrivée l'an 526, le Royaume d'Aquitaine en qualité de Tuteur du jeune Amalaric, fils d'Alaric II.

526. X. Amalaric. C'eſt ici véritablement l'époque du regne de ce jeune Prince, puiſque juſqu'alors il étoit reſté en Eſpagne ſous la tutelle de Théodoric. Le mauvais traitement qu'il fit à ſa femme Clotilde fille du grand Clovis, fut cauſe de ſa perte. Ayant été vaincu l'an 531 par Childebert, frere de cette Princeſſe, il fut tué par un Soldat Franc.

531. XI. Theudis qui avoit été chargé de l'éducation d'Amalaric, fut élu en Eſpagne après la mort de ce Prince. Il tranſfera le Siége de ſes Etats au-delà des Pyrenées, où il fut aſſaſſiné l'an 548.

548. XII. Teudiſele Général des Viſigoths fut élu. Il fut aſſaſſiné ſur la fin de l'année 549 ou de la ſuivante.

550. XIII. Agila eſt élevé ſur le Trône par les Chefs de la Conſpiration. Il fut tué l'an 554.

554. XIV. Athanagilde eſt élu en ſa place. Il mourut à Toléde l'an 567.

567. XV. Liuva, Gouverneur de la Narbonnoiſe ou Septimanie, fut élu à Narbonne par les Peuples de ſon Gouvernement. Narbonne devint une ſeconde fois la Capitale du Royaume des Viſigoths. Il mourut l'an 572.

572. XVI. Leuvigilde frere de Liuva avoit été aſſocié au Trône par ſon frere & regnoit ſur l'Eſpagne. Il mourut l'an 586.

586. XVII. Recarede, fils de Leuvigilde ſucceda à ſon pere. Il mourut l'an 601.

601. XVIII. Liuva II. fils de Recarede. Il périt l'an 603. dans une conſpiration qui s'étoit formée contre lui.

DE L'UNIVERS. Liv. I. Chap. II. 439

DE LA FRAN-CE.

603. XIX Vitteric qui avoit fait mourir Liuva, se fit proclamer Roi. Il fut assassiné l'an 610, au milieu d'un grand repas.

610. XX. Gondemar qu'on soupçonna être un des Complices de la mort de Vitteric, fut le successeur de ce Prince. Il mourut l'an 612.

612. XXI. Sisebut fut son successeur. Il mourut l'an 620.

620. XXII. Recarede II. fils de Sisebut, succeda à son pere & mourut quelques mois après.

621. XXIII. Suintila. Ce Prince étoit fils du grand Recarede, selon quelques Auteurs. Les Visigoths craignant qu'il ne voulût rendre le Trône héréditaire, le déposerent l'an 631, après dix ans de regne.

631. XXIV. Sisenand Chef des Conjurés fut élu en sa place. Il mourut sur la fin de l'année 635, ou au commencement de 636.

636. XXV. Chintila fut élu au mois d'Avril. Il mourut l'an 640.

640 XXVI. Tulca ou Fulga son fils qui avoit été élu avant sa mort, fut son successeur. Il fut détrôné en 642.

642. XXVII. Chindasvinde, qui lui avoit enlevé la Couronne, se fit élire Roi. Il mourut l'an 653.

653. XXVIII. Reccesvinde, associé par son pere Chindasvinde, commença à regner seul. Il mourut l'an 672.

672. XXIX. Wamba, un des principaux Seigneurs de la Nation, fut élu pour succeder au dernier Roi. Il mourut en 680; quelques-uns mettent sa mort en 688.

680. XXX. Ervige, qu'il avoit désigné son successeur, fut élu. Il mourut en 687.

687. XXXI. Egica ou Egiza son gendre, fut nommé pour lui succeder. Il mourut l'an 701 (700.)

701. XXXII. Wittiza son fils monta sur le Trône après lui. Il mourut vers l'an 713, après avoir été détrôné par Rodrigue. L'Auteur de la nouvelle Histoire d'Espagne met cette révolution à l'an 710.

710 ou 711. Rodrigue, auteur de la Conspiration contre Wittiza, fut couronné Roi des Visigoths. Sa mauvaise conduite fut cause de la ruine entiere de son Royaume (2). Les Sarasins maîtres de l'Espagne firent plusieurs irruptions dans les Gaules depuis l'an 719, & y causerent de grands ravages. Ils furent plusieurs fois repoussés; mais en 759 la Septimanie fut entierement délivrée de ces Barbares, & réunie à la Couronne par Pepin.

(2) Voyez l'Histoire d'Espagne de cette Introduction, pages 38 & suivantes.

ROIS FRANÇOIS DE TOULOUSE ET D'AQUITAINE.

Clovis ayant défait, l'an 507, Alaric II. Roi des Visigoths, mit fin au Royaume de Toulouse. La Capitale de ce Royaume & tous les Pays qu'il leur enleva, passerent à ses fils & à leurs successeurs. Ces Provinces furent gouvernées pendant environ cent vingt-huit ans par des Comtes & des Ducs au nom des Rois François Childebert, Charibert, Chilperic I. Gontran, &c. Enfin l'an 630 le Royaume de Toulouse fut rétabli.

630. I. Charibert fils de Clotaire II, n'ayant eu aucune part à la succession de son pere, Dagobert son aîné lui ceda le Toulousain, le Querci, l'Agénois, le Perigord & la Gascogne. Ce Prince ayant fixé le Siége de ses Etats à Toulouse, prit le titre de Roi. Il mourut sur la fin de l'année 631.

631. II. Chilperic son fils aîné lui succeda à l'âge de trois ou quatre ans; il mourut peu de temps après de mort violente. Dagobert réunit alors ce Royaume à la Couronne. Mais en 637 ce Prince le rendit à ses neveux Boggis & Bertrand, par forme d'apanage & à titre de Duché héréditaire (3).

637. III. Boggis & Bertrand fils de Charibert, prirent possession des Etats que leur pere avoit possedés. Cet apanage fut héréditaire jusqu'à la fin de la premiere Race de nos Rois. Boggis mourut en 688.

688. IV. Eudes fut le successeur de Boggis son pere & de Bertrand son oncle. Hubert, fils de ce dernier ayant embrassé la vie Monastique, avoit cedé à Eudes tous ses droits sur le Duché d'Aquitaine. Eudes posseda tout le Languedoc François, qu'il avoit conquis, & fut reconnu Souverain d'Aquitaine par le Roi Chilperic. Il mourut l'an 735.

735. V. Hunald ou Hunold son fils hérita de toutes ses Terres & les posseda en Souveraineté. Il abdiqua en 745 en faveur de Vaifre son fils.

745. VI. Vaifre regna sur toute l'Aquitaine & la Gascogne, après la retraite de son pere. Il fut assassiné l'an 768 par quelques-uns de ses Domestiques qui avoient promis à Pepin de l'en défaire. Il fut le dernier Duc héréditaire d'Aquitaine de la Famille d'Eudes, qui descendoit de la premiere Race des Rois de France, & l'Aquitaine fut réunie à la Couronne.

768. VII. Loup fils d'Hatton, à qui Hunold son frere avoit fait crever les yeux, eut le Gouvernement de Gascogne que Charlemagne lui donna en bénéfice, c'est-à-dire, pour le posseder à titre de Fief mouvant de la Couronne. Il mourut quelques années après.

(3) Dom Vaissette Auteur de l'Histoire de Languedoc, remarque que c'est le premier exemple de l'hérédité des Fiefs dans la Monarchie Françoise, ou plutôt d'un apanage donné aux Princes de la Famille Royale.

DE L'UNIVERS. Liv. I. Chap. II.

778. IX. Louis fils de Charlemagne est fait en naissant Roi d'Aquitaine par son pere.

814. X. Pepin gouverne l'Aquitaine, après que Louis son pere eût été reconnu Empereur. Il mourut sur la fin de l'année 838.

839. Pepin II. son fils fut proclamé Roi par quelques Seigneurs. Il ne jouit pas tranquillement de ses Etats. Il en fut même dépouillé en 848 par Charles le Chauve, qui se fit couronner Roi d'Aquitaine, & le fit enfermer dans un Monastere. Pepin ayant trouvé moyen de se sauver, continua la guerre contre Charles le Chauve ; mais il fut de nouveau livré au Roi, & enfermé dans une étroite Prison. Depuis ce temps, on n'a plus entendu parler de ce Prince.

865. XI. Charles, fils de Charles le Chauve, qui avoit déja été reconnu deux fois Roi d'Aquitaine, fut redemandé une troisiéme fois par les eigneurs du Pays. Il mourut en 866.

867. XII. Louis le Bégue fils de Charles le Chauve, fut couronné Roi d'Aquitaine. Ce Prince étant monté sur le Trône de France, l'Aquitaine fut réunie à la Couronne, & le Royaume de ce nom fut confondu avec le reste de la Monarchie. Les Ducs & les Comtes acquirent alors une nouvelle autorité dans leurs Gouvernemens, & la porterent si loin qu'ils se rendirent enfin presqu'indépendans, & usurperent les droits régaliens.

Charlemagne avoit rétabli les Royaumes d'Aquitaine en faveur de son fils Louis, comme on vient de le dire. Ce jeune Prince qui ne faisoit que de naître, n'étant pas capable de gouverner ce nouveau Royaume, Charlemagne y pourvût en établissant des Comtes ou des Gouverneurs dans la plûpart des Villes. Entre ces Comtes, ceux de Toulouse furent les seuls qui prirent le titre de Ducs. Ils étoient appellés indifféremment Comtes ou Ducs, parce que Toulouse étoit Comté & Duché tout ensemble. Ces Ducs furent :

778. I. CHroson fut fait Duc ou Comte de Toulouse par Charlemagne. Il en fut dépouillé en 789, pour le punir de sa lâcheté.

789. II. Guillaume I. célébre par ses exploits contre les Sarrasins, fut élu Duc de Toulouse par cette même Diette. Il se retira dans un Monastere l'an 806.

810. III. Raymond, surnommé Rafinel, passe pour être le successeur de Guillaume. L'an 817, le Duché de Toulouse devint beaucoup moins considérable par le démembrement de la Septimanie, & de la Marche d'Espagne, qui en furent détachées par le partage que Louis le Débonnaire fit de ses Etats entre ses enfans.

819. IV. Berenger qui tiroit son origine de Hugues Comte de Tours, proche parent de Louis le Débonnaire, eut le Gouvernement de Toulouse. Il mourut l'an 835.

835. V. Bernard fils de Guillaume I. Il fut condamné comme Criminel de lèze-Majesté, & mis à mort l'an 844.

844 ou 845 VI. Guillaume II. son fils fut pourvû du Duché de Toulouse par Pepin II. Il eut une fin aussi tragique que celle de son pere, & fut mis à mort l'an 848.

848. VII. Frédelon lui succeda. Il mourut en 852.

Tome I. Partie II.

DE LA FRANCE.

Rois d'Aquitaine.

Comtes ou Ducs de Toulouse non héréditaires.

852. VIII. Raymond I. son frere & son successeur, joignit au Comté de Toulouse & de Rouergue celui de Querci, & le transmit à sa postérité, qui en a joui jusques vers la fin du treiziéme siécle. C'est de ce Raymond que descendent les Comtes héréditaires de Toulouse, qui ont possedé la plus grande partie du Languedoc, jusqu'à sa réunion à la Couronne. Il mourut l'an 864 ou 865.

864. ou 865. IX. Bernard II. son fils lui succeda. Il se donna les titres de Duc, de Marquis & de Comte. Il étoit Comte de Toulouse, comme Gouverneur de cette Ville, Marquis par l'autorité qu'il avoit sur une partie de la Narbonnoise premiere, & Duc par celle qu'il avoit sur une partie de l'Aquitaine. Il mourut l'an 875.

875. X. Odon ou Eudes fils de Raymond I. succeda immédiatement à Bernard son frere. Il mourut en 918.

918. XI. Raymond II. son fils aîné eut le Comté de Toulouse après sa mort, & Ermengaud son second fils eut celui de Rouergue. Ce qui forma deux Branches : Raymond mourut l'an 923.

923. XII. Raymond Pons III. succeda à Raymond II. son pere. Il mourut vers l'an 950.

950. XIII. Guillaume Taillefer III. son fils aîné lui succeda. Il mourut l'an 1037.

1037. XIV. Pons, fils de Guillaume lui succeda dans tous ses biens, ausquels ils joignit une grande partie de la Provence, qui lui revenoit du côté de sa mere. Il mourut vers l'an 1060.

1060. XV. Guillaume IV. fut reconnu Comte de Toulouse, d'Albigeois & de Querci, après la mort de son pere. Il mourut l'an 1093.

1088. XVI. Raymond de Saint-Gilles IV. fut appellé à la succession du Comté de Toulouse, par Guillaume son frere, qui s'étoit retiré. Il mourut l'an 1105 en Palestine, où il s'étoit beaucoup distingué. Il avoit refusé de prendre le titre de Roi de Jérusalem, après la prise de cette Ville par les Croisés.

1105. XVII. Bertrand son fils lui succeda. Ce Prince se signala aussi en Palestine. Il mourut l'an 1112. Il laissa les Etats qu'il avoit conquis en Palestine à Pons son fils, qui abandonna le Comté de Toulouse à Alphonse Jourdain IV. son oncle paternel.

1112. XVIII. Alphonse Jourdain IV. frere de Bertrand lui succeda au Comté de Toulouse & au Marquisat de Provence. Il mourut en Palestine l'an 1148.

1148. XIX. Raymond V. succeda à Alphonse Jourdain son pere. Il mourut l'an 1194.

1194. XX. Raymond VI. son fils lui succeda. Il se distingua beaucoup dans la guerre contre les Albigeois. Il mourut l'an 1222, après avoir eu une longue guerre contre Simon de Montfort.

1222. XXI. Raymond VII. fut le successeur de Raymond VI. son pere. Il mourut l'an 1249. En lui finit la postérité masculine des Comtes de Toulouse, après avoir subsisté & joui de ce Comté pendant quatre siecles & plus, depuis Frédelon créé Comte de Toulouse par Charles le Chauve en 849.

1249. XXII. Alphonse, fils de Louis VIII. Roi de France, succeda à

Raymond VII. dont il avoit épousé la fille & l'héritiere. Il mourut en 1270 à Savonne à son retour du voyage de la Terre-Sainte. Philippe III Roi de France recueillit toute sa succession. Le Comté de Toulouse ne fut cependant réuni à la Couronne qu'en 1361. Philippe III. de même que ses successeurs gouvernerent jusqu'à cette année les différens Pays dont ils avoient hérité par la mort de Jeanne, en qualité de Successeurs des Comtes de Toulouse, comme Comtes particuliers de cette Ville.

DUCS DE BRETAGNE.

La Bretagne connue autrefois sous le nom d'Armorique, tire celui qu'elle porte aujourd'hui de l'Isle qui lui a donné ses Habitans, & son nom. Les Bretons chassés de leur Pays par les Pictes & les Saxons, se réfugierent dans l'Armorique vers le milieu du cinquième siécle. Ils y trouverent un grand nombre de leur Compatriotes qui y étoient déja établis depuis plus d'un siécle. Ils se joignirent à eux, & formerent une Nation nombreuse, qui s'étant répandue dans tout le Pays, effaça l'ancien Peuple de l'Armorique, & lui fit perdre dans la suite jusqu'à son nom. L'Armorique comprenoit autrefois une grande partie de la Gaule Celtique, & renfermoit, avec ce qu'on appelle aujourd'hui, la Bretagne, le Maine, l'Anjou, la Touraine, & quelques Cantons de la Basse Normandie: ou, suivant la notice de l'Empire, la Bretagne contenoit la seconde & troisiéme Lyonnoise; la seconde & troisiéme Aquitaine, & la Province de Sens. La Bretagne a été soumise aux Romains pendant quatre siécles; ensuite possedée par les Bretons à titre de Royaume, puis de Comté ou de Duché pendant environ onze cens ans, & enfin est devenue Province de la Monarchie Françoise à laquelle elle a été réunie l'an 1532.

383. I. COnis ou Conan, surnommé Mériadec, commença à regner sur les Bretons Armoriquains, & mourut l'an 421. Quelques Sçavans traitent de fables le regne de ce Prince; d'autres au contraire soutiennent qu'on a des preuves de son regne.

421. II. Salomon I. appellé par d'autres Guithor, ou Guithon & Vittix, fils d'Urbien troisiéme fils de Conan, succeda immédiatement à son ayeul. Il fut tué par ses Sujets l'an 434.

434. III. Grallon, appellé aussi Gollit, Gallon ou Gallus, créé Comte de Cornouaille, lui succeda. Quelques-uns pensent que ce ne fut que comme Tuteur d'Audren, son petit neveu. Il mourut vers l'an 445.

445. IV. Audren, fils de Salomon, ne régna qu'après la mort de son oncle. On ignore le temps de celle d'Audren.

458. V. Erech, Guerech ou Riothime, fils d'Audren, fut son successeur.

472. VI. Eusebe, petit-fils de Grallon, selon quelques-uns, & fils de Rivelen ou Rivallon, ou d'Erech, selon d'autres, régna apres Erech.

490. VII. Budic ou Bodoic, fils d'Audren, succeda à Eusebe. Il mourut l'an 509.

513. VIII. Hoel I ou Rioval, fils de Budic, régna après son pere. Le Pere Lobineau prétend que Hoel est le premier Prince Breton qui ait débarqué dans l'Armorique, & le regarde avec plusieurs autres Historiens comme le premier Duc des Bretons. Il mourut l'an 545.

545. IX. Hoel II ou Jona, fils de Hoel I, lui succeda. Il fut tué l'an 547, par les ordres de Canao son frere.

547. X. Canao, Comorte ou Conobre, ayant fait mourir son frere, s'empara de la Bretagne. Il périt l'an 560 dans une bataille qu'il donna contre Clotaire I, Roi de France.

560. XI. Macliau, cinquiéme fils de Hoel I, qui s'étoit fait sacrer Evêque de Vannes pour se mettre à l'abri des poursuites de son frere Canao, s'empara de la Bretagne, qu'il gouverna en qualité de Tuteur de son neveu Theodoric, fils de Budic. Ce jeune Prince ayant formé un parti contre son Tuteur, le fit mourir l'an 577.

577. XII. Alain I ou Judual, fils de Hoel II, se rendit maître d'une partie de la Bretagne. Cette Province fut alors soumise à trois Comtes, qui étoient Judual, fils de Hoel II; Varoc ou Erech, fils de Macliau, & Theodoric, fils de Budic.

594. XIII. Hoel III ou Juthael, l'aîné des fils de Judual, succeda à son pere, & fut Comte de Cornouaille, maître de Rennes & de la plus grande partie de la Bretagne. Il mourut l'an 612.

612. XIV. Gezelun ou Salomon II, quatriéme fils de Hoel III, lui succeda. L'époque de sa mort est incertaine.

632. XV. Judicael, l'aîné des fils de Joel III, succeda à son frere Gazelun ou Salomon II. Il mourut vers l'an 658. Il avoit abdiqué l'an 638, & étoit retourné dans le Monastere de Gael, d'où il étoit sorti pour monter sur le Trône.

638. XVI. Alain II, surnommé le Long, son fils, lui succeda. Il mourut l'an 690. Depuis le régne d'Alain on ne trouve que de l'obscurité & de la confusion dans l'Histoire de Bretagne, jusqu'à Nominoé, sous le régne de Louis le Débonnaire.

XVII. Grallon, Comte de Cornouaille, fut dépouillé d'une partie de ses Etats par les François. Il fut même obligé de partager ce qui lui restoit avec les enfans d'Urbien, son oncle. Ce partage fut une source de division entre les Princes Bretons, & donna lieu aux François de se rendre maîtres de leurs petits Etats.

XVIII. Daniel, Comte de Cornouaille, étoit fils de Jean. Il succeda à Grallon son oncle.

XIX. Budic, fils de Daniel, lui succeda en qualité de Comte de Cornouaille.

XX. Meliau, est qualifié de Roi de Bretagne dans les Actes de S. Melair, son fils; mais cette qualité lui fut disputée par Argaut, surnommé Anastagne. Andulphe, Lieutenant de Charlemagne, soumit l'un & l'autre à l'obéissance des François l'an 786.

792. XXI. Rivod, ayant tué son frere Meliau, s'empara de ses Etats & en jouit jusqu'à l'an 799 qu'il fut défait par le Comte Gui, & toute la Bretagne fut soumise à Charlemagne.

814. XXII. Jarnithin régnoit en cette année dans la Bretagne. Il y a apparence que les Bretons l'élurent pour leur Chef après la mort de Charlemagne.

818. XXIII. Marvan fut élu Roi de l'Armorique, & tué la même année par un des Ecuyers de Louis le Débonnaire.

822. XXIV. Viomarch souleva les Bretons contre Louis le Débonnaire. Il fut tué l'an 825 par le Comte Lambert.

824 ou 826. XXV. Nominoé fut fait Gouverneur ou Duc de Bretagne par Louis le Débonnaire. Il fut dans la suite toujours en guerre avec Charles le Chauve. Il mourut l'an 851.

851. XXVI. Erispoé, son fils, lui succeda. Charles permit à ce Prince de porter en public les marques de la Dignité Royale. Il fut assassiné par son cousin Salomon l'an 855.

855. XXVII. Salomon III, fils de Rivelon, frere aîné de Nominoé, s'empara de la Souveraineté après le meurtre de son cousin. Il eut les yeux crevés par ordre de Pasquitien son gendre, & mourut l'an 873.

874. XXVIII. Pasquitien & Gurvand partagerent entr'eux la Bretagne. Le dernier, s'étant brouillé avec son Collegue, mourut dans un combat qu'il livra à son ennemi. Pasquitien fut assassiné la même année 877.

877. XXIX. Alain, dit le Grand, succeda aux Etats de son frere Pasquitien, & Judicael à ceux de Gurvand son pere. Ce dernier ayant été tué dans un combat contre les Normands, la Bretagne fut réunie sous le Gouvernement d'Alain, qui porta tantôt le titre de Duc, tantôt celui de Roi. Il mourut l'an 907.

907. XXX. Gurmhaillon, Comte de Cornouaille, succeda à Alain.

931 ou environ. XXXI. Juhel Berenger, Comte de Rennes, & fils de Judicael, fut le successeur de Gurmhaillon.

937 ou environ. XXXII. Alain II, surnommé *Barbetorse*, fils du Comte Mathuedoi & d'une fille d'Alain le Grand, posseda la Bretagne & prit le titre de Comte de Nantes. Il mourut l'an 952.

952. XXXIII. Hoel, fils d'Alain *Barbetorse*, lui succeda. Il fut assassiné l'an 980 ou environ.

980. XXXIV. Guerech quitta la Mître pour prendre la place d'Hoel son frere.

990. XXXV. Conan *le Tort*, régna sans Concurrent après la mort d'Alain. Il fut tué l'an 992 dans un combat que lui livra Foulques Nerra, Comte d'Anjou.

992. XXXVI. Geofroi, l'aîné des fils légitimes de Conan, lui succeda, & prit le titre de Duc de Bretagne. Depuis lui les Comtes de Rennes ont toujours pris ce titre. Il mourut l'an 1008.

1008. XXXVII. Alain, fils de Geofroi, lui succeda. Il mourut l'an 1040.

1040. XXXVIII. Conan, fils de Geofroi, succeda à son pere. Il mourut de poison l'an 1066.

1066. XXXIX. Hoel, fils d'Alain Pugnart, Comte de Cornouaille, fut reconnu Duc de Bretagne après la mort de Conan. Il mourut l'an 1084.

1084. XL. Alain Fergent, succeda à Hoel, son pere. Il se retira dans un Monastere l'an 1112, où il mourut l'an 1119.

1113. XLI. Conan III, dit le Gros, fut le successeur d'Alain, son pere. Il mourut l'an 1148.

1148. XLII. Eudes ou Eudon, fut reconnu Duc de Bretagne par ceux de Rennes, & Hoel le fut par ceux de Nantes & de Quimper. Eudes fut dépouillé de ses Etats par Conan IV, & Hoel fut chassé par les Nantois, qui le donnerent à Geofroi, frere de Henri II, Roi d'Angleterre.

1156. XLIII. Conan IV, fils d'Alain le Noir, s'empara des Etats d'Eudes. Il abandonna la Souveraineté de la Bretagne à Henri II, Roi d'Angleterre. Il mourut l'an 1171.

1175. XLIV. Geofroi, second fils de Henri II, fut reconnu Duc de Bretagne. Il mourut d'une chûte de cheval l'an 1186.

1196. XLV. Artur, fils de Geofroi, succeda à son pere. Ce Prince eut le malheur de tomber entre les mains de Jean Sans-Terre, son oncle, qui le fit mourir l'an 1203. Philippe Auguste fut reconnu par les Bretons pour Seigneur pendant la Minorité d'Alix, fille aînée d'Artur. Gui de Thouars, qui avoit pris le titre de Duc de Bretagne, ne fut regardé que comme Régent. Il mourut l'an 1213.

1213. XLVI. Pierre Mauclerc, fils de Robert II, Comte de Dreux, qui étoit petit-fils de Louis le Gros, Roi de France, fut reconnu Duc de Bretagne après son mariage avec Alix. Philippe exigea qu'il lui rendît *Hommagelige*, & qu'il recevroit l'Hommage des Bretons avec cette clause, *sauf la fidélité du Roi de France notre Sire*. L'an 1237, il remit son Duché entre les mains de Jean, son fils.

1237. XLVII. Jean I, dit le Roux, posseda le Duché de Bretagne par la retraite de son pere. Il mourut l'an 1286.

1286. XLVIII. Jean II, son fils, lui succeda. Il fut écrasé sous les ruines d'un mur l'an 1305.

1305. XLIX. Artur II, fils de Jean II, succeda à son pere. Il mourut l'an 1312.

1312. L. Jean III, dit le Bon, fils d'Artur II, fut reconnu Duc de Bretagne après la mort de son pere. Il mourut l'an 1341.

1341. LI. Charles de Blois, & Jean IV de Montfort, prétendirent tous deux au Duché de Bretagne ; le premier à titre d'époux de la niéce de Jean le Bon, & désigné son successeur ; le second comme fils d'Artur II. Cette fameuse querelle fut terminée le 29 de Septembre 1364, par la bataille d'Aurai, dans laquelle le Comte de Blois perdit la vie.

1364. LII. Jean IV ou V de Montfort, fils de Jean de Montfort, devint paisible possesseur du Duché de Bretagne par la mort de Charles de Blois. Ce Duc, après avoir passé toute sa vie dans des guerres continuelles, mourut l'an 1399.

1399. LIII. Jean V ou VI, succeda à son pere. Il mourut l'an 1442.

1442. LIV. François I, fils de Jean V, hérita du Duché de Bretagne par la mort de son pere. Il mourut l'an 1450.

1450. LV. Pierre II, succeda à son frere François. Il mourut l'an 1457.

1457. LVI. Artur III, Comte de Richemont, Connétable de France, fils de Jean VI, succeda à son neveu, Pierre II, à l'âge de 60 ans. Il conserva toujours la charge de Connétable de France. Il mourut l'an 1458.

1458. LVII. François II, fils aîné de Richard, Comte d'Etampes, quatriéme fils de Jean VI, succeda à son oncle Artur III. Ce Prince eut de grands démêlés avec Charles VIII. Il mourut l'an 1488.

1488. LVIII. Anne, fille aînée du Duc François II, fut reconnue Duchesse de Bretagne aussi-tôt après la mort de son pere. Cette Princesse épousa Charles VIII en 1490. Ce Prince étant mort en 1498. Elle épousa l'année suivante Louis XII. Elle mourut en 1513 (1514).

Louis XII, après la mort de la Reine Anne, céda le Duché de Bretagne à François d'Angoulême, Duc de Valois, son gendre, époux de la Princesse Claude. Cette Princesse confirma à son mari, lorsqu'il fut monté sur le Trône de France, le don que Louis XII lui avoit fait du Duché de Bretagne, & le lui donna à titre d'héritage perpétuel, en cas qu'il lui survécût sans avoir d'enfans d'elle. Après la mort de la Reine Claude, arrivée l'an 1524, François reçut le Serment & les Hommages de la Province. L'an 1532, François I trouva moyen d'engager les Etats de Bretagne à demander la réunion irrévocable de leur Province à la Couronne. Les Lettres Patentes de cette Réunion furent enregistrées au Parlement de Paris le 21 de Septembre de cette même année. Alors la Bretagne cessa d'avoir des Souverains Particuliers.

COMTES DE CHAMPAGNE ET DE BLOIS.

Sous la premiere Race des Rois de France, la Champagne faisoit partie du Royaume de Metz ou d'Austrasie dans le Partage de la Monarchie que firent les Enfans de Clovis I & ceux de Clotaire I. Il en faut cependant excepter la Champagne de Troyes, selon M. Levesque de la Ravaliere, qui croit qu'elle n'étoit point comprise dans le Royaume d'Austrasie. On trouve des Ducs de Champagne dès cette premiere Race. Grégoire de Tours, parlant d'un de ces Ducs nommé Loup, qui vivoit sous le régne de Sigebert I, Roi de Metz, dit qu'il témoigna beaucoup de fidélité pour le jeune Childebert, fils & successeur de Sigebert. Il paroît inutile de remonter jusqu'à ces Ducs, d'autant que ce Titre n'étoit point une Dignité perpétuelle, mais seulement une espéce de Gouvernement que les Rois donnoient & ôtoient selon qu'ils le jugeoient à propos. On donnera seulement ici la Liste des Seigneurs qui ont été Propriétaires de cette partie de la France, qu'on appelle Champagne, dont la Capitale étoit la Ville de Troyes, séjour le plus ordinaire des Comtes de Champagne. Il y a deux Races de ces Comtes, celle de la Maison de Vermandois, & celle de la Maison de Blois.

LA premiere Race des Comtes de Champagne, qui est celle des Comtes de Vermandois, tire son origine de Pepin, fils de Charlemagne, selon quelques Historiens, qui ne donnent cependant pas des preuves de leur sentiment capable de lever tous les scrupules qu'on pourroit avoir sur cette origine. Pepin eut un fils nommé Bernard, qui fut Roi d'Italie, comme son pere. De Bernard vint un autre Pepin, qui laissa trois enfans, Bernard, Pepin & Heribert. Ce dernier eut un fils nommé Heribert II, qui fut pere de sept enfans, cinq

De la France.

fils & deux filles; fçavoir, Eudes, Comte de Viennois, Hugues, Archevêque de Rheims, Adalbert, Comte de Vermandois, Robert & Heribert III, qui furent fucceffivement Comtes de Troyes ou de Champagne; Alix, mariée au Comte de Flandres, & Ledgarde ou Leudgarde, qui époufa en fecondes nôces Thibaud I, dit le Tricheur, Comte de Blois, de Tours & de Chartres. Heribert II eft celui qui trahit Charles le Simple l'an 922, & le retint en prifon. Il mourut vers l'an 949. Néanmoins, felon Glabert, liv. 1. ch. 3, Heribert étoit mort vers le régne de Louis d'Outremer, c'eft-à-dire, avant l'an 936. Quelques-uns le regardent comme le premier Comte de Troyes.

958. I Comte Propriétaire de Champagne. Robert de Vermandois, fils d'Heribert II, Comte de Vermandois, s'étant emparé de la Ville de Troyes fur l'Evêque Angefife qu'il chaffa, s'appropria le Comté de Champagne. Il mourut l'an 968.

968. II. Heribert de Vermandois III, fucceda à fon frere Robert. Il reçut du Roi Lothaire la qualité de Comte Palatin, & la tranfmit à fes Succeffeurs. Ce Prince mourut l'an 993.

993. III. Etienne I, fils d'Heribert III, fucceda à fon pere, & poffeda le Comté de Champagne jufqu'en 1030, felon M. Pithou; felon d'autres, ce ne fut que jufqu'à l'an 1019, ou même 1015; mais cette derniere époque ne peut fe concilier avec une Charte du Roi Robert donnée en faveur de l'Abbaye de Lagni le 4 de Février 1019, puifque cette Charte fait mention d'Etienne. comme étant alors encore en vie. Il mourut fans enfans, & la Race des premiers Comtes de Champagne finit en lui.

Seconde Race de la Maifon de Blois.

LA feconde Race des Comtes de Champagne eft celle de la Maifon de Blois, d'où font fortis des Rois d'Angleterre, de Jerufalem, de Navarre, des Ducs de Bretagne, &c. Le premier Duc de Champagne de cette Maifon eft Eudes II, arriere-petit-fils de Thibaut I, Comte de Blois. Eudes II joignit aux Comtés de Blois, de Tours & de Chartres, celui de Champagne, comme héritier d'Etienne I, par le droit de Leudgarde fon ayeule maternelle. Comme plufieurs Comtes de Champagne ont été depuis ce temps Comtes de Blois, & que d'ailleurs le nom de Thibaut fe trouve commun aux uns & aux autres, cela a fait tomber la plûpart des Hiftoriens, tant anciens que modernes, dans beaucoup de méprifes, & a caufé une grande confufion. Pour y remédier, il eft néceffaire de bien faire la diftinction des Princes qui ont porté le nom de Thibaut, & remarquer avec foin le temps où ils ont vécu. Pour cet effet, on croit qu'il eft à propos de joindre à la Lifte des Comtes de Champagne de la feconde Race celle des Comtes de Blois, dont elle tire fon origine.

Comtes de Blois de la premiere Race.

LEs premiers Comtes de Blois ont la même origine que les Rois de France de la troifiéme Race. Theodebert, quatriéme ayeul de Hugues Capet, eut trois fils, dont le fecond, nommé Guillaume, fut Comte de Blois. Il fut tué vers l'an 834, & laiffa un fils, nommé Eudes, qui lui fucceda. Il mourut l'an 865, & ne laiffa point d'enfans. Robert, dit *le Fort*, fils de Robert I, frere puîné de Guillaume I, fucceda à Eudes fon coufin. Il perdit la vie l'an 867, en combattant contre les Normands, & laiffa Eudes & Robert, qui

furent

furent tous deux Rois de France. Robert eut pour fils Hugues le Grand, qui fut pere de Hugues Capet. Hugues le Grand donna plusieurs Terres à Thibaut I, Comte de Blois. C'est de ce Thibaut que la seconde Race des Comtes de Champagne tire son origine. Mais on ignore celle de Thibaut. Si l'on en croit quelques Historiens, il étoit fils de Gerlon, l'un des Capitaines de ces Danois ou Normands qui entrerent en France sous Charles le Simple.

THibaut I, dit le Vieux, surnommé le Tricheur, est célebre dans l'Histoire du dixiéme siécle. Il mourut environ vers l'an 990. Il est le Ier. Comte de Blois de la seconde Race.

990. IIe. Comte de Blois. Eudes I, son fils, lui succeda. Il mourut l'an 995.

995. IIIe. Thibaut II, fils d'Eudes I, fut son successeur. Il mourut l'an 1004.

1004. IVe. Comte de Champagne & IVe. Comte de Blois. Eudes II, son frere, lui succeda aux Comtés de Blois, de Chartres, de Tours, de Meaux & de Provins. En 1019 il s'empara du Comté de Champagne après la mort d'Etienne I. Il périt dans un combat l'an 1037. Il est le Ier. Comte de Champagne de la Maison de Blois.

1037. V^e. Comte de Champagne. Etienne II, fils d'Eudes II, succeda à son pere aux Comtés de Champagne & de Brie. Il eut de grands démélés avec Henri I, Roi de France. On ignore le temps de sa mort.

V^e. Comte de Blois. Thibaut III, fils d'Eudes II, ayant partagé avec Etienne II, son frere, les Etats de leur pere, eut les Comtés de Blois, de Tours & de Chartres. Il eut aussi de grands différends avec Henri I.

1047 ou 1048. Thibaut, après la mort de son frere Etienne, s'empara de ses Etats au préjudice d'Eudes son neveu. Il fut le VIe. Comte de Champagne sous le nom de Thibaut I, & le Ve. Comte de Blois sous le nom de Thibaut III. Il mourut l'an 1089 ou 1090.

1089 ou 1090. VIIe. Comte de Champagne. Hugues I, fils de Thibaut I, (III.) succeda à son pere dans le Comté de Champagne. Il mourut dans la Terre-Sainte, où il avoit fait plusieurs voyages, ayant abandonné le Comté de Champagne à son neveu Thibaut. On ignore le temps de sa mort.

1089 ou 1090. VIe. Comte de Blois. Etienne, qu'on appelle aussi Henri, fut du vivant de Thibaut III, son pere, Comte de Meaux & de Brie. Après sa mort, il eut le Comté de Blois & de Chartres. Il fut tué en Palestine, dans un combat contre les Sarrasins, l'an 1102.

1102. Thibaut, dit le Grand, IIe. du nom & VIIIe. Comte de Champagne, IVe. du nom & VIIe. Comte de Blois. Ce Prince, fils d'Etienne, succeda à son pere aux Comtés de Blois, de Chartres & de Brie, au préjudice de Guillaume, son frere aîné. L'an 1125, il réunit le Comté de Champagne à celui de Blois par la vente ou cession que lui en fit Hugues, Comte de Champagne, son oncle. Il mourut l'an 1151 ou 1152.

1152. IXe. Comte de Champagne. Henri I. fils de Thibaut II. (IV.) lui succeda au Comté de Champagne. Il

1152. VIIIe. Comte de Blois. Thibaut V. dit le Bon, fils de Thibaut le Grand, eut pour son partage dans

Tome I. Partie II. L ll *

DE LA FRANCE. mourut l'an 1180, selon la plus commune opinion.

1180 ou 1181. X^e. Comte de Champagne Henri II, dit le Jeune, succeda aux Comtés de Champagne & de Brie à Henri I. son pere. Il fut nommé Roi de Jérusalem en 1192. Ce Prince étant tombé d'une fenêtre de son Palais d'Acre, mourut de cette chûte l'an 1197.

1197. XIe. Comte de Champagne Thibaut III. fils de Henri I. succeda à Henri II. son frere. Il mourut l'an 1200, 1201, comme il se préparoit à passer dans la Terre-Sainte.

les Etats de son pere les Comtés de Blois & de Chartres, avec la Seigneurie de Sancerre, à hommage d'Henri I. Comte de Champagne son frere. Il mourut au siége d'Acre l'an 1191. Ce Prince avoit été grand Sénéchal de France.

1191. IXe. Comte de Blois. Louis fils de Thibaut V. succeda à son pere. Il perdit la vie devant Andrinople l'an 1205.

1205. X^e. Comte de Blois. Thibaut VI. dit le Jeune, succeda à Louis son pere aux Comtés de Blois, de Chartres & de Clermont. Après la mort de Thibaut, le Comté de Blois retourna à Marguerite, & celui de Chartres à Elisabeth ses tantes, filles de Thibaut V. dit le Bon. Marguerite ne laissa de Gautier d'Avenes son troisiéme mari, qu'une fille nommée Marie, qui porta le Comté de Blois dans la Maison de Châtillon, par son mariage avec Hugues de Châtillon Comte de Saint-Paul. Gui II. son arriere petit-fils vendit ce Comté l'an 1391 à Louis Duc d'Orléans pere de Charles, qui eut pour fils Louis XII. sous lequel ce Comté fut réuni à la Couronne. Il y fut incorporé sous Henri II. comme héritier de la Reine Claude sa mere, fille de Louis XII. & femme de François I.

1201. XIIe. Comte de Champagne. Thibaut IV. surnommé le Grand, fils posthume de Thibaut III. Comte de Champagne, commença à regner en naissant, sous la tutelle de Blanche de Navarre sa mere. Il mourut l'an 1253 ou 1254.

1253. XIIIe. Comte de Champagne. Thibaut V. succeda à Thibaut son pere, & fut reconnu Roi par les Navarrois, qui lui envoyerent une députation solemnelle. Il mourut au retour de la Terre-Sainte l'an 1270.

1270. XIVe. Comte de Champagne. Henri III. succeda au Comté de Champagne & au Royaume de Navarre à Thibaut V. son frere, qui l'avoit déclaré Roi de Navarre, au cas qu'il mourût dans le voyage d'Outremer. Il mourut à Pampelune l'an 1274.

1274. Jeanne fille de Henri III. lui succeda au Comté de Champagne & au Royaume de Navarre. Elle épousa l'an 1284 Philippe le Bel, qui devint Roi de France l'an 1285, & alors la Champagne & la Brie demeurerent unies à la Couronne. Ce qui fut confirmé dans la suite par différens Traités particuliers faits entre les Rois de France & les Rois de Navarre, ausquels les premiers ont donné des Terres en dédommagement & échange des Comtés de Champagne. La Reine Jeanne mourut en 1304 ou 1305. Le Collége de Navarre à Paris a été fondé par cette Princesse.

MŒURS ET COUTUMES DES FRANÇOIS.

LE nom de Franc ou François, comme je l'ai dit au commencement de ce Chapitre, n'étoit point le nom d'une Nation particuliere; mais celui d'une Ligue composée de plusieurs Peuples de la Germanie, qui s'étoient réunis pour s'opposer aux conquêtes des Romains. Les Francs ne resterent pas long-temps sur la défensive : une partie ayant fait plusieurs irruptions dans les Gaules, y forma dans la suite un Etablissement. Ces Peuples conserverent pendant quelque temps les Mœurs & les Usages qu'ils avoient apportés de Germanie (1); mais lorsqu'ils eurent soumis les Gaulois, la politique les engagea à prendre la plûpart des Coutumes qui étoient en usage chez cette Nation civilisée par les Romains. Ils ne dépouillerent cependant pas sitôt leur férocité, & la Religion Chrétienne ne fut pas capable de détruire cette esprit de superstition, fruit ordinaire de l'ignorance. On les vit en effet conserver long-temps divers usages du Paganisme (2), tels étoient celui de ne rien entreprendre sans consulter les Astrologues ; la confiance qu'ils avoient aux prétendus Enchantemens ou Sortiléges ; la Fête *des Fous* qu'ils célébroient au premier jour de l'An dans les Eglises avec une indécence extrême ; les Festins en l'honneur des Morts ; la preuve de l'innocence en touchant un Fer rouge, en jettant dans l'eau, ou par le Duel ; épreuves toujours accompagnées de cérémonies religieuses, & faites par les Ministres mêmes de l'Eglise. Le quatriéme Concile de Latran tenu en 1215, sous le Pape Innocent III, fut obligé de défendre aux Evêques de souffrir qu'on fît dans l'Eglise ces sortes d'épreuves, qui étoient improprement appellées *les Jugemens de Dieu*.

Plusieurs Ecrivains ont été embarrassés pour décider si les Francs avant Clovis étoient gouvernés par des Rois ou par d'autres Chefs connus en Latin par le mot de *Duces*, & qu'on a rendu en François par celui de *Duc*. Il me semble cependant que par le témoignage des Auteurs anciens & con-

---

(1) Je réserve pour l'Article d'Allemagne à parler des Mœurs des Francs, lorsqu'ils étoient encore au de-là du Rhin, puisqu'alors ils faisoient partie des Germains.

(2) Les Francs ne se convertirent que fort tard : trois mille s'étoient seulement fait baptiser du temps de Clovis, & sous le regne de Charlemagne, c'est-à-dire, plus de trois siécles après, il y avoit encore quelques Idolâtres parmi eux.

temporains, on pourroit croire que chaque Peuple qui composoit le Corps des Francs étoit gouverné par un Roi, & que ces petits Rois étoient subordonnés à un seul, qui avoit la puissance sur tous les autres. Ces petits Rois sont en effet tantôt appellés *Duces*, tantôt *Reguli*. Ne pourroit-on pas dire aussi que les Rois Francs chargeoient quelquefois un brave Capitaine d'une expédition qui n'étoit point importante, & que ce Capitaine ayant été défait par les troupes Romaines, l'Historien, qui aura rapporté le fait, se sera alors servi du terme de *Dux* ou *Duces*; ce qui aura fait croire à quelques-uns que les Francs étoient anciennement gouvernés par des Ducs, ou Chefs appellés *Duces*.

D'autres Écrivains ont prétendu qu'il y avoit de la distinction entre le Roi & le Général, & ils se sont fondés sur ce passage de Tacite, *Reges ex Nobilitate sumunt, Duces ex virtute* (3.). Mais on doit remarquer avec M. de Foncemagne (4), que cette Coutume ne pouvoit plus regarder les Nations de la Germanie qui avoient fait une Ligue sous le nom de Francs; puisqu'ayant formé, pour ainsi dire, une nouvelle Nation, ils avoient pris une nouvelle forme de Gouvernement. Ce Peuple uniquement composé de Guerriers, & toujours rassemblé dans un même Camp, n'avoit besoin que d'un seul Roi, ou plutôt d'un seul Chef pour les conduire au combat. Les deux qualités de Chef & de Roi ainsi réunies se confondirent nécessairement dans la même personne. Il se présente ici naturellement une autre question; sçavoir, si les Rois des Francs se faisoient par élection, ou si le Trône étoit héréditaire. Quant à ce qui regarde les Francs au-de-là du Rhin, il n'est pas facile de décider cette question; mais depuis Meroué on trouve une succession héréditaire jusqu'à la fin de cette Race (5). Parmi les différentes preuves qu'on pourroit apporter pour appuyer ce sentiment, le partage du Royaume entre les enfans des Rois en seroit une, ce me semble, assez convainquante pour faire voir que la Couronne n'étoit point élective; ce partage se faisant toujours de la volonté du pere, qui partageoit ses Etats entre ses enfans de la maniere dont il le jugeoit à propos. L'aîné n'avoit alors aucune préférence sur le cadet, & le droit de porter de long cheveux, étoit commun à tous ses freres (6). Les filles seules étoient exclues de la succession au Royaume. Cette exclusion n'étoit point en vertu d'un des Articles de la Loi Salique (7) comme plusieurs l'ont publié sans fondement, puisqu'on n'y trouve rien qui y ait rapport; mais seulement par une Coutume anciennement introduite chez ces Peuples, & qui dans la suite a eu force de Loi. Ceux qui ont fondé leur préjugé sur le sixiéme

(3) Ils choisissoient leurs Rois parmi les Nobles de la Nation, & c'étoit à la valeur qu'ils accordoient l'emploi de Général.

(4) Mémoire de l'Académie des Belles-Lettres, *Tome X, page 527.*

(5) *Voyez* à ce sujet deux Dissertations de M. de Foncemagne, Mémoires de l'Académie des Belles-Lettres. *Volume VI, page 680. & suivantes. Vol. VIII, page 64.*

(6) Il n'y avoit que les Rois & les Princes de la Famille Royale qui eussent droit de porter de longs cheveux.

(7) Les Loix des premiers François furent appellées *Saliques* du nom des Saliens, l'un des Peuples qui composoient la Ligue Franque. On ne sçauroit se dispenser d'en attribuer la rédaction à Clovis I. D'un côté elle ne peut être postérieure à ce Prince, puisque Childebert son fils y réforma quelques articles, & en ajouta de nouveaux; d'un autre côté, le Chapitre qui traite de l'immunité des Eglises & de la conservation de leurs Ministres, suppose la conversion du premier Roi de France Chrétien. Ces deux observations nous donnent assez précisément

Paragraphe du Titre 62 ; qui porte, que *les Mâles seuls pourront jouïr de la Terre Salique, & que les Femmes n'auront aucune part à l'héritage*, n'ont pas voulu faire attention que cet Article ne regardoit que les successions entre les Particuliers, & même des Sucessions en lignes collatérales. Il s'agissoit des Terres conquises sur les Gaulois, & qui étoient la récompense du service militaire ; mais on ne les accordoit qu'à condition que celui qui en devenoit possesseur, continueroit de porter les armes ; condition que les femmes ne pouvoient acquitter. Cet Usage ne subsista que pendant un siécle ou environ, & l'on ne distingua plus les Sexes dans le partage des Terres Saliques. Les filles cependant ne pouvoient y être admises que lorsqu'elles étoient appellées à la succession par un Acte particulier de leur pere. ce qui ne s'est jamais observé par rapport à la succession à la Couronne, d'où il s'en suit nécessairement que le Royaume n'a jamais été renfermé sous l'appellation générale de Terre Salique (8). Pour récompenser les Princesses filles de Rois dans la premiere Race de ce qu'elles étoient privées de la Couronne, outre les marques d'honneurs & les titres de Reine qu'on leur accordoit, on leur assignoit encore des Terres, & des Villes mêmes, dont les revenus pussent leur fournir une subsistance convenable ; mais elles ne les possédoient qu'à titre d'usufruit. La propriété réelle en demeuroit réunie au fisc, dont on ne pouvoit le distraire que pour un temps.

L'inauguration des Rois consistoit dans les premiers temps à les porter sur un *Pavois*, c'est-à-dire sur un Bouclier, trois fois autour du Camp, ou à lui mettre à la main l'Epée, la Lance, ou la Hache du Roi son prédécesseur. On fit dans la suite plus de cérémonie. Le Prince revêtu de l'habit Royal, portant un Sceptre à la main & une Couronne sur la tête, alloit s'asseoir sur un Trône qui étoit placé à la vûe de tout le monde, sur une espece de Théâtre. Ce Trône n'avoit ni bras ni dossier. L'habit Royal étoit un Manteau quarré, tout blanc ordinairement, quelquefois mi-parti de bleu, long par devant jusqu'aux pieds, traînant beaucoup par derriere, & descendant sur les côtés à-peu-près jusqu'à la ceinture. Le Sceptre ou bâton Royal étoit une verge d'or, presque toujours de la hauteur du Roi, & courbée comme une crosse. Souvent au lieu de Sceptre il portoit une Palme à la main. Sa Couronne étoit quelquefois une Couronne à rayons, pareille à celle des Empereurs ; quelquefois c'étoit un bandeau enrichi de deux rangs de perles ; ou un bonnet fort élevé, fait à-peu-près comme une Thiare, autour duquel le nom du Prince étoit en gros caracteres formés de petits clous d'or (9). La cérémonie de l'installation du Roi changea encore dans la seconde Race. Pepin ayant usurpé la Couronne, se fit oindre d'une huile sainte à la maniere des Rois Juifs, afin que ses Sujets, loin de le regar-

DE LA FRANCE.

Inauguration des Rois.

la datte du Code Salique ; quoique plusieurs des Articles qu'il renferme, surtout ceux qui ont pour objet la punition des crimes, & la sûreté publique, ayent pû être promulgués & observés sous les Prédécesseurs de Clovis, & dans le temps même que les Francs ne formoient encore qu'un Etat militaire. Ce Code n'est autre chose que la compilation des Réglemens qui devoient être gardés par les François, établis entre la Forêt Charboniere, & la Riviere de Loire : à la différence de la Loi Ripuaire, donnée à ceux qui habitoient les bords du Rhin, de la Meuse & de l'Escaut. *Mem. Acad. Vol. VIII.* page 490.

(8) *Ibid.*

9) Le Gendre, *Mœurs des François.*

der comme un Usurpateur, l'honnorassent après le Sacre comme un Prince donné de Dieu. Cette Coutume a été suivie par ses Successeurs.

Cours Plénieres.

Les Rois avoient coutume, à Noël & à Pâques, ou bien à l'occasion d'un mariage ou autre sujet de joie extraordinaire, de tenir de magnifiques Assemblées qu'on appelloit Cours Plénieres. Elles se tenoient tantôt dans un de leurs Palais, tantôt dans quelque grande Ville, quelquefois en plaine campagne. Tous les Seigneurs & Evêques y étoient invités, mais la plûpart n'y alloient qu'à regret, tant à cause de la dépense où ce voyage les engageoit, que parce qu'ils affectoient de vivre chez eux en Souverains. Ces Fêtes qui commençoient par une Messe solemnelle, duroient pendant sept ou huit jours. Le Roi étoit alors obligé à faire une dépense extraordinaire tant pour la table, que pour les habits & les équipages, outre les grandes libéralités qu'il faisoit dans ces sortes de jours. On s'occupoit pendant ce temps de bonne chere & de spectacles; mais au milieu de ces divertissemens, on ne laissoit pas que de parler d'affaires : c'étoit-là que les Commissaires qu'on envoyoit dans les Provinces pour informer des Mœurs & de la conduite des Juges, en faisoient leur rapport au Roi. Ces Cours Plénieres furent plus fréquentes sous les Rois de la seconde Race qu'elles ne l'avoient encore été. Elles étoient magnifiques sous Charlemagne. Cette magnificence alla toujours en diminuant depuis le regne de Charles le Simple. Hugues Capet les rétablit, Robert les continua ; mais ces nouvelles Cours n'eurent jamais l'éclat des anciennes, parce que les Comtes & les Ducs, devenus Princes Souverains, en convoquoient d'autres chez eux, & refusoient de se trouver à celles que les Rois indiquoient. Elles furent entiérement abolies sous Charles VII. La guerre contre les Anglois lui servit de prétexte ou de raison pour n'en plus tenir (10).

Maires du Palais.

La puissance des Rois fut considérablement affoiblie, disons mieux, entiérement anéantie, par celle que prirent les Maires du Palais. Cet Office déja connu en France sous les fils de Clovis, répondoit à-peu-près à la Charge de Grand-Maître d'aujourd'hui. Celui qui en étoit revêtu portoit le nom de *Major Domûs Regiæ*, *Palatii Gubernator*, *Rector*, *Moderator*, *Præfectus*. Il étoit le premier Officier de la Maison du Roi, chargé de la gouverner & de maintenir la discipline parmi les Officiers d'un ordre inférieur, attachés sous lui au service de la Maison & de la personne du Roi. Les Reines avoient aussi un Maire particulier chargé de la conduite de leur Maison. Les François assemblés au Champ de Mars, eurent souvent beaucoup de part à l'élection des Maires ; mais il falloit nécessairement que la volonté du Prince concourût avec leurs suffrages ; & le Prince en les associant au droit d'élire conjointement avec lui, n'avoit pas pour cela renoncé à la faculté de fixer leur choix en certaines occasions par des ordres absolus, selon la force de cette expression d'un ancien Ecrivain (11) : *Protadius par la faveur de Brunehault & les ordres de Thiery, fut fait Maire du Palais*, & conformément à ce Passage de Frédegaire (12). *Les Francs ayant délibéré établirent par ordre du Roi, Varaton Maire du Palais*. L'élévation de Protadius & de Claudius (Gaulois ou Romain d'origine) à la dignité de Maire, fait bien voir que les Maires n'étoient pas toujours élus

(10) *Ibid.*
(11) *Gesta Reg. Franc. Cap. 47.*
(12) *Chron. Cap. 27* Mémoire de l'Académie des Belles-Lettres. Tome X. page 532.

par le Peuple, puisqu'il n'y a pas lieu de croire qu'ils eussent choisi des Étrangers pour leurs Chefs. La dignité de Général n'étoit point nécessairement attachée à celle de Maire du Palais. Badechisile Maire du Palais de Neustrie sous Clotaire I. n'eut aucune part aux expéditions militaires de ce Roi, & Grégoire de Tours ne le nomme que pour nous apprendre qu'il succeda à Domnole dans le siége Episcopal du Mans. C'est ici la premiere fois que cet Historien parle de la dignité de Maire. Ceux qu'on a vûs à la tête des armées dans les regnes suivans, tenoient du Roi seul leur caractere & leur pouvoir. Ainsi Clotaire envoya son Maire Landeric avec des troupes, pour attaquer celles dont Thiery avoit donné le Commandement à son Maire Bertoalde. L'exemple de Saint Leger Evêque d'Autun & en même temps Maire du Palais, est une nouvelle preuve que le Généralat n'étoit point attaché à cette Charge. Elle n'étoit point à vie, & le Roi pouvoit en déposséder celui qui en étoit revêtu. Clotaire II. voulant engager Varnacher à accepter cette dignité, lui promit avec serment qu'il n'en seroit jamais destitué (13).

La mort de Dagobert I. qu'on doit regarder comme l'époque de la décadence de l'autorité Royale, est en même temps celle de la puissance des Maires du Palais, Gouverneurs des jeunes Princes & Régens de leurs Royaumes, ils trouverent bientôt moyen de s'attribuer toute l'autorité Souveraine, & la dignité Royale ne fut alors qu'un vain titre, qui déshonoroit souvent celui qui en étoit revêtu. Les Maires joignirent à leur nouvelle puissance de nouveaux titres, & furent appellés *Dux Francorum, Dux & Princeps, Subregulus*. Grimoald fut le premier qui commença à porter cette dignité au plus haut point sous le regne de Sigebert II. Roi d'Austrasie. Ses successeurs (14) marchant sur ses traces, se frayerent insensiblement un chemin au Trône, sur lequel enfin on vit monter Pepin le Bref. La politique de ce Prince ne lui permit pas de conserver une Charge dont il connoissoit tout le danger. Elle ne fut alors connue que sous le nom de Maître du Palais (15), & les fonctions en furent bien différentes. Sous le regne de ce Prince la Puissance & la Majesté Royale reprirent tout leur éclat; Charlemagne son fils & son successeur les porta encore plus loin; mais tout changea bien de face sous le regne de Charles le Simple. La foiblesse de ce Prince, les guerres dont elle fut cause, l'ambition des Grands, & les ravages continuels des Normands, avoient tellement renversé la Monarchie, qu'il y eut autant de petits Souverains qu'il y avoit de Gouverneurs. Les Ducs, les Comtes & les Vicomtes rendirent leurs Gouvernemens héréditaires, & en firent des Principautés. *Sur la fin de la deuxiéme Race*, dit Mezerai, *le Royaume étoit tenu selon les Loix des Fiefs, se gouvernant plutôt comme un grand Fief que comme une Monarchie*. Mais les Rois de la troisiéme Race regagnerent insensiblement tout ce qui avoit été usurpé par les Seigneurs, & se ressaisirent enfin des plus précieux droits de la Couronne.

Je ne chercherai point à démêler l'origine obscure de la Chevalerie (16),

DE LA FRANCE.

De la Chevalerie.

(13) *Ibid.*
(14) Cette Charge étoit devenue héréditaire.
(15) Paquier dans ses Recherches sur la France. *Tome I. page 107.*

(16) A la considérer comme une Cérémonie par laquelle les jeunes gens destinés à la Profession Militaire recevoient les premieres armes qu'ils devoient porter, étoit connue dès le temps de Charlemagne. Ce

DE LA FRAN-CE.

je me contenterai de faire voir en racourci d'après M. de la Curne de Sainte-Palaye (17), que c'étoit un établissement Politique & Militaire, & je suivrai le même Plan que ce sçavant Académicien a donné lui-même; ainsi on verra 1°, l'éducation qui préparoit les jeunes gens à la Chevalerie; 2°, les exercices des Tournois qui les rendoient propres à la guerre; 3°, l'usage que l'on faisoit dans les armées de la valeur, de l'adresse & de l'expérience des Chevaliers; 4°, les récompenses promises à ceux qui se distingueroient dans les combats, & les punitions dont ils étoient menacés s'ils manquoient à leur devoir; 5°, enfin les causes qui produisirent la décadence & la chûte de la Chevalerie.

Education des jeunes gens.

Dès l'âge de sept ans on commençoit à donner au jeune Gentilhomme qu'on destinoit à la Chevalerie, une éducation qui le disposoit insensiblement aux travaux de la guerre. Il passoit le plus souvent au service d'un illustre Chevalier, & les premieres places qu'il occupoit en sortant de l'enfance, étoient celles de *Pages*, *Varlets ou Damoiseaux*, noms quelquefois communs aux Ecuyers. On les appelloit encore *Nourris*, c'est-à-dire Eleves. L'amour de Dieu & des Dames étoient les premieres leçons qu'on donnoit aux jeunes gens. Le jeune Eleve faisoit de bonne heure choix d'une belle & vertueuse Dame, qui devenoit l'objet auquel il rapportoit toutes ses actions. Du reste ses Jeux étoient toujours une imitation des exercices de la guerre. Le desir de passer au service d'un Seigneur de dignité plus éminente ou de s'élever au grade d'Ecuyer, auquel on parvenoit à l'âge de quatorze ans excitoit l'émulation parmi ces jeunes gens. Avant que le jeune homme passât de l'état de Page à celui d'Ecuyer, son pere & sa mere tenant un cierge à la main, le présentoient à l'Autel, sur lequel le Prêtre célébrant prenoit une Epée & une Ceinture. Après les Bénédictions faites sur cette Arme, il l'attachoit au côté du jeune Gentilhomme, qui alors commençoit à la porter.

Ecuyers.

Il y avoit différentes Classes d'Ecuyers: celui du Corps, celui d'Echansonnerie, celui de Panneterie, celui de la Chambre, celui d'Ecurie, &c. Mais il n'est pas facile de dire quel rang ils tenoient entr'eux. Dans les Maisons moins opulentes, un seul Ecuyer réunissoit différentes fonctions. L'Office d'Ecuyer Tranchant étoit quelquefois occupé dans la Maison des Souverains par leurs propres enfans. Le jeune Comte de Foix tranchoit à la table du Comte de Foix son pere. Ainsi les Ecuyers étoient chargés du principal service de la Maison, & surtout de dresser les Chevaux & d'avoir soin des Armes, ce qui étoit le plus haut grade de l'Ecuyer. Alors ils accompagnoient le Chevalier dans ses voyages, & portoient les différentes armures de leurs Maîtres. Ils tenoient aussi de la main droite (18) le Cheval de bataille, qu'on appelloit *Grands-Chevaux*. Lorsque les Chevaliers

---

Prince donna solemnellement l'épée, & tout l'équipage d'un homme de Guerre au Prince Louis son Fils qu'il avoit fait venir d'Aquitaine. On trouvera de semblables exemples sous la premiere Race des Rois de France & dans les siécles plus reculés: mais à regarder la Chevalerie comme une dignité qui donnoit le premier rang dans l'Ordre militaire, & qui conféroit par une espece d'investiture, accompagné de certaine Cérémonies & d'un serment solemnel, il seroit difficile de la faire remonter au-delà du onziéme siécle.

(17) Mémoires de l'Académie des Belles-Lettres. Vol. *XX*. page 597 & *suivantes*.

(18) Ce qui fit appeller ces Chevaux *Destriers*.

en venoient aux mains, chaque Ecuyer rangé derriere son Maître à qui il avoit De la France.
remis l'épée, demeuroit en quelque façon spectateur oisif du combat, mais en
même temps il apprenoit le métier de la Guerre. Chaque Ecuyer étoit attentif à
tous les mouvemens de son Maître, pour lui donner, en cas d'accidens, de
nouvelles armes, pour parer les coups qu'on lui portoit, le relever & lui donner
un Cheval frais, tandis que l'Ecuyer du Chevalier qui avoit le dessus l'ai-
doit à profiter de son avantage, & à remporter une victoire complette,
sans sortir cependant des bornes étroites de la défensive. C'étoit aussi à eux
que les Chevaliers confioient les prisonniers pendant le combat. Ils s'exerçoient outre cela à des Jeux pénibles, où le corps acqueroit la souplesse,
l'agilité & la vigueur nécessaires dans les combats. Ce qui les rendoit si robustes
qu'ils combattoient avec une armure, & avec des armes sous le poids desquelles l'homme le plus fort du Royaume succomberoit aujourd'hui. En
temps de paix les Ecuyers alloient faire des voyages ou des messages dans
les Pays éloignés, pour connoître les Mœurs étrangeres. Admis après avoir
passé par différens dégrés à être Gens d'armes, ils faisoient encore pendant
huit ou dix ans l'apprentissage de la Chevalerie avant que de la recevoir.

On solemnisoit la veille des Tournois par des especes de Joûtes, appellées plus particuliérement *Escremies* ou *Escrimes*, dans lesquelles les Ecuyers
s'essayoient les uns contre les autres avec des armes plus légeres que celles
des Chevaliers, plus faciles à rompre, & moins dangereuses pour ceux qu'elles
blessoient; car il n'étoit pas permis à un Ecuyer de porter les armes du
Chevalier. Ces Escrimes étoient le prélude du spectacle que les Chevaliers
devoient donner le lendemain. Ceux d'entre les Ecuyers qui s'étoient le
plus distingués dans ces premiers Tournois, & qui en avoient remporté le
prix, acqueroient quelquefois le droit de figurer dans les seconds parmi
l'Ordre des Chevaliers, en obtenant eux-mêmes la Chevalerie; car c'étoit
un des dégrés entre beaucoup d'autres par lesquels les Ecuyers parvenoient
à cette dignité. Il falloit avoir vingt-un ans; mais cette régle ne fut pas
constamment observée, surtout à l'égard des Princes du Sang, dont la naissance leur donnoit des priviléges. Le mérite faisoit aussi quelquefois passer
sur cette régle.

Le Novice avant que d'être ceint de l'épée de Chevalier devoit jeûner Cérémonies pour la réception du Chevalier.
avec beaucoup d'austerité pendant plusieurs jours, passer des nuits en prieres,
avec un Prêtre & des Parreins dans des Eglises ou dans des Chapelles, recevoir les Sacremens de la Pénitence & de l'Eucharistie, faire usage des
bains, & porter un habit blanc. Après avoir rempli tous ces devoirs il entroit dans une Eglise, & s'avançoit vers l'Autel avec une épée passée en
écharpe à son col. Il la présentoit au Prêtre célébrant qui la bénissoit, & le
Prêtre la remettoit ensuite au col du Novice. Celui-ci dans un habillement
très-simple, alloit les mains jointes se mettre à genoux aux pieds de celui
ou de celle qui devoit l'armer. Cette scène auguste se passoit dans une Eglise
ou dans une Chapelle, & souvent aussi dans une Salle ou dans la Cour
d'un Palais ou d'un Château, & même en plaine campagne. Le Seigneur
à qui le Novice présentoit l'épée, lui demandoit à quel dessein il desiroit
d'entrer dans l'Ordre, & si ses vœux ne tendoient qu'au maintien & à
l'honneur de la Religion & de la Chevalerie. Le Novice faisoit les réponses
convenables, & le Seigneur, après avoir reçu son serment, consentoit à lui

Tome I. Partie II.   Mmm *

DE LA FRAN-CE.

accorder fa demande. Auffi-tôt le Novice étoit revêtu par un ou plufieurs Chevaliers ; quelquefois par des Dames ou des Demoifelles, de toutes les marques extérieures de la Chevalerie. On lui donnoit fucceffivement les éperons en commençant par le gauche, le haubert ou la cotte de maille, la cuiraffe, les braffards & les gantelets, puis on lui ceignoit l'épée. Quand il avoit été ainfi *adoubé* il reftoit à genoux dans la contenance la plus modefte. Alors le Seigneur qui devoit lui conferer l'Ordre, fe levoit de fon fiége ou de fon trône, & lui donnoit l'accolade ou l'accolée. C'étoit ordinairement trois coups du plat de fon épée nue fur l'épaule ou fur le col de celui qu'il faifoit Chevalier : c'étoit quelquefois un coup de la paulme de la main fur la joue. On prétendoit l'avertir par-là de toutes les peines aufquels il devoit fe préparer, & qu'il devoit fupporter avec patience & fermeté, s'il vouloit remplir dignement fon état. En donnant l'accolade, le Seigneur prononçoit ces paroles ou d'autres femblables : *Au nom de Dieu, de Saint Michel & de Saint George, je te fais Chevalier*, aufquelles on ajoutoit quelquefois ces mots : *Soyez preux, hardi & loyal*. On lui donnoit enfuite le héaume ou cafque, l'écu ou bouclier & la lance. Après cela on lui amenoit un Cheval qu'il montoit fouvent fans s'aider de l'étrier. Pour faire parade de fa nouvelle dignité autant que de fon adreffe, il caracolloit en faifant *brandir fa lance & flamboyer fon épée*, & fe montroit dans cet équipage au milieu d'une place publique. M. de Sainte-Palaye remarque en cette occafion que plufieurs Chevaliers ayant été fouvent créés dans une même promotion, fe feront peut être réunis pour caracoler en cadence, & mêler ainfi leurs danfes à celles du Peuple qui les environnoit, & que ce fera fans doute l'origine des Fêtes ou Ballets à Cheval, dont nous avons quelques exemples, & qui fe danfoient encore à la Cour du temps de Brantôme & Baffompierre. On ne faifoit pas tant de cérémonie lorfqu'on accordoit la Chevalerie à la tête des armées. On préfentoit fon épée par la croix ou la garde au Prince ou au Général, & l'on en recevoit l'accolade. Le grand nombre de Chevaliers qu'on faifoit quelquefois avant ou après un combat ou un fiége, n'auroit pas permis d'en ufer autrement.

Les armes affignées aux Chevaliers confiftoient principalement en une lance forte & difficile à rompre, un haubert ou haubergeon, c'eft-à-dire, une double cotte de mailles, tiffue de fer, à l'épreuve de l'épée. La cotte d'armes, faite d'une fimple étoffe armoriée, étoit l'enfeigne de leur prééminence fur tous les autres Ordres de l'Etat & de la guerre. Les Ecuyers n'avoient pas la permiffion d'en venir aux mains avec eux ; d'ailleurs quand ils l'auroient eue, comment auroient-ils pû fe défendre contre un adverfaire prefqu'invulnérable, étant feulement couverts d'une cuiraffe foible & legere, & n'ayant pour armes défenfives & offenfives qu'un épée & un écu. Les Chevaliers étoient encore diftingués par la magnificence de leurs habits, par les houffes & les harnois de leurs Chevaux, & par les éperons d'or. Ce métal leur étoit réfervé, les Ecuyers ne pouvant porter que de l'argent. Le vair, l'hermine & le petit-gris fervoient à doubler les manteaux des premiers, d'autres fourrures moins précieufes étoient pour les derniers. Il n'y avoit qu'aux Chevaliers à qui on accordât les titres de *Don*, *Sire*, *Meffire*, *Monfeigneur*, & leurs femmes étoient traitées de *Dame* & de *Madame*. Les Ecuyers au contraire n'étoient qualifiés que de *Monfieur* & de

Damoiseau, & leurs femmes de *Demoiselles*. Le Chevalier jouissoit de toutes les immunités de la Cléricature, l'on portoit à ces deux Etats un respect presqu'égal, peu s'en falloit même qu'on ne les confondît. Il étoit aussi exempt de toute espece de Péages; toutes les barrieres s'ouvroient pour lui laisser le chemin libre, & il étoit affranchi des fers s'il tomboit entre les mains des ennemis : sa parole étoit le lien le plus capable de le retenir. Enfin les Chevaliers se faisoient raser le front, soit de peur d'être saisis par les cheveux, s'ils perdoient leur casque, soit qu'ils les trouvassent incommodes sous la coeffe de fer ; mais ce qui donnoit le plus d'éclat à cet Ordre, c'est que les Souverains eux-mêmes ne dédaignoient pas se faire armer Chevaliers, & ne cessoient d'inspirer à leurs enfans du respect pour cet Etat. Tous ces Usages ainsi que les Réglemens de la Chevalerie ont changé suivant les temps & les circonstances.

Les armoiries, le pennon de la lance, & la banderolle qui se portoit quelquefois au sommet du casque, étoient des marques qui distinguoient les Chevaliers entr'eux. Souvent ils prenoient les armes ou quelque piéce du blason de celui qui leur avoit ceint l'épée. D'autres ne portoient sur leur écu que le blason de leur famille ; mais il couvroient leur écu d'un housse jusqu'à ce qu'ils eussent fait quelques actions d'éclat. D'autres portoient ce même écu tout blanc ou d'une seule couleur, & attendoient quelque circonstance heureuse pour se déterminer sur le choix des piéces de leur blason, qui devenoient les monumens de leur valeur. Mais on les retranchoit de leurs écus s'ils dérogeoient à leurs premiers exploits. Si le Chevalier se deshonoroit par sa lâcheté ou qu'il eût commis quelque crime ou quelque action honteuse, il étoit dégradé avec ignominie.

Un Chevalier assez riche & assez puissant pour fournir à l'Etat un certain nombre de gens d'armes, & pour les entretenir à ses dépens, portoit le titre de Chevalier Banneret. Cette distinction consistoit à porter une banniere quarrée au haut de leur lance, au lieu que celle des simples Chevaliers, ou Chevaliers-Bacheliers étoit prolongée en deux cornettes ou pointes. Ils pouvoient outre cela prétendre aux qualités de Comtes, de Barons, de Marquis, de Ducs, ce qui leur donnoit le pouvoir d'orner l'écusson de leurs armes, de simiers, lambels, supports, &c. Leurs demeures étoit pareillement distinguées; les creneaux, les tours en marquoient la noblesse ; mais les seuls Gentilshommes avoient le privilége de parer des girouettes le faîte de leurs maisons. Elles étoient en maniere de pennons pour les simples Chevaliers, & en forme de bannieres pour les Bannerets. Les maisons de ces derniers étoient un asyle pour la Noblesse qui n'étoit pas en état de se soutenir. Les Ecuyers qui s'étoient attachés à eux, ou les Chevaliers qui avoient servi sous leurs bannieres, étoient récompensés par des présens considérables, des honneurs, des terres, des pensions en fiefs, & beaucoup d'autres graces. Cependant la valeur seule en avoit fait passer d'un état assez obscur au comble des honneurs. On en trouve un grand nombre d'exemples dans l'Histoire.

Ce n'étoit pas seulement pendant la vie du Chevalier qu'on lui rendoit les plus grands honneurs, ceux qu'on lui accordoit après sa mort ne servoient pas moins à immortaliser la gloire qu'il s'étoit acquise. Son Tombeau étoit orné des dépouilles qu'il avoit prises sur les Ennemis, ou des armes qu'il avoit enlevées dans les Tournois. On recherchoit avec em-

DE LA FRAN-
CE.

preſſement celles qu'il avoit portées, ou elles étoient données aux Egliſes & conſacrées à Dieu. Le Duc de Savoye fit faire les plus exactes recherches, pour trouver l'épée du Chevalier Bayard qu'il vouloit placer dans ſon Palais.

Les obligations du Chevalier conſiſtoient à défendre la Religion & les Miniſtres de l'Egliſe, à protéger les Veuves, les Orphelins qui étoient dans l'oppreſſion ; mais les Dames ſur-tout avoient encore un privilége plus particulier, & les Chevaliers ne devoient jamais leur refuſer du ſecours, ni ſouffrir qu'on parlât mal d'elles. Ils étoient auſſi chargés de l'adminiſtration de la Juſtice, & conſerverent long-temps le privilege excluſif de poſſéder certaines Magiſtratures conſidérables. Les grandes Fêtes de l'Egliſe, ſur-tout la Pentecôte, les temps de Guerre, les publications de Paix ou de Trêves, le ſacre ou le couronnement des Rois, les naiſſances ou baptêmes des Princes des Maiſons Souveraines, les jours où ces Princes recevoient eux-mêmes la Chevalerie ou l'inveſtiture de quelques grands Fiefs ou Apanage, leurs Fiançailles, leurs Mariages, & leurs Entrées dans les principales Villes de leur Domination, étoient les occaſions les plus fréquentes où l'on faiſoit des Chevaliers.

Des Tournois.

Les Tournois (19) ſuivoient ordinairement la promotion des Chevaliers, lorſqu'elle ſe faiſoit en temps de Paix. Ces ſortes de combats étoient annoncés avec beaucoup de pompe, & attiroient les Chevaliers de toutes les Provinces. Les écus armoriés de ceux qui devoient entrer en lice, étoient rangés le long des Cloîtres de quelques Monaſteres, & ils y reſtoient pluſieurs jours expoſés à la vûe de tout le monde. Si quelque Dame, ou quelqu'autre perſonne, avoit ſujet de ſe plaindre d'un Chevalier, elle touchoit l'Ecu de ſes Armes, ce qui ſignifioit qu'elle demandoit juſtice. Un Chevalier noté d'infamie n'oſoit ſe préſenter dans les Tournois, ſous peine d'en être chaſſé avec ignominie. Toute la campagne, où devoit ſe tenir le Tournoi, étoit couverte de Tentes & de Pavillons ſuperbes. Des échaffauds dreſſés autour de la carriere, étoient deſtinés pour le Roi avec toute ſa Cour, ainſi que les Dames & les anciens Chevaliers. Les échaffauds, ſouvent conſtruits en forme de Tour, étoient partagés en loges & en gradins, décorés avec toute la magnificence poſſible, de riches tapis, de pavillons, de bannieres, de banderolles, & d'écuſſons. Il y avoit des Juges & d'autres Officiers pour juger les coups, & faire obſerver les Loix de la Chevalerie, & des Valets ou Sergens, ſoit pour donner des armes aux Combattans, ſoit pour contenir la Populace dans le ſilence & le reſpect.

Le bruit des fanfares annonçoit l'arrivée des Chevaliers, ſuperbement armés & équipés, ſuivis de leurs Ecuyers tous à cheval. Ils s'avançoient à pas lents, avec une contenance grave & majeſtueuſe. Des Dames & Demoiſelles amenoient quelquefois ſur les rangs ces fiers Eſclaves, attachés avec des chaînes, qu'elles leurs ôtoient lorſqu'ils étoient prêts à combattre. Elles donnoient quelque partie de leurs vêtemens, comme une coeffe, un braſſelet, &c. que le Chevalier attachoit à ſon héaume, à ſa lance, à ſon écu, &c. S'il arrivoit qu'il la perdît dans la chaleur du combat, ſa Dame lui en envoyoit auſſi-tôt une autre. Il n'étoit point permis de frapper de la pointe, mais du tranchant de l'épée, ni combattre hors de ſon rang.

(19) On en fixe communément l'origine au onziéme ſiécle ; mais on pourroit la faire remonter juſqu'au temps où les Nations firent la guerre avec méthode.

Il étoit auffi défendu de bleffer le cheval de fon adverfaire, de frapper un Chevalier dès qu'il avoit ôté la vifiere de fon cafque ou fon héaume, de fe réunir plufieurs contre un feul dans certains combats, comme celui qui étoit proprement appellé Joûtes. On ne terminoit jamais un Tournoi, fans faire à l'honneur des Dames, une derniere Joûte, qu'on nommoit le *Coup, ou la Lance des Dames*, & cet hommage ou tribut fe répétoit en combattant pour elles à l'épée, à la hache d'armes & à la dague. A la fin du Tournoi on diftribuoit le Prix propofé, fuivant les divers genres de force ou d'adreffe, par lefquels on s'étoit diftingué ; foit pour avoir brifé plus de lances, ou pour avoir fait un plus beau coup d'épée ou de lance, foit pour être refté plus long-temps à cheval, fans être démonté ou defarçonné, foit enfin pour avoir tenu plus long-temps de pied ferme dans la foule du Tournoi, fans ôter fon héaume, ou lever la vifiere. Lorfque le Roi ou le Prince Souverain, fouvent même les Dames, avoient nommé le Vainqueur, fuivant le rapport des Juges du Camp, les Officiers d'Armes alloient prendre parmi les Dames ou Demoifelles, celles qui devoient porter le Prix, & le préfenter au Chevalier. Elles le conduifoient dans le Palais au milieu des acclamations du Peuple, qui étoient accompagnées par un grand nombre d'inftrumens. Ces acclamations étoient plus ou moins répétées, felon les largeffes du Vainqueur. Il étoit enfuite défarmé par les Dames, qui le revêtoient d'habits précieux. Il affiftoit enfuite au Feftin dans la Place la plus honorable, pendant lequel on ne s'entretenoit que des aventures des anciens Chevaliers, qui étoient écrites fur les Regiftres publics des Officiers d'Armes. C'étoit auffi la matiere des petits Poëmes que chantoient les Dames & les Demoifelles au fon des inftrumens.

Ces Combats fimulés, dans lefquels il y avoit cependant toujours du fang répandu, en même temps qu'ils fervoient à exciter l'émulation & à exercer le corps, entretenoient cette ardeur Martiale, qui faifoit faire aux Chevaliers des prodiges de valeur & de force dans les Combats. Leur courage les portoit fouvent à s'engager par ferment à telle ou telle entreprife ; comme de planter le premier fon pennon fur les murs, ou fur la plus haute Tour dont on vouloit fe rendre maître, de fe jetter au milieu des Ennemis, de porter le premier coup, &c. Les Chevaliers faifoient auffi quelquefois des vœux finguliers : le plus authentique de tous, étoit celui qu'on appelloit le *Vœu du Paon ou du Faifan*. Il confiftoit à jurer fur cet Oifeau mort ou vif, qu'une Dame ou une Demoifelle accompagnée d'un brave Chevalier apportoit dans un plat. Le Chevalier reconnu pour le plus brave de la Compagnie étoit chargé de le couper, & d'en diftribuer un morceau à tous ceux qui étoient préfens. Cette finguliere cérémonie fe fit à Lille en 1453, à la Cour de Philippe le Bon, Duc de Bourgogne, au fujet de la Croifade contre les Turcs. La formule de ce Vœu étoit conçue dans ces termes : *Je voue à Dieu mon Créateur tous premiérement, & à la très-glorieufe Vierge fa Mere, & après aux Dames & au Faifan, de faire ou d'exécuter, &c.* Les Chevaliers s'impofoient auffi des peines arbitraires, comme de ne point coucher dans un lit, de ne point manger pain fur nappe, de s'abftenir de viande ou de vin certains jours de la femaine, de ne porter qu'une certaine partie de leur armure, ou de la porter jour & nuit, &c. Les Chevaliers, toujours fidéles à leurs Vœux, exécutoient leurs promeffes, ou fuccomboient au danger. Il ne seroit pas difficile de rapporter un grand nombre d'actions éclatantes faites par le Corps des Chevaliers.

Charles V. en avoit si bien connu l'utilité, pendant qu'il étoit Régent du Royaume, que lorsqu'il fut sur le Trône, il donna tous ses soins pour faire revivre dans le cœur de la Noblesse & dans les Armées, l'ancien esprit & l'ancienne discipline de la Chevalerie, & il éprouva bien-tôt ce que peut une Milice bien réglée. Elle soutint l'Etat dans le commencement du regne de Charles VI, & le releva sous celui de Charles VII.

On a vû plusieurs fois des Chevaliers porter l'esprit de galanterie jusques dans les Combats ou les Actions périlleuses. Paré du Portrait de sa Dame, de sa devise, ou bien de sa Livrée, un Chevalier alloit offrir le Combat au plus hardi des Ennemis, pour soutenir la beauté de celle dont il se déclaroit son Esclave. Cette galanterie, dont l'Histoire fournit mille exemples, ne s'étoit point encore perdue. Dans les Guerres de Henri IV. & de Louis XIV, on y faisoit quelquefois le coup de Pistolet pour l'amour & en l'honneur de sa Dame.

Fraternités d'armes.

L'estime que les Chevaliers qui s'étoient souvent trouvés ensemble dans différentes Expéditions, prenoient les uns pour les autres, formerent dans la suite des associations connues sous le nom de *Fraternité d'Armes*. Ces sortes d'associations se faisoient pour quelque haute entreprise qui devoit avoir un terme fixe, & quelquefois pour toutes celles qu'ils pourroient faire dans la suite. Ils se juroient d'en partager également les travaux, la gloire, les dangers, le profit, & de ne se point abandonner tant qu'ils auroient besoin l'un de l'autre. Dans ces sortes de cas les intérêts du Frere d'Arme étoient préférés à ceux de la Dame; mais le Souverain l'emportoit toujours, & l'union entre des Chevaliers de différentes Nations ne subsistoit qu'autant que leurs Souverains étoient en paix. Alors on se rendoit mutuellement un compte exact de la dépense, de la recette, de la perte & du gain. Un des plus grands exemples de ces Fraternités, est celui de du Guesclin & de Louis de Sancère, qui travaillerent long-temps ensemble, pour reprendre une partie considérable de la Guyenne sur les Anglois.

Décadence de la Chevalerie.

Dans la suite, les Chevaliers, uniquement occupés à se rendre braves, adroits & vigoureux, négligerent les obligations auxquelles l'Ordre de la Chevalerie les engageoit, & la pratique des vertus qui avoient rendu leurs prédécesseurs si recommandables. Ce n'étoient plus ces zélés Défenseurs de la Veuve & de l'Orphelin, ces Soutiens de l'Etat; ce n'étoit que des Tyrans qui ne reconnoissoient d'autres Loix que la violence, l'usurpation & les injustices. Malgré tous ces désordres, la Chevalerie ne laissa pas de se soutenir à la faveur d'une ancienne réputation fondée sur la sagesse de ses Loix, & sur la gloire de quelques-uns de ses Héros. Mais la Chevalerie ayant été conférée à des Magistrats & à des Gens de Lettres, qu'on appelloit *Chevaliers ès Loix, Chevaliers Lettrés*, une jalousie bizarre que l'ignorance pouvoit seule inspirer, fit négliger à ceux qui faisoient profession des Armes, de se faire armer Chevaliers. Depuis François I. on ne trouve que des exemples très-rares de ces Créations de Chevaliers, auxquelles l'ancienne Noblesse rapportoit son éclat & son lustre. Depuis cette époque on ne connoît presque plus de Chevaliers faits sur le Champ de Bataille, que le brave Montluc, qui reçut l'accolade du Duc d'Anguien après la bataille de Cérisolles en 1544.

L'accident arrivé à Henri II. dans un Tournoi, porta le dernier coup à la Chevalerie. Les Tournois cesserent dès ce malheureux instant, & la valeur Françoise n'étant plus occupée de ces exercices, ni retenue dans les bornes du devoir, par les sages Loix de l'ancienne Chevalerie, dégénéra bien-tôt en une fureur-aveugle pour les Duels. Les Tournois de plaisance, & les Joûtes de courtoisie, se convertirent en Gages de bataille, en Combats à outrance, qui, joints aux Guerres Civiles, furent prêts de détruire la Noblesse Françoise. {*De la France. Son extinction.*}

C'est au onziéme Siécle qu'il faut rapporter l'origine des Armoiries, soit qu'on veuille l'attribuer aux Tournois, soit qu'on regarde les Croisades comme l'époque de leur établissement. En chercher l'origine dans des Siécles plus reculés, c'est confondre les images symboliques, employées autrefois dans les Enseignes militaires & dans l'Armure des Guerriers. Les deux premieres opinions doivent être admises ensemble, pour trouver l'origine que nous cherchons. C'est d'abord aux Tournois qu'il faut avoir recours, & l'on en trouve une preuve dans le Scéau de Robert le Frison, Comte de Flandre. Ce Prince y est représenté à cheval, tenant d'une main l'épée nue, & l'autre, son écu chargé d'un Lion. Ce Sceau est attaché à un Acte de l'an 1072, & par conséquent antérieur de vingt-trois ans à la premiere Croisade de 1095. On ne peut cependant pas encore assurer que les Armoiries étoient fixes, & ce ne fut que depuis les Croisades qu'elles devinrent héréditaires. C'est par les Croisades que sont entrées dans le Blason plusieurs de ces principales pieces : telles sont les Croix & les Merlettes. C'est encore aux Croisades que le Blason doit le nom de ses émaux, *Azur, Gueule, Sinople & Sable* ; s'il est vrai que les deux premiers soient tirés de l'Arabe ou du Persan, que le troisiéme soit emprunté de celui d'une Ville de Cappadoce, & le quatriéme une altération de *Sabellina pellis*, Martre Zibelline. C'est probablement par les Croisades que les fourrures d'Hermine & de Vair, qui servirent d'abord à doubler les Habits, puis à garnir les écus, ont passé de-là dans le Blason. Plusieurs Auteurs ont donné trois Crapauds pour Armoiries aux Rois de France de la premiere Race. D'autres ont prétendu qu'ils portoient un Lion ; d'autres trois Couronnes, trois Croissans ; quelques-uns ont pensé que c'étoient des Fleurs de Marais, nommées *Glaïeuls* ou *Pavillées* ; des Abeilles, des Lys mal dessinés, ou enfin des Fers de Pique ou de Hallebarde. Toutes ces figures symboliques, selon la remarque de Pasquier, ont pû être successivement employées par ces Princes, & les Ecrivains se sont mépris, en attribuant indistinctement à tout ce qui étoit particulier, à quelqu'un d'entre eux. En dépouillant l'institution des Lys du Merveilleux, qu'on a cherché à y répandre, il ne sera pas facile de prouver que, depuis Clovis, elles ont été le Symbole des Rois de France exclusivement à tous les autres Souverains. D'ailleurs on n'en découvre aucune trace sur les Sceaux ou les Monnoies de ces Princes. {*Origine des Armoiries.*}

Il paroît naturel de rapporter la figure du Lys à celle du Fer d'une Pique, dont la pointe supérieure est accompagnée de deux autres pointes recourbées en bas ; & il est probable que le premier ornement des Couronnes & des Sceptres fut emprunté de l'instrument même qui sert à les conquérir ou à les assurer. On reconnoît le *Lilium* à la Couronne & au Sceptre de Charles le Chauve, dans deux figures que M. Baluse a fait graver d'après deux

anciens Manuscrits. » *Lilium*, dans son acception primitive, signifie à la
» vérité la Fleur de Jardin, que nous nommons *Lys* ; mais les Ecrivains
» de la basse latinité lui en donnent beaucoup d'autres. Il est pris dans le
» Livre de Judith pour une parure à l'usage des femmes ; ailleurs, pour
» l'ornement du Chapiteau d'une colomne, ou pour le sommet d'un Vase,
» & le plus souvent pour un ornement quelconque qui imite les Fleurs : c'est
» ce que nous appellons un *Fleuron*. Entre les Passages qui sont cités dans le
» Glossaire de Ducange, on doit remarquer celui-ci tiré de la Vie de Saint-
» Benoît d'Aniane : *Septem candelabra fabrili arte mirabiliter producta, de*
» *quorum Stipite procedunt Hastilia, Sphærulæque, ac Lilia*. L'Ecrivain, en
» joignant ces deux mots *Hastilia ac Lilia*, ne paroît-il pas indiquer une
» sorte d'Analogie entre l'un & l'autre ? *Hastile* est la partie du Chande-
» lier qui monte tout droit du pied jusqu'à la bobéche, & *Lilium* doit être
» l'ornement qui le termine. Si on a nommé la tige d'un Chandelier *Hastile*,
» parce qu'elle est droite & alongée comme le bois d'une Pique, nous pou-
» vons penser, en suivant la même Métaphore, que le *Lilium* doit avoir
» quelque rapport avec la figure du Fer dont ce bois est armé.

Une raison, qui a pû faire croire que l'ornement qui étoit à la Couronne ou au Sceptre des Rois, étoit une Fleur, c'est que le nom de *Lilia*
fut indistinctement donné à toutes sortes de Fleurs. Louis VII, selon le
sentiment le plus commun, adopta les Fleurs de Lis pour son Symbole,
& depuis son regne, la Maison de France n'a point eu d'autres Armoiries.
Il ne se borna pas à les placer dans son Ecu & dans son Sceau, & les fit
graver sur ses Monnoies. Enfin, comme s'il avoit eu dessein de notifier
solemnellement son choix par l'Ordonnance qu'il rendit en 1179, au sujet
de la forme & des cérémonies qui devoient s'observer au Couronnement
de son Fils, il voulut que les fleurs de Lys fussent employées dans les habillemens royaux destinés pour le Sacre.

Philippe Auguste non-seulement conserva les Lys dans son Sceau & dans
ses Monnoies, mais en sema son Etendart. Louis VIII transmit à ses Successeurs un usage qu'il tenoit de ses Peres ; & sous les regnes suivans il
n'y eut de différence à cet égard que dans le nombre des Fleurs de Lys,
qui étant illimité, fut sujet à varier à proportion du champ plus ou moins
étendu, soit de l'Ecu, soit du Sceau. De-là vient que quelques Sceaux de
Philippe le Bel, de Philippe de Valois, du Roi Jean, sont chargés seulement de trois Fleurs de Lys, tandis que plusieurs autres des mêmes Rois
en portent jusqu'à dix.

Charles VI. a passé long-temps pour avoir été le premier qui les eut
fixées au nombre de trois ; mais Raoul de Presles nous apprend que la réduction des Fleurs de Lys étoit l'ouvrage de Charles V, & il y a lieu de
croire que ce fut comme un Hommage & un Acte de Foi envers la Sainte-
Trinité (20).

Je ne parlerai pas des autres points qui regardent les Mœurs & Coutumes des François. Je me suis seulement attaché à ceux-ci qui m'ont paru avoir
besoin d'être discutés, & sur lesquels on trouve tant de sentimens opposés.

(20) Ce que je viens de dire de l'origine des Armoiries est extrait d'une Dissertation
de M. de Foncemagne sur l'origine des Armoiries. *Tome XX. page 579. & suiv.*

FIN DU PREMIER VOLUME.

TABLE.

A.

Abdalla, Général du Calife Moavia, fait des progrès dans l'Afrique, I. Part. page 34 & *suivantes*.

Ætius, son Traité avec les Francs, II. Part. p. 32. sa victoire sur les Bourguignons, 33. sa mort, 36.

Agila Roi d'une partie de l'Espagne, I. Part. p. 26. sa mort, *ibid*.

Alaric Roi des Goths, sa réputation, I. Part. page 22.

Alaric II. Goth, Roi d'une partie de l'Espagne, I. Part. p. 24. ses exploits & sa mort, *ibid*.

Albigeois, Croisade prêchée contre eux, II. Part. p. 113.

Alphonse I. Roi d'Arragon, surnommé le Guerrier, envahit la Castille, I. Part. p. 66. sa mort, 67.

Alphonse III. Roi de Castille, I. Part. p. 76. troubles pendant son regne, *ibid*. sa mort, *ibid*.

Alphonse VI. Roi de Leon, &c. I. Part. p. 63. est défait dans une bataille, 64. ses différentes guerres, *ibid. & suiv*.

Alphonse VII. Roi de Castille, ses brouilleries avec sa femme, I. Part. p. 67 & *suiv*. guerres à ce sujet, 68 & *suiv*.

Alphonse Raymond, Roi de Leon & de Castille, &c. I. Part. p. 71. ses exploits militaires, *ibid. & suiv*. son mariage, 72. il est proclamé Empereur d'Espagne, *ibid*. sa mort, 73.

Alphonse X. surnommé le Sage, I. Part. p. 77. est élu Empereur, 78. sa mort, *ibid*.

Alphonse XI. dit le Juste, Roi de Castille, I. Part. p. 81. son mariage, *ibid*. fait une tréve avec les Maures, 82. appaise les troubles de son Royaume, *ibid*. sa mort, *ibid*.

Alphonse I. surnommé le Catholique, Roi d'Espagne, I. Part. p. 41. succede à Pelage, *ibid*. ses victoires sur les Maures, *ibid*. sa mort, *ibid*.

Alphonse II. Roi d'Espagne, I. Part. p. 43. pourquoi surnommé le Chaste, *ibid*. défait les Sarrazins, 44. fâcheuses affaires qui lui surviennent, *ibid. & suiv*. sa mort, 45.

Alphonse III. Roi d'Espagne, surnommé le Grand, I. Part. p. 46. son mariage, *ibid*. sa mort, 47. son éloge, *ibid*.

Alphonse IV. Roi d'Espagne, quitte la Couronne, I. Part. p. 48. la regrette, *ibid*. son frere lui fait crever les yeux, *ibid*.

Alphonse V. proclamé Roi d'Espagne, I. P. p. 54. rebâtit la Ville de Leon, *ibid*. sa mort, *ibid* causes de la tranquillité de son regne, *ibid. & suiv*.

Alphonse Henriquez, Souverain du Portugal, I. Part. p. 72. il est déclaré Roi, 74. il reprend presque tout le Portugal, 75.

Alphonse I. Roi de Portugal, I. Part. p. 147. troubles dans ses Etats. 148. ses exploits, *ibid. & suiv*. sa mort, 149.

Alphonse II. dit le Gros, Roi de Portugal, I. Part. p. 151. sa mort, *ibid*.

Alphonse III. Roi de Portugal, I. Part. p. 152. ses vues sur les Algarves, *ibid. & suiv*. son divorce avec Mathilde, 153. ses brouilleries avec la Cour de Rome, *ibid*. sa mort, *ibid*.

Alphonse IV dit le Brave, Roi de Portugal, I. Part. p. 156. troubles pendant son regne, *ibid*. fait la paix avec la Castille, *ibid*. sa cruauté envers Inez, 157 sa mort, *ibid*.

Alphonse V. dit l'Afriquain, Roi de Portugal, I. Part. p. 165. troubles pendant sa minorité, *ibid. & suiv*. fiancé à sa cousine, 166. déclaré majeur, 167. prend ombrage de son oncle, *ibid*. ses conquêtes en Afrique, 168. institue l'Ordre de l'Epée, *ibid*. est proclamé Roi de Castille, 169. est battu par Ferdinand, 170. fait la paix avec la Castille, 171. sa mort, *ibid*.

Alphonse VI. Roi de Portugal, sous la Régence de sa mere, I. Part. p. 184. habileté de cette Princesse *ibid*. fait la paix avec l'Espagne, *ibid*. est détrôné, 185. sa mort, 186.

Amalaric dépossedé par son frere naturel, I. Part. p. 24. rétabli, regne sous la tutelle de son Ayeul, *ibid*. son mariage, *ibid*. sa mort, *ibid*.

Andica, dernier Roi des Sueves, I. Part. p.

TABLE.

28. relegué à Badajos, *ibid.* ordonné Prêtre, *ibid.*

Anglois, offrent la Couronne à Louis de France, II. Part. p. 116. ils changent de sentimens, *ibid.* leurs guerres avec la France, 153 *& suiv.* leur descente en Normandie, 168.

Antoine, Prieur de Crato, proclamé Roi de Portugal, I. Part. p. 179. obligé de chercher un asyle, 180. sa mort, *ibid.*

Arc (Jeanne d'), délivre la Ville d'Orléans, II. Part. p. 174. fait couronner le Roi à Rheims, *ibid. & suiv.* défait les Anglois, 175. est annoblie, 176. est prise par les Anglois, *ibid.* son procès & sa mort, 177.

Armoiries, leur origine, II. Part. page 104. celles de France réduites, 171, 463.

Artaulphe, Roi d'une partie de l'Espagne, I. Part. p. 22. sa mort, *ibid.*

Athanagilde reconnoît son erreur au sujet des Romains, I. Part. p. 17. cherche à y remédier, *ibid.* sa mort, *ibid.*

Attila entre dans les Gaules, II. Part. p. 34. sa défaite, 35. sa mort, 36.

Aurele ou *Aurelio*, succéde à Froila, I. Part. p. 42. fait une tréve avec les Maures, *ibid.* sa mort, *ibid.*

Austrasie, Royaume, II. Part. p. 53 *& suiv.* gouverné par des Ducs, 67.

Aznar, Roi de Navarre, son regne & sa mort, I. Part. p. 49.

B.

*B*ARDES, leur emploi, II. Part. p. 5.
Bataille d'Agadel, II. Part. p. 223. d'Almanza, I. Part. p. 112. d'Azincourt, II. P. 166. de Badajos, I. Part. p. 113. de la Bicoque, II. Part. 232. de Bouvines, 115. de Brenneville, 105. de Calcinato, 373. de Cassano, 372. de Cerisoles, 244. de Coni, 413. de Courtrai, 135. de Courtras, 271. de Creci, 144. de Saint Denys, 259. de Dreux, 256 des Dunes, 338. d'Ettigen, 408. de Fleurus, 359. de Fontenai, 85. de Fontenoi, 416. de Fridelingue, 369. de Guastalla, 398. d'Hochstet, 369, 371. de Jarnac, 260. de Lavvfeld, 426. de Lépante, I. Part. p. 97: de Leuze, II. Part. p. 360. de Luxara, 368. de Malplaquet, 377. de Marignan, 228. de la Marsaille, 361. de la Marsée, 321. de Mons en Puele, 136. de Mont Cassel, 352. de Mont-Contour, 261. de Montl'heri, 189. de Nimegue, 368. de Norvvinde, 363. d'Oudenarde, 375. de Parme, 397. de Pavie, 235. de la Porte S. Antoine, 335. de S. Quentin, 250. de Ramillies, 374. de Rocoux, 325, 422. de Salado, I. Part. p. 156. de Sarragosse, 114. de Senef, II. Part. p. 348. de Spire, 370. de Steinkerque, 361. de Villaviciosa, I. Part. p. 114. de Vouillé, II. P. p. 48.

Baudoin, Comte de Flandres, chargé de la tutelle de Philippe, II. Part. p. 103. ses qualités, *ibid.* sa mort, *ibid.*

Beaujeu (Anne de), Régente en France, II. Part. p. 207 ses qualités, *ibid. & suiv.* sa conduite sage, 209.

Bermude ou *Veremond*, le Gouteux, appellé à la Couronne, I. Part. p. 52. ses guerres, *ibid. & suiv.* ligue qu'il fait contre les Infideles, 53. sa mort, *ibid.*

Bermude, fils d'Alphonse V. lui succede, I. P. 56. Loix qu'il établit, *ibid. & suiv.* fait la guerre à Ferdinand, 57. est tué dans une Bataille, 58.

Bretagne. Troubles dans ce Pays, II. Part. p. 61, 143.

Brunehaut épouse Caribert, II. Part. p. 56. sa mort cruelle, 64.

C.

*C*ARIARIC Roi des Suéves, I. Part. p. 28, sa mort *ibid.*

Caribert ou *Cherebert*, Roi de France, II. Part. p. 55. sa mort, 56.

Carloman, Duc des François, II. Part. p. 70. se retire dans un Cloître, *ibid.*

Carloman, fils de Louis le Begue, II. Part. p. 90, sa mort, 91.

Charles V. (I) Roi d'Espagne, I. Part. pag. 90. sa puissance, *ibid.* ses exploits, *ibid. & suiv.* fait le Roi de France prisonnier, *ibid.* à quelles conditions le remet en liberté, 91. Paix de Cambrai, *ibid.* passe en Afrique, 92. pénetre en France, 93. ses guerres contre les Protestans d'Allemagne, *ibid.* son abdication & sa retraite, 94. sa mort, *ibid.*

Charles II. Roi d'Espagne, I. Part. p. 103. fait la triple alliance, *ibid.* son Testament, 106, sa mort, *ibid.*

Charles Martel, Duc d'Austrasie, II. Part. p. 69. son habileté, 70. sa mort, *ibid.*

Charlemagne. Ses grandes qualités, II. Part. p. 74. ses exploits, *ibid. & suiv.* porte la guerre en Espagne, 75. est couronné Empereur 77. fait le partage de ses Etats entre ses fils, 78. est attaqué par les Normands, *ibid.* sa mort, 79.

Charles, surnommé le Chauve, sa naissance, II. Part. p. 81. livre bataille à son frere

TABLE.

85, fait la paix, 86. fe rend maître de l'Aquitaine, *ibid.* est couronné Empereur, 88. sa mort, 89.

Charles le Gros, Empereur & Roi de France, II. Part. p. 91. sa mort, 92.

Charles le Simple sacré à Rheims, II. Part. p. 93. partage la France avec Eudes, *ibid.* cede aux Normands une partie de la Neustrie, 94. est fait prisonnier, *ibid.* sa mort, p. 95.

Charles IV. dit le Bel, Roi de France, II. Part. p. 139. ses guerres, 140 *& suiv.* sa mort, 141.

Charles, Dauphin, prend le Gouvernement de l'Etat, II. Part. p. 147. peines que lui donne sa Régence, 148 *& suiv.* sort de Paris, *ibid.* y rentre, 150. recommence la guerre avec l'Angleterre, *ibid. & suiv.* 154. monte sur le Trône, 152. ses sages précautions, *ibid. & suiv.* fait la paix avec la Navarre, 153. ses Conquêtes 154 *& suiv.* danger qu'il court, 156 *& suiv.* sa mort, 157.

Charles VI. sacré à Rheims, II. Part. p. 158. ses différentes guerres, *ibid. & suiv.* punit plusieurs Factieux, 159. prend seul les rênes du Gouvernement, 160. par quel accident son esprit s'affoiblit, 161. est obligé de confier le Gouvernement de son Royaume, *ibid. & suiv.* Treve avec l'Angleterre, 162. nouvelles hostilités, *ibid.* 166. Troubles à la Cour, 163 *& suiv.* 167. Révoltes 164 *& suiv.* perd le Dauphin, 167, déclare le Roi d'Angleterre Héritier de sa Couronne, 169. sa mort, 170.

Charles VII. dit le Victorieux, couronné à Poitiers, II. Part. p. 171. ses guerres pour se maintenir, *ibid. & suiv.* ses succès & ses déroutes, 172. la Pucelle fait lever le siege d'Orleans, 174. Charles est sacré à Rheims, *ibid. & suiv.* ses Conquêtes, 175 *& suiv.* 180 *& suiv.* 184 *& suiv.* annoblit Jeanne d'Arc, 176. fait la paix avec le Duc de Bourgogne, 178 *& s.* s'empare de Paris, 180 *& suiv.* découvre une conspiration, 181, 186. fait la guerre en personne contre les Anglois, *ibid. & suiv.* contre les Suisses, 183. fait un Traité avec eux, *ibid.* Descente en Angleterre, 185, sa mort, 186.

Charles VIII. Roi de France sous la tutelle d'Anne de Beaujeu, II. Part. p 207. Cabales à ce sujet 208 *& suiv.* ses différentes guerres, 210 *& suiv.* succès de ses armes en Flandres, 211. il fait la paix de Bretagne, *ibid.* son mariage, 212. ses Conquêtes en Italie, 213 *& suiv.* Ligue formée contre lui, 216. danger qu'il court, *ibid.* il perd le Royaume de Naples, 217. sa mort, *ibid.*

Charles IX. Roi de France, sacré à Rheims, II. Part. p. 254. Guerres civiles & de Religion, 255 *& suiv.* 258 *& suiv.* s'empare de Rouen, 256. traite avec les Huguenots, 257, 259, 260 *& suiv.* fait le Siege du Havre-de-Grace, 258 visite les Provinces de son Royaume, *ibid.* est sauvé par les Suisses, 259. son mariage, 262. ordonne le massacre de la St Barthelemi, 263. fait le Siege de la Rochelle, *ibid.* meurt, 264.

Childebert, Roi de France, II. Part. p. 52. sa mort, 54. 61.

Childebert III. son regne & sa mort, II. Part. page 68.

Childeric, Roi des François, II. Part. p. 37. est chassé du Trône, *ibid.* est rétabli, 38. Son mariage, 39. sa mort, 42.

Childeric II. Roi d'Austrasie, II. Part. p. 66. sa mort, *ibid.*

Childeric III. Son regne, II. Part. p. 71. sa déposition & sa mort, 72.

Chilperic, II. Part. p. 56. Ses exploits, *ibid. & suiv.* sa mort, 59.

Chilperic II. Son regne & sa mort, II. Part. page 69.

Chindasuinte ou *Chindasvinde*, I. Part. p. 34. Son mariage, *ibid.* associe son fils, *ibid.* sa mort, *ibid.*

Chintila succede à Sisenand, I. Part. p. 33. Son regne & sa mort, *ibid.*

Clodion, premier Roi des Francs, II. Part. p. 29. lieu de sa résidence, 31. disputes à ce sujet, *ibid.* sa mort, 34.

Clodomir, fils de Clovis, Roi d'une partie de la France, II. Part. p. 51. Sa mort, 52.

Clotaire, fils de Clovis. Ses expéditions militaires, II. Part. p. 54. monte sur le Trône de France, 55. sa mort, *ibid.*

Clotaire II. Roi de France, II. Part. p. 59. Seul Maître de la Monarchie, 64. sa mort, *ibid.*

Clotaire III. Roi de France, II. Part. p. 66. Sa mort, *ibid.*

Clovis. Son avénement à la Couronne, II. Part. p. 42. soumet les Romains, 43. épouse Clotilde, 45. bat les Allemands, 46. embrasse le Christianisme, 47. fait la guerre à Gondebaut, *ibid.* ses Conquêtes, 49. ses cruautés, 50. sa mort, *ibid.*

Clovis II. Roi de France, II. Part. p. 65. Sa mort, 66.

Clovis III. Son regne & sa mort, II. P. p. 68.

Croisades. En quel temps commencerent, II. Part. p. 104.

TABLE.

D.

DAGOBERT aſſocié au Trône par Clotaire, II. Part. p. 64. Sa mort, 65.

Dagobert III. Son regne & ſa mort, II. Part. p. 68.

Dauphiné cedé au Roi de France, II. Part. p. 145.

Denis I. Roi de Portugal, I. Part. page 154. Son amour pour ſes Sujets, *ibid.* ſes guerres avec la Caſtille, *ibid. & ſuiv.* inſtitue l'Ordre Chriſt, 155. Révolte de ſon fils, *ibid.* ſa mort, *ibid.*

Druides. Leurs fonctions, II. Part. p. 4 & ſuiv.

E.

EBORIC Roi des Sueves, eſt détrôné, I. Part. p. 28. eſt relegué dans un Monaſtere, *ibid.*

Edouard III. d'Anglèterre prend le titre de Roi de France, II. Part. p. 143. Guerres à cette occaſion, *ib. & ſuiv.* fait la paix & pour quoi, 151. recommence la guerre contre Charles V, 154 & ſuiv. ſa mort, 156.

Edouard I. Roi de Portugal, I. Part. p. 164. Son peu de ſuccès en Afrique, 165. ſa mort, *ibid.*

Egica ou *Egiſa* ſuccede à Errige, I. Part. p. 37. répudie Cixilone, *ibid.* ſon portrait, *ibid.* convoque trois Conciles, *ibid.* ſa mort, *ibid.*

Emmanuel I. dit le Fortuné, Roi de Portugal, I. Part. p. 174. bannit les Maures & les Juifs du Royaume, *ibid.* ſes mariages, *ibid.* 176. Découverte de la Côte Orientale de l'Ethiopie, 175. du Bréſil, *ibid.* confiance du Roi de Congo, *ibid.* Emmanuel reçoit des Ambaſſadeurs de Veniſe, 176. ſa mort, *ibid.*

Ervige monte ſur le Trône, I. Part. p. 37. Son regne & ſa mort, *ibid.*

Eſpagne. Comment appellée autrefois, I. Part. p. 20 & ſuiv. comment elle a paſſé ſous la domination de pluſieurs Peuples, 21 & ſuiv. les Viſigoths l'envahiſſent en partie, 22 & ſuiv. les Sueves s'emparent du reſte de ce Pays, *ibid. & ſuiv.* fin de leur Empire, 28. fin de la Monarchie des Goths, 39. invaſion des Maures, *ibid. & ſuiv.* l'Eſpagne partagée entre pluſieurs Souverains, 58. réunie ſous un ſeul Chef, 85, 130. Qualités de ſon terroir, 131. pourquoi mal peuplée, *ibid.*

Eſpagnols. Forme de leur Gouvernement, I. Part. page 130. leur caractère, 131. leurs Poſſeſſions dans les autres parties du monde,
ibid. leurs richeſſes, *ibid. & ſuivantes.*

Eſprit (Ordre du Saint). Son inſtitution, II. Part. p. 268. ſes Statuts, *ibid.*

Eubages, II. Part. p. 6.

Eudes couronné Roi de France, II. Part. p. 92. ſes exploits contre les Normands, *ibid. & ſuiv.* partage la France avec Charles le Simple, 93. ſa mort, *ibid.*

Euric ou *Evaric* étend ſes Conquêtes ſur l'Eſpagne, &c. I. Part. p. 24, ſa mort, *ibid.*

F

FAVILA ſuccede à Pelage, I. Part. p. 41. Brieveté de ſon regne, *ibid.* Sa mort funeſte, *ibid.* premier exemple de ſucceſſion féminine en Eſpagne, *ibid.*

Ferdinand, Roi de Caſtille & de Leon, I. Part. pag. 58. ſes Conquêtes, *ibid.* ſe ſignale contre les Maures, 59. partage ſes Etats entre ſes enfans, 60. ces Princes ne peuvent vivre en bonne intelligence, 61 & ſuiv. ſa mort, *ibid.*

Ferdinand II. Roi de Leon, I. Part. page 75. ſes exploits & ſa mort, 77.

Ferdinand III. dit le Saint, Roi de Caſtille & de Leon. ſon regne & ſa mort, I. Part. page 77.

Ferdinand IV. Roi de Caſtille & de Leon, I. Part. page 80. double mariage, *ibid.* ſa mort, 81.

Ferdinand V. fait valoir ſes droits ſur la Caſtille, I. Part. page 85. oppoſitions qu'il rencontre, *ibid.* les ſurmonte, *ibid.* introduit l'Inquiſition en Eſpagne, *ibid. & ſuiv.* chaſſe les Maures de ſon Royaume, 86. découverte de l'Amérique, *ibid* fait alliance avec le Roi de France, 87. entre dans la ligue de Cambrai, 88. ſa mort & ſon éloge, *ibid. & ſuiv.*

Ferdinand VI. Roi d'Eſpagne, I. Part. page 130.

Ferdinand I. Roi de Portugal, I. Part. page 159. ſes prétentions ſur la Caſtille, 160. fait la paix avec cette Puiſſance, *ibid.* recommence la guerre, 161. fait de nouveau la paix, *ibid.* ſa mort, 162. Interregne, *ibid & ſuiv.*

Flandre (Comté de) réuni à la Couronne de France, II. Part. page 134.

Foix (Comte de), ſa révolte & ſa punition, II. Part. page 126.

Fortun, dit le Moine, Roi de Navarre. ſon regne & ſa mort, I. Part. pag. 49.

France. La diviſion entre les fils de Clovis, II. Part. page 50. guerres au ſujet de ce partage, 51. partagée de nouveau entre les

TABLE.

fils de Caribert, 56. Voyez *Francs*.

François I. couronné à Rheims, II. Part. p. 227. passe en Italie, *ibid*. 235. s'empare du Milanez, 228. fait le Concordat avec le Pape, 229. suscite des ennemis à l'Empereur, *ibid*. prétend à l'Empire, 230. conduite du Pape à ce sujet, *ibid*. se rend en Flandre, 231. ses succès, *ibid*. état de ses affaires en Italie, *ibid*. 234. Révolte du Connétable de Bourbon, 233. est fait Prisonnier, 235. est relâché, 236. Traité à ce sujet, 237. ses entreprises sur le Royaume de Naples, 238. il fait la paix à Cambrai, 239. son amour pour les Sciences, *ibid*. la guerre recommence, 240 *& suiv*. 243. il fait la guerre à Charles-Quint, 241. ses succès dans le Piedmont, 242. fait la paix avec Charles-Quint, 244. ensuite avec les Anglois, 245. sa mort, *ibid*.

François II. Roi de France, II. Part. p. 252. guerres civiles commencent sous son regne, *ibid. & suiv*. sa mort, 253.

Francs ou *François*. leur origine, II. Part. page 19 *& suiv*. étymologie de ce nom, *ibid*. leurs courses dans les Gaules, 21 *& suiv*. servent dans les Armées Romaines, *ibid*. leurs premieres irruptions, *ibid*. leurs guerres avec les Vandales dans les Gaules, 27. leur établissement dans ce Pays, 29. leur Traité avec Ætius, 32. soumettent les Romains, 43. leurs mœurs & coutumes, 45 1.

Fredegonde épouse Chilperic, II. Part. page 56. sa mort, 62.

Froila succede à son pere, I. Part. p. 42. son caractere cruel, *ibid*. défait un grand nombre de Maures, *ibid*. est assassiné, *ibid*.

Froila II. s'empare du Thrône, I. Part. pag. 48. sa cruauté, *ibid*. le genre de sa mort, *ibid*.

Frontan élu Roi par les Sueves, I. Part. p. 28. sa mort, *ibid*.

Frumarius élu par les Galiciens, I. Part. pag. 28. sa mort, *ibid*.

Fulga. Voyez *Tulca*.

G

GARCIE, Roi d'Espagne, I. Part. p. 47. ses guerres, *ibid*. sa mort, *ibid*.

Garcie, Roi de Navarre, son regne & sa mort, I. Part. p. 49.

Garcie Ximenes, Roi de Navarre, son regne & sa mort, I. Part. p. 49.

Garcie I. (III) succede au Roi Sanche, I. Part. p. 49 sa mort, *ibid*.

Garcie II. (IV), Roi de Navarre, I. Part. p. 49. sa mort, *ibid*.

Gaules. leur division par les Romains, I. Part. p. 7 *& suiv*. leurs differens noms, 10. conquises par César, 13 *& suiv*. leur fâcheux état sous les Empereurs Romains, 14 *& suiv*. envahies par les Francs, 21 *& suiv*. ils s'y établissent, 29.

Gaulois, leur origine, II. Part. page 1. leur valeur, 2. leur Religion, 3. leur amour pour les Sciences, 4. leur premiere forme de leur Gouvernement, 7. leur premiere migration, 10. tombent sous la domination Romaine, 13 *& suiv*. leurs differentes expéditions, *ibid*. leurs révoltes, 15 *& suiv*.

Gesalic regne sur les Goths au préjudice d'Almatic, I. Part. p. 24. guerres qu'il essuye à ce sujet, 25. sa mort, *ibid*.

Godemar, Roi des Bourguignons, vaincu par Clodomir, II. Part. p. 52 *& suiv*.

Gondemar succede à Vittéric, I. Part. p. 32. son regne & sa mort, *ibid*.

Guillaume fait la conquête de l'Angleterre, II. Part. p. 103. est en guerre avec la France, *ibid*.

Guise (Duc de) assassiné, II. Part. p. 275.

H

HENRI I. Roi de Castille, I. Part. p. 76. troubles pendant sa minorité, *ibid. & suiv*. sa mort, 77.

Henri II. Roi de Castille & de Léon, I. Part. p. 83. son regne & sa mort, 84.

Henri III. Roi de Castille, I. Part. p. 84. sa mort, *ibid*.

Henri IV. Roi de Castille, I. Part. page 85. de quoi soupçonné, *ibid*. sa mort, *ibid*.

Henri Roi de France, son regne & sa mort, II. Part. page 102.

Henri V. Roi d'Angleterre, déclaré Héritier de la Couronne de France, II. Part. p. 169. sa mort, 170.

Henri VI. de la Maison de Lancastre, proclamé Roi de France & d'Angleterre, II. Part. p. 171. ses guerres, *ibid. & suiv*. couronné à Paris 177. perd cette Capitale, 180 *& suiv*. ses autres pertes en France, 184 *& suiv*. chassé du Trône d'Angleterre, implore le secours du Roi de France, 188.

Henri II. Roi de France, II. Part. pag. 246. déclare la guerre à Charles V. *ibid. & suiv*. Taité avec les Princes Allemands, 247. ses Conquêtes dans les Pays Bas, 248 *& suiv*. son peu de succès en Toscane, *ibid. & suiv*. fait la paix, 251. sa mort tragique, *ibid*.

Henri III. est élu Roi de Pologne, II. Part. page 264. il quitte ce Pays, *ibid*. il est couronné Roi de France, 265, troubles pendant son regne, *ibid. & suiv.* fait la guerre aux Protestans, 267, 270. Institue l'Ordre du Saint Esprit, 260. Ligues contre lui, 269, 271, 276. son retour à Paris, 273. Journée des Barricades, 274. assemble les Etats à Blois, 275. il fait assassiner le Duc de Guise, *ibid.* il se ligue avec le Roi de Navarre, 276 il est assassiné, 277.

Henri IV. Roi de France. difficultés qu'il rencontre, II. Part. p. 278. excès des Ligueurs contre lui, *ibid. & suiv.* se retire en Normandie, 279. attaque Paris, *ibid.* en fait le siege, 280. entreprises faites contre lui, *ibid. & suiv.* est excommunié, 281. fait le siege de Rouen, 282. fait abjuration, 285. se rend Maître de Paris, 286 *& suiv.* court un grand danger, 287. il déclare la guerre aux Espagnols, 288. reçoit l'absolution de Rome, *ibid.* bon effet que cela produit, 289. il marche en Bretagne, *ibid.* fait la paix avec l'Espagne, 290. fait casser son premier mariage, *ibid.* épouse Marie de Medicis, 291. nouvelle conspiration, *ibid. & suiv.* ses voyages, 292 *& suiv.* sa mort funeste, *ibid.*

Henri, Comte de Portugal, I. Part. p. 146. ses exploits, *ibid & suiv.* sa mort 147.

Henri, Roi de Portugal, I. Part. p. 179. son grand âge, *ibid.* sa mort, *ibid.*

Hermeneric, Roi des Sueves, s'empare de l'Espagne, I. Part. page 28. son regne & sa mort, *ibid.*

Hugues le Grand. sa révolte, II. Part. page 95. son ambition, *ibid. & suiv.* sa mort, 98.

Hugues Capet monte sur le Trône des François, II. Part. p. 99. Charles Duc de Lorraine le lui dispute, *ibid.* sa mort, 100.

Hugues associé à son pere, II. Part. page 101. meurt avant lui, *ibid.*

J

Jean I. Roi de Castille & de Leon, I. Part. p. 84. son regne & sa mort, *ibid.*

Jean II. élevé sur le Trône de Castille, I. Part. p. 84. Sa mauvaise éducation, *ibid.* sa mort, *ibid.*

Jean I. Roi de France, II. Part. p. 139. sa mort, *ibid.*

Jean II. sacré à Rheims, II. Part. page 145. troubles pendant son regne, 146 *& suiv.* ses guerres, *ibid. & suiv.* est fait Prisonnier, 147. sa délivrance, 151. sa mort, page 152.

Jean I. dit le Pere de la Patrie, Roi de Portugal, I. Part. p. 163. porte la guerre en Castille, *ibid.* ses expéditions en Afrique, 164, sa mort, *ibid.*

Jean II. dit le Grand, Roi de Portugal, I. Part. p. 171. il veut abbatre la puissance des Seigneurs de sa Cour, *ibid.* révolte à cette occasion, *ibid.* Voyages en Afrique, 172. sa mort, 173.

Jean III. Roi de Portugal, I. Part. pag. 177. ses pertes en Afrique, *ibid.* sa mort, 178.

Jean IV. de la Maison de Bragance, Roi de Portugal, I. Part. pag. 181. ses guerres, *ibid. & suiv.* sa trop grande sévérité, 183. sa mort, *ibid.*

Jean V. Roi de Portugal, I. Part. page 186. Négociations pendant son regne, 187 *& suiv.* mariages, 189. sa mort, 191.

Jerusalem (le nouveau Royaume de); quel fut son premier Roi, II. Part. p. 104.

Inès de Castro, aimée de l'Infant de Portugal, I. Part. p. 157. est poignardée par l'ordre du Roi, *ibid.* honneurs qu'on lui rend après sa mort, 158.

Joseph Emmanuel, Roi de Portugal, I. Part. page 191.

L

Leuvigilde, Roi des deux Espagnes, I. Part. p. 27. est le premier qui ait pris les marques de la Royauté, *ibid.* ses exploits contre les Romains, *ibid. & suiv.* s'empare du Royaume des Suéves, 28. sa cruauté envers son fils, 30. cherche à faire la paix avec Gontran, *ibid.* meurt sans avoir pu y réussir, *ibid.*

Liuva proclamé Roi à Narbonne, I. Part. p. 27. associe son frere au Trône, *ibid.* sa mort, *ibid.*

Liuva II. monte sur le Trône, I. Part. p. 30. est assassiné, *ibid.*

Lombards. Guerres que leur fait Childebert, II Part. p. 60.

Lothaire Empereur, fait la guerre à ses freres, II. Part. p. 85. déchu de ses droits sur la Couronne de France, 86. fait la paix avec ses freres, *ibid.* sa mort, 87.

Lothaire, Roi de Lorraine, II. Part. p. 87. son regne & sa mort, 88

Lothaire, reconnu Roi de France, II. Part. page 97. fait la guerre à Othon, 98. sa mort, 99.

Louis, fils de Charlemagne, Roi d'Aquitaine, II. Part. p. 76. associé à l'Empire, 79. couronné par les mains du Pape, 80. partage ses Etats entre ses trois fils, *ibid.* son mariage, 81. révolte de ses enfans, 82 *&*

TABLE.

fuiv. il eſt dépoſé, 83. rétabli, 84. nouveau partage de ſes Etats, *ibid.* ſa mort, page 85.

Louis, dit le Begue, Roi de France, II. Part. p. 89. ſa mort, 90.

Louis III. monte ſur le Trône, II. Part. p. 90. ſa mort, 91.

Louis IV. d'Outremer, monte ſur le Trône de ſes Ayeux, II. Part. page 95. médite la Conquête de la Normandie, 96. eſt fait priſonnier & remis en liberté, *ibid.* tombe ſous la puiſſance de Hugues le Grand, 97. ſa mort, *ibid.*

Louis V. Roi de France, ſes qualités, II. Part. p. 99. Sa mort, *ibid.*

Louis VI. dit le Gros, couronné du vivant de ſon pere, II. Part. p. 104. fait la guerre au Roi d'Angleterre, 105. réunit la Guienne à la Couronne, 106. ſa mort, 107.

Louis VII. dit le Jeune, prend poſſeſſion de la Couronne, 107. fait la guerre au Comte de Champagne, *ibid.* prend la Croix, *ibid.* part pour la Terre-Sainte, *ibid.* ſon retour *ibid.* fait caſſer ſon mariage, 108. ſa mort, *ibid.*

Louis VIII. fait la guerre aux Anglois, II. Part. p. 117. pourſuit les Albigeois, *ibid.* meurt, *ibid.*

Louis IX. Roi ſous la tutelle de ſa mere, II. Part. p. 118. Réunion d'une partie du Languedoc à la Couronne, *ibid.* ſon mariage, *ibid.* Troubles, 119. à quelle occaſion prend la Croix, *ibid.* 124. ſon départ pour la Paleſtine, *ibid.* prend Damiete, 120. eſt fait priſonnier, 121. fait un Traité avec le Roi d'Arragon, 123. autre avec le Roi d'Angleterre, *ibid.* prononce un Jugement en faveur de ce dernier, *ibid.* ſon arrivée à Tunis, 124. ſa mort, *ibid.*

Louis X. dit Hutin, ſon regne & ſa mort, II. Part. p 138, 139.

Louis XI. couronné Roi de France, II. Part. p. 186. abolit la Pragmatique-Sanction, 187. ſes guerres avec ſes propres Sujets, 189 & *ſuiv.* traite avec les Princes, 190. rompt enſuite ces Traités, *ibid.* & *ſuiv.* Il déclare la guerre au Duc de Bourgogne, 194. s'oppoſe au mariage du Duc de Guienne, *ibid.* & *ſuiv.* continue la guerre, 195. fait une treve, *ibid.* envoye des Troupes dans le Rouſſillon, 196 & ſuiv. découvre une conjuration, 197, 204. reçoit le Connétable en grace, 198. fait un Traité d'Alliance avec les Suiſſes, 199. en fait un avec l'Empereur, 200. réunit la Bourgogne à la Couronne, 202. eſt ſur le point de perdre cette Province, 203. porte la guerre en Italie, 204. ſes differends avec Maximilien, 205. ſa mort, 207.

Louis XII. dit le Pere du Peuple, II. Part. p. 218. ſon mariage, *ibid* continue la guerre en Italie, *ibid* & *ſuiv.* ſe rend Maître de Milan, 219. traite avec Ferdinand pour le Royaume de Naples, 220. mauvaiſe foi de Ferdinand, 221 fait une treve avec l'Eſpagne, *ibid.* appaiſe la révolte des Génois, 222. entre dans la Ligue de Cambrai, 223. Projet du Pape contre lui, *ibid.* & *ſuiv.* il perd le Milanez, 225. il le reprend & le perd auſſi-tôt, 226. Tentatives des Anglois en Picardie, *ibid.* Il fait la paix avec eux, 227. ſa mort, *ibid.*

Louis XIII. dit le Juſte, Roi de France. Troubles pendant ſa Minorité, II. Part. p. 293 & *ſuiv.* On propoſe de le marier, 294. il eſt déclaré Majeur, 296. le Prince de Condé s'oppoſe à ſon mariage, 297. il ſe rend à Bordeaux pour le conclure, *ibid.* continuation des troubles, 298 & *ſuiv.* 311. il fait arrêter le Prince de Condé, *ibid.* il prend en main le maniement des affaires, 299. il exile ſa mere, *ibid.* il ſe reconcilie avec elle, 301. il ſe met à la tête de ſes Troupes, *ibid.* ſes démarches au ſujet de l'affaire de la Valteline, 302, 305. il marche contre les Rebelles, *ibid.* il accorde la paix aux Proteſtans, 303. la nouvelle révolte de ces derniers, 304. il confie le Miniſtere au Cardinal de Richelieu, *ibid.* Guerres de Religion, 304, 307, 309, fait le ſiege de la Rochelle, 307. Traité avec le Duc de Savoye, 309. recommence la guerre en Italie, *ibid.* & *ſuiv.* ſa maladie, 311. fait une ligue avec le Roi de Suede, *ibid.* porte la guerre en Lorraine, 312 & *ſuiv.* il la déclare à l'Empereur & à l'Eſpagne, 314. ſes expéditions dans les Pays-Bas, *ibid* & *ſuiv.* il ſe brouille avec la Cour de Rome, 320. il appelle le Cardinal Mazarin au Conſeil, 325. ſa mort, *ibid.*

Louis XIV, Roi de France, monte ſur le Trône, II. Part. p. 325. heureux événement au commencement de ſon regne, *ib.* ſes guerres, *ibid.* & *ſuiv.* troubles dans ſon Royaume, 330 & *ſuiv.* eſt déclaré majeur, 333. guerres civiles, *ibid.* & *ſuiv.* le calme eſt rétabli, 335. le Roi eſt ſacré à Rheims, 336. s'empare d'Arras, 337. continue la guerre contre les Eſpagnols, *ibid.* fait le ſiége de Dunkerque, 338. tombe malade, 339 ſuccès de ſes armes, *ibid.* fait le Traité des Pyrennées, 340. ſon mariage, 341. ſes différens Traités, 343 & *ſuiv.* s'empare de la Lorraine, 345. reçoit une Ambassade de Guinée, ibid. continue la guerre avec la Hollande, ibid. & suiv. ses conquêtes, 346 & suiv. fait la paix avec l'Empereur, 353. réunit plusieurs Places à la Couronne, ibid. & suiv. ses brouilleries avec le Pape, 354, 357. ses expéditions contre les Corsaires, 355. bombarde Gênes, ibid. Trêves avec l'Espagne, 356. oblige le Doge de Gênes à se rendre en France, ibid. reçoit les Ambassadeurs de Siam, ibid. ses expéditions en Allemagne, 357 & suiv. donne asyle à Jacques II, Roi d'Angleterre, 358. prend quelques Places sur les Impériaux, ibid. & suiv. ses succès en Italie, &c. 359 & suiv. fait le siege de Namur, ibid. s'accommode avec le Duc de Savoye, 365. Traité de Riswick, ibid. la guerre recommence, 367 & suiv. révolte des Protestans punie, 370. avantages de ses Troupes en Allemagne, 373. fait des tentatives pour la paix, 376. perd le Dauphin, 378. ses differentes expéditions en Flandres, 380 & suiv. ses divers Traités, 381. continue la guerre avec l'Empire, 382. fait enfin la paix, ibid. son Testament, ibid. sa mort, 383.

Louis XV, Roi de France, II. Part. p. 384. quel fut son Régent, 385. situation des affaires pendant sa minorité, ibid. & suiv. reçoit le Czar avec de grands honneurs, 385. fait un Traité avec la Lorraine, 386. triple & quadruple alliance, 387. déclare la guerre à l'Espagne, ibid. tient son Lit de Justice, 388. fait la conquête de Fontarabie, ibid. de St Sebastien, 389. est déclaré majeur, 391. son mariage, 392. differentes négociations, ibid. & suiv. déclare la guerre à l'Empereur, 393. ses succès en Italie, 394 & suiv. ses conquêtes en Allemagne, 399. siege de Philisbourg, 400. Préliminaires de la paix, 401 & suiv. 419. à quelle occasion la guerre recommence, 403 & suiv. Campagnes d'Italie, 408 & suiv. 411, 419 & suiv. Campagnes en Flandres, 413, 421, 416. le Roi passe en Alsace, ibid. sa maladie, 414. ses differentes expéditions sur mer, 415. ses conquêtes en Flandres, 416. prend Berg-op-Zoom, 427. paix conclue, 429 & suiv.

Lusitanie, ses premiers Habitans, I. Part. p. 133. conquise en partie par les Carthaginois, 135. tombe sous la domination Romaine, 136. les Suéves s'en emparent, 145. combien resta sous l'Empire des Goths, 146. envahie par les Maures, ibid. est reconquise par Henri, ibid. & suiv. prend le nom de Portugal. Voyez Portugal.

Lusitaniens, leurs qualités, I. Part. p. 135. pourquoi se révoltent, 136 se choisissent un Chef, 141. se soumettent aux Romains, 142 & suiv. leurs Rois Sueves, 145 & suiv. Voyez Lusitanie.

M

MALDRAS & Frontan, élus en même-temps par les Sueves, I. Part. p. 28. leur mort, ibid.

Manichéens détruits en France aussi-tôt qu'ils parurent, II. Part. p. 101.

Marseille, sa fondation, II. Part. p. 6.

Mauregat enleve la Couronne à son frere, I. Part. p. 43. sa mort, ibid.

Maures, pourquoi nommés ainsi, I. Part. p. 35. leur entrée en Espagne, 39 & suiv. en sont chassés, 86.

Mazarin (le Cardinal de), son élevation, II. Part. p. 325. est nommé Premier Ministre, ibid. cabales contre lui, 326, 333. il se retire de la Cour, 333, 335. il y est rappellé, 334, 336. sa mort, 341.

Merouée, sur quels pays regnoit, II. Part. p. 34. ses conquêtes, 36. sa mort, 37.

Mir ou Theodomir, Roi des Sueves, I. Part. p. 28. sa mort, ibid.

Mir, succede à son pere, I. Part. p. 28. son regne & sa mort, ibid.

N

NAVARRE. Origine de ce Royaume fort incertaine, I. Part. p. 49. ses Rois, ib.

Normandie réunie à la Couronne de France, II. Part. p. 112.

Normands, leurs irruptions, II. Part. p. 85 & suiv. leur défaite, 88. font le siege de Paris, 92. contraints de le lever, ibid. se font céder une partie de la Neustrie, 94.

O

ORDOGNO, succès & disgraces de son regne, I. Part. p. 46. sa mort, ibid.

Ordogno II, Roi d'Espagne, I. Part. p. 47. ses exploits militaires, ibid. & suiv. sa cruauté & sa mort, 48.

Ordogno III, Roi d'Espagne, succede à son pere, I. Part. p. 50. pourquoi répudie Urraque, ibid. sa mort, 51.

Ordogno, dit le Mauvais, se rend maître de Leon, I. Part. p. 51. sa domination odieuse, ibid. sa mort, ibid.

Ordre du St Esprit. Voyez Esprit.

Oriflame, ce que c'étoit, II. Part. p. 106.

Orléans

TABLE.

Orleans (le Duc d'), Régent en France, II. Part. p. 385. ses soins pour les affaires de l'Etat, *ibid. & suiv.* son habileté dans les négociations & les guerres étrangeres, 386 *& suiv.* sa mort, 391.

Orleans (la Pucelle d'). *Voyez Arc.*

P

Paris, troubles dans cette Ville, II. Part. p. 147. le Duc de Bourgogne s'en rend maître 168. se soumet à Charles VII, 180 *& suiv.*

Pedre (Don), dit le Justicier, Roi de Castille, I. Part. p. 82. son amour pour Padilla, *ibid. & suiv.* son mariage, *ibid. & suiv.* sa conduite odieuse, 83. sa mort, *ibid.*

Pelage échappe aux Maures, I. Part. p. 40. élu Roi dans les Asturies, *ibid.* ses guerres contre les Maures, *ibid. & suiv.* ses conquêtes & sa mort, 41.

Pepin, Duc des François, II. Part. p. 71. monte sur le Trône, 72. est sacré par le Pape, 73. passe en Italie, *ibid.* sa mort, 74.

Pepin, fils de Charlemagne, Roi des Lombards, II. Part. p. 76. sa mort, 78.

Pharamond, différentes opinions à son sujet, II. Part. p. 28 *& suiv.*

Philippe s'empare de la Castille, I. Part. p. 87 *& suiv.* sa mort, 89.

Philippe II, Roi d'Espagne, I. Part. p. 94. cause l'abbaissement de l'Espagne, 95. retranche aux Flamands leurs privilèges, *ibid.* fait la guerre à l'Angleterre, 96. fait la paix avec la France, 97. révolte dans le Royaume de Grenade, 98. fait mourir son propre fils, 98. est maître des Indes & du Portugal, *ibid.* 181. sa mort, 98, 181.

Philippe III, Roi d'Espagne, I. Part. p. 98. il chasse les Maures d'Espagne, 99. sa mort, *ibid.*

Philippe IV, Roi d'Espagne, I. Part. p. 99. ses différentes guerres, *ibid. & suiv.* troubles de Catalogne, 101. perd le Portugal, *ibid. & suiv.* 182. sa mort, 103.

Philippe V, Duc d'Anjou, Roi d'Espagne, I. Part. p. 106. son mariage, *ibid.* ses guerres pour se soutenir, 107 *& suiv.* il incorpore l'Arragon à la Castille, 112. Il lui naît un fils, 113. Il fait la paix avec l'Angleterre & la Hollande, 115. avec le Portugal, *ibid.* ses traités & ses conquêtes, 116 *& suiv.* 120. son abdication, 119. il reprend la Couronne, *ibid.* ses négociations, 121 *& suiv.* origine des différends entre l'Espagne & l'Angleterre, 122. Diverses hostilités en Afrique, 126 *& suiv.* ses prétentions sur les biens de la Maison d'Autriche, 127 *& suiv.* sa mort, 129.

Philippe I, Roi de France, II. Part. p. 103. met Guillaume en fuite, *ibid.* répudie la Reine Berthe, *ibid. & suiv.* est excommunié, 104. fait couronner son fils Louis, *ibid.* sa mort, *ibid.*

Philippe-Auguste II du nom, Roi de France, II. Part. p. 109. se croise, *ibid.* fait la guerre à l'Angleterre, *ibid.* son départ pour la Terre-Sainte, *ibid. & suiv.* arrivé devant Acre & s'en empare, 110. continue la guerre contre les Anglois, *ibid. & suiv.* son mariage, 111. troubles à ce sujet, *ibid.* il réunit la Normandie à la Couronne, 112. ses vûes sur l'Angleterre, 114 *& suiv.* danger qu'il court, 115. remporte la victoire, *ibid.* sa mort, 116.

Philippe III, surnommé le Hardi, proclamé Roi de France hors du Royaume, II. Part. p. 125. son retour, *ibid.* Réunit à la Couronne le Comté de Toulouse, 126. fait la guerre au Roi d'Arragon, 127. sa mort, 128.

Philippe IV, dit le Bel, sacré à Rheims, II. Part. p. 128. ses guerres, *ibid. & suiv.* fait une Trêve, 130. son différend avec Boniface, *ibid. & suiv.* réunit le Comté de Flandre à la Couronne, 134. Les Flamands se révoltent contre lui, *ibid. & suiv.* Il perd la bataille de Courtrai, 135. il gagne celle de Mons en Puelle, 136. sa mort, 137.

Philippe V, dit le Long, Roi de France, son regne & sa mort, II. Part. p. 139.

Philippe VI, dit de Valois, d'abord Régent, ensuite Roi de France, II. Part. p. 141. ses guerres, *ibid. & suiv.* se croise, 142. exile Robert d'Artois, *ibid.* troubles & batailles pendant son règne, 143 *& suiv* le Dauphiné lui est cédé, 145. sa mort, *ibid.*

Pierre I, dit le Justicier & le Severe, Roi de Portugal, I. Part. p. 157. se venge des assassins d'Inès, 158. la fait exhumer, *ibid.* sa mort, 159.

Pierre II. Régent de Portugal, I. Part. p. 185. Prend le titre de Roi, 186. sa mort, *ibid.*

Portugais; forme de leur gouvernement, I. Part. p. 191. leur caractere, *ibid.* temperature de leur climat, *ibid.* leurs possessions dans les autres parties du monde, 192.

Portugal; état de ce païs, I. Part. p. 147. Origine de ce nom, *ibid.* suite de ses Rois, *ibid. jusqu'à la fin*; ses differens Etats, 191. *Voyez Portugais.*

Pragmatique-Sanction; ce que c'est, II. Part. p. 181. est abolie en France, 187.

TABLE.

R

Ramire, couronné Roi d'Espagne, I. Part. p. 45. vision qu'il eut, ibid. victoire qu'il remporte, ibid. sa mort, 46.

Ramire II, Roi d'Espagne, I. Part. p. 49. sa mort, 50.

Ramire III, Roi d'Espagne, I. Part. p. 52. son regne & sa mort, ibid.

Raoul ou Rodolphe, usurpe la Couronne de France, II. Part. p. 95. sa mort, ibid.

Recarede, succede à son pere, I. Part. p. 30. ses mariages, ibid. & suiv. sa mort, 31.

Recarede II, succede à Sisebut, I. Part. p. 32. son regne & sa mort, ibid.

Recesuinte ou Reccesvinde, son regne & sa mort, I. Part. p. 34.

Rechiaire succede à son pere, I. Part. p. 28. est fait prisonnier, ibid. sa mort, ibid.

Rechila succede à Hermeneric, I. Part. p. 28. sentimens au sujet de sa Religion, ibid. Sa mort, ibid.

Remismond, substitué à Frontan I. P. p. 28. sa mort, ibid.

Richelieu (le Cardinal de) entre dans le Ministere, II. Part. p. 304. Cabales contre lui, 306. assiste au siége de la Rochelle, 307. fait échouer une conjuration formée contre lui, 323. sa mort, 324.

Rochelle, fameux siége de cette Ville, II. P. p. 307. est obligée de se rendre, 308.

Robert monte sur le trône, II. Part. p. 100. son mariage cassé, ibid. ses conquêtes, ib: & suiv. Il associe son fils Hugues à la Couronne, 101. détruit la Secte des Manichéens, ibid. révolte de ses fils, ibid. & suiv. sa mort, 102.

Rodrigue déclaré Roi, I. Part. p. 38. donne de grandes espérances, ibid. les dément bien-tôt, 39. est cause de l'entrée des Maures en Espagne, ibid. sa mort, ibid. est le dernier Roi Goth en Espagne, ibid.

S.

Sabinus-Julius, son histoire tragique, II. Part. p. 17.

Sanche I, surnommé le Gros, Roi d'Espagne, I. Part. p. 51. on lui dispute la couronne, ibid. Il est détrôné & rétabli, ibid. sa mort, 51.

Sanche III, Roi de Castille, I. Part. p. 75. sa mort, 76.

Sanche IV, Roi de Castille au préjudice de ses neveux, I. Part. p. 79. guerres qu'il s'attire, ibid. sa mort, 80.

Sanche V, Roi d'Espagne, usurpe la Couronne, I. Part. p. 62. est tué par trahison, ibid.

Sanche V, Roi de Navarre, son regne & sa mort, I. Part. p 49.

Sanche-Garcie I, proclamé Roi de Navarre, I. Part. p. 49. sa mort, ibid.

Sanche II, dit Abarca, Roi de Navarre, son regne & sa mort, I. Part. p. 49.

Sanche IV, Roi de Navarre, I. Part. p. 60. sa mort, 63.

Sanche VI, dit le Sage, Roi de Navarre, I. Part. p. 75. ses exploits, ibid. & suiv.

Sanche I, Roi de Portugal, I. Part. p. 149, calamités pendant son regne, 150. sa mort, ibid.

Sanche II, dit Capel, Roi de Portugal, I. Part. p. 151. s'abandonne aux plaisirs, ibid. sa mort, 152.

Sebastien, Roi de Portugal, I. Part. p. 178. porte la guerre en Afrique, ibid. sa mort, ibid.

Sertorius, Chef des Lusitaniens, I. Part. p. 141. ses succès, ibid. & suiv. sa mort, 142.

Siciliennes (Vêpres), ou Massacre des François en Sicile, II. Part. p. 127.

Sigebert établi Roi d'Austrasie, II. Part. p. 65. sa mort, 66.

Sigeric, Roi d'une partie de l'Espagne, I. Part. p. 23. cause de la brieveté de son regne & de sa mort, ibid.

Silo succede à Aurelio, I. Part. p. 42. il renouvelle la paix avec les Maures, ibid. & suiv. sa mort, ibid.

Sisebut élu Roi d'Espagne, I. Part. p. 32. ses qualités, ibid. sa mort, ibid.

Sisenand déclaré successeur de son pere, I. Part. p. 23. son hipocrisie, ibid. sa mort, ibid.

Suintila, frere de Liuva, élevé sur le Trône, I. Part. p. 32. il réduit les Gascons, ibid. ses conquêtes, ibid. & suiv. devient seul Monarque de toute l'Espagne, ibid. scission au sujet de son Successeur, 33.

Suisses, les premiers qui vinrent en France, II. Part. p. 190. Traité d'Alliance fait avec eux par Louis XI, 199. servent en France, 205. sauvent Charles IX, 259.

T.

Templiers, extinction de leur Ordre, II. Part. p. 136 & suiv. 155.

Tendis administre la Régence pendant la minorité d'Amalaric, I. Part. p. 115. monte sur le Trône, ibid. & suiv. ses exploits & sa mort, 26.

Theodebert II, Roi d'Austrasie, II. Part. p. 63. sa mort, 63.

Theodomir. Voyez Mir.

TABLE.

Theodoric, Roi d'une partie de l'Espagne, I. Part. p. 23. ses belles actions & sa mort, *ibid*. autres noms donnés à ce Prince, *ibid*.

Theodoric, frere de Torismond, s'empare du Trône, I. Part. p. 23. sa mort, *ibid*.

Theudisele, Roi d'une partie de l'Espagne, I. Part. p. 26. ses mauvaises qualités & sa mort, *ibid*.

Thierry, fils de Clovis, regne sur une partie de la France, II. Part. p. 51. sa mort, 53.

Thierry, Roi d'Orleans, II. Part. p. 61. sa mort, 63.

Thierry III, Roi, II. Part. p. 66. détrôné & rétabli, *ibid*. vaincu par Pepin, 67. sa mort, *ibid*.

Thierry IV, dit de Chelles, son regne & sa mort, II. Part. p. 70.

Torismond, Roi des Goths, se joint à Ætius, I. Part. p. 23. est assassiné, *ibid*.

Toulouse (Comté de) réuni à la Couronne de France, II. Part. p. 126.

Traité de Paix de Lothaire avec ses freres, II. Part. 86. de Bretigni, 151. le premier qui fut fait avec les Suisses, 183, 199. avec l'Empereur par Louis XI, 200. du Duc de Bourgogne avec Louis XI, 201. de Nemours avec les Ligueurs, 269. de Vervins, 290. avec le Duc de Savoye, *ibid*. 309, 381. avec les Protestans, 303, 306. entre l'Espagne & les Provinces-Unies, 329. de Munster, I. Part. p. 100. II. Part. 329. des Pyrennées, I. Part. p. 103. II. Part. p. 340. avec le Duc de Lorraine, II. Part. p. 341, 343, 386. d'Aix-la-Chapelle, 344, 430. avec les Algeriens, 344. de Riswick, I. Part. p. 105, II. Part. p. 365. d'Utrecht, II. Part. p. 381. avec l'Angleterre, *ibid*. avec l'Electeur de Brandebourg, *ibid*. avec les Etats Generaux, 382, de Cambrai, I. Part. p. 91. de Nimegue, 104. de Vienne, 120.

Tulca ou *Fulga*, succede à Chintila, I. Part. p. 33. son éloge, *ibid*. sa mort, *ibid*.

V

Veremond. Sa générosité, I. Part. p. 43. son regne & sa mort, *ibid*.

Viriatus prend les armes pour sa patrie, I. Part. p. 136. ses batailles contre les Romains, 137 & *suiv*. évite tous les piéges, 138. Titre qu'il prend, *ibid*. sa mort, 140.

Vitteric assassine Liuva, I. Part. p. 31. monte sur le Trône, *ibid*. est assassiné par ses Sujets, 32.

W

Wallia, Roi d'une partie de l'Espagne, y joint Toulouse, I. Part. p. 123. sa mort, *ibid*.

Wamba élu Roi malgré lui, I. Part. p. 35. ses travaux, *ibid*. & *suiv*. ses précautions contre les Sarrazins, 36. est empoisonné, 37. prend l'habit de Moine, *ibid*. sa mort, *ib*.

Witiza succede à son pere, I. Part. p. 38. ses mauvaises qualités, *ibid*. ses violences *ibid*. est détrôné, *ibid*. son supplice, *ibid*.

Fin de la Table.

De l'Imprimerie de la Veuve de CLAUDE SIMON.

EXPLICATION

Des Frontispice, Vignettes, & Culs-de-Lampe.

1°. La Planche du Frontispice représente sur le devant CLIO, la Muse de l'Histoire, assise & tenant une Mappe-Monde déployée. Au-dessus d'elle est une Renommée. A la droite de CLIO sont deux Génies, l'un Militaire & l'autre Politique, tous deux désignés par leurs attributs. A sa gauche on voit le Temps enchaîné. Le Lointain représente le Port d'Antium, où les Romains avoient fait bâtir un Temple à la Fortune.

2°. Cette Divinité fait le sujet du Fleuron du Titre.

3°. Les Armes de M. Bignon, à la tête de l'Epître dédicatoire.

4°. Le Portrait de Pufendorff.

5°. La Vignette du Discours préliminaire représente la destruction de l'Empire Romain par les Barbares. On voit le Génie de Rome la tête baissée, tenant d'une main une épée brisée, & de l'autre un écusson, sur lequel est représenté Rémus & Romulus. Un de ces Barbares semble enchaîner ce Génie, tandis que l'autre enleve l'Aigle Romaine.

6°. Le sujet de la Vignette de l'Histoire d'Espagne est l'introduction des Maures dans ce Pays par le Comte Julien, qui vouloit venger l'injure que le Roi Rodrigue avoit faite à sa fille. On voit deux Maures, dont l'un tient un papier, qui est le Traité que les Afriquains avoient fait avec le Comte Julien.

7°. La Vignette de l'Histoire du Portugal représente la révolution qui mit le Duc de Bragance sur le Trône. On voit Vasconcellos Ministre d'Espagne que les Conjurés jettent par la fenêtre, après l'avoir percé de coups.

8°. La Vignette de l'Hiſtoire de France repréſente le Port de Bordeaux & l'embarquement précipité des Anglois, obligés d'abandonner la France. On voit le corps du brave Talbot Général des Anglois, porté par deux Soldats dans une Chaloupe.

9°. Le ſujet des Culs-de-Lampe de l'Hiſtoire d'Eſpagne & de Portugal, eſt un Amériquain.

10°. Celui de la France, eſt la France perſonnifiée aſſiſe à l'ombre d'un Palmier.

APPROBATION.

J'AI lû par l'ordre de Monseigneur le Chancelier, le premier Volume de *l'Introduction à l'Histoire générale & politique de l'Univers*, commencée par *le Baron de Pufendorff*, augmentée par M. Bruzen de la Martiniere. Nouvelle Edition. Les Additions & les Corrections considérables que contient cette premiere Partie, annoncent une Edition de cet important Ouvrage qui sera encore plus utile que les précédentes. A Paris, ce 17 Août 1753.

BELLEY.

PRIVILEGE DU ROI.

LOUIS par la grace de Dieu, Roi de France & de Navarre, à nos amés & féaux Conseillers les Gens tenans nos Cours de Parlement, Maîtres des Requêtes ordinaires de notre Hôtel, Grand Conseil, Prevôt de Paris, Baillifs, Sénéchaux, leurs Lieutenans Civils, & autres nos Justiciers qu'il appartiendra, SALUT. Notre amé le Sieur GRACE, Nous a fait exposer qu'il desireroit faire imprimer & donner au Public un Ouvrage qui a pour titre : *Introduction à l'Histoire générale & politique de l'Univers, commencée par le Baron de Pufendorff, continuée par M. Bruzen de la Martiniere, augmentée & mise dans un meilleur ordre* : s'il Nous plaisoit lui accorder nos Lettres de Privilege pour ce nécessaires. A CES CAUSES, voulant favorablement traiter l'Exposant, Nous lui avons permis & permettons par ces Présentes de faire imprimer ledit Ouvrage en un ou plusieurs Volumes, & autant de fois que bon lui semblera, & de le vendre, faire vendre & débiter par tout notre Royaume pendant le temps de neuf années consécutives, à compter du jour de la date des Présentes. Faisons défenses à tous Imprimeurs, Libraires, & autres personnes de quelque qualité & condition qu'elles soient, d'en introduire d'impression étrangere dans aucun lieu de notre obéissance : comme aussi d'imprimer ou faire imprimer, vendre, faire vendre, débiter ni contrefaire ledit Ouvrage, ni d'en faire aucun Extrait sous quelque prétexte que ce soit d'augmentation, correction, changement ou autres, sans la permission expresse ou par écrit dudit Exposant ou de ceux qui auront droit de lui, à peine de confiscation des Exemplaires contrefaits, de trois mille livres d'amende contre chacun des contrevenans, dont un tiers à Nous, un tiers à l'Hôtel-Dieu de Paris, & l'autre tiers audit Exposant ou à celui qui aura droit de lui, & de tous dépens, dommages & intérêts : A la charge que ces Présentes seront enregistrées tout au long sur le Registre de la Communauté des Libraires & Imprimeurs de Paris, dans trois mois de la date d'icelles ; que l'impression dudit Ouvrage sera faite dans notre Royaume & non ailleurs, en bon papier & beaux caracteres, conformément à la feuille imprimée & attachée pour modele sous le contre-scel des Présentes ; que l'Impétrant se conformera en tout aux Reglemens de la Librairie, & notamment à celui du 10 Avril 1725 : qu'avant de l'exposer en vente, le Manuscrit qui aura servi de copie à l'impression dudit Ouvrage sera remis dans le même état où l'Approbation y aura été donné, ès mains de notre très-cher & féal Chevalier Chancelier de France, le Sieur de Lamoignon, & qu'il en sera ensuite remis deux Exemplaires dans notre Bibliotheque publique, un dans celle de notre Château du Louvre, un dans celle de notre très-cher & féal Chevalier Chancelier de France le Sieur de Lamoignon, & un dans celle de notre très-cher & féal Chevalier Garde des Sceaux de France le Sieur de Machault, Commandeur de nos Ordres : le tout à peine de nullité des Présentes ; du contenu desquelles vous mandons & enjoignons de faire jouir ledit Exposant ou ses ayans causes pleinement & paisiblement, sans souffrir qu'il leur soit fait aucun trouble ou empêchement. Voulons qu'à la copie des Présentes qui sera imprimée tout au long au commencement ou à la fin dudit Ouvrage, soit tenue pour duement signifiée, & qu'aux Copies collationnées par l'un de nos amés & féaux Conseillers-Secretaires, foi soit ajoutée comme à l'Original. Commandons au premier notre Huissier ou Sergent sur ce requis de faire pour l'exécution d'icelles tous Actes requis & nécessaires, sans demander autre permission, & nonobstant Clameur de Haro, Chartre Normande, & Lettres à ce contraires : Car tel est notre plaisir. DONNE' à Versailles le vingt-huitiéme jour du mois de May, l'an de grace mil sept cent cinquante-trois, & de notre Regne le trente-huitiéme, Par le Roi en Conseil. S A I N S O N.

Je soussigné cede & transporte purement & simplement le présent Privilege de l'*Introduction à l'Histoire générale & Politique de l'Univers de Pufendorff*, &c. à MM. Merigot pere & fils, Grangé, Hochereau l'aîné, Robustel, & le Loup, pour en jouir en mon lieu & place, ayant été obtenu sous mon nom par méprise. Fait à Paris ce premier Juin mil sept cent cinquante trois.

DE GRACE.

Regiſtré enſemble la Ceſſion ci-deſſus, ſur le Regiſtre XIII. de la Chambre Royale des Libraires & Imprimeurs de Paris, N°. 183. Fol. 146. conformément aux anciens Reglemens confirmé par celui du 28 Février 1723. A Paris, le premier Juin 1753.

HERISSANT, Adjoint.

www.ingramcontent.com/pod-product-compliance
Lightning Source LLC
Chambersburg PA
CBHW061957300426
44117CB00010B/1377